भारतीय कला एवं संस्कृति

सिविल सेवा एवं राज्य स्तरीय परीक्षाओं के लिए अत्यंत उपयोगी

डॉ. शीलवंत सिंह एवं डॉ. सारिका

प्रभात एग्जाम
www.prabhatexam.com

प्रकाशक

प्रभात एग्जाम

प्रभात प्रकाशन प्रा. लि. का उपक्रम

4/19 आसफ अली रोड, नई दिल्ली-110002

फोन: 23289555 • 23289666 • 23289777 • हेल्पलाइन/ 7827007777

इ-मेल : prabhatbooks@gmail.com ❖ वेब ठिकाना : www.prabhatexam.com

मूल्य

एक हजार पचानवे रुपए

अ.मा.पु.स. 978-93-90389-34-6

मुद्रक

सीता फाईन आर्टस प्रा. लि., नई दिल्ली

BHARTIYA KALA EVAM SANSKRITI
by Dr. Sheelwant Singh evam Dr. Sarika

ISBN 978-93-90389-34-6

₹ 1095.00

+91 9319002402

आचार्य (डॉ.) वाचस्पति मिश्र

अध्यक्ष

क्रमाङ्क 017/अ./सं.सं./2020

उत्तर प्रदेश संस्कृत संस्थानम्, लखनऊ

भाषा विभाग, उत्तर प्रदेश शासन

दिनाङ्क 06-10-2020

प्राक्कथन

कला और संस्कृति हमारे लिए आनंद का विषय हैं। कलात्मक अभिव्यक्तियों में कुछ ऐसी क्षमता होती है कि कभी-कभी ये हमें सामान्य, लौकिक जीवन से परे भावात्मक लोक में ले जा सकती हैं। ईश्वर पर आस्था रखने वालों ने जब सर्वशक्तिमान और उसकी सृष्टि की प्रशंसा के लिए गाने, नाचने, चित्रांकन या प्रदर्शन जैसी किसी एक कलाविधा को चुना तो उसका यही प्रयास कला और संस्कृति के जरिए आध्यात्मिक संपर्क का माध्यम बना। जब कलाकार इनमें से किसी एक विधा में अपने को तल्लीन कर लेते हैं तो वे जीवन से परे किसी बृहत्तर सत्ता के साथ जुड़ाव अनुभव करते हैं और ऐसे में वे अपने दर्शकों को जो अनुभव कराते हैं वह कला की सम्मोहित करने वाली प्रकृति को दर्शाता है।

भारतीय समाज का ताना-बाना संगीत, नृत्य और वास्तुशिल्प की विभिन्न विधाओं, उत्सव-त्योहारों, दृश्य और निष्पादन कलाओं, लोकगाथाओं तथा रीति-रिवाजों से मिलकर बना है। ये सब मिलकर समाज की सामूहिक पहचान स्थापित करते हैं। ये विभिन्न कला विधाओं के माध्यम से लोगों को एक विशिष्ट सांस्कृतिक पहचान भी प्रदान करते हैं।

सदियों पुरानी कहावत 'कोस-कोस पर पानी बदले, चार कोस पे वानी' देश भर में नदियों की लहरों की तरह प्रवाहित होने वाले भाषायी रूपों की विविधता को दर्शाती है। सदियों के ऐतिहासिक उद्विकास से हमारी संस्कृति और भी अधिक समृद्ध हुई है और उसने सभी के सर्वोत्कृष्ट तत्वों को अंगीकार और आत्मसात कर समग्र संस्कृति की एक नयी धारा को जन्म दिया है। इस अनोखी विविधता में नयी गाथाएं उपजी हैं-ऐसी गाथाएं जो लोगों की जीवन शैलियों, उनके उत्सव-त्योहारों तथा उनकी उत्सवधर्मिता और कला विधाओं को आकार प्रदान करती हैं। ये गाथायें विभिन्न क्षेत्रों के साथ अपना अलग संवाद स्थापित करती हैं। देश में सुदूर पूर्व से लेकर सुदूर दक्षिण तक रामायण और महाभारत की गाथायें विभिन्न क्षेत्रों के साथ अपना विशिष्ट जुड़ाव रखती हैं। देश में सुदूर पूर्व से लेकर सुदूर दक्षिण तक रामायण और महाभारत की गाथाओं को छाया-कठपुतलियों से लेकर विभिन्न प्रकार की निष्पादन कला विधाओं में प्रस्तुत किया गया है।

डॉ. शीलवन्त सिंह एवं डॉ. सारिका द्वारा लिखित इस पुस्तक में एक राष्ट्र के रूप में भारत की उस धारणा की महिमा को बताने का प्रयास किया गया है, जिसमें देश की विभिन्न भौगोलिक क्षेत्रों की विविधतापूर्ण संस्कृतियां समाहित और समन्वित होकर एक-दूसरे से अन्तर्संबंध को अभिव्यक्त करती हैं और जिसकी भव्य अभिवृत्ति हमारे विविधतापूर्ण खान-पान, संगीत, नृत्य, रंगमंच, सिनेमा और फिल्मों, हस्तशिल्प, खेलकूद, साहित्य, उत्सव-त्यौहारों, चित्राकला, मूर्तिकला आदि के रूप में होती है। इससे लोगों को हमारी संस्कृति में अंतर्निहित समन्वय और एकात्मकता की स्वाभाविक भावना को समझने में मदद मिलती है। यह पुस्तक भारतीय कला, संस्कृति के विषय में उच्च कोटि की रूचि पैदा करेगी और इस विषय की बारीकियों को समझने में सिविल सेवाओं में उम्मीदवारों की सहायता करेगी।

डॉ. वाचस्पति मिश्र
अध्यक्ष,
उत्तर प्रदेश संस्कृत संस्थानम्

समर्पण

हमारी प्रेरणा की अजस्त्र स्त्रोत
माँ श्रीमती विद्या की

दूरदृष्टि, समदर्शिता, कर्मठता तथा
सामाजिक दक्षता को सादर समर्पित

प्रस्तावना

संघ एवं राज्य सिविल सेवा की प्रारंभिक तथा मुख्य परीक्षा को दृष्टिगत रखते हुए समान रूप से उपयोगी विषयवस्तु की खंडवार प्रस्तुति के साथ यह पुस्तक तैयार की गयी है, ताकि अभ्यर्थी क्रमबद्धता के साथ-साथ भारत की कला, उसकी संस्कृति, विरासत और विविधता से भली प्रकार परिचित हो सके, साथ-ही-साथ वह विभिन्न पहलुओं पर अपनी विचारधारा को भी समृद्ध कर सके। इस पुस्तक में तथ्यात्मक ज्ञान के साथ-साथ विकास अनुक्रम, अद्यतन सूचना, आंकड़ों पर आधारित पिक्टोग्राफिकल प्रस्तुति भी की गयी है।

पुस्तक के विशिष्ट अभिलक्षण

- प्रत्येक अध्याय के अंत में सार संचिका तथा अभ्यास प्रश्न दिए गए हैं, ताकि विद्यार्थी उनका अभ्यास कर सके।
- विगत वर्षों में पूछे गए प्रश्नों को समाहित किया गया है ताकि अभ्यर्थी उनके अनुसार अपनी कार्य योजना और रणनीति बना सके।
- भारतीय कला, संस्कृति तथा विरासत के समसामयिक पहलुओं को समाहित किया गया है।
- भारतीय कला, संस्कृति तथा विरासत के कुछ विशिष्ट पहलू विशेष परिशिष्ट में भी शामिल किए गए हैं।
- अद्यतन सूचनाओं, आंकड़ों तथा चित्रों को, पिक्टोग्राफिकल फार्मेट में इस प्रकार व्यवस्थित किया गया है कि अभ्यर्थी की सुग्राही क्षमता बढ़ सके और तथ्य उसकी स्मृति में बने रहें।

इस पुस्तक की सबसे प्रमुख विशेषता सरल, सुबोध भाषा-शैली के साथ क्रमबद्धता को ध्यान में रखते हुए लेखन है जिससे कि अद्यतन घटनाओं के साथ विद्यार्थी सहज ही संबद्ध हो सकता है। प्रस्तुत पुस्तक के संपादनं, संकलन तथा परिमार्जन में डॉ. सारिका की सराहनीय एवं उल्लेखनीय भूमिका है। विषय-वस्तु के निर्माण एवं अमूल्य सुझाव के लिए डॉ. कृति रस्तोगी, वी.के. सिंह, वीर सनातन, पूर्णेन्दु राय, डॉ. जलाल अहमद खान, डॉ. मुनाजिद हुसैन इत्यादि विद्वतजनों तथा शुभचिंतकों का मैं आभारी हूँ जिन्होंने अपने अमूल्य सुझाव देकर पुस्तक के कलेवर को अधिक उपयोगी बनाने में अपना सहयोग दिया।

टाइप सेटिंग एवं तकनीक कार्य हेतु विकास कुमार श्रीवास्तव एवं चन्द्रशेखर भट्ट को धन्यवाद देता हूँ। भावनात्मक एवं अन्य सहयोग के लिए मैं अपनी माँ का हृदय से आभारी हूँ।

मैं प्रभात प्रकाशन समूह को भी धन्यवाद देता हूँ जिन्होंने 'भारतीय कला एवं संस्कृति' पुस्तक के प्रकाशन में सहयोग व समर्थन दिया तथा जिनके प्रयासों से ही समय पर इसका प्रकाशन सुनिश्चित हुआ।

शीलवंत सिंह/सारिका

e-mail: sheelwantsingh@gmail.com

दृष्टिकोण एवं अध्ययन रणनीति
भारतीय कला, संस्कृति तथा विरासत

संघ एवं राज्यों की सिविल सेवा परीक्षाओं में भारतीय कला, संस्कृति एवं विरासत से प्रारंभ से ही प्रश्न पूछे जा रहे हैं लेकिन हाल के वर्षों में परिवर्तित पाठ्यक्रम के बाद इनके प्रश्नों की संख्या निरंतर बढ़ रही है। इसका कारण है कि अभ्यर्थी भारत के सामाजिक-सांस्कृतिक इतिहास और उसके भूगोल तथा वैश्वीकरण के दौर में हो रहे परिवर्तन के प्रति कितना सजग है और किस प्रकार एक प्रशासक के रूप में उसे अक्षुण रख सकता है और उसके संवर्द्धन में उसकी भूमिका कैसे हो सकती है। अभ्यर्थी के लिए विषयों की व्यावहारिक समझ और प्राचीन काल को मध्यकाल से और आधुनिक काल को वर्तमान परिदृश्य से कैसे जोड़ा जा सकता है, की व्यावहारिक जानकारी आवश्यक होती है।

पाठ्यक्रम का खण्डवार गहन विश्लेषण

भारतीय संस्कृति में प्राचीन काल से आधुनिक काल तक के कला के रूप, साहित्य और वास्तुकला के मुख्य पहलु शामिल किए गए है। भारतीय कला, संस्कृति एवं विरासत के अध्ययन के लिए विद्यार्थी को निम्नलिखित रणनीति के आधार पर अध्ययन करना उपयोगी होगा।

- विभिन्न काल अवधि में भारतीय कला संस्कृति के तुलनात्मक और विकासात्मक अध्ययन पर आधारित प्रश्न पूछे जाते हैं। इसलिए आवश्यक है कि एक ही काल में घटित घटना तथा विषय-वस्तु का बारीकी से मूल्यांकन करें। इसे विकासात्मक क्रम में ले और उस समयावधि में किए गए कार्यों के सकारात्मक एवं नकारात्मक पहलुओं का गहनता से अध्ययन करे।
- विभिन्न समयावधि में भारतीय कला, संस्कृति एवं विरासत के प्रभाव को समझे और उसके संरक्षण के लिए किए जाने वाले प्रयासों के अभिलक्षणों पर भी ध्यान दें।
- प्राचीन कला एवं संस्कृति, मध्यकालीन कला एवं संस्कृति तथा आधुनिक कला एवं संस्कृति के बीच अंतर्संबंधों को भली प्रकार समझें।
- विभिन्न काल की कला एवं संस्कृति को वर्तमान परिप्रेक्ष्य के साथ जोड़ने की कोशिश करें तथा समसामयिक घटनाओं के साथ इनकी सम्बद्धता भी सुनिश्चित करें।
- भारतीय कला संस्कृति एवं विरासत पर पड़ने वाले वैश्वीकरण के प्रभाव के प्रति सरकार की नीतियां, कार्यक्रमों एवं योजनाओं का विश्लेषण करना चाहिए।
- विभिन्न काल/समयाविधि में भारतीय कला एवं संस्कृति को प्रभावित करने वाले कारक और उसके समीचीन उदाहरण पर आधारित घटनाओं पर भी प्रश्न पूछे जाते है।

भारतीय कला, संस्कृति एवं विरासत के अंतर्गत विभिन्न सामाजिक, आर्थिक एवं राजनीतिक पहलुओं और इनके प्रभाव, महत्व तथा अभिलक्षणों की रूपरेखा के साथ अध्ययन आवश्यक है। भारतीय विरासत और संस्कृति के संरक्षण के लिए

सरकार द्वारा बनायी गयी नीतियों, कार्यक्रमों, योजनाओं और अधिनियमों की भी जानकारी प्राथमिकता के क्रम में होनी चाहिए। इस विषय को सिविल सेवा के प्रारंभिक और मुख्य परीक्षा के पाठ्यक्रम में समाहित करने का उद्देश्य यह है कि विद्यार्थी अपने प्राचीन, मध्यकालीन एवं आधुनिक इतिहास की कितनी समझ रखता है ताकि उसके संवर्द्धन और विकास में अपना योगदान दे सके और उसको अक्षुण्ण रखने मे अपनी भूमिका अदा कर सके। किसी प्रशासक को संबंधित देश की ऐतिहासिक पृष्ठभूमि की जानकारी इसलिए आवश्यक होती है क्योंकि उसकी विसंगतियो को वह समाप्त कर सकता है और अच्छी बातों को ग्रहण करते हुए बेहतर शासन व्यवस्था स्थापित कर सकता है।

पाठ्यक्रम की विषयवस्तुवार अध्ययन रणनीति

विषयवस्तु	अध्ययनगत स्वरूप
1. सिंधु घाटी सभ्यता कला एवं स्थापत्य	• स्मारक, नगर योजना, मूर्तिकला, मौद्रिक कला, अभिलेख के अभिलक्षण/विशेषताएं और वर्तमान से सम्बद्धता
2. वैदिक काल तथा वेदोत्तर काल	• धार्मिक एवं दार्शनिक साहित्य, षडदर्शन • सूत्र, जैन तथा बौद्ध साहित्य, वास्तुकला, मृदभाण्ड कला, आहत मुद्रा इत्यादि की विशेषताएं और महत्व
3. मौर्य साम्राज्य	• नृत्य (वीणा, ढोल, तुरही, बांसुरी, मंजीरा, शततंत) आदि वाद्य यंत्रों का प्रयोग। • नृत्य नाटिकाएँ, रंगमंच • किला, स्तूप, शिला, स्तम्भ एवं गुहा लेख • मूर्तिकला • चैत्य • मृदभाण्ड कला • असाम्प्रदायिक साहित्य • पाटलिपुत्र की नगर योजना विशेषताएं, अभिलक्षण और उनकी विशिष्टताएं
4. उत्तर मौर्य काल	• धार्मिक, वैज्ञानिक साहित्य • तत्कालीन प्रमुख नगरों की नगर योजना • स्तूप, चैत्य, शैलकृत गुफाएँ, विहार • मूर्तिकला, गांधार कला, टेराकोटा, मथुरा कला विशेषताएं, अभिलक्षण और उनकी विशिष्टताएं
5. खारवेल, सातवाहन, संगमकालीन तमिल राज्य	• संगम साहित्य • अन्य साहित्य • चैत्य विशेषताएं, अभिलक्षण और उनकी विशिष्टताएं
6. गुप्त वंश, वाकाटक वंश एवं वर्धन वंश	• नालंदा, विक्रमशिला, वल्लभी • विज्ञान एवं साहित्य • स्मृतियां, अन्य साहित्य • पंचायतन शैली

7. गुप्तकालीन क्षेत्रीय राज्य, पल्लव, चोल, चालुक्य (बादामी एवं कल्याणी) राष्ट्रकूट, पाल, प्रतिहार

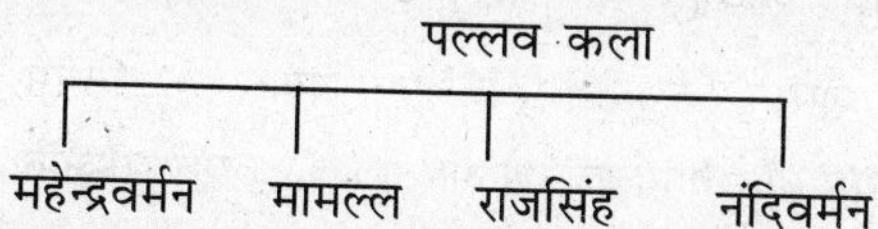

विशेषताएं, अभिलक्षण और उनकी विशिष्टताएं

- मंदिर निर्माण की विभिन्न शैलियां
- नागर, द्रविड़, बेसर, पल्लव कला, चोलकाल।
- साहित्य

8. प्रा. मध्यकालीन भारत (750–1200)

विशेषताएं, अभिलक्षण और उनकी विशिष्टताएं

- संस्कृत साहित्य, तमिल साहित्य का विकास, नव विकासशील भाषाओं का साहित्य
- मंदिर स्थापत्य
- मूर्तिशिल्प
- चित्रकला

9. 13वीं शताब्दी + 14वीं शताब्दी

विशेषताएं, अभिलक्षण और उनकी विशिष्टताएं

- फारसी साहित्य, उ. भारत की क्षेत्रीय भाषाओं का साहित्य सल्तनतकालीन स्थापत्य तथा कला के विभिन्न रूप
- द. भारत की भाषाओं का साहित्य, चित्रकला।

10. 15वीं और 16वीं शताब्दी

- प्रांतीय राजवंश–बंगाल, कश्मीर, गुजरात, मालवा, बहमनी, विजयनगर साम्राज्य
- लोदी वंश, सूर वंश आदि की कला, साहित्य एवं स्थापत्य
- 15वीं–16वीं शताब्दी के दौरान भारतीय कला, संस्कृति और धर्म के संरक्षण के लिए चलाए गए विभिन्न प्रकार के अभियान और कार्यक्रम

11. मुगल

- फारसी इतिहास, हिंदी एवं अन्य धार्मिक साहित्य, अन्य साहित्य
- मुगल स्थापत्य (नगर, महल, मकबरा आदि), प्रांतीय स्थापत्य
- मुगल चित्रकला, प्रांतीय चित्रकला
- शास्त्रीय संगीत
- मुगल काल मे संस्कृति, सभ्यता, रीति-रिवाज और परंपराओं के संदर्भ में किए गए प्रयास
- भारतीय कला एवं संस्कृति के संरक्षण और संवर्धन के लिए तत्कालीन शासकों की नीतियां

12. आधुनिक भारत

- अंग्रेज, पुर्तगाली, फ्रांसीसियों का भारत में कला, साहित्य एवं स्थापत्य में योगदान

- अंग्रेजी शासनकाल के दौरान विभिन्न प्रकार की आधुनिक कलाकृतियों, स्मारक और भवनों के निर्माण में योगदान के साथ-साथ उनके विकास और संवर्द्धन में बनायी गयी प्रमुख संस्थाएं और संगठन
- अंग्रेजी शासन के दौरान विभिन्न प्रकार के नियम, अधिनियम और कार्यक्रम जो भारतीय कला एवं संस्कृति, साहित्य तथा विरासत के संरक्षण के लिए किए गए

13. समकालीन/समसामायिक परिदृश्य
- समकालीन/समसामायिक परिदृश्य में भारतीय कला एवं संस्कृति को प्रभावित करने वाले सामाजिक, आर्थिक, राजनैतिक कारक और उनके प्रभाव
- हाल के वर्षों में सरकार द्वारा बनाई गयी नीतियां उनका विश्लेषण और महत्व
- भारतीय कला-संस्कृति में आंतरिक एवं बाह्य स्तर पर अंतर्द्वन्द्व तथा टकराव के कारण और उसका समाधान

14. आज, कल और कल
- भारतीय कला-संस्कृति एवं विरासत को प्रभावित करने वाले वैश्विक और समकालीन कारण, भारत पर उनका प्रभाव और उनका मूल्यांकन

विगत वर्षों में पूछे गये प्रश्नों का विवरण (प्रारंभिक परीक्षा)

विषय-वस्तु											वर्ष/प्रश्नों की संख्या	
	2010	2011	2012	2013	2014	2015	2016	2017	2018	2019	2020	2021
सिंधु घाटी सभ्यता, कला एवं स्थापत्य	5	–	–	–	2	2	–	–	–	–	1	1
वैदिक काल	5	3	2	5	–	–	5	–	–	–	–	–
वेदोत्तर काल	–	–	–	2	–	2	–	–	–	–	–	–
मौर्य साम्राज्य	2	5	5	5	2	–	–	–	–	–	–	–
उत्तर मौर्य काल	2	5	10	3	–	–	–	–	–	1	–	–
खारवेल, सातवाहन, संगमकालीन तमिल राज्य	2	–	3	–	–	–	–	–	–	–	–	–
गुप्त वंश, वाकाटक वंश एवं वर्धन वंश	5	–	–	–	5	3	–	4	–	–	–	1
गुप्तकालीन क्षेत्रीय राज्य, पल्लव, चोल, चालुक्य (बादामी एवं कल्याणी के चालुक्य) राष्ट्रकूट, पाल, प्रतिहार	5	–	–	–	10	5	2	–	–	–	–	–
प्रा. मध्यकालीन भारत (750-1200)	–	5	5	5	5	10	15	–	–	1	1	1
13वीं शताब्दी + 14वीं शताब्दी	4	6	–	–	5	5	5	–	–	–	–	–
15वीं और 16वीं शताब्दी	5	10	–	–	5	5	–	5	–	–	–	–
मुगल		6	10	–	–	–	–	5	–	–	–	–
आधुनिक भारत	–	–	5	5	5	6	15	15	3	–	–	–
कुल अंक	66	46	61	62	29	18	2	12	–	–	02	3

विगत वर्षों में पूछे गये प्रश्नों का विवरण (मुख्य परीक्षा)

विषय-वस्तु											वर्ष/प्रश्नों की संख्या	
	2010	2011	2012	2013	2014	2015	2016	2017	2018	2019	2020	2021
सिंधु घाटी सभ्यता कला एवं स्थापत्य	1	-	–	–	1	1	–	1	1	–	1	–
वैदिक काल	1	1	1	1	–	–	1	–	–	–	1	–
वेदोत्तर काल	–	–	–	1	–	1	–	–	–	–	–	–
मौर्य साम्राज्य	1	1	1	1	1	–	–	1	–	1	–	–
उत्तर मौर्य काल	1	1	1	1	–	–	–	1	1	–	–	–
खारवेल, सातवाहन, संगमकालीन तमिल राज्य	1	–	1	–	–	–	–	–	–	–	–	–
गुप्त वंश, वाकाटक वंश एवं वर्धन वंश	1	–	–	–	1	1	–	1	1	–	–	–
गुप्तकालीन क्षेत्रीय राज्य, पल्लव, चोल, चालुक्य (बादामी एवं कल्याणी के चालुक्य) राष्ट्रकूट, पाल, प्रतिहार	1	–	–	–	1	1	1	1	1	1	–	–
प्रा. मध्यकालीन भारत (750-1200)	–	1	1	1	1	1	1	1	1	1	–	–
13वीं शताब्दी + 14वीं शताब्दी	1	1	–	–	1	1	1	1	–	–	–	1
15वीं और 16वीं शताब्दी	1	1	–	–	1	1	–	1	–	–	–	–
मुगल		1	1	–	–	–	–	1	–	–	–	–
आधुनिक कला एवं संस्कृति तथा व्यक्ति	–	1	1	1	1	1	1	1	1	–	1	1
कुल		10	8	6	6	8	8	6	9	6	3	2

सिविल सेवा प्रारम्भिक परीक्षा : पूछे गये प्रश्नों का वर्षवार वर्गीकरण

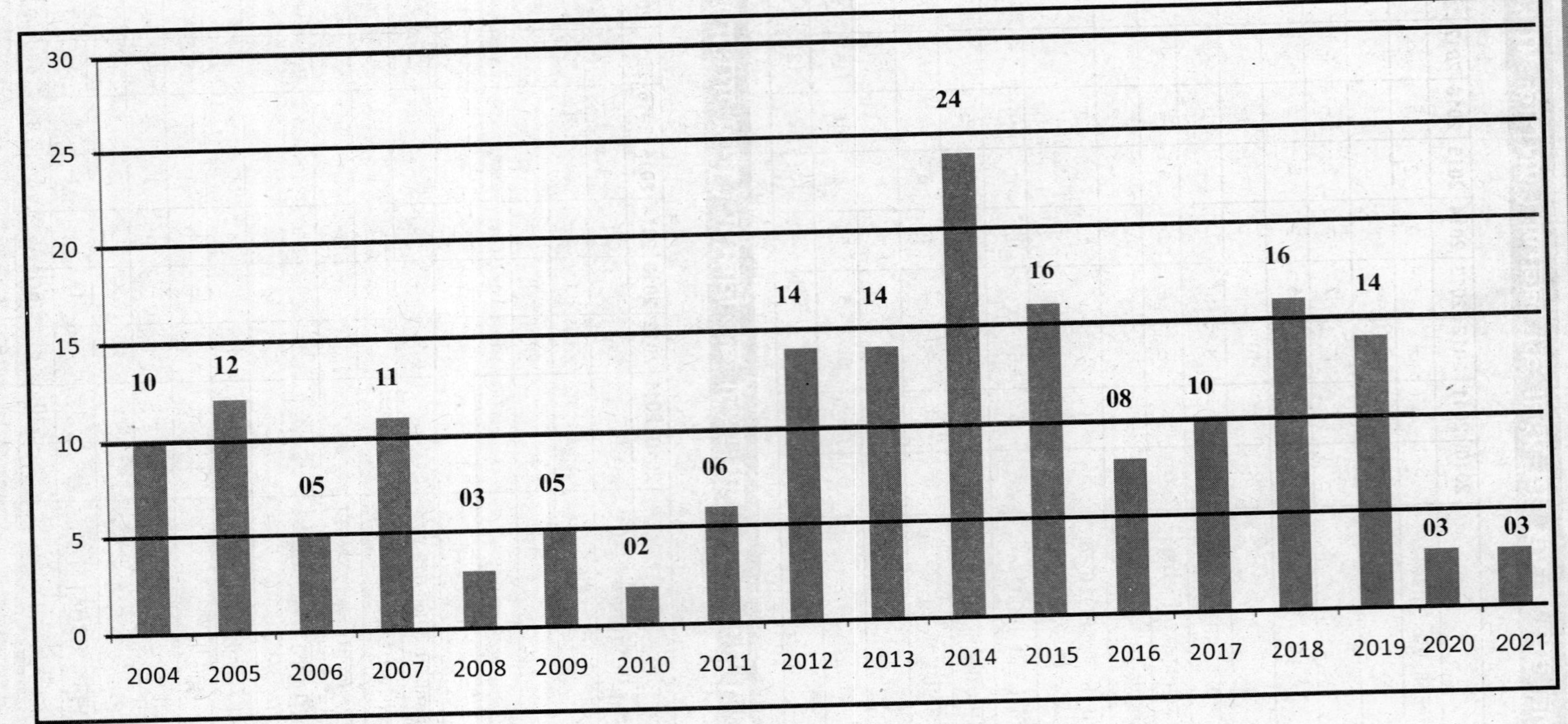

सिविल सेवा मुख्य परीक्षा : पूछे गये प्रश्नों का वर्षवार वर्गीकरण

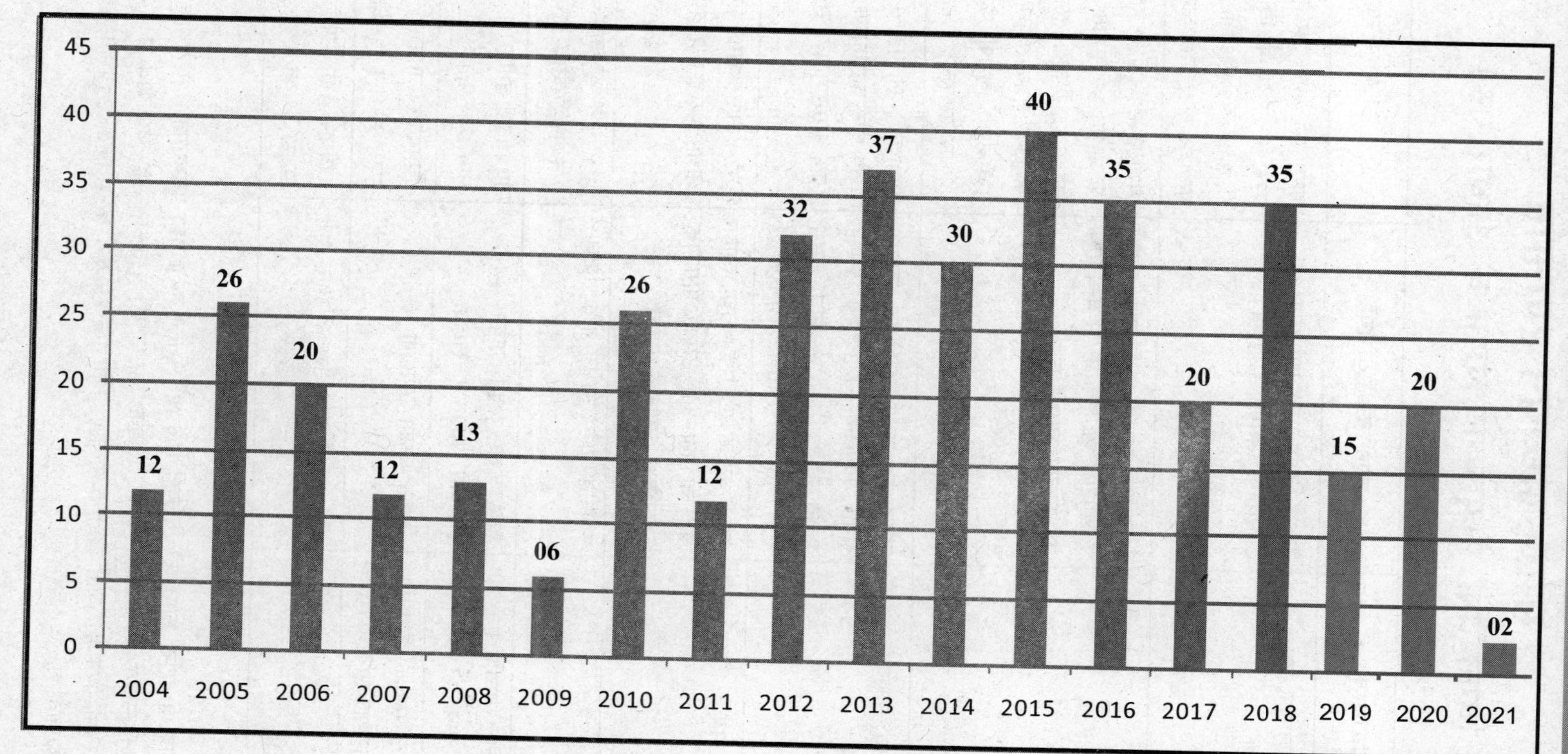

समग्र अध्ययन रणनीति
(विगत वर्षों में पूछे गये प्रश्नों के आधार पर)

क्र.सं.	विषय वस्तु	प्रश्नों की प्रवृत्तियाँ	अध्ययन रणनीति
1.	प्राचीन, मध्य कालीन एवं आधुनिक कला	इनकी विशेषताएं, प्राथमिकता के आधार पर समग्रता में इसके अभिलक्षण	भारत की कला संस्कृति से पूछे गए प्रश्नों के आधार पर विभिन्न कालाविधि में उनके अभिलक्षणों को क्रमशः उन पर फुट नोट तैयार करें।
2.	चित्रकारी	राज्यों से सम्बन्धित है तथा उनकी विशेषता तथा क्षेत्र के सम्बन्ध तथा समकालीन शासक/राजा	सभी पेन्टिंग (प्रा.म.आ.काल) पर चित्र के आधार पर समग्रता से बिंदुवार तथ्यों का एकत्रण करें। तुलनात्मक अध्ययन के द्वारा चित्रकारी के विभिन्न पहलुओं एवं उसके लक्षणों की प्राथमिकता के आधार पर सूची तैयार करें।
3.	मेला, महोत्सव, उत्सव, आयोजन पर्व	सम्बन्धित राज्य क्षेत्र एवं जातीय समूह, आयोजन का उद्देश्य, उसका महत्व, ऐतिहासिक पृष्ठभूमि, उससे सम्बन्धित रीति-रिवाज और परम्पराएं	आयोजन, मेला महोत्सव आदि का नाम, मनाए जाने का कारण, क्षेत्र, स्थान तथा इसके समसामयिक संदर्भ
4.	त्योहार और पर्व	सम्बन्धित राज्य, स्थान तथा त्योहार की विशेषता और उसका पौराणिक, सामाजिक, आर्थिक महत्व	धर्म, जाति, वर्ग समूह तथा क्षेत्रीय आधार पर इसका वर्गीकरण
5.	नृत्य	स्थानीय, राज्य स्तरीय तथा राष्ट्रीय	तथ्यात्मक, सूचनात्मक और चित्रात्मक संकलन, राष्ट्रीय नृत्य के मानक राज्य
6.	भारतीय कला, संस्कृति एवं विरासत से सम्बन्धित व्यक्तित्व	नृत्य, कला, वादन, गायन, चित्रकार, मूर्तिकार, लेखक	विषयवार वर्गीकरण नाम, विशेषता
7.	भारतीय, कला, संस्कृति एवं विरासत से संबंधित संस्थाएं, संगठन	स्थिति, स्थान, स्थापना वर्ष	विषयवार वर्गीकरण शोध संस्थान, पुस्तकालय, संगठन
8.	चित्रकला	क्षेत्र, स्थान और उसका महत्व	क्षेत्रवार वर्गीकरण और इससे संबंधित प्रमुख व्यक्तित्व

विशेष : भारतीय भाषा व दर्शन, भारत की विख्यात मूर्ति और शिल्प कला तथा परम्परागत रीति-रिवाज और उससे संबंधित प्रमुख संस्थान, संगठन, स्मारक और उसके निर्माता, लेखक और उनकी पुस्तकों, बौद्ध, जैन, शैव से संबंधित आधारभूत एवं मौलिक जानकारी पर भी प्रश्न पूछे जाते हैं तथा भारतीय कला एवं संस्कृति के संवाहक उद्यमान व्यक्तित्व पर आधारित सूचनात्मक प्रश्न पूछे जाते हैं।

विषय-सूची

भाग–I

भारतीय संस्कृति

भारतीय संस्कृति तथा राष्ट्रीय एकता एवं विविधता

प्रमुख बिन्दु

- भारतीय संस्कृति के अभिलक्षण
- भारत की विविधता को दर्शाने वाली विषय-वस्तु
- भारतीय आश्रम व्यवस्था
- अभ्यास प्रश्न
- भारत की एकता, अखंडता एवं विविधता
- भारतीय वर्ण व्यवस्था व समाज
- अध्याय सार-संचिका

किसी भी देश में निवास करने वाले नागरिक, समुदाय के सदस्य, उनके धर्म, उनके रहन-सहन, ज्ञान-विज्ञान, कला, साहित्य, रीति-रिवाज, खान-पान के तौर-तरीकों और उनके आदर-सत्कार इत्यादि के बेहतर सामंजस्य और सहयोग को 'संस्कृति' कहा जाता है। प्राय: लोगों द्वारा यह कहते हुए सुना जाता है कि हमारी संस्कृति का इतिहास गौरवशाली है और हमारी संस्कृति समृद्ध है। देश के विकास क्रम में इस संस्कृति पर विभिन्न प्रकार के प्रभाव लगातार परिलक्षित होते हैं। ये प्रभाव सकारात्मक और नकारात्मक, दोनों प्रकार से दिखाई देते हैं। उदारीकरण और वैश्वीकरण के बावजूद भारतीय संस्कृति की जड़ें इतनी मजबूत हैं कि उनका प्रभाव संस्कृति पर धीरे-धीरे पड़ रहा है अर्थात् कह सकते हैं कि वैश्वीकरण के इस युग में भारतीय संस्कृति पर इसके प्रभाव छन-छन कर आ रहे हैं।

चित्र 1.1: एकता को दर्शाती विविधता भरी रंगोली

मानव इसलिए मानव है क्योंकि उसके पास संस्कृति है। संस्कृति के अभाव में मानव को पशु से श्रेष्ठ नहीं माना जा सकता। संस्कृति ही मानव की श्रेष्ठतम धरोहर है, जिसकी सहायता से मानव पीढ़ी-दर-पीढ़ी आगे बढ़ता है और प्रकृति की ओर उन्मुख होता है। यदि मानव से उसकी संस्कृति छीन ली जाए तो उसके पास कुछ शेष नहीं बचेगा। संस्कृति पर प्रभाव व्यक्ति के रहन-सहन, उसकी कार्य प्रणाली, उसके पर्यावरण इत्यादि पर व्यापक स्तर पर पड़ता है। मानव और पशु में अंतर सिर्फ संस्कृति का ही तो है।

मनुष्य में ही कुछ शारीरिक और मानसिक क्षमताएं पाई जाती हैं, जो पशुओं में नहीं पाई जातीं, जैसे मनुष्य सीधा खड़ा हो सकता है, अपने हाथों को स्वतंत्रतापूर्वक घुमा सकता है, इन हाथों की सहायता से वस्तुओं को पकड़ सकता है, हाथों से निर्माण का कार्य कर सकता है। वह अपनी तीक्ष्ण और केंद्रित की जा सकने वाली दृष्टि से सूक्ष्म अवलोकन कर सकता है, विविध घटनाओं को घटित होते देख सकता है। वह अपने मेधावी मस्तिष्क की सहायता से सोच सकता है, तर्क कर सकता है, कार्य-कारण सम्बन्धों का पता लगा सकता है और अनेक आविष्कार कर सकता है। इसी मेधावी मस्तिष्क के

फलस्वरूप मानव अपने विकास हेतु अनेक योजनाएँ बना सका और उन्हें सफलतापूर्वक लागू कर सका। इन सब विशेषताओं के अतिरिक्त भाषा के आविष्कार ने मानव को वह शक्ति प्रदान की है, जिसकी सहायता से वह विचारों का आदान-प्रदान कर सकता है तथा अपने चिंतन के परिणामों को आने वाली पीढ़ियों को हस्तांतरित कर सकता है। वास्तव में, भाषा और प्रतीकों के माध्यम से ही मानव ज्ञान और विज्ञान के क्षेत्र में उन्नति कर पाया है। अत: स्पष्ट है कि विश्व में मानव ही एक ऐसा प्राणी है, जो अपनी इन विशेषताओं व क्षमताओं के कारण संस्कृति का निर्माण कर पाया है, भौतिक क्षेत्र में अनेक वस्तुओं को निर्मित कर पाया है एवं अभौतिक क्षेत्र में अनेक विश्वासों तथा व्यवहार के तरीकों को विकसित कर पाया है।

प्रसिद्ध आलोचक एवं कवि **मैथ्यू अर्नाल्ड** जीवन के प्रकाश एवं कोमलता को 'संस्कृति' कहते हैं। **दार्शनिक केसिरर** एवं **सोरोकिन** तथा **मैकाइवर** जैसे समाजशास्त्री मानव की नैतिक, आध्यात्मिक और बौद्धिक उपलब्धियों के लिए 'संस्कृति' शब्द का प्रयोग करते हैं। 'संस्कृति' शब्द संस्कृत भाषा से लिया गया है। संस्कृत और संस्कृति, दोनों ही शब्द संस्कार से बने हैं। संस्कार का अर्थ है-कुछ कृत्यों या अनुष्ठानों को सम्पन्न करना। एक हिन्दू को जन्म से ही अनेक प्रकार के संस्कार करने पड़ते हैं, जिसमें उसे विभिन्न प्रकार की भूमिकाएं निभानी पड़ती हैं। संस्कृति का अर्थ होता है-विभिन्न संस्कारों के द्वारा सामूहिक जीवन के उद्देश्यों की प्राप्ति। यह परिमार्जन की एक प्रक्रिया है। संस्कारों को सम्पन्न करके ही व्यक्ति सामाजिक प्राणी बनता है।

भारतीय संस्कृति के अभिलक्षण

भारत की भौगोलिक, राजनीतिक, आर्थिक तथा सामाजिक परिस्थितियां अन्य देशों से भिन्न हैं। यही कारण है कि भारतीय संस्कृति अन्य देशों की संस्कृति से भिन्न है। यहाँ की संस्कृति में धर्म, आध्यात्मिक, साहित्य एवं ललित कलाओं के विद्यमान तत्व इसे विशिष्ट बना देते हैं। संक्षेप में, संस्कृति में जो विशेषताएँ दर्शित होती हैं, वे निम्नवत् हैं-

चित्र 1.2: भारतीय संस्कृति की एक बानगी

1. **प्राचीनता :** विश्व में न जाने कितनी संस्कृतियां, यथा यूनान, सुमेर और रोम में उदित हुईं, किंतु एक समय ऐसा भी आया जब ये संस्कृतियां न जाने कहाँ विलीन हो गईं। आज इन संस्कृतियों के अवशेष मात्र ही यत्र-तत्र प्राप्त होते हैं, जबकि भारतीय संस्कृति, जिसका उद्भव चार-पाँच हजार वर्ष पहले माना जाता है, आज भी अपने अस्तित्व में है। इस प्रकार भारतीय संस्कृति विश्व की समस्त संस्कृतियों में प्राचीन संस्कृति है।
2. **सहिष्णुता एवं उदारता :** सहिष्णुता एवं उदारता भारतीय संस्कृति की अन्य विशेषता है। प्राचीनकाल से ही भारत में अनेक धर्म अस्तित्व में रहे हैं। इन विभिन्न धर्म के मानने वालों के मध्य परस्पर सहिष्णुता एवं उदारता बनी रही, जबकि अन्य देशों में धर्म के नाम पर अनेकानेक संग्राम हुए। यहाँ के अनेक राजाओं, यथा अशोक ने सहिष्णुता की भावना को बढ़ावा दिया। इस प्रकार भारतीय संस्कृति में धार्मिक विद्वेष को कोई स्थान नहीं दिया गया है।

समन्वयवादिता

भारतीय संस्कृति में समन्वयवादिता का गुण स्पष्ट रूप से दर्शित होता है। इसमें आध्यात्मिकता एवं भौतिकता का सुंदर समन्वय मिलता है, जबकि विश्व की अन्य संस्कृतियों में आत्मा के विकास के लिए आध्यात्मिकता तथा शरीर के विकास के लिए भौतिक समृद्धि के महत्व को बताया गया है। संक्षेप में कर्म और भाग्य, भोग और वैराग्य, निवृत्ति और प्रवृत्ति, आध्यात्मिकता और भौतिकता का समन्वय ही भारतीय संस्कृति का मूल आधार है।

प्राकृतिक अनेकता

भारत के संपूर्ण भूक्षेत्र में जलवायु की भिन्नता पाई जाती है। यहाँ के कई प्रदेश अत्यधिक ठंडे हैं तो कई अत्यधिक गर्म, कहीं अत्यधिक वर्षा होती है तो कहीं बिल्कुल भी नहीं, यहाँ कुछ भागों में वनों की अधिकता है तो कुछ में रेगिस्तान की। यहाँ की इस प्राकृतिक अनेकता ने भारतवासियों के रंग-रूप में अनेकता उत्पन्न कर दी है।

नैतिकता

भारतीय संस्कृति में नैतिकता एवं सदाचार का स्थान हमेशा से सर्वोपरि रहा है। भारतीय संस्कृति में निर्धारित नैतिकता का मानदंड संसार के सभी मनीषियों की विचार कसौटी पर खरे उतरते हैं। वस्तुतः त्याग, तप, संयम, अहिंसा, सहनशीलता, बड़ों के प्रति आदर का भाव एवं शिष्टाचार नैतिकता का ही मार्ग है।

अहिंसा

अहिंसा भारतीय संस्कृति का सनातन गुण है। सभी जीवों के प्रति प्रेम की भावना अहिंसा को ही व्यक्त करती है। अहिंसा का अर्थ भय एवं निष्क्रियता नहीं, बल्कि साहसी एवं कर्मनिष्ठ व्यक्ति का दर्शन है। करुणा, मैत्री, विनय आदि अहिंसा के पालन में सहायक होते हैं।

व्यापकता

भारतीय विचारकों ने मानव जीवन के प्रत्येक पक्ष पर गंभीरता से विचार किया है। जीवन का बहुमुखी विकास भारतीय संस्कृति का प्रधान लक्ष्य रहा है। यही कारण है कि भारतीय संस्कृति का क्षेत्र अत्यंत ही विशाल एवं व्यापक रहा है।

धर्म प्रधान और दर्शन प्रधान

आत्मा और परमात्मा के विषय में जितना भारतीय विचारकों ने मनन किया है, सम्भवतः उतना अन्य किसी ने नहीं। चूंकि भारतीय आध्यात्मिक और दर्शन में विशेष रुचि रखते आए हैं, इसलिए यहाँ दार्शनिकों को महत्व दिया जाता है। इस संबंध में श्री अरविन्द ने लिखा है–"भारतीय सभ्यता में धर्म द्वारा क्रियाशील हुआ दर्शन और दर्शन द्वारा आलोकित धर्म ही नेतृत्व करते आए हैं। शेष सभी वस्तुएं कला, काव्य आदि यथासंभव अनुसरण करती रही हैं। निःसंदेह भारतीय सभ्यता की पहली विशेषता यही है। इसके पीछे तथ्य यह है कि भारतीय संस्कृति आरंभ से ही एक आध्यात्मिक एवं अन्तर्मुखी, धार्मिक व दार्शनिक संस्कृति रही है और बराबर ऐसी चली आई। वस्तुतः भारतीय संस्कृति में धार्मिकता एवं दार्शनिकता का प्राधान्य रहा है।

अवतारवाद एवं देववाद

भारतीय संस्कृति में अवतारवाद की अत्यंत रोचक रूप में कल्पना की गई है। ऐसा विश्वास किया जाता रहा है कि जब-जब पृथ्वी पर अधर्म बढ़ा तथा धर्म की हानि हुई, तब-तब अधर्म के विनाश हेतु ईश्वर ने अवतार लिया। राम, कृष्ण, वामन आदि 10 अवतार माने गए हैं। भारतीय संस्कृति में देवताओं को भी महत्व दिया जाता रहा है। वैदिककाल में विभिन्न प्राकृतिक शक्तियों को देवता माना जाता था, जैसे–अग्नि, वायु, वरुण, इन्द्र एवं उषा आदि। इनके अतिरिक्त भारतीय संस्कृति में ब्रह्मा, विष्णु, महेश को क्रमशः सृष्टा, पालक एवं संहारक के रूप में सर्वोपरि माना गया है।

नारी सम्मान

भारतीय संस्कृति में नारी को महत्वपूर्ण स्थान प्रदान किया गया है तथा उसके जीवन की सार्थकता उसके मातृत्व में स्वीकार की गई है। वैदिक एवं संस्कृत साहित्य में माँ एवं पत्नी के महत्व का विशद वर्णन किया गया है। 'वशिष्ठ सूत्र' में माता को परिवार में वरिष्ठ स्थान प्रदान किया गया है। 'महाभारत' एवं 'तैत्तरीय उपनिषद्' में माता को ही सबसे बड़ा शिक्षक स्वीकार किया गया है। उनका ईश्वर की आद्यशक्ति के रूप में कल्पना कर स्मरण किया गया है। मैत्रेयी, गार्गी, अपाला, कुन्ती आदि अनेक नारियाँ इस बात की द्योतक हैं कि भारतीय संस्कृति में सदा से ही नारी को सम्मान प्रदान किया जाता रहा है।

अनेकता में एकता

अनेकता में एकता भारतीय संस्कृति की प्रमुख विशेषता है। भारतीय संस्कृति में भौगोलिक, आर्थिक, सामाजिक, धार्मिक एवं राजनीतिक क्षेत्रों में विभिन्नता के साथ ही अखंड मौलिक एकता भी विद्यमान है। यद्यपि यहाँ विभिन्न धर्मों एवं जातियों के लोग रहते हैं, किन्तु उनमें मनोवृत्तियों और भावनाओं की एकता विद्यमान है।

उपर्युक्त वर्णित विशेषताओं के अतिरिक्त भारतीय संस्कृति में आशावाद, अवसरानुकूलता, आत्मविश्वास की भावना, तप, संतोष, ज्ञान आदि अनेक तत्व विद्यमान हैं, जो भारतीय संस्कृति को विशिष्ट बनाते हैं।

भारत की एकता, अखंडता एवं विविधता

चित्र 1.3: भारत की एक सांस्कृतिक छवि

भारत एक वृहद् क्षेत्रफल वाला देश है। क्षेत्रफल की विशालता के कारण ही अनेक विद्वानों ने इसे 'उपमहाद्वीप' की संज्ञा दी है। यह उपमहाद्वीप वर्तमान में भारत, पाकिस्तान तथा बांग्लादेश में बँटा हुआ है। क्षेत्रफल में भारत, इंग्लैंड के क्षेत्रफल से 20 गुना अधिक है। विश्व की लगभग 16% जनता यहीं निवास करती है। यहाँ विभिन्न जातियों और धर्मों को मानने वाले रहते हैं। यहाँ के निवासियों द्वारा लगभग 179 भाषाएं बोली जाती हैं, जबकि स्थानीय भाषाओं की संख्या तो 500 से अधिक है। इसी संदर्भ में एक कहावत है कि 'कोस-कोस पर बदले पानी चार कोस पर बानी', जो भारत में अनेकता की बात की पुष्टि करती है। वस्तुतः विशालता के कारण यहाँ की वनस्पति, जलवायु, जातीयता, भाषा, धर्म, राजनीति, समाज एवं आर्थिक क्षेत्रों में भी विविधता दर्शित होती है, किंतु इस विविधता में भी एकता के तत्व विद्यमान हैं। वास्तव में सभी बड़े देशों में भेद तथा अभेद पाए जाते हैं। इस संबंध में **डॉ. गुलाब राय** ने उचित ही कहा है-"पहले तो प्रायः सभी देशों में जाति, भाषा और धर्मगत भेद हैं। संयुक्त राज्य अमेरीका में ही कई जातियां हैं। वहाँ भाषाएं भी कई बोली जाती हैं, किंतु एक केंद्रीय भाषा सबको मिलाए हुए है।"

भारत की मौलिक एकता तथा विविधता के संबंध में **डॉ. वी.ए. स्मिथ** ने लिखा है-"भारत की विभिन्नता में एकता निहित है, परंतु मौलिक एकता उतनी स्पष्ट नहीं है जितनी बाह्य भिन्नता।"

भारत की विविधता को दर्शाने वाली विषय-वस्तु

चित्र 1.4: भारत की भौगोलिक विविधता

1. **भौगोलिक विविधता :** भौगोलिक दृष्टि से भारत में विविधता दर्शित होती है। भारत की इस भौगोलिक विविधता के संबंध में **डॉ. राजेन्द्र प्रसाद** ने अपने भाषण में स्पष्ट कहा है "यदि कोई विदेशी, जिसे भारतीय परिस्थितियों का ज्ञान नहीं है, सारे देश की यात्रा करे तो वह यहाँ की विभिन्नताओं को देखकर यही समझेगा कि यह एक देश नहीं, बल्कि छोटे-छोटे देशों का समूह है और ये देश एक-दूसरे से अत्यधिक भिन्न हैं। जितनी अधिक प्राकृतिक भिन्नताएं यहाँ हैं उतनी अन्यत्र नहीं। देश के एक छोर पर उसे हिम मण्डित हिमालय दिखाई देगा और दक्षिण की ओर बढ़ने पर गंगा, यमुना एवं ब्रह्मपुत्र की घाटियां, फिर विंध्य, अरावली, सतपुड़ा तथा नीलगिरि पर्वत श्रेणियों का पठार। इस तरह अगर वह पश्चिम से पूरब की ओर जाएगा तो उसे वैसी ही विविधता और भिन्नता मिलेगी। उसे विभिन्न प्रकार की जलवायु मिलेगी हिमालय की अत्यधिक ठंड, मैदानों की ग्रीष्मकाल की अत्यधिक गर्मी मिलेगी, एक तरफ असम का समवर्षा वाला प्रदेश है, तो दूसरी ओर जैसलमेर का सूखा क्षेत्र, जहाँ बहुत कम वर्षा होती है। इस प्रकार भौगोलिक दृष्टि से भारत में सर्वत्र विविधता दिखाई पड़ती है।"

2. **राजनीतिक विविधता :** ऐतिहासिक अध्ययन से ज्ञात होता है कि मौर्य, गुप्त तथा अंग्रेजों के शासनकाल को यदि छोड़ दिया जाए, तो राजनीतिक दृष्टि से भारत कभी संगठित नहीं रहा बल्कि भारत के विभिन्न भागों पर

एक ही समय में कई नरेशों ने शासन किया। उदाहरणार्थ, अगर उत्तर भारत पर हर्षवर्धन का शासन था, तो उसी समय बंगाल में पालवंशीय शासकों का तथा दक्षिण में चालुक्यों का शासन था। अतः कहा जा सकता है कि यहाँ राजनीतिक एकता का अभाव रहा है।

3. **सांस्कृतिक विविधता :** भारत के अनेक क्षेत्रों में सांस्कृतिक विविधता दिखाई पड़ती है। यहाँ विभिन्न क्षेत्रों के व्यक्तियों में सांस्कृतिक भिन्नता मिलती है। लोगों का शारीरिक गठन, खान-पान, रहन-सहन, वेशभूषा, यहाँ तक कि मानसिकता भी अलग-अलग प्रकार की है। उदाहरणार्थ, उत्तर भारत में अनेक जगह, यथा-दिल्ली, मुंबई, कोलकाता आदि में सभ्य, शिक्षित एवं शिष्ट लोग मिलते हैं, तो असम तथा नागालैंड में अपेक्षाकृत कुछ कम सुसंस्कृत एवं शिष्ट लोग मिलते हैं।

4. **धार्मिक विविधता :** भारत के विभिन्न भागों में अलग-अलग धर्मों के, यथा-हिन्दू, मुस्लिम, सिख, ईसाई, पारसी, में बौद्ध तथा जैन धर्म के अनुयायी रहते हैं। प्रत्येक धर्म भी कई मतों में बँटा हुआ है। उदाहरणार्थ, हिन्दू धर्म, जिसे भारत का सर्वाधिक प्राचीन धर्म माना जाता है, वैष्णव, शैव, सनातन, आर्य समाज, राम भक्त, कृष्ण भक्त, कबीर पंथी, नाथ पंथी आदि अनेक मतों में विभाजित है। अतः विभिन्न धर्म तथा मतों के अनुयायियों में धार्मिक विविधता दिखाई पड़ती है।

चित्र 1.5: भारत में मनाए जाने वाले विविध त्योहार

5. **भाषा की विविधता :** भारत के विभिन्न प्रांतों में अनेक भाषाएँ अस्तित्व में हैं, जो भिन्न-भिन्न प्रांतों को परस्पर अलग-सा कर देती हैं। 'साइमन कमीशन' की रिपोर्ट के अनुसार, यहाँ व्यवहार में लाई जाने वाली भाषाओं की संख्या लगभग 222 है। इसके अतिरिक्त भारत के विभिन्न भागों में लगभग 545 भाषाएँ व्यवहार में लाई जाती हैं। इन विभिन्न भाषाओं के कारण भारत में विविधता दर्शित होती है। वर्तमान में भारत के संविधान द्वारा 22 भाषाओं को मान्यता प्रदान की गई है। ये भाषाएं हैं-हिन्दी, बांग्ला, पंजाबी, गुजराती, मराठी, उड़िया, उर्दू, सिन्धी, असमिया, कश्मीरी, तमिल, तेलुगू, कन्नड़, मलयालम, कोंकणी, मणिपुरी, नेपाली तथा संस्कृत। कुछ अन्य भाषाओं को भी इस सूची में सम्मिलित करने की मांग की जा रही है।

6. **आर्थिक विविधता :** भारत में आर्थिक दृष्टि से भी विविधता व्याप्त है। यहाँ धन का असमान वितरण है। एक तरफ देश में ऐसा वर्ग है, जो अथक परिश्रम के बाद भी दो वक्त की रोटी लायक पैसा नहीं कमा पाता है। वहीं दूसरी तरफ ऐसा भी वर्ग है, जिसकी आर्थिक स्थिति इतनी सुदृढ़ तथा आय इतनी अधिक है कि इस वर्ग के व्यक्तियों की गणना विश्व के धनाढ्य व्यक्तियों में की जाती है।

अतः उपर्युक्त वर्णन के आधार पर कहा जा सकता है कि भारत में सभी क्षेत्रों में विविधता व्याप्त है। इसके पीछे अनेक विद्वान तर्क देते हैं कि ऐसा इसलिए है, क्योंकि भारत एक राष्ट्र न होकर अफ्रीका की तरह भौगोलिक इकाई है जहाँ अनेक छोटे-बड़े राज्य हैं, जिनमें कई क्षेत्रों में परस्पर भिन्नता है। **सर जॉन स्टेची** भी भारत को एक राष्ट्र के रूप में स्वीकार नहीं करते हैं। इस संबंध में उनका कहना है, "भारत के संबंध में सबसे महत्वपूर्ण बात यह जाननी है कि न भारत था और न है। भारत

चित्र 1.6: भारत की आर्थिक विविधता

न है। भारत जैसा कोई देश भी नहीं है, जिसमें यूरोपीय आदर्शों के अनुसार किसी प्रकार की भौगोलिक, राजनीतिक, सामाजिक अथवा धार्मिक एकता रही हो। भारतीय जनता जैसी कोई चीज भी नहीं है, जिसके बारे में हम इतना सुनते हैं।'' भारत में विविधता के संबंध में **डॉ. राधाकुमुद मुखर्जी** का कहना है, ''भारत को मतों तथा पंथों, प्रथाओं तथा संस्कृतियों, धर्मों तथा भाषाओं, विभिन्न जातियों तथा सामाजिक संस्थाओं का अजायबघर कहा जा सकता है, परंतु यह मृतक वस्तुओं तथा भौतिक पदार्थों का नहीं अपितु जीवित सम्प्रदायों तथा आध्यात्मिक व्यवस्थाओं का अजायबघर है।''

भारतीय वर्ण व्यवस्था व समाज

'वर्ण' शब्द का अर्थ अत्यंत ही व्यापक है। इसके शाब्दिक अर्थ को अनेक प्रकार से स्पष्ट किया जा सकता है। 'वर्ण' का अर्थ समझने के लिए विभिन्न विचारधाराओं का उल्लेख आवश्यक है।

प्रथम विचारधारा के अनुसार 'वर्ण' का अर्थ होता है–वरण करना अथवा धारण करना या चुनना। इस प्रकार कहा जा सकता है कि आरंभ में जो व्यक्ति एक निश्चित व्यवसाय को चुनते थे, वे एक ही वर्ण के कहलाए जाते थे।

द्वितीय विचारधारा के अनुसार, 'वर्ण' का अर्थ 'व्यक्ति की वृत्ति' अथवा व्यक्तियों के 'स्वभाव' से है। इस प्रकार एक ही प्रकार की स्वाभाविक विशेषताओं वाले लोगों से अलग-अलग वर्णों का निर्माण हुआ।

तृतीय विचारधारा के अनुसार, 'वर्ण' का अर्थ होता है 'रंग' अर्थात् रंगों के अनुसार विभिन्न वर्णों का निर्माण हुआ।

इस प्रकार 'वर्ण' शब्द का अर्थ अत्यंत ही व्यापक है। इसकी व्यापकता के कारण ही वर्ण के संबंध में भ्रम पैदा होता है, किन्तु प्राचीन कालीन सामाजिक व्यवस्था में निर्धारित वर्ण व्यवस्था का अर्थ अपेक्षाकृत कम व्यापक तथा स्पष्ट है। प्राचीन भारतीय समाज में विद्यमान वर्ण व्यवस्था से तात्पर्य उस व्यवस्था से है, जिसमें भारतीय समाज के प्रत्येक सदस्य को उसके कर्म और गुण के आधार पर चार भागों में इस प्रकार विभाजित किया गया, जिससे समाज की समस्त आवश्यकताओं को नियमित रूप से पूरा किया जा सके। वर्ण व्यवस्था का निर्धारण जिन चार वर्णों के द्वारा हुआ, वे वर्ण हैं-ब्राह्मण, क्षत्रिय, वैश्य तथा शूद्र।

वर्ण तथा जाति में अंतर

अनेक पश्चिमी विद्वानों ने वर्ण तथा जाति में कोई अंतर नहीं माना है, जबकि वर्ण और जाति में काफी अंतर है। वर्ण का आधार गुण और कर्म है, जबकि जाति का आधार जन्म है। वर्ण की धारणा संस्कृति, चरित्र तथा व्यवसाय पर आधारित है। इसमें व्यक्ति की नैतिकता और बौद्धिक क्षमता का विशेष महत्व है। इसके विपरीत, जाति व्यवस्था में जन्म और आनुवंशिकता का महत्वपूर्ण स्थान है।

भारतीय आश्रम व्यवस्था

पुरातन काल से ही आश्रम व्यवस्था भारतीय समाज की आधारशिला रही है। 'आश्रम' शब्द 'श्रम' धातु से बना है, जिसका अर्थ होता है-परिश्रम अथवा प्रयास करना। अतः कहा जा सकता है कि 'आश्रम' का आशय जीवन के उन विभिन्न स्तरों से है, जहाँ व्यक्ति को अनेक प्रकार के श्रम अथवा प्रयास करने होते हैं। आश्रम व्यवस्था भारतीय मनीषियों द्वारा निर्धारित एक ऐसी व्यवस्था है, जो भारतीय मानव को प्राणान्वित करते हुए इस भवसागर में आगे बढ़ने की क्षमता प्रदान करती आई है। प्राचीनकाल में मनुष्य की आयु 100 वर्ष मानी गई थी। मनुष्य की आयु को चार आश्रमों में विभाजित किया गया था। स्त्रियों के लिए आश्रम व्यवस्था लागू नहीं होती। प्रत्येक आश्रम की अवधि 25 वर्ष निर्धारित की गई थी। ये आश्रम हैं–

ब्रह्मचर्य आश्रम : ब्रह्मचर्य आश्रम, आश्रम व्यवस्था का प्रथम आश्रम है, जिसकी महिमा वेदों से प्राप्त होती है। इस आश्रम में रहते हुए बालक ज्ञानार्जन करते हुए अपना मानसिक, शारीरिक एवं आध्यात्मिक विकास करता था। इस आश्रम का प्रारंभ उपनयन एवं वेदारंभ संस्कारों से होता था। ब्रह्मचर्य आश्रम का तात्पर्य जीवन के उस स्तर से है, जिसमें महानता प्राप्त करने के मार्ग पर चला जाए, इसीलिए कुछ ग्रंथों में इसे अंतिम आश्रम माना गया है। इस आश्रम में विभिन्न प्रकार के संयमों, यथा-अनुशासन, पवित्रता, नैतिकता, सेवा, कर्तव्यपरायणता और आचरण की शुद्धता को महत्वपूर्ण स्थान दिया गया है। इस आश्रम में रहते हुए बालक संसार के प्रलोभनों से दूर, आमोद-प्रमोद से विरक्त, शुद्धतापूर्ण जीवन व्यतीत करते हुए अपने आचार्य की छत्रछाया में शिक्षा ग्रहण करता था। इस आश्रम में बालक को सूर्योदय से पहले उठना, दैनिक क्रियाओं

से निवृत्त होकर गुरु को प्रणाम करना, गुरु के सामने बैठकर अपने पाठ को दोहराना तथा नवीन पाठ का अध्ययन करना, दोपहर को समीप के गांव में जाकर भिक्षा लेना, कुटिया में आकर भोजन करना, संध्या को व्यापक करना तथा रात्रि को यज्ञ करना अनिवार्य था। पूर्णरूप से शिक्षा प्राप्त कर बालक (शिष्य) को विद्वानों से शास्त्रार्थ करके अपनी परीक्षा देनी होती थी। इसके पश्चात् समावर्तन संस्कार के साथ ही इस आश्रम की समाप्ति हो जाती थी। यही वह आश्रम था, जहाँ विद्यार्थी हर प्रकार की शिक्षा ग्रहण करता था। इस आश्रम में व्यावसायिक शिक्षा भी दी जाती थी। इस आश्रम का मुख्य उद्देश्य विद्यार्थी को स्वावलम्बी बनाना और ग्रहस्थ आश्रम के लिए तैयार करना था।

गृहस्थाश्रम : आश्रम व्यवस्था का यह द्वितीय आश्रम है। यह वह आश्रम है, जिसमें व्यक्ति गृहस्थ होकर अथवा एक गृहस्थी का निर्माण करके जीवन व्यतीत करता था। इस आश्रम को चारों आश्रमों में सर्वाधिक महत्वपूर्ण माना जाता है। वास्तव में, यह अन्य आश्रमों का मुख्य आधार है। अनेक स्मृतिकारों ने इस आश्रम को महत्वपूर्ण बताया है। मनु ने इस आश्रम के महत्व के संबंध में कहा है-''जिस प्रकार सभी जीव वायु के सहारे जीवित रहते हैं, उसी प्रकार सभी आश्रम गृहस्थ आश्रम से जीवन प्राप्त करते हैं।'' गृहस्थ आश्रम में दो कर्तव्यों की पूर्ति की जाती थी - एक तो पुरुषार्थ अर्थात् धर्म, अर्थ और काम की, और दूसरा - ऋणों से मुक्त होना, ये ऋण हैं-देव ऋण, ऋषि ऋण, पितृ ऋण, अतिथि ऋण और भूत ऋण। इस आश्रम की अवधि भी 25 वर्ष मानी गई थी। इस आश्रम में स्त्री एवं पुरुष, दोनों का ही समान महत्व होता था। इसमें गृहस्थ को अनेक कार्य करने होते थे। इस आश्रम में व्यक्ति विवाह कर प्रविष्ट होता था। यह आश्रम 25 वर्ष की आयु से प्रारंभ होता था।

वानप्रस्थ आश्रम : वानप्रस्थ का अर्थ है 'वन' की ओर प्रस्थान करना। शास्त्रकारों के अनुसार, 50 वर्ष की अवस्था प्राप्त कर मनुष्य इस आश्रम में प्रविष्ट होता है। 'मनुस्मृति' में इस आश्रम के संबंध में कहा गया है कि जब गृहस्थ जीवन का काल एवं कर्तव्य पूर्ण हो जाए, संतान के भी संतान हो जाए, वृद्धावस्था का आरंभ हो जाए, तो मनुष्य को वानप्रस्थ आश्रम में प्रविष्ट होना चाहिए। इस आश्रम में मनुष्य को मोह-माया के बंधनों को त्यागकर पवित्र और सेवायुक्त जीवन व्यतीत करना होता था। इस आश्रम में मनुष्य का मुख्य कर्तव्य इन्द्रियों पर नियंत्रण रखना होता था। यह वह आश्रम है, जिसमें निष्काम कर्म का आदेश हमारे जीवन का सबसे प्रमुख लक्ष्य होता है। इसमें मनुष्य का कार्य प्रत्येक विरक्ति उत्पन्न करने वाले कार्यों, यथा-जंगल में कुटिया बनाकर रहना, जंगल में प्राप्त फलों और वनस्पतियों को खाना, वृक्ष की छाल और मृगचर्म शरीर पर धारण करना, गर्मी में अग्नि के सामने बैठकर तपस्या करना आदि था। इसके अतिरिक्त स्वाध्याय करना, सभी के प्रति दया व सेवाभाव रखना वानप्रस्थी का मुख्य कर्तव्य होता था। इस आश्रम की अवधि भी 25 वर्ष होती थी।

संन्यास आश्रम : संन्यास आश्रम चार आश्रमों से अंतिम आश्रम है। जब वानप्रस्थी मनुष्य स्वयं को सांसारिक बंधनों से मुक्त कर, अपनी इन्द्रियों पर विजय प्राप्त कर लेता था तब वह लगभग 75 वर्ष की आयु में इस आश्रम में प्रविष्ट होता था। इस आश्रम में मनुष्य समस्त वस्तुओं को त्यागकर भ्रमणशील जीवन व्यतीत करने लगता है। अपना नाम भी बदल लेता है तथा भिक्षा मांग कर दिन में एक बार भोजन ग्रहण करता है। उसके द्वारा किया गया प्रत्येक कार्य समाज कल्याण की भावना से युक्त होता है। धैर्य उसका विशेष गुण होता है। वह न तो किसी से घृणा करता है और न ही किसी से मोह। इस आश्रम की अवधि मृत्युपर्यन्त होती थी।

अधिकांश विद्वानों का विचार है कि मनुष्य ब्रह्मचर्य, गृहस्थ एवं वानप्रस्थ आश्रम का पालन करने के बाद ही इस आश्रम में प्रविष्ट हो सकता था, किंतु मनु, याज्ञवल्क्य और जाबालि का कथन है कि यदि गृहस्थ आश्रम में ही मनुष्य अपनी समस्त इच्छाओं पर नियंत्रण प्राप्त कर लेता है, तो वह वानप्रस्थ में प्रविष्ट हुए बिना ही संन्यास आश्रम में प्रविष्ट हो सकता है। जो भी हो, संन्यास आश्रम को भारतीय संस्कृति में आध्यात्मवाद को स्थिर रखने वाला सबसे प्रमुख आधार माना गया है।

पुरुषार्थ

'पुरुषार्थ' 'शब्द' 'पुरुष' और 'अर्थ' दो शब्दों से मिलकर बना है, जिसका क्रमशः अर्थ होता है-जीवात्मा तथा उद्देश्य। इस प्रकार पुरुषार्थ का अर्थ है-जीवात्मा का उद्देश्य। प्राचीनकाल में मनुष्य के उद्देश्यपूर्ण जीवन व्यतीत करने हेतु आश्रम व्यवस्था का निर्धारण किया गया था। आश्रम व्यवस्था की सफलता 'पुरुषार्थ' पर ही निर्भर थी। ये पुरुषार्थ हैं-धर्म, अर्थ, काम व मोक्ष। शास्त्रकारों ने इन्हें 'चतुर्वर्ग' कहा है। वास्तव में, पुरुषार्थ से मनुष्य के व्यक्तित्व का विकास तो होता ही है, साथ ही समाज का भी उत्कर्ष होता है। पुरुषार्थों में 'मोक्ष' पुरुषार्थ को अंतिम मानकर तीन पुरुषार्थों-धर्म व अर्थ, काम पर

अधिक बल दिया गया। इन्हें 'त्रिवर्ग' कहा जाता है। ये तीनों ही पुरुषार्थ एक-दूसरे से इस प्रकार से संबंधित हैं कि एक के बिना दूसरे को प्राप्त नहीं किया जा सकता है। इस प्रकार कहा जा सकता है कि पुरुषार्थ वह व्यवस्था थी, जिससे मनुष्य का बौद्धिक, नैतिक, शारीरिक, भौतिक और आध्यात्मिक उत्कर्ष संभव था।

धर्म : पुरुषार्थों में धर्म का स्थान सर्वप्रमुख है। 'धर्म' शब्द की व्याख्या अत्यंत ही विशद है। संक्षेप में कहा जा सकता है कि 'धर्म' का अर्थ है–रक्षा करना, पोषण करना तथा कर्तव्यों का निर्वाह करना। वस्तुतः धर्म का स्वरूप कल्याणकारी है। धर्म के पालन से मानव की सुरक्षा सुदृढ़ होती है। धर्म से व्यक्ति का शारीरिक, मानसिक एवं आध्यात्मिक विकास होता है। साथ ही, समाज एवं राष्ट्र का उत्कर्ष भी। वास्तव में, धर्म वह साधन है, जो मानव जीवन को अबाध गति से तथा सुचारु रूप से चलाने में सहायक होता है। इस पुरुषार्थ का पालन ब्रह्मचर्य, गृहस्थ तथा वानप्रस्थ आश्रम में किया जाता है।

अर्थ : पुरुषार्थों में दूसरा स्थान 'अर्थ' का आता है। अर्थ का आशय धन-सम्पत्ति तथा उन सभी भौतिक उपकरणों से है, जो व्यक्ति को समस्त सांसारिक सुख प्रदान करने में सहायक होते हैं। मनुष्य को अपने जीवन में अनेक कर्तव्यों एवं उत्तरदायित्वों को पूरा करने हेतु धन की आवश्यकता होती है। अतः धन उपार्जन करना मनुष्य के जीवन का एक प्रमुख कर्तव्य है। मनुष्य को धर्माचरणपूर्वक अर्थ का अर्जन करना चाहिए क्योंकि अधर्म से अर्जित किया गया धन अनिष्ट है, अनर्थ है। भारतीय शास्त्रकारों ने अर्थ की महत्ता तथा आवश्यकता पर अपने विचार प्रकट करते हुए कहा है कि 'अर्थ' उच्चतम धर्म है। अर्थ काम और धर्म का आधार है। इससे स्वर्ग का मार्ग प्रशस्त होता है। अर्थ से व्यक्ति, समाज व राष्ट्र की उन्नति संभव होती है। गृहस्थ आश्रम में इस पुरुषार्थ का पालन किया जाता है।

काम : पुरुषार्थ में तीसरा स्थान काम का आता है। काम का तात्पर्य व्यभिचार नहीं है वरन् इच्छित सुख अथवा कामना से है। वस्तुतः काम वह साधन है, जिसके माध्यम से मनुष्य की मानसिक, शारीरिक और इन्द्रियपरक आनन्दानुभूति होती है। भारतीय शास्त्रकारों द्वारा गृहस्थ आश्रम की सार्थकता 'काम' के माध्यम से संतान उत्पन्न करके मानी गई है। इस दृष्टि से 'काम' का महत्वपूर्ण स्थान है। 'काम' का सम्पादन धर्माचरणपूर्वक होना चाहिए। प्राचीन भारतीय समाज में धर्म पर अवलम्बित काम की प्रशंसा की गई है तथा अधर्मपूर्वक किए गए 'काम' की निंदा की गई है, क्योंकि इससे मानवीय बुद्धि का क्षय होता है।

मोक्ष : पुरुषार्थों में 'मोक्ष' का अत्यंत ही महत्वपूर्ण स्थान है। साधारणतः सांसारिक दुःखों से छुटकारा पाना ही मोक्ष है। 'मोक्ष' शब्द की उत्पत्ति 'मृक्' धातु से हुई है, जिसका अर्थ है–मुक्त करना अथवा स्वतंत्र करना। इस प्रकार मोक्ष का अर्थ आत्मा की मुक्ति से है। भारतीय संस्कृति में मनुष्य का अंतिम लक्ष्य मोक्ष प्राप्ति बताया गया है। यही कारण है कि प्राचीन भारतीय संस्कृति में 'मोक्ष' का स्थान प्रमुख एवं महत्वपूर्ण रहा है। योग, साधना एवं ब्रह्म ज्ञान मोक्ष प्राप्ति के प्रमुख साधन हैं। परमब्रह्म में लीन हो जाना ही वास्तविक मोक्ष है। इस अवस्था को प्राप्त कर व्यक्ति संसार से आवागमन के चक्र से मुक्त हो जाता है। वास्तव में, मोक्ष पुरुषार्थ न होकर पुरुषार्थी का लक्ष्य है। इसीलिए धर्म, अर्थ और काम को 'त्रिवर्ग' कहा गया है और मोक्ष को अलग रखा गया है।

पंच महायज्ञ

प्राचीन भारतीय संस्कृति में संस्कार की तरह ही यज्ञों का भी महत्वपूर्ण स्थान था। शिशु के जन्म से लेकर मृत्यु तक जितने भी संस्कार होते थे, उनका सम्पादन यज्ञों द्वारा होता था। यज्ञ की महत्ता के संबंध में 'ऋग्वेद' के **पुरुषसूक्त** में उल्लेख मिलता है कि संसार की उत्पत्ति यज्ञ से ही हुई है। मनु के अनुसार, गृहस्थ जीवन व्यतीत करते हुए प्रत्येक से नित्य पाँच प्रकार की हिंसाएं-चूल्हा, चक्की, झाड़ू, ओखली-मूसल और घटादि से होती हैं। इन पाँचों प्रकार की हिंसाओं के प्रायश्चित्त के लिए ही पाँच यज्ञों, जिन्हें **पंच यज्ञ** कहा जाता था, का विधान किया गया। इन यज्ञों का सम्पादन बिना किसी पुरोहित के गृहस्थ द्वारा ही कर लिया जाता था। इन पाँच यज्ञों के नाम इस प्रकार हैं-ऋषि यज्ञ, देव यज्ञ, भूत यज्ञ, नृ यज्ञ, पितृ यज्ञ।

चित्र 1.7: यज्ञकुण्ड में प्रज्वलित अग्नि

1. **ब्रह्म या ऋषि यज्ञ :** ऋषि यज्ञ का तात्पर्य था-ऋषियों के प्रति कृतज्ञता एवं सम्मान प्रकट करना। इसको ब्रह्मयज्ञ भी कहा जाता था। इस यज्ञ के अंतर्गत स्वाध्याय और सन्ध्योपासना, दो कर्म आते हैं। प्रत्येक ग्रहस्थ द्वारा दुर्गुणों के क्षय तथा सद्‌गुणों की वृद्धि हेतु यह किया जाता था। प्राचीनकाल में इस यज्ञ को नित्य सम्पन्न करना आवश्यक माना जाता था।
2. **देव यज्ञ :** इस यज्ञ को 'अग्निहोत्र यज्ञ' के नाम से भी जाना जाता है। इस यज्ञ को मंत्रोच्चारण करते हुए अग्नि में हवन सामग्री एवं घृत की आहुति देकर तथा अग्नि, इन्द्र, सोम, पृथ्वी, प्रजापति आदि की स्तुति कर सम्पन्न किया जाता था। स्मृति ग्रंथों में इस यज्ञ के संबंध में यह उल्लेख मिलता है कि इस यज्ञ के करने से व्यक्ति को स्वर्ग की प्राप्ति होती है। चूंकि प्राचीन भारतीय समाज में प्रत्येक गृहस्थ का उद्‌देश्य स्वर्ग प्राप्ति था। अतः अपने इस उद्‌देश्य की प्राप्ति हेतु इस यज्ञ का सम्पादन किया जाता था। स्वर्ग प्राप्ति के अतिरिक्त इस यज्ञ का स्वास्थ्य की दृष्टि से भी बहुत अधिक महत्व था। इस यज्ञ में हवन सामग्री एवं घृत की दी गई आहुति से मनुष्य के चारों तरफ के वातावरण में फ़ैले हुए कीटाणु नष्ट हो जाया करते थे तथा व्यक्ति मानसिक रूप से स्वस्थ रहता था। इस प्रकार के यज्ञ सप्ताहों, महीनों तथा वर्षों तक चलते रहते थे।
3. **पितृ यज्ञ :** प्राचीन भारतीय समाज में ऐसी धारणा थी कि अपने पितरों को संतुष्ट करना अनिवार्य है। यदि वे संतुष्ट नहीं हुए तो व्यक्ति तथा उसके परिवार की उन्नति संभव नहीं है। अतः पितरों की आत्मा को संतुष्टि तथा शांति प्रदान करने के लिए इस यज्ञ का विधान किया गया था। पितरों की तुष्टि उनके जीवित रहते हुए तथा मृत हो जाने पर भी की जाती थी। इस यज्ञ में सेवा-शुश्रूषा कर माता-पिता को संतुष्ट करना, पूर्वजों का श्राद्ध कर ब्राह्मण भोजन कराना तथा पितरों का तर्पण किया जाता था।
4. **नृ यज्ञ या मनुष्य यज्ञ :** इस यज्ञ को 'अतिथि यज्ञ' अथवा 'मनुष्य यज्ञ' भी कहा जाता है। इस प्रकार के यज्ञ में अतिथि सत्कार एवं मानव कल्याण की भावना निहित है। प्राचीन भारतीय समाज में ऐसी मान्यता थी कि अतिथि सेवा से गृहस्थ को उत्तम फल की प्राप्ति होती है तथा इस यज्ञ के किए जाने से संन्यासी तथा ऋषि-मुनियों का जीवन-निर्वाह भी होता है। अतः इस दृष्टि से ही इस यज्ञ का सम्पादन किया जाता था। इस यज्ञ में घर आए अतिथि का आदर-सत्कार किया जाता था। उन्हें भोजन, वस्त्र, दान-दक्षिणा से संतुष्ट कर उनके सत्संग का लाभ उठाया जाता था। इस यज्ञ के महत्व के संबंध में एक ग्रंथ में उल्लेख भी मिलता है-''यज्ञ, दान, अग्निहोत्र इत्यादि से गृहस्थ को उतना अच्छा फल नहीं मिल सकता, जितना अतिथि कि पूजा व सत्कार से। चाहे हजारों मन समिधा और सैकड़ों घड़े घृत का होम करें, किंतु यदि अतिथि को आपने संतुष्ट नहीं किया तो वह होम व्यर्थ है।'' संभवतः इसी धारणा के कारण इस यज्ञ का विशेष महत्व था।
5. **भूत यज्ञ :** इस यज्ञ को 'बलि वैश्य देव यज्ञ' के नाम से भी जाना जाता है। इसका अर्थ है-प्राणियों के लिए बलि प्रदान करना। इस प्रकार के यज्ञ में दान, त्याग तथा असमर्थ प्राणियों की मंगल-कामना निहित है। प्राचीन भारतीय समाज में यह मान्यता थी कि अगर कोई व्यक्ति स्वयं ही भोजन करता है, तो वह पापों का भक्षण करता है। अतः उसे भोजन करने से पूर्व अग्नि, कुत्ते, कौए, भंगी, कोढ़ी आदि को भोजन का कुछ अंश प्रदान करना चाहिए। इस यज्ञ का सम्पादन भोजन करने से पूर्व किया जाता था। इस यज्ञ में भोजन तथा मिष्ठान आदि की आहुतियां अग्नि में डाली जाती थीं तथा इसके उपरांत तैयार भोजन कुत्ते, भंगी, कौए तथा कीट-पतंगों को दिया जाता था। उसके पश्चात् ही परिवारजन भोजन ग्रहण करते थे।

उपर्युक्त वर्णित यज्ञों के अतिरिक्त प्राचीन भारतीय समाज में अनेक अन्य यज्ञ यथा-अग्निष्ठोम यज्ञ, वाजपेय यज्ञ, राजसूय यज्ञ, अश्वमेघ यज्ञ, अगन्याध्येय यज्ञ, दशपूर्ण मास यज्ञ आदि का विधान था, किन्तु ये सभी यज्ञ जटिल एवं कर्मकांडों से परिपूर्ण थे तथा इनका सम्पादन बिना पुरोहित के नहीं किया जा सकता था। अनेक यज्ञों में तो हिंसात्मक बलि देने का भी विधान था। इन यज्ञों का अपना अलग ही महत्व था।

प्रमुख संस्कार

'संस्कार' शब्द सम् उपसर्गपूर्वक 'कुञ' 'धातु' में 'धञ' प्रत्यय लगाकर सुर का आगम करके बनता है। इस शब्द के अनेक अर्थ हैं यथा-पूर्ण करना, शुद्धि, आत्म सृजन का गुण, परिमार्जन करना, स्मृति चिह्न आदि। हिन्दू समाज में 'संस्कार' का अर्थ

चित्र 1.8: नदी में जल संस्कार पूरा करता ब्राह्मण

उस क्रिया से लगाया जाता है जिससे शुद्धता प्राप्त कर व्यक्ति उन्नति के पथ पर अग्रसर हो सकता है। ऐसा विश्वास किया जाता है कि संस्कारों का उदय वैदिककाल अथवा इससे पूर्व हो चुका था। संस्कारों का शास्त्रीय विवेचन सर्वप्रथम 'वृहदारण्य-कोपनिषद्' से प्राप्त होता है। विभिन्न ग्रंथों में संस्कारों की संख्या अलग-अलग बताई गई है। **आश्वलायन गृहसूत्र** में संस्कारों की संख्या 11, **पारस्कर सूत्र** में 13, **वैरवानस गृहसूत्र** में 18 तथा **गौतम धर्मसूत्र** में इनकी संख्या 40 बताई गई है। अधिकांश गृहसूत्रों में अन्त्येष्टि संस्कार का उल्लेख नहीं किया गया है, किन्तु आधुनिक पद्धति में जो 16 संस्कार माने जाते हैं, उनमें अन्त्येष्टि संस्कार शामिल हैं। ये संस्कार हैं-

1. **गर्भाधान संस्कार :** एक पुरुष जिस क्रिया के द्वारा स्त्री में अपना वीर्य स्थापित करता है, उसे 'गर्भाधान संस्कार' कहा जाता है। **शौनिक मुनि** ने इस संस्कार की परिभाषा देते हुए कहा है-''जिस कर्म की पूर्ति से स्त्री प्रदत्त शुक्र धारण करती है, उसे 'गर्भाधान' कहते हैं। इस संस्कार के समय पुरुष और स्त्री, दोनों की कम-से-कम क्रमशः 25 और 16 वर्ष की आयु होनी चाहिए।'' वेदों में गर्भ को स्थापनाओं के लिए अनेक प्रार्थनाओं का उल्लेख मिलता है। प्राचीनकालीन भारतीय समाज में गर्भाधान करना पुरुष का परम आवश्यक कर्तव्य समझा जाता था। इस संस्कार के लिए रात्रि तथा उचित नक्षत्र का ध्यान रखना अति आवश्यक था। स्त्री के ऋतुकाल की चौथी रात्रि से लेकर सोलहवीं रात्रि तक का समय गर्भाधान संस्कार के लिए उपयुक्त माना जाता था। यह संस्कार प्रथम गर्भाधारण के समय ही किया जाता था, बार-बार नहीं। यह संस्कार श्रेष्ठ संतानोत्पत्ति हेतु किया जाता था।

2. **पुंसवन संस्कार :** स्त्री द्वारा गर्भधारण करने के तीसरे, चौथे अथवा आठवें माह में पुत्र प्राप्ति की इच्छा हेतु यह संस्कार किया जाता था। संस्कार सम्पन्न होने के समय गर्भवती स्त्री को स्नान कर स्वच्छ वस्त्र धारण करने होते थे तथा उपवास रखना होता था। उनकी नासिका के दाहिने रंध्र में इस उद्देश्य से वटवृक्ष का रस दिया जाता था, जिससे उसे गर्भकाल में किसी प्रकार का कष्ट न हो। स्त्री तथा पुरुष द्वारा यह भी प्रतिज्ञा की जाती थी कि वे ऐसा कोई भी कार्य नहीं करेंगे, जिससे गर्भ को किसी प्रकार की हानि पहुँचे।

3. **सीमांतोन्नयन संस्कार :** यह संस्कार गर्भवती स्त्री के गर्भ की रक्षा के लिए किया जाता था, ताकि रक्तपान करने वाली राक्षसनियां गर्भ को हानि न पहुँचा सकें। 'आश्वलायन गृहसूत्र' के अनुसार, यह संस्कार गर्भ के चौथे अथवा पाँचवें माह में किया जाता था। **अलबरूनी** ने भी इसका समर्थन किया है। स्मृतियों के अनुसार, यह संस्कार गर्भधारण के छठे अथवा आठवें माह में किया जाता था। इस संस्कार में स्त्री के केशों को ऊपर उठाकर सँवारा जाता था। इस संस्कार के द्वारा स्त्री के गर्भधारण की सूचना दी जाती थी। इस प्रकार ये तीन संस्कार शिशु के जन्म से पूर्व किए जाते थे।

4. **जातकर्म संस्कार :** शिशु के जन्म के उपरांत यह संस्कार किया जाता था। इस संस्कार के समय पिता नवजात शिशु को अपनी अंगुली से मधु अथवा घृत चटाता था। उसके कान में मेघाजनन का मंत्र पढ़ता था। उसे आशीर्वाद देता था। इस संस्कार में नवजात शिशु के लिए बल, बुद्धि तथा दीर्घायु की प्रार्थना की जाती थी तथा ब्राह्मणों को दान दिया जाता था।

5. **नामकरण संस्कार :** यह संस्कार नवजात शिशु के नाम रखने हेतु किया जाता था। शिशु का नाम अधिकांशतः किसी ऋषि, देवता अथवा पूर्वज के नाम के आधार पर रखा जाता था। कभी-कभी नक्षत्र, मास के देवता अथवा लौकिक नाम के आधार पर बच्चे का नाम रखा जाता था। **बृहस्पति** के अनुसार, यह संस्कार शिशु के जन्म से 10वें, 11वें, 13वें, 16वें, 19वें तथा 32वें दिन होना चाहिए जबकि **गोभिल** के अनुसार 10वें, 12वें, 100वें अथवा प्रथम वर्ष के समाप्त होने पर यह संस्कार किया जाना चाहिए। इस संस्कार में शिशु की बाईं कलाई पर सोने की पत्ती बांधी जाती है, होम किया जाता है तथा साथ ही ब्राह्मणों को भोजन भी कराया जाता है।

6. **निष्क्रमण संस्कार :** नवजात शिशु को घर से बाहर निकाले जाने के अवसर पर किए जाने वाले संस्कार को 'निष्क्रमण संस्कार' कहा जाता है। यह शिशु के जन्म के 12वें दिन से लेकर चौथे मास के मध्य कभी भी किया जा सकता है। इस संस्कार में शिशु को अच्छे वस्त्र पहनाकर, माता-पिता द्वारा सूर्य के दर्शन कराए जाते थे।

7. **अन्नप्राशन संस्कार :** मनु तथा याज्ञवल्क्य के अनुसार, यह संस्कार शिशु के जन्म के छठवें मास में किया जाना चाहिए। इसमें शिशु को ठोस अन्न (मुख्यतः चावल की खीर) खिलाया जाता है। किसी-किसी ग्रंथ में इस अवसर पर शिशु को पक्षियों का मांस खिलाने का विधान मिलता है, जबकि 'मार्कण्डेय पुराण' तथा अन्य ग्रंथों में मधु, घी तथा खीर खिलाने का विधान मिलता है। इस संस्कार के सम्पन्न होने के पश्चात् माता अपने शिशु को स्तनपान कराना बंद कर देती है।

8. **चूड़ाकर्म संस्कार :** इस संस्कार को 'मुंडन' अथवा 'चौल संस्कार' के नाम से भी जाना जाता है। इस संस्कार के द्वारा शिशु के अच्छे स्वास्थ्य और दीर्घायु की कामना की जाती है। गृहसूत्रों के अनुसार, यह संस्कार शिशु के जन्म के प्रथम वर्ष के अंत में अथवा तीसरे वर्ष की समाप्ति से पूर्व किया जाना चाहिए, किन्तु परिवर्ती साहित्य में इस संस्कार का समय शिशु जन्म के पाँच से लेकर सात वर्ष के मध्य माना गया है। इस संस्कार के अवसर पर शिशु के सिर को गीला कर संपूर्ण बाल मुंडवा दिए जाते हैं। सिर पर मात्र शिखा (चोटी) रहती है। शिशु के मुंडे हुए बालों को गीले आटे अथवा गोबर के पिंड के साथ रखकर किसी गुप्त स्थान पर फेंक दिया जाता है। वैदिक ग्रंथों के अनुसार, इस संस्कार के सम्पादन का प्रयोजन यह था कि इससे हर्ष, सौभाग्य और उत्साह की वृद्धि होती है। इस संस्कार का सम्पादन वैदिक मंत्रों के उच्चारण के साथ किया जाता था।

9. **कर्णवेध संस्कार :** रोगादि से बचने तथा आभूषण धारण करने के उद्देश्य से यह संस्कार किया जाता था। यह एक अनिवार्य संस्कार था। स्मृतिकार देवल के अनुसार, जिस ब्राह्मण का कर्णवेध नहीं होता, उसके देखने मात्र से ही संपूर्ण पुण्य नष्ट हो जाते हैं। बृहस्पति के अनुसार, यह संस्कार शिशु के जन्म के 10वें, 15वें दिन करना चाहिए, जबकि कात्यायन के अनुसार इस संस्कार को शिशु के जन्म के तीसरे अथवा पाँचवें वर्ष में भी सम्पन्न किया जा सकता है। गृहसूत्र में इस संस्कार का कहीं उल्लेख नहीं मिलता है।

10. **विद्यारम्भ संस्कार :** ऋषि विश्वामित्र के अनुसार, यह संस्कार बालक के जन्म के पाँचवें वर्ष में सम्पन्न किया जाता है। चूँकि इस संस्कार के अंतर्गत बालक को अक्षरों का ज्ञान कराया जाता है इसलिए इस संस्कार को 'अक्षराम्भ संस्कार' के नाम से भी जाना जाता है। इस संस्कार के अवसर पर बालक को गुरु के पास ले जाकर सरस्वती पूजन किया जाता है। यह कार्य किसी भी शुभ दिन ही प्रारंभ किया जाता है। इस दिन गुरु बालक को गायत्री मंत्र उच्चारण के साथ उसे शिक्षा देना प्रारंभ करता है।

11. **उपनयन संस्कार :** इस संस्कार का मुख्य प्रयोजन था-शिक्षा। बालक के शिक्षा ग्रहण करने योग्य हो जाने पर यह संस्कार किया जाता था। अलग-अलग जाति के बालकों के लिए इस संस्कार की आयु अलग निर्धारित थी। गृहसूत्रों के अनुसार, ब्राह्मण बालक का जन्म के 8वें वर्ष में, क्षत्रिय बालक का 11वें वर्ष में तथा वैश्य बालक का 12वें वर्ष में यह संस्कार किया जाना चाहिए। यह संस्कार शूद्रों के लिए वर्जित था। इस संस्कार के बाद व्यक्ति द्विज हो जाता था अर्थात् उसका दूसरा जन्म माना जाता था। इस संस्कार के अवसर पर बालक को यज्ञोपवीत धारण करवा कर ब्रह्मचर्य आश्रम में प्रविष्ट कराया जाता था। गृहसूत्रों के अनुसार, यह कोई आवश्यक संस्कार नहीं था, किंतु उपनिषद् काल में यह एक आवश्यक संस्कार हो गया था। वर्तमान काल में इस संस्कार का विद्या संबंधी महत्व प्रायः समाप्त हो गया है। अब तो यह संस्कार अधिकांशतः विवाह से पूर्व ही किया जाता है। प्राचीन साहित्य में इस संस्कार का उल्लेख मिलता है। संस्कार के समय अनेक देवी-देवताओं की उपासना की जाती थी तथा बालक अंतिम बार अपनी माँ के साथ भोजन करता था। इस संस्कार के साथ ही बालक को उत्तरदायित्वपूर्ण एवं संयमी जीवन व्यतीत करने का आदेश दिया जाता था।

12. **वेदारम्भ संस्कार :** प्राचीनकाल में उपनयन संस्कार के समय वेदाध्ययन स्वतः ही आरंभ हो जाता था। इसी कारण 'वेदारम्भ' को पृथक् से संस्कार नहीं माना जाता था। संभवतः इसी कारण धर्मसूत्रों, गृहसूत्रों एवं स्मृतियों में कहीं भी इस संस्कार का उल्लेख नहीं मिलता है, किंतु परिवर्तीकाल में संस्कृत का बोलचाल की भाषा में प्रयोग होना

समाप्त हो गया तो 'वेदारम्भ' को अलग से संस्कार के रूप में स्वीकार कर लिया गया। इस संस्कार का सर्वप्रथम उल्लेख 'व्यास स्मृति' में मिलता है। इस संस्कार का सम्पादन उपनयन संस्कार के पश्चात् किसी शुभ दिन किया जाता था। इस अवसर पर चारों वेदों का एक साथ अध्ययन प्रारंभ करने के लिए विशिष्ट आहुति दी जाती थी। इसके पश्चात् गुरु विद्यार्थी को वेदों की शिक्षा देना आरंभ करता था।

13. **केशान्त अथवा गौदान संस्कार :** जब बालक 16 वर्ष की आयु प्राप्त कर लेता था, तब इस संस्कार का सम्पादन किया जाता था। इस संस्कार को किसी शुभ दिन किया जाता था। इस अवसर पर बालक की दाढ़ी-मूँछों को प्रथम बार मूंड़ा जाता था। यह संस्कार बालक के वयस्क होने का सूचक है। चूंकि इस संस्कार के समय बालक अपने आचार्य को गाय दान में देता था इसलिए इस संस्कार को 'गौदान संस्कार' के नाम से भी जाना जाता है।

14. **समावर्तन संस्कार :** समावर्तन का अर्थ है—लौटना। जब बालक छात्र विद्याध्ययन पूर्ण कर गुरुकुल से अपने घर को वापस लौटता था, तब इस संस्कार का सम्पादन किया जाता था। यह संस्कार बालक की ब्रह्मचर्य आश्रम की समाप्ति का सूचक है। इस संस्कार को गुरु की अनुमति मिलने पर ही किया जाता था। इसमें बालक अपने गुरु को उचित दान-दक्षिणा देता था। इसके उपरांत स्नान कर मृगचर्म, मेखल तथा दण्ड आदि को जल में प्रवाहित कर देता था, तब एक नवीन कोपीन को धारण करता था, दही एवं तिल का भोजन करने के उपरांत अपने दाढ़ी, नाखून एवं केशों को कटवाता था, तत्पश्चात् ब्रह्मचर्य आश्रम में वर्जित वस्तुओं यथा-माला, हार, उष्णीय, उपानह आदि को धारण करता था। यह संस्कार अधिकांशत: 25 वर्ष की आयु में किया जाता था।

15. **विवाह संस्कार :** प्राचीनकाल से वर्तमानकाल तक हिन्दू धर्म में विवाह को एक पवित्र संस्कार के रूप में स्वीकार किया जाता रहा है। वास्तव में, अन्य संस्कारों की तुलना में इस संस्कार का अत्यधिक महत्व है। इस संस्कार के साथ ही मनुष्य गृहस्थ आश्रम में प्रविष्ट होता है। इसमें स्त्री-पुरुष पवित्र अग्नि को साक्षी मानकर एक-दूसरे के साथ संपूर्ण जीवन व्यतीत करने की प्रतिज्ञा करते हैं। यह संस्कार चारों वर्णों-ब्राह्मण, क्षत्रिय, वैश्य एवं शूद्र द्वारा सम्पन्न किया जाता है। इस संस्कार का मुख्य प्रयोजन संतान उत्पन्न कर पितृ ऋण से मुक्त होना है।

16. **अंत्येष्टि संस्कार :** यह मनुष्य के जीवन का अंतिम संस्कार है, जो व्यक्ति के निधन हो जाने के पश्चात् सम्पन्न किया जाता है। चूँकि इस संस्कार को शुभ संस्कार नहीं माना गया है अत: संभवत: इसीलिए अधिकांश गृहसूत्रों में इसका उल्लेख नहीं मिलता है, किंतु इतना अवश्य है कि यह मनुष्य के जीवन का अंतिम तथा आवश्यक संस्कार है, जो मृत्यु उपरांत मनुष्य की अंतिम क्रिया कर सम्पन्न किया जाता है।

अध्याय सार-संचिका

- चारों वेदों तथा ब्राह्मणों में 'आश्रम' शब्द का उल्लेख नहीं मिलता।
- उपनिषदों में चारों आश्रमों का उल्लेख नहीं है, लेकिन 'जाबालोपनिषद' में चारों आश्रमों का उल्लेख है।
- मनु ने प्रारंभ में तीन आश्रमों का उल्लेख किया है, लेकिन बाद में मनुष्य की आयु को 100 वर्ष आधार मानकर 4 भागों में बांटा है।
- सूत्रकारों ने संन्यास के लिए 'परिव्राजक' शब्द का इस्तेमाल किया है।
- 'विष्णु पुराण' के अनुसार, ब्रह्मचारी, गृहस्थ, वानप्रस्थ और परिव्राट चार आश्रम हैं।
- भारतीय संस्कृति की प्रमुख विशेषताएँ हैं-अनेकता में एकता, आंतरिक एकता, आत्मसात् की भावना, विश्व-कल्याण की भावना, एकेश्वरवाद एवं भक्तिभाव, समन्वय की प्रकृति, नैतिकता, अहिंसा, धर्म एवं दर्शन प्रधानता, अवतारवाद एवं देववाद तथा महिला समाज आदि।
- सर्वप्रथम 'वायु पुराण' में 'धर्म', 'अर्थ', 'काम' तथा 'मोक्ष' विषयक मानवीय घटनाओं को 'संस्कृति' के अंतर्गत समाहित किया गया।
- 'वर्ण' शब्द का सर्वप्रथम प्रयोग 'ऋग्वेद' में किया गया है, जो 'रंग' हेतु प्रयुक्त हुआ है।
- प्रारंभिक ऋग्वेद काल में मात्र दो जातीय समूह थे-'अर्ध' तथा 'अनार्य'।
- 'ऋग्वेद' के 'पुरुष सूक्त' में उल्लिखित है कि वर्णों की उत्पत्ति ब्रह्मा के विभिन्न अंगों, यथा-मुख से ब्राह्मणों, भुजाओं से क्षत्रियों, जंघा से वैश्यों तथा चरणों से शूद्रों की उत्पत्ति हुईं।
- 'ऋग्वेद' के अनुसार, 'क्षत्रिय' शब्द देवताओं की उपाधि तथा राजा हेतु प्रयुक्त हुआ है।
- 'ऋग्वेद' के पुरुष सूक्त में 'वैश्य' शब्द परवर्ती ऋचाओं में प्रयुक्त हुआ है।
- गृहस्थ हेतु तीन ऋणों से उऋण होने का प्रावधान है। वे ऋण हैं-(1) पितृ ऋण-जिसे संतानोत्पत्ति द्वारा उतारा जाता है। (2) ऋषि ऋण-जो स्वाध्याय द्वारा उतारा जाता है। (3) देव ऋण-जो यज्ञ द्वारा उतारा जाता है।
- पुरुषार्थ 4 हैं-धर्म, अर्थ, काम तथा मोक्ष।
- महा यज्ञ 5 हैं-(1) ब्रह्म यज्ञ अथवा ऋषि यज्ञ - इसमें वेदों का अध्ययन-अध्यापन किया जाता है। (2) देव यज्ञ - अग्नि में घृतादि अर्पित करके देवी-देवताओं की स्तुति की जाती है। (3) पितृ यज्ञ - इसमें पुरुष अपने पूर्वजों के नाम तर्पण करता है। (4) मानव यज्ञ अथवा नृ यज्ञ - यह अतिथि सत्कार द्वारा किया जाता है। (5) भूत यज्ञ - इसमें गाय, बैल, पशु-पक्षी तथा कीड़े-मकोड़ों को भोजन प्रदान किया जाता है।
- संस्कार 16 हैं - गर्भाधान, पुंसवन, जातकर्म, सीमान्तोन्नयन, नामकरण, निष्क्रमण, अन्नप्राशन, चूड़ाकर्म, कर्ण वैध, विद्यारम्भ, उपनयन, वेदारम्भ, केशान्त अथवा गौदान, समावर्तन, विवाह तथा अंत्येष्टि।

अभ्यास प्रश्न

1. **संस्कृति क्या है?**
(a) रहन-सहन
(b) रीति-रिवाज
(c) साहित्य तथा कला
(d) उपर्युक्त सभी का सम्मिलित रूप

2. **'सहिष्णुता' का अर्थ है–**
(a) सभी विचारों को मानना
(b) सबके प्रति दयाभाव रखना
(c) सभी धर्मों को मान्यता देना
(d) सभी धर्मों का सम्मान करना

3. **निम्न में कौन-सा भारतीय संस्कृति का लक्षण नहीं है?**
(a) अनेकता में एकता
(b) व्यापकता
(c) नैतिकता
(d) उपयोगितावाद

4. **संपूर्ण विश्व की लगभग कितनी % जनसंख्या भारत में रहती है?**
(a) 16%
(b) 17%
(c) 18%
(d) 19%

5. **'भारत की विविधता में एकता निहित है।' यह कथन है–**
(a) एड्म स्मिथ
(b) मैक्समूलर
(c) जानडिपी
(d) डॉ. हरिदत्त

6. **आज कोई जाति विशुद्ध रक्त होने का दावा नहीं कर सकती है क्योंकि–**
(a) आज जाति बन्धन कमजोर हो गया।
(b) भारत में प्राचीनकाल से ब्राह्मण, क्षत्रिय, शक इत्यादि का निवास रहा है।
(c) अन्तरजातीय विवाह प्रचलन में है।
(d) कोई नहीं

7. **निम्न में पुरुषार्थ का सही क्रम है–**
(a) अर्थ, धर्म, काम, मोक्ष
(b) धर्म, अर्थ, काम, मोक्ष
(c) काम, अर्थ, धर्म, मोक्ष
(d) मोक्ष, अर्थ, धर्म, मोक्ष

8. **'विष्णु पुराण' के अनुसार कौन चार आश्रमों में नहीं है?**
(a) ब्रह्मचारी
(b) गृहस्थ
(c) वानप्रस्थ
(d) संन्यास

9. **वेदों में निम्न में से किस शब्द का प्रयोग नहीं है?**
(a) नदी
(b) आश्रम
(c) मोक्ष
(d) इन्द्र

10. **केशान्त संस्कार किया जाता था–**
(a) 8 वर्ष की अवस्था में
(b) 16 वर्ष की अवस्था में
(c) 9 वर्ष की अवस्था में
(d) 21 वर्ष की अवस्था में

11. निम्नलिखित में से सत्य कथन छांटिए–

(a) प्रत्येक समाज की एक विशिष्ट संस्कृति होती है।

(b) संस्कृति में अनुकूलनशीलता नहीं होती।

(c) संस्कृति समूह के लिए आदर्श नहीं होती।

(d) संस्कृति वंशानुक्रमण द्वारा प्राप्त होती है।

12. निम्नलिखित में से सत्य कथन बताइए–

(a) संस्कृति मनुष्य को जन्म से ही मिली होती है, सीखी नहीं जाती है।

(b) संस्कृति अधि-वैयक्तिक एवं अधि-सवायवी है।

(c) संस्कृति में सन्तुलन एवं संगठन नहीं होता है।

(d) संस्कृति मानव आवश्यकताओं की पूर्ति में बाधक है।

13. संस्कृति की विशेषताओं को व्यक्त करने वाले कथन छांटिए–

(a) संस्कृति मानव निर्मित है।

(b) संस्कृति में अनिरन्तरता पाई जाती है।

(c) मानव व्यक्तित्व के निर्माण में संस्कृति का कोई योग नहीं है।

(d) संस्कृति समूह के लिए आदर्श नहीं होती है।

14. निम्नलिखित में से कौन-सा कथन सही है?

(a) संस्कृति परिवर्तनशील होती है, स्थायी नहीं।

(b) संस्कृति स्थायी होती है, परिवर्तनशील नहीं।

(c) संस्कृति न तो परिवर्तनशील होती है और न ही स्थायी।

(d) उपर्युक्त में से कोई भी कथन सही नहीं है।

15. निम्नलिखित में से सही कथन छांटिए–

(a) संस्कृति सदैव आगे बढ़ती है, परंतु सभ्यता नहीं।

(b) संस्कृति के माप का एक निश्चित मापदंड है, लेकिन सभ्यता का नहीं।

(c) संस्कृति बिना प्रयत्न के हस्तांतरित होती है, लेकिन सभ्यता नहीं।

(d) संस्कृति वह जटिल समग्रता है, जो प्रत्येक उस चीज से बनी होती है, जिसके बारे में हम सोचते और करते हैं तथा जिसे समाज के सदस्य के रूप में प्राप्त करते हैं।

16. संस्कृति चाहे वह भौतिक हो या अभौतिक–

(a) भौगोलिक पर्यावरण की उपज है।

(b) ईश्वर की देन है।

(c) वंशानुक्रमण में प्राप्त होती है।

(d) मानव अनुभवों की परिचायक है।

17. निम्नलिखित में से गलत कथन छांटिए–

(a) सभ्यता की माप सरल है, परंतु संस्कृति की नहीं।

(b) सभ्यता सदैव आगे नहीं बढ़ती है, जबकि संस्कृति सदैव आगे बढ़ती है।

(c) सभ्यता बिना प्रयत्न के आगे बढ़ती है, परंतु संस्कृति नहीं।

(d) सभ्यता को बिना किसी प्रत्यन एवं हानि के ग्रहण किया जा सकता है, किंतु संस्कृति को नहीं।

18. निम्नलिखित में से सही कथन छांटिए–

(a) सभ्यता साधन है, जबकि संस्कृति साध्य है।

(b) सभ्यता आंतरिक है, जबकि संस्कृति बाह्य है।

(c) सभ्यता में परिवर्तन व सुधार संस्कृति की अपेक्षा सरल है।

(d) सभ्यता अर्मूत है, जबकि संस्कृति मूर्त है।

19. संस्कृति का उद्देश्य क्या है?

(a) समाज को जातियों के रूप में विभाजित करना।

(b) समूहों के बीच भेदभाव बनाये रखना।

(c) राष्ट्रों के बीच अंतर बनाए रखना।

(d) व्यक्ति को तुलनात्मक दृष्टि से अच्छा जीवन जीने के लिए अनुशासन युक्त करना।

20. सांस्कृतिक संपर्क कब होता है?

(a) जब दो भिन्न संस्कृतियां एक-दूसरे के संपर्क में आती हैं।

(b) जब एक संस्कृति दूसरी में पूरी तरह घुल-मिल जाती है।

(c) जब एक सांस्कृतिक समूह दूसरी संस्कृति के बहुत से तत्वों को ग्रहण कर लेता है।

(d) जब एक सांस्कृतिक समूह की जीवन पद्धति पूरी तरह बदल जाती है।

21. निम्नलिखित में से गलत कथन छांटिए–

(a) सांस्कृतिक संपर्क के कारण संस्कृतीकरण या पर-संस्कृतिग्रहण की प्रक्रिया शुरू होती है।

(b) सांस्कृतिक संपर्क के कारण संस्कृतियां परस्पर एक-दूसरे को प्रभावित करती हैं।

(c) सांस्कृतिक संपर्क के कारण संस्कृतियों का फैलाव होता है।

(d) सांस्कृतिक संपर्क संस्कृतियों की अवनति के लिए उत्तरदायी है।

22. सांस्कृतिक विरासत को निम्न के कुल योग के रूप में परिभाषित किया गया है–

(a) समूह अनुभव, जो एक व्यक्ति उन विभिन्न सामाजिक समूहों से प्राप्त करता है, जिनका कि वह एक सदस्य है।

(b) सांस्कृतिक प्रतिमान, जो एक व्यक्ति उन विभिन्न सामाजिक समूहों से प्राप्त करता है, जिनका कि वह एक सदस्य है।

(c) समूह अनुभव, जो व्यक्ति एक विशिष्ट समूह से, जिसका कि वह एक सदस्य है, प्राप्त करता है।

(d) संस्कृति प्रतिमान, जो एक व्यक्ति उस विशिष्ट समूह से प्राप्त करता है, जिसका कि वह एक सदस्य है।

उत्तरमाला

1. (d)	**2.** (d)	**3.** (d)	**4.** (a)	**5.** (a)	**6.** (b)	**7.** (a)	**8.** (d)
9. (b)	**10.** (b)	**11.** (a)	**12.** (b)	**13.** (a)	**14.** (a)	**15.** (d)	**16.** (d)
17. (b)	**18.** (a)	**19.** (d)	**20.** (a)	**21.** (d)	**22.** (b)		

❑❑❑

भारतीय समाज

प्रमुख बिन्दु

- ❖ उद्‌भव एवं विकास
- ❖ मानव प्रजातियों का वर्गीकरण
- ❖ जनजातीय समूह
- ❖ अभ्यास प्रश्न
- ❖ भारतीय समाज के रीति-रिवाज एवं परम्पराएं
- ❖ भारत की प्रजातियां
- ❖ अध्याय सार-संचिका

भारतीय समाज बहुत पुराना और अत्यधिक जटिल है। प्रचलित अनुमान के अनुसार, 5000 वर्ष पूर्व की पहली ज्ञात सभ्यता के समय से आज तक लगभग पाँच हजार वर्षों की अवधि इस समाज में समाहित है। इस लम्बी अवधि में विभिन्न प्रजातीय लक्षणों वाले और विविध भाषा-परिवारों के आप्रवासियों की कई लहरें यहाँ आकर इसकी आबादी में घुलमिल गई और इस समाज की विविधता, समृद्धि और जीवंतता में अपना-अपना योगदान दिया। हम जानते हैं कि भारत में प्रारंभिक मानव-गतिविधियां दूसरे अंतर-हिमानी युग में 400,00 और 200,000 ई. पूर्व के बीच शुरू हो चुकी थीं। उस समय पत्थरों से बने उपकरण इस्तेमाल किए जाते थे। देश के विभिन्न गुफा चित्रों में उस प्रारंभिक काल के जीवन और पर्यावरण, कलात्मक अनुभूतियों और रचनात्मकता तथा संभवत: उस आदिकाल के आध्यात्मिक विचारों को भी अभिव्यक्ति मिली है।

चित्र 2.1: साधु

उद्‌भव एवं विकास

सिन्धु घाटी सभ्यता मुख्यत: मोहनजोदड़ों (सिंध के लरकाना जिले में, पाकिस्तान) तथा हड़प्पा (पाकिस्तानी पंजाब के मांटगोमरी जिले में) से जुड़ी है। सबसे पहले यहीं इस सभ्यता का पता चला था। परवर्ती उत्खननों से संकेत मिलता है कि इस सभ्यता का विस्तार काफी दूर तक था। इस सभ्यता के अन्य महत्वपूर्ण केंद्र हैं : कोट दीजी (सिंध, पाकिस्तान) काली बंगन (राजस्थान, भारत), रोपड़ (पंजाब, भारत) तथा लोथल (गुजरात, भारत)। बंदरगाह होने के कारण लोथल का महत्व बढ़ गया है। यह एक नगरीय सभ्यता थी, जिसमें नियोजन की विलक्षण योग्यता और क्षमता थी। नगर बहुत सुनियोजित ढंग से बनाए गए थे। आवास विशाल थे और उनके निर्माण में बहुत अच्छे किस्म की निर्माण सामग्री का इस्तेमाल किया था। पृष्ठप्रदेश में कपास के अतिरिक्त बड़ी मात्रा में अनाज उगाया जाता था, जिसे शहरों में बने विशाल अन्न भंडारों में सुरक्षित रखा जाता था। लोग उपमहाद्वीप के भीतर और फारस की खाड़ी क्षेत्र तथा मेसोपोटामिया के साथ लाभदायक व्यावसायिक गतिविधियों में व्यस्त थे। भारतीय सभ्यता की नींव इसी चरण में रखी गई और उस काल के कुछ तत्व आज तक कायम

हैं। शिव और लिंगम तथा मातृदेवी की पूजा इस काल में भी खोजी जा सकती है। दुर्भाग्यवश, सिन्धु घाटी की सभ्यता की लिपि और उसकी अनेक मुद्राओं का अर्थ अब तक नहीं निकाला गया है, जबकि उनसे हमें तत्कालीन अर्थव्यवस्था, धर्म और समाज के बारे में अधिक जानकारी मिल सकती है।

इंडो-आर्य बाद में आए और इस धरती के प्राचीन निवासियों के साथ उनकी मुठभेड़ लम्बी चली। वे अपने साथ कोई सभ्यता नहीं लाए थे; वे मूलतः पशुचारी लोग थे जिन्हें कविता, दार्शनिक, कल्पनाओं और विस्तृत कर्मकांडों में गहरी रुचि थी। आनुष्ठानिक पवित्रता और अपवित्रता के बारे में उनकी कुछ बुनियादी धारणाएं थीं और दूसरों के साथ उनके भौतिक संपर्क और सहभोजी संबंध इन्हीं धारणाओं से नियंत्रित होते थे। इसके कारण ही वर्णों (रंग) और जातियों का जन्म हुआ। भारतीय आर्यों और यहाँ के प्राचीन निवासियों के बीच अंतर्संबंधों के क्षेत्र विस्तार के साथ ही भारतीय समाज का सैद्धांतिक और सामाजिक ढांचा भी रूप ग्रहण करने लगा। इंडो-आर्य तीन समूहों में विभाजित थे-राजन्य (योद्धा तथा अभिजात वर्ग), ब्राह्मण (पुरोहित) तथा वैश्य (कृषक)। राजन्य आगे चलकर 'क्षत्रिय' कहलाए।

चतुर्थ वर्ण शूद्र का था। वे इंडो-आर्य समूह से बाहर थे और संभवतः इंडो-आर्य और दास (यहाँ के आर्यपूर्व निवासी) के संबंधों से उत्पन्न संतान थे। हिंदू धर्म की उत्पत्ति विविध साहित्यिक स्रोतों से हुई हैं, जिनमें वेद, ब्राह्मण आरण्यक, उपनिषद, श्रौत, गृह्य और धर्म सूत्र शामिल है। चार वेदों में 'ऋग्वेद' सबसे पुराना है। माना जाता है कि इसकी कुछ ऋचनाओं की रचना 1000 ई.पू. से पूर्व हुईं। अन्य तीन वेदों-सामवेद, यजुर्वेद तथा अथर्ववेद की रचना बाद में हुई। 'ब्राह्मण' वैदिक पाठ हैं, जिनमें कर्मकांडों और बलि के बारे में बताया गया है। 'आरण्यक' धर्म और दर्शन संबंधी ग्रंथ है। वे कर्मकांड से हटकर अमूर्त दार्शनिक चिंतन पर बल देने की प्रवृत्ति का प्रतिनिधित्व करते हैं। 'गृह्य सूत्र' विशेष रूप से महत्वपूर्ण हैं, क्योंकि वे उन गृह कर्मकांडों को परिभाषित करते हैं, जो हिन्दुओं की पहचान है। भारतीय समाज पर जिन दो अन्य ग्रंथों का काफी प्रभाव है, वे हैं–कौटिल्य का 'अर्थशास्त्र' (321-300 ई.पू.) तथा मनु का 'मनुस्मृति, (100-200 ई.)। कौटिल्य ने अपना ध्यान मुख्यतः शासन कला पर केंद्रित किया है। दूसरी तरफ मनु ने एक संपूर्ण सामाजिक संहिता प्रदान की है। अनेक ग्रंथों ने हिन्दू समाज की संरचना के लिए एक रूपरेखा प्रदान की, लेकिन क्षेत्रीय तथा जातिगत विविधताएँ बनी रहीं।

अपनी ढीली-ढाली और लचीली संरचना के कारण हिन्दू धर्म ने विपथगामी और शास्त्रविरुद्ध सिद्धांतों, सम्प्रदायों और पंथों के विकास को स्वीकार किया, जैसे आजीविकों का दर्शन। लोकायत या चार्वाक, जो पूर्ण भौतिकवाद का उपदेश देते थे। इसके अतिरिक्त कई प्रकार के तांत्रिक सम्प्रदाय भी हिन्दू धर्म में विकसित हुए। हिन्दू धर्म ने पर्याप्त मतभेदों और सुधारों को भी स्वीकार किया। जैन धर्म असहमति के कारण ही विकसित हुआ और पूरे देश में उसका प्रसार हुआ। बौद्ध धर्म भी इस लचीले परिवेश में ही उत्पन्न हुआ था, जो धीरे-धीरे एक विश्व धर्म बन गया। बाद में, सिख धर्म भी एक अलग धर्म के रूप में विकसित हुआ, हालांकि उसने हिन्दू और इस्लाम, दोनों धर्मों के अनेक तत्व बेझिझक लिए थे।

भारतीय समाज के ताने-बाने को समझने के लिए हमें इस देश में ईसाई धर्म और इस्लाम धर्म की लंबी उपस्थिति पर भी ध्यान देना होगा। इन दो में से ईसाई धर्म भारत में पहले आया, लेकिन बाद में आने वाले इस्लाम ने समाज पर अधिक व्यापक प्रभाव डाला। सामान्यतः दोनों धर्म समाज की विशिष्ट प्रकृति से प्रभावित हुए और दोनों ने समाज पर कुछ प्रभाव डाला। भारतीय परिवेश में ईसाई और इस्लाम धर्म ने कुछ विशेषताएँ अर्जित कीं। उन्हें भारतीय समाज का विदेशी या बाहरी तत्व नहीं माना जा सकता। वे इसके जैविकीय अंग हैं।

16वीं शताब्दी में जब पुर्तगाली आए, उन्हें 'नजरानी' कहा जाता था। जाति स्तरीकरण में उनकी स्थिति कमोबेश ब्राह्मणों के समान थी और वे नायरों से श्रेष्ठ माने जाते थे। उच्चतर प्रस्थिति और अभिजात्य पाने के अपने प्रयास में उन्होंने राजाओं का धर्मान्तरण करने का प्रयास किया और उच्च जातियों पर विशेष ध्यान दिया। इस तरह उन्होंने अपने धर्म के सन्देश के एक महत्वपूर्ण पक्ष को कमजोर कर दिया। भारत में पुर्तगालियों के आगमन और उनके यहाँ बसने के साथ स्थितियां बदलने लगीं। जब सन् 1542 में सेंट फ्रांसिस जेवियर गोवा आए, तब वह एक ईसाई बस्ती बन चुका था। वहाँ 14 गिरजाघर और 100 से ज्यादा पादरी थे।

भारत में इस्लाम पहले शांतिपूर्ण तरीके से और प्रायः हिन्दू शासकों के प्रोत्साहन के साथ आया। पश्चिमी तट पर उत्तर में बल्हारा राजवंश और मालाबार तट के मामेरिन ने मुसलमान व्यापारियों का स्वागत किया और अनहिलवाड़ा, कालीकट

और क्विलोन जैसी जगहों पर बसने के लिए उन्हें प्रोत्साहन किया। वे मुक्त रूप से मस्जिदें बना सकते थे और अपने धर्म का पालन कर सकते थे।

यहाँ उन यायावर उपदेशकों का उल्लेख भी आवश्यक है, जिन्होंने इस्लाम के शांतिपूर्ण प्रसार में महत्वपूर्ण योगदान दिया। वे स्वेच्छा से यहाँ आए। इनमें से केवल कुछ धर्मप्रचारकों को आक्रमणकारी भारत लाए थे। सबसे पहले आने वाले मुस्लिम उपदेशकों में, जो शांतिपूर्ण ढंग से भारत आए, बुखारा के शेख इस्माइल थे, जो यहाँ 1005 ई. में आए। उन्होंने लाहौर में अपना अधिष्ठान बनाया। उन्हें पर्याप्त धार्मिक तथा सांसारिक ज्ञान था और उन्होंने अपने श्रोताओं को बहुत प्रभावित किया। उन्होंने गुजरात में उपेदश दिया। उन्हें बोहरों का पहला धर्मप्रचारक माना जाता है। इस तरह के उपदेशकों की सूची लंबी है।

ख्वाजा मुइनुद्दीन चिश्ती, जो पूर्वी फारस से आए थे, ने अजमेर को अपना केंद्र बनाया और वहीं 1236 ईसवी में उनकी मृत्यु हुई। आज भी उनकी दरगाह में भारत-पाक उपमहाद्वीप से बहुत बड़ी संख्या में श्रद्धालु आते हैं, जिनमें मुसलमान और गैर-मुसलमान, दोनों शामिल हैं।

यहाँ उन मुस्लिम राजवंशों का संक्षिप्त परिचय देना प्रासंगिक रहेगा, जिन्होंने उत्तरी-पश्चिमी मार्ग से घुसकर भारतीय क्षेत्रों पर विजय प्राप्त की तथा कई शताब्दियों तक दिल्ली अथवा आगरा से भारत पर शासन किया तथा भारतीय समाज की सामाजिक, आर्थिक, सांस्कृतिक तथा राजनीतिक परिस्थितियों को प्रभावित किया।

712 ई. सिंध पर अरब विजय

997-1030 ई.	महमूद गजनवी (तुर्की मूल) के हमले और लूट
1192 ई.	मुहम्मद गौरी (तुर्की अफगान) ने पृथ्वीराज चौहान को पराजित किया।
1206 ई.	कुतुबुद्दीन ऐबक (तुर्की अफगान) द्वारा गुलाम वंश की स्थापना
1296-1316 ई.	अलाउद्दीन खिलजी (तुर्की मूल) का शासन
1414-51 ई.	दिल्ली में सैयदों का शासन (पहला सैयद सुल्तान तैमूर द्वारा मनोनीत था)
1451 ई.	बहलोल लोदी (अफगान मूल) की चढ़ाई (लोदियों ने सन् 1526 तक शासन किया)
1526 ई.	पानीपत की पहली लड़ाई; बाबर द्वारा मुगल साम्राज्य की स्थापना। 13वीं शताब्दी और 14वीं शताब्दी के प्रारंभ में मंगोलों ने तथा सन् 1398 में तैमूर ने भारत में बड़े पैमाने पर छापे मारे और लूटपाट की।

मध्य एशिया से आने वाले विदेशियों के अतिरिक्त अन्य विदेशी शक्तियाँ भी भारत आईं। पुर्तगाली सन् 1499 में नौसैनिक शक्ति के रूप में भारतीय समुद्र में प्रविष्ट हुए। पश्चिमी तट पर उनके पास छोटा भूभाग था, किंतु समुद्र व्यापार का बड़ा हिस्सा उनके अधिकार में था। 17वीं शताब्दी के प्रारंभ में एक के बाद एक आगे-पीछे डच और अंग्रेज भारत आए। अंग्रेजों ने स्वयं को भारत में सुस्थापित किया और 14 अगस्त, 1947 तक वे किसी-न-किसी रूप में यहाँ बने रहे। अंग्रेजों की उपस्थिति विशालकाय थी और नकारात्मक तथा सकारात्मक, दोनों दृष्टियों से उनका पर्याप्त प्रभाव था। प्रभुत्वपूर्ण शक्ति बन जाने पर उनकी आर्थिक नीति शोषणपरक थी, जिसके परिणामस्वरूप देश की संपदा बाहर चली गई। भारतीय शिल्प को गहरा आघात लगा। अंग्रेजों ने अपने प्रति निष्ठावान व्यक्तियों का एक स्थायी समूह सुनिश्चित करने के लिए एक नए भूस्वामी अभिजात्य वर्ग तथा प्रशासनिक सेवा के मध्य और निम्न पद सोपान का निर्माण किया। अपने आदमियों को खुश रखने के लिए उपाधियों, खिताबों, सम्मानों और सनदों की एक जटिल व्यवस्था बनाई गई। स्थानीय रीति-रिवाजों में हस्तक्षेप कम-से-कम था। केवल ठगी अथवा सती जैसी बड़ी कुरीतियों को खत्म करने के लिए ही हस्तक्षेप किया गया। समान प्रशासनिक व्यवस्था, समान दंड संहिता तथा समान नागरिक प्रक्रिया संहिता (सिविल प्रोसीजर कोड) और रेलवे संजाल द्वारा देश का एकीकरण किया गया था। इस विदेशी शासन के प्रत्युत्तर में भारतीयों ने एक नई आत्मछवि विकसित की और एक भारतीय पुनर्जागरण की दिशा में पहल की। अंग्रेजी शिक्षा प्राप्त बुद्धिजीवी वर्ग, जिसका सृजन शुरुआत में ब्रिटिश शासन के प्रति निष्ठावान सेवकों के रूप में किया गया था, ब्रिटिश कुशासन और अतियों का आलोचक बन गया और उसने कमजोरियों

और दोषों के प्रति जागरूक और संवेदनशील हुआ। विदेशी शासन को रचनात्मक जवाब देने में भारतीय समाज में सुधार और सामाजिक रूपांतरण के लिए नए आवेग और स्पंदन जाग्रत हुए।

भारतीय समाज के रीति-रिवाज एवं परम्पराएं

भारतीय संस्कृति की एक अनुपम विशेषता है-विविधता में एकता। यहाँ भाषा, धर्म, जाति, भौगोलिक पर्यावरण, जनसंख्या, प्रजाति, जनजाति आदि के आधार पर अनेक विभिन्नताएँ व्याप्त हैं, फिर भी उनमें एकता के दर्शन होते हैं।

प्राचीनता एवं स्थायित्व

भारत की संस्कृति एवं समाज-व्यवस्था विश्व की प्राचीनतम संस्कृति एवं समाज-व्यवस्था में से एक हैं। मिस्र, सीरिया, बेबीलोनिया, यूनान, रोम और भारत की संस्कृतियां विश्व की प्राचीनतम संस्कृतियों में से है। समय के साथ विश्व की अन्य प्राचीन संस्कृतियां तो नष्ट हो गई, समय के प्रवाह में वे जाने कहां बह गईं और उनके अवशेष मात्र ही बचे हैं। हजारों वर्ष बीत जाने पर भी भारत की आदि संस्कृति व समाज-व्यवस्था आज भी जीवित है। आज भी हम भारत के वैदिक धर्म को मानते हैं, आज भी पवित्र वैदिक मंत्रों का तन्मयता के साथ यज्ञ एवं हवन के समय ब्राह्मणों द्वारा उच्चारण किया जाता है, आज भी विवाह रीति-रिवाज से होता है, गाँव पंचायत, जाति-प्रथा, संयुक्त परिवार प्रणाली आज भी विद्यमान है। गीता, बुद्ध और महावीर के उपदेश आज भी इस देश में जीवित और जाग्रत हैं, आध्यात्मवाद, प्रकृति-पूजा, पतिव्रत धर्म और पुनर्जन्म, सत्य, अहिंसा और अस्तेय के सिद्धान्तों की गूंज आज भी देश के लोगों को प्रेरित करती है। भारतीय जीवन के मूल आधार आज भी वही हैं, जो प्राचीन भारत में थे।

सहिष्णुता

भारतीय समाज एवं संस्कृति की एक महान विशेषता इसकी सहिष्णुता है। भारत में सभी धर्मों, जातियों, प्रजातियों एवं सम्प्रदायों के प्रति उदारता, सहिष्णुता एवं प्रेम-भाव पाया जाता है। हमारे यहाँ समय-समय पर अनेक विदेशी संस्कृतियों का आगमन हुआ और सभी को फलने-फूलने के अवसर उपलब्ध रहे हैं, किसी भी संस्कृति का दमन नहीं किया गया और न किसी समूह पर संस्कृति थोपी गई है। हिन्दू, मुसलमान, सिख, बौद्ध, जैन और ईसाई सभी अपनी-अपनी विशेषताएँ बनाए हुए हैं।

समन्वय

भारतीय समाज एवं संस्कृति की उदार एवं सहिष्णु प्रकृति के कारण ही इसमें विभिन्न संस्कृतियों का समन्वय हो पाया है। भारतीय संस्कृति वह समुद्र है, जिसमें विभिन्न संस्कृति रूपी सरिताएँ अपना पृथक अस्तित्व समाप्त कर विलीन हो गई हैं।

आध्यात्मवाद

भारतीय समाज एवं संस्कृति में आध्यात्मवाद को महत्व दिया गया है। भौतिक सुख और भोग-लिप्सा कभी भी जीवन का ध्येय नहीं माना गया। धर्म और आध्यात्मिकता भारतीय समाज व संस्कृति की आत्मा है। इसमें भोग और त्याग का सुन्दर समन्वय पाया जाता है। आध्यात्मवाद ने ही सहिष्णु प्रवृत्ति को जन्म दिया है।

धर्म की प्रधानता

भारतीय समाज एवं संस्कृति धर्म प्रधान है। धर्म के द्वारा मानव जीवन के प्रत्येक व्यवहार को नियंत्रित करने का प्रयास किया गया है। भारतीयों का धर्म संकुचित धर्म नहीं है, वरन् मानवतावादी धर्म है। यह सभी जीवों के कल्याण, क्षमा और दया में विश्वास करता है। भारतीय धर्म प्रत्येक जीवन में ईश्वर का अंश मानता है और इसीलिए वह जीवन की भलाई में विश्वास करता है।

अनुकूलनशीलता

भारतीय समाज एवं संस्कृति को अमर बनाने में इसकी अनुकूलशील प्रकृति का महान योगदान है। इसमें समय के साथ परिवर्तन होने की अद्‌भुत क्षमता है। भारतीय परिवार, जाति, धर्म एवं संस्थाएँ समय के साथ अपने को अनुकूल बनाती रहती हैं। यही कारण है कि उनका विघटन और पतन होने की अपेक्षा रूप में परिवर्तित होता रहा है और वह नष्ट होने से बच गई हैं।

वर्णाश्रम

भारतीय समाज एवं संस्कृति की एक विशेषता है–वर्ण एवं आश्रमों की व्यवस्था। समाज में श्रम-विभाजन हेतु चार वर्णों–ब्राह्मण, क्षत्रिय, वैश्य तथा शूद्र–की रचना की गई। ब्राह्मण समाज की बुद्धि और शिक्षा के प्रतीक हैं तो क्षत्रिय शक्ति के। वैश्य भरण-पोषण एवं अर्थव्यवस्था का संचालन करते हैं तो शूद्र अन्य सभी वर्णों की सेवा करते हैं।

प्राचीन भारतीय मनीषियों ने मनुष्य की आयु 100 वर्ष मानकर उसका चार आश्रमों–ब्रह्मचर्य, गृहस्थ, वानप्रस्थ और संन्यास–में समान रूप से विभाजन किया था। जहाँ वर्ण व्यक्तियों के बीच कार्य विभाजन को प्रकट करते हैं, वहीं आश्रम उसके मानसिक और आध्यात्मिक विकास को। वर्ण और आश्रम, दोनों ही जीवन की समस्याओं व जीवन-दर्शन पर निर्भर हैं। भारतीयों की वर्ण एवं आश्रम की व्यवस्था विश्व इतिहास को एक अद्वितीय देन है। आश्रमों का उद्देश्य मानव के चार पुरुषार्थों-धर्म, अर्थ, काम और मोक्ष-की पूर्ति करना है, जोकि व्यक्ति का सामाजिक एवं व्यावहारिक जीवन सम्भव बनाते हैं।

पहले भाग में व्यक्ति को ब्रह्मचर्याश्रम में रहना पड़ता है और वह अपनी बौद्धिक प्रगति के लिए अध्ययन करके शिक्षा या ज्ञान प्राप्त करता है। दूसरा स्तर गृहस्थाश्रम है, जिसमें व्यक्ति विवाह करके गृहस्थ जीवन व्यतीत करता है, संतानों को जन्म देता है और यज्ञ (ब्रह्म यज्ञ, पितृ यज्ञ, देव यज्ञ तथा नृ यज्ञ) को सम्पादित करता है। जीवन के तीसरे भाग, वानप्रस्थाश्रम, के स्तर पर वह सांसारिक माया-मोह को त्यागने का प्रयत्न करता है। चौथा स्तर संन्यास आश्रम का है, जिसमें कि व्यक्ति संन्यासी बनकर भगवान को पाने के लिए मोक्ष की खोज में अपने को नियोजित करता है। प्रत्येक आश्रम 25 वर्ष का होता है। इसीलिए हिन्दुओं में 100 वर्ष जीवित रहने की कामना की जाती है। हिन्दू की दृष्टि में जीवन का लक्ष्य भोग नहीं, संग्रह नहीं, अपितु त्याग और परोपकार है।

कर्म एवं पुनर्जन्म का सिद्धान्त

भारतीय समाज एवं संस्कृति में कर्म को अधिक महत्व दिया गया है। यह माना जाता है कि अच्छे कर्मों का अच्छा एवं बुरे कर्मों का बुरा फल मिलता है कि भारत में व्यक्ति की आत्मा को अजर-अमर माना गया है। मरने के बाद वह पुनः किस योनि में जन्म लेगा, यह इस पर निर्भर करता है कि उसने पिछले जन्म में किस प्रकार के कर्म किए थे। श्रेष्ठ कर्म करने वाले को ऊँची योनि में जन्म मिलता है और वह सुखपूर्वक जीवन व्यतीत करता है जबकि बुरे कर्म करने पर उसे निम्न और हेय योनि में जन्म लेना होता है तथा नाना प्रकार के कष्ट उठाने पड़ते हैं। कर्म और पुनर्जन्म के सिद्धान्तों ने भारतीयों को सदैव अच्छे कर्म करने की प्रेरणा दी हैं। भारतीयों की धारणा है कि सत्कर्म करने से इहलोक और परलोक, दोनों सुधरते हैं।

पुरुषार्थ

पुरुषार्थ सिद्धान्त के द्वारा व्यक्ति के जीवन के चार प्रमुख लक्ष्यों को स्पष्ट किया गया है। ये चार लक्ष्य है-धर्म, अर्थ, काम और मोक्ष। इन्हें ही चार पुरुषार्थ माना गया है। पुरुषार्थ व्यक्ति को समाज में अनुशासित जीवन व्यतीत करने की प्रेरणा देते हैं।

ऋण तथा यज्ञ

हिन्दू जीवन व्यवस्था में व्यक्ति पर पाँच प्रकार के ऋण माने गए हैं- देव-ऋण, ऋषि-ऋण, पितृ-ऋण, अतिथि-ऋण तथा भूमि-ऋण। व्यक्ति जो कुछ है, उसका जैसा भी विकास हुआ है, उसने जो कुछ प्राप्त किया है, उसके लिए वह दूसरों का ऋणी है। वह देवताओं, ऋषियों, माता-पिता, अतिथियों तथा पशु-पक्षियों तक का ऋणी है, अतः इनके प्रति अपने दायित्वों का निर्वाह करके ही वह पाँच प्रकार के ऋणों से छुटकारा प्राप्त कर सकता है। इसी हेतु पंच महायज्ञों की व्यवस्था की गई है। साथ ही, व्यक्तिवाद पर अंकुश रखने और जीवन को त्याग के आदर्श में ढालने के लिए भी इन यज्ञों का विधान किया गया है। ये यज्ञ व्यक्ति को सभी प्राणियों के प्रति अपने दायित्वों को निभाने की शिक्षा देते हैं। यज्ञ का तात्पर्य दायित्वों के निर्वाह एवं कर्तव्यों की पूर्ति से लिया गया है।

संस्कार

'संस्कार' का तात्पर्य शुद्धीकरण की प्रक्रिया से है। भारतीय समाज एवं संस्कृति में व्यक्ति को सामाजिक प्राणी बनाने, उसके व्यक्तित्व का विकास करने एवं उसकी नैसर्गिक प्रवृत्तियों को समाजोपयोगी बनाने के लिए व्यक्ति का शारीरिक, मानसिक

और नैतिक परिष्कार आवश्यक माना गया है। परिष्कार या शुद्धीकरण के लिए कई संस्कारों की व्यवस्था की गई है, जो निम्नलिखित हैं–

विवाह

भारतीय समाज में यदि परिवार एक सबसे छोटी और महत्वपूर्ण इकाई है, तो इसका अस्तित्व विवाह द्वारा ही रहता है। विवाह की संस्था सभी समाजों में होती है। इसका मूल है प्रजनन द्वारा मनुष्य जाति की बिरादरी को बनाए रखना। यदि प्रजनन ही न हो, तब सम्पूर्ण मनुष्य का अस्तित्व ही खतरे में पहुँच जाता है। जीवन साथी अथवा पति या पत्नी को प्राप्त करने के प्रत्येक समाज में कुछ वैध तौर-तरीके होते हैं। इन तरीकों को समाज अपनी स्वीकृति देता है।

भारतीय समाज में जब कभी विवाह की चर्चा होती है, तब सामान्यतया लोग हिन्दू विवाह से अर्थ लेते हैं। यह सही है कि देश में हिन्दू जातियों की संख्या सबसे अधिक है, लेकिन इसका यह अर्थ कदापि नहीं कि हिन्दू विवाह ही भारतीय विवाह है। हमारा आग्रह है कि विवाह का सीधा संबंध 'एथनिसिटी' से होता है और इस अर्थ में जहाँ देश में एकाधिक एथनिसिटियाँ हैं, वहाँ विवाह के प्रकार भी भिन्न हैं। यदि इस देश में हिन्दू जातियाँ निवास करती हैं, तो यहाँ सिख भी हैं, मुसलमान भी हैं, आदिवासी भी हैं, पारसी भी हैं, जैन भी हैं और न जाने कितने ही एथनिक समूह हैं। प्रत्येक एथनिक समूह की अपनी एक पृथक् संस्कृति होती है और इसी पृथकता के आधार पर विवाह की पद्धति भी बदल जाती है।

हिन्दू विवाह के प्रकार

यहाँ हम शास्त्रकारों द्वारा सम्मत हिन्दू विवाह के स्वरूपों का वर्णन करेंगे:

(i) **ब्रह्म विवाह :** हिन्दू विवाह में यह विवाह सबसे उत्तम समझा जाता है। शास्त्रों के अनुसार, इस विवाह में वर को बुलाकर अपनी सामर्थ्य के अनुसार अलंकारों से अलंकृत करके कन्यादान दिया जाता है। इस विवाह से उत्पन्न पुत्र 21 पीढ़ियों को पवित्र करने वाला होता है।

चित्र 2.2: हिन्दू विवाह का एक दृश्य

(ii) **दैव विवाह :** इस विवाह में अच्छे कार्य में लगे पुरोहित को अलंकृत करके जब कन्या दी जाती है, तो यह दैव विवाह कहलाता है। हिन्दू मान्यताओं के अनुसार, यह विवाह भी श्रेष्ठ कोटि के विवाह में आता है। इस विवाह का यज्ञ के साथ सरोकार होता है। आज की सामाजिक व्यवस्था में दैव विवाह समाप्त हो गए हैं।

(iii) **आर्ष विवाह :** इस विवाह में कन्या का पिता विवाह के इच्छुक ऋषि से एक जोड़ी बैल और एक गाय लेकर उसके साथ अपनी पुत्री का विवाह कर देता था। आज न तो ऋषि और न ऐसे कन्या के पिता हैं; लेकिन इस प्रकार का विवाह बताता है कि प्राचीन काल में ऋषि भी अपना जीवनयापन विवाह के माध्यम से करते थे।

(iv) **प्रजापत्य विवाह :** इस विवाह में कन्या का पिता वर को कन्यादान करता है और कहता है : ''तुम दोनों एक साथ मिलकर आजीवन धर्म का आचरण करो।'' ऐसे विवाह से उत्पन्न संतान अपने वंश की 12 पीढ़ियों को पवित्र कर देती है, यह विवाह भी आजकल प्रचलित नहीं है।

(v) **असुर विवाह :** विवाह के इस प्रकार में वधू मूल्य स्वीकार किया जाता है। गौतम का कहना है कि जब कन्या को विवाह में देने के बाद उसके लिए धन लिया जाता है, तो यह एक प्रकार से कन्या को बेचना हुआ। इस विवाह की प्रतिष्ठा नहीं है।

(vi) **गंधर्व विवाह :** ऐतिहासिक दृष्टि से इस तरह का विवाह सुन्दर गंधर्वों और कामुक किन्नरियों में होता था। यह विवाह, वस्तुत: प्रेम विवाह था। आजकल यह विवाह अपवाद रूप से नई पीढ़ी में देखने को मिलता है।

(vii) **राक्षस विवाह :** युद्ध में स्त्री का हरण करके जब उससे विवाह किया जाता था तो वह 'राक्षस विवाह' कहलाता था। आजकल इस तरह के न तो युद्ध होते हैं और न ही विवाह। विवाह का यह स्वरूप भी अब ओझल हो गया है।

(viii) **पैशाच विवाह :** यह विवाह घृणित विवाह है। किसी भी सोई हुई, घबराई हुई, मदिरा पान की हुई या सड़क चलती लड़की के साथ बलपूर्वक कुकृत्य करके जब उसके साथ विवाह कर लिया जाता है, तो यह 'पैशाच विवाह' कहलाता है। हिन्दू मान्यता के अनुसार, यह विवाह निकृष्ट और अधर्म का पोषक है।

मुस्लिम विवाह

मुस्लिम समाज में विवाह को 'निकाह' कहते हैं। यह एक अरबी शब्द है। मुस्लिम समाज में हिन्दुओं की तरह निकाह को धार्मिक अर्थ में नहीं लिया जाता। यह एक प्रकार का समझौता है, लेकिन यह समझौता प्रत्येक मुस्लिम के लिए आवश्यक है। मुस्लिम कानून के अनुसार, निकाह का मुख्य उद्देश्य हैं-बच्चों का प्रजनन करना और समाज में उन्हें वैध स्थान देना।

मुस्लिम विवाह के तीन महत्वपूर्ण घटक:

1. विवाह का प्रस्ताव - यह प्रस्ताव वर तथा वधू के पक्षों या उनके नामों पर रखा जाता है।
2. प्रस्ताव को एक या दो पुरुष व दो महिलाओं की गवाही पर स्वीकार किया जाता है।
3. दहेज या मेहर का बंदोबस्त किया जाता है।

चित्र 2.3: मुस्लिम विवाह का एक दृश्य

मुस्लिम विवाह के भेद

मुसलमानों में तीन प्रकार के विवाह पाए जाते हैं-सही या वैध, मुलाह और अनियमित।

(i) **सही या वैध विवाह :** यह वह विवाह है, जिसमें विवाह की सभी शर्तो का पालन किया जाता है, जो स्थायी प्रकृति का होता है और जो मुस्लिम रीति-रिवाजों के अनुसार सम्पन्न होता है। इसे 'निकाह' कहते हैं।

(ii) **मुल्लाह विवाह :** सुन्नियों में केवल स्थायी विवाह ही हो सकता है, किन्तु शिया मुसलमानों में अस्थायी विवाह, जिसे 'मुल्लाह' कहते हैं, भी हो सकता है। ऐसे विवाह की दो आवश्यक शर्ते है-सहवास का काल एवं मेहर। इसमें पति-पत्नी सहवास का समय निश्चित करते हैं कि वे अमुक समय तक पति-पत्नी रहेंगे। यह समय एक दिन, एक माह, एक वर्ष या कुछ वर्ष भी हो सकता है। अवधि समाप्त होने पर ऐसा विवाह स्वत: ही समाप्त हो जाता है। यदि पति-पत्नी चाहें तो इसे स्थायी विवाह में भी बदल सकते है। इस विवाह की दूसरी आवश्यक शर्त मेहर का निश्चित उल्लेख होना है। इस प्रकार के विवाह का प्रचलन भारत में नहीं है।

(iii) **अनियमित विवाह :** इस प्रकार के विवाह में कुछ बाधाएँ होती हैं, जिन्हें दूर करने पर विवाह पुन: नियमित हो जाता है। उदाहरण के लिए, पाँचवीं पत्नी व मूर्ति-पूजक स्त्री से विवाह अनियमित हो जाता है। इसे नियमित बनाने के लिए आवश्यक है कि पाँच में से किसी एक स्त्री को तलाक दे दिया जाए, धर्म-परिवर्तन कर गैर-मुस्लिम स्त्री को मुसलमान बनाया जाए और विवाह के लिए गवाहों को जुटाया जाए।

ईसाई विवाह के स्वरूप

सामान्यतया ईसाइयों में जीवन साथी प्राप्त करने यानी विवाह करने के दो तरीके हैं-

1. परम्परागत या धार्मिक तरीका		2. सिविल विवाह

1. परम्परागत या धार्मिक तरीका : जब लड़का या लड़की एक-दूसरे को पसंद कर लेते हैं, तो सबसे पहले मँगनी या सगाई की रस्म पूर्ण की जाती है। इसकी सूचना पादरी को दे दी जाती है। विवाह के लिए लड़की व लड़के, दोनों को ही चर्च की सदस्यता व चरित्र

चित्र 2.4: ईसाई विवाह का एक दृश्य

की शुद्धता का प्रमाण पत्र तथा विवाह के लिए प्रार्थना-पत्र की तिथि के तीन सप्ताह पूर्व चर्च के अधिकारी को देना होता है। चर्च का अधिकारी इस प्रार्थना-पत्र की सूचना को प्रकाशित करता है और इसके प्रकाशन के 96 घंटे बाद विवाह सम्पन्न हो जाता है।

2. **सिविल विवाह :** ईसाई विवाह का दूसरा तरीका सिविल विवाह है। अब विवाह गिरजाघर में नहीं होता। यह विवाह अदालत में होता है। वस्तुतः सिविल विवाह एक समझौता होता है। यह विवाह भारतीय ईसाई अधिनियम, 1872 (Indian Christian Marriage Act, 1872) के अनुसार होता है। इसके अनुसार लड़के की आयु 21 वर्ष व लड़की की आयु 18 वर्ष से कम नहीं होनी चाहिए। सिविल विवाह में पति-पत्नी गिरजाघर में पादरी से आशीर्वाद लेने जाते हैं।

मानव प्रजातियों का वर्गीकरण

विश्व की प्रजातियां

मानव प्रजातियों का वर्गीकरण विभिन्न मानवशास्त्रियों द्वारा किया गया है। इस वर्गीकरण के लिए अनेक आधार अपनाए गए हैं, जैसे-शारीरिक लक्ष्ण, सामान्य पूर्वज, दैहिक विशेषताएँ, भौगोलिक स्थिति तथा आकृति आदि। हम यहाँ कुछ प्रमुख विद्वानों द्वारा प्रस्तुत प्रजाति वर्गीकरणों का उल्लेख करेंगे।

क्रोबर का वर्गीकरण

क्रोबर ने वर्तमान प्रजातियों को मुख्यतः तीनों भागों में वर्गीकृत किया है और प्रत्येक को उप-भागों में बांटा है, जिनकी संख्या 11 है। इस वर्गीकरण को हम निम्न प्रकार से प्रस्तुत कर सकते हैं-

उपर्युक्त प्रजातियों के अतिरिक्त क्रोबर ने चार संदेहास्पद प्रजातियों का भी उल्लेख किया है, जिन्हें उपर्युक्त वर्गीकरण में नहीं रखा जा सकता है। वे हैं-(1) ऑस्ट्रेलायड, (2) वेड्डायड।

हॉबल का वर्गीकरण

हॉबल ने तीन प्रमुख प्रजातियों एवं नौ उप-प्रजातियों का उल्लेख किया है, जिन्हें हम निम्न प्रकार से प्रस्तुत कर सकते हैं-

हम यहाँ विश्व की तीन प्रमुख प्रजातियों का उल्लेख करेंगे।

1. **काकेशायड :** इस प्रजाति की त्वचा का रंग सफेद होने से इसे 'श्वेत प्रजाति' भी कहते हैं। इस प्रजाति के लोगों की संख्या लगभग 100 करोड़ के आस-पास है। इसकी उपशाखाओं में त्वचा के रंग, आँख की पुतली का रंग व बालों के रंग एवं बनावट में पर्याप्त भिन्नता है। त्वचा का रंग हल्के सफेद से लेकर गहरे भूरे तक, आँखों का रंग नीला एवं बादामी, केश सीधे एवं घुँघराले भी एवं नाक पतली तथा ऊँची एवं खोपड़ी का घनत्व 1,800 cc के करीब होता है। इसकी तीन उप-प्रजातियों में अल्पाइन, भूमध्यसागरीय एवं नार्डिक आती हैं और प्रत्येक उप-प्रजातियों के कद में अंतर होता है।

चित्र 2.5: विश्व की प्रमुख प्रजातियां

2. **मंगोलायड :** विश्व में सबसे अधिक लोग इसी प्रजाति के हैं, जो प्रमुखतः एशिया महाद्वीप में ही रहते हैं। इनकी उत्पत्ति काकेशायड व नीग्रोयड के बाद मानी जाती है। कुछ मानवशास्त्री अमरीकन इंडियन को भी इस प्रजाति में गिनते हैं। इनकी प्रमुख उपजातियों में क्रोबर ने मंगोलियन, मलेनेशियन एवं अमरीकन इंडियन को माना है। इस प्रजाति की त्वचा का रंग पीला होने से इसे 'पीत प्रजाति' भी कहते हैं। इस प्रजाति के लोगों की प्रमुख शारीरिक

विशेषताएँ हैं–अधखुली आँखों का बादामी रंग, कद नाटा, मोटा, केश, सीधे व घुँघराले भी, नाक छोटी एवं चपटी, सिर चौड़ा, होंठ मोटे, शरीर पर बाल कम तथा गालों की हड्डियां उभरी हुईं।

3. **अफ्रीकी नीग्रोयड :** इस प्रजाति की त्वचा का रंग काला होने से इसे 'काली प्रजाति' भी कहते हैं। इसकी उत्पत्ति का समय व स्थान अभी अज्ञात है। इस प्रजाति के लोगों की संख्या लगभग 10 करोड़ है और अफ्रीका महाद्वीप ही इसका मूल स्थान है। नाइलोटिक नीग्रो और ओशियानिक नीग्रो इसकी उपशाखाएँ हैं। इस प्रजाति की मुख्य शारीरिक विशेषताएँ हैं–केश सूखे, कड़े तथा घुंघराले, नाक चौड़ी, कान छोटे, होंठ मोटे व बाहर की ओर लटके हुए, कद साधारण और ऊपर का जबड़ा आगे को बढ़ा हुआ। इनके पैर असाधारण होने से इनके जूतों की एड़ी ठीक नहीं बैठती।

चित्र 2.6: अफ्रीकी नीग्रोयड

वर्तमान मानव प्रजातियां

काकेशियन या श्वेत (Caucasian or White)
- (अ) नार्डिक (Nordic)
- (ब) अल्पाइन (Alpine)
- (स) भूमध्यसागरीय (MediteÙkanean)
- (द) हिन्दू (Hindu)

मंगोलायड या पीत (Mongoloid or Yellow)
- (अ) मंगोलियन (Mongolian)
- (ब) मलेशियन (Malaysian)
- (स) अमरीकन इंडियन (American Indian)

नीग्रोयड या काली (Negroid or Black)
- (अ) नीग्रो (Negro)
- (ब) मलेशियन (Malaysian)
- (स) पिग्मी (Pygmy Black)
- (द) बुशमैन (Bushman)

मानव प्रजातियां

काकेशायड (Caucasoid)
- (अ) नार्डिक (Nordic)
- (ब) भूमध्यसागरीय (MediteÙkanean)
- (स) अल्पाइन (Alpine)

मंगोलायड (Mongoloid)
- (अ) एशियाटिक (Asiatic)
- (ब) ओशियानिक (Oceanic)
- (स) अमरीकन इंडियन (American Indian)

नीग्रोयड (Negroid)
- (अ) अफ्रीकन (African)
- (ब) ओशियानिक (Oceanic)
- (स) नीग्रिटो (Negrito)

भारत की प्रजातियां

भारत में प्रजाति और प्रजातीय आन्दोलनों पर विचार करते हुए हमें यह बात अच्छी तरह दिमाग में बैठा लेनी चहिए कि यहाँ 'प्राथमिक' और 'द्वितीयक', दोनों तरह की प्रजातियां हैं। प्राथमिक प्राजातियों को आरंभिक भौगोलिक तथा आनुवंशिक अलगाव, कुछ जीनों की क्षति और कुछ अन्य जीनों के निश्चयीकरण, उत्परिवर्तन, अंतर्जनन तथा चयन के आधार पर विभेदित किया जाता है। द्वितीयक प्रजातियों की उत्पत्ति 'दो या दो से अधिक प्राथमिक प्रजातियों के समावेश (ब्लेंड्स) के स्थायीकरण (स्टेबिलाइजेशन)' से होती है। हमें यह बात भी दिमाग में रखनी चाहिए कि प्रजातीय तत्वों के बारे में

चित्र-2.7: भारत की विभिन्न प्रजातियां

चर्चा के क्रम में आमतौर पर जिन पदावलियों का इस्तेमाल किया जाता है, वे कभी-कभार भ्रामक होती हैं। अत: 'आर्य' और 'द्रविड़' पद भाषा-समूहों के द्योतक है, पर इन पदों का प्रयोग बहुधा प्रजातीय अर्थ में ही हुआ है और अब भी हो रहा है। मसलन, कुछ मानवशास्त्री उत्तर भारत के लोगों के बारे में यह मानते हैं कि उनका संबंध 'हिन्दू' प्रजाति से है। यह ऐसा पद है, जिसका सिर्फ धार्मिक अभिप्राय ही है। इसी तरह 'प्रोटो-ऑस्ट्रेलॉयड' पद का प्रयोग भारतीय मानवशास्त्र के संदर्भ में बिना किसी स्पष्ट दृष्टि के होता है। इस पद का इस्तेमाल भारत की प्राथमिक प्रजाति के अर्थ में किया गया, जबकि अर्थ में सही शब्द 'वेड्डिड' या 'ऑस्ट्रेलॉयड' होता। 'प्रोटो-ऑस्ट्रेलॉयड' पद का शाब्दिक अर्थ है कि एक ऐसी प्रजाति, जो ऑस्ट्रेलॉयडों से पहले से यहाँ रह रही है।

इन सारी गड़बड़ियों की वजह भारत में प्रजाति और प्रजातीय आवागमनों में संबंधित सही आंकड़ों का अभाव है। कुछ हजार वर्षों की लंबी अवधि के भिन्न-भिन्न कालखंडों में काफी बड़े पैमाने पर आप्रवास हुआ है, पर इस तथ्य को नकारते हुए कि भारत ने अपनी प्रजातियां पैदा की हैं, केवल आप्रवास के आधार पर प्रजातीय प्रकारों में भारतीय आबादी के विभेदीकरण की व्याख्या के प्रयास हुए हैं। इस धारणा को स्वीकार करना कठिन है कि इस विशाल उपमहाद्वीप में कभी हर जगह एक शून्य और खालीपन था। 'कैम्ब्रिज हिस्ट्री ऑफ इंडिया' में एक सवाल उठाया गया है : "क्या इस बात का कोई प्रमाण उपलब्ध है कि वे (अर्थात् द्रविड़ लोग) कहाँ से भारत आए?" पर सबसे महत्वपूर्ण सवाल जिसकी उपेक्षा की गई है, वह यह सवाल है कि क्या द्रविड़ भारत की धरती पर उत्पन्न नहीं हो सकते थे? कीथ द्रविड़ों की उत्पत्ति वेड्डिडों से मानने के लिए तैयार दिखते हैं।

इसी तरह मुंडारी और द्रविड़ बोलने वाले लोगों के बीच नृजातीय भेद की भी उपेक्षा की गई है। बिहार का संथाल परगना जिला इस पक्ष पर प्रकाश डालता है। यहाँ द्रविड़ बोलने वाले माले राजमहल पहाड़ियों की ढलान पर रहते हैं, जबकि मुंडारी बोलने वाले संथाल पहाड़ियों के बीच घाटियों में रहते हैं। ये दोनों कायिक विशेषताओं, भाषा और संस्कृति के आधार पर एक-दूसरे से भिन्न हैं। ये भेद इतने स्पष्ट हैं कि इनकी उपेक्षा नहीं की जा सकती है। माले उत्तर में दक्षिणी वेड्डिडों के विस्तार का प्रतिनिधित्व करते है, जबकि संथाल आदतन प्रवास करने वाले लोग हैं। "हर गांव का अपना कोटा है और जैसे ही यह पूरा हो जाता है, मार्गदर्शकों की एक टोली बाहर चली जाती है और अपने लिए कोई दूसरा उपयुक्त गाँव बसा लेती है। संथालों के बारे में यह माना जाता है कि वे लैटेराइट मिट्टी वाले क्षेत्र तक ही अपना उत्प्रवास या प्रवजन सीमित रखते हैं। आबादी ठौर-ठिकाना ढूंढ़ने के लिए विवश कर दिया है।"

चित्र 2.8: संथाली समुदाय

मुंडा जनजाति में भी ऐसे ही भौतिक या कायिक वैशिष्ट्य और उत्प्रवास की आदतें दिखाई देती हैं। वे हमेशा भारत के पूर्वी तटीय क्षेत्र में बसे रहे हैं और अंदर बहुत दूर उन क्षेत्रों में नहीं पहुँचे हैं, जहाँ वेड्डी पहले से ही मौजूद थे। मुंडा लोगों में कुछ विलक्षण संकर संयोजन दिखाई देते हैं, जो भारत में रहने वाली अन्य किसी आदिवासी जनजाति में नहीं पाए जाते हैं। इन संकरों के नाम हैं- (1) खानगार-मुंडा, (2) खड़िया-मुंडा, (3) कोंकपट-मुंडा (4) करंगा-मुंडा (5) माहिली-मुंडा (6) नागबंसी-मुंडा (7) ओरांव-मुंडा (8) साद-मुंडा (9) सावर-मुंडा (10) मुंडा-मुइया (11) मुंड-चमार। एक मत यह है कि मुंडा बिना औरतों के भारत आए। **एच. एच. रिसले** का विचार था कि ये संकर मुंडा पुरुषों और अन्य जनजातियों की औरतों के बीच हुए विवाह से उत्पन्न हुए।

भारत में बाहर से आने वाले आप्रवासियों या आव्रजकों का सबसे बड़ा समूह आर्यों का रहा है, जिन्हें हिन्दू-आर्य भी कहा जाता है। उनकी सबसे बड़ी टोली **अरल-कैस्पियन बेसिन** से लगभग 1200 ई. पू. में आ गईं। फारस में दमधान के नजदीक टेपे हिसार काल I और II में पुरातत्ववेत्ताओं द्वारा किए गए उत्खननों के फलस्वरूप जो नवपाषाणकालीन खोपड़ियां

मिली हैं, उनका संबंध इन्हीं लोगों से है। काल III में मध्यम आकार के सिर वाले लोगों की एक अन्य प्रजाति के प्रमाण मिलते हैं, जो बड़े सिर वाले आर्यों से भिन्न थे। पश्चिम में अलिशा (अनातोलिया) में भी काल IV के अन्तर्गत बड़े सिर वाली ऐसी ही खोपड़ियां पाई गईं। इस प्रजाति के लोग सिन्धु नदी-तट के इर्द-गिर्द फैले हुए थे। अब वे पंजाब, राजस्थान और कश्मीर की आबादी में दिखाई देते हैं। जैसा लद्दाखी लोगों की कायिक विशेषताओं से जाहिर होता है, वे तिब्बत के निकटवर्ती क्षेत्र में पहुँच गए थे। इसके उपरांत वे गंगा तट के आसपास पूर्वी भारत में फैल गए और फिर दक्षिण भारत भी पहुँच गए। नीलगिरि की टोडा जनजाति की नृजातीय आबादी में इस प्रजाति की एक शाखा उपस्थित है। नंबूदिरी ब्राह्मण ईसा के बाद पाँचवीं सदी में उत्तर भारत से दक्षिण गए।

भारत में आव्रजित आबादी की एक अन्य शाखा 'मेसोसेफालिक' या मध्यम आकार के सिर वाले लोगों की है, जो ईरान के पठार से यहाँ आए। इन्हें 'सीथयन' या 'शक' कहा जाता है। न केवल भारत में बल्कि अन्य स्थानों पर भी वे हिन्दू-आर्यों के बाद आप्रवासित हुए। वर्तमान समय में ईरान की आबादी का सबसे प्रमुख अंश 'मेसोसेफालिक' प्रतीत होता है। इन्हें 'ईरानी शक' कहा जाता है।

आबादी का दबाव प्रवजन का मुख्य कारण प्रतीत होता है। इस संदर्भ में हेडन की 'निष्कासन और आकर्षण' (एक्सपल्सन एंड एट्रैक्शन) का हवाला दिया जा सकता है। (द वांडरिंग्स ऑफ पीपल्स, कैम्ब्रिज, 1911) अतः यह प्रतीत होता है कि भारत मुख्य रूप से एक 'डोलिकोसेफालिक' (बड़े सिर वाले) देश है। निम्नलिखित लोगों के सिर का आकार इस तरह का है।

1. **भारत के आदिवासी लोग :** वे विभिन्न सीमाओं का लगभग हर जनजाति में एक मूलभूत वेड्डी अवशेष-चित्र जाहिर करते हैं। इस अवशेष-चिह्न का मूल सीलोन का वेड्डा लोगों में नजर आता है। ऑस्ट्रेलियाई आदिवासियों से अपनी समानता के कारण यह नृजातीय तत्व 'ऑस्ट्रेलॉयड' कहलाता है।
2. **द्रविड़ लोग (दक्षिण भारत के तमिल, तेलुगू आदि) :** ऐसा प्रतीत होता है कि वे अनेक पारिस्थितिक परिवर्तनों द्वारा वेड्डियों से उद्भूत हुए। भिन्न पर्यावरण मूलक परिस्थितियों ने उनकी भौतिक या कायिक विशेषताओं को बदल डाला है।
3. **काकेशियन या हिन्द-आर्य :** ये भिन्न भाषा और संस्कृति के साथ 1200 ई. पू. के करीब उत्तर-पश्चिमी सीमा से होकर भारत आए और सिन्धु तथा गंगा के मैदानों से होकर बंगाल तक पहुँच गए। वे समूचे देश में फैल गए और ईसा से पूर्व की प्रारंभिक सदियों से समुद्र पार कर सीलोन तक पहुँच गए। वे अन्य प्रजातियों के साथ भी घुले-मिलें। परिणामस्वरूप, उनकी कायिक विशेषताओं में उनकी तब्दीलियाँ आ गईं।

जैसाकि पहले भी कहा जा चुका है, मध्य आकार के सिर वाले लोग भारत में हिन्द-आर्यों के बाद आए। उनके नृजातीय कुलों में से अधिकांश ईरानी सीथियनों की देन है।

भारत की प्रमुख जनजातियां एवं संबंधित राज्य

	जनजाति	राज्य		जनजाति	राज्य
1.	आपाटमी	अरुणाचल प्रदेश	21.	भील	छत्तीसगढ़, महाराष्ट्र, गुजरात, मेघालय
2.	चेन्चूस	आन्ध्र प्रदेश, उड़ीसा	22.	गारो	मेघालय
3.	नागा	नागालैण्ड, असम, मणिपुर	23.	औ	नागालैण्ड, असम, मणिपुर
4.	गोंड	छत्तीसगढ़ (बस्तर), उड़ीसा कर्नाटक, आन्ध्र प्रदेश, झारखंड	24.	खोंड	उड़ीसा
5.	कोटा	तमिलनाडु (नीलगिरि क्षेत्र)	25.	मुरिया	मध्य प्रदेश

6.	शोम्पेन	अण्डमान निकोबार द्वीप समूह	26.	उराली	केरल
7.	मोपला	केरल	27.	अभोंर	असम, अरुणाचल प्रदेश
8.	बैगा	मध्य प्रदेश	28.	बिरहोर	बिहार
9.	गेलोंग	उत्तर पूर्व हिमाचल प्रदेश	29.	मुंडा	झारखंड (छोटा नागपुर)
10.	सीमा	नागालैण्ड, मणिपुर, असम	30.	लहौरा	नागालैण्ड, असम, मणिपुर
11.	खसीरा	असम, मेघालय	31.	कोलम	आन्ध्र प्रदेश
12.	मीणा	राजस्थान	32.	संथाल	आन्ध्र प्रदेश
13.	टोडा	तमिलनाडु (नीलगिरि पहाड़ियाँ)	33.	ओरांव	छोटा नागपुर के पठार, उड़ीसा तथा छत्तीसगढ़
14.	खासी	मेघालय	34.	बग्गा	तमिलनाडु
15.	भोटिया	गढ़वाल कुमायूँ	35.	गद्दी	हिमाचल प्रदेश, जम्मू
16.	मनोया	अरुणाचल प्रदेश	36.	अगामी	नागालैण्ड, मणिपुर, असम
17.	तगकुल	नागालैण्ड, मणिपुर, असम	37.	कोल	मध्य प्रदेश
18.	लेपचा	सिक्किम	38.	मिकिर	असम
19.	वरली	महाराष्ट्र	39.	थारू	उत्तर प्रदेश
20.	बुक्सा	उत्तराखंड	40.	जौनसाबी	उत्तराखंड की सबसे बड़ी जनजाति

भारत में चौड़े सिर वाले लोगों की उत्पत्ति के चार अलग-अलग स्रोत हैं : (क) ईरानी सीथियन तत्व, जिसमें 'ब्रैकीसेफाला' का थोड़ा-बहुत अंश मौजूद था। (ख) मध्य एशिया के 'ब्रैकीसेफालिक' झुंड; (ग) चित्तागोंग क्षेत्रों और तिरुनेलवेली के तटीय क्षेत्रों में पाए जाने वाले मलय लोग; (घ) मंगोल।

भारत में आप्रवासियों की एक अन्य धारा के प्रतिनिधि बड़े सिर वाले मुंडा जनजाति के लोग हैं। वे वेड्डिडों के साथ बहुत हद तक घुल-मिल गए। ऐसा प्रतीत होता है कि वे पूर्वी सीमा से गुजरते हुए भारत पहुँचे।

भारत के उत्तर-पूर्वी सीमा क्षेत्र में बड़ी संख्या में जनजातियों का निवास है, जो भिन्न प्रकार के प्रजातीय कुलों से संबद्ध प्रतीत होते हैं। अतः नागा जनजातियां प्रजातीय और सांस्कृतिक, दोनों दृष्टियों से अपने अंदर एक सशक्त इंडोनेशियाई कुल-वैशिष्ट्य का परिचय देती है। हेडन ने खासी, तुर्की, कुकी, मणिपुरी, मीरी, कंचारी आदि और नागा लोगों की एक अपेक्षाकृत गौण व जनजातीय समूह में एक सशक्त ऑस्ट्रेलॉयड प्रजाति वैशिष्ट्य की मौजूदगी की बात कही है। असम और भारत के उत्तर-पूर्वी क्षेत्र में आप्रवासी तुलनात्मक रूप से काफी बाद में आए। असम पर अहोम लोगों ने 13वीं शताब्दी में आक्रमण किया। इंडोनेशियाई लोगों का वहाँ आना काफी पहले की घटना प्रतीत होती है। संभवतः ईसा से पहले पहली शताब्दी में जब पोलीनेशिया के लोगों का आगमन हुआ, उसी समय इंडोनेशियाई लोगों के आगमन की प्रक्रिया भी शुरू हुई उत्तर-पूर्वी क्षेत्र के लोगों में मंगोल प्रजाति वैशिष्ट्य की मौजूदगी सीधे काले बाल, प्रखर कपोलास्थि, त्वचा के पीत वर्ण और इन सबसे उनकी गठी हुई देहयष्टि में परिलक्षित होती है।

सर हर्बर्ट रिसले के अनुसार, भारत में प्रजातियों की सात किस्में पाई जाती हैं : (1) पूर्व-द्रविड़ प्रकार, जो पहाड़ियों और जंगलों की आदिम जनजातियों के रूप में विद्यमान हैं, (2) द्रविड़ प्रकार, जो दक्षिणी प्रायद्वीप से गंगाघाटी तक मौजूद हैं, (3) कश्मीर, पंजाब और राजपूताना के हिन्द-आर्य प्रकार (4) गंगाघाटी में आर्य-द्रविड़ प्रकार (5) सिन्धु के पूर्व में पाया जाने वाला साइथो-द्रविड़ प्रकार (6) मंगोल प्रकार, जो असम और पूर्वी हिमालय की पहाड़ियों में पाए जाते हैं, (7) मंगोल-द्रविड़ प्रकार।

जनजातीय समूह

जनजातियों का वर्गीकरण

विशाल भारत में फैली हुई सभी जनजातियों को किसी भी आधार पर श्रेणी में नहीं रखा जा सकता। इसलिए विभिन्न आधारों पर उनका वर्गीकरण किया गया है। वर्गीकरण के लिए जो आधार अपनाए गए हैं, उनमें से प्रमुख आधार भौगोलिक स्थिति, भाषा, प्रजाति, अर्थव्यवस्था, संस्कृति, आदि है। हम इन सभी का यहाँ उल्लेख करेंगे।

1. **भौगोलिक वर्गीकरण : डॉ. बी.एस. गुहा** ने भारत की सम्पूर्ण जनजातियों को भौगोलिक निवास के आधार पर तीन भागों में विभक्त किया है–

(अ) **उत्तर तथा उत्तर-पूर्वी क्षेत्र :** इस क्षेत्र का विस्तार कश्मीर, पूर्वी पंजाब, हिमाचल प्रदेश, उत्तर प्रदेश और असम के पहाड़ी भाग तक है। लेह, शिमला और लुशाई पर्वत का क्षेत्र भी इसके अन्तर्गत आता है। इस क्षेत्र की प्रमुख जनजातियों में भोटिया, थारू, लेपचा, नागा, गारो, खासी, डाफला, कुकी, अबोट, मिकिर, लुशाई, गुज्जर, चकमा, गुरंग आदि हैं।

(ब) **मध्यवर्ती क्षेत्र :** इस क्षेत्र में विस्तार उत्तर में गंगा के मैदान से लेकर दक्षिण में कृष्णा नदी तक है। इसमें विंध्याचल व सतपुड़ा के पहाड़ों की पट्टी भी सम्मिलित है। इस क्षेत्र की प्रमुख जनजातियों संथाल, मुंडा, उरांव, हो, खरिया, बिरहोर, गोंड, बैगा, भल, कोली, मीणा आदि हैं।

मध्य प्रदेश की आदिवासी जनजातियाँ

	नाम	क्षेत्र	
1.	गोंड	परधान, अगरिया, ओझा नगारची, सोलहास	प्रदेश के सभी जिलों में मुख्यत: नर्मदा के दोनों किनारों पर विंध्य और सतपुड़ा अंचल में
2.	भील	बरेला, भिलाला, पटलिया	धार, झाबुआ, खंडवा, खरगौन
3.	बैगा	बिंझवार, नरोतिया, भरोतिया, नाहर, रायमैना, कठमैना	मंडला, बालाघाट, शहडोल
4.	कोरकू	मोवासिरूमा, बवारी, बोडोया	खंडवा, होशंगाबाद, बैतूल, छिंदवाड़ा, देवास
5.	मारिया	भूमिया, भूईहार, पंडो	छिंदवाड़ा, जबलपुर, मंडला, शहडोल, पन्ना
6.	कोल	रोतियो, रौतेले	रीवा, सतना, शहडोल, सीधी
7.	माडिया	अबूझमाडिया, दण्डामी, माडिया, मेटाकोईतूर	जबलपुर, मंडला, पन्ना, शहडोल, छिंदवाड़ा
8.	सहरया	–	गुना, शिवपुरी, मुरैना, श्योपुर, ग्वालियर, विदिशा, राजगढ़
9.	सउर	–	छतरपुर, पन्ना, टीकमगढ़, सागर, दमोह
10.	अगरिया	–	मंडला, सीधी, शहडोल
11.	पनिका	–	शहडोल, सीधी
12.	परधान	–	सिवनी, छिंदवाड़ा, बालाघाट, बैतूल
13.	खैरवार	–	सीधी, शहडोल, पन्ना, छतरपुर

झारखंड की प्रमुख जनजातियाँ

	नाम	क्षेत्र		नाम	क्षेत्र
1.	संथाल	संथाल परगना	14.	बेडिया	सिंहभूम
2.	उरांव	संथाल परगना, पलामू	15.	चेरी	पलामू
3.	मुंडा	रांची, सिंहभूम, पलामू, संथाल परगना	16.	चिक बड़ाईक	रांची

4.	हो	पलामू, संथाल परगना	17.	कोरा	संथाल परगना
5.	भूमिज	रांची, सिंहभूम	18.	परहइ्या	पलामू
6.	खड़िया	सिंहभूम	19.	किसान	पलामू
7.	सौरिया पहाड़िया	राजमहल	20.	माल पहाड़िया	संथाल परगना
8.	बिरहोर	संथाल परगना	21.	हिल खैचरा	छोटा नागपुर
9.	असुर	सिंहभूम	22.	बंजारा	संथाल परगना
10.	खरवार	पलामू	23.	बथुड़ी	सिंहभूम
11.	कोरबा	पलामू	24.	बिरजिया	गुमला
12.	गोंड	सिंहभूम	25.	करमाली	हजारीबाग
13.	महली	रांची	26.	बिझिया	संथाल परगना

राजस्थान की जनजातियाँ

1.	मीणा	2.	भील
3.	गरासिया	4.	सहारिया
5.	दमोर	6.	सांसी
7.	भाखा	8.	टायडी
9.	बावली	10.	कठोडिया
11.	कलीघोर	12.	नेकदा
13.	पटिलिया	14.	ढोली भील
15.	पाटवा		

बिहार की जनजातियाँ

1.	बैगा	2.	गौडेत
3.	किसान	4.	खोंड
5.	लोहरा	6.	मल पहाड़िया
7.	सौरिया		

(स) **दक्षिणी क्षेत्र :** यह क्षेत्र कृष्णा नदी के दक्षिण में है। इस क्षेत्र की जनजातियों में नीलगिरि के टोडा, कोटा, पनियन, कदार; हैदराबाद के चेंचू, कुरूम्बा और उराली आदि प्रमुख हैं। इस क्षेत्र में अण्डमान और निकोबार द्वीप-समूहों की जनजातियों, जैसे-जाखा निकोबारी, सेंटीनेली, ओंग तथा शोपन आदि को भी सम्मिलित किया गया है।

2. **प्रजातीय वर्गीकरण : डॉ. गुहा, हट्टन एवं रिजले** आदि ने भारत की जनजातियों में पाई जाने वाली विभिन्न प्रजातीय विशेषताओं के आधार पर उनका वर्गीकरण प्रस्तुत किया है, यद्यपि उन लोगों में वर्गीकरण को लेकर मतभेद है। भारतीय जनजातियों में **रिजले** द्रविड़ एवं मंगोल प्रजातियों के तत्वों का उल्लेख करते हैं तो **गुहा** नीग्रिटो आदि-आग्नेय, मंगोल, आदि तत्वों का उल्लेख करते है। **डॉ. मजूमदार** भारतीय जनजातियों में नीग्रिटो प्रजाति तत्वों की उपस्थिति नहीं मानते। हम यहाँ **डॉ. गुहा** द्वारा प्रस्तुत प्रजातीय आधार पर किए गए जनजातीय वर्गीकरण का उल्लेख करेंगे।

(अ) **नीग्रिटो :** यह नीग्रो प्रजाति की एक उपशाखा है। इस प्रजाति के शारीरिक लक्षण नाटा कद, चौड़ा सिर, गहरा काला रंग, काले ऊनी बाल, मोटे होंठ और चौड़ी नाक आदि है। **डॉ. गुहा** की मान्यता है कि नीग्रिटो भारत की सबसे प्राचीन प्रजाति है।

(ब) **आदि-आग्नेय :** इस प्रजाति की मुख्य शारीरिक विशेषताएँ छोटा कद, लम्बा एवं ऊँचा सिर, चौड़ा और छोटा चेहरा, मुंह आगे की ओर उठा हुआ तथा नाक छोटी एवं चपटी आदि हैं। मध्य भारत की विशेषताएँ पाई जाती हैं। भील एवं चेंचू लोग भी इसी प्रजाति के हैं।

(स) मंगोल : मंगोल प्रजाति की भारत में दो शाखाएँ हैं-एक चौड़े सिर वाली, दूसरी लम्बे सिर वाली। चौड़े सिर वाले, प्रजातीय तत्व चटगाँव एवं म्यांमार तथा उत्तरी-पूर्वी में पाए जाते हैं। लम्बे सिर वाले मंगोल असम, सीमान्त प्रान्तों एवं ब्रह्मपुत्र की घाटी में पाए जाते हैं।

3. भाषा के आधार पर वर्गीकरण

(क) द्रविड़ भाषा परिवार : द्रविड़ परिवार में तेलुगू, कन्नड़, तमिल और मलयालम भाषाएँ आती हैं। मध्य भारत की गोंड जनजाति भी द्रविड़ भाषा का प्रयोग करती है। उड़ीसा के कुन्ध, बिहार व उड़ीसा के कुई तथा उरांव और राजमहल की पहाड़ियों में रहने वाले जनजातीय लोग माल्टो बोलियाँ बोलते हैं, जो इसी परिवार का अंग है। द्रविड़ भाषा बोलने वाली प्रमुख जनजातियों में टोडा, मलेर, पोलिया, सवर, कोया, पनियन, चेंचू, इरूला, कदार आदि हैं।

(ख) ऑस्ट्रिक भाषा परिवार : ऑस्ट्रिक भाषा में संथाली, मुंडारी, खरिया, भूमिज, गारो आदि भाषाएँ हैं, जो बिहार, उड़ीसा, बंगाल और असम में बोली जाती हैं। मध्य प्रदेश की कोर्कू, साथरा एवं गड़बा भाषाएँ इसी के अन्तर्गत आती हैं। स्पष्ट है कि मध्य-क्षेत्र की जनजातियों द्वारा ऑस्ट्रिक भाषा परिवार की बोलियाँ ही बोली जाती हैं, किन्तु यहाँ रहने वाली उरांव, कोलाम, गोंड आदि जनजातियाँ द्रविड़ परिवार की भाषाएँ बोलती हैं।

(ग) चीनी-तिब्बत भाषा परिवार : इस परिवार की भाषाएँ नेपाल, दार्जिलिंग, त्रिपुरा, काचर, मणिपुर, पूर्वी कश्मीर, पूर्वी पंजाब, हिमाचल प्रदेश, भूटान, उत्तर-पूर्वी बंगाल, असम तथा सिक्किम आदि क्षेत्रों में बोली जाती है। उत्तर-पूर्व के कुछ क्षेत्रों में मोनखामेर भाषा बोली जाती हैं, जो ऑस्ट्रिक भाषा परिवार की है। उदाहरण के लिए, खासी जनजाति मोनखामेर भाषा का प्रयोग करती है।

चित्र 2.9: चीनी तिब्बत भाषा परिवार

सांस्कृतिक एकीकरण के स्तर के आधार पर

इसके अन्तर्गत यह देखा जाता है कि जनजातियाँ दूसरे समूहों के कितने सम्पर्क में आई हैं व किस सीमा तक उनकी संस्कृति में परिवर्तन आया है? मजूमदार ने हिन्दू सम्पर्क के आधार पर तीन प्रकार से वर्गीकरण किया है-

1. वे जनजातियाँ, जो हिन्दू के तनिक भी सम्पर्क में नहीं आई हैं।
2. वे जो हिन्दुओं के सम्पर्क में आकर उनके मूल्य, व्यवहार, तौर-तरीके अपनाने लगी हैं।
3. वे जो हिन्दुओं से प्रभावित हैं, किन्तु उच्च जातियों से सामाजिक दूरी बनाए हुए हैं।

इस आधार पर मजूमदार ने 4 श्रेणियाँ बतलाई हैं-

1. वे जो विभिन्न सम्पर्कों के कारण संस्कृति खो चुकी हैं अथवा जिनका सात्मीकरण दूसरी जनजाति में हो चुका है।
2. वे जो अभी सांस्कृतिक सम्पर्कों के कारण अनुकूलन बनाए हुए हैं तथा संक्रातिकालीन संस्कृति में जी रहे हैं।
3. जिनकी दूसरी संस्कृतियों से अन्तर्निर्भरता है।
4. जिनमें पर-सांस्कृतिक ग्रहण की प्रक्रिया प्रगति पर है अर्थात् यहाँ तक संस्कृति के तत्व एकतरफा दिशा में दूसरी संस्कृति में प्रविष्ट हो रहे हैं।

भारत में परिवार

भारतीय समाज की सबसे छोटी संरचनात्मक इकाई परिवार है। परिवार का निर्माण विवाह की संस्था द्वारा होता है। जो भी दंपति विवाह सूत्र में बँधते हैं, वे अपने आप ही नातेदारी व्यवस्था को बनाते हैं। भारतीय समाज में परिवार का महत्व दुनिया के अन्य समाजों की तुलना में कहीं अधिक वजनी है। हमारे यहाँ सभी सामाजिक क्रियाओं की सबसे छोटी इकाई परिवार

है। परम्परागत हिन्दू समाज में राज्य और जाति तथा वर्ग के लिए समूह महत्वपूर्ण होता है। अगर हम हिन्दी और प्रादेशिक भाषाओं को देखें तो बहुत स्पष्ट हो जाएगा कि इनके साहित्य में व्यक्ति का कोई स्थान नहीं है; स्थान परिवार, जाति या नातेदारी का है। ग्रामीण भारत में यह एक सामान्य मुहावरा है कि यदि पिता साहूकार से कर्ज़ लेता है और बिना चुकाए मर जाता है, तो इस कर्ज की अदायगी परिवार के अन्य सदस्यों पर आ जाती है। तब परिवार का एक व्यक्ति बँधुआ बनता है। उसके बाद भी यदि कर्ज़ नहीं चुकता तो परिवार के दूसरे सदस्य बँधुआ बन जाते हैं। सब मिलाकर भारतीय समाज की सबसे महत्वपूर्ण इकाई परिवार है।

किसी मानवीय शिशु के लालन-पालन और सुरक्षा में अन्य प्राणियों के शिशुओं की अपेक्षा अधिक लंबी अवधि की आवश्यकता होती है। अत: पिता, माँ और बच्चों के बीच प्रजनन और संतान की देखभाल के कारण जो संबंध विकसित होता है, वह दीर्घकालिक, व्यापक और परिष्कृत होता है। परिवार पद का प्रयोग मानवीय अनुभव के उस अंश को उद्धृत करने के लिए होता है, जो संतान के प्रजनन तथा देखभाल के परिप्रेक्ष्य में पुरुषों और नारियों के व्यवहार से उपजता है।

तीन प्राथमिक आवश्यकताओं की पूर्ति करने के उद्देश्य से परिवार अस्तित्व में आया। इनमें से पहली आवश्यकता यौन-आवेग (सेक्स-अर्ज) से जुड़ी हुई है, जिसने नर व नारी को अपनी संतुष्टि के लिए एक स्थापित आधार खोजने को मजबूर किया है। दूसरी आवश्यकता प्रजनन से संबद्ध है, जो खासकर स्त्रियों में अधिक तीव्र होती है और जिसकी पूर्ति परिवार में होती है। तीसरी प्राथमिक आवश्यकता परिवार द्वारा जैविकीय व सामाजिक प्रकार्य निष्पादित करने की चेष्टा के रूप में प्रकट होती है। इस चेष्टा में परिवार आर्थिक दायित्वों का निर्वाह करने के लिए अनिवार्य रूप में विवश होता जाता है और परिणामस्वरूप एक तरह की आर्थिक इकाई बन जाता है।

परिवार के प्रकार

1. **संख्या के आधार पर परिवार :**

(क) केंद्रीय परिवार या नाभिक परिवार : केंद्रीय या नाभिक परिवार, परिवार का सबसे छोटा रूप है, जो एक पुरुष, स्त्री तथा उनके आश्रित बच्चों से मिलकर बना होता है। इसमें बच्चे भी अविवाहित रहने तक ही रहते हैं। विवाह के बाद वे अपना स्वयं का नाभिक परिवार बना लेते हैं।

चित्र 2.10: नाभिक परिवार

(ख) संयुक्त परिवार : संयुक्त परिवार व्यवस्था का प्रचलन भारत में आदि काल से रहा है। संयुक्त परिवार के सभी सदस्य परिवार के एक मुखिया के अधीन होते हैं। भारत की कृषि अर्थव्यवस्था ने ही इस प्रणाली को जन्म दिया। एक संयुक्त परिवार में तीन या तीन से अधिक पीढ़ियों के सदस्य साथ-साथ एक ही घर में निवास करते हैं, उनकी सम्पत्ति सामूहिक होती है, एक ही रसोई में बना भोजन करते हैं, सामूहिक पूजा में भाग लेते हैं और परस्पर किसी-न-किसी नातेदारी व्यवस्था में संबंधित होते हैं।

चित्र 2.11: संयुक्त परिवार

(ग) विस्तृत परिवार : इस प्रकार के परिवार में सभी रक्त संबंधी एवं कुछ अन्य संबंधी भी सम्मिलित होते हैं। ये एकपक्षीय (मातृ पक्ष या पितृ पक्ष) या द्वि-पक्षीय भी हो सकते हैं। ऐसे परिवारों में संबंध व रिश्तेदारी का भी ठीक-ठाक ज्ञान नहीं हो पाता। ऐसे परिवारों के सदस्यों की संख्या बहुत अधिक होती है। इन सभी सदस्यों का निवास-स्थान और कार्य एक ही होता है और वे परिवार के मुखिया को सम्मान की दृष्टि से देखते हैं।

चित्र 2.12: विस्तृत परिवार

2. **निवास के आधार पर :**

(क) पितृ-स्थानीय : यदि विवाह के बाद पत्नी अपने पति एवं पति के माता-पिता के साथ रहने लगती हो, तो उसे हम पितृ-स्थानीय परिवार कहते हैं।

(ख) मातृ-स्थानीय : इसके विपरीत, जब विवाहोपरान्त पति, पत्नी के माता-पिता के निवास-स्थान पर रहने लगता है, तो उसे मातृ-स्थानीय परिवार कहते हैं।

(ग) नव-स्थानीय : जब परिवार में पति-पत्नी विवाह के बाद न तो पति पक्ष के लोगों के साथ और न ही पत्नी पक्ष के लोगों के साथ रहते हैं वरन् अपना अलग नया घर बनाकर रहते हैं, तो उसे नव-स्थानीय परिवार कहते हैं।

(घ) मातृ-पितृ स्थानीय : कई समाजों में नवविवाहित दम्पति पति या पत्नी में से किसी एक के ही साथ रहने को बाध्य नहीं होते वरन् दोनों में से किसी के भी साथ रह सकते हैं। ऐसे परिवार को मातृ-पितृ स्थानीय परिवार कहते हैं।

(च) मामा-स्थानीय : इसमें नवविवाहित दम्पति पति की माँ के भाई अर्थात् मामा के परिवार में जाकर रहने लगता है। ट्रोब्रियाण्डा द्वीपवासियों में यह प्रथा प्रचलित है।

3. अधिकार के आधार पर :

(क) पितृ-सत्तात्मक परिवार : ऐसे परिवारों में सत्ता एवं अधिकार पिता व पुरुषों के हाथ में होते हैं। वे ही परिवार का नियंत्रण करते हैं।

(ख) मातृ-सत्तात्मक परिवार : ऐसे परिवार में पितृ-सत्तात्मक के विपरीत माता या स्त्री के हाथ में ही अधिकार तथा सत्ता निहित होती है। भारत में नयार, खासी, गारो आदि लोगों में इस प्रकार के परिवार पाए जाते हैं।

4. उत्तराधिकार के आधार पर :

(क) पितृमार्गी परिवार : ऐसे परिवार में उत्तराधिकार के नियम पितृपक्ष के आधार पर तय किए जाते हैं।

(ख) मातृमार्गी परिवार : इसमें उत्तराधिकार के नियम मातृपक्ष के आधार पर तय किए जाते हैं।

5. वंशनाम के आधार पर :

(क) पितृवंशीय परिवार : ऐसे परिवारों में वंश-परम्परा पिता के नाम से चलती है। पुत्रों को पिता का वंशनाम प्राप्त होता है। हिन्दुओं में परिवार पितृवंशीय हैं।

(ख) मातृवंशीय परिवार : ऐसे परिवार में वंश परम्परा माँ के नाम से चलती है और माँ से पुत्रियों को वंशनाम मिलते हैं। मालाबार के नायरों में यही प्रथा है।

(ग) उभयवाही परिवार : ऐसे समाजों में पैतृक व मातृक, दोनों वंशनाम परम्पराएं साथ-साथ चलती हैं। उभयवाही परिवारों में एक व्यक्ति अपने दादा-दादी एवं नाना-नानी चारों सम्बन्धियों से समान रूप से संबद्ध रहता है।

(घ) द्विनामी परिवार : ऐसे परिवारों में एक व्यक्ति एक ही समय में अपने दादा और नानी से संबद्ध रहता है। अन्य दो संबंधी (दादी और नाना) छोड़ दिए जाते हैं। यह भी उभयवाही वंश का ही एक रूप है।

6. विवाह के आधार पर:

(क) एक-विवाही परिवार : एक-विवाही परिवार एक पुरुष व एक स्त्री के सम्मिलन से बनता है। इसमें पति-पत्नी एवं उनके अविवाहित बच्चे होते हैं।

(ख) बहु-विवाही परिवार : ऐसे परिवारों में एक समय में एक से अधिक जीवन-साथी स्वीकृत होते हैं। इसके अनेक रूप हैं।

(i) **बहु-पत्नीक परिवार :** जब एक पुरुष को एक समय में एक से अधिक स्त्रियों से विवाह करने की स्वीकृति होती है, तो उसे 'बहुपत्नीक परिवार' कहते हैं।

(ii) **बहुपति-विवाही परिवारी :** जहाँ एक स्त्री एक समय में एक से अधिक पुरुषों से विवाह करती हो, तो उसे 'बहुपति-विवाही परिवार' कहते हैं। इसके भी दो रूप हैं-एक वह, जिसमें सभी भाई

मिलकर एक स्त्री से विवाह करते हैं, इसे 'भ्रातृ बहुपतिक परिवार' कहते हैं। दूसरा, अभ्रातृ बहुपतिक परिवार वह परिवार है, जिसमें पति एक-दूसरे के भाई न होकर अन्य रिश्तेदार भी हो सकते हैं। इस प्रकार के परिवार जौनसार बाबा के खस, नीलगिरि के टोडा, मालाबार के नायर लोगों में तथा तिब्बत में पाए जाते हैं।

(ग) **समूह-विवाही परिवारी : जब** कई भाई या कई पुरुष मिलकर स्त्रियों के एक समूह से विवाह करें और सब पुरुष जब स्त्रियों के समान रूप से पति हों, तो वह 'समूह-विवाही परिवार' कहलाता है।

7. परिवार के कुछ अन्य स्वरूप :

(क) **जन्मूलक परिवार :** वह परिवार, जिसमें एक व्यक्ति जन्म लेता है तथा उसका पालन-पोषण होता है, 'जन्मूलक परिवार' कहा जाता है। ऐसे परिवार में व्यक्ति के माता-पिता एवं भाई-बहिन आते हैं।

(ख) **प्रजननमूलक परिवार :** ऐसे परिवार का निर्माण व्यक्ति विवाह के बाद स्वयं करता है। इसमें एक पुरुष, उसकी पत्नी एवं अविवाहित बच्चे होते हैं।

(ग) **समरक्त परिवार :** समरक्त परिवार में सभी सदस्य रक्त से संबंधित होते हैं और कोई भी विवाह संबंधी उसमें नहीं रहता। उदाहरण के लिए, नायर परिवार जो कि मातृ-सत्तात्मक है, में पति यदा-कदा ही अपनी पत्नी के यहाँ आकर रहता है।

(घ) **विवाह संबंधी परिवार :** ऐसे परिवारों में रक्त संबंधी एवं विवाह संबंधी दोनों ही साथ-साथ रहते हैं, किन्तु मुख्य जोर रक्त संबंध पर ही दिया जाता है।

हिन्दू विवाह के परम्परागत स्वरूप

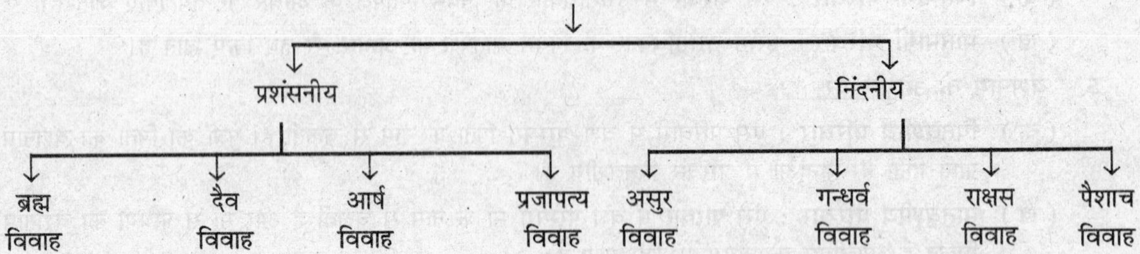

विवाह के प्रकार

पति-पत्नी की संख्या के आधार पर भारत में पाए जाने वाले विवाहों के प्रमुख प्रकारों को हम निम्नांकित प्रकार से रेखांकित कर सकते हैं:

विवाह के प्रकार

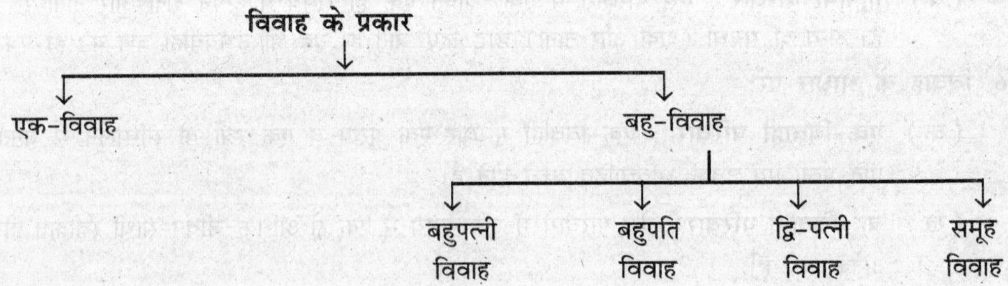

भारत में विवाह

विवाह में प्रत्येक समाज, चाहे वह आदिम समाज हो या सभ्य समाज, की संस्कृति का एक आवश्यक अंग होता है, क्योंकि यह वह साधन है, जिसके आधार पर समाज की प्रारम्भिक इकाई, परिवार का निर्माण होता है। विवाह एक सामान्य तथा स्वाभाविक घटना है। हममें से हर व्यक्ति आगे चलकर इंजीनियर नहीं होगा, न हम सभी केवल किसान, एकाउण्टेण्ट, वकील,

प्रोफेसर या सरकारी अफसर ही होंगे, पर हममें से प्रायः सभी लोग एक दिन पति और पत्नी तथा आगे चलकर माँ और पिता होंगे, ऐसा न होना अस्वाभाविक है क्योंकि जीवन के लिए विवाह की आवश्यकता को सभी स्वीकार करते हैं। किसी विद्वान ने सच ही कहा है कि जीवन के लिए विवाह लड़कियों के हाथ में रिस्टवॉच की तरह शोभा के लिए नहीं, बल्कि डॉक्टर के हाथ में आले की तरह आवश्यक है। इसलिए विवाह अण्डमान प्रायद्वीप या ऑस्ट्रेलिया की जनजातियों में जितना लोकप्रिय है, उतना ही न्यूयॉर्क निवासियों में भी।

समाज द्वारा मान्यता प्राप्त तरीके से स्त्री-पुरुष की यौन-संबंधी आवश्यकता की पूर्ति के लिए, उसे एक निश्चित ढंग से नियंत्रित करने तथा स्थिर रखने और परिवार को स्थायी रूप देने के लिए विवाह की संस्था का जन्म हुआ है। विवाह वह आधार है, जो घर बसाता है और बच्चों के जन्म, लालन-पोषण तथा आर्थिक सहकारिता व सामाजिक उत्तरदायित्व की नींव को बनाता है। व्यक्तिगत दृष्टिकोण से विवाह की आवश्यकता यौन-संबंधी इच्छाओं की पूर्ति, संतान प्राप्ति की स्वाभाविक इच्छा की पूर्ति, शरीर का स्वस्थ निर्वाह और मानसिक शान्ति प्राप्त करने के लिए है। पति-पत्नी एक-दूसरे से प्रेम करते हैं और दोनों मिलकर अपने समस्त स्नेह को संतानों को अर्पित करते हैं, जिसके फलस्वरूप संतान का लालन-पोषण होता है और परिवार व समाज की निरन्तरता बनी रहती है। इसीलिए कहा गया है कि सामाजिक दृष्टिकोण से विवाह का महत्व बच्चों को जन्म देना और उसके द्वारा समाज की निरन्तरता को कायम रखना है। इसीलिए विवाह नामक संस्था किसी समाज में न हो, ऐसा कोई उदाहरण दुनिया के किसी कोने से अनेक छानबीन तथा अन्वेषण के बाद भी न मिल सका; यद्यपि विवाह का स्वरूप, विवाह-संबंध स्थापित करने के तरीकों में पर्याप्त भिन्नता विभिन्न समाजों में पाई जाती है।

विवाह से सम्बन्धित नियम

विवाह से संबंधित नियमों को हम अन्तर्विवाह, बहिर्विवाह, अनुलोम एवं प्रतिलोम आदि चार भागों में बांट सकते हैं। संक्षेप में, इनका हम यहाँ विवेचन करेंगे।

चित्र 2.13: वर-वधू

1. **अन्तर्विवाह :** अन्तर्विवाह का तात्पर्य है-एक व्यक्ति अपने जीवन-साथी का चुनाव अपने ही समूह से करता है। यह समूह अलग-अलग लोगों के लिए भिन्न-भिन्न हो सकता है।
2. **बहिर्विवाह :** बहिर्विवाह से तात्पर्य है कि एक व्यक्ति जिस समूह का सदस्य है, उससे बाहर विवाह करता है। हिन्दुओं में बहिर्विवाह के नियमों के अनुसार एक व्यक्ति को अपने परिवार, गोत्र, प्रवर, पिण्ड आदि समूहों के बाहर विवाह करना पड़ता है। जनजातियों में एक ही टोटम को मानने वाले लोगों को भी परस्पर विवाह करने की मनाही है। हिन्दुओं में प्रचलित बहिर्विवाह के स्वरूपों का हम यहाँ संक्षेप में उल्लेख करेंगे।

   (क) **गोत्र बहिर्विवाह :** हिन्दुओं में सगोत्र विवाह निषेध है। गोत्र का सामान्य अर्थ उन व्यक्तियों के समूह से है, जिनकी उत्पत्ति एक ऋषि-पूर्वज से हुई हो। एक गोत्र के सदस्यों द्वारा अपने गोत्र से बाहर विवाह करना ही गोत्र बहिर्विवाह कहलाता है।

   (ख) **सप्रवर बहिर्विवाह :** प्रभु का मत है कि प्राचीन समय में अग्नि पूजा और हवन का प्रचलन था। हवन के लिए अग्नि प्रज्वलित करते समय पुरोहित अपने प्रसिद्ध ऋषि-पूर्वजों का नामोच्चारण करता था। इस प्रकार समाज पूर्वज और समान ऋषियों के नामों का उच्चारण करने वाले व्यक्ति अपने को एक ही प्रवर से संबद्ध मानने लगे। एक प्रवर के व्यक्ति अपने को सामान्य ऋषि-पूर्वजों से संकरात्मक एवं आध्यात्मिक रूप से संबंधित मानते हैं, अतः वे परस्पर विवाह नहीं करते।

   (ग) **सपिण्ड बहिर्विवाह :** स्मृति में सपिण्ड का प्रयोग दो अर्थों में हुआ है। (i) वे सभी व्यक्ति सपिण्डी हैं, जो एक व्यक्ति को पिण्डदान करते हैं। (ii) मिताक्षरा के अनुसार, वे सभी व्यक्ति एक ही शरीर से पैदा हुए हैं, सपिण्डी हैं। पिता और पुत्र सपिण्डी हैं, क्योंकि पिता के शरीर के अवयव पुत्र में आते हैं। इसी

प्रकार से माँ व संतानें, दादा-दादी एवं पोते भी सपिण्डी हैं। सपिण्ड विवाह भी निषिद्ध है। माता एवं पिता, दोनों पक्षों से तीन-तीन पीढ़ियों के सपिण्डियों में परस्पर विवाह पर रोक लगा दी गई है।

चित्र 2.14 हिन्दू विवाह

(घ) **ग्राम बहिर्विवाहः** उत्तरी भारत प्रमुखतः पंजाब एवं दिल्ली के आस-पास यह नियम है कि एक व्यक्ति अपने ही गांव में विवाह नहीं करेगा।

(ङ) **टोटम बहिर्विवाहः** इस प्रकार के विवाह का नियम भारतीय जनजातियों में प्रचलित है। टोटम कोई भी एक पशु, पक्षी, पेड़-पौधा अथवा निर्जीव वस्तु हो सकती है, जिसे एक गोत्र के लोग आदर एवं श्रद्धा की दृष्टि से देखते हैं, उससे अपना आध्यात्मिक संबंध जोड़ते हैं। एक गोत्र का एक टोटम होता है और एक टोटम को मानने वाले परस्पर भाई-बहिन समझे जाते हैं। अतः वे परस्पर विवाह नहीं कर सकते।

3. **अनुलोम विवाहः** जब एक उच्च वर्ण, जाति, उपजाति, कुल एवं गोत्र के लड़के का विवाह ऐसी लड़की से किया जाए, जिसका वर्ण, जाति, उप-जाति एवं कुल लड़के से नीचा हो तो ऐसे विवाह को 'अनुलोम विवाह' कहते हैं। उदाहरण के लिए, एक ब्राह्मण लड़के का विवाह एक क्षत्रिय या वैश्य लड़की से होता है, तो इसे हम 'अनुलोम' कहेंगे।

4. **प्रतिलोम विवाहः** अनुलोम विवाह का विपरीत रूप प्रतिलोम विवाह है। इस प्रकार के विवाह में लड़की उच्च वर्ण, जाति, उप-जाति, कुल या वंश की होती है और लड़का निम्न वर्ण, जाति, उप-जाति कुल या वंश का। उदाहरण के लिए, यदि एक ब्राह्मण लड़की का विवाह किसी क्षत्रिय, वैश्य अथवा शूद्र लड़के से होता है, तो ऐसे विवाह को 'प्रतिलोम विवाह' कहा जाता है।

अध्याय सार–संचिका

- थारू जनजाति उत्तराखंड में नैनीताल, उत्तर प्रदेश में लखीमपुर खीरी, गोंडा, बहराइच, गोरखपुर आदि जिलों में निवास करती है।
- मुंडा जनजाति छोटा नागपुर की आदिम जनजातियों में से एक है। इनके प्रमुख त्योहार–सरहुल, माहो परब, गरम–धरम, हलच हैं।
- सिन्धु घाटी सभ्यता एक नगरीय सभ्यता थी। इस सभ्यता के मनुष्यों में नियोजन की विलक्षण योग्यता और क्षमता थी।
- इंडो आर्य मूलतः पशुचारी थे, जिन्हें कविता, दार्शनिक कल्पनाओं और विस्तृत कर्मकांडों में गहरी रुचि थी एवं आनुष्ठानिक पवित्रता और अपवत्रिता के बारे में उनकी कुछ धारणाएं थीं।
- हिन्दू धर्म की उत्पत्ति विविध साहित्यिक स्रोतों से हुई है, जिनमें वेद, ब्राह्मण आरण्यक, उपनिषद्, श्रौत, गृहय् और धर्म सूत्र शामिल हैं।
- 'प्रोटो ऑस्ट्रेलॉयड' पद का प्रयोग भारतीय मानवशास्त्रियों के संदर्भ में बिना किसी स्पष्ट दृष्टि के होता है, जो कि मानव प्रजाति के संदर्भ में उपयोग किया जाता है।
- मुंडा लोगों में कुछ विलक्षण संकर संयोजन दिखाई देते हैं, जो भारत में रहने वाले किसी भी अन्य जनजाति में नहीं पाए जाते हैं।
- मुंडा जाति के संकर निम्न हैं–1. खानगार–मुंडा, 2. खड़िया–मुंडा, 3. कोंकपट–मुंडा, 4. करंगा–मुंडा, 5. माहिली–मुंडा, 6. नागवंशी मुंडा, 7. ओरांव (उरांव)–मुंडा, 8. साद–मुंडा, 9. सावर–मुंडा, 10. मुंडा–मुइया, 11. मुंडा–चमार।
- हेडन ने खासी, कुकी, मणिपुरी, मीरी, कंचारी और नागा लोगों के एक अपेक्षाकृत गौण व जनजातीय समूह में एक सशक्त ऑस्ट्रेलॉयड प्रजाति वैशिष्ट्य की मौजूदगी की बात कही है।
- परिवार परम्परागत हिन्दू समाज में राज्य और जाति तथा वर्ग के लिए समूह महत्वपूर्ण होता है। हिन्दी प्रादेशिक भाषाओं देखें तो बहुत स्पष्ट हो जाएगा कि इनके साहित्य को अधिक स्थान न देकर, परिवार, जाति व नातेदारी को ही मुख्य स्थान दिया गया है।
- विवाह सभ्य समाज की संस्कृति का अभिन्न अंग है।
- विवाह वह आधार है, जो घर बसाता है और बच्चों के जन्म, लालन–पोषण, आर्थिक सहकारिता व सामाजिक उत्तरदायित्व की नींव को बनाता है।

अभ्यास प्रश्न

1. सामाजिक संबंध की प्रमुख विशेषताएँ हैं–

(a) सामान्य जीवन में भागीदार नहीं होना।

(b) एक-दूसरे की उपस्थिति से अपरिचित होना।

(c) पारस्परिक जागरूकता का होना।

(d) उपर्युक्त में से कोई भी नहीं।

2. निम्नलिखित वाक्यों में से समाज की अवधारणा स्पष्ट करने वाले सही वाक्यों का चयन कीजिए–

(a) समाज व्यक्तियों का संघ है।

(b) समाज सामाजिक संबंधों की व्यवस्था है।

(c) समाज में सभी व्यक्तियों की मनोवृत्तियां तथा व्यवहार एक-दूसरे के समान होते हैं।

(d) समाज का एक निश्चित भौगोलिक क्षेत्र होता है।

3. निम्नलिखित में से गलत कथन का चयन कीजिए–

(a) समाज अमूर्त होता है।

(b) समाज में समानता व असमानता, दोनों ही पाई जाती है।

(c) समाज में सहयोग के बजाय संघर्ष ज्यादा महत्वपूर्ण है।

(d) समाज अन्योन्याश्रिता पर आधारित है।

4. निम्नलिखित में से गलत वाक्य का चयन कीजिए–

(a) समाज में सामाजिक संबंधों का जाल है।

(b) समाज़ मूर्त होता है।

(c) सामाजिक संबंधों के लिए पारस्परिक जागरूकता एक अनिवार्य दशा है।

(d) समाज में संघर्ष सहयोग के अधीन है।

5. समाज तथा एक समाज में निम्नलिखित अन्तर हैं, इनमें से गलत कथन छांटिए–

(a) समाज सामाजिक संबंधों की एक जटिल व्यवस्था है, जबकि एक समाज़ व्यक्तियों का समूह है।

(b) समाज मूर्त है, जबकि एक समाज अमूर्त है।

(c) समाज का अपना कोई भौगोलिक क्षेत्र नहीं होता, जबकि एक समाज का साधारणतः एक निश्चित भौगोलिक क्षेत्र होता है।

(d) समाज एक जटिल व्यवस्था है, जबकि एक समाज अपेक्षाकृत एक सरल संगठन है।

6. निम्न में से कौन-सी विशेषता समाज पर लागू होती है?

(a) समाज में केवल समानता पाई जाती है।

(b) समाज में केवल असमानता पाई जाती है।

(c) समाज में समानता एवं असमानता दोनों ही पाई जाती है।

(d) उपर्युक्त में से कुछ भी नहीं पाई जाती है।

7. सही कथन का चयन कीजिए–

(a) समाज में सहयोग या संघर्ष पाया जाता है।

(b) समाज में संघर्ष सर्वाधिक महत्वपूर्ण है।
(c) समाज में न सहयोग और न ही संघर्ष पाया जाता है।
(d) समाज में सहयोग एवं संघर्ष, दोनों पाए जाते हैं।

8. निम्नलिखित में से सही कथन का चयन कीजिए–
(a) समाज में सहयोग सामाजिक संगठन के लिए और संघर्ष विघटन के लिए उत्तरदायी है।
(b) समाज में सहयोग विघटन के लिए उत्तरदायी है।
(c) समाज में संघर्ष संगठन के लिए उत्तरदायी है।
(d) समाज में सहयोग संगठन एवं विघटन, दोनों के लिए उत्तरदायी है।

9. समाज का निर्माण किससे होता है?
(a) व्यक्तियों से
(b) व्यक्तियों के निवास स्थानों से
(c) वह व्यवस्था, जो उन्हें आपस में आबद्ध रखती है
(d) समूह की अन्त:क्रियाओं से

10. ग्रामीण भारत में जाति प्रथा को विघटित करने वाले कारक कौन-से है?
(a) औद्योगीकरण एवं नगरीकरण (b) यातायात एवं संचार के साधन
(c) शिक्षा का प्रसार (d) उपर्युक्त सभी

11. ग्रामीण क्षेत्रों के नगरीय क्षेत्रों में परिवर्तन को कहा जाता है–
(a) ग्राम नगर नैरन्तर्य (b) औद्योगीकरण
(c) नगरीकरण (d) आधुनिकीकरण

12. निम्नलिखित वैवाहिक नियमों पर विचार कीजिए–
1. प्रतिलोम विवाह में लड़की उच्च वर्ण, जाति, उपजाति कुल या वंश की होती है, जबकि लड़का निम्न वर्ण जाति, उपजाति, कुल या वंश होता है।
2. अनुलोम विवाह में लड़का निम्न वर्ण, जाति, उपजाति कुल या वंश का होता है, जबकि लड़की उच्च वर्ण, जाति, उपजाति कुल या वंश की होती है।
3. प्रतिलोम विवाह में लड़की निम्न वर्ण, जाति, उपजाति, कुल या वंश की होती है, जबकि लड़का उच्च वर्ण जाति, उपजाति, कुल या वंश का होता है।
4. अनुलोम विवाह में लड़का उच्च वर्ण, जाति, उपजाति, कुल या वंश का होता है, जबकि लड़की निम्न वर्ण, जाति, उपजाति, कुल या वंश की होती है।

(a) 1, 3 (b) 1, 2, 3
(c) 3, 4 (d) 1, 4

उत्तरमाला

1. (c) **2.** (b) **3.** (c) **4.** (b) **5.** (b) **6.** (c) **7.** (d) **8.** (a)
9. (d) **10.** (d) **11.** (c) **12.** (d)

❑❑❑

भारतीय धर्म एवं सम्प्रदाय तथा पंथ निरपेक्षता

प्रमुख बिन्दु

- ❖ भारत के प्रमुख धर्म
- ❖ 15वीं एवं 16वीं शताब्दी में धार्मिक आन्दोलन
- ❖ 19वीं शताब्दी में विविध धार्मिक एवं सामाजिक आन्दोलन
- ❖ अध्याय सार-संचिका
- ❖ अभ्यास प्रश्न

भारत के प्रमुख धर्म

भारतीय प्राचीनकाल से आज तक भारत में समय-समय पर अनेक धर्मों का उद्‌भव एवं विकास हुआ। भारत में अनेक विदेशी जातियों के आगमन से यहाँ विदेशी धर्मों का, यथा-इस्लाम, पारसी व ईसाई धर्म का भी विकास हुआ। कभी एक धर्म का पतन हुआ, तो दूसरे का उत्थान हुआ। कभी एक धर्म में क्लिष्टता व जटिलता के परिणामस्वरूप नवीन शाखाओं का जन्म हुआ। उदाहरणार्थ, हिन्दू धर्म के अंतर्गत वैष्णव, शैव, शाक्त, बौद्ध धर्म के अंतर्गत हीनयान, महायान, जैन धर्म के अंतर्गत दिगंबर एवं श्वेताम्बर। भारतीय संस्कृति की विशेषता आत्मसात् तथा सामंजस्य के परिणामस्वरूप यहाँ विदेशी धर्म-इस्लाम, ईसाई, पारसी आदि खूब फले-फूले। इस प्रकार भारत कुछ धर्मों की जन्मस्थली तथा कुछ धर्मों को संरक्षण प्रदान करने वाला रहा। समय-समय पर यहाँ अनेक धर्म अपने अस्तित्व में रहे और आज भी हैं। यह सत्य है कि यहाँ अनेक धर्मों के प्रभाव में कमी भी आई, किन्तु ऐसा कोई धर्म नहीं हुआ, जिसका यहाँ पूर्णत: अस्तित्व समाप्त हो गया हो। संक्षेप में प्रमुख भारतीय धर्मों का वर्णन इस प्रकार है-

चित्र 3.1: भारत के सभी प्रमुख धर्मों के प्रतीक चिह्न

हिन्दू धर्म

अनेक उत्कृष्ट विशिष्टताओं से युक्त इस धर्म की गणना विश्व के प्राचीन धर्मों में की जाती है। साधारणत: यह धर्म क्या है, की व्याख्या करना अत्यंत दुष्कर है, क्योंकि अन्य धर्मों की भाँति न तो कोई एक इस धर्म का संस्थापक है और न ही इस धर्म का कोई एक ग्रंथ है। वास्तव में, इस धर्म का स्वरूप अत्यंत ही विशाल है। इसमें अनेक देवी-देवताओं की पूजा की जाती है। इस धर्म के अनेक पवित्र ग्रंथ एवं सम्प्रदाय हैं। इस धर्म के अनुयायियों के दृष्टिकोण एवं विश्वास में भी अन्तर है। किसी का एकेश्वरवाद में विश्वास है, तो किसी का अनेकेश्वरवाद में। कोई मंदिर में पूजा करता है, तो कोई पवित्र नदियों

में स्नान। किसी के आराध्य राम हैं, तो किसी के विष्णु, कृष्ण, शिव आदि। यद्यपि हिन्दू धर्म में दर्शन, परम्परा व इष्ट को लेकर भिन्नता है, किन्तु सभी अपने को हिन्दू धर्म का अनुयायी मानते हैं। संक्षेप में, इस धर्म की विशेषताएँ इस प्रकार हैं-

प्रमुख हिन्दू धर्म ग्रंथ

नाम	प्रमुख तथ्य	विशेष तथ्य
वेद	ये हिन्दू धर्म के आधारभूत हैं, इनकी संख्या-4 है (ऋग्वेद, यजुर्वेद, अथर्ववेद तथा सामवेद)	इन सभी वेदों के ब्राह्मण, आरण्यक तथा उपनिषद् हैं। चारों वैदिक संहिताएँ तथा इनके ब्राह्मण आरण्यक तथा उपनिषद् मिलाकर वैदिक साहित्य कहलाते हैं।
वेदांग	वेदों के 6 अंग माने जाते है, जिन्हें 'वेदांग' कहा जाता है, ये 6 वेदांग हैं। 1. ज्योतिष : इसे वेदों के नेत्र के समान माना जाता है। 2. निरुक्त : इसे वेदों का कान माना जाता है। 3. शिक्षा : यह वेदों की नासिका मानी जाती है। 4. व्याकरण : इसे वेदों के मुख के रूप में स्वीकार किया जाता है। 5. कल्प : इसे वेदों को हाथ (हस्त) माना जाता है। 6. छन्द : यह वेदों का पैर माना जाता है।	
गीता	मानवता के मौखिक और अमूर्त विरासत की यह सबसे श्रेष्ठ कृति है।	'गीता' को यूनेस्को द्वारा मानवता की मौखिक और अमूर्त विरासत की श्रेष्ठ कृति के रूप में उद्घोषित किया गया है।
पुराण	ये हिन्दुओं के पौराणिक ग्रंथ हैं, जिनमें सृष्टि की रचना, प्रलय या विनाश व अनेक देवी-देवताओं का वर्णन मिलता है।	ये अर्द्ध-ऐतिहासिक प्रकार के ग्रंथ भी कहे जा सकते हैं।
महाकाव्य	वेदव्यास द्वारा रचित 'महाभारत' तथा महर्षि वाल्मीकि द्वारा रचित 'रामायण' दो प्रसिद्ध महाकाव्य हैं।	
स्मृति	स्मृतियों में धर्म, अर्थ, काम, मोक्ष (पुरुषार्थ) की विवेचना की गई है। उपलब्ध स्मृतियों की संख्या लगभग 100 है। प्रमुख स्मृतियों में मनु, विष्णु, याज्ञवल्क्य, आंगिरस, बृहस्पति, कात्यायन, आपस्तम्ब, व्यास, पाराशर, दक्ष, वशिष्ठ, नारद आदि महत्वपूर्ण हैं।	
दर्शन	भारत में अनेक दार्शनिक सिद्धांत और दर्शन प्राचीनकाल से ही प्रचलित रहे हैं जो जीवन और जगत् की व्याख्या करते हैं। ये इस प्रकार हैं- (1) वैशेषिक (2) सांख्य (3) योग (4) न्याय (5) पूर्व मीमांसा (6) उत्तर मीमांसा	

1. ईश्वर की सत्ता में असीम विश्वास
2. विभिन्न देवी-देवताओं की उपासना
3. प्रकृति की उपासना में विश्वास
4. अवतारवाद में विश्वास
5. आत्मा की अमरता में विश्वास
6. वेदों में विश्वास
7. कर्म में विश्वास
8. पुनर्जन्म में विश्वास
9. मूर्ति पूजा में विश्वास
10. जीवन का प्रमुख उद्देश्य मोक्ष प्राप्ति

चित्र 3.2: अर्जुन को 'गीता' का ज्ञान देते भगवान श्रीकृष्ण

जैन धर्म

भारत के धर्मों में जैन धर्म का अपना स्थान है। इस धर्म की स्थापना का श्रेय प्रथम तीर्थंकर ऋषभदेव को जाता है। इस धर्म के कुल 24 तीर्थंकर हुए, जिन्हें 'जिन' अर्थात् विजेता कहा जाता है। 24वें तीर्थंकर महावीर स्वामी ने जैन धर्म का सर्वाधिक प्रचार-प्रसार किया। यह उनके तपोबल और सतत् प्रयासों का ही परिणाम था कि जैन धर्म सर्वत्र विख्यात हो गया और इसके अनुयायियों की संख्या में अत्यधिक वृद्धि हुई। वर्तमान में भी यह धर्म अपने अस्तित्व में है।

संक्षेप में इस धर्म के सिद्धान्त इस प्रकार हैं-

1. जैन अनुयायी 24 तीर्थंकरों में अटूट विश्वास रखते हैं। वे इन्हें सर्वशक्तिमान तथा सर्वज्ञ मानते हैं।
2. मोक्ष अथवा निर्वाण प्राप्ति जैनियों का परम लक्ष्य है।

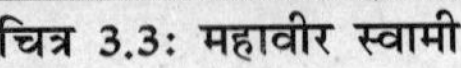

चित्र 3.3: महावीर स्वामी

3. सृष्टि की नित्यता में विश्वास, अर्थात् सृष्टि नित्य है, न तो कोई इसका निर्माण करता है और न नाश।
4. आत्मवादी, अर्थात् सृष्टि की प्रत्येक वस्तु में जीव या आत्मा का अस्तित्व है।
5. अहिंसा में विश्वास
6. ईश्वर तथा वेद की सत्ता में अविश्वास
7. कर्म की प्रधानता
8. त्रिरत्नों का विधान-ये त्रिरत्न हैं—सम्यक् विश्वास, सम्यक् ज्ञान एवं सम्यक् आचरण।
9. पंचमहाव्रत-ये व्रत हैं-अहिंसा, अमृषा, अपरिग्रह, अचौर्य, ब्रह्मचर्य।

जैन संगीतियाँ

प्रथम संगीति : प्रथम जैन संगीति का आयोजन 300 ई.पू. में पाटलिपुत्र में हुआ था। इस संगीति के अध्यक्ष स्थूलभद्र थे। इस संगीति में बिखरे एवं लुप्त ग्रंथों का संचयन एवं पुनर्प्रणयन किया गया।

द्वितीय संगीति : द्वितीय जैन संगीति का आयोजन 512 ई. में वल्लभी में हुआ था। इस संगीति के अध्यक्ष देवार्धि क्षमा श्रवण थे।

जैन धर्मग्रंथ

प्राकृत भाषा में लिखे गए जैन धर्मग्रंथों में अन्य साहित्यिक ग्रंथों की अपेक्षा प्रचुर ऐतिहासिक सामग्री उपलब्ध है। जैन ग्रंथों का संकलन गुजरात (वल्लभी) में ईसा की छठी शताब्दी में हुआ।

जैन ग्रंथों से बिहार, पूर्वी उत्तर प्रदेश के विषय में पर्याप्त जानकारी मिलती है। आचार्य हेमचन्द्र द्वारा लिखित 'परिशिष्ट पर्व' एवं भद्रबाहु रचित 'भद्रबाहुचरित' इतिहास का सबसे प्रबल स्रोत है।

पूर्व मध्यकाल में निम्नलिखित जैन ग्रंथों की रचना हुई-

	लेखक	ग्रंथ
1.	हरिभद्र	समरई च्वाहा, धूर्ताख्यान
2.	उद्योतन सूरी	कुवलय माला
3.	जिनसेन	आदिपुराण
4.	गुणभद्र	उत्तरपुराण

अन्य प्रमुख जैन ग्रंथ निम्नलिखित हैं-

1. आचारांगसूत्र	2. उत्तराध्ययन सूत्र	3. कल्पसूत्र	4. जैन हरिवंश
5. प्रभावक चरित	6. भगवती सूत्र	7. वसुदेव हिण्डी	8. बृहत्कल्पसूत्र
9. भाष्य	10. आवश्यक चूर्णि	11. उवासगदसाओसूत्र	12. ज्ञाताधर्म कथा
13. कथाकोश	14. पुष्याश्रव कथाकोश	15. त्रिलोक प्रज्ञप्ति	16. पुरुष चरित

जैन धर्म ग्रंथों से महावीरकालीन राजनीतिक, सामाजिक एवं आर्थिक जीवन की जानकारी प्राप्त होती है।

(iii) दस शील-

1. अहिंसा
2. सत्य
3. अस्तेय (चोरी न करना)
4. अपरिग्रह (संग्रह का त्याग)
5. ब्रह्मचर्य
6. नृत्य व संगीत का त्याग
7. सुगन्धित पदार्थों का त्याग
8. असमय भोजन का त्याग
9. कोमल शय्या का त्याग
10. कामिनी-कंचन का त्याग

बौद्ध धर्म

बौद्ध धर्म के संस्थापक महात्मा बुद्ध थे। इन्होंने बौद्ध धर्म का प्रचार-प्रसार किया। इनका जन्म 563 ई.पू. में लुम्बिनी नामक स्थान पर हुआ था। इनके बचपन का नाम सिद्धार्थ था। इनकी माँ महामाया और पिता शुद्धोधन थे। बुद्धत्व अर्थात् ज्ञान प्राप्ति के कारण ये महात्मा बुद्ध के नाम से प्रसिद्ध हुए तथा इनके द्वारा प्रतिपादित धर्म **बौद्ध धर्म** के नाम से जाना जाता है। संक्षेप में, इस धर्म के सिद्धान्त व शिक्षाएँ इस प्रकार हैं-

चित्र 3.4: महात्मा बुद्ध

(i) चार आर्य सत्य : (अ) दुःख, (ब) दुःख समुदाय, (स) दुःख निरोध, (द) दुःख निरोध मार्ग

(ii) अष्टांगिक मार्ग : महात्मा बुद्ध ने दुःख के अन्त हेतु आठ बातों के पालन पर विशेष बल दिया है, जिन्हें अष्टांगिक मार्ग या मध्य मार्ग कहा जाता है-

सम्यक् दृष्टि : मोह-माया का त्याग कर उचित दृष्टिकोण रखना।

सम्यक् संकल्प : उचित वस्तुओं का संकल्प।

सम्यक् वाक् : सत्य बोलना।

सम्यक् कंर्मात : अच्छे कर्म करना।

सम्यक् आजीव : ईमानदारीपूर्वक जीविका चलाना।

सम्यक् व्यायाम : समुचित उद्यम।

सम्यक् स्मृति : उचित वस्तुओं का सदैव स्मरण।

सम्यक् समाधि : चित्त को एकाग्र रखना।

बौद्ध धर्म के सम्प्रदाय

बौद्ध संघों में प्रारंभ में दो वर्ग, महासंघिक और स्थविरवादी बने। स्थविरवादी की मुख्य पीठ कश्मीर में थी, जबकि महासंघिक मगध में मुख्यतः सक्रिय थे। बाद में बौद्ध संघों में मतभेद तीव्रतर होते चले गए और बौद्ध धर्म अनेक भागों में बँट गया, जो निम्नलिखित प्रकार हैं-

- **हीनयान :** यह कट्टरपंथी बौद्ध भिक्षुओं का सम्प्रदाय था। ये परिवर्तन विरोधी थे। हीनयान का दूसरा नाम श्रावकयान भी है।
- **महायान :** महायान का दूसरा नाम बोधिसत्वयान है। इसके अनुयायी परिवर्तन के पक्षधर थे। इसकी स्थापना कनिष्क के शासनकाल में हुई थी। इस सम्प्रदाय के नियम अत्यंत सरल और आकर्षक थे। मूर्ति पूजा इसका प्रमुख लक्षण थी। हीनयान के विपरीत महायान में गृहस्थों के लिए निर्वाण पाना संभव बताया गया है।
- **वैभाषिक :** वैभाषिक सम्प्रदाय का विकास हीनयान सम्प्रदाय से हुआ। विभाषा शास्त्र पर आधारित होने के कारण इसे 'वैभाषिक' कहते हैं। यह भी दो भागों में बँट गया-कश्मीर वैभाषिक और पाश्चात्य वैभाषिक। वसुमित्र और बुद्धदेव इसके प्रमुख आचार्य थे।
- **सौत्रान्तिक :** इसका प्रादुर्भाव भी हीनयान सम्प्रदाय से हुआ। इस सम्प्रदाय का प्रवर्तक कुमार लता को माना जाता है।
- **शून्यवाद :** यह महायान का उप-सम्प्रदाय माना जाता है। इसके प्रतिपादक नागार्जुन थे। उन्होंने 'माध्यमिक कारिका' नामक ग्रंथ में इसके दर्शन को प्रतिपादित किया। चन्द्रकीर्ति, शान्तिदेव, आर्य देव, शान्तिरक्षक इस सम्प्रदाय के प्रमुख अनुयायी थे।
- **विज्ञानवाद या योगाचार :** विज्ञानवाद में शून्यवाद को स्वीकार किया गया है, लेकिन इसमें शून्य का कोई आधार होना निश्चित नहीं बताया गया है। इस सम्प्रदाय का प्रवर्तन मैत्रेयनाथ ने तृतीय शताब्दी में किया। इसे 'लोकोत्तर ज्ञान' भी कहा गया है।
- **वज्रयान :** वज्रयान और महायान का निकट का संबंध है। इस सम्प्रदाय का सर्वाधिक उत्कर्ष आठवीं शताब्दी में हुआ। इसमें तंत्रवाद की प्रधानता थी, इस कारण इसने हिन्दू व जैन धर्मों को अत्यधिक प्रभावित किया।

बौद्ध संगीतियाँ

प्रथम संगीति : प्रथम बौद्ध संगीति का आयोजन 483 ई.पू. में अजातशत्रु के शासनकाल में राजगृह में हुआ था। इस संगीति के अध्यक्ष महाकस्सप थे।

द्वितीय संगीति : द्वितीय बौद्ध संगीति का आयोजन 383 ई.पू. में कालाशोक के शासनकाल में वैशाली में हुआ था। इस संगीति की अध्यक्षता सर्वकामिनी ने की थी।

तृतीय संगीति : तृतीय बौद्ध संगीति का आयोजन 251 ई.पू. में अशोक के शासनकाल में हुआ। इस संगीति की अध्यक्षता मोग्गलिपुत्र तिस्स ने की थी।

चतुर्थ संगीति : चतुर्थ बौद्ध संगीति का आयोजन कश्मीर स्थित कुण्डलवन में कनिष्क के शासनकाल में हुआ था। इस संगीति की अध्यक्षता वसुमित्र ने की थी।

ईसाई धर्म

चित्र 3.5: प्रभु यीशु

ईसाई धर्म आज संसार का एक प्रमुख धर्म है। इस धर्म के संस्थापक ईसा मसीह थे। इस धर्म को लोकप्रियता चौथी सदी से मिलना प्रारंभ हुईं। भारत में अंग्रेजों के आगमन के पश्चात् ईसाई धर्म का प्रचार-प्रसार अधिकाधिक हुआ। यद्यपि भारत में ईसाई धर्म का आगमन तो अंग्रेजों के आगमन से पूर्व ही हो चुका था। सेंट थॉमस प्रथम शताब्दी में ही भारत आ गए थे। उन्होंने मालाबार तटवर्ती क्षेत्र में ईसाई धर्म का प्रचार किया। तब से ईसाई धर्म भारत में अस्तित्व में रहा। समय-समय पर अनेक ईसाई मिशनरी भारत आए और अपने धर्म का प्रचार किया, जो काफी सीमित रहा, किन्तु अंग्रेजों के शासनकाल में तो इस धर्म का भारत में और अधिक प्रचार-प्रसार हुआ। ईसाइयों का मानना है कि प्रभु एक है और उसी ने दुनिया बनाई है एवं उनका भरण-पोषण करता है। प्रभु ने ही यीशु को अपने मसीहा के रूप में इस संसार में भेजा। अधिकांश ईसाई यीशु को प्रभु का अवतार मानते हैं, जिन्होंने पूरी मानवता को पापों से बचाने हेतु प्राण गँवाए। ईसाइयत यह प्रचार करती है कि यीशु के सांसारिक जीवन के बाद प्रभु इस धरती पर पवित्र आत्मा के रूप में मौजूद रहें। त्रिदेव की उनकी मान्यता है कि तीन प्राणी हैं–पिता, पुत्र और पवित्र आत्मा। ईसाई यहूदी धर्म के प्रभु के साथ ईसा की निरंतरता को स्वीकार करते हैं। ईसाइयों का न्यू टेस्टामेण्ट यहूदियों के ओल्ड टेस्टामेन्ट के साथ मिलाया गया है और उसी ने बाइबल का रूप लिया। ईसाइयों की पूजा में दो बातें महत्वपूर्ण हैं **बपतिस्मा**, जो किसी की ईसाइयत में प्रवेश का द्योतक है और **युकारिस्ट** (या पवित्र कोमुन्यो), जिसमें उपासक एक-दूसरे और यीशु के साथ एक्य के प्रति स्वरूप ब्रेड और शराब आपस में बांटकर खाते हैं।

आज भी भारत में इस धर्म के अनुयायियों की संख्या बहुतायत में है। संक्षेप में इस धर्म की शिक्षाएं इस प्रकार हैं-

1. ईश्वर एक है।
2. सभी मनुष्यों से प्रेम करना चाहिए।
3. ईश्वर क्षमाशील है।
4. सदाचार पर बल देना चाहिए।
5. कर्मों के अनुसार दंड एवं पुरस्कार मिलता है।
6. सांसारिक लोभ-मोह का त्याग करना चाहिए।
7. शत्रुओं से प्रेम करो।
8. सभी प्राणियों के प्रति दयाभाव रखो।
9. पापों से घृणा करो, पापी से नहीं।
10. दूसरों के साथ वैसा बर्ताव करें, जैसा स्वयं चाहते हों।

इस्लाम धर्म

चित्र 3.6: इस्लाम धर्म का प्रतीक

सभी धर्मों में इस्लाम धर्म का प्रमुख स्थान है। यह एक ईश्वरपरक धर्म है। इस धर्म में मूर्ति पूजा का कोई स्थान नहीं है। इस धर्म की उत्पत्ति ईसाई धर्म के बाद मानी जाती है। हजरत मुहम्मद इस धर्म के संस्थापक थे। इन्होंने इस धर्म के प्रचार-प्रसार में महत्वपूर्ण भूमिका निभाई। भारत में इस्लामी धर्म का प्रचार-प्रसार 712 ई. में माना जाता है, किन्तु सल्तनतकाल में भारत में इस धर्म के प्रचार-प्रसार में और वृद्धि हुई। इसके बाद जब मुगलों ने भारत पर शासन किया, तो इस धर्म के अनुयायियों की संख्या में और अधिक वृद्धि हुई। भारत एक स्वतंत्र देश है, जहाँ मुगलों का शासन नहीं है, किन्तु फिर भी यहाँ इस्लाम धर्म के अनुयायियों की संख्या बहुतायत में है। इस्लाम के मद हैं–शिया और सुन्नी। भारत में मुसलमानों की अधिकतम संख्या सुन्नियों की है। अपने आगमन के समय से लेकर वर्तमान काल तक इस्लाम लगभग हर क्षेत्र में भारतीय

संस्कृति को प्रभावित करता रहा है। कला, संगीत, साहित्य, स्थापत्य कला के क्षेत्र में इस्लामी संस्कृति का व्यापक प्रभाव पड़ा। सूफी आन्दोलन पर मध्य भारत के भक्ति आन्दोलन और इस्लामी विचारों के संसर्ग का ही प्रभाव पड़ा था।

संक्षेप में, इस्लाम धर्म की शिक्षाएं इस प्रकार हैं–

हजरत मुहम्मद ने प्रत्येक मुसलमान के लिए छः नियमों का पालन आवश्यक बताया है। ये निम्न हैं–

1. कलमा पढ़ना।
2. दिन में पाँच बार नमाज पढ़ना।
3. आय का चौथा भाग खैरात में देना।
4. रमजान के महीने में रोजा रखना।
5. जीवन में कम-से-कम एक बार हज (मक्का तीर्थस्थान) की यात्रा करना।

इस्लाम धर्म की शिक्षाएं इस प्रकार हैं–

(*i*) खुदा एक है तथा सभी मनुष्य उसके बंदे हैं।

(*ii*) मूर्तिपूजा का विरोध करना चाहिए।

(*iii*) इस्लाम की दृष्टि में सभी समान हैं।

(*iv*) ब्याज लेना, जुआ खेलना, शराब पीना व सूअर का मांस खाना वर्जित है।

(*v*) दु:खी एवं असहाय व्यक्तियों की सहायता करनी चाहिए।

(*vi*) अन्याय से बचना चाहिए।

(*vii*) गुलाम के साथ दयापूर्ण व्यवहार करना चाहिए।

(*viii*) अल्लाह इल्हाम अर्थात् सच्चा ज्ञान अपने पैगम्बरों को स्वयं देता है।

(*ix*) स्त्रियों को हरम में रहना चाहिए तथा पर्दा भी करना चाहिए।

(*x*) माता-पिता, गुरुजनों व फकीरों का सम्मान करना चाहिए।

(*xi*) कुरान इस्लाम की धार्मिक पुस्तक है।

सूफी धर्म

इस्लाम धर्म में अत्यधिक कट्टरता व्याप्त होने के कारण इस धर्म का उदय हुआ। इस धर्म के संस्थापक संत लोग थे। चूँकि ये ऊन का लंबा चोगा पहनते थे, जिसे 'सूफ' कहा जाता है, अतः इनके द्वारा प्रतिपादित धर्म 'सूफी धर्म' के नाम से प्रख्यात हुआ। हुसैन बिन मंसूर ने सर्वप्रथम 9वीं शताब्दी में इस धर्म को स्थायित्व प्रदान किया। बाद में अनेक सूफी संतों द्वारा इस धर्म का प्रचार-प्रसार हुआ। इस धर्म में प्रेम और अध्यात्म पर अधिक बल दिया गया है। इस धर्म के प्रमुख सिद्धांत इस प्रकार हैं–

1. रहस्यवाद को प्रधानता
2. परमात्मा मिलन की यात्रा में चार मंजिलें हैं–(a) शरीयत, (b) तरीकत, (c) हकीकत, (d) मरिफत
3. 10 अवस्थाएं (ईश्वर से सीधा संपर्क करने के लिए 10 नियमों का पालन)
4. व्यावहारिक सिद्धान्त–ईश्वर मिलन के लिए आवश्यक उपदेश ये हैं–(1) त्याग एवं अहिंसा (2) गुरु की महत्ता एवं (3) प्रेम।

सूफी सम्प्रदाय

भारत में सूफियों के प्रमुख सम्प्रदाय थे–

1. चिश्तिया
2. सुहरावर्दी
3. नक्शबंदी
4. कलंदरिया
5. शत्तारी सम्प्रदाय
6. कादिरी
7. फिरदौसी

प्रमुख सूफी संत

1. ख्वाजा मुइनुद्दीन चिश्ती
2. ख्वाजा फरीदुद्दीन
3. निजामुद्दीन औलिया
4. गेसूदराज
5. शेख सलीम चिश्ती

पारसी धर्म

छठी शताब्दी में ईरान में इस धर्म का उदय हुआ था। इस धर्म के प्रवर्तक जरस्थु थे। 8वीं शताब्दी में जब अरब पर ईरानियों पर अधिकार हो गया, तो वहीं से लोग भारत आए। इन लोगों के साथ भारत में पारसी धर्म का प्रवेश हुआ। यद्यपि इस धर्म को अन्य धर्मों के समान भारत में महत्व नहीं मिला, किन्तु फिर भी यह धर्म आंशिक रूप से तो अपने अस्तित्व में रहा ही। अकबर के शासनकाल में भी इस धर्म का भारत के कुछ प्रदेशों में प्रचार-प्रसार था। दस्तूर मेहरजी अकबर के शासनकाल में इस धर्म के महान संत थे। इस धर्म के प्रमुख सिद्धान्त व शिक्षाएं इस प्रकार हैं-

1. अग्नि व सूर्योपासना में विश्वास
2. सादगी में विश्वास
3. कर्मफल में विश्वास

'जेंद अवेस्ता' इस धर्म की धार्मिक पुस्तक है।

सिख धर्म

16वीं शताब्दी में भारत में उदित इस धर्म के संस्थापक एवं प्रथम गुरु गुरुनानक थे। कबीर की तरह ये भी तीर्थयात्रा, जप-तप, पूजा-पाठ, जाति-पाति के कट्टर विरोधी थे। इन्होंने सिख धर्म का संपूर्ण भारत में प्रचार-प्रसार किया। आज भारत में यह माने जाने वाले प्रमुख धर्मों में से एक धर्म है, जिसके अनुयायियों की संख्या बहुतायत में है।

इस धर्म के प्रमुख सिद्धान्त व शिक्षाएं इस प्रकार हैं-

1. एकेश्वर में विश्वास
2. आत्मा की अमरता में विश्वास
3. जाति प्रथा का विरोध
4. मूर्तिपूजा का विरोध
5. बाल विवाह का विरोध

सिख धर्म की शाखा खालसा में पाँच वस्तुएं-कंघा, कड़ा, केश, कच्छा तथा कृपाण के प्रयोग पर बल दिया गया है।

सिख गुरु

- **नानक (1469-1538) :** नानक सिख धर्म के प्रवर्तक थे।
- **अंगद (1539-52) :** अंगद गुरुमुखी लिपि के जनक हैं।
- **अमरदास (1552-74) :** इन्होंने सती प्रथा एवं पर्दा प्रथा के विरुद्ध संघर्ष किया।
- **रामदास (1574-81) :** इन्होंने सन् 1577 ई. में पवित्र नगर अमृतसर की स्थापना की।
- **अर्जुनदेव (1581-1606) :** आदि ग्रंथ 'गुरु ग्रंथ साहिब' का संकलन तथा स्वर्ण मंदिर की नींव रखने का श्रेय सिखों के पाँचवें गुरु अर्जुनदेव को जाता है।
- **हरगोविन्द सिंह (1606-45) :** इन्होंने सिखों को एक लड़ाकू जाति में परिवर्तित कर दिया। अमृतसर की किलेबन्दी तथा अकाल तख्त की स्थापना का श्रेय इन्हें ही जाता है।
- **हर राय (1645-61) :** ये एकांतवासी एवं शांतिप्रिय स्वभाव के थे तथा सिखों के सातवें गुरु थे।
- **हरकिशन (1661-64) :** गुरु पद के लिए संघर्ष, चेचक के कारण शीघ्र मृत्यु। ये सिखों के आठवें गुरु थे।

- **तेग बहादुर (1664-75) :** मुगल सम्राट् औरंगजेब ने इन्हें इस्लाम स्वीकार करने के लिए बाध्य किया तथा इस्लाम स्वीकार न करने पर फाँसी पर चढ़वा दिया। जहाँ पर इनको मौत के घाट उतारा गया था, आज वहाँ गुरुद्वारा सीसगंज है। यह स्थान दिल्ली में स्थित है।
- **गोविन्द सिंह (1675-1708 ई.) :** खालसा सेना की स्थापना का श्रेय गुरु गोविन्द सिंह को जाता है। ये सिखों के अंतिम एवं 10वें गुरु थे। 1708 ई. में इनकी एक पठान ने छुरा भोंक कर हत्या कर दी थी।

भारतीय-इस्लामी संस्कृति

चित्र-3.7: भारतीय इस्लामी वास्तुकला का प्रतीकः ताजमहल

भारत में समय-समय पर अनेक विदेशी जातियों, यथा-शक, कुषाण, हूण, अरब, तुर्क आदि का आक्रमण हुआ। इन आक्रमणों के परिणामस्वरूप भारतीय तथा विदेशी जाति के लोग परस्पर संपर्क में आए और एक ने दूसरे की संस्कृति को प्रभावित किया। विदेशी आक्रमणों में सर्वाधिक महत्वपूर्ण घटना भारत पर तुर्कों का आक्रमण था, क्योंकि इस आक्रमण के पश्चात् मुसलमानों ने एक लंबे समय तक भारत पर शासन किया। मुसलमानों के दीर्घकालीन शासन के परिणामस्वरूप भारत में इस्लाम का प्रवेश और विकास संभव हुआ। यद्यपि तुर्कों के आक्रमण से पूर्व भारत पर अरबों का आक्रमण हो चुका था, किन्तु इस आक्रमण के पश्चात् दक्षिण भारत और अरब के लोग एक-दूसरे के संपर्क में आए, जबकि उत्तरी भारत इनके संपर्क और प्रभाव से पूर्णतः मुक्त ही रहा, किन्तु तुर्कों के आक्रमण के पश्चात् समस्त भारत, विशेषकर उत्तरी भारत अरब के संपर्क में आया। परिणामस्वरूप, भारत में इस्लाम का अत्यधिक प्रचार-प्रसार हुआ। अब यहाँ यह प्रश्न उठता है कि क्या भारतीय और इस्लामी संस्कृति ने एक-दूसरे को प्रभावित किया अथवा नहीं? इस संबंध में विद्वानों के अलग-अलग मत हैं। कुछ विद्वानों का मत है कि भारतीय और इस्लामी संस्कृति एक-दूसरे के प्रभाव से मुक्त रही। इसका मुख्य कारण यह था कि हिन्दू मुसलमानों को 'म्लेच्छ' समझते थे और मुसलमान हिन्दुओं को 'काफिर' कहते थे। अतः ऐसी स्थिति में दोनों संस्कृतियों का एक-दूसरे से प्रभावित होना कैसे संभव था, परन्तु कुछ विद्वान इस मत के विपरीत अपना मत प्रस्तुत करते हैं। उनका मत है कि तुर्की आक्रमण के पश्चात् दोनों ही संस्कृतियों ने एक-दूसरे को प्रभावित किया।

विद्वानों का मत इस संबंध में चाहे जो भी हो, किन्तु इतिहास के विस्तृत अध्ययन से ज्ञात होता है कि भारत में मुसलमानों के शासन के दौरान भारतीय और इस्लामी, दोनों ही संस्कृतियों ने एक-दूसरे को प्रभावित किया, फिर चाहे प्रभावित होने का माध्यम भले ही अप्रत्यक्ष रहा हो। भारतीय हिन्दू समाज में जाति बंधनों का कठोर होना, रूढ़िवादिता का प्रभाव बढ़ना, भक्ति आन्दोलन का होना वास्तव में भारत में इस्लाम का प्रवेश और प्रचार एवं प्रसार का ही परिणाम था। भारतीय समाज में ही नहीं साहित्य, धर्म, स्थापत्य एवं संगीत आदि के क्षेत्रों में भी भारतीय संस्कृति इस्लामी संस्कृति से प्रभावित हुए बिना न रह सकी। साहित्य के क्षेत्र में फारसी एवं हिन्दवी उर्दू का विकास, धर्म के क्षेत्र में भक्ति आन्दोलन का होना, स्थापत्य में मेहराबों की शुरुआत तथा संगीत के क्षेत्र में गजल का प्रचलन मुसलमानों के प्रयास का ही परिणाम था, किन्तु ऐसा नहीं हुआ कि भारत में मुसलमानों के शासन के दौरान भारतीय संस्कृति का समूल नाश हो गया वरन् भारतीय संस्कृति भी अपने अस्तित्व में रही। हाँ, इतना अवश्य है कि भारतीय संस्कृति में कुछ परिवर्तन हुए। स्वयं मुसलमान भी भारतीय संस्कृति से प्रभावित हुए, तभी तो उन्होंने संस्कृत के अनेक महत्वपूर्ण ग्रंथों का फारसी में अनुवाद कराया। संक्षेप में, भारतीय-इस्लामी संस्कृति को निम्नलिखित शीर्षकों के माध्यम से समझा जा सकता है-

हिन्दू समाज

भारत में इस्लाम के प्रविष्ट होने के पश्चात् एवं मुसलमानों के दीर्घकालीन शासन के दौरान हिन्दू समाज के स्वरूप में कुछ परिवर्तन हुए। चूंकि मुसलमान भारतीयों को जबरन मुसलमान बनाने के लिए प्रयत्नशील थे, अतः हिन्दू विद्वानों ने अपने धर्म

और संस्कृति को सुरक्षित रखने के लिए हिन्दू समाज के तत्कालीन स्वरूप को परिवर्तित करने की आवश्यकता को महसूस किया। अतः उन्होंने अब दैनिक आचार-व्यवहार के नियमों को अपेक्षाकृत कठोर बना दिया। समाज में अनेक प्रथाएं यथा-बाल विवाह, दास प्रथा, पर्दा प्रथा आदि का चलन हुआ। हिन्दू सुधारकों द्वारा सभी हिन्दू जातियों की एकता पर बल दिया गया तथा जाति-पाति का विरोध किया गया।

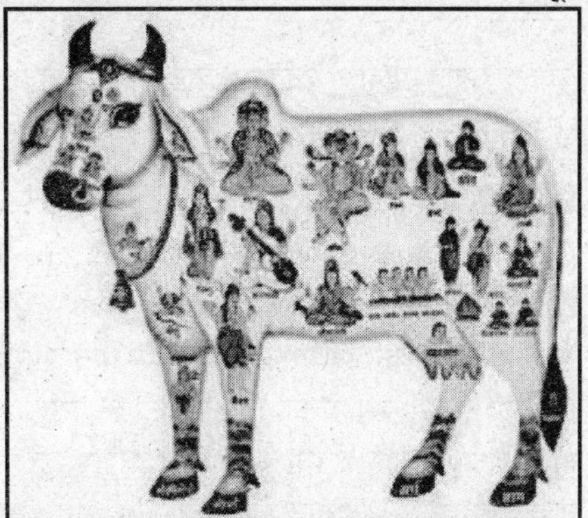

चित्र 3.8: हिन्दू धर्म के पवित्र प्रतीकों को समेटे गौ माता

स्त्रियों की दशा

प्रायः यह माना जाता है कि स्त्रियों की दशा में पहले की अपेक्षा गिरावट आ गई। बहुविवाह की प्रथा ने स्त्रियों की दशा को गंभीर बना दिया। कन्या जन्म को दुःख का कारण माना जाने लगा। 'ज्ञानपंचमी कथा' में पुत्री जन्म को खुशी का अवसर नहीं माना है। सती प्रथा प्रचलित हो चली थी। वर चुनने की उनकी स्वतंत्रता समाप्त हो गई थी और कम आयु में ही उनका विवाह कर दिया जाता था। स्त्रियों को शिक्षा देना व्यर्थ समझा जाने लगा। अब स्त्रियाँ पर्दे में रहने के लिए विवश हो गईं।

साहित्य

मुसलमानों ने अपने दीर्घकालीन शासन में साहित्य के विकास और उन्नति की ओर विशेष ध्यान केंद्रित किया। मुसलमानों के प्रयासों के परिणामस्वरूप फारसी साहित्य का बहुत विकास हुआ, विशेषकर धार्मिक क्षेत्र में अरबी एवं फारसी साहित्य का सृजन किया गया। सल्तनतकाल में तो फारसी भाषा को राजभाषा का दर्जा प्राप्त हो गया था। यही कारण है कि सल्तनतकाल में अधिकांश ग्रंथ फारसी में लिखे गए तथा अनेक अन्य भाषाओं के ग्रंथों का फारसी में अनुवाद कराया गया।

फारसी साहित्य के विकास के अतिरिक्त तुर्कों और हिन्दुओं के संपर्क में आने के परिणामस्वरूप बोलचाल की एक नवीन भाषा का प्रादुर्भाव हुआ, जो 'हिन्दवी उर्दू' अथवा 'जबान-ए-हिन्दवी' के नाम से जानी गई। कालांतर में यही भाषा 'उर्दू भाषा' के नाम से प्रख्यात हुई। मुसलमानों के भारत में प्रविष्ट होने के पश्चात् लगभग 200 वर्ष तक तो वह भाषा (उर्दू) बोलचाल के रूप में ही प्रयोग में लाई गई, किन्तु 14वीं शताब्दी के प्रारंभ में उर्दू साहित्य के सृजन का श्रीगणेश हुआ। वास्तव में, उर्दू भाषा के विकास में सूफी संतों, यथा-ख्वाजा मुइनुद्दीन चिश्ती, ख्वाजा बख्तियार काकी, हजरत फरीदउद्दीन गंज-ए-शकर, हजरत निजामुद्दीन औलिया आदि ने अपना विशेष योगदान दिया।

यद्यपि संस्कृति साहित्य को सल्तनत कालीन सुल्तानों द्वारा थोड़ा-सा भी प्रोत्साहन प्रदान नहीं किया गया, किन्तु ऐसा नहीं कि मुसलमानों के शासन के दौरान भारत में संस्कृत साहित्य लिखा ही नहीं गया। विजयनगर, वारंगल और गुजरात के हिन्दू राजाओं के संरक्षण में संस्कृत साहित्य का समुचित लेखन हुआ। 'उदार राघव', 'रुक्मणि कल्याण', 'रघुनाथचरित' आदि अनेक संस्कृत साहित्य के ग्रंथों की रचना इसी दौरान हुई।

धर्म

भारत में मुसलमानों के प्रविष्ट होने तथा यहाँ बढ़ते हुए इस्लाम धर्म के प्रभाव से बचने के लिए अनेक ऐसे महापुरुष, जो हिन्दू धर्म की रक्षा के पक्षधर थे, ने भक्ति आन्दोलन का मार्ग अपनाया और संपूर्ण भारत में विभिन्न धार्मिक सिद्धान्तों का प्रचार-प्रसार किया। इन महापुरुषों में प्रमुख थे-रामानुजाचार्य, जिन्हें दक्षिण भारत में भक्ति आन्दोलन का जन्मदाता माना जाता है। उन्होंने विशिष्टाद्वैत के सिद्धान्त का प्रचार किया। निम्बार्क ने द्वैतवाद का प्रचार किया। रामानंद तथा चैतन्य महाप्रभु ने वैष्णव धर्म का प्रचार किया। माधवाचार्य ने हरिदर्शन पर बल दिया। वल्लभाचार्य ने कृष्णभक्ति पर जोर दिया। इसके अतिरिक्त अन्य अनेक धर्म एवं समाज सुधारक हुए, जिन्होंने कर्मकांडों का विरोध कर भारतीय हिन्दू धर्म को नवीन स्वरूप प्रदान करने का प्रयास किया।

स्थापत्य

भारत में मुसलमानों के आगमन के साथ ही स्थापत्य क्षेत्र में कुछ नवीन तथ्यों का प्रादुर्भाव हुआ, जिससे परिवर्तन हुआ। हिन्दू-मुसलमानों के आपसी व्यवहार के परिणामस्वरूप कला की एक नवीन शैली 'इंडो-इस्लामिक वास्तुकला' का प्रादुर्भाव

हुआ। विस्तृत खुला आँगन या चौक, जिसमें चारों दिशाओं में प्रकोष्ठ या बरामदे की व्यवस्था इसका ही परिणाम है। स्थापत्य काल में मेहराब, गुम्बद तथा उत्तंग मीनारें मुसलमानों की ही देन हैं। स्थापत्य के क्षेत्र में गुजरात, मालवा, जौनपुर तथा बंगाल आदि प्रांतीय शैलियों का विकास हुआ। भवनों की दृढ़ता और सुन्दरता, जो हिन्दू स्थापत्य की दो विशेषताएँ हैं, को मुसलमानों ने ग्रहण किया।

संगीत

11वीं शताब्दी के प्रारंभ में संगीत की दो धाराएं अस्तित्व में थीं-(1) उत्तर भारत की संगीत धारा, (2) दक्षिण भारत की संगीत धारा। भारत में मुसलमानों के प्रविष्ट होने के पश्चात् भारत में समकालीन संगीत का विकास हुआ। इस प्रकार के संगीत के विकास में मुस्लिम सूफी संतों ने अत्यधिक योगदान दिया और एक विशेष ढंग से संगीत के क्षेत्र में अनेक नवीन वाद्ययंत्रों, गायन पद्धतियों एवं रागों का आविष्कार हुआ। संगीत के क्षेत्र में अमीर खुसरो का योगदान अविस्मरणीय है। इन्होंने संगीत में अनेक रागों तथा तालों की वृद्धि की। भारतीय रागों का वर्गीकरण संगीत में प्रयुक्त होने वाले 12 स्वरों के ईरानी नामों के आधार पर किया, जो क्रमश: इस प्रकार हैं-रास्त, शहनवाज, ढोका, कुर्द, सीका, गिरका, हिजात, नवा, हिसार, हुसैनी, अगन, नीम माहुर। अमीर खुसरो ने अनेक नवीन रागों का यथा-तिलक, साजगिरि, सरपादा आदि का प्रचलन किया। कव्वाली गायन के प्रचलन का श्रेय भी अमीर खुसरो को ही जाता है। कुछ विद्वानों का मत है कि ईरानी तंबूरे और भारतीय वीणा को मिलाकर 'सितार' तथा 'तबले' का आविष्कार अमीर खुसरो ने ही किया।

चित्र 3.9: संगीत में प्रयुक्त होने वाले वाद्य

15वीं एवं 16वीं शताब्दी में धार्मिक आन्दोलन

भारत पर मुस्लिम आक्रमणों का भारतीय समाज पर अत्यधिक प्रभाव रहा। वास्तविकता तो यह है कि हिन्दू एवं मुसलमान, दोनों ही एक-दूसरे से प्रभावित हुए। यद्यपि 15वीं एवं 16वीं शताब्दी में प्रमुख रूप से दो ही धर्म- 1. हिन्दू, 2. इस्लाम अपने अस्तित्व में थे, किन्तु हिन्दू एवं मुसलमानों के पारस्परिक संसर्ग के परिणामस्वरूप कुछ अन्य धार्मिक सम्प्रदायों का उदय हुआ, जो हिन्दू-मुस्लिम भेद को समाप्त करने के इच्छुक थे। इन धार्मिक सम्प्रदायों के प्रयासों के परिणामस्वरूप तत्कालीन भारतीय समाज में क्रांतिकारी परिवर्तन हुआ तथा कुछ हद तक हिन्दू व मुसलमानों के बीच भेद भी कम हुए। इसे ही 'धार्मिक आन्दोलन' के नाम से जाना जाता है। छठी शताब्दी के बाद होने वाला यह सर्वाधिक व्यापक धार्मिक आन्दोलन था। इसे 'भक्ति आन्दोलन' भी कहा जाता है।

चित्र 3.10: भक्ति आन्दोलन

भक्ति आन्दोलन

हिन्दू धर्म में मोक्ष प्राप्ति के तीन मार्ग बताए गए हैं-ज्ञान, कर्म एवं भक्ति। सल्तनत काल में अनेक हिन्दू धार्मिक विचारक हुए, जिन्होंने भक्ति को अत्यधिक महत्व दिया और धर्म सुधार का एक आन्दोलन प्रारंभ किया, जो 'भक्ति आन्दोलन' के नाम से विख्यात हुआ। मध्ययुगीन विचारकों ने मोक्ष प्राप्ति के तीसरे मार्ग-'भक्ति' पर अत्यधिक बल दिया। उन्होंने भक्ति द्वारा ईश्वर को प्राप्त करने का उपदेश दिया। इस आन्दोलन के निम्नलिखित कारण थे-

1. मुस्लिम शासकों द्वारा हिन्दू धर्म पर किए गए अत्याचारों से हिन्दू जनता त्रस्त हो गई, परिणामस्वरूप, उसका भक्ति की ओर झुकाव हुआ।
2. सूफी संतों की उदारता एवं सहिष्णुता ने जनता को प्रभावित किया।
3. हिन्दू एवं मुसलमानों के पारस्परिक संसर्ग ने इस आन्दोलन के उदय में महत्वपूर्ण भूमिका निभाई।

भक्ति आन्दोलन की प्रमुख विशेषताएँ

1. भक्ति आन्दोलन के समर्थक ईश्वर की एकता (एकेश्वरवाद) में विश्वास करते थे।

2. भक्ति आन्दोलन के अनुयायी कर्मकांड तथा आडम्बर के घोर विरोधी थे।
3. इन्होंने चरित्र की शुद्धता पर अत्यधिक बल दिया।
4. जाति प्रथा का विरोध।
5. भगवान की भक्ति द्वारा ही मोक्ष की प्राप्ति।
6. मोक्ष प्राप्ति हेतु संन्यास की आवश्यकता नहीं है।
7. ऊँच-नीच का भेदभाव नहीं।
8. सामाजिक कुरीतियों का विरोध।
9. गुरु के महत्व पर विशेष बल।
10. समर्पण की भावना।

आदिशंकराचार्य द्वारा स्थापित पीठ

ज्योतिपीठ	बद्रीनाथ (उत्तराखंड)
गोवर्धनपीठ	पुरी (उड़ीसा)
शारदापीठ	द्वारिका (गुजरात)
शृंगेरीपीठ	मैसूर (कर्नाटक)

भक्ति आंदोलन का प्रभाव

1. जनसाधारण की भाषा में संतों द्वारा पद लिखे जाने के कारण प्रान्तीय भाषा एवं साहित्य का विकास हुआ।
2. भारतीय जनता में सहिष्णुता की भावना का उदय हुआ।
3. हिन्दू एवं मुसलमानों के मध्य वैमनस्यता कम हुई।
4. सामाजिक कुरीतियों एवं अंधविश्वासों पर करारी चोट की गईं।
5. हिन्दुओं के आत्मबल में वृद्धि हुईं।

भक्ति आन्दोलन का स्वरूप

भक्ति आन्दोलन की दो धाराएँ थीं-(1) निर्गुण, (2) सगुण।

निर्गुण : अर्थात् निराकार परब्रह्म की उपासना निर्गुण धारा की भी दो शाखाएँ थीं-(1) ज्ञानाश्रयी, (2) प्रेमाश्रयी।

सगुण : अर्थात् राम-कृष्ण की उपासना सगुण की भी दो शाखाएँ थीं-(1) रामभक्ति, (2) कृष्णभक्ति।

भक्ति आन्दोलन के मुख्य संचालक

आचार्य रामानुज

भक्ति आन्दोलन के प्रवर्तक रामानुज का आविर्भाव 12वीं शताब्दी में तमिलनाडु में हुआ। इन्होंने विशिष्ट अद्वैतवाद का प्रचार किया तथा सगुण ब्रह्म की भक्ति पर बल दिया। साथ ही, मूर्तिपूजा एवं जाति भेदभाव का विरोध किया। शूद्रों को भी मंदिर में प्रवेश की आज्ञा दे दी। स्त्रियों के लिए भक्ति के द्वार खोल दिए। उनका विचार था कि सच्चे हृदय से ईश्वर की भक्ति करना ही मुक्ति का मार्ग है। उनकी शिक्षाएं दक्षिण में अत्यंत ही प्रभावी रहीं।

चित्र 3.11: आचार्य रामानुज

भक्ति आन्दोलन के प्रमुख संत

निम्बार्काचार्य

निम्बार्काचार्य राधा तथा कृष्ण के उपासक तथा रामानुज के समकालीन थे। इन्होंने द्वैताद्वैतवाद का प्रचार किया। इनके अनुसार, कृष्ण की भक्ति ही मोक्ष का एकमात्र साधन है।

माधवाचार्य

माधवाचार्य विष्णु के उपासक थे। उनका मत था कि ज्ञान से भक्ति प्राप्त होती है और भक्ति से मोक्ष। इन्होंने द्वैतवाद का प्रतिपादन किया।

रामानंद

इलाहाबाद में कान्यकुब्ज ब्राह्मण परिवार में जन्मे रामानंद उत्तरी भारत में भक्ति आन्दोलन के प्रमुख संचालक थे। भगवान राम के उपासक रामानंद ने शुद्ध आचरण एवं भक्ति पर विशेष बल दिया। उन्होंने रीति-रिवाज, धार्मिक उत्सवों आदि के स्थान पर प्रेम तथा भक्ति पर बल दिया। जात-पात के वे घोर विरोधी थे। उनका कहना था-''जातिपाति पूछे नहिं कोई, हरि को भजै सौ हरि का होई।''

कबीर

चित्र 3.12: संत कबीर

काशी में एक जुलाहे परिवार में जन्मे कबीर भक्ति आन्दोलन के मुख्य संचालकों में से एक थे। वे रामानंद के शिष्य तथा निर्गुण ब्रह्म के उपासक थे। सामाजिक कुरीतियों, अंधविश्वासों, साम्प्रदायिकता तथा छुआछूत के घोर विरोधी थे। उन्होंने हिन्दू-मुसलमानों के मध्य एकता स्थापित करने के लिए सराहनीय प्रयास किए। उनके प्रयासों के परिणामस्वरूप 'कबीरपंथ सम्प्रदाय' की स्थापना हुई, जिसके अनुयायी 'कबीरपंथी' कहलाए। कबीरदासजी की प्रमुख रचनाएँ थीं-(1) साखी, (2) सबद, (3) रमैनी।

वल्लभाचार्य

ये कृष्ण के उपासक थे। उनका मत था कि गृहस्थ आश्रम में रहते हुए भी मोक्ष की प्राप्ति की जा सकती है। उनके अनुसार, ब्रह्म तथा आत्मा में कोई अंतर नहीं है। भक्ति के द्वारा आत्मा अपने बंधनों से छुटकारा पाकर मोक्ष प्राप्त कर सकती है।

प्रमुख धर्माचार्य/सम्प्रदाय

रामानुजाचार्य	विशिष्टाद्वैत	श्री सम्प्रदाय
माधवाचार्य	द्वैतवाद	ब्रह्म सम्प्रदाय
वल्लभाचार्य	शुद्धाद्वैतवाद	रुद्र सम्प्रदाय
शंकराचार्य	अद्वैतवाद	
हित हरिवंश	राधावल्लभ सम्प्रदाय	

मीराबाई

चित्र 3.13: मीराबाई

ये मेड़ता के राठौर रतन सिंह की पुत्री तथा चित्तौड़ के राणा उदय सिंह के भाई भोजराज की पत्नी थीं। वे कृष्ण की उपासिका थीं। उन्होंने घूम-घूमकर सर्वत्र कृष्ण भक्ति का प्रचार-प्रसार किया।

चैतन्य

बंगाल में जन्मे चैतन्य कृष्ण के उपासक थे। उन्होंने कर्मकांड, ब्रह्मा आडम्बर का विरोध किया तथा प्रेम एवं भक्ति पर विशेष बल दिया। जाति-पाति तथा ऊंच-नीच का विरोध किया। चैतन्य अनुयायी उन्हें विष्णु का अवतार मानते थे।

चित्र 3.14: चैतन्य महाप्रभु

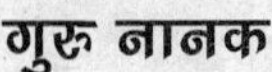

गुरु नानक

गुरु नानक का जन्म पाकिस्तान स्थित तलवंडी नामक गांव में 1469 ई. में हुआ था। इस गाँव को अब ननकाना के नाम से जाना जाता है। उन्होंने एकेश्वरवाद तथा उसकी भक्ति का उपदेश दिया। उन्होंने धार्मिक बाह्य आडम्बर, जाति-पांति, भेदभाव तथा कर्मकांडों का घोर विरोध किया। उन्होंने सिख धर्म चलाया। हिन्दू तथा मुसलमान, दोनों ही जाति के लोग उनके शिष्य थे।

चित्र 3.15: गुरु नानक

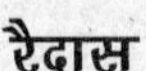

रैदास

कबीरदासजी के समकालीन रैदास निर्गुण धारा के समर्थक संत थे। उनका पुनर्जन्म में विश्वास था। उनका मत था कि मोक्ष प्राप्ति का सर्वश्रेष्ठ मार्ग भक्ति है।

चित्र 3.16: संत रैदास

दादू

चित्र 3.17: संत दादू

सन् 1544 में अहमदाबाद में जन्मे दादू भक्ति आन्दोलन के प्रमुख संत थे। उन्होंने विभिन्न सम्प्रदायों के मध्य प्रेम और मैत्री स्थापित करने के उद्देश्य से 'ब्रह्म सम्प्रदाय' की स्थापना की।

चित्र 3.18: संत नामदेव

नामदेव

महाराष्ट्र में धार्मिक आन्दोलन के प्रमुख नामदेव जाति-प्रथा, ब्रह्म आडम्बर एवं अंधविश्वास के कट्टर विरोधी थे। वे उपवास, तीर्थयात्रा आदि में भी विश्वास नहीं करते थे।

एकनाथ

चित्र 3.19: संत एकनाथ

एकनाथ की गणना महाराष्ट्र के महान विद्वान तथा समाज सुधारक के रूप में की जाती है। इन्होंने श्रेष्ठ चरित्र पर विशेष बल दिया।

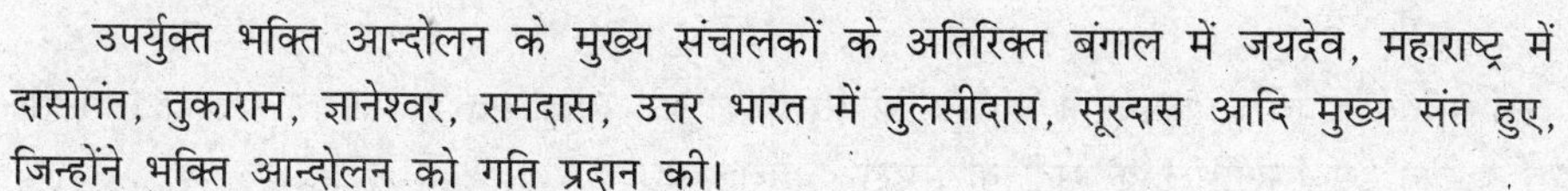

उपर्युक्त भक्ति आन्दोलन के मुख्य संचालकों के अतिरिक्त बंगाल में जयदेव, महाराष्ट्र में दासोपंत, तुकाराम, ज्ञानेश्वर, रामदास, उत्तर भारत में तुलसीदास, सूरदास आदि मुख्य संत हुए, जिन्होंने भक्ति आन्दोलन को गति प्रदान की।

प्रमुख मत एवं उनके प्रवर्तक

	मत	प्रवर्तक
1.	अद्वैतवाद	शंकराचार्य
2.	विशिष्टाद्वैतवाद	रामानुजाचार्य
3.	द्वैताद्वैतवाद	निम्बार्काचार्य
4.	शुद्धाद्वैतवाद	वल्लभाचार्य
5.	द्वैतवाद	माधवाचार्य
6.	भेदाभेदवाद	भास्कराचार्य
7.	शैव विशिष्टाद्वैत	श्रीकंठ
8.	अचिन्त्य भेदभेदवाद	बलदेव
9.	वीर शैव विशिष्टाद्वैत	श्रीपति
10.	अविभागाद्वैत	विज्ञान भिक्षु

सूफी आन्दोलन

चित्र 3.20: सूफी आन्दोलन

भारत में इस्लाम धर्म के साथ ही सूफी धर्म का प्रवेश हुआ। 'सूफी' शब्द की उत्पत्ति अरबी भाषा के 'सफा' शब्द से हुई है, जिसका अर्थ है-'पवित्रता' अर्थात् वे संत जो आचार-विचार से पवित्र थे, सूफी कहलाए। **अबूनसरल सर्राज** के अनुसार, 'सूफी' शब्द 'सूफ' से उत्पन्न हुआ है, जिसका अर्थ 'ऊन' होता है। कुछ विद्वान इसकी उत्पत्ति ग्रीक शब्द 'सोफिया' से मानते हैं। सूफी मत में कर्मकांडों का घोर विरोध किया गया है। सूफी मत के अनुयायी एक ईश्वर में विश्वास करते तथा भौतिक जीवन के त्याग पर विशेष बल देते थे। शांति, अहिंसा, धार्मिक सहिष्णुता एवं मानवमात्र के प्रति प्रेम की भावना में भी उनका अटूट विश्वास था। सूफियों के मत एवं विचारों से हिन्दू तथा मुसलमान, दोनों ही अत्यधिक प्रभावित हुए। यही कारण रहा है कि 15वीं एवं 16वीं शताब्दी में भारत में सूफी धर्म का अत्यधिक प्रचार-प्रसार हुआ। ख्वाजा मुइनुद्दीन चिश्ती, हमीदुद्दीन नागौरी, कुतुबुद्दीन बख्तियार काकी, फरीदुद्दीन गंज-ए-शकर, निजामुद्दीन औलिया आदि प्रमुख सूफी संत हुए। सूफी मत प्रचार-प्रसार से पूर्व ही 12वीं शताब्दी में बारह सिलसिलों अर्थात् वर्गों में विभक्त हो गया था, जिनमें चिश्ती, सुहरावर्दी, कादिरी, शत्तारी, फिरदौसी एवं नक्शबंदी आदि प्रमुख सिलसिले थे। ये सिलसिले भी दो वर्गों में विभाजित थे-(1) 'बा-शरा'

अर्थात् इस्लामी विधि (शरा) का अनुकरण करने वाले, (2) 'बे-शरा' अर्थात् जो इस्लामी विधि से बँधे हुए नहीं थे। वे अधिकांशतः घुमक्कड़ प्रकृति के होते थे।

चिश्ती सिलसिला

चित्र 3.21: ख्वाजा मुइनुद्दीन चिश्ती

चिश्ती सिलसिला, जो बे-शरा था, भारत में सर्वाधिक लोकप्रिय हुआ। इसकी स्थापना अजमेर में 12वीं शताब्दी के अंत में ख्वाजा मुइनुद्दीन चिश्ती ने की थी। कुतुबुद्दीन बख्तियार काकी, निजामुद्दीन औलिया, बाबा फरीद आदि चिश्ती सिलसिले के अन्य प्रमुख सूफी संत हुए। इस सिलसिले के संत एवं अनुयायी शासक वर्ग से अलग रहते थे तथा संगीत एवं योग क्रियाओं में विश्वास रखते थे। इस सिलसिले के संतों का व्यक्तित्व अत्यंत ही आकर्षक था। इन्होंने अनेक प्रचलित भारतीय रीति-रिवाजों को अपने जीवन में आत्मसात् कर लिया था।

सुहरावर्दी सिलसिला

घुमक्कड़ प्रवृत्ति के शहाबुद्दीन सुहरावर्दी एवं हमीदउद्दीन नागौरी इस सिलसिले के प्रमुख संत हुए। इनका शासक वर्ग से घनिष्ठ संबंध रहा। पंजाब एवं मुल्तान इस सिलसिले के संतों के प्रमुख कार्यक्षेत्र रहे।

कादिरी सिलसिला

चित्र 3.22: अब्दुल कादिर उल जिलानी

कादिरी सिलसिले की स्थापना का श्रेय इराक के संत 'अब्दुल-कादिर-उल-जिलानी को जाता है। इस सिलसिले के संत उदार एवं रूढ़िवादी' दोनों ही प्रवृत्ति के थे। दारा शिकोह इस सिलसिले का अनुयायी था।

नक्शबंदी सिलसिला

इस सिलसिले के संस्थापक अहमद आता यास्वी थे। बाकी बिल्लाह, शेख अहमद सरहिन्दी आदि इसके प्रमुख संत थे। शेख अहमद सरहिन्दी को 'मुजाहिद' भी कहा जाता है।

फिरदौसी सिलसिला

मध्य एशिया के सैफुद्दीन बखरजी इस सिलसिले के संस्थापक तथा बदुद्दीन समरंगजी, अहमद इब्न याह्य मनैरी आदि प्रमुख संत थे।

शत्तारी सिलसिला

अबूयजीद अल-बिस्तामी ने इस सिलसिले की स्थापना की थी। शेख अब्दुल्ला इस सिलसिले के प्रमुख संत थे।

सूफीवाद पर हिन्दू प्रभाव

अलबरूनी के अनुसार, सूफी सिद्धान्त पंतजलि के योग सूत्र के सिद्धान्तों से मेल खाता है। उसने सूफी सिद्धान्तों और 'भगवत गीता' की शिक्षाओं को एक ही बताया है। भारत में सूफी संत, रणफट योगियों और नाथ पंथियों से प्रभावित हुए, जिसका उल्लेख निजामुद्दीन औलिया ने किया। 13वीं शताब्दी में हठयोगियों का प्रभाव भी सूफी आन्दोलन पर पड़ा। योग और श्वास नियंत्रण चिश्ती सूफी संतों का प्रमुख लक्षण हो गया। कश्मीर की शैव भक्तिन लल्ला योगेश्वरी का प्रभाव कश्मीर के नूर-उद-दीन ऋषि के 'ऋषि आन्दोलन' पर पड़ा।

19वीं शताब्दी में विविध धार्मिक एवं सामाजिक आन्दोलन

भारतीय राष्ट्रीय आन्दोलन के इतिहास में 19वीं सदी का विशिष्ट स्थान है। इस सदी के प्रारंभिक समय तक भारतीय सभ्यता एवं संस्कृति पाश्चात्य सभ्यता एवं संस्कृति से आक्रांत थी। उस काल में तथाकथित शिक्षित भारतीय अंग्रेजी भाषा, पोशाक,

साहित्य व पाश्चात्य ज्ञान को श्रेष्ठ मानते थे। परिणामस्वरूप, भारतीय सभ्यता एवं संस्कृति के अस्तित्व पर प्रश्नचिह्न लग गया था। ऐसे संक्रमण काल में विविध धार्मिक एवं सामाजिक आन्दोलनों का प्रादुर्भाव हुआ। इन आन्दोलनों ने एक ओर जहाँ धार्मिक एवं सामाजिक सुधारों का आह्वान किया, वहीं दूसरी तरफ भारत के गौरवशाली अतीत को प्रकाशित कर भारतीयों को निज सभ्यता एवं संस्कृति के प्रति आकृष्ट किया। ये धर्म सुधार आन्दोलन तथ्यतः राष्ट्रीय थे, लेकिन रूपतः धार्मिक।

चित्र 3.23: सामाजिक और धार्मिक सुधारों के प्रणेता

19वीं शताब्दी के इन विविध धार्मिक एवं सामाजिक आन्दोलनों ने भारतीय जनमानस को विशेष रूप से प्रभावित किया। भारत को पश्चिमी सभ्यता का अंग बनने से रोकने, भारतीयों में आत्मगौरव एवं आत्मविश्वास उत्पन्न करने, परम्परागत धर्म एवं समाज में विभिन्न परिवर्तन करने तथा नवीन भारत का निर्माण करने में इन आन्दोलनों की महत्वपूर्ण भूमिका रही है। यद्यपि इन आन्दोलनों का सूत्रपात आधुनिक पश्चिमी संस्कृति के संपर्क से हुआ था, परन्तु इनसे पाश्चात्य संस्कृति का भारत पर प्रभाव कम हो गया। इन आन्दोलनों से पाश्चात्य संस्कृति को भारत में ठेस पहुँची। ब्रिटिश साम्राज्यवादी शोषण एवं उसके विनाश का मार्ग था-भारतीय स्वतंत्रता संग्राम।

भारत में धार्मिक एवं सामाजिक आन्दोलनों के उद्भव के विविध कारण थे। मुगल साम्राज्य के पतन के बाद भारत की राजनीतिक एकता नष्ट-सी हो गई थी। अंग्रेजों ने इसे और कमजोर किया और धीरे-धीरे नष्ट कर दिया। जैसे-जैसे भारत पर अंग्रेजी प्रभुत्व बढ़ा, शोषण की गति तेज होती गई। परिणामस्वरूप, भारतीयों की आर्थिक स्थिति कमजोर होती गई। इसका भारत के सामाजिक जीवन पर घातक प्रभाव पड़ा। आर्थिक विपन्नता के साथ सामाजिक कुरीतियों, भेद-भाव एवं धार्मिक अंधविश्वास बढ़ते गए। बावजूद इसके, कुछ ऐसी ऐतिहासिक शक्तियां थीं, जिनसे भविष्य में महत्वपूर्ण परिवर्तन हुए। इन प्रमुख दो शक्तियों में प्रथम पश्चिम की आधुनिक संस्कृति के भारत पर प्रभाव से अवतरित हुई एवं द्वितीय इस संपर्क के विरोधस्वरूप भारतीय जनता की प्रतिक्रिया से हुआ। इन दोनों शक्तियों के सम्मिलित प्रभाव से विभिन्न धार्मिक एवं सामाजिक आन्दोलनों का सूत्रपात हुआ।

सन् 1813 ई. के पश्चात् ईसाई पादरियों का भारत में वृहद् पैमाने पर आगमन हुआ। इन ईसाई धर्म प्रचारकों ने सामाजिक कुरीतियों को धर्म में सम्मिलित करके हिन्दू एवं मुस्लिम, दोनों ही धर्मों पर प्रहार करना प्रारंभ किया। इससे धर्मान्तरण की प्रवृत्ति का व्यापक विकास हुआ। असंख्य हिन्दुओं ने ईसाई धर्म स्वीकार किया। धर्मान्तरण की इस बढ़ती प्रवृत्ति पर अंकुश लगाने के निमित्त अनेक हिन्दू एवं मुसलमान अग्रसर हुए तथा इनके सम्मिलित प्रयासों से अनेक धार्मिक एवं सामाजिक आन्दोलन हुए।

19वीं शताब्दी के धार्मिक एवं सामाजिक आन्दोलनों को भारतीय प्रेस ने भी काफी प्रोत्साहित किया। प्रेस (छापाखाना) की स्थापना हो जाने से विचारों के आदान-प्रदान में सुविधा हो गई। इससे ऐसे समाचार पत्र, पत्रिकाएँ, पुस्तकें आदि प्रकाशित हुईं, जिनमें न केवल अंग्रेजों के दुर्व्यवहार की घटनाएँ छपती थीं, अपितु भारतीय राष्ट्रवादियों के विचार भी छपते थे। इन साहित्यिक क्रियाकलापों ने भारतीयों के प्रति अंग्रेजों के व्यवहार का ज्ञान कराया, जिससे भारतीयों में आत्मसम्मान की सुरक्षा की भावना जाग्रत हुई। इस प्रकार के प्रयत्नों से भारतीयों ने अपने समाज एवं धर्म की रक्षा हेतु प्रयत्न प्रारंभ किए।

इन आन्दोलनों के श्रीगणेश में अंग्रेजी भाषा की शिक्षा का विशिष्ट योगदान रहा। अंग्रेजी भाषा ने पश्चिमी संस्कृति एवं सभ्यता से परिचय कराया। पश्चिम के स्वतंत्रता, समानता, लोकतंत्र एवं राष्ट्रीयता के विचारों से भारतीय प्रभावित हुए। मैजिनी,

गैरीबाल्डी की जीवनियां उनके लिए प्रेरणास्रोत बनीं। अंग्रेजी के अध्ययन ने आधुनिक भारत के निर्माण में योगदान दिया और विविध धार्मिक एवं सामाजिक आन्दोलनों का मार्ग प्रशस्त किया।

पश्चिम के वैज्ञानिक ज्ञान, बुद्धिवाद एवं मानवतावाद के सिद्धान्तों का भारतीय जनमानस पर व्यापक प्रभाव पड़ा। वे नवीन ज्ञान के सिद्धान्तों की सहायता से अपने समाज के उत्थान में लग गए। साथ-ही-साथ समाज के कतिपय वर्ग, यथा-पूंजीपति वर्ग, श्रमजीवी वर्ग एवं आधुनिक बुद्धिजीवी वर्ग-पाश्चात्य विचारों को इस कारण भी अपनाना चाहते थे, ताकि देश का आधुनिकीकरण हो। इससे इन सामाजिक वर्गों को अपना हित साधने का भी अवसर मिला। क्रमशः अन्य सामाजिक वर्गों पर भी पाश्चात्य ज्ञान, बुद्धिवाद व मानवतावाद का प्रभाव पड़ा।

भारतीयों के साथ-ही-साथ कतिपय यूरोपीय विद्वानों, यथा-विलियम जोन्स, मैक्समूलर आदि ने भी इन आन्दोलनों को सहयोग प्रदान किया। इन विद्वानों ने भारतीय इतिहास, दर्शन, धर्म और साहित्य का गहन अध्ययन किया तथा भारत की प्राचीन विरासतों से लोगों को अवगत कराया। इन्होंने प्राचीन भारतीय ग्रंथों का सम्यक् अध्ययन किया एवं उससे प्रभावित होकर भारतीय सभ्यता, संस्कृति की श्रेष्ठता को हृदय से स्वीकार किया। भारतीयों को जब इनके विचारों का पता चला कि पश्चिम के विद्वान भारतीय धर्म, दर्शन, संस्कृति, साहित्य और कला को इतना श्रेष्ठ मानते हैं, तब इन्हें अपनी प्राचीन संस्कृति जिसका पलायन हो चुका था, पर गर्व हुआ। अब उनके हृदय में अपनी संस्कृति को पुनः अपनाने और उसे गौरवान्वित करने का विचार आया। इन्हीं सब कारणों से भारत में विविध धार्मिक एवं सामाजिक आन्दोलन हुए, जिनका पृथक्-पृथक् विवेचन इस प्रकार है-

(क) ब्रह्म समाज

ब्रह्म समाज 19वीं शतादी का प्रथम धार्मिक व सामाजिक आन्दोलन था। इसके प्रवर्तक राजा राममोहन राय (1774-1833) थे। राजा राममोहन राय प्रथम भारतीय थे, जिन्होंने उस सदी में भारतीय धर्म और सामाजिक कुरीतियों को दूर करने का सार्थक प्रयास किया। इसीलिए राजा राममोहन राय को 'भारतीय पुनर्जागरण का पिता' कहा जाता है। ब्रह्म समाज की स्थापना 20 अगस्त, 1828 ई. को कलकत्ता में हुई थी। यद्यपि ब्रह्म समाज राजा राममोहन राय द्वारा ही स्थापित 'आत्मीय सभा' (1815 ई.) का रूपांतरण था।

चित्र 3.24: ब्रह्म समाज के संस्थापक राजा राममोहन राय

ब्रह्म समाज की मुख्य शिक्षाएँ

1. एकेश्वरवाद में विश्वास।
2. प्रार्थना में विश्वास आध्यात्मिक उन्नति के लिए आवश्यक है।
3. ईश्वर का कोई आकार नहीं है। अतः अवतारवाद झूठा है।
4. कर्मफल में विश्वास।
5. जीवात्मा अमर है।
6. सत्य के अन्वेषण में विश्वास।
7. मूर्ति पूजा व्यर्थ है।
8. जातिप्रथा, छूआछूत समाप्त होनी चाहिए।
9. बाल विवाह, सती प्रथा पर रोक लगे और विधवा विवाह का प्रचार होना चाहिए।

ब्रह्म समाज ने भारतीय समाज को जीवन के चतुर्दिक क्षेत्रों में नवीन जीवन प्रदान किया। धार्मिक दृष्टि से ब्रह्म समाज ने अपने दृष्टिकोणों को उपनिषदों और वेदों पर आधारित करते हुए एक ईश्वर, सभी धर्मों का सार-सत्य, मूर्ति-पूजा एवं कर्मकांड की निरर्थकता आदि को सिद्ध किया। ब्रह्म समाज को न केवल हिन्दू धर्म को आधुनिक व सरल बनाने का श्रेय है, अपितु भारत में अन्य धार्मिक सुधारों का मार्ग प्रशस्त करने का भी श्रेय है।

ब्रह्म समाज का प्राथमिक उद्‌देश्य समाज सुधार था। ब्रह्म समाज ने सती प्रथा, बाल विवाह, बहु विवाह, जाति प्रथा, पर्दा प्रथा, अस्पृश्यता, नशाखोरी आदि अनेक सामाजिक कुरीतियों का विरोध किया। ब्रह्म समाज ने अनेक रचनात्मक कार्य भी किए। राजा राममोहन राय ने स्त्री शिक्षा, अन्तर्जातीय विवाह, विधवा विवाह आदि इन रचनात्मक कार्यों के अलावा समय-समय पर विभिन्न पत्र-पत्रिकाओं का प्रकाशन कार्य भी किया। राजा राममोहन राय भारतीय पत्रकारिता के अग्रदूत थे, इन्होंने बांग्ला पत्रिका 'संवाद कौमुदी' का प्रकाशन किया। इसके साथ ही इनके द्वारा 'मिरातुल अखबार', केशवचन्द्र सेन द्वारा

'इंडियन मिरर' और 'बामबोधिनी', साधारण ब्रह्म समाज द्वारा 'तत्व-कौमुदी', 'ब्रह्म पब्लिक ओपीनियन', 'संजीवनी' आदि का प्रकाशन भी किया गया।

ब्रह्म समाज ने धार्मिक व सामाजिक पुनरुत्थान के लिए विविध साधनों, यथा-विभिन्न समाजों की स्थापना, भाषण, लेख, समाचार-पत्र-पत्रिकाएं, स्कूल एवं कॉलेजों आदि की स्थापना, धार्मिक वाद-विवाद का आयोजन आदि का प्रयोग किया। देवेन्द्रनाथ की 'तत्वबोधिनी सभा' (1839 ई.), केशवचन्द्र सेन की 'संगत सभा' व 'भारतीय सुधार समाज' जैसी सामाजिक सभाएँ ब्रह्म समाज के दृष्टिकोण के प्रचार में उत्प्रेरक का कार्य करती थीं। सामाजिक एवं धार्मिक जागरूकता के लिए ब्रह्म समाज ने शिक्षा के क्षेत्र में भी प्रभूत योगदान किया। यद्यपि शिक्षा के क्षेत्र में ब्रह्म समाज ने अंग्रेजी भाषा एवं पश्चिमी शिक्षा का भी समर्थन किया।

ब्रह्म समाज ने अनेक स्थानों पर स्कूल व कॉलेज खोलने का कार्य किया। स्वयं राजा राम मोहनराय ने 'इंग्लिश स्कूल' (1817 ई.), 'वेदान्त कॉलेज' (1825 ई.), 'हिन्दू कॉलेज' की स्थापना कलकत्ता में कराई।

ब्रह्म समाज ने तत्कालीन भारत के अनेक स्थानों पर इस प्रकार के अन्य संगठनों की स्थापना का मार्ग खोला। महाराष्ट्र का 'प्रार्थना समाज' भी ब्रह्म समाज से प्रेरित था। 'प्रार्थना समाज' ने महाराष्ट्र में वही कार्य किया, जो ब्रह्म समाज ने बंगाल में किया। राजा राममोहन राय की मृत्यु के पश्चात् ब्रह्म समाज क्रमशः कई शाखाओं में विभक्त हो गया। देवेन्द्रनाथ टैगोर द्वारा 'आदि ब्रह्म समाज' और इनके पश्चात् 'साधारण ब्रह्म समाज' की स्थापना हुई। ब्रह्म समाज के इस प्रकार के विभाजन के कई कारण थे। 19वीं शताब्दी के उत्तरार्द्ध में समाज में लगातार आंतरिक फूट पड़ती रही, इसके कारण ब्रह्म समाज पर व्यापक प्रभाव पड़ा। बावजूद इसके ब्रह्म समाज के महत्व को नजरअंदाज नहीं किया जा सकता।

ब्रह्म समाज के मुख्य सिद्धान्त

1. ईश्वर एक है-ईश्वर की उपासना का मूर्ति पूजा से कोई संबंध नहीं है।
2. वेद वाक्य ईश्वर वचन है-सत्य है।
3. वेद धर्म आगमन के सिद्धान्त को मानता है।
4. मोक्ष का अर्थ है-आवागमन से मुक्ति। यह मुक्ति ईश्वर की कृपा से ही संभव है।
5. ईश्वर सच्चिदानन्द, निराकार, सर्वव्यापी, सर्वशक्तिमान तथा दयावान है। वह अजर-अमर है। वह अजन्मा है, उसकी उपासना ही उचित है।
6. वेदों का अध्ययन मनन तथा अनुशीलन श्रेयस्कर है, क्योंकि वेद ही सत्य शिक्षा तथा ज्ञान का भंडार है।
7. कार्य को औचित्य की कसौटी पर ही कसकर करना चाहिए।
8. समाज का उद्देश्य मानव जाति की शारीरिक, आत्मिक व सामाजिक उन्नति करके मानव समाज का कल्याण करना है।
9. सत्य को ग्रहण करना व असत्य का त्याग करना चाहिए।
10. अविद्या का नाश तथा विद्या का प्रचार करना चाहिए।
11. व्यक्ति को उसके गुणों के अनुरूप प्रेम तथा न्याय का व्यवहार करना चाहिए।
12. समाज की उन्नति को अपनी उन्नति समझना चाहिए अर्थात् व्यक्ति का हित समाज के हित में है।
13. व्यक्ति के आचरण की स्वतंत्रता व्यक्तिगत क्षेत्र में होनी चाहिए, किन्तु सार्वजनिक क्षेत्र में लोक कल्याण को सर्वोपरि मानना चाहिए। सार्वजनिक हित के समकक्ष व्यक्तिगत स्वतंत्रता का महत्व नहीं है।

(ख) आर्य समाज

जिस प्रकार बंगाल में सामाजिक एवं धार्मिक सुधार का कार्य ब्रह्म समाज ने किया, उसी प्रकार महाराष्ट्र में हिन्दू धर्म और समाज सुधारक का कार्य आर्यसमाज ने किया। इसकी स्थापना **स्वामी दयानंद सरस्वती** ने सन् 1875 ई. में बंबई में की थी। यद्यपि आरंभ में इसके समक्ष अनेक बाधाएँ खड़ी हुईं, परंतु शीघ्र ही उत्तरी भारत के अधिकांश भागों-पंजाब, उत्तर प्रदेश, राजस्थान, बिहार पर इसका व्यापक प्रभाव पड़ा। स्वामी दयानंद सरस्वती के नेतृत्व में प्रारंभ में आर्य समाज ने अपने दृष्टिकोणों

का प्रचार शास्त्रार्थ एवं सामूहिक भोज आदि के माध्यम से किया। इसके बाद 'सत्यार्थ प्रकाश' जैसी पुस्तकें लिखकर स्वामी दयानंद सरस्वती ने अपने मूल विचारों को अभिव्यक्त किया।

प्रारंभ में आर्य समाज ने केवल तीन सिद्धान्त रखे। वे सिद्धान्त थे- आर्य समाज केवल वेदों का ही स्वतंत्र एवं अंतिम शब्द स्वीकार करेगा। आर्य समाज का प्रत्येक सदस्य अपनी आय का 100वां भाग आर्य विद्यालय एवं 'आर्य प्रकाश' समाचार पत्र को देगा एवं वेदों के आधार पर शिक्षा देगा, परंतु सन् 1877 ई. में इन तीन सिद्धान्तों के स्थान पर 10 सिद्धान्त निश्चित किए गए। इन 10 सिद्धान्तों में मूर्ति पूजा का खंडन, तीर्थ यात्रा एवं अवतारवाद का विरोध, एकेश्वरवाद, बाल विवाह एवं बहु विवाह का विरोध, हिन्दी एवं संस्कृत भाषा का प्रसार, कर्म एवं पुनर्जन्म में विश्वास, वेदों पर आधारित शिक्षा आदि प्रमुख हैं।

चित्र 3.25: आर्य समाज के संस्थापक स्वामी दयानंद सरस्वती

आर्य समाज को 'सैनिक हिन्दुत्व' नाम से भी अभिहित किया जाता है। एक ओर जहाँ इस्लाम एवं ईसाई धर्म क्रमशः कुरान एवं बाइबिल को एकमात्र अपना धार्मिक ग्रंथ और मुहम्मद साहब और ईसा मसीह को क्रमशः ईश्वर का एकमात्र प्रतिनिधि स्वीकार करता है। वहीं हिन्दू धर्म सभी मार्गों को उचित ठहराता है और प्रत्येक महान धार्मिक व्यक्ति को ईश्वर का प्रतिरूप स्वीकार करते थे, इस प्रकार के उदारवादी दृष्टिकोण के कारण यह धर्म इस्लाम या ईसाई धर्म का मुकाबला करने में असमर्थ रहा। इस प्रकार के दृष्टिकोण की अभिव्यक्ति दयानंद सरस्वती ने की और तदनुरूप हिन्दू धर्म को कट्टरता प्रदान की। इस कारण इसे सैनिक हिन्दुत्व कहा गया। **डॉ. आर. सी. मजूमदार** के शब्दों में, आर्य समाज आरंभ से ही उग्रवादी सम्प्रदाय था। इसका मुख्य स्रोत तीव्र राष्ट्रीयता था।

समानता एवं धार्मिक कट्टरता की भावना को लेकर आर्य समाज ने भारत में धार्मिक, सामाजिक, शैक्षिक और राजनीतिक क्षेत्र में व्यापक कार्य किया। धार्मिक क्षेत्र में इसने मूर्ति पूजा, कर्मकांड, बलिप्रथा, स्वर्ग एवं नर्क की परिकल्पना तथा भाग्यवाद का विरोध किया। इसने वेदों की श्रेष्ठता को स्वीकार किया और तदनुरूप मंत्र-पाठ, हवन, यज्ञ, कर्म आदि पर बल दिया। सामाजिक क्षेत्र में आर्य समाज ने बाल विवाह, बहुविवाह, पर्दा प्रथा, जाति प्रथा, सती प्रथा आदि कुरीतियों का विरोध किया। आर्य समाज ने गुरुकुल, कन्या गुरुकुल और डी.ए.वी. कॉलेज विविध स्थानों पर स्थापित किए, जो आज भी शिक्षा जगत के अमूल्य भाग हैं। आर्य समाज ने अनेक ऐसे कट्टर व्यक्तियों के निर्माण का मार्ग प्रशस्त किया, जो कट्टर हिन्दू धर्म की भावना लेकर भारतीय राष्ट्रीयता के समर्थक बने। इन व्यक्तियों में 'लाल-बाल-पाल' (लाला लाजपत राय, बाल गंगाधर तिलक, विपिनचन्द्र पाल), गोपाल कृष्ण गोखले आदि का नाम उल्लेखनीय है।

आर्य समाज के प्रणेता स्वामी दयानंद सरस्वती ने ही सर्वप्रथम 'स्वराज' शब्द का प्रयोग किया तथा विदेशी वस्तुओं का बहिष्कार और स्वदेशी वस्तुओं का प्रयोग करना सिखाया। 'सत्यार्थ प्रकाश' के सन् 1883 के प्रामाणिक संस्करण में उन्होंने लिखा-"कोई कितना ही कहे, परंतु स्वदेशी राज्य सर्वोपरि होता है।"

आर्य समाज के योगदानों में सर्वाधिक स्थायी योगदान शिक्षा क्षेत्र में है। सन् 1886 ई. में लाहौर में दयानंद एंग्लो वैदिक (डी.ए.वी.) स्कूल की स्थापना हुई, जो सन् 1889 ई. में डी.ए.वी. कॉलेज में परिवर्तित हो गया। सन् 1902 में हरिद्वार के पास कांगड़ी में 'गुरुकुल विश्वविद्यालय' की नींव रखी गई। इस प्रकार आर्य समाज आज भी न केवल एक जीवित आन्दोलन है अपितु समाज के निम्नतर स्तर तक इसकी पहुँच है।

(ग) रामकृष्ण मिशन

रामकृष्ण मिशन की स्थापना सन् 1887 ई. में **स्वामी विवेकानन्द** ने अपने गुरु रामकृष्ण परमहंस की स्मृति में बारानगर में की थी। इस मिशन की शाखाएँ एवं मठ न केवल भारत में ही, अपितु पाकिस्तान, बर्मा (म्यांमार), श्रीलंका, मलेशिया, फिजी द्वीप, मॉरिशस, अमरीका एवं यूरोप के देशों में भी स्थापित किए गए हैं। सन् 1899 ई. में रामकृष्ण मिशन से संबद्ध एक मठ बेलूर में स्थापित किया गया, जो आज भी भारत के विविध मठों का केंद्र स्थल है।

चित्र 3.26: रामकृष्ण मिशन के संस्थापक स्वामी विवेकानंद

बेलूर का रामकृष्ण मठ संन्यासियों को दूसरे मठों के संगठन एवं धर्म प्रचार के लिए प्रशिक्षित करने का कार्य करता है। यद्यपि रामकृष्ण मठ का संगठन व क्रियाकलाप रामकृष्ण मिशन से पृथक् है।

रामकृष्ण मिशन की स्थापना विविध उद्देश्यों के लिए की गईं। रामकृष्ण मिशन मानव मात्र की सेवा को ईश्वर की सेवा मानता है तथा समाज सेवा व परोपकार का कार्य करता है। विभिन्न स्थानों पर मिशन में स्थायी रूप से अस्पताल, विद्यालय, छात्रावास आदि स्थापित किए गए हैं।

रामकृष्ण मिशन की मुख्य शिक्षाएँ

1. प्रत्येक धर्म सच्चा व श्रेष्ठ, अतः प्रत्येक व्यक्ति को अपने धर्म का पालन करना चाहिए।
2. ईश्वर निराकार एवं सर्वव्यापी है।
3. हिन्दू सभ्यता अति प्राचीन है। शिवमय (कल्याणकारी) एवं सुन्दर है।
4. प्रत्येक हिन्दू का कर्तव्य है कि वह यूरोपियन प्रभाव से अपनी सभ्यता एवं संस्कृति की रक्षा करे।

स्वामी विवेकानन्द ने अपने मानवतावादी दृष्टिकोण को इस प्रकार स्पष्ट किया है-"एकमात्र भगवान, जिसमें मैं विश्वास करता हूँ, वह है सभी आत्माओं का कुल योग और सबसे पहले मेरे भगवान सभी जातियों के कुष्ठ पीड़ित दरिद्र हैं।" साथ ही इन्होंने लिखा, "जब तक करोड़ों लोग भूख और अज्ञान से पीड़ित हैं, तब तक मैं हर उस व्यक्ति को देशद्रोही समझूंगा, जो उनके खर्च से शिक्षित बनकर उनके प्रति तनिक भी ध्यान नहीं देता।" स्पष्टतः रामकृष्ण मिशन स्वामी विवेकानन्द के सार्वभौमिक मानवतावाद की फलश्रुति है।

यद्यपि रामकृष्ण मिशन अपने महान उद्देश्यों के संकल्प के बावजूद अधिक लोकप्रिय न हो सका, क्योंकि इसका प्रभाव मध्यवर्गीय शिक्षित वर्ग तक ही सीमित रहा। बावजूद इसके, रामकृष्ण मिशन भारतीय पुनरुद्धार आन्दोलन का एक विशिष्ट अंग है। एक ओर जहाँ मिशन के प्रणेता स्वामी विवेकानन्द ने संपूर्ण संसार में हिन्दू-धर्म और आध्यात्मवाद की श्रेष्ठता को स्थापित किया, वहीं दूसरी ओर उन्होंने हिन्दुओं, विशेषकर युवा पीढ़ी में आत्मविश्वास, आत्मगौरव और राष्ट्रप्रेम का संचार किया।

विश्व को रामकृष्ण मिशन की सबसे बड़ी देन आध्यात्मवाद है। मिशन के प्रेरक रामकृष्ण परमहंस (गदाधर चट्टोपाध्याय 1836-66) ने वेदों और उपनिषदों के सूक्ष्म ज्ञान को आम आदमी के लिए सुलभ बना दिया। यद्यपि स्वयं रामकृष्ण ने धर्म प्रचार का कार्य नहीं किया, परन्तु अपने व्यावहारिक जीवन से आध्यात्मवाद का शंखनाद किया एवं अपने सशक्त शंखनाद से भावी पीढ़ी को उद्देश्य प्रचारार्थ तैयार किया।

रामकृष्ण मिशन ने अवनत हो रहे हिन्दू धर्म को पुनः प्रतिष्ठित किया। हिन्दू आध्यात्मवाद का प्रचार करके व पश्चिमी देशों में इसकी श्रेष्ठता स्थापित करके स्वामी विवेकानन्द ने न केवल हिन्दू धर्म को उसके अंधविश्वासों और दुर्बलताओं से बचाया, अपितु उसमें एक नवीन प्रेरणा का संचार किया। रामकृष्ण मिशन के प्रयासों से जिस प्रकार हिन्दू-धर्म जाग्रत हुआ, उसको महसूस करते हुए भागिनी निवेदिता ने इसे उग्र-हिन्दूवाद कहा, परन्तु रामकृष्ण मिशन मात्र हिन्दू धर्म के पुनर्संगठन हेतु स्थापित नहीं हुआ, बल्कि मिशन ने सभी धर्मों की एकता में विश्वास व्यक्त किया और धार्मिक उदारता, समानता एवं सहयोग का मार्ग प्रशस्त किया।

(घ) थियोसॉफिकल सोसायटी

भारतीय राष्ट्रीय आन्दोलन के इतिहास में थियोसॉफिकल समाज का एक पृथक् ही महत्व है। इसकी स्थापना सन् 1875 ई. में अमरीका में मैडम हेलपेट्रोवना ब्लावट्स्की एवं हेनरी स्टील अल्काट ने की थी। सन् 1892 ई. में मद्रास के पास अडयार में इस समाज का मुख्यालय बना। सन् 1893 ई. में श्रीमती एनी बेसेंट ने इस समाज का सभापतित्व स्वीकार किया। श्रीमती एनी बेसेंट ने 'होमरूल लीग' के माध्यम से भारतीय राजनीति में दस्तक दी एवं इस समाज को लोकप्रिय बनाया।

चित्र 3.27: थियोसॉफिकल सोसायटी की संस्थापक श्रीमती एनी बेसेंट

थियोसॉफिकल सोसायटी का उद्देश्य हिन्दू धर्म, बौद्ध धर्म और फारसी धर्म का उद्धार करना था, परन्तु यह समाज इस दिशा में विशेष कार्य नहीं कर सका।

थियोसॉफिकल सोसायटी को समाज सुधार एवं राष्ट्रीय जागृति लाने में उल्लेखनीय सफलता मिली। यद्यपि इस सोसायटी की शाखाएँ संपूर्ण भारत में खोली गईं, परंतु इसका सर्वाधिक प्रसार दक्षिण भारत के राज्यों में हुआ।

'थियोसॉफी' (Theosophy) शब्द ग्रीक भाषा के 'Theos' एवं 'Sophia' से मिलकर बना है, जिसका अंग्रेजी पर्याय क्रमश: 'God' एवं 'wisdom' अर्थात् 'ईश्वर का ज्ञान' है। तीसरी शताब्दी में इस शब्द का प्रयोग एक ग्रीक विद्वान इम्बीकस ने 'ईश्वरीय ज्ञान' के लिए किया था। थियोसॉफिकल सोसायटी के प्रेरणास्रोत ब्राह्मण तथा बौद्ध धार्मिक ग्रंथ रहे हैं। इस समाज के मुख्यत: तीन उद्देश्य थे। प्रथम-भ्रातृ भावयुक्त मानवीय संगठन की स्थापना। द्वितीय-प्राचीन धर्म, दर्शन एवं ज्ञान विश्व के अध्ययन में सहयोग देना तथा तृतीय-प्राकृतिक नियमों की खोज तथा मानव की दैवी शक्तियों का विकास।

थियोसॉफिकल समाज में श्रीमती एनी बेसेंट का प्रादुर्भाव एक सुखद घटना रही। इस समाज को लोकप्रिय बनाने में इनका प्रयास अतुल्य है। इसके उद्देश्यों की प्राप्ति हेतु एनी बेसेंट ने बनारस में सेन्ट्रल हिन्दू स्कूल की स्थापना की, जो आगे चलकर एक महाविद्यालय में परिवर्तित हुआ। सन् 1915 ई. में यही प्रयास 'बनारस हिन्दू विश्वविद्यालय' के रूप में विकसित हुआ।

इस समाज की सबसे बड़ी त्रासदी इसकी हिन्दू धर्म की रूढ़िवादी व्याख्या रही। इसके कतिपय नेता यथा-डॉ. भगवानदास एवं सर एस. सुब्रमण्यम अय्यर हिन्दू रूढ़िवादिता के समर्थक थे। बावजूद इसके, इसकी सबसे बड़ी सफलता भारतीय सभ्यता एवं संस्कृति का प्रकटन रहा, जिसने भारतीयों में राष्ट्रीय चेतना उत्पन्न की।

(ड.) यंग बंगाल आन्दोलन

बंगाल के प्रबुद्ध वर्ग में 19वीं शताब्दी में एक नवीन वर्ग उग्रवादी वर्ग का अभ्युदय हुआ, जिन्हें 'रेडिकल' कहा गया। इसी उग्रवादी प्रवृत्ति ने 'यंग बंगाल आन्दोलन' का मार्ग प्रशस्त किया। इसका नेतृत्व एंग्लो इंडियन **हेनरी लुई विवियन डेराजियो** (1809-31) ने किया। यह आन्दोलन 19वीं शताब्दी के तीसरे दशक के अंतिम वर्षों में प्रारंभ हुआ।

'यंग बंगाल आन्दोलन' के प्रणेता डेराजियो पेशे से अध्यापक थे और 1826 से 1831 तक हिन्दू कॉलेज में प्राध्यापक रहे। डेराजियो फ्रांसीसी क्रांति (1789 ई.) से अत्यधिक प्रभावित थे। इन्होंने अपने छात्रों को विवेकपूर्ण और मुक्त ढंग से सोचने, प्रमाणिकता की जाँच करने और समानता, स्वतत्रंता, प्रेम व सत्य की पूजा करने के लिए प्रेरित किया। भारतीय राष्ट्रीय आन्दोलन के एक प्रमुख नेता **सुरेन्द्रनाथ बनर्जी** ने डेराजियो के अनुयायियों को 'बंगाल की सभ्यता के अग्रदूत' व 'हमारी जाति के पिता' आदि कहकर सम्मानित किया है। सुरेन्द्रनाथ बनर्जी द्वारा प्रदत्त यह सम्मान अतिशयोक्तिपूर्ण नहीं है। डेराजियो ने 22 वर्ष के अल्पजीवन काल में ही तत्कालीन समय में बंगाल के बौद्धिक युवा वर्ग में एक क्रांति ला दी थी। डेराजियो ने विभिन्न संगठनों, सभाओं, क्लबों आदि की स्थापना की, जिसमें 'एकेडमिक एसोसिएशन' 'सोसायटी फॉर द एक्वीजीशन ऑफ जनरल नॉलेज', 'एंग्लो इंडियन हिन्दू एसोसिएशन', 'बंगहित सभा' एवं 'डिबेटिंग क्लब' का नाम उल्लेखनीय है।

डेराजियो प्रतिभाशाली, सत्य में विश्वास रखने वाले और बुराइयों से घृणा करने वाले अध्यापक थे। उनके संपर्क में जो भी आता, उनसे प्रभावित हुए बगैर नहीं रह पाता था। सुकरात की भांति ही डेराजियो पर भी नवयुवकों को भड़काने का आरोप लगाया गया और उन्हें दंडित भी किया गया। हिन्दुओं के जबर्दस्त विरोध के कारण उसे नौकरी छोड़नी पड़ी, परन्तु आन्दोलन का प्रभाव बना रहा।

'यंग बंगाल आन्दोलन' मूलत: देशी एवं बौद्धिक आन्दोलन था। इसका प्रमुख केंद्र हिन्दू कॉलेज था। हिन्दू कॉलेज की ही भांति सन् 1834 ई. बंबई में एलफिंस्टन कॉलेज की स्थापना हुईं। हिन्दू कॉलेज के विद्यार्थियों का अनुकरण करते हुए एलफिंस्टन कॉलेज के विद्यार्थियों ने भी 'यंग बॉम्बे' नामक आन्दोलन चलाया था। इस प्रकार भारतीय राष्ट्रीय आन्दोलन में 'यंग बंगाल', 'यंग बॉम्बे' एवं 'यंग मद्रास' जैसे बौद्धिक आन्दोलन प्रारंभ हुए। ज्ञातव्य हो कि इस काल में इटली में राष्ट्रीय क्रांति (इटली का एकीकरण) की बागडोर मेजिनी के दल 'यंग इटली' ने सँभाली थी। 'यंग इटली' का भी 'यंग बंगाल' पर व्यापक प्रभाव पड़ा।

यद्यपि 'यंग बंगाल आन्दोलन' समकालीन सामाजिक परिस्थितियों के अनुकूल नहीं था, तथापि भारतीय राष्ट्रीय आन्दोलन के प्रणेताओं के लिए प्रेरणा का स्रोत रहा। इस आन्दोलन ने राजा राममोहन राय की परम्परा को आगे बढ़ाया।

(च) प्रार्थना समाज

चित्र 3.28: केशवचन्द्र सेन

प्रार्थना समाज की स्थापना सन् 1867 ई. में केशवचन्द्र सेन की प्रेरणा से महाराष्ट्र में हुई थी। इस समाज का संगठन नवीन ज्ञान के परिप्रेक्ष्य में हिन्दू धर्म एवं समाज में परिवर्तन लाने के लिए किया गया था। इस समाज के प्रमुख वास्तुकार महादेव गोविन्द रानाडे थे। आत्माराम पाण्डुरंग और आर.जी. भंडारकर ने इस समाज में नए विचार रखे और नए आयाम प्रदान किए। इस समाज ने अन्तर्जातीय विवाह, विधवा विवाह, स्त्री शिक्षा आदि का समर्थन किया तथा अछूतों, दलितों एवं पीड़ितों की दशा सुधारने के निमित्त 'दलित जाति मंडल', 'समाज सेवा संघ' एवं 'दक्कन शिक्षा सभा' जैसी कल्याणकारी संस्थाओं का संगठन किया।

प्रार्थना समाज के मुख्य सिद्धान्त

1. विवेकपूर्ण उपासना करना।
2. जाति प्रथा का बहिष्कार करना।
3. विधवा विवाह को प्रोत्साहन देना।
4. बाल विवाह का बहिष्कार करना।
5. स्त्री शिक्षा को प्रोत्साहन देना।
6. श्रमजीवियों को शिक्षित बनाना, अछूतोद्धार के प्रयास करना।

'प्रार्थना समाज' को सशक्त करने में डॉ. आत्माराम पांडुरंग (1823–98) का नाम विशेष उल्लेखनीय है। डॉ. पांडुरंग को प्रार्थना समाज के उद्घाटन का श्रेय है। महादेव गोविंद रानाडे ने 'विडो री–मैरिज एसोसिएशन' (विधवा पुनर्विवाह संस्था) की स्थापना महाराष्ट्र में की। 'प्रार्थना समाज' की सफलता का सबसे बड़ा श्रेय रानाडे को ही है। रानाडे के शिष्य गोपाल कृष्ण गोखले ने 'सर्वेण्ट ऑफ इंडिया सोसायटी' की स्थापना की। 'दक्कन एजुकेशनल सोसायटी' की स्थापना रानाडे के प्रयत्नों से ही हुईं।

(छ) वेद समाज

सन् 1864 ई. में केशवचन्द्र सेन की मिशनरी गतिविधियों के फलस्वरूप मद्रास में 'वेद समाज' की स्थापना हुई। सन् 1871 ई. में के.के. श्रीधरलू नायडू ने इसका पुनर्संगठन कर इसका नाम 'ब्रह्म समाज ऑफ साउथ इंडिया' रखा। श्रीधरलू नायडू ने ब्रह्म समाज की पुस्तकों का तेलुगू और तमिल भाषा में अनुवाद किया और इन्हीं के माध्यम से वेद समाज का प्रचार किया। वेद समाज के प्रमुख नेताओं में एन. बुचीशाह पंतुलू एवं आर. वेंकटरत्नम् का नाम उल्लेखनीय है। 'वेद समाज' दक्षिण भारत का एक प्रमुख समाज था।

(ज) रहनुमाई माजदयासन समाज

19वीं शताब्दी के धार्मिक एवं सामाजिक सुधार आन्दोलनों में पारसी धर्म के अनुयायी भी अछूते नहीं रहे। सन् 1851 ई. में दादाभाई नौरोजी, नौरोजी फरदोनजी व एस.एस. बंगाली, जे. बी. वाचा आदि के प्रयासों से 'रहनुमाई माजदयासन समाज' की स्थापना हुई। इस समाज ने पारसी धर्म के अनुयायियों को आधुनिक परिवेश में ढालने का प्रयास किया और धार्मिक रूढ़िवादिता के विरुद्ध आन्दोलन प्रारंभ किया। 'रहनुमाई माजदयासन सभा' के संस्थापक सदस्यों ने 'रस्तगोफ्तार' नामक साप्ताहिक अखबार शुरू किया, ताकि वे इस सभा के विचारों को प्रचारित सकें। इस समाज ने महिलाओं की शिक्षा, विवाह एवं उनकी सामाजिक स्थिति को बेहतर बनाने का प्रयास किया।

(झ) अहमदिया आंदोलन

19वीं सदी में धर्म एवं समाज सुधार की जो लहर भारत में उठी, उससे मुस्लिम सम्प्रदाय भी अछूता न रहा। मिर्जा गुलाम अहमद (1838–1908 ई.) ने मुस्लिम समाज और धर्म में सुधार के लिए सन् 1899 ई. में एक आन्दोलन चलाया, जिसे इन्हीं के नाम पर 'अहमदिया आन्दोलन' कहते हैं। इसके प्रणेता ने स्वयं को हजरत मुहम्मद के समकक्ष कहा और इस्लाम का मसीहा माना। कुछ समय बाद मिर्जा गुलाम अहमद ने अहमदिया आन्दोलन के सिद्धान्तों की व्याख्या अपनी पुस्तक 'बराहीन–ए–अहमदिया' में की थी। यह आन्दोलन पंजाब के गुरुदासपुर जिले के कादिया नगर से प्रारंभ हुआ था, लेकिन यह मुस्लिम समाज के निचले स्तर तक ही सीमित रहा।

(ञ) अलीगढ़ आन्दोलन

19वीं शताब्दी के मुस्लिम धार्मिक एवं सामाजिक आन्दोलनों की कड़ी में 'अलीगढ़ आन्दोलन' की एक पृथक् ही भूमिका है। अलीगढ़ आन्दोलन के प्रणेता सर सैयद अहमद खां थे। विश्लेषकों का ऐसा मत है कि जो कार्य हिन्दुओं के लिए राजा राममोहन राय ने किया, वही कार्य भारतीय मुसलमानों के लिए सर सैयद अहमद खां ने किया था। सैयद अहमद खां का कार्यक्षेत्र अलीगढ़ होने के कारण उनके द्वारा सृजित कार्यक्रम 'अलीगढ़ आन्दोलन' के नाम से जाना गया।

'अलीगढ़ आन्दोलन' ने मुस्लिम सम्प्रदाय की शिक्षा, सामाजिक एवं आर्थिक प्रगति तथा उनके आधुनिकीकरण के लिए विविध कार्य किए। सन् 1864 ई. में अंग्रेजी पुस्तकों का उर्दू में अनुवाद करने के लिए सर सैयद अहमद खां ने 'वैज्ञानिक समाज' की स्थापना की। 24 मई, 1875 ई. को सैयद अहमद ने अलीगढ़ में 'मोहम्मडन एंग्लो ओरियंटल कॉलेज' की स्थापना की। उसी दिन महारानी विक्टोरिया की जन्म वर्षगांठ थी। यह कॉलेज बाद में 'अलीगढ़ मुस्लिम विश्वविद्यालय' के रूप में विकसित हुआ। आज अलीगढ़ मुस्लिम विश्वविद्यालय एक केंद्रीय विश्वविद्यालय के रूप में विकसित हो गया है। यह इस आन्दोलन का केंद्र बिंदु था।

अलीगढ़ आन्दोलन के अन्य प्रमुख नेता थे-चिराग अली, अल्ताफ हुसैन (कवि), नजीर अहमद एवं मौलाना शिवली नोमाजी। कतिपय इतिहासकारों ने सैयद अहमद खां की काफी आलोचना की है। उसके अनुसार, इस आन्दोलन के परिणामस्वरूप मुस्लिम साम्प्रदायिकता की शुरुआत हुई, साथ-ही-साथ इनके अनुसार यह भारतीय राष्ट्रीय आन्दोलन के विरोध में रहा, क्योंकि इसने पाकिस्तान के निर्माण का मार्ग प्रशस्त किया, परंतु दूसरी ओर इस आन्दोलन ने मुस्लिम सम्प्रदाय को अकर्मण्यता एवं नैराश्य से बचाया।

अलीगढ़ आन्दोलन के मुख्य दो लक्ष्य थे। प्रथम-अंग्रेज एवं मुसलमानों के संबंधों को ठीक करना तथा द्वितीय मुसलमानों में आधुनिक शिक्षा का प्रसार करना। राजा राममोहन राय की तरह सैयद अहमद खां का भी विश्वास था कि अंग्रेजी शिक्षा तथा पश्चिमी ज्ञान के माध्यम से ही मुस्लिम समाज को आधुनिक एवं उन्नत बनाया जा सकता है।

(ट) देवबन्द शाखा

चित्र 3.29: दारूल उलूम देवबन्द सहारनपुर (उ.प्र.)

एक मुसलमान उलेमा ने, जो प्राचीन मुस्लिम विद्या के अग्रणी थे, 'देवबन्द आन्दोलन' चलाया। इसके दो प्रमुख उद्देश्य थे-मुसलमानों में कुरान तथा हदीस की शुद्ध शिक्षा का प्रसार एवं विदेशी शासकों के विरुद्ध 'जिहाद' की भावना को बनाए रखना। मुहम्मद कासिम ननौत्वी एवं रशीद अहमद गंगोही के नेतृत्व में देवबन्द (उ.प्र.) के सहारनपुर में एक विद्यालय सन् 1867 में खोला। इसमें गरीब बच्चों को शिक्षा दी जाती थी। इसके विद्यार्थी गरीबी का कठोर जीवन व्यतीत करते थे। इस विद्यालय में अंग्रेजी शिक्षा तथा पाश्चात्य संस्कृति पूर्णरूप से वर्जित थी। साथ-ही-साथ यह अलीगढ़ आन्दोलन के विपरीत था।

'देवबन्द आन्दोलन' ने सन् 1885 में स्थापित भारतीय राष्ट्रीय कांग्रेस का स्वागत किया। सन् 1888 ई. में उलेमा ने सैयद अहमद खां द्वारा स्थापित 'संयुक्त भारतीय राजभक्त सभा' एवं 'मुस्लिम एंग्लो ओरिएण्टल सभा' के विरुद्ध फतवा जारी किया। इस शाखा के अन्य नेता महमूद-उल-हसन (1850-1920) थे। इन्होंने देवबन्द शाखा के धार्मिक विचारों को राजनीतिक एवं बौद्धिक बनाया।

टीटू मीर का आन्दोलन : यह आन्दोलन पश्चिमी बंगाल में मीर निथार अली (1782-1831 ई.) उर्फ टीटू मीर ने शुरू किया। टीटू मीर, सैयद अहमद राय बरेलवी के शिष्य थे। टीटू मीर ने मुस्लिम कृषकों को हिन्दू जमींदारों और ब्रिटिश नील उत्पादकों के विरुद्ध संगठित किया। कुछ हिन्दू जमींदारों ने टीटू के अनुयायियों पर दाढ़ी कर लगाया। टीटू मीर के संगठन या आन्दोलन की क्रांतिकारी गतिविधियाँ नहीं थीं, लेकिन अंग्रेजों ने उन्हें सरकारी दस्तावेजों में क्रांतिकारी और उग्र ही बताया।

फरीदी आन्दोलन : यह पूर्वी बंगाल का सुधारवादी आन्दोलन था। इसको 'फरीदी आन्दोलन' इसलिए कहा जाता है, क्योंकि यह इस्लाम के फरीदी सिद्धान्त पर आधारित था। इसके संस्थापक हाजी-शरियत-अल्लाह थे। उन्होंने सभी धर्मों के

ईश्वर को एक माना और मुसलमानों में उत्पन्न हुई बुराइयों को दूर करने का प्रयास किया। फरीदियों ने जुम्मे और ईद की नमाज का बहिष्कार किया। फरीदियों के हित बंगाल के भूमिपतियों के हित से टकराए, लेकिन इनका स्वरूप धार्मिक और सामाजिक ही बना रहा, राजनैतिक कभी नहीं हुआ। हाजी के पुत्र दूदू मियां के नेतृत्व में 1840 ई. के बाद इस आन्दोलन की गतिविधियाँ क्रांतिकारी हो गईं। 1862 ई. में दूदू मियां की मृत्यु के पश्चात् यह आन्दोलन मात्र धार्मिक आन्दोलन रह गया, इसकी राजनीतिक गतिविधियाँ समाप्त हो गईं।

तायुनी आन्दोलन : 'फरीदी आन्दोलन' का विरोध 'तायुनी आन्दोलन' ने किया। इस आन्दोलन का नेतृत्व करमत अली जौनपुरी ने किया। करमत अली जौनपुरी के विचार शाह-बली-अल्लाह के धार्मिक विचारों से प्रभावित थे। फरीदी और तायुनी आन्दोलनों के बीच 1839 ई. में संघर्ष शुरू हुआ और लगभग दो दशकों तक चला। तायनी अनुयायियों का कहना था कि भारत न तो दारूल हर्ष है और न ही दारूल इस्लाम, बल्कि यह दार-उल-अमन है।

(ठ) सिंहसभा

पश्चिम के विकासशील विचारों एवं तर्कयुक्त दृष्टिकोण से प्रभावित होकर सिखों ने अमृतसर में 'सिंहसभा आन्दोलन' चलाया। इससे संबद्ध एक संस्था मुख्य खालसा दीवान भी थी। इन संस्थाओं ने पंजाब में गुरुद्वारे स्थापित किए एवं विद्यालय खोले। इसका ही लघु रूप अकाली लहर थी।

गुरुद्वारा सुधार आन्दोलन : 1920 ई. तक सिख गुरुद्वारे उदासी सिख महन्तों के हाथ में थे। वे गुरुद्वारे के चढ़ावे और दूसरी आमदनियों को अपनी निजी आमदनी समझते थे। इन भ्रष्ट महन्तों को अंग्रेजों का पूर्ण समर्थन प्राप्त था। अंग्रेज इनके माध्यम से सिखों को राष्ट्रीय आन्दोलनों से दूर रखना चाहते थे। राष्ट्रवादी इन महन्तों के विरुद्ध थे, क्योंकि स्वर्ण मंदिर के महन्त से गदर पार्टी के विरुद्ध हुक्मनामा जारी किया और जनरल डायर को सम्मानित करके सरोपा भेंट किया।

'गुरुद्वारा सुधार आन्दोलन' सिख गुरुद्वारों को भ्रष्ट महन्तों के चंगुल से मुक्त कराने के लिए शुरू किया गया। राष्ट्रवादियों ने सिखों का साथ दिया और गुरुद्वारे नवंबर 1920 ई. में 'गुरुद्वारा प्रबंधक समिति' के नियंत्रण में आ गए।

(ड) तरुण स्त्री सभा

सन् 1819 ई. में ईसाई धर्म प्रचारकों ने कलकत्ता में 'तरुण स्त्री सभा' स्थापित की। इस सभा का नेतृत्व जे.ई.डी. बेटन ने किया। श्री बेटन ने सन् 1849 में कलकत्ता में एक बालिका विद्यालय स्थापित किया। यह सभा स्त्री शिक्षा के लिए समर्पित थी।

निम्न जाति के आन्दोलन : 19वीं और 20वीं शताब्दी के निम्न जाति के आन्दोलन दो प्रकार के थे-

1. पहले वे आन्दोलन, जो संस्कृतीकरण के लिए चलाए जा रहे थे।
2. दूसरे वे आन्दोलन, जो निम्न जातियों का स्तर सुधारने के लिए चलाए जा रहे थे। 'ऑल इंडिया डिप्रेस्ड क्लासेज एसोसिएशन', 'डिप्रेस्ड क्लासेज लीग' आदि संगठनों द्वारा इस प्रकार के आन्दोलन चलाए गए।

कुछ अस्पृश्यता आन्दोलनों का विवरण निम्न प्रकार है-

1. **एजवा आन्दोलन :** यह आन्दोलन केरल में एजवा नामक अछूत जाति ने ब्राह्मणों के विरुद्ध छेड़ा। उन्होंने ब्राह्मणों की प्रभु सत्ता को मानने से इनकार कर दिया और मन्दिरों में प्रवेश की मांग की।
2. **नादर आन्दोलन :** यह आन्दोलन तमिलनाडु में नादरों द्वारा चलाया गया। नादर ताड़ी निकालने वाली निम्न जाति थी। बाद में यह व्यापारिक जाति में परिवर्तित हो गईं। इन्होंने क्षत्रिय होने का दावा किया है।
3. **महार आन्दोलन :** महाराष्ट्र में महार जाति ने आन्दोलन छेड़ा और स्वयं को क्षत्रिय घोषित किया।
4. **सत्य शोधक समाज :** इसकी स्थापना ज्योतिबा फूले ने 24 सितंबर, 1873 ई. को की। उन्होंने अपने आन्दोलन को गति देने के लिए 'गुलामगिरी' और 'सत्य धर्म' पुस्तक लिखी। यह आन्दोलन निम्न जातियों को ब्राह्मणों की यातनाओं से मुक्त कराने के लिए था। इस आन्दोलन द्वारा ज्योतिबा फूले ने निम्न जातियों में जागृति फैला दी।

इनके अतिरिक्त मद्रास में वेल्ला, आंध्र प्रदेश में रेड्डी सक्रिय रहे। तमिलनाडु की जस्टिस पार्टी ने निम्न जातियों में स्वाभिमान की भावना पैदा करने का काम किया और अस्पृश्यता आन्दोलन को गति दी।

(ण) वहाबी आन्दोलन

18वीं शताब्दी के प्रथम भाग में अरब निवासी अब्दुल वहाब के नेतृत्व में वहाबी आन्दोलन हुआ। इस आन्दोलन का प्रचार-प्रसार रायबरेली के सैयद अहमद ने किया।

(त) फरायज आंदोलन

इस आन्दोलन के प्रवर्तक हाजी शरीयत उल्लाह थे। इस आन्दोलन में मुसलमानों के कर्तव्यों (फरायजों) पर अधिक बल दिया गया। इसलिए यह आन्दोलन 'फरायज आन्दोलन' के नाम से प्रख्यात हुआ।

धर्मसभा : इस धर्मसभा की स्थापना राधाकान्त देव ने 1830 ई. में की थी। इस सभा के सदस्य सुधारवादियों और परिवर्तनवादियों के विरोधी थे। इन्होंने सती प्रथा का समर्थन करते हुए 'सती उन्मूलक कानून' का विरोध किया, लेकिन उन्होंने पाश्चात्य शिक्षा एवं स्त्री शिक्षा को समर्थन दिया और प्रोत्साहित किया।

राधास्वामी आन्दोलन : इस आन्दोलन की शुरुआत 1861 ई. में आगरा के एक बैंकर तुलसीराम, जो शिवदयाल साहिब या स्वामीजी महाराज के नाम से प्रसिद्ध थे, ने की। राधास्वामी के अनुयायी गुरु की सर्वोच्चता में विश्वास रखते थे और सादा जीवन व्यतीत करते थे। इस आन्दोलन ने सभी धर्मों में सत्य को स्वीकार किया है और प्रत्येक स्थान को पवित्र माना है। मंदिर आदि धार्मिक स्थानों को यह सम्प्रदाय स्वीकार नहीं करता।

देव समाज : इस समाज की स्थापना शिवनारायण अग्निहोत्री ने 1887 ई. में लाहौर में की। शिवनारायण अग्निहोत्री की शिक्षाएँ 'देवशास्त्र' में संगृहीत हैं। इस समाज में सद्कर्म, गुरु की सर्वोच्चता और आत्मा की पवित्रता पर बल दिया गया है। 1913 ई. के बाद यह समाज शुरू हो गया, क्योंकि शिवनारायण अग्निहोत्री ने अपने दूसरे पुत्र देवानन्द को अपना उत्तराधिकारी नियुक्त किया।

भारत धर्म महामण्डल

यह रूढ़िवादी शिक्षित हिन्दुओं का अखिल भारतीय संगठन था, जिसमें रूढ़िवादी हिन्दूवाद का समर्थन किया गया और आर्य समाज, थियोसॉफिकल समाज एवं रामकृष्ण मिशन की गतिविधियों का विरोध किया। इस संगठन की शुरुआत पं. दीनदयाल शर्मा ने 1890 ई. में पंजाब में की।

मद्रास हिन्दू सभा

इस प्रकार के दो सुधारवादी संगठन मद्रास में स्थापित हुए। 1892 ई. में 'मद्रास हिन्दू समाज सुधार संगठन' की स्थापना वीरसालिंगम पन्तुलु द्वारा की गई। इन्होंने विधवाओं की दशा सुधारने के लिए भरपूर प्रयास किए। इसी प्रकार आर. वेंकटरत्नम नायडू ने 'समाज शुद्धता आन्दोलन' शुरू किया और देवदासी प्रथा का विरोध किया।

'मद्रास हिन्दू संगठन' की स्थापना एनी बेसेंट ने 1904 ई. में की और हिन्दू धर्म की प्रगति एवं राष्ट्रीयता की भावना पैदा करने के लिए अथक प्रयास किया।

सेवा सदन–इस समाज सुधार संगठन की स्थापना पारसी समाज सुधारक बहरामजी एम. मालाबारी ने 1885 ई. में की। उन्होंने जीवनपर्यन्त बाल-विवाह के विरोध में और विधवाओं की दशा सुधारने के लिए संघर्ष किया।

19वीं शताब्दी के उपर्युक्त प्रमुख धार्मिक एवं सामाजिक आन्दोलनों के संक्षिप्त विवेचन से स्पष्ट है कि ये आन्दोलन विविध उद्देश्यों के लिए विभिन्न सम्प्रदायों द्वारा चलाए गए। इस काल में हिन्दू, मुसलमान, ईसाई, पारसी आदि में जो जागृति आई, उसने भारतीय राष्ट्रीय आन्दोलन को काफी प्रभावित किया। जैसाकि **ए. आर. देसाई** ने भारतीय राष्ट्रवाद को सामाजिक पृष्ठभूमि में बताया, भारत के प्रारंभिक धर्म सुधार आन्दोलनों ने ऐसे धार्मिक दृष्टिकोण को विकसित करने की कोशिश की, जो हिन्दू, मुसलमान, पारसी आदि सभी सम्प्रदायों की एकता कायम कर सके और इस तरह सम्मिलित राष्ट्रीय उद्देश्यों और लक्ष्यों की पूर्ति में सहायक हो सके। समाज और धर्म के क्षेत्र में कुरीतियों एवं कुप्रथाओं का अंत करने के प्रयास की स्वाभाविक परिणति सबसे मुख्य राजनीतिक कुप्रथा परतंत्रता के अंत का प्रयास करने में ही होती थी। आत्मा

की स्वतंत्रता का पाठ राष्ट्र की स्वतंत्रता के पाठ को भी पढ़ाता था। पुनः देसाई के शब्दों में, कुल मिलाकर इन पुनर्निमित धर्मों का मुख्य उद्देश्य था-राष्ट्रीय प्रगति। जिन लोगों ने धर्म का परित्याग या सुधार नहीं किया, उनके लिए धर्म और राष्ट्र सर्वसम और अभिन्न थे। इस तरह इन आन्दोलनों की मूल अनुप्रेरणा थी-देश का विकास। भारतीय जनता के प्रथम राष्ट्रीय जागरण का स्वरूप प्रधानतः धार्मिक था।

विभिन्न संस्थाएँ और उनके संस्थापक

	संस्थाएँ	संस्थापक
1.	ब्रह्म समाज (1828 ई.)	राजा राममोहन राय
2.	तत्वबोधिनी सभा (1839 ई.)	देवेन्द्रनाथ टैगोर
3.	प्रार्थना समाज (1867 ई.)	केशवचन्द्र सेन
4.	देव समाज (1887 ई.)	सत्यानन्द अग्निहोत्री
5.	आर्य समाज (1875 ई.)	दयानंद सरस्वती
6.	इंडियन एसोसिएशन (1876 ई.)	सुरेन्द्रनाथ बनर्जी
7.	थियोसॉफिकल सोसायटी (1875 न्यूयॉर्क एवं 1889 अडयार, मद्रास)	मैडम ब्लावट्स्की एवं कर्नल अल्काट
8.	भारतीय राष्ट्रीय कांग्रेस (1885 ई.)	ए.ओ. ह्यूम
9.	रामकृष्ण मिशन (1896 ई.)	स्वामी विवेकानन्द
10.	सर्वेण्ट्स ऑफ इंडिया सोसायटी (1905 ई.)	गोपाल कृष्ण गोखले
11.	मुस्लिम लीग (1906 ई.)	सलीम उल्ला व आगा खां
12.	गदर पार्टी (1913 ई.)	लाला हरदयाल, परमानन्द, काशीराम
13.	होमरूल लीग (1916 ई.)	बाल गंगाधर तिलक
14.	अखिल भारतीय ट्रेड यूनियन कांग्रेस (1920 ई.)	एन.एम. जोशी
15.	स्वराज पार्टी (1923 ई.)	मोतीलाल नेहरू व चितरंजन दास
16.	हिन्दुस्तान सोशलिस्ट रिपब्लिकन आर्मी (1928 ई.)	चन्द्रशेखर आजाद, भगत सिंह
17.	खुदाई खिदमदगार (1937 ई.)	खान अब्दुल गफ्फार खां
18.	फॉरवर्ड ब्लॉक (1939 ई.)	सुभाषचन्द्र बोस
19.	सोशल सर्विस लीग (1911 ई.)	नारायण मल्हार जोशी

तथ्य : एक नजर में

सूफियों ने ईश्वर से साक्षात्कार हेतु 10 नियमों के पालन पर विशेष बल दिया है, जिन्हें 10 अवस्थाएँ कहा जाता है। ये नियम हैं-

1. तौबा अर्थात् पश्चात्ताप
2. वार अर्थात् विरक्ति
3. फक्र अर्थात् अपरिग्रह
4. सब्र अर्थात् धैर्य
5. शुक्र अर्थात् अहसानमंद
6. जुहद अर्थात् भक्ति
7. खौफ अर्थात् बुराइयों से भय
8. रजा अर्थात् आशा
9. तवक्कुल अर्थात् संतोष
10. रिजा अर्थात् ईश्वर की इच्छा

प्रमुख सूफी सिलसिले एवं उनके संस्थापक

सिलसिले	संस्थापक
चिश्ती	ख्वाजा मुइनुद्दीन चिश्ती
फिरदौसी	बदरुद्दीन समरकंदी
कादिरी	मुहीउद्दीन कादिर जिलानी
सुहरावर्दी	बहाउद्दीन जकारिया
नक्शबंदी	ख्वाजा बहाउद्दीन नक्शबंद
शत्तारी	शाह अब्दुल सत्तार

प्रमुख सूफी सिलसिले

सिलसिला	संस्थापक	अन्य प्रमुख सूफी संत	मुख्य केंद्र	सिद्धांत एवं अन्य तथ्य
चिश्ती	ख्वाजा मुइनुद्दीन चिश्ती	बख्तियार काकी, बाबा फरीद निजामुद्दीन औलिया, साबिर शेख सलीम चिश्ती, हमीदुद्दीन नागौरी, फरीदुद्दीन गंज-ए-शकर, नासिरुद्दीन चिरागे दिल्ली, बुराहानुद्दीन गरीब, निजामुद्दीन फारुकी, अब्दुल कुद्दुस, हुसैन गेसूदराज इत्यादि	अजमेर, दौलताबाद बीजापुर, पंजाब, उत्तर प्रदेश, राजस्थान	1. यह भारत में सबसे प्राचीन एवं लोकप्रिय सिलसिला था। 2. यह उदार विचारों का था नृत्य-गीत आदि को महत्व देता था। 3. प्रारंभिक चिश्ती संत धन एवं राजकीय सम्मान एवं सुविधा की उपेक्षा करते थे, किन्तु परवर्ती संत, विशेषकर गेसूदराज धन को बुरा नहीं मानते थे, यदि इसका उपयोग अच्छे कार्यों में हो।
सुहरावर्दी	संस्थापक-शहाबुद्दीन सुहरावर्दी संस्थापक-बहाउद्दीन जकारिया।	जलालुद्दीन तबरीज, सैयद सुर्ख जोश, बाबा फखरुद्दीन, शेख मूसा, शाह दौलादरियाई	मुल्तान, सिन्ध	1. इसमें उत्तराधिकार का नियम वंशानुगत गुजरात, बंगाल इत्यादि में लोकप्रिय। 2. भारत में हैदराबाद एवं बीजापुर में भी प्रभाव था। 3. चिश्ती के विपरीत सुहारवर्दी सिलसिला धन संचय को बुरा नहीं मानते थे, बशर्ते इसका उपयोग अच्छे कर्मों के लिए हो। राजनीति से दूरी में भी विश्वास नहीं करते थे। 4. सुहारवर्दी सिलसिले की दो शाखाएँ थीं- (*i*) फिरदौसी-संस्थापक शेख बहाउद्दीन और सूफी संत मखदूम-शर्फुद्दीन अहमद याह्या मनेरी। प्रमुख केंद्र-पटना जिला का मनेर। यह बिहार एवं बंगाल में विशेष लोकप्रिय था।

				(*ii*) शत्तारी-संस्थापक-शाह अब्दुल शत्तार, प्रमुख संत मियां गौस
नक्शबंदी	सं-बहाउद्दीन नक्शबंद, भारत में संस्थापक 'ख्वाजा' बाकी बिल्लाह	अहमद फारुकी सरहिन्दी, आदम, बनूरी, शाह वली, उल्लाह देहलवी मुहम्मद नासिर अंदलीब, मीर दर्द, मजहर जानेजाना।		1. यह अपेक्षाकृत कट्टरपंथी था। पर देहलवी जानेजाना, ख्वाजा मीर दर्द इत्यादि का दृष्टिकोण अपेक्षाकृत उदार था।

19वीं सदी के प्रमुख सामाजिक-धार्मिक आन्दोलन एक नजर में

आन्दोलन	स्थापना वर्ष/ स्थान	प्रणेता	प्रमुख उद्देश्य
युवा बंगाल आन्दोलन	सन् 1826 ई. (बंगाल)	हेनरी लुई विवियन डेराजियो	नास्तिकता की शिक्षा, छात्रों में स्वतंत्र एवं देशप्रेमियों सा गुण विकसित करना।
ब्रह्म समाज	20 अगस्त, 1828 ई. (कलकत्ता)	राजा राममोहन राय	मूर्ति पूजा का विरोध, एकेश्वरवाद, सती प्रथा, बाल विवाह का विरोध, अंग्रेजी शिक्षा का समर्थन।
रहनुमाई	सन् 1851 ई.	दादाभाई नौरोजी आदि	पारसी धर्म के अनुयायियों को आधुनिक परिवेश में ढालना।
वेद समाज	सन् 1864 ई. (मद्रास)	केशवचन्द्र सेन	मिशनरी गतिविधियों में निपटना।
प्रार्थना समाज	सन् 1867 ई. (बंबई)	केशवचन्द्र सेन, महादेव रानाडे, देवेन्द्रनाथ टैगोर आदि	पर्दा प्रथा का विरोध, ईश्वर की एकता एवं अखंडता में विश्वास, अनाथों एवं विधवाओं की दशा में सुधार।
आर्य समाज	सन् 1875 ई. (बंबई)	स्वामी दयानंद सरस्वती	वेदों की ओर लौटो, अवतारवाद एवं मूर्तिपूजा का विरोध, एकेश्वरवाद का समर्थन, हिन्दी का माध्यम भाषा के रूप में अपनाना।
अलीगढ़ आन्दोलन	सन् 1875 ई. (अलीगढ़)	सर सैयद अहमद खां	मुस्लिमों को आधुनिक बनाना, अंग्रेजी शिक्षा पर बल देना, अंग्रेजों के शासन का समर्थन।
थियोसॉफिकल सोयायटी	सन् 1882 ई. में बंबई तथा बाद में अडयार (मद्रास) में। 1875 अमरीका में	मैडम ब्लावट्स्की एवं कर्नल अल्काट	ईश्वर की प्रधानता, सांस्कृतिक विकास का समर्थन।
रामकृष्ण मिशन	सन् 1887 ई. (बारानगर), सन् 1899 ई. बेलूर मठ	स्वामी विवेकानन्द	प्राकृतिक आपदा के समय मानव सेवा, देशप्रेम व धार्मिक एकता पर बल, आध्यात्मिक विकास।
अहमदिया आन्दोलन	सन् 1899 ई.	मिर्जा गुलाम अहमद	इस्लाम में सार्वभौमिक एवं मानवतावादी रूप पर बल, मुस्लिम शिक्षण संस्थाओं की स्थापना।

अध्याय सार–संचिका

- भारतीय संस्कृति की विशेषता आत्मसात् तथा सामंजस्य के परिणामस्वरूप यहाँ विदेशी धर्म–इस्लाम, ईसाई, पारसी आदि खूब फले–फूले हैं।
- हिन्दू धर्म में अनेक विशिष्टताएँ हैं, जिससे किसी का एकेश्वरवाद में विश्वास है तो किसी का अनेकेश्वरवाद में। इस धर्म में अनेक देवी–देवताओं की पूजा की जाती है एवं इस धर्म का कोई एक ग्रंथ नहीं अपितु अनेक पवित्र ग्रंथ हैं।
- भारत के धर्मों में जैन धर्म का एक विशिष्ट महत्व है। इस धर्म के तीर्थंकरों को 'जिन' अर्थात् विजेता कहा जाता है।
- जैन धर्म के पंचमहाव्रत हैं–1. अहिंसा, 2. अमृषा, 3. अपरिगृह, 4. अचौर्य, 5. ब्रह्मचर्य
- जैन धर्म में 'त्रिरत्नों' का विधान है- सम्यक विश्वास, सम्यक् ज्ञान एवं सम्यक् आचरण।
- महात्मा बुद्ध ने दुःख के अंत हेतु आठ बातों का पालन आवश्यक बताया है–

  1. सम्यक् दृष्टि
  2. सम्यक् संकल्प
  3. सम्यक् वाक्
  4. सम्यक् कर्मात्
  5. सम्यक् आजीव
  6. सम्यक् व्यायाम
  7. सम्यक् स्मृति
  8. सम्यक् समाधि
- भारत में ईसाई धर्म का आगमन अंग्रेजों के आने से पूर्व, प्रथम शताब्दी में सेंट थॉमस के आगमन से हुआ माना जाता है।
- सूफी धर्म के संस्थापक संत लोग थे। इस धर्म का उद्भव इस्लाम धर्म की कट्टरता के कारण हुआ। इसमें प्रेम और अध्यात्म पर अधिक बल दिया जाता है।
- पारसी धर्म के प्रवर्तक जरस्थु थे। इस धर्म का उद्भव छठी शताब्दी में ईरान से हुआ। इस धर्म की धार्मिक पुस्तक 'जेंद अवस्ता' है।
- सिख धर्म की शाखा खालसा में पाँच वस्तुओं–कंघा, कड़ा, केश, कच्छा और कृपाण पर विशेष बल दिया गया है। एकेश्वर में विश्वास, आत्मा की अमरता में विश्वास, जाति प्रथा का विरोध, मूर्ति पूजा का विरोध, बाल विवाह का विरोध आदि इसके प्रमुख सिद्धांत हैं।
- 19वीं सदी में अनेक धार्मिक सामाजिक आन्दोलन हुए, जिसमें भारतीय प्रेस ने अपनी एक महत्वपूर्ण भूमिका निभाई है।
- आर्य समाज को 'सैनिक हिन्दुत्व' नाम से भी अभिहित किया जाता है।
- इस्लाम, ईसाई, यहूदी और सिख धर्म में एकेश्वरवादी, पारसी धर्म में द्विश्वरवादी तथा हिन्दू धर्म में अनेकेश्वरवादी प्रवृत्ति दिखाई देती है।

अभ्यास प्रश्न

1. 'दक्षिण की मीरा' किसे कहा जाता है?

(a) अण्डाला (b) गार्गी
(c) विश्ववारा (d) मैत्रायणी

2. सुमेलित कीजिए–

A.	विशिष्ट अद्वैतवाद	1.	शंकराचार्य
B.	द्वैताद्वैतवाद	2.	रामानुजाचार्य
C.	द्वैतवाद	3.	निम्बार्काचार्य
D.	शुद्ध अद्वैतवाद	4.	माधवाचार्य
E.	अद्वैतवाद	5.	वल्लभाचार्य

	A	B	C	D	E
(a)	2	3	4	5	1
(b)	2	4	3	1	5
(c)	5	4	3	2	1
(d)	3	4	5	1	2

3. बौद्ध धर्म के 'माध्यमिका' व 'शून्यवाद' को अपने अद्वैत दर्शन में स्थान देने के कारण शंकराचार्य को क्या कहा गया?

(a) बौद्ध सत्व (b) अहर्त
(c) प्रच्छन्न बुद्ध (d) तथागत

4. सुमेलित करें–

A.	श्री सम्प्रदाय	1.	रामानुजाचार्य
B.	निर्गुण ज्ञानमार्गी	2.	कबीरदास/नानक
C.	निर्गुण प्रेममार्गी	3.	मलिक मोहम्मद जायसी
D.	ब्रह्म सम्प्रदाय (निरपेक्ष आन्दोलन)	4.	दादू दयाल
E.	सतनामी सम्प्रदाय	5.	जगजीवन दास

	A	B	C	D	E
(a)	5	4	3	2	1
(b)	1	2	3	4	5
(c)	2	1	4	3	5
(d)	4	3	2	1	5

5. निर्गुण संत होने के बावजूद कृष्ण भक्ति को मान्यता देते थे एवं 'करण दास' और 'उलन' उनके परम शिष्य थे। ये सतनामी सम्प्रदाय के संस्थापक थे–

(a) सेना (b) जाट
(c) दादू (d) जगजीवन दास

6. 'सिद्धि घोष' नामक ग्रंथ के रचयिता कौन थे?

(a) नानक (b) फकीर
(c) रहीम (d) रैदास

7. चैतन्य के विषय में कौन-से कथन उचित है?

1. इन्हें 'गौरांग प्रभु' कहा जाता है।
2. इन्होंने संकीर्तन प्रणाली प्रारंभ की।
3. अचिन्त्य भेदाभेदवाद दर्शन विकसित किया।
4. उनके गुरु का नाम ईश्वरपुरी था।
5. इन्होंने कुछ मुस्लिमों को भी दीक्षित किया।

(a) 1, 2, 3 (b) 1, 2, 3, 4, 5
(c) 4, 3, 5 (d) 1, 2, 3, 4

8. पार्वती मंगल एवं जानकी मंगल किसके ग्रंथ हैं?

(a) तुलसीदास (b) वल्लभदास
(c) केशव (d) बिहारी

9. किसी मराठी संत ने मूर्ति पूजा को विशेष मान्यता दी?

(a) ज्ञानेश्वर (b) तुकाराम
(c) नाम देव (d) चक्रधर

10. सुमेलित करें-

A.	शंकर देव	1. शरण/महापुरुषीय
B.	ज्ञान देव	2. ज्ञानेश्वरी गीता
C.	एकनाथ	3. बरकरी सम्प्रदाय
D.	तुकाराम	4. विट्ठल की उपासना
E.	रामदास बोध	5. धरकरी सम्प्रदाय

	A	B	C	D	E
(a)	1	2	3	4	5
(b)	2	1	4	3	5
(c)	5	4	3	2	1
(d)	3	4	1	2	5

11. पुष्टिमार्ग के संस्थापक कौन थे?

(a) निम्बर्काचार्य (b) रामानुजाचार्य
(c) माधवाचार्य (d) वल्लभाचार्य

12. भक्ति आन्दोलन के मुख्य कारक परिणाम क्या थे?

1. भक्ति ही आराधना का माध्यम

2. लोक भाषा में साहित्य
3. इस्लाम के साथ सहयोग कर सहिष्णुता का माध्यम
4. जाति प्रथा का प्रत्यक्ष व अप्रत्यक्ष विरोध
5. कर्म को श्रेष्ठ बताना

(a) 1, 2, 3, 4, 5 (b) 2, 1, 4
(c) 2, 3 (d) 4, 3

13. सुमेलित करें–

A. शैव विशिष्टा द्वैत — 1. श्री कंठ
B. वीर शैव विशिष्ठा द्वैत — 2. श्री पति
C. भेदा भेदवाद — 3. भास्कराचार्य
D. अविभाग द्वैत — 4. विज्ञान भिक्षु

	A	B	C	D
(a)	2	1	3	4
(b)	1	2	3	4
(c)	4	3	2	1
(d)	3	1	4	2

14. सुमेलित करें–

A. उदासी सम्प्रदाय — 1. माधवाचार्य
B. हरिदासी सम्प्रदाय — 2. श्री चन्द्र (नानक के पुत्र)
C. सनक सम्प्रदाय — 3. निम्बार्काचार्य
D. सुखी सम्प्रदाय — 4. दादू मियां
E. निपख सम्प्रदाय — 5. स्वामी हरिदास

	A	B	C	D	E
(a)	2	1	3	5	4
(b)	3	2	1	4	5
(c)	5	4	3	2	1
(d)	3	4	1	2	5

15. दक्षिण में शैव नयनार संतों द्वारा भक्ति आन्दोलन प्रज्वलित हुआ। उनका प्रमुख ग्रंथ कौन था?

(a) प्रबन्धन (b) तेवरम्
(c) कुरल (d) अगप्पोकल

16. सुमेलित करें–

A. गुरुमुखी लिपि का निर्माण — 1. गुरु अमरदास
B. 22 गद्दियों की स्थापना — 2. गुरु अंगद
C. गुरु ग्रंथ साहब का संकलन — 3. गुरु अर्जुन देव

D.	अकाल तख्त की स्थापना			4.	गुरु गोविंद सिंह
E.	खालसा की स्थापना व पाहुल नामक त्योहार			5.	गुरु हरदास

	A	B	C	D	E
(a)	2	1	3	5	4
(b)	2	1	3	4	5
(c)	1	2	5	3	4
(d)	1	2	4	3	5

17. सुमेलित कीजिए–

A. चिश्ती सिलसिला — 1. शेख मुइनुद्दीन

B. सुहरावर्दी सिलसिला — 2. बहाउद्दीन जकारिया

C. फिरदौसी सिलसिला — 3. सरफुद्दीन याहिया

D. नक्शबंदी सिलसिला — 4. ख्वाजा बाकी बिल्लाह

E. कादरी सिलसिला — 5. शेख अब्दुल कादिर

	A	B	C	D	E
(a)	1	2	3	4	5
(b)	2	1	4	3	5
(c)	5	4	1	2	3
(d)	4	5	3	1	2

18. अबुल फजल ने 'अकबरनामा' में 14 सूफी सिलसिलों का वर्णन किया है। निम्नलिखित सूफियों को उनकी उपाधियों से सुमेलित करें–

A. चिराग-ए-दिल्ली — 1. शेख नासिरुद्दीन महमूद

B. महबूब-ए-इलाही — 2. निजामुद्दीन औलिया

C. बन्दा नवाज — 3. शेख हुसैनी गेसूदराज

D. शेख-उल-इस्लाम — 4. बहाउद्दीन जकारिया

E. हमीदुद्दीन नागौरी — 5. सुल्तान तापीकीन

	A	B	C	D	E
(a)	1	2	3	4	5
(b)	2	1	4	3	5
(c)	4	3	1	2	5
(d)	3	4	2	1	5

19. फरीदुद्दीन गंज-ए-शकर, जो बाबा फरीद के नाम से जाने जाते हैं, उनके व इनके गुरु की वाणी 'गुरु ग्रंथ साहब' में संकलित है। बाबा फरीद किसके शिष्य थे?

(a) कुतुबुद्दीन बख्तियार काकी (b) शेख मुइनुद्दीन चिश्ती

(c) ख्वाजा बाकी बिल्लाह (d) शेख अब्दुल कादिर

20. कौन-सा सिलसिला रहस्यवादी पंथ पर आधारित था?

(a) चिश्ती सिलसिला (b) सुहरावर्दी सिलसिला
(c) फिरदौसी सिलसिला (d) कादरी सिलसिला

21. शत्तारी सिलसिले के महत्वपूर्ण सूफी कौन थे, जिन्होंने 'जवाहर-ए-खामशाह' व 'खालिद-ए-मुखाजिन' जैसी कृतियाँ लिखीं। जिनमें सूफी सिद्धान्तों का वर्णन है–

(a) सैयद मोहम्मद गिलानी (b) शेख पीर मोहम्मद मियाँ मीर
(c) मौहम्मद गौस (d) शाह अब्दुल्ला

22. नक्शबंदी सिलसिले का वह कौन प्रमुख अनुयायी था, जिसने अपनी ब-शरा अवधारणा से औरंगजेब को अत्यधिक प्रभावित किया, जिस कारण औरंगजेब ने 'फुतुहात-ए-आलमगीरी' लिखवाई?

(a) हमीदुद्दीन लाहौरी (b) मौहम्मद गौस
(c) शेख अहमद सरहिन्दी (d) बहाउद्दीन जकारिया

23. निम्नलिखित सिलसिलों से संबंधित सूफियों को सुमेलित करें–

A. महादवी सिलसिला — 1. उबुसुल करनी
B. रोशनिया सिलसिला — 2. शाह मदार
C. कलन्दरी सिलसिला — 3. जूल-नून मिस्त्री
D. मलामती सिलसिला — 4. नजीमुद्दीन कलन्दर
E. मदारी सिलसिला — 5. मियाँ बयाघिर अंसारी
F. उबैसी सिलसिला — 6. सैयद मुहम्मद माघी

	A	B	C	D	E	F
(a)	1	2	3	4	5	6
(b)	2	1	4	3	6	5
(c)	6	5	4	3	2	1
(d)	5	6	4	3	1	2

उत्तरमाला

1. (a) **2.** (a) **3.** (c) **4.** (b) **5.** (d) **6.** (a) **7.** (b) **8.** (a)
9. (b) **10.** (a) **11.** (d) **12.** (a) **13.** (b) **14.** (a) **15.** (b) **16.** (a)
17. (a) **18.** (a) **19.** (a) **20.** (d) **21.** (c) **22.** (c) **23.** (c)

❑❑❑

भारतीय दर्शन

प्रमुख बिन्दु

- ❖ भारतीय दर्शन का उद्भव व विकास एवं संवर्द्धन
- ❖ भारतीय दर्शनों की सामान्य विशेषताएं
- ❖ अध्याय सार संचिका
- ❖ अभ्यास प्रश्न

'दर्शन' शब्द दर्शनार्थक 'दृश' धातु से बनता है, जिसका अर्थ 'देखना' या अवलोकन करना है। व्युत्पत्ति लक्ष्य अर्थ 'दृश्यते अनेन इति दर्शनम्' के अनुसार इसका अर्थ ''जिसके द्वारा देखा जाए, वह दर्शन है।'' माना गया है, परंतु यह देखना इन्द्रियों से देखना मात्र नहीं है। देखने का अर्थ अन्त:प्रज्ञा से तत्व के प्राकृत स्वरूप का उसकी समग्रता में अवलोकन करना है। तत सर्वनाम है और सर्वब्रह्म है। इस प्रकार भारतीय दृष्टिकोण से ब्रह्म के यथार्थ स्वरूप का सम्यक् ज्ञान ही दर्शन है। 'ईशवास्योपनिषद्' के अनुसार, दर्शन का मुख्य कार्य सत्य के स्वरूप का अनावरण करना है। साथ ही, दर्शन का प्रयोजन ब्रह्म या आत्मा की उपलब्धि है। इस दृष्टि से भारतीय दर्शन आध्यात्मिक विद्या के रूप में प्रख्यात हुआ और इस विद्यालय का लक्ष्य मोक्ष निर्धारित किया गया-**सा विद्या या विमुक्तये।**

चित्र 4.1: यजुर्वेद

प्राचीन भारत में जब राज्य और वर्णभेद मूलक सामाजिक व्यवस्था दृढ़ हो गई तो चिन्तकों ने तय किया कि मानव को चार पुरुषार्थों (लक्ष्यों) की प्राप्ति करनी चाहिए-धर्म या सामाजिक नियम व्यवस्था, अर्थ या आर्थिक संसाधन, काम या शारीरिक सुखोप-भोग और मोक्ष या आत्मा का उद्धार ज्ञातव्य हो कि राज्य और समाज को सुव्यवस्थित बनाने वाली विधि धर्मशास्त्र का विषय बनी। अर्थ एवं राज्य संबंधी विषय अर्थशास्त्र का प्रतिपाद्य विषय बना, जिस पर कौटिल्य का ग्रंथ सुविख्यात है। शारीरिक सुखोपभोग का विवेचन 'कामशास्त्र' में किया। **प्रो. आर. एस. शर्मा** (प्राचीन भारत, 1990) लिखते हैं–''विद्या की ये तीन शाखाएँ मूलत: भौतिक जगत् और उनकी समस्याओं से जुड़ी हैं। इनमें मोक्ष की चर्चा कदाचित ही प्रसंगवश आई है। मोक्ष मुख्यत: दर्शन संबंधी ग्रंथों का विषय रहा, जिसका अर्थ है जन्म और मृत्यु के चक्र से उद्धार, जिसका उपदेश सबसे पहले गौतम बुद्ध ने दिया, लेकिन बाद में कई ब्राह्मणपंथी दार्शनिक ने इसे आगे बढ़ाया।''

भारतीय दर्शन को उनकी विषयवस्तु की दृष्टि से मूलत: दो वर्गों में विभाजित किया जाता है–

(क) भारतीय दर्शन की रूढ़िवादी या सनातनी परम्परा।

(ख) भारतीय दर्शन की असनातनी परम्परा।

भारतीय दर्शन का उद्‌भव व विकास एवं संवर्द्धन

चित्र 4.2: ऋषि-मुनियों से ज्ञान प्राप्त करते राजा

दर्शन या भारतीय दर्शन का उद्‌भव वैदिक काल में हो चुका था। यह वैदिक काल वेदमंत्रों के दर्शन से प्रारंभ होकर उपनिषदों के साथ समाप्त होता है। इसलिए भारतीय दर्शन को समझने के लिए उसका अध्ययन वेदों से प्रारंभ करना परमावश्यक है। भारत में दर्शन की उत्पत्ति का सामान्य कारण आध्यात्मिक असंतोष माना गया है। अध्ययन की सुविधा के लिए भारतीय दर्शन को निम्नलिखित कालों में विभक्त किया जा सकता है-

1. **वैदिक काल :** इस काल के समय के निर्धारण में विद्वानों में गहन मतभेद है। वेदों का रचनाकाल अज्ञात है। विद्वानों का मानना है कि वेद जिस रूप में हमें इस समय प्राप्त होते हैं, वह मूल वेदों का 100वां अंश भी नहीं है। इस प्रकार मूल वेदों की रचना लाखों-सहस्त्रों वर्ष पूर्व हुई होगी। बहुत से विद्वान वेदों का रचनाकाल 2500 ई.पू. से 2000 ई.पू. तक मानते हैं। अन्य विद्वान वैदिक काल को 1500 ई.पू. से 600 ई.पू. तक मानते हैं। इस प्रकार इस विषय में पर्याप्त मतभेद विद्यमान हैं, जो मंत्रों अथवा सूक्तों एवं ब्राह्मणों और उपनिषदों के रूप में प्रकट हुए हैं।
2. **महाकाव्य :** अधिकांश विद्वानों द्वारा इसका समय 600 ई.पू. से 200 ई. पश्चात् से माना गया है, किन्तु इसमें भी पर्याप्त मतभेद विद्यमान है। 'रामायण' और 'महाभारत' के महाकाव्य मानव में एक नवीन वीरत्व एवं देवत्व के सन्देश को फैलाने का माध्यम सिद्ध हुए। अमूर्त विचारों का विकास, जो भारतीय दर्शन के भिन्न-भिन्न सम्प्रदायों में परिणत हुआ, इसी काल की देन है।
3. **सूत्रकाल :** इसका समय 200 ई. पश्चात् से माना गया है। दर्शन के इस काल में दार्शनिक सम्प्रदायों के सिद्धान्त निश्चित रूप में स्थिर करने की इच्छा ने ऋषियों को सूत्रों की रचना करने की प्रेरणा दी। यही कारण है कि न्याय, वैशेषिक, सांख्य, योग, मीमांसा और वेदान्त आदि दर्शनों के मूलग्रंथ सूत्ररूप में है। इन सूत्रों की रचना विशुद्ध व्यावहारिक दृष्टि से हुआ करती थी और वह व्यावहारिक दृष्टि यह थी कि इन सूत्रों के द्वारा विद्यार्थी वैज्ञानिक तथ्यों को सरलता से याद कर सकें। इस सूत्र शैली में भारतीय विद्वानों ने वह निपुणता प्राप्त कर ली थी, जिसका उदाहरण विश्व में अन्यत्र दुर्लभ है।
4. **भाष्यकाल :** इस काल और सूत्रकाल के मध्य कोई स्पष्ट विभाजन रेखा नहीं खींची जा सकती है। सूत्रों की अत्यंत गूढ़ व स्वल्प शब्दावली के कारण उनका अर्थ दुरूह होता जा रहा था। फलस्वरूप दर्शनसूत्रों पर भाष्य लिखे गए। शंकर, उदयन, शबर, कुमारिल भट्ट, वाचस्पति मिश्र, वात्स्यायन, रामानुज आदि महापुरुषों ने अपने-अपने काल में दर्शन सूत्रों पर अपने-अपने भाष्य लिखे। यह भारतीय दर्शन का सबसे महत्वपूर्ण काल माना जाता है।
5. **वृत्तिकाल :** भाष्यकाल के बाद वृत्तिकाल आता है, जिसमें भाष्यों का छोटे-छोटे वृत्तिग्रंथों में सरलीकरण हुआ है। इस काल को विद्वानों द्वारा ज्यादा महत्व नहीं दिया गया है।

भारतीय दर्शन के विभाग या सम्प्रदाय

भारत भूमि चिरकाल से विभिन्न दर्शन पद्धतियों की जन्मस्थली रही है। फिर भी, भारतीय दर्शन को दो प्रमुख विभागों में बाँटा जा सकता है-

1. आस्तिक
2. नास्तिक

साधारणतः हम ईश्वर की सत्ता में विश्वास रखने वाले को आस्तिक और इसके विपरीत को नास्तिक मानते हैं, परंतु दार्शनिक दृष्टिकोण से आस्तिक व नास्तिक का अर्थ दूसरा है।

'पाणिनी व्याकरण' के अनुसार, 'अस्तिनास्ति दिष्टं मतिः' परलोक की सत्ता में विश्वास करने वाला आस्तिक व विश्वास न करने वाला नास्तिक। इस अर्थ में व्यवहृत होने पर जैन तथा बौद्ध दर्शनों में भी अन्य दर्शनों के समान कर्म सिद्धान्त अंगीकृत हैं तथा परलोक की सत्ता में इन्हें पक्का विश्वास है। इस दृष्टि से चार्वाक दर्शन ही नास्तिक हुआ।

इस पर दूसरी दृष्टि से भी विचार किया जा सकता है। 'मनु' ने वेदनिन्दक को नास्तिक माना है। (नास्तिको वेदनिन्दकः) वास्तव में वेद ही वह कसौटी है जिसके आधार पर भारतीय दर्शन के सम्प्रदायों का स्पष्ट विभाजन किया जा सकता है। वह वर्गीकरण भारतीय विचारधारा में वेद की महत्ता प्रदर्शित करता है। भारतीय दर्शन की रूपरेखा यह प्रमाणित करती है कि यहाँ 'आस्तिक' व 'नास्तिक' शब्द का प्रयोग इसी अर्थ में हुआ है। वेद की प्रामाणिकता मानने से न्याय, वैशेषिक, सांख्य, योग, मीमांसा वेदान्त प्रधानतया आस्तिक दर्शन माने जाते हैं, वेद की प्रामाणिकता न मानने से चार्वाक जैन तथा बौद्ध दर्शन नास्तिक दर्शन माने जाते हैं। इस पर भी सभी दृष्टियों से ईश्वर, वेद तथा परलोक को न मानने वाला चार्वाक दर्शन 'नास्तिक शिरोमणि' की व्यंग्य उपाधि से विभूषित है।

चित्र 4.3: ऋषिवर 'वेदान्त' की रचना करते हुए

आस्तिक दर्शनों में भी वेदों को मूल आधार मानने वाले 'मीमांसा' और 'वेदान्त' दर्शन वैदिक संस्कृति की देन कहे जा सकते हैं। ये पूर्णतः वेद पर आधारित हैं। 'मीमांसा' दर्शन वेदों के प्रथम अंग 'कर्मकांड' पर आधारित है और 'वेदान्त' दर्शन वेद के द्वितीय अंग ज्ञानकांड पर आधारित है। दोनों ही दर्शनों में वेद के ही विचारों की अभिव्यक्ति हुई है। इसीलिए मीमांसा दर्शन को 'पूर्व मीमांसा' व वेदान्त दर्शन को 'उत्तर मीमांसा' नाम से भी सम्बोधित किया जाता है। अन्य आस्तिक दर्शनों द्वारा वेद की प्रामाणिकता स्वीकार करने का अर्थ केवल इतना ही है कि उन्हें सब विषयों में शुष्क तर्क की अपेक्षा वेदों में अधिक प्रकाश मिलता है, किन्तु इसका अर्थ यह नहीं कि वे वेद प्रतिपादित सभी सिद्धान्तों को स्वीकार करते हैं या परमात्मा के अस्तित्व में विश्वास रखते हैं। उनके लिए सत्य निर्धारण की कसौटी विवेक बुद्धि ही है।

इस प्रकार से भारतीय दर्शन में छः दर्शनों को आस्तिक कहा जाता है, वे हैं- (1) सांख्य, (2) योग, (3) न्याय, (4) वैशेषिक, (5) मीमांसा, (6) वेदान्त।

इन्हें 'षड्दर्शन' कहा जाता है। ये किसी-न-किसी रूप में वेदों पर आधारित हैं। इन षड्दर्शनों को हिन्दू दर्शन भी कहा जाता है, क्योंकि प्रत्येक के संस्थापक हिन्दू थे। इन दर्शनों के संस्थापक निम्नलिखित हैं-

1. **सांख्य दर्शन**-कपिल
2. **योग दर्शन**-पतंजलि
3. **न्याय दर्शन**-गौतम
4. **वैशेषिक दर्शन**-कणाद
5. **मीमांसा दर्शन**-जैमिनी
6. **वेदान्त दर्शन**-बादरायण

नास्तिक दर्शन भी छः कहे जा सकते हैं। दो दर्शन चार्वाक व जैन तथा बौद्ध दर्शन के चार सम्प्रदाय-(1) माध्यमिक, (2) योगा चार, (3) सैद्धान्तिक, (4) वैभाषिक मिलाकर कुल छः हुए। इस प्रकार छः आस्तिक व छः नास्तिक दर्शन हुए।

भारतीय शास्त्रों में इन दर्शनों के अतिरिक्त एक अन्य दर्शन का विवरण भी उपलब्ध होता है, जो आधुनिक दर्शन ग्रंथों में अप्राप्य है। इस दर्शन को 'मध्य मीमांसा' अर्थात् 'भक्ति मीमांसा दर्शन' कहा गया है। इससे संबंधित दो ग्रंथ उपलब्ध होते हैं-एक महर्षि शाण्डिल्य कृत 'भक्ति सूत्र' और दूसरा देवर्षि नारद कृत 'नारद सूत्र'। भारतीय दर्शन के भावात्मक स्वरूप के पर्यावसान में भक्ति मीमांसा का बहुत महत्व है। भक्ति मीमांसा को प्रसिद्ध षड्दर्शनी के साथ रखना आवश्यक है। सृष्टि के सभी प्रमुख पदार्थ सात हैं, जैसे- सूर्य की रश्मि में सात रंग हैं, संगीत के स्वर सात हैं, ज्ञानभूमि व अज्ञानभूमि भी सात-सात हैं। जब ऐसा है तब ऋषियों ने निश्चित रूप से सात दर्शनों की भी रचना की होगी। इस प्रकार 'भक्ति मीमांसा दर्शन' की उपादेयता और महत्व तर्कत: सिद्ध किए जा सकते हैं।

संगमकाल के विभिन्न देवता एवं देवियाँ

1. **मुरुगन**-शिकारियों का देवता
2. **तिरुमस या त्योमल**-विष्णु के समानान्तर ग्वालों का देवता
3. **इन्द्र**-कृषकों का देवता
4. **वरुण**-मछुआरों का देवता
5. **कुर्रम**-मृत्यु का देवता
6. **कमगी**-कौमार्य की देवी
7. **मरियम्मा**-चेचक की माता

विभिन्न दर्शनों का संक्षिप्त विवरण

1. **न्याय :** इस सम्प्रदाय के संस्थापक मेघातिथि गौतम थे, जिनका समय काल ईसवी सन् के आसपास का माना जाता है। इस सम्प्रदाय का मूल ग्रंथ गौतम कृत 'न्याय सूत्र' है। इस ग्रंथ पर ईसवी सन् के प्रारंभ से 12वीं सदी के मध्य तक अनेक टीकाएँ लिखी गई हैं।

   न्याय का शाब्दिक अर्थ होता है- विश्लेषणात्मक जाँच। न्यायदर्शन अधिकांशत: तर्क और प्रमाण से संबंध रखता है। इसके अनुसार जाँच के चार स्रोत (प्रमाण) होते हैं-प्रत्यक्ष (सीधा निदर्शन), अनुमान, उपमान (तुलना) तथा शब्द, परन्तु **गौतम** स्वीकार करते हैं कि ज्ञान प्राप्ति के साधन के रूप में अनुमान अन्य तीन स्रोतों से अधिक महत्वपूर्ण है। न्यायदर्शन के अनुमान-वाक्य के पाँच अंग हैं-प्रतिज्ञा, हेतु, दृष्टान्त, उपनय और निगमन। **गौतम** इसे निम्नलिखित उदाहरण द्वारा स्पष्ट करते हैं-

   (क) पर्वत अग्निमुक्त है (प्रतिज्ञा)

   (ख) क्योंकि वहाँ धुआं है (हेतु)

   (ग) जहाँ-जहाँ धुआं रहता है, वहाँ-वहाँ आग रही है, जैसे-रसोईघर में (उदाहरण)

   (घ) चूँकि पर्वत पर धुआं हैं (उपनय)

   (ड.) इसलिए पर्वत पर आग है (निगमन)

   न्यायदर्शन के अनुसार, किसी चीज का जो नाम होता है, उसे 'पद' कहते हैं। पद से जिसका बोध होता है, वह 'पदार्थ' कहलाता है और प्रत्येक पदार्थ की अपनी स्वतंत्र सत्ता होती है। केवल वे चीजें सही हैं, जो विद्यमान हैं (भाव), वरन् वे भी सही हैं जो विद्यमान हैं (अभाव)। जो चीजें विद्यमान हैं, उनका आधार 'द्रव्य' कहलाता है। इसके साथ कुछ पदार्थ हमेशा जुड़े रहते हैं, इन्हें 'गुण' कहते हैं। कुछ पदार्थों कभी-कभी हटते और जुड़ते हैं। इनका नाम 'कर्म' है।

   न्यायदर्शन द्रव्य के 9 प्रकार मानता है-पृथ्वी, जल, तेज वायु, आकाश, काल, दिक्, मन और आत्मा। यह दर्शन 24 गुणों को भी मानता है-रूप, रस, गन्ध, स्पर्श, शब्द, संख्या, परिमाण, पृथकत्व, संयोग, विभाग, परत्व, अपरत्व, बुद्धि, सुख, दु:ख, इच्छा, द्वेष, प्रयत्न, गुरुत्व, दवत्व (बहने का गुण), स्नेह (चिकनाई), संस्कार, धर्म और

अधर्म, कर्म पाँच प्रकार के हैं-उत्क्षेपण (ऊपर फेंकना), अवक्षेपण (नीचे फेंकना), आकुंचन (सिकुड़ना), प्रसारण (फैलना) तथा गमन (चलना)।

इस दर्शन का मानना है कि परमाणुओं के संयोग से भौतिक द्रव्य बनते हैं। इसमें अन्य पदार्थों के जुड़ने से वस्तुएँ तैयार होती हैं। हर कर्म का फल होता है, जो दूसरे कर्म का कारण बनता है। महत्वपूर्ण प्रश्न यह है कि इस पूरी प्रक्रिया का संचालक कौन है? उल्लेखनीय है कि न्यायदर्शन ईश्वर की चर्चा नहीं करता। 'न्यायसूत्र' (1.1.9) में ईश्वर का स्पष्ट रूप से जिक्र नहीं है। आगे के भाष्यकारों ने जरूर ईश्वर को मान्यता दी, पर उन्होंने ईश्वर को सिर्फ एक अभियन्ता का स्थान दिया, जो कलपुर्जों को जोड़कर इंजन को तैयार करता है और उसे चलाता है। यह स्पष्ट है कि न्यायदर्शन में ईश्वर की वह संकल्पना नहीं मिलती है, जो अन्य भक्ति प्रधान दर्शनों में है।

चूंकि न्यायदर्शन और यूनानी विचारक **अरस्तू** के चिंतन में पर्याप्त साम्य है, अतएव कुछ विद्वानों का यह विचार है कि चौथी सदी ई.पू. में सिकन्दर के साथ आए विद्वान इसे यूनानं ले गए। परंतु **मैक्समूलर** तथा **डॉ. राधाकृष्णन** जैसे विद्वान इससे सहमत नहीं है।

2. **वैशेषिक :** इस दर्शन का 'वैशेषिक' नामकरण इस आधार पर है, क्योंकि यह ब्रह्मांड को विशेषों में विभाजित करता है। इस दर्शन का प्रतिपादक कणाद या कणभुज (लगभग दूसरी सदी ई.पू.) को माना जाता है, जिसने अपनी कृति 'वैशेषिक सूत्र' में इसका प्रतिपादन किया है। इस दर्शन को 'औलक्य दर्शन' भी कहा जाता है। कणाद का वास्तविक नाम कश्यम माना जाता है। उदयन (10वीं शताब्दी ई.) की 'किरणावली' तथा श्रीधर (10वीं शताब्दी ई.) का 'न्याय कन्दली' इस पर दो अच्छी टीकाएं मानी जाती हैं।

वैशेषिकः यह दर्शन दृश्यजगत् के सभी पदार्थों को 6 मूल्य तत्वों में बांटता है-द्रव्य, गुण, कर्म, सामान्य, विशेष और समवाय। बाद में इनमें एक सातवां तत्व 'अभाव' और जोड़ दिया गया। यह सामान्य विशेष के मध्य भी अंतर करता है। पृथ्वी, जल, तेज, वायु और आकाश के मेल से नई वस्तुएँ बनती हैं। **प्रो. रामशरण शर्मा** का मानना है कि वैशेषिक दर्शन ने ही भारतीय चिंतन परंपरा में परमाणुवाद की स्थापना की। इसके अनुसार, भौतिक वस्तुएँ परमाणुओं के संयोजन से बनी हैं। इस प्रकार यह भी माना जा सकता है कि वैशेषिक दर्शन से ही भारत में भौतिकशास्त्र की शुरुआत हुई।

'वैशेषिक दर्शन' के अनुसार, आत्मा अनादि और अनन्त है। यह सर्वव्यापी है। मन एक आंतरिक अंग है, जो आत्मा को न केवल बाह्य विषयों (पदार्थों) को अपितु स्वयं अपने को भी जानने में समर्थ बनाता है।

विद्वजनों की यह धारणा है कि न्याय और वैशेषिक दर्शन में पर्याप्त साम्य है। कारण यह है कि न्याय का मुख्य प्रतिपाद्य विषय ज्ञान मीमांसा रहा है और वैशेषिक ने सृष्टि मीमांसा प्रस्तुत की। दोनों यथार्थवादी दर्शन थे, अतः कालांतर में दोनों पद्धतियों के अनुयायियों ने एक-दूसरे के विचारों को अपना लिया। दोनों की मुख्य विषयवस्तु है-विचारों का एक पक्का वर्गीकरण और अणुओं-परमाणुओं तथा कणों से इस संचार के निर्माण का स्पष्टीकरण। इस प्रकार न्याय वैशेषिक दर्शन के माध्यम से ब्राह्मण पंथी चिंतन परंपरा में एक बिल्कुल नए तत्व का प्रवेश हुआ। इनकी क्रम व्यवस्था में इन दोनों दर्शनों का उपागम एक जैसा है। इन सांझी विशेषताओं के कारण उत्तरकालीन दार्शनिक साहित्य में ये दोनों दर्शन मिलकर एक हो गए।

न्यायदर्शन की भांति वैशेषिक दर्शन में भी ईश्वर का कोई उल्लेख नहीं है। वैशेषिक दर्शन में भी आत्मा और पदार्थ (प्रकृति) दोनों के ही नित्य शाश्वत् रूप का वर्णन किया गया है।

3. **सांख्य :** सांख्य दर्शन का मूल ग्रंथ कपिल का 'सांख्य सूत्र' है, परंतु इसके काल के बारे में निश्चित नहीं है। सांख्य दर्शन का सबसे प्राचीन ग्रंथ ईश्वर कृष्ण की 'सांख्यकारिका' है, जिसका छठी शताब्दी ई. में चीनी भाषा में अनुवाद भी हुआ।

सांख्य दर्शन के अनुसार, इस दृष्टि का मूल प्रकृति है। इसके तीन गुण हैं-सत्व, रज और तम। ये तीनों गुण अलग-अलग होते हुए भी क्रिया के धरातल पर एक सूत्रीबद्ध होते हैं, परंतु अपने आप में ये जड़ हैं। इसमें गति

उत्पन्न करने के लिए चेतना की जरूरत होती है। सांख्य दर्शन इसे 'पुरुष' कहता है। यह अपनी उपस्थिति मात्र से प्रकृति में चेतना का संचार करता है। इससे इसके तीनों हिस्सों- सत्व, रज और तम में विकास होता है।

प्रकृति में जो परिवर्तन और परिणाम होते हैं, वे सब उसकी आंतरिक क्षमता की अभिव्यक्ति है। प्रत्येक कार्य अपने कारण में ही निहित होता है। इसका प्रकट होना कारण का परिणाम मात्र है। तेल, तिल में अप्रत्यक्ष रूप से विद्यमान रहता है। वृक्ष, बीज में सूक्ष्म रूप से विद्यमान रहता है। इन्हें प्रकट करने के लिए बाह्य परिस्थितियां अपेक्षित होती हैं। तिल से तेल निकालने के लिए तेजी और कोल्हू चाहिए और बीज से वृक्ष उगाने के लिए माली, भूमि, खाद और पानी। ये सब एक ही प्रक्रिया के अंग बनकर तिल या बीज में तेल या वृक्ष रूपी परिणाम उत्पन्न करते हैं। इस प्रकार कारण कार्य की प्रक्रिया समस्त प्रकृति के समन्वित विकास का रूप है।

सांख्य दर्शन में आत्मा की परिकल्पना भी परमात्मा से निकली आत्मा के रूप में नहीं वरन् संख्यातीत व्यष्टि आत्माओं (जीवात्माओं) के रूप में करता है।

सांख्य दर्शन द्वैतवादी है। यह दो सत्ताओं (प्रकृति और पुरुष) को मानता है, जो अनादि और अनन्त हैं। इस आधार पर विद्वजनों की मान्यता है कि इसके द्वारा उपनिषदों के एकत्ववादी सिद्धान्त का खंडन किया गया।

4. **योग :** सामान्यतया विद्वजन योग दर्शन को सांख्य दर्शन का पूरक मानते हैं। योगदर्शन का प्रणेता पंतजलि को माना जाता है। इनकी कृति का नाम 'योग सूत्र' है। 'योग सूत्र' पर व्यास ने 'भाष्य लिखा', जिस पर 9वीं शताब्दी में वाचस्पति मिश्र ने 'तत्व वैशारदी' नामक टीका लिखी।

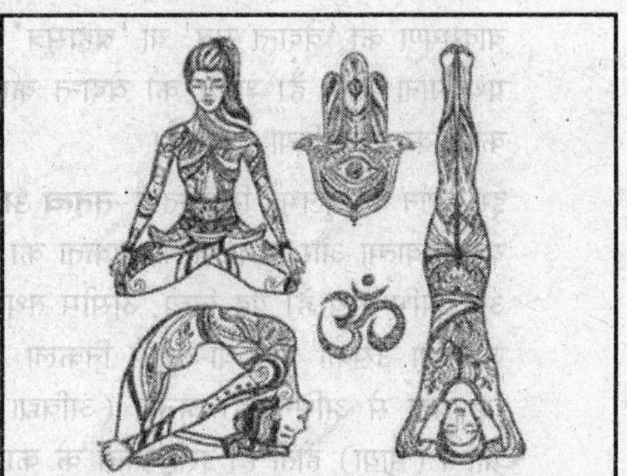

चित्र 4.4: योग की मुद्रा में एक स्त्री

योगदर्शन के केंद्र में चित्त का विस्तृत अध्ययन है, जिसका निर्माण मन, बुद्धि और अहंकार से मिलकर होता है। आत्मा (पुरुष) की परछाईं से इसमें चैतन्य का आभास आ जाता है। इसकी पाँच प्रवृत्तियाँ हैं-प्रमाण (ठीक ज्ञान), विपर्यय (मिथ्या ज्ञान), विकल्प (कल्पना), निद्रा (नींद) और स्मृति (स्मरण), परन्तु ध्यान रहे कि ये वृत्तियाँ आत्मा की अवस्थाएं नहीं हैं। पंतजलि ने स्पष्ट लिखा है कि इस गलती से पाँच प्रकार की भ्रांतियां पैदा होती हैं-अविद्या (अनित्य को नित्य और गलत सही मानना), अस्मिता (बुद्धि या अहंकार को आत्मा समझना), राग (सुख और उसके साधनों को प्राप्त करने की इच्छा), द्वेष (दु:ख और उसके साधनों से वैर) तथा अभिनिवेश (मौत का भय), इन भ्रान्तियों को दूर करने के लिए चित्त की वृत्तियों का निरोध अति आवश्यक है।

चित्त के निरोध की पाँच क्रमिक अवस्थाएं हैं, जिन्हें चित्तभूमियाँ कहते हैं-क्षिप्त (इसमें चित्त स्थिर नहीं रहता और एक विषय से दूसरे की ओर भागता है), मूढ़ (इसमें नींद और आलस्य आता है), विक्षिप्त (इसमें चित्त एक समय में एक विषय पर टिकता है, फिर उसे छोड़कर दूसरे पर चला जाता है और इस तरह उसमें आंशिक स्थिरता आती है), एकाग्र (इसमें चित्त देर तक विषय पर टिका रहता है) और निरुद्ध (इसमें चित्त विषय को भी छोड़कर पूरी तरह टिक जाता है)।

'योगदर्शन' के अनुसार, योग के 8 अंग हैं-यम, नियम, आसन, प्राणायाम, प्रत्याहार, धारणा, ध्यान और समाधि। 'योगदर्शन' सांख्य की भांति, आत्मा को ईश्वर से निकला नहीं मानता। मोक्ष का उद्देश्य भी ईश्वर में विलीन होना नहीं, वरन् प्रकृति से पूर्णतया पृथक् होना भी माना गया।

इस दर्शन का प्रभाव उत्तरकालीन उपनिषदों पर प्रचुर मात्रा में पड़ा। **भगवद्गीता** को भी 'योगशास्त्र' अर्थात् 'योग की नियमावली' कहा जाता है। **श्वेताश्वर उपनिषद्** में सांख्य, योग और वेदान्त के विचारों को मिला दिया गया है। यही 'भगवद्गीता' में किया गया है, जो संभवत: सर्वसार संग्रही आन्दोलन का परिणाम है।

5. **मीमांसा :** 'मीमांसा' का शाब्दिक अर्थ 'अभिप्राय' होता है-युक्तियों की समीक्षा द्वारा किसी विषय या समस्या का निर्णय। इसका मूल ग्रंथ जैमिनी का 'पूर्व मीमांसा सूत्र' है। मीमांसा दर्शन का संबंध वैदिक धर्म के व्यावहारिक पक्ष से है, जैसाकि वह ब्राह्मणों एवं कर्मकांड विषयक साहित्य में ज्ञात होता है। इसमें मुख्य रूप से पवित्र अनुष्ठानों तथा उनके करने से प्राप्त होने वाले प्रतिफलों का विवेचन किया गया है।

वेदों के शाश्वत् स्वरूप को स्वीकार करते हुए मीमांसा दर्शन इस सिद्धान्त पर जोर देता है कि उच्चारित शब्द नित्य है और किसी भी शब्द एवं उसके अर्थ के मध्य एक अनिवार्य संबंध होता है। वेद नित्य शब्दों का भंडार है। लिखित या उच्चारित वेद इस नित्य वेद का प्रकाश मात्र है। यह अपौरुषेय है। इसे किसी ने नहीं बनाया है। वही मान्य है। देवता तो केवल इसलिए हैं कि इनके नाम पर ये कर्म किए जाते हैं। एक मीमांसक तो यहाँ तक मानता है कि कर्म करने का उद्देश्य किसी देवता की पूजा करना या उसे खुश करना नहीं, बल्कि अपनी आत्मा को शुद्ध करना है। कर्म हमेशा निष्काम भाव से ही करना चाहिए। निष्काम भाव से किया गया कर्म ही नि:श्रेयस की ओर ले जाता है।

'मीमांसा दर्शन' का दृढ़ मत है कि मोक्ष पाने के लिए यज्ञ करना चाहिए।

6. **वेदान्त :** 'वेदान्त' का शाब्दिक अर्थ होता है, वेद का अन्त या अन्तिम भाग। इस शब्द से उपनिषदों का बोध होता है। बादरायण का 'वेदान्त सूत्र' या 'ब्रह्मसूत्र' इस दर्शन का मुख्य ग्रंथ माना जाता है। शंकर को वेदान्त का निखरा रूप प्रस्तुत करने का श्रेय दिया जाता है।

चित्र 4.5: वेदों के नाम

इस दर्शन का मूलभूत सिद्धान्त है-**तत्त्वं असि** अर्थात् वह तू है। यह जीवात्मा और परमात्मा की एकता का सूचक है। ब्रह्म एक और अभिभाज्य है। यह नित्य, असीम तथा अपरिवर्तनशील है। जीवात्मा उसका भाग या उससे निकला अंश नहीं है, अपितु यह ब्रह्म से अभिन्न है। अज्ञान (अविद्या) के परिणामस्वरूप भ्रान्ति (माया) होती है। इसी भ्रन्ति के कारण दृश्यजगत् (बाह्य या भौतिक जगत्) की वस्तुएँ और घटनाएँ उत्पन्न होती हैं। उपनिषदों (जो वेद का सैद्धान्तिक और दार्शनिक भाग है) द्वारा ही इस अज्ञान (अविद्या) को हटाया जा सकता है।

'वेदान्त दर्शन' में ज्ञान (विद्या) के दो अलग-अलग रूप बताए गए हैं-पराविद्या (उच्चतर रूप), जिसका संबंध उस परम और व्यक्तित्व रहित से है, जो निर्गुण और निरूप है तथा अपरा विद्या (निरंतर रूप), जिसका संबंध व्यक्तित्व युक्त ब्रह्म (पुरुष) से है, जो ईश्वर अर्थात् इस संसार का स्रष्टा है। निम्नतर रूप, उच्चतर रूप का एक भ्रांतिपूर्ण (मायामय) रूप मात्र है, जो अज्ञान से उत्पन्न होता है।

वेदान्त की तीन मुख्य धाराएं-शंकर, रामानुज और माधव जैसे महान आचार्यों ने वेदान्त की अपने-अपने प्रकार से व्याख्या की है, जिन्हें क्रमशः अद्वैतवाद, विशिष्ट द्वैतवाद तथा द्वैतवाद कहते हैं।

(क) **अद्वैतवाद**-इसके प्रतिपादक शंकर हैं, जिनका जन्म सामान्य रूप से आठवीं सदी में कलादी (केरल) नामक स्थान पर हुआ माना जाता है। शंकर का मत है कि परम सत्ता एक निर्गुण एवं निराकार तत्व है। वह सच्चिदानन्द (असीम विशुद्ध चेतना) है। शंकर ने उपनिषदों, गीता और वेदान्त सूत्रों पर विद्वतापूर्ण टीकाएं लिखीं और भारत की चारों दिशाओं में मठ स्थापित किए-पुरी (पूर्व), बद्रीनाथ (उत्तर), द्वारिका (पश्चिम) तथा शृंगेरी (दक्षिण)।

(ख) **विशिष्टाद्वैत**-इसके प्रतिपादक रामानुज का जन्म 11वीं शताब्दी में श्रीपेराम्बदूर (तमिलनाडु) में हुआ। इस विचारधारा के अनुसार ब्रह्म समस्त सदगुणों का साकार रूप है। यह निर्गुण सच्चिदानन्द नहीं है वरन् यह सत्यम ज्ञानम, और आनन्दम का साकार रूप है। विशिष्टाद्वैत एक दार्शनिक विचारधारा है, जिसके धार्मिक

पक्ष को 'श्री वैष्णववाद' कहते हैं। रामानुज ने सूत्रों पर भाष्य लिखा, जिसे 'श्रीभाष्य' कहते हैं। रामानुज के द्वारा ही तिरुपति मंदिर में गोविन्दराज स्वामी की मूर्ति अधिष्ठित की गई।

(ग) **द्वैतवाद**–इसके प्रतिपादक माधवाचार्य का जन्म 12वीं शताब्दी में उडूपी (कर्नाटक) में हुआ। माधवाचार्य ने उपनिषदों, सूत्रों और गीता पर टीकाएं लिखीं। द्वैतवाद के अनुसार, जीवन का सर्वोच्च लक्ष्य ईश्वर और उसकी कृतियों के प्रति सेवाभाव है।

(घ) **निम्बार्क का द्वैताद्वैतवाद**–निम्बार्क के अनुसार, जीव और ब्रह्म किसी दृष्टि से दो हैं तो किसी दृष्टि से दो नहीं है, अतः इनके मत को द्वैताद्वैतवाद कहा जाता है।

(ड.) **शुद्धाद्वैतवाद**–वल्लभाचार्य का दार्शनिक सिद्धान्त 'शुद्धाद्वैत' के नाम से विख्यात है। वल्लभाचार्य वैष्णव मत के अनुयायी थे। इनके मतानुसार ब्रह्म माया से अलिप्त है, अतः नितांत शुद्ध है।

भारतीय चिन्तन की असनातनी परम्परा

उपर्युक्त छः सनातनी या आस्तिक दर्शनों के अतिरिक्त भारतीय दर्शन की एक असनातनी या नास्तिक परम्परा भी है, जिसके अंतर्गत मुख्यतया तीन दर्शन पाए जाते हैं–

चार्वाक या लोकायत दर्शन

यह एक भौतिकवादी दर्शन है, जिसके प्रवर्तक देवताओं के गुरु बृहस्पति को माना जाता है। यह दर्शन प्रारंभिक उपनिषदों के बाद के काल में लोकप्रिय हुआ। वैसे इसका सबसे सशक्त दार्शनिक चार्वाक को माना जाता है, जिसके नाम पर इसे 'चार्वाक दर्शन' भी कहा जाता है। इस दर्शन को 'लोकायत' भी कहा जाता है, जिसका अर्थ हुआ है–सामान्य लोगों से प्राप्त विचार इसमें लोक अर्थात् दुनिया के साथ गहरे लगाव को महत्व दिया गया।

चार्वाक दर्शन का मूलमंत्र है–

"यावत् जीवत् सुखम् जीवेत्
ऋण कृत्वा घृतम् पिंबेत्
भस्म-भूतस्स देहस्या
पुनरागमनम् कुतः।"

अर्थात् व्यक्ति जब तक जिए, सुख से जिए। यदि उधार लेकर भी घी पीना पड़े तो पीये (अभिप्राय यह है कि कैसे भी सुखी रहे)। शरीर के नष्ट हो जाने के बाद फिर यहाँ कहाँ आना है?

चार्वाक दर्शन के अनुसार, 'स्वर्ग' और 'नर्क' जैसी कोई वस्तु नहीं है। यह संसार ही एकमात्र वास्तविकता है। 'आत्मा' का भी कोई अस्तित्व नहीं है। ईश्वर एक कपोल-कल्पना है। यह दर्शन मोक्ष की कामना का विरोधी है। यह उन्हीं वस्तुओं की सत्ता/यथार्थता को स्वीकार करता है, जिन्हें मानव की बुद्धि और इंद्रियों द्वारा अनुभव किया जा सके। इसके अनुसार, यज्ञ की परिकल्पना ब्राह्मणों ने दक्षिणा अर्जित करने के उद्देश्य से की है।

यथार्थ में चार्वाक दर्शन का मूल योगदान है, उसका भौतिकवादी दृष्टिकोण। वह किसी भी कार्य में दिव्य या अलौकिक हाथ को नकाराता है और मानस को सभी क्रियाओं का मूल मानता है।

बौद्ध दर्शन

बौद्ध धर्म के संस्थापक महात्मा बुद्ध माने जाते हैं। बुद्ध ने स्वयं कोई पुस्तक नहीं लिखी। उनके उपदेश मौलिक ही होते थे। बुद्ध की मृत्यु के बाद उनके शिष्यों ने बुद्ध के उपदेशों का संग्रह 'त्रिपिटक' में किया है। 'त्रिपिटक' को आरंभिक बौद्ध दर्शन का मूल और प्रामाणिक ग्रंथ कहा जा सकता है। त्रिपिटक की रचना पालि साहित्य में की गई है। 'पिटक' का अर्थ पिटारी व 'त्रि' का अर्थ तीन होता है। इस प्रकार 'त्रिपिटक' का अर्थ 'तीन पिटारियाँ' हुआ। वास्तव में 'त्रिपिटक' बुद्ध की शिक्षाओं की तीन पिटारियाँ हैं। त्रिपिटक के तीन भाग हैं–

1. **अभिधम्म पिटक :** इसमें बुद्ध के दार्शनिक विचार हैं।

2. **सुत्त पिटक :** इसमें धर्म संबंधी बातों की चर्चा की गई है, जो कथाओं के माध्यम से है।

3. **विनय पिटक :** इसमें नीति संबंधी बातें हैं।

'त्रिपिटक' की रचना का समय तीसरी शताब्दी ई.पू. माना जाता है। 'त्रिपिटक' के अलावा 'मिलिन्दपन्हो' (मिलिन्द प्रश्न) भी बौद्ध धर्म ग्रंथ है। इसमें बौद्ध धर्म शिक्षक (भिक्षुक) नागसेन व यूनानी राजा मिलिन्द के संवाद का वर्णन है।

चित्र 4.6: बौद्ध धर्म के शुभ चिह्न

बौद्ध दर्शन का सार बुद्ध द्वारा बताए गए चार आर्य सत्य हैं-

1. संसार दुःखों से परिपूर्ण है।
2. दुःखों का कारण भी है।
3. दुःखों का अंत संभव है।
4. दुःखों के अंत का मार्ग है।

प्रथम आर्य सत्य को दुःख, द्वितीय आर्य सत्य को दुःख समुदाय, तृतीय आर्य सत्य को दुःख निरोध तथा चतुर्थ आर्य सत्य को दुःख निरोध मार्ग कहा जाता है।

बौद्ध दर्शन में आचारशास्त्र, मनोविज्ञान व तर्कशास्त्र मिलता है, किन्तु तत्वदर्शन का उसमें पूर्णतः अभाव है। कालांतर में 'हीनयान' और 'महायान' नामक दो धार्मिक सम्प्रदाय प्रख्यात हुए।

जैन दर्शन

बौद्ध एवं जैन दर्शन समकालीन हैं। दोनों दर्शन छठी शताब्दी ई.पू. के बाद विकसित हुए। जैन धर्म के कुल 24 तीर्थंकर माने जाते हैं। प्रथम तीर्थंकर ऋषभदेव, 23वें तीर्थंकर पार्श्वनाथ व 24वें तीर्थंकर महावीर स्वामी थे। जैनमत के अन्य तीर्थंकरों के विषय में इतिहास मौन है। जैनमत के विकास का श्रेय अंतिम तीर्थंकर महावीर स्वामी को ही जाता है।

जैनियों के दो सम्प्रदाय हैं। एक को 'श्वेताम्बर' व दूसरे को 'दिगम्बर' कहा जाता है। दिगम्बरों का मानना है कि संन्यासियों को नग्न रहना चाहिए। किसी भी वस्तु का संग्रह करना भी दिगम्बर सम्प्रदाय में वर्जित है। दिगम्बर सम्प्रदाय स्त्रियों को मोक्ष प्राप्त करने योग्य नहीं मानता। श्वेताम्बर सम्प्रदाय में इतनी अधिक कट्टरता नहीं पाई जाती है। वे श्वेत वस्त्र धारण करना अनिवार्य मानते हैं। दोनों में और कोई मौलिक विभिन्नता नहीं है।

चित्र 4.7: जैन धर्म का पवित्र प्रतीक

जैन दर्शन का साहित्य अत्यंत विशाल है। आरंभ में जैनों का दार्शनिक साहित्य प्राकृत भाषा में था। आगे चलकर जैनों ने जनप्रिय संस्कृत भाषा को अपने साहित्य का आधार बनाया। संस्कृत में 'तत्वार्थाधिगम सूत्र' जैन दर्शन का अत्यंत महत्वपूर्ण ग्रंथ है।

भारतीय दर्शनों की सामान्य विशेषताएं

किसी देश के धार्मिक तथा सांस्कृतिक वातावरण का प्रभाव उसके विचारशास्त्र की विभिन्न धाराओं पर निश्चित रूप से पड़ता है। एक ही देश भारत में पनपने के कारण सभी भारतीय दर्शनों पर भारतीय प्रतिभा, निष्ठा और संस्कृति की अमिट छाप पड़ी है। इस प्रकार वातावरण में समानता होने के कारण इन सम्प्रदायों के मतों में अनेक समानताएँ दृष्टिगोचर होती हैं। यद्यपि कुछ भेद भी विद्यमान हैं। इस प्रकार भारत के विभिन्न दर्शनों में जो साम्य दिखाई पड़ते हैं, उन्हें भारतीय दर्शन

की सामान्य विशेषताएँ कहा जाता है। ये विशेषताएँ भारतीय विचारधारा के स्वरूप को पूर्णत: प्रकाशित करने में समर्थ हैं। भारतीय दर्शनों की सामान्य विशेषताएँ निम्नलिखित हैं–

1. **दु:खानभूति से दर्शन की उत्पत्ति :** भारतीय दर्शन का प्रमुख लक्षण यह है कि यहाँ के दार्शनिकों ने संसार को दु:खमय माना है। रोग, मृत्यु, बुढ़ापा, ऋण आदि दु:खों के फलस्वरूप मानव मन में अशांति का सर्वदा निवास रहता है। इसी ने मनीषियों को इस दु:ख के निवारण का मार्ग खोजने के लिए प्रेरित किया। भारतीय दर्शन में दु:ख की यह अनुभूति सभी दर्शनों में एक समान है, चाहे वे आस्तिक हों अथवा नास्तिक।

   दु:ख की इस व्यापकता के कारण कुछ पाश्चात्य विद्वानों ने भारतीय दर्शन को निराशावादी कहा है, किन्तु भारतीय दर्शन विश्व के दु:खों को देखकर ही मौन नहीं हो जाते, बल्कि वे दु:खों का कारण जानने और दु:खों के निरोध का प्रयास करते हैं। दु:ख निरोध को भारतीय दर्शन में मोक्ष की संज्ञा दी गई है। भारतीय दर्शन में मोक्ष ओर मोक्ष के मार्ग की अत्यधिक चर्चा है। इसलिए भारतीय दर्शन को निराशावादी नहीं कहा जा सकता।

2. **आत्मा की सत्ता में विश्वास :** चार्वाक को छोड़कर प्रत्येक भारतीय दर्शन और दार्शनिक आत्मा में विश्वास करता है। आत्मा की सत्ता में विश्वास करने के फलस्वरूप भारतीय दर्शन आध्यात्मवाद का प्रतिनिधित्व करता है। भारतीय दर्शनों में आत्मा को अविनाशी और अमर माना गया है। चार्वाक दर्शन आत्मा और शरीर को एक–दूसरे का पर्याय मानता है। 'चार्वाक दर्शन' के अनुसार, आत्मा शरीर की तरह आत्मा भी विनाशी है। चार्वाक के आत्म संबंधी विचार को भौतिकवादी मत कहा जाता है।

   बुद्ध ने क्षणिक आत्मा की सत्ता स्वीकार की है। उनके अनुसार, आत्मा चेतना का प्रवाह बुद्ध के आत्म विचार को अनुभववादी मत कहा जाता है। जैनों ने जीवों को चैतन्ययुक्त कहा है। चेतना आत्मा में निरंतर विद्यमान रहती है। आत्मा में चैतन्य और विस्तार, दोनों समाविष्ट हैं। आत्मा ज्ञाता, कर्ता और भोक्ता है।

   न्यायवैशेषिक ने आत्मा को स्वभावत: अचेतन दृव्य माना है। आत्मा में चेतना का संसार तभी होता है, जब आत्मा का संपर्क मन, शरीर और इन्द्रियों से होता है। इसे यथार्थवादी मत कहा जाता है। सांख्य ने आत्मा को चैतन्य स्वरूप माना है। चेतना आत्मा का मूल लक्षण है। शंकर ने भी चेतना को आत्मा का मूल लक्षण माना है। उन्होंने आत्मा को सच्चिदानन्द कहा है।

3. **कर्म सिद्धान्त में विश्वास :** कर्म सिद्धान्त से तात्पर्य है कि शुभ कर्मों का फल शुभ तथा अशुभ कर्मों का फल अशुभ होता है। किए गए कर्मों का फल नष्ट नहीं होता है। 'चार्वाक दर्शन' को छोड़कर भारत के सभी दर्शन, चाहे वे वेद विरोधी हों अथवा वेदानुकूल, कर्म के नियम को मान्यता प्रदान करते हैं। भारतीय विचारधारा में कर्म सिद्धान्त की महत्ता यह है कि विश्व के विभिन्न व्यक्तियों के जीवन में जो विषमता है, उसका कारण बताता है। कर्म सिद्धान्त मानव को उसकी कमियों के लिए सान्त्वना प्रदान करता है। यह सोचकर कि प्रत्येक व्यक्ति अपने पूर्व जीवन के कर्मों का फल पा रहा है, हम अपनी कमियों के लिए किसी दूसरे व्यक्ति को कोसते नहीं, बल्कि स्वयं को उत्तरदायी समझते हैं। कर्म सिद्धान्त मानव में आशा का संचार करता है और बताता है कि प्रत्येक व्यक्ति वर्तमान जीवन के शुभ कर्मों द्वारा भविष्य के जीवन को स्वर्णिम बना सकता है।

4. **अज्ञान बन्धन का मूल कारण :** चार्वाक को छोड़कर भारत के सभी दार्शनिक अज्ञान को बन्धन का मूल कारण मानते हैं। अज्ञान के प्रभाव में आकर ही मनुष्य सांसारिक दु:खों को झेलता है और एक जन्म से दूसरे जन्म में विचरण करता है। तत्वज्ञान के अभाव को अज्ञान माना गया है। अज्ञान के नाश से मनुष्य तत्वज्ञान को तथा तत्वज्ञान से मोक्ष को प्राप्त करता है।

5. **योग की महत्ता पर प्रकाश :** अज्ञान को दूर करने के लिए भारतीय दर्शन में केवल तत्वज्ञान को ही पर्याप्त नहीं माना गया है। बौद्ध, जैन, सांख्य, वेदान्त, न्याय, वैशेषिक दर्शनों में योग की क्रियाओं का निर्देश किसी–न–किसी रूप में प्राप्त होता है। योग की व्याख्या पूर्णरूप से योग दर्शन में ही हुई है। योग दर्शन के अष्टांग मार्ग के आठ अंग–यम, नियम, आसन, प्राणायाम, प्रत्याहार, धारणा, ध्यान, समाधि, सभी दर्शनों में मान्य हैं। अत: योग की प्रणाली भारतीय दर्शनों की एक सामान्य विशेषता है।

6. **आत्मसंयम पर जोर :** चार्वाक को छोड़कर प्रत्येक भारतीय दर्शन में आत्मसंयम पर जोर दिया गया है। आत्मसंयम का अर्थ राग, द्वेष, वासना आदि का निरोध और ज्ञानेन्द्रियों तथा कर्मेन्द्रियों का नियंत्रण समझा जाता है। सभी दर्शनों में अहिंसा, अस्तेय, ब्रह्मचर्य, अपरिग्रह (विषयासक्ति के त्याग) का आदेश दिया गया है। आत्मसंयम का अर्थ इन्द्रियों का उन्मूलन नहीं वरन् उसकी दिशा का नियंत्रण है। भारतीय दर्शनों में मन और शरीर की पवित्रता, संतोष, स्वाध्याय आदि के नैतिक अनुशासन पर बल दिया गया है।

7. **दर्शन, धर्म तथा नीति का समन्वय :** भारत में दर्शन, धर्म व नीति के मध्य अविच्छिन्न संबंध है। 'चार्वाक दर्शन' को छोड़कर सभी दर्शनों में धर्म की महत्ता पूर्णरूप से बताई गई है। धर्म और दर्शन, दोनों का उद्देश्य दुखों से छुटकारा और मोक्ष की प्राप्ति है। यूरोप में धर्म और दर्शन के बीच एक खाई मानी जाती है, जिसके फलस्वरूप वहाँ धर्म और दर्शन को एक-दूसरे का विरोधात्मक माना जाता है। भारतीय दर्शन और जीवन एक-दूसरे के समानान्तर हैं। भारतीय दर्शन के अनुसार, नैतिक प्रेरणा एवं धर्म में कोई भेद नहीं है। अंतर केवल यह है कि नैतिकता कर्म प्रधान है और धर्म भावना प्रधान है। नीतिशास्त्र भी धर्म के समान दर्शन पर आधारित है।

8. **पुनर्जन्म में विश्वास :** चार्वाक को छोड़कर सभी भारतीय दर्शन, चाहे वे आस्तिक हों या नास्तिक, वैदिक हों या अवैदिक, पुनर्जन्म में विश्वास करते हैं। पुनर्जन्म का अर्थ है–पुनः जन्म ग्रहण करना। भारतीय दार्शनिक संसार को जन्म और मृत्यु की शृंखला मानते हैं। पुनर्जन्म का सिद्धान्त आत्मा की अमरता से फलित होता है। इस प्रकार शरीर के विनाश के बाद आत्मा का दूसरा शरीर ग्रहण करना ही पुनर्जन्म है। चार्वाक शरीर की मृत्यु के साथ आत्मा का भी विनाश मानता है, इसलिए वह पुनर्जन्म के विचार को नहीं मानता। 'गीता' में पुनर्जन्म सिद्धान्त की व्याख्या बड़े सुन्दर ढंग से की गई है।

9. **जगत् की सत्यता में विश्वास :** शंकर और बौद्ध दर्शन के योगाचार सम्प्रदाय को छोड़कर भारत का प्रत्येक दार्शनिक जगत् की सत्यता में विश्वास रखता है। बौद्ध दर्शन के योगाचार सम्प्रदाय में विश्व को विज्ञान मात्र कहा गया है। इसी कारण विश्व का अस्तित्व तभी तक कहा जा सकता है, जब तक इसकी अनुभूति होती है। जगत के अस्तित्व को अनुभवकर्ता के मन से स्वतंत्र नहीं माना गया है।

   शंकर भी विश्व की पारमार्थिक सत्यता का खंडन करते हैं। शंकर के अद्वैत वेदान्त दर्शन में सिर्फ ब्रह्म को सत्य माना गया है। जगत को शंकर ने सिर्फ व्यावहारिक दृष्टिकोण से सत्य माना है। पारमार्थिक दृष्टिकोण से जगत असत्य है। इस प्रकार शंकर के दर्शन में विश्व को पूर्णतया सत्य नहीं माना गया है।

   शेष सभी दर्शन विश्व को सत्य मानते हैं। 'चार्वाक दर्शन' विश्व को पृथ्वी, जल, वायु और अग्नि के परमाणुओं के आकस्मिक संयोग से यह विश्व विकसित हुआ है।

10. **भूत के प्रति आस्था का प्रदर्शन :** भारतीय दर्शन की यह विशेषता है कि यहाँ के विचारकों ने भूत के प्रति आस्था का प्रदर्शन किया है। इसका सबसे बड़ा प्रमाण है कि सभी आस्तिक दर्शनों में वेद की प्रामाणिकता पर बल दिया गया है। षड्दर्शनों के छः अंग एक तरह से वेदों पर ही आधारित हैं, क्योंकि सभी में वेदों के निष्कर्म की पुष्टि की गई है। यहाँ तक के चार्वाक, जैन और बौद्ध दर्शनों पर वेद का प्रभाव निषेधात्मक रूप से अवश्य दिखाई पड़ता है, जबकि ये वेद विरोधी हैं। इसके अतिरिक्त प्रत्येक दर्शन में दूसरे दर्शन का खंडन हुआ है। सभी दर्शनों ने अपने पक्ष की व्याख्या करते समय विपक्षी मतों का खंडन किया है।

भारतीय दर्शन का व्यावहारिक प्रयोजन

संसार की प्रायः प्रत्येक वस्तु का अपना निश्चित प्रयोजन होता है। इसी निश्चित प्रयोजन की खोज करते-करते विशेष ज्ञान प्राप्त होता है, उसी को 'वस्तु का यथार्थ' ज्ञान कहा जाता है। इसी विशेष ज्ञान को जब क्रमबद्ध रूप में रखा जाता है, तो उसको 'शास्त्र' कहा जाता है। शास्त्र अनेक हैं और वस्तुएँ भी विभिन्न प्रकार की हैं। ये अनेक शास्त्र इन विभिन्न वस्तुओं के निश्चित प्रयोजनों की क्रमबद्ध व्याख्या प्रस्तुत करते हैं और विशेष शास्त्रों के नाम से जाने जाते हैं। इन सभी शास्त्रों का संग्राहक दर्शनशास्त्र है। अशेष सुख की प्राप्ति और अशेष दु:ख की निवृत्ति ही उसका मुख्य प्रयोजन है।

दर्शन का मुख्य प्रयोजन आत्मविद्या या आत्मदर्शन माना गया है। इस बात का उल्लेख दार्शनिक ग्रंथों में यथास्थान किया गया है, किंतु जैसे-जैसे भारतीय विचारधारा में नई-नई उपलब्धियों का समावेश होता गया, वैसे-वैसे दर्शन के उक्त प्रयोजन के लिए आस्था कम होने लगी। उदाहरणार्थ, बौद्ध दार्शनिकों ने दर्शन का प्रयोजन पारमार्थिक जीवन की उन्नति मात्र मानकर ही संतोष नहीं कर लिया है। उन्होंने तर्क दिया है कि यदि व्यक्तिगत शांति के लिए ही संसार त्याग, संबंध त्याग, कर्म त्याग करके आत्मदर्शी बनाना दर्शन का प्रयोजन है तो ऐसा आत्मदर्शन ही व्यर्थ है, क्योंकि वह तो नितान्त स्वार्थपरक है। बौद्धों के बाद भी इस तर्क को व्यापक समर्थन प्राप्त हुआ और शंका उपस्थिति हुई कि आखिर इस आत्मविद्या (दर्शन) का व्यावहारिक दृष्टि से क्या उपयोग है?

रामानुजाचार्य और अन्य दार्शनिकों ने दर्शन का एक प्रयोजन लोक सेवा तथा लोक सहायता (ईश्वर भक्ति, सत्संग, सदुपदेश, सदाचार) आदि रूप में प्रकाशित किया है। वास्तव में, व्यावहारिक दृष्टि से दर्शन अर्थात् भारतीय दर्शन का यही प्रयोजन है।

भारतीय दर्शन का महत्व

भारत में हमें विचारशास्त्री संबंधी एक सर्वोत्तम विकास दृष्टिगोचर होता है। भारतीय विचारकों के परिश्रम के परिणाम मानव ज्ञान की उन्नति के लिए अत्यंत महत्वपूर्ण हैं। भारतीय दर्शन का अध्ययन मात्र ही अपने आप में भारत के शानदार भूतकाल का सही-सही चित्र उपस्थित करने में सक्षम है। दूषित वर्तमान को भूलने का भी एक मार्ग है कि हम सुन्दर भूतकाल का अध्ययन करें। भारतीय दर्शन के मूलाधार वेद रहस्यमय सिद्धान्तों व गूढ़ दार्शनिक ज्ञान से भरे हुए हैं। वेद एक रहस्यमय श्रेष्ठ दार्शनिक व धार्मिक ग्रंथ है, जो अतुलनीय है।

भारतीय दर्शन के अध्ययन का महत्व भारतवर्ष में बहुत अधिक है, क्योंकि यहाँ धर्म एवं दर्शन का संबंध अत्यंत घनिष्ठ है और विश्वासपूर्वक कहा जा सकता है कि धर्म तथा दर्शन में जितना सामंजस्य यहाँ दृष्टिगोचर होता है, उतना अन्यत्र कहीं दृष्टिगोचर नहीं होता।

दर्शन का महत्व, उसका हमारे जीवन में प्रतिदिन घटित होने वाली घटनाओं के साथ संबंध होने से और भी बढ़ जाता है। संसार दुःखों से परिपूर्ण है। इनसे छुटकारा पाने के लिए विवेक, विचारशक्ति की आवश्यकता होती है और यह शक्ति हमें दर्शनशास्त्र प्रदान करता है। भारतीय दर्शन के महत्व पर प्रकाश डालते हुए **मैक्समूलर** लिखते हैं, ''यदि मुझसे पूछा जाए कि किस देश के मानव मस्तिष्क ने अपने सर्वोत्तम गुणों को सर्वाधिक विकसित स्वरूप प्रदान करने में सफलता प्राप्त की है और कहाँ के विचारकों ने जीवन का सर्वाधिक सुन्दर समाधान खोज निकाला है तथा इसी कारण वह इस योग्य हो गया है कि काण्ट और प्लेटो के अध्ययन में पूर्णता को पहुँचे हुए व्यक्ति को भी आकर्षित करने की शक्ति रखता है, तो मैं बिना किसी सोच-विचार के भारत की ओर अंगुली उठा दूंगा।''

निश्चय ही भारतीय दर्शन व दार्शनिक अद्वितीय हैं।

अध्याय सार–संचिका

- 'दर्शन' शब्द दर्शनार्थक 'दृश' धातु से बना है, जिसका अर्थ 'देखना' या 'अवलोकन' करना होता है। भारतीय दर्शन आध्यात्मिक विद्या के रूप में प्रख्यात हुआ और इस विद्या का लक्ष्य मोक्ष निर्धारित किया – सा विद्या या विमुक्तये।
- भारतीय दर्शन का विकास विभिन्न कालों में विभिन्न प्रकार से हुआ, जिसमें वैदिक काल में मंत्रों एवं सूक्तों एवं ब्राह्मणों और उपनिषदों के रूप में भारतीय दर्शन का विकास हुआ।
- **महाकाव्य :** 'रामायण' और 'महाभारत' जैसे महाकाव्यों से प्राप्त ज्ञान को माना जाता है कि मूलतत्व ज्ञान इन्हीं महाकाव्यों की रचना से प्राप्त होता है, जिसमें भारतीय दर्शन की स्पष्ट झलक देखने को मिलती है।
- **सूत्रकाल :** इसका समय 200 ई. के पश्चात् स्वीकार किया गया। इसमें विभिन्न मूलग्रंथों के सूत्रपात द्वारा किया गया है, जिसमें न्याय, सांख्य, योग इत्यादि सम्मिलित हैं।
- **भाष्यकाल :** इस काल के दौरान विभिन्न महापुरुषों ने अपने-अपने भाष्य लिखे, जिसे भारतीय दर्शन का अभिन्न अंग माना जाता है।
- **वृत्तिकाल :** छोटे-छोटे वृत्तिग्रंथों में सरलीकरण हुआ है।
- भारतीय दर्शन में छः दर्शनों का अस्तित्व है–1. सांख्य, 2. योग, 3. न्याय, 4. वैशेषिक, 5. मीमांसा, 6. वेदांत। यही परम्पराएं आस्तिक भी मानी जाती हैं।
- 'लोकायत दर्शन' या 'चार्वाक दर्शन' के अनुसार, स्वर्ग और नर्क जैसी कोई वस्तु नहीं होती है। यह संसार एकमात्र वास्तविकता है।
- बौद्ध धर्म महात्मा बुद्ध द्वारा प्रारंभ किया गया और इनकी मृत्यु के पश्चात् इनके शिष्यों ने बुद्ध के उपदेशों का प्रचार-प्रसार किया, बौद्धों के धर्मग्रंथ 'त्रिपिटक' अर्थात् 'तीन पिटारियों' में विभक्त हैं।
- त्रिपिटकों के तीन भाग है–

  1. अभिधम्म पिटक 2. सुत्त पिटक 3. विनय पिटक
- बुद्ध ने चार आर्य सत्य बताए:

  1. दुःख
  2. दुःख समुदाय
  3. दुःख निरोध
  4. दुःख निरोध का मार्ग
- जैन एवं बौद्ध धर्म समकालीन धर्म हैं।
- जैनियों के दो सम्प्रदायों, श्वेताम्बर और दिगम्बर में एक मौलिक विभिन्नता यह है कि दिगम्बर संन्यासियों को नग्न रहना चाहिए एवं श्वेताम्बर श्वेत वस्त्र धारण करना अनिवार्य मानते हैं।
- भारतीय दर्शन में धर्म एवं नीति का समन्वय मुख्य रूप से माना जाता है।
- भारतीय दर्शन के अनुसार, सभी शास्त्रों का संग्राहक दर्शन शास्त्र है, जिसमें अशेष सुख की प्राप्ति और अशेष दुःख की निवृत्ति ही उसका मुख्य प्रयोजन है।

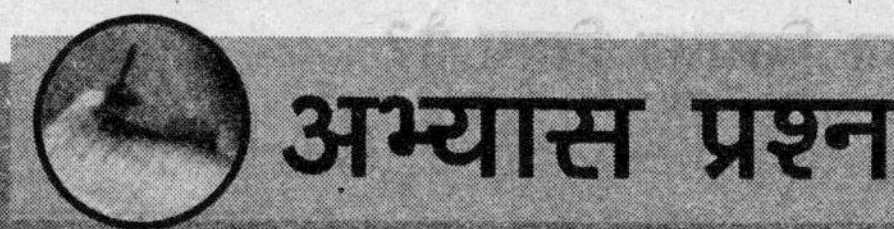

अभ्यास प्रश्न

1. **निम्नलिखित में कौन-सा यज्ञ पंच महायज्ञ में नहीं आता–**
   (a) वैश्वानर यज्ञ (b) नृयज्ञ
   (c) देवयज्ञ (d) उपरोक्त में कोई नहीं
2. **वह कौन-सी ब्रह्मवादिनी थी, जिसने कुछ वेद मंत्रों की रचना की थी?**
   (a) लोपामुद्रा (b) गार्गी
   (c) लीलावती (d) सावित्री
3. **मीमांसा दर्शन के अनुसार मुक्ति संभव है–**
   (a) ज्ञान से (b) भक्ति से
   (c) योग से (d) कर्म से
4. **निम्नलिखित में से कौन-सी एम. एन. राय की उत्प्रवासी साम्यवादी पत्रिका** (Emigree Communist Journal) **थी?**
   (a) किसान सभा (b) द वर्कर
   (c) बैंगार्ड (d) अनुशीलन
5. **अणुव्रत सिद्धान्त का प्रतिपादन किया था–**
   (a) महायान बौद्ध सम्प्रदाय ने (b) हीनयान बौद्ध सम्प्रदाय ने
   (c) जैन धर्म ने (d) लोकायतों ने
6. **ब्रह्म एवं आत्मा की अभिन्नता के विषय में उद्धालक आरुणि तथा उनके पुत्र श्वेत केतु के बीच विख्यात संवाद किस उपनिषद् में है?**
   (a) श्वेताश्वतर (b) छान्दोग्य
   (c) मुण्डक (d) माण्डूक्य
7. **उपोसथ का आचरण कौन करते थे?**
   (a) नियतकालीन उपवास द्वारा ब्राह्मण धर्मानुयायी विधाएँ
   (b) सभा में बौद्ध भिक्षु
   (c) बाह्य वस्तुओं में आनन्द के प्रतीकात्मक त्याग के रूप में कापालिक
   (d) अपनी शक्ति पूजा के अंग के रूप में तांत्रिक
8. **निम्नलिखित में से किसे यक्ष एवं यक्षणियों की पूजा में विश्वास था? नीचे दिए गए कूटों की सहायता से उत्तर दीजिए–**
   1. ब्राह्मण धर्म 2. कापालिक
   3. बौद्ध धर्म 4. जैन धर्म

   कूट:
   (a) 1, 2 और 3 (b) 1, 2 और 4
   (c) 1, 3 और 4 (d) 2, 3 और 4

9. अष्टांग मार्ग की अवधारणा किसका विषय है?

(a) धर्मचक्र प्रवर्तन सुत्त (b) दिव्यावदान

(c) दीपवंश (d) महापरि निब्बान सुत्त

10. पूर्वशैल किसकी शाखा थी?

(a) बौद्ध धर्म के स्थविरवाद सम्प्रदाय की

(b) बौद्ध धर्म के महासंघिक सम्प्रदाय की

(c) जैन धर्म के श्वेताम्बर सम्प्रदाय की

(d) पूर्व मीमांसकों की

11. 'पेरियपुराणम्' किस विषय का ग्रंथ है?

(a) बंगाली वैष्णव धर्म (b) तमिल शैव धर्म

(c) कश्मीर शैव धर्म (d) गुप्तोत्तर शक्ति धर्म

12. निम्नलिखित में से कौन-सी प्राचीनतम स्मृति है?

(a) विष्णुस्मृति (b) मनुस्मृति

(c) याज्ञवल्क्यस्मृति (d) नारदस्मृति

13. एकांत रमय्या के नाम का संबंध किससे है?

(a) श्री वैष्णव धर्म से

(b) कालामुख सम्प्रदाय से

(c) वीर शैव धर्म लिंगायत से

(d) जैन धर्म से

14. रोशनाई सम्प्रदाय के संस्थापक थे–

(a) अब्दुल्लाह जौनपुरी (b) बाकी बिल्लाह

(c) बयाजिद (d) शेख नुरूल हक

15. उस देव स्थान का नाम बताएं, जिसमें मुख्य देवता अन्य तीन से भिन्न हैं–

(a) अमरनाथ (b) जगन्नाथ

(c) केदारनाथ (b) विश्वनाथ

16. 'देव स्थल' वर्तमान में चर्चा में रहा, क्योंकि वहाँ–

(a) एक पुराने मंदिर का जीर्णोद्धार हो रहा है।

(b) पूर्वकालीन सभ्यता के अवशेष प्राप्त हुए थे।

(c) जड़ी-बूटियों के एक विशाल उद्यान को विकसित करने की योजना है।

(d) एशिया की सबसे बड़ी दूरबीन स्थापित होगी।

17. सूची-1 को सूची-2 से सुमेलित कीजिए तथा सूचियों के नीचे दिए गए कूट से सही उत्तर का चयन कीजिए–

सूची-1 (रचनाएं)	सूची-2 (विषय)
A. अष्टांग-संग्रह	1. नाट्यकला
B. दसरूपक	2. व्याकरण

C. लीलावती — 3. गणित

D. महाभाष्य — 4. आयुर्विज्ञान

कूट:

	A	B	C	D
(a)	3	2	1	4
(b)	4	1	3	2
(c)	2	3	4	1
(d)	1	4	2	3

18. किसकी समाधि के कारण नांदेड़ गुरुद्वारा सिखों के लिए पवित्र माना जाता है?

(a) गुरु अमरदास की
(b) गुरु अंगद की
(c) गुरु अर्जुन देव की
(d) गुरु गोविन्द सिंह की

19. निम्नलिखित कथनों पर विचार कीजिए–

1. वर्धमान महावीर की माता लिच्छवी के मुख्य चेटक की पुत्री थीं।
2. गौतम बुद्ध की माता कौशल राजवंश की राजकुमारी थीं।
3. 23वें तीर्थंकर पार्श्वनाथ बनारस से थे।

इन कथनों में कौन-सा/से सही है/हैं?

(a) केवल 1
(b) केवल 2
(c) 2 तथा 3
(d) 1, 2 तथा 3

20. निम्न कथनों पर विचार कीजिए–

1. हिन्दू देवी-देवताओं तथा मुस्लिम संतों की प्रशंसा में रचित गीतों का संग्रह 'किताब-ए-नौरस' इब्राहीम आदिल शाह II द्वारा लिखा गया था।
2. भारत में कव्वाली से जानी जाने वाली संगीत शैली के प्रारंभिक रूप के आरम्भक अमीर खुसरो थे।

इन कथनों में से कौन-सा/से सही है/हैं?

(a) केवल 1
(b) केवल 2
(c) 1 तथा 2 दोनों
(d) दोनों में से कोई भी नहीं

21. भारतीय दर्शन का विकास का कारण–

(a) दार्शनिकों की अधिकता था।
(b) कौटिल्य जैसे विद्वानों के महान ग्रंथों का प्रचलन होना।
(c) आध्यात्मिक असंतोष माना जाता है।
(d) प्राकृत रूप से ईश्वर की समग्रता का अवलोकन करने हेतु।

22. निम्न पर विचार कीजिए–

1. वैदिक काल का प्रारंभ वेदमंत्रों के दर्शन से होता है।
2. वेदों की रचनाकाल 2500 ई.पू. से 200 ई.पू. माना जाता है।
3. वैदिक काल से दर्शनशास्त्र की मूल उत्पत्ति हुई है।

निम्न से असत्य कथन का चयन करें–

(a) केवल 1
(b) केवल 2
(c) केवल ब
(d) उपरोक्त में से कोई भी नहीं

23. विचार करें–

(A) पाणिनी - परलोक की सत्ता में विश्वास न रखने वाला नास्तिक। परलोक की सत्ता में विश्वास करने वाला आस्तिक।

(B) मनु - वेद की प्रामाणिकता मानना आस्तिकता व न मानना नास्तिकता कहलाता है।

निम्न में से सर्वश्रेष्ठ सत्य कौन है?

कूट:

(a) केवल (A)
(b) केवल (B)
(c) दोनों ही
(d) कोई नहीं

24. भारतीय दर्शन में कितने दर्शनों को स्वीकार किया गया है?

(a) 6
(b) 4
(c) 7
(d) 5

25. निम्न को सुमेलित करें–

सूची-1	**सूची-2**
(1) कुर्रम	(A) कौमार्य की देवी
(2) कमगी	(B) मृत्यु का देवता
(3) मरियम्मा	(C) विष्णु के समानांतर ग्वालों का देवता
(4) तिरूमस	(D) चेचक की माता

	A	**B**	**C**	**D**
(a)	2	1	4	3
(b)	4	1	3	2
(c)	2	4	1	3
(d)	3	1	4	2

26. कौन असंगत है?

(1) न्याय - मेघातिथि गौतम
(2) वैशेषिक - कणभुज
(3) सांख्य - शंकर
(4) योग - पतंजलि

कूट:

(a) 1 और 2
(b) 2 और 3
(c) 3 और 4
(d) केवल 3

27. निम्न पर विचार करें–

(a) न्यायदर्शन अधिकांशत: तर्क और प्रमाण से संबंधित है।

(b) इसके अनुसार जाँच के 4 स्रोत हैं और यह 9 द्रव्य तथा 24 गुणों को भी मानता है।

(c) न्यायदर्शन और कानूनी विचारक अरस्तू के चिंतन में पर्याप्त साम्य है। अतएव कुछ विद्वानों का यह विचार है कि चौथी सदी ई.पू. में सिंकदर के साथ आए विद्वान इसे यूनान ले गए।

(d) न्यायदर्शन के संबंध में यह उल्लेखनीय है कि यह ईश्वर की स्पष्ट चर्चा नहीं करता।

उपरोक्त में कौन असत्य है?

(a) 1 और 3
(b) 1 और 2
(c) 2 और 3
(d) उपरोक्त में कोई नहीं

28. वैशेषिक दर्शन के संबंध में निम्न में से कौन सत्य है?

A. वैशेषिक दर्शन में ईश्वर का उल्लेख एवं आत्मा के नित्य शाश्वत् रूप का वर्णन है।

B. न्याय और वैशेषिक दर्शन में पर्याप्त साम्य है।

C. इसका प्रतिपादक कणाद को स्वीकार किया जाता है।

कूटः

(a) 1 और 2
(b) 2 और 3
(c) केवल 1
(d) केवल 3

29. निम्न कथनों में असत्य कथनों का चयन करें–

A. न्याय का मुख्य प्रतिपाद्य विषय ज्ञान मीमांसा रहा है और वैशेषिक ने सृष्टि मीमांसा प्रस्तुत की।

B. सांख्य दर्शन में तीन गुण अलग-अलग होते हुए भी क्रिया के धरातल पर एक सूचीबद्ध होते है। इनमें चेतना का संचार उपस्थित पुरुष द्वारा किया जाता है।

C. सांख्य की भांति योगदर्शन आत्मा को ईश्वर से निकला नहीं मानता।

D. वेदान्त जीवात्मा और परमात्मा की एकता का सूचक है।

कूटः

(a) 1 , 2 और 3
(b) केवल 1
(c) केवल 2
(d) केवल 4

30. निम्न पर विचार करें–

1. वेदान्त दर्शन में ज्ञान के दो अलग-अलग रूप बताए गए हैं–
   - ❖ पराविद्या - इसका संबंध परम और व्यक्तित्व रहित से है, जो निर्गुण और निरूप है।
   - ❖ अपराविद्या - इसका संबंध व्यक्तित्व युक्त ब्रह्म से है।
2. वेदान्त की तीन मुख्यधाराओं के अनुसार-
   - ❖ परम सत्ता एक निर्गुण एवं निराकार तत्व है।
   - ❖ ब्रह्म समस्त सद्गुणों का साकार रूप है।
   - ❖ जीवन का सर्वोच्च लक्ष्य ईश्वर और उसकी कृतियों के प्रति सेवाभाव है।

निम्न में से कौन असत्य है?

(a) केवल 1
(b) केवल 2
(c) कोई नहीं
(d) दोनों ही

उत्तरमाला

1. (a)	**2.** (a)	**3.** (d)	**4.** (c)	**5.** (c)	**6.** (b)	**7.** (b)	**8.** (c)
9. (a)	**10.** (b)	**11.** (b)	**12.** (b)	**13.** (c)	**14.** (c)	**15.** (b)	**16.** (d)
17. (b)	**18.** (d)	**19.** (c)	**20.** (c)	**21.** (c)	**22.** (d)	**23.** (c)	**24.** (a)
25. (a)	**26.** (d)	**27.** (d)	**28.** (a)	**29.** (d)	**30.** (c)		

❑❑❑

5 भारतीय त्योहार एवं मेले

प्रमुख बिन्दु

- ❖ प्रमुख त्योहार
- ❖ प्रमुख महोत्सव
- ❖ अभ्यास प्रश्न
- ❖ प्रमुख मेले
- ❖ अध्याय सार-संचिका

प्रमुख त्योहार

मनुष्य एक सामाजिक प्राणी है और अपने दैनिक क्रियाकलाप में वह अनवरत कार्य करता रहता है। इसी क्रम में उसके कार्यों को स्फूर्तिवान बनाने और उसके जीवन को निराशा से बचाने के लिए प्रत्येक धर्म, सम्प्रदाय में तरह-तरह के त्योहार मनाए जाते हैं। उसकी सामाजिक, आर्थिक, सांस्कृतिक गतिविधियों को आपस में संबद्धता प्रदान करने के लिए मेले, महोत्सव सहित कई प्रकार के सांस्कृतिक क्रियाकलापों को संपादित किया जाता है। अतः इसी क्रम में विभिन्न धर्म के अनुसार उनके त्योहारों के सामान्य परिचय दिए जा रहे हैं।

होली

चित्र 5.1: रंग-बिरंगी होली

होली की गणना भारत के प्रमुख त्योहारों में की जाती है। यह फाल्गुन मास की पूर्णिमा को आमोद-प्रमोद के साथ मनाया जाता है। होली इस उपलक्ष्य में मनाई जाती है, क्योंकि इस दिन अग्नि कुंड में भगवान के भक्त प्रहलाद बच गए थे और बुराई की प्रतीक होलिका का दहन हो गया था। दो दिन के इस त्योहार में पहले दिन रात में होलिका दहन की पूजा-अर्चना की जाती है। घरों में भी गोबर को सुखाकर विभिन्न आकृतियों में होलिका बनाई जाती है। दूसरे दिन विभिन्न प्रकार के रंगों से होली खेली जाती है तथा स्थान-स्थान पर प्रचलित भाषाओं में फाग के गीत गाए जाते हैं। घर-घर में विविध प्रकार के व्यंजन गुजिया, मालपुए, दही-बड़े इत्यादि बनाए जाते हैं। होली खेलने वाले दिन को 'दुलहंडी' के नाम से भी जाना जाता है। मथुरा स्थित बरसाने नगर की लठमार होली, महावीरजी की लठमार होली तथा बाड़मेर की पत्थरमार होली संपूर्ण देश में विख्यात है।

दीपावली

चित्र 5.2: खुशियों की दीपावली

भगवान श्री रामचन्द्रजी द्वारा लंका विजित कर अयोध्या वापस आने की खुशी में यह त्योहार कार्तिक माह की अमावस्या को संपूर्ण भारत में बड़े हर्षोल्लास के साथ मनाया जाता है। दीपावली के आगमन से पूर्व लोग अपने घरों, दुकानों आदि की सफाई, रंगाई, पुताई आदि करवाते हैं। वैश्य लोग दीपावली पूजन वाले दिन अपने बहीखाते बदलते हैं। इस त्योहार से दो दिन पूर्व घूरे पर एक दीपक जलाया

जाता है। इस दिन धनतेरस मनाया जाता है और परम्परानुसार इस दिन एक नया बर्तन खरीदने की प्रथा है। इसके दूसरे दिन छोटी दीपावली मनाई जाती है। बड़ी दीपावली अमावस्या वाले दिन मनाई जाती है। इस दिन रात्रि को दीपक जलाए जाते हैं और गणेश-लक्ष्मी जी का पूजन किया जाता है। घरों में विभिन्न प्रकार के पकवान बनाए जाते हैं। नए वस्त्र पहने जाते हैं। दीपावली की रात लोग आतिशबाजी व पटाखे छुड़ाते हैं। दोस्तों, रिश्तेदारों और अतिथियों को उपहार देने का रिवाज है। एक दीपक रातभर जलाया जाता है। बहुत से लोग इस त्योहार पर जुआ भी खेलते हैं।

गोवर्धन अथवा अन्नकूट

दीपावली के दूसरे दिन कार्तिक शुक्ल प्रथमा को अन्नकूट का त्योहार मनाया जाता है। इस त्योहार को 'गोवर्धन' के नाम से भी जाना जाता है। गोवर्धन का अर्थ है, गोवंश की वृद्धि। यह त्योहार गाय के महत्व को स्पष्ट करता है। इस दिन गोवर्धन की पूजा की जाती है तथा मंदिरों एवं घरों में अन्नकूट अर्थात् विशेष प्रकार का भोजन तैयार किया जाता है, जिसे श्रद्धालु बड़ी श्रद्धा से प्रसाद के रूप में स्वीकार करते हैं।

शीतला अष्टमी

यह त्योहार होली के आठवें दिन चैत्र सुदी अष्टमी को मनाया जाता है। इस दिन शीतला माता की पूजा की जाती है तथा एक दिन पूर्व बने हुए भोजन (बासी) का प्रसाद लगाया जाता है, इसीलिए यह त्योहार 'बासोड़े' के नाम से भी जाना जाता है।

घुड़ले का त्योहार

शीतला अष्टमी वाले दिन मारवाड़ में यह त्योहार मनाया जाता है। इस दिन स्त्रियां एकत्रित होकर कुम्हार के घर जाकर छेदयुक्त घड़ा लेती हैं तथा घड़े में दीपक रखकर गीत गाती हुई अपने-अपने घरों को वापस लौटती हैं। बाद में यह घड़ा तालाब में प्रवाहित कर दिया जाता है। इस दिन मेले का भी आयोजन किया जाता है।

श्रीकृष्ण जन्माष्टमी

भादो मास की कृष्ण पक्ष की अष्टमी को भगवान श्रीकृष्ण के जन्म-दिवस के रूप में यह त्योहार मनाया जाता है। इस दिन लोग व्रत रखते हैं तथा अर्ध रात्रि को कृष्ण जन्म के उपरांत ही भोजन ग्रहण करते हैं। इस दिन मंदिरों एवं घरों में झाँकियां सजाई जाती हैं तथा भजनों को गाया जाता है। कई जगहों पर कृष्ण भगवान से संबंधित विभिन्न प्रकार की झाँकियों की शोभायात्रा निकाली जाती है।

चित्र-5.3: श्रीकृष्ण जन्माष्टमी

करवाचौथ

यह विवाहित महिलाओं का त्योहार है, जो विशेषकर उत्तर भारत में विवाहित महिलाओं द्वारा अपने पति की दीर्घायु की कामना हेतु कार्तिक मास की चतुर्थी को मनाया जाता है तथा चन्द्रमा की पूजा की जाती है।

रक्षाबन्धन

यह त्योहार श्रावण माह की पूर्णमासी को मनाया जाता है। इस दिन बहिनें अपने भाइयों को राखी बांधती हैं, जिसका अर्थ भाइयों द्वारा बहिनों की रक्षा का प्रण है। मेवाड़ की रानी कर्णवती ने बहादुरशाह के विरुद्ध सहायता प्राप्त करने के लिए हुमायूँ के पास राखी भेजी थी। कहीं-कहीं ब्राह्मण लोग अपने यजमानों को भी राखी बांधते हैं।

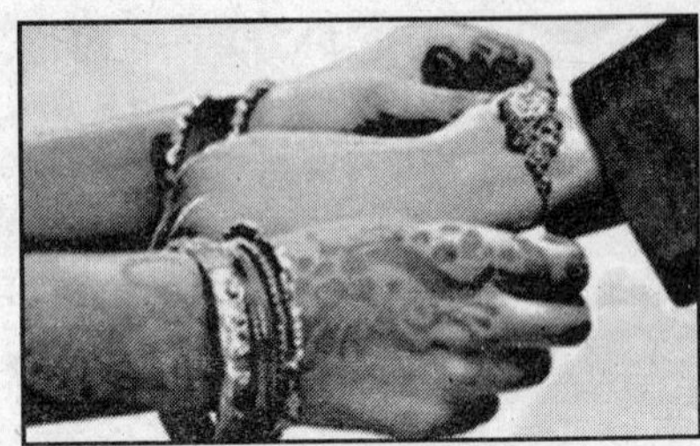

चित्र-5.4: भाई-बहन के प्यार का प्रतीक पर्व 'रक्षाबंधन'

बिठोवा त्योहार

इस त्योहार को महाराष्ट्र प्रदेश निवासी भगवान विष्णु के प्रतिरूप भगवान बिठोवा की स्मृति में वर्ष में दो बार मनाते हैं। इस त्योहार पर भीमा नदी के तट पर पण्ढरपुर स्थित बिठोवा मंदिर में अनेक कार्यक्रमों का आयोजन किया जाता है।

बच्छबारस का त्योहार

यह त्योहार राजस्थान में श्रावण माह में बड़े ही हर्षोल्लास के साथ मनाया जाता है। इस दिन महिलाएँ अपने-अपने घरों में गाय की पूजा करती हैं और मोठ व चने का बना भोजन खाती हैं।

दशहरा

यह त्योहार मर्यादा पुरुषोत्तम भगवान श्रीराम की रावण पर विजय के उपलक्ष्य में आश्विन माह के शुक्ल पक्ष की 10वीं तिथि को मनाया जाता है। जगह-जगह रामलीला का आयोजन किया जाता है तथा रावण, कुम्भकर्ण एवं मेघनाद के पुतलों का दहन किया जाता है। साथ ही, मेलों का भी आयोजन किया जाता है। क्षत्रिय लोग इस दिन अपने शस्त्रों की पूजा करते हैं। कहीं-कहीं शमी वृक्ष की भी पूजा की जाती है।

चित्र 5.5: दशहरे के अवसर पर रावण, कुम्भकर्ण और मेघनाद के पुतलों का दहन

रामनवमी

यह चैत्र माह में शुक्ल पक्ष की 9वीं तिथि को मनाई जाती है। इस दिन भगवान रामचन्द्रजी का जन्मदिवस मनाया जाता है। लोग पूजा करते हैं, भजन गाते हैं, 'रामायण' तथा 'श्री रामचरितमानस' का पाठ करते हैं तथा रामधुन गाते हैं। अनेक नगरों में इस दिन भव्य मेलों का आयोजन किया जाता है।

लोहड़ी का त्योहार

यह मुख्यत: पंजाबियों का त्योहार है। इस त्योहार का आयोजन जनवरी माह में बड़े ही हर्षोल्लास के साथ किया जाता है। नववधू की पहली लोहड़ी और परिवार में बच्चे के जन्म के बाद उसकी पहली लोहड़ी काफी धूमधाम से मनाई जाती है।

गणेश चतुर्थी

यह त्योहार भादो माह में शुक्ल पक्ष की चतुर्थी को मनाया जाता है। मुख्य रूप से भगवान गणेश की पूजा की जाती है। यह त्योहार 10 दिनों का होता है।

चित्र 5.6: गणेश चतुर्थी का उत्सव

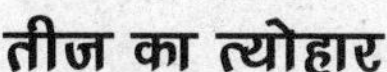

तीज का त्योहार

यह त्योहार श्रावण माह में शुक्ल पक्ष की तृतीया को संपूर्ण उत्तर भारत, विशेषकर राजस्थान में हर्षोल्लास के साथ मनाया जाता है। कहा जाता है कि गर्मी की ऋतु के बाद तीज से ही समस्त त्योहार प्रारंभ होते हैं और गणगौर तक चलते रहते हैं। यह मुख्यत: सुहागिन स्त्रियों एवं नवविवाहित महिलाओं का त्योहार है। इस दिन महिलाएं नए कपड़े पहनती हैं। घरों में तरह-तरह के पकवान, मिठाई, पूड़ी आदि बनाए जाते हैं। नवविवाहिताएँ मेहंदी लगाती हैं, शृंगार करती हैं तथा अपने पीहर (मायके) जाती हैं। इस दिन माता-पिता उन्हें वस्त्र भेंट करते हैं। महिलाएं एवं युवतियाँ झूला झूलती हैं तथा गीत गाती हैं। राजस्थान में इस दिन अनेक स्थानों पर मेलों का आयोजन किया जाता है। तीज की सवारी निकाली जाती है।

गणगौर का त्योहार

यह संपूर्ण उत्तर भारत, विशेषकर राजस्थान का मुख्य त्योहार है। गणगौर माँ पार्वती और भगवान शिव की पूजा का पर्व है। इस त्योहार को स्त्रियां एवं लड़कियां उत्साह पूर्वक मनाती हैं। माना जाता है कि इसके द्वारा अविवाहित युवतियों को अच्छा पति मिलता है और सुहागिनों का सुहाग चिरायु होता है। यह त्योहार चैत्र माह में शुक्ल पक्ष की तृतीया को मनाया जाता है। इस दिन घूमर नृत्य होता है, जो उदयपुर तथा बूंदी में बहुत लोकप्रिय है। इसमें गणगौर की सवारी निकाली जाती है।

चित्र 5.7: गणगौर का त्योहार

अक्षय तृतीया

यह त्योहार वैशाख माह में शुक्ल पक्ष की तृतीया को मनाया जाता है। इस त्योहार का संबंध भी खेती से है। इसी दिन से खेती का मौसम प्रारंभ होता है। किसान लोग शीघ्र वर्षा की कामना करते हैं तथा वर्षा के लिए गेहूँ, चना, तिल आदि सात प्रकार के खाद्यान्नों की पूजा करते हैं।

चित्र 5.8: अक्षय तृतीया

वसन्त पंचमी

शीत ऋतु के समापन तथा वसन्त ऋतु के आगमन के उपलक्ष्य में माघ माह के शुक्ल पक्ष की पंचमी को यह त्योहार मनाया जाता है। इस दिन पीले वस्त्र धारण किए जाते हैं तथा पीला भोजन (यथा खिचड़ी आदि) किया जाता है। पश्चिम बंगाल, बिहार, असम, ओडिशा और उत्तर प्रदेश में इस दिन देवी सरस्वती की पूजा की जाती है।

शिवरात्रि

यह त्योहार फाल्गुन माह के कृष्ण पक्ष की चतुर्दशी को भगवान शंकर और देवी पार्वती के विवाहोत्सव के उपलक्ष्य में बड़े ही हर्षोल्लास के साथ मनाया जाता है। इस दिन शिव एवं पार्वती की पूजा की जाती है। श्रद्धालु व्रत रखते हैं, जगह-जगह शिव-पार्वती के विवाह की लीला का आयोजन किया जाता है तथा भव्य झाँकियां निकाली जाती हैं।

उफब-छट का त्योहार

यह राजस्थान प्रांत का त्योहार है, जो श्रावण माह में आता है। इस त्योहार का संबंध कुंवारी कन्याओं से है। इस दिन कुंवारी कन्याएं उपवास रखती हैं। रात्रि में जब चन्द्रमा निकल आता है, तब उसके दर्शन करने के पश्चात् ही भोजन ग्रहण करती हैं।

नागपंचमी

यह त्योहार श्रावण माह के शुक्ल पक्ष की पंचमी को मनाया जाता है। इस दिन नाग पूजा की जाती है। श्रद्धालु नागों को दूध पिलाते हैं। ऐसा माना जाता है कि इस त्योहार का प्रयोजन सर्पों से जीवन रक्षा की याचना करना है।

मकर संक्रान्ति

यह त्योहार प्रतिवर्ष 14 जनवरी को मनाया जाता है। इस त्योहार का संबंध दान-पुण्य से है। इस दिन तिल से निर्मित लड्डू, रेवड़ी, गजक तथा अन्य वस्तुओं का दान किया जाता है। इस दिन श्रद्धालु पवित्र नदियों या सरोवरों में स्नान करते हैं।

चित्र 5.9: मकर संक्रान्ति के दिन नदियों में स्नान करते श्रद्धालु

महावीर जयन्ती

जैन धर्म के 24वें तीर्थंकर महावीर स्वामी के जन्मदिवस के उपलक्ष्य में महावीर जयंती प्रतिवर्ष चैत्र मास के शुक्ल पक्ष की त्रयोदशी को बड़ी ही निष्ठा एवं श्रद्धा के साथ मनाई जाती है। इस दिन जैन धर्मावलम्बियों में धार्मिक अनुष्ठानों का आयोजन किया जाता है तथा भव्य झाँकियां निकाली जाती हैं।

देव-दिवाली

यह त्योहार दीपावली के 15 दिन बाद मनाया जाता है। मान्यता है कि इस दिन भगवान शिव ने त्रिपुरासुर दानव का वध किया था, जिसके मारे जाने पर देवताओं ने विजय दिवस मनाया और दीपक जलाकर अपनी खुशी प्रकट की थी। काशी में कार्तिक पूर्णिमा के दिन देव-दिवाली का आयोजन बहुत धूमधाम से होता है।

पर्यूषण

यह त्योहार श्वेताम्बरों और दिगम्बरों द्वारा भाद्रपद की अलग-अलग तिथियों को मनाया जाता है। श्वेताम्बर माह के 8वें दिन और दिगम्बर 10वें दिन इस त्योहार को मनाते हैं।

बुद्ध जयन्ती

यह प्रत्येक वर्ष वैशाख माह की पूर्णिमा को भगवान बुद्ध के जन्म तथा ज्ञान प्राप्ति के उपलक्ष्य में संपूर्ण भारत में मनाई जाती है। इस दिन बौद्ध मठों एवं विहारों में धार्मिक अनुष्ठान किए जाते हैं। महात्मा बुद्ध के जीवन से संबंधित विभिन्न प्रकार की शोभा यात्राएं निकाली जाती हैं।

गुरुनानक जयन्ती

यह प्रतिवर्ष कार्तिक पूर्णिमा को गुरुनानक के जन्म के उपलक्ष्य में मनाई जाती है। इस दिन गुरुद्वारों को विशेष रूप से सजाया जाता है तथा वहाँ 'गुरुग्रंथ साहिब' का पाठ किया जाता है, जिसमें अपार जनसमूह सम्मिलित होता है।

क्षेत्रीय त्योहार

पोंगल

इस त्योहार का संबंध फसलों से है। तमिलनाडु, कर्नाटक एवं आंध्र प्रदेश में जनवरी माह में यह त्योहार फसलों की समृद्धि के लिए मनाया जाता है। यह तमिलनाडु का विशेष त्योहार है। जिस दिन उत्तर भारत में मकर संक्रान्ति मनायी जाती है, उसी दिन दक्षिण भारत में पोंगल भी मनाया जाता हैं। इस दिन नई फसल का चावल पकाया और खाया जाता है। यह तीन दिन का त्योहार है। प्रथम दिन 'भोई पोंगल' के नाम से जाना जाता है। दूसरे दिन 'सूर्य पोंगल' त्योहार होता है, जिसमें सूर्य को चावल अर्पित किए जाते हैं। तीसरे दिन का त्योहार 'मत्तु पोंगल' कहलाता है। इस दिन बैलों को नहलाया जाता है और उनके सींगों को सजाया जाता है।

चित्र 5.10: पोंगल का त्योहार

ओणम

यह केरल का एक प्रमुख त्योहार है, जो एक राक्षस के सम्मान में मनाया जाता है। जब दक्षिण-पश्चिम मानसून चला जाता है, तब यह त्योहार मनाया जाता है। नौका दौड़ इस त्योहार का विशेष आकर्षण है। इस दिन प्रत्येक गाँव और शहर में थालू (मुक्केबाजी) का आयोजन किया जाता है। विजेता को पुरस्कार बांटे जाते हैं।

भोगली बिहू

यह असम का महत्वपूर्ण त्योहार है, जो जनवरी माह में मनाया जाता है। अनेक स्थानों पर भैंसों की लड़ाई भी कराई जाती है।

हनुमान जयन्ती

चैत्र मास की पूर्णिमा के दिन हनुमानजी के जन्म के उपलक्ष्य में हनुमान जयन्ती मनाई जाती है। इस दिन प्रत्येक मंदिर में बेहद धूमधाम और श्रद्धापूर्वक हनुमान जी का जन्मदिवस मनाया जाता है, जिसमें लाखों की तादाद में श्रद्धालु भाग लेते हैं। इस दिन हनुमानजी की झाँकियां निकाली जाती हैं।

वट-सावित्री

यह ज्येष्ठ माह की पूर्णिमा के दिन यह त्योहार विवाहित स्त्रियों द्वारा अपने पति की दीर्घायु की कामना से मनाया जाता है। इस दिन बरगद के पेड़ की पूजा की जाती है।

मुस्लिम त्योहार

रमजान

चित्र 5.11: ईद-उल-फितर की मुबारकबाद देते लोग

यह मुस्लिम त्योहार है। मुस्लिम पंचांग के अनुसार यह रमजान के महीने में मनाया जाता है। यह त्योहार एक महीने तक चलता है। इस माह में मुसलमान दिन भर रोजा रखते हैं। मुस्लिम समुदाय में रमजान का महीना काफी पवित्र माना जाता है।

ईद-उल-फितर

रमजान के अगले दिन जब चाँद दिखाई पड़ता है, तब यह त्योहार मनाया जाता है। इस दिन मुसलमान रोजा तोड़ते हैं तथा हर्षोल्लास के साथ इस त्योहार को मनाते हैं। इस दिन मीठी सेवइयाँ खाने का रिवाज है।

मुहर्रम

यह मुसलमानों का शोकपूर्ण त्योहार है, जो पैगम्बर मुहम्मद के द्वितीय पौत्र शहीद हजरत इमाम हुसैन की पुण्य स्मृति में इस्लामी वर्ष के प्रथम महीने में मनाया जाता है। मुस्लिम समाज में इस दिन ताजिया निकालने का रिवाज है।

ईद-उल-जुहा अथवा बकरीद

यह मुस्लिम समाज का सर्वाधिक महत्वपूर्ण त्योहार है। इस दिन मुसलमान सुबह से ही स्नान आदि कर नवीन वस्त्र धारण करते हैं। तत्पश्चात् शहर के ईदगाह में एकत्रित होकर सामूहिक रूप से श्रद्धा एवं निष्ठा के साथ नमाज पढ़ते हैं। एक-दूसरे से गले मिलते हैं। घर लौटकर पकवान आदि खाते हैं। इस दिन बकरे की कुर्बानी दी जाती है। इसलिए इसे 'बकरीद' के नाम से भी जाना जाता है।

मिलादे शरीफ

मुसलमानों के पैगम्बर मुहम्मद साहब का जिस दिन जन्म हुआ था, उसी दिन मृत्यु हुई थी। अतः मुसलमानों द्वारा इस त्योहार को पैगम्बर मुहम्मद साहब के जन्म एवं मृत्यु दिवस के रूप में मनाया जाता है। इस त्योहार को 'उर्स' या 'बारह वफात' के नाम से भी जाना जाता है।

लैलत-उल-बारात या शब-ए-बारात

यह त्योहार कुछ मुसलमानों द्वारा मुस्लिम वर्ष के 8वें माह शबान के 13वें दिन और कुछ मुसलमानों द्वारा 14वें दिन मनाया जाता है। इस दिन पूरी रात जागरण किया जाता है। यह मुसलमानों की दीपावली है।

ईसाइयों के त्योहार

क्रिसमस

यद्यपि यह ईसाइयों का मुख्य त्योहार है, किन्तु फिर भी यह संपूर्ण भारत में प्रत्येक वर्ष 25 दिसंबर को मनाया जाता है। इसी दिन प्रभु ईसा मसीह का जन्म हुआ था। ईसाई लोग इस त्योहार को अति निष्ठा एवं श्रद्धा के साथ मनाते हैं। इस दिन गिरजाघरों को विशेष रूप से सजाया जाता है। प्रभु ईसा मसीह की पूजा की जाती है। जगह-जगह प्रार्थनाएँ की जाती हैं। लोग एक-दूसरे से मिलने लोगों के घर जाते हैं। इस दिन ईसाई लोग विभिन्न प्रकार के केक खाते हैं।

चित्र 5.12: क्रिसमस का हर्षोल्लास

ईस्टर डे

यह प्रभु ईसा मसीह द्वारा पुनः जीवन धारण करने के उपलक्ष्य में ईसाई समुदाय के लोगों द्वारा अत्यंत ही हर्षोल्लास के साथ मनाया जाता है।

गुड फ्राइडे

यह त्योहार बुराई पर अच्छाई के प्रतीक के रूप में मनाया जाता है। इसी दिन प्रभु ईसा मसीह को सूली पर चढ़ा दिया गया था।

यहूदी त्योहार

भारत एक धर्मनिरपेक्ष देश है। यहाँ हरेक जाति, धर्म, सम्प्रदाय, भाषा के लोग निवास करते हैं। इनमें यहूदी भी एक हैं। वास्तव में, यहूदी का मूल अर्थ है-यरूशलम के आसपास के यूहा नामक देश के निवासी। बाइबिल के पूर्वार्द्ध (ओल्ड टेस्टामेंट) में जिस धर्म और दर्शन का प्रतिपादन किया गया है, वही यहूदी धर्म है। यहूदी धर्म का मुख्य ग्रंथ-'तोराह' के नाम से प्रचलित है। यहूदियों के पूजा-स्थल को 'सिनेगाग' कहा जाता है। यहूदी धर्म के मुख्य त्योहार निम्नलिखित हैं-

नववर्ष

नववर्ष को यहूदी लोग 'रोश हशना' दिवस के रूप में मनाते हैं। यह त्योहार सितंबर या अक्टूबर में मनाया जाता है। यह दिन विश्व बंधुत्व एवं विश्व न्याय का प्रतीक है।

चित्र 5.13: रोश हशना का त्योहार

सब्बथ

सप्ताह में एक दिन पूर्व विश्राम की प्रथा यहूदियों ने प्रारंभ की थी। भारतीय यहूदी शनिवार को 'सब्बथ' मनाते हैं और पूर्ण विश्राम करते हैं।

पासोवर

यह यहूदियों का सर्वाधिक महत्वपूर्ण त्योहार है। यह त्योहार इजराइल के मिस्र के शिकंजे से मुक्त होने के उपलक्ष्य में मनाया जाता है। आज का दिन हर्षोल्लास से बिताया जाता है तथा इसदिन विशिष्ट व्यंजन आदि बनाने का रिवाज है।

पूरीम

यह उल्लास का पर्व है, जो यहूदी लोग उस ईश्वरीय चमत्कारिक घटना की याद में मनाते हैं जिसमें एक बार फारस के यहूदी सामूहिक मृत्युदंड पाने के बावजूद बच गए थे। आज के दिन व्रत रखने, पाठ करने व उपहार देने का रिवाज है।

पेण्टीकोस्ट

यह पर्व पासोवर के 50 दिन पश्चात् मनाया जाता है। इसे फर्स्ट 'फ्रूट्स दिवस' भी कहते हैं। यह उत्सव फसल कटाई के समय मनाए जाने वाले उत्सवों के साथ मनाया जाता है।

पारसी धर्म के त्योहार

त्योहारप्रिय होने के कारण पारसी लोग भी अनेक त्योहार मनाते हैं, किंतु इनके त्योहार की विशेषता यह होती है कि इसमें न तो जुलूस निकाला जाता है और न ही हल्ला-गुल्ला होता है। त्योहार के दिन पारसी लोग नए कपड़े पहनते हैं, मंदिरों में उपासना करते हैं तथा भोज और दान का आयोजन किया जाता है। पारसी धर्म की स्थापना जरथुष्ट्र ने ईरान में छठी शताब्दी में की थी। 'जेंद अवेस्ता' इस धर्म की धार्मिक पुस्तक है। पारसी लोग अग्नि को पवित्र मानते हैं। पारसियों द्वारा मनाए जाने वाले प्रमुख त्योहार निम्नलिखित हैं:-

चित्र 5.14: पारसी धर्म के संस्थापक जरथुष्ट्र की जयंती खोरदाद साल

खोरदाद साल

'खोरदाद साल' पारसी धर्म के संस्थापक जरथुष्ट्र की जयंती के रूप में फरवरी माह के छठे दिन मनाया जाता है।

जरथुष्ट्र नीदोसो

यह पर्व जरथुष्ट्र की मृत्यु के वर्षगांठ के रूप में मनाया जाता है। यह शोक का पर्व है। इस दिन मंदिर में उपासना करते हुए जरथुष्ट्र की किसी ने हत्या कर दी थी। इस दिन पारसी लोग उनकी याद में प्रार्थना करते हैं तथा उनके जीवन एवं कार्यों पर चर्चा की जाती है।

जमशेद नवरोज

पारसी लोग प्रतिवर्ष 21 मार्च को जमशेद नवरोज का त्योहार बड़े हर्ष एवं उल्लास से मनाते हैं। असम में पारसी लोग इसे नववर्ष के रूप में मनाते हैं।

पटेंटी

पुरातन वर्गों द्वारा यह पर्व नववर्ष के रूप में मनाया जाता है। यह पर्व प्राय: सितंबर माह में पड़ता है।

नवरोज

पारसियों के नववर्ष को 'नवरोज' कहते हैं। इस दिन पारसी लोग अत्यंत उत्साह के साथ भोज का आयोजन और एक-दूसरे को उपहारों का आदान-प्रदान करते हैं।

चित्र 5.15: नवरोज का उत्साह

प्रमुख मेले

कुम्भ मेला

भारत में महाराष्ट्र स्थित नासिक, मध्य प्रदेश स्थित उज्जैन, उत्तर प्रदेश स्थित प्रयाग एवं हरिद्वार (उत्तराखंड) में प्रत्येक 12 वर्ष पश्चात् कुम्भ मेले का आयोजन किया जाता है, लेकिन एक साथ प्रत्येक स्थान पर एक साथ मेले का आयोजन नहीं किया जाता है, बल्कि प्रत्येक तीन वर्ष के अंतराल से उपर्युक्त वर्णित स्थानों पर कुम्भ मेले का आयोजन किया जाता है।

चित्र 5.16: कुम्भ का मेला प्रयागराज

पुष्कर मेला

यह मेला राजस्थान स्थित अजमेर के समीप पुष्कर नामक स्थान पर आयोजित किया जाता है। पुष्कर एक धार्मिक महत्व का सरोवर है। यहाँ ब्रह्माजी का एकमात्र प्राचीन मंदिर भी है। यहाँ कार्तिक माह की पूर्णमासी के दिन दूर-दूर से लोग आकर पुष्कर सरोवर में स्नान करते हैं तथा वहाँ स्थित मंदिरों के दर्शन कर पुण्य कमाते हैं। इस अवसर पर यहाँ एक विशाल पशु मेले का भी आयोजन किया जाता है।

चित्र 5.17: पुष्कर मेला

कंस मेला

इस मेले का आयोजन उत्तर प्रदेश मथुरा में श्रीकृष्ण एवं बलराम द्वारा कंस वध के स्मरणार्थ उत्सव के रूप में किया जाता है। इस दिन श्रद्धालु एवं उत्साही युवक कंस का पुतला बनाते हैं। पूरे नगर में कृष्ण-बलराम की झाँकी निकाली जाती है तथा झाँकी द्वारा ही कृष्ण-बलराम का कंस से युद्ध दिखाया जाता है। अंत में विश्राम घाट के समीप कंस खार नामक स्थान पर उत्साही युवकों द्वारा डंडे से कंस के पुतले को नष्ट कर दिया जाता है तथा लोग 'मार-मार लट्ठन झूर कर आए' का गान गाते हुए हर्षित मुद्रा में अपने-अपने घरों को लौटते हैं।

गंगा सागर मेला

सर्वत्र पश्चिम बंगाल में मकर संक्रान्ति के दिन इस मेले का बड़े जोर-शोर से आयोजन किया जाता है। ऐसा विश्वास किया जाता है कि भागीरथ की घोर तपस्या के परिणामस्वरूप गंगा इस दिन भागीरथ के 60 हजार पुरखों की अस्थियों को स्पर्श करने हेतु पाताल लोक आई थीं।

जागेश्वरी देवी का मेला

मध्य प्रदेश स्थित गुना जिले में चंदेरी नामक स्थान पर प्रत्येक वर्ष चैत्र माह में इस मेले का आयोजन किया जाता है। इस मेले में कपड़े, बर्तनों तथा पशुओं का क्रय-विक्रय किया जाता है।

बाबा गरीबनाथ का मेला

मध्य प्रदेश स्थित शाजापुर जिले के अवन्तीपुर बरोडिया गाँव में चैत्र माह में बाबा गरीबनाथ के सम्मान में इस मेले का आयोजन किया जाता है।

वैशाली का मेला

बिहार स्थित जैन धर्मावलम्बियों के स्थल वैशाली में चैत्र शुक्ल त्रयोदशी को इस मेले का आयोजन किया जाता है। इस मेले पर देश के प्रत्येक कोने से जैन धर्मावलम्बी यहाँ एकत्रित होते हैं।

महावीरजी का मेला

राजस्थान स्थित हिण्डोन के समीप महावीर नामक स्थान पर चैत्र माह में इस मेले का आयोजन किया जाता है। इस मेले में लाखों जैन, गुर्जर, मीणा तथा अन्य सम्प्रदाय के लोग यहाँ दर्शन करने आते हैं।

घामोनी उर्स

मध्य प्रदेश में मस्तान शाहवाली की दरगाह पर होने वाला यह 6 दिवसीय उर्स सागर जिले के घामोनी नामक ऐतिहासिक महत्व के स्थान पर अप्रैल-मई माह में लगता है। दूर-दराज के गाँवों से लोग यहाँ आकर बाबा शाहवाली की दरगाह पर सम्मान प्रकट करते हैं।

चित्र 5.18: उर्स का मेला, अजमेर (राजस्थान)

उर्स का मेला

उर्स के मेले का आयोजन राजस्थान स्थित अजमेर जिले में ख्वाजा मुईनुद्दीन चिश्ती की दरगाह पर दीपावली पर्व के आसपास होता है। इस मेले पर संपूर्ण भारत के कोने-कोने से मुसलमान आते हैं। उर्स पर कव्वाली का भी आयोजन किया जाता है।

माघ मेला

इस मेले का आयोजन उत्तर प्रदेश स्थित इलाहाबाद में गंगा, यमुना व सरस्वती के संगम पर जनवरी-फरवरी माह में किया जाता है। इस मेले में यहाँ दूर-दूर से लोग आते हैं तथा संगम में स्नान कर पुण्य प्राप्त करते हैं।

कपिल मुनि का मेला

इस मेले का आयोजन राजस्थान स्थित बीकानेर जिले के कोलायत नामक स्थान पर किया जाता है। इस मेले में बड़ी संख्या में श्रद्धालु आते हैं तथा कोलायत झील में स्नान करते हैं। चूंकि यह मेला कपिल मुनि की याद में आयोजित किया जाता है, अतः यह मेला 'कपिल मुनि के मेले' के नाम से जाना जाता है। इस मेले में पशुओं का क्रय-विक्रय किया जाता है।

सोनपुर का पशु मेला

बिहार स्थित सोनपुर में कार्तिक पूर्णिमा के दिन इस मेले का आयोजन किया जाता है। यह भारत का सबसे बड़ा पशु मेला माना जाता है, जो गंगा-गंडक के संगम पर लगता है। यह मेला पूरे एक पक्ष तक चलता है। इस मेले को 'हरिहर क्षेत्र का मेला' भी कहा जाता है।

अर्द्धकुम्भ का मेला

प्रयाग कुम्भ के 6 वर्ष पश्चात् (प्रति 12 वर्ष में) उत्तराखंड स्थित हरिद्वार में इस मेले का आयोजन किया जाता है। इसमें संपूर्ण भारत से बड़ी संख्या में श्रद्धालु सम्मिलित होते हैं।

मेले का नाम	स्थान	मेले का नाम	स्थान
चन्द्रभागा मेला	कोणार्क, उड़ीसा	पूर्णागिरि मेला	चम्पावत, उत्तराखंड
गुदड़ी मेला	गढ़मुक्तेश्वर, उत्तराखंड	दीपावली मेला	उधमसिंह नगर, उत्तराखंड
रामायण मेला	चित्रकूट, उत्तर प्रदेश	सूरजकुंड मेला	फरीदाबाद, हरियाणा
श्रावणी मेला	देवघर, झारखंड	नौचंदी मेला	मेरठ, उत्तर प्रदेश
देवा शरीफ मेला	बाराबंकी, उत्तर प्रदेश	कुम्भ मेला	इलाहाबाद, उज्जैन, नासिक, हरिद्वार

काना बाबा का मेला

मध्य प्रदेश स्थित होशंगाबाद जिले के गाँव सोदालपुर में प्रतिवर्ष काना बाबा के मेले का आयोजन किया जाता है। यह 275 वर्ष से अधिक पुराना मेला है। ऐसा कहा जाता है कि काना बाबा नामक एक संत यहाँ रहते थे। उन्होंने 1714 ई. में जीवित समाधि ग्रहण कर ली थी। काना बाबा के चमत्कारों के संबंध में अन्य अनेक किंवदंतियां प्रचलित हैं।

जानकी नवमी का मेला

बिहार स्थित मुजफ्फरपुर जिले के सीतामढ़ी नामक स्थान, जोकि भगवान श्रीराम की पत्नी सीताजी की जन्मस्थली भी है, पर जानकी नवमी सीताजी के जन्मदिवस पर एक विशाल मेले का आयोजन चैत्र माह के शुक्ल पक्ष की नवमी को किया जाता है।

रानी सती का मेला

राजस्थान स्थित झुंझनूं नामक नगर में रानी सती की याद में इस मेले का आयोजन किया जाता है। इस मेले में राजस्थान के प्रत्येक कोने से बड़ी संख्या में लोग आते हैं।

बाबा शाहबुद्दीन औलिया का उर्स

मध्य प्रदेश स्थित मन्दसौर जिले की नीमच तहसील में प्रतिवर्ष फरवरी माह में बाबा शाहबुद्दीन की दरगाह पर उर्स आयोजित होता है। यहाँ पर लगभग 85 वर्ष से उर्स का आयोजन किया जा रहा है जो चार दिन तक चलता है।

मुजफ्फरपुर का मेला

'सुहसद संघ' नामक साहित्य संस्था प्रतिवर्ष इसका वार्षिकोत्सव बड़े धूमधाम से मनाती है। इसमें देश के साहित्य प्रेमी भाग लेते हैं।

ज्वालामुखी मेला

इस मेले का आयोजन हिमाचल प्रदेश स्थित कांगड़ा घाटी में अप्रैल और अक्टूबर माह में ज्वालादेवी के सम्मान में किया जाता है। इस मेले में हिमाचल प्रदेश के लोग समूहों में एकत्रित होकर सम्मिलित होते हैं।

बटेश्वर मेला

इस मेले का आयोजन उत्तर प्रदेश के आगरा जिले में स्थित बटेश्वर नामक स्थान पर प्रतिवर्ष कार्तिक माह में किया जाता है। इस मेले में बड़ी संख्या में श्रद्धालु सम्मिलित होते हैं तथा यमुना में स्नान कर यहाँ स्थित 108 मंदिरों के दर्शन कर पुण्य प्राप्त करते हैं। यह एक पशु मेला भी है। यहाँ बड़ी संख्या में पशुओं का क्रय-विक्रय किया जाता है।

चित्र 5.19: बटेश्वर मेला, आगरा (उ.प्र.)

गणेश चतुर्थी का मेला

राजस्थान स्थित सवाई माधोपुर जिले में रणथम्भौर के ऐतिहासिक किले में गणेश के मंदिर पर एक विशाल मेले का आयोजन किया जाता है। इस मेले में बड़ी संख्या में लोग सम्मिलित होते हैं।

कार्तिक पूर्णिमा का मेला

बिहार स्थित सोनपुर के समीप हरिद्वार क्षेत्र में कार्तिक पूर्णिमा को नाथ महादेव मंदिर पर मेले का आयोजन किया जाता है। इस मेले में महादेव की पूजा की जाती है।

मेष संक्रान्ति का मेला

इस मेले का आयोजन बिहार प्रांत के विभिन्न भागों में किया जाता है। इस मेले को सतुआई, सतुआ संक्रान्ति या सिरुआ-विसुआ आदि के नाम से भी जाना जाता है। इस दिन नवान्न भजवा का उत्सव भी मनाया जाता है। इसमें नए जौ, चने का सत्तू, आम आदि मौसमी फल, पंखा और घड़ों का भी क्रय-विक्रय किया जाता है।

हीरा भूमिया का मेला

हीरा भूमिया संत की स्मृति में भाद्रपद माह में मध्य प्रदेश स्थित गुना तथा उसके आसपास के क्षेत्रों में इस मेले का आयोजन किया जाता है।

तेजाजी का मेला

मध्य प्रदेश राज्य के गुना जिले के भामावाद गाँव में यह मेला प्रतिवर्ष भाद्रपद माह में तेजाजी की जन्म तिथि पर लगभग 70 वर्षों से लगता आ रहा है। तेजाजी एक सभ्य, सुसंस्कृत परिवार के लड़के थे। वे अपनी सत्यवादिता के लिए प्रसिद्ध थे।

कैलाश मेला

इस मेले का आयोजन उत्तर प्रदेश के आगरा जिले में प्रतिवर्ष सावन के तीसरे सोमवार को किया जाता है। इस दिन आगरा-मथुरा मार्ग पर सिकन्दरा के समीप स्थित कैलाश मंदिर में सुबह से ही श्रद्धालुओं की भीड़ इकट्ठी होने लगती है। भक्तगण यमुना नदी में स्नान कर कैलाश मंदिर में भगवान शिव की पूजा-अर्चना का पुण्य प्राप्त करते हैं।

रामदेव का मेला

इस मेले का आयोजन राजस्थान स्थित जैसलमेर जिले के पोखरन नामक स्थान पर भादो माह में किया जाता है। इस मेले में दूर-दूर से लोग सम्मिलित होते हैं। इस मेले में संत रामदेव की पूजा की जाती है।

सिंगाजी का मेला

यह मेला प्रतिवर्ष आश्विन माह में मध्य प्रदेश राज्य के पश्चिम निमाड़ जिले के गाँव पिपल्या में लगता है, जो एक सप्ताह तक चलता है। लगभग 400 वर्ष पूर्व सिंगाजी यहाँ रहते थे। वे चरवाहा जाति के थे। अनेक चमत्कारों और अन्य अलौकिक घटनाओं के कारण मृत्यु के पश्चात् वे एक दिव्य पुरुष बन गए।

चारभुजा का मेला

राजस्थान स्थित मेवाड़ के चारभुजा गाँव में भाद्रपद के शुक्ल पक्ष की एकादशी को इस मेले का आयोजन किया जाता है।

रथ मेला

उत्तर प्रदेश स्थित मथुरा जिले में वृंदावन नामक स्थान पर प्रतिवर्ष चैत्र माह में इस मेले का आयोजन किया जाता है। इस दिन रंगनाथजी के मंदिर से रथ की सवारी निकाली जाती है। इस रथ को भक्त जन खींचते हैं तथा इस रथ, जिस पर रंगनाथजी विराजमान रहते हैं, को पूरे वृंदावन में घुमाया जाता है। यह ब्रज क्षेत्र के प्रसिद्ध मेलों में से एक मेला है।

कालूजी महाराज का मेला

मध्य प्रदेश राज्य के पश्चिमी निमाड़ जिले के पिपल्याखुर्द गाँव का यह प्रसिद्ध मेला 220 वर्षों से लगता आ रहा है। कालूजी महाराज संत सिंगाजी के भतीजे थे, जो अपनी शक्ति से पशुओं और आदमियों की बीमारी ठीक कर देते थे। 30 दिन चलने वाले इस मेले में हजारों स्त्री-पुरुष शामिल होते हैं।

दाउफजी का मेला

यह ब्रज क्षेत्र के प्रसिद्ध मेलों में से एक मेला है, जो हाथरस जिले में भादो शुक्ल पक्ष की छठ को दाऊजी की वर्षगांठ के रूप में आयोजित किया जाता है। इस मेले का आयोजन हाथरस के किले में स्थित भगवान श्रीकृष्ण के मंदिर में किया जाता है।

केशरिया नाथजी का मेला

राजस्थान स्थित मेवाड़ में चैत्रबदी अष्टमी को धुसेल गाँव में इस मेले का आयोजन किया जाता है।

अक्षय नवमी का मेला

इस मेले का आयोजन कार्तिक माह की नवमी को उत्तर प्रदेश स्थित मथुरा जिले में किया जाता है। इस दिन श्रद्धालु-लोग यमुना में स्नान करते हैं तथा मथुरा की परिक्रमा लगाते हैं।

शंकरजी का मेला

छत्तीसगढ़ स्थित बिलासपुर जिले के कनकी स्थान पर अनेक वर्षों से यह मेला लग रहा है। यह मेला भगवान शिव को समर्पित है। सात दिनों तक चलने वाला यह मेला फाल्गुन माह में महाशिवरात्रि के अवसर पर लगता है। अनेक चामत्कारिक कहानियाँ भी इस मेले के विषय में प्रचलित हैं।

गउफचारण का मेला

यह ब्रजक्षेत्र के प्रसिद्ध मेलों में से एक है। जो मथुरा में कार्तिक माह की अष्टमी को आयोजित किया जाता है। इस दिन गायों की पूजा की जाती है तथा द्वारिकाधीश के मंदिर से श्रीकृष्ण, बलराम व गायों की सवारी निकाली जाती है। इस मेले को गोपा अष्टमी के मेले के नाम से भी जाना जाता है।

माता कुंडली का मेला

वैसाख सुदी पूर्णिमा को राजस्थान स्थित चित्तौड़ जिले में रेशमी गाँव में इस मेले का आयोजन किया जाता है।

माघ घोघरा का मेला

मध्य प्रदेश के सिवनी जिले के भैरोथान नामक स्थान पर प्रतिवर्ष शिवरात्रि पर माघ घोघरा का मेला लगता है, जो 15 दिन चलता है। यह मेला बहुत पुराना है। यह कब प्रारंभ हुआ, इसकी जानकारी नहीं मिलती है। यहाँ एक प्राकृतिक गुफा और पानी की प्राकृतिक झील है। कहते हैं, यहाँ भगवान शिव प्रकट हुए थे।

देवउठान एकादशी का मेला

उत्तर प्रदेश स्थित मथुरा जिले में कार्तिक माह की एकादशी को इस मेले का आयोजन किया जाता है। इस दिन प्रातःकाल से ही श्रद्धालु लोग यमुना में स्नान करते हैं तथा फिर तीनों वन (मथुरा, वृंदावन, गरुड़ गोविन्द) की परिक्रमा लगाते हैं।

पीर बुधन का मेला

मध्य प्रदेश के शिवपुरी जिले में सांवरा गाँव में एक मुस्लिम संत पीर बुधारी की एक मजार है, जहाँ प्रतिवर्ष अगस्त-सितंबर में मेले का आयोजन किया जाता है। कहा जाता है कि यह 250 वर्ष पुराना मेला है, जो प्रतिवर्ष आयोजित होता चला आ रहा है।

यमदुतिया का मेला

इस मेले का आयोजन उत्तर प्रदेश स्थित प्रसिद्ध तीर्थस्थली मथुरा में आयोजित किया जाता है। यह मेला कार्तिक माह में दीपावली की दूज को लगता है। इस दिन यहाँ दूर-दूर से लोग आते हैं और भाई-बहिन हाथ पकड़कर यमुना में स्नान करते तथा यमुना की पूजा करते हैं।

ग्वालियर का मेला

यह मध्य प्रदेश का प्रसिद्ध व्यापारिक मेला है, जिसका आयोजन प्रतिवर्ष दिसंबर-जनवरी माह में किया जाता है। इस मेले में भारत की प्रतिष्ठित कम्पनियां उत्पादित वस्तुओं की प्रदर्शनी लगाती हैं। इस मेले में पशुओं का भी क्रय-विक्रय किया जाता है। दिन-प्रतिदिन इस मेले का व्यापारिक दृष्टि से महत्व बढ़ता जा रहा है।

जलबिहारी का मेला

इस मेले का आयोजन मध्य प्रदेश स्थित छतरपुर जिले में प्रतिवर्ष अक्टूबर माह में किया जाता है। यह मेला 10 दिन तक चलता है, जिसमें अनेक आकर्षक कार्यक्रमों का आयोजन किया जाता है।

प्रमुख महोत्सव

भारत महोत्सव

भारतीय संस्कृति को देश-विदेश में फैलाने के उद्देश्य से भारत सरकार ने विभिन्न देशों में भारत महोत्सव मनाने का निर्णय लिया और प्रथम भारत महोत्सव इंग्लैंड में वर्ष 1982 में आयोजित किया गया। यह महोत्सव भारत की एक महत्वाकांक्षी योजना का परिणाम था। इसका उद्देश्य इंग्लैंड में बसे भारतीयों को भारतीय संस्कृति की विपुलता और विविधता में वृद्धि करने का सुअवसर प्रदान करना और स्वतंत्रता के पश्चात् विभिन्न क्षेत्रों में भारत द्वारा की गई प्रगति से अवगत कराना था।

दूसरा महोत्सव 7 जून, 1985 को पेरिस में शुरू हुआ। इसका उद्घाटन तत्कालीन फ्रांसीसी प्रधानमंत्री मितरा द्वारा किया गया। यह महोत्सव एक वर्ष चलकर जून 1986 में समाप्त हो गया।

तीसरा भारत महोत्सव अमरीका में 18 जून, 1987 को प्रारंभ हुआ, जिसका उद्घाटन पूर्व प्रधानमंत्री स्व. श्री राजीव गाँधी ने किया था। उद्घाटन के अवसर पर अमरीका के राष्ट्रपति जॉर्ज बुश वहाँ उपस्थित थे। यह दिसंबर 1988 में समाप्त हुआ।

चौथा भारत महोत्सव सोवियत संघ में जून 1989 से जुलाई 1990 तक हुआ। यह अब तक का सबसे बड़ा भारत महोत्सव था। पाँचवां महोत्सव जापान में 1991 में आयोजित हुआ, छठा महोत्सव 1992 में स्वीडन में और सातवां 1993 में एकीकृत जर्मनी में आयोजित हुआ। आठवां भारत महोत्सव 1994 में चीन में व नौवां महोत्सव थाइलैंड में मनाया गया।

कथकली महोत्सव

उत्तर भारत में इस नृत्य के प्रचार के लिए संगीत नाटक अकादमी रवीन्द्र भवन के प्रांगण में प्रतिवर्ष 5 दिवसीय कथकली महोत्सव का आयोजन करती है।

चित्र 5.20: कथकली महोत्सव

कोणार्क महोत्सव

प्रतिवर्ष अक्टूबर मास में उड़ीसा में कोणार्क महोत्सव आयोजित किया जाता है। इसमें राज्य के सांस्कृतिक कार्यक्रम होते हैं।

चित्र-5.21: कोणार्क महोत्सव

वृंदावन शरदोत्सव

प्रतिवर्ष अक्टूबर मास में उत्तर प्रदेश के सांस्कृतिक विभाग द्वारा वृंदावन शरदोत्सव आयोजित किया जाता है।

चित्र 5.22: वृन्दावन शरदोत्सव

खजुराहो उत्सव

यह एक नृत्योत्सव है, जो प्रति वर्ष वसन्त के अवसर पर मध्य प्रदेश कला परिषद् द्वारा खजुराहो में आयोजित किया जाता है। इसमें विभिन्न शैली के शास्त्रीय नृत्य भरतनाट्यम, कत्थक, कुचिपुड़ी, ओडिसी, मणिपुरी आदि विख्यात कलाकारों द्वारा प्रस्तुत किए जाते हैं।

चित्र 5.23: खजुराहो उत्सव

बीकानेर अंतर्राष्ट्रीय ऊंट उत्सव, राजस्थान

यह खूबसूरती से सजाए गए ऊंटों का एक रंगीन तमाशा है, जोकि दर्शकों को अपने आकर्षण और अनुग्रह से मंत्रमुग्ध कर देता है। इस उत्सव में कई प्रकार के कई प्रतियोगिताओं का आयोजन कराया जाता है, जोकि राजस्थानी रंग, खुशी या संगीत, लय और आनंद से सराबोर होती हैं। यह उत्सव आमतौर पर जनवरी के महीने में मनाया जाता है।

स्पिक मैके उत्सव

नई दिल्ली स्थित स्पिक मैके छात्रों एवं शिक्षकों की एक स्वयंसेवी संस्था है। यह भारतीय युवा वर्ग को भारतीय संस्कृति से परिचित कराती है। इसी प्रयास में यह संस्था उत्सव कराती रहती है, जिसे स्पिक मैके उत्सव कहते हैं।

चित्र 5.24: स्पिक मैके उत्सव

महोत्सव का नाम	राज्य	उद्देश्य
शरदोत्सव	उत्तराखंड	उत्तराखंड के पर्वतीय पर्यटकों को आकर्षित करने के लिए।
कबीर उत्सव	उत्तर प्रदेश	कबीर के जीवन दर्शन को प्रसारित करने के उददेश्य से।
कपिल्य उत्सव	उत्तराखंड	जैन धर्म एवं उसकी संस्कृति के प्रचार के लिए।
ताज महोत्सव	उत्तर प्रदेश	मुगल कालीन संस्कृति और भारतीय कलाओं के प्रसार के लिए।
लखनऊ महोत्सव	उत्तर प्रदेश	अवध की संस्कृति, नृत्य, नजाकत, नफासत के प्रदर्शन के लिए।
मल्लापुरम नृत्य उत्सव	तमिलनाडु	शास्त्रीय नृत्य की प्रदर्शनी।
राष्ट्रीय पतंग उत्सव	गुजरात	मकर सक्रांति के पर्व पर अहमदाबाद में आयोजित किया जाता है।
दक्कन उत्सव	हैदराबाद	दक्कन की सांस्कृतिक विरासत के सरंक्षण के लिए।
गुलाब उत्सव	चंडीगढ़	चंडीगढ़ की सांस्कृतिक विरासत के संरक्षण के लिए।
हाथी उत्सव	राजस्थान	जयपुर में हर वर्ष होली के दिन।
उद्यान उत्सव	दिल्ली	दिल्ली पर्यटन को बढ़ावा देने के लिए।
सिन्धु दर्शन उत्सव	जम्मू-कश्मीर	लेह में मनाया जाता है।
राजगीर महोत्सव	बिहार	मगध साम्राज्य की राजधानी में बौद्ध एवं जैन धर्म के अनुयायियों के लिए।

अध्याय सार–संचिका

- कुम्भ मेले का आयोजन प्रत्येक 12 वर्ष में तथा अर्द्ध कुम्भ का आयोजन प्रत्येक 4 वर्ष में होता है।
- इलाहाबाद, उज्जैन, नासिक और हरिद्वार में बारी–बारी से कुम्भ मेले का आयोजन किया जाता है।
- मेला भारतीय सांस्कृतिक विरासत का महत्वपूर्ण अंग है। यह मानव जीवन में आनंद और उल्लास भरने के साथ–साथ सामाजिक सद्भाव बढ़ाने के लिए महत्वपूर्ण है।
- भारतीय मेले भारत के सांस्कृतिक, सामाजिक, धार्मिक और वाणिज्यिक जीवन को प्रदर्शित करते हैं।
- दादरा और नगर हवेली में ढोडिया और वर्ली जनजातियाँ 'दिवसो' त्योहार मनाते हैं। वर्ली, कोकना और कोली जनजातियाँ 'भावड़ा त्योहार' मनाती हैं।
- दादरा और नगर हवेली की सभी जातियाँ फसल काटने से पहले ग्राम देवी की पूजा करती हैं तथा फसल काटने के बाद 'काली पूजा' का त्योहार मनाते हैं।
- तमिलनाडु में अलंगनल्लूर जल्लीकट्टू के लिए विश्व प्रसिद्ध है। पोंगल के बाद दक्षिण तमिलनाडु के कुछ हिस्सों में जल्लीकट्टू (साण्डों की लड़ाई) होती है।
- मणिपुर में वर्ष भर त्योहार मनाए जाते हैं। त्योहार यहाँ के निवासियों की सामाजिक, सांस्कृतिक तथा धार्मिक आकांक्षाओं के प्रतीक हैं।
- केरल के त्रिसूर में प्रत्येक वर्ष अप्रैल–मई के महीने में 'पूरम' त्योहार मनाया जाता है।
- अरुणाचल प्रदेश में अधिकांश त्योहारों के अवसर पर पशुओं की बलि चढ़ाने की प्रथा है।
- भारत में नृत्य की दो शैलियाँ हैं- शास्त्रीय नृत्य और लोक नृत्य।
- शास्त्रीय नृत्य, जैसे भरतनाट्यम, कथक, कथकली, ओडिसी, मणिपुरी, मोहिनीअट्टम हैं जबकि लोक नृत्य में बिहू, गरबा, भांगड़ा, घूमर, इत्यादि शामिल हैं।
- राजस्थान का कालबेलिया, उड़ीसा का छऊ, केरल का मुडियेट्टटू आदि यूनेस्को की प्रमुख सांस्कृतिक धरोहर में शामिल है।
- विश्व विरासत की शुरुआत 1982 में की गई और 18 अप्रैल को 'विश्व धरोहर दिवस' मनाया जाता है।
- वर्ष के 365 दिनों में भारत में कहीं–न–कहीं क्षेत्रीय व स्थानीय त्योहार का दिन होता है, इसलिए भारत को 'त्योहारों का देश' कहा जाता है।
- भारत में सबसे अधिक त्योहार हिन्दू धर्मावलंबियों के हैं।
- भारत में पर्व और मेले का आयोजन भारत के सांस्कृतिक विरासत के प्रतीक हैं। इन पर्व एवं मेलों की अनेकानेक विशेषताओं में से यह शामिल है कि सभी धर्मों के लोग इनमें शिरकत करते हैं।
- प्रत्येक वर्ष कार्तिक माह में लगने वाला सोनपुर का मेला विश्व का सबसे बड़ा पशुधन मेला कहा जाता है। इस मेले में पशुओं को श्रेणीक्रम में व्यवस्थित किया जाता है।

- हिन्दू धर्म के मानने वाले प्रत्येक भाद्रपद पक्ष की पूर्णिमा के बीच बिहार के गया में पितृ मेला का आयोजन होता है।
- छत्तीसगढ़ में त्योहार को 'तिहार' कहते हैं। प्राय: वहाँ पर आयोजित होने वाले सभी हिन्दू त्योहारों के नाम अलग-अलग है, जैसे–दीपावली को दीवारी, दशहरा को दशेरा, मकर संक्रान्ति को छरछेरा, होली को फागुन, रक्षाबंधन को राखी पुत्री, कजली को बोजली के नाम से जाना जाता है।
- प्रत्येक फरवरी माह में झारखंड में संथाली जनजातियों के त्योहार खिजला मेला का आयोजन किया जाता है।
- गंगा सागर मेले का आयोजन पश्चिम बंगाल में होता है।
- ज्वालामुखी मेले का आयोजन हिमाचल प्रदेश की कांगड़ा घाटी में ज्वाला मंदिर में होता है।
- विश्व को अहिंसा का मार्ग दिखाने वाले राष्ट्रपिता महात्मा गाँधी की विचारधारा को महत्व देते हुए 'संयुक्त राष्ट्र महासभा' ने 15 जून, 2007 को गाँधीजी के जन्मदिवस 2 अक्टूबर को प्रतिवर्ष 'विश्व अहिंसा दिवस' के रूप में मनाने की घोषणा की।
- हेमिस महोत्सव तिब्बती बौद्ध धर्म के संस्थापक 'संत पद्म सम्भव' के जन्मदिवस के अवसर पर लद्दाख के 'हेमिस गोपा' में प्रत्येक वर्ष मनाया जाता है।

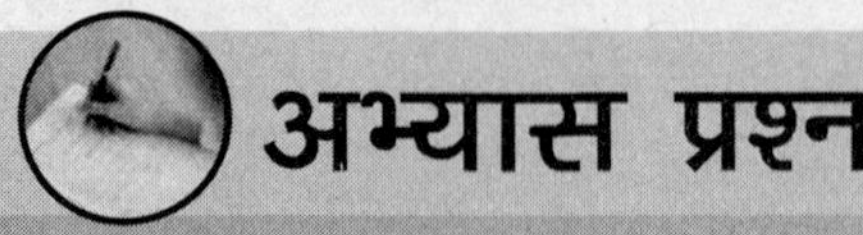

अभ्यास प्रश्न

1. त्योहारों के संदर्भ में निम्न कथनों पर विचार करें–

1. 'दिवसों' त्योहार वर्ली जनजाति द्वारा मनाया जाता है।
2. 'जल्लीकट्टू' कर्नाटक का प्रसिद्ध त्योहार है।
3. 'कार्ति दीपम्' केरल का प्रकाश पर्व है।

उपरोक्त कथनों में कौन-सा/से कथन सत्य है?

(a) केवल 1 (b) 1 और 2
(c) केवल 3 (d) ये सभी

2. निम्नलिखित कथनों पर विचार कीजिए–

1. मकर संक्रान्ति 14 जनवरी को मनाई जाती है।
2. 'विठोबा' त्योहार महाराष्ट्र में वर्ष में दो बार मनाया जाता है।
3. ईसा मसीह के पुनर्जीवित होने के उपलक्ष्य में 'ईस्टर' त्योहार मनाया जाता है।

उपरोक्त कथनों में कौन-सा/से कथन सत्य है/हैं?

(a) केवल 1 (b) 1 और 2
(c) 1 और 3 (d) 1, 2 और 3

3. कथन (A): नवरोज प्रतिवर्ष 21 मार्च को मनाया जाता है।
कारण (R): फासली पंथ द्वारा नवरोज नववर्ष के प्रथम दिन के रूप में मनाया जाता है।
कूट:

(a) A और R दोनों सही हैं तथा R, A की सही व्याख्या है।
(b) A और R दोनों सही हैं, परंतु R, A की सही व्याख्या नहीं है।
(c) A सही है, किन्तु R गलत है।
(d) A गलत है, किन्तु R सही है।

4. निम्नलिखित कथनों पर विचार कीजिए–

1. तमिलनाडु का पोंगल त्योहार 14 जनवरी से शुरू होकर लगातार तीन दिन तक चलता है।
2. पोंगल में पहले दिन 'भोई पोंगल', दूसरे दिन 'सूर्य पोंगल' तथा तीसरे दिन 'मत्तु पोंगल' का त्योहार मनाया जाता है।
3. पोंगल के दिन लोग नई फसल का चावल पकाकर खाते हैं।

उपरोक्त कथनों में कौन-सा/से कथन सत्य है/हैं?

(a) केवल 1 (b) 1 और 2
(c) 1 और 3 (d) 1, 2 और 3

5. कथन (A): ओणम त्योहार की शुरुआत चेर राजा भास्कर रवि वर्मन ने की थी।
कारण (R): फसल कटाई से जुड़ा ओणम, केरल का प्रमुख त्योहार है।

कूटः

(a) A और R दोनों सही हैं तथा R, A की सही व्याख्या है।

(b) A और R दोनों सही हैं, परंतु R, A की सही व्याख्या नहीं है।

(c) A सही है, किन्तु R गलत है।

(d) A गलत है, किन्तु R सही है।

6. निम्नलिखित कथनों पर विचार कीजिए–

1. त्रिसूर (केरल) में प्रत्येक वर्ष अप्रैल-मई महीने में पूरम त्योहार मनाया जाता है।
2. ईसाइयों का गेरामोन सम्मेलन पुम्बा नदी के किनारे वर्ष में एक बार आयोजित होता है।
3. 'कबीर उत्सव' उत्तर प्रदेश के (मगहर) संत कबीर नगर जिले में आयोजित किया जाता है।

उपरोक्त कथनों में कौन-सा/से कथन सत्य है/हैं?

(a) केवल 1
(b) 1 और 2
(c) 1 और 3
(d) 1, 2 और 3

7. निम्न कथनों पर विचार करें–

1. पारसी त्योहारों की यह प्रमुख विशेषता है कि इसमें न तो जुलूस निकाला जाता है, न शोर किया जाता है।
2. यहूदी सप्ताह में एक दिन शनिवार को 'सब्बथ' मनाते हैं, जिसका तात्पर्य है-सप्ताह में एक दिन पूर्ण विश्राम।
3. 'मॉण्डी थर्सडे' मृत्यु से पूर्व ईसा मसीह द्वारा अपने अनुयायियों के साथ गुरुवार को दिए गए अंतिम सहभोज की याद में मनाया जाने वाला पर्व है।

उपरोक्त में से कौन-सा/से कथन सही है/हैं?

(a) 1 और 2
(b) 2 और 3
(c) 1 और 3
(d) ये सभी

8. निम्नलिखित में कौन-सा कथन असत्य है?

(a) देवाशरीफ का मेला सूफी संत वारिस अलीशाह की दरगाह पर प्रतिवर्ष कार्तिक मास में लगता है।

(b) नौचन्दी का मेला मेरठ में होली के बाद लगता है।

(c) उत्तर प्रदेश के सहारनपुर में शाकुम्भरी मेला लगता है।

(d) तरणेतर मेला भगवान विष्णु को समर्पित है।

9. किस स्थान समूह में हर 12वें वर्ष कुम्भ मेला आयोजित होता है?

(a) प्रयाग-हरिद्वार-उज्जैन-नासिक
(b) चित्रकूट-उज्जैन-प्रयाग-हरिद्वार
(c) रामेश्वरम-पुरी-बद्रीनाथ-द्वारिका
(d) उज्जैन-पुरी-प्रयाग-हरिद्वार

10. सुमेलित कीजिए–

सूची-1	सूची-2
A. कपिल ऋषि का मेला	1. राजस्थान
B. ज्वालामुखी देवी का मेला	2. हिमाचल प्रदेश

C. पीरबुधान का मेला — 3. मध्य प्रदेश

D. गउचारण का मेला — 4. उत्तर प्रदेश

कूटः

	A	B	C	D
(a)	1	2	3	4
(b)	4	3	1	2
(c)	1	3	2	4
(d)	1	4	3	2

11. सुमेलित कीजिए–

सूची-1	सूची-2
A. दीपावली	1. अमावस्या
B. होलिका	2. पूर्णिमा
C. महावीर जयंती	3. त्रयोदशी
D. बुद्ध जयंती	4. पूर्णिमा

कूटः

	A	B	C	D
(a)	2	1	3	4
(b)	1	3	2	4
(c)	1	2	4	3
(d)	1	2	3	4

12. शीतला अष्टमी को एक अन्य नाम से जाना जाता है–

(a) शीतला माता पूजन (b) चैत सुदी अष्टमी

(c) बासोड़े (d) इनमें से कोई नही

13. निम्न में से कौन असंगत है?

A. घुड़ला — 1. मारवाड़

B. विठोबा — 2. महाराष्ट्र

C. चेटी चण्ड — 3. पंजाब

D. भोगली बिहू — 4. असम

कूटः

(a) A, B, C (b) A, B, D

(c) B, D (d) केवल C

14. कथन में असत्य कथन का चयन करें–

(a) पारसी धर्म की स्थापना जरथुस्ट्र ने ईरान में छठी शताब्दी में की थी।

(b) इस धर्म की सर्वश्रेष्ठ धार्मिक पुस्तक को 'जेंद अवेस्ता' कहा जाता है।

(c) पारसी लोग सूर्य को पवित्र मानते हैं।

(d) पारसियों के त्योहार की विशेषता यह होती है कि इनमें जुलूस या त्योहार आदि कुछ भी नहीं मनाया जाता है।

15. 'ल्यन्त' धर्म का प्रचलन के द्वारा किया गया–

(a) सिन्धी समाज
(b) पारसी समाज
(c) यहूदी समाज
(d) ईसाई समाज

16. सुमेलित करें-

सूची-1	सूची-2
A. खोरदाद साल	1. यहूदी
B. विठोबा	2. हिन्दू
C. पूरीम	3. पारसी
D. पर्यूषण	4. जैन धर्म

कूटः

	A	B	C	D
(a)	4	3	1	2
(b)	2	1	4	3
(c)	3	2	1	4
(d)	1	2	3	4

17. सत्य कथन चुनिए–

1. शब-ए-बारात को मोहम्मद साहब को 'कुरान शरीफ' की पहली आयत प्राप्त होने के संदर्भ में मनाया जाता है।
2. यह भारतीय मुसलमानों का सबसे सर्वश्रेष्ठ पर्व माना जाता है।
3. शब-ए-बारात शाबान माह की 15 तारीख को मनाया जाता है और यह अल्लाह के द्वारा अपने बंदों की किस्मत का फैसला करने से संबंधित है।
4. यह शब-ए-कद्र के दूसरे दिन मनाया जाता है।

कूटः

(a) 1,2
(b) केवल 3
(c) केवल 3, 4
(d) सभी में से कोई नहीं

18. सुमेलित कीजिए–

मेला	आयोजन स्थल
A. कुम्भ मेला	1. नासिक
B. घामोनी उर्स	2. मेवाड़
C. काना बाबा का मेला	3. होशंगाबाद
D. केशरिया नाथ का मेला	4. घामोनी

कूटः

	A	B	C	D
(a)	1	4	3	2
(b)	2	1	4	3
(c)	1	2	3	4
(d)	4	2	3	1

19. निम्न पर विचार करें–

1. सिंगाजी का मेला प्रतिवर्ष आश्विन माह में मध्य प्रदेश के राज्य के पश्चिमी निमाड़ जिले के गाँव पिपल्या में लगता है।
2. ये एक साधारण चरवाहा थे, किन्तु अपनी अलौकिक घटनाओं के कारण वे मरणोपरांत दिव्य पुरुष बन गए।

उपरोक्त में असत्य कथन का चयन कीजिए–

(a) 1 और 2 (b) केवल 1

(c) केवल 2 (d) कोई नहीं

20. कौन असंगत है?

समारोह	**स्थल**
उस्ताद अलाउद्दीन खां संगीत समारोह	मैहर
रेणु स्मृति समारोह	सिमराहा
शरद पर्व	भोपाल
राष्ट्रीय ध्रुपद मेला	वृंदावन

(a) केवल 1 (b) केवल 2

(c) 3 और 4 (d) केवल 4

21. निम्न कथन पर विचार करें–

1. भारतीय महोत्सव का आरंभ 1982 में इंग्लैंड में प्रथम बार आयोजित किया गया।
2. इस महोत्सव का उद्देश्य इंग्लैंड में बसे भारतीयों को भारत लाने का था।
3. तीसरे महोत्सव का उद्घाटन 18 जून, 1985 में स्व. राजीव गाँधी के हाथों किया गया।

उपरोक्त में सत्य कथन हैं–

(a) 1 और 2 (b) केवल 2

(c) केवल 3 (d) कोई नहीं

22. निम्न को सुमेलित कीजिए–

सूची-1	**सूची-2**
पोंगल	केरल
भोगली बिहू	तमिलनाडु
ओणम	असम
घुड़ले	महाराष्ट्र

कूट:

	A	**B**	**C**	**D**
(a)	2	3	1	4
(b)	1	3	4	2
(c)	3	1	2	4
(d)	1	4	3	2

23. कौन असंगत है?

1. सब्बथ - सप्ताह में एक दिन पूर्व विश्राम की प्रथा।
2. मिलाद-ए-शरीफ - जन्म व मृत्यु एक साथ मनाने की प्रथा।
3. जरथुष्ट्र नीदोसो - यह शोक का पर्व है।
4. वासोवर - यह उत्सव फसल कटाई के समय मनाए जाने वाले उत्सवों के साथ मनाया जाता है।

कूट:

(a) 1 और 2 (b) केवल 2
(c) केवल 4 (d) केवल 1, 4

24. निम्न पर विचार करें–

1. यहूदी का मूल अर्थ - यरूशलम के आस-पास के यूहा नामक देश के निवासी।
2. यहूदी धर्म बाइबिल के ओल्ड टेस्टामेंट का प्रतिपादन करता है।
3. इस धर्म के ग्रंथों को तोराह कहा जाता है।
4. इनके पूजन स्थल को सिनेगाग कहा जाता है।

उपरोक्त में असत्य कथन का चयन करें–

(a) 1, 2 और 3 (b) केवल 2
(c) केवल 3 (d) उपरोक्त में कोई नहीं

25. कथन पर विचार करें–

प्रमुख जलबिहारी का मेला मध्य प्रदेश के .... जिले में मुख्य रूप से मनाया जाता है।

(a) विदिशा (b) होशंगाबाद
(c) सीहोर (d) छतरपुर

26. भारत महोत्सव, जिसका प्रारंभ वर्ष 1982 में हुआ एवं सर्वप्रथम इंग्लैंड में आयोजित किया गया था, का आठवां भारत महोत्सव मनाया गया–

(a) सन् 1994, चीन में (b) सन् 1995, थाइलैंड में
(c) सन् 1997, अमेरिका में (d) सन् 1999, पेरिस में

उत्तरमाला

1. (d) **2.** (d) **3.** (a) **4.** (d) **5.** (b) **6.** (d) **7.** (b) **8.** (d)
9. (a) **10.** (a) **11.** (c) **12.** (c) **13.** (d) **14.** (c) **15.** (d) **16.** (c)
17. (b) **18.** (a) **19.** (d) **20.** (d) **21.** (b) **22.** (a) **23.** (c) **24.** (d)
25. (d) **26.** (a)

❑❑❑

भारत में कैलेंडर

प्रमुख बिन्दु

- ❖ समय मापने की विभिन्न पद्धतियाँ
- ❖ भारत में प्रचलित कैलेंडर
- ❖ अध्याय सार-संचिका
- ❖ अभ्यास प्रश्न

कैलेंडर मानव जीवन के सामाजिक, आर्थिक, धार्मिक, प्रशासनिक कार्यों के प्रबन्धन और विभिन्न काल अवधि के दिनों को नियोजित और सम्पादित करने में सहायक होता है। इसी के माध्यम से व्यक्ति समय के परिक्रमण काल, दिन, सप्ताह, माह, वर्ष और शताब्दी इत्यादि को वर्गीकृत करके अपने कार्यों को व्यवस्थित करता है। इसके माध्यम से सरकार अपने वित्तीय लेन-देन और कार्यों को समयबद्ध तरीके से पूरा करती है। हाल के वर्षों में मैनुअल कैलेंडर के साथ डिजिटल कैलेंडर की शुरूआत की गई है।

'कैलेंडर' शब्द की उत्पत्ति रोमन शब्द कैलेंड/कैलेंड्स से हुई, जिसका अर्थ समय को कुछ अवधियों में बांट देने का तरीका है। इस प्रकार कैलेंडर को समय की माप/गणना माना जाता है, जो वर्षों, महीनों, सप्ताहों और दिनों के रूप में रिकॉर्ड रखता है। प्राचीन काल से विभिन्न सभ्यताओं ने समय को मापने के लिए विभिन्न पद्धतियों को अपनाया। आमतौर पर ये पृथ्वी और चंद्रमा की गति पर आधारित होते हैं। सूर्य के चारों ओर पृथ्वी की एक परिक्रमा में लगे समय को एक वर्ष के रूप में लिया जाता है, जबकि महीना आमतौर पर पृथ्वी के चारों ओर चंद्रमा की एक परिक्रमा का समय होता है। एक दिन, पृथ्वी के अपने अक्ष पर घूर्णन में लगा समय है। इस प्रकार वर्ष, महीना और दिन समय के विभाजन की प्राकृतिक इकाइयां हैं, जबकि घंटे, मिनट और सेकेंड समय के वे उप-विभाजन हैं, जो कृत्रिम/मानव निर्मित हैं। हालांकि विभिन्न कैलेंडर पद्धतियों में माप की प्रणालियों में कई विभिन्नताएं होती हैं।

समय मापने की विभिन्न पद्धतियाँ

भारत में नव वर्ष के आरम्भ से लेकर समापन तक के लिए विभिन्न प्रकार की प्रणालियाँ प्रचलित हैं:-

1. **सौर प्रणाली:** यह पृथ्वी के परिभ्रमण और परिक्रमण के सिद्धांत पर आधारित है। पृथ्वी सदैव अपने अक्ष (Axis) पर पश्चिम से पूर्व लट्टू की भांति घूमती रहती है, जिसे पृथ्वी का घूर्णन (Rotation) कहते हैं। पृथ्वी के घूर्णन से दिन व रात होते हैं। यही कारण है कि पृथ्वी की इस गति को 'दैनिक गति' (Daily Motion) कहते हैं। सुविधा के लिए हम एक वर्ष से 365 दिन गिनते हैं और 6 घंटे का समय छोड़ देते हैं। इस प्रकार चार वर्षों में 24 घंटे ($6 \times 4 = 24$) अथवा 1 दिन का अंतर हो जाता है। इसलिये प्रत्येक चौथे वर्ष की फरवरी माह का 1 दिन जोड़ दिया जाता है, जिससे फरवरी 28 दिन के स्थान पर 29 दिन की होती है। इसलिए प्रत्येक चौथा वर्ष अधिवर्ष (Leap year) कहलाता है जबकि परिक्रमण में पृथ्वी अपने अक्ष (Axis) पर घूमने के साथ-साथ सूर्य के चारों

ओर दीर्घ वृत्ताकार कक्षा (Ellipitical Orbit) पर 365 दिन तक 6 घंटे में एक चक्कर पूरा करती है। पृथ्वी की इस गति को परिक्रमण (Revolution) कहते हैं। पृथ्वी के परिक्रमण से मौसम में परिवर्तन होता है, यही कारण है कि पृथ्वी की इस गति को 'वार्षिक गति' (Yearly Motion) कहते हैं। पृथ्वी के परिक्रमण करने की प्रक्रिया के कारण पृथ्वी दो स्थितियों से गुजरती है– (i) उपसौर (Perihelion) (ii) अपसौर (Aphelion) सौर वर्ष में 365 दिन, 5 घंटे, 48 मिनट तथा 46 सेकंड होते हैं। यह पद्धति वर्ष और नीतियों के बीच निकटतम समायोजन बनाए रखती है। सौर वर्ष में कुल 12 महीने होते हैं।

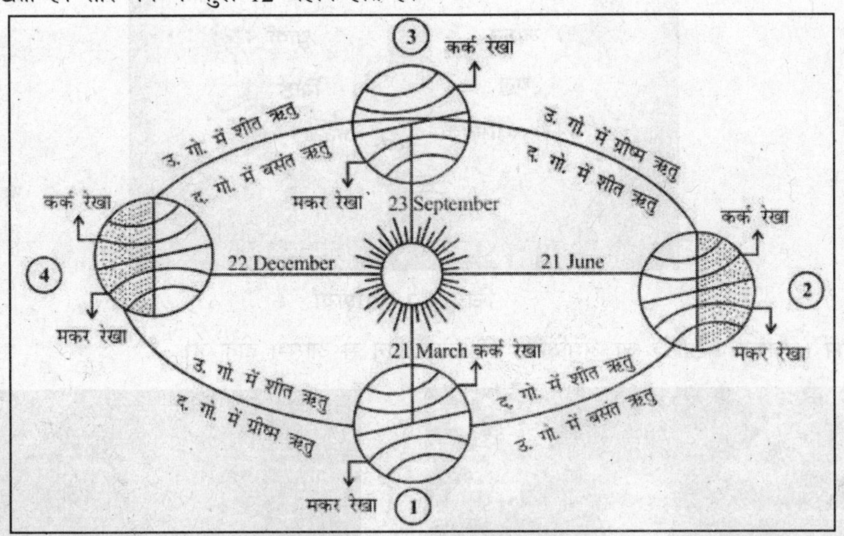

चित्र 6.1: सौर प्रणाली

2. **चन्द्र वर्षः** चन्द्र वर्ष को भी सौर वर्ष की भांति 12 महीने में विभाजित किया गया है। हालांकि इसमें प्रत्येक चन्द्रमास को दो क्रमिक भागों में विभाजित किया गया है, जिसे पूर्णमासियों या अमावस्याओं के बीच की अवधि में परिमित संयुति मास होता है। चूँकि एक चन्द्र मास में 29.26 से लेकर 29.80 दिन होते हैं, इससे 354 दिनों की अवधि प्राप्त होती है, जो सौर वर्ष की अपेक्षा 11 दिन कम होती है।
3. **सौर चन्द्र वर्षः** हिंदू कैलेंडर में सौर चक्रों और माह चक्रों को विभाजित करके उनके बीच समायोजन करके दिनों तथा मासों के अंतर्निवेश द्वारा यथार्थ रूप दिया जाता है। चन्द्र वर्ष को सौर वर्ष के बराबर बनाने के लिए इस अंतर को अंतर्निवेशन या लुप्तान्गता द्वारा समाप्त किया जाता है। सौर वर्ष में समायोजित करने के लिए चन्द्र वर्ष में एक अंतर्विष्ट मास को प्रत्येक 2 वर्ष और 6 महीने के बाद दोहराया जाता है। इस अतिरिक्त या अंतर्वेशी मास को अधिक मास कहा जाता है।

उपरोक्त दी गई प्रणालियों को ध्यान में रखते हुए सौर वर्ष के 12 महीनों को उनके 12 नाम राशि चक्रों में विभाजित किया जाता है, जो निम्न हैं: मेष (एरीज), वृषभ (टॉरस), मिथुन (जैमिनी), कर्क (कैंसर), सिंह (लियो), कन्या (वर्गो), तुला (लिब्रा), वृश्चिक (स्कॉर्पियो), धनु (सैजिटेरियस), मकर (कैप्रिकॉर्न), कुम्भ (अक्वेरियस), मीन (पाइसीज)।

चन्द्र मासः यह मास अमावस्या या पूर्णिमा को समाप्त होता है। चन्द्र प्रणाली में मास के आरम्भ होने की दो विधियाँ होती हैं। इन्हें अमासांत या पूर्णिमांत कहते हैं, अर्थात् वे या तो क्रमशः पूर्णिमा के अगले दिन शुक्ल पक्ष या अमावस्या के अगले दिन कृष्ण पक्ष से आरम्भ होते हैं।

उपर्युक्त मासों में चन्द्र मास ही भारत के अधिकांश भागों में प्रचलित है।

कैलेंडरों के महीने के पक्षों, पखवाड़ों या दिनों की गणना

विभिन्न कैलेंडरों के महीनों को पक्षों या पखवाड़ों, सप्ताहों तथा दिवसों में बांटा जाता है। ये दोनों पक्ष या पखवाड़े निम्नलिखित हैं–

चित्र 6.2: राशियाँ

शुक्ल पक्ष (उजाला अर्द्धांश) जो अमावस्या के अगले दिन से आरम्भ होता है।

चित्र 6.3: शुक्ल पक्ष (पूर्णिमा का चाँद)

चित्र 6.4: कृष्ण पक्ष (अमावस्या)

कृष्ण पक्ष (अन्धेरा अर्द्धांश) जो पूर्णमासी के अगले दिन से आरम्भ होता है।

चन्द्र दिवस को तिथि या वासर, जबकि सौर दिवस को दिवस कहा जाता है।

तिथि या चन्द्र दिवस की अवधि दिवस या सौर दिवस से कम होती है, जिसमें एक सूर्योदय से दूसरे सूर्योदय तक एक दिन तथा एक रात सम्मिलित होते हैं। एक तिथि की औसत अवधि 23 घंटा, 37 मिनट होती है, जो दिवस या सौर दिवस से 23 मिनट कम होती है।

इसके पश्चात् तिथि को, घटिका, पल और विपल में विभाजित किया जाता है, तथा यह निम्न प्रकार से ग्रेगोरी कैलेंडर से संबंधित है:

1. एक दिन तथा रात्रि = 1 दिवस = 24 घंटे = 60 घटिकाएं
2. एक घटिका = 60 पल = 24 मिनट
3. एक पल = 60 विपल = 24 सेकंड
4. दो घटिकाएं = 1 मुहूर्त = 48 मिनट

इस प्रकार 2.5 मुहूर्त दो घंटों के बराबर होते हैं।

भारत में प्रचलित कैलेंडर

भारत में, उपयोग की जाने वाली सबसे आम कैलेंडर पद्धतियाँ हैं–

(क) ग्रेगोरियन कैलेंडर

(ख) हिजरी कैलेंडर

(ग) शक कैलेंडर और

(घ) विक्रम संवत कैलेंडर

इनके अलावा, बंगाली कैलेंडर, तमिल कैलेंडर आदि जैसी क्षेत्रीय विविधताएं भी हैं।

ग्रेगोरियन कैलेंडर

यह एक सौर कैलेंडर है, जिसमें 365 दिन शामिल हैं। पूरे वर्ष को 30/31 दिनों (फरवरी को छोड़कर) के 12 महीनों में बांटा गया है। इसलिए, महीने 28 दिनों के चंद्र महीनों से अधिक लंबे हैं। इस कैलेंडर को यीशु मसीह के जन्म के वर्ष से शुरू हुआ माना जाता है, जिसे अब कॉमन इरा (सीई ईसवी) कहा जाता है।

JULIAN 1582	October				Gregorian 1582	
Sun	Mon	Tues	Wed	Thurs	Fri	Sat
	1	2	3	4	15	16
17	18	19	20	21	22	23
24	25	26	27	28	29	30
31						

चित्र 6.5: ग्रेगोरियन कैलेंडर

यह कैलेंडर 1582 ईसवी में पोप ग्रेगोरी XIII द्वारा पेश किया गया था, जिन्होंने वर्ष की लंबाई में लगभग .002% सुधार लाते हुए उस समय प्रचलित जूलियन कैलेंडर में संशोधन किया। इस सुधार का उद्देश्य विषुव (equinoxes) और अयनांत (solstices) के साथ कैलेंडर को समतुल्यता में लाना था। ग्रेगोरियन कैलेंडर दुनिया भर में सबसे व्यापक रूप से उपयोग किया जाने वाला कैलेंडर है और भारत में भी इसका उपयोग किया जाता है, हालांकि यह नामित आधिकारिक कैलेंडर नहीं है।

ग्रेगोरियन कैलेंडर : कुछ महत्वपूर्ण तथ्य

एक सौर वर्ष में 365 दिन, 5 घंटे, 49 मिनट और 12 सेकंड या 365.2425 दिन शामिल हैं। पहले जूलियन कैलेंडर, जिसे आमतौर पर 1582 ईसवी (ग्रेगोरियन कैलेंडर के आरंभ होने का वर्ष) से पहले इस्तेमाल किया गया था, उसमें साल की लंबाई 365.25 दिन थी। इस अंतर का मतलब है कि हर 400 वर्षों में जूलियन कैलेंडर ने 3 और दिनों को जोड़ देना माना था। जूलियन कैलेंडर में दिनों के साथ अयनांत (Solstices) और विषुव (equinoxes) तुल्यकालन सिंक्रनाइज़ेशन में नहीं थे। पोप ग्रेगोरी XIII ने सुधार किया, जिन्होंने पिछले 400 वर्षों में लीप वर्ष की संख्या को घटाकर 100 से 97 कर दिया। इस प्रकार, हरेक वह वर्ष जो 4 से विभाजित होता हो, वह लीप वर्ष हुआ, लेकिन शताब्दी का वर्ष इस आधार पर लीप वर्ष नहीं हुआ, मात्र वह जो 400 से विभाजित हो, वह लीप शताब्दी वर्ष हुआ। इस प्रकार, वर्ष 1900 एक लीप वर्ष नहीं था, लेकिन वर्ष 2000 था। जब 1582 में नया कैलेंडर पेश किया गया था, तो उससे पहले का कैलेंडर पिछले 1300 वर्षों (चर्च के निकिया की परिषद के समय से) से प्रचलित रहा था। नतीजतन, जूलियन कैलेंडर में 10 दिन अतिरिक्त थे। इन 10 दिनों को वर्ष 1582 में छोड़ दिया गया था, जिसमें तारीख 5 अक्टूबर से 14 अक्टूबर तक नहीं थी।

JULIAN CALENDAR

FOR LEAP YEARS (2020, 2024, 2028, 2032)

DAY	JAN	FEB	MAR	APR	MAY	JUN	JUL	AUG	SEP	OCT	NOV	DEC	DAY
1	1	32	61	92	122	153	183	214	245	275	306	336	1
2	2	33	62	93	123	154	184	215	246	276	307	337	2
3	3	34	63	94	124	155	185	216	247	277	308	338	3
4	4	35	64	95	125	156	186	217	248	278	309	339	4
5	5	36	65	96	126	157	187	218	249	279	310	340	5
6	6	37	66	97	127	158	188	219	250	280	311	341	6
7	7	38	67	98	128	159	189	220	251	281	312	342	7
8	8	39	68	99	129	160	190	221	252	282	313	343	8
9	9	40	69	100	130	161	191	222	253	283	314	344	9
10	10	41	70	101	131	162	192	223	254	284	315	345	10
11	11	42	71	102	132	163	193	224	255	285	316	346	11
12	12	43	72	103	133	164	194	225	256	286	317	347	12
13	13	44	73	104	134	165	195	226	257	287	318	348	13
14	14	45	74	105	135	166	196	227	258	288	319	349	14
15	15	46	75	106	136	167	197	228	259	289	320	350	15
16	16	47	76	107	137	168	198	229	260	290	321	351	16
17	17	48	77	108	138	169	199	230	261	291	322	352	17
18	18	49	78	109	139	170	200	231	262	292	323	353	18
19	19	50	79	110	140	171	201	232	263	293	324	354	19
20	20	51	80	111	141	172	202	233	264	294	325	355	20
21	21	52	81	112	142	173	203	234	265	295	326	356	21
22	22	53	82	113	143	174	204	235	266	296	327	357	22
23	23	54	83	114	144	175	205	236	267	297	328	358	23
24	24	55	84	115	145	176	206	237	268	298	329	359	24
25	25	56	85	116	146	177	207	238	269	299	330	360	25
26	26	57	86	117	147	178	208	239	270	300	331	361	26
27	27	58	87	118	148	179	209	240	271	301	332	362	27
28	28	59	88	119	149	180	210	241	272	302	333	363	28
29	29	60	89	120	150	181	211	242	273	303	334	364	29
30	30		90	121	151	182	212	243	274	304	335	365	30
31	31		91		152		213	244		305		366	31

चित्र 6.6: जूलियन कैलेंडर

हिजरी कैलेंडर

इस कैलेंडर का मूल अरबी है। पहले अमुलफिल नाम से विख्यात, पैगम्बर मोहम्मद की मृत्यु के पश्चात् 622 ईसवी में उनके जीवन के 52वें वर्ष में मक्का से मदीना तक उनकी हिजरत की स्मृति में इसका नाम हिजरी या हेजिरा हो गया। हिजरी युग के लिए यह वर्ष शून्य वर्ष हो गया। इस कैलेंडर में 354 दिनों वाला चन्द्र वर्ष होता है, जिसे 12 महीनों में बांटा जाता है।

चित्र 6.7: हिजरी कैलेंडर

इस कैलेंडर में दिन का आरम्भ सूर्यास्त के साथ होता है। मुस्लिम शासकों के शासन काल में यह कैलेंडर भारत में अपनाया गया। हिजरी युग के 12 महीने निम्नलिखित हैं:

मुहर्रम – प्रथम मास (पहला मुहर्रम - इस्लामिक नव वर्ष)

सफर – यात्रा, व्यापार तथा युद्ध के लिए शुभ।

रबी-उल-अव्वल

रबी-उल-सानी

जमाद-इल-अव्वल

जमाद-इल-आखिर

रजब

शाबान

रमज़ान – लोग आत्मशुद्धि के लिए उपवास रखते हैं।

शव्वाल – शव्वाल का पहला दिन ईद-उल-फितर है।

ज़िल-कदा –

ज़िल-हिज़ – तीर्थयात्रा को समर्पित अंतिम माह।

इन बारह महीनों में से 4 पवित्र महीने माने जाते हैं: पहला, सातवां, ग्यारहवां और बारहवां।

ये महीने पूरी तरह से चन्द्र पर आधारित तथा इस क्रम में होते हैं कि इनका ऋतु चक्रों या सौर वर्ष के साथ कोई संबंध नहीं होता। चूँकि हिजरी कैलेंडर में सौर तथा चन्द्र वर्ष के बीच के अंतर को समायोजित नहीं किया जाता। इस प्रकार, यह सौर वर्ष ग्रेगोरीयन कैलेंडर से प्रत्येक 33 वर्ष के बाद एक वर्ष कम हो जाता है।

ग्रेगोरियन या ग्रेगोरी कैलेंडर

यह कैलेंडर ईसाई धर्म के संस्थापक यीशू मसीह के जन्म दिवस पर आधारित है। यह जनवरी के प्रथम दिन से आरम्भ होने वाला एक सौर वर्ष है तथा इसमें 365 दिन, 5 घंटे, 48 मिनट तथा 46 सेकंड होते हैं।

चूँकि इन अतिरिक्त घंटों को एक कैलेंडर वर्ष में सम्मिलित नहीं किया जा सका, इसलिए अंतर्निवेश की विधि अपनाई गई जिससे प्रत्येक चार वर्ष बाद फरवरी के महीने में एक दिन जोड़ने का तरीका प्रचलन में आया। कैलेंडर के इस अभिरूप के अंतर्गत वर्ष को नागरिक वर्ष (Civil Year) के नाम से भी जाना जाता है।

भारत का राष्ट्रीय कैलेंडर

देश में आधिकारिक नागरिक कैलेंडर के रूप में प्रयुक्त शक कैलेंडर को भारत का राष्ट्रीय कैलेंडर माना जाता है। इसे भारत सरकार द्वारा आधिकारिक राजपत्र में, अधिसूचना द्वारा, आकाशवाणी द्वारा समाचार प्रसारणों में, भारत सरकार के नियंत्रण में निर्गत कैलेंडरों तथा संवाद संबंधी दस्तावेजों में प्रयोग में लाया जाता है। हिन्दू कैलेंडरों में से एक इस शक कैलेंडर का मूल नाम शक संवत था। इसे हिन्दू धर्म में धार्मिक महत्व के दिनों की गणना में भी प्रयोग में लाया जाता है।

जनवरी | **पौष-माघ २०७१**

रवि	सोम	मंगल	बुध	गुरु	शुक्र	शनि
सोमवती अमावस्या, मंगलवारी चतुर्थी, बुधवारी अष्टमी व रविवारी सप्तमी को किये गये जप, तप, मौन, ध्यान आदि का प्रभाव अक्षय होता है।				१ 1 पौष शु.प. पुत्रदा एकादशी	२ 2 द्वादशी, प्रदोष व्रत	३ 3 त्रयोदशी
४ 4 चतुर्दशी, पूर्णिमा	५ 5 पौषी पूर्णिमा	६ 6 माघ कृ.प. प्रतिपदा	७ 7 द्वितीया	८ 8 तृतीया, संकष्ट चतुर्थी	९ 9 चतुर्थी	१० 10 पंचमी
११ 11 षष्ठी	१२ 12 सप्तमी	१३ 13 अष्टमी	१४ 14 मकर संक्रांति, नवमी	१५ 15 मकर संक्रांति, दशमी	१६ 16 षट्तिला एकादशी	१७ 17 षट्तिला एकादशी द्वादशी
१८ 18 त्रयोदशी, प्रदोष व्रत, मासिक शिवरात्रि	१९ 19 चतुर्दशी	२० 20 अमावस्या	२१ 21 माघ शु.प. प्रतिपदा	२२ 22 द्वितीया	२३ 23 तृतीया/ विनायक चतुर्थी	२४ 24 वसंत पंचमी, सरस्वती पूजा
२५ 25 षष्ठी	२६ 26 सप्तमी	२७ 27 भीष्माष्टमी	२८ 28 नवमी	२९ 29 दशमी	३० 30 जया एकादशी	३१ 31 द्वादशी

लाल हिन्दी या अंग्रेजी अंक : सम्भावित छुट्टी

चित्र 6.8: राष्ट्रीय कैलेंडर

शक कैलेंडर को भारत सरकार द्वारा स्थापित कैलेंडर सुधार समिति के द्वारा 1957 में राष्ट्रीय कैलेंडर के रूप में अपनाया गया। इस समिति ने इसे खगोलीय आंकड़ों के समरूप बनाकर तथा कुछ स्थानीय त्रुटियों को सुधार कर इसके प्रयोग को सुसंगत बनाने का प्रयास किया।

इसे ग्रेगोरी कैलेंडर के वर्ष 1957 के 22 मार्च (जो वास्तविक रूप में शक संवत के अनुसार चैत्र 1, 1879 था) से प्रयोग में लाया गया। उस समय भारत में प्रयोग में लाए जा रहे 30 प्रकार के कैलेंडरों के प्रयोग को समकालीन बनाने के लिए इसे भारत के राष्ट्रीय कैलेंडर के रूप में अपनाया गया।

शक कैलेंडर

शक कैलेंडर भारत का राष्ट्रीय कैलेंडर है। यह 78 ईसवी से शुरू होता है और एक चंद्र-सौर-कैलेंडर है। जबकि वर्ष 365 दिनों का है, जिसका आधार सौर है, पर महीनों का आधार चंद्र है। कैलेंडर 22 मार्च को शुरू होता है, जो शक कैलेंडर के पहले महीने चैत्र का पहले दिन के साथ मेल खाता है (लीप वर्ष 21 मार्च को शुरू होता है)। (i) चैत्र (ii) वैशाख (iii) ज्येष्ठ (iv) आषाढ़ (v) पौष (vi) माघ और (xii) फाल्गुन।

चित्र 6.9: शक कैलेंडर

वैशाख और भाद्रपद के महीने में 31 दिन होते हैं, जबकि लीप वर्ष के चैत्र महीने में भी 31 दिन हैं। शेष छह महीनों में प्रत्येक में 30 दिन हैं। महीनों को शुक्ल पक्ष (चंद्रमा के उत्थान का चरण) और कृष्ण पक्ष (चंद्रमा के घटाव का चरण) के दो चंद्र चरणों में भी बांटा गया है।

शक कैलेंडर को भारत सरकार द्वारा 1957 में राष्ट्रीय कैलेंडर के रूप में अपनाया गया था। इसका उपयोग विभिन्न आधिकारिक कार्यों में ग्रेगोरियन कैलेंडर के साथ किया जाता है।

विक्रम संवत कैलेंडर

यह कैलेंडर विक्रम संवत पर आधारित है, जो 56 ईसा पूर्व में शुरू होता है। यह एक चंद्र कैलेंडर है। वर्ष 354 दिनों का है, जबकि 12 महीने चंद्र हैं। 2.71 वर्षों (लगभग 32.5 महीने) के चक्र के बाद 'अधिक मास' नामक एक अतिरिक्त महीने को जोड़कर 11 दिनों के घाटे को बराबर कर दिया जाता है।

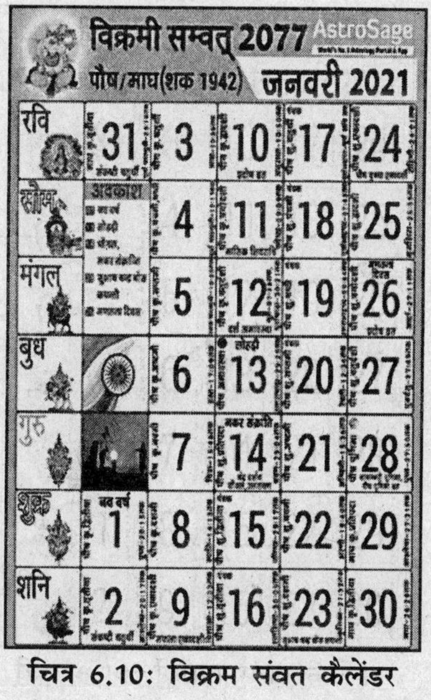

चित्र 6.10: विक्रम संवत कैलेंडर

अध्याय सार–संचिका

- कैलेंडर मानव जीवन के सामाजिक, आर्थिक, धार्मिक, प्रशासनिक कार्यों के प्रबन्धन और विभिन्न काल अवधि के दिनों को नियोजित और सम्पादित करने में सहायक होता है।
- कैलेंडर शब्द की उत्पत्ति रोमन शब्द कैलेंड/कैलेंड्स से हुई, जिसका अर्थ समय को कुछ अवधियों में बांट देने का तरीका है।
- सूर्य के चारों ओर पृथ्वी की एक परिक्रमा में लगे समय को एक वर्ष के रूप में लिया जाता है, जबकि महीना आमतौर पर पृथ्वी के चारों ओर चंद्रमा की एक परिक्रमा का समय होता है।
- पृथ्वी सदैव अपने अक्ष (Axis) पर पश्चिम से पूर्व लट्टू की भांति घूमती रहती है, जिसे पृथ्वी का घूर्णन (Rotation) कहते हैं। पृथ्वी के घूर्णन से दिन व रात होते हैं।
- पृथ्वी के परिक्रमण से मौसम में परिवर्तन होता है, यही कारण है कि पृथ्वी की इस गति को 'वार्षिक गति' (Yearly Motion) कहते हैं।
- प्रत्येक चन्द्रमास को दो क्रमिक भागों में विभाजित किया गया है, जिसमें पूर्णमासियों या अमावस्याओं के बीच की अवधि में परिमित संयुति मास होता है।
- सौर वर्ष के 12 महीनों को उनके 12 नाम राशि चक्रों में विभाजित किया जाता है, जो निम्न हैं: मेष (एरीज), वृषभ (टॉरस), मिथुन (जैमिनी), कर्क (कैंसर), सिंह (लियो), कन्या (वर्गो), तुला (लिब्रा), वृश्चिक (स्कॉर्पियो), धनु (सैजिटेरियस), मकर (कैप्रिकॉर्न), कुम्भ (अक्वेरियस), मीन (पाइसीज)।
- शुक्ल पक्ष (उजाला अर्द्धांश) जो अमावस्या के अगले दिन से आरम्भ होता है।
- कृष्ण पक्ष (अन्धेरा अर्द्धांश) जो पूर्णमासी के अगले दिन से आरम्भ होता है।
- भारत में उपयोग की जाने वाली सबसे आम कैलेंडर पद्धतियाँ हैं– (क) ग्रेगोरियन कैलेंडर, (ख) हिजरी कैलेंडर, (ग) शक कैलेंडर और (घ) विक्रम संवत् कैलेंडर
- ग्रेगोरियन कैलेंडर दुनिया भर में सबसे व्यापक रूप से उपयोग किया जाने वाला कैलेंडर है और भारत में भी इसका उपयोग किया जाता है, हालांकि यह नामित आधिकारिक कैलेंडर नहीं है।
- हिजरी कैलेंडर में दिन का आरम्भ सूर्यास्त के साथ होता है।
- देश में आधिकारिक नागरिक कैलेंडर के रूप में प्रयुक्त शक कैलेंडर को भारत का राष्ट्रीय कैलेंडर माना जाता है। इसे भारत सरकार द्वारा आधिकारिक राजपत्र में, अधिसूचना द्वारा, आकाशवाणी के द्वारा समाचार प्रसारणों में, भारत सरकार के नियंत्रण में निर्गत कैलेंडरों तथा संवाद संबंधी दस्तावेजों में प्रयोग में लाया जाता है। हिन्दू कैलेंडरों में से एक इस शक कैलेंडर का मूल नाम शक संवत था। इसे हिन्दू धर्म में धार्मिक महत्व के दिनों की गणना में भी प्रयोग में लाया जाता है।
- शक कैलेंडर को भारत सरकार द्वारा स्थापित कैलेंडर सुधार समिति द्वारा 1957 में राष्ट्रीय कैलेंडर के रूप में अपनाया गया।
- विक्रम संवत कैलेंडर विक्रम संवत पर आधारित है, जो 56 ईसा पूर्व में शुरू होता है। यह एक चंद्र कैलेंडर है।

अभ्यास प्रश्न

1. निम्नलिखित में से कौन-से हिन्दू कैलेंडर के अंतर्गत अंग या पंचांग हैं?

1. नक्षत्र **2. योग** **3. कर्ण**

कूट:

(a) केवल 1 (b) 1 और 3

(c) 1, 2 और 3 (d) केवल 3

2. विक्रम संवत के संबंध में निम्नलिखित कथनों पर विचार करें-

1. यह चन्द्र सौर कैलेंडर पर आधारित है।

2. शून्य वर्ष 78 ईसवी है।

उपर्युक्त कथनों में से कौन-सा/से सही है/हैं?

(a) केवल 1 (b) केवल 2

(c) 1 और 2 दोनों (d) न तो 1 और न ही 2

3. सौर वर्ष में होते हैं-

(a) 365 दिन, 10 घण्टे, 48 मिनट और 40 सेकंड

(b) 365 दिन, 5 घण्टे, 48 मिनट और 46 सेकंड

(c) 365 दिन, 8 घण्टे, 48 मिनट और 46 सेकंड

(d) 365 दिन, 3 घण्टे, 48 मिनट और 46 सेकंड

4. हिन्दू कैलेंडर पंचांग के 5 अंगों में शामिल नहीं है-

(a) वर्ष एवं माह (b) तिथि तथा घटिका

(c) फिर (d) उपरोक्त में से कोई नहीं

5. हिन्दू मान्यताओं के अनुसार युग चार कालचक्र के साथ विशिष्टीय काल या युग को सन्दर्भित करता है, इन्हें आरोही क्रम में लगाइए-

1. सतयुग **2. त्रेतायुग**

3. द्वापरयुग **4. कलयुग**

कोड:

(a) 1, 2, 3 एवं 4 (b) 2, 3 और 4

(c) 4, 3 एवं 1 (d) 1 और 3

6. कौन असत्य है?

(a) महायुग - चार युगों का योग (b) महाकल्प - एक हजार महायुग का योग

(c) शताब्दी - 100 वर्षों का योग (d) स्वर्ण जयन्ती - 75 वर्षों का योग

7. कौन असंगत है?

(a) विक्रम संवत - ईसा पूर्व 56 (b) शक संवत - 78 ईसवी

(c) हिज़री कैलेंडर - 622 ईसवी (d) ग्रेगोरियन कैलेंडर - चन्द्रवर्ष पर आधारित

8. निम्नलिखित में किस कैलेंडर वर्ष को नागरिक कैलेंडर वर्ष के रूप में जाना जाता है?

(a) पारसी कैलेंडर
(b) शहंशाही कैलेंडर
(c) हिज़री कैलेंडर
(d) ग्रेगोरियन कैलेंडर

उत्तरमाला

1. (c) **2.** (a) **3.** (b) **4.** (d) **5.** (a) **6.** (d) **7.** (d) **8.** (d)

❑❑❑

भारतीय शिक्षा एवं भाषा

प्रमुख बिन्दु

- ❖ राष्ट्रीय शिक्षा नीति एवं बोर्ड
- ❖ भारतीय भाषाएँ
- ❖ अध्याय सार-संचिका
- ❖ अभ्यास प्रश्न

वस्तुतः शिक्षा औपचारिक व अनौपचारिक होती है। अनौपचारिक शिक्षा घर व समाज तथा आस-पास के पर्यावरण से प्राप्त होती है, जबकि औपचारिक शिक्षा संस्थाओं के माध्यम से कई स्तरों में प्राप्त की जा सकती है। भारतीय मनीषियों व बुद्धिजीवियों ने इन दोनों ही विशुद्ध शिक्षा शैलियों को सामान्य रूप से प्राथमिकता दी, इसी के चलते भारतीय शिक्षा नीति एक सुदृढ़ और सशक्त वैयक्तिक के आधार का निर्माण बनी। अतः भारतीय शिक्षा नीति, जो प्रारंभ में मौखिक थी, जिसका आधार भाषाओं के माध्यम से कुशल उच्चारण द्वारा अभिव्यक्तियों को साकार बनाना था, कालांतर में जब लिपि प्राप्त हुई अथवा लिपि का अन्वेषण हुआ, तब भारतीय शिक्षा नीति अपनी परिपक्व अवस्था में पहुँच गई, किंतु प्रारंभ से ही विचारकों का मानना था कि शिक्षा नीति के अंतर्गत प्राथमिक शिक्षा वैज्ञानिक हो, उसका आधार स्तम्भ मनोवैज्ञानिक हो, जिससे मनुष्य के व्यक्तित्व का विकास हो और ऐसे समृद्ध समाज से संस्कृतिवाद व राष्ट्र का विकास हो सके। अतः भारतीय शिक्षा को व्यक्तित्व के निर्माण का आधार माना जाता है।

सन् 1976 से पूर्व शिक्षा पर पूर्ण रूप से राज्यों का उत्तरदायित्व था। संविधान द्वारा 1976 में किए गए संशोधन से शिक्षा को समवर्ती सूची में रखा गया।

राष्ट्रीय शिक्षा नीति एवं बोर्ड

- केंद्र सरकार के नेतृत्व में शैक्षिक नीति एवं कार्यक्रम बनाने और उनके क्रियान्वयन के अंतर्गत सन् 1986 की राष्ट्रीय शिक्षा नीति (एनपीई) तथा कार्यवाही कार्यक्रम (पीओए) शामिल हैं, जिसे 1992 में अद्यतन किया गया।
- संशोधित नीति में एक ऐसी राष्ट्रीय शिक्षा प्रणाली तैयार करने का प्रावधान है, जिसके अंतर्गत शिक्षा में एकरूपता लाने, प्रौढ़ शिक्षा कार्यक्रम को जनांदोलन बनाने, सभी को शिक्षा सुलभ कराने, बुनियादी (प्राथमिक) शिक्षा की गुणवत्ता बनाए रखने, बालिका शिक्षा पर विशेष जोर देने, देश के प्रत्येक जिले में नवोदय विद्यालय जैसे आधुनिक विद्यालयों की स्थापना करने, माध्यमिक शिक्षा को व्यवसायपरक बनाने, उच्च शिक्षा के क्षेत्र में विविध प्रकार की जानकारी देने और अंतर अनुशासनात्मक अनुसंधान करने, राज्यों में नए मुक्त विश्वविद्यालयों की स्थापना करने, अखिल भारतीय प्रौद्योगिक शिक्षा परिषद को सुदृढ़ करने तथा खेलकूद, शारीरिक शिक्षा एवं एक सक्षम मूल्यांकन प्रक्रिया अपनाने का प्रयास शामिल है।
- शिक्षा नीति शिक्षा के क्षेत्र में कुल राष्ट्रीय आय का कम-से-कम 6 प्रतिशत धन लगाने पर जोर देती है।

केंद्रीय शिक्षा सलाहकार बोर्ड

- केंद्रीय शिक्षा सलाहकार बोर्ड (सी.ए.बी.ई.) शिक्षा के क्षेत्र में केंद्रीय और राज्य सरकारों को परामर्श देने के लिए गठित सर्वोच्च संस्था है। इसका गठन 1920 में किया गया था और 1923 में व्यय में कमी लाने के लिए इसे भंग कर दिया गया। सन् 1935 में इसे पुनः गठित किया गया और यह बोर्ड 1994 तक अस्तित्व में रहा।
- राष्ट्रीय शिक्षा नीति 1986 (जिसे 1992 में संशोधित किया गया था।) में यह प्रावधान है कि शैक्षिक विकास की समीक्षा करने तथा व्यवस्था एवं कार्यक्रमों पर नजर रखने के लिए आवश्यक परिवर्तनों का निर्धारण करने में भी सी.ए.बी.ई. की महत्वपूर्ण भूमिका होगी।
- सरकार ने जुलाई 2004 में सी.ए.बी.ई. का पुनर्गठन किया और पुनर्गठित सी.ए.बी.ई. की पहली बैठक 10 एवं 11 अगस्त, 2004 को आयोजित की गई। विभिन्न विषयों के विद्वानों के अलावा लोकसभा एवं राज्यसभा के सदस्यगण, केंद्र, राज्य एवं केंद्रशासित प्रदेशों के प्रशासनों के प्रतिनिधि इस बोर्ड के सदस्य होते हैं।

शिक्षा का अधिकार

- यूनेस्को की शिक्षा के लिए वैश्विक मॉनिटरिंग रिपोर्ट 2010 के अनुसार लगभग 135 देशों ने अपने संविधान में शिक्षा को अनिवार्य कर दिया तथा भारत ने 1950 में 14 वर्ष तक के बच्चों के लिए मुफ्त तथा अनिवार्य शिक्षा देने के लिए संविधान में प्रतिबद्धता का प्रावधान किया था तथा इसे अनुच्छेद 45 के तहत राज्यों के नीति-निदेशक सिद्धान्तों में शामिल किया गया है।
- 12 दिसंबर, 2002 को संविधान में 86वां संशोधन किया गया और इसके अनुच्छेद 21-ए को संशोधित करके शिक्षा को मौलिक अधिकार बना दिया गया। बच्चों के लिए मुफ्त एवं अनिवार्य शिक्षा का अधिनियम 1 अप्रैल, 2010 को पूर्ण रूप से लागू हुआ।

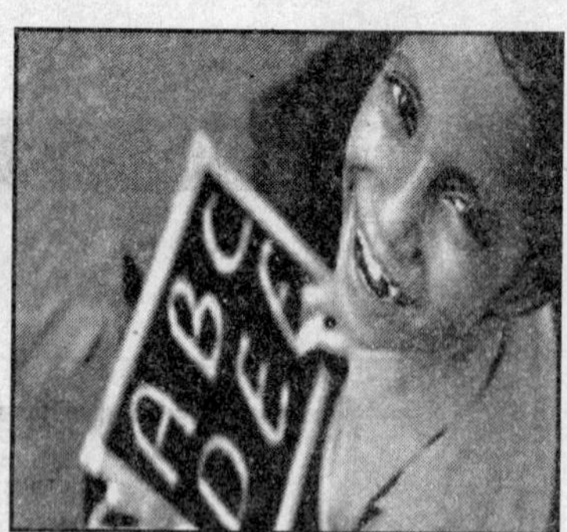

चित्र 7.1: एक बच्चा पढ़ता हुआ

- इसका अर्थ यह हुआ कि हर बच्चे को कुछ प्रतिमानों और मानकों पर खरे उतरने वाले औपचारिक स्कूल में संतोषजनक और न्यायसंगत गुणवत्ता वाली प्रारंभिक शिक्षा का अधिकार है।
- संविधान की धारा 21-ए कहती है : "कानून, संकल्प द्वारा राज्य अपने अनुरूप छह से चौदह वर्ष तक की आयु वर्ग के सभी बच्चों को मुफ्त और अनिवार्य शिक्षा प्रदान करेगा।"
- बच्चों को निःशुल्क और अनिवार्य शिक्षा का अधिकार (संशोधन) अधिनियम 2012 संसद द्वारा पारित किए जाने के बाद 20 जून, 2012 को राजपत्र में प्रकाशित और 1 अगस्त, 2012 को प्रभावी हुआ।

एन.सी.टी.ई.

- **राष्ट्रीय अध्यापक शिक्षा परिषद् (एन.सी.टी.ई.)** की स्थापना अगस्त, 1995 में इस लक्ष्य के साथ की गई थी कि पूरे देश में अध्यापक शिक्षा प्रणाली का नियोजित एवं समन्वित विकास किए जाने के साथ ही जरूरी नियम बनाने और अध्यापक शिक्षा के मानकों एवं स्तरों का उचित संरक्षण किया जा सके।
- परिषद् की चार क्षेत्रीय समितियां जयपुर, बेंगलुरु, भुवनेश्वर तथा भोपाल में गठित की गई हैं, जो क्रमशः उत्तरी, दक्षिण, पूर्वी एवं पश्चिमी क्षेत्र के लिए हैं। ये क्षेत्रीय समितियां अपने-अपने क्षेत्र में अध्यापक-शिक्षण संस्थानों को मान्यता देने का कार्य करती हैं। राष्ट्रीय अध्यापक शिक्षा परिषद् अधिनियम के प्रावधानों के अंतर्गत इन्हें अध्यापक शिक्षण पाठ्यक्रम चलाने के लिए ऐसी संस्थाओं को अनुमति देने का अधिकार है।

प्रारंभिक शिक्षा

- **प्रारम्भिक शिक्षा एवं उद्देश्य:** बालकों के आरम्भिक वर्षों में (0-3 वर्ष के बीच) उनकी बुद्धि का विकास अत्यन्त तीव्रता से होता है, भारत में प्रारम्भिक शिक्षा 3 से 6 वर्ष के बच्चों हेतु (ई.सी.ई.) कार्यक्रम जैसे कि आगनवाड़ी, बालवाड़ी, नर्सरी, प्रीस्कूल, किंडर गार्डन आदि के माध्यम से दी जाती है।

- सभी के लिए बुनियादी शिक्षा का लक्ष्य संविधान में निहित है, जो 6–14 आयु वर्ग के सभी बच्चों को सार्वभौमिक अनिवार्य शिक्षा को मौलिक अधिकार के रूप में गारंटी प्रदान करता है।
- पिछले छह दशकों से लगातार विकास नीतियों और योजनाओं ने इसी लक्ष्य के लिए काम किया है। परिणामस्वरूप शिक्षा के क्षेत्र, खासकर प्रारंभिक शिक्षा में महत्वपूर्ण प्रगति हुई है।

सर्व शिक्षा अभियान (एसएसए)

- भारतीय संविधान का अनुच्छेद 21-ए और बाद में बना कानून बच्चों को नि:शुल्क और अनिवार्य शिक्षा का अधिकार (आरटीई) अधिनियम 2009 देश में 1 अप्रैल, 2010 से दिया गया था।
- वर्ष 2001 में शुरू किया गया सर्व शिक्षा अभियान प्रारंभिक शिक्षा के सर्वसुलभीकरण के लिए भारत के सामाजिक क्षेत्रों के महत्वपूर्ण कार्यक्रमों में से एक है।

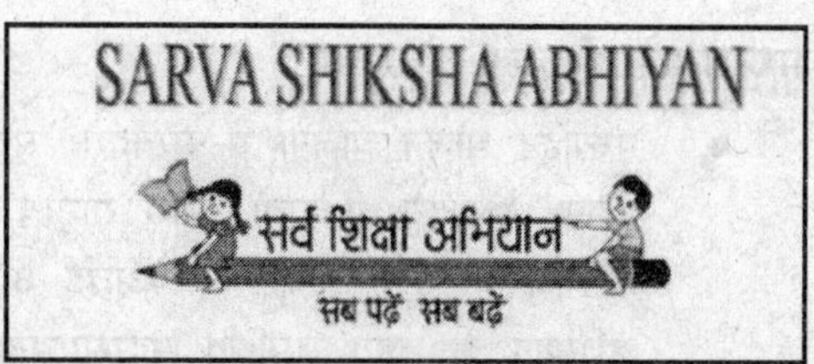

चित्र 7.2: सर्व शिक्षा अभियान

- इस अभियान के समग्र लक्ष्यों में प्रारंभिक शिक्षा में सार्वभौमिक पहुंच एवं अवधारणा प्राप्त करना, लैंगिक एवं सामाजिक श्रेणी के अंतर को पाटना और बच्चों के अध्ययन स्तर में महत्वपूर्ण वृद्धि हासिल करना शामिल था। इस अभियान के अन्तर्गत वर्तमान समय में 'पढ़े भारत बढ़े' पूरे देश में संचालित है।
- सर्वशिक्षा अभियान को राज्य सरकारों की मदद से कार्यान्वित किया जाता है, जिसमें देश के वंचित वर्गों के लाखों बच्चों को लाभान्वित किया जा रहा है।

महिला समाख्या कार्यक्रम

- राष्ट्रीय शिक्षा नीति के अनुरूप महिला समाख्या योजना ग्रामीण क्षेत्रों खासकर सामाजिक और आर्थिक रूप से पिछड़े समूहों की महिलाओं की शिक्षा तथा उनके सशक्तिकरण के लिए 1989 में शुरू की गई। इसका उद्देश्य समानता हासिल करने के लिए महिलाओं को शिक्षित बनाना था, अत: इस कार्यक्रम के मुख्य कार्य निम्न थे–
  - ❖ घरेलू हिंसा से जुड़े मसले देखे जाते थे।
  - ❖ ग्रामीण महिलाओं को घरेलू हिंसा से बचाने का मुद्दा।
  - ❖ नारी संजीवनी केन्द्रों का गठन एवं संचालन करना।
  - ❖ बेटी बचाओ, बेटी पढ़ाओ कार्यक्रम का संचालन करना।
  - ❖ नाबालिक बेटियों की शादियाँ रुकवाना।
  - ❖ महिला एवं बच्चों की सुरक्षा एवं बाल अधिकारों के लिए जागरूकता फैलाना।

एनपीईजीईएल कार्यक्रम

- प्राथमिक स्तर पर बालिकाओं की शिक्षा के लिए राष्ट्रीय कार्यक्रम (एनपीईजीईएल) शैक्षिक रूप से पिछड़े ब्लॉकों में लागू होते हैं और उन बालिकाओं की समस्याओं की आवश्यकताओं पर ध्यान देते हैं, जो स्कूल में भर्ती तो हैं, लेकिन वहाँ जाती नहीं।
- एनपीईजीईएल में 442 जिलों को शैक्षिक रूप से पिछड़े 3353 ब्लॉकों की 4.12 करोड़ लड़कियों को शामिल किया गया है। इसके तहत 41,779 आदर्श समूह स्कूल चल रहे हैं।
- समूह स्तर पर एक स्कूल को स्रोत केंद्र के रूप में विकसित किया जाता है। इसमें पठन सामग्री, पुस्तकें, उपकरण, खेल, व्यावसायिक प्रशिक्षण, अध्यापक प्रशिक्षण, आत्मरक्षा और जीवन कौशल जैसे अतिरिक्त विषयों पर कक्षाएं होती हैं।

कस्तूरबा गाँधी बालिका विद्यालय

- केजीबीवी अनुसूचित जाति, अनुसूचित जनजाति, अन्य पिछड़ा वर्ग, अल्पसंख्यक समुदाय और बीपीएल परिवार की लड़कियों के लिए आवासीय उच्च प्राथमिक स्कूल हैं।
- ये शैक्षिक रूप से पिछड़े ब्लाकों में स्थापित किए जाते हैं, जहाँ स्कूल बहुत दूर हैं। यह योजना अप्रैल 2007 से सर्व शिक्षा अभियान में मिला दी गई है।

मध्याह्न भोजन योजना

- मध्याह्न भोजन योजना में सरकारी, सरकारी सहायता प्रदान, स्थानीय निकायों और राष्ट्रीय बाल श्रमिक परियोजना स्कूलों, ईजीएस, एआईई और सर्व शिक्षा अभियान के तहत समर्थित मदरसों/मखतबों आदि में पहली से आठवीं तक पढ़ाई करने वाले बच्चों को शामिल किया गया।
- यह विश्व का स्कूली बच्चों को भोजन का सबसे बड़ा कार्यक्रम है, जिसके अंतर्गत 12.12 लाख प्राथमिक स्कूलों के 10.44 करोड़ बच्चों को शामिल किया गया है।

चित्र 7.3: मध्याह्न भोजन योजना

- इस योजना से न केवल शिक्षा तक पहुँच, बल्कि सामाजिक और लैंगिक समानता, स्कूलों में भागीदारी तथा बच्चों के समग्र स्वस्थ विकास में मदद मिली है।

मध्याह्न भोजन के मानक

- मध्याह्न भोजन में कैलोरी : पके हुए मध्याह्न भोजन में 100 ग्राम गेहूँ/चावल, 20 ग्राम दाल, 50 ग्राम सब्जी और 5 ग्राम तेल/चिकनाई शामिल है, जो प्राथमिक स्तर पर 450 कैलोरी ऊर्जा और 12 ग्राम प्रोटीन प्रदान करता है।
- अपर प्राथमिक स्कूल के बच्चों के लिए 150 ग्राम गेहूँ/चावल, 30 ग्राम दाल, 75 ग्राम सब्जी और 7.5 ग्राम तेल/चिकनाई होती है, जो 700 कैलोरी ऊर्जा और 20 ग्राम प्रोटीन प्रदान करता है।
- एमडीएम योजना में खाना पकाने की लागत : खाना पकाने की लागत में दालें, सब्जियां, तेल, मसाले और ईंधन आदि शामिल हैं।
- पिछले चार वर्षों में हर वर्ष खाना पकाने की लागत में 7.5 प्रतिशत बढ़ोत्तरी हो गई है, जिसमें केंद्र और पूर्वोत्तर क्षेत्र के राज्यों में 90:10 और अन्य राज्यों/केंद्र शासित क्षेत्रों में 75:25 के आधार पर भागीदारी होती है।

राष्ट्रीय बाल भवन

- राष्ट्रीय बाल भवन, मानव संसाधन और विकास मंत्रालय द्वारा पूर्ण रूप से वित्त पोषित एक स्वायत्तशासी संस्था है, जो स्कूली शिक्षा और साक्षरता विभाग के तहत कार्य करती है।
- 2008-2012 के दौरान बाल भवनों और बाल केंद्रों की संख्या बहुत बढ़ी है और इस समय 179 बाल भवन और बाल केंद्र हैं।
- इस सूची में सबसे ताजा नाम हरियाणा के रोहतक में स्थापित पठानिया बाल भवन का है। इसके अतिरिक्त दिल्ली में 54 बाल भवन केंद्र हैं और मंडी गाँव में एक ग्रामीण इकाई है।
- इसमें समाज के वंचित और ग्रामीण बच्चों के लिए रचनात्मक गतिविधियाँ चलाई जाती हैं।
- बाल भवन की तर्ज पर एक अंतर्राष्ट्रीय केंद्र-बाल रचनात्मक केंद्र मॉरीशस में कार्य कर रहा है।

माध्यमिक शिक्षा

राष्ट्रीय माध्यमिक शिक्षा अभियान

- माध्यमिक शिक्षा तक पहुँच और गुणवत्ता में सुधार के उद्देश्य से यह योजना मार्च 2009 में शुरू की गई।
- योजना का उद्देश्य किसी बस्ती से तर्कसंगत दूरी के अंदर माध्यमिक स्कूल प्रदान कर माध्यमिक स्तर पर नामांकन दर को शत प्रतिशत करने की परिकल्पना से है।
- इसके अन्य उद्देश्यों में सभी माध्यमिक स्कूलों को निर्धारित मानदंडों का पालन करने वाला बनाकर माध्यमिक स्तर पर शिक्षा प्रदान की जा रही है। शिक्षा की गुणवत्ता में सुधार करना, लैंगिक, सामाजिक-आर्थिक एवं अपंगता अड़चनों को दूर करना तथा वर्ष 2020 तक सभी बच्चों की स्कूल में भर्ती का लक्ष्य प्राप्त करना है।

शिक्षा का व्यवसायीकरण

केंद्र द्वारा आयोजित इस संशोधित परियोजना में उच्च शिक्षा के व्यवसायीकरण की मुख्य बातें इस प्रकार हैं:

1. क्षमता आधारित मानक व्यावसायिक पाठ्यक्रमों से युवाओं की नियोजनीयता बढ़ाना, बहुप्रवेश, बहु निकास ज्ञानार्जन अवसरों और योग्यता में गतिशीलता/अंतर परिवर्तनीयता के प्रावधानों से उनकी स्पर्धात्मकता को बनाए रखना, शिक्षित और नियोजनीय के बीच की खाई को कम करना और अकादमिक उच्च शिक्षा पर दबाव कम करना।
2. योजना के तहत मांग आधारित मानक क्षमता आधारित व्यावसायिक पाठ्यक्रमों की पहचान और उद्योग/नियोजकों के सहयोग से उनका विकास।
3. उच्चतर माध्यमिक स्कूलों, सरकारी सहायता प्राप्त और निजी स्कूलों के माध्यम से एनवीईक्यूएफ पद्धति के अनुरूप पाठ्यक्रम उपलब्ध कराना।
4. योजना के महत्वपूर्ण घटकों में (i) नए स्कूलों में व्यावसायिक पाठ्यक्रम लागू करना और (ii) वर्तमान स्कूलों में व्यावसायिक पाठ्यक्रमों को मजबूत करना।
5. शिक्षार्थी, शिक्षक और प्रशिक्षक को व्यावसायिक पाठ्यक्रमों में क्षमता आधारित शिक्षक, ज्ञानार्जन सामग्री, औजार, उपकरण और मशीनरी तकनीकी कौशल विकास के लिए स्कूलों को उपलब्ध कराना।
6. व्यावसायिक पाठ्यक्रम और मॉड्यूल्स के प्रमाणपत्र संबद्ध राज्य बोर्डों या केंद्रीय बोर्डों द्वारा प्रदान कराना।
7. राज्यों/केंद्र शासित क्षेत्रों द्वारा विशेष समूहों यथा अनुसूचित जाति, अनुसूचित जनजाति, अन्य पिछड़ा वर्ग, गरीबी रेखा के नीचे के लोग, अल्पसंख्यक और बच्चे और इन समूहों की लड़कियों को मुख्यधारा में लाने का प्रयास किया जाएगा।

लड़कियों की माध्यमिक शिक्षा के लिए प्रोत्साहन की राष्ट्रीय योजना (एनएसआईजीई)

- लड़कियों की माध्यमिक शिक्षा के लिए राष्ट्रीय प्रोत्साहन योजना मई 2008 में इस उद्देश्य से शुरू की गई कि स्कूल छोड़ने वालों की संख्या कम हो और माध्यमिक स्कूलों में अनुसूचित जाति/अनुसूचित जनजाति समुदायों की लड़कियों की संख्या बढ़े।
- योजना के अनुसार अविवाहित पात्र लड़कियों के नाम 3000/- नियत जमा खाते में उनके नाम से जमा कर दिए जाते हैं, जिसे वे 18 वर्ष की आयु और 10वीं की परीक्षा उत्तीर्ण करने के बाद ब्याज सहित वापस ले सकती हैं।
- इस योजना में (i) अनुसूचित जाति/अनुसूचित जनजाति समुदाय की 8वीं पास सभी लड़कियां (ii) कस्तूरबा गाँधी बालिका विद्यालय से आठवीं उत्तीर्ण सभी लड़कियां (चाहे जिस समुदाय की हों) और सरकारी, सरकारी सहायता प्राप्त और स्थानीय निकायों के स्कूलों में 9वीं में प्रवेश लेने वाली लड़कियां आती हैं।

केंद्रीय विद्यालय संगठन

- केंद्र सरकार के स्थानांतरण वाले कर्मचारियों के बच्चों को निर्बाध शिक्षा प्रदान करने के लिए नवंबर 1962 से भारत सरकार द्वारा केंद्रीय विद्यालय संगठन की योजना अनुमोदित की गई।

- केंद्रीय विद्यालय में कक्षा 1 में दाखिले की बुनियादी कसौटी गत 7 वर्षों के दौरान अभिभावक की स्थानांतरणीयता है। छात्राओं के मामले में शिक्षण शुल्क नहीं लिया जाता है। लड़कों से कक्षा 8 तक कोई शुल्क नहीं लिया जाता है। केंद्रीय विद्यालय के स्टाफ एवं S.C./S.T. के छात्रों से शिक्षण शुल्क नहीं लिया जाता है।

जवाहर नवोदय विद्यालय

- नवोदय विद्यालय समिति, भारत सरकार के मानव संसाधन विकास मंत्रालय के स्कूल शिक्षा और साक्षरता विभाग में एक स्वायत्तशासी संस्थान है। मानव संसाधन विकास मंत्री इसके अध्यक्ष हैं।
- सोसायटी के उद्देश्य इस प्रकार हैं:

(अ) स्कूलों की स्थापना, साधन जुटाना और उनका प्रबंधन (जिन्हें अब नवोदय विद्यालय कहा जाता है) और ऐसे विद्यालयों के संवर्धन के लिए सभी काम करना, जिनके निम्नलिखित उद्देश्य हैं–

1. ग्रामीण क्षेत्रों के ऐसे प्रतिभावान, प्रखर एवं मेधावी छात्रों का चयन पहचान कर आधुनिक शिक्षा प्रदान करना, जो सर्वगुण संपन्न हों।
2. पूरे देश में हिन्दी और अंग्रेजी के माध्यम से शिक्षा की सुविधाएं जुटाना।
3. साझा पाठ्यक्रम बनाना, जिससे स्तर बना रहे और लोगों की साझा विरासत को समझने का अवसर मिले।
4. राष्ट्रीय एकता को बढ़ावा देने के लिए छात्रों को देश के एक भाग से दूसरे भाग में ले जाकर शिक्षा प्रदान करना।
5. अध्यापकों को उचित माहौल में प्रशिक्षण देकर शिक्षा की गुणवत्ता में सुधार करना।

(ब) नवोदय विद्यालय के छात्रों के लिए छात्रावासों की स्थापना, विकास और प्रबंधन करना।

(स) सोसायटी के उद्देश्यों को आगे बढ़ाने के लिए देश के किसी भी भाग में अन्य शिक्षा संस्थाओं की स्थापना, संचालन और सहायता करना।

(द) सोसायटी के सभी या किसी एक उद्देश्य की पूर्ति के लिए वे सभी कार्य करना, जो आवश्यक हों।

- अब तक समिति ने 612 जिलों (तमिलनाडु को छोड़कर) में से 576 जिलों में जवाहर नवोदय विद्यालयों को स्वीकृति प्रदान की है, जिनमें से 570 कार्य कर रहे हैं।

राष्ट्रीय शैक्षिक अनुसंधान और प्रशिक्षण परिषद (एनसीईआरटी)

- राष्ट्रीय शैक्षिक अनुसंधान और प्रशिक्षण परिषद भारत सरकार का शीर्षस्थ संसाधन संगठन है, जिसका गठन भारत सरकार द्वारा 1961 में सोसायटी पंजीकरण अधिनियम के तहत स्वायत्त पंजीकृत संगठन के रूप में किया गया।
- यह स्कूल शिक्षा के बारे में केंद्र और राज्य सरकारों को सहायता और सलाह देती है। स्कूली शिक्षा में गुणात्मक सुधार के लिए अकादमिक और तकनीकी मदद देती है। एनसीईआरटी अनुसंधान विकास, प्रशिक्षण, विस्तार अंतर्राष्ट्रीय सहयोग प्रकाशन और शैक्षिक जानकारियाँ प्रदान करती है।

राष्ट्रीय मुक्त शिक्षा संस्थान (एलआईओएस)

- राष्ट्रीय मुक्त शिक्षा संस्थान की स्थापना इस दृष्टि से की गई कि लोगों को सतत समावेशी अध्ययन के साथ आसान पहुँच वाली स्कूली शिक्षा और कौशल विकास का अवसर मिले।
- सीबीएसई की स्कूल छोड़ चुके और दूसरा अवसर चाहने वाली जनसंख्या के शिक्षार्थियों के लिए एक छोटी परियोजना के रूप में शुरू परियोजना, अब विश्व के सबसे बड़े मुक्त स्कूल के रूप में बदल चुकी है और एक विशाल स्कूल के रूप में इसकी सहायता की जाती है।

- यह अपने पंजीकृत छात्रों के लिए पाठ्यक्रम तैयार करने, स्वशिक्षा सामग्री ऑडियो/वीडियो सामग्री और मल्टी मीडिया पैकेज बनाने का काम करता है। यह परंपरागत स्कूलों और एजेंसियों को अपने छात्रों की मदद करने के लिए मान्यता प्रदान करता है।
- यह अपने छात्रों के लिए साल में दो बार सार्वजनिक परीक्षा का और मांग आधारित परीक्षा का पूरे साल आयोजन करता है। यह प्रकाशन गृह के रूप में हर साल अनेक प्रकाशन करता है।

केंद्रीय माध्यमिक शिक्षा बोर्ड (सीबीएसई)

- सीबीएसई एक स्वायत्त निकाय है, जो मानव संसाधन विकास मंत्रालय के संरक्षण में कार्य कर रहा है। यह 1929 में स्थापित देश के सबसे पुराने बोर्डों में दूसरा है।
- सीबीएसई के मुख्य उद्देश्य देश के अंदर एवं बाहर संस्थाओं को सम्बद्ध करना, कक्षा 10 एवं 12 की वार्षिक परीक्षाओं का संचालन करना, चिकित्सा एवं इंजीनियरिंग कॉलेजों में प्रवेश के लिए व्यावसायिक पाठ्यक्रमों के लिए प्रवेश परीक्षाएं आयोजित करना, पाठ्यक्रम तैयार करना और उन्हें अद्यतन बनाना तथा शिक्षकों एवं संस्थाओं के प्रमुखों को अधिक जानकारी उपलब्ध कराना है।
- बोर्ड ने अक्टूबर 2009 से कक्षा 9 में सतत् एवं व्यापक मूल्यांकन की संकल्पना लागू की है।

उच्च तकनीकी शिक्षा

- उच्च शिक्षा लोगों को सामाजिक, आर्थिक, सांस्कृतिक, नैतिक और आध्यात्मिक मुद्दों से दो-चार होने का अवसर प्रदान करती है। विशेष ज्ञान और कौशल के प्रसार से राष्ट्रीय विकास में योगदान देती है।
- शैक्षिक पिरामिड के शीर्ष पर होने के कारण यह देश में अच्छे शिक्षक तैयार करने में महत्वपूर्ण भूमिका निभाती है। ज्ञान के क्षेत्र में प्रस्फुटन की अभूतपूर्व आवश्यकता के संदर्भ में उच्च शिक्षा को हमेशा गतिशील और अज्ञात क्षेत्रों में निरंतर तलाश करनी चाहिए।

राष्ट्रीय शिक्षा नीति, 2020

- 29 जुलाई, 2020 को केंद्रीय मंत्रिमंडल ने भारत की नई राष्ट्रीय शिक्षा नीति, 2020 को मंजूरी दे दी। स्कूली और उच्च शिक्षा दोनों क्षेत्रों में कई बड़े बदलावों के साथ यह 21वीं सदी की पहली शिक्षा नीति है। यह 34 वर्ष पुरानी राष्ट्रीय शिक्षा नीति 1986 का स्थान लेगी। जिसका लक्ष्य छात्रों के समावेशन, भागीदारी और उनके दृष्टिकोण को सुविधानजक बनाना है।

उद्देश्य

- इसका उद्देश्य 21वीं सदी की आवश्यकताओं के अनुकूल स्कूल और कॉलेज की शिक्षा को अधिक समग्र, लचीला बनाते हुए भारत को एक ज्ञान आधारित जीवंत समाज और ज्ञान आधारित वैश्विक महाशक्ति में बदलना तथा प्रत्येक छात्र में निहित अद्वितीय क्षमताओं को सामने लाना है।
- ऐसे मूल्यों को विकसित करना, जो मानवाधिकारों, सतत विकास तथा आजीविका व वैश्विक कल्याण के प्रति उत्तरदायी प्रतिबद्धता का समर्थन करते हों।
- मूल अधिकारों, कर्तव्यों एवं संवैधानिक मूल्यों के प्रति सम्मान की गहन भावना को विकसित करते हुए एक उत्तरदायी और जागरूक नागरिक का निर्माण करना।
- नई शिक्षा नीति सबके लिए आसान पहुँच, समता, गुणवत्ता, वहनीयता और जवाबदेही के आधारभूत स्तंभों पर निर्मित सतत विकास के लिए एजेंडा 2030 के भी अनुकूल है।

पृष्ठभूमि

- मई, 2016 में नई शिक्षा नीति के निर्माण हेतु भारत के पूर्व कैबिनेट सचिव टी.एस.आर. सुब्रमण्यन की अध्यक्षता में गठित समिति ने अपनी रिपोर्ट प्रस्तुत की थी।
- इस रिपोर्ट के आधार पर मानव संसाधन विकास मंत्रालय ने राष्ट्रीय शिक्षा नीति, 2016 के मसौदे हेतु कुछ इनपुट्स (सुझावों) को तैयार किया था।
- जून, 2017 में डॉ. के. कस्तूरीरंगन की अध्यक्षता में राष्ट्रीय शिक्षा नीति मसौदे के लिए एक समिति का गठन किया गया, जिसने राष्ट्रीय शिक्षा नीति, 2019 का मसौदा प्रस्तुत किया।
- मई, 2019 में लोकसभा चुनाव के बाद प्रतिक्रिया के लिए इस मसौदे को सार्वजनिक किया गया था।
- NEP 2020 को 2.5 लाख ग्राम पंचायतों, 6600 ब्लॉक, 6000 शहरी स्थानीय निकाय (ULB), 676 जिलों से लगभग 2 लाख सुझावों तथा परामर्श की अभूतपूर्व प्रक्रिया के बाद तैयार किया गया है।

नई शिक्षा नीति के महत्वपूर्ण बिन्दु

- **शैक्षणिक संरचनाः** बचपन की देखभाल और शिक्षा पर जोर देते स्कूल पाठ्यक्रम की 10+2 प्रणाली को क्रमशः 3-8, 8-11, 11-14 और 14-18 वर्ष की आयु के अनुरूप एक नई 5+3+3+4 पाठ्यक्रम संरचना द्वारा प्रतिस्थापित किया गया है।
- **बुनियादी साक्षरताः** बुनियादी साक्षरता और संख्यात्मक ज्ञान पर एक राष्ट्रीय मिशन की स्थापना किए जाने पर विशेष जोर दिया गया है।
- **अध्यापन-कला में सुधारः** नीति में 21वीं सदी के प्रमुख कौशल या व्यावहारिक जानकारियों से विद्यार्थियों को लैस करके उनका समग्र विकास करना सम्मिलित है।
- **भाषायी विविधता का संरक्षणः** कक्षा-5 तक की शिक्षा में मातृभाषा/स्थानीय या क्षेत्रीय भाषा को अध्ययन के माध्यम के रूप में अपनाने पर बल दिया गया है।
- **आकलन में सुधारः** NEP में योगात्मक आकलन के बजाय नियमित एवं रचनात्मक आकलन को अपनाने की परिकल्पना की गई है, जो अपेक्षाकृत अधिक योग्यता-आधारित है।
- **मल्टीपल एंट्री एंड एक्जिट व्यवस्थाः** इस नीति में स्नातक पाठ्यक्रम में मल्टीपल एंट्री एंड एक्जिट व्यवस्था को अपनाया गया है, इसके तहत 3 या 4 वर्ष के स्नातक कार्यक्रम में छात्र कई स्तरों पर पाठ्यक्रम को छोड़ सकेंगे और उन्हें उसी के अनुरूप डिग्री या प्रमाण-पत्र प्रदान किया जाएगा।
- **एकेडमिक बैंक ऑफ क्रेडिटः** विभिन्न उच्च शिक्षण संस्थानों से प्राप्त अंकों या क्रेडिट को डिजिटल रूप से सुरक्षित रखने के लिए एक एकेडमिक बैंक ऑफ क्रेडिट (Academic Bank of Credit) की स्थापना पर जोर दिया जाएगा, जिससे अलग-अलग संस्थानों में छात्रों के प्रदर्शन के आधार पर उन्हें डिग्री प्रदान की जा सके।
- **विनियमनः** चिकित्सा एवं कानूनी शिक्षा को छोड़कर समस्त उच्च शिक्षा के लिए एक अति महत्वपूर्ण व्यापक निकाय के रूप में भारत उच्च शिक्षा आयोग (Higher Education Commission of India-HECI) का गठन किया जाएगा।
- **डिजिटल शिक्षाः** डिजिटल शिक्षा संसाधनों को विकसित करने के लिए अलग प्रौद्योगिकी इकाई का विकास किया जाएगा, जो डिजिटल बुनियादी ढाँचे, सामग्री और क्षमता निर्माण हेतु समन्वयन का कार्य करेगी।
- यह नीति, विदेशी विश्वविद्यालयों को भारत में परिसर स्थापित करने का मार्ग भी प्रशस्त करती है।
- पाली, फारसी और प्राकृत भाषाओं के लिए राष्ट्रीय संस्थान, भारतीय अनुवाद एवं व्याख्या संस्थान की स्थापना की जाएगी।
- इस नीति के माध्यम से मानव संसाधन विकास मंत्रालय का नाम बदलकर 'शिक्षा मंत्रालय' कर दिया है।

कुछ महत्वपूर्ण संस्थाएं

विश्वविद्यालय अनुदान आयोग (यूजीसी)

चित्र 7.4: विश्वविद्यालय अनुदान आयोग (यूजीसी) का प्रतीक चिह्न

- विश्वविद्यालय शिक्षा के संवर्धन और समन्वय और अध्यापन, परीक्षा, अनुसंधान विश्वविद्यालयों में विस्तार तथा मानक को बनाए रखने के लिए संवैधानिक संस्था के रूप में विश्वविद्यालय अनुदान आयोग की स्थापना 1954 में संसद के एक कानून के तहत हुई।
- आयोग विश्वविद्यालयों और कॉलेजों को अनुदान देने के अलावा केंद्र और राज्य सरकारों को उच्च शिक्षा के लिए आवश्यक कदम उठाने की सलाह देता है। यह नई दिल्ली और हैदराबाद, बेंगलुरु, गुवाहाटी, कोलकाता, भोपाल और पुणे स्थित क्षेत्रीय कार्यालयों के माध्यम से कार्य करता है।

अखिल भारतीय तकनीकी शिक्षा परिषद (एआईसीटीई)

- तकनीकी शिक्षा सुविधाओं के सर्वेक्षण और समन्वित तथा एकीकृत तरीके उसके विकास को बढ़ावा देने के लिए राष्ट्रीय स्तर पर सलाहकार संस्था के रूप में अखिल भारतीय तकनीकी शिक्षा परिषद (एआईसीटीई) की स्थापना 1945 में हुई।
- परिषद के दायरे में सभी स्तरों पर इंजीनियरिंग और प्रौद्योगिकी में प्रशिक्षण एवं अनुसंधान सहित तकनीकी शिक्षा, वास्तुविद्या और नगर नियोजन, प्रबंधन, फार्मेसी, व्यावहारिक कला एवं शिल्प, होटल प्रबंधन और खान-पान व्यवस्था प्रौद्योगिकी के कार्यक्रम आते हैं।

दूरस्थ शिक्षा परिषद (डीईसी)

- दूरस्थ शिक्षा परिषद की स्थापना इग्नू अधिनियम 1985 के तहत हुई। दूरस्थ शिक्षा परिषद मुक्त और दूरस्थ विद्यार्जन (ओडीएल) प्रणाली में मानकों की देख-रेख का समन्वय करती है।
- परिषद का यह कर्तव्य है कि मुक्त विश्वविद्यालय/दूरस्थ शिक्षा व्यवस्थाओं, उसके समन्वित विकास और उसके मानकों के निर्धारण के लिए आवश्यक कदम उठाए। परिषद राज्य सरकारों/विश्वविद्यालयों और अन्य संबंद्ध एजेंसियों से सलाह-मशविरा कर मुक्त विश्वविद्यालयों/दूरस्थ शिक्षा संस्थानों के नेटवर्क के विकास का प्रयास करती है ताकि उन प्राथमिकता वाले क्षेत्रों का पता लग सके, जहाँ दूरस्थ शिक्षा कार्यक्रमों का आयोजन किया जाना चाहिए और ऐसे कार्यक्रमों आदि के आयोजन में जो भी आवश्यक सहायता हो, प्रदान करे।

भारतीय सामाजिक विज्ञान अनुसंधान परिषद (आईसीएसएसओ) नई दिल्ली

- भारतीय सामाजिक विज्ञान अनुसंधान परिषद (आईसीएसएसआर) नई दिल्ली की स्थापना भारत सरकार ने 1969 में की थी।
- इसका प्रमुख उद्देश्य समाज विज्ञान में अनुसंधान को बढ़ावा देना और सम्बद्ध लोगों द्वारा उसका उपयोग करना, समाज विज्ञान अनुसंधान में जुटी 25 संस्थाओं और 6 क्षेत्रीय केंद्रों को अनुसंधान के लिए बढ़ावा देना, द्विपक्षीय अनुसंधान परियोजनाओं के लिए अंतर्राष्ट्रीय सहयोग करना, अध्ययन, प्रकाशन अनुदान और दस्तावेजीकरण और पुस्तकालय सेवाएं प्रदान करना।
- परिषद विभिन्न सामाजिक समूहों अनुसूचित जाति, अनुसूचित जनजाति, विकलांग, महिलाओं और उत्तर-पूर्व क्षेत्र में अनुसंधान को बढ़ावा देती है।

छात्रवृत्ति योजनाएं

नाम	शुरू हुई	उद्देश्य
जम्मू और कश्मीर के लिए विशेष छात्रवृत्ति योजना	2011-12	वर्ष 2010 में जम्मू-कश्मीर में रोजगार के अवसर बढ़ाने के संदर्भ में और सार्वजनिक और निजी क्षेत्र को शामिल करने हुए रोजगार हेतु योजना तैयार किया गया था। यह योजना वर्ष 2011-12 से कार्यान्वित की जा रही है।
राष्ट्रीय प्रतिभा छात्रवृत्ति योजना	2008-09	योजना के अंतर्गत ग्रामीण क्षेत्रों के कक्षा 9 से 10 के प्रतिभावान छात्रों को शत-प्रतिशत वित्तीय सहायता प्रदान की जाती है।
कन्याओं के लिए माध्यमिक शिक्षा	2008-09	यह योजना अनुसूचित जाति और जनजाति की लड़कियों को दी जाती है, जिन्होंने कस्तूरबा गांधी विद्यालय से आठवीं और नौवीं कक्षा उत्तीर्ण कर ली हो या सरकारी सहायता प्राप्त स्कूलों में बारहवीं के लिए दाखिला लिया हो।
कॉलेज तथा विश्वविद्यालय के विद्यार्थियों हेतु छात्रवृत्ति योजना	2008	उच्चतर अध्ययन और व्यावसायिक पाठ्यक्रम करते हुए अपने दैनिक व्ययों को पूरा करने के लिए गरीब परिवारों के प्रतिभावान बच्चों को वित्तीय सहायता प्रदान करना।
डॉ. अंबेडकर राष्ट्रीय छात्रवृत्ति योजना	1992	इसमें अनुसूचित जाति/जनजाति और उन परिवारों के बच्चे जिनकी वार्षिक आय 1 लाख से कम है को उच्च शिक्षा हेतु प्रोत्साहन राशि दी जाती है।
गैर-हिंदी भाषी राज्यों के छात्रों को छात्रवृत्ति	1955-56	गैर-हिंदी भाषी राज्यों में हिंदी को प्रोत्साहन देना तथा उन राज्यों की सरकारों को हिंदी पढ़ाने के लिए उपयुक्त कार्मिक प्रदान करना।

प्रौढ़ शिक्षा

- साक्षरता को विकास एवं मानव जीवन की गुणवत्ता का सूचक माना जाता है। भारत की साक्षरता दर में पिछले दशकों से सतत् वृद्धि हुई है।
- 1951 में जहाँ भारत की साक्षरता दर 18.33% थी, वहीं यह 2001 में बढ़कर 64.8% हो गई है। तदोपरांत जनगणना 2011 के अंतिम आंकड़े के अनुसार साक्षरता दर 8.16% बढ़कर 73.0% हो गई।
- ध्यातव्य है कि जहाँ साक्षरता दर में 8.16% की वृद्धि हुई है, वहीं साक्षर जनसंख्या में वर्ष 2001 की तुलना में वर्ष 2011 में 36.15% की वृद्धि हुई है।
- साक्षरता की गणना के लिए 7 वर्ष से ऊपर के आयु वर्ग को सम्मिलित किया जाता है। कोई भी व्यक्ति यदि वह पढ़-लिख सकता है, तो वह साक्षर है।

उद्देश्य

- प्रौढ़ शिक्षा का उद्देश्य अच्छी गुणवत्ता और स्तर वाली प्रौढ़ शिक्षा और साक्षरता से पूर्ण साक्षर समाज की स्थापना से है।
- साक्षरता और प्रौढ़ शिक्षा को बढ़ावा देने और राष्ट्रीय शिक्षा नीति के उद्देश्यों की प्राप्ति के लिए विभाग की स्वतंत्र और स्वायत्त संस्था के रूप में राष्ट्रीय साक्षरता मिशन प्राधिकार (एनएलएमए) की स्थापना की गई है।
- प्राधिकार की विविध भूमिकाओं में प्रौढ़ शिक्षा नीति और नियोजन, साक्षरता और प्रौढ़ शिक्षा कार्यक्रम का क्रियान्वयन, निगरानी अनुसंधान और मूल्यांकन, प्रचार और वातावरण निर्माण और प्रकाशन शामिल हैं।
- प्रौढ़ शिक्षा के उद्देश्यों को हासिल करने के लिए राष्ट्रीय साक्षरता मिशन प्राधिकार दो योजनाएँ साक्षर भारत मिशन तथा प्रौढ़ शिक्षा और कौशल विकास के लिए स्वैच्छिक संगठनों की मदद।

साक्षर भारत

- राष्ट्रीय साक्षरता मिशन के रूप में साक्षर भारत (एसबी) की शुरुआत प्रधानमंत्री डॉ. मनमोहन सिंह ने 8 सितंबर, 2009 को की थी।
- यह योजना 31 मार्च, 2012 तक प्रचालन में थी, फिर साक्षर भारत कार्यक्रम को 12वीं पंचवर्षीय योजना (2012-17) में शामिल कर लिया गया। 2012-13 के वित्तीय मानदंड वही थे, जो 11वीं योजना में थे।
- मिशन के चार प्रमुख उद्देश्य हैं:

1. निरक्षरों और अंक ज्ञान न रखने वाले प्रौढ़ों को कार्यात्मक साक्षरता और अंक ज्ञान प्रदान करना।
2. नव-साक्षर प्रौढ़ व्यक्तियों को बुनियादी साक्षरता के बाद भी अपना अध्ययन जारी रखने में और औपचारिक शैक्षिक प्रणाली से समानता प्राप्त करने में मदद करना।
3. निरक्षरों और नव-साक्षरों को अपने रोजगार और जीवन परिस्थितियों में सुधार हेतु संगत कौशल विकास कार्यक्रम प्रदान करना।
4. नव-साक्षर प्रौढ़ व्यक्तियों को शिक्षा जारी रखने के लिए अवसर प्रदान करते हुए एक शिक्षित समाज को बढ़ावा देना।

जन शिक्षण संस्थान (जेएसएस)

- निरक्षरों, नव-साक्षरों के साथ-साथ स्कूल बीच में छोड़ने वालों के लिए उनके रिहायशी क्षेत्र में बाजार के लिए कौशल को चिह्नित करते हुए उन्हें व्यावसायिक प्रशिक्षण प्रदान करने के लिए जन शिक्षण संस्थानों की स्थापना की गई।
- जन शिक्षण संस्थान कटिंग और टेलरिंग, ब्यूटी कल्चर और स्वास्थ्य देखभाल, फैशन डिजाइन, इलेक्ट्रिकल और इलेक्ट्रॉनिक्स, ऑटो मोबाइल रिपेयर, सॉफ्ट खिलौने बनाना, कृषि संबंधित पाठ्यक्रम, लघु उद्योग पाठ्यक्रम, हस्तशिल्प, बेकरी और कंफेक्शनरी, वस्त्र प्रौद्योगिकी, चमड़ा प्रौद्योगिकी और भवन प्रौद्योगिकी में लगभग 394 व्यावसायिक पाठ्यक्रमों में कौशल विकास प्रशिक्षण प्रदान करते हैं।

प्रौद्योगिकी के माध्यम से शिक्षा

सूचना और संचार प्रौद्योगिकी के माध्यम से शिक्षा का राष्ट्रीय मिशन

- सूचना और संचार प्रौद्योगिकी के माध्यम से शिक्षा का राष्ट्रीय मिशन (एनएमईआईसीटी) कहीं भी, किसी समय उच्च शिक्षण संस्थाओं में सभी शिक्षार्थियों के लाभ के लिए शिक्षण और ज्ञानार्जन प्रक्रिया की क्षमता बढ़ाने वाली केंद्र प्रायोजित योजना है।
- इस मिशन द्वारा शिक्षा नीति के तीन प्रमुख सिद्धान्तों-पहुँच, समानता और गुणवत्ता का पालन, सभी कॉलेजों, विश्वविद्यालयों को संबद्धता, छात्रों और अध्यापकों तक पहुँच, सह कम्प्यूटिंग उपकरण और देश के सभी शिक्षार्थियों को उच्च गुणवत्ता वाली ई-विषय सामग्री निःशुल्क प्रदान कर किया जा सकता है। मिशन में तीनों तत्व हैं। मिशन के दो बड़े घटक हैं:

  (अ) छात्रों और संस्थाओं को उपकरणों के साथ संबद्धता प्रदान करना

  (ब) विषय वस्तु का विकास
- इसका उद्देश्य उच्च शिक्षा के क्षेत्र में शहरी और ग्रामीण शिक्षार्थी में अध्यापन और विद्यार्जन के लिए कम्प्यूटिंग उपकरणों के प्रयोग कौशल के अंतर को कम करना है और उनका सशक्तिकरण, जो अब तक डिजिटल क्रांति से अछूते हैं तथा ज्ञान की मुख्यधारा में शामिल नहीं हो पाए हैं।

- ई-ज्ञानार्जन के लिए उचित अध्ययन कला, प्रयोगशालाओं में प्रयोग की सुविधा, ऑनलाइन जाँच और प्रमाणीकरण, अध्यापकों की ऑनलाइन उपलब्धता, शैक्षिक उपग्रह (एडुसैट) और डायरेक्ट टू होम (डीटीएच) मंचों का उपयोग अध्यापन, ज्ञानार्जन आदि के लिए नए तरीकों के प्रभावी इस्तेमाल की खातिर अध्यापकों का प्रशिक्षण और सशक्तिकरण पर ध्यान देना है।

ई-विषय वस्तु

- **ई-विषय वस्तु** : मिशन लक्षित समूहों के लिए उच्च गुणवत्ता का ई-विषय वस्तु तैयार करेगा। एनपीटीईएल इंजीनियरिंग, विज्ञान और कला विषयों में ऑनलाइन वेब और वीडियो पाठ्यक्रमों में ई-ज्ञानार्जन सुविधा उपलब्ध कराता है। एनपीटीईएल का मिशन निःशुल्क ऑनलाइन पाठ्य सामग्री प्रदान कर देश में इंजीनियरिंग शिक्षा की गुणवत्ता को बढ़ाना है। एनपीटीईएल इस मिशन द्वारा पोषित आईआईटी और आईआईएस की संयुक्त पहल है।

शिक्षा उपग्रह (एडुसैट) और डायरेक्ट टू होम (डीटीएच) मंच

- मिशन का उद्देश्य देश भर में शिक्षार्थियों को ई-विषयवस्तु के रूप में ज्ञान उपलब्ध कराना है। इसके लिए मिशन सभी संभव चैनलों, इटरनेट, इंट्रानेट, एडूसैट या टीव्री संकेतों और डायरेक्ट टू होम मंचों तक पहुँच और शक्ति का इस्तेमाल करेगा।
- मिशन के दस्तावेज में ई-ज्ञानार्जन के लिए आईपीटीवी सहित ऑडियो और वीडियो आधारित कार्यक्रमों के लिए 1000 डीटीएच चैनलों का प्रावधान करने की परिकल्पना की गई है।
- अंतरिक्ष विभाग (डीओएस) 36 एमएचजेड के दो केयू बैंड ट्रांसपांडर जी सैट-8 पर देने के लिए तैयार हो गया है। इसके साथ 50-60 शिक्षा चैनल शुरू करने की योजना है।

भाषाओं का विकास

- राष्ट्रीय शिक्षा नीति एवं कार्ययोजना में भाषाओं के विकास का महत्वपूर्ण स्थान है। अतः हिन्दी और संविधान की 8वीं सूची में अधिसूचित 21 विभिन्न क्षेत्रीय भाषाओं के संवर्धन और विकास पर पर्याप्त ध्यान दिया गया है।
- ये कार्यक्रम तीन सहायक कार्यालयों अर्थात् केंद्रीय हिन्दी निदेशालय, वैज्ञानिक और तकनीकी शब्दावली आयोग तथा केंद्रीय भारतीय भाषा संस्थान के माध्यम से लागू किए जा रहे हैं।

केंद्रीय हिन्दी निदेशालय (सीएचडी) नई दिल्ली

- हिन्दी के संवर्धन और प्रचार के अलावा भारतीय संविधान के अनुच्छेद 351 के तहत इसे संपर्क भाषा के रूप में विकसित करने के लिए केंद्र सरकार ने 1 मार्च, 1960 को केंद्रीय हिन्दी निदेशालय की स्थापना की।
- केंद्रीय हिन्दी निदेशालय का मुख्यालय नई दिल्ली में है और चेन्नई, कोलकाता, हैदराबाद और गुवाहाटी में क्षेत्रीय कार्यालय हैं। अपनी स्थापना से ही निदेशालय हिन्दी के विकास और संवर्धन के लिए अनेक योजनाएँ कार्यक्रम लागू कर रहा है।
- दूसरी भाषा के रूप में हिन्दी शिक्षण के लिए निदेशालय का पत्राचार पाठ्यक्रम विभाग हिन्दी में सर्टिफिकेट, डिप्लोमा और एडवांस डिप्लोमा पाठ्यक्रम चला रहा है। यह सरकारी भाषा विभाग के प्रबोध, प्रवीण और प्रज्ञा पाठ्यक्रम का संचालन सरकारी कर्मचारियों के लिए और उत्तर पूर्व के उन छात्रों के लिए हिन्दी पाठ्यक्रम चलाता है जो संघ लोक सेवा आयोग की सिविल सेवा परीक्षा में हिन्दी को अनिवार्य भारतीय भाषा के रूप में अपनाते हैं।
- निदेशालय दूसरी भाषा के रूप में गैर हिन्दी भाषी भारतीयों और विदेशियों को अंग्रेजी, तमिल, मलयालम और बांग्ला भाषा के माध्यम से हिन्दी की शिक्षा दे रहा है।

कॉपीराइट

चित्र 7.5: कॉपीराइट अधिनियम का प्रतीक चिह्न

- कॉपीराइट अधिनियम 1957 की धारा 9(1) के तहत 1958 में कॉपीराइट कार्यालय की स्थापना उच्च शिक्षा विभाग के प्रशासनिक नियंत्रण में की गई।
- इसका प्रमुख कॉपीराइट्स पंजीयक होता है, जिसे कॉपीराइट के मामलों के लिए अर्द्ध न्यायिक अधिकार प्राप्त होते हैं। इसका मुख्य कार्य कॉपीराइट का पंजीयन है।
- कॉपीराइट कार्यालय के रजिस्टर से आम लोगों को कॉपीराइट की गई सामग्रियों की जानकारी मिलती है। इसके अलावा रजिस्टर के निरीक्षण और उसके अंश लेने की सुविधा प्रदान की जाती है।
- कॉपीराइट अधिनियम 1957 की धारा के तहत निम्नलिखित श्रेणियों की कृतियों में कॉपीराइट होता है :

1. मौलिक साहित्यिक, नाट्य, संगीत और कलात्मक कृतियां
2. सिनेमैटोग्राफिक फिल्म और
3. ध्वनि रिकार्डिंग

- कॉपीराइट के लिए किसी औपचारिकता की आवश्यकता नहीं होती। जैसे ही कोई कृति पूरी होती है, उसका कॉपीराइट हो जाता है। लेकिन कॉपीराइट के मालिकाना हक संबंधी विवाद में न्यायालय में कॉपीराइट पंजीयन संबंधी प्रमाणपत्र अधिनियम की धारा 48 के अनुरूप प्रथम दृष्ट्या सबूत होता है।
- अधिनियम की धारा-47 के तहत कोई भी व्यक्ति निर्धारित शुल्क देकर उद्धरणों की प्रमाणित प्रतियाँ हासिल कर सकता है। इसके लिए रजिस्टर में लिखित कृतियों के विवरण का सूचकांक कॉपीराइट कार्यालय में होता है।
- रजिस्ट्रार द्वारा रजिस्टर में प्रविष्टियों में मामूली सुधार किए जा सकते हैं, लेकिन रजिस्ट्रार या संबंधित पक्ष के किसी भी व्यक्ति के आवेदन पर कॉपीराइट बोर्ड को किसी भी प्रविष्टि को हटाने का अधिकार होता है।

नेशनल बुक ट्रस्ट

- नेशनल बुक ट्रस्ट, भारत सरकार द्वारा 1957 में स्थापित एक शीर्ष संस्थान है। नेशनल बुक ट्रस्ट द्वारा इस दिशा में लागू किए जाने वाले कुछ कार्यक्रम इस प्रकार हैं–
- ट्रस्ट सस्ते दामों पर लोगों को पुस्तकें उपलब्ध कराने के लिए अच्छी पुस्तकों के प्रोडक्शन और प्रोत्साहन में जुटा हुआ है।
- ट्रस्ट देश भर में पुस्तक मेलों/प्रदर्शनियों के आयोजन के साथ भारतीय पुस्तकों के प्रोत्साहन के लिए अंतर्राष्ट्रीय पुस्तक मेलों में भी भाग लेता है।

अनुसूचित जाति/अनुसूचित जनजाति और अल्पसंख्यकों की शिक्षा

- भारतीय संविधान नागरिकों की समानता के लिए प्रतिबद्ध है। सरकारी नीति के निदेशक सिद्धान्त भी समाज के कमजोर लोगों खासकर अनुसूचित जाति/अनुसूचित जनजाति के शैक्षिक और आर्थिक हितों को प्रोत्साहित करने वाला है।
- समानता हासिल करने के लिए संविधान में विशेष प्रावधान किए गए हैं। संविधान के अनुच्छेद 46 में लिखा है कि सरकार को कमजोर तबके के लोगों, खासकर अनुसूचित जातियों और अनुसूचित जनजातियों के शैक्षिक व आर्थिक हितों पर विशेष ध्यान देकर बढ़ावा देना चाहिए और सभी तरह के सामाजिक अन्याय और सामाजिक शोषण से उनकी रक्षा करनी चाहिए।
- संविधान के अनुच्छेद 15(4), 15(5), 16(4), 16(4ए), 16(बी), 164(1) प्रावधान, 275(1) प्रथम प्रावधान, 243डी, 243टी, 330, 332, 335, 338 से 342 और संविधान की 5वीं और 6वीं सूची अनुच्छेद 46 के उद्देश्यों के क्रियान्वयन के विशेष प्रावधानों से संबंधित है।

- राष्ट्रीय शिक्षा नीति (एनपीई) 1986 और 1992 से संशोधित में असमानताओं को दूर करने और जो अब तक समानता से वंचित रहे हैं, उनकी विशिष्ट आवश्यकताओं पर ध्यान देकर शिक्षा में समानता का अवसर प्रदान करने पर विशेष बल दिया गया है।
- 11वीं पंचवर्षीय योजना में त्वरित और समावेशी विकास हासिल करने के केंद्रीय माध्यम के रूप में शिक्षा को सर्वाधिक प्राथमिकता दी गई है। 12वीं योजना में तीव्र और अधिक समावेशी विकास की आवश्यकता पर बल दिया गया है।

अल्पसंख्यक शैक्षिक संस्थान राष्ट्रीय आयोग (एनसीएमईआई)

- एनसीएमईआई की स्थापना 11 नवंबर, 2004 को केंद्र या किसी राज्य सरकार को अल्पसंख्यकों को अपनी पसंद के शैक्षिक संस्थानों की स्थापना और उनके प्रबंधन तथा अन्य मामलों में संवैधानिक अधिकारों की रक्षा के बारे में सलाह देने के लिए की गई।
- आयोग के अधिकार अल्पसंख्यक शैक्षिक संस्थान राष्ट्रीय आयोग (संशोधन) अधिनियम, 2006 और 2010 के माध्यम से बढ़ा दिए गए।
- आयोग को न्यायिक, सलाहकार और सिफारिश के अधिकार हैं। आयोग एक अर्द्धन्यायिक संस्था है और उसे दीवानी अदालत के अधिकार प्राप्त हैं। आयोग 31 मार्च, 2013 तक 7727 शैक्षिक संस्थानों को अल्पसंख्यक स्तर का प्रमाणपत्र जारी कर चुका है।

चित्र 7.6: अल्पसंख्यक शैक्षिक संस्थान राष्ट्रीय आयोग का प्रतीक चिह्न

अल्पसंख्यक शिक्षा विश्वविद्यालय

- दिल्ली विश्वविद्यालय
- पूर्वोत्तर पर्वतीय विश्वविद्यालय
- असम विश्वविद्यालय
- नागालैंड विश्वविद्यालय
- मिजोरम विश्वविद्यालय

अंतर्राष्ट्रीय सहयोग

- अंतर्राष्ट्रीय सहयोग प्रकोष्ठ शिक्षा के क्षेत्र में द्विपक्षीय और अंतर्राष्ट्रीय सहयोग और विभिन्न देशों के साथ ऐसे द्विपक्षीय सहयोग पर विशेष ध्यान केंद्रित करते हुए शैक्षिक आदान-प्रदान कार्यक्रमों (ईईपी) के सूत्रीकरण, कार्यान्वयन और निगरानी पर समन्वय का काम करता है।
- भारत 45 देशों के साथ शैक्षिक आदान-प्रदान कार्यक्रम (ईईपी) समझौता ज्ञापन पर हस्ताक्षर कर चुका है।
- अंतर्राष्ट्रीय सहयोग प्रकोष्ठ राष्ट्रकुल और सार्क जैसे अंतर्राष्ट्रीय संगठनों के साथ विश्व में शैक्षिक स्तर के संवर्धन और भारत-ब्राजील-दक्षिण अफ्रीका त्रिपक्षीय (आईबीएसए) संघ, दक्षिण पूर्व एशियाई देश (आसियान) पूर्वी एशिया शिखर, अरब लीग, हिन्द महासागर, क्षेत्रीय सहयोग संगठन रिम संघ (आईओआर-एआरसी), आर्थिक सहयोग एवं विकास, यूरोपीय संघ (ईयू) आदि बहुपक्षीय संस्थाओं के साथ सहयोग के लिए शीर्ष प्रभाग है।

भारतीय शिक्षा की ऐतिहासिक पृष्ठभूमि

- 1792 बनारस में संस्कृत कॉलेज
- 1800 कोलकाता में फोर्ट विलियम कॉलेज की स्थापना।
- 1817 जनवरी 20- कोलकाता में राजा राममोहन राय द्वारा हिन्दू कॉलेज की स्थापना (1855 में इसका नाम प्रेसीडेंसी कॉलेज पड़ा)

- 1821 पूना संस्कृत कॉलेज
- 1824 कोलकाता में संस्कृत कॉलेज
- 1826 मद्रास के गवर्नर ने प्रत्येक जिले में दो स्कूल स्थापित किए
- 1834 मंगलौर में बेसल मिशन
- 1835 कलकत्ता मेडिकल कॉलेज, एशिया तथा भारत का पहला मेडिकल कॉलेज
- 1844 लॉर्ड हार्डिंग द्वारा बंगाल में 101 वर्नाकुलर स्कूलों की स्थापना
- 1847 भारत के पहले इंजीनियरिंग कॉलेज, रुड़की इंजीनियरिंग कॉलेज की स्थापना
- 1854 वुड्स डिस्पैच
- 1857 शिक्षा पर हण्टर कमीशन की स्थापना
- 1882 पंजाब विश्वविद्यालय की स्थापना
- 1887 इलाहाबाद विश्वविद्यालय की स्थापना
- 1950 मुफ्त तथा अनिवार्य शिक्षा को भारतीय संविधान में राज्य के नीति निदेशक तत्वों में शामिल किया जाना
- 1951 खड़गपुर में भारत के पहले आई.आई.टी. की स्थापना
- 1952 माध्यमिक शिक्षा पर मुदालियर कमीशन
- 1956 संसद के अधिनियम द्वारा विश्वविद्यालय अनुदान आयोग तथा राष्ट्रीय बाल भवन की स्थापना
- 1961 राष्ट्रीय शैक्षिक अनुसंधान और विकास परिषद् की स्थापना
- 1964 कोठारी कमीशन की स्थापना
- 1976 शिक्षा को राज्य सूची से हटाकर समवर्ती सूची में शामिल किया जाना
- 1980 राष्ट्रीय जनसंख्या शिक्षा परियोजना
- 1986 नई राष्ट्रीय शिक्षा नीति की घोषणा
- 1987-88 ऑपरेशन ब्लैकबोर्ड
- 1988 राष्ट्रीय साक्षरता मिशन की शुरुआत
- 1989 महिला समाख्या कार्यक्रम
- 1994 जिला प्राथमिक शिक्षा कार्यक्रम
- 1995 राष्ट्रीय अध्यापक शिक्षा परिषद् की स्थापना तथा दोपहर भोजन योजना
- 2001 सर्वशिक्षा अभियान की शुरुआत
- 2002 संविधान में मुफ्त तथा अनिवार्य शिक्षा को मौलिक अधिकार बनाने के लिए संशोधन
- 2004 शिक्षा के क्षेत्र के लिए एडुसैट सैटेलाइट का लांच
- 2008 आठ नए आई.आई.टी. की स्थापना का निर्णय
- 2009 राष्ट्रीय माध्यमिक शिक्षा अभियान की शुरुआत
- 2010 साक्षर भारत मिशन की शुरुआत
- 2011 आठ नए आई.आई.टी. संस्थानों की स्थापना
- 2012 शिक्षा अधिकार अधिनियम प्रभावी
- 2013 विधिक साक्षरता अभियान
- 2014 रोजगारपरक शिक्षा नीति बनी
- 2020 नई शिक्षा नीति का मसौदा लॉन्च हुआ।

भारतीय भाषाएँ

विचार और अभिव्यक्ति के लिए भाषा का होना आवश्यक है। भारत को भाषाओं का देश कहा जाता है। भारत में क्षेत्रीय भाषाओं की संख्या बहुत अधिक है। भारतीय संविधान की आठवीं अनुसूची में 22 प्रादेशिक भाषाओं का उल्लेख है। इस अनुसूची में प्रारंभ में 14 भाषाएँ थीं, 21वें संविधान संशोधन अधिनियम 1967 द्वारा सिन्धी को और 71वें संविधान संशोधन अधिनियम 1992 द्वारा नेपाली, कोंकणी और मणिपुरी को तथा 92वें संविधान संशोधन अधिनियम 2003 द्वारा बोडो, डोगरी, मैथिली तथा संथाली को शामिल किया गया। अंग्रेजी संघ की सहायक राजभाषा मेघालय, मिजोरम तथा नागालैंड की राजभाषा है। किन्तु आठवीं अनुसूची में शामिल नहीं है। इसी प्रकार प्रमुख प्रादेशिक भाषा राजस्थानी व भोजपुरी को भी इसमें स्थान नहीं दिया गया है। भारतीय संविधान के अनुच्छेद 29 द्वारा कहा गया है कि भारतीय नागरिक को अपनी भाषा, लिपि, संस्कृति को संरक्षित करने का अधिकार होगा।

भारतीय भाषाओं का परिवार

- **आर्य भाषा परिवारः** आर्य भाषा 'संस्कृत' से संबंधित है। इसमें उत्तर भारत की अनेक भाषाएँ–कश्मीरी, डोंगरी, हिन्दी, पंजाबी तथा राजस्थानी आदि सम्मिलित हैं। इसके साथ ही गुजराती, मराठी, बांग्ला, उड़िया, असमिया तथा मैथिली आदि भाषाएँ भी इसी परिवार की भाषाएँ हैं।
- **द्रविड़ भाषा परिवारः** इस परिवार की भाषाओं में तमिल, तेलुगू, कन्नड़ तथा मलयालम आदि प्रमुख हैं।
- **ऑस्ट्रो-एशियाई भाषा परिवारः** इस परिवार की मुंडा भाषाएं–'खड़िया' एवं 'मुंडारी' देश के मध्य क्षेत्र में बोली तो जाती हैं, किन्तु इन्हें प्रमुख भाषा नहीं माना जाता है।
- **तिब्बत-बर्मन भाषा परिवारः** देश के उत्तर-पूर्व में बोली जाने वाली इस परिवार की भाषाओं में 'मणिपुरी' प्रमुख है।

भारत संविधान की आठवीं अनुसूची में 18 भाषाएँ–असमिया, बांग्ला, गुजराती, हिन्दी, कन्नड़, कश्मीरी, मलयालम, मराठी, उड़िया, पंजाबी, संस्कृत, तमिल, तेलुगू, उर्दू, सिन्धी, नेपाली, मणिपुरी तथा कोंकणी सम्मिलित हैं। किन्तु 'साहित्य अकादमी', 'भारतीय ज्ञानपीठ' तथा 'हिन्दी अकादमी' सरीखी साहित्यिक संस्थाएँ उक्त 18 एकीकृत राजकीय भाषाओं के साथ ही अंग्रेजी, डोगरी, राजस्थानी एवं मैथिली आदि भाषाओं में भी प्रत्येक वर्ष पुरस्कार प्रदान करती हैं। वर्ष 1960 में 'साहित्य अकादमी' ने भाषा विशेषज्ञों की जो 'योग समिति' गठित की थी, उसकी अनुशंसा के अनुसार, देश में कम-से-कम 22 ऐसी भाषाएँ हैं, जिनमें उच्च स्तरीय साहित्य सृजन किया जा रहा है। वर्ष 1997 में 'साहित्य अकादमी' ने अपनी नियमित पुरस्कार सूची में 'भोजपुरी' तथा 'मुंडारी' भाषाओं को सम्मिलित तो नहीं किया है, किन्तु इन भाषाओं में 'अध्येतावृत्ति' (Fellowship) अवश्य प्रदान कर दी है।

1. **असमिया :** भारतीय आर्यभाषा परिवार की 'असमिया' भाषा का प्रादुर्भाव, भाषाविदों द्वारा प्राच्य मगधी अपभ्रंश से माना जाता है। इस भाषा पर 'तिब्बती' एवं 'बर्मन' भाषाओं का स्पष्ट प्रभाव मिलता है। इस सरल एवं सरस भाषा में असम राज्य के मूल निवासियों की भाषा 'खासिया', 'आहोम', 'बड़ो' तथा 'संथाली' के अनेक शब्द समाहित हो गए हैं। एक स्वतंत्र भाषा के रूप में इसका अस्तित्व 7वीं शताब्दी के अंत में हुआ। साहित्यिक दृष्टि से इसका विकास चरणबद्ध रूप से हुआ। इसका प्रथम चरण 8वीं शताब्दी से 12वीं शताब्दी तक, द्वितीय चरण 1201 से 1650 तक, तृतीय चरण 1651 से 1850 तक और 1851 से वर्तमान समय तक आधुनिक काल तक मान्य है।

   असमिया के प्रथम चरण को 'आदिकाल' कहा जाता है, जिसमें लोकगीत, लोक-कथा, लोकोक्तियां और लोक-सूक्तियां तथा डाक के वचनों की रचना की गई। असमिया साहित्य के इस प्रारंभिक काल में महामहोपाध्याय हरप्रसाद शास्त्री द्वारा रचित 'बुद्धगान ओ दोहा' को एक कालजयी ग्रंथ माना जाता है। इसके अगले चरण में दुर्लभ नारायण ने 'प्रहलाद-चरित', 'लव-कुश युद्ध', 'जयद्रथ वध' की रचना की।

   14वीं शताब्दी में माधव कन्दाली ने 'वाल्मीकि रामायण' का असमिया भाषा में पद्यानुवाद करके स्वयं की सर्वश्रेष्ठता सिद्ध की। तब से आज तक उनकी यह कृति घर-घर में पूजी जाती है। इसके बाद उन्होंने भगवान कृष्ण के कार्य जीवन विषयक 'देवजित' की रचना की। इस काल के दुर्गावर ने 'गीति-रामायण' तथा पीताम्बर ने 'उषा परिणय' की रचना की।

15वीं-16वीं शताब्दी में कवि, साहित्यकार, अनुवादक तथा धर्म प्रचारक शंकरदेव का नाम उनके प्रमुख ग्रंथ 'कीर्तन घोषा' तथा 'परिजातहरण' 'रुक्मणिहरण', 'कालियदमन', 'राम विजय' और 'पत्नी प्रसाद' नाटकों के लिए उल्लेखनीय है। उन्होंने अनेक संस्कृत ग्रंथों का असमिया में अनुवाद भी किया। इस काल के प्रमुख कवियों में माधव देव, राम सरस्वती तथा श्रीधर कन्दाली प्रमुख हैं।

भाषा विकास के तृतीय चरण में मुख्यत: ऐतिहासिक रचनाएँ ही की गईं। राजेश्वर सिंह का नाटक 'कीचक वध' तथा शेखर भट्टाचार्य की कृति 'हरिवंश' इस काल की श्रेष्ठतम रचनाएँ हैं। ईसाई धर्म के प्रचार-प्रसार हेतु खेरेड ब्राउन तथा टी. कोट्ट द्वारा बच्चों के लिए प्रकाशित पत्रिका 'अरुणोदय' और 'द पिलग्रिम्स प्रोग्रेस' का असमिया अनुवाद 'जात्रीकर जात्रा' को इस चरण का श्रेष्ठ साहित्य कहा जाता है।

आधुनिक असमिया साहित्य के प्रणेता लक्ष्मीनाथ बेजबरुआ ने अपने मित्रों-चन्द्र कुमार अग्रवाल, हेमचन्द्र गोस्वामी तथा पद्मनाथ बरुआ के सहयोग से साहित्यिक पत्रिका 'जोनाकी' प्रकाशित करके एक नए युग को जन्म दिया। उनकी कविताएँ तथा हास्य रचना 'कृपावर बरबरुआ काकतर रोपोलो' काल की सर्वोत्तम कृतियां हैं। हेमचन्द्र गोस्वामी ने असम के इतिहास लेखन तथा पाण्डुलिपि-संरक्षण, चन्द्र कुमार अग्रवाल का काव्य सृजन तथा दुर्गेश्वर शर्मा एवं नीलमणि फूकन की दार्शनिक रचनाएँ, अम्बिकागिरि चौधरी का काव्य संग्रह 'तुमि' आधुनिक रचना काल के सशक्त हस्ताक्षर हैं। इसके अतिरिक्त रघुनाथ चौधरी, नलिनी बाला, यतीन्द्रनाथ दुबरा, हितेश्वर बरबरुआ, देवकान्त बरुआ तथा धर्मेश्वरी देवी का साहित्यिक योगदान उल्लेखनीय है।

आज असमिया साहित्य एवं साहित्यकार एक राष्ट्रीय पहचान बनाते जा रहे हैं। डॉ. वीरेन्द्र कुमार भट्टाचार्य को वर्ष 1979 के एवं सुश्री इन्दिरा गोस्वामी को वर्ष 2000 के 'ज्ञानपीठ पुरस्कार' से पुरस्कृत किया जा चुका है।

2. **उड़िया** : 9वीं शताब्दी में मागधी अपभ्रंश से ही विकसित इस 'उड़िया' भाषा में प्रथम दृष्टया लौकिक एवं परिभाषित दोनों ही प्रकार के साहित्य मिलते हैं। किन्तु उनका सृजन 13वीं शताब्दी का ही प्रमाणित होता है। इस रचनाकार में सृजित साहित्य में शैव, वैष्णव, शाक्त तथा बौद्ध मतों का स्पष्ट प्रभाव दृष्टिगोचर होता है।

14वीं शताब्दी के शीर्ष कवि सरलदास, जिन्हें उड़िया भाषा का व्यास कहा जाता है, ने जिस सशक्तता से महाभारत को प्रस्तुत किया, वह आज भी स्तुत्य है। कहा जाता है कि वह माँ सरला देवी के अनन्य भक्त थे। इसीलिए उनका नामकरण सरला दास किया गया। वैसे उनका वास्तविक नाम सिद्धेश्वर परिदा था। यह माँ की ही अपार कृपा थी, जो अल्प शिक्षित होकर भी वह उड़िया साहित्य में श्रीवृद्धि करने में समर्थ हुए। इतना ही नहीं उनके शिष्यों में से बलराम दास ने 'रामायण' एवं 'महाभारत' और जगन्नाथ दास ने 'भागवतपुराण' का उड़िया में अनुवाद करके भाषा साहित्य को सम्पन्नता प्रदान की।

16वीं शताब्दी में उपेन्द्र भाज, बलदेव रथ, दीना कृष्णदास तथा भगवतचरण दास की रचनाओं में संस्कृत के सुकवि जयदेव की रचनाधर्मिता तथा शिरोमणि चैतन्य महाप्रभु की भक्ति आराधना स्पष्टत: मिलती है। महान कृष्णभक्त कवि भीमभोई को 'उड़िया का सूरदास' कहा जाता है।

उड़िया साहित्य में देश की स्वतंत्रता की ललक तो उसकी प्रारंभिक रचनाओं में ही विद्यमान है। आधुनिक युग में फकीर मोहन सेनापति की कृतियां 'गल्प-स्कल्प' (कहानी संग्रह) तथा 'चमन आधा गुंवा' (उपन्यास), राधानाथ रथ का महाकाव्य 'महायात्रा' तथा कविगण-गोपबन्धु दास, बैकुण्ठनाथ पटनायक, कालिन्दीचरण पाणिग्रही, मायाधर मन सिन्हा, गुरु प्रसाद मोहन्ती, रमाकान्त रथ और सीताकान्त महापात्र ने जो उड़िया साहित्य में श्रीवृद्धि की है, वह चिरस्मरणीय है।

इस सम्पन्न भाषा के साहित्यकारों में से गोपनीय मोहन्ती को वर्ष 1973, सच्चिदानन्द राउतराय को वर्ष 1986 तथा डॉ. सीताकान्त महापात्र को वर्ष 1993 और उपन्यासकार प्रतिभा मिश्र को वर्ष 2011 में ज्ञानपीठ पुरस्कार से पुरस्कृत किया जा चुका है।

3. **कन्नड़** : भारत की प्राचीनतम भाषाओं में से एक 'कन्नड़' भाषा को एक स्वतंत्र अस्तित्व तो 5वीं शताब्दी में ही प्राप्त हो गया था, किन्तु 9वीं शताब्दी के प्रारंभ तक प्राय: सभी विधाओं का समावेश इसके विपुल साहित्य भंडार

में हो चुका था। संस्कृत से प्रभावित इस भाषा के आदिकालीन साहित्य में 'रामायण' तथा 'महाभारत' की स्पष्ट छवि मुखरित होती है। दक्षिण के द्रविड़ परिवार की मुख्य भाषा 'कन्नड़', एक ऐसी भाषा है, जिसकी शुद्धता हेतु व्याकरण का सृजन प्रारंभिक काल में ही कर लिया गया था। 13वीं शताब्दी में काशिराज ने 'शब्दमणि दर्पण' की रचना करके जहाँ व्याकरण की उत्पत्ति की, वहीं नागवर्मा द्वितीय ने पहले संस्कृत में 'साहित्य व्याकरण', 'काव्यावलोकन' एवं 'भाषाभूषण' तथा बाद में 'वस्तुकोश' नाम से संस्कृत-कन्नड़ शब्दकोश का सृजन करके 'कन्नड़' भाषा को व्याकरण तथा शब्दार्थ से परिपूर्ण किया।

इससे पूर्व 12वीं शताब्दी में बसवेश्वर ने उक्तियों के प्रयोग तथा तुकान्त एवं सूत्रपरक शैली द्वारा कन्नड़ साहित्य में एक क्रान्ति का सूत्रपात किया। इस रचना काल में कुमार व्यास का 'कन्नड़ भारत' तथा हरिहर, रन्न, रुद्रभट्ट तथा राघवांक आदि ने अन्य महाकाव्यों की रचना की।

वस्तुतः कन्नड़ साहित्य का आधुनिक काल वर्ष 1850 से प्रारंभ हुआ। भाषाविदों ने इस काल को चार कालों में विभक्त किया है:

- ❖ सांस्कृतिक जागरण काल (1850-1920)
- ❖ राजनीतिक संघर्ष एवं सामाजिक यथार्थ काल (1920-1950)
- ❖ मोह-भंग एवं प्रयोग काल (1950-1970)
- ❖ संक्रमण काल (1970-आज तक)

कन्नड़ साहित्य में 'कहानी' विधा का प्रणेता मास्ति वेंकटेश अयंगार को माना जाता है। इस सम्पन्न भाषा साहित्य में भारतीय साहित्य ने अपनी एक विशिष्टता सिद्ध की है, जिसे राष्ट्रीय स्तर पर मान्यता मिली है। डॉ. कुष्पकि वेंकटपुटप्पा को वर्ष 1967, डॉ. दत्तात्रेय रामचन्द्र वेन्द्रे को वर्ष 1973, डॉ. शिवराम कारन्त को वर्ष 1977, मस्ति श्रीनिवास वेंकटेश आयंगर को वर्ष 1983, विनायक कृष्ण गोकाक को वर्ष 1990, प्रो. यू. आर. अनन्तमूर्ति को वर्ष 1994, गिरीश कर्नाड को वर्ष 1998 तथा चन्द्रशेखर कम्बार को वर्ष 2010 में 'ज्ञानपीठ पुरस्कार' से पुरस्कृत किया जा चुका है।

4. **कश्मीरी :** भारोपीय भाषा समूह के 'दरह' परिवार की इस प्रमुख 'कश्मीरी' भाषा का प्रार्दुभाव 'पैशाची अपभ्रंश' से हुआ है। इस भाषा पर फारसी तथा संस्कृत का स्पष्ट प्रभाव देखने को मिलता है। शैव संस्कृत ग्रंथ 'तन्त्रसार' का रचनाकाल 11वीं शताब्दी माना जाता है। अभिनव गुप्त द्वारा रचित इस ग्रंथ को कश्मीरी भाषा की प्रथम कृति माना गया है। कश्मीरी भाषा की प्रारंभिक रचनाओं में 'वाक्', 'श्रुक', 'पावन्द' तथा 'वत्सुन' प्रभाव दिखते हैं, वे आध्यात्मिकता के प्रतीक हैं। वाक् आध्यात्मिक छन्द रचना, श्रुक सूफीमत विषयक, पावन्द विषयविशेष रचना तथा वत्सुन आवृत्ति युक्त गीतिका को कहते हैं।

   कश्मीरी साहित्य में आधुनिक काल 19वीं शताब्दी से प्रारंभ होता है, जिसके प्रमुख कवि हैं-महजूर तथा कौलम स्तरगी आदि। उर्दू के प्रख्यात कथाकारों-अख्तर मोहिउद्दीन, मोहम्मद अमीन कामिल तथा अली मोहम्मद आदि को कश्मीरी साहित्य में कहानी विधा को प्रारंभ करने का श्रेय प्रदान किया जाता है।

5. **कोंकणी :** मराठी तथा हिन्दी की हमजोली भाषा-कोंकणी आज एक समृद्ध भाषा है, किन्तु पुर्तगाली शासनकाल में इसकी पर्याप्त धरोहर नष्ट हो चुकी है। इसकी लिपि देवनागरी है, परंतु यह 'कन्नड़', 'मलयालम' तथा 'रोमन' में भी लिपिबद्ध की जा रही है। कोंकणी साहित्यकारों ने मराठी भक्ति साहित्य, रामायण तथा महाभारत में सृजन करके कोंकणी साहित्य का सूत्रपात किया है।

   पुर्तगाली साहित्यकारों ने 'कोंकणी साहित्य' में कालजयी रचनाओं द्वारा अभिवृद्धि की है। 18वीं शताब्दी में फादर जेकिमद मिराण्डा ने ईसा मसीह के पुनर्जीवन पर आधारित पूजा गीत 'रिग्लो जेसु भोलान्तक' तथा दोना ब्रेतो ने 'पापियंसी क्सेरथिती' की रचना करके साहित्य में भरपूर योगदान दिया है।

   एक प्रेरक के रूप में कोंकणी साहित्य में श्रीवृद्धि करने का श्रेय शोणाय् गोयम्बाव को प्रदान किया जाता है। इन्हीं की प्रेरणा से वी. बोरकर, आर.वी. पण्डित तथा एम. सरदेसाई जैसे साहित्यकारों ने उत्कृष्ट साहित्य का सृजन किया। रवीन्द्र केलकर ने एक निबन्धकार के रूप में 'हिमालयान्त' जैसी रोचक एवं सार्थक कृति प्रस्तुत

की है और पाक्षिक 'मिर्ग' तथा साप्ताहिक 'गोमान्त भारती' का प्रकाशन करके कोंकणी पत्रकारिता का भी उत्थान किया है।

कोंकणी साहित्य को समृद्धि प्रदान करने में डॉ. डी. के. सुखथानकर ने निबंध लेखन, महाबलेश्वर सैल ने कथा लेखन तथा अन्य विधाओं में प्रो. ओल्विन्हो गोम्स, सी.एफ. डीकोस्टा, मनोहरराई सरदेसाई, चन्द्रकांत कैनी, अरविन्द माम्बरो, एस.एस. कृष्णाराव, फेलीसियो कार्दोसो और रजनी ए. मैम्बरे आदि का महत्वपूर्ण योगदान है।

आज कोंकणी राष्ट्रीय स्तर पर जानी-पहचानी जाती है। महाबलेश्वर सैल के कथा संग्रह 'तरंग' को साहित्य अकादमी ने पुरस्कृत किया है। 2006 में रवीन्द्र केलकर को ज्ञानपीठ पुरस्कार से सम्मानित किया जा चुका है।

6. **गुजराती :** गुर्जर अपभ्रंश से जन्मी 'गुजराती' भाषा का विकास 12वीं शताब्दी से प्रारंभ होता है। इसके प्रारंभिक साहित्य में जैनत्व, आध्यात्मक तथा श्रृंगारयुक्त कलात्मकता के दर्शन होते हैं, साथ ही वीरता, रस-रंगता तथा लोक-कलात्मकता की पुट भी मिलती है। लोक साहित्य में रास गीतों तथा फाग गीतों की प्रचुरता भी मिलती है। इस युग के साहित्यकारों में पद्म, राजशेखर तथा जयशेखर का स्थान प्रमुख है।

शालिभद्र सूरी द्वारा रचित 'भारतेश्वर बाहुबली रासा' को प्रथम साहित्यिक ग्रंथ माना जाता है। इसी प्रकार माणिक्य जैन रचना 'पृथ्वीचन्द्र' एक कालजयी कृति मानी जाती है। 16वीं शताब्दी तक गुजराती भाषा पर राजस्थानी भाषा का स्पष्ट प्रभाव मिलता है। कदाचित इसीलिए गुजराती के आदि कवि नरसी मेहता तथा मीराबाई को गुजराती कवि माना जाता है। राजस्थान की मीराबाई को राजस्थानी एवं हिन्दी साहित्य दोनों में ही विशिष्ट स्थान प्राप्त है। भलना ने 'कादम्बरी', 'नलाख्यान' तथा 'रामबालचरित' का पद्यानुवाद और नकर एवं विष्णुदास ने रामायण, महाभारत सरीखे पौराणिक ग्रंथों का गुजराती में ऐसा प्रस्तुतीकरण किया कि वे जन-जन के प्रिय कवि बन गए।

गुजराती साहित्य में आधुनिक काल के प्रणेता दलपतराम तथा नर्मदाशंकर माने जाते हैं। गुजराती का प्रथम उपन्यासकार कहलाने का गौरव 'करन घेला' के रचयिता नर्मदाशंकर को दिया जाता है, किंतु सर्वाधिक ख्याति अर्जित की, 'सरस्वती चन्द्र' के रचयिता गोवर्द्धन राम त्रिपाठी ने। इसी प्रकार बाल मनोविज्ञान के आधार पर रचना कर्म करने वाले गिजूभाई वधेका की एक अपनी ही विशिष्टता है।

देश के प्रथम पंक्ति के राजनीतिज्ञ एवं साहित्यकार कन्हैयालाल माणिकलाल मुंशी ने गुजराती कथा साहित्य को एक नया आयाम नई दिशा प्रदान की। उनकी अमर कृति 'कृष्णावतार' न केवल गुजराती बल्कि अन्य भाषाओं में अत्यंत लोकप्रिय है। इसके अतिरिक्त आचार्य काका कालेलकर, पन्नालाल पटेल, उमाशंकर जोशी, सी.सी. मेहता तथा धनसुख लाल मेहता आदि का योगदान स्तुत्य है। उमाशंकर जोशी को वर्ष 1967, पन्नालाल पटेल को वर्ष 1985, राजेन्द्र शाह को वर्ष 2001 तथा रघुवीर चौधरी को वर्ष 2015 में 'ज्ञानपीठ पुरस्कार' से पुरस्कृत किया जा चुका है।

7. **उर्दू :** शौरसेनी अपभ्रंश से विकसित भाषा 'उर्दू' का अर्थ है-लश्कर, पड़ाव। फारसी लिपि की इस भाषा में फारसी, अरबी, हिन्दी तथा बोलचाल के अनेकानेक शब्द समाहित हैं, जो इसकी जनप्रियता वृद्धि में सहायक हैं। बहुधा उर्दू को मात्र मुस्लिम समुदाय की मातृभाषा समझा जाता है, किन्तु वास्तविकता यह है कि गुलाम वंश के प्रथम सुल्तान कुतुबुद्दीन ऐबक के शासनकाल में उर्दू का अंकुर फूटा, सुल्तान बलबन के शासनकाल में पल्लवित हुआ और मुगल सम्राट शाहजहाँ के शासनकाल में उर्दू के रूप में विकसित हुआ। इसके मध्य तथा बाद में जब भारत में सूफी संतों का आगमन प्रारंभ हुआ, तो अनेकानेक बोलियों एवं भाषाओं के शब्द इसमें समाहित होते चले गए और अब इसमें हिन्दी तथा आम बोलचाल के शब्दों, मुहावरों तथा लोकोक्तियों का बोलबाला है।

भाषाविदों का अभिमत है कि इस भाषा का साहित्यिक प्रारूप 13वीं शताब्दी में प्रारंभ हुआ, जिसे कोठे-बाजारों तथा दरबारों ने सदा ही प्रोत्साहित किया। आज इस रोमान्स की भाषा में जो खाली, नफासत तथा नजाकत है, वह उसी प्रोत्साहन का प्रतीक है। उर्दू में शेर, मसनवी, गजल, कसीदा, सेहरा, मर्सिया, रेख्ता, रूबाई तथा नज्म जैसी विधाएँ हैं, वे दिल-दिमाग को छू लेने वाली हैं।

उर्दू के दो रूप हैं-'उत्तरी' तथा 'दक्खिनी' (दक्षिणी)। 13वीं शताब्दी के साहित्य में उत्तरी साहित्य पर दक्खिनी साहित्यिक परम्पराओं का व्यापक प्रभाव रहा। दक्खिनी उर्दू साहित्यकार-शेख गंजुल इल्म, ख्वाजा बन्दानवाज,

अहमद अजीज तथा मुकिनी की रचनाएँ, विशेषतः बन्दानवाज की रचना 'मिराजुल आशिकीन' तो आज भी उर्दू प्रेमियों द्वारा बड़े चाव से पढ़ी जाती है। इस काल के साहित्य पर भारतीयता तो फिर भी मिल जाती है, किंतु 17वीं शताब्दी के प्रारंभ तक इस पर फारसी प्रभावित होती गई। मुल्ला वजही की मसनबी रचना 'कुतुबमुश्तरी' तथा तुकान्त गद्य रचना अन्योक्ति 'सबरस' इस तथ्य के प्रमाण हैं।

उर्दू में गजल विद्या का शुभारंभ अमीर खुसरो, कुतुबशाह तथा सेराज आदि ने किया और अपनी एक अमिट छाप भी छोड़ी। 18वीं शताब्दी में मिर्जा असदउल्लाह खां गालिब, मीर हसन तथा ख्वाजा मीर जैसी हस्तियों ने पारंपरिक उर्दू साहित्य को सजाया-संवारा। इसी साहित्यिक काल में जब सर सैयद अहमद खां का सुधार आन्दोलन सक्रिय हुआ तो उसका प्रभाव उर्दू पर भी पड़ा। उर्दू साहित्यकारों ने अपनी रचना की दिशा 'सौन्दर्य' से 'प्रकृति' तथा 'समाज' की ओर मोड़ दी।

और हिन्दी-उर्दू की 'गंगा-जमुनी' सभ्यता के पक्षधर उर्दू साहित्यकारों ने आधुनिक काल में उर्दू को अनेकानेक नई दिशाएँ-नए आयाम प्रदान किए। हिन्दी के उपन्यास सम्राट मुंशी प्रेमचन्द ने **नवाब राय** नाम से अपना साहित्य लेखन उर्दू के माध्यम से प्रारंभ किया था। उर्दू नाटक साहित्य के प्रारंभिक काल में बनारसी, तालिब हसन तथा लखनवी का अप्रतिम योगदान है। आधुनिक कथा साहित्य में इस्मत चुगताई, कुर्रतुल एन. हैदर, इन्तिजार हुसैन, कृष्णचन्दर, सआदत हसन मंटो का उल्लेखनीय योगदान है।

इन सबसे अधिक सम्मान, प्यार तथा लोकप्रियता अर्जित की रघुपति सहाय 'फिराक गोरखपुरी' ने, जिन्हें उर्दू काव्य साहित्य में एक शिखर स्थान प्राप्त है। उर्दू को मात्र मुस्लिमों की भाषा समझने वाले लोगों के भ्रम निवारण में प्रो. शाह नसीर फरीदी की पुस्तक 'उर्दू' में प्रसिद्ध हिन्दू कवयित्रियां, जिसमें 'मलिका-ए-गजल' बी. रायजादा 'शबनम' तथा 'मयकश अकबराबादी', 'अन्दलीब-ए-सुखन', राजकुमारी सूरजकला 'सरवर' जैसी महान शायराओं की कुछ रचनाएँ संगृहीत हैं, एक साहित्यिक प्रमाण है। इसके अतिरिक्त आनन्द नारायण मुल्ला, गोपीचन्द नारंग, नरेश कुमार शाद, होश अकबरबादी, मयकश अकबराबादी आदि का भी उर्दू साहित्य की श्रीवृद्धि में महान योगदान है। इतना ही नहीं, आज की पीढ़ी के अनेक ऐसे शायर तथा लेखक हैं, जो देवनागरी लिपि की सहायता से 'उर्दू साहित्य' में अभिवृद्धि करते रहे हैं।

उर्दू के महान साहित्यकार रघुपति सहाय 'फिराक गोरखपुरी' को वर्ष 1969, कुर्रतुल ऐन. हैदर को वर्ष 1989, सरदार अली जाफरी को वर्ष 1997 तथा अखलाक मुहम्मद खान 'शहरयार' को वर्ष 2008 में ज्ञानपीठ पुरस्कार से पुरस्कृत किया गया है।

8. **डोगरी :** जम्मू तथा हिमाचल प्रदेश की इस लोकप्रिय भाषा 'डोगरी' की लिपि 'तकरी' रही है, किन्तु जब से साहित्यकारों ने देवनागरी लिपि को अपनाया है, तब से इस क्षेत्रीय भाषा का स्वरूप राष्ट्रीय स्तर का बनने लगा है। इस भाषा में प्राचीन संस्कृत तथा डोगरा पहाड़ी क्षेत्र की जनबोलियों का सम्मिश्रण मिलता है। कदाचित इसीलिए 'डोगरी साहित्य' में सहजता से लौकिकता के दर्शन होते हैं। रचनाओं में दैनिक जीवन का प्रेम, पीड़ा, मुक्त उल्लास तथा आस्तिकता उजागर होती है। डोगरी का प्रारंभिक काल 16वीं शताब्दी तथा आधुनिक 19वीं शताब्दी से माना जाता है। डोगरी के प्रारंभिक कवियों में मानचन्द, गंभीर राय, देवीदत्त तथा गंगाराम आदि के नाम प्रमुख हैं। तेहेल दास की फारसी कृति 'रजौली' की डोगरी में अनुदित गद्य रचना को साहित्य की प्रथम कृति माना जाता है। वर्ष 1818 में श्रीरामपुर की ईसाई मिशनरियों ने 'ओल्ड टेस्टामेन्ट' का डोगरी भाषा में प्रकाशन करके एक सार्थक पहल की थी। आधुनिक काल के प्रमुख कवियों में हरदत्त शास्त्री एवं दीनी भाई पंत ने क्षेत्र की सामाजिक, आर्थिक तथा राजनीतिक चेतना को जाग्रत करने हेतु अनेक रचनाएँ की हैं। इसी काल के कवि ज्ञानेश्वर को 'साहित्य अकादमी पुरस्कार' से पुरस्कृत किया गया है। इस भाषा को निरंतर समृद्ध करते रहने में उपन्यासकार वेद राही, कथाकार नरेन्द्र खजूरिया तथा गजलकार कुंवर वियोगी का महत्वपूर्ण योगदान है, किन्तु डोगरी की प्रतिनिधि कवयित्री एवं कथाकार पद्मा संचदेव को भाषा एवं साहित्य का राष्ट्रीय स्तर पर प्रतिनिधित्व करने का श्रेय प्रदान किया जाता है।

9. **तमिल :** द्रविड़ परिवार की भाषा 'तमिल' भारत की प्राचीनतम एक ऐसी भाषा है, जिसका साहित्यिक इतिहास ई.पू. 500 वर्ष से उपलब्ध है। इसकी प्रारंभिक कृति 'तोलकाप्पियम्' मानी जाती है, जो एक व्याकरण की पुस्तक है और जिसकी रचना ई.पू. 500 वर्ष में की गई थी।

द्रविड़ परिवार की इस भाषा में अनेकानेक विशिष्टताएँ हैं। यह भाषा संस्कृत से न्यूनतम प्रचलित है, जबकि इसकी सहचरी भाषाएँ संस्कृत से अत्यधिक प्रभावित हैं। इस भाषा के साहित्यिक रूप को 'शेतमिल' तथा लोकरूप को 'कोडतमिल' कहा गया है। इस भाषा की दो लिपियां प्रचलन में हैं, एक-**'वटटएषतु'** एवं दूसरी-**'ग्रंथम'**। इस भाषा के शब्दों का प्रारंभ संयुक्ताक्षर से उपलब्ध नहीं है।

तमिल साहित्य का आदि काल ई.पू. 500 वर्ष से ई.पू. 200 वर्ष माना गया है। इस काल को **संगम** कहते हैं। संगमकाल की उपलब्ध कृतियों-'पट्टिुपत्रु' तथा 'एट्टतोगे' में 473 कवियों एवं 30 कवयित्रियों की युद्ध विषयक और प्रेम विषयक कविताएँ संगृहीत हैं। इन काव्य संग्रहों में 13 से 37 पंक्तियों तक की प्रेम विषयक लगभग 400 कविताएँ उपलब्ध हैं। इसके अतिरिक्त भी 'ऐड्कुरूनरू', 'नटिणै', 'पैरिपाडल' तथा 'कुरून्तोगे' आदि काव्य संग्रह उपलब्ध हुए हैं। इस युग के सृजन में तमिल समाज एवं जन-जीवन का सार्थक चित्रण किया गया है। महान तमिल कवि तिरुवल्लुवर एवं उनकी कृति 'तिरूकुरल' का स्थान आज भी प्रमुख है।

तमिल के तुलसी कहे जाने वाले कवि कंबन की महान धार्मिक कृति कंबन रामायण के 10368 पद आज भी तमिल समाज में बहुत श्रद्धापूर्वक गुनगुनाए जाते हैं। कवि कंबन द्वारा प्रवाहित इस भक्तिधारा ने तमिल साहित्य में सदा ही एक धार्मिकता की ज्योति प्रज्वलित की है। तीसरी शताब्दी में एक राजवंशी कवि इलंगो द्वारा रामायण पर आधारित महाकाव्य **'शिल्प्प-तिकारम्'** तथा 'मणिमेखलै' भी श्रद्धा के पात्र हैं।

तमिल साहित्य में भक्ति काव्यों का प्रमुख स्थान है। शैव तथा वैष्णव, दोनों ही मतों के कवियों ने उच्चकोटि की रचनाएँ की है। शैव मत नयनार की रचनाओं में उजागर होता है। इस मत के अन्य प्रमुख कवि हैं : तिरूज्ञानसम्बन्दर, तिरूनावुक्करसर, सुन्दरर तथा मणिक्कवाचकर आदि। वैष्णव मत अलवारों में मिलता है। कुलशेखर तथा आण्डाल इसके महत्वपूर्ण कवि हैं।

तमिल भक्ति साहित्य में धार्मिक सहिष्णुता के सहज ही दर्शन होते हैं। इस साहित्य में जैन, बौद्ध, इस्लाम तथा ईसाई मत की अनेकानेक रचनाएँ मिलती हैं। उमरू पुलवर ने 500 छन्दों की एक रचना द्वारा हजरत मुहम्मद साहब के जीवन दर्शन का वर्णन किया है। इटली के **तमिल कवि बोश्चि** ने सेंट जोसेफ के जीवन पर आधारित कृति 'तेम्बेवाणि' की रचना करके तमिल भाषा के प्रति अपनी आस्था व्यक्त की है।

तमिल गद्य साहित्य का विकास 20वीं शताब्दी में संभव हुआ है। साहित्य की कथा, उपन्यास, निबंध तथा रिपोर्ताज की परम्परा इसी काल में प्रारंभ हुई है। देश के स्वतंत्रता संग्राम में तमिल काव्य साहित्य का महत्वपूर्ण योगदान रहा है। तमिल के महान कवि सुब्रह्मण्यम भारती की रचनाएँ पढ़-सुन कर हजारों तमिलजन स्वतंत्रता आन्दोलन में कूद पड़े थे। इस काल को भाषा साहित्य का जागरण काल कहा जाता है। इस काल के अन्य राष्ट्रवादी कवि थे-राजम अय्यर, माधवय्या, पुदुमैपितन, कु.प्र. राजगोपालन तथा कल्कि कृष्णमूर्ति जैसे साहित्यकार, जिन्होंने स्वतंत्रता का अलख जगाए रखने में अप्रतिम योगदान दिया।

तमिल साहित्य चाहे, वह किसी भी विधा का क्यों न हो, अत्यंत समृद्ध एवं बहुआयामी है। साहित्यकार ए.बी. अकिलानंदम को वर्ष 1975 तथा दण्डपाणी जयकान्तन को वर्ष 2002 में 'ज्ञानपीठ पुरस्कार' से पुरस्कृत किया जा चुका है।

10. **तेलुगू :** संस्कृत एवं प्राकृत भाषाओं से अत्यंत प्रभावित द्रविड़ परिवार की इस प्रमुख भाषा 'तेलुगू' शब्द की उत्पत्ति 'तेनुगू' शब्द से हुई है। तेलुगू शब्द का सर्वप्रथम प्रयोग इस सहज माधुर्य भाषा के **आदि कवि नत्रय भट्ट** ने किया था।

    इस भाषा साहित्य का विकास 11वीं शताब्दी से माना जाता है। तेलुगू के आदि कवि नत्रय भट्ट ने संस्कृत महाभारत का अनुवाद 'तेलुगू' में किया था, जो तमिल साहित्य की प्रथम कृति मानी जाती है। इससे पूर्व का साहित्य 'देशी' तथा 'मार्गी' रूपों में शिलालेखों पर मिलता है। **नत्रय भट्ट** ने जो अनुदित साहित्य की परम्परा डाली, वह 11वीं शताब्दी से 15वीं शताब्दी तक सुचारु रूप से चली। 13वीं शताब्दी में **येर्रन्ना** सरीखे विद्वानों ने शैव मत के अनेक ग्रंथों का तेलुगू में अनुवाद किया। 15वीं शताब्दी में भी अनेक विद्वानों ने संस्कृत महाकाव्यों तथा नाटकों एवं ग्रंथों

का तेलुगू में अनुवाद किया था। इसी काल के कवि श्रीनाथ ने तेलुगू भाषा में 'शृंगार नैषधम्' की रचना करके मौलिक लेखन का सूत्रपात किया।

तेलुगू के तुलसी कहे जाने वाले महान कवि गोना गत्रा रेड्डी ने तेलुगू में 'रंगनाथ रामायण' की रचना की। इस काल को तेलुगू साहित्य का स्वर्णकाल कहा जाता है, जिसमें पोतना, तिक्कना तथा गौरन्ना जैसे धार्मिक कवियों ने अनेकानेक धार्मिक ग्रंथों की रचना की।

16वीं एवं 17वीं शताब्दी में जब तेलुगू साहित्य में अत्यधिक श्रीवृद्धि तंजौर, मदुरै जैसे पश्चिमी क्षेत्रों के साहित्यकारों द्वारा की जाने लगी, तो इस काल को 'दक्षिणी काल' कहा जाने लगा। इस काल के लेखकों तथा कवियों में प्रमुख संख्या राजवंश, महिला तथा गैर-ब्राह्मण साहित्यकारों की थी। इस काल की प्रतिनिधि कृतियाँ पोद्दना की 'मनुचरित' तथा कृष्णदेव राय की 'आमुक्त माल्यदा' मानी जाती है।

स्वदेशी राजा-महाराजाओं ने तेलुगू साहित्य की अभिवृद्धि में भारी सहयोग दिया। उनके प्रोत्साहन से साहित्य भंडार में निरंतर श्रीवृद्धि होती गई, किंतु 18वीं शताब्दी में पहले मुगल शासन तथा बाद में ब्रिटिश शासन से तेलुगू साहित्य के विकास क्रम में एक अवरुद्धता आ गई, जो 19वीं शताब्दी के मध्यकाल तक रही।

देश के सामाजिक, धार्मिक तथा राजनीतिक आन्दोलनों की लहर ने तेलुगू साहित्यकारों को भी झकझोर कर रख दिया। साहित्यकारों की लेखनी से जो साहित्यिक क्रांति जन्मी, उसने सी. पी. ब्राउन, वीरेशलिंगम पन्तलु आदि को लेखन द्वारा पुनर्जागरण हेतु प्रेरित किया।

आज के तेलुगू साहित्य में निबंध, काव्य, कथा, उपन्यास तथा समालोचना विधाएँ सक्रिय हैं। तेलुगू पत्र-पत्रिकाओं का स्तर तो राष्ट्रीय पत्र-पत्रिकाओं के स्तर को भी प्रभावित कर रहा है। आधुनिक काल के साहित्यकारों में वी. राजा राममोहन राय, दादा हयात, राममल्लू रामचन्द्र रेड्डी तथा बेई भीमन्ना आदि के नाम उल्लेखनीय हैं।

विश्वनाथ सत्यनारायण को वर्ष 1970, डी.सी. नारायण रेड्डी को वर्ष 1988 तथा डॉ. रावुरी भारद्वाज को वर्ष 2012 में ज्ञानपीठ पुरस्कार दिया जा चुका है।

11. पंजाबी : 'पंजाबी' भाषा का विकास 'टक्क' अपभ्रंश से हुआ। मध्यकालीन पंजाबी भाषा के रूप आज भी देखने-सुनने को मिलते हैं। पंजाबी भाषा के अनेक शब्द बौद्ध एवं जैन ग्रंथों में उपलब्ध हैं। इसकी वास्तविक लिपि 'गुरुमुखी' है, किन्तु यह 'देवनागरी' तथा 'फारसी' लिपियों में भी लिखी जाती है। इस भाषा का आदिकाल 1177 से 1450 तक, मध्यकाल 1451 से 1850 तक और आधुनिक काल 1851 से अब तक माना जाता है। इस भाषा पर फारसी एवं अरबी भाषाओं का प्रभाव है, तो वैदिक सभ्यता की छाप भी है। इसका कारण मुस्लिम आक्रमण तथा वैदिक संस्कृति का प्रमुख केंद्र पंजाब की पावन धरती में ही होता है।

पंजाबी के आदि कवि बाबा फरीदकोट ने 13वीं शताब्दी में इसी भाषा में श्लेकों एवं स्रोतों की रचना द्वारा साहित्य सृजन का सूत्रपात किया था। इसी काल में अमीर खुसरो ने तुगलक शाह पर पंजाबी भाषा 'वार' की रचना की थी। आदि गुरु नानकदेव (1469) के प्रादुर्भाव में अंतिम एवं 10वें गुरु गोविन्द सिंह (1708) के अवसान तक का समय पंजाबी भाषा का 'स्वर्णकाल' कहा जाता है। इस युग में गुरुमुखी लिपि को स्वीकार करते हुए, खालसा पंथ की अधिकृत लिपि बनाई गई। इस काल में धार्मिक एवं रहस्यवादी रचनाओं का एक दौर चला, जिसमें अनेकानेक सिख तथा गैर सिख संमुदायों ने समर्पित भाव से साहित्यिक एवं धार्मिक योगदान दिया। इस दौर की रचनाएँ एक आदि ग्रंथ में संगृहीत की गई, जिसे 'गुरु ग्रंथ साहब' कहा जाता है, जो गुरु रूप में न केवल सिख समाज, बल्कि गैर सिख समाज में निरंतर पूजा जा रहा है। सामाजिक, धार्मिक तथा वैधानिक रूप से 'गुरु ग्रंथ साहब' को एक गुरु का स्थान प्राप्त है, जो असंख्य श्रद्धालुओं की आस्थाओं का प्रतीक है।

पंजाबी के काव्य साहित्य पर सूफीमत का स्पष्ट प्रभाव है। 1800 ई. तक रामायण, महाभारत, भगवद्गीता, पुराणों तथा उपनिषदों आदि का पंजाबी में अनुवाद हो चुका था। लुधियाना की ईसाई मिशनरी ने 1852 में बाइबिल का पंजाबी में अनुवाद प्रकाशित किया। पंजाबी का प्रथम समाचार पत्र 'खालसा समाचार' वर्ष 1854 में अमृतसर से प्रकाशित हुआ। हिन्दी के मूर्धन्य विद्वान अध्यापक पूरन सिंह ने पंजाबी साहित्य में भी महत्वपूर्ण योगदान दिया।

है। विभिन्न उत्सव गीत तथा ओणपाट्टु, कृषि पाट्टु और मालाबार के तटीय लोक गीत भी इसी धारा के प्रतिनिधि गीत हैं। (2) तमिल धारा-इस धारा की प्रमुख रचना 'रामचरितम्' मानी जाती है। इसके अतिरिक्त कवि निरणम कृत 'कण्णश्शन रामायणम्', 'भगवद्गीता' एवं 'भारतमाला' की भी अपनी महत्ता है। (3) संस्कृत धारा-मलयालम में एक विशेष भाषा 'मणि प्रवाल' का संस्कृत के संयोग से विकास हुआ। 14वीं शताब्दी में रचित 'लीला तिलकम्' की रचना इसी विशेष भाषा में की गई है। इस पुस्तक में मलयालम व्याकरण की व्याख्या की गई है। इस सृजन काल में दो प्रकार के काव्यों की रचना की गई है, एक-'संदेश काव्य', जिसका सर्वाधिक ख्याति प्राप्त ग्रंथ है-'उण्णु नील सन्देशम्' और दूसरा-'चम्पू काव्य', जिसकी प्रमुख रचनाएँ हैं-'उण्णियटि चरितम्' तथा 'उण्णिचिरुतेवी चरितम्' आदि।

15वीं शताब्दी में मलयालम साहित्य में अनेकानेक धार्मिक ग्रंथों-'किलिपाट्टु' छन्दों में रचित चेरूश्शेरी, नम्बूदरी कृत 'कृष्णगाथा' और ऐषुतच्छन कृत 'आध्यात्मक रामायणम्', भारतम् एवं भागवतम् आज भी मलयालम समाज एवं साहित्य की बहुमूल्य धरोहर हैं।

18वीं शताब्दी में 'आट्टकथा' तथा 'तुल्लल' रचनाओं की रचना हुई और उन्हें अत्यधिक लोकप्रियता मिली। कथकली नृत्य में आज भी 'आट्टकथा' के पद्य प्रयुक्त होते हैं। इस काव्य विधा के रचनाकारों में रामनाट्टम कृत 'कोट्टाक्करा', कोट्टायन्तु तपुरान कृत 'बकवधम् कालकेयवधम्', उण्णायि वारियार कृत 'नलचरितम्' तथा इरयिम्मन ताम्बी कृत 'उत्तरस्वयंवरम्' एवं 'दक्षयागम्' रचनाएँ अत्यंत लोकप्रिय हैं। काव्य विधा 'तुल्लल' के सर्वाधिक लोकप्रिय रचनाकार कुंचन नाम्बियार हैं, जिन्होंने 45 तुल्लन रचनाएँ करके काव्य साहित्य में अप्रतिम योगदान दिया है।

मलयालम साहित्य में गद्य लेखन की एक विशिष्ट परंपरा रही है। अनेक विद्वानों ने अन्य भाषा साहित्य की महत्वपूर्ण कृतियों का मलयालम में अनुवाद करके अपने भाषा साहित्य को अत्यधिक सम्पन्न किया है। 13वीं शताब्दी में कौटिल्य के अर्थशास्त्र का मलयालम में अनुवाद किया गया। मलयालम साहित्य सृजन में यात्रा वृतान्त विधा प्रारंभ होने का दावा करते हैं। उनका आधार पारेमाक्कल तोयाकत्तनार कृत 'वर्तमान पुस्तकम्' है, जिसका प्रकाशन 1786 ई. में हुआ था।

19वीं शताब्दी के अंत में केरल वर्मा तथा राजाराम वर्मा आदि कवियों ने साहित्यिक पुनर्जागरण का सूत्रपात किया। चन्दूमेनन कृत 'इन्दुलेखा' एवं 'शारदा' ने साहित्य में उपन्यास विधा को स्थापित किया। कुमार आशान, वल्लतोल नारायण तथा एस. परमेश्वर अय्यर जैसे प्रतिभासम्पन्न लेखक इसी युग के प्रमुख हस्ताक्षर हैं।

'मलयालम' भाषा एवं साहित्य को प्रथम 'ज्ञानपीठ पुरस्कार' प्राप्त करने का गौरव प्राप्त है। इस अत्यंत समृद्ध भाषा के साहित्यकार जी. शंकर कुरूप को वर्ष 1965 में 'प्रथम ज्ञानपीठ पुरस्कार' से पुरस्कृत किया गया। इसके तत्पश्चात् एस. के. पोट्टेकट को 1980, तकषी शिवशंकर पिल्लै को वर्ष 1984, एम.टी. वासुदेवन नायर को वर्ष 1995, ओ.एन.वी. कुरूप को वर्ष 2007 तथा अक्कितम अच्युतन नंबूदरी को वर्ष 2019 में 'ज्ञानपीठ पुरस्कार' से पुरस्कृत किया गया।

15. संस्कृत : विश्व की प्राचीनतम भाषा-'संस्कृत' को देवभाषा के रूप में भारतीय समाज में एक विशिष्ट मान्यता प्राप्त है। विश्व के समस्त भाषाविद् वैदिक संस्कृत में रचित आदि ग्रंथ 'ऋग्वेद' को विश्व की सर्वाधिक प्राचीन 'कृति' मानते हैं। विश्व की समस्त आर्य भाषाओं का स्रोत भी संस्कृत को ही माना जाता है। अनेक भाषाविद् ग्रीक, लैटिन, अंग्रेजी, जर्मनी तथा रूसी भाषाओं की उत्पत्ति भी 'संस्कृत' से ही स्वीकार करते हैं। भारत में प्रचलित समस्त भाषाओं की उत्पत्ति अथवा प्रभावयुक्त प्रस्तुति संस्कृत से ही मानी जाती है। 'ऋग्वेद' का रचनाकार ईसा से चार हजार वर्ष पूर्व का माना जाता है। इससे सिद्ध होता है कि वैदिक संस्कृत का जन्म तो इससे काफी समय पूर्व हो गया था।

वर्तमान 'संस्कृत' के जनक पाणिनी माने जाते हैं। कदाचित इसीलिए 'संस्कृत' का वास्तविक इतिहास पाँचवीं शताब्दी से माना जाता है। पाणिनी के पश्चात् संस्कृत के भाषा रूप में भी निरंतर परिवर्तन होता रहा है, किंतु इसकी लिपि देवनागरी ही रही है। वर्तमान संस्कृत का प्रारंभ पतंजलि के 'भाष्य' से होता है।

पाणिनी काल से आज तक हुए 'संस्कृत साहित्य' के विकासक्रम को तीन कालों में विभक्त किया जाता है-'आदिकाल', 'मध्यकाल' तथा 'आधुनिक काल'। आदिकाल में पाणिनी की 'अष्टाध्यायी' तथा 'जांबवती विजय' तथा 'पाताल विजय' जैसे प्रमुख ग्रंथों की रचना हुई। वररुचि की 'कंठाभरण' भी एक महत्वपूर्ण रचना है। संस्कृत का उपयोग एक लोक भाषा के रूप में बौद्धकाल तक होता रहा है।

संस्कृत के पूर्व मध्यकाल में 11वीं शताब्दी तक का समय निर्धारित किया जा सकता है। वर्ष 300 ई. में पंचतंत्र की रचना, इस काल की एक विशिष्ट उपलब्धि मानी जाती है। इसके लगभग एक शताब्दी पश्चात् वात्स्यायन कृत 'कामसूत्र' तथा भामह कृत अलंकार विषयक ग्रंथ उपलब्ध हुए। इस काल के नाट्य एवं काव्य साहित्य में भास द्वारा रचित प्रतिभा, 'उरूभंग', 'स्वप्नवासवदत्ता', 'प्रतिज्ञा यौगन्धरायण' एवं 'चारुदत्त', कालिदास द्वारा रचित 'अभिज्ञान शाकुन्तलम्', 'मालविकाग्निमित्रम्' जैसे नाटक तथा 'रघुवंश', 'कुमार संभव' एवं 'मेघदूत' जैसे काव्य, अश्वघोष द्वारा रचित 'बुद्धचरित', भारवि द्वारा रचित महाकाव्य 'किरातार्जुनीयम' तथा माघ द्वारा रचित 'शिशुपाल वध' आदि संस्कृत साहित्य की बहुमूल्य निधियाँ हैं। इनके साथ ही भौमिक, अमरू, शिवस्वामी, क्षेमेन्द्र, हर्ष, विल्हण, हेमचन्द्र तथा भर्तृहरि आदि का योगदान महत्वपूर्ण है।

इस काल में रचित गद्य रचनाओं में पतंजलि, दण्डी, सुबन्धु तथा बाणभट्ट आदि का योगदान सर्वोपरि है। इसके अतिरिक्त साहित्य में मनोरंजक कथाओं के माध्यम से अनेक नीतिपरक रचनाएँ की गई हैं, यथा-'हितोपदेश', 'बृहत्कथा', 'बृहत्कथा मंजरी' तथा 'कथासरित्सागर' आदि।

उत्तर मध्यकाल के साहित्य में वर्ष 1200 ई. में जयानक कृत 'पृथ्वीराज विजय' तथा जयदेव कृत 'गीत गोविन्द' की रचना हुई। वर्ष 1700 में रामचन्द्र दीक्षित द्वारा रचित नाटक 'जानकी परिणय' ने साहित्य को एक गति प्रदान की। इस काल के प्रमुख ग्रंथ हैं-'सिद्धान्त कौमुदी' तथा 'वृत्त रत्नाकार' आदि।

आधुनिक काल में जहाँ अनेक साहित्यिक रचनाएँ हुईं, वहाँ 'राजांग्ल महोद्यान' सरीखी रचनाएँ भी हुईं, जिनमें ब्रिटिश शासन की स्तुति की गई थी। स्वदेशी नेताओं की प्रशंसा में सृजन किया गया। बाबा नागार्जुन कृत 'लेनिन शतकम्' से साहित्य में एक धारा का जन्म हुआ। इसी प्रकार अप्पा शास्त्री ने बंकिमचन्द्र चटर्जी के बहुचर्चित उपन्यास 'लावण्यमयी' का संस्कृत में अनुवाद किया।

वर्ष 1920 से संस्कृत में मौलिक कहानी लेखन की परंपरा प्रारंभ हुई, जिसे भवभूति विद्यारत्न ने 'लीला', तारणिका चक्रवर्ती ने 'पुष्पाजंलि' तथा शंकर नारायण स्वामी ने 'ऐन्द्रजालिक' द्वारा दिशा प्रदान की।

देव भाषा संस्कृत का साहित्य विश्व के किसी भी भाषा-साहित्य का मार्गदर्शन करने में समर्थ है। कौटिल्य का 'अर्थशास्त्र' मात्र एक राजनीतिक ग्रंथ ही नहीं, बल्कि एक सामाजिक एवं आर्थिक ग्रंथ भी है। भारतीय चिकित्साशास्त्र में आयुर्वेद की रचनाएँ-रसराज महोदधि, चरक संहिता, सुश्रुत संहिता, योग रत्नाकर आदि का आज भी सामयिक महत्व है। आर्यभट्ट कृत 'बीजगणित', भास्कराचार्य कृत 'लीलावती' आदि गणितीय विज्ञान की धरोहर हैं। संस्कृत का साहित्य शास्त्र भी अत्यंत समृद्ध है। भरत मुनि कृत 'नाट्यशास्त्र', दंडी कृत 'काव्यालंकार', आनन्दवर्धन कृत 'रीतिशास्त्र' का आज भी विकल्प नहीं है। संस्कृत साहित्य में रचनात्मक निरंतरता सदा ही सक्रिय रही है। कुंतक, वामन तथा अभिनव गुप्त आदि ने 'रस', 'छन्द', 'अलंकार', 'ध्वनि', 'औचित्य' तथा 'वक्रोक्ति' आदि की अपने ढंग से मौलिक विवेचना की है।

संस्कृत भाषा साहित्य के प्रमुख उन्नायक

- **अश्वघोष (द्वितीय शताब्दी ई.) :** मूर्धन्य विद्वान और बौद्ध भिक्षु अश्वघोष की प्रमुख कृतियाँ हैं-महायान श्रद्धोत्पाद संग्रह (दार्शनिक ग्रंथ), सौन्दरनन्दम् (महाकाव्य), राष्ट्रपालम (नाटक), बुद्धचरितम् (महाकाव्य) तथा शारिपुत्र प्रकरणम् (नाटक) आदि।
- **बाणभट्ट (7वीं शताब्दी ई.) :** संस्कृत के महान विद्वान बाणभट्ट की कृतियाँ हैं-कादम्बरी तथा हर्षचरित आदि।
- **जयदेव (1368-1518) :** संस्कृत में मूलतः भक्तिगीतों के रचयिता की अमर कृति है-'गीत गोविंद'।

- **कल्हण (11वीं शताब्दी ई.) :** महान कवि एवं इतिहासकार की पुस्तक 'राजतरंगिणी' में कश्मीर के इतिहास की तथ्यात्मक जानकारी दी गई है।
- **महाकवि कालिदास (चतुर्थ शताब्दी ई.) :** महानतम कवि एवं नाटककार की कुछ प्रमुख कृतियाँ हैं-अभिज्ञान शाकुन्तलम्, रघुवंश, मेघदूत तथा कुमारसंभव आदि।
- **पतंजलि (द्वितीय शताब्दी ई.पू.) :** महान व्याकरणविद् की कृति 'योगसूत्र' आज भी सामयिक है।
- **वाल्मीकि (800 ई.पू.) :** संस्कृत के आदिकवि वाल्मीकि ने 'रामायण' की रचना करके रामकथा को जनमानस तक पहुँचाया।
- **महर्षि वेदव्यास (800 ई.पू.) :** महानतम संत एवं संस्कृतविद महर्षि वेदव्यास ने 'महाभारत' तथा 'भगवद्गीता' की रचना करके हिन्दू धर्म एवं जाति का उपकार किया।
- **पाणिनी (5वीं शताब्दी ई.पू.) :** संस्कृत भाषा के महानतम व्याकरणाचार्य ने अपने अमर ग्रंथ 'अष्टाध्यायी' में 14 माहेश्वर सूत्रों पर आधारित एक व्यवस्थित व्याकरण नीति प्रतिपादित की। इनकी अन्य कृतियाँ हैं-'जांबवती विजय' तथा 'पाताल विजय'।
- **दण्डी :** संस्कृत भाषा के महान अलंकार शास्त्री द्वारा रचित तीन ग्रंथ हैं-काव्यादर्श, दशकुमार चरित तथा अवन्ति सुन्दरी कथा।
- **भरत :** भरत ने 'नाट्यशास्त्र' की रचना करके संस्कृत साहित्य में नाटय कला का सूत्रपात किया है। इस ग्रंथ में नाट्य का विस्तृत विवेचन, छन्द:शास्त्र, अलंकारशास्त्र तथा संगीतशास्त्र आदि का भी परिचय मिलता है।
- **वामन :** संस्कृत साहित्य के विशिष्ट आलंकारिक ने 'रीति' को काव्य की 'आत्मा' स्वीकार करते हुए जिस नवीन साहित्यिक सम्प्रदाय की स्थापना की है, उसे 'रीति सम्प्रदाय' कहा जाता है। इनकी प्रमुख कृति है 'काव्यालंकार सूत्र'।
- **आनन्दवर्धन :** ध्वनि सिद्धान्त के उद्भावक आचार्य आनन्दवर्धन का नाम अलंकारशास्त्र के इतिहास में अजर-अमर है।
- **अभिनव गुप्त :** ध्वन्यालोक एवं नाट्यशास्त्र के मूर्धन्य विद्वान द्वारा रचित प्रमुख ग्रंथ हैं-ध्वन्यालोक-लोचन, अभिनव भारती तथा काव्यकौतुक विवरण आदि।

16. **नेपाली :** भारतीय आर्य परिवार की भाषा 'नेपाली' का जन्म प्राकृत से हुआ है। इसकी लिपि देवनागरी है। इसके साहित्य का विकास संस्कृत से अनुवाद के माध्यम से काव्य सृजन द्वारा प्रारंभ हुआ है। नेपाली गद्य साहित्य ने इसका अनुकरण किया है। नेपाली का प्रथम खंडकाव्य बसंत शर्मा द्वारा रचित 'कृष्णचरित्र' माना जाता है।

नेपाली साहित्य 18वीं शताब्दी से उपलब्ध होता है। सुबनन्द दास, शलाई बल्लव अर्यण तथा उदयानंद प्रारंभिक कवि माने जाते हैं। वस्तुत: इन कवियों की रचना मूल कविता न होकर संस्कृत की कविताओं के अनुवाद हैं। 'गोपिका स्तुति', 'महाभारत' तथा 'श्रीमद्भागवत्' आदि का अनुवाद इसी युग की लोकप्रिय प्रस्तुतियां हैं।

19वीं शताब्दी में भानुभक्त ने बांग्ला में रचित 'अध्यात्मक रामायण' का नेपाली में अनुवाद किया, तो भानुदत्त ने 'हितोपदेश मित्र लाभ' का। नेपाली साहित्य में संस्कृत से अनूदित साहित्य का विपुल भंडार है। 'पंचतंत्र' के नेपाली अनुवाद ने साहित्य में श्रीवृद्धि करने की प्रेरणा दी। नारायण भट्ट कृत 'हितोपदेश', शक्ति वल्लभ आर्याल कृत 'हास्य कदंब' (1798) तथा सुन्दरानन्द बाड़ा कृत 'त्रिरत्न सौन्दर्य गाथा' (1832) आदि उसी प्रेरणा के प्रतिफल हैं।

नेपाली में पत्र-पत्रिकाओं का प्रकाशन तो वर्ष 1934 से प्रारंभ हुआ। वाराणसी से प्रकाशित पत्रिकाओं 'गोरखा भारत जीवन' तथा 'उपन्यास तरंगिनी' ने कथा साहित्य का प्रादुर्भाव किया। इसके पश्चात् काठमांडू के 'गोरखा पत्र', दार्जिलिंग के 'खबर कागत' तथा 'चन्द्रिका', देहरादून के 'गोरखा संसार' आदि ने पत्रकारिता में नए आयाम स्थापित किए।

आज सांत गुरुंग, शंकर सुब्बा फागो, गोपी चन्द्र प्रधान, आई. के. सिंह तथा माधव बुडथोकी नेपाली के प्रतिष्ठित कथाकार हैं। अब नेपाली में विविध विधाओं में मौलिक लेखन प्रगति पर है।

17. **सिन्धी :** 'सिन्धी' भाषा की उत्पत्ति कब, कहाँ और कैसे हुई, इस पर भाषाविद् एकमत नहीं हैं। कुछ भाषा विज्ञानी इसे संस्कृत मूल की भाषा मानते हैं, क्योंकि इस पर विदेशी तत्वों का न्यूनतम प्रभाव है। अन्य भाषा-विज्ञानी इसकी उत्पत्ति सिन्धु घाटी की सभ्यता से मानते हैं। उत्पत्ति विषयों में भले ही मत-मतान्तर हों, किन्तु इतना अवश्य है कि वर्ष 1853 से ही इसकी 'अरबी-फारसी लिपि' है। फिर भी यह भाषा इतनी समृद्ध है कि इसमें एक ही वस्तु के लिए 15-20 शब्द तक निश्चित हैं।

'सिन्धी साहित्य' का मुख्य स्रोत धार्मिक एवं लोककथाएं हैं। सिन्धी समाज के सर्वाधिक पूज्य देवता हैं-'दरियाशाह' अर्थात् 'वरुण देवता' वे ही मूल लोक कथाओं के मुख्य विषय हैं। इस संदर्भ में 'दोदो चनेसर' की जीवनी पर आधारित काव्य साहित्य की एक बहुमूल्य धरोहर है। सिन्धी रचनाकारों ने 'तारीख मौसमी', 'तारीख ताहिरी', 'बेगलारनामा' तथा 'चचनामा' जैसी ऐतिहासिक रचनाएँ फारसी में की हैं।

सिन्धी साहित्य के नींव निर्माण में देवचन्द्र, स्वामी प्राणनाथ, वीर मुहम्मद लखवी, मखदूम नोह, शाह अब्दुल करीम, अबू-अल-हसन तथा मियां शाह सरीखे रचनाकारों के अप्रतिम योगदान को आज भी महत्वपूर्ण माना जाता है। शाह अब्दुल करीम कवि सम्राट कहे जाते हैं। 17वीं-18वीं शताब्दी के महान कवि सिन्धी साहित्य में 'रिसालो' को सर्वोपरि ग्रंथ स्वीकार किया जाता है।

वर्ष 1843 तक सम्पन्नता के शिखर को छूता 'सिन्धी-साहित्य' वस्तुतः वेदान्त से प्रेरित था। कवि-शिरोमणि सामी का स्थान बड़ा ही महत्वपूर्ण था। कुछ सिन्धी विद्वान मखदूम अब्दुल रौफभरी को सिन्धी का आदि कवि मानते हैं। कवि सामी का वास्तविक नाम चैनराय बचूमल दत्तारामाणी था। उनकी वेदांत में अपार आस्था थी। इसीलिए वे आध्यात्मिक काव्य सृजन में आत्मा एवं परमात्मा का जीवंत वर्णन कर सके। साहित्य में भी फारसी का प्रयोग कम होने लगा। किंतु फारसी का प्रभाव बना रहा। खलीफा गुल मुहम्मद गुल ने सिन्धी भाषा में जो गजलें लिखीं, वे फारसी से अछूती नहीं थीं। साहित्य में दयाराम गिदूमल को छन्दमुक्त काव्य का प्रणेता माना जाता है। कवि वेबस ने सिन्धी काव्य में एक नई धारा को स्थापित किया।

आज की सिन्धी लिपि वर्ष 1852 से प्रचलन में है। सिन्धी को सजाने-संवारने में विदेशी विद्वानों का अनुपम योगदान रहा है। यूरोपीय विद्वानों को सिन्धी साहित्य में गद्य साहित्य प्रारंभ किए जाने का श्रेय प्राप्त है। इस दृष्टि से 'वोकेबुलरी ऑफ सिन्धी लैंग्वेज स्पोकन इन कन्ट्रीज वेस्ट ऑफ इन्डस' का प्रकाशन उल्लेखनीय है। एक जर्मन विद्वान मि. ट्रम्प ने 'सिन्धी पाटावली' तथा 'सिन्धी व्याकरण' आदि का प्रकाशन कराया।

सिन्धी की प्रथम मौलिक कृति 'पकोपह' के रचयिता कौड़ोमल चन्दनमल खिलनाणी को सिन्धी गद्य साहित्य का प्रणेता माना जाता है। मिर्जा कलीच बेग ने सिन्धी के प्रथम मौलिक उपन्यास 'जीनत' की रचना की। वर्ष 1908 के गद्यकार हकीम फतेह मुहम्मद सेव्हाणी तथा निर्मलदास फतेहचन्द ने सिन्धी गद्य साहित्य में कहानी, जीवनी, संस्मरण आदि विधाओं का श्रीगणेश किया।

20वीं शताब्दी के पूर्वार्द्ध में जब मुस्लिम साहित्यकारों की उदासीनता मुखरित हुई, तो कुछ प्रबुद्ध एवं सिन्धी प्रेमी साहित्यकारों ने उस साहित्यिक शून्यता की भरपाई हेतु 'सिन्ध मुस्लिम अदली सोसायटी' का गठन किया, जिसने अपने उद्देश्य की सफल पूर्ति की। वर्ष 1907 से 1947 तक हिन्दू साहित्यकारों की संख्या में आशातीत वृद्धि हुई। वर्ष 1932 में बूलचन्द राजपाल के सहयोग से 'सिन्धु' पत्रिका का प्रकाशन प्रारंभ हुआ, जिसने नए-पुराने साहित्यकारों को सदा प्रोत्साहित किया।

आधुनिक सिन्धी साहित्य में मोतीलाल जोतवाणी, तीर्थ बसंत, तारा मीरचन्दाणी, लालचन्द अमर, लेखराज किशिन चंद 'अजीज', राम प्रतापराय पंचवाणी तथा कल्यानवी आडवाणी आदि निरंतर अभिवृद्धि कर रहे हैं।

18. **मणिपुरी :** तिब्बती-बर्मी कहलाई जाने वाली इस भाषा 'मणिपुरी' में अनेक जातियों की बोलियों का सम्मिश्रण है। इस भाषा के विकासक्रम के अंतर्गत 17वीं शताब्दी के अंत तक का काल-'आदिकाल', 19वीं शताब्दी के मध्य तक का काल-'मध्यकाल' और इसके बाद से वर्तमान काल को 'आधुनिक काल' कहा जाता है।

33वीं ईसवी में परखम्बा के शासनकाल के प्रारंभ से ही साहित्यिक अभिव्यक्ति का मार्ग प्रशस्त हो गया। रचना कर्म में गद्य लेखन, विशेषकर लोक साहित्य को प्रारंभ से ही प्रोत्साहन मिलना शुरु हो गया था। इस मध्य काव्य लेखन की परंपरा भी प्रचलित हुई। 16वीं शताब्दी के उत्तरार्द्ध में रचित 'तुमित काव्य' एवं 'नेकोनितन खोत फंबल काब' और 17वीं शताब्दी में रचित 'लेत्वक लेखोल' एवं 'पंतोईबिखेंगुड', आदि प्रारंभिक मणिपुरी साहित्य की उत्कृष्ट कृतियां हैं। मणिपुरी में अनुवाद की परंपरा में 'हिजाहिराओ' की प्रस्तुति एक महत्वपूर्ण उपलब्धि है। इसी प्रकार 18वीं शताब्दी के कवि लवंग सिंह कृत 'राम नो गवा' एक उल्लेखनीय रचना मानी जाती है।

मणिपुरी के आधुनिक कथा साहित्य का प्रारंभ वर्ष 1933 से माना जाता है। डॉ. लमाबम कमल सिंह की वर्ष 1933 में 'ललित मंजरी' में प्रकाशित कथा 'बृजेन्द्रगी लुहौडबा' को प्रथम मणिपुरी कथा कहलाने का गौरव प्राप्त है। इसके पश्चात् स्वतंत्र कथा लेखन की परंपरा प्रचलित हो गई, किंतु कथा संग्रह के रूप में वर्ष 1946 में राजकुमार शीतल जीत सिंह के कथा संग्रह 'लैकोनुइन्दा' एवं 'लैनुडस' ने कथा साहित्य में एक अभिनव परंपरा अवश्य रची, जो आज भी नए-नए प्रयोगों के साथ मणिपुरी साहित्य में अभिवृद्धि कर रहे हैं। आधुनिक कथाकारों में एलाडबम दीनमणि सिंह, लमाबम बीरमणि सिंह, प्रियकुमार, तोडधोनबम वीरेन तथा शरतचन्द्र के नाम उल्लेखनीय हैं।

सम-सामयिक काव्य साहित्य का प्रारंभ वर्ष 1949 में कवि एलाडबम नीलकांत सिंह की कविता 'मणिपुरी' से होता है। इसके पश्चात् अनेकानेक कवियों की विविधपक्षीय कविताएँ प्रकाश में आईं। आज के कवियों में मेमचौबी, दिलीप मयेडबम तथा बरकन्या देवी आदि के नाम उल्लेखनीय हैं।

19. **राजस्थानी :** वैदिक संस्कृत एवं शैर सेनी प्राकृत से संबद्ध, भारतीय आर्य भाषा-'राजस्थानी' का देवनागरी लिपि में अत्यंत समृद्ध साहित्य उपलब्ध है। राजस्थानी साहित्य का आदिकाल 1050 से 1450, मध्यकाल 1450 से 1850 और आधुनिक काल 1850 से वर्तमान तक माना जाता है।

आदिकाल में जैन बाहुल्य रचनाओं की प्रचुरता मिलती है। मध्यकाल में काव्य एवं गद्य साहित्य विकसित होने के संकेत मिलते हैं। वीरभूमि राजस्थान में भक्ति एवं पौराणिक तथा युद्ध विषयक साहित्य का भरपूर सृजन हुआ है। गद्य एवं काव्य में वीर गाथाओं का जो जीवंत वर्णन हुआ है, वह राजस्थानी लोक कथाओं एवं लोकगीतों की प्रमुख विषयवस्तु है। ऐसी ही एक विख्यात लोकगाथा है-ढोला-मारू-रा-दूहा। 19वीं शताब्दी के अंग्रेज अधिकारी कर्नल टाड ने ऐसी ही लोककथाओं का संग्रह करके अपने साहित्य प्रेम का परिचय दिया था। प्रारंभिक राजस्थानी गीतकारों में पद्मनाभ, आलुज तथा विहुसूजो आदि के नाम प्रमुख हैं।

राजस्थानी साहित्य में आधुनिक काल का प्रारंभ कवि चन्द्र सिंह के काव्य संग्रह 'बादली' से माना जाता है। इसे गति प्रदान की है-एन.आर. संस्कर्ता, एन. एस. भट्टी, जी. एल. व्यास तथा आर. कल्पित आदि प्रबुद्ध कवियों ने। आज के प्रांतीय एवं राष्ट्रीय स्तर के राजस्थानी कवियों में भगवती लाल व्यास, चन्द्र प्रकाश देवल, हरीश भादानी, सत्यप्रकाश जोशी, नीरज दहिया, मालचन्द्र तिवाड़ी तथा भरत ओला आदि के नाम प्रमुख हैं।

आधुनिक राजस्थानी साहित्य के प्रणेता माने जाने वाले साहित्यकार विजयदान देथा ने जिस प्रकार से स्व-रचित साहित्य में लोकतत्वों को समाहित किया है, वह उनकी रचनाओं-'बात', 'उलझन', 'अलेखू हिटलर' एवं 'बातांरी फुलवारी' आदि में दृष्टिगोचर होता है और बाद के साहित्यकारों के प्रति प्रेरणाप्रद है। राजस्थानी कथा साहित्य में मणि मधुकर, भालचन्द तिवाड़ी, कमला भादानी, मीठेश निर्मोही तथा जनकराज पारिख के नाम प्रमुखतः अंकित हैं।

आज राजस्थानी साहित्य में नाटक, उपन्यास, रिपोर्ताज, संस्मरण, निबन्ध तथा गजलें आदि विधाएं निरंतर ही साहित्यवर्धन कर रही हैं। राजस्थानी साहित्य निरंतर विकासोन्मुख है।

20. **मैथिली :** बिहार राज्य में सर्वाधिक बोली जा रही भाषा 'मैथिली' का आदिकाल 8वीं शताब्दी से माना जाता है, किन्तु इसकी साहित्यिक समृद्धि बहुत समय बाद प्रारंभ हुई। भाषाविदों की मान्यता है कि आठवीं शताब्दी से 11वीं शताब्दी के मध्य उपलब्ध कृति 'चर्यापद', जिसमें बौद्ध साधकों के भक्ति गीत संकलित हैं, 'मैथिली' की प्रथम रचना है। मैथिली के प्रारंभिक रचनाकार ज्योतिरीश्वर ने 13वीं-14वीं शताब्दी के मध्य गद्य, पद्य तथा नाटक आदि का सृजन करके न केवल 'मैथिली साहित्य' को सम्पन्नता प्रदान की, बल्कि अनेकानेक नई दिशाएं तथा नए आयाम भी प्रदान किए। उनकी अमर रचना 'धूर्त समागम' मैथिली साहित्य की धरोहर है।

मिथिलांचल नरेश शिवनारायण के राज कवि विद्यापति, 'मैथिली' के ऐसे अमर कवि हैं, जिनका नाम आज भी बड़ी श्रद्धा से स्मरण किया जाता है। उन्होंने भक्ति, जन्म, मृत्यु, प्रेम तथा विरह आदि पर अनेकानेक जीवन्त रचनाएँ कीं। उनकी अनेक रचनाएँ हिन्दी तथा बांग्ला साहित्य की भी बहुमूल्य निधियां हैं। इसके पश्चात् बहुमुखी प्रतिभा के धनी 'यात्री' का नाम आता है, जिन्होंने काव्य, कथा, उपन्यास, निबंध तथा समालोचना आदि पर सृजन करके मैथिली साहित्य में अभिवृद्धि की। उनकी 'चित्रा', 'पत्रहीन नग्नगाध', 'बलचनमा', 'पाटो' तथा 'नवतुरहा' साहित्य की धरोहर हैं। एक और प्रतिभा सम्पन्न रचनाकार राजकमल चौधरी ने अपने संग्रह 'स्वर गंधा' के माध्यम से तत्कालीन सामाजिक एवं राजनीतिक विसंगतियों का जीवंत वर्णन किया। उनकी इस परंपरा को जहाँ काशीकांत मिश्र 'मधुप', तंत्रनाथ झा, सुरेन्द्र झा 'सुमन', काशीनाथ झा 'किरण' आदि ने एक गति प्रदान की, वहीं आरसी प्रसाद सिंह, उपेन्द्रनाथ झा 'व्यास', उपेन्द्र ठाकुर मोहन आदि ने मैथिली काव्य को आधुनिकता प्रदान की। इस साहित्य अभिवर्द्धन में कवि, कथाकार तथा सम्पादक मायानन्द मिश्र ने 'अभिव्यंजना' के माध्यम से अप्रतिम योगदान किया। मैथिली में गजल विधा को प्रचलित करने में आरसी प्रसाद सिंह, डॉ. महेन्द्र सियाराम सरस, रवीन्द्र आदि की भूमिका महत्वपूर्ण रही है।

साहित्यकार ज्योतिश्वर ठाकुर कृत 'वर्णरत्नाकार' को मैथिली का आदि ग्रंथ माना जाता है। आधुनिक मैथिली गद्य साहित्य के लेखकों में कविश्वर चन्दा झा का स्थान महत्वपूर्ण है। इसके साथ ही गद्य साहित्य की विभिन्न विधाओं में भुवन, हरिमोहन झा, किरणजी, यात्री, कुलनन्द का योगदान प्रमुख है। इसी प्रकार मैथिली कथा साहित्य में राजकमल चौधरी, किरण जी, प्रभास कुमार चौधरी तथा राजमोहन झा आदि का योगदान भी महत्वपूर्ण है। आज मैथिली में अनेकानेक विधाएं साहित्य में श्रीवृद्धि करते रहने में समर्थ हैं।

21. **हिन्दी :** यह एक सुखद आश्चर्य ही है कि 'हिन्दी साहित्य' का प्रथम इतिहास फ्रांस के भारतविद्-गार्सा द तासी ने वर्ष 1886 में 'ला लितुरेतर ऐन इब्दुई ऐन्दुस्तानी' नाम से रचा था। हिन्दी साहित्य के इतिहास लेखन के प्रथम प्रयास में साहित्यिक सम्यक् विश्लेषण नहीं किया गया था। इसके पश्चात् विभिन्न भाषाविदों तथा हिन्दी विद्वानों ने इतिहास लेखन के सार्थक प्रयास किए और अनेक पुस्तकें प्रकाश में भी आईं, किंतु कोई भी ऐसी पुस्तक प्रकाश में नहीं आई, जिसने साहित्यिक सम्यक् विश्लेषण किया हो और जिसे एक प्रामाणिक इतिहास कहा जा सके।

संयोग से आचार्य रामचन्द्र शुक्ल (1884-1941) ने हिन्दी साहित्य को आलोकित करने हेतु 'हिन्दी साहित्य का इतिहास' लिखा, जो अब तक लिखे गए इतिहासों में सर्वाधिक प्रामाणिक ग्रंथ माना जाता है। देश की स्वतंत्रता के पश्चात् 'हिन्दी' को राष्ट्रभाषा कहलाने का गौरव प्राप्त हुआ। हिन्दी साहित्य में अनेकानेक नई-नई विधाओं का जन्म हुआ है। आज हिन्दी साहित्य विश्व के किसी भी भाषा साहित्य से कम नहीं है। इसके साथ ही कुछ भाषाविदों ने भी हिन्दी साहित्य के इतिहास लेखन का प्रयास किया है, किंतु वे सभी शुक्ल जी के इतिहास से अनुप्राणित हैं। आचार्य शुक्ल द्वारा रचित इतिहास की प्रामाणिकता सर्व-सम्मत है।

आचार्य रामचन्द्र शुक्ल ने हिन्दी साहित्य के इतिहास को निम्न चार कालों में वर्गीकृत किया है :

1. **आदिकाल अथवा वीरगाथाकाल**-सम्वत् 1050 से 1375 तक।
2. **भक्तिकाल अथवा पूर्व मध्यकाल**-सम्वत् 1375 से 1700 तक।
3. **रीतिकाल अथवा उत्तर मध्यकाल**-सम्वत् 1700 से 1900 तक।
4. **आधुनिककाल**-सम्वत् 1900 से वर्तमान तक।

भारतीय भाषाओं के साहित्य को प्रदत्त सर्वाधिक प्रतिष्ठित एवं धनराशि वाले 'ज्ञानपीठ पुरस्कार' प्राप्तकर्ताओं हिन्दी के साहित्यकारों की एक अपनी परंपरा रही है। पं. सुमित्रानन्दन पंत को वर्ष 1968, रामधारी सिंह दिनकर को वर्ष 1972, हीरानन्द सच्चिदानन्द वात्स्यायन 'अज्ञेय' को वर्ष 1978, महादेवी वर्मा को वर्ष 1982, नरेश मेहता को वर्ष 1992, निर्मल वर्मा को वर्ष 1999 में, कुँवर नारायण को वर्ष 2005 में, अमरकान्त व श्रीलाल शुक्ल को संयुक्त रूप से वर्ष 2009 में, केदारनाथ सिंह को वर्ष 2013 में तथा कृष्णा सोबती को वर्ष 2017 में इस अत्यंत सम्मानित पुरस्कार से पुरस्कृत किया जा चुका है।

अध्याय सार-संचिका

- 14 सितंबर, 1949 को हिन्दी को संवैधानिक रूप से राजभाषा घोषित किया गया। अत: 14 सितंबर को 'हिन्दी दिवस' मनाया जाता है।
- हिन्दी को आधिकारिक रूप से संविधान में राष्ट्रभाषा के रूप में वर्णित नहीं किया गया। ध्यातव्य है कि अनुच्छेद-343 में हिन्दी को राजभाषा स्वीकारा गया है न कि राष्ट्रभाषा।
- 26 जनवरी, 1950 से हिन्दी को राजभाषा का दर्जा दिया गया, परंतु उसे लागू नहीं किया गया क्योंकि-अनुच्छेद-343 (2) के अनुसार संविधान में प्रावधान है कि संविधान के प्रारंभ से 15 वर्ष की अवधि तक (1965 तक) उन सभी शासकीय प्रयोजनों में अंग्रेजी का प्रयोग होता रहेगा, जिनके लिए पहले प्रयोग किया जा रहा था। साथ ही संसद को अधिकार दिया गया कि राजभाषा (राजकाज की भाषा के रूप में अंग्रेजी के प्रयोग को 1965 से आगे भी बढ़ा सकती है। संसद ने इस शक्ति का प्रयोग करके राजभाषा अधिनियम 1963 पारित किया।
- 1965 से हिन्दी संघ की राजभाषा तो रहेगी, पर अंग्रेजी भी सभी सरकारी कार्यों के लिए बराबर प्रयुक्त होती रहेगी।
- अंग्रेजी भाषा का प्रयोग समाप्त करने के लिए ऐसे सभी राज्यों के विधानमंडलों द्वारा, जिन्होंने हिन्दी को अपनी राजभाषा नहीं माना है, संकल्प पारित करना होगा, जिस पर विचार के पश्चात् उसकी समाप्ति हेतु संसद के हर सदन द्वारा पारित करना होगा। ऐसा होने पर अंग्रेजी संघ की राजभाषा अनिश्चित काल तक बनी रह सकती है।
- राष्ट्रपति को राजभाषा संबंधी सलाह देने के लिए आयोग की नियुक्ति का प्रावधान है।
- राजभाषा आयोग की नियुक्ति संविधान के प्रारंभ से 5 वर्ष की समाप्ति पर और तत्पश्चात् 10 वर्ष की समाप्ति पर राष्ट्रपति द्वारा की जाएगी।
- एक अध्ययन व 8वीं अनुसूची की विभिन्न भाषाओं का प्रतिनिधित्व करने वाले सदस्यों को मिलाकर किया जाएगा।
- प्रथम राजभाषा आयोग 1955 में गठित हुआ। राजभाषा आयोग के प्रथम अध्यक्ष बाल गंगाधर खेर थे।
- आयोग अपनी सिफारिशें राष्ट्रपति के समक्ष प्रस्तुत करने में भारत के औद्योगिक, सांस्कृतिक, वैज्ञानिक उन्नति तथा लोक सेवाओं के संबंध में अहिन्दी भाषी क्षेत्र के लोगों के न्यायोचित दावों एवं हितों का समुचित ध्यान रखेगा।

राजभाषा आयोग पर संयुक्त संसदीय समिति अनुच्छेद-344(4) की संरचना निम्न प्रकार है-

सदस्य संख्या 30 (लोकसभा 20, राज्यसभा 10)

निर्वाचन पद्धति - आनुपातिक प्रतिनिधित्व पद्धति

संसदीय समिति का कार्य- राजभाषा आयोग की सिफारिशों की परीक्षा करें और राष्ट्रपति को अपनी राय प्रतिवेदित करें।

प्रथम संयुक्त संसदीय समिति का गठन नवंबर 1957 में श्री गोविन्द बल्लभ पंत की अध्यक्षता में किया गया था।

- स्थायी राजभाषा आयोग (1961)

  आधार-प्रथम राजभाषा आयोग ने शब्दावली के विकास हेतु दो स्थायी आयोगों की नियुक्ति की सिफारिश की थी।

  1976 में राजभाषा (विधायी) आयोग को समाप्त कर दिया गया तथा दूसरा आयोग वैज्ञानिक व तकनीकी शब्दावली आयोग अब भी मानव संसाधन विकास मंत्रालय के अधीन कार्य कर रहा है।
- वर्तमान समय में भारत की 6 भाषाओं को शास्त्रीय भाषा का दर्जा प्राप्त है, जो क्रमशः तमिल, संस्कृत, तेलुगू, कन्नड़, मलयालम तथा ओड़िया हैं।
- हिन्दी-आर्य भाषा परिवार भारत में प्रयोग की जाने वाली भाषाओं में सबसे बड़ा भाषा परिवार है। इसके अन्तर्गत संस्कृत, हिन्दी, उर्दू, मराठी, नेपाली, बांग्ला, गुजराती आदि भाषाएं आती हैं।
- प्रादेशिक भाषाएं

  प्रादेशिक भाषा अर्थात् राज्यों की राजभाषा।

  किसी राज्य का विधानमंडल, उस राज्य में प्रयोग होने वाली भाषाओं में से किसी एक या अधिक भाषाओं को या हिन्दी को उस राज्य की सभी या किन्हीं शासकीय प्रयोजनों के लिए प्रयोग की जाने वाली भाषा के रूप में अंगीकार कर सकेगा।
- मिजोरम, मेघालय व नागालैंड की राजभाषा अंग्रेजी है।
- अनुच्छेद-346 के अनुसार परस्पर राज्यों के बीच तथा संघ व राज्यों के बीच शासकीय प्रयोजनों के लिए प्राधिकृत भाषा एक ही होगी, परंतु दो या दो से अधिक राज्य आपस में करार कर राजभाषा हिन्दी को पत्रादि की भाषा स्वीकार कर सकते हैं।

राजभाषा के लिए राष्ट्रपति द्वारा निर्देश

- यदि राष्ट्रपति को यह समाधान हो जाता है कि किसी राज्य का पर्याप्त भाग अपने द्वारा बोली जाने वाली भाषा को राज्य द्वारा मान्यता प्रदान कराना चाहता है, तो वह निर्देश दे सकता है कि उस भाषा को भी उस राज्य के सर्वत्र किसी भाग में शासकीय मान्यता दी जाए।
- अनुच्छेद-348 के तहत उच्चतम न्यायालय एवं उच्च न्यायालय की कार्यवाही तथा संसद व राज्य विधानमंडलों में विधेयकों, अधिनियमों, अध्यादेशों आदि के लिए प्रयोग की जाने वाली भाषा संबंधी प्रावधानों का उल्लेख है। जब तक संसद इस बारे में विधि द्वारा उपबंध न करे, तब तक शासकीय कार्य अंग्रेजी में ही होंगे।
- अन्य भाषा का उपबंध करने वाला कोई विधेयक/संशोधन संसद में राष्ट्रपति की पूर्वानुमति से ही पेश किया जा सकेगा तथा राष्ट्रपति ऐसी अनुमति राजभाषा आयोग (अनुच्छेद-344) और संयुक्त संसदीय समिति (अनुच्छेद-349) की सिफारिश पर ही देगा।

- राज्यों के संदर्भ में राज्य का राज्यपाल, राष्ट्रपति की पूर्वानुमति से उस राज्य के उच्च न्यायालय में हिन्दी भाषा का या उस राज्य की शासकीय भाषा के प्रयोग को प्राधिकृत कर सकेगा। लेकिन यह उपबंध उच्च न्यायालय के किसी निर्णय डिक्री या आदेश पर लागू नहीं होगा।
- प्रत्येक व्यक्ति अपनी व्यथा के निवारण के लिए संघ या राज्य के किसी अधिकारी/प्राधिकारी को संघ या राज्य में प्रयोग होने वाली किसी भाषा में आवेदन दे सकता है तथा उस आवेदन को इस आधार पर अस्वीकृत नहीं किया जाएगा कि वह राजभाषा में नहीं है।
- अनुच्छेद-350 (क) के तहत भाषायी अल्पसंख्यक वर्गों के बालकों को शिक्षा के प्राथमिक स्तर पर मातृभाषा में शिक्षा की पर्याप्त सुविधा की व्यवस्था करना स्थानीय प्राधिकारियों का दायित्व होगा। (7वां संशोधन अधिनियम 1956) इस सुविधा को सुनिश्चित करने हेतु राष्ट्रपति राज्यों को निर्देश दे सकता है।
- संविधान के अनुच्छेद-350(ख) के तहत राष्ट्रपति भाषायी अल्पसंख्यक वर्गों के लिए एक आयुक्त की नियुक्ति करेगा, जो अल्पसंख्यक मामलों के मंत्रालय के अधीन कार्य करेगा। इस आयुक्त का प्रमुख कार्य भाषायी अल्पसंख्यक वर्गों के हितों के रक्षोपाय विषयों का अन्वेषण कर राष्ट्रपति को प्रतिवेदन सौंपना है।
- अनुच्छेद-351 के तहत संघ को हिन्दी भाषा के विकास व प्रसार के लिए निर्देश दिया गया है, जो भारत की सामाजिक संस्कृति (मिली-जुली संस्कृति) की अभिव्यक्ति का माध्यम बन सके।
- 8वीं अनुसूची में 22 प्रादेशिक भाषाओं का उल्लेख है। आरंभ में कुल 14 भाषाएं थीं। 21वें संशोधन 1967 में सिन्धी को जोड़ा गया।
  71वें संशोधन 1992 में नेपाली, कोंकणी, मणिपुरी को जोड़ा गया।
  92वें संशोधन 2003 में बोडो, डोगरी, मैथिली, संथाली को जोड़ा गया।
- अंग्रेजी संघ की सहायक राजभाषा मेघालय, मिजोरम तथा नागालैंड की राजभाषा है, किंतु 8वीं अनुसूची में शामिल नहीं है।
- अनुच्छेद-29 के तहत भारत के नागरिकों को अपनी विशेष भाषा, लिपि या संस्कृति को बनाए रखने का मूलाधिकार प्रदान किया गया है तथा उन्हें केवल धर्म, मूलवंश, जाति, भाषा या अन्य किसी आधार पर वंचित नहीं किया जाएगा।
- अनुच्छेद-30 के तहत धर्म या भाषा आधारित सभी अल्पसंख्यकों को अपनी रुचि, शिक्षण संस्थाओं की स्थापना और प्रशासन का अधिकार दिया गया है।
- अनुच्छेद-120 के तहत संसद की कार्यवाही अंग्रेजी या हिन्दी में की जाएगी तथा लोकसभा अध्यक्ष या राज्यसभा का सभापति किसी सदस्य को हिन्दी, अंग्रेजी के अलावा उसकी मातृभाषा में सदन को संबोधित करने की अनुमति दे सकता है।
- अनुच्छेद-210 राज्यों के विधानमंडलों का कार्य अपने-अपने राज्य की राजभाषा/राजभाषाओं में या हिन्दी या अंग्रेजी में किया जाएगा। इसके अलावा सदस्यों को वह मातृभाषा में बोलने का अधिकार दे सकता है किंतु यदि संसद यह उपबंध न करे तो 15 वर्ष पश्चात् अंग्रेजी में शब्दों का लोप किया जा सकेगा।

- उत्तरोत्तर शिक्षा व्यक्ति को तार्किक और आनुपातिक बनाती है।
- राष्ट्रीय साक्षरता एवं समग्र विकास को ध्यान में रखते हुए सरकार ने विभिन्न नीतियों, जैसे- राष्ट्रीय शिक्षा नीति एवं अंतर्राष्ट्रीय शिक्षा नीतियों से स्वयं को संबद्ध करने के अथक प्रयास किए हैं एवं इनका परिणाम सफलता के रूप में परिणित किया है।
- भारत सरकार द्वारा संविधान में दिए गए नीति-निदेशक तत्वों के अनुसार भी इस बात के लिए प्रतिबद्धता जताई गई है एवं जिसके परिणाम में आज 2011 के आंकड़ों के अनुसार भारत की साक्षरता दर 73% है, जो कि 1951 में मात्र 18.33% ही थी।
- भारतीय संविधान के अनुच्छेद 15(4), 15(5), 16(4ए), 16(बी), एवं अनुच्छेद 46 के उद्देश्यों के अंतर्गत सरकार द्वारा समाज के विशेष पिछड़े वर्ग, जैसे–अनुसूचित जाति व अनुसूचित जनजाति एवं अल्पसंख्यकों के शिक्षा एवं विकास हेतु सरकार को विशेष रूप से निर्देशित किया गया है।
- भारत सरकार द्वारा प्रारंभिक शिक्षा, सर्व शिक्षा अभियान, महिला सामाख्या इत्यादि जैसी केंद्रीय योजनाएँ एवं कार्यक्रम चलाए जा रहे हैं जो कि महिला अथवा नारी शिक्षा को केंद्रित कर समाज को पूर्ण रूपेण शिक्षित करने का प्रथम चरण है।
- शिक्षित व्यक्ति समाज में एक प्रकाशमान दीप की भांति प्रज्वलित होकर अपने आस-पास अथवा स्वयं से संबंधित प्रत्येक प्राणी, वस्तु व जीव को एवं पूरे समाज को अज्ञानता के अंधकार से बाहर निकालता है।
- शिक्षा किसी समाज एवं राज्य अथवा राष्ट्र का मूलभूत ढांचा निर्मित करने में महत्वपूर्ण भूमिका निभाती है, अतः शिक्षा प्रत्येक जीव के लिए प्राणदायिनी वायु के समकक्ष होनी चाहिए।
- राष्ट्रीय शिक्षा नीति एवं योजनाएँ भारत सरकार द्वारा मात्र बालिकाओं व बालकों हेतु ही नहीं, अपितु प्रौढ़ शिक्षा पर भी पूर्णतः केंद्रित है, जिसमें सर्वांगीण विकास एवं साक्षरता के लक्ष्य को प्राप्त करने हेतु प्रयास किया जाता है।
- भारत भाषाओं का देश है। जहाँ प्रत्येक राज्य के हर जिले एवं मोहल्ले में भाषाओं की विभिन्नता पाई जाती है। भारत एक लोकतंत्रात्मक राष्ट्र होने के नाते अपनी जनता को संविधान द्वारा यह संरक्षण भी देता है कि वे अपनी भाषा को प्रोत्साहन दें।
- भाषाओं का विकास पूर्णतः संपर्क एवं संवाद में किए गए उपयोग से संबंधित है। जिस भाषा को बोलने में व्यक्ति एवं उसकी संपर्क क्षमता जितनी होगी, उस भाषा का विकास उसी गति से होगा।

अभ्यास प्रश्न

1. **मूल संविधान की आठवीं अनुसूची में कुल कितनी भाषाएँ शामिल की गई हैं?**
   (a) 13 (b) 14
   (c) 15 (d) 16
2. **भारतीय संविधान की आठवीं अनुसूची के संदर्भ में कौन-सा कथन सत्य है?**
   (a) इस अनुसूची में कुल 22 भाषाएँ शामिल हैं।
   (b) इस अनुसूची में शामिल 22 भाषाओं में ही भारतीय रिजर्व बैंक नोटों को प्रिंट करते समय उनका प्रयोग करता है।
   (c) इन्हीं 22 भाषाओं में ज्ञानपीठ पुरस्कार प्रदान किया जाता है।
   (d) इन्हीं 22 भाषाओं में जो पढ़ना और लिखना जानता हो, परंतु उसकी उम्र 7 वर्ष से अधिक हो, साक्षर माना जाता है।
3. **निम्नलिखित में किस राज्य की राजभाषा अंग्रेजी नहीं है?**
   (a) मिजोरम (b) मेघालय
   (c) नागालैण्ड (d) त्रिपुरा
4. **निम्नलिखित में किस भाषा में सबसे अधिक ज्ञानपीठ पुरस्कार प्रदान किया जा चुका है?**
   (a) हिन्दी (b) मलयालम
   (c) बांग्ला (d) तेलुगू
5. **निम्नलिखित में किसे शास्त्रीय भाषा का दर्जा दिया गया है?**
   (a) तेलुगू (b) तमिल
   (c) संस्कृत (d) मलयालम
6. **कौन असंगत है?**
   (a) माधोकंदल - वाल्मीकि रामायण का असमिया में अनुवाद है।
   (b) सरला दास - उड़िया भाषा का व्यास
   (c) रघुपति सहाय - उर्दू काव्य साहित्य
   (d) बाबा फरीदकोट - तेलुगू के राष्ट्रीय कवि
7. **शिक्षा गारंटी योजना तथा वैकल्पिक एवं अनूठी शिक्षा से संबंधित सत्य कथनों/कथन का चयन करें–**
   1. शिक्षा गारंटी योजना तथा वैकल्पिक एवं अनूठी शिक्षा (ई.जी.एस. तथा ए.आई.ई.) स्कूल नहीं जा रहे बच्चों को बुनियादी शिक्षा कार्यक्रम के तहत लाने का सर्व शिक्षा अभियान का एक महत्वपूर्ण घटक है।
   2. ई.जी.एस. में ऐसे दुर्गम आबादी-क्षेत्रों पर ध्यान दिया जाता है, जहाँ 2.5 किलोमीटर के घेरे में कोई औपचारिक स्कूल नहीं हो और स्कूल नहीं जाने वाले 6-14 वर्ष के आयु वर्ग के कम-से-कम 30-35 बच्चे वहाँ मौजूद हों।

3. ई.जी.एस. और ए.आई.ई. में देश भर में किशोरावस्था के बालक, बालिकाओं पर विशेष ध्यान दिया जाता है।

कूट:

(a) 1, 2, 3 सही (b) 1, 2 सही
(c) केवल 1 सही (d) केवल 2 सही

8. राष्ट्रीय बाल भवन की स्थापना जवाहर लाल नेहरू द्वारा कब की गई?

(a) 1955 (b) 1956
(c) 1957 (d) 1958

9. इंदिरा गाँधी राष्ट्रीय विश्वविद्यालय (इग्नू) से संबंधित सत्य कथन की पहचान कीजिए–

(a) इंदिरा गाँधी मुक्त विश्वविद्यालय की स्थापना, सितम्बर 1985 में हुई थी।
(b) इग्नू ने अपने कार्यक्रम 1989 से प्रारंभ किए और अभी तक 170 कार्यक्रम चलाए हैं।
(c) इग्नू ने 1 जनवरी, 2000 को एक शैक्षिक चैनल 'ज्ञानदर्शन' की शुरुआत की थी।
(d) उपरोक्त सभी।

10. भारतीय उच्चतर अनुसंधान परिषद (आई.आई.एस.) की स्थापना कहाँ हुई थी?

(a) नैनीताल (b) शिमला
(c) देहरादून (d) दिल्ली

11. निम्नलिखित में से कौन-सा कथन असंगत है?

(a) राष्ट्रीय बाल भवन, नई दिल्ली की स्थापना 5-16 वर्ष आयु वर्ग के बच्चों को रचनाशीलता के अवसर उपलब्ध कराने के उद्देश्य से की गई थी।
(b) राष्ट्रीय साक्षरता मिशन की स्थापना मई 1990 में की गई थी। इसका उद्देश्य 2007 तक 20 से 40 वर्ष तक के आयु वर्ग के उत्पादक और पुनरुत्पादक समूह के निरक्षर लोगों को व्यावहारिक साक्षरता प्रदान करते हुए 75 प्रतिशत साक्षरता का लक्ष्य हासिल करना है।
(c) कस्तूरबा गाँधी बालिका विद्यालय योजना के अंतर्गत मुख्य रूप से प्राथमिक स्तर पर अनुसूचित जाति/अनुसूचित जनजाति, अन्य पिछड़े वर्ग और अल्पसंख्यकों की बालिकाओं के लिए दुर्गम क्षेत्र में आवासीय सुविधाओं के साथ 750 विद्यालय खोले जा रहे हैं।
(d) विदेशी सहायता प्राप्त राष्ट्रीय जनसंख्या शिक्षा परियोजना के लिए शत-प्रतिशत धनराशि संयुक्त राष्ट्र जनसंख्या कोष से प्राप्त हुई थी।

12. निम्न कथनों पर विचार करें–

1. राष्ट्रीय अल्पसंख्यक शैक्षिक आयोग 2004 का गठन संसद के एक अधिनियम द्वारा किया गया, जिसके तहत अल्पसंख्यक संस्थाएँ अनुसूचित विश्वविद्यालय से स्वयं को संबद्ध कर सकती हैं।
2. वर्तमान समय में दिल्ली विश्वविद्यालय, पूर्वोत्तर पर्वतीय विश्वविद्यालय, असम विश्वविद्यालय, नागालैण्ड विश्वविद्यालय एवं मिजोरम विश्वविद्यालय इस सूची में आते हैं।

कूटः

(a) केवल 1 सही (b) केवल 2 सही

(c) 1 और 2 दोनों सही (d) 1 और 2 दोनों गलत

13. सत्य कथनों का कूट बनाइए–

1. कॉपीराइट अधिनियम, 1957 की निगरानी का उत्तरदायित्व मानव संसाधन विकास मंत्रालय के पास है।
2. कॉपीराइट कार्यालय की स्थापना जनवरी 1958 में विभिन्न रचनात्मक कार्यों के वर्गों में पंजीकरण के लिए की गई थी।
3. कॉपीराइट अधिनियम 1957 की धारा 11 के प्रावधानों के अंतर्गत भारत सरकार ने कॉपीराइट बोर्ड का गठन किया है।
4. कॉपीराइट बोर्ड एक अर्द्ध–न्यायिक निकाय है, जिसमें एक अध्यक्ष के अलावा कम–से–कम दो और अधिक–से–अधिक 14 सदस्य होते हैं। इनकी नियुक्ति 5 वर्षों के लिए की जाती है, जो फरवरी 2001 से अस्तित्व में आया।

कूटः

(a) केवल 1, 2 सही (b) 3, 4 सही

(c) 1, 2, 3 सही (d) उपरोक्त सभी सही

14. सर्व शिक्षा अभियान से संबंधित कथनों पर विचार करें–

1. सर्व शिक्षा अभियान की योजना 2001 में शुरू की गई थी।
2. एस.एस.ए. कार्यक्रम में 9वीं योजना में केंद्र और राज्य सरकारों के मध्य 85:15 की साझेदारी 10वीं पंचवर्षीय योजना में 75:25 की तथा 11वीं में 50:50 के आधार पर दी जाएगी।
3. सर्व शिक्षा अभियान में बालिकाओं एवं समाज के कमजोर वर्गों के बच्चों पर विशेष ध्यान देने का प्रावधान है।

कूटः

(a) उपरोक्त सभी सत्य (b) उपरोक्त सभी असत्य

(c) 1, 2 सत्य (d) 2, 3 सत्य

15. ब्लैक बोर्ड अभियान (OBB) से संबंधित सत्य कथनों को चुनें–

(a) ओ.बी.बी. 1987–88 में शुरू की गईं

(b) 2002–03 में इसे सर्वशिक्षा अभियान में मिला दिया गया।

(c) योजना आयोग ने निर्णय लिया है कि विशेष मामलों के तौर पर पूर्वोत्तर राज्यों में ब्लैक बोर्ड अभियान योजना को 11वीं पंचवर्षीय योजना में भी जारी रखा जाएगा।

(d) उपरोक्त सभी

16. सरकार ने निम्न में से किन स्थानों पर सूचना प्रौद्योगिक डिजाइन एवं उत्पाद संस्थान को स्थापित किया है?

(a) कांचीपुरम् (b) जबलपुर

(c) उपर्युक्त दोनों (d) इनमें से कोई नहीं

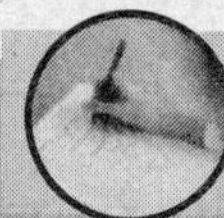

उत्तरमाला

1. (b)	**2.** (b)	**3.** (d)	**4.** (a)	**5.** (d)	**6.** (d)	**7.** (a)	**8.** (b)
9. (a)	**10.** (b)	**11.** (b)	**12.** (c)	**13.** (d)	**14.** (a)	**15.** (d)	**16.** (c)

❑❑❑

भाग–II

भारतीय कला

भारतीय स्थापत्य और वास्तुकला

प्रमुख बिन्दु

- ❖ सामान्य परिचय
- ❖ स्थापत्य एवं वास्तुकला
- ❖ उद्‌भव और विकास
- ❖ वास्तुकला की विभिन्न शैलियाँ
- ❖ वास्तुकला के अवयव
- ❖ प्राचीन स्थापत्य एवं वास्तुकला
- ❖ मध्यकालीन स्थापत्य एवं वास्तुकला
- ❖ स्थापत्य कला की प्रांतीय शैलियाँ
- ❖ आधुनिक स्थापत्य एवं वास्तुकला
- ❖ प्रमुख गुफाएँ, चैत्यगृह, विहार तथा स्तूप
- ❖ प्रमुख मंदिर
- ❖ अध्याय सार-संचिका
- ❖ अभ्यास प्रश्न

सामान्य परिचय

भवन निर्माण एवं शिल्प विज्ञान को ही 'वास्तुकला' कहते हैं। वास्तुकला का उद्‌भव एवं विकास मानव सभ्यता के विकास की कहानी के साथ संबद्ध है। प्राणीमात्र में आत्मरक्षा तथा सुख प्राप्ति की भावना प्राकृतिक रूप से होती है। इसलिए पशु-पक्षियों सहित सभी प्राणी अपनी सुरक्षा एवं सुख हेतु घोंसले, बिल तथा मांद आदि का निर्माण करते हैं और उसे अपने मनोनुकूल सहेजते भी हैं।

मानव अपनी विभिन्न प्रवृत्तियों के अनुकूल अपनी आवास व्यवस्था करता रहा है। जब उसका जीवन विचरणशील था, तब वह झुण्डों में विभिन्न स्थानों पर डेरा डालकर रहता था। फिर उसने गुफाओं में रहना प्रारंभ किया और मानवीय सभ्यता के विकास के साथ आज छोटे-बड़े भवनों में रहता है और उसे विभिन्न कलात्मक ढंग से सजाता-संवारता भी है। इसी मानवीय प्रवृत्ति से 'वास्तुकला' का उद्‌भव हुआ है।

स्थापत्य एवं वास्तुकला

भवन निर्माण एवं शिल्प विज्ञान का नाम वास्तुकला है। वास्तुकला और मानव सभ्यता के विकास का अटूट संबंध है। वास्तुकला का सभ्यता के विकास के साथ अलंकरण की ओर अग्रसर होना भी स्वाभाविक है। वर्तमान युग में भव्य भवनों का निर्माण किया जाता है तथा उनके स्थायित्व के लिए प्रयत्न किया गया है। परिणामस्वरूप कलाकार क्रमश अपनी वास्तुकला शैलियों में परिवर्तन करता है। इतना ही नहीं भवन निर्माण हेतु उसने योजना निर्माण और एकरूपता आदि की ओर भी ध्यान दिया, जिससे शिल्प की एक कला 'वास्तुकला' का प्रादुर्भाव हुआ। वास्तव में वास्तुकला का उद्‌भव एवं विकास मानव सभ्यता के विकास की कहानी को स्पष्ट करता है। भारतीय स्थापत्य एवं वास्तुकला के दो रूप देखने को मिलते हैं। ये रूप हैं:

नागरिक वास्तुकला

लौकिक रूप, जो नगर, ग्राम तथा भवनों के रूप में दृष्टिगत होता है, 'नागरिक वास्तुकला' कहलाता है। आर्यों ने 'ऋग्वेद' में भवन निर्माण के सुंदर उदाहरण प्रस्तुत किए हैं। सहस्र स्तंभों वाले भवनों तक का निर्माण आर्यों ने किया। हजार स्तंभों वाले भवनों, पत्थर निर्मित भवनों तथा लौह एवं पत्थर निर्मित भवनों आदि के वर्णन भी ऋग्वेद में उपलब्ध हैं। इसी प्रकार प्रागैतिहासिक काल से लेकर आधुनिक काल तक हम नागरिक वास्तुकला के उत्कृष्ट उदाहरण पाते हैं। इसका अर्थ यह है कि अत्यंत प्राचीन काल से ही हम सुव्यवस्थित एवं वैभवपूर्ण वास्तुकला का दिग्दर्शन पाते हैं।

धार्मिक वास्तुकला

मानव मस्तिष्क के विकास के साथ ही उसका परिचय प्राकृतिक शक्तियों से हुआ। उन प्राकृतिक शक्तियों की महत्ता-शक्तिमता को देखकर मानव मन में उनकी जानकारी के लिए सहज जिज्ञासा उत्पन्न हुई। उस जिज्ञासा का उत्तर ही देवता-ईश्वर की भावना के उदय का कारण बना। इस शक्तिशाली पदार्थ की प्रसन्नता के लिए मानव, उपासना अर्थात् पूजा की ओर उन्मुख हुआ। इसी भावना ने धर्म-अधर्म, पाप-पुण्य आदि के उदय में योग दिया। विश्व के विभिन्न देशों के व्यक्तियों ने उस परमशक्ति के संबंध में विभिन्न कल्पनाएँ कीं, अपनी-अपनी कल्पना के अनुसार देशों की कल्पना की, उनकी उपासना के लिए विधान रचे और स्तूप मंदिर आदि की कल्पना की, परिणामतः 'धार्मिक वास्तुकला' का उदय हुआ।

भारतीय स्थापत्य एवं वास्तुकला के इतिहास में सैन्धव काल तथा मौर्य, शुंग, कुषाण, सातवाहन, गुप्त, वर्धन, राष्ट्रकूट, पल्लव, चोल और चालुक्य आदि शासकों का शासन-काल अत्यंत महत्वपूर्ण है। वास्तुकलाविदों की मान्यता है कि मौर्य काल से गुप्त काल तक के शासकों ने स्थापत्य एवं वास्तुकला का अधिकाधिक विकास किया।

स्थापत्य एवं वास्तुकला के विकास क्रम को अन्य शासकों ने भी जारी रखा और वह आज भी जारी है। शासकों द्वारा परम्परा के निर्वाह तथा कलात्मक प्रवृत्ति का प्राचीन भवनों तथा अन्य निर्माण कार्यों में जिस भव्य स्थापत्य एवं वास्तुकला के दर्शन होते हैं, उनसे एक हर्षमिश्रित गर्वानुभूति ही होती है।

प्राचीन कालीन स्थापत्य में जहाँ पत्थरों एवं लकड़ी का अधिकाधिक प्रयोग एक निश्चित लंबाई, चौड़ाई तथा मोटाई के अनुरूप किया गया, वहाँ वास्तुकलाविदों ने निर्माण-कार्य में बारीकी से साज-सज्जा तथा स्पष्ट प्रस्तुति को महत्व दिया। यही कारण है कि प्राचीनतम भवन, स्तूप, स्तंभ, गुफा, द्वार आज भी एक अद्भुत आकर्षण तथा प्रेरणास्रोत बने हुए हैं।

उद्भव और विकास

मानव ने भाषा के अभाव में अपनी अभिव्यक्ति रेखांकन द्वारा की है एवं इसमें अपने भावों के रसास्वादन द्वारा संतुष्ट हुआ है। इसी संतुष्टि एवं तृप्ति का भाव खोजने में मानव ने आधुनिक कला को जन्म दिया। प्राचीन भारतीय साहित्य में कला के उद्भव एवं विकास के विभिन्न प्रमाणों का अवलोकन करने पर स्पष्ट होता है कि 'कला' उन समस्त जानकारियों या क्रियाओं का नाम है, जिनमें थोड़ी चतुराई की आवश्यकता है। कला का माध्यम कुछ भी हो, वह भाव को मूर्तता प्रदान करती है, इस प्रकार मन के भावों को अधिकतम सौंदर्य के साथ मूर्त रूप में प्रकट करना ही कला है। भारतीय दार्शनिकों ने कला का अंतिम लक्ष्य, भौतिक संसार से ऊपर उठकर ऐसी अवस्था की प्राप्ति बताया है, जिसमें भौतिक द्वंद्वों की सत्ता का विनाश हो जाए। वेद, उपनिषद, पुराण, इतिहास, काव्य, विज्ञान, चित्र, संगीत, शिल्प, स्थापत्य आदि सभी कला के अंग हैं। पृथ्वी, नदी, पर्वत, वृक्ष, लताएँ आदि जो भी दिखाई देते हैं, सभी कलाभिभूत हैं, उन्हें कला के माध्यम से संवारा-संजोया जा सकता है। 'कला' संस्कृत भाषा का शब्द है, जिसकी व्युत्पत्ति कल्, कड् या कम् धातु से हुई मानी जाती है अर्थात् वस्तु को रूप देने वाली शक्ति ही कला है। या यूँ कहें कि आनंद लाने का नाम कला है। कला शब्द का प्राचीनतम प्रयोग ऋग्वेद में मिलता है, लेकिन यहाँ इसका अभिप्राय कुछ और ही है। भरत मुनि ने पहली शताब्दी के आसपास 'कला' शब्द का सबसे प्रामाणिक उल्लेख किया है। इनके अनुसार कला से अलग ज्ञान, विद्या और शिल्प का क्या आशय है, स्पष्ट नहीं। प्राचीन संस्कृत ग्रंथों में कला शब्द का वह आशय नहीं था, जो आजकल है। कला और शिल्प का भेद बहुत कुछ स्पष्ट नहीं था, जबकि कलाओं के विभिन्न उल्लेख मिलते हैं।

कलाकार समाज से पूर्णतः अलग नहीं होता। अपितु वह समाज से ही सामाजिक मूल्यों, दार्शनिक परम्पराओं एवं शैलियों संबंधी ज्ञान, कतिपय तकनीक और भौतिक उपकरण आदि ग्रहण करता है। समाज से उसका अलगाव भी स्थांयी नहीं होता। अपने कला प्रयासों की मान्यता एवं प्रतिपूर्ति के लिए उसे समाज के बीच आना पड़ता है। समाज की स्वीकृति ही उसकी उपलब्धता होती है। सामान्यतः समाज से कला का आरंभ होता है और समाज में ही इसका अंत। एक प्रतिभासम्पन्न मौलिक कलाकार जब सृजनरत होता है, तब समाज से आरंभ होकर कला, कलाकार के माध्यम से, समाज में ही अभिव्यक्त होती है। यथार्थतः मौलिक कलाकार समाज से जो कुछ ग्रहण करता है, उसे ही रूपांतरित-परिवर्तित कर, कलात्मक निर्मितियों के रूप में, नई अभिरुचियों एवं मूल्यों की सर्जना करता है। समाज में रहने वाला मनुष्य विधि-निषेध, अच्छे-बुरे, सुंदर-असुंदर आदि के बारे में कतिपय धारणाओं के बिना जीवित रह सके, ऐसा सोचना भी संभव नहीं है। ठीक से समझने पर, कलात्मक एवं सौंदर्यात्मक क्रिया क्षेत्र में प्रयुक्त सुंदर और असुंदर संबोध, विधि और निषेध या अच्छे और बुरे के ही पर्याय हैं। यह क्रिया समाज द्वारा अधिकृत सौंदर्य आदर्श के साथ व्यक्ति के सामंजस्य की अभिव्यक्ति का प्रयास है। सौंदर्य एक ऐसा गुण है, जो मूर्त संघटकों तथा अमूर्त विचारों एवं कल्पनाबिंबों दोनों में ही विद्यमान हो सकता है। यह विभिन्न संरचना तत्वों से निर्मित एक ऐसा रूपाकार, एक लय, एक नियमबद्धता और एक औपचारिक संरचना है, जो समस्तः, स्वांतःसुखाय संवेदी अनुक्रियाओं को जाग्रत करती है। कलाकृति के रचना तत्व रेखाएं, आधारतल, रंग, ध्वनि, शब्द, राग और इन सभी संतुलित विन्यास हैं।

वास्तुकला की विभिन्न शैलियाँ

- **नागर शैली :** नागर शैली उत्तर भारत में हिमालय से विंध्य प्रदेश के भूभाग में दिखती है। शास्त्रकारों के अनुसार नागर शैली के मंदिर चतुष्कोण होते हैं। प्राप्त उदाहरणों से उत्तरी भारत के मंदिरों की दो विशेषताएँ विशेष ध्यान देने योग्य हैं। वे वर्गाकार होते हैं और प्रत्येक भुजा के प्रक्षेप निकलकर क्रमशः ऊपर तक चले जाते हैं। उठानी में एक-एक शिखर होता है, जो ऊपर जाते हुए वक्र का रूप ले लेता है। शीर्ष भाग गोलाकार आमलक और कलश होता है। शिखर में खड़ी रेखा की प्रधानता दिखाई देती है, अतः इसे 'रेखीय शिखर' भी कहते हैं।

चित्र 1.1: नागर शैली में निर्मित मंदिर

- **द्रविड़ शैली :** द्रविड़ शैली कृष्णा तथा कुमारी अंतरीप के बीच अर्थात् आधुनिक तमिलनाडु प्रदेश में दिखती है। इस क्षेत्र में चालुक्य राष्ट्रकूट राजाओं द्वारा निर्मित मंदिर हैं। द्रविड़ शैली के मंदिरों का आकार अष्टभुज होता है अर्थात् द्रविड़ शैली का मंदिर आयताकार तथा शिखर पिरामिड के आकार का होता है। यह शिखर आयताकार गर्भगृह की तरह के अनेक खंडों से बनाया जाता है। ऊपर का प्रत्येक खंड क्रमशः अपने से नीचे के खंड से छोटा होता है। शीर्ष भाग में एक गुंबदाकार स्तूपिका होती है। आधार योजना के हिसाब से गर्भगृह के चारों ओर वर्गाकार छत से ढका हुआ बाड़ा होता है, जिसे 'प्रदक्षिणा पथ' कहते हैं। दीवारों पर बाहर की तरफ भित्ति स्तंभों से बने हुए ताख होते हैं। बाद में इन मंदिरों के साथ अनेक स्तंभयुक्त मंडप, गलियारे तथा विशाल गोपुरम भी जोड़ दिए गए।

चित्र 1.2: द्रविड़ शैली में निर्मित मंदिर

- **बेसर शैली :** बेसर शैली विंध्य और कृष्णा के बीच, जिसे 'दक्षिणावर्त' भी कहा जाता है, दिखती है। बेसर शैली में नागर और द्रविड़ शैली के तत्व मिश्रित होते हैं। यह सम्मिश्रित होयसल वंश के राजाओं के वंश में परिलक्षित होती है। शास्त्रकारों के अनुसार आधार से लेकर सिरे तक बेसर शैली के मंदिर अर्द्धगोलाकार होते हैं।

चित्र 1.3: बेसर शैली में निर्मित मंदिर

वास्तुकला के अवयव

स्तंभ

चित्र 1.4: स्तंभ

भारत में प्राचीन काल से ही स्तंभों की स्थापना की जा रही थी। अशोक ने अनेक धर्म स्तंभों को स्थापित किया। याज्ञिक अनुष्ठान के स्मारक रूप में स्तंभों का प्रयोग वैदिक काल में भी होता रहा होगा। प्रत्येक राजा विजयी होने पर विजय की स्मृति में इन स्तंभों की प्रतिष्ठा करता था। भारत यज्ञप्रधान देश है। यज्ञों में पशुबलि के अवसर पर स्तंभ या यूप का प्रयोग वैदिक कालीन है। 'यूप' यज्ञ स्तंभ विशेष के नाम हैं। भारत में जिस अनुपात में यज्ञ होते थे, उसी अनुपात में यूपों की स्थापना भी होती थी। गंगा-यमुना के संगम पर वैदिक संस्कृति में यज्ञों की अधिकता से उस स्थल का नाम भी प्रयुक्त हुआ है। कालिदास ने भी रघुवंश में गाँवों के यज्ञ यूपों का उल्लेख किया है। ये यज्ञ यूप लकड़ी के बनते थे, इसी कारण ये आज उपलब्ध नहीं हैं। प्रत्येक स्तंभ को दो भागों में विभक्त किया जा सकता है-लाट और स्तंभ-शीर्ष। लाट एक शुंडाकार दंड है, जिसकी लंबाई 40 फुट से 50 फुट तक है। स्तंभ-शीर्ष लाट की चोटी पर स्थापित रहता है। यह तीन अंगों में विभक्त होता है-उल्टा कमल अथवा घंटा, आधार पीठिका, पशु और कभी-कभी पशुओं के ऊपर स्थापित धर्मचक्र। इसके निर्माण में चुनार के लाल बलुए पत्थर तथा एकाश्म प्रयोग में लाए गए हैं।

स्तूप अथवा चैत्य

चित्र 1.5: चैत्य

स्तूप (पालि थूप) वस्तुत: चिता पर निर्मित टीला होता था। यह किसी महान व्यक्ति की स्मृति को यथावत रखने के उद्देश्य से उसके अवशेषों को ढककर बनाया जाता था, जो प्रारंभ में मिट्टी का बनाया जाता था। बाद में स्तूपों को दीर्घकाल तक बनाए रखने के उद्देश्य से मिट्टी के टीलों को ईंटों और पत्थरों से ढका जाने लगा। परिणामस्वरूप स्तूप के वास्तु का और अधिक विकास हुआ। 'महापरिनिर्वाण सूत्र' में महात्मा बुद्ध अपने प्रिय शिष्य आनंद से कहते हैं कि "मेरी मृत्यु के पश्चात् मेरे अवशेषों पर उसी प्रकार का स्तूप बनाया जाए, जिस प्रकार चक्रवर्ती राजाओं के अवशेषों पर बनते हैं।" स्तूप चार प्रकार के बनाए गए हैं–

- **शारीरिक :** इसमें बुद्ध तथा उनके प्रमुख शिष्यों की अस्थियां तथा उनके शरीर के विभिन्न अंग, जैसे-केश, नख तथा दांतों आदि को रखा गया था।
- **पारिभौगिक :** इसमें बुद्ध द्वारा उपभोग में लाई गई वस्तुओं, यथा-चरण पादुका, आसन, भिक्षापात्र आदि को रखा जाता था।
- **उद्देशिका :** इसमें वे स्तूप आते हैं, जिन्हें महात्मा बुद्ध के जीवन की घटनाओं से संबंधित अथवा उनकी यात्रा से पवित्र हुए स्थानों पर स्मृति रूप में निर्मित किया जाता था। ऐसे स्थान बोधगया, लुम्बिनी, सारनाथ, कुशीनगर आदि हैं।
- **संकल्पित :** ये छोटे आकार के होते थे और इन्हें बौद्ध तीर्थस्थलों पर श्रद्धालुओं द्वारा स्थापित किया जाता था। बौद्ध धर्म में इसे पुण्य का काम बताया गया है।

गुफाएँ

भारत में शैल गुफाओं की प्राचीन परंपरा रही है। मध्य प्रदेश आदि राज्यों में अनेक प्रागैतिहासिक एवं ऐतिहासिक काल की गुफाएँ मिली हैं, जिसमें आदिवासी निवास करते थे। अशोक और उनके पौत्र दशरथ ने अन्य धर्मों के प्रति सहिष्णुता प्रदर्शित

चित्र 1.6: शैल कृत्य स्थापत्य में निर्मित एलोरा की गुफा

करते हुए आजीवक सम्प्रदाय के भिक्षुओं के निवास के लिए, गया से उत्तर दिशा की ओर 19 मील की दूरी पर स्थित बाराबार तथा नागार्जुनी पहाड़ियों पर शैल गुफाओं का निर्माण कराया था। इन शैल गुफाओं का निर्माण, इन पर खुदे लेखों के अनुसार आजीवक सम्प्रदाय के भिक्षुओं के निवास और साधना के लिए स्थान की व्यवस्था करने के अभिप्राय से किया गया था। इसी प्रकार ओडिसा में खंडगिरि तथा उदयगिरि की पहाड़ियों पर जैन साधुओं के निवास हेतु गुफाओं का निर्माण किया गया तथा पश्चिम में भी अनेक शैल गुफाओं का निर्माण किया गया।

चैत्यगृह

चैत्य शब्द 'ची' धातु से बना है, जिसका अर्थ है-चयन करना (एक के ऊपर एक आरोपित करना) इसका एक अन्य अर्थ भी लगाया जाता है, यथा-'ची' धातु से चित्य बना, जिसका अर्थ है-वेदी। कालान्तर में इसका संबंध महान व्यक्तियों के स्मारकों के साथ हो गया। चैत्य शब्द का प्रयोग स्तूपों के लिए भी होता है। वास्तव में चैत्य और स्तूप दोनों ही शब्दों का प्रयोग पवित्र स्थलों के अर्थ में होता है। प्रारंभ में चैत्य का संबंध शव-समाधि से रहा है, किंतु बाद में इस शब्द से संघ के पूजागृहों का संकेत मिलने लगता है-वे पूजागृह, जहाँ महायानी बौद्धों के प्रतीक 'बुद्ध' की प्रतिमा आदि संरक्षित रखे जाते थे। इसके लिए विशिष्ट वास्तुकला का उदय हुआ, जिसके आधार पर गर्भगृह, उसके वाम दक्षिण भाग में स्तंभ एवं उसके मध्य में एक ठोस स्तूप होता था। यह संपूर्ण चैत्य प्रासाद, पर्वत की चट्टानों, लकड़ी या ईंटों से बनाया जाता था। पर्वतीय प्रदेश में निर्मित चैत्य गोल-लंबी सुरंग के समान होते थे। स्तूप के चारों ओर प्रदक्षिणा-भूमि अवश्य होती थी। कभी-कभी संघ की प्रार्थनाओं के लिए चैत्य की आवश्यकता होती थी, जहाँ बैठकर आचार्य उपदेश दिया करते थे। ऐसे स्थलों पर निर्मित भवन, प्रार्थना गृह भी चैत्य कहलाते थे। इस कार्य के लिए निर्मित एक चैत्यगृह हैदराबाद के बालदुर्ग जिले के तेर नामक स्थान में है। यह भारत का प्राचीनतम चैत्य है। यह ईंट और पलस्तर से बना है।

विहार

चित्र 1.7: बौद्ध विहार

विहार उस स्थल को कहा जाता था, जहाँ बौद्ध संघ निवास करता था। यह एक प्रकार का मठ था। बुद्ध चैत्यों के साथ सदा ही एक विहार संबद्ध रहता था। इसी से नागरिक, अजन्ता, बेडसा आदि में विहार बने हुए थे। विहार एक विशेष प्रकार के आवास थे, जो अन्य सार्वजनिक गृहस्थ आवासों से भिन्न थे। ई.पू. प्रथम तथा द्वितीय सदी के भरहुत के एक चित्र में, श्रावस्ती के जेतवन विहार तथा उसके भिक्षुओं के चित्र अंकित हैं। इसी जेतवन विहार को फाह्यान ने 800 वर्ष बाद देखा था। फाह्यान के काल में विहारों ने भव्य भवनों का रूप ले लिया था। इसके भवन सात-आठ मंजिल वाले थे। उस काल के विहार सिक्किम में आज भी दिखाई पड़ते हैं। प्राचीन काल का विहार चैत्यगृह के चारों ओर बने हुए छोटे कमरों का घर था। इन छोटे कमरों को कुटी भी कहते थे। सारनाथ के विहार का नाम 'मूलगन्ध कुटी विहार' रख दिया गया है। इन कुटियों के बीच में सम्प्रदाय विशेष की पूजा-पूर्ति की स्थापना की जाती थी।

मंदिर

सदियों से भारत को प्रायः मंदिरों का देश कहा जाता रहा है। यहाँ इन मंदिरों का विकास चरणबद्ध रूप से हुआ है। अपने प्रारंभिक काल में यहाँ प्रतीक रूप में एक चबूतरे का निर्माण कर दिया जाता था, जिन पर पृथ्वी माता, यक्ष अथवा नाग मंदिर का प्रतीक बना दिया जाता था। ऋग्वेद में ऐसे ही एक यक्ष-सदन का उल्लेख मिलता है। मंदिर विकास के दूसरे चरण में पूर्व निर्मित चबूतरों के चारों ओर वेदिका बना दी गईं। वर्तमान में प्रारंभिक काल में निर्मित मंदिरों के नमूने बहुत कम उपलब्ध हैं। कालांतर में मंदिर स्थापत्य कला ने एक विशिष्ट और व्यावहारिक रूप धारण करना प्रारंभ किया तथा बढ़ती हुई पूजा-विधि की जटिलताओं ने मंदिर के विभिन्न अंगों के विकास में नए प्रतिमान जोड़े। मंदिर के प्रमुख अंग थे-

- **जगती या अधिष्ठान :** इस पर मंदिर का निर्माण किया जाता था। यह 2 फीट या 2.5 फीट से लेकर 25 फीट तक लंबी होती थी। जगती के ऊपर सीढ़ियां बनाई जाती थीं। गुप्त काल में जगती को चारों तरफ से अलंकृत किया जाने लगा।
- **प्रवेशद्वार :** प्रवेशद्वार अत्यंत सादा बनाया जाता था। कालांतर में प्रवेशद्वार के दोनों मुखों में गंगा और यमुना की मूर्तियाँ उकेरी जाने लगीं, क्योंकि मंदिर में प्रवेश से पूर्व स्नान द्वारा पवित्र होने की परंपरा थी। आगे चलकर द्वार अत्यंत भव्य बनाए जाने लगे और इनमें कई द्वार शाखाएँ भी बनाई गईं, जैसे–प्रतिहारी शाखा, प्रथम शाखा, मिथुन और पत्रलता इत्यादि। इन्हीं प्रवेशद्वारों पर पद्म तथा शंख जैसे मांगलिक चिह्नों को भी अंकित किया गया।
- **गर्भगृह :** यह मंदिर का मुख्य कक्ष होता था। इसी के भीतर देव प्रतिमा की स्थापना की जाती थी। गर्भगृह तीन तरफ से दीवारों से ढका रहता था। इसके एक ओर प्रवेशद्वार होता था। गुप्त काल में इन्हें चौकोर बनाया गया। इसके भीतर और बाहर की दीवारों (जो सादी थीं) के ताक पर विभिन्न देवी-देवताओं की प्रतिमाएँ स्थापित की गईं और उन्हें मांगलिक, मिथुन, लता-गुल्म, अप्सराओं और किन्नर-गंधर्व से अलंकृत किया गया।
- **मंडप :** यह गर्भगृह के चारों ओर बनाया जाता था, जिसका उद्देश्य प्रदक्षिणा को सुगम बनाना था।
- **शिखर :** मंदिर का शीर्ष भाग, जिसमें खरबुजिया आमलक, कलश और छत्र होता था, शिखर कहलाता था। यह गर्भगृह की दीवारों के कोणों के अनुरूप बनाया जाता था। प्रारंभ में यह बहुत छोटा होता था, परंतु बाद में अत्यधिक ऊँचा बनाया जाने लगा। यह दो प्रकार का होता था। जिसे प्राय: गर्भगृह और मंडप के ऊपर बनाया जाता था। इसमें गर्भगृह के ऊपरी शिखर शीर्ष को आमलक, कलश और पताकायुक्त छत्र से अलंकृत किया जाता था। ऐसा प्रतीत होता है कि मंदिर के ऊपर शिखर शीर्ष के निर्माण का प्रधान उद्देश्य संसार की स्थूलता से ज्ञान की सूक्ष्मता की ओर जाने का संकेत है।
- **स्कन्ध :** गर्भगृह की दीवारों के ऊपरी भाग को स्कन्ध कहा जाता है।
- **जंघा :** यह मंदिर का मध्य भाग अथवा शिखर के नीचे का भित्तिवाला भाग होता है।
- **शुकनासिका :** वह भाग; जो मंदिर के ऊपर; बाहर की ओर शुक-नास (तोते की नाक) की तरह निकला हुआ होता था, शुकनासिका कहलाता था।
- **वरण्डिका :** अधिष्ठान का ऊपरी बरामदे वाला भाग वरण्डिका कहलाता था।
- **वेदिबंध :** अधिष्ठान के ऊपर गोल अथवा चौकोर अंग, जिसका उद्भव यज्ञ वेदी पर अवलंबित होता था, वेदिबंध कहलाता था।
- **कंठ अथवा ग्रीवा :** भित्तियों अथवा शिखर के बीच वाला भाग कंठ अथवा ग्रीवा लाता था।
- **विमान :** गर्भगृह के ऊपर का ऊँचा शिखर विमान के नाम से पुकारा जाता था।
- **गोपुरम् :** मंदिर की प्राचीर और चतुर्दिक प्रवेशद्वार के ऊपर निर्मित बहुमंजिलें भवन, जिन्हें नाना प्रकार के पौराणिक देवी-देवताओं एवं लता-गुल्मों से सजाया-संवारा जाता था, गोपुरम् कहलाता था।
- **पंचायतन :** इस शैली में मुख्य मंदिर के चारों ओर चार छोटे-छोटे मंदिर होते थे। इनमें 5 शिखर होते थे, इसलिए इन्हें पंचायतन कहा जाता था।

प्राचीन स्थापत्य एवं वास्तुकला

सैंधवकालीन

सैंधवकालीन स्थापत्य एवं वास्तुकला का ज्ञान प्रसिद्ध सिन्धुकालीन स्थल हड़प्पा एवं मोहनजोदड़ो के उत्खनन में प्राप्त अवशेषों से होता है। सैंधवकालीन स्थापत्य एवं वास्तुकला का प्रतिनिधित्व उत्खनन से प्राप्त गृह भवन, सार्वजनिक सभा भवन, अन्नागार तथा स्नानागार आदि करते हैं। भवन निर्माण में कच्ची, पक्की ईंटों, गारा एवं चूने का प्रयोग किया जाता था,

पत्थर का प्रयोग नहीं किया जाता था। ईंटें सुडौल, हल्के लाल रंग की तथा एक निश्चित अनुपात में प्रयुक्त की जाती थीं। इनकी लंबाई, चौड़ाई से दोगुनी और मोटाई आधी होती थी। बड़ी ईंटों का प्रयोग नाली को ढकने के लिए किया जाता था। मकान के फर्श निर्माण में ईंटों को छोटे-छोटे टुकड़ों में काटकर प्रयुक्त किया जाता था। कहीं-कहीं कोनों पर L आकार की ईंटों का प्रयोग किया जाता था। भवनों की छत सपाट होती थी। पानी की निकासी के लिए बड़े-बड़े परनाले बनाए जाते थे। भवनों में अधिकांशतः आयताकार स्तंभों का प्रयोग किया जाता था। प्रत्येक घर में स्नानागार एवं शौचालय का निर्माण किया जाता था। संभवतः सैंधवकालीन घरों में खिड़कियां नहीं बनाई जाती थीं। स्थापत्य कला की अनुपम कृति, सार्वजनिक सभा-भवन तथा स्नानागार हैं, जो कि उस काल की स्थापत्य कला का प्रतिनिधित्व करते हैं। सभा-भवन का हॉल 85 फीट वर्गाकार है, जिसकी छत ईंटों के 20 आयताकार स्तंभों पर बनी रही होगी, जो 5.5 स्तंभों के 4 पंक्ति में बने थे। ईंटों का फर्श पक्का है। केवल बीच में उत्तर से दक्षिण 3.5 फीट चौड़ी एक कच्ची पट्टी है। स्तूप के पश्चिम की ओर एक भवन में विशाल स्नान जलकुंड है। यह जलकुंड 39.3 फीट लंबा तथा 22.2 फीट चौड़ा पक्की ईंटों से निर्मित है। कुंड में उतरने के लिए चारों ओर सीढ़ियां हैं, जो 9 फीट चौड़ी और 8 फीट ऊँची हैं। ऊपर सीढ़ियों के चारों ओर एक 15 फीट चौड़ा मार्ग है, जो कि फर्श से युक्त है। कुंड के पूरब में बड़ा-सा कुआं है। कुंड के उत्तर में 8 स्नानागारों का समूह है। इनमें 4 मार्ग उत्तर की तरफ तथा 4 दक्षिण की तरफ हैं। मध्य में जल प्रवाहिका नाली भी है। प्रत्येक प्रकोष्ठ के फर्श जुड़े हुए हैं तथा ऊपर जाने के लिए सीढ़ियों के अवशेष आज भी दृष्टिगत होते हैं।

मौर्य कालीन

मेगस्थनीज के वृतांत से पता चलता है कि चन्द्रगुप्त के समय में अधिकांश भवन लकड़ी के बने होते थे और कुछ ईंटों तथा मिट्टी के, परंतु अशोक के समय में इस क्षेत्र में विशेष उन्नति हुई। भवन निर्माण हेतु पत्थरों का निर्माण होने लगा। अशोक के स्तूप, विहार और स्तंभ उस समय के शिल्प तथा वास्तु के सर्वश्रेष्ठ प्रतीक हैं। मौर्ययुगीन नगर पाटलिपुत्र गंगा और सोन नदी के संगम पर बसा था। नगर का आकार समानान्तर चतुर्भुज के समान था। नगर चारों ओर से काष्ठ की बनी दीवारों से घिरा था, जिसमें 570 बुर्ज और 64 द्वार थे। इन दीवारों पर तीर चलाने के लिए छिद्र बने थे। सामने की ओर रक्षा हेतु एक परिखा खुदी थी, जो 600 फुट चौड़ी और 30 फुट गहरी थी। प्राचीन शैली पर आधारित नगर, महापथों द्वारा चार ब्लॉकों में विभक्त था। बीच में उद्यानों के मध्य अनेक भवनों सहित विशाल राजप्रसाद निर्मित था। राजप्रसाद का सबसे प्रमुख भाग उनका स्तंभयुक्त भव्य विशाल कक्ष था। यह ऐतिहासिक काल की प्रथम रचनामूलक इमारत है, जो भारतीय कला की अभूतपूर्व देन है। चन्द्रगुप्त मौर्य की भांति अशोक ने भी एक राजप्रसाद का निर्माण कराया था, जिसमें पत्थर का प्रयोग, दीवारों और तोरणों की व्यवस्था, चित्ताकर्षक नक्काशी तथा सुंदर मूर्तियाँ उत्कीर्ण थीं। महल के निर्माण में काष्ठ का प्रयोग बहुलता से किया गया था। आधुनिक पटना नगर के उत्तर में स्थित कुम्हरार नामक स्थान पर इस राजप्रसाद के ध्वंशावशेष प्राप्त किए गए हैं। किंतु काष्ठ निर्मित होने के कारण ये पूर्णतः नष्ट हो चुके हैं। मेगस्थनीज और फाह्यान जैसे विदेशी यात्रियों ने चन्द्रगुप्त और अशोक के राजभवनों की शोभा और सुन्दरता की बहुत प्रशंसा की है। अशोक के विशाल राजभवन को देखकर फाह्यान इतना आश्चर्यचकित हुआ कि उसने उस भवन को प्रेतात्माओं द्वारा बनाया हुआ समझा, क्योंकि उसके विचार में मानवीय शक्ति इतने विशाल भवन का निर्माण नहीं कर सकती थी।

स्तंभ

मौर्य कालीन कला के उत्कृष्ट आदर्श के रूप में अशोक के शिला स्तंभ, उसके शिरोभाग और पाषाण मूर्तियाँ विशेष महत्वपूर्ण हैं। इन स्तंभों की विशेषता यह है कि ये गोलाकार हैं तथा 20 फीट से भी अधिक लंबे एक ही पत्थर से निर्मित हैं। ये स्तंभ नीचे मोटे तथा शीर्ष की ओर क्रमशः पतले होते गए हैं। स्तंभों के शिरोभाग में उल्टे कमल के फूल का चित्र है और उसके ऊपर रस्सीनुमा सज्जा के साथ दो मालाएं बनी हैं। उसके ऊपर वर्गाकार या चतुर्भुजाकार चबूतरा है, जिसके नीचे का कोर भिन्न-भिन्न रूपों से अलंकृत है। इस चबूतरे पर पशु की मूर्ति तृतीय आयाम में खड़ी या बैठी है। उल्टे कमल के चित्र से लेकर पशु की मूर्ति तक सभी एक ही पत्थर के बने हैं। यह विशाल पशु संयुक्त सिर, स्तंभ की चोटी पर तांबे की सिकरी से जोड़ा गया है। शिरायुक्त ये स्तंभ ऊपर से नीचे तक मौर्य कालीन पॉलिश से दीप्तिमान है। स्तंभ का भूमिगत भाग मोर

की आकृति का है। इतिहासकारों का मानना है कि मौर्य वंशज मोर को पालते थे, अतः उन्होंने स्तंभों पर मोर की आकृतियां बनवाईं। स्तंभों पर चमकदार पॉलिश उस भाग पर भी है, जो भूमिगत है। स्तंभों के मध्यभाग पर भी यही चमकदार पॉलिश है। इतने वर्षों के पश्चात् भी यह पॉलिश ज्यों-की-त्यों है। स्तंभ का शीर्ष सर्वाधिक कलात्मक है। शीर्ष भाग पर हंस, बैल, सिंह, हाथी आदि पशुओं की आकृतियां मिलती हैं। इस काल के स्तंभ हैं:

- **दिल्ली का टोपरा स्तंभ :** फिरोजशाह की लाट के नाम से प्रसिद्ध है। पहले यह स्तंभ दिल्ली से 90 मील दूर अंबाला जिले में यमुना के किनारे टोपरा में था। फिरोजशाह तुगलक इसे दिल्ली ले आया था। अब यह दिल्ली दरवाजे पर 'फिरोजशाह कोटला' के नाम से प्रसिद्ध है।
- **दिल्ली में मेरठ स्तंभ :** इसे भी फिरोजशाह तुगलक मेरठ से उठवाकर दिल्ली लाया था। आज यह कश्मीरी गेट के उत्तर-पश्चिम में पहाड़ी पर स्थित है। 1713-1719 ई. में बादशाह फर्रुखसियर के बारूदखाने में आग लग जाने के कारण यह स्तंभ गिरकर ध्वस्त हो गया था, बाद में इसी ध्वस्त स्तंभ को पुनः प्रतिष्ठित किया गया है।
- **रुम्मिनदेई स्तंभ :** नेपाल के रुम्मिनदेई नामक स्थान पर अशोक का एक प्राचीन स्तंभ मिला है, इस पर लिखा है-यहाँ भगवान बुद्ध का जन्म हुआ था। इस प्रकार बुद्ध के जन्मस्थान के निर्णय में यह अभिलेख महत्वपूर्ण है। रुम्मिनदेई स्तंभ के उत्तर-पश्चिम में 13 मील दूर निग्लीवा झील पर स्थित निग्लीवा ग्राम में एक स्तंभ खड़ा है। इस पर उत्कीर्ण लेख में अशोक द्वारा कनकमुनि बुद्ध के स्तूप की मरम्मत कराने का संकेत है।
- **सारनाथ स्तंभ :** मौर्य कालीन कला का सर्वोत्तम उदाहरण सारनाथ के चार सिंहों से युक्त स्तंभ का शिरोभाग है, जितने भी स्तंभ प्राप्त हुए हैं, उन सबमें श्रेष्ठ सारनाथ का सिंह युक्त शीर्ष भाग है। इस शीर्ष पर चार सटे हुए सिंहों के मुख की प्रतिमा है। चार सिंहों के मुख परस्पर विपरीत दिशा में हैं, किंतु पीठ परस्पर इस प्रकार सटी है मानो कि एक ही हैं। सिंहों के मध्य में एक चक्र है, जो धर्म-चक्र का सूचक है। इस चक्र में 32 तिल्लियाँ हैं। सिंह के नीचे छोटे-छोटे चक्र हैं। इन पर गज, अश्व, बैल तथा सिंह की आकृतियां निर्मित हैं। इन सबको चलती हुई अवस्था में दिखाया गया है। यह आसन उल्टे कमल के फूल पर है। सारनाथ के भग्नावशेषों में एक स्तंभ पर अशोक का लघु लेख उत्कीर्ण है, जिसमें बौद्ध संघ में फूट डालने वालों को कठोर दंड देने का विधान था।

स्तूप

इतिहासकारों के अनुसार अशोक ने 84,000 स्तूपों व विहारों का निर्माण करवाया, किंतु इस बात के ऐतिहासिक प्रमाण प्राप्त नहीं होते। इतना निश्चित है कि उसके बनाए हुए स्तूप और विहार उस समय की कला के सर्वोत्तम नमूने हैं। प्रमुख मौर्य कालीन स्तूप निम्नलिखित हैं :

- **साँची स्तूप :** यह भोपाल के निकट है। यहाँ पर तीन स्तूप हैं, जिसमें एक बड़ा तथा दो छोटे हैं। बड़े स्तूप का निर्माण अशोक ने करवाया है। सर्वप्रथम यह स्तूप ईंटों के द्वारा बना था। तदनन्तर प्रथम शताब्दी ई.पू. में आन्ध्रों के शासनकाल में इस स्तूप का और भी अधिक विस्तार एवं अलंकरण किया गया। इनके प्रवेशद्वार पर विशाल तोरण हैं। ये तोरण पहले काठ के थे, बाद में ई.पू. पहली शताब्दी में इन्हें भी पत्थर का कर दिया गया। दक्षिण के तोरण का एक भाग आन्ध्रवंशी राजा शातकर्णी ने तथा दूसरा विदिशा के हस्ति दस्तकारों ने बनवाया था। तोरण पर चारों ओर बुद्ध का जीवन तथा उनके पूर्ववर्ती जीवनों की कहानी भी अंकित है। बड़ेरियों के दोनों ओर हाथी, मोर, सिंह, बैल, ऊँट, हिरण आदि भी अंकित हैं। यह तत्कालीन भारत की संस्कृति एवं सभ्यता की कथा को बहुत ही सजीव रूप में व्यक्त करता है।

चित्र 1.8: साँची स्तूप

- **भरहुत स्तूप :** भरहुत मध्य प्रदेश में सतना के निकट स्थित है। इस स्तूप का पता 1873 के लगभग जनरल कनिंघम ने लगाया था। ईंटों से निर्मित यह स्तूप 68 फीट के व्यास वाला बुलबुलाकार है। स्तूप के चारों ओर एक

ऊँचा प्रदक्षिणा पथ था। इस प्रदक्षिणा पथ पर जाने के लिए छह सोपान थे। स्तूप के शीर्ष भाग पर एक हार्निका थी, जिस पर दीप रखने के लिए 125 दीपाधान थे। स्तूप वेष्ठनी पर विभिन्न प्रकार की मूर्तियाँ अंकित हैं, जिनमें बोधिवृक्ष, धर्मचक्र स्तूप तथा भगवान बुद्ध के जन्म संबंधी अनेक कथानक रचित हैं। हाथियों द्वारा बोधिवृक्ष की पूजा एक अनुपम चित्र है।

चित्र 1.9: चित्रांकन से सुसज्जित स्तूप

गुफाएँ

अशोक कालीन स्थापत्य कला की दृष्टि से पर्वतों को काटकर बनाई गई गुफाएँ भी महत्वपूर्ण हैं। भिक्षुओं के रहने के लिए अशोक व उसके पौत्र दशरथ ने इन गुफाओं का निर्माण करवाया था, जिनमें तीन गया जिले में नागार्जुनी तथा चार बराबर पर्वतों पर पत्थरों को काटकर बनाई गई हैं। पत्थर की चट्टानों को खोखला करके इतनी विशाल गुफा का निर्माण उनके अध्यवसाय और धैर्य का सूचक है। यद्यपि ये गुफाएँ सादी हैं, फिर भी उनकी चमक सराहनीय है। प्रमुख मौर्य कालीन गुफाएँ निम्न हैं:

- **सुदामा गुफा :** यह अशोक कालीन गुफाओं में सबसे प्राचीनतम (बराबर की चार गुफाओं में से एक) है। इसमें अशोक का अभिलेख भी है। अभिलेख से ज्ञात होता है कि अशोक ने अपने राज्याभिषेक के 12वें वर्ष में आजीवक भिक्षुओं को यह गुफा समर्पित कर दी थी।
- **कर्ण चौपाल :** यह बराबर पहाड़ी पर मिली चार गुफाओं में से एक है। इसे अंशोक ने अपने शासन काल के 19वें वर्ष में बनवाया था। यह एक आयताकार कमरा है, जिसकी छत मेहराबदार है।

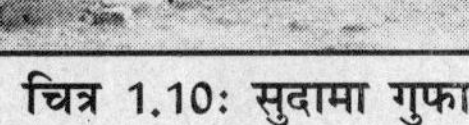

चित्र 1.10: सुदामा गुफा

- **नागार्जुनी पर्वत पर बनी गुफाएँ (गोपी गुफा) :** इस पर्वत पर तीन गुफाएँ हैं। इन गुफाओं में मौर्य सम्राट दशरथ के लेख उत्कीर्ण हैं। इनमें छोटे कमरे या कोठरियाँ हैं, किंतु दोनों की छतें मेहराबदार गुंबद के आकार की हैं। तीसरी गुफा एक लंबा हॉल है, जो आयताकार है, उसकी छत भी मेहराबदार है। इस गुफा का नाम 'गोपी गुफा' है, यह सुरंग के आकार की है। यह सर्वाधिक विशाल (44 × 119 × 10 फुट) गुफा है।
- **लोमश ऋषि की गुफा :** यह गुफा भी बराबर की चार गुफाओं में से एक है। इन गुफाओं में यह सर्वाधिक प्रसिद्ध एवं श्रेष्ठतम है। इस गुफा में कोई अभिलेख नहीं मिला है, किंतु दीवारों की चमक मौर्य कालीन है। सुदामा गुफा की भाँति होते हुए भी इसके अंदर की कोठरी गोलाकार न होते हुए अंडाकार है। इसका प्रवेशद्वार एक लकड़ी के बने द्वार की सर्वथा प्रतिकृति है। अंदर की ओर झुके से स्तंभ नुकीले मेहराब लकड़ी के द्वार के आदर्श हैं। इस गुफा के प्रवेशद्वार पर हाथियों द्वारा स्तूप पूजा का दृश्य प्रशंसनीय है। इस चित्र के हाथी सजीव तथा श्रद्धा भक्ति समन्वित दृष्टिकोण होते हैं। मेहराब में जालीदार कार्य है। लकड़ी के कार्य में कुशल कलाकारों ने अपनी कला को प्रस्तर पर उत्कीर्ण कर भारतीय शिल्पकला के गौरव को द्विगुणित किया है।

चित्र 1.11: लोमश ऋषि की गुफा का एक अंदरूनी दृश्य

शुंग तथा सातवाहन कालीन स्तूप

स्तूप

- **भरहुत और साँची स्तूप :** भरहुत का पुनः निर्माण शुंग काल में किया गया था। साँची के स्तूप का मौर्य काल में प्रथमतया निर्माण ईंटों की सहायता से हुआ था तथा उनके चारों ओर काष्ठ की वेदिका थी, परंतु शुंग काल में उसे पाषाण पट्टिकाओं से जड़ा गया तथा वेदिका भी पत्थर की ही बनाई गई। स्तूप का व्यास 127 फीट तथा ऊँचाई 54 फीट कर दी गई, जिससे इसका आकार पहले से दोगुना हो गया। सातवाहन युग में वेदिका की चारों दिशाओं में चार तोरण लगा दिए गए।

चित्र 1.12: अमरावती स्तूप

- **अमरावती स्तूप :** सातवाहन सम्राटों की धार्मिक सहिष्णुता की नीति से दक्षिण भारत में बौद्ध कला को बहुत अधिक प्रोत्साहन मिला। इस समय नए स्तूपों का निर्माण तथा पुराने स्तूपों का जीर्णोद्धार किया गया। अमरावती का स्तूप आन्ध्र प्रदेश के गुण्टूर जिले में है। 1797 में कर्नल मैकेंजी को इसका पता चला था। इस स्तूप का निर्माण ई.पू. द्वितीय शती में हुआ था। इसके चारों तरफ सातवाहनों ने बाढ़ बनाई थी और ईंटों से निर्मित स्तूप के अधोभाग को शिला फलकों की दोहरी पंक्ति से आच्छादित कराया था।

- **नागार्जुनकोंडा स्तूप :** यह अमरावती से 95 किमी. उत्तर में कृष्णा नदी के तट पर नागार्जुन पहाड़ी पर है। इन स्तूपों के निर्माण का काल तीसरी शताब्दी ई. है। 1926 में लांगहर्स्ट नामक विद्वान ने इसका पता लगाया था। नागार्जुनकोंडा का स्तूप अमरावती स्तूप से साम्य रखता है। स्तूप के ऊपरी भाग को कालान्तर में उत्कीर्ण शिलापट्टों से अलंकृत किया गया, जिन पर बौद्ध धर्म से संबंधित कथानकों को उत्कीर्ण किया गया है। यहाँ के स्तूप की प्रमुख विशेषता आयकों का निर्माण है। आयक एक विशेष प्रकार का चबूतरा होता था। स्तूप के आधार को आयताकार रूप में बाहर की ओर चारों दिशाओं में आगे बढ़ाकर बनाया जाता था। इन आयकों पर अलंकृत शिलापट्ट लगाए गए हैं, जिनमें प्रवेशद्वार हैं, किंतु तोरणों का अभाव है। स्तूप पर लिखे अभिलेखों से ज्ञात होता है कि ईक्ष्वाकु शासकों की रानियों का बौद्ध धर्म के प्रति गहरा लगाव था और उन्हीं की प्रेरणा से नागार्जुनकोंडा पर स्तूप बनवाए गए थे।

चित्र 1.13: नागार्जुनकोंडा स्तूप

गुफाएँ

शुंगकालीन अनेक गुफा मंदिर ओडिशा और महाराष्ट्र में मिले हैं। ओडिशा में इन्हें 'गुम्फ' तथा महाराष्ट्र में 'लेण' कहते हैं। ओडिशा के गुफा मंदिर जैनों के हैं। इनमें हाथीगुफा सबसे प्रसिद्ध है। यहाँ कलिंग चक्रवर्ती खारवेल का सुप्रसिद्ध शिलालेख पाया गया है। शुंग और सातवाहन कालीन प्रमुख गुफाएँ निम्नलिखित हैं-

- **हाथी गुफा तथा मंचा गुफा :** इन गुफाओं की विशेषता यह है कि इनका लिखित वर्णन भी इन्हीं में मिलता है। यह लेख 157 ई.पू. के लगभग का माना गया है। मंचागिरि गुफा के प्रारंभिक लेखकों ने इसे बैंकुठ या पातालपुरी कहा था। इसकी ऊपर की मंजिल में खारवेल की रानी के लेख अंकित हैं। नीचे की मंजिल में लघु लेख हैं, इनमें लिखा है कि मुख्य एवं बगल के कमरे खारवेल के परवर्ती वक्रदेव द्वारा बनवाए गए हैं। हाथी गुफा के पश्चात् प्राचीनतम गुफा मंचापुरी की गुफा है। यहाँ की कला निम्न कोटि की है, पर प्लास्टिक कला की दृष्टि से भरहुत से श्रेष्ठ है। यहाँ की कला का विकास पहले और स्वतंत्र रूप में हुआ था।
- **गणेश गुफा :** इस गुफा की कला तथा अलंकरण रानी गुफा की तुलना में हेय कोटि के हैं। इस गुफा की दीवारें स्ट्रक्चरल और रॉक कट दोनों ही प्रकार से प्रेस्को द्वारा अलंकृत हैं। इस गुफा में प्रयुक्त रंग उड़ चुका है। इसमें स्थान-स्थान पर धब्बे पड़े हुए हैं, किंतु पंक्तियाँ अवश्य शेष हैं।
- **रानी गुफा :** यह ओडिशा की गुफाओं में सर्वाधिक अलंकृत है। यहाँ की दोनों मंजिलों की शैली में अंतर है। आकृतियां स्वाभाविक मुद्रा में हैं व तेजपूर्ण एवं प्रभावात्मक हैं। नीचे की मंजिल की कला निम्न स्तर की है। चित्र भद्दे एवं प्रारंभिक प्रतीत होते हैं, इस गुफा पर पश्चिमोत्तर भारत की कला का प्रभाव है। एक स्थान पर यवन विजेता का चित्र है। शेर का चित्र भी पश्चिम एशिया परंपरा के अनुसार बना है।

चित्र 1.14: रानी गुफा

- **अजंता की गुफा :** यह मंचापुरी के सदृश्य ही एक मंजिल की है। द्वार मार्गों पर अलंकृत मेहराबें हैं। मेहराबों के सामने का भाग अलंकृत है। इन पर पशु, पक्षी, साँप, गंधर्व आदि के चित्र अंकित हैं। इस गुफा का रचना काल ई.पू. प्रथम शताब्दी के मध्य है।

चित्र 1.15: अजंता की गुफा

कुषाण कालीन

कुषाण काल में अनेक धर्मों का विकास हुआ और उन धर्मों के स्मारकों का बहुसंख्या में निर्माण हुआ। अशोक की भांति कनिष्क ने बौद्ध धर्म के प्रचार के लिए अनेक बौद्ध स्तूपों और विहारों का निर्माण करवाया था। जलालाबाद (नगरहार) अफगानिस्तान का स्तूप ई.पू. 50 के लगभग का है। इसका आधार विशाल है तथा स्तूप का निचला भाग मूर्तियों से अलंकृत है। इसके अतिरिक्त भी कनिष्ककालीन अन्य अनेक स्तूपों की तक्षशिला से जानकारी प्राप्त होती है। चीनी यात्रियों के वृतान्तों से ज्ञात होता है कि कनिष्क के काल में एक प्रसिद्ध एवं विशाल स्तूप पेशावर में भी था। शाहजी की ढेरी नामक स्थान की खुदाई से इस स्तूप के होने की प्रामाणिकता ज्ञात हुई है। यह भारत का एक स्मारक था। कनिष्क काल के इस स्तूप के गर्भगृह में कनिष्क की प्रसिद्ध रजत मंजूषा भी प्राप्त हुई है।

गुप्त कालीन

गुप्त कालीन वास्तु कृतियों में मंदिरों के निर्माण का एक ऐतिहासिक महत्व है। गुप्त काल में निर्गुण और निराकार ईश्वरोपासना के स्थान पर सगुण और साकार ईश्वरोपासना अधिक लोकप्रिय हो गई थी। अवतारवाद का सिद्धान्त भी भली-भांति प्रतिष्ठित हो चुका था, जिसके परिणामस्वरूप मूर्तियों का निर्माण प्रारंभ हुआ। मूर्तियों की स्थापना हेतु मंदिरों का निर्माण हुआ। गुप्त काल से पूर्व मूर्तियों की स्थापना मंदिरों में नहीं होती थी। गुप्त कालीन वास्तुकला की दो विशेषताएँ हैं-प्रथम यह है कि यह पूर्णतः भारतीय है अर्थात् इसमें विदेशी प्रभाव से मुक्त होकर मौलिक रूप से भारतीय कला का विकास हुआ।

गुप्त कालीन मंदिरों की विशेषताएँ

- मंदिरों का निर्माण ऊँचे चबूतरों पर हुआ है।
- चबूतरों पर चढ़ने के लिए चारों ओर सीढ़ियां हैं।
- प्रारंभ में मंदिरों की छतें चपटी (सपाट) होती थीं, किंतु बाद में शिखरों का निर्माण आरंभ हुआ।
- मंदिरों की बाहरी दीवारें सादी होती थीं। उन पर किसी प्रकार का अलंकरण नहीं होता था।
- मंदिर के भीतर गर्भगृह होता था, जिसमें मूर्ति की स्थापना होती थी। साधारणतया गर्भगृह में एक अलंकृत द्वार होता था। द्वार स्तंभ पर गंगा और यमुना की मूर्तियाँ अंकित होती थीं।
- गर्भगृह के चारों ओर प्रदक्षिणा पथ रहता था, जो ऊपर से ढका रहता था।
- मंदिर की छत चार अलंकृत स्तंभों पर टिकी होती थी। इन स्तंभों पर अलंकरण किया जाता था।
- मंदिर के आगे बहुधा एक द्वार मंडप होता था, जो स्तंभों पर आश्रित होता था। स्तंभों पर पूर्ण कलश और चैत्य झरोखे मिलते हैं।

मंदिर

रचनात्मक भवनों के क्षेत्र में गुप्त युग ने भारतीय स्थापत्य के इतिहास में एक नवीन युग का सूत्रपात किया। लकड़ी के स्थान पर मंदिरों के निर्माण में ईंट और पत्थरों का प्रयोग होने लगा। गुप्त काल में विभिन्न देवी-देवताओं को प्रतिष्ठापित करने के लिए मंदिरों का विकास हुआ। गुप्त काल के प्रमुख मंदिर इस प्रकार हैं-

- **भूमरा का शिव मंदिर (मध्य प्रदेश) :** सतना (मध्य प्रदेश) में भूमरा नामक स्थान पर शिव मंदिर का निर्माण 5वीं शताब्दी के लगभग मध्यकाल में हुआ। इस मंदिर का केवल गर्भगृह विद्यमान है। इसके चारों ओर चबूतरा प्रदक्षिणा पथ का द्योतक है। गुप्त कालीन मंदिरों के प्रायः सभी लक्षण इसमें विद्यमान हैं। द्वार स्तंभ

चित्र 1.16: भूमरा का शिव मंदिर

के दाएँ-बाएँ गंगा और यमुना की मूर्तियाँ अंकित हैं। मंदिर में एकमुखी शिवलिंग की मूर्ति स्थापित है। इसके गर्भगृह का प्रवेश द्वार और मंडप प्रारंभिक गुप्त कालीन मंदिरों की अपेक्षा अधिक अलंकृत है।

- **नचना कुठार का पार्वती मंदिर (मध्य प्रदेश) :** भूमरा से 16 किमी. की दूरी पर (प्राचीन अजयगढ़ राज्य में) यह मंदिर स्थित है। इस स्थान पर दो मंदिर हैं, किंतु पार्वती मंदिर पहले का है और दूसरा 7वीं शताब्दी का है। पार्वती मंदिर की साधारण योजना भूमरा मंदिर के समान है, किंतु यह दोमंजिला है। नचना कुठार के मंदिर पूर्व गुप्तकालीन वास्तुकला का प्रतिनिधित्व करते हैं।

चित्र 1.17: नचना कुठार का पार्वती मंदिर

- **देवगढ़ का दशावतार मंदिर (उत्तर प्रदेश) :** ललितपुर जिले में बेतवा नदी के तट पर स्थित देवगढ़ में एक ध्वस्त विष्णु मंदिर है। इसमें अनंतशायी विष्णु की प्रतिमा है। मंदिर की जगतीपीठ ऊँचे चबूतरे पर है। इस मंदिर का विशेष महत्व इसलिए है कि इसमें शिखर पिरामिड के आकार का है, जो संभवत: भारत में शिखर का सबसे प्राचीन उदाहरण है। उससे परवर्ती काल के मंदिरों में सपाट छत का स्थान शिखर लेने लगता है। यह गुप्त काल में वैष्णव धर्म का सर्वाधिक महत्वपूर्ण उदाहरण है।
- **भीतरगाँव का मंदिर (उत्तर प्रदेश) :** कानपुर के दक्षिण में भीतरगाँव स्थित है। यह ईंटों का प्राचीनतम शिखरयुक्त मंदिर है। यह मंदिर एक ऊँचे चबूतरे (जगतीपीठ) पर निर्मित है। इसकी तीन ओर की बाहरी दीवारें बीच में आगे की ओर निकली हुई हैं। पूर्व की ओर (सामने) ऊपर जाने की सीढ़ियां और द्वार हैं, द्वार के भीतर मंडप है और फिर उसके आगे गर्भगृह में जाने का द्वार है। इसकी बाहरी दीवारों को देवी-देवताओं की मूर्तियों से सजाया गया है।
- **साँची का मंदिर (मध्य प्रदेश) :** साँची के महास्तूप के दाहिनी ओर एक छोटा-सा गुप्त कालीन सपाट छतों वाला मंदिर है और चार स्तंभों पर आधृत है। इसमें द्वारमंडप है। स्तंभों के अतिरिक्त भवन में कहीं भी अलंकरण नहीं है।
- **उदयगिरि का मंदिर (मध्य प्रदेश) :** विदिशा से 34 मील उत्तर की ओर उदयगिरि में साँची के मंदिर के समान एक गुप्तकालिक मंदिर है। इसमें गर्भगृह और मंडप है तथा छत सपाट है।
- **मुकुंद दर्रा मंदिर (राजस्थान) :** कोटा (राजस्थान) में एक पहाड़ी दर्रे के अंदर मुकुंद दर्रा नामक एक छोटा-सा मंदिर है। इसकी छत सपाट है। मंडप से लगभग चार फुट हटकर तीन ओर दो-दो अर्द्ध स्तंभ हैं। उन पर शीर्ष, शीर्ष पर सिरदल और सिरदल पर कमल अंकित चौकोर पत्थर रखे हैं। इसे गुप्त काल के प्रारंभ का मंदिर माना जाता है।
- **शंकरगढ़ का मंदिर (मध्य प्रदेश) :** तिगवा (जबलपुर) से तीन मील पूर्व की ओर कुंडा नामक ग्राम में एक लाल पत्थर द्वारा निर्मित छोटा-सा शिव मंदिर है, जो शंकरगढ़ के नाम से पुकारा जाता है। यह लंबे पत्थर द्वारा निर्मित है, इसमें चूने या गारे का प्रयोग नहीं किया गया है।
- **एहोल का मंदिर (महाराष्ट्र) :** महाराष्ट्र में बीजापुर के अंतर्गत एहोल में गुप्त कालीन मंदिर है। इसकी बनावट अन्य गुप्त कालीन मंदिरों से मेल खाती है। यहाँ गंगा और यमुना की मूर्तियाँ अंकित हैं।
- **अहिच्छत्र का मंदिर (उत्तर प्रदेश) :** अहिच्छत्र (जिला बरेली) में उत्खनन के फलस्वरूप एक शिव मंदिर के अवशेष मिले हैं। मंदिर का निर्माण अनेक तल्लों की पीठिका पर हुआ था और पीठिका का प्रत्येक तल अपने ऊपर के चौकोर स्वरूप के चारों ओर प्रदक्षिणा पथ का कार्य करता था। इसे 450 और 650 ई. के बीच का माना गया है।
- **पवाया का मंदिर (उत्तर प्रदेश) :** अहिच्छत्र के समान ही तीन तल्लों का ईंटों का निर्मित एक चौकोर वास्तु पद्मावती (पवाया) से प्रकाश में आया है। नीचे तल्ले का ठोस भाग सादा है। ऊपरी तल्लों के बाहरी भाग अनेक फलकों एवं अर्द्धस्तंभों से अलंकृत थे और उनके ऊपरी भागों में गवाक्षों की कतार थी।

चित्र 1.18: पवाया का मंदिर

- **महाबोधि मंदिर (बोधगया, बिहार) :** बोधगया के महाबोधि मंदिर को चीनी यात्री ह्वेनसांग ने देखा था। इसमें गवाक्षों की अनेक पंक्तियां थीं, जिनमें बुद्ध की मूर्तियाँ रखी थीं। भीतरगाँव के मंदिर की भांति यह भी ईंटों द्वारा निर्मित था।

स्तंभ

गुप्त शासकों ने अनेक स्तंभ स्थापित किए। कालिदास के अनुसार रघु ने दिग्विजय स्तंभ स्थापित किया था। गुप्त सम्राटों ने अनेक विजय स्तंभों की स्थापना कराई। प्रयाग स्थित अशोक के प्राचीन स्तंभ पर समुद्रगुप्त की सुन्दर प्रशस्ति हरिषेण ने उत्कीर्ण की है। विशेष उल्लेखनीय महरौली स्तंभ कुतुबमीनार के निकट स्थित स्तंभ है। चन्द्रगुप्त द्वितीय ने इसकी स्थापना करवाई थी। इस लौह स्तंभ को गरूड़ ध्वज कहा जाता था। इस पर यह भी लिखा है कि किस प्रकार चन्द्रगुप्त ने अपने शत्रुसंघ को बंगाल में नष्ट कर सिन्धु तट के सातों मुखों को (पंजाब की सप्त नदियाँ) पार कर वाह्वकों को परास्त किया। भारत में यह एक मात्र लौह स्तंभ है, किंतु इसकी धातु इतनी उत्तम है कि लगभग डेढ़ हजार वर्ष आँधी-तूफान-पानी में अटल खड़े रहने पर भी यह जरा भी खराब नहीं हुआ है। स्कन्दगुप्त के दो स्तंभों में से एक उत्तर प्रदेश गोरखपुर जिले के कहांव गाँव में और दूसरा गाजीपुर जिले के सैदपुर भीतरगाँव में मिला है। सैदपुर स्तंभ में सुललित शैली में स्कन्द की पुष्यमित्रों पर विजय का उल्लेख है, 484-85 ई. का एक अन्य 43 फीट ऊँचा विष्णु ध्वज स्तंभ मध्य प्रदेश के सागर मंडल के अंतर्गत एरण में प्राप्त हुआ है। ये स्तंभ मालविष्णु और धन्यविष्णु राजाओं द्वारा निर्मित हैं, गुप्त सम्राट घटना विशेष को चिरस्थायी करने के लिए भी स्तंभों को स्थापित करते थे। गुप्त राजा कुमारगुप्त ने स्वामी महासेन के मंदिर को स्मारक रूप में स्थापित किया था। गुप्त कालीन स्तंभों को 4 भागों में विभक्त किया जा सकता है। स्तंभ का मुख्य भाग अनेक कोणों का और अनेक प्रकार का होता है। स्तंभ के मुख्य भाग पर जो प्रस्तर होता है, उसे 'गलकुम्भ' कहते हैं। स्तंभ का तीसरा भाग 'फलका' होता है। फलका स्तंभ के सिरे का मध्य भाग होता है। यह चतुष्कोण प्रस्तर का होता है। इसी के ऊपर स्तंभ का चतुर्थ भाग 'बोधिक' होता है। इस बोधिक या शीर्ष भाग पर कोई मूर्ति प्रतिष्ठित की जाती है। एरण स्तंभ के शीर्ष पर सिंह के आसन पर गरूड़ की मूर्ति है। इसमें सिंह पीठ-से-पीठ लगाए स्थित हैं। गुप्त और मौर्य कालीन स्तंभों की तुलना से स्पष्ट है कि मौर्य काल के स्तंभ गोल होते थे, उन पर चिकना चमकदार वज्रलेप होता था। गुप्त कालीन स्तंभ गोल व चिकने नहीं हैं। गुप्तों के स्तंभ अनेक कोणों से युक्त हैं। एक ही स्तंभ के विविध भागों में विविध कोण हैं।

स्तूप और विहार

स्तूपों का संबंध बौद्ध धर्म से अधिक था। ये मूलत: भगवान बुद्ध के शरीर के अवशेष (अस्थि एवं भस्म) पर निर्मित होते थे। सारनाथ का धमेख स्तूप गुप्त काल का है। इसकी खुदाई में कनिंघम महोदय को एक लेख मिला है, जिससे इसका गुप्तकालिक होना सिद्ध होता है। धमेख स्तूप के प्रस्तर पर अंकित कलाकृतियां भी गुप्तकला का उत्कृष्ट नमूना प्रस्तुत करती हैं। इसी आकृति का एक दूसरा स्तूप राजगृह में हैं, जो जरासंघ की बैठक के नाम से विख्यात है। यह भी संभवत: गुप्तकालिक है। विहार में भिक्षु निवास करते थे। गुप्त कालीन विहारों के भग्नावशेष सारनाथ (वाराणसी) और नालंदा (पटना) में उपलब्ध हैं। सारनाथ के विहार संख्या 3 और 4 में प्राप्त सामग्री तथा गवाक्ष से सिद्ध होता है कि ये गुप्त कालीन विहार थे। ह्वेनसांग का कथन है कि नालंदा में गुप्त राजाओं ने विहार निर्मित कराए थे, जो भिक्षुओं के शतक के मीनार की तरह काफी ऊँचे आधार पर स्थित हैं। गुप्त काल के बाद से स्तूपों के निर्माण की प्रथा समाप्त हो जाती है।

राजप्रसाद

गुप्त कालीन राजप्रसादों का उल्लेख साहित्य में मिलता है। जैसे कालिदास के ग्रंथों से पता चलता है कि राजप्रसाद का निर्माण विशाल स्तर पर होता है। इसमें चित्रशाला, संगीतशाला, नाट्यशाला आदि विविध शालाएं होती थीं। कालिदास ने अट्टालिकाओं का भी वर्णन किया है। मन्दसौर की प्रशस्ति में लिखा है कि दशपुर के महल कैलाश शिखर के समान ऊँचे थे। राजप्रसाद का भीतरी भाग अन्त:शाला कहलाता था, जिसमें अन्त:पुर और शयनागार होते थे।

गुफाएँ

देश में प्राचीनतम गुफा मंदिर तीसरी शताब्दी ई.पू. से निर्मित हुए थे। गुप्त कालीन गुफा मंदिरों में ब्राह्मण गुफा मंदिर और बौद्ध गुफा मंदिर महत्वपूर्ण हैं। ब्राह्मण धर्म के प्राचीनतम गुफा मंदिर गुप्त काल में निर्मित हुए। इसका सर्वश्रेष्ठ उदाहरण उदयगिरि

का मंदिर है, जो भिलसा (मध्य प्रदेश) के उदयगिरि की पहाड़ियों में स्थित है। इसे चन्द्रगुप्त द्वितीय के सेनापति वीरसेन ने बनवाया था। ये गुफाएँ चट्टान काटकर निर्मित की गई थीं। उदयगिरि में वैष्णव मत की गुफाओं में विभिन्न देवी-देवताओं की मूर्तियाँ हैं। 400 ई. के लगभग वराह अवतार की विशाल मूर्ति उत्कीर्ण की गई, इन गुफा मंदिरों की दीवारों के ऊपर गुप्त शैली का अलंकरण और पच्चीकारी है। बौद्ध गुफा मंदिरों में अजन्ता और बाघ की गुफाएँ महत्वपूर्ण हैं, अजन्ता की गुफा संख्या 16, 17 और 19 गुप्त काल की मानी जाती है। 16वीं और 17वीं गुफा की ख्याति चित्रों के कारण है। इन दोनों गुफाओं में बुद्ध के जीवन से जुड़े दृश्य उत्कीर्ण हैं। बाघ की 9 गुफाएँ हैं, जो सभी विहार हैं। गुफा संख्या 4, जिसे रंगमहल भी कहते हैं, यह 20 खंभों की गुफा है। इसकी मुख्य विशेषता यह है कि इसमें एक ड्योढ़ी है, जिसमें सुंदर सजावट का काम है। बाघ की गुफाओं में भी दीवारों के ऊपर बौद्ध धर्म से संबंधित चित्रकारी मिलती है। एलोरा में बौद्ध, ब्राह्मण और जैन धर्म की गुफाएँ हैं। यहाँ 12 गुफाओं में से 5 गुप्त कालीन हैं। औरंगाबाद में 12 गुफाएँ हैं, ये सभी अजन्ता की गुफाओं के समान हैं, किंतु उनकी अपेक्षा कम आकर्षक है।

गुप्तोत्तर कालीन

गुप्तों के बाद भारत का एकछत्र शक्तिशाली शासन छिन्न-भिन्न हो गया और गुप्तों तक केंद्रित सत्ता अनेक राज्यों तथा उपराज्यों में विभाजित हो गई। शक्ति एवं सत्ता के इस विकेंद्रीकरण के फलस्वरूप सांस्कृतिक अभियान का क्रम गुप्तोत्तर भारत में पूर्ववत उन्नत बना रहा। इस सांस्कृतिक अभ्युदय के उन्नायक राजवंशों में थानेश्वर के वर्धमानों तथा कन्नौज के गुर्जर-प्रतिहारों से लेकर पूर्व में नेपाल, बंगाल, कामरूप तथा कलिंग के ठाकुरी वंश, पालवंश, सेनवंश तथा गंगवंश, पश्चिमोत्तर के सिन्ध-काबुल-पंजाब तथा कश्मीर के रायवंश, शाहीवंश, करकोटकवंश तथा उत्पलवंश और दक्षिण के चालुक्यों, चोलों, राष्ट्रकूटों तथा पल्लवों तक सारे भारत में गुप्तों की सांस्कृतिक थाती अनेक नए केंद्रों में पल्लवित होती गई। इन राज्यों एवं उपराज्यों के समय यद्यपि भारत का राजनीतिक धरातल नितान्त अस्थिर एवं उथल-पुथलों से प्रभावित रहा, किंतु इस अवधि के लगभग 600 वर्षों तक अपनी परंपरागत सांस्कृतिक ज्योति से भारत पूर्ववत् अलौकिक होता रहा। गुप्तोत्तर कालीन कला को मध्ययुगीन कला कहना उचित न होगा क्योंकि इससे यूरोप की मध्ययुगीन कला से तुलना की स्वाभाविक प्रवृत्ति उत्पन्न होती है। यूरोप के मध्ययुग का अर्थ है क्लासिकल और पुनर्जागरण (रिनेसाँ) की सांस्कृतिक उपलब्धियों के बीच का समय, परंतु भारत की गुप्तोत्तर कालीन कला के संबंध में ऐसा नहीं कहा जा सकता। यह कला गुप्त कालीन कला की प्रौढ़ता की चरमावस्था है। इस समय तक गुप्त काल की परंपराएँ बनी रहीं, किंतु कुछ नई बातों का समावेश भी किया गया। ब्राह्मण धर्म के पुनरुत्थान ने इस कला की दिशा बहुत-कुछ अंश में निर्धारित की। वास्तुकला, तक्षणकला तथा चित्रकला में भी शास्त्रीय नियमों का अनुकरण किया जाता था, किंतु इन शास्त्रों का अनुकरण करते हुए भी कलाकारों ने अपनी मौलिकता का परिचय दिया। कलाकृतियों में एकरूपता नहीं है, अपितु विविधता है। मंदिरों तथा प्रस्तर मूर्तियों के गठन में विविधता है। भारतीय कला की समीक्षा करते समय हमें, मूर्ति शिल्प की विशेषताओं तथा सौंदर्यानुभूति के प्रभाव को ध्यान में रखना चाहिए। भारतीय कला की, विशेषतः वास्तुकला की, समीक्षा करते हुए हमें यह भी ध्यान में रखना चाहिए कि क्रमशः प्रादेशिक भावना प्रधान होती है। मूर्तियों तथा मंदिरों के निर्माण में शास्त्रीय नियमों द्वारा निर्धारित एकरूपता होते हुए भी स्थानीय तत्वों के समावेश और कलाकार की कल्पना तथा सौंदर्य भावना की विशिष्टता के कारण विविधता आ जाती है। इस युग की वास्तुकला की मुख्य कृतियां मंदिर हैं।

स्तंभ

मालवराज यशोधर्मन का स्तंभ मन्दसौर में प्राप्त हुआ है। इस स्तंभ पर उनकी हूण विजय तथा अनेक राष्ट्रों की विजय गाथा उत्कीर्ण है। 15वीं शताब्दी में राणा कुम्भा ने अपनी गुजरात-मालवा का विजय-सूचक एक नौमहल कीर्ति-स्तंभ भी बनवाया था। साधारणत चित्तौड़ वाला विशाल स्तंभ कीर्ति स्तंभ भी कहलाता है, पर संभवतः वह कुम्भ स्वामी वैष्णव मंदिर के साथ-साथ उसके स्मारक स्वरूप 1440 ई. में आठ वर्षों में बनकर तैयार हुआ था। वास्तु कला से संबद्ध सभी प्रकार के स्तंभों की ओर यदि ध्यान दिया जाए तो वे अनंत हैं। प्राचीन काल के मंदिर, उद्यान आदि के निकट दीप-स्तंभ निर्माण की एक प्राचीन परंपरा थी। इस प्रकार के अनेक स्तंभ यत्र-तत्र प्राप्त हुए हैं। एलोरा के कैलाश मंदिर के सामने स्थित दीप-स्तंभ अनुपम है। गुजरात के काठियावाड़ में प्राचीन काल में बने चालुक्य बेसर शैली के मंदिरों के साथ कीर्ति-स्तंभों का निर्माण

मंदिरों के वास्तु का, परंतु उससे असंलग्न विशेष अंग बन गया था। दक्षिण के विशाल मंदिरों का एक विशेष अंग स्तंभों की परंपरा है। वस्तुत: यह परंपरा दरी मंदिरों से आरंभ हुई थी।

पल्लव कालीन

पल्लव नरेशों ने छठी से 10वीं सदी तक राज्य किया। पल्लव कालीन वास्तुकला के उदाहरण पल्लवों की राजधानी कांचीपुरम तथा महाबलिपुरम में पाए जाते हैं। कुछ उदाहरण तंजौर प्रदेश तथा पुड्डुकोटाई में भी पाए जाते हैं। पल्लव कलाकारों ने वास्तुकला को धीरे-धीरे काष्ठकला और कंदरा कला के प्रभाव से मुक्त करना प्रारंभ किया। इस काल की प्रारंभिक कृतियों में उन्हीं प्रणालियों का सहारा लिया गया, जिन्हें काष्ठकार और कंदरा कलाकारों ने अपनाया। परंतु धीरे-धीरे इन प्रणालियों का परित्याग होने लगा। पल्लव कालीन वास्तुकला को चार प्रमुख शैलियों में विभक्त किया गया है। ये शैलियाँ प्रमुख पल्लव नरेशों के नाम पर हैं, यथा-

- **मामल्ल शैली :** इस शैली का विकास पल्लव नरेश नरसिंह वर्मन के समय में हुआ। उसने मामल्ल की उपाधि धारण की थी। अत: इसे मामल्ल शैली कहते हैं। इस शैली का प्रमुख केंद्र (महाबलिपुरम्) मामल्लपुरम नगर था, जिसकी स्थापना नरसिंह वर्मन 'मामल्ल' ने की थी। इस शैली के अंतर्गत दो प्रकार के मंदिर आते हैं-
- **मंडप :** ये मंडप महेंद्रवर्मन के समय के मंडपों की अपेक्षा अधिक विकसित हैं। इनमें विशेष रूप से उल्लेखनीय वराह, महिष तथा पंच पांडव मंडप हैं।
- **रथ :** दूसरे प्रकार के मंदिर रथ हैं। ये एकाश्मक हैं। इनकी विशेषता इनके स्तंभ हैं। ये स्तंभ सिंहों के सिर पर स्थित हैं। स्तंभ की लाट नालीदार है और शीर्ष भाग मंगलघट आकार का है। एकाश्मक रथ विशाल शिलाखंडों को काटकर बनाए गए हैं और काष्ठ निर्मित रथों की अनुकृति मालूम पड़ते हैं। इनकी कला शैली मंडपों जैसी ही है। मामल्ल शैली के रथ सप्त पैगोडा के नाम से प्रख्यात हैं। इनकी संख्या आठ हैं, जैसे-द्रौपदी रथ, अर्जुन रथ, भीम रथ, धर्मराज रथ, सहदेव रथ इत्यादि। इन रथों का विकास बौद्ध विहार तथा चैत्यों से हुआ है। इनमें से द्रौपदी रथ एक अलग शैली का है। इसकी छत के आकार से पता चलता है कि वह एक स्थान से दूसरे स्थान पर ले जाने योग्य 'देवरथ' की अनुकृति है। इन रथों में 'धर्मराज रथ' उल्लेखनीय है। नरसिंह वर्मन 'मामल्ल' के राज्य के अंत के साथ ही इस शैली का अंत हो गया। इसके स्थान पर पाषाण खंडों की सहायता से स्वतंत्र रूप से निर्मित मंदिरों का प्रादुर्भाव हुआ।
- **नंदिवर्मन शैली :** प्रस्तर खंडों से बने स्वतंत्र मंदिर शैली के अंतिम चरण में मंदिर आते हैं, जो नंदिवर्मन और उसके उत्तराधिकारियों के राज्यकाल में बने। ये मंदिर आकार में छोटे हैं और पूर्ववर्ती मंदिरों की प्रतिकृति मात्र हैं। शैली में कोई नवीनता नहीं है, केवल स्तंभशीर्षों का अधिक विकास हुआ है। इस शैली के मंदिरों के उल्लेखनीय उदाहरण हैं-कांचीपुरम के मुक्तेश्वर तथा मातंगेश्वर मंदिर तथा गुडीमल्लम का परशुरामेश्वर मंदिर। इन मंदिरों में ओज का अभाव है। ये इस बात की ओर संकेत करते हैं कि बाहरी आक्रमण (पश्चिमी चालुक्यों) के कारण राजवंश की शक्ति क्षीण हो रही थी।
- **राजसिंह शैली :** पल्लव नरेश राजसिंह के राज्यकाल में इन स्वतंत्र मंदिरों के निर्माण का विकास हुआ, अत: इस मंदिर निर्माण शैली को राजसिंह शैली कहा गया है। इस शैली के प्रमुख उदाहरण हैं-मामल्लपुर में समुद्र तट पर स्थित तटीय मंदिर और कांची के कैलाशनाथ तथा वैकुंठ पेरुमल का मंदिर। इसी शैली का कहीं अधिक विकसित उदाहरण कांची का कैलाशनाथ मंदिर है। इसका प्रमुख भाग गर्भगृह है, जिस पर पिरामिड के आकार का शिखर है। इसके कुछ आगे पृथक् रूप से बना हुआ सभा मंडप है। इन दोनों प्रांगण पर ओर ऊँची दीवार हैं। पल्लव वास्तुकला की सभी विशेषताएँ-सिंह स्तंभ मंडप के सुदृढ़ स्तंभ, पिरामिड आकार का शिखर, चारदीवारी-कैलाशनाथ मंदिर को आकर्षण प्रदान करते हैं, किंतु मंदिर का सर्वाधिक आकर्षक अंग शिखर है। वैकुंठ पेरुमल मंदिर में पल्लव वास्तुकला की अत्यंत विकसित अवस्था दिखाई देती है।
- **महेन्द्रवर्मन शैली :** इस शैली का विकास 600-640 ई. में हुआ। इस शैली के मंदिर को मंडप कहा गया। इसमें एक स्तंभ युक्त बरामदा तथा अंदर की ओर खोद कर बनाए हुए एक या दो कमरे होते थे।

चोल कालीन

मंदिरों के निर्माण में जिस द्रविड़ शैली का आरंभ पल्लवों के काल में हुआ, चोल नरेशों के काल में उसका अत्यधिक विकास हुआ। 11वीं शताब्दी के पूर्वार्द्ध में राजराज तथा राजेंद्र चोल के राज्यकाल में चोल साम्राज्य चरमोत्कर्ष पर था। चोल सम्राटों ने अपनी शक्ति और ऐश्वर्य का प्रदर्शन भव्य तथा उत्तुंग शिखर मंदिरों के निर्माण में किया। चोल मंदिर-कलाकारों ने देवों की तरह कल्पना की और मणिकारों की भांति इस कल्पना का 'कला' में प्रदर्शन किया। चोलों की मंदिर निर्माण कला का सर्वोत्तम उदाहरण तंजौर का बृहदेश्वर मंदिर है। इस मंदिर को राजराज चोल ने लगभग 1000 ई. में बनवाया था। भारतीय वास्तु कलाकारों द्वारा बनाए गए मंदिरों में यह अति विशाल मंदिर है। यह 180 फुट लंबा है और इसके पिरामिड आकार का शिखर 196 फुट ऊँचा है। इससे मंदिर के आकार की विशालता तथा इसके बनाने में साहस और कौशल का परिचय मिलता है। इस मंदिर के चार भाग हैं, जो एक-दूसरे से संबंधित एक धुरी पर बने हैं। ये भाग हैं-नदी मंडप, अर्द्धमंडप, मंडप तथा गर्भगृह। सारा मंदिर एक चारदीवारी के मध्य बना है। चोलों के वैभवकाल में बनाया गया दूसरा मंदिर गंगैकोंड चोलपुरम का मंदिर है। यह 1025 ई. में राजेन्द्र चोल के समय में बनाया गया था। इसकी शैली तंजौर की शैली के ही समान है। तंजौर मंदिर में शक्ति, संतुलन और गांभीर्य अधिक है, जबकि गंगैकोंड चोलपुरम के मंदिर में मार्दव, सौंदर्य और विलास अधिक है। इन दो विशाल स्मारकों से सिद्ध होता है कि चोल काल में वास्तुकला चरमोत्कर्ष पर थी। इन मंदिरों के निर्माण के साथ ही ऐसा दिखाई देता है कि वास्तुकला की गतिविधि का प्रबल वेग क्षीण हो चला था। इसके बाद कोई विशेष उल्लेखनीय मंदिर नहीं बने।

पांड्य कालीन

चोलों के पश्चात् तमिल प्रदेश में पांड्यों का शासन स्थापित हुआ। पांड्यों के राज्यकाल में द्रविड़ शैली पनपती रही, किंतु कोई महत्वपूर्ण मंदिर नहीं बने और चोलों से विरासत में मिली भव्य परंपरा को बनाए रखने का कोई कारगर प्रयास नहीं किया गया। मंदिर निर्माण शैली में अब नवीन प्रवृत्तियाँ दिखाई देने लगीं एवं कलाकारों ने अपने शिल्प कौशल को मंदिर विशेषत: विमान पर प्रयुक्त किया, किंतु पांड्यों के काल में यह प्रथा बंद हो गई, अब शिल्प कौशल को मंदिर के सहायक तथा बहिर्वर्ती भागों पर केंद्रित किया गया। अब मंदिर छोटे होते थे, किंतु उनके प्रांगण के चारों ओर अनेक प्राचीर बनाए जाते थे। ये प्राचीर तो सामान्य होते थे, किंतु इनके प्रवेशद्वार, जिन्हें गोपुरम् कहा जाता था, भव्य एवं विशाल और प्रचुर मात्रा में शिल्पकारिता से अलंकृत होते थे। पांड्यकालीन वास्तुकला की विशेषता मंदिर नहीं, अपितु ये गोपुरम् ही हैं। गोपुरम् एक प्रकार का आयताकार भवन है, जिसका शिखर ऊपर की ओर चौड़ाई में क्रमश: कम होता जाता है। शिखर की ऊँचाई 150 फुट तक होती है। नीचे लंबाई के बीच प्रवेश मार्ग होता है। गोपुरम् के निचले दो खंड सीधे और ठोस पत्थर के बने होते हैं और वे ऊपरी भाग के लिए ठोस आधार बनाते हैं। ऊपरी भाग ईंट और प्लास्टर से बनाया जाता है।

मध्यकालीन स्थापत्य एवं वास्तुकला

13वीं शताब्दी के प्रारंभ में मुस्लिम भारत में प्रविष्ट हो चुके थे। मुस्लिमों के प्रविष्ट होने के साथ ही भारत में सल्तनत युग आरंभ हुआ, जो 1526 ई. तक चला। 1526 ई. में भारत में मुगल प्रविष्ट हुए, जिन्होंने भारत में दीर्घकाल तक शासन किया। मध्यकाल में भारत में प्रविष्ट मुस्लिम विजेताओं की स्थापत्य एवं वास्तुकला शैली का भारतीय स्थापत्य एवं वास्तुकला पर प्रभाव पड़ा। परिणामस्वरूप स्थापत्य एवं वास्तुकला का एक नवीन विकसित रूप सामने आया। तुर्कों की भारत विजय के समय मध्य एशिया की अनेक जातियों ने स्थापत्य कला की एक ऐसी शैली विकसित कर ली थी, जो एक ओर ट्रांस-ऑक्सियाना, ईरान, इराक, अफगानिस्तान, मिस्र, उत्तरी अफ्रीका और दक्षिणी पश्चिमी यूरोप की स्थानीय शैलियों तथा दूसरी ओर अरब की मुस्लिम शैली के समन्वय से निर्मित हुई थी। ईरानी स्थापत्यकला की कुछ मौलिक विशेषताओं, जैसे- (1) नोकदार तिपतिया मेहराब और मेहराबी डाटदार छतें, (2) इमारतों की अठपहला रूपरेखा तथा (3) गुंबद आदि का जन्म तो भारत में ही हुआ था, परंतु इनका पूर्ण विकास ईरान में हुआ। इस प्रकार मध्य एशिया की इस समन्वयात्मक शैली के विकास में भारत का भी योगदान रहा। अत: 12वीं शताब्दी में तुर्क जो स्थापत्य कला लाए, वह पूरी तरह से अरबी और मुस्लिम न थी। इस विदेशी स्थापत्य कला की प्रमुख विशेषताएँ- (1) गुंबद, (2) उत्तुंग मीनारें, (3) मेहराब तथा (4) मेहराबी डाटदार छतें थीं। इस

प्रकार तुर्कों ने भारत में एक बहुत ही विकसित स्थापत्य कला को जन्म दिया। विजेता मुसलमानों ने विचार रूपरेखा शैली के अनुरूप भवन बनाए, किंतु मध्य एशिया के भवनों के हूबहू नमूने वे नहीं बना सके, क्योंकि उनके पास विदेशी स्थापतियों का अभाव था। अतः उन्हें कुशल भारतीय कलाकारों से भवन निर्माण कार्य कराना पड़ा। इन कलाकारों ने मुसलमानी इमारतों की सजावट एवं बनावट में अपनी परपंरागत शैली, प्राचीन आदर्श एवं धारणाओं की छाप लगा दी।

मुसलमान शासकों ने अनेक मंदिरों को गिरवा कर उनकी सामग्री को अपनी मस्जिदों, मकबरों और भवनों में प्रयुक्त किया। इस प्रकार हिन्दू और मुस्लिम शैलियों में विभिन्नता होते हुए भी उसमें सामंजस्य स्थापित हो गया। स्थापत्य कला के क्षेत्र में यह एक प्रकार का समझौता था। हिन्दू मंदिरों में और मुस्लिम मस्जिदों में एक समानता थी कि दोनों में ही खुला आँगन होता था, जिसमें चारों ओर खंबेदार कमरे होते थे। इस योजनानुसार निर्मित मंदिरों को सरलता से मस्जिद में बदला जा सकता था। इसलिए विजेता मुसलमानों ने सर्वप्रथम यही कार्य किया। हिन्दू और मुस्लिम शैली की एक अन्य समान विशेषता यह थी कि दोनों ही सजावट प्रधान थीं। यही कारण था कि स्थानीय हिन्दू कला मुस्लिम स्थापत्य कला को प्रभावित करती रही। दिल्ली के सुल्तानों ने आगे चलकर हिन्दू स्थापत्य कला की दो विशेषताओं (भवनों की दृढ़ता और सुंदरता) को अपना लिया। इस प्रकार दोनों के समन्वय से एक नई कला शैली का जन्म हुआ, जिसे 'इंडो-इस्लामिक कला' कहा जाता है। इसे दो भागों में विभक्त किया जा सकता है-(1) सल्तनत कालीन स्थापत्य एवं वास्तुकला और (2) मुगल कालीन स्थापत्य एवं वास्तुकला।

गुलाम और खिलजी

कुव्वत-उल-इस्लाम मस्जिद : कुतुबुद्दीन ऐबक द्वारा बनवाया गया प्रथम वास्तु-कलात्मक नमूना कुव्वत-उल-इस्लाम मस्जिद है, जिसका निर्माण 1191 ई. में दिल्ली विजय की स्मृति में किया गया था और इसे 'इस्लाम की शक्ति' को अर्पित कर दिया गया। इसके भीतर एक खुला चतुष्कोण आँगन बनाया गया था, जिसके चारों ओर दालान थे, जिनमें पश्चिमी दालान पूजा के लिए था। अंदर या बाहर से देखने पर इस इमारत में जैसा मौलिक रूप था, वह अनिवार्यतः हिन्दू झलक थी। यह नया निर्माण मूलतः इस्लामी ढंग का था और स्पष्टतः इसका नक्शा मुस्लिम कारीगरों ने बनाया था। अलाउद्दीन खिलजी ने भी इस मस्जिद का विस्तार किया।

चित्र 1.19: कुव्वत-उल-इस्लाम मस्जिद

चित्र 1.20: कुतुब मीनार

कुतुब मीनार : कुतुब मीनार बनाने का आशय ऐसी मीनार को बनाना था, जहाँ से मुसलमानों को प्रार्थना के लिए बुलाया जा सके। किंतु कुछ समय बाद इसे चित्तौड़ व मांडू की भांति विजय की मीनार माना जाने लगा। जैसा शुरू में सोचा गया था, इसकी (ऊँचाई 225 फीट) और चार मंजिला होनी थी। कुतुबुद्दीन ऐबक इसकी केवल एक मंजिल बनवा सका और शेष कार्य इल्तुतमिश ने पूरा किया। फिरोज तुगलक के समय में इस पर बिजली गिर पड़ी और तब चौथी मंजिल तोड़कर उसकी जगह दो मंजिलें बनवा दी गईं। तब इसकी ऊँचाई 234 फीट हो गई। 1503 ईसवी में इस मीनार की फिर से मरम्मत की गई। यह इमारत दिल्ली के समीप महरौली में स्थित है। मीनार की पूरी योजना वृत्ताकार है। इसका व्यास 46 फीट है, शिखर की ऊँचाई 10 फीट तथा इसकी वास्तविक ऊँचाई 242 फीट है। इस मीनार में सात मंजिलें थीं, किंतु वर्तमान में केवल चार मंजिलें अपने अस्तित्व में हैं, शेष नष्ट हो चुकी हैं।

अढ़ाई दिन का झोपड़ा : 1200 ई. में कुतुबुद्दीन ऐबक ने इसे अजमेर में बनवाया था। इसमें पाँच मेहराबदार दरवाजे बनाए गए हैं। बाद में इल्तुतमिश ने एक आवरण से (सात मेहराबों) इसकी सुंदरता बढ़ा दी। इल्तुतमिश द्वारा बनाई गई मेहराबें इस्लामी कला की प्रतीक होते हुए भी हिन्दू स्थापत्य कला के बहुत निकट जान पड़ती हैं। यह विचार है कि इस इमारत का निर्माण ढाई दिन में हो गया, स्वीकार नहीं किया जाता और यह कहा जाता है कि इसके पूरे होने में ढाई वर्ष लगे होंगे।

चित्र 1.21: अढ़ाई दिन का झोपड़ा

इल्तुतमिश का मकबरा : इल्तुतमिश का मकबरा अपने रूप व पहलुओं में पूर्णतया स्पष्ट है। यह एक सादी चतुष्कोण इमारत है, किंतु सजावट काफी कलापूर्ण है। आंतरिक भाग की सारी दीवारें फर्श से लेकर छत तक कुरान की आयतों से भरी हुईं हैं।

चित्र 1.22: इल्तुतमिश का मकबरा

जमातखाना मस्जिद : अलाउद्दीन खिलजी ने कुतुबमीनार के पास अलाई दरवाजा व निजामुद्दीन औलिया की दरगाह पर जमातखाना मस्जिद का निर्माण करवाया। जमातखाना मस्जिद भारत में ऐसी मस्जिद का सबसे पुराना उदाहरण है, जो पूर्णतया इस्लामी विचारों के अनुसार बनी है और जिसकी सामग्री केवल उसी के उद्देश्य से पत्थर की खानों में से निकाली गई थी। यह लाल पत्थर की बनी है और इसमें तीन कमरे हैं। शुरू में इस इमारत के निर्माण का आशय किसी मस्जिद को बनाना नहीं था, यह तो केवल शेख निजामुद्दीन का मकबरा था और इसमें केवल केंद्रीय कमरा था।

अलाई दरवाजा : अलाई दरवाजा 1311 ई. में बनाया गया। यह दक्षिणी प्रवेश द्वार था, जो कुव्वत-उल-इस्लाम मस्जिद में अलाउद्दीन खिलजी द्वारा बनवाए गए भाग तक ले जाता है। इल्तुतमिश के मकबरे की तरह इसमें एक चौकोर बड़ा कमरा है, जिसकी छत पर एक गुंबद है और इसकी चारों दीवारों में एक मेहराबदार प्रवेश द्वार है। यह लाल पत्थर की है, किंतु कहीं-कहीं संगमरमर का भी प्रयोग किया गया है। दूर से देखने पर, अच्छे अनुपात में रखी गई मेहराबी दीवारें कहीं पर लाल और कहीं पर सफेद पत्थरों के रंगों के मधुर संयोग से और भी सुंदर मालूम होती है।

चित्र 1.23: अलाई दरवाजा

तुगलक

तुगलक सुल्तानों के समय में वास्तुकला में एक परिवर्तन हुआ। सजावट के अपव्ययी प्रदर्शन और अंदरूनी भाग की सुन्दरता ने पुरानी रूढ़िवादी सादगी को स्थान दिया। इस शैली में निर्मित इमारतों में मेहराबों को अत्यंत सादे ढंग से निर्मित किया गया था। इमारतों की नींव गहरी एवं दीवारें मोटी हैं। इनकी डाटों में भी सरलता है। इसके स्तंभ सादे एवं अलंकरणहीन हैं। इसमें मीनारें भी नहीं बनाई गई हैं। तुगलक शैली में बनी इमारतें, मस्जिद और दुर्गों की दीवारें मिस्र के पिरामिडों की अनुकृति हैं, जो अंदर की ओर झुकी हैं। इस शैली में निर्मित इमारतें निम्नलिखित हैं:

तुगलकाबाद : तुगलकाबाद की स्थापना गयासुद्दीन तुगलक ने दिल्ली में करवाई थी। इसे दिल्ली के सात नगरों में से एक माना जाता है। इसका निर्माण रोमन शैली के आधार पर नगर और दुर्ग के रूप में हुआ है। मिस्र के पिरामिडों की भांति इसकी दीवारें भीतर की ओर झुकी हुई हैं। दीवार के बीच में सुराख बने हुए हैं। कदाचित् इनका प्रयोग अस्त्रों को छोड़ने के लिए किया जाता रहा होगा।

गयासुद्दीन का मकबरा : गयासुद्दीन का मकबरा तुगलकाबाद के पास एक कृत्रिम जलाशय के मध्य स्थित है। इसका आधार चतुर्भुज के सदृश है, जो 61 फीट चौड़ा तथा 81 फीट ऊँचा है। इसकी दीवारें चौड़ी एवं मिस्र के पिरामिड की भांति अंदर की ओर झुकी हैं। इसका झुकाव 75 कोण पर आधारित है। प्रत्येक दीवार में दरवाजे बने हुए हैं। बाहरी आवरण का वृत्त खंड 'अलाई दरवाजे' की भांति है। इसका संपूर्ण गुंबद श्वेत संगमरमर का बना हुआ है, जिसकी छत चार **कोहाई** डाटों पर टिकी हुई है। आदिलाबाद का किला सुल्तान मुहम्मद तुगलक की एक अन्य कृति है। यह तुगलकाबाद के समीप उत्तर-पूर्व में बनाया गया है। गढ़ पिथौरा और सीरी के बीच में सुल्तान ने जहाँपनाह नगर का निर्माण करवाया, किंतु दुर्भाग्य से उनकी अन्य योजनाओं के सदृश उनका यह निर्माण कार्य अधूरा रह गया।

चित्र 1.24: गयासुद्दीन का मकबरा

कोटला फिरोजशाह : फिरोजशाह तुगलक ने दिल्ली में कोटला फिरोजशाह नामक एक महल का निर्माण करवाया। यहाँ विशाल क्षेत्रफल में आठ मस्जिदें, तीन राजमहल और शिकार खेलने के लिए अनेक स्थान बनवाए गए थे।

फिरोजशाह का मकबरा : यह एक वर्गाकार मकबरा है, जिसका मुख्य द्वार दक्षिण की ओर है। इसकी दीवारें सुदृढ़ एवं सुसज्जित हैं। इसकी दीवारों को फूल-पत्तियों तथा बेल-बूटों द्वारा सुसज्जित करवाया गया था। संगमरमर का इसमें सुंदर प्रयोग किया गया है। इसका गुंबद अष्टकोणीय ड्रम पर बनाया गया है।

लाल गुंबद : तुगलक काल का एक अन्य स्मारक फकीर कबीरुद्दीन औलिया का मकबरा है, जिसे लाल गुंबद भी कहते हैं। यह स्वीकार करना तर्कसंगत मालूम होता है कि इसका निर्माण नासिरुद्दीन मुहम्मद शाह के शासनकाल (1389-92) में हुआ। यह तुगलक शाह के मकबरे की नकल है।

सैयद और लोदी वंश

सैयद कालीन वास्तुकला शैली में निर्मित की गई इमारतों की नींव गहरी और पक्की बनाई गई है। इनमें खिलजी वंश की सजावटी शैली की असफल नकल की गई है। इमारतों में भावों की कमी है, किंतु इनमें दरवाजे अच्छे और सजावट से परिपूर्ण हैं। लोदी शैली में निर्मित इमारतों की नीवें अत्यंत गहरी खुदी हैं और उनकी बुनियादों को भरकर पक्का तथा मजबूत बनाया गया है। सार-संक्षेप में सैयद एवं लोदी काल को मकबरों के युग के नाम से अभिहित किया जा सकता है। ये मकबरे हैं:

मुबारकशाह सैयद का मकबरा : सैयद सुल्तान मुबारकशाह का मकबरा मुबारकपुर गाँव में स्थित है। इसका निर्माण अष्टभुजीय शैली में किया गया है। इसमें मध्य के गुंबद को काफी ऊँचा बनाकर संपूर्ण इमारत की ऊँचाई में वृद्धि कर दी गई है। इसके चारों ओर के बरामदे भी काफी ऊँचे हैं। गुंबद के शिखर को डाटदार दीपक से सुसज्जित किया गया है।

मुहम्मदशाह का मकबरा : यह मकबरा भी अष्टभुजीय शैली में निर्मित है। इसमें ऊँचाई संबंधी दोष को दूर करने के उद्देश्य से गुंबद की आधारशिला को ऊँचा बनाया गया है। यह लोदी बाग में स्थित है।

सिकंदर लोदी का मकबरा : 1517 ई. में सुल्तान इब्राहिम लोदी ने सिकंदर लोदी के मकबरे का निर्माण करवाया था। इसमें निर्मित गुंबद के चारों ओर आठ खंभों की छतरी बनी है। यह एक विशाल चारदीवारी वाले प्रांगण में स्थित है। इसके चारों किनारों पर काफी लंबे-लंबे बुर्ज बने हुए हैं। इसमें दोहरे गुंबद की व्यवस्था की गई है तथा इसके बाहरी और भीतरी वृत्त में समरूपता लाने का प्रयास किया गया है। सिकंदर लोदी के मकबरे की शैली ने मुगल शैली के मकबरे के विकास में महत्वपूर्ण योगदान दिया। मुहम्मदशाह का मकबरा भी उल्लेखनीय है। इस काल के सरदारों के मकबरे महत्व व प्रभाव से रहित हैं। यदि कुछ को महत्वपूर्ण माना जाए तो वे हैं-बड़े खां व छोटे खां के मकबरे, शीश गुंबद, शिहाबुद्दीन ताज खां का मकबरा, दादी का गुंबद और पोली का गुंबद। सिंकदर लोदी के वजीर ने दिल्ली में मोठ की मस्जिद बनवाई थी, जो लोदियों की वास्तुकला का सर्वोत्तम उदाहरण है।

मुग़ल स्थापत्य कला शैली में समरूपता के सिद्धान्त का अनुपालन किया गया है। मुगल शैली की इमारतों में बाहर की ओर बाग के लिए भूमि छोड़ दी गई है और उनमें बाग लगाकर उनके क्षेत्र में वृद्धि करने का प्रयास किया गया है।

बाबर

स्थापत्य कला की ग्वालियर शैली से विशेष रूप से प्रभावित था। उसने अल्बानिया के सुप्रसिद्ध वास्तुकला मर्मज्ञ सीनान के शिष्यों को भारत बुलवाया और उनकी सहायता से भारत में स्थापत्यों का निर्माण करवाया। बाबर द्वारा निर्माण करवाए गए भवनों में पानीपत की काबुली बाग मस्जिद और सम्भलपुर की जामा मस्जिद प्रमुख है। इन मस्जिदों का निर्माण उसने अपने सैनिकों के नमाज पढ़ने के लिए करवाया था। उसकी इन स्थापत्यों में विशालता के अलावा शिल्पगत सौंदर्य नहीं मिलता।

हुमायूँ

हुमायूँ कला का बहुत शौकीन था। वह कला की ईरानी शैली से अत्यंत प्रभावित था। उसने दिल्ली में विद्वानों के आश्रयार्थ 'दीन पनाह' नामक एक भवन के निर्माणार्थ नींव डाली, किंतु प्रतिकूल परिस्थितियों के कारण उसका स्वप्न अधूरा रह गया और अंतत: वास्तुकला के विकास में कोई योगदान न कर सका। इस काल की प्रमुख इमारतें हैं:

चित्र 1.25: हुमायूँ का मकबरा

हुमायूँ का मकबरा : हुमायूँ का मकबरा मुगल वास्तुकला का अनुपम उदाहरण है। सम्राट की विधवा पत्नी हाजी बेगम द्वारा 1564 ई. में इसका निर्माण करवाया गया था। यह ईरानी वास्तुकला विशेषज्ञ मिर्जा गयास की देख-रेख में निर्मित करवाई गई थी। कदाचित इसीलिए इस पर ईरानी शैली का विशेष प्रभाव पड़ा। इस मकबरे में चतुर्दिक

बाग का आवरण है। चारदीवारी के चारों ओर दरवाजे और पश्चिम में मुख्य दरवाजा है। इसका मुख्य मकबरा 22 फीट ऊँचे प्रस्तर के चबूतरे पर बनाया गया है। प्रकाश हेतु रोशनदान की व्यवस्था की गई है।

शेरशाह

शेरशाह ने अपने छोटे से शासन काल के दौरान स्थापत्य कला की 'लोदी शैली' को उत्कर्ष के शिखर तक पहुँचा दिया। सासाराम (बिहार) में उसकी कब्र पर एक भव्य मकबरा निर्मित किया गया है, जिसमें अफगान शैली का सर्वश्रेष्ठ शिल्प प्रदर्शित किया गया है।

अकबर

वास्तुकला के इतिहास में अकबर का शासन वास्तुकला शैली का एक सुनहरा पृष्ठ है। अकबरी शैली की इमारतों में लाल पत्थर का प्रयोग किया गया था, कहीं-कहीं पर इमारतों में शोभा की वृद्धि करने के उद्देश्य से संगमरमर का भी प्रयोग किया गया है। ये इमारतें सुंदर, सजीव और सादगीपूर्ण होने के कारण स्थापत्य की सुंदरता में अभिवृद्धि करने में सक्षम हैं। कहीं पर भी दो इमारतों के स्तूप एक सदृश नहीं हैं। अकबर द्वारा निर्मित प्रमुख इमारतें निम्न हैं:

चित्र 1.26: बादशाह अकबर

इलाहाबाद का किला : वर्तमान में प्रयागराज नाम से प्रचलित इलाहाबाद में स्थित इलाहाबाद के किले का निर्माण 1583 ई. में प्रारंभ किया गया। यह गंगा-यमुना-सरस्वती नदियों के संगम पर बनवाया गया था। बारादरी और जनाना महल इसके सबसे सुंदर भाग हैं। कोष्ठकों का प्रयोग इलाहाबाद के किले की महत्वपूर्ण विशिष्टता है।

फतेहपुर सीकरी : आगरा के समीप फतेहपुर सीकरी नगर सात मील के क्षेत्रफल में पहाड़ी पर बनाया गया है। इसका उत्तरी-पश्चिमी भाग 20 मील की कृत्रिम झील से सुरक्षित है, इसके तीन भागों को ऊँची चारदीवारी से आरक्षित किया गया है। सीकरी नगर के भीतर राजमहल, मस्जिद, तुर्की शैली में निर्मित स्नानगृह, विद्यालय एवं औषधालय इत्यादि बहुत सुंदर ढंग से निर्मित किए गए हैं।

चित्र 1.27: फतेहपुर सीकरी

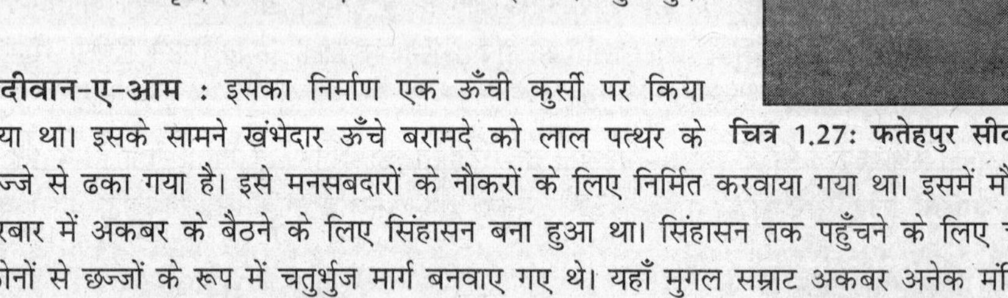

दीवान-ए-आम : इसका निर्माण एक ऊँची कुर्सी पर किया गया था। इसके सामने खंभेदार ऊँचे बरामदे को लाल पत्थर के छज्जे से ढका गया है। इसे मनसबदारों के नौकरों के लिए निर्मित करवाया गया था। इसमें मौजूद दरबार में अकबर के बैठने के लिए सिंहासन बना हुआ था। सिंहासन तक पहुँचने के लिए चारों कोनों से छज्जों के रूप में चतुर्भुज मार्ग बनवाए गए थे। यहाँ मुगल सम्राट अकबर अनेक मंत्रियों से राय-मशविरा किया करता था।

चित्र 1.28: दीवान-ए-आम

दीवान-ए-खास : लाल पत्थरों से बनाया गया भवन है। कक्ष के मध्य में फूल की आकृति के तोड़ हैं। इसके मध्य में स्थित ऊँचे चबूतरे पर बैठकर अकबर अपने कर्मचारियों की बहस सुना करता था।

चित्र 1.29: जोधाबाई महल

पंचमहल : खंभों पर निर्मित एक पाँच मंजिली इमारत है। इसका निचला भाग अन्य मंजिलों से बड़ा है। इसकी प्रत्येक मंजिल क्रमशः छोटी होती गई है। इसकी पाँचवीं मंजिल पर गुंबद का निर्माण किया गया है।

जोधाबाई महल : फतेहपुर सीकरी में बनाए गए भवनों में जोधाबाई महल सबसे विशाल है। इसके चारों कोनों पर गुंबद बने हुए हैं। इसमें ऋतुओं के अनुकूल कमरों को ठंडा-गरम करने की व्यवस्था है। इसमें मूर्तियों को रखने के लिए बनवाए गए आलों और तोड़ों से पता चलता है कि इसमें पश्चिमी भारत के हिन्दू मंदिरों की कला का अनुकरण किया गया है।

जामा मस्जिद : फतेहपुर सीकरी की प्रभावशाली कृतियों में जामा मस्जिद (सीकरी) सर्वोत्कृष्ट उपलब्धि है। आयताकार रूप में निर्मित इस मस्जिद का क्षेत्र 542 फीट लंबा और

चित्र 1.30: जामा मस्जिद

438 फीट चौड़ा है। इसमें तीन गुंबद बने हुए हैं। इसमें बीच का गुंबद किनारे के गुंबद से बड़ा है। इस्लामी शैली में निर्मित होते हुए भी इस पर हिन्दू शैली की स्पष्ट छाप है।

चित्र 1.31: आगरा का किला

आगरा का किला : अकबर द्वारा आगरा के किले का निर्माण 1565 ई. में प्रमुख वास्तुकार कासिम खां के नेतृत्व में प्रारंभ किया गया था। इसका प्रमुख द्वार जिसे 'दिल्ली दरवाजा' के नाम से जाना जाता है, 1566 ई. में बनाया गया था। इसमें बनाई गई मेहराबों को संगमरमर, पशु-पक्षी एवं फूल-पत्तियों से अलंकृत किया गया है। इसमें लाल पत्थरों का प्रयोग किया गया है।

जहाँगीरी महल : यह आगरा के किले में स्थित है। स्थापत्य की दृष्टि से इसे अकबर द्वारा बनवाए गए स्थापत्यों में सर्वोत्कृष्ट स्थान मिला है। इसका निर्माण लाल पत्थरों से किया गया है। बाह्य भाग को सुसज्जित करने के लिए कहीं-कहीं पर संगमरमर का भी प्रयोग किया गया है। इसके निर्माण में हिन्दू शैली का अधिकांश रूप में प्रयोग किया गया है।

बुलन्द दरवाजा : बुलन्द दरवाजा मुगल सम्राट अकबर द्वारा बनवाई गई संपूर्ण कृतियों में श्रेष्ठतम है। अकबर द्वारा इसका निर्माण दक्षिण विजय के उपलक्ष्य में करवाया गया। यह भारत का सबसे विशाल और ऊँचा प्रवेशद्वार है।

जहाँगीर

जहाँगीर के शासनकाल में वास्तुकला में एक ठहराव आ गया था, स्थापत्य की दृष्टि से वे कोई मानक स्थापित न कर सके। इनके समय की प्रमुख इमारतें हैं-

अकबर का मकबरा : अकबर का मकबरा आगरा से 5 मील दूर सिकंदरा नामक गाँव में स्थित है। इसकी योजना अकबर ने अपने शासनकाल के प्रारंभिक वर्षों में ही की थी। यह एक विस्तृत और सुनियोजित बाग के मध्य में स्थित है, जिसकी परिधि 1½ मील है। इसके चतुर्दिक प्रवेशद्वार बने हैं, जो वैभवपूर्ण एवं अत्यंत मनोहर हैं, चारों कोनों पर संगमरमर की चार सुंदर मीनारें बनाई गई हैं। इसमें 5 मंजिलें हैं। प्रत्येक मंजिल के प्रवेशद्वार पर फारसी की सुंदर पंक्तियां खुदी हैं। अकबर का यह मकबरा हिन्दू, मुस्लिम, बौद्ध एवं ईसाई शैलियों का सुन्दर समन्वय है।

एतमादुद्दौला का मकबरा : एतमादुद्दौला का मकबरा आगरा में यमुना नदी के किनारे नूरजहाँ द्वारा 1626 ई. में निर्मित करवाया गया था। इसके निर्माण में संगमरमर और लाल पत्थर दोनों का अत्यंत सुंदर ढंग से प्रयोग किया गया है। मुगलकालीन वास्तुकला के विकास में यह पहली इमारत है, जिसमें लाल पत्थर के स्थान पर श्वेत संगमरमर का प्रयोग किया गया है। अपनी शिल्प तथा वास्तुकला शैली के कारण इसे द्वितीय ताजमहल की संज्ञा प्रदान की जाती है।

शाहजहाँ

स्थापत्य कला की दृष्टि से शाहजहाँ का काल स्वर्णकाल माना जाता है। सर्वप्रथम इसने मुगल सम्राट की राजधानी को आगरा से दिल्ली स्थानांतरित किया और यमुना नदी के किनारे 1628 ई. में शाहजहाँबाद नामक नगर बसाया। इसके समय की प्रमुख इमारतें हैं:

चित्र 1.32: लाल किला

दिल्ली का लाल किला : यह 3100 फीट लंबा और 1650 फीट चौड़े वर्गाकार क्षेत्र में स्थित है। इसके दो प्रमुख द्वार पश्चिम और दक्षिण में स्थित हैं। पश्चिम में स्थित लाहौरी गेट अत्यंत भव्य एवं महत्वपूर्ण है। नदी की ओर स्थित द्वार राजपथ एवं व्यक्तिगत मार्ग नामक इसके तीन प्रवेशद्वार हैं। 'दीवान-ए-खास', 'नहर-ए-बहिश्त', 'शीशमहल' तथा अंगूरी बाग, लाल किले से संबद्ध अन्य स्थापत्य हैं। लाल किले के बाहर एक चबूतरे पर जामा मस्जिद बनाई गई है।

मोती मस्जिद : शाहजहाँ द्वारा आगरा स्थित मोती मस्जिद का निर्माण 1654 ई. में करवाया गया था। इसकी सबसे बड़ी विशेषता इसके सुंदर गुंबद हैं। किनारे की छतरियाँ अत्यंत सुंदर ढंग से निर्मित की गई हैं। इसका निर्माण श्वेत संगमरमर से किया गया है।

चित्र 1.33: मोती मस्जिद

चित्र 1.34: ताजमहल

ताजमहल : शाहजहाँ कालीन इमारतों का सबसे बेजोड़ नमूना ताजमहल है, जिसे शाहजहाँ द्वारा विश्व को दिया गया सर्वश्रेष्ठ उपहार कहा जाता है। उसने अपनी प्रिय पत्नी अर्जुमन्द बानो बेगम, जिसे 'मुमताज महल' भी कहा जाता था, की मधुर स्मृति में उसकी मृत्यु 1631 ई. के बाद बनवाना शुरु किया। ताजमहल का सबसे प्रमुख वास्तु कलाकार ईसा खां था, जो एक अनुभवी नक्शा-नवीस था। इसके अन्य सहायक वास्तु कलाकारों में अमानत खां और मोहम्मद शरीफ तुगरानवीसी में निपुण थे। गुंबदसाजी की कला में इस्माइल खां और पच्चीकारी में मोहनलाल बेजोड़ वास्तु कलाकार थे। इसमें दो समाधियाँ बनाई गई हैं-प्रथम मुमताज महल की है और दूसरी शाहजहाँ की। इसके सबसे ऊर्ध्वभाग में सुंदर और सुडौल गुंबद स्थित हैं। इसकी मीनारें तिमंजिली हैं, जिसमें प्रत्येक की ऊँचाई 137 फीट है। इसमें मकराना के संगमरमर का प्रयोग किया गया है। यह 17 वर्षों में बनकर तैयार हुआ था।

औरंगजेब और उसके बाद के शासक

औरंगजेब और उसके बाद के मुगल शासकों की स्थापत्य कला के प्रति कोई विशेष रुचि नहीं थी। औरंगजेब के शासन काल में निर्मित इमारतों में दिल्ली की मोती मस्जिद, औरंगाबाद में 1678 ई. में अपनी प्रिय पत्नी राबिया-उद-दौरानी का मकबरा तथा लाहौर की बादशाही मस्जिद (1674 ई.) प्रमुख हैं। दिल्ली स्थित 18वीं सदी में निर्मित भवनों में अवध के वायसराय सफदरजंग (1739 से 1754 ई.) का मकबरा है, जिसे शुजाउद्दौला द्वारा 1753 में बनवाया गया था। इसमें वास्तुकला शिल्प की कोई खास विशेषता नहीं पाई जाती है।

स्थापत्य कला की प्रांतीय शैलियाँ

शर्की शैली

अटाला मस्जिद (जौनपुर 1408 ई.) शर्की शैली का सुप्रसिद्ध नमूना है। इसके गुंबद, प्रवेशद्वार और मुख्य कक्ष इस्लामी शैली में निर्मित किए गए हैं, जबकि स्तंभ और अंदर की दीर्घा हिन्दू शैली की आकृति है। इसके अतिरिक्त जौनपुर में स्थित जामा मस्जिद, झंझरी मस्जिद, लाल दरवाजा मस्जिद शर्की शैली के उत्कृष्ट उदाहरण हैं। झंझरी मस्जिद की मेहराबें तथा अलंकरण उच्च कोटि के हैं। इसमें भी हिन्दू-मुस्लिम कला का समन्वय देखने को मिलता है।

बंगाली शैली

बंगाल की वास्तुकला अलग प्रकार की है। नक्शे, सफाई, बनावट व सजावट में यह अन्य प्रांतीय कलाओं से घटिया है। बंगाल में इस समय की इमारतों में पत्थर बहुत कम प्रयोग किया गया है और इसका निर्माण ईंटों से हुआ है। बंगाली शैली में निर्मित प्रमुख इमारतें हैं:

चित्र 1.35: अदीना मस्जिद

अदीना मस्जिद : सिकंदरशाह ने अदीना मस्जिद का निर्माण अपनी नई राजधानी पाँडुआ में (1358-89) कराया। पूर्वी भारत में यह मस्जिद अपने प्रकार की सबसे अधिक कीमती इमारत है। क्षेत्रफल में यह मस्जिद इतनी बड़ी थी, जितनी दमिश्क की मस्जिद।

एकलखा मस्जिद : पाँडुआ में एकलखा मस्जिद जलालुद्दीन मुहम्मद शाह का मकबरा है, जो राजा कंस का पुत्र था। सर जॉन मार्शल के विचार में यह बंगाल के सुंदर मकबरों में से एक है और उन आकर्षक मकबरों में आता है। जिनके आधार पर बाद में बहुत-सी भारतीय मस्जिदों का निर्माण हुआ था। इसका नक्शा साधारण है और इसमें ईंट का प्रयोग हुआ है।

साठ गुंबद मस्जिद : लगभग 1459 ई. में साठ गुंबद मस्जिद का निर्माण किया गया। यह अपने कोने वाली गुंबदों और सामने की कारनिसों की अद्वितीय सजावट के लिए प्रसिद्ध है। इसके भीतर एक खुला हुआ सुंदर आँगन है। बारबक शाह ने (1459-74) दक्षिणी दरवाजा बनवाया। ईंटों व गारे से बनी हुई इमारतों में यह एक अत्युत्तम उदाहरण है। इसकी

ऊँचाई 60 फीट है और आगे से पीछे तक यह 113 फीट लंबी है। इसके बीच में मेहराबदार रास्ता है, जिसके दोनों ओर रक्षकागार है। इसके प्रत्येक कोने पर एक पाँच मंजिलों वाली मोमबत्ती के समान चोटी है, जिसके ऊपर एक गुंबद बना हुआ है। इसकी मूल विशेषता यह है कि इसके नक्शे में विचित्र कारीगरी भरी गई है और इसके प्राचीरों में रंग व छाया के अलग-अलग रंगों को अत्यंत कुशलता के साथ भरा गया है।

टाँटीपार मस्जिद : टाँटीपार मस्जिद समय के साथ काफी बिगड़ चुकी है, किंतु काफी टूटी-फूटी दशा में भी यह सुंदरता का एक प्रतीक है। कनिंघम का मत है कि यह गौड़ में सबसे सुंदर इमारत थी। यदि विस्तार की पूर्णता को अच्छी वास्तु कला की कसौटी माना जाए तो उनका मत पूर्णतया न्यायसंगत है। अत्युत्तम सजावट की दृष्टि से टाँटीपार मस्जिद बंगाल में निर्माण कला की सर्वोच्च सीमा का उदाहरण है।

चित्र 1.36: लोटन मस्जिद

लोटन मस्जिद : लोटन मस्जिद उस प्रकार की मस्जिदों का सबसे अच्छा और जीवंत उदाहरण है, जो विचित्र रूप से बंगाली हैं। कहा जाता है कि इसका नाम यूसुफ शाह (1474-81) की एक प्रिय नर्तकी के नाम पर पड़ा। यह मस्जिद भी ईंटों से बनी है और एकलखा मस्जिद की भांति इसमें भी एक चतुष्कोण प्रार्थना हॉल बना हुआ है।

फिरोज मीनार : गौड़ में स्थित फिरोज मीनार विजय की मीनार मालूम होती है और एक मस्जिद का मीनार भी। इसकी ऊँचाई 84 फीट थी, इसमें पाँच मंजिलें थीं। बंगाली शैली में निर्मित अन्य इमारतों में हुसैन शाह (1493-1552) के समय में निर्मित छोटा सोना मस्जिद, बड़ा सोना मस्जिद तथा कदम रसूल मस्जिद महत्वपूर्ण हैं।

गुजराती शैली

प्रांतीय वास्तु कलाओं में सबसे उत्तम व सबसे सुन्दर वास्तुकला गुजरात की थी। आबू का जैन मंदिर, जो 1032 ई. में पूरा हुआ, ने उन कुशल शिल्पियों को प्रेरणा प्रदान की, जिन्हें गुजरात के शासक अपनी सेवा में नौकर रखते थे। अहमद शाह एक महान निर्माता था और उसने 15वीं शताब्दी के प्रथम चरण में अहमदाबाद नगर की नींव डाली। इस शैली की प्रमुख इमारतें हैं-

अहमदशाह का महल : अहमदशाह ने महल निर्माण में अपने शिल्पियों को पूर्ण स्वतंत्रता दी। महल के बाहरी आँगन के मुख्य प्रवेश दरवाजे की मोटाई 37 फुट थी। इस द्वार मार्ग का सौंदर्य इसके पूर्णतया समानुपातिक व कोमलतापूर्णक बने मेहराबों में निहित है।

रानी सिपरी की मस्जिद (1514) : यह संसार की सबसे सुंदर इमारतों में गिनी जाती है। इस मस्जिद के भागों को इतने समन्वय के साथ मिलाया गया था, जिससे कि इसमें संतुलन, समानता और सजावट मिलकर गहरा प्रभाव लक्षित कर सके। यह एक छोटी-सी मस्जिद है।

सिदी सैय्यद की मस्जिद : यह असाधारण रूप से सादी व साफ है। इससे अधिक सादी एवं साधारण इमारत की कल्पना भी नहीं की जा सकती। इसकी मेहराबें बड़ी सुंदरता से अनुपात में ढाली गई हैं तथा इसकी खिड़की के परदे भी अत्यंत सुंदर ढंग से बनाए गए हैं।

चित्र 1.37: सिदी सैय्यद की मस्जिद

मालवा शैली

मालवा ने वास्तुकला की एक नई शैली मालवा शैली का विकास किया। मालवा की पुरानी राजधानी धार में दो मस्जिदें हैं। इनमें एक मस्जिद आदि रूप से एक संस्कृत कॉलेज था, जो एक हिन्दू मंदिर से सटा हुआ था। बाद में इसे मस्जिद में बदल दिया गया। दूसरी मस्जिद को हिन्दू मंदिरों की सामग्री से बनाया गया था। यहाँ स्तंभों व मकबरों में हिन्दू कला का रूप दिखाई देता है। मांडू में जामी मस्जिद का आरंभ हुशंग ने किया, किंतु महमूद खिलजी ने इसको पूरा किया। उसने बाद में एक सुंदर दरबार हॉल भी बनवाया, जिसे 'हिंडोला महल' कहा जाता है। यह अत्यंत प्रभावशाली इमारत है। इसके अतिरिक्त

लाल मस्जिद (धार), दिलावर खां की मस्जिद (मांडू), मलिक मगीस की मस्जिद (मांडू), जामी मस्जिद (मांडू), रूपमती का महल (मांडू), होशंगाबाद का मकबरा (मांडू), अशरफी महल, जहाज महल (मांडू), समस मस्जिद, तारकीन-ए-दरवाजा (नागौर) आदि मालवा शैली की प्रसिद्ध इमारतें हैं।

कश्मीरी शैली

जब मुसलमानों ने कश्मीर जीत लिया तो उन्होंने वहाँ अपने पूर्ववर्तियों द्वारा छोड़ी गई बहुत-सी इमारतें पाई। मुसलमान शासकों ने केवल इतना किया कि हिन्दुओं के बहुत से मंदिरों को अपनी मस्जिदों में बदल दिया। जैन-उल-आबदीन (1420-70) के समय में मांडनी का मकबरा बनाया गया। उसे कश्मीर कला का एक सुंदर उदाहरण माना जाता है। श्रीनगर में शाह हमदन की मस्जिद अत्यंत सुंदरता के साथ लकड़ी से बनाई गई थी। इस शैली में हिन्दू-मुस्लिम वास्तुकला का समन्वय देखने को मिलता है।

दक्कनी शैली

दक्कन में वास्तुशिल्प की एक नई शैली विकसित हुई, जिस पर न तो द्रविड़ शैली का प्रभाव था और न ही चालुक्य शैली का। सल्तनतकालीन शैली से भी यह अप्रभावित रही। दक्कनी शैली में निर्मित प्रमुख इमारतें हैं-

जामी मस्जिद : जामी मस्जिद काजवीनी वास्तु शिल्पकार रफी की देख-रेख में निर्मित हुईं। जामी मस्जिद दक्कनी शैली का बेजोड़ नमूना है, यह आँगन रहित इमारत है और संपूर्ण इमारत छतों से ढकी हुई है। ऊँचा गुंबद इसकी दूसरी विशिष्टता है।

महमूद गवाँ का मदरसा : 1472 ई. में निर्मित महमूद गवाँ का मदरसा इस शैली की महत्वपूर्ण इमारत है।

चारमीनार : दक्कनी शैली की सर्वश्रेष्ठ कृति चारमीनार के नाम से प्रसिद्ध विजय द्वार है। यह हैदराबाद में स्थित है। बीजापुरी वास्तुशिल्प में निर्मित गुंबद अर्द्धवृत्ताकार रूप में है।

गोल गुंबद : मुहम्मद आदिलशाह की कब्र, जिसे गोल गुंबद कहा जाता है, विश्व का दूसरा विशाल गुंबद है।

आधुनिक स्थापत्य एवं वास्तुकला

18वीं शताब्दी में भारत के अधिकांश भाग में अंग्रेजों का आधिपत्य स्थापित हो चुका था, जिसके परिणामस्वरूप अनेक विदेशी जातियों (यथा-डच, फ्रांसीसी, पुर्तगाली तथा अंग्रेज) के आगमन से भारत में विदेशी स्थापत्य कला का प्रवेश हुआ, क्योंकि इन जातियों ने भारत में अनेक स्थानों पर अपनी बस्तियां बसाईं। इन बस्तियों में उन्होंने रहने के लिए मकान के साथ-साथ फैक्ट्रियां आदि भी स्थापित कीं, जिन पर यूरोपीय प्रभाव परिलक्षित होता है। जब अंग्रेजों के भारत में पूरी तरह पैर जम गए तो उन्होंने अनेक सुदृढ़ किले, भव्य गिरिजाघर आदि मजबूत इमारतों की स्थापना आरंभ कर दी। हालांकि इनका कोई वास्तुकालिक महत्व नहीं है, क्योंकि ये मात्र अनुकरण थे। पुर्तगालियों ने गोवा में जिस आइबेरियन शैली में गिरिजाघर की स्थापना की, उसी का अनुकरण अंग्रेजों ने किया और उन्होंने इंग्लैंड के गाँवों में बने गिरिजाघरों से मिलते-जुलते चर्च बनाए।

भारत में ब्रिटिश साम्राज्य के उदय से भारतीय-इस्लामिक शैली की भांति विक्टोरियन शैली के स्थापत्य का विकास प्रारंभ हुआ। विक्टोरियन वास्तुकारों ने भारत में पूर्वीय या ओरिएंटल शैलियों की नकल करने की गलती की। गुंबदनुमा छतों वाली एवं लोहे की छड़ों के सहारे ईंटों की बड़ी-बड़ी इमारतें विक्टोरियाई स्थापत्य कला शैली के घटिया नमूने थे, जो ब्रिटिश कालीन भारत में धीरे-धीरे स्थान ग्रहण करने लगे। इस प्रकार की भवन निर्माण कला ने उस समय की परिस्थितियों को प्रतिबिम्बित किया, जो शासक वर्ग की आवश्यकताओं एवं राष्ट्रीय आकांक्षा का मिश्रण थीं। अंग्रेजों द्वारा 18वीं सदी में पल्लडियन शैली में भवन निर्माण के प्रयास किए गए। लखनऊ स्थित 'कांसटेंशिया' इमारत इस शैली का सर्वोत्तम उदाहरण है, जिसे जनरल मार्टिन ने तैयार करवाया। 19वीं शताब्दी के उत्तरार्द्ध में कुछ यूरोपीय निर्माताओं द्वारा भारतीय एवं पाश्चात्य वास्तु शैलियों का समन्वय करने का उदाहरण मिलता है। जयपुर का संग्रहालय और मद्रास की मूर इसके उदाहरण हैं। इस अभियान के अग्रदूत रहे-सिविल सर्वेंट एफ.एस. ग्राउस। सरदार राम सिंह ने लाहौर में सेंट्रल म्यूजियम और सीनेट हाउस का खाका बनाया। सी. विट्टेट द्वारा मुंबई में गेटवे ऑफ इंडिया का खाका बनाया गया। इसमें मुगल वास्तुकला के अनेक तत्वों का समावेश था। विक्टोरिया काल के अंत में भारत ने राष्ट्रीय जागरण और आन्दोलन के युग में प्रवेश किया। अंग्रेज वास्तुशिल्पी सर एडविन लुटियंस एवं उनके सहयोगी सर एडवर्ड बेकर ने दिल्ली के निर्माण हेतु नव रोमन शैली में डिजाइन

तैयार करवाया, किंतु भारतीय पृष्ठभूमि में अप्रासंगिक होने के कारण इसे छोड़ दिया गया। अंततः हिन्दू, बौद्ध एवं इस्लामी तत्वों के मिश्रण से यह शैली नए रूप में प्रस्तुत की गई। वायसराय का प्रासाद इसी शैली में निर्मित हुआ।

भारत के स्वतंत्र होने तक पूरा विश्व विशिष्ट शैली के बंधन से मुक्त हो चुका था। फैरो कंक्रीट ने वास्तु शिल्पीय अवधारणा में क्रांति लाई, पर साथ ही सरलता से उपलब्ध होने वाली परम्परागत निर्माण सामग्रियों, जैसे-मिट्टी आदि का भी सफल प्रयोग किया। वर्तमान समय में स्टील और सीमेंट का प्रयोग करते हुए फिल्टर स्लैब निर्माण विधि लागू की जा रही है। मकानों के अंदर वायु संचार और उष्मीय सुविधा को ध्यान में रखते हुए नए-नए दृष्टिकोणों के साथ निर्मित केंद्र तथा कॉस्टफोर्ड वास्तु शिल्पी, क्रांति के अग्रणी बने हुए हैं और यही आज के समय की माँग है।

प्रमुख गुफाएँ, चैत्यगृह, विहार तथा स्तूप

भाजा गुफा एवं भाजा चैत्य : कार्ले से चार मील दूर भाजा गुफाएँ हैं। भाजा वास्तु केंद्र के अंतर्गत विहार, चैत्य और स्तूप आते हैं। उसके तीनों ओर भिक्षुओं के निवास के लिए कक्ष निर्मित हैं। विहार के अंदर निर्मित कलात्मक प्रतिमाएं बड़ी महत्वपूर्ण हैं। भाजा का चैत्यगृह बड़ा ही महत्वपूर्ण तथा उत्कृष्ट स्थापत्य का आकार-प्रकार प्रस्तुत करता है। स्तूप ठोस चट्टान द्वारा निर्मित है। स्तूप के चारों ओर लकड़ी की वेदिका थी। चैत्य का द्वार अथवा कीर्तिमुख भी काष्ठ से सजा है। चैत्यगृह से थोड़ी दूरी पर 14 स्तूपों का एक समूह है।

चित्र 1.38: भाजा गुफा

कोंडन विहार और चैत्य : कार्ले चैत्यगुहा से 10 मील उत्तर की ओर कोंडन विहार और चैत्यगृह स्थित है। विहार का वास्तु विशेष महत्व रखता है। बीच में स्तंभों पर आधारित बड़ा मंडप है, जिसके तीन ओर भिक्षुओं के निवास के लिए कक्ष हैं। यहाँ के चैत्य का मुखपट्ट पूर्णरूपेण भाजा के चैत्य की भांति है, जिसमें स्तंभयुक्त मुखमंडप है। कुछ स्तंभ चट्टान काटकर बने हैं।

पीतलखोरा गुफा : पीतलखोरा की गुफाएँ (जिनकी संख्या 13 है) शतमाला नामक पहाड़ी पर अजंता से 50 मील दक्षिण-पश्चिम की दूरी पर स्थित हैं। औरंगाबाद के समीप खोरा चैत्यगृह है। प्रमुख चैत्यगृह भाजा और कोंडन की ही तरह का है। ऊपर की मेहराब में लकड़ी की कड़ियां थीं, किंतु अब उनके चिह्न मात्र शेष हैं। इस चैत्य में लकड़ी का प्रयोग घट गया और उसके स्थान पर पत्थर का प्रयोग बढ़ा।

अजंता की गुफाएँ और चैत्य : अजंता की गुफाएँ महाराष्ट्र स्थित औरंगाबाद से 63 मील उत्तर में और जलगाँव से लगभग चार सवा चार मील की दूरी पर बड़े-बड़े पहाड़ों को काटकर एक मील के वर्गाकार घेरे में बनाई गई हैं। अजंता में सब मिलाकर, छोटी-बड़ी 29 गुफाएँ हैं, जिसमें 4 चैत्यगृह और 25 विहार हैं। अजंता की वास्तुकला का विकास ई.पू. दूसरी शताब्दी से ईसा की 7वीं शताब्दी तक हुआ। इनका पता सन् 1819 में मद्रास सेना के कुछ यूरोपीय अधिकारियों द्वारा लगाया गया। यहाँ स्तूप गुफा और विहार गुफा दो प्रकार की गुफाएँ मिलती हैं। 19वीं गुफा सर्वाधिक विशाल स्तूप गुफा है, जिसके द्वार भव्य एवं रमणीय हैं। अजंता की गुफा संख्या 10 का चैत्यगृह सबसे प्राचीन है। इसमें भी लकड़ी की कड़ियां थीं, जिनके अब अवशेष मात्र दृष्टिगत होते हैं। अर्द्धवृत्त में स्थित स्तूप अलंकृत है। अन्य चैत्यों की भांति इसमें भी लकड़ी का मुखपट्ट है। अजंता की गुफा संख्या 9 का चैत्यगृह पहले से छोटा है और इसके मुखपट्ट में लकड़ी का ढांचा नहीं है। इसके मुखपट्ट के बीच में एक तोरण द्वार और दोनों पार्श्वों में खिड़कियां हैं। अजंता के विहारों में सबसे पुरानी गुफा संख्या 12 है, जो चैत्यगृह संख्या 10 से संबंधित है। यह वास्तुकला का सुंदर उदाहरण प्रस्तुत करती है।

चित्र 1.39: अजंता की गुफा की दीवारों पर उकेरी कलाकृति

बेदसा का चैत्यगृह : बेदसा का चैत्यगृह आकार में छोटा है। इसकी विशेषता यह है कि इसमें काष्ठ की अपेक्षा पत्थर का प्रयोग अधिक हुआ है। यहाँ चैत्यद्वार की जाली भी पत्थर की है। स्तंभ सीधे हैं, किंतु थोड़े अंदर की ओर ढालू हैं। द्वार के पाखे समानांतर हैं। यहाँ के द्वार मंडप की प्रमुख विशेषता यह है कि उसमें दो विशालकाय स्तंभ हैं, जिनमें एक ओर हय-संघाट और दूसरी ओर गज-संघाट निर्मित है। मुखपट्ट का धरातल सलाका वातायन और जालक वातायन से ढका हुआ

है। चैत्यगृह के अंदर का आकार 45 फुट 9 इंच लंबा और 21 फुट चौड़ा है। मेहराबदार छत की धन्नियां पहले लकड़ी की थीं, किंतु बाद में वे पत्थर से निर्मित की गईं। स्तंभों और स्तूप पर चित्रित फ्रेस्को पेंटिंग के चिह्न अब भी दृष्टिगत हैं। इस चैत्यगृह के निकट ही आयताकार विहार है।

एलोरा गुफा : महाराष्ट्र स्थित औरंगाबाद के समीप एलोरा गुफाओं का निर्माण किया गया। एलोरा की गुफाओं में 12 गुफाएँ बौद्ध धर्म से संबंधित हैं। इन गुफाओं में ब्राह्मण व जैन गुफाएँ भी हैं, जो अत्यंत ही सुंदर हैं। यहाँ भी चैत्य व विहार गुफाओं का निर्माण हुआ। यहाँ की गुफा संख्या 2 पार्श्व भाग में बनी हुई गैलरियों के कारण आकर्षक है। ये गैलरियाँ कमरों में विभाजित हैं, जिनके दोनों ओर भिक्षुओं के कमरों के स्थान पर बुद्ध की प्रतिमाएं विराजमान हैं। कला की दृष्टि से यहाँ की सर्वाधिक श्रेष्ठ गुफा संख्या 12 है, जो कि 'तीन थाल' नाम से प्रसिद्ध है। चट्टानों को काटकर बनाया हुआ इसका रास्ता अत्यंत प्रशस्त है। यह बाह्य भाग में जाकर एक खुले आँगन में समाप्त होता है। इसका बाहरी भाग तीन मंजिल का बना हुआ है। बाह्य भाग की बनावट में जो गंभीरता आ गई है, उसकी कमी आंतरिक भाग की प्रत्येक मंजिल पर बनी हुई असंख्य सुंदर मूर्तियों से पूरी हो जाती है।

चित्र 1.40: एलोरा गुफा

एलीफेण्टा गुफा : एलीफेण्टा की गुफाओं का निर्माण मुंबई के समीप किया गया। गुफा के प्रवेश द्वार पर चट्टान पर खोदकर बनाई हुई कई विशाल हाथियों की मूर्तियाँ हैं, इसलिए इन्हें एलीफेण्टा के नाम से पुकारा जाता है। यहाँ की गुफाएँ एक विशाल शिलाखंड को काटकर बनाई गई हैं। यहाँ की एक गुफा बहुत लंबी-चौड़ी है, उसकी एक ही छत है और कई प्रवेश मार्ग हैं। यहाँ की गुफाओं में सुंदर मूर्तियाँ निर्मित की गई हैं, जिनकी मुद्राएं भावपूर्ण हैं तथा उनमें भद्देपन का सर्वथा अभाव है। हस्त मुद्राएं तथा पैरों की मुद्राएं अत्यंत ही सुंदर हैं, जिन्हें देखकर यह कहा जा सकता है कि यहाँ के मूर्तिकारों का अपनी छेनी पर पूर्णरूप से अधिकार था। परिणामत: बारीक-से-बारीक रेखा में भी हमें किसी प्रकार की त्रुटि अथवा दोष दिखाई नहीं देता है।

कार्ले की चैत्यगुफा : कार्ले में एक विशाल चैत्यगृह और तीन विहार हैं। कार्ले की चैत्यगुफा मुंबई-पूना सड़क से दो मील उत्तर की ओर स्थित है। यहाँ का चैत्यगृह सुंदर है और हीनयान चैत्यगृहों में सर्वोत्कृष्ट है। इसमें वास्तु एवं शिल्पकला अपनी पूर्णता पर पहुँच गई है। इसके द्वार मंडप पर अंकित एक अभिलेख के अनुसार यह चैत्यगुफा संपूर्ण जंबूद्वीप में उत्तम है।

जुन्नर गुफाएँ : पूना से 48 मील उत्तर की ओर जुन्नर में लगभग 150 शैल गुफाएँ हैं, जिनमें से 10 चैत्य और शेष विहार हैं। ये गुफाएँ ई.पू. दूसरी शताब्दी से ईसा की प्रथम शताब्दी तक के काल की आंकी गई है। यहाँ के वास्तु में मूर्तियाँ नहीं हैं। यह हीनयान सम्प्रदाय का केंद्र था। कुछ चैत्यगृह आयताकार हैं, जिनकी छतें सपाट और मंडप स्तंभ रहित हैं। एक चैत्यगृह गोल आकृति का है, ऐसी आकृति का चैत्यगृह पश्चिमी भारत में नहीं मिलता। अधिकांश गुफाएँ सादी हैं।

खपरा खोड़िया गुफा : काठियावाड़ के जूनागढ़ में खपरा खोड़िया गुफाएँ हैं, जो कि अति प्राचीन हैं। ये प्राचीनकाल में मठ के रूप में काम में लाई जाती थीं। इनमें पक्षयुक्त शरभ बने हैं। ऊपर कोट में एक दो खंड की गुफा हैं। ऊपर के खंड में एक तालाब है तथा उसके चारों ओर गली सी बनी है।

नासिक गुफाएँ : नासिक का प्राचीन नाम 'नासिक्य' है। यह गोदावरी के तट पर स्थित है। ई.पू. दूसरी शताब्दी में यह बौद्ध धर्म का केंद्र था। यहाँ गुफाएँ हैं, जिसमें केवल एक चैत्यगृह और शेष विहार हैं। यहाँ के प्रारंभिक विहार हीनयानी हैं। पहला विहार नहपान, दूसरा गौतमीपुत्र शातकर्णी और तीसरा यज्ञश्री शातकर्णी के काल का है। चैत्यगृह, जो पाण्डुलेण कहलाता है, का निर्माण ई.पू. प्रथम शताब्दी में हुआ था। भीतरी मंडप के स्तंभ सीधे हैं। मुखमंडप दुतल्ल और अलंकृत हैं, जिन पर अनेक ब्राह्मी लेख उत्कीर्ण हैं।

पाण्डुलेण गुफाएँ : मुंबई रोड पर नासिक में पाण्डुलेण गुफाएँ हैं। इनमें कुछ तो चैत्य गुफाएँ तथा कुछ विहार गुफाएँ हैं। इन गुफाओं का निर्माण पहाड़ी अथवा चट्टान को काटकर, आंध्रवंशी शासकों द्वारा किया गया था। ये गुफाएँ अत्यंत ही कलात्मक हैं। इनमें कई विस्तृत लेख भी विद्यमान हैं।

नहपान विहार : नहपान विहार मंडप वर्गाकार है, जिसकी लंबाई व चौड़ाई 40 फुट है, मंडप के चारों ओर 16 कोठरियों का निर्माण किया गया है, जो इस बात का प्रमाण है कि इस विहार का प्रयोग धार्मिक गोष्ठियों व विद्याध्ययन हेतु किया जाता होगा। इस विहार का चतुर्भुजाकार आँगन इसकी मुख्य विशेषता है। विहार निर्माण में ऐसी वस्तुओं का प्रयोग किया गया है, जिसके कारण शताब्दियों तक यह विहार अपने कलात्मक गौरव को अक्षुण्ण बनाए रहा।

भाजा विहार : भाजा में चैत्य स्तूप के साथ ही विहार निर्माण की ओर विशेष ध्यान दिया गया। यहाँ के विहार में पहले एक बरामदा है। इसके चारों ओर भिक्षुओं के निवास हेतु बनाई गई कोठरियाँ हैं। भाजा की सबसे बड़ी विशेषता यहाँ की निर्मित मूर्तियाँ हैं। इनमें बरामदे के पूर्वी छोर के प्रवेश द्वार के दोनों ओर की मूर्तियाँ विशेष उल्लेखनीय हैं।

नागार्जुनी कोण्डा : यह स्तूप अमरावती स्तूप से साम्य रखता है। इस महास्तूप का व्यास 106 फीट और ऊँचाई 70 से 80 फीट तक थी। इसका प्रदक्षिणा पथ लकड़ी की कारीगरी वाले एक जंगल से घिरा हुआ था। यह स्तूप उत्तर भारत के स्तूपों से कुछ भिन्न है। उत्तर भारत के स्तूपों के भीतर ठोस ईंटों की चिनाई होती थी, किंतु दक्षिण भारत में मिट्टी तथा ईंटों के रोड़े भरे जाते थे।

बोधगया का स्तूप : शुंगकाल में निर्मित यह स्तूप वर्तमान में नष्ट हो चुका है, किंतु इस स्तूप के कुछ अवशेष तथा चारदीवारी आज भी सुरक्षित है। बोधगया स्तूप का प्रदर्शन भार रहित तथा गोलाकार होकर सजीवतापूर्ण है।

चौखंडी स्तूप : प्राप्त भग्नावशेषों से ज्ञात होता है कि इस स्तूप का निर्माण सारनाथ के समीप ही किया गया होगा। इस स्तूप का निर्माण एक ऊँचे टीले पर किया गया था। भग्नावशेषों से ऐसा जरूर मालूम पड़ता है कि निश्चय ही यह एक विशाल आकृति वाला स्तूप रहा होगा।

धमेख स्तूप : चौखंडी स्तूप के समीप ही धमेख स्तूप है, जिसका निर्माण छठी शताब्दी ई. में हुआ। इस स्तूप के निर्माण में ईंटों का प्रयोग किया गया था। आधार रहित भूमि पर निर्मित इस स्तूप में बीचों-बीच ताख (आले) निर्मित हैं। इसके नीचे ज्यामितिकार पुष्पांकित एक चौड़ी पट्टी है, जो कि कला की दृष्टि से दर्शनीय है।

घण्टशाल स्तूप : इस स्तूप का निर्माण इस उद्देश्य के तहत किया गया था कि इसमें ईंटों की खपत कम होगी। स्तूप का व्यास 122 फुट तथा ऊँचाई 111 फुट थी। इस स्तूप का स्थापत्य अत्यंत ही कलात्मक है।

अमरावती स्तूप : आंध्र प्रदेश के गुण्टूर जिले से प्राप्त ध्वंशावशेषों से ज्ञात होता है कि यहाँ कभी कोई स्तूप रहा होगा। इसका निर्माण सातवाहन काल में हुआ होगा। भूमितल पर इसका अण्डव्यास लगभग 160 फीट तथा ऊँचाई 90 से 100 फीट तक होगी। इस स्तूप के निर्माण में संगमरमर का बहुत अधिक प्रयोग हुआ होगा।

भाट्टिपोलू स्तूप : द्रविड़ देश की ओर जाने वाले मार्ग पर स्थित भाट्टिपोलू में तीसरी या दूसरी शताब्दी ई.पू. में ईंटों के एक महास्तूप का निर्माण कराया गया था। इस स्तूप का व्यास 146 फुट तथा ऊँचाई 120 फुट थी। इस स्तूप का ऊपरी अण्डभाग घंटे के आकार का था, जो अत्यंत ही कलात्मक था।

प्रमुख मंदिर

ओडिशा के मंदिर

ओडिशा के मंदिर नागर शैली का प्रतिनिधित्व करते हैं। ये 7वीं से 13वीं शताब्दी के मध्य बनाए गए। मंदिर निर्माण का कार्य भुवनेश्वर में हुआ। इस काल में लगभग 100 मंदिर बनाए गए। ये मंदिर हैं-

लिंगराज मंदिर : लिंगराज मंदिर पूर्ण विकसित आर्य नागर शैली का सर्वोत्तम उदाहरण है। इसके मुख्य भाग हैं-गर्भगृह, जिसे 'देवुल' कहते हैं, उससे जुड़ा हुआ दूसरा भाग 'जगमोहन' है-जो एक प्रकार का मंडप है, जहाँ भक्त लोग एकत्रित होते हैं। जगमोहन के सामने ही नृत्य मंडप और भोग मंडप हैं। लिंगराज मंदिर में ये सभी भाग एक ही धुरी पर पूर्व से पश्चिम की ओर फैले हुए हैं। सबसे आकर्षक भाग लिंगराज मंदिर का शिखर है। इसकी ऊँचाई 160 फुट है। शिखर पर आमलक और कलश है। सभा मंडप अथवा जगमोहन की छत पिरामिड के आकार की है। मंदिर के मुख्य शिखर की खड़ी धारियाँ उसकी गगनचुंबिता को और भी प्रभावशाली बनाती हैं। अपने प्रचुर अलंकरण तथा उत्तम शिल्पविधि के कारण यह मंदिर निर्माण कला का सर्वोत्कृष्ट नमूना माना जा सकता है।

पुरी का जगन्नाथ मंदिर : पुरी का जगन्नाथ मंदिर ठीक उसी प्रकार बना है, जिस प्रकार लिंगराज है। इसके भी चार भाग हैं। यह आकार में काफी विशाल है, किंतु इसका वास्तुविन्यास संजीव तथा प्रभावशाली नहीं है। इसमें लिंगराज मंदिर जैसा संतुलन तथा गरिमा नहीं है।

चित्र 1.41: पुरी का जगन्नाथ मंदिर

सूर्य मंदिर कोणार्क : भारतीय राजाओं और पूर्वी वास्तुकला की महान उपलब्धि कोणार्क का सूर्य मंदिर है। यह 13वीं शताब्दी का है और अपनी किस्म का अकेला मंदिर है। अर्क (सूर्य) के इस विमान का निर्माण वास्तुकलाविद् तथा तक्षण शिल्पी की सम्मिलित प्रतिभा का परिणाम है। यह मंदिर पूर्वी शैली की प्रौढ़ता का सुंदर उदाहरण है। इसका प्रत्येक अंश अपने आप में परिपूर्ण है। संपूर्ण मंदिर की योजना बहुत अच्छी तरह बनाई गई है। विभिन्न अंग इस प्रकार विधिवत समन्वित हैं कि यह मंदिर निर्माण कल्पना की विशेषता की दृष्टि से अद्वितीय है। सूर्य पौराणिक कथा में अपने सात घोड़ों वाले रथ पर आकाश में चलता है। इस पौराणिक कथा को मंदिर के रूप में अभिव्यक्त किया गया है। मंदिर को रथ का रूप दिया गया है। मंदिर के सभी अंग इस तरह विधिवत समन्वित हैं कि वे एक ही भवन के अविच्छन्न अंग दिखाई देते हैं। यह मंदिर वास्तुकला के विकास की चरमावस्था माना गया है। कोणार्क मंदिर की एक विशेषता यह है कि मंदिर के भवनों के सभी बाह्य भाग उकेरी हुई आकृतियों से सजे हुए हैं। ये उत्कीर्ण आकृतियां वास्तुकला का अभिन्न अंग हैं। फूल-पत्तियां, पशु, देव-दानव, काल्पनिक पशुओं की मूर्तियाँ छोटे या बड़े आकार में उत्कीर्ण हैं। अधिकांश उभरी आकृतियां स्त्री-पुरुषों की हैं और कुछ विद्वानों के अनुसार वे कामसूत्र में वर्णित कामपरक विषयों का चित्रण करती हैं। अन्य विद्वानों के अनुसार तांत्रिक पद्धति संबंधी धार्मिक क्रियाओं को मंदिर के बाह्य भागों में अंकित किया गया है।

चित्र 1.42: सूर्य मंदिर, कोणार्क

मध्य प्रदेश के मंदिर

खजुराहो के मंदिर चंदेल राजाओं के समय 950-1050 ई. के बीच बनाए गए। ये निर्माण कला की सुरुचि-संपन्न ललित अभिव्यक्ति हैं। पत्थर का बना हुआ एक चबूतरा है। यह नींव की मंजिल है और काफी ऊँची है। इस पर गर्भगृह, अंतराल, मंडप तथा अर्द्धमंडप हैं। कुछ मंदिरों में मंडप के दोनों ओर महामंडप हैं। गर्भगृह के चारों ओर प्रदक्षिणा पथ है। वास्तुकला की मुख्य विशेषता शिखर है। इन शिखरों पर छोटे-छोटे शिखर संलग्न हैं। इन्हें 'उरुशृंग' कहते हैं। ये छोटे आकार के मंदिर के ही प्रतिरूप हैं। इन उरुशृंगों ने मंदिर की बाह्याकृति को और भी सुंदर बना दिया है। शिखर के शीर्ष भाग पर अमृतघाट और आमलक है। वास्तुकला की दृष्टि से इस मंदिर की विशेषता यह है कि मंदिर के सभी अंग भली-भांति समन्वित हैं। गर्भगृह, मंडप, अर्द्धमंडप इत्यादि मंदिर के सभी अंश इमारत के अविच्छिन्न अंग दिखाई देते हैं। शिखर और उरुशृंगों सहित यह मंदिर एक पर्वत की भांति प्रतीत होता है। मंदिर की दूसरी विशेषता है-दीवारों के मध्य भाग का अलंकरण। दीवारों के चारों ओर दो या तीन चित्र वल्लरी हैं, जिन पर उभरी हुई आकृतियां हैं। आकृतियां सजीव, सुगठित और अतिसुंदर हैं। कंदरिया महादेव मंदिर में ऐसी 650 आकृतियाँ हैं, इनमें कुछ देवताओं और कुछ मनुष्यों की हैं। ये सब ललित मुद्रा में हैं और सजीव तथा प्रसन्न दिखाई देती हैं। ऐसा प्रतीत होता है कि वे उस स्वर्ण युग के प्राणी हैं, जहाँ जीवन सुखद अनुभवों की एक शृंखला थी। वास्तुकला मानव चेतना से स्पंदित है। मंदिर के अंदर का भाग, द्वार के ऊपर की कड़ियाँ, मंडपों के स्तंभ शीर्ष आदि सभी उत्कीर्ण आकृतियों से सुसज्जित हैं। कोष्ठाकार स्तंभ शीर्षों पर खड़े व्याल उत्कीर्ण हैं। इन्हीं के बीच छोटे-छोटे फलकों पर नृत्य करती हुईं तथा त्रिभंग मुद्रा में स्त्रियों की मनमोहक आकृतियां तराशकर जमा दी गई हैं। ऐसा प्रतीत होता है कि कलाकार ने कुरूपता पर सौंदर्य की विजय या पाश्विकता तथा आध्यात्मिकता को विपर्यास कला में उभारने का सफल प्रयास किया है। कुछ स्त्रियों की उभरी हुई आकृतियां विशेष उल्लेखनीय हैं, जैसे- (1) पैर से कांटा निकालती हुई एक नायिका, (2) प्रसाधन रत नायिका, (3) अलस नायिका, (4) माता और पुत्र तथा (5) अनेक मिथुन आकृतियाँ।

चित्र 1.43: खजुराहो का मंदिर

राजस्थान के मंदिर

गुप्तोत्तर काल में राजस्थान में एक सुन्दर और समृद्ध निर्माण कला का विकास हुआ। इस काल के अवशेष जोधपुर में ओसिया नामक गाँव में प्राप्त हुए हैं। यह किसी समय में एक समृद्ध नगर रहा होगा। यहाँ ब्राह्मण और जैन मंदिर मिले हैं। 99 मंदिर एक स्थान पर हैं और ये शुरू के हैं। 5 मंदिर बाद में बने हैं। ये मंदिर आकार में छोटे हैं, किंतु वास्तुकला

तथा तक्षण कला की दृष्टि से सुंदर हैं। प्रत्येक मंदिर का आकार एक-दूसरे से भिन्न है और मंदिर निर्माण की कल्पना की विशेषता तथा रचना की मौलिकता का परिचायक हैं। राजस्थान के प्रमुख मंदिर हैं:

सूर्य मंदिर : हरिहर मंदिरों के कुछ बाद का बना हुआ सूर्य का मंदिर है। इस मंदिर की प्रमुख विशेषता इसके अग्रभाग में है। ओसिया के अन्य मंदिरों की भांति यह भी पंचायतन प्रकार का है। मुख्य मंदिर के चारों ओर छोटे मंदिर हैं, जो एक गलियारे से एक-दूसरे से मिले हुए हैं और एक बाड़े का काम करते हैं। मंदिर के विभिन्न अंगों के अनुपात और शैली में गरिमा है। शिखर का आकार और अलंकरण सराहनीय है। स्तंभों के आधार तथा शीर्ष पर मंगलघाट है। वास्तुकला तथा तक्षणकला (काष्ठकला) की दृष्टि से यह मंदिर इस बात का परिचय देता है कि शिल्पी ने इसे प्रेम और यत्न से बनाया है।

जैन मंदिर : महावीर का जैन मंदिर एक पूर्ण विकसित मंदिर का उदाहरण है। इसके मुख्य भाग हैं-गर्भगृह मंडप तथा खुला द्वार मंडप, जिसके सामने एक अलंकृत तोरण है। यद्यपि यह मंदिर 8वीं शताब्दी का बना हुआ है, इसके कुछ अंश 10वीं शताब्दी के हैं। इन मंदिरों के स्तंभ पूर्ण विकसित अवस्था में हैं और मंगलघाट, स्तंभों के आधार तथा शीर्ष भाग दोनों को अलंकृत करता है। स्तंभ के समस्त भाग को विविध अलंकरण साधनों से सजाया गया है। गर्भगृह के द्वार पर प्रतीक मूर्तियाँ तथा लोक कक्षाएं अलंकृत की गई हैं। द्वारों के ऊपर की कड़ी पर नवगृह उत्कीर्ण है।

सचिया माता का मंदिर : इस मंदिर का प्रारंभ 8वीं शताब्दी में हुआ, किंतु अधिकांश भाग 12वीं शताब्दी में पूरा हुआ। इस मंदिर का मंडप अष्ट-भुजाकार है। इस मंदिर के शिखर का ढांचा मिश्रित शैली का है। शिखर पर अनेक उरुश्रृंग हैं।

पश्चिमी भारत तथा गुजरात के मंदिर

गुजरात के भग्न मंदिरों में विशेष लावण्य तथा माधुर्य-समृद्धि है। अधिकांश मंदिर सोलंकी राजाओं के काल में बने हैं। मंदिरों के इस वैष्णव का कारण गुजरात की व्यापार समृद्धि है। गुजरात के बंदरगाहों से पश्चिमी तथा पूर्वी द्वीपों के साथ व्यापार होता था। इन रत्नजड़ित मंदिरों का निर्माण केवल सोलंकी राजाओं के संरक्षण के कारण ही नहीं हुआ। इनके निर्माण में समाज के लोगों के दान और शिल्पियों के श्रम का भी योगदान है। गुजरात में शिल्पियों की श्रेणियाँ थीं, जो मुख्य स्थापित के निर्देशन में मंदिरों को बनाते थे। पश्चिम भारत के अधिकांश मंदिर भग्नावस्था में हैं। पश्चिमी भारत एवं गुजरात के प्रमुख मंदिर हैं:

चित्र 1.44: मोढेरा का सूर्य मंदिर

मोढेरा का सूर्य मंदिर : भग्नावस्था में सबसे प्रसिद्ध मोढेरा का सूर्य मंदिर है। यह सुनहरे बलुए पत्थर से बना हुआ है। इसमें स्तंभों पर आधारित खुला द्वार मंडप है। यह एक तंग मार्ग से मंडप तथा गर्भगृह से जुड़ा हुआ है। अनुप्रस्थ ढलाई से मंदिर तीन भागों में बँटा हुआ है:

- आधार मंडोबर, जिसकी दीवारें और ताखों पर उत्कीर्ण देवी-देवताओं तथा नर्तकियों की आकृतियां अलंकृत हैं।
- मंडप के ऊपर पिरामिड आकार का शिखर है।
- गर्भगृह में नागर शैली का शिखर तथा उनसे जुड़े उरुश्रृंग हैं।

दिलवाड़ा के जैन मंदिर : पश्चिमी भारत की मंदिर निर्माण शैली का चरमोत्कर्ष दिलवाड़ा के जैन मंदिर हैं, जो 10वीं और 13वीं शताब्दी में बनाए गए। ये मंदिर सफेद संगमरमर के बने हुए हैं। मंदिर का विन्यास तथा आकार अन्य मंदिरों की भांति है, किंतु मंदिर मंडप के मेहराबदार तोरण पथ पर आधारित लगभग 13 वृत्तों का एक गुंबद है, इस गुंबद के नीचे के पाँच वृत्तों के बीच के भागों पर क्रमशः हाथियों, घोड़ों तथा नर्तकियों की उकेरी हुई आकृतियां हैं। गुंबद के सर्वोच्च भाग से लटकन या कर्णफूल आकृतिक तराशी गई है। गुंबद के निचले वृत्तों के आर-पार स्त्री आकृति के कोष्ठक हैं। ये स्त्री आकृतियां विद्या देवियों की मूर्तिया हैं। ये आकृतियां गुंबद को धारण करती हुई दिखाई देती हैं। इस मंदिर के अंतःमार्ग में अलंकरण की मात्रा अत्यधिक है।

दक्षिण भारत के मंदिर

एलोरा : बौद्ध शिलाविहारों का अनुकरण करते हुए ब्राह्मण धर्मानुयायियों ने भी धार्मिक क्रियाओं की आवश्यकतानुसार स्तंभमय भवन खुदवाकर बनवाए। एलोरा में ये शिलामंदिर आधे मील तक फैले हुए हैं। इस प्रकार के मुख्य उदाहरण हैं-

रावण की खाई : रावण की खाई आयताकार 52 फुट चौड़ी तथा 87 फुट लम्बी, अंदर की ओर गहरी है। इस पर्वत कंदरा में एक स्तंभयुक्त मंडप तथा गर्भगृह है। गर्भगृह के चारों ओर प्रदक्षिणा पथ है। स्तंभों के शीर्ष मंगलघाट आकार के हैं। यहाँ भी दीवार के भित्ति स्तंभों पर वैष्णव और शैव देवताओं की उभरी हुई मूर्तियाँ उकेरी गई हैं।

कैलाश मंदिर : पर्वत शिलाओं को खोदकर भवन निर्माण विधि के विकास की चरमावस्था एलोरा का कैलाश मंदिर है। इस मंदिर को बनाने वालों ने पुरानी परंपराओं को एकदम त्यागकर चट्टान को तराशकर स्वतंत्र मंदिर बनाया। इस मंदिर का आकार पट्टडकाल के चालुक्यकालीन विरुपाक्ष मंदिर की भांति है, किंतु यह उससे दुगने आकार का है। यह मंदिर राष्ट्रकूट नरेश कृष्ण प्रथम ने बनवाया था। उसके पास अनेक विजयों से प्राप्त प्रभूत धनराशि थी, साथ ही उसमें प्रबल धार्मिक भावना भी थी, इन्हीं के संयोग से मंदिर निर्माण संभव हो सका। कैलाश मंदिर की विशेषता यह है कि इसे बनाने के लिए पर्वत को नीचे भीतर की ओर खोदा ही नहीं गया, अपितु शिल्पियों ने चट्टान को शीर्ष भाग में तराशना शुरू किया। कैलाश मंदिर का विमान एक समानांतर चतुर्भुज के आकार का बना है। 150 फुट लंबा और 100 फुट चौड़ा यह विमान 25 फुट ऊँचे चबूतरे पर बना हुआ है। चबूतरे के ऊपर और नीचे का भाग काफी ढला हुआ है।

चित्र 1.45: कैलाश मंदिर

अध्याय सार–संचिका

- सिन्धु घाटी सभ्यता के उत्खनन से प्राप्त अवशेष सिन्धु कालीन स्थापत्य एवं वास्तुकला पर प्रकाश डालते हैं।
- अशोक द्वारा निर्मित स्तंभ, लाट, स्तूप आदि तत्कालीन वास्तु एवं स्थापत्य कला के अनुपम उदाहरण हैं।
- अशोक कालीन स्तंभों को तीन भागों में विभाजित किया जा सकता है–
  1. भूमिगत भाग
  2. स्तंभ का मध्य भाग
  3. स्तंभ का ऊपरी भाग
- अशोक के प्रथम प्रकार के लघु शिलालेख रूपनाथ (जबलपुर, म.प्र.), सासाराम (बिहार), मास्की (रायचूर, आ.प्र.), बैराट (राजस्थान) में उपलब्ध हैं।
- भाब्रू शिलालेख राजस्थान में जयपुर के निकट बैराठ अथवा बैराट नामक स्थान से प्राप्त हुआ है।
- एर्रगुडी शिलालेख आंध्र प्रदेश के कर्नूल जिले के एर्रगुडी नामक स्थान से प्राप्त हुआ है।
- मास्की लघु शिलालेख आंध्र प्रदेश के रायचूर जिले में मास्की नामक एक गाँव से प्राप्त हुआ है। इसमें अशोक के नाम का उल्लेख मिलता है।
- भरहुत के स्तूप का स्थापत्य कला की दृष्टि से विशेष महत्व है। इस स्तूप का व्यास 68 फीट था। अशोक द्वारा निर्मित इस स्तूप का शुंग काल में और विकास किया गया। वर्तमान में यह स्तूप पूर्णतया नष्ट हो गया है। केवल उसकी चहारदीवारी एवं तोरण द्वार कोलकाता संग्रहालय में सुरक्षित रखे हुए हैं।
- स्थापत्य कला का बेजोड़ नमूना साँची का स्तूप मध्य प्रदेश राज्य के विदिशा नामक जिले में आज भी यथावत् स्थिति में विद्यमान है। इस स्तूप के आधार तल का व्यास 121½ फुट, ऊँचाई 77½ फुट है। स्तूप के निर्माण में लाल बलुआ पत्थर का प्रयोग किया गया है।
- स्थापत्य कला की अनुपम कृति 'धमेख स्तूप' का निर्माण छठी शताब्दी में हुआ था। स्तूप निर्माण में ईंटों का प्रयोग किया गया था। इस स्तूप की ऊँचाई 104 फुट है। इसकी सतह में प्रस्तर लगे हैं। स्तूप का निचला भाग सुन्दर प्रस्तरों से आच्छादित है। नीचे की ओर ज्यामितिकार पुष्पांकित एक चौड़ी पट्टी है, जो कि कला की दृष्टि से उत्तम एवं दर्शनीय है।
- चैत्यों का निर्माण पर्वत अथवा चट्टानों को काटकर किया जाता था। चैत्यों का प्रवेश द्वार अत्यंत विशाल एवं अलंकृत होता था।
- चैत्य की आकृति घोड़े की नाल जैसी बनाई जाती थी। इसके आगे का भाग आयताकार और पीछे का भाग अर्द्धवृत्ताकार होता था। इनकी निर्माण शैली अद्‌भुत एवं निराली थी।
- दिल्ली स्थित कुतुबमीनार सल्तनत कालीन वास्तुकला का सर्वोत्कृष्ट उदाहरण है। इसका निर्माण कार्य कुतुबुद्‌दीन ऐबक ने प्रारंभ कराया तथा इल्तुतमिश के काल में पूर्ण हुआ।

- 'अढ़ाई दिन का झोपड़ा' का निर्माण अजमेर में कुतुबुद्दीन ऐबक ने कराया था। यह मस्जिद कुव्वत-उल-इस्लाम मस्जिद जैसी ही है।
- कुव्वत-उल-इस्लाम मस्जिद के निकट इल्तुतमिश का मकबरा भारत में अपने ढंग का सबसे प्राचीन मकबरा माना जाता है। इमारत की बाहरी दीवारें सुंदर एवं अलंकृत हैं। इस मकबरे का अन्दरूनी भाग हिन्दू कला का प्रतिनिधित्व करता है।
- 'अलाई दरवाजा' अलाउद्दीन खिलजी के सर्वश्रेष्ठ एवं भव्य भवनों में से एक है। सर जॉन मार्शल के अनुसार, ''अलाई दरवाजा इस्लामी वास्तुकला की अमूल्य निधि है।'' पर्सी ब्राउन के अनुसार, ''इसकी निर्माण योजना में यह ज्ञात होता है कि यह दरवाजा किसी वास्तुकला के ज्ञाता के संरक्षण में बनवाया गया था।''
- गयासुद्दीन तुगलक ने छप्पन कोट दुर्ग में एक राजमहल का निर्माण कराया था। इब्नबतूता ने इस राजमहल की प्रशंसा करते हुए लिखा है, ''राजमहल की ईंट सूर्य के प्रकाश में इतनी तेज चमकती थी कि दर्शक उसे अच्छी तरह नहीं देख सकता था।''
- मुहम्मद तुगलक द्वारा निर्मित कराए गए भवनों में से एक प्रसिद्ध भवन 'विजय मण्डल' है। यह लंबा स्तंभनुमा है, जिसका निर्माण ऊँची पहाड़ी पर कराया गया था।
- खान-ए-जहाँ तेलगानी के मकबरे का निर्माण शेख निजामुद्दीन औलिया के मकबरे के निकट जूनाशाह द्वारा कराया गया था। यह मकबरा अन्य मकबरों की भांति वर्गाकार न होकर 'अष्टभुजी' है। मकबरे के निर्माण में लाल पत्थर एवं सफेद संगमरमर का सुंदर सम्मिश्रण देखने को मिलता है।
- सैयद तथा लोदी वंश के शासकों के काल में स्थापत्य कला में अवनति प्रारंभ हुई। इसका मुख्य कारण सैयद तथा लोदी वंश के शासकों की आर्थिक स्थिति का अच्छा न होना था, किंतु सैयद तथा लोदी वंश के काल में भी यत्र-तत्र कुछ इमारतों का निर्माण हुआ।
- मुबारकशाह सैयद के मकबरे का निर्माण अलाउद्दीन आलम द्वारा कराया गया था। इस मकबरे के निर्माण में लाल पत्थर का प्रयोग किया गया है।
- सिकंदर लोदी ने बहलोल लोदी के मकबरे का निर्माण 1489 में करवाया था। मकबरे में पाँच गुंबद हैं। मध्य भाग में स्थित गुंबद सर्वाधिक ऊँचा है। इस मकबरे के निर्माण में भी लाल पत्थर का प्रयोग किया गया है।
- नागर शैली के मंदिरों का निर्माण प्रायः उत्तर भारत में हुआ।
- मध्य प्रदेश स्थित खजुराहो नामक स्थान पर नागर शैली का कंदरिया महादेव का मंदिर निर्मित किया गया।
- उत्तर प्रदेश में कानपुर के समीप भितरगाँव का मंदिर आर्य शैली का है। इस मंदिर की योजना एक ऊँचे चबूतरे पर तैयार की गई थी। जिसका व्यास 36 फीट है। मंदिर की बाहरी दीवारें पकी हुई मिट्टी के फलकों से निर्मित हैं। इन मंदिरों पर सुन्दर चित्रकारी व मूर्तियाँ उत्कीर्ण हैं।
- एहोल समूह के मंदिरों की अंतिम अवस्था का प्रतिनिधित्व करने वाला मंदिर मेगुती का मंदिर है।
- द्रविड़ शैली के कोरंगनाथ का निर्माण त्रिचरापल्ली जिले में श्रीनिवास नल्लूर नामक स्थान पर परान्तक प्रथम के काल में हुआ।

- तंजौर का शिव मंदिर द्रविड़ शैली का उत्कृष्ट उदाहरण है।
- द्रविड़ शैली के मंदिरों का अधिकाधिक निर्माण दक्षिणी भारत में हुआ।
- तंजौर स्थित द्रविड़ शैली के गंगई चोलपुरम मंदिर का निर्माण चोलवंशीय राजाओं द्वारा कराया गया था।
- कोणार्क स्थित सूर्य मंदिर ओडिशा स्थापत्य कला का सर्वोत्कृष्ट उदाहरण है। इस मंदिर का निर्माण रथ की आकृति में किया गया है, जिसमें सात अश्व भी निर्मित हैं, जो कि अत्यंत ही सजीव दर्शित होते हैं।
- बोधगया स्थित भगवान बुद्ध का मंदिर महायान स्थापत्य कला का सर्वोत्कृष्ट उदाहरण है।
- सल्तनत काल की स्थापना से भारतीय इतिहास में वास्तुकला के क्षेत्र में एक नए युग का सूत्रपात हुआ है। यह युग मध्यकालीन वास्तुकला के पुष्पित और पल्लवित होने का काल था।
- तुगलक कालीन वास्तुकला के उदाहरण हैं–तुगलकाबाद का दुर्ग, विजय मंडल भवन, आदिलशाह का किला, शेख निजामुद्दीन औलिया का मकबरा, बारहखम्भा, कुश्क-ए-फिरोजाबाद, कुश्क-ए-शिकार, फिरोजशाह कोटला, फिरोज तुगलक का मकबरा, खान-ए-जहाँ तेलंगानी का मकबरा, कबीरुद्दीन औलिया का मकबरा।
- यद्यपि बाबर अपने अल्प शासनकाल में सैन्य अभियान में व्यस्त रहा, किंतु फिर भी उसने कुछ इमारतों का निर्माण करवाया। पानीपत की 'काबुलीबाग मस्जिद' और सम्भलपुर की 'जामा मस्जिद' आदि इमारतों का निर्माण बाबर ने ही कराया था।
- हुमायूँनामा से ज्ञात होता है कि बाबर ने आगरा में इमारतें बनाने का आदेश दिया था।
- हुमायूँ द्वारा बनवाए भवनों में 'दीनपनाह' उल्लेखनीय है। ऐसा प्रतीत होता है कि इस भवन को शीघ्रता से तैयार करवाया गया होगा, क्योंकि इसमें सुंदरता तथा सुदृढ़ता दोनों की कमी थी।
- हुमायूँ की पत्नी हाजी बेगम द्वारा निर्मित करवाया गया 'हुमायूँ का मकबरा' मुगल वास्तुकला की उत्कृष्ट उपलब्धि है।
- अकबर के शासनकाल में स्थापत्य कला का अधिकाधिक विकास हुआ। अकबर कालीन इमारतों में लाल पत्थर का बहुतायत में प्रयोग किया गया है, किंतु इमारत की सुंदरता में वृद्धि हेतु संगमरमर का भी प्रयोग किया गया है।
- अकबर द्वारा निर्मित करवाए भवनों में 'आगरे का किला' सर्वाधिक प्रसिद्ध है। यह अर्द्धवृत्ताकार इमारत यमुना नदी के समानान्तर स्थित है। किले के प्रवेश द्वार का अलंकरण उच्चकोटि का है तथा इस पर पशु-पक्षियों के चित्र अंकित हैं, जो हिन्दू कला का प्रतिनिधित्व करते हैं।
- 'लाहौर का किला' आगरा किले से मिलता-जुलता है। इस दुर्ग के निर्माण में लाल पत्थर का प्रयोग किया गया है। किले के तोड़ों में अनेक पशु-पक्षियों के चित्र बने हुए हैं। इस इमारत की कला शैली से हिन्दू प्रभाव की स्पष्ट झलक मिलती है।
- अकबरकालीन इमारतों में 'बुलंद दरवाजा' का अपना अलग विशिष्ट स्थान है। इस इमारत में भारतीय शिल्प सौंदर्य तथा फारसी शिल्पकला के दर्शन होते हैं।

- आगरा में यमुना नदी के किनारे जहाँगीर की पत्नी नूरजहाँ ने एतमादुद्दौला के मकबरे का निर्माण 1626 ई. में करवाया था।
- लाहौर के निकट शाहदरा में जहाँगीर की पत्नी नूरजहाँ ने जहाँगीर के मकबरे का निर्माण करवाया था।
- स्थापत्य कला की दृष्टि से विद्वानों ने शाहजहाँ के काल को 'स्वर्ण युग' कहा है।
- शाहजहाँ ने आगरा के किले में दीवान-ए-आम, दीवान-ए-खास, खासमहल, शीश महल, मच्छी भवन आदि का निर्माण कराया। शाहजहाँ ने भवन निर्माण में सफेद संगमरमर का बहुतायत में प्रयोग करवाया।
- आगरा किले में स्थित मोती मस्जिद का निर्माण भी शाहजहाँ ने करवाया था।
- शाहजहाँ द्वारा निर्मित इमारतों में आगरा का ताजमहल मुगल स्थापत्य कला का सर्वोत्कृष्ट नमूना है।

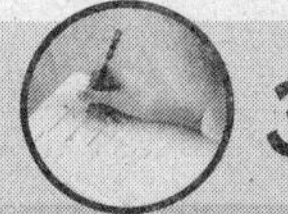

अभ्यास प्रश्न

1. **साँची स्तूप में अस्थियाँ रखी हुई हैं–**
   (a) सारिपुत्त (b) महामोगलायन
   (c) उपर्युक्त दोनों (d) उपर्युक्त में से कोई नहीं
2. **प्रसिद्ध दिलवाड़ा के मंदिर स्थित हैं–**
   (a) माउण्ट आबू (b) उदयपुर
   (c) झाँसी (d) उपर्युक्त में से कोई नहीं
3. **मंदिर स्थापत्य में शिखर का सर्वप्रथम प्रचलन किस वंश के शासनकाल में हुआ?**
   (a) राष्ट्र (b) सातवाहन
   (c) मौर्य (d) गुप्त
4. **फतेहपुर सीकरी स्थित लाल पत्थर से निर्मित शेख सलीम चिश्ती के मकबरे को संगमरमर का करवाया गया–**
   (a) अकबर द्वारा (b) जहाँगीर द्वारा
   (c) शाहजहाँ द्वारा (d) दाराशिकोह द्वारा
5. **'एहोल' लेख निम्नलिखित में से किस शासक के शासनकाल पर प्रकाश डालता है?**
   (a) चन्द्रगुप्त मौर्य (b) कुमारगुप्त
   (c) स्कन्दगुप्त (d) पुलकेशिन द्वितीय
6. **'अढ़ाई दिन का झोपड़ा' निर्मित कराया गया था–**
   (a) कुतुबुद्दीन ऐबक द्वारा (b) इल्तुतमिश द्वारा
   (c) बलबन द्वारा (d) अलाउद्दीन द्वारा
7. **फतेहपुर सीकरी स्थित अकबर की इमारतें प्रसिद्ध हैं–**
   (a) पच्चीकारी के प्रचुर प्रयोग के लिए
   (b) व्यापक मात्रा में संगमरमर के प्रयोग के लिए
   (c) कंदाकार गुंबद के निर्माण के लिए
   (d) धरणिक और चापाकार शैलियों के समन्वय के लिए
8. **भारतीय स्थापत्य को चालुक्य वंश की क्या देन नहीं है?**
   (a) रथ मंदिर (b) बादामी के मंदिर
   (c) एहोल के मंदिर (d) पत्तडकल के मंदिर
9. **कौन-सा युग्म सुमेलित नहीं है?**
   (a) वृहदेश्वर मंदिर - राजराज-I
   (b) रथ मन्दिर, महाबलीपुरम - पल्लव
   (c) कैलाश मन्दिर - राष्ट्रकूट
   (d) खजुराहो के मन्दिर - पाण्डय

10. गांधार शैली का संबंध है–

(a) मूर्तिकला से
(b) चित्रकला से
(c) स्थापत्य कला से
(d) नृत्यकला से

11. कला की मुगल शैली का प्रारंभ किस शासक के शासनकाल से माना जाता है?

(a) बाबर
(b) हुमायूँ
(c) अकबर
(d) जहाँगीर

12. साँची के स्तूप किसकी कला तथा मूर्तिकला को निरुपित करते हैं?

(a) बौद्धों की
(b) जैनियों की
(c) मुसलमानों की
(d) ब्राह्मणों की

13. भारत के तुर्की शासकों का स्थापत्य कला के क्षेत्र में विशिष्ट योगदान था–

(a) मीनारों का निर्माण
(b) लाल पत्थर का उपयोग
(c) सजावट के लिए रूपांकन का उपयोग
(d) मेहराब और गुंबद का उपयोग

14. 'बीबी का मकबरा' निम्नलिखित में से किसका मकबरा है?

(a) नूरजहाँ का
(b) रोशनआरा का
(c) गुलबदन बेगम का
(d) औरंगजेब की बीवी का

15. मुगल सिंहासन पर जहाँगीर के सत्तासीन होने के अवसर पर दरबार का दृश्य किस चित्रकार ने चित्रित किया था?

(a) मंसूर
(b) दसवन्त
(c) मधु
(d) अबुल हसन

16. निम्नलिखित में से कौन-सा युग्म समूह सही नहीं है?

(a) अद्भुतनाथ मंदिर - चित्तौड़
(b) ब्रह्मा मंदिर - पुष्कर
(c) जगमंदिर - उदयपुर
(d) वरुण मंदिर - पुष्कर

17. निम्नलिखित में से किस मंदिर का निर्माण चंदेल शासकों द्वारा कराया गया था?

(a) खजुराहों
(b) मीनाक्षी
(c) सूर्य
(d) तिरुपति

18. निम्नलिखित में से कौन-सा कथन असत्य है?

(a) गवर्नमेण्ट ओरियण्टल मैन्युस्क्रिप्ट लाइब्रेरी चेन्नई में स्थित है।
(b) ओरियण्टल रिसर्च लाइब्रेरी पुणे तथा वड़ोदरा में स्थित है।
(c) कन्नेमारा पब्लिक लाइब्रेरी बंगलौर में स्थित है।
(d) राष्ट्रीय पुस्तकालय कोलकाता में स्थित है।

19. गांधार कला शैली का उद्गम हुआ था–

(a) पश्चिमी भारत में
(b) उत्तर-पश्चिमी भारत में
(c) दक्षिणी भारत में
(d) पूर्वी भारत में

20. साँची किसकी कला और शिल्पकला को प्रदर्शित करती है?

(a) जैन
(b) बौद्ध
(c) मुस्लिम
(d) ईसाई

21. अजमेर की दरगाह में दफन किया गया था–

(a) ख्वाजा मुइनुद्दीन चिश्ती को
(b) ख्वाजा सलीम चिश्ती को
(c) शेख फरीदुद्दीन को
(d) निजामुद्दीन को

22. सुमेलित कीजिए–

	सूची-I		**सूची-II**
A.	नालीसर	1.	अजमेर
B.	अकबर की मस्जिद	2.	जालौर
C.	अढ़ाई दिन का झोपड़ा	3.	सांभर
D.	अलाउद्दीन की मस्जिद	4.	आमेर

	A	**B**	**C**	**D**
(a)	1	2	3	4
(b)	4	3	2	1
(c)	3	4	1	2
(d)	2	3	4	1

23. सुमेलित कीजिए–

	सूची-I		**सूची-II**
A.	तेली का मंदिर	1.	जयपुर
B.	हर्षमाता का मंदिर	2.	ग्वालियर
C.	कोरंगनाथ का मंदिर	3.	कोणार्क
D.	सूर्य मंदिर	4.	नल्लूर

	A	**B**	**C**	**D**
(a)	2	1	4	3
(b)	1	3	4	2
(c)	2	1	3	4
(d)	4	3	2	1

उत्तरमाला

1. (c) **2.** (a) **3.** (d) **4.** (b) **5.** (d) **6.** (a) **7.** (d) **8.** (a)
9. (d) **10.** (a) **11.** (c) **12.** (a) **13.** (d) **14.** (d) **15.** (d) **16.** (d)
17. (a) **18.** (c) **19.** (b) **20.** (b) **21.** (a) **22.** (c) **23.** (a)

❑❑❑

भारतीय चित्रकला

प्रमुख बिन्दु

- ❖ उद्भव एवं विकास
- ❖ चित्रांकन के प्रयोजन
- ❖ भारतीय और विदेशी चित्रकार
- ❖ अभ्यास प्रश्न
- ❖ चित्रकला के प्रकार
- ❖ चित्रकला की विभिन्न शैलियाँ
- ❖ अध्याय सार-संचिका

उद्भव एवं विकास

भारत में चित्रकला की परम्परा बड़ी पुरानी है। प्रागैतिहासिक काल से ही भारत में चित्रकला के अस्तित्व के साक्ष्य पाए गए हैं। मनुष्य जब आदिम अवस्था में था और गुहाजीवन अथवा वन्य जीवन व्यतीत कर रहा था, तभी से उसमें चित्रकला के प्रति रुझान था। उत्तर प्रदेश तथा मध्य प्रदेश की कई प्रागैतिहासिक गुफाओं से तत्कालीन मनुष्यों के बनाए चित्रांकन पाए गए हैं। उत्तर प्रदेश में मिर्जापुर जिले के अंतर्गत तथा मध्य प्रदेश में पंचमढ़ी, सिंहपुर, रायसेन, होशंगाबाद आदि अनेक स्थानों से गुफाओं अथवा शिलाओं पर अंकित चित्र पाए गए हैं। होशंगाबाद के निकट भीमबेटका नामक स्थान पर लगभग 600 चित्रित गुफाएँ मिली हैं।

ये चित्र विषय, शैली तथा सामग्री की दृष्टि से तत्कालीन मानव-जीवन के प्रतीक हैं। इनके मुख्य विषय वन्य पशुओं का आखेट, आपस में युद्ध करते हुए मनुष्य अथवा उनके धार्मिक अनुष्ठान या पूजा की आकृतियाँ हैं। ये चित्र प्रायः धातुरंगों (गेरू, रामरज आदि) से तीन प्रकार से अंकित किए गए थे-

1. केवल दो-तीन रेखाओं द्वारा बनाई गई आकृतियाँ, जिनमें चौड़ाई या मोटाई नहीं है।
2. चौड़ी आकृतियाँ, जिन्हें रेखाओं से भरा गया है तथा
3. चौड़ी आकृतियाँ, जिनका संपूर्ण अथवा कुछ भाग पूरी तरह रंग से भरा है और शेष भाग में रेखाएँ हैं। लाल रंग से बनाई जाने के कारण स्थानीय लोग इन्हें 'रक्त की पुतरियाँ' (रक्त पुत्तलिका) कहते हैं।

भारतीय चित्रकला की परम्परा का अगला चरण आद्यैतिहासिकाल है। इस काल में सिन्धु घाटी की उपत्यका में एक अति विकसित सभ्यता विद्यमान थी। इस सभ्यता के विविध पक्षी अवशेष प्रारंभ में हड़प्पा तथा मोहनजोदड़ो से मिले थे। अब तक इस सभ्यता के अवशेष रंगपुर, लोथल, अतरंजीखेड़ा तथा आलमगीरपुर आदि अनेक स्थानों से प्राप्त हो चुके हैं। इस सभ्यता में अन्य सामग्री के साथ मिट्टी के बर्तनों के असंख्य टुकड़े भी मिले हैं, जिन पर काले या सफेद रंगों के चित्रांकन पाए गए हैं। ये बर्तन पूजा-अनुष्ठान में दफनाए भी जाते थे। इससे स्पष्ट होता है कि उस काल के मनुष्य कितने कलाप्रेमी थे।

भारतीय ऐतिहासिक काल की चित्रकला आज संसार भर में प्रसिद्ध है। इस प्रसिद्धि का कारण अजंता की चित्रकला है, जिस पर यहाँ विस्तार से प्रकाश डाला जाएगा। द्वितीय शताब्दी ई.पू. से भारतीय चित्रकला के अवशेष हमें अजंता की गुफाओं में मिले, जहाँ पर परम्परा का क्रमिक विकास सातवीं शताब्दी ई. तक होता रहा। अजंता के अतिरिक्त बाघ, बादामी, औरंगाबाद, सित्तानवासल आदि स्थानों से भी चित्रकला के साक्ष्य पाए जा चुके हैं।

मध्यकाल से भारत में चित्रकला लघुचित्रों में सिमट गई पुस्तकों के पृष्ठों पर भाँति-भाँति के विषयों तथा कथानकों का चित्रण किया जाने लगा। आगे चलकर लघु चित्रांकन (मिनिएचर पेंटिंग) के रूप में चित्रकला की अनेक शैलियाँ लोकप्रिय हो गईं, जिनमें पहाड़ी शैली, राजस्थानी शैली तथा मुगल शैली विशेष रूप से उल्लेखनीय है। पिछले सौ-सवा सौ सालों से जब से हमें अजंता की चित्रकला की जानकारी मिली है। भारतीय चित्रकला का पुनर्विकास हुआ है। बंगाल के कई चित्रकारों ने अपनी पुरानी परम्परा को पुनर्जीवित करने का प्रयास किया है। इनमें अवनीन्द्रनाथ टैगोर, असित कुमार हालदार, यामिनी राय, राजा रवि वर्मा, फिदा हुसैन आदि के नाम उल्लेखनीय हैं। इस प्रकार भारतीय चित्रकला की परम्परा अत्यंत प्राचीन काल से आज तक अक्षुण्ण रही है।

चित्रकला के प्रकार

किसी एक तल अथवा सतह पर पानी, तेल अथवा चर्बी में घोले गए अथवा सूखे रंगों से किसी आकृति के अंकन को चित्रण और उस अंकित स्वरूप को चित्र कहते हैं। ऐसा चित्रण भवन की भित्ति, प्रस्तर-फलक, काष्ठ, मिट्टी के बर्तन, चर्मपट, तालपत्र अथवा वस्त्र या कागज पर किया जा सकता है। भारतीय चित्रकला मोटे तौर पर चार प्रकार की रही है–

1. **भित्ति चित्र :** अजंता, बाघ, बादामी तथा सित्तानवासल की गुहा-भित्तियों पर इसके उदाहरण मिले हैं।

चित्र 2.1: बाघ की गुफाओं के भीतर दीवारों पर की गई भित्ति चित्रकारी

2. **चित्रपट :** चमड़े अथवा कपड़े के टुकड़ों पर की गई चित्रकारी, जिसे लटकाया जाता था।

3. **चित्र फलक :** पत्थर, धातु अथवा लकड़ी के टुकड़ों पर किया गया चित्रांकन।

4. **लघु चित्र :** बाद में पुस्तकों के पृष्ठों पर अथवा छोटे-छोटे कागज या वस्त्रों के टुकड़ों पर बनाए गए चित्र, जिन्हें प्रायः मिनिएचर पेंटिंग कहा जाता है।

चित्र 2.2: कपड़े के टुकड़े पर की गई मधुबनी चित्रकारी

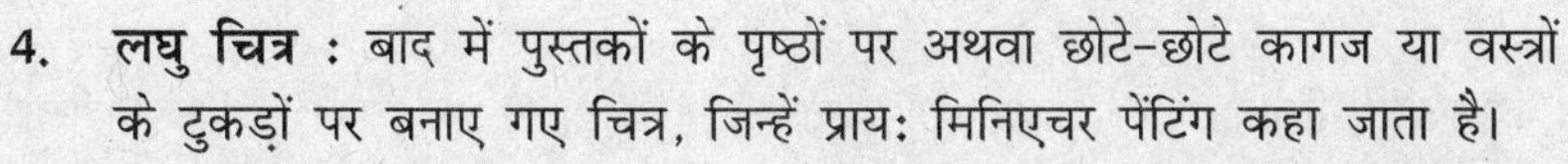

चित्रांकन के प्रयोजन

प्रागैतिहासिक तथा ऐतिहासिक चित्रों और साहित्यिक विवरणों के आधार पर भारतीय चित्रांकन के मुख्य प्रयोजन निम्नलिखित बताए जा सकते हैं–

1. धार्मिक अभिव्यक्ति, पूजा-पाठ आदि।
2. ऐतिहासिक दृश्यों का संरक्षण।
3. जीवन की प्रमुख घटनाओं का संरक्षण।

4. मृत व्यक्तियों की आकृतियों का संरक्षण।
5. रसों का उद्दीपन और प्रेमाभिव्यक्ति।
6. भवनों, राजमहलों तथा मंदिरों का अलंकरण।

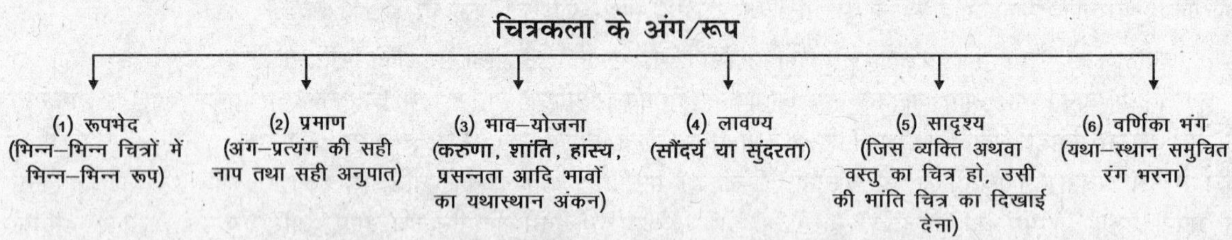

चित्रकला की विभिन्न शैलियाँ

भारतीय चित्रकला भारत के विभिन्न क्षेत्रों में स्वतंत्र रूप से पल्लवित हुई भारतीय चित्रकला में अपूर्व विविधता दिखाई देती है। इसी विविधता के अनुरूप भारतीय भूमि पर अनेक स्थानीय एवं प्रांतीय चित्रकला शैलियों का उद्भव एवं विकास हुआ। जैसे-

अजंता शैली

इस शैली का विकास शुंग, कुषाण, गुप्त, वाकाटक एवं चालुक्य वंशी राजाओं के काल में हुआ। यह शैली चित्रकला की उत्तम अवस्था को दर्शाती है। इस शैली की प्रमुख विशेषताएँ निम्नलिखित हैं।

यहाँ के चित्रों की तैयारी की खुलाई (रूपरेखा) बहुत जानदार, जोरदार और लोचदार है। चित्रों की महानता और विशालता, शैली की सरलता, स्वाभाविकता और कल्पना की उदारता अजंता की कला को महान् बनाती है। दृश्य-संयोजन में केंद्रत्व का बहुत अधिक ध्यान रखा गया है, जिसका परिणाम यह होता है कि मुख्य चित्र की ओर शीघ्र ध्यान आकृष्ट हो जाता है। संयोजन और रंग योजना प्रसंगानुकूल बड़ी सटीक और चित्ताकर्षक है। रेखांकन बिल्कुल स्वाभाविक और उन्मुक्त है। कला का प्रधान साधन रेखाएँ ही हैं। कलाकारों की तूलिका से स्वाभाविक रूप से निकली हुई इन रेखाओं ने जड़ को चेतन बना दिया है।

अपनी गतिशील रेखाओं द्वारा इन चित्रकारों ने आकृति के अनुसार गोलाई, प्रकाश छाया का प्रभाव, उभार तथा गहराई को सरलतापूर्वक बिना किसी प्रयास के प्रकट किया है। अजंता की कला भाव-प्रधान है। कमल-पुष्प अपने नाना रूपों में प्रत्येक स्थल पर प्रयुक्त हुआ है। अजंता की कला में नारियों को आदर्श रूप में चित्रित किया गया है। हस्त मुद्राओं का सूक्ष्म चित्रण आश्चर्यचकित करता है। चित्रकार ने मुद्राओं द्वारा भाव व्यक्त करने के लिए कहीं हथेलियों को थोड़ा मोड़ दिया, तो कहीं उन्हें खोल दिया है।

पाल शैली

9वीं और 10वीं शताब्दियों में बिहार एवं बंगाल में धर्मपाल और देवपाल राजाओं के संरक्षण में अजंता के अनुकरण पर इस शैली का प्रादुर्भाव हुआ। इस शैली की मुख्य विषय वस्तु बौद्ध धर्म से संबंधित है। बौद्ध धर्म की महायान शाखा का ग्रंथ 'प्रज्ञापारमिता' इन चित्रों का आधार है। इस शैली का विकास ताड़पत्रों और कागज की पांडुलिपियों तथा उनके काष्ठ आवरणों पर चित्रांकन से हुआ।

इस शैली के सबसे महत्वपूर्ण चित्रकार धीमान और उसका पुत्र वित्तपाल (विटपाल) थे। नालंदा, विक्रमशिला एवं उदंतीपुर कलात्मक गतिविधियों के प्रमुख केंद्र थे। इस चित्रकला के प्रमाण मुख्य रूप से सराय टीले के उत्खनन से इस चित्रकला के प्रमाण पत्र हुए हैं।

अपभ्रंश शैली

इस शैली का मुख्य केंद्र जौनपुर था। यह शैली पश्चिम भारत में पाँच शताब्दियों (11वीं से 15वीं सदी) की निरंतर परम्परा के रूप में प्रचलित रही। इसके विषय मुख्यत: वैष्णव तथा गौणत: जैन धर्म है। इस शैली के चित्रों की विशेषता चेहरे की विशेष बनावट, नुकीली नाक तथा दुहरी ठुड्डी, चटकदार भड़कीले रंगों (विशेषकर सुनहरा रंग) का प्रयोग, आभूषणों की अत्यधिक सज्जा आदि है।

इस शैली के विकास के दो चरण हैं-

- **पहला चरण**-ताड़पत्रों पर चित्रित पांडुलिपियों का।
- **दूसरा चरण**-कागज पर चित्रांकन का।

गुजराती शैली

इस शैली को प्रकाश में लाने का श्रेय आनन्द कुमार स्वामी (1924) को जाता है। गुजराती शैली को **जैन शैली** भी कहते हैं, क्योंकि अधिकतर इस शैली ने जैन कल्पसूत्रों का ही ग्रंथ चित्रण किया है। गुजराती शैली के चित्रों का उपयोग साधारणतया, ग्रंथ चित्रण अथवा निमंत्रणों के चित्रण में हुआ है। वस्तुतः यह शैली लघु चित्र शैली को प्रारंभ करती है।

इस शैली के चित्र-मालवा, अहमदाबाद, जौनपुर, मारवाड़, अवध, पंजाब, नेपाल, बंगाल, ओडिशा तथा बर्मा में प्राप्त हुए हैं। ऐसा माना जाता है कि राजपूत शैली, गुजराती शैली की देन है। इस शैली में रागमाला के चित्रों का भी चित्रांकन किया गया है।

मुगल शैली

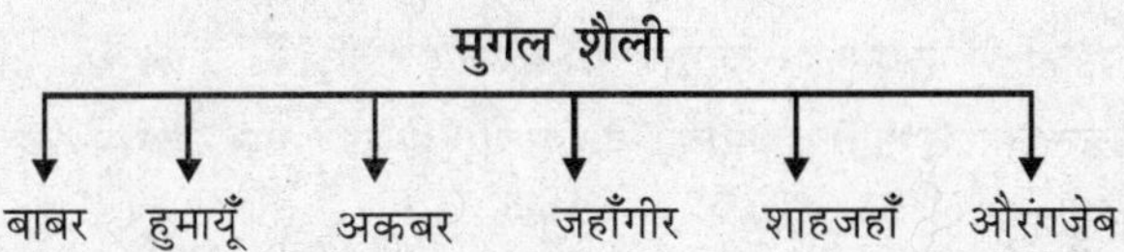

1. **बाबर और हुमायूँ के शासनकाल में :** 1526 ई. में मुगलों के भारत आगमन के साथ चित्रकला की एक नूतन शैली भारत आई, जिसे 'तैमूरी शैली' कहा गया, इसे फारस के महान चित्रकार विहजाद ने विकसित किया। वास्तव में मुगल चित्रकला की नींव हुमायूँ द्वारा रखी गई, जब वह फारस से मीर सैयद, अली तबरीजी तथा ख्वाजा अब्दुस्समद, शीराजी नामक चित्रकारों को लेकर भारत आया।
2. **अकबर :** अकबर के समय मुगल चित्रकला अधिक विकसित हुई। उसने चित्रकला को संरक्षण प्रदान करते हुए चित्रशाला का गठन किया, जिसमें 17 चित्रकारों को नियुक्त किया गया। मीर सैयद, अली तबरीजी, ख्वाजा अब्दुस्समद, दसवंत, बसावन, मनोहर, मिस्किन आदि अकबर की चित्रशाला के सदस्य थे।

   अकबर के समय पांडुलिपि चित्रण की प्रधानता थी। इन्हीं चित्रकारों ने हम्जानामा, शाहनामा, चंगेजनामा, जफरनामा, रामायण, महाभारत आदि पांडुलिपियों का चित्रण किया। अकबर के ऐतिहासिक कार्यों में सबसे महत्वपूर्ण 'अकबरनामा' था, जो अबुल फ़ज़ल द्वारा लिखा गया उसके शासन का इतिहास है। अबुल फ़ज़ल की इस महान रचना में 100 से अधिक चित्रों को 'अत्युत्तम कलाकृतियों' की संज्ञा दी गई है।

   अकबर के समय ही भारतीय चित्रकला पर यूरोपीय प्रभाव दिखने लगा। अकबर ने गोवा की पुर्तगाली बस्ती में अपने दरबार के कुछ चित्रकारों को भेजा ताकि वे विदेशी शिल्प और कौशल भी सीख सकें।
3. **जहाँगीर :** जहाँगीर के समय मुगल चित्रकला अपनी पराकाष्ठा पर पहुँच गई। जहाँगीर जब शहजादा था, तब उसने अपनी निजी चित्रशाला आगरा में आगा रजा के नेतृत्व में स्थापित की। मानवीय इच्छाओं, व्यवहारों तथा भावनाओं का ठीक चित्रण जहाँगीर के काल में हुआ। इस काल के प्रमुख चित्रकार अबुल हसन, लाल, साँवला, मुहम्मद नादिर, मुहम्मद मुराद, राजा मनोहर तथा गोवर्द्धन आदि थे।

   जहाँगीर ने आरंभ में अकबर कालीन चित्रित पांडुलिपियों में कुछ नए लघुचित्र और बनवाए, किंतु बाद में वह छवि चित्रों एवं व्यक्तियों के चित्रों में रुचि लेने लगा, जिसे उसने खूबसूरत एलबम या मुरक्के में संग्रहीत किया। इस काल में जिस महत्वपूर्ण ऐतिहासिक पांडुलिपि को चित्रित किया गया, वह 'जहाँगीरनामा' थी। जहाँगीर कालीन कला के क्षेत्र में एक महान परिवर्तन यह देखने को मिलता है कि इससे पूर्व काल में जो विदेशी प्रभाव की मात्रा थी, वह सर्वथा मिटती ज़ा रही थी। अतः जहाँगीर के युग में निर्मित अधिकतर चित्र विशुद्ध भारतीय दृष्टिकोण के अनुरूप दिखाई देते हैं। इसका कारण यह था कि समस्त मुगल बादशाहों के दरबार में आदि से अंत तक हिन्दू चित्रकारों की अधिकता बनी रही।

जहाँगीर के शासनकाल में चित्रकारों ने अपनी व्यक्तिगत शैलियाँ और सुविज्ञता के क्षेत्र विकसित किए। जैसे-

चित्रकार का नाम		क्षेत्र
मंसूर	–	पशुओं और फूलों के चित्रांकन में
अबुल हसन और बिशन दास	–	शाही प्रतिकृतियों में
गोवर्धन	–	धार्मिक व्यक्तियों और संगीतज्ञों के चित्रांकन में

4. **शाहजहाँ और औरंगजेब :** जहाँगीर के विपरीत शाहजहाँ की वास्तुकला में ज्यादा रुचि थी, लेकिन अपने शासनकाल के आठवें वर्ष में उसने अपने शासन के आधिकारिक इतिहास 'पादशाहनामा' को लिखने का आदेश दिया। मूल पाठ के साथ दिए गए चित्र, दरबार समारोह और महत्वपूर्ण घटनाएँ चित्रित करते हैं। जहाँगीर की भाँति शाहजहाँ ने भी एलबम बनाई, जिनमें सबसे बेहतरीन 'मिन्टो' एलबम के नाम से जानी जाती है। जहाँ एक ओर जहाँगीर कालीन चित्रों में स्वाभाविकता थी, वहीं दूसरी ओर शाहजहाँ कालीन चित्रों में स्वाभाविकता एवं स्वच्छन्दता का अभाव मिलने लगा, इन चित्रों में अधिक तड़क-भड़क के कारण कृत्रिमता का आना स्वाभाविक हो गया था। औरंगजेब का शासनकाल चित्रकला के ह्रास व पतन का काल था। औरंगजेब की चित्रकला में रुचि की कमी के कारण कलाकार स्थानीय शासकों के दरबार में चले गए, जिससे चित्रकला की राजपूत और पहाड़ी शाखाओं का विकास हुआ।

राजपूत शैली

चित्र 2.3: राजपूत शैली में निर्मित चित्र

चित्रकला की राजपूत शैली को मूलतः 'भारत की प्राचीन स्थानीय कला' कहा गया है। इस शैली का आंशिक निर्माण 15वीं शताब्दी में हुआ। यद्यपि राजपूत शैली की परम्परा पहले से चली आ रही थी, जिसने इस काल में नया रूप लिया। राजपूत शैली के विकास में कन्नौज, बुन्देलखंड के चन्देल राजाओं का काफी योगदान रहा है। राजपूत शैली की प्रमुख शाखाएँ निम्नलिखित हैं–

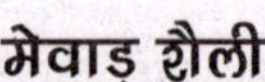

मेवाड़ शैली

चित्र 2.4: मेवाड़ शैली में निर्मित चित्र

मेवाड़ शैली का केंद्र उदयपुर था। 16वीं शताब्दी के अंत में और उससे पहले राजपूत शैली अपना स्वतंत्र स्थान बना चुकी थी। मेवाड़ के राजा जगत सिंह-1 का समय इस शैली का स्वर्णिम युग कहा जाता है। भागवत की एक संपूर्ण सचित्र प्रति आज भी कोटा के पुस्तकालय में उपलब्ध है। यह मेवाड़ शैली के अद्भूत नमूने हैं। मेवाड़ शैली में रामायण का चित्रण हुआ है। बीकानेर दरबार में सुरक्षित 'रसिक प्रिया' की पाण्डुलिपि भी मेवाड़ शैली की है। 'गीत गोविन्द', 'सूरसागर' आदि के चित्र मेवाड़ शैली में निर्मित हैं, जो अपने समय के बेजोड़ नमूने हैं। मुगल चित्रकला तथा मेवाड़ चित्रकला में प्रमुख अंतर यह है कि मुगल चित्रकला को चित्रकारों ने राजदरबार से संबंधित विषयों तक ही सीमित रखा और मेवाड़ शैली के विषय जन-सामान्य के प्रिय विषय थे। 16वीं और 17वीं शताब्दी में मेवाड़ शैली अपने अभ्युदय पर थी तथा भारतीय चित्रकला का यह स्वर्णिम युग था।

कोटा-बूँदी शैली

चित्र 2.5: कोटा-बूँदी शैली में निर्मित चित्र

कोटा-बूँदी शैली मेवाड़ शैली की ही एक स्वतंत्र शाखा थी। इसका उद्भव 17वीं सदी के आरंभ में हुआ और 18वीं शताब्दी के मध्य तक यह शैली अपनी चरम सीमा पर पहुँच चुकी थी। इस शैली में चित्रों का विषय बहुआयामी रहा है। बूँदी की चित्रकला में राव छत्रसाल और भाऊ सिंह के दरबारी दृश्य प्रमुखता लिए रहे।

प्रमुख विशेषताएँ

- बारहमासा का चित्रण प्रभावी ढंग से हुआ है।
- प्राकृतिक रंगों का चयन किया गया है।
- मुखाकृति गोल, लंबी ठोढ़ी एवं नुकीली नाक मुख्य विशेषताएँ हैं।
- वर्षा ऋतु का प्रभावी ढंग से चित्रण किया गया है।

बीकानेर शैली

बीकानेर के राजा जय सिंह के समय की 'मेघदूत' की एक प्रति प्राप्त हुई है, जिसे बीकानेर शैली की प्रारंभिक अवस्था माना जाता है। राजा राय सिंह ने आमेर, उदयपुर, जोधपुर आदि राज्यों से उत्तम शैली के अच्छे चित्रों का संग्रह किया था। राजा राय सिंह के पश्चात् राजा करण सिंह (1631-1652) के समय दूसरी श्रेणी के चित्रकारों ने बीकानेर शैली में जहाँगीर तथा शाहजहाँ शैली से प्रभावित सुंदर, सुनहरे चित्रों का निर्माण किया। इस प्रकार के चित्रों का आधार दक्षिण की बीजापुर शैली थी। राजा करण सिंह के पश्चात् अनूप सिंह के काल में निर्मित चित्र विशुद्ध बीकानेरी शैली के हैं। बीकानेरी शैली के निर्माण में औरंगजेब द्वारा निराश्रित चित्रकारों में शिल्पी रुकनुद्दीन का नाम प्रमुख है, जिसने भागवत् और रसिकप्रिया के सुंदर दृष्टांत तैयार किए। राजनैतिक स्थिति के कारण 18वीं शताब्दी के आरंभ में राजपूत शैली की विकास परम्परा में सहसा परिवर्तन हो गया।

किशनगढ़ शैली

चित्र 2.6: किशनगढ़ शैली में निर्मित चित्र

राजस्थानी चित्रकला अथवा मारवाड़ शैली की एक उन्नत शाखा किशनगढ़ शैली थी। किशनगढ़ शैली वल्लभी सम्प्रदाय के अनुयायी और भगवान कृष्ण के भक्त राजा सामंत सिंह (1748-64) के व्यक्तित्व से जुड़कर समृद्ध हुई। किशनगढ़ की शैली को विशिष्टता प्रदान करने में निहालचंद, अमरचंद तथा सियाराम का नाम उल्लेखनीय है। किशनगढ़ के राजाओं के जो चित्र प्रदर्शित हुए, उनमें कलात्मकता एवं प्राचीनता की दृष्टि से महाराज सहस्रमल (1616) का चित्र उल्लेखनीय है। पहाड़ी शैली में काँगड़ा कलम के चित्रों ने जिस प्रकार नारी छवि के मनोहर अंकन में अपनी कला को प्रदर्शित किया है, ठीक उसी प्रकार किशनगढ़ शैली के चित्रकारों द्वारा नारी के रूप का सुलेखन अनुपम है। वास्तविकता यह है कि किशनगढ़ की चित्र शैली का मूल्यांकन नारी चित्रों की दृष्टि से है। नारी सौंदर्य का चित्रण जितना भी संभव हो सकता था, इन कलाकारों ने किया। किशनगढ़ शैली में रंगों की योजना, वस्त्रों की सज्जा और आभूषणों की दृष्टि से परिधानों के ऊपर लहराते हुए मोतियों के अजानु लटके हुए हारों के चित्रण में अनुपम सौंदर्य भरपूर है। किशनगढ़ शैली में मोतियों का भव्य चित्रण उसकी निजी पहचान है।

बनी-ठनी शैली

चित्र 2.7: बनी-ठनी शैली में निर्मित चित्र

राजस्थान स्थित वर्तमान जयपुर, जोधपुर एवं अजमेर, कभी जिन्हें सम्मिलित रूप से 'किशनगढ़' के नाम से जाना जाता था, वहीं पर चित्रकला की एक नवीन शैली 'बनी-ठनी' ने 1735 से 1757 ई. के बीच जन्म लिया। समग्ररूप से इस शैली को 'किशनगढ़' के नाम से अभिहित किया जाता है। 'नागरी दास' (किशनगढ़ के राजा सावंत सिंह का प्रसिद्ध उपनाम) की प्रेमिका 'बनी-ठनी' राधा का सौंदर्य 'नागरी दास'

के काव्य पर आधारित है। 'बनी-ठनी' शैली में बनाए गए स्त्रियों के चेहरे कोमल हैं। 'बनी-ठनी' शैली के प्रकृति चित्रों में लता गुल्मों को प्रेमी-प्रेमिका की मनोदशा के प्रतीक के रूप में चित्रित किया गया है। ऊँचा क्षितिज, झील के दृश्य, वन-उपवन और सघन कुंजों की अमराइयां इस चित्रकला शैली को अत्यंत रोमांचकारी बनाती हैं। 'नायिका भेद', 'बिहारी चन्द्रिका', 'चाँदनी रात की संगीत गोष्ठी', 'गीत गोविन्द' तथा 'राधाकृष्ण की प्रणय लीला' इस शैली के महत्वपूर्ण विषय हैं। इस शैली के प्रमुख कलाकार-निहालचंद, भवानी दास, अमीरचंद, सीताराम तथा छोटू आदि हैं।

मारवाड़ शैली

मारवाड़ ने मुगल कलम एवं परम्परा को पूर्णतः ग्रहण कर लिया था। इसमें अंतर केवल विषयों के चयन में था, जिसे 'रंगमाला' कहा जाता था। इस शैली में कलाकारों ने राज्य के प्राकृतिक दृश्यों का पूर्ण उपयोग किया था, जिसमें 'रंगमाला' और 'रसिकप्रिया' के विषयों पर निर्मित चित्र अत्यधिक रोमांटिक एवं प्रभावशाली बने हैं। भारतीय चित्रकला के इतिहास में राजपूत शैली का विशिष्ट स्थान है। राजपूत शैली की सभी शाखाएँ 18वीं शताब्दी तक अपनी परिपक्व अवस्था में पहुँच चुकी थीं। 18वीं शताब्दी में मुगल कला ह्रासोन्मुख रही, किंतु राजपूत चित्रकला ने मुगल चित्रकला के विपरीत हिन्दू चित्रकला के बीच की कड़ी बनकर अपनी स्थिति को बनाए रखा। राजपूत चित्रों का विषय वैशिष्ट्य, उनका सुंदर आलेखन तथा उनके रंगों और रेखाओं का प्रवाह यह बताता है कि वर्षों के अध्ययन, अभ्यास और अध्यवसाय के बाद ही उनमें इतनी प्रौढ़ता आ सकी। राजपूत शैली के चित्रकारों में साहिबराम, लालचंद्र, लक्ष्मणदास, हुकुमचंद, सालिगराम, मन्नालाल, रामचंदर, गंगाबख्श आदि प्रमुख हैं। राजपूत शैली के चित्रकारों को प्रेरणा प्रदान करने में जैती चित्रकारों का उल्लेखनीय स्थान रहा।

चित्र 2.8: मारवाड़ शैली में निर्मित चित्र

पहाड़ी शैली

पहाड़ी चित्रकला का विकास पंजाब के पहाड़ी क्षेत्रों में मुख्यतः बसौली, जम्मू, नागपुर, काँगड़ा, गुलेर तथा चम्बा केंद्रों से हुआ। इनकी चित्रकारी का प्रमुख विषय प्रेम था, जिसे राधा-कृष्ण के रूप में अभिव्यक्त किया गया। इस शैली की सबसे प्राचीन रचना चित्रकार देवीदास द्वारा चित्रित एवं भानुदास द्वारा लिखित 'रसमंजरी' है। इसे बसौली नरेश कृपाल पाल के शासनकाल में चित्रित किया गया था। 1730 ई. के लगभग मनकू नामक एक महिला ने इस शैली में 'गीत गोविन्द' (जयदेव रचित) का चित्रण किया था, जो इस कला शैली के विकास का अनुपम उदाहरण है। कुछ प्रमुख पहाड़ी शैलियाँ इस प्रकार हैं-

चित्र 2.9: पहाड़ी शैली में निर्मित चित्र

गुलेर शैली

ज्ञातव्य है कि पहाड़ी कला गुलेर में प्रसूत होकर चारों ओर फैली। इस शैली में बने चित्रों का विषय रामायण, महाभारत, राजदरबार, स्त्रियों के चित्रण, व्यक्ति चित्र आदि से संबंधित था। इसकी प्रमुख विशेषताएँ हैं-

(क) गुलेर शैली पर मुगल एवं राजपूत शैली का प्रभाव स्पष्ट दृष्टिगोचर होता है।

(ख) इसमें बने चित्रों की मुद्राओं पर प्रेम और अनुराग की स्पष्ट अभिव्यक्ति है।

(ग) चित्रों की रेखाओं का गतिमान प्रवाह है।

(घ) इसमें रंगों का चुनाव काफी प्राकृतिक ढंग से हुआ है।

काँगड़ा शैली

चित्र 2.10: काँगड़ा शैली में निर्मित चित्र

काँगड़ा शैली, गुलेर शैली का ही परिष्कृत रूप थी और पहाड़ी चित्रकला इस शैली में अपने सही अस्तित्व को प्राप्त थी। काँगड़ा शैली के चित्रों का मुख्य विषय 'प्रेम' है, जिसे लय, शोभा तथा सौंदर्य के साथ दर्शाया गया है। इसमें 'नायिका भेद' को बड़ी कुशलता से काँगड़ा के चित्रकारों ने चित्रित किया है। तीन प्रकार की नायिका मानी गई हैं, जिस प्रकार एक वर्णन के लिए दोहा कहकर बात समझाई जाती है, उसी तरह काँगड़ा के चित्र, रेखा तथा रंगों के वस्त्र पहनी हुई कविताएँ हैं। इस शैली की प्रमुख विशेषताएँ हैं-

(क) इस शैली के व्यक्ति-चित्र काफी सजीव हैं। इसके अतिरिक्त आंतरिक भावों का इतना सुंदर चित्रण अन्यत्र कहीं नहीं मिलता है।

(ख) इस शैली के चित्रों में स्त्रियों की सुंदरता पर विशेष ध्यान दिया गया है। उनकी आँखें धनुषाकार बनी हैं, अंगुलियाँ बड़ी कोमल तथा लयदार हैं।

(ग) रंगों का संयोजन बहुत ही कोमलता लिए हुए है। द्विआयामी रंगों का प्रयोग किया गया है। प्रमुख रंग में सफेद रंग मिलाकर प्रयोग में लाया गया है।

(घ) चित्रकारों ने रेखा सौंदर्य पर विशेष ध्यान दिया है। अजंता की सदृश्य रेखाओं से भावाभिव्यक्ति यहाँ की विशेषता है।

बसौली शैली

इस शैली में सामाजिक और धार्मिक दोनों प्रकार के चित्र हैं। कई चित्र राममालाओं पर आधारित हैं। धार्मिक चित्रों में भागवत् पुराण, गीत गोविन्द एवं रसमंजरी को आधार माना गया है। बसौली शैली के चित्र बहुधा द्विआयामी हैं और इनमें चित्रकार नीले, पीले, लाल, भूरे और सादे रंगों का प्रयोग करता है। चित्र की पृष्ठभूमि समतल और हल्के रंग से रंगी होती है। भावप्रवण कमल सदृश्य नयन का चित्रण बसौली शैली के चित्रों की प्रमुख विशेषता है। बसौली शैली के निर्माण में चम्बा व काँगड़ा आदि शैलियों का विशेष योगदान रहा है। काँगड़ा व बसौली शैली में थोड़ा ही अंतर है। बसौली शैली में काँगड़ा शैली की अपेक्षा स्प्रों का समावेश अच्छा है, किंतु डिजाइन और ड्राइंग की दृष्टि से काँगड़ा शैली में कारीगरी अधिक है।

कश्मीर शैली

कश्मीर के राजा ललितादित्य के समय 8वीं शताब्दी में एक नई चित्रकला का प्रादुर्भाव हुआ। परंतु दुःख का विषय यह है कि कश्मीर के इतिहास लेखक कल्हण ने भी अपनी 'राजतरंगिणी' में कश्मीर की कला के संबंध में कुछ नहीं कहा, परंतु जो भी प्रमाण मिले हैं, उनसे स्पष्ट है कि 15वीं से 16वीं शताब्दी तक भारत की मध्ययुगीन चित्र शैलियों में कश्मीरी शैली का भी आदरणीय स्थान था। कश्मीर शैली के चित्र अपने वातावरण से पहचाने जाते हैं, क्योंकि वैसा वातावरण चाहे वे जंगल हों या पहाड़, कश्मीर के अलावा और कहीं नहीं मिलता। कश्मीर शैली के कुछ चित्र रामायण, दशावतार तथा कृष्णलीलाओं से संबंधित हैं। इन चित्रों के पीछे संस्कृत में लिखे श्लोक मिलते हैं। केशवदास की 'रसिकप्रिया' के 44 चित्रों का उल्लेख करते हुए कृष्ण दास ने उन्हें कश्मीर शैली का बताया है।

गढ़वाल शैली

गढ़वाल शैली, काँगड़ा शैली की चित्रकला की एक शाखा के रूप में 18वीं शताब्दी के अंत तथा 19वीं सदी के आरंभ में ही प्रसूत हुईं। इस चित्रकला का विषय नायिका भेद, धार्मिक चित्रण, व्यक्ति-चित्र एवं पशु-पक्षी चित्रण रहा है। इस शैली की प्रमुख विशेषताएँ हैं-

(क) पेड़ों की बनावट ऐसी है कि पत्ते व फल-फूल आदि में कलात्मकता दिखाई देती है।

(ख) गढ़वाल शैली में नारी का विशेष चित्रण हुआ है, जो अन्य पहाड़ी शैलियों से अधिक सुंदर है।

(ग) प्रकृति का भव्य चित्रण है, जिनमें नदी, पहाड़ तथा वृक्षों में गतिमयता परिलक्षित होती है।

(घ) छायांकन में काफी विचित्रता है, इन्हें देखकर कहीं-कहीं गंभीर तथा उदास वातावरण का आभास होता है।

(ङ) भाव प्रदर्शन में गढ़वाल का कलाकार पूर्णतया सफल हुआ है।

चम्बा शैली

पहाड़ी चित्रकला में चम्बा कला का अपना एक अलग स्थान था। चम्बा कला के प्राचीन चिह्न वहाँ के रंगमहल में आज भी देखने को मिलते हैं। इन चित्रों को देखने से पता लगता है कि उस समय साहित्य और कला कितने समृद्ध थे। इस रंगमहल से अनेक राजाओं के नाम संबद्ध हैं। महाराज उमेद सिंह ने रंगमहल का निर्माण कार्य आरंभ किया और उनके पुत्र राजा राज सिंह ने उसे पूरा किया। यद्यपि राजा स्वयं श्रेष्ठ कलाकार था। तथापि उसने बाहर के कलाकारों को भी आमंत्रित किया और उनका सम्मान किया। इस रंगमहल में जो भित्तिचित्र बने हुए हैं, उनका रामायण, महाभारत, भागवत, दुर्गासप्तशती, शिव-पार्वती और नायिका भेद आदि विषयों से संबंध है।

मधुबनी चित्रकला

भारत की बहुचर्चित लोक कलाओं में मधुबनी चित्रकला का अपना अलग स्थान है। आज देश में ही नहीं, अपितु विदेशों में भी इसकी ख्याति बढ़ती जा रही है। मधुबनी (बिहार) का एक छोटा-सा गाँव, जितवारपुर इस कला का प्रमुख केंद्र है। इस शैली के चित्रों का विषय धार्मिक और लोक जीवन की कथाओं से जुड़ा हुआ है। इस शैली की प्रमुख विशेषताएँ हैं-

चित्र 2.11: मधुबनी शैली में निर्मित चित्र

(क) राम, कृष्ण, महादेव, काली आदि से जुड़े कथानक इस कला के केंद्र में रहे हैं।

(ख) रंगों का चयन अप्राकृतिक है, फिर भी चित्र काफी आकर्षक लगते हैं।

(ग) इस चित्रकला का चित्रण कपड़ों पर हाशिया के रूप में बढ़ रहा है।

(घ) इस पर तांत्रिक कला का भी प्रभाव है।

आधुनिक शैली

भारत में चित्रकला के आधुनिक युग की शुरुआत 20वीं शताब्दी के साथ हुई। भारत में आधुनिक चित्रकला के छः प्रमुख स्कूल और स्थान पाए जाते हैं, ये हैं-कोलकाता, मुंबई, दिल्ली, मद्रास, हैदराबाद और जयपुर। आधुनिक चित्रकला का इतिहास बंगाल स्कूल से आरंभ होता है। भारत में बंगाल स्कूल की स्थापना का श्रेय ई.बी. हैवेल और अवनीन्द्रनाथ ठाकुर को जाता है। इन दोनों ने मिलकर इस नई शैली को जन्म दिया। चूंकि इस चित्रकला में विदेशीपन अधिक था, इसलिए प्रारंभ में इसका काफी विरोध हुआ, परंतु बाद में अनेक कलाकारों ने इसे अपनाया ही नहीं वरन् इसके प्रचार-प्रसार में भी बड़ा योगदान दिया। यूरोपीय शैली को अपनाने वाले भारतीय चित्रकारों में मदुरै के चित्रकार अलाग्री नायडू और त्रावनकोर के राजा रवि वर्मा का नाम उल्लेखनीय है। अलाग्री यूरोपीय शैली के ख्याति प्राप्त कलाकार थे। अलाग्री नायडू और भारत में भ्रमणार्थ आए थियोडोर जॉनसन से राजा रवि वर्मा ने चित्रकला की शिक्षा प्राप्त की। यूरोपीय कला के सम्मिश्रण से भारतीय कला के क्षेत्र में नव जागरण का सूत्रपात करने में राजा रवि वर्मा का नाम अग्रणी है। प्रकाशन के समुचित साधनों के अभाव में राजा रवि वर्मा ने मुंबई लीथोग्राफ का प्रेस खोला और वहाँ से अपने चित्रों को प्रकाशित करके अपनी कृतियों से कला जगत को परिचित कराया। उनके बाद आधुनिक चित्रकला में नए आन्दोलन का प्रारंभ हुआ, जिसके प्रवर्तक थे-रामानन्द चटर्जी, अद्धेन्दु गांगुली, अवनीन्द्रनाथ ठाकुर तथा नन्दलाल बोस। कुछ चित्रकार ऐसे भी हैं, जिन्होंने बंगाल स्कूल के साथ-साथ अपने देश की संस्कृति के तत्वों का अपनी कला में समावेश किया और एक नई परम्परा का सूत्रपात किया। इन चित्रकारों में यामिनी राय और अमृता शेरगिल के नाम प्रमुख हैं।

बाघ

बाघ मध्य प्रदेश के ग्वालियर जिले में विंध्य पर्वत की दक्षिणी ढलान पर स्थित है। नर्मदा की सहायक बाघ नदी के तट पर होने के कारण यह स्थान बाघ के नाम से जाना जाता है। यहाँ कुल 9 गुफाएँ मिली हैं। आज इन गुफाओं के चित्र अधिकांशतः नष्ट हो चुके हैं। दूसरी व चौथी गुफा में अधिक चित्र थे। इनमें चित्रकला की दृष्टि से रंगमहल गुफा ही श्रेष्ठ लगती है, जिसका निर्माण छठी-सातवीं शताब्दी ई. का है। यहाँ का चित्रण अजंता के तत्कालीन चित्रों से मेल खाता है। एक गुफा में मुँह ढककर रोती हुई स्त्री का चित्रांकन अत्यंत भावपूर्ण है। उस शोकाकुल स्त्री को सान्त्वना देती हुई उसकी सखी का चित्रण भी उतना ही प्रभावपूर्ण है। एक दृश्य में नृत्य समाज का अंकन है। इसी प्रकार हाथियों के दल वाला दृश्य तथा कमल की झुरमुट वाली बेल भी कम रमणीय नहीं है। बाघ में चित्रित पद्मपाणि की मुखमुद्रा का भाव दर्शनीय है। इन चित्रों में जिन रंगों का प्रयोग हुआ, उन्हें स्थानीय पत्थरों को पीस कर ही तैयार किया गया था।

एलीफेण्टा

ये गुफाएँ मुंबई बंदरगाह से 9 किमी. की दूरी पर अवस्थित हैं। इसका वास्तविक नाम **धारा नगरी** है। एलीफेण्टा नाम पुर्तगालियों द्वारा रखा गया, क्योंकि यहाँ एक पत्थर का हाथी बना था, जो अब प्रिन्स वेल्स म्यूजियम, मुंबई में रखा हुआ है। ये गुफाएँ एक पहाड़ी को काटकर बनाई गई हैं। इस गुफा मंदिर में 9 प्रतिमाएँ हैं, जिनमें भगवान शिव के विविध रूपों को दर्शाया गया है। सर्वाधिक आकर्षक प्रतिमा त्रिमूर्ति शिव की है, जिसमें अकेले शिव के ही तीन रूप प्रस्तुत किए गए हैं। भगवान शिव की अर्द्धनारीश्वर प्रतिमा में दर्शन और कला का अद्भुत समन्वय विद्यमान है।

बादामी

महाराष्ट्र के बादामी नामक स्थान पर चालुक्य शैली के चार गुहा मंदिरों में भित्ति चित्रण पाया गया है। यहाँ प्राप्त 4 गुफाओं में से 3 ब्राह्मण धर्म तथा एक जैन धर्म से संबंधित है। दृश्य बड़े भाव-प्रधान हैं। एक दृश्य में एक प्रतीक्षारत स्त्री का अत्यंत भावपूर्ण अंकन है। स्त्री एक स्तंभ को अपने दाएँ हाथ से लपेटकर खड़ी है और एकटक आकाश की ओर निहार रही है। अन्य चित्रों में राज-समाज, नृत्य, सिंहासनासीन राजा-रानी आदि उल्लेखनीय हैं। ये चित्र आकृतियाँ अजंता से भिन्न हैं, इनमें चेहरे भारी बनाए गए हैं, आँखें छोटी हैं व पहाड़ी प्रभाव है।

सित्तनवासल

तमिलनाडु में तंजौर के निकट सित्तनवासल नामक स्थान पर पल्लव नरेश महेन्द्र वर्मन प्रथम तथा उसके उत्तराधिकारी पुत्र नरसिंह वर्मन ने कई गुहा मंदिर बनवाए थे। उनकी भित्तियों पर भी अजंता शैली का चित्रण पाया गया है। इन चित्र की भाव-भंगिमाएँ, हस्त-मुद्राएँ, आकृतियाँ तथा अलंकरण बड़े ही सजीव हैं। एक छत पर बने कमल वन में मीन, मकर, कच्छप, हाथी, महिष और हंस को एक साथ चित्रित किया गया है।

चित्र 2.12: नारी, सित्तनवासल, 7वीं शती ई.

एलोरा

महाराष्ट्र राज्य के औरंगाबाद जिले से 29 किमी. तथा अजंता से 135 किमी. दूर तक एलोरा गुफाएँ शिल्पकला, स्थापत्य कला व चित्रकला का अनुपम समन्वय प्रस्तुत करती हैं। पहले इन गुफाओं की संख्या 43 थी, किंतु फरवरी 1990 में हुई खोज से 28 नई गुफाएँ प्रकाश में आईं। अतः इन गुफाओं की कुल संख्या 71 हो गई है। इन गुफाओं का निर्माण काल 8वीं शताब्दी माना जाता है। एलोरा की गुफाएँ बौद्ध, जैन तथा ब्राह्मण धर्म से संबंधित हैं, किंतु इनमें ब्राह्मण धर्म की उत्कृष्ट छाप परिलक्षित होती है। ब्राह्मण धर्म के प्रचार एवं प्रसार के निमित्त ही विशिष्टतया इन गुफाओं का सृजन किया गया था। यहाँ मूर्ति शिल्प और भित्ति चित्रकला दोनों ही विधाएँ दृष्टव्य हैं। यद्यपि भित्ति चित्र मूर्ति शिल्प की तुलना में उत्कृष्ट नहीं हैं, किंतु महत्वहीन भी नहीं हैं। ये भित्ति चित्र ब्राह्मण गुफा में कैलाश गुहा मंदिर में मिलते हैं। इस मंदिर में लंकेश्वर इन्द्रसभा और गणेश के चित्र भी उत्कृष्ट हैं। इन चित्रों में नुकीली नाक, जकड़े हाथ, पैर, एक आँख चेहरे से बाहर निकली हुई है, चेहरा कठोरता का भाव लिए हुए है।

अजंता

अजंता की पहाड़ी महाराष्ट्र के जलगाँव से 55 किमी. और औरंगाबाद से 100 किमी. की दूरी पर स्थित है। अजंता नामक गाँव से अजंता की गुफाएँ लगभग 5 किमी. दूर हैं। ये गुफाएँ फरदारपुर गाँव के समीप बाघोरा नदी के अर्द्धवृत्ताकार तट के किनारे-किनारे एक ही पहाड़ी में काट-तराशकर बनाई गई हैं। सर्पिलाकार नदी, सघन वनराशि और उन्मुक्त खुले आकाश के एकान्त और सुरम्य वातावरण में बौद्ध भिक्षुओं के वर्षा-आवास के लिए इन गुफाओं का निर्माण किया गया था ताकि वहाँ वे चिन्तन, मनन और ध्यान कर सकें।

अजंता के चित्रों की विषय-वस्तु

अजंता के चित्रों की मुख्य विषय-वस्तु बौद्ध धर्म है तथा चित्रकार की तूलिका सर्वत्र बुद्ध अथवा बोधिसत्व को चित्रित करने में ही संलग्न दिखाई देती है। बुद्ध तथा बोधिसत्व के ये चित्रांकन प्रायः जातक कथाओं से तथा बुद्ध के जीवन से लिए गए हैं। मूलतः बौद्ध चित्रांकन होने पर भी इन दृश्यांकनों में तत्कालीन समाज का बहुरंगी जीवन प्रतिबिम्बित हो उठा है। इन चित्रों में तत्कालीन नगर, गाँव, राजदरबार, तपोवन आदि के आवासियों के निवास, उनके कार्यकलाप, उनकी वेश-भूषा, आमोद-प्रमोद सभी कुछ अंकित हो उठे हैं। आकाशचारी देवता, गंधर्व, किन्नर तथा अप्सराएँ भी इन चित्र फलकों में विराजमान हैं।

चित्र 2.13: अजंता के चित्रों में महात्मा बुद्ध की प्रमुखता

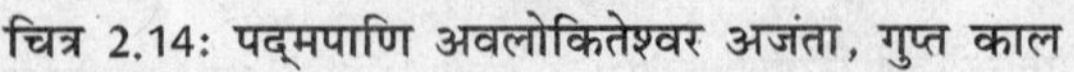

चित्र 2.14: पद्मपाणि अवलोकितेश्वर अजंता, गुप्त काल

चित्र 2.15: मधापाई दम्पति, अजंता, गुप्त काल

भिक्षा-दान

17वीं गुफा में बुद्ध को यशोधरा के द्वार पर भिक्षाटन के लिए आया अंकित किया गया है। इसमें यशोधरा अपने बेटे राहुल से कहती है कि तू अपने पिता से दायज माँग ले। इस पर बुद्ध ने राहुल को अपना कमण्डल पकड़ाकर उसे भी भिक्षुसंघ में सम्मिलित कर लिया। यशोधरा और राहुल के चित्र छोटे हैं, किंतु बुद्ध का चित्र आदमकद है। राहुल के रूप में यशोधरा द्वारा बुद्ध को दी जाने वाली यह अनुपम भिक्षा अजंता के इस चित्र में आत्मसमर्पण की पराकाष्ठा प्रकट करती है।

आकाशचारी गंधर्व

इस गुफा में आकाश में बादलों के बीच विचरण करते हुए गंधर्वदेव, उनकी सहचरी अप्सराओं तथा सेवक-सेविकाओं का दृश्य बड़ा ही मनोरम है। इन सबके पीछे मुड़े हुए पैर उनके उड़ने का संकेत देते हैं। किरीटधारी गंधर्व की वेशभूषा तथा हस्तमुद्राएँ दर्शक का मन मोह लेती हैं।

चित्र 2.16: आकाशचारी गंधर्व, अजंता, गुप्त काल

चित्र 2.17: आवाक्ष स्त्री, अजंता, गुप्त काल

पगड़ीधारी अप्सरा

17वीं गुफा में एक खंडित चित्र के बीच एक अप्सरा का आवाक्ष चित्र शेष रह गया है। नारी-सौंदर्य तथा गुप्तयुगीन संभ्रांत वेशभूषा का यह उत्तम उदाहरण है। अर्द्धनिमीलित नेत्रों वाली इस सुमुखी ने अपने शीश पर अलंकृत पगड़ी का फेटा लगाया है। उसके केश सँवरे हैं तथा जूड़े में मणियाँ खोंसी गई हैं। कानों में गोल बड़े कुंडल लटक रहे हैं और गले में मोतियों का एक ग्रैवेयक तथा मणि-मुक्ताओं से बना जड़ाऊ आभरण द्रष्टव्य है।

इसी प्रकार का एक अन्य नारी चित्रांकन है, जिसमें उसके केशपाश का ढीला और गर्दन पर टिका जूड़ा द्रष्टव्य है। इसी स्त्री ने किरीट धारण कर रखा है। इसके गले में एकावली तथा कई लड़ियों का महाहार है। कानों में कर्णाभरण तथा भुजबन्धा दिखाई दे रहे हैं।

ऊपर से नीचे तक आभूषणों से सजी एक नायिका एक द्वार-स्तंभ पर अपना बायाँ पैर पीछे मोड़कर भावपूर्ण मुद्रा में खड़ी है।

जातक कथाएँ

अजंता के चित्रों में जातक कथाओं का महत्वपूर्ण स्थान है। पहली गुफा में शिवि जातक, महाजनक जातक, शंखपाल जातक, महाउम्मग्ग जातक तथा चम्पेय जातक चित्रित हैं। द्वितीय गुफा में हंस जातक, विधारपंडित जातक तथा रूरू जातक को अंकित किया गया है। 10वीं गुफा में जिन जातक कथाओं का चित्रण है, वे हैं—साम जातक एवं छदन्त जातक। 16वीं गुफा में हस्तिजातक, महाउम्मग्ग जातक तथा महासुत्तसोम जातक का चित्रण है। सबसे अधिक जातक कथाओं का अंकन 17वीं

गुफा में प्राप्त हुआ है। इसमें बुद्ध के जीवन की अनेक घटनाओं के अतिरिक्त उनके पूर्वजन्मों से संबंधित महाकपि जातक, छदन्त जातक, हस्तिजातक, हंस जातक, वेस्सन्तर जातक, महासुतसोम जातक, शरभमिग जातक, मातिपोषक जातक, साम जातक, महिष जातक, शिवि जातक, रूरू जातक तथा निग्रोधामिग जातक का चित्रण भी पाया गया है। जातक कथाओं का कहीं अन्यत्र एक ही स्थान पर इतनी बड़ी संख्या में अंकन दुर्लभ है।

भारतीय और विदेशी चित्रकार

रबीन्द्रनाथ टैगोर (1861–1941)

चित्र 2.18: गुरुदेव रबीन्द्रनाथ टैगोर

विश्व कवि रबीन्द्रनाथ ठाकुर का जन्म कोलकाता के जोड़ासाँको में 8 मई, 1861 को हुआ था। पढ़ाई के दौरान इनका परिचय अंग्रेजी के विख्यात महाकवि डब्ल्यू. वी. यीट्स से हुआ। उन्हीं की प्रेरणा से उन्होंने 103 गीतों का अनुवाद 'गीतांजली' नाम से अंग्रेजी में किया और उसी पर उन्हें सन् 1913 में विश्व का सबसे बड़ा पुरस्कार 'नोबेल प्राइज' मिला। फिर तो इनकी ख्याति देश-विदेश में सर्वत्र फैल गई और भारत में भी लोग उन्हें महाकवि समझने लगे। इसके पश्चात् उन्होंने कोलकाता से दूर बोलपुर में शांति निकेतन नामक आश्रम की स्थापना की और प्राचीन भारतीय आश्रमों की भाँति वहाँ शिक्षण की व्यवस्था की।

रबीन्द्रनाथ कवि, नाटककार, निबंधकार, उपन्यासकार, अभिनेता, संगीतज्ञ और कुशल चित्रकार भी थे। उनकी प्रतिभा का ही परिणाम है कि उनके नाम से संगीत के क्षेत्र में रवीन्द्र संगीत की धूम मच गई, परंतु चित्रकार के रूप में रबीन्द्रनाथ ठाकुर की स्थापना अवनीन्द्र नाथ ठाकुर के बाद हुई। रबीन्द्रनाथ ने 67 साल तक चित्रकला की दिशा में कोई विशेष प्रयत्न नहीं किया। कविता, लेख लिखते समय उनके सुधार के क्रम में जो भी वे परिवर्तन करते थे, उससे अनायास ही एक नवीन भौतिक कला-शैली का जन्म हुआ। सुलभता से प्राप्त कलम-स्याही, कपड़े के टुकड़े या उंगलियों को स्याही में डुबो कर उन्होंने चित्रण का प्रारंभ किया। तत्पश्चात् वे सीमित रंगों का भी प्रयोग करने लगे। वे कला विद्यालयों के नियमित अध्ययन की प्रक्रिया के प्रभाव से वंचित थे।

रबीन्द्रनाथ के गैर परम्परागत प्रयोगों ने उनकी कला को नई समृद्धि प्रदान की। उन्होंने इतने शक्तिशाली नवीन तत्वों को जन्म दिया कि रंगीन सतह का एक टुकड़ा आलोकित हो उठा। यह इतनी प्रखर और स्पन्दन भरी चमक थी, जिसका पहले अनुभव नहीं किया गया था। रबीन्द्रनाथ ठाकुर ने यथार्थ वस्तु को अतियथार्थ का रूप प्रदान किया है। उन्होंने प्राकृतिक दृश्यों के अनुकरण को छोड़कर बदसूरत विषयों, बदसूरत मुख, विकर्षक शरीर, अस्वस्थ तथा गन्दगी से भरे भयावह दृश्यों को चित्रित किया। सौंदर्य बोध की आम चेतना से ऊपर उठकर उन्होंने कुरूपता में भी सौंदर्य देखा। 1920 से 1927 तक की उनकी कहानियों तथा उनके उपन्यास (गल्प-गुच्छ, गोरा, चतुरंग, चोखेर बाली) नई दिशा की ओर प्रेरित करते हैं। साथ ही उस काल के बने उनके चित्र पूर्णता के साथ समृद्ध हैं।

गगनेन्द्र नाथ टैगोर (1867–1938 ई.)

चित्र 2.19: गगनेन्द्र नाथ टैगोर

गगनेन्द्र नाथ टैगोर का जन्म 1867 ई. में कोलकाता के जोड़ासाँको में हुआ था। इनका लालन-पालन भी कलकत्ता शहर में हुआ। अत: इनकी कलाकृतियों पर आधुनिक कोलकाता शहर प्रतिबिम्बित हुआ। इनकी कृति 'चैतन्य चरित्र माला' चित्रावली में बंगाल के लोक जीवन की संस्कृति का सुंदर चित्रण तथा बंगाल के गाँवों के प्राकृतिक दृश्य चित्र भी मिलते हैं। 1907 में ई.वी. हैवेल व गगनेन्द्र नाथ टैगोर ने 'इंडियन सोसायटी ऑफ ओरिन्यटल आर्ट' की स्थापना की। सोसायटी द्वारा 1908 ई. की कला प्रदर्शनी में गगनेन्द्र टैगोर के चित्र प्रदर्शित हुए। परम्परा (यथार्थवाद) के गहन अध्ययन के फलस्वरूप आवश्यक सर्जनशील संवेदनाओं को नए ढंग से चित्रित कर सौंदर्य-सृष्टि की जा सकती है। 1923 से 1928 के बीच गगनेन्द्र नाथ ने यूरोप कला शैली पर आधारित धनबाद शैली का अनुसरण करके कोलकाता नगर को अपने ढंग से ज्यामितीय आकारों में कुशलतापूर्वक गढ़ा है। उन चित्रों को 'रोमांचक यथार्थवाद' कहना ही उचित होगा।

गगनेन्द्र नाथ टैगोर ने अपने व्यंग्य-चित्रों की एक नवीन धारा की परम्परा प्रारंभ की। अपने चित्र **'कमल बने मस्त हस्ती'** में उन्होंने संस्कृति के रसमय जगत को राजनीति तंत्र के प्रवेश में एक विनाशकारी परिणाम को उद्‌बोधित किया है। एक-दूसरे चित्र में उन्होंने अंग्रेजी शिक्षा के यांत्रिक स्वरूप को बड़ी कुशलतापूर्वक दर्शाया है। उन्होंने चित्रित किया कि कोलकाता विश्वविद्यालय में प्रवेश पाने वाले जीवन्त छात्रों की कतार आगे बढ़ रही है, वे शिक्षा की पूर्णता प्राप्त करने के लिए यंत्र के बेलनों से बेलित होकर कागज की तरह पतले-निष्प्राण होकर पूर्ण शिक्षा प्राप्त कर बाहर आते हुए दिखाई पड़ रहे हैं। उनके अन्य चित्र 'आत्म-चित्र', 'बरसात में', 'परी के मंदिर', 'प्राकृतिक दृश्य', 'बर्फ का राजप्रासाद', 'चम्पक के सात फूल', 'अर्जुन और चित्रांगदा', 'उदयसागर को अवलोकन करती हुई पद्मिनी', 'प्रार्थना', 'हिमालय के बालू', 'स्वप्नलोक' इत्यादि हैं। 1938 ई. में इनका देहावसान हुआ।

अवनीन्द्र नाथ ठाकुर (1871-1951)

आधुनिक भारतीय चित्रकला के जनक अवनीन्द्र नाथ ठाकुर का जन्म 7 अगस्त, 1871 ई. में कोलकाता के जोड़ासाँको में हुआ था। किशोरावस्था में ही अंग्रेज शिक्षक पाल्मर से उन्होंने कला की शिक्षा प्राप्त की तथा अपने इटालियन शिक्षक धीलार्डी से पेस्टल की कला सीखी। अवनीन्द्र नाथ ठाकुर के बड़े भाई श्री गगनेन्द्र नाथ ठाकुर स्वयं समर्थ चित्रकार थे, फिर भी उनकी चित्रकला की शिक्षा कोलकाता के कला विद्यालय में यूरोपीय चित्र पद्धति के अनुसार हुई। इस यूरोपीय पद्धति से वे संतुष्ट नहीं थे।

1896 में ई.वी. हैवेल मद्रास कला विद्यालय से बदलकर कलकत्ता कला विद्यालय के प्रधानाचार्य के रूप में नियुक्त हुए। तब उनसे श्री ठाकुर का परिचय हुआ। कनिंघम, ग्रिफिथस और हैवेल ने भारतीय स्थापत्य, मूर्ति और चित्रकला के गहन अध्ययन के बाद अपनी स्पष्ट राय बनाई थी कि भारतीय कलाकार के लिए अपनी परम्परा को त्यागकर यूरोप की परम्परा की मृगतृष्णा के पीछे भागना निरर्थक है। हैवेल के विचारों से प्रेरणा पाकर उन्होंने अपने आवास में यूरोप के महान चित्रों की अनुकृतियों को हटाकर उनके स्थान पर राजपूत और मुगल काल के चित्रों को लगाया।

1902 में जापानी विद्वान ओकाकरा और प्रसिद्ध चित्रकार तैकान, हीसीदा, अराई और अन्य कलाकारों से उनकी भेंट हुई। इन लोगों ने उनके इस विश्वास को बल दिया कि एशिया के कलाकारों को भी विश्व स्तर पर चित्रकला में अपना योगदान स्थापित करना है। इस तरह भारतीय व जापानी शैलियों में सम्मिश्रित एक नई शैली विकसित हुई, जो 'बांग्ला शैली' या 'पुनरुत्थान शैली' के नाम से प्रसिद्ध हुई।

1905 में हैवेल के स्थान पर अवनीन्द्र नाथ की नियुक्ति कोलकाता कला विद्यालय के प्राचार्य के पद पर हुई। रंग-विधान की दृष्टि से अवनीन्द्र नाथ एक शुद्ध इटालियन और मुख्यतः वेनिस के किसी कलाकार के समान थे। उनकी चित्रांकन शैली अंग्रेजों जैसी ही थी। उन्होंने फारसी, मुगल और राजपूत मिनिएचर की विशेषताएँ तथा डिजाइन और रेखाओं की विशेषताएँ अपने चित्रों में लीं।

उन्होंने भारत की चित्रकला को दो महान भेंट दी हैं। पहली भेंट है प्राकृतिक दृश्यों का चित्रांकन, जिसकी शैली वर्णनात्मक है। दूसरी भेंट है, व्यक्ति चित्रों का संसार। उन्होंने 1908-10 में 'उमर खय्याम चित्रावली' पूरी कर 1910 में पुरी और कोणार्क की यात्रा की। सन् 1915-16 में उन्होंने पशुओं के चित्रों का प्रतिभापूर्ण चित्रांकन शुरू किया। उन्होंने रंगों के उपयोग की अपनी विलक्षण धौत अथवा वाश शैली का विकास किया। सन् 1916 में अवनीन्द्र नाथ ने अपने बड़े भाई गगनेन्द्र नाथ के सहयोग से स्कूल ऑफ ओरिएन्टल आर्ट का पुनर्गठन किया तथा जोड़ासाँको में 'विचित्रा' क्लब संगठित किया। 1920-30 का दशक वह युग है, जब अवनीन्द्र नाथ ने एकांकी साधना शुरू की। अपने शिष्यों को पूरे देश में नई कला का संदेश पहुँचाने के लिए मुक्त कर दिया। नई कला को लोगों तक पहुँचाने और लोगों को इसका महत्व समझाने के लिए 'मॉडर्न रिव्यू' और 'प्रवासी' ने योगदान किया है। सन् 1927-30 ने अवनीन्द्र नाथ ने अपने आश्चर्यजनक व्यक्ति चित्र बनाने शुरू किए। 1930 में अरेबियन नाइट्स की चित्रावली का चित्रांकन किया। उनके जीवन के अंतिम वर्षों की आश्चर्यजनक चित्रावली 'कविकंकड़ चण्डी' है।

यामिनी राय (1887-1972)

यामिनी राय का जन्म अप्रैल 1887 में पश्चिम बंगाल में बाँकुरा जिले के बेलियातोड़ गाँव में एक साधारण भूस्वामी परिवार में हुआ था। 16 वर्ष की उम्र में यामिनी राय कोलकाता के गवर्नमेंट स्कूल ऑफ आर्ट में भर्ती हुए। 34 वर्ष की अवस्था में उन्होंने यूरोपीय शैली को तिलांजलि दे दी और बंगाल शैली में काम करने लगे। यामिनी राय का अपनी ग्रामीण कला परम्परा

(लोक कला) की ओर लौटना स्वाभाविक था। कालीघाट के पट चित्रों की सम्पुष्ट लहरिया रेखाएं तथा ग्रामीण पट-चित्रों की सरलता और सहजता उनके अंतर्मन को प्रेरणा देती थी।

यामिनी राय के चित्रों के विषय मुख्यता बाऊल, बौरी मल्लाह, कृष्ण, बलराम, शिव, राम तथा गोपियां आदि हैं। पशु जगत में बिल्लियां, गाएं, घोड़े और चिड़ियां आदि भी उनके विषय हैं। उनकी नारी अंकन में विशेष रुचि थी। 46 वर्ष तक निरंतर उत्साह के साथ यामिनी राय रंग और रेखा की समस्याओं, उनकी गतिशीलता और तीव्रता, अभिव्यक्ति की क्षमता और उनके प्लास्टिक स्वरूप से संबंधित तथ्यों का शोध करते रहे। उनकी कला में स्पष्टता और लावण्य उत्कृष्ट रूप से प्रकट हुए हैं। उन्होंने जान-बूझकर कठोर और विसंगत रंगों का चुनाव किया है। उन्होंने एक-दूसरे के बराबर (लाल के साथ नीला) रंग इस प्रकार रखा कि दर्शक की आँखें रंग के आस्वादन में ही न फंसी रहें और स्वयं आकृति का निर्विघ्न चिंतन कर सकें।

उनके सर्वाधिक सफल चित्र 'क्षीण कटिवाली गोपियों' की टोलियाँ हैं। जिनका मूल विष्णुपुर के जोरबांग्ला मंदिर की टेराकोटा टाइलों में है। उनकी चिर-परिचित कला शैली का एक प्रतिनिधि चित्र है-सीता की अग्नि परीक्षा। चटक रंगों, सरल आकृतियों वाले इस चित्र में यामिनी बाबू की कला का व्यक्तित्व एवं विशेषता बखूबी उभरी है। शैली और रंग में ही नहीं, इसकी संरचना में भी लोक तत्व द्रष्टव्य है। उनके 'नारी' चित्रण में सीमित लोचदार रेखाओं से ममता के भाव मुखरित हो उठे हैं। सन् 1938 के बाद उनकी कला अनेक क्षेत्रों में प्रवाहित हुई और उन्होंने अनेक प्रयोग किए।

यामिनी राय चित्रांकन के अपने लक्ष्य को विलीन कर रंगों के सपाट छोटे-छोटे क्षेत्रों के मध्य स्थापित कर उसे तीखी कण्टर रेखाओं की परिधि में दृढ़ता से बाँध देते थे। लोककला के स्रोतों की प्रेरणा से नई शैली का उद्‌भव ही 'यामिनी राय शैली' है।

अमृता शेरगिल (1913–1941)

अमृता शेरगिल का जन्म 30 जनवरी, 1913 ई. को बुडापेस्ट (हंगरी) में हुआ था। 1921 के युद्ध के बाद वह भारत लौटकर शिमला में रहने लगीं। शिमला में चित्रकारी में उनकी रुचि देखकर उनके माता-पिता ने उन्हें पेरिस के एक कला स्कूल में भेज दिया। भारतीय रंगों की प्रचुरता के साथ उन्हें अपनी निजी शैली खोजने की आवश्यक प्रेरणा प्राप्त हुई। उनकी कला वर्तमान का नहीं भविष्य का सृजन कर रही थी। भारतीय चित्रकला में बंगाल शैली की धूम मची थी, ठीक उसी समय अमृता शेरगिल ने अपनी यूरोपीय कला शैली से हट क्लासिकी मूल्यों की खोज की। अमृता के सशक्त और चुनौतीपूर्ण चित्रों की अवहेलना कर ठीक उसके विपरीत अन्य कलाकारों के कार्य की प्रशंसा की गई। अमृता की मौन छवियों में गरीब भारतीय की मार्मिक वेदना, कुरूपता में अद्‌भुत रूप, सहिष्णुता के साथ आत्म-समर्पण के भाव, सुंदर, दुबले-पतले, सांवले रंग वाले शरीर, उनकी कृतियाँ उनके गहन अध्ययन की अभिव्यक्ति हैं। उनकी आकृतियों में आंतरिक शांति भारतीय स्वभावानुसार फूट पड़ी है। सरल मन के विचार तथा चित्र निर्माण की सरलता दोनों बेजोड़ हैं।

उनके चित्रों में एक से अधिक आकृतियों को समूह में रखना, तिर्यक आँखों, उदासी भरा परिवेश, उभरी हुई भौंहें और चौड़े पैर की विशेषताएँ, गोग्वे के चित्रों का प्रभाव है। अमृता शेरगिल के चित्रों के रंग तपे हुए हैं। उन्हें बहुत अधिक काम करने का समय नहीं मिला, जब वह केवल 29 वर्ष की थी तो लाहौर में 5 दिसंबर, 1941 को उनकी मृत्यु हो गई।

उनके चित्रों में 'युवतियां', 'भारतीय लड़कियां'; 'भारतीय महिलाएँ', 'गणेश पूजा', 'नीलवसना', 'पहाड़ी स्त्रियां', 'भिखमंगे', 'पिता', 'ऊँट' राष्ट्रीय आधुनिक कला संग्रहालय में संग्रहीत हैं।

एम.एफ. हुसैन

मकबूल फिदा हुसैन का जन्म महाराष्ट्र के शोलापुर नामक शहर में 1915 ई. में हुआ। इनके पिता एक कपड़े की मिल में काम करते थे। हुसैन की आरंभिक शिक्षा इंदौर के आर्ट स्कूल में एक वर्ष तक हुई। कालांतर में हुसैन मुंबई गए, वहाँ वह सिनेमा एवं व्यावसायिक कला के डिजाइनर बन गए। उन्होंने मुंबई में खिलौना (लकड़ी के चपटे रंग-बिरंगे खिलौने) बनाने का काम किया। उन्हीं दिनों इन्होंने रेम्ब्रान्ट और अजस्टस जॉन जैसे चित्रकारों का अध्ययन किया और वास्तविक चित्रों का निर्माण कर अपनी जीविका चलाई। 1947 में मुंबई आर्ट

चित्र 2.20: मकबूल फिदा हुसैन

सोसायटी की प्रदर्शनी में हुसैन के बनाए एक चित्र को पुरस्कार मिला। 1955 में उन्हें 'जमीन' नाम के चित्र पर ललित कला अकादमी का पुरस्कार मिला। उनका यह चित्र राष्ट्रीय आधुनिक कला संग्रहालय में प्रदर्शित है। जेठ-बैसाख की चिलचिलाती धूप और नीचे राजस्थान की तपती सुलगती हुई बालू के बीच बाहर निकलना अपने आप में एक अनुभव है, लेकिन हुसैन ने इसका अनुभव ही नहीं किया है, वरन् इसे भोगा है। ये अपने चित्र के विषय की आत्मा के भीतर तक पैठकर चित्र के लिए प्रतिबिम्ब खोज निकालते हैं, जो अपने आप में मौलिक है।

हुसैन के बनाए ज्यादा चित्र भारत के गाँवों, कस्बों से संबंधित हैं। इनके चित्रों की स्त्री-पुरुष की आकृतियाँ बराबर गाँवों के लोगों की ही होती हैं, इन्होंने पशु-पक्षी के भी चित्र बनाए हैं। इनके चित्रों के रंग चटक हैं। इनकी रंगीन चित्रितकार शहर में ध्यानाकर्षण का केंद्र है। ये रंगों से ही धीरे-धीरे आकृतियों और दृश्यों को खड़ा कर देते हैं। कहीं रेखाओं का भी जोरदार इस्तेमाल किया है। इन्होंने कुछ छोटी फिल्में भी बनाई है, जो राजस्थान के जीवन पर हैं। 1959 में इन्हें टोक्यो-जापान की अंतर्राष्ट्रीय द्विवार्षिकी का पुरस्कार मिला। 1966 में 'पदमश्री' तथा 1973 में 'पद्मभूषण' की उपाधि से विभूषित किया गया। इन्होंने चीनी प्रभाव से प्रकृति चित्रों का निर्माण किया है। हुसैन की आधुनिक शैली में चित्रित 'रागमाला चित्रावली' संगीत की अमूल्य ध्वनियों का सहज बिम्ब प्रतिध्वनित करती है।

पाश्चात्य चित्रकार

प्रमुख पाश्चात्य चित्रकार : लियोनार्दो द विंची, माइकेल एंजलो, रफेल, रेम्ब्रान्ट, टर्नर, वानगॉग, पॉल सेजान, पिकासो, हेनरी मूर आदि हैं। जिनमें से कुछ प्रमुख चित्रकारों के परिचय निम्नलिखित हैं–

लियानार्दो द विंची (1452 से 1519)

पुनर्जागरण काल के सर्वश्रेष्ठ चित्रकार लियानार्दो द विंची का जन्म 1452 ई. में इटली (फ्लोरेंस) के विंची नामक ग्राम में हुआ था। ये सर्वगुण सम्पन्न प्रतिभा की मूर्ति थे। विश्व के महान चित्रकार होने के साथ-साथ ये मूर्तिकार, दार्शनिक, वैज्ञानिक, कवि, गायक, भवन-निर्माण शिल्पी तथा इंजीनियर थे। लियानार्दो ने छोटी उम्र से ही विविध विषयों का अनुशीलन प्रारंभ किया, किंतु इनमें से संगीत, चित्रकारी और मूर्ति रचना प्रधान थे। इनके पिता ने उन्हें प्रसिद्ध चित्रकार, मूर्तिकार तथा स्वर्णकार **आंद्रेया देल वोरोशियो** के पास काम सीखने को भेजा। 15वीं शताब्दी में फ्लोरेंस कला के लिए संसार भर में प्रसिद्ध था। उन दिनों वहाँ के प्रसिद्ध कला गुरु थे-आंद्रेया देल वोरोशियो। लियानार्दो ने इसी महान कला-गुरु से कला की शिक्षा ग्रहण करना प्रारंभ किया।

चित्र 2.21: लियानार्दो द विंची

सन् 1477 से सन् 1482 तक ये महाप्रभ लोरेंजो की छत्रछाया में रहकर कार्य करते रहे और तत्पश्चात् मिलान के रईस लुडोविको स्फोर्त्सा की सेवा में चले गए, यहीं 'अंतिम भोजन' (Last Supper) शीर्षक चित्र पूरा किया। कला के साथ-साथ लियानार्दो ने इंजीनियरिंग और भौतिक विज्ञान का भी अध्ययन किया। लियानार्दो ने वायुयान की कल्पना उस समय कर ली थी, जबकि इनकी कल्पना के 400 वर्ष पश्चात् वायुयान बना। उसके चित्रों में वायुयान के अनेक चित्र पाए जाते हैं। ये पहले चित्रकार थे, जिनके दृश्यों में प्रकाश और छाया का विलास सबसे अधिक प्रभावशाली और सुंदर हुआ है। उन्होंने रंग और रेखाओं के साथ-साथ छाया प्रकाश को भी उचित महत्व दिया। असाधारण दृश्यों और रूपों ने इन्हें सदैव आकर्षित किया। ये वस्तुओं के गूढ़, नियमों और कारणों के अन्वेषण में लगे रहते थे। उनके चित्र यूरोप के पृथक-पृथक देशों में राष्ट्रीय सम्पत्ति समझे जाते हैं।

उनके द्वारा बनाए गए सुप्रसिद्ध व्यक्ति चित्र (Portrait) 'मोनालिसा' (Monalisa-1481) चित्र में आँखों और होंठों की मुस्कान का भाव इतना सजीव है कि कला जगत आज भी आश्चर्यचकित रह जाता है।

'अंतिम भोजन' (Last supper-1497 मिलान में) नामक धार्मिक चित्र लियानार्दो के सर्वश्रेष्ठ चित्रों में से एक है। इसमें ईसा मसीह को अपने शिष्यों के साथ भोजन करते दिखाया गया है। यह चित्र बहुत ही सजीव है। इसमें व्यक्तियों के अंगों, भावों और मुद्राओं का इतना सुंदर और स्वाभाविक चित्रण हुआ, जिसे दर्शक चित्रलिखित से देखते रह जाते हैं।

रफेल (1483–1520)

चित्र 2.22: रफेल

यूरोप के पुनर्जागरण काल के तीन बड़े चित्रकारों में एक नाम रफेल का भी था। जब वे 11 वर्ष के हुए, तभी उनके पिता का देहान्त हो गया। इनके पिता गियोवैनी सैन्टी (Giovanni Santi) भी चित्रकार थे। ये मध्य इटली के रहने वाले थे। रफेल, लियोनार्दो द विंची तथा माइकेल एंजलो के समकालीन थे।

रफेल के प्रथम गुरु पेरुगिनो (Perugino) थे, जिनकी प्राकृतिक पृष्ठभूमि पर 'पवित्र परिवार' के चित्र उस समय मध्य इटली में बहुत प्रसिद्ध हुए थे। अपने गुरु से जो कुछ सीख सकते थे, उन सबको सीखने के बाद वे लॉरेन्स चले गए, जो उस समय कला का सबसे बड़ा केंद्र था। यहाँ पर वे लियोनार्दो द विंची के प्रभाव में आए और प्रेरणास्वरूप रफेल ने प्रसिद्ध चित्र 'La Belle Jardiniere' को चित्रित किया। बाद में 1508-09 ई. में वे रोम चले गए, जहाँ उन्होंने जीवन का बाकी समय बिताया। रोम में उनके एक संबंधी ब्रमनेट (Bramante), जो पोप के दरबार में भवन निर्माण कला के प्रतिष्ठित कलाकार थे, रफेल का स्वागत किया।

पहला काम, जो रफेल को भित्तिचित्र (wall painting) रोम में करने को मिला। वह वेटिकन (Vatican) में पोप के खास कमरों को चित्रों से सजाना था। रफेल को ऐतिहासिक, पौराणिक तथा धार्मिक विषयों पर कई तरह के चित्र बनाने थे, जिससे विज्ञान, ज्ञान और कुशलता से विश्वकोष का प्रदर्शन हो, यह एक कठिन काम था। इसी क्रम में कई उन्नत (Master piece) चित्र बनाए। इनमें से 'स्कूल ऑफ एथेन्स' सर्वोत्तम है। इस चित्र में दर्शन शास्त्र के कई विचार व्यक्त हुए हैं। एक-दूसरे चित्र में सूर्य देवता, अपोलो और कविता की देवियों (Apollo and muses) का चित्र है। एक चित्र 'पवित्र पुस्तक पर वार्तालाप' (Discussion of the sacrament) में धर्मशास्त्र की अभिव्यक्ति है। इन सारे चित्रों में रफेल की कला महानता के उच्च शिखर पर है।

रेम्ब्रान्ट (1606–1669)

रेम्ब्रान्ट का जन्म 15 जुलाई, 1606 ई. को हॉलेन्ड के लिडेन नामक शहर के पास हुआ था। सात साल बाद इनका नामांकन लिडेन विश्वविद्यालय में कानून की पढ़ाई के लिए हुआ, लेकिन कुछ ही महीनों बाद वे कानून की पढ़ाई छोड़ कर कला की ओर मुखातिब हुए। लिडेन में कला गुरु जेकोब की कर्मशाला में चित्रकला और मूर्तिकला सीखने लगे। कुछ वर्षों बाद पीटर लास्टमन्न की कर्मशाला में योगदान कर उन्होंने कला की तकनीक की शिक्षा पूरी की। उनके गुरु पीटर इटालियन पद्धति के पूर्ण ज्ञाता थे। उनसे उन्होंने नाटकीय कला का प्रभाव, देहात के प्राकृतिक दृश्य, मूल्यवान उपस्करों तथा भव्य वस्तुओं के चित्र बनाने में महारत हासिल की।

इनके विश्व प्रसिद्ध चित्रों की एक झाँकी निम्न प्रकार से है-

1. रेम्ब्रान्ट ने इस चित्र में शरीर रचना, रचना विज्ञान के प्रोफेसर डॉ. टल्प तथा उनके छात्रों द्वारा ध्यानपूर्वक पाठ की शिक्षा लेते हुए मुद्राओं को दर्शाया है। मौलिक तथा सजीव सामूहिक व्यक्ति चित्र के कारण इन्हें काफी ख्याति मिली।
2. प्रसन्न मुद्रा में रेम्ब्रान्ट अपनी पत्नी के साथ बैठे हुए हैं। चित्र में दोनों सामने निगाहें डाले हुए हैं, जो दर्शकों को व्यग्रता प्रदान करने में सक्षम है। पृष्ठभूमि में सजा हुआ कमरा कलाकार के नए घर का द्योतक है।
3. 1642 ई. में इन्होंने 'नाइट वाच' नामक तैलचित्र में एक फौजी कप्तान तथा उसकी फौज का चित्रण किया है। फौजियों के स्वांग का जलसा तथा उनके द्वारा हादसा का स्फुरण समूचे चित्रों में प्रतिबिम्बित है।

उनके अन्य तैल चित्रों में 'पढ़ती हुई बुढ़िया', 'यूडाज द्वारा तीस चाँदी के टुकड़ों को लौटाना', 'हेन्डरीकज स्टोफेल्स बिछावन पर', 'वध किया बैल', 'शरीर रचना विज्ञान का पाठ डॉ. जॉन डेजगन द्वारा', 'जेविश की नववधू' तथा 'आत्म चित्र' इत्यादि हैं।

विन्सेट वानगॉग (1853–1890)

आधुनिक चित्रकला के जनक और उत्तर प्रभाववाद आन्दोलन के क्रांतिकारी डच चित्रकार विन्सेट वानगॉग का जन्म 3 मार्च, 1853 ई. में हॉलैंड के ग्रुट जुन्डर्ट नामक एक छोटे से गाँव में हुआ था। वानगॉग की कला का प्रारंभ ब्रोरिनाज में हुआ। 1880 से 1886 तक मजदूरों के कष्टमय जीवन, अनाथालयों, गरीब बस्तियों के दृश्यों के विषय हैं। ये भूरे, काले एवं गहरे रंग अधिक

प्रयोग करते थे, जिससे दुःख व निराशा के भाव प्रतीत होते थे। अपने प्रसिद्ध चित्र 'आलूखोर' जिसमें एक मेज के चारों ओर ग्रामीण बैठे दिखाए गए हैं। इस चित्र में प्रयुक्त कत्थई रंग द्वारा उन्होंने मजदूरों के कष्ट एवं कुरूपता को मुखरित किया।

फ्रांस के दक्षिणी भाग प्रोवन्स में आर्ल नाम के गाँव की ओर जाने के बाद उनकी प्रतिभा बाह्य बंधनों से मुक्त हो गई। दो साल एकलक्ष्य होकर उपयुक्त अवस्था में उन्होंने अनोखी कला का सृजन किया। अंकन पद्धति की कायापलट उनके विनाशकारी आत्मसमर्पण की भावना से हुई।

वे भावना के अनुकूल रंग संगति का प्रयोग करते थे। उनके प्रत्येक रंग से किसी विशिष्ट भावना का उद्दीपन होता है, जैसे-नीले से शांति, लाल से क्रोध, पीले से स्नेह वगैरह। अपने चित्र 'मदिरागृह' के बारे में उन्होंने कहा था– दृश्य ''लाल व हरे रंग से मैंने चित्र में मानवीय वासना को जाग्रत करने का प्रयत्न किया है। मैं व्यक्त करना चाहता हूँ कि मदिरा गृह ऐसा स्थान है, जहाँ आदमी स्वयं को भूल जाता है, गुनाह करता है, वह अपना सर्वनाश कर सकता है।'' 'शयनकक्ष' चित्र के बारे में उन्होंने कहा था–''यहाँ रंगों का कार्य है। सादे व प्रसन्न रंगों के प्रयोग से विश्राम व निद्रा के पोषक वातावरण का निर्माण होता है।'' वानगांग के 1885 के पहले के चित्र रोमांचक यथार्थवाद, बाद के 1888 तक प्रभाववाद तथा अंतिम 1890 तक अभिव्यंजनावाद शैली के चित्र हैं।

उनके प्रमुख चित्र- 'सूर्यमुखी के फूल', 'तारापूर्ण रात्रि', 'आलू खाने वाले', 'ला मोमी के आत्म चित्र', 'नाइट कैफे', 'शरोवृक्ष', 'गेहूँ के खेत में कौवे' इत्यादि हैं।

पॉल सेजान (1839–1906)

पॉल सेजान का जन्म 1839 में फ्रांस के दक्षिणी भाग एजों प्रोवांस में हुआ था। सेजान 1861 में कला के अध्ययन के लिए पेरिस की अकादमी स्विसे में भरती हुए। वहाँ मोनेट व पिसारो से उनका परिचय हुआ। पिसारो ने उनका मार्गदर्शन किया तथा अन्य प्रभाववादियों से परिचय कराया। 1872 से 1877 तक उन्होंने एकाग्रचित होकर प्रभाववाद का अध्ययन किया। 'फाँसी दिए गए व्यक्ति का मकान' उनकी प्रभाववादी काल की उत्कृष्ट कृति है। पाँच साल तक प्रभाववाद के अध्ययन से सेजान की रंग संगति में विशुद्धता आ गई। सेजान अपने चित्रों को राष्ट्रीय कला प्रदर्शनी के लिए लगातार भेजते, किंतु वे बराबर अस्वीकृत होते। आज तक उनका एक ही चित्र राष्ट्रीय कला प्रदर्शनी में स्वीकृत हुआ था।

उत्तर प्रभाववाद के अग्रज सेजान ने कला में लचीले आकार को नवीन रूप प्रदान किया। अतः वे आधुनिक कला के जन्मदाता माने गए। उनके अन्य चित्र-'गार्दान का दृश्य', 'मूर्ति के साथ वस्तुचित्र' तथा 'बीड़ी-सिगरेट पीने वाला' इत्यादि हैं।

पिकासो (1881–1973)

20वीं सदी के सर्वतोमुखी कलाकार पाब्लो रूइथ पिकासो का जन्म स्पेन के मलागा नामक गाँव में 25 अक्टूबर, 1881 ई. में हुआ था। पिकासो के बचपन के चित्र 'वृद्ध युग्म', 'पैर का अध्ययन चित्र' तथा 'डोन होसे' का व्यक्ति चित्र पूर्ण विकसित कला सामर्थ्य के उदाहरण हैं। सन् 1901 से 1904 तक पिकासो का 'नीला काल' है। जिसमें उन्होंने प्रमुखतः नीले रंग में भूख से पीड़ित माताओं, अंधे भिखारियों, मजदूरों, भूखे, अधनंगे तथा उपेक्षित वृद्धों को चित्रित किया। इन चित्रों में व्यक्त करुणा शायद उनकी अपनी गरीबी से उपजी थी। इन चित्रों में 'परित्यक्ता', 'वृद्ध ज्यू' तथा 'इस्त्री करने वाली' विशेष प्रसिद्ध हैं।

1905 में पिकासो के चित्रों में नीले रंग की जगह गुलाबी रंग ने ले ली। 'गुलाबी काल' के चित्रों का विषय निराशा व समर्पण (विदूषक, नट, भांड, नर्तक) के हैं। जिसमें 'भांड का परिवार' व 'नट का परिवार' विशेष प्रसिद्ध है। 1907 में उन्होंने 'आविन्यो की औरतें' चित्र की रचना की, जो **घनबाद प्रथम चित्र** माना जाता है।

1937 में रचित पिकासो का विश्वविख्यात चित्र 'गुएर्निका' सिर्फ नीले रंग से ही बनाया गया है। चित्र का विषय जर्मन तानाशाही आक्रमणकारियों द्वारा किया गया स्पेन के सीमावर्ती गाँव गुएर्निका का ध्वंस है। द्वितीय महायुद्ध के समय स्पेन के गुएर्निका गाँव पर जर्मन सेनाओं की बमबारी के परिणामस्वरूप पिकासो की चरमोत्कर्ष रचना गुएर्निका 'दमन और उत्पीड़न से प्रेरित' 1937 में रचित की गई। यह कृति 20वीं शताब्दी की बर्बरता और अमानवीयता का प्रतीक है। एक औरत का तैल चित्र राष्ट्रीय आधुनिक कला, संग्रहालय पेरिस में है। इस चित्र में पिकासो वस्तुओं का स्वरूप बदलने की अपनी असीमित क्षमता का अहसास कराता है। उनका कहना है-''मैं प्रकृति से काम नहीं करता, बल्कि उसके सामने और उसके साथ काम करता हूँ।'' स्पेन के गृह युद्ध, द्वितीय विश्वयुद्ध के दौरान पिकासो के चित्र हिंसक और टेढ़े-मेढ़े होते गए। उनका कहना था कि चित्र किसी कमरे को सजाने के लिए नहीं हैं, बल्कि आक्रमण करने का एक हथियार है तथा दुश्मनों का सामना करने का अस्त्र हैं।

अध्याय सार–संचिका

- मध्य प्रदेश के मनोरम प्राकृतिक स्थल नर्मदा तट के 'जोगीमारा' नामक स्थान से सात भित्ति-चित्र के अवशेष प्राप्त हुए हैं।
- भारतीय भित्ति चित्रों के इतिहास में जोगीमारा की गुफाओं के बाद अजंता के चित्रों का नाम आता है।
- अजंता के चित्रों का निर्माण शुंग, कुषाण, गुप्त, वाकाटक और चालुक्य राजाओं के समय (200 ई.पू. से 700 ई.) में हुआ।
- अजंता की कला की खोज सर एलेक्जेण्डर द्वारा 1824 में की गई थी।
- अजंता के विहारों (विशेषकर 1, 2, 16 तथा 17) की चित्रकला उन्नत अवस्था को दर्शाती है।
- विषय की दृष्टि से अजंता की चित्रकला को वाचस्पति गैरोला ने तीन प्रमुख भागों में बांटा है, जिसके नाम हैं–आलंकारिक, रूप भैदिक और वर्णनात्मक।
- आलंकारिक चित्रों में पशु-पक्षियों, पुष्प-लताओं, राक्षस, गंधर्व और अप्सरा आदि को रखा गया है।
- रूप भैदिक चित्रों में लोकपाल, बुद्ध बोधिसत्व तथा राजा-रानी की आकृतियों को रखा गया है।
- अजंता के चित्रों में जातक कथा से संबंधित चित्र हैं।
- अजंता के चित्रों में नारी को बहुत ऊँचा स्थान दिया गया है। उसका चित्रण मानवीय रूप में होकर सैद्धान्तिक रूप में हुआ है।
- अजंता के चित्रों में रंगों का संयोजन अति प्राकृतिक ढंग से किया गया है। चित्रों में गेरुआ, रामरज, हरे, काजल, नीले और चूने रंग का विशेष प्रयोग हुआ है।
- सर मार्शल के अनुसार बाघ की चित्रकारी कलात्मकता, अजंता की चित्रकारी से किसी तरह कम नहीं है।

1. बौद्ध चित्रकला की तीन शैलियाँ हैं–1. देव शैली, 2. पक्ष शैली, 3. नाग शैली
2. एलोरा की गुफाओं के मंदिरों में अनेक आकर्षक भित्ति चित्रों का निर्माण हुआ। इनमें कैलाशनाथ, लंकेश्वर, इन्द्रसभा आदि के चित्र अत्यधिक आकर्षक एवं दर्शनीय हैं।
3. मुंबई के समीप स्थित बादामी गुफा मंदिर के भित्ति चित्र चित्रकला की दृष्टि से सर्वोत्कृष्ट हैं।
4. तमिलनाडु प्रदेश स्थित सित्तनवासल चित्रकला का प्रख्यात केंद्र था।
5. अपभ्रंश शैली, राजपूत शैली, मेवाड़ शैली, किशनगढ़ शैली, कोटा बूँदी शैली, गुजराती शैली, पाल शैली, मारवाड़ शैली आदि चित्रकला की प्रख्यात शैलियाँ हैं।

- भारत में अपभ्रंश शैली का आरंभ आठवीं सदी में हुआ। इस शैली के चित्रों का निर्माण भित्ति एवं छत की जगह ताड़-पत्र, कपड़े एवं कागज पर होने लगा।
- अपभ्रंश शैली के चित्रों की प्रमुख विशेषताएँ हैं–

1. बड़ी और लंबी आँखें तथा स्त्रियों की आँखों से कान तक गई काजल की रेखा।
2. अप्राकृतिक रूप से उभरी हुई छाती।

3. खिलौने की तरह पशु-पक्षियों का अलंकरण।
4. भड़कीले रंग तथा सुनहले रंग की अधिकता।

- मध्यकाल में धार्मिक आन्दोलन के प्रभाव से साहित्य एवं चित्रकला के क्षेत्र में अत्यधिक उन्नति हुई। इसी समय चित्रकला की परिष्कृत एवं परिमार्जित शैली के रूप में राजपूत शैली का अभ्युदय हुआ, जिसे राजस्थानी अथवा हिन्दू शैली भी कहा जाता है।
- राजपूत शैली की चित्रकला में मेवाड़ शैली का महत्वपूर्ण स्थान है। इस शैली में नाक को लंबा और नुकीला दिखाया गया है। रात्रि के दृश्यों का सजीव चित्रण किया गया है। लाल, पीले और गेरुआ रंगों का अधिकाधिक प्रयोग हुआ है।
- कोटा-बूँदी शैली 'मेवाड़ शैली' की ही एक स्वतंत्र शाखा थी। इसका उद्‌भव 17वीं सदी के आरंभ में हुआ और 18वीं शताब्दी के मध्य तक यह शैली अपनी चरम परिणति पर पहुँच गई।
- गोल मुखाकृति, परवल के आकार की आँखें, नुकीली नाक, लंबी ठोड़ी आदि कोटा-बूँदी शैली की मुख्य विशेषताएँ हैं।
- सल्तनत काल में भारतीय चित्रकला उचित संरक्षण के अभाव में मृतप्रायः सी हो गई थी।
- मुगल काल में जहाँगीर के समय चित्रकला अपनी चरम सीमा को प्राप्त कर चुकी थी।
- जहाँगीर ने प्रकृति चित्र एवं पशु-पक्षियों के चित्रों पर विशेष ध्यान दिया। उसके चित्र सहज मानवीय अभिव्यक्ति, यथा-क्रोध, करुणा और सौहार्द के प्रतिनिधि हैं।
- पहाड़ी चित्र शैली का जन्म 1760 ई. में गुलेर में हुआ था। इस चित्र शैली पर मुगल एवं राजपूत शैली का प्रभाव स्पष्ट दृष्टिगोचर होता है।
- काँगड़ा शैली गुलेर शैली का ही परिष्कृत रूप थी। इस चित्र शैली के चित्रों का मुख्य विषय 'प्रेम' है, जिसे लय, शोभा तथा सौंदर्य के साथ दर्शाया गया है।
- बेल-बूटेदार हाशियों का प्रयोग, मुँह गोल, मछली की तरह की आँखें, सामान्य नाक-नक्शा, रंगों का संतुलित प्रयोग आदि जयपुर शैली की मुख्य विशेषताएँ हैं।
- मुगलकाल में चित्रकला को उचित संरक्षण मिलने के परिणामस्वरूप चित्रकला एक बार पुनः विकसित हुई।
- अकबर कालीन चित्रों को चार श्रेणियों में रखा जा सकता है-

1. अभारतीय कथाओं के चित्र, जिसमें दास्तान-ए-अमीर-हम्जा (इस्लाम के पीर पौराणिक पुरुष) प्रमुख हैं।
2. भारतीय कथाओं के चित्र, इसका विषय भारतीय काव्य है, विशेषतया रामायण, महाभारत, नवसाहसांक चरित आदि।
3. ऐतिहासिक चित्र, इसके अंतर्गत महत्वपूर्ण चित्रों की पोथी जाती है।
4. व्यक्ति चित्र, अकबर स्वयं व्यक्ति चित्रों में अधिक ध्यान देता था। राज्य के विशिष्ट व्यक्तियों और पूर्व पुरुषों के चित्रों का उसने संग्रह किया, जिसमें से अब कुछ ही चित्र शेष हैं।

- मुगल काल में जहाँगीर के समय चित्रकला अपनी चरम सीमा को प्राप्त कर चुकी थी।
- जहाँगीर ने प्रकृति चित्र एवं पशु-पक्षियों के चित्रों पर विशेष ध्यान दिया। उसके चित्र सहज मानवीय अभिव्यक्ति यथा-क्रोध, करुणा और सौहार्द के प्रतिनिधि हैं।
- काँगड़ा शैली के चित्रों में रंग संयोजन तथा स्त्रियों की सुंदरता पर विशेष ध्यान दिया गया है। उसकी आँखें धनुषाकार बनी हैं। उंगुलियाँ बड़ी कोमल हैं।
- गढ़वाल शैली, काँगड़ा शैली की चित्रकला की एक शाखा के रूप में 18वीं शताब्दी के अंत तथा 19वीं शताब्दी के आरंभ में प्रसूत हुई। इस चित्रकला का विषय नायिका भेद, धार्मिक चित्रण, व्यक्ति चित्र एवं पशु-पक्षी चित्रण रहा है।
- आधुनिक चित्रकला का आरंभ 20वीं शताब्दी के आरंभ में हुआ।

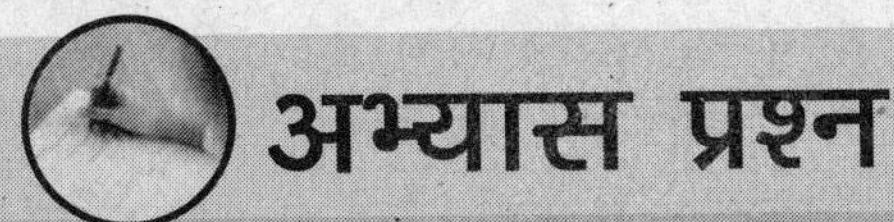

अभ्यास प्रश्न

1. **जहाँगीर के शासनकाल के चित्रकार मंसूर ने चित्रकारी के किस क्षेत्र में सुविज्ञता हासिल की थी?**
   (a) पशुओं और फूलों के चित्रांकन में
   (b) शाही प्रतिकृतियों में
   (c) धार्मिक व्यक्तियों के चित्रांकन में
   (d) इनमें से कोई नहीं

2. **निम्नलिखित कथनों में से कौन-सा कथन सत्य है?**
   1. अकबर के समय भारतीय चित्रकला पर यूरोपीय प्रभाव दिखने लगा था।
   2. जहाँगीर के काल में निर्मित चित्र यूरोपीय दृष्टिकोण के अनुरूप दिखाई देते हैं।

   (a) 1, 2 दोनों सत्य हैं।
   (b) 1, 2 दोनों असत्य हैं।
   (c) केवल 1 सत्य है।
   (d) केवल 2 सत्य है।

निर्देश: निम्नलिखित दो प्रश्नांशों में कथन और कारण दिए गए हैं, कथन (A) **और कारण** (R)**। इन दोनों कथनों का सावधानीपूर्वक परीक्षण कीजिए और इन प्रश्नांशों के उत्तर नीचे दिए गए कूट की सहायता से चुनिए।**

कूट:
(a) A और R दोनों सही हैं तथा R, A की सही व्याख्या है।
(b) A और R दोनों सही हैं, परंतु R, A की सही व्याख्या नहीं है।
(c) A सही है, किंतु R गलत है।
(d) A गलत है, किंतु R सही है।

3. **कथन (A):** जहाँगीर के युग में निर्मित अधिकतर चित्र विशुद्ध भारतीय दृष्टिकोण के अनुरूप दिखाई देते हैं।
   कारण (R) : समस्त मुगल बादशाहों के दरबार में आदि से अंत तक हिन्दू चित्रकारों की अधिकता बनी रही।

4. **कथन (A) :** गुलेर शैली का झुकाव पारम्परिकता के स्थान पर स्वाभाविकता की ओर अधिक है।
   कारण (R) : इस शैली का मुख्य विषय रामायण एवं महाभारत की घटनाएँ रही हैं।

5. **निम्नलिखित कथनों में से कौन-सा कथन सत्य है?**
   1. अमृता शेरगिल को वर्ष 1934 में एशिया का सर्वोच्च चित्रकला जगत का सम्मान 'ग्रैण्ड सैलान' प्रदान किया गया।
   2. मकबूल फिदा हुसैन वर्ष 1966 में बर्लिन में आयोजित फिल्म महोत्सव में 'गोल्डन बीयर' पुरस्कार के विजेता रहे।
   3. रबीन्द्रनाथ ठाकुर के नेतृत्व में चित्रकला जगत में एक क्रांति का सूत्रपात हुआ, जिसे 'नृत्यकला आन्दोलन' कहा गया।

   कूट :
   (a) केवल 1, 2 सत्य
   (b) केवल 2, 3 सत्य
   (c) केवल 1, 3 सत्य
   (d) उपरोक्त तीनों सत्य

6. **निम्नलिखित कथनों में से कौन-सा कथन सत्य है?**
   (a) गुजराती शैली को प्रकाश में लाने का श्रेय देवकी नन्दन खत्री को है।
   (b) रागमाला के चित्रों का चित्रांकन, गुजराती शैली में किया गया है।
   (c) गुजराती शैली का उद्भव, राजपूत शैली से हुआ है।
   (d) गुजराती शैली का प्रमुख विषय पौराणिक कथाओं पर आधारित है।

7. **निम्नलिखित कथनों में से कौन-सा कथन सत्य है?**
   1. मुगलकाल में बाबर ने फारसी चित्रकला की सर्वप्रथम शुरुआत भारत में की।
   2. जहाँगीर ने व्यक्तियों के चित्र और प्रतिकृतियाँ बनवाई, जिसे उसने 'मिन्टो' नामक एलबम में संगृहीत करवाया।

   कूट :
   (a) केवल 1 सत्य (b) केवल 2 सत्य
   (c) 1 व 2 दोनों सत्य (d) उपरोक्त में से कोई नहीं

8. **निम्नलिखित में से कौन-सा कथन असत्य है?**
   (a) पाल शैली का उद्भव 9वीं से 12वीं शताब्दी के मध्य पाल वंश के सान्निध्य में हुआ।
   (b) पाल शैली की विषयवस्तु बौद्ध धर्म से प्रभावित है।
   (c) पाल शैली के प्रारंभिक चित्र ताड़ पत्रों पर बनाए गए थे।
   (d) पाल शैली के चित्र केवल हीनयान बौद्ध धर्म को समर्पित हैं।

9. **बाघ गुफाओं से संबंधित कथनों में से कौन-सा/से सही है/हैं?**
   1. मध्य प्रदेश के बाघ में 9 बलुई पत्थर युक्त बौद्ध गुफाएँ हैं।
   2. इन गुफा मंदिरों में भित्तिचित्र शिल्पकला का अभाव मिलता है।
   3. इनका निर्माण लगभग छठी सदी ई. में हुआ।

   कूट :
   (a) 1 और 2 (b) 1 और 3
   (c) 2 और 3 (d) ये सभी

10. **अकबर कालीन चित्र शैली की विशेषताओं में से कौन-सा/से कथन सत्य है/हैं?**
    1. अकबर के अभारतीय कथाओं के चित्रों में 'दास्तान-ए-अमीर-हम्जा' प्रमुख है।
    2. अकबर के भारतीय कथाओं के चित्रों में कश्मीर तथा राजस्थानी शैली का प्रधान्य है।

    कूट :
    (a) केवल 1 (b) केवल 2
    (c) 1 व 2 दोनों (d) उपरोक्त में से कोई नहीं

11. **निम्नलिखित कथनों पर विचार कीजिए–**
    1. मधुबनी चित्रकला का प्रमुख केंद्र जितवारपुर (बिहार) गाँव है।
    2. इस शैली का विषय धार्मिक एवं लोक कथाओं से जुड़ा है।
    3. मधुबनी चित्रकला का चित्रण कपड़ों पर हाशिए के रूप में हो रहा है।

    उपरोक्त कथनों में कौन-सा/से कथन सत्य है/हैं?
    (a) केवल 1 (b) 1 और 2
    (c) 1 और 3 (d) 1, 2 और 3

12. सित्तनवासल गुफाओं का निर्माण किस पल्लव शासक ने करवाया?

(a) नरसिंह वर्मन–II
(b) नंदि वर्मन–II
(c) महेन्द्र वर्मन–I
(d) सिंहविष्णु

13. निम्नलिखित कथनों पर विचार कीजिए–

1. अजंता की चित्रकला को वाचस्पति गैरोला ने तीन भागों, आलंकारिक, भेदिक तथा वर्णात्मक में बांटा है।
2. आलंकारिक चित्रों में पशु–पक्षियों, पुष्पों, गंधर्व तथा अप्सरा आदि को शामिल किया गया है।
3. वर्णात्मक चित्रों में जातक कथाओं को प्रदर्शित किया गया है।

उपरोक्त कथनों में कौन-सा/से कथन सत्य है/हैं?

(a) केवल 1
(b) 1 और 2
(c) 1 और 3
(d) 1, 2 और 3

14. बादामी की गुफाओं के चित्र किस धर्म से संबंधित हैं?

(a) जैन धर्म
(b) बौद्ध धर्म
(c) ब्राह्मण धर्म
(d) शैव धर्म

उत्तरमाला

1. (a) **2.** (c) **3.** (a) **4.** (b) **5.** (a) **6.** (b) **7.** (d) **8.** (d)
9. (b) **10.** (c) **11.** (d) **12.** (c) **13.** (d) **14.** (d)

❑❑❑

मूर्तिकला

प्रमुख बिन्दु

- सामान्य परिचय
- उद्भव व विकास
- मौर्य कालीन मूर्तिकला
- मौर्योत्तर कालीन मूर्तिकला
- शुंग कालीन मूर्तिकला
- पूर्व मध्यकालीन मूर्तिकला
- उत्तर मध्यकालीन मूर्तिकला
- मुगल कालीन मूर्तिकला
- आधुनिक मूर्तिकला (1947 तक)
- अध्याय सार-संचिका
- अभ्यास प्रश्न

सामान्य परिचय

मूर्तिकला देश की विशिष्ट राष्ट्रीय कला मानी जा सकती है, जिसे विद्वान अधिक ठोस, स्थायी और कला की पूर्णाभिव्यक्ति मानते हैं। भारत में मूर्तिकला का इतिहास प्राचीन काल से ही मिलता है। हमारी सभ्यता के अवशेष सिन्धु घाटी में मिले हैं, किंतु आश्चर्य की बात यह है कि सिन्धु सभ्यता जो हमारी शैशव कालीन सभ्यता की परिचायक होनी चाहिए, वह हमारे चरमोत्कर्ष की परिचायक है अर्थात् सिन्धु सभ्यता के प्राप्त ध्वंशावशेष यह सिद्ध करते हैं कि इस समय की सभ्यता अपने चरमोत्कर्ष पर थी। कला की दृष्टि से यह काल उत्कर्ष का काल था। इस काल की प्रत्येक कलाकृति में जीवन की सजीवता प्रतिबिंबित होती है।

उद्भव व विकास

सैन्धवकाल से आधुनिक काल तक

प्राचीनतम मूर्ति सिन्धु घाटी की शहरी संस्कृति से प्राप्त हुई है, जिसका काल तृतीय सहस्राब्दि ईसा पूर्व है। अब तक इसका विस्तार अफगानिस्तान से लेकर पश्चिमी उत्तर प्रदेश और गुजरात तक ज्ञात हो सका है। पर शुरू में इसके केंद्रवर्ती दो ही नगर ज्ञात थे, जो सिन्धु घाटी में बसे थे; एक **मोहनजोदड़ो** और दूसरा **हड़प्पा**। इसको ताम्रयुगीन सभ्यता अथवा हड़प्पा की सभ्यता के नाम से जाना जाता है।

इस सभ्यता के केंद्रों से जो कला के अवशेष मिले हैं, उनको मुख्यत: निम्न कोटियों में विभक्त किया जा सकता है :

(अ) प्रस्तर मूर्तियाँ

1. धड़वाली संन्यासी की मूर्ति
2. दो कबन्ध मूर्तियाँ

(ब) धातु मूर्तियाँ

1. नर्तकी की मूर्ति
2. धातु का बना इक्का आदि कुछ विशिष्ट मूर्तियाँ

(स) मिट्टी की मूर्तियाँ और बर्तन

1. मानव आकृतियाँ
2. मातृ देवी की मूर्तियाँ
3. पशु-पक्षी तथा अन्य मूर्तियाँ

(अ) प्रस्तर मूर्तियाँ

यद्यपि पत्थर इन केंद्रों में नहीं पाया जाता था, फिर भी पत्थर का प्रयोग मूर्तियों के निर्माण में हुआ है। साधारणतया लाल पत्थर, चूना पत्थर, हरा अमेजन पत्थर, नील स्फटिक पत्थर, लाल स्फटिक पत्थर तथा वैदूर्य पत्थरों का प्रयोग कला के लिए किया जाता था।

1. **धड़वाली संन्यासी की मूर्ति :** यह मोहनजोदड़ो से प्राप्त एक आवक्ष मूर्ति है, जिसकी कमर से नीचे का हिस्सा टूट गया है। जो भाग प्राप्त है, वह अत्यंत सुंदर और कलात्मक है। इस मूर्ति के सिर के बाल पीछे की ओर मुड़े हुए हैं। कंघी से संवारने के समय बीच से माँग निकाली गई है। बालों को संजाने के लिए जैसे औरतें आज रीबन बांधती हैं, वैसे ही एक फीता यहाँ सिर पर बंधा है, जिसे फिलेट कहा जाता है। फिलेट की गांठ सामने ललाट पर गोल दिखाई पड़ती है। इसका ललाट पतला है। आँखें पतली तथा लंबी हैं। नेत्र में जड़ाऊ काम का स्पष्ट संकेत है। यह अर्द्धनिमीलित अवस्था में है। नासिका का निचला भाग ऊपर की ओर उठा हुआ है। इसकी मूँछें साफ हैं। दाढ़ी कटी हुई, गर्दन कोमल (छोटी) तथा भुजाएँ टूटी हुई हैं। यह शरीर पर कांखासोती स्थिति में चादर ओढ़े है, जिससे बायां कन्धा ढका है और चादर दाएँ कन्धे के नीचे है। इस पर तीन पत्तियाँ और फूल बना है। इसकी आँखें नासिकाग्र पर टिकी हैं। यह मूर्ति डी.के. क्षेत्र से प्राप्त हुई है, जो सेलखड़ी से बनी 19 सेमी. की है। मार्शल ने इसे संन्यासी की मूर्ति बताया है। पर डॉ. वासुदेव शरण अग्रवाल ने इसे सामान्य मानव की मूर्ति कहा है।

2. **दो कबन्ध मूर्तियाँ :** हड़प्पा से दो कबन्ध मूर्तियाँ प्राप्त हुई हैं, जिनका सिर टूटा हुआ है और भुजाएँ भी टूटी हुई हैं। नीचे के पैर घुटने के पास से टूट गए हैं। ऐसा अनुमान लगाया जाता है कि इनमें से एक पुरुष की मूर्ति है और एक नारी की मूर्ति है। पुरुष की मूर्ति 1 सेंमी. ऊँची लाल बलुआ पत्थर की बनी है। यह नंगी है और इसका शरीर भारी-भरकम है। इसका पैर आगे की ओर निकला है। नाभी अंदर की ओर धंसी है तथा जांघें मांसल हैं एवं गले और भुजाओं के टूटे स्थान पर तश्तरी की तरह गोल आकृतियाँ बनी हैं, जिनमें अंदर की ओर सुराख है। इससे लगता है कि अंगों को अलग-अलग बनाकर लकड़ी की कीली के द्वारा उन्हें एक में जोड़ा जाता होगा। इसे 'मधुच्छिष्ट (Cireperdue) विधि' कहते हैं। दूसरी मूर्ति काले रंग के स्लेटी पत्थर से निर्मित है। इसके भी अंग टूटे हैं। कुछ लोग इसे भी पुरुष मूर्ति ही मानते हैं, किंतु इसका दाहिना पैर सीधा है और बायां पैर कुछ घूमा हुआ है। इसकी भुजाएँ लगती हैं जैसे फैली हुई हों। शरीर भी एक ओर घूमा हुआ है। इसलिए नर्तकी की मूर्ति ही इसे कहा जा सकता है।

   मोहनजोदड़ो से चूना पत्थर का बना हुआ एक मानव सिर मिला है, जिसमें पहले वाली मूर्ति की कला का अभाव है। इसमें भी मूँछ नहीं है और दाढ़ी कटी हुई है। पर केश विन्यास भिन्न प्रकार का है। एक बैठे हुए मानव की मूर्ति भी मोहनजोदड़ो से प्राप्त हुई है। यह कमर में वस्त्र पहने है, जो पारदर्शी लगता है। इसका बायाँ हाथ बाएँ घुटने पर पड़ा है।

(ब) धातु मूर्तियाँ

1. **नर्तकी की मूर्ति :** धातु कणों को मिलाकर धातु पिण्ड बनाने के कौशल से ये परिचित थे। यहाँ पीतल और काँसे की मूर्तियाँ मिली हैं। इससे लगता है कि दो धातुओं को मिलाकर ये तीसरी धातु भी बनाते थे।

यहाँ एक नर्तकी की काँसे की मूर्ति 12 सेंमी. ऊँची प्राप्त हुई है, जो विश्वविख्यात है। इसके पैर का निचला भाग टूटा हुआ है पर बाकी शरीर यथावत है। छड़ीदार छरहरा बदन, गोल मुख, पीछे की ओर मुड़े बाल, दो बेणी, जिनमें एक आगे लटक रही है, पतला ढलवां ललाट, पतली लंबी आँखें, मोटी नाक, छोटी गर्दन उसमें लगा हुआ छल्लेदार नेक टाइट कोलर (Neck Tight Coller), नारी मुस्कान, गले में पड़ा हुआ ग्रैवक जिसमें तीन लॉकेट हैं, लंबी भुजाएँ जिनमें दाहिनी भुजा दाहिने घुटने तक पहुँचती है, उसमें कंधे से लेकर कलाई तक चूड़ियाँ हैं। बाईं भुजा त्रिकोण बनाती हुई बाईं कमर पर पड़ी है। स्तन गोल, शरीर नंगा, एक पैर मुड़ा हुआ और शरीर भी एक ओर झुका हुआ है, जैसे यह नृत्य की अवस्था में हो।

2. **धातु के इक्के आदि एवं पशु मूर्तियाँ :** ये मोहनजोदड़ो, चन्हूदड़ो, कालीबंगा आदि से भी मिली हैं। इनमें उल्लेखनीय है– भैंसा और भेड़ की मूर्तियाँ, जो मोहनजोदड़ो से प्राप्त हुई हैं। लोथल से बैल, कुत्ता, खरगोश आदि की मूर्तियाँ मिली हैं। चन्हूदड़ो से बैलगाड़ी और इक्का की आकृतियाँ मिली हैं। इन मूर्तियों में बैल और कुत्तों की मूर्तियाँ विशेष आकर्षक हैं। ताँबे की मुहरों पर विभिन्न पशुओं की आकृतियाँ भी अंकित हैं।

(स) मिट्टी की मूर्तियाँ और बर्तन

मिट्टी के कला अवशेष सर्वाधिक मिले हैं। इससे कहा जा सकता है कि यह उनकी लोकरुचि रही होगी। यहाँ मिट्टी की बनी आकृतियों को कई कोटियों में रख सकते हैं : पुरुष तथा स्त्री की मूर्तियाँ, पशु-पक्षी की आकृतियाँ, उपयोगी बर्तन-भाण्डे आदि।

1. **मानव आकृतियाँ :** यहाँ मिट्टी की पुरुष आकृतियाँ मोहनजोदड़ो के अन्नागार क्षेत्र तथा **डी.के. क्षेत्र** से मिली हैं। इनके निर्माण की वही विशेषताएँ हैं, जो प्रस्तर की पुरुष मूर्तियों की थी, जैसे–लंबी नाक, ठोढ़ी लंबी, आँखों के लिए बत्ती बनाकर मिट्टी चिपकाई गई है। मुँह के लिए किसी नुकीली चीज से वहाँ चीरा लगाया गया है।
2. **मातृदेवी की मूर्तियाँ :** नारी मूर्तियाँ यहाँ बहुतायत से प्राप्त हुई हैं, जिनमें निर्माण कौशल एक ही है पर स्वरूप भेद है। इनको मातृदेवियाँ कहा जाता है, क्योंकि इनके गोल वक्ष इस बात के प्रतीक हैं कि ये अविवाहित हैं। इनमें सबसे विचित्र इनकी अनेक प्रकार की शिरोभूषा है, जो कहीं पंखा, कहीं गुंबज, कहीं मुरेठा आदि की तरह सजाई गई हैं। इनको नीचे इतना लटकाया गया है कि किसी भी मूर्ति में कान का भाग दिखाई नहीं पड़ता। वह केश विन्यास में ही ढक गया है। इनका ललाट पतला तथा ढलवाँ है। गर्दन छोटी है। आँखों के लिए मिट्टी की बत्ती ऊपर से सटा दी गई है तथा मुँह को किसी नुकीली चीज से चीर दिया गया है। कंधे झुके हैं तथा शरीर छरहरा है। किसी-किसी में कमर मोटी है। पहले की मूर्तियाँ कुछ भद्दी हैं पर बाद की सुघड़ हैं। कहीं माँ-पुत्र का भी साथ-साथ मूर्तन हुआ है। एक मूर्ति में तो माँ अपने बच्चे को दूध पिलाती हुई प्रदर्शित की गई है, नंगापन इनमें है। इसका कारण इनकी उर्वरता तथा प्रजनन शक्ति का बोध कहा जा सकता है। मोहनजोदड़ो से प्राप्त दो सिरों तथा सींगों वाली मूर्ति विशेष उल्लेखनीय है।
3. **पशु-पक्षी तथा अन्य मूर्तियाँ :** मिट्टी के बने पशु तथा पक्षी की आकृतियों में हाथी, घोड़ा, वानर, बैल, भैंसा, गैंडा आदि पशुओं की मूर्तियाँ मिली हैं। इनमें भारीपन तथा यथार्थ का रेखांकन अत्यंत सजीव है। जलचर तथा थलचर दोनों पशुओं की मूर्तियाँ पाई गई हैं, जैसे–कुछआ, मछली, मगर, गिलहरी आदि। पर विचित्र बात यह है कि गाय की मूर्ति का यहाँ पूर्ण अभाव है। पशुओं के निर्माण में भावात्मकता को स्थान दिया गया है। यथार्थ का भी बहुत अधिक पालन हुआ है। इस संबंध में यहाँ एक टूटे बैल की मूर्ति प्राप्त हुई है, जो शरीर से भारी, मांसल अवयव वाला, अंग-प्रत्यंगों के उभार को प्रदर्शित करता है, यद्यपि इसका मुँह सामान्यतया बैल का नहीं प्रतीत होता। इसमें डील नहीं है। प्राय यहाँ के बैल की मूर्तियों में डील नहीं बनाया गया है। चिड़ियों की मूर्तियों में पैर तथा चोंच की जगहं लकड़ी लगाई जाती थी।

   मिट्टी के गेंद भी मिले हैं। इन पर खरबूजे की तरह के फांकदार निशान बने हैं। बच्चों की सीटियाँ तथा खेलने की गाड़ियां भी मिली हैं। इनके पहिए ठोस हैं। हल भी प्राप्त हुआ है।

मुहरों को 'स्टीएटाइट सील्स' कहा जाता है। यहाँ ये बड़ी संख्या में मिली हैं। इनका कोई एक आकार नहीं है। मुहरों पर कई प्रकार की आकृतियाँ उकेरी गई हैं–मानव, पशु, प्राकृतिक दृश्य, सामाजिक जीवन, पूजा, अंधविश्वास, ज्यामितिक आकृतियाँ आदि।

इनमें विशेष आकर्षक मुहरों में से एक में एक व्यक्ति की आकृति मोढ़े पर बैठी बनाई गई है, जिसके तीन मुँह हैं तथा मोटी–मोटी तीन सींगें हैं। इसके सामने तथा नीचे पशु आकृतियाँ अंकित हैं। इसकी भुजाएँ फैली तथा घुटनों पर टिकी हैं एवं लिंग उर्ध्व है। कमर के नीचे यह मूर्ति नंगी है तथा ऊपर कोई वस्त्र पहने है। कलाई से कंधों तक इसके हाथ में चूड़ियां हैं। इसके दाहिनी ओर बाघ और हाथी, बाईं ओर भैंसा तथा गैंडा और नीचे हिरण बने हैं, जिनमें से एक टूटा हुआ है। इन्हें **पशुपति** कहा जाता है।

मौर्य कालीन मूर्तिकला

सिन्धु घाटी के नगरों के पश्चात् अशोक स्तंभों के शीर्ष, जिनमें से कुछ सम्भवत: उसके राज्य से पूर्व निर्मित हुए थे, मूर्तिकला के प्रमुख प्रारंभिक उदाहरण हैं। उनमें भारतीय मूर्तिकला की विशेषताएँ नहीं हैं, यद्यपि उनमें अनेक स्वाभाविक गुण हैं। सारनाथ स्तंभ प्रसिद्ध सिंह तथा रामपुरवा के स्तंभ का कम प्रसिद्ध, परन्तु अधिक सुंदर वृषभ, यथार्थवादी मूर्तिकारों की कृतियाँ हैं, जो कुछ–न–कुछ ईरानी और यूनानी परम्परा के ऋणी हैं।

चित्र 3.1: एकवस्त्रा नारी, पाटलिपुत्र, मौर्यकाल   नारी मृण्मूर्ति, पाटलिपुत्र, मौर्यकाल

स्तंभों पर बनी हुई पशु–आकृतियाँ, सिन्धु घाटी की मुद्राएँ खोदने वालों की शैली से प्रत्यक्ष रूप से प्रभावित थीं, जिनमें एक यथार्थवादी दृष्टिकोण मिलता है।

ई.पू. तीसरी सदी में सम्राट अशोक द्वारा बनवाए गए शिखर पर पशु–सिरयुक्त दीर्घ और पॉलिश किए हुए **मोनोलिथिक स्तंभों** का उल्लेख करना आवश्यक है। इनमें से सर्वाधिक सारनाथ से प्राप्त वृहत सिंह स्तंभ महत्वपूर्ण है तथा अपनी प्रभावशाली गुणवत्ता और प्रतीकात्मक निरुपण के लिए भारतीय मूर्तिकला की उपलब्धि है। रामपुरवा के वृषभ स्तंभ में मधुकलश और ताड़सदृश अलंकरण युक्त वृत्ताकार शीर्षफलक के ऊपर स्थित मजबूत सुगठित वृषभ बना हुआ है और आधार उल्टा कमल के फूल के डिजाइन का है। यह अशोक कालीन मूर्तिकला का उत्कृष्ट नमूना है।

आरंभिक भारतीय मूर्तिकला के अंतर्गत रूपंकर कला में एक विषय के रूप में भगवान बुद्ध के जीवनचित्र का महत्वपूर्ण स्थान है। धार्मिक इतिहास की दृष्टि से कहा जा सकता है कि मुख्यत: उत्तर और दक्षिण भारत में बौद्ध शैली के स्मारकों के माध्यम से जनता में बौद्ध धर्म के प्रति अपार लोकप्रियता और भक्ति की जो अभिव्यक्ति दी गई है, वह अन्यत्र विरल है।

चित्र 3.2: बालक का पगड़ीयुक्त शीश, पाटलिपुत्र, मौर्यकाल   बालिका का पगड़ीयुक्त शीश, पाटलिपुत्र, मौर्यकाल

मौर्य सम्राट अशोक के शासनकाल में आरंभिक बौद्धकला का प्रादुर्भाव हुआ और उनके युग के जो स्मारक स्तंभ और स्तंभशीर्ष विद्यमान हैं, वह भारतीय कला के इतिहास में शैली और विषय वस्तु की दृष्टि से विशिष्ट हैं। यह परम्परा ईसा पूर्व दूसरी सदी में जारी रही और मध्य भारत में भरहुत और साँची जैसे प्रवेशद्वार और रेलिंग युक्त महान स्तूपों का निर्माण हुआ।

एक सुंदर आकृति दीदारगंज की यक्षिणी में मौर्य शैली विशिष्ट चमकदार पॉलिश है। यक्षिणी के हाथ में चँवर है, जिससे देवताओं और राजाओं पर पंखा किया जाता था। यक्षों की भी अनेक मूर्तियाँ प्राप्त हुई हैं, जो सजीव आकार से बहुत बड़ी हैं। वे सुदृढ़, वृषभ के समान ग्रीवा वाली और भारी हैं और यद्यपि प्राविधिक रूप से वे पूर्ण नहीं हैं तथापि उनमें एक तात्विक ठोसपन है।

मौर्योत्तर कालीन मूर्तिकला

उत्तर मौर्य काल की अत्यंत प्रसिद्ध अवशिष्ट मूर्तियों में भरहुत, गया और साँची के महान बौद्ध स्थलों की पाषाण-वेष्टनियाँ और प्रवेश द्वारों पर खुदी हुई मूर्तियाँ हैं। भरहुत की मूर्तिकला गया और साँची की शैली से कम विकसित हैं। भरहुत में स्तूप की पाषाण वेष्टनियों के सीधे खड़े स्तंभों पर समस्त श्रेष्ठ भारतीय मूर्तिकला के समान यक्षों और यक्षिणियों की सुंदरता से पूर्ण की गई एवं अत्यंत आलंकारिक मूर्तियाँ खुदी हुई हैं। गया की पाषाण वेष्टनियाँ, जो एक स्तूप के चारों ओर न होकर उस पवित्र पथ के चारों ओर हैं, जहाँ ज्ञान प्राप्ति के उपरांत ध्यानमग्न बुद्ध ने भ्रमण किया था। आकृतियाँ अधिक गहरी, अधिक चेतन और अधिक गोलाकार हैं।

बुद्ध के जीवन की चार महान घटनाएँ, यथा लुम्बिनी में जन्म, बोधगया में ज्ञानप्राप्ति, सारनाथ में धर्मचक्र प्रवर्तन और कुशीनगर में निर्वाण, आरंभिक बौद्धकला में बारम्बार चित्रित हुई हैं। स्तूप पूजा मृतक के प्रति सम्मान दर्शाने की प्राचीन परम्परा है, जिसे सम्भवतः बौद्ध धर्म में लोकाचार से लिया गया है।

प्रारंभिक उत्तर भारतीय मूर्तिकला की महत्वपूर्ण सफलता निःसन्देह साँची है। यहाँ पर एक छोटा स्तूप अत्यंत प्राचीन नक्काशी से सुसज्जित है। साँची के प्रवेश द्वारों की नक्काशी किसी पूर्व अनुमानित योजना के अनुसार नहीं हुई थी। मूर्तिकारों की नियुक्ति धार्मिक मठों द्वारा न होकर निजी संरक्षकों द्वारा होती थी, जो स्तूप को सुंदर रूप देकर कीर्ति प्राप्त करना चाहते थे और मूर्तिकार अपने संरक्षकों द्वारा बताई हुई नक्काशी उस ढंग से करते थे, जिसे वे सर्वश्रेष्ठ समझते थे। गांधार तथा मथुरा शैली, जिसका प्रारंभ कुषाण काल में ई.पू. प्रथम शताब्दी के अंत में हुआ, बुद्ध की प्रथम मूर्तियों के निर्माण की कृति में परस्पर स्पर्द्धा करती है।

कनिष्क के शासनकाल के तीसरे वर्ष में मथुरा के देशीय मूर्तिकारों ने परखम यक्ष जैसे प्राचीन रूपंकर रूपों से बुद्ध मूर्ति के सृजन की प्रेरणा ली, इसके प्रादुर्भाव के 100 वर्षों के भीतर, इसने पदचिह्न अथवा पादुका, बोधिवृक्ष, धर्म-चक्र आदि जैसे प्रतीकों के माध्यम से प्रभु को चित्रित करने की पूर्ववर्ती पद्धति को तिरोहित कर दिया। प्रतिमाएँ या तो खड़ी स्थिति में होती थीं या बैठी हुई स्थिति में। खड़ी प्रतिमा विशाल आकार की होती थी।

बौद्ध स्मारक स्थल में मूर्तिकला के अंतर्गत बुद्ध और उनकी जीवनगाथा का चित्रण हुआ है तथा कुषाण और शुंगकाल में कला के क्षेत्र में जातक कहानियों का भी चित्रण हुआ है। आरंभिक भारतीय मूर्तिकला में जैन धर्म का स्थान मथुरा से प्राप्त सामग्री तक सीमित था, जिसके अंतर्गत अधिकांशतः उत्कीर्ण वाली मूर्तिकला से युक्त रेलिंग, स्तंभ, प्रवेशद्वार और तीर्थंकरों की मूर्ति शामिल हैं और यह ईसवी की आरंभिक सदियों में जैन धार्मिक स्थलों के इतिहास पर प्रकाश डालता है।

मूर्तियों को छोड़कर मूर्तिकला और स्थापत्यकला के अन्य मूलभाव वैसे ही हैं, जैसे कि आरंभिक बौद्ध कला में हैं। परवर्ती युग में ढाँचागत ब्राह्मण मंदिरों के विकास के साथ-साथ मध्य और पश्चिम भारत में जैन कला का प्रसार हुआ तथा स्थापत्य प्रतिरूप और अलंकरण दोनों ही दृष्टियों से, मंदिर निर्माणकला जैन मत और ब्राह्मण मत की आवश्यकताओं के बावजूद भारतीय कला का अभिन्न अंग रही है।

शुंग कालीन मूर्तिकला

इस काल की कला में प्रतीकों की प्रधानता स्पष्ट परिलक्षित होती है, क्योंकि प्रत्येक तत्व के प्रतीक इस काल में निर्मित किए गए थे। इस काल की कला में सौंदर्य अवयव नहीं रहा, बल्कि भाव का हो गया। प्रथम शताब्दी ईसा पूर्व मूर्तिकला की दो शैलियों का विकास हुआ-1. मथुरा शैली, 2. गांधार शैली।

मृण्मूर्तियों के लिए शुंगकाल प्रसिद्ध है। पटना की पुरातात्विक खुदाई से घाघरा पहने तथा भारी-भरकम शिरोभूषा से अलंकृत नारी मूर्तियाँ तथा हँसते बालक-बालिका के शीश प्रमुख हैं। एकवस्त्रा खड़ी नारी आकृति एवं त्रिरत्न प्रतीक के रूप में अंकित मानव मूर्ति भी यहाँ की उल्लेखनीय कृतियाँ हैं। गोलकपुर (पटना) से प्राप्त शीश-विहीन नारी-धड़ की वेशभूषा दर्शनीय है। बलराम की प्रथम हल मूसलधारी मूर्ति भी उपलब्ध हुई है।

चित्र 3.3: शीश-विहीन नारी का धड़, गोलकपुर (पटना), शुंग काल

चित्र 3.4: पंचचूड़ा देवी, मृण्मूर्ति, तामलुक, शुंग काल, द्वितीय-प्रथम शती ई.

कुषाण काल

कुषाण काल ई.पू. प्रथम शताब्दी से आरंभ होकर तृतीय शताब्दी तक माना जाता है। कुषाण काल में पहली बार महात्मा बुद्ध की मूर्तियाँ बनाई गई। बुद्ध मूर्तियों का निर्माण इस काल की कला की विशेषता है। कुषाण काल में शुंगकालीन मूर्तिकला की शैलियों का पर्याप्त विकास हुआ। ये शैलियाँ थीं-

चित्र 3.5: गजलक्ष्मी, कौशाम्बी, मृण्मूर्ति, कुषाण काल

मथुरा शैली : मथुरा कुषाणकला का महत्वपूर्ण केंद्र और निकटवर्ती प्रदेश था। इस समय शिल्पकार तथा मूर्ति निर्माण के लिए यहाँ के कलाकार दूर-दूर तक प्रख्यात हो चुके थे। यहाँ अनेक बौद्ध, जैन तथा हिन्दू मूर्तियाँ प्राप्त हुई हैं। मथुरा (शूरसेन जनपद) शक-कुषाणों की पूर्वी राजधानी थी। मथुरा कला की मूर्तियाँ प्राय: लाल बलुए पत्थर की हैं, जिन पर श्वेत चित्तियाँ हैं। बुद्ध की प्रारंभिक अवस्था की मूर्तियाँ खड़ी हुई बनाई गई हैं। अधिकांश मूर्तियों के मुंडित अथवा केशों सहित सिर हैं। प्राय: बुद्ध और बोधिसत्वों की मूर्तियों का एक ही स्कंध ढका हुआ दिखाया गया है। वस्त्र शरीर से चिपके हुए हैं। वस्त्रों पर धारीदार सिलवटें कलात्मक ढंग से प्रदर्शित की गई हैं। अनके मूर्तियाँ वेदिका स्तंभों पर उत्कीर्ण हैं। बुद्ध के पूर्व जन्मों की कथाएं भी स्तंभों पर मिलती हैं। जन्म, अभिषेक, महाभिनिष्क्रमण, सम्बोधि, धर्म-चक्र-प्रवर्तन, महापरिनिर्वाण आदि बुद्ध के जीवन की विविध घटनाओं का कुशलतापूर्वक अंकन मथुरा कला के शिल्पियों द्वारा किया गया है। यहाँ के कलाकारों ने ईरानी तथा यूनानी कला के कुछ प्रतीकों को भी ग्रहण कर उन पर भारतीयता का रंग चढ़ा दिया। यही कारण है कि मथुरा की कुछ बुद्ध मूर्तियों में गांधार मूर्तियों के लक्षण दिखाई देते हैं, जैसे-कुछ मूर्तियों में मूँछ तथा पैरों में चप्पल दिखाई गई है। कुछ उपासकों की भी मूर्तियाँ हैं, जो अपने हाथ जोड़े हुए तथा माला ग्रहण किए हुए प्रदर्शित किए गए हैं। मथुरा से कनिष्क की एक सिर रहित मूर्ति प्राप्त हुई है। कला की दृष्टि से यह प्रतिमा उच्चकोटि की है। इस पाषाण प्रतिमा के निर्माण में मूर्तिकार को अद्भुत सफलता प्राप्त हुई है। इसके अतिरिक्त विष्णु, सूर्य, कुबेर, नाग, यक्ष तथा जैन तीर्थंकरों की भी पाषाण मूर्तियाँ प्राप्त हुई हैं, जो अत्यंत सुंदर और कलात्मक हैं। कुषाण कालीन मथुरा की मूर्तियों में आध्यात्मिक भावना का उद्दीपन उतना नहीं मिलता, जितना कि बाद के गुप्त काल में मिला। मथुराकला हृदय की कला है। इसमें गांधार कला के बुद्धिवादी दृष्टिकोण का अभाव है। इनमें बाह्य और आत्मिक सौंदर्य का समन्वय है।

गांधार शैली : गांधार प्रदेश में ग्रीक कलाकारों ने जिस शैली को अपनाया, उसे **'गांधार कला'** कहते हैं। इस शैली के शिल्पकार ग्रीक थे, किंतु उनकी कला का आधार भारतीय विषय, अभिप्राय और प्रतीक थे। गांधार प्रदेश भारतीय, चीनी, ईरानी, ग्रीक और रोमन संस्कृतियों का संगम स्थल था। गांधार कला मूर्तिकला की एक विशेष शैली है, जिसका विकास ईसा की प्रथम और द्वितीय शताब्दी में गांधार और उसके आसपास के प्रदेश में हुआ। गांधार कला के प्रमुख केंद्र थे–जलालाबाद, हद्द, बामियान, स्वात घाटी और पेशावर। गांधार कला को **'इण्डोग्रीक'** कला भी कहते हैं, क्योंकि इस कला की विषय वस्तु तो भारतीय है, किंतु उनकी निर्माण शैली यूनानी है अर्थात् यूनानी कलावन्तों की शैली का भारतीय कलाकारों ने भारतीय विषयों को मूर्तिमान करने में प्रयोग किया है। इस शैली का प्रयोग बौद्ध धर्म और भारतीय अभिप्रायों को मूर्त करने में किया गया। इस शैली की महान देन बुद्ध की प्रतिमा का निर्माण है। इससे पूर्व जातक कथाओं का निर्माण होता था। इस शैली का प्रतिपाद्य विषय गौतम बुद्ध या बौद्ध धर्म है। बुद्ध की मूर्तियों की प्रधानता के अतिरिक्त इस शैली को बुद्ध की प्रथम मूर्ति बनाने का भी श्रेय है। इससे पहले की भारतीय परम्परा शैली में भारतीय तक्षक द्वारा निर्मित बुद्ध की मूर्ति उपलब्ध नहीं है। लाहौर संग्रहालय की खड़ी बोधिसत्व की मूर्ति अद्भुत सुंदर है। शहरे बहलील में मिली कुबेर और हारीत की संयुक्त मूर्ति दर्शनीय है, सित्की की खड़ी हारीत दोनों कन्धों पर एक-एक बालक धारण किए मातृ गौरव की असामान्य प्रतिमा है। इस काल में निर्मित समस्त मूर्तियाँ और दृश्य पाषाण, महीन पिसे हुए चूने के और पकाई मिट्टी से बनाए गए हैं। मूर्ति या मिट्टी से निर्मित दृश्य या खिलौनों को स्वर्णिम रंग से रंगकर अधिक सुंदर बनाया जाता था। गांधार कला के सात केंद्र थे-तक्षशिला, पुष्कलावती, नगरहार, स्वातघाटी, कापिशी, बामियान तथा बाहीक (बैक्ट्रिया) आदि।

चित्र 3.6: गांधार शैली में निर्मित बुद्ध की मूर्ति

मथुरा व गांधार शैली में अंतर

- गांधार शैली में अंग सौष्ठव की सूक्ष्मता और भौतिक सौंदर्य अंकन को महत्व प्रदान किया गया है, जबकि मथुरा शैली में ऐसा नहीं है।
- गांधार शैली में निर्मित बुद्ध की मूर्ति सुंदर केश विन्यास से अलंकृत, ग्रीक राजकुमार की भांति सूक्ष्म परिधान से सज्जित, कुशलता से निरुपित है, जबकि गांधार शैली में निर्मित बुद्ध की मूर्ति का सिर घुटा हुआ, भारतीय संन्यासी की भांति है तथा मूर्ति वस्त्र रहित है।
- मथुरा शैली की मूर्तियाँ आध्यात्मिकता तथा भावना प्रधानता लिए हुए हैं, जबकि गांधार शैली की मूर्तियों में इसका अभाव है।
- गांधार शैली में बुद्ध पद्मासन पर आसीन हैं, जबकि मथुरा शैली में सिंहासनासीन हैं तथा बुद्ध की खड़ी मूर्ति के पैरों के नीचे सिंह की आकृति बनी है।

चित्र 3.7: मथुरा शैली में निर्मित बुद्ध की मूर्ति

गुप्त काल

गुप्त वंश का शासनकाल भारतीय संस्कृति के इतिहास में स्वर्णयुग कहा जाता है। इसका मुख्य कारण साहित्य, समाज एवं कला में इस समय अप्रत्याशित विकास है। इस समय कला के क्षेत्र में तक्षण अथवा मूर्तिकला में ही केवल विकास नहीं हुआ साथ-ही-साथ भवन निर्माण कला में भी नवीनता प्रकट होने लगी।

गुप्त कला केन्द्र

गुप्त काल में साधारणतया तीन कला केंद्र उभरे-(अ) मथुरा, (ब) सारनाथ और (स) पाटलिपुत्र।

मथुरा

यहाँ की गुप्त कालीन मूर्तियों की प्रधान विशेषता है कि ये पूर्ववत लाल चित्तीदार पत्थर (Red spotted sand stone) की बनी होती थीं। पर शैली में उष्णीष जोड़ दिया गया तथा बाल छोटे-छोटे और दाहिनी ओर मुड़े हुए बनने लगे। पारिभाषिक शब्दावली में ऐसे बालों वाली मूर्तियों को **दक्षिणावर्धन मूर्ति** कहते हैं। इनके सिर के ऊपर प्रभावली पहले से ही विद्यमान थी। पर इस समय इनको कुछ और बड़ा और सुंदर बनाया गया। इनके किनारों पर अधिक सजावट की गई। वस्त्रों के ऊपर यहाँ बनी रेखाएँ स्पष्ट रूप से दिखती हैं। रेखारहित गुप्त कालीन मूर्तियाँ बड़ी ही न्यूनतम संख्या में यहाँ देखने को मिलती हैं। ये सभी बौद्ध मूर्तियाँ हैं। इनके अतिरिक्त यहाँ कुछ हिन्दू देवताओं की भी मूर्तियाँ मिली हैं। पर जैन मूर्तियों का सामान्यतया अभाव ही दिखाई पड़ता है।

यहाँ जो भी जैन मूर्तियाँ मिली हैं, उनको देख कर यह बताना बड़ा ही कठिन है कि यह बौद्ध मूर्ति है अथवा जैन मूर्ति। जैन मूर्तियों में पैरों की बनावट आकार विहीन है और उसमें तथा शरीर में किसी प्रकार का साम्य नहीं है। पुनः जैन मूर्तियों के आसन पर साधारणतया घुटने के बल बैठे हाथ जोड़े उपासकों की आकृतियाँ उकेरी गई हैं।

इस केंद्र का ह्रास बौद्ध तथा जैन धर्म के ह्रास के कारण हुआ। पर बाद की मूर्तियों में सारनाथ कला केंद्र की मूर्तियों में प्रयुक्त होने वाली शैली का अनुकरण यहाँ किया जाने लगा था। यह केवल मथुरा की ही बात नहीं है कि यहाँ सारनाथ केंद्र की मूर्तियों की शैली को अपनाया गया, पर यही विशेषता पाटलिपुत्र केंद्र की भी है। **डॉ. बनर्जी** ने लिखा है कि यह विशेषता इंडियन म्यूजियम कोलकाता में रखी हुई है।

सारनाथ

काशी के अंचल में स्थित यह बौद्ध धर्म से संबंधित अति प्राचीन कला केंद्र अपने कला वैभव के लिए गुप्त काल में एक विशिष्ट स्थान रखता है। इस समय यह केंद्र विशेष कौशल का नायक था। नवीन कौशल का जन्म यहीं से हुआ, जो गुप्त कालीन विभिन्न कला क्षेत्रों में फैल गया। इसी से यदि सारनाथ को उस समय की 'मूर्ति निर्माण कला का यंत्रालय' कहा जाए तो कोई अतिश्योक्ति नहीं होगी। इसमें जो कला की प्रगति की नवीन धाराएँ चल पड़ीं, उनके कारण सम्पूर्ण पूर्वी एवं उत्तर-पूर्वी भारत की मूर्ति कला के निर्माण का एक नवीन स्वरूप उभर पड़ा।

इस केंद्र की मूर्तियों में मुखाकृति मंगोल लोगों की तरह बनाई जाने लगी, भौहें पतली, लंबी और सुंदर बननी प्रारंभ हुईं। गांधार कला की तरह कपड़ों पर पड़े हुए गहरे मोड़ के चिह्नों का अभाव हो गया और उनके स्थान पर बहुत हल्के चिह्नों का प्रदर्शन साधारण रेखाओं को खींचकर किया गया है। साथ ही वस्त्रों की व्यवस्था भी कलात्मक की गई है। उसके किनारे गुप्त कला के विन्यास के अनुसार सुंदर चित्रों एवं कटावों से सुशोभित किए जाने लगे। इस प्रकार पहले की अपेक्षा गुप्त कला के सारनाथ केंद्र में इन उपर्युक्त विशेषताओं में एक पूर्ण नवीनता का आभास मिलता है। इन नवीन कला विधियों की ओर सबसे पहले डॉ. बनर्जी ने ध्यान दिया। इनके वस्त्र साधारणतया पारदर्शक प्रतीक होते हैं। बुद्ध मूर्तियों के बालों की स्थिति छोटी और दक्षिण की ओर घूमी हुई है तथा उष्णीष का भी विधान किया गया है। इसमें ऊर्णा का अभाव दिखाया गया है।

इस केंद्र में बौद्ध एवं हिन्दू दोनों ही धर्म की मूर्तियाँ बड़ी अधिक संख्या में तैयार की गई। इसका मूल कारण था कि बौद्ध धर्म का यह तीर्थ स्थान माना जाता है। हिन्दू धर्म गुप्तों का अपना धर्म था। इसका ज्ञान उनके विरुद्ध से प्राप्त होता है, जिसमें वे अपने को 'परम भागवत', 'परमवैष्णव' आदि से सम्बोधित करते हैं। अतएव यह एक प्रकार का राज्य धर्म ही बन गया था, जैसा कि डॉ. वासुदेव उपाध्याय ने लिखा है। अतएव दोनों धर्मों की मूर्तियाँ यहाँ सामान्यतया बनती रहीं। पत्थर की पट्टिकाओं में जिन दृश्यों का अंकन किया गया है, उनमें भी इन्हीं धर्मों की प्रधानता है। जैन मूर्तियों का अभाव लोगों में इस धर्म के प्रति उत्साह की कमी के कारण प्रतीत होता है।

यहाँ की प्रधान सामग्री चुनार से प्राप्त होने वाला श्वेत धूसरी पत्थर है। इसी पर मूर्तियों का निर्माण हुआ है। मुद्राओं का प्रयोग बौद्ध मूर्तियों में बहुतायत से पाया जाता है। साधारणतया दो स्थितियों में यहाँ मूर्तियाँ मिली हैं : (अ) स्थानक और (ब) आसन। यह मथुरा केंद्र की तरह शीघ्र समाप्त नहीं हुआ, पर अपनी पुरातन स्थिति के साथ अपना स्थायित्व बहुत दिनों तक बनाए रखा।

पाटलिपुत्र

इस काल का तीसरा प्रधान कला केंद्र साम्राज्य की राजधानी पाटलिपुत्र था। यही वह केंद्र बिंदु था, जो सारनाथ के कला वैभव का प्रचार पूर्वी भारत में करता रहा। साधारणतया यहाँ का प्रभाव बंगाल, आसाम तथा नेपाल आदि प्रदेशों की समकालीन

कला पर पड़ा। इसको कला केंद्र कहे जाने का एकमात्र कारण यही प्रतीत होता है कि राजधानी होने के नाते पूर्वी भारत तथा नालन्दा की निर्मित कला को इस नाम विशेष से संबंधित किया गया, क्योंकि ये सभी पाटलिपुत्र के पास थे। ये उस समय के प्रमुख केंद्र थे। इन्हें अलग-अलग नाम नहीं दिया गया। इसी कारण नालन्दा से उस समय की बहुत-सी मूर्तियाँ वर्तमान काल में खुदाई से निकली हैं।

पत्थर के साथ ही धातुओं की मूर्तियाँ भी यहाँ बननी प्रारंभ हो गई थीं। इनकी निर्माण शैली सारनाथ की ही तरह थी, पर उसमें थोड़ा-सा अंतर ज्ञात होता है। 'महापुरुष लक्षण' जिसे डॉ. बनर्जी ने मानव प्रतिमा में अस्वाभाविक बतलाया है, साधारणतया मूर्तियों में देखने को मिलता है। इसके अतिरिक्त धातु मूर्तियों की निर्माण शैली में कुछ बातें गांधार कला से अनुकरण की गई प्रतीत होती हैं। प्रतिमाओं के वस्त्रों का निचला भाग चुन्नटदार है और उसके कारण बीच में पड़ी हुई मोड़ों का प्रदर्शन गहरी रेखाओं द्वारा किया गया है। ऊपर और नीचे के वस्त्रों का विधान बनारस केंद्र में प्राप्त बौद्ध मूर्तियों के परिधान से पूर्णतया भिन्न है। पर यह कला वैभिन्न जो पाटलिपुत्र केंद्र में दिखाई पड़ती है, वह केवल नालन्दा से प्राप्त मूर्तियों तक ही सीमित है। इसके पूरब की ओर जो मूर्तियाँ बनी हैं, उनमें अक्षरशः सारनाथ की विशेषताएँ अपनाई गई हैं।

चित्र 3.8: पुरुष-शीश, अहिच्छत्र, मृण्मूर्ति, गुप्त काल

चित्र 3.9: नागिनी, मणियारमठ, राजगीर, मृण्मूर्ति, गुप्त काल

पूर्व मध्यकालीन मूर्तिकला

इस काल तक मूर्तिकला संबंधी सिद्धान्त निर्धारित हो चुके थे। प्रत्येक देवता के अपने विशिष्ट गुण थे, जो उसकी मूर्ति में नियमित रूप से प्रदर्शित किए जाते थे। शरीर, अंगों एवं आकृतियों के अनुपात निर्धारित हो चुके थे और उनका पालन निरंतर बढ़ती हुई कठोरता के साथ होता था। परंतु भारतीय मूर्तिकार अपनी लगभग पौरोहित कला में विलक्षण उत्पन्न करने में सफल हुए।

बिहार और बंगाल के पाल और सेन राजाओं के शासनकाल में (8वीं से 12वीं शताब्दी तक) बौद्धों और हिन्दुओं दोनों ने ही सुंदर मूर्तियों का निर्माण किया, जिनमें से अधिकतर मूर्तियाँ स्थानीय काले पत्थर से बनाई गई। पाल कला की मुख्य विशेषता उसकी सुंदर समाप्ति है। उसकी आकृतियाँ अत्यधिक सुसज्जित तथा भली-भांति पॉलिश की हुई हैं तथा अधिकांश धातु की बनी हुई हैं।

ओडिशा की मूर्तिकला, पालों की मूर्तिकला से महान थी। भुवनेश्वर और कोणार्क के मंदिरों की नक्काशी मानव रूप के प्रति एक गहन इन्द्रियजनित सौंदर्यानुभूति एवं स्पष्टता प्रदर्शित करती है।

चित्र 3.10: कोणार्क के मंदिरों की नक्काशी

ओडिशा की सर्वोत्कृष्ट मूर्तियाँ कोणार्क में सूर्य के मंदिर के आँगन की हैं, जहाँ शक्तिशाली घोड़े तथा विशाल हाथी एक कुकर्मी को अपनी सूंड से कुचलते हुए शक्ति तथा पशु रूप में ऐसी भावना का प्रदर्शन करते हैं, जो विश्व की कला में बहुत कम पाई जाती है। खजुराहो के मंदिर देवताओं की आकृतियों तथा आश्चर्यजनक सौंदर्य एवं सुकुमारता से युक्त प्रेमी-युगलों से भरे हुए हैं।

चित्र 3.11: खजुराहो की मूर्तिकला

दक्षिण में मूर्तिकला की व्यक्तिगत शैलियाँ प्रकट हुई। चालुक्य काल के आरंभिक वर्षों में बादामी और एहोल में निर्मित मंदिर विशिष्ट मूर्तिकला के उदाहरण हैं। महाबलीपुरम की मूर्तियाँ, जो काँची के पल्लव राजाओं द्वारा निर्मित हैं, आश्चर्यजनक एवं जटिल चट्टान के मंदिरों को सुसज्जित किए हैं। इन मूर्तियों में सबसे अद्‌भुत गंगावतरण की विशाल उभरी हुई आकृति है। मूर्तिकला की पल्लव शैली का प्रभाव लंका तथा पश्चिम-दक्षिण में भी अनुभव किया गया।

अजंता की गुफाओं की बौद्ध मूर्तियाँ भी महत्वपूर्ण हैं। एलोरा की गुफाओं की मूर्तियाँ, विशेष रूप से कैलाशनाथ मंदिर की मूर्तियाँ भारत की उत्कृष्टतम मूर्तियों में से हैं। वे मुख्यत: गहरी, उभरी हुई आकृतियों के रूप में हैं, जो स्वतंत्र रूप से स्थित मूर्तियों के समान लगती हैं और पौराणिक दृश्यों को चित्रित करती हैं। इसके बाद की एलीफेंटा की गुफा की मूर्तियाँ थोड़े कम महत्व की हैं। महाबलीपुरम, एलोरा और एलीफेंटा के पश्चात् प्रायद्वीप में पाषाण की अनेक मूर्तियाँ निर्मित हुई, परंतु प्राय: अत्यधिक श्रेष्ठ होते हुए भी उसमें प्रारंभिक शैलियों की गंभीरता एवं सौंदर्य का अभाव था।

उत्तर मध्य युग में ढाँचागत मंदिरों का अधिकतम विकास हुआ। इस युग की विशेषता इसका अलंकरण और श्रृंगारिक चित्रण है। इस युग में मूर्तिकला ने अपनी स्वतंत्र पहचान खो दी और मंदिर स्थापत्य की अनुगामिनी बन गई। खजुराहो के भव्य मंदिर समूह चन्देल शैली के स्मारक हैं (1100 ई.)। भुवनेश्वर स्थित मंदिरों और कोणार्क स्थित सूर्य मंदिर (13वीं सदी) में मानव और पशु दोनों रूपों का अत्यधिक चित्रण हुआ है और इसमें अन्तहीन अलंकरण प्रतिरूपों का प्राचुर्य है। माउण्ट आबू, गिरनार और शत्रुंजय स्थित जैन मंदिरों (10-12वीं ई.) में मूर्तियों की भरमार है।

उत्तर मध्यकालीन मूर्तिकला

उत्तर-मध्य युग में, भारतीय मूर्तिकला ने नए चरण में प्रवेश किया। इसके मुख्य केंद्र उत्तर में खजुराहो, पश्चिम में माउण्ट आबू, गिरनार और पालीताना, दक्षिण में हेलेबिड तथा पूर्व में भुवनेश्वर और कोणार्क थे।

ढाँचागत मंदिरों में विविधतापूर्ण उत्कीर्ण आकृतियों का बाहुल्य है, जिस कारण ये मंदिर सुंदरता के प्रतीक बन गए हैं। धनी जैन भक्तों ने 9वीं सदी से लेकर आगे तक अनेक मंदिरों का निर्माण कराया। गुजरात में गिरनार, शत्रुंजय और पालीताना की पहाड़ियों में स्थित महान् शहर उन्हीं की देन हैं। दक्षिण भारत में, भारतीय मूर्तिकला चोलयुग (10-11वीं सदी) में नई ऊँचाई पर पहुँची।

चोल राजाओं और उनके उत्तराधिकारियों की काँसे की प्रतिमाएँ उत्तर कालीन मध्य युग के द्रविड़ कलाकारों की अत्यधिक श्रेष्ठ रचनाएँ हैं। मैसूर की होयसल शैली (11-13वीं सदी) के अंतर्गत सूक्ष्मकणीय गहरे रंग की स्तरित चट्टान का उपयोग किया गया, जोकि व्यापक उत्कीर्ण के लिए असीमित अवसर देती है और यह पत्थर से अधिक धात्विक चमक से युक्त होती है। इसके बावजूद, भारतीय मूर्तिकला की धारा मुस्लिम काल में सूख गई और जीवन्त चित्रकला के रूप में जारी रही।

मुगल कालीन मूर्तिकला

इस काल में यद्यपि मूर्तिकला अवरुद्ध हुई, किंतु समाप्त नहीं हुई। जब मुगलों ने उत्तरी भारत पर शासन किया, तो दक्षिणी भारत में मूर्तिकला अपने अस्तित्व में रही और जब मुगलों ने दक्षिण भारत पर शासन किया तो राजपूत शासकों के काल में उत्तरी भारत में अनेक मूर्तियों का निर्माण हुआ। उत्तरी भारत की मूर्तियों में प्राचीन मूर्तिकला की नकल देखने को मिलती है। राम, नरसिंह, नृत्यगोपाल, हनुमान, नटराज, कृष्णदेव की रानी तथा रामायण की कथाओं के दृश्यों की मूर्तियों का निर्माण

दक्षिण में किया गया। मुसलमानों में जीवित प्राणियों की मूर्तियों को बनाना पाप माना गया है। सर्वशक्तिमान अल्लाह ताला की प्रतिमाएँ बनाना तो पापपूर्ण माना गया। वे इसे कुफ्र अर्थात् ईश्वर के प्रति कृतघ्नता कहते थे। इसलिए उन्होंने मूर्तियों एवं मूर्तिकला संबंधी प्रदर्शनी को नष्ट किया। फिर भी कलाकारों की यह रचनात्मक प्रवृत्ति एकदम नष्ट नहीं हो सकी। मुगल शासकों में अकबर ने धार्मिक सहिष्णुता का परिचय देते हुए मूर्तिकला के विकास में किसी प्रकार की बाधा नहीं डाली। उसने हिन्दू मूर्तिकारों को अपने देवी-देवताओं की मूर्तियाँ बनाने की पूर्ण स्वतंत्रता प्रदान की। उनके शासनकाल में किसी भी मंदिर की मूर्ति को नष्ट नहीं किया गया। उन्हीं की आज्ञा से जयमल और फत्ता की हाथी पर सवार मूर्ति (जो आगरा के द्वार को सुसज्जित करती है) निर्मित की गई। फतेहपुर सीकरी के महल का हाथीपोल द्वार भी दो विशाल हाथियों द्वारा सजाया गया है। जहाँगीर के काल में भी मूर्तियाँ बनती रहीं। राणा अमर सिंह और उसके पुत्र कर्ण सिंह की मूर्तियाँ आगरा किले में झरोखा दर्शन के ठीक नीचे स्थापित की गई हैं। मूर्तिकला का विकास शाहजहाँ और औरंगजेब के शासनकाल में उदासीनता के कारण अवरूद्ध हो गया। मुगलों ने मूर्तिकला की एक शाखा हाथी दांत की खुदाई को प्रोत्साहित किया। मुगल साम्राज्य के पतन के पश्चात् भी हाथी दांत के उद्योग चलते रहे, लेकिन संरक्षण के अभाव में इसके कारीगरों की संख्या कम होती चली गई।

चित्र 3.12: फतेहपुर सीकरी के महल का हाथीपोल द्वार

आधुनिक मूर्तिकला (1947 तक)

ब्रिटिश काल में भारतीय मूर्तिकला अपने अस्तित्व में रही। बंगाल, उत्तर प्रदेश, पंजाब, पहाड़ी रियासत, मुंबई, जयपुर, ग्वालियर तथा मद्रास इस काल के प्रमुख केंद्र थे। ब्रिटिश काल में लखनऊ में आर्ट स्कूल खुलने के पश्चात् लखनऊ मूर्तिकला का प्रसिद्ध केंद्र बन गया। कोलकाता में भारतीय एवं विदेशी शैली में मूर्तियों का निर्माण हुआ। पहाड़ी रियासतों में निर्मित मूर्तियाँ अत्यंत ही उच्चकोटि की हैं। इन मूर्तियों की आँखें उभारदार हैं। वर्तमान में अनेक नगरों में आर्ट स्कूल खुल गए हैं। परिणामस्वरूप मूर्तिकला अपने अस्तित्व में है।

अध्याय सार–संचिका

- सिन्धु घाटी सभ्यता की मूर्तियों में आश्चर्यजनक परिपक्वता देखने को मिलती है। मोहनजोदड़ो एवं हड़प्पा नगरों की खुदाई में अनेक मूर्तियाँ प्राप्त हुई हैं। ये मिट्टी, पत्थर, ताँबे व काँसे की बनी हैं।
- सिन्धुकालीन मिट्टी निर्मित मूर्तियों को साँचे से न बनाकर हाथ से बनाया जाता था।
- सिन्धुकालीन मिट्टी निर्मित मूर्तियाँ अधिकांशतः नारी की हैं।
- सिन्धुकालीन नारी की मूर्ति के चेहरे पर कोमलता के स्थान पर कुरूपता दर्शित होती है।
- उत्खनन में मोहनजोदड़ो से कांस्य निर्मित नारी की मूर्ति प्राप्त हुई है, जो कि नग्न एवं खण्डित है।
- हड़प्पा से काँसे की एक नर्तकी की मूर्ति प्राप्त हुई है।
- महाकाव्य काल में सोने, चाँदी, लोहे, तांबे, पत्थर, मिट्टी आदि से देवी–देवताओं की मूर्तियों का निर्माण होता था।
- मौर्य काल की एक अन्य स्त्री मूर्ति बेसनगर से प्राप्त हुई है। इस मूर्ति की ऊँचाई 6 फीट, 7 इंच है।
- पटना के दीदारगंज से एक अन्य मौर्य कालीन स्त्री की मूर्ति प्राप्त हुई है। चौकी पर खड़ी इस मूर्ति की ऊँचाई 5.5 फीट है।
- कुषाण काल में शिल्पकला की एक नवीन शैली का जन्म हुआ, जिसका विषय बौद्ध तथा शैली यूनानी थी। इसे गांधार शैली कहा गया। गांधार शैली में बुद्ध की मूर्तियों का निर्माण हुआ।
- मथुरा से विष्णु, सूर्य, शिव, कुबेर, नाग, यक्ष, जैन तीर्थंकर आदि की अनेक मूर्तियाँ प्राप्त हुई हैं।
- मथुरा से ही कनिष्क की सिर रहित मूर्ति प्राप्त हुई है, जो कला की दृष्टि से श्रेष्ठ है।
- गुप्त काल में मूर्तियों का बहुतायत में निर्माण हुआ। मथुरा संग्रहालय में बुद्ध की खड़ी मूर्ति तथा सारनाथ की पद्मासन में विराजमान बुद्ध की मूर्ति, भगवान विष्णु की मूर्ति आदि गुप्त काल की मूर्ति शिल्प के श्रेष्ठतम उदाहरण हैं।

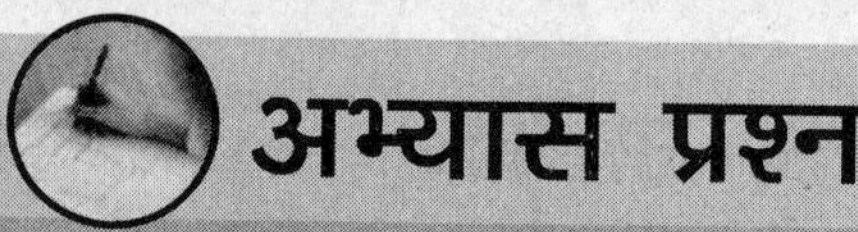

अभ्यास प्रश्न

1. मौर्य कालीन कला के संदर्भ में कौन-सा/से कथन सत्य है/हैं?

1. मौर्य कालीन कला भाव-प्रकाशन में समर्थ है।
2. पाषाण स्तंभ एक ही पत्थर से निर्मित किए गए हैं।
3. इसमें चुनार के पत्थर का प्रयोग किया गया है।
4. इन मूर्तियों की पॉलिश आज भी वैसी ही है।

कूट:

(a) 1, 2, 4 सत्य
(b) 2, 3, 4 सत्य
(c) 1, 2, 3 सत्य
(d) उपरोक्त सभी सत्य

2. निम्नलिखित कथनों पर विचार करें–

1. मथुरा कला की मूर्तियाँ चुनार पत्थर से बनाई गई हैं।
2. मथुरा कला की मूर्तियों में धारीदार सिलवटें कलात्मक ढंग से प्रदर्शित की गई हैं।

उपर्युक्त कथनों में से कौन-सा/से कथन सत्य है/हैं?

(a) केवल 1
(b) केवल 2
(c) न तो 1 न ही 2
(d) उपरोक्त दोनों

3. गांधार कला के संबंध में निम्नलिखित कथनों पर विचार करें–

1. गांधार कला के प्रमुख केंद्र जलालाबाद, हद्द, बामियान, स्वात घाटी और पेशावर थे।
2. इस कला की विषयवस्तु तो भारतीय है, किंतु निर्माण शैली यूनानी है।
3. गांधार शैली को बुद्ध की प्रथम मूर्ति बनाने का श्रेय है।
4. इस शैली में कनिष्क की एक सिर रहित मूर्ति खड़ी मुद्रा में प्राप्त हुई है।

उपर्युक्त कथनों में से कौन-सा कथन असत्य है?

(a) केवल 1
(b) केवल 2
(c) केवल 3
(d) केवल 4

4. हड़प्पा से प्राप्त नृत्यांगना की कांस्य मूर्ति से किसका ज्ञान नहीं होता है?

(a) हड़प्पावासियों को मूर्तिकला का ज्ञान था।
(b) वे कांस्य के प्रयोग में कुशल थे।
(c) उस समय नृत्य कला प्रचलित थी।
(d) समाज मातृप्रधान था।

5. निम्नलिखित कथनों में से कौन-से कथन सत्य हैं?

(a) राजपूत कालीन मूर्तियों का निर्माण चूने के पत्थर से हुआ है।
(b) बंगाल के पालवंशीय शासकों ने मूर्तियों के निर्माण में काले पत्थर का प्रयोग किया।
(c) राजपूत कालीन मूर्तियों में अंगों का अनुपात सही है।
(d) उपरोक्त सभी कथन सत्य हैं।

6. मूर्तिकला में प्रयुक्त सामग्री से संबद्ध निम्न में से कौन-सा/से कथन सही है/हैं?

1. कुषाण काल में तुलनात्मक रूप से मुलायम पत्थर का प्रयोग किया गया।
2. गुप्त काल में महीन काले चित्तीयुक्त कठोर दानेदार पत्थर का उपयोग किया गया।
3. बिहार और बंगाल तथा दक्षिण भारत में मूर्तिकला के लिए बलुआ पत्थर का उपयोग किया गया है।

कूटः

(a) 1 व 2
(b) 2 व 3
(c) 1 व 3
(d) ये सभी

7. पूर्व मध्य कालीन मूर्तिकला से संबंधित तथ्यों पर विचार करें–

1. इस काल में प्रत्येक देवता के अपने विशिष्ट गुण थे, जो उसकी मूर्ति में प्रदर्शित होते थे।
2. पाल और सेन राजाओं के काल में मूर्तियों का निर्माण स्थानीय काले पत्थरों से होता था।
3. पाल मूर्तियों की आकृतियाँ अत्यधिक सुसज्जित तथा भली-भांति पॉलिश की हुई हैं तथा अधिकांश धातु की बनी हुई हैं।

उपरोक्त कथनों में कौन-सा/से कथन सही है/हैं?

(a) 1 व 2
(b) 2 व 3
(c) 1 व 3
(d) ये सभी

8. रथ मूर्ति केंद्र किस सम्राट के काल का प्रसिद्ध मूर्ति केंद्र है?

(a) हर्ष
(b) अशोक
(c) कनिष्क
(d) चन्द्रगुप्त मौर्य

9. सिन्धुकालीन मूर्तियों के संबंध में विचार करें–

1. सिन्धुकालीन मिट्टी निर्मित मूर्तियों को साँचे से न बनाकर हाथ से बनाया जाता था।
2. सिन्धुकालीन मिट्टी निर्मित मूर्तियाँ अधिकांशतः नारी की हैं।
3. सिन्धुकालीन नारी की मूर्ति के चेहरे पर कोमलता एवं भाव दर्शित होते हैं।
4. हड़प्पा से कांसे की एक नर्तकी की मूर्ति प्राप्त हुई है।

उपर्युक्त में से कौन-सा/से कथन असत्य है/हैं?

(a) केवल 1
(b) केवल 2
(c) केवल 3
(d) केवल 4

10. साँची के स्तूप किसकी कला तथा मूर्तिकला को निरुपित करते हैं?

(a) बौद्धों की
(b) जैनियों की
(c) मुसलमानों की
(d) ब्राह्मणों की

11. पशुपति अंकित हड़प्पीय मुहर प्राप्त हुई है–

(a) अमरी से
(b) हड़प्पा से
(c) कोटदीजी से
(d) मोहनजोदड़ो से

12. कुषाण काल के दौरान मूर्तिकला की गांधार शैली निम्नलिखित में से किसका मिश्रण है?

(a) भारत-इस्लाम शैली
(b) भारत-ईरानी शैली
(c) भारत-चीन शैली
(d) भारत-ग्रीक (यूनानी) शैली

13. किस संग्रहालय में कुषाण कालीन मूर्तियों का संग्रह अधिक मात्रा में है?

(a) मथुरा संग्रहालय
(b) मुंबई संग्रहालय
(c) मद्रास संग्रहालय
(d) दिल्ली संग्रहालय

14. किस हड़प्पा कालीन स्थल से 'पुजारी की प्रस्तर मूर्ति' प्राप्त हुई है?

(a) हड़प्पा
(b) मोहनजोदड़ो
(c) लोथल
(d) रंगपुर

15. मथुरा और गांधार कला में असमानता से संबद्ध कथनों पर विचार कीजिए-

1. मथुरा शैली में बनी बुद्ध की मूर्तियों में आध्यात्मिकता का आभास नहीं मिलता, किंतु गांधार शैली में निर्मित बुद्ध की मूर्ति में आध्यात्मिकता स्पष्ट रूप से परिलक्षित होती है।
2. मथुरा कला यथार्थवादी है, जबकि गांधार कला आदर्शवादी।
3. मथुरा कला के तहत लाल पत्थर का प्रयोग किया गया है तथा गांधार कला में गहरे नीले और काले पत्थर का प्रयोग हुआ है।

उपरोक्त कथनों में कौन-सा/से कथन सत्य है/हैं?

(a) 1 और 2
(b) 2 और 3
(c) 1 और 3
(d) 1, 2 और 3

उत्तरमाला

1. (d)	**2.** (b)	**3.** (d)	**4.** (d)	**5.** (d)	**6.** (a)	**7.** (d)	**8.** (a)
9. (c)	**10.** (a)	**11.** (d)	**12.** (d)	**13.** (a)	**14.** (a)	**15.** (c)	

❑❑❑

भारतीय दस्तकारी (हस्तशिल्प कला)

प्रमुख बिन्दु

- ❖ सामान्य परिचय
- ❖ अध्याय सार-संचिका
- ❖ हस्तकला के रूप
- ❖ अभ्यास प्रश्न

सामान्य परिचय

भारतीय दस्तकारी की परम्परा काफी पुरानी है। प्राचीन काल से ही इसका उल्लेख मिलता है, जब भारत कपास के लिए दुनिया भर में प्रसिद्ध था और मुख्य रूप से वस्त्र, रंगों एवं हाथी दांत के लिए एक प्रमुख व्यापारिक केंद्र था। पश्चिमी तथा सुदूर पूर्व देशों के नाविक यहाँ से वापसी में सोने-चाँदी के बदले हाथ से बुने गए सूती वस्त्र एवं हस्तकला के अन्य सामान ले जाते थे। तथापि, मुगल काल की शुरुआत में ही भारतीय दस्तकारी ने काफी प्रसिद्धि पाई। वस्त्र निर्माण व आभूषण निर्माण का काफी विकास हुआ। मखमल बनाने की नई कारीगरी सामने आई। लेकिन जैसे-जैसे मुगल शासन कमजोर पड़ता गया, दस्तकारी को मिलने वाला संरक्षण समाप्त हो गया। अंग्रेजों के साम्राज्यवादी युग में व्यापारिक दृष्टि से भारतीय दस्तकारी को काफी हतोत्साहित होना पड़ा। भारतीय दस्तकारी का मुकाबला सस्ते, आयातित एवं मशीन निर्मित उत्पादों से हुआ। महात्मा गाँधी के स्वदेशी आन्दोलन ने कुछ हद तक हस्तकला की प्रस्थिति में जान फूंकने का प्रयास किया। आजादी के बाद सरकार का प्रयास दस्तकारी उपयोग के लिए विकासात्मक कार्यक्रम शुरू करने, कई परम्परागत दस्तकारियों को पुनर्जीवित करने, नए केंद्रों का पता लगाने और इस समृद्ध सांस्कृतिक विरासत से अधिकाधिक लोगों को अवगत कराने का रहा है।

भारतीय दस्तकारी को समग्र रूप से तीन भागों में बांटा जा सकता है-

1. **लोक दस्तकारी :** इस श्रेणी में वैसी दस्तकारी को रखा जा सकता है, जिसे कुछ चुनिंदा लोगों के लिए गाँव के कारीगर तैयार करते हैं या फिर लोगों द्वारा अपने प्रयोग के लिए की जाने वाली दस्तकारी को इस वर्ग में रखा जा सकता है।
2. **व्यावसायिक दस्तकारी :** किसी खास समूह के दस्तकारों द्वारा बनाई जाने वाली दस्तकारी इसमें आती है। ये दस्तकार खास किस्म की हस्तकला में दक्षता रखते हैं। यह दस्तकारी व्यावसायिक उद्देश्य के लिए होती है।
3. दस्तकारी की एक श्रेणी ऐसी भी है, जो धार्मिक स्थानों से जुड़ी है।

हस्तकला के रूप

मृणपात्र (मिट्टी के बर्तन)

मिट्टी मनुष्य की सामाजिक, सांस्कृतिक तथा धार्मिक आवश्यकताओं की पूर्ति के लिए उपयोगी वस्तुओं के निर्माण का प्राचीनतम प्राकृतिक साधन है। मिट्टी से निर्मित भारतीय कलाकृतियों की मुख्य विशेषता इसमें विविधता है। यह अनेकरूपता

मृणपात्रों में अधिक पाई जाती है, क्योंकि यह सर्वत्र सरलता से उपलब्ध रही। 900 ई.पू. से 300 ई.पू. के समय में हड़प्पा तथा उसके उत्तरकाल में यह कला विशिष्ट स्थान रखती थी। निज उपयोग के लिए निर्मित वस्तुओं तक की सज्जा विभिन्न रंग अथवा एक ही कलाकृति पर तीन रंगों से की जाती थी। इसके अतिरिक्त इन कलाकृतियों को पशु-पक्षी, मानव तथा विभिन्न ज्यामितिक आकृतियों द्वारा सुसज्जित किया जाता था, जो आज भी आधुनिकता का रूप लिए हुए लोक शैली के रूप में प्रचलित है। भारतीय शिल्प परम्परा की निरंतरता का यह एक उत्तेजक तथ्य है, सच में इसे कलंकित नहीं किया जा सकता। इसकी महत्ता सर्वकालीन है, क्योंकि इसमें सत्य का वह मूल बीज निहित है, जिसे पाने के लिए मानव चिरकाल से प्रत्यनशील रहा है। इस प्रकार यह मानव की प्रथम शिल्पकारिता का द्योतक है। संयोग से, उत्पादकता के उद्देश्य से किया गया चाक का आविष्कार ही मानव का प्रथम चलायमान यंत्र प्रतीत होता है। बाद में अग्नि का प्रयोग प्रारंभ हुआ। परिणामस्वरूप मिट्टी के बर्तनों को भट्टी में पकाया जाने लगा, जिससे 'टेराकोटा' कला की उत्पत्ति हुई।

चित्र 4.1: मृणपात्र (मिट्टी के बर्तन)

तीसरी सहस्त्राब्दि ई.पू. में हड़प्पावासियों ने मुखाकृति के निर्माण के लिए सांचों का प्रयोग किया। बाद में शुंग काल में यह लगभग दोगुने आकार में बनाए जाने लगे। वस्तुतः मिट्टी की ईंटों के निर्माण में सांचों के प्रयोग का उल्लेख वैदिक कालीन प्राचीन ग्रंथों में भी मिलता है। मिट्टी द्वारा चाक पर बने बर्तनों को नुकीले यंत्रों द्वारा परिष्कृत एवं सुसज्जित किए जाने के स्थान पर सहज रूप से उन्हें सांचों में ढालना अथवा मुद्राओं द्वारा अंकित किया जाने लगा था। उनकी मूठ अथवा टोटियां प्रायः पशु अथवा पक्षी के आकार की बनी होती थीं। दो-तीन घेरे बनाकर उन पर रेखाएँ खींच कर किनारों को चित्रित किया जाता था। तत्पश्चात् उनकी पट्टियों पर कंगूरे बनाकर अंततः इन्हें मोहक रंगों से अलंकृत किया जाता था। मालवा के मृणपात्र, लाल-गुलाबी रंगों की सतह पर काले रंग से चित्रकारी के कारण तथा महाराष्ट्र का जोरवे प्रांत अपनी मुद्राओं के कारण उल्लेखनीय हैं। चमकदार धात्विक परिष्करण युक्त ढीली मिट्टी के द्रुतगामी चाक पर बनाए धूसर रंग के मृणपात्र बंगाल से मध्य प्रदेश तक प्रचलित थे तथा सतयुग के अंतिम समय तक मृणकला के विकास में योगदान देने के कारण भी महत्वपूर्ण माने जाते रहे। वैदिक साहित्य अथर्ववेद, शुक्ल यजुर्वेद तथा अन्य ग्रंथों के संदर्भ में इन बर्तनों का लोक जीवन में महत्व प्रमाणित होता है। भारतीय शिल्पकला के धर्मग्रंथ शिल्पशास्त्रों में इस कला के सार तत्वों का वर्णन विस्तारपूर्वक किया गया है, जो सदैव शिल्पकारों में सम्माननीय रहा। इसमें मिट्टी का चयन उसके गुण, उसमें भूसा अथवा बालूकण आदि का उचित सम्मिश्रण उन्हें आकार देने तथा भट्टी में पकाने इत्यादि का विस्तृत विवरण है। सिन्धु घाटी के अवशेषों से प्राप्त लघु मूर्तियों का भंडार सीधे उभार के लिए इकहरी परत तथा गोलाई लाने के लिए दुहरी ढलाई के प्रयोग को दर्शाता है। इसमें विभिन्न रंगों का प्रयोग भी दक्षतापूर्वक किया गया है।

टेराकोटा कला

टेराकोटा की वास्तुशिल्प कला बड़े-बड़े भवनों तथा विशेष रूप से मंदिरों में पाई जाती है। इस तरह के मंदिर आज भी पश्चिम बंगाल में देखे जा सकते हैं। बाहरी सज्जा में मूर्तियों के प्रयोग के साथ-साथ ईंटों, टाइलों, फलकों आदि पर सुंदर डिजाइनों द्वारा भवनों को भीतर से भी अलंकृत किया जाने लगा है। टेराकोटा शैली द्वारा उत्कृष्ट मूर्तियों का निर्माण भी किया गया। कोलकाता के संग्रहालय में रखी स्त्री के सिर वाली कलाकृति श्रेष्ठ मानी जाती है, जिसमें उसके मुख का अनुपम सौंदर्य तथा होंठों पर खेलती मंद मुस्कान उसके मुख को वर्णनातीत सौंदर्य प्रदान करती है। इस काल की अत्यधिक आकर्षक रचनाएँ मिट्टी के फलकों पर बनाई गई हैं, जिसमें कलाकार ने अपने विविध भावों, जैसे-जन्म तथा मृत्यु के दृश्य, राजदरबार, युद्ध,

चित्र 4.2: टेराकोटा से निर्मित गमला

आखेट, पालतू तथा वन्य पशु जगत के अन्य दृश्यों का चित्रण किया है। स्त्रियों के मनोविनोद के विविध रूपों का अत्यंत मोहक चित्रण किया गया है, जिसमें अधिकांशतः उन्हें पक्षियों के साथ व्यस्त दिखाया गया है। एक कलाकृति में नायिका के हाथ पर बैठा शुक उसके अधरों को दाड़िम के भ्रम में चुगने का प्रयत्न करता दिखाया गया है, तो एक अन्य कलाकृति में वर्षा के पानी के भ्रम में हंस नायिका के बालों से गिरती हुई पानी की बूंदों की ओर आकर्षित होता दिखाया गया है। इसके अतिरिक्त विविध प्रकार से श्रृंगार करती नायिकाओं का चित्रण भी किया गया है। पक्षियों के साथ क्रीड़ा की विभिन्न कलाओं में भी एक कला है। तात्पर्य यह है कि कला सुसंस्कृत तथा अतिसंवेदनशील भावों को उत्पन्न करने वाली क्रिया है। रुचि के अनुसार परिष्कृत अलंकरण साहित्यिक अर्थ में कला ही है। कला एवं सौंदर्य देवत्व के ही प्रतिरूप हैं। सौंदर्य मनुष्य को मानसिक रूप से पोषित करने वाला तत्व है, जिसके फलस्वरूप उसे परमानंद की प्राप्ति होती है तथा सौंदर्य के प्रत्येक माध्यमों द्वारा इसमें और अधिक वृद्धि हो जाती है।

विभिन्न समुदायों का विस्तार हो जाने के कारण वाणिज्य एवं व्यापार को भी बढ़ावा मिला, जिसके फलस्वरूप मिट्टी के बर्तनों के व्यापार में वृद्धि हुई। वस्तुतः ये भारतीय परिप्रेक्ष्य में आज भी प्रभुत्व जमाए हुए हैं। हमें आज भी देश के विभिन्न भागों में मिट्टी के बर्तन दिखाई देते हैं, जिनका कोई अन्य विकल्प नहीं, इसके साथ अन्य पदार्थों की तुलना में यह आज भी सुलभ हैं। स्वागत कक्षों, कला-भवनों तथा संग्रहालयों, मंदिरों, राजभवनों इत्यादि के निर्माण में मिट्टी के फलक, नक्काशीदार ईंटों तथा टाइलों का प्रयोग वास्तुकला की प्रमुख सामग्री के रूप में होने से टेराकोटा कला अपने चरमोत्कर्ष पर पहुँच गई। मंदिरों में विभिन्न आकारों के आलों का निर्माण किया जाता था, जिनमें पौराणिक आख्यानों तथा वीर-गाथाओं से संबंधित फलक बनाए जाते थे। इस प्रकार, मंदिरों से मूर्ति संग्रहालयों तक टेराकोटा कला के विविध रूप दृष्टिगोचर होते हैं। अन्य स्थानों पर भी शिल्पकार मिट्टी के फलकों पर किसी भी विषय से संबंधित दृश्यों को बनाने के लिए पूर्ण रूप से स्वतंत्र थे।

काष्ठ कला

चित्र 4.3: काष्ठ निर्मित भवन

दक्ष काष्ठकारों ने विभिन्न शैलियों तथा रूपों को विकसित किया, जिसमें काष्ठ की प्रत्येक किस्म एक आकर्षक काष्ठ-कला के रूप में प्रकट हुई, उदाहरण के लिए कश्मीर में अखरोट तथा देवदार की लकड़ी प्रचुर मात्रा में पाई जाती है। इस कारण वहाँ के काष्ठकार विभिन्न कलात्मक वस्तुओं को प्राकृतिक रंगों से मोहक तथा सुंदर बनाते रहे हैं। इसमें नक्काशी वस्तु के उपयोग के अनुसार ही की जाती है। इसी प्रकार प्रचलित लकड़ी की उत्कृष्ट कला जालीदार श्रृंगारदानों के महीन कार्य से भी प्रकट होती है। साहित्यिक संदर्भों में **ऋग्वेद, शुक्ल यजुर्वेद, अथर्ववेद** तथा वात्स्यायन के **कामसूत्र** में काष्ठ कला पर अनेक साहित्यिक उल्लेख मिलते हैं। इनमें काष्ठकारों को भी 64 कलाओं के अंतर्गत माना गया है। भिन्न-भिन्न वस्तुओं के शिल्पकारों को भिन्न पदनाम दिए जाते हैं। सुतार प्रायः दैनंदिन में प्रयोग की वस्तुओं का निर्माण करता था। प्रत्येक वस्तु का प्रयोजन भिन्न होता था। जैसे-जग का प्रयोग दूध रखने के लिए, चार किनारों वाले चषक का याज्ञिक प्रयोजनों के लिए, भिन्न प्रयोजनों के लिए तीन प्रकार के पर्यक, एक विशिष्ट ऊँचाई का स्टूल, जिस पर बैठ कर दूध बिलोया जा सके तथा अन्न संग्रहण के लिए ज्यामितिक आकार के वृहद् संदूक इत्यादि। वस्तु की आकृति उसके उपयोग के अनुरूप ही तैयार की जाती थी, जिसमें उसके अलंकरण को भी महत्व दिया जाता था।

पालकी तथा रथ इत्यादि कलाकृतियों में तो नक्काशी के उत्कृष्ट नमूने दिखाई देते हैं। कुछ रथों को तो पिरामिडीय मंदिर-द्वारों की भांति अपूर्व उत्कीर्ण शैली द्वारा सुसज्जित किया गया है। नौका तथा जहाज के निर्माण में भी शिल्पकारिता के समान उच्च गुणवत्ता को बनाए रखा गया। लगभग 500 ई. पूर्व की अजंता की गुफाओं के भित्तिचित्र इसके प्राचीनतम उपलब्ध प्रमाण हैं। हिमाचल प्रदेश में कुल्लू, काँगड़ा, चम्बा, किन्नौर तथा कश्मीर के भवनों तथा मंदिरों में काष्ठ-कार्य की उत्कृष्टता के कुछ प्राचीन उदाहरण आज भी उपलब्ध हैं। यहाँ घरों की ऊपरी मंजिल के छज्जों के प्रत्येक खंड को सूक्ष्म नक्काशी द्वारा सुसज्जित किया जाता था, जो अत्यंत मनोहारी प्रतीत होता था। दरवाजे तथा खिड़कियों पर भी नक्काशी देखने

को मिलती है। आज भी प्राचीन नगरों में उत्कृष्ट काष्ठ-कला के नमूने व्यापक रूप से दिखाई दे जाते हैं। इन नगरों में उत्कृष्ट नक्काशी वाले प्रवेश द्वारों तथा स्तंभों वाले भवनों की पंक्तियां कलात्मक कारीगरी का श्रेष्ठ उदाहरण हैं। काष्ठ-नक्काशी के प्राचीनतम उदाहरण महाराष्ट्र की 'कार्ले' गुफाओं में भी दृष्टिगोचर होते हैं, जहाँ लटकते हुए कमल के आकार वाले झूमर तथा झालर सी बनाई गई है। इसमें पार्श्व अवलम्ब पर हाथी तथा घोड़ों की आकृतियों के रूप में नक्काशी की गई है। केरल में आज भी अनेक प्रभावशाली राजभवन तथा मंदिर दृष्टिगोचर होते हैं। इनमें एक विलक्षण शैली का प्रयोग किया गया है। इनमें ऐसी छतों का निर्माण किया गया है, जिसके ढांचे का आधार धरातल पर है। ये छतें दीवारों पर अवलम्बित नहीं हैं। इन्हें भीतर से वृहद् आकार के स्तंभों का अवलम्बन दिया गया है, जो इतनी दक्षता से स्थापित किए गए हैं कि उनमें संगीत उत्पन्न होता प्रतीत होता है।

हाथी दांत कला

शिल्पकला में प्राचीन वास्तविक प्रमाणों की भांति हाथी दांत कला के लिए भी हमारी दृष्टि हड़प्पा कालीन वस्तुओं पर पड़ती है। इससे हमें ज्ञात होता है कि उस काल में भी इस शिल्प को केवल गंभीरता से व्यवहार में ही नहीं लाया गया था, अपितु इसकी वास्तविक शिल्प विकास में भी महत्वपूर्ण भूमिका रही थी क्योंकि इसमें अलंकरण के विशेष गुण थे। आभूषणों में इसका प्रयोग बड़े ही आकर्षक ढंग से किया जा सकता था एवं इसकी कटाई द्वारा इसे आभूषणों में परिवर्तित भी किया जा सकता था। इस प्रकार यह धन तथा शुभ-शकुन दोनों की विषय-वस्तु बन गया। साथ ही इसका सुसज्जा के लिए भी प्रयोग किया जा सकता था। राजभवनों में हाथी दांत के प्रयोग के वर्णन रावण के राजमहल से लेकर ईरान के डेरियस प्रथम के समय तक मिलते हैं। इसमें हाथी दांत से बने द्वार, खिड़कियां, आसन, पलंग के पाए, वेदियां तथा प्रतिमाओं इत्यादि का वर्णन मिलता है। मौर्य कालीन अर्थशास्त्र में हाथी दांत के लिए गहन जंगलों का सावधानीपूर्वक विकास करने पर बल दिया गया था, जिससे हाथियों की नस्ल में वृद्धि हो सके। चन्द्रगुप्त तथा सम्राट अशोक के काल में हाथी दांत कला नक्काशी, फलकों, पट्टों, उच्च प्रतिच्छाकाओं पर, बड़ी आकृतियों तथा अन्य उत्कृष्ट रूपों में चरमोत्कर्ष पर पहुँची। शुंगकाल में यह राजभवनों तथा विशिष्ट वर्गों की सीमाओं से निकल कर देश के सभी भागों में व्याप्त हो गई। ये वस्तुएँ अब घरेलू उपयोग तथा धार्मिक अनुष्ठानों में प्रयोग होने लगीं। राजसिंहासनों से ये पालकियों में परिवर्तित हो गईं।

चित्र 4.4: हाथी दांत से निर्मित वस्तु

गुप्त काल में हाथी दांत से बनी अनेक उत्कृष्ट मूर्तियों का प्रादुर्भाव हुआ, जिसमें महात्मा बुद्ध की आकर्षक मूर्ति के अतिरिक्त अनेक हिन्दू देवी-देवताओं की मूर्तियाँ भी थीं। लाथे से बना फर्नीचर, मोहर तथा प्रसिद्ध शतरंज के मोहरे जैसी अनेक वस्तुएँ आज भी लोकप्रिय हैं। हाथी दांत शिल्प की अनुपम सफलता का वर्णन 'कामसूत्र' तथा 'वृहद्संहिता' में मिलता है। मुगल काल में हाथी दांत के प्रयोग पर अत्यधिक ध्यान दिया गया। जहाँगीर के संस्मरणों से ज्ञात होता है कि हाथी दांत कला में पारंगत शिल्पकारों को बड़ी संख्या में राजदरबारों में नियुक्त किया जाता था। हाथी दांत से बनी हुई चटाइयाँ, तह हो जाने वाले पंखे, सूक्ष्म नक्काशी से चित्रित ताश, ज्यामितिक डिजाइनों वाली पुस्तकों के आवरण जैसी अनेक अनुपम वस्तुएँ भी बनाई गईं। विजयनगर के राजभवन का एक कक्ष पूर्णतः हाथी दांत से बना हुआ है, जिसके स्तंभों तथा आड़ी कड़ियों पर विभिन्न प्रकार के फूलों को बड़े ही सुंदर ढंग से उत्कीर्ण किया गया है। इस दृष्टि से एक और महत्वपूर्ण उदाहरण बंगाल का महायान सम्प्रदाय का तीन तलों का स्तूप भी है, जिसके स्तंभों तथा छत्रों पर महायान सम्प्रदाय से संबंधित 56 आकृतियाँ निर्मित की गई हैं। इस कला के अन्य अनेक विलक्षण उदाहरण आज भी अमृतसर के स्वर्ण मंदिर में दर्शन द्वार, बीकानेर के गण मंदिर के द्वारों, उदयपुर, जयपुर एवं मैसूर के राजभवनों तथा देश के अन्य अनेक स्मारकीय भवनों में अलंकृतियों के रूप में देखे जा सकते हैं।

प्रस्तर कला

चित्र 4.5: प्रस्तर कला

आधुनिक ऐतिहासिक शब्दावली में प्रस्तर शिल्पकला का आविर्भाव मौर्य कला से माना जाता है। यही काल काष्ठ कला से प्रस्तर कला में रूपांतरण का काल भी माना जाता है। प्रस्तर कलाकृतियों को देखने पर ऐसा प्रतीत होता है कि एक माध्यम से दूसरे में रूपांतरित होने पर अर्थात् कलाकृतियों के निर्माण में काष्ठ के स्थान पर पत्थरों का प्रयोग किए जाने से उपयोगी औजारों में अवश्य परिवर्तन आया, परंतु कलाकृति के निर्माण के मूल सिद्धान्त, उद्देश्य एवं प्रयोजन में किसी भी प्रकार का बदलाव नहीं आया। मौर्यकाल स्तंभों के शीर्ष पर बनी पशुओं की अनुपम आकृतियों के कारण प्रसिद्ध है, जिनका प्रयोग सम्राट अशोक ने अपने साम्राज्य में महात्मा बुद्ध के उपदेशों को उत्कीर्ण कराने के उद्देश्य से किया था। वस्तुत: प्रस्तर कार्य का प्रारंभ बौद्ध काल में चट्टानों को काट कर गुफाओं के रूप में हुआ। ज्ञान प्राप्ति के प्रमुख केंद्रों के रूप में स्थापित ये बौद्ध मठ इसके मूल आधार थे। चट्टानों को काट कर बनाए गए मंदिरों के निर्माण की परम्परा के समान ही बौद्ध धर्म के चैत्यों का निर्माण किया गया, जिनमें पत्थरों को तराश कर वृहदाकार मूर्तियों का भी निर्माण किया गया तथा उन्हें अलंकृत भी किया गया। इस शैली में निर्मित की गई गुफाओं में एलोरा एवं एलिफेंटा की गुफाएँ प्रमुख हैं। इन गुफाओं का श्रेय अत्यधिक विस्तृत होता था। अब तक प्रस्तर तथा प्रस्तर शिल्पकला के मध्य एक चिरस्थायी प्रतिक्रिया उत्पन्न हो गई थी। इसकी शक्ति तथा अनवरता के प्रति विश्वस्तता के कारण वे इस नवीन प्रणाली से नि:संदेह उल्लासित हुए। इस प्रेरक कार्य ने वास्तुकला को प्रोत्साहित किया, जिसके फलस्वरूप मूर्तिकला और अधिक विकसित हुई तथा फलत: इसने शिल्पकारों को अधिक विस्तृत कार्यक्षेत्र की ओर अग्रसर किया। इसके पूर्ण परिष्कृत रूप से अत्यधिक ओजस्विता, लय तथा धारा प्रवाहिकता की ध्वनि सुनाई पड़ती है। मानो शिल्पकार, प्रस्तर तथा कलाकृति के मध्य से एक स्वर संगीत-सा उत्पन्न हो रहा हो।

भारत प्रस्तर कला में काफी समृद्ध रहा है। यह यहाँ के कई प्राचीन स्मारकों को देखने से स्पष्ट होता है। देवी-देवताओं की मूर्तियों तथा पूजा स्थल पत्थरों को तराशकर बनाए जाते रहे हैं। पत्थरों में संगमरमर का प्रयोग बहुतायत में होता रहा है। मकराना का संगमरमर काफी प्रसिद्ध है। जयपुर और आगरा भी संगमरमर पत्थर के लिए प्रसिद्ध हैं। राजस्थान का डूंगरपुर तथा मैसूर काले पत्थरों के लिए जाने जाते हैं। तमिलनाडु के महाबलीपुरम में कठोर ग्रेनाइट पत्थरों का प्रयोग किया जाता है। उड़ीसा की पाषाण कला अनुष्ठानों, रीति-रिवाजों तथा धार्मिक मान्यताओं से गहराई से जुड़ी हुई है।

धातु कला

चित्र 4.6: धातु से निर्मित भगवान की मूर्तियाँ

दिल्ली के कुतुबमीनार के निकट खड़ा लौह-स्तंभ तथा उड़ीसा स्थित कोणार्क के सूर्य मंदिर की कड़ियां भारतीय शिल्पकारों द्वारा धातु के निर्भीक एवं सफल प्रयोग के रूप में आज भी देखी जा सकती हैं। उस समय पिटवां लोहे का प्रयोग भी होता था। प्राचीन मत्स्य पुराण में विभिन्न प्रकार की आवश्यकताओं की पूर्ति के लिए विभिन्न प्रकार के संयोजनों एवं सम्मिश्रणों का वर्णन मिलता है, जैसे-ताँबा और जस्ता के सम्मिश्रण से पीतल, ताँबा तथा रांगा के संयोग से काँस्य इत्यादि के रूप में मिश्र-धातुओं का निर्माण किया जाता था। भारत में बनी उत्तम किस्म की स्टील अनेक दूर स्थित देशों में पहुँची। मोहनजोदड़ो में तीसरी सहस्राब्दी ई.पू. में एक नृत्यांगना की आकृति का उत्कृष्ट एवं परिष्कृत रूप से निर्माण किया गया। चौथी शताब्दी से 750 ई. के आसपास गुप्त काल में विभिन्न धातुओं की उत्कृष्ट मूर्तियों का निर्माण किया गया। इनमें दो परतों वाली सुल्तानगंज में ताँबे से बनी महात्मा बुद्ध की वृहद् प्रतिमा विशेष रूप

से उल्लेखनीय है। सूक्ष्मातिसूक्ष्म विवरणों को प्रकट करने में सक्षम सिरा-पिडु द्वारा सभी प्रकार की धातुएँ उत्कृष्ट रूपों वाले असंख्य बहुमूल्य उत्पादों के रूप में निर्मित किए जाने पर यह भारतीय कला के लंबे इतिहास से अडिग रही हैं। धातु से निर्मित वस्तुओं में से सबसे आकर्षक एवं मोहक वस्तु खिलौने हैं। इनका निर्माण प्रचुर मात्रा में होता था तथा ये प्रत्येक क्षेत्र की निजी विशेषताओं से युक्त होते थे। इन असंख्य आकारों एवं इनमें अभिव्यक्त भावों में, जैसे हास्य-गांभीर्य, प्रेम, भय तथा कछुए की मंद चाल, द्रुतगामी उड़ान भरते पक्षी इत्यादि सभी अंशों में समान प्रतिभा दृष्टिगोचर होती है। धातु से बनी अन्य वस्तुओं में दीपदानों की गणना श्रेष्ठ मूर्तिकला में की जाती है। फूलों, पशु-पक्षियों तथा मानव रूपों इत्यादि के सभी आकारों वाले दीपदान मानव मन की प्रवणता को दर्शाते हैं। काँस्य निक्षेपण में खोखली तथा ठोस दोनों प्रकार की ढलाई उच्च कलात्मकता एवं तकनीकी कौशल को दर्शाती है।

देवी-देवताओं की मूर्तियों से लेकर घरेलू इस्तेमाल की वस्तुएँ बनाने में धातु कला से संबंधित कई तकनीकियों का इस्तेमाल होता है। मिश्रित धातु से सामान बनाने के लिए केरल, उड़ीसा, पश्चिम बंगाल तथा बिहार प्रसिद्ध हैं। चादरनुमा धातु का सामान बनाने की कला में तंजौर, तमिलनाडु में मद्रास, उत्तर प्रदेश में वाराणसी तथा गुजरात में भुज का नाम प्रमुखता से लिया जा सकता है। इसके अतिरिक्त एक और धातु कला है, जिसमें धातु को ढालकर उससे सामान बनाया जाता है। उत्तर प्रदेश में मुरादाबाद तथा हरियाणा में जगाधारी इसके प्रमुख केंद्र हैं। धातु की सतह को अलंकृत करने के लिए नई तकनीकों का प्रयोग किया जाता है। इसमें प्रमुख हैं-गंगा-यमुना तकनीक, केरल की कोफ्तगारी बिदरी ताँबे पर चाँदी मढ़ना जिंक वेसेल्स, तंजौर का प्लेट का कार्य तथा कश्मीर का निएलो।

वस्त्र कला

भारत में वस्त्र बुनाई कला भी अन्य शिल्पकलाओं के समान ही प्राचीन है। मजीष्ठ कपड़े के उत्तम बुनाई वाले टुकड़े इसे तीन हजार वर्ष पूर्व सिन्धु घाटी की सभ्यता से जोड़ते हैं। हड़प्पा काल के रेशम के धागे प्राप्त हुए हैं। प्राचीन मिस्रवासी कुन के लिए उच्च कोटि की भारतीय मलमल का आयात करते थे। हेरोडोट्स ने भी भारतीय मलमल की अत्यधिक प्रशंसा की है। ऋग्वेद में उस काल के कपड़ों का महत्वपूर्ण विवरण उपलब्ध है। यजुर्वेद तथा अथर्ववेद में भी वस्त्रों का वर्णन मिलता है। 7वीं शताब्दी ई.पू. से सूत, ऊन तथा रेशम की बुनाई प्रसिद्ध हुई, अर्थात् इन वस्त्रों के वर्णन के साथ-साथ इनकी गुणवत्ता को भी महत्व दिया जाने लगा। जैसे काशी की मलमल, बंगाल के वस्त्र तथा दोनों ओर से परिष्कृत मदुरै के वस्त्र। सूती, रेशमी तथा ऊनी वस्त्रों का विस्तृत रूप में वर्णन करने वाली पुस्तकों जैसे-'ललित विस्तार' तथा 'दिव्यावदान' में निश्चित रूप से उनकी उत्कृष्टता को महत्व दिया गया है। वस्त्र प्राचीन काल से ही धार्मिक एवं सामाजिक अनुष्ठानों से संबद्ध रहे हैं। वस्त्र को अनुपम रूप से बना हुआ तंतु माना गया है। वस्त्रों ने एक प्रतीक का रूप धारण कर लिया तथा पूजा की वस्तुओं में इन्हें महत्वपूर्ण स्थान प्राप्त था। इसीलिए देव-प्रतिमाओं को दिन के तीन पहरों में भिन्न-भिन्न वेशभूषाओं से सुसज्जित किया जाता था। अनेकरूपता एवं वैभव के लिए विभिन्न पर्वों पर देवताओं तथा मनुष्यों के वस्त्र विशिष्ट रंगों एवं डिजाइनों से युक्त होते थे।

चित्र 4.7: वस्त्र बुनाई कला

रंगाई कला

रंगों में प्रयुक्त होने वाले सापेक्ष सिद्धान्तों को बुनकरों ने संभवतः आत्मसात् कर लिया था, क्योंकि वह यंत्रों का प्रयोग किए बिना ही रंगों की मात्रा का समुचित योग वस्त्रों को बुनते समय करते थे। कश्मीर में चित्रकला तथा प्रलाक्षा के सम्मिश्रण की मिश्रित शैली भी प्रचलित है, जिसमें इसकी सतह को रंग से विमुक्त रखे जाने के कारण वार्निश की पारदर्शिता से काष्ठ की उत्तमता प्रकट होती है। पंजाब, गुजरात, कर्नाटक तथा राजस्थान की अपनी विशिष्टता रंगाई कला है। गुजरात का कलात्मक फर्नीचर चमकीले रंगों वाली वंगपन्नी शैली के कारण प्रसिद्ध है। गुजरात में पारदर्शक धातुगत प्रभावों द्वारा स्वर्ण परिसज्जा

से युक्त वस्तुएँ बनाई जाती हैं, जिन्हें मीनाकारी द्वारा भी सजाया जाता है। टेढ़ी-मेढ़ी रेखाएँ तथा बिन्दुसार डिजाइन राजस्थान की विशिष्ट कला है। रंगों एवं डिजाइनों का अद्‌भुत सामंजस्य इसकी प्रमुख विशेषता है। कर्नाटक रोगनयुक्त बर्तनों, खिलौनों, गुड़िया तथा विशेष रूप से स्थानीय वेश-भूषाओं वाली आकृतियों में दक्ष है। महाराष्ट्र रंगे हुए फूलों, सब्जियों तथा काष्ठ फलों के कारण प्रसिद्ध है। बिहार धार्मिक वस्तुओं विशेषत: पर्वों एवं विवाह के अवसरों पर प्रयोग में लाई जाने वाली प्रतीकात्मक रूपों में बनी संदूकों के कारण प्रसिद्ध है। उड़ीसा बाँस तथा कुट्टी से बनी एवं लोक शैली से सुसज्जित संदूकों के कारण प्रसिद्ध हैं। इनका प्रयोग उपहार के रूप में पारम्परिक रूप से किया जाता है। यहाँ की अबरी कला भी प्रसिद्ध है, जिसमें रंगों का प्रयोग इस अनुपम प्रविधि से किया जाता है कि वे चलायमान बादलों की विभिन्न प्रतिछायाओं का आभास देते हैं।

जड़ाऊ कार्य

जड़ाऊ कार्य से अभिप्राय है कि एक सामग्री की सतह पर दूसरी धातु के टुकड़ों को नियत करना। इसके लिए प्राय: हाथी दांत, हड्डियों, धातुओं तथा शीशम, आबनूस एवं चंदन इत्यादि विभिन्न प्रकार की लकड़ियों का प्रयोग किया जाता है। यह एक सरल एवं सहज कला है, जिसमें शिल्पकार अपने कौशल द्वारा एक सामान्य लकड़ी को विभिन्न प्रकार के मनोहर रूपों में परिवर्तित कर देती है। इसमें छोटी-छोटी वस्तुओं से लेकर धार्मिक शोभा-यात्रा अथवा पौराणिक दृश्यों से युक्त प्राकृतिक दृश्यों को देखा जा सकता है। यह प्रविधि संपूर्ण भारत में प्रचलित है। उत्तर प्रदेश रंगीन मीनाकारी कला के कारण प्रसिद्ध है। मुरादाबाद में श्वेत पृष्ठभूमि का अलंकरण स्वर्णिम वर्ण द्वारा किया जाता है। ये शिल्प बारीक काम के नाम से प्रसिद्ध है। दिल्ली में लाक्षा पद्धति से छेदन द्वारा बने दीपदान निश्चय ही अद्वितीय हैं। हल्के रंग की धातु को गहरे रंग की धातु पर जड़ने की कला को 'कोफ्तागिरी' कहते हैं, जिसे 'दमिश्की तकनीक' के रूप में जाना जाता है। एक समय में इसका प्रयोग केवल शस्त्रों तथा कवच इत्यादि के अलंकरण तक ही सीमित था। कोफ्तागिरी द्वारा अनुपम चित्रांकन भी किया जा सकता है। केरल में यह कला प्रचलित है। 'बिदरी' भी दमिश्की शैली का ही एक प्रकार है, जिसमें मखमली काली सतह पर चाँदी के तारों का प्रयोग किया जाता है। काली सतह पर शुभ्र वर्णीय चाँदी के प्रयोग से आई मोहकता के कारण यह धातु के अलंकरणों में सर्वाधिक आकर्षक है। दैनिक प्रयोग तथा अन्य असंख्य प्रकार की वस्तुओं के निर्माण में बिदरी कला का अनुपम भंडार उपलब्ध है।

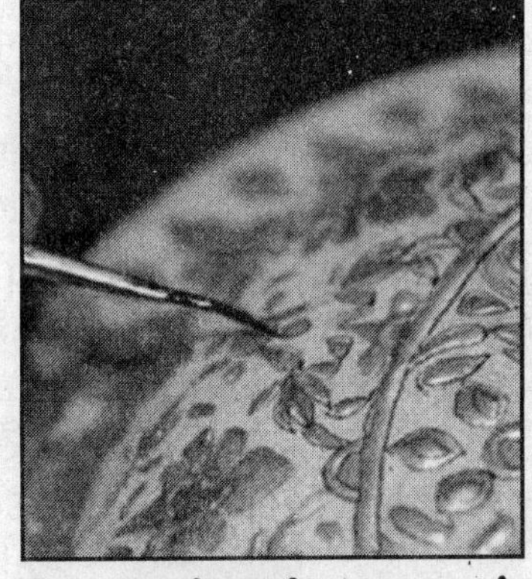

चित्र 4.8: मीनाकारी (जड़ाऊ कार्य)

मीनाकारी सम्भवत: धातु के अलंकरण की सर्वाधिक कलात्मक प्रक्रिया है। यह विभिन्न खनिज तत्वों के विलयन द्वारा धातु की सतह को रंगने तथा अलंकृत करने की कला है। मीनाकारी का यह पारंपरिक रूप 'इलोसोनी' नाम से जाना जाता है। इसमें धातु की सतह पर इसकी पट्टियां लगा कर अथवा मुड़ी हुई तारों को जोड़कर (वेल्डिंग) डिजाइन तैयार किए जाते हैं। नमूने को धातु पर ही काट कर मीनाकारी के साथ डिजाइनों को जोड़ा जाना 'चम्पेलवी' कहलाता है। मीनाकारी कला में भारतीय शिल्पकार चीन से भी अग्रणी माने जाते हैं। दिल्ली, राजस्थान तथा उत्तर प्रदेश में यह कला व्यापक रूप से दिखाई देती है। इसका सर्वोत्तम रूप आभूषणों में दृष्टिगोचर होता है।

आभूषण

अलंकरण का प्रारंभ सम्भवत: उस प्राचीन संस्कार से हुआ है, जिसमें आभूषण पहनाने के लिए बच्चे के कानों में छेद कर दिया जाता था। भारत में आभूषणों की परम्परा पश्चिम से भिन्न है। पश्चिम में इनका प्रयोग वस्त्रों की परम्परा इत्यादि से समुचित मेल के सहायक अवयव के रूप में होता है, जबकि भारत में यह संपूर्णता उत्पन्न करता है। शरीर का शायद ही कोई ऐसा भाग हो, जिसे अलंकृत नहीं किया जाता। हड़प्पा सभ्यता से प्राप्त भारतीय आभूषणों को देखने से यह प्रमाणित होता है कि तब से लेकर अब तक भारतीय आभूषणों की निर्माण शैली में महत्वपूर्ण

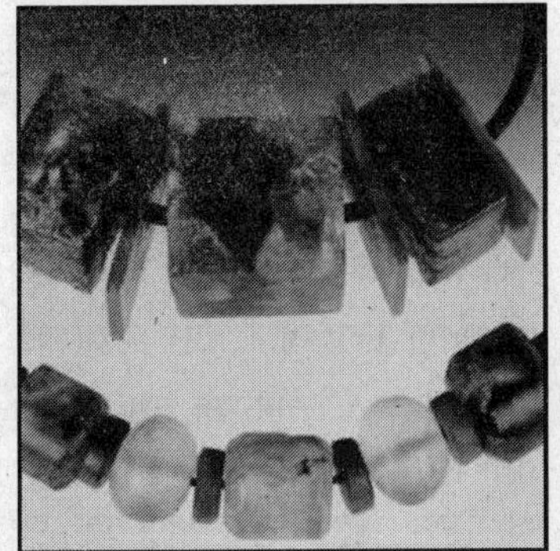

चित्र 4.9: पत्थर से निर्मित आभूषण

विकास हुआ है। **अथर्ववेद** तथा **यजुर्वेद** में भी विभिन्न प्रकार के आभूषणों का विवरण मिलता है। वस्तुतः असंख्य ग्रंथों में विविध प्रकार के आभूषणों का वर्णन मिलता है। प्राचीन डिजाइनों में से अनेक आज भी अपरिवर्तित रूप में ही विद्यमान हैं। इनमें मुख्यतः लोकरीति के आभूषण हैं। सभी प्रकार के भारतीय आभूषणों में से ये अत्यधिक विशिष्ट, कलात्मक, अलंकृत तथा रंग-बिरंगे हैं, क्योंकि इनकी शैली पर क्षेत्र विशेष के निवासियों की ओजस्विता तथा दृढ़ता का भी प्रभाव दृष्टिगोचर होता था तथा डिजाइन भी तात्कालिक वातावरण एवं प्रकृति के आधार पर कलात्मक शैली लिए होते थे। लोक आभूषणों के अलंकरण में प्रयोग की जाने वाली प्राकृतिक वस्तुओं का भी उल्लेख मिलता है। इनमें बीज, सीपी, फूल-पत्तियों, सरस फल तथा गिरीदार फलों का प्रयोग प्रचुर मात्रा में किया गया था। स्वर्ण अथवा चाँदी से बने आभूषणों को भी इसी प्रकार सुसज्जित किया जाता था, जैसे-कंगन पर चमेली की कली अथवा गलहार पर चम्पक फूल या पक्षी का रूप देने के लिए पत्तियों को परस्पर गूंथ दिया जाता था। यद्यपि गलहार, कंगन, झुमके, नथ, बाजूबंद, केश-आभूषण इत्यादि में प्रयुक्त मूल वस्तुएँ अन्य शिल्प वस्तुओं के समान ही थीं।

बुनाई

विशिष्ट शैलियों तथा अलंकृत भावों वाले रंग सामंजस्यों से वस्त्रों को सुसज्जित करने की असंख्य प्रविधियाँ हैं। इनमें से कुछ विशिष्ट शैलियों की चर्चा हम यहाँ करेंगे। सूती वस्त्र में सर्वाधिक अलंकृत कला 'जामदानी' है, जिसमें चित्रमय वस्त्र जैसा आभास होता है। इस पर निर्मित सफेद या रंगीन डिजाइन असाधारण सौंदर्य उत्पन्न करते हैं। इससे वस्त्र छायामय के अतिरिक्त स्वप्निल तथा उद्दीपक भी हो जाता है। 'हिमरू' एक प्रकार की जरी है, जिसके डिजाइनों का मूलाधार प्रकृति है, जैसे फूलों से लदी लताएँ तथा पत्ते, जिसमें अधिक जटिलता लाने के उद्देश्य से शाखाओं को परस्पर गूंथ दिया जाता है। इसमें ज्यामितिक डिजाइनों का प्रयोग भी प्रचुर मात्रा में मिलता है। वाराणसी का 'जरी कार्य' विश्व प्रसिद्ध है, जिसमें रेशम, चाँदी तथा जरी से कपड़ों पर असंख्य नमूने बनाए जाते हैं। 'इक्त' बुनाई वाली गुजरात की सम्मिश्रण इसकी विशेषता है। इस शैली का प्रयोग उड़ीसा तथा आंध्र प्रदेश में भी होता है। 'तंचोई' सूरत की विशिष्ट कला है। इस पर सामान्यतः पुष्प लताओं, उड़ते हुए पक्षी, पशु तथा आखेट के विस्तृत दृश्यों वाले डिजाइन बनाए जाते हैं।

दक्षिण भारत के सूती तथा रेशमी दोनों प्रकार के वस्त्र विशिष्ट हैं, जो वस्त्र की उत्तम कोटि तथा सुंदर डिजाइनों के कारण प्रसिद्ध हैं। चौड़ा मजबूत बार्डर इसकी एक अन्य विशेषता है, जिसमें बुनाई के धागे प्रविष्ट नहीं होते। इसमें डिजाइनों की बुनाई अत्यधिक जटिल होती है। वस्त्र के किनारे के साथ-साथ तिकोनी बुर्ज रूपी बुनाई इसका एक विशिष्ट रूप है। असम में विलक्षण वस्त्रों का निर्माण किया जाता है। इसके लिए मुख्यतः टसर रेशम का प्रयोग किया जाता है, जो रेशम के अन्य प्रकारों की भांति स्थूल नहीं होती। यह अंतर ही इसे स्वाभाविक चमक प्रदान करता है। बुनाई में विभिन्न प्रकार की सजावटों के अतिरिक्त इसे सुंदर बनाने की अनेक नई प्रणालियाँ भी खोज निकाली गईं। इसमें से संभवतः सबसे प्राचीन वस्त्र पर चित्रकारी है। आकर्षक फूलों तथा बेलबूटों की चकित कर देने वाली सज्जा 'कोरोमंडल छींट' के नाम से प्रसिद्ध हुई। ये डिजाइन अब छपाई द्वारा बनाए जाने लगे हैं। कुछ स्थानों पर आज भी वस्त्र चित्रांकन प्रचलित है। उदाहरण के लिए आंध्र प्रदेश के 'कलाहस्ती' नगर के मंदिरों में चित्रित वस्त्र एवं पर्दे प्रयोग किए जाते हैं। राजस्थान के नाथद्वारा मंदिर में प्रयोग किए जाने वाले कपड़े के लिए 'पिचव्यास' नामक टेम्पर प्रणाली का प्रयोग किया गया है। इसमें कपड़े पर विभिन्न प्रकार की कथाओं को विस्तृत रूप से चित्रित किया जाता है। गुजरात में 'देवी का पर्दा' तथा उड़ीसा के 'पट्टचित्र' में एक बहुत बड़े वस्त्र पर संपूर्ण कहानियों का चित्रण चलचित्र की भांति किया जाता है। पं. बंगाल में यही प्रविधि 'नामावली' के रूप में प्रचलित है। चित्रांकन की एक अन्य शैली 'बाटिक' है, जिसमें प्रत्येक वस्त्र अपनी डिजाइन और रंगों के कारण विशिष्ट रूप लिए हुए होता है। प्रत्येक वस्त्र रंगीन कांच की सी चमक का आभास देने वाली नवीन रचना प्रतीत होता है। यह प्रभाव केवल इसी माध्यम द्वारा लाना संभव है। कपड़े को बांधकर रंगने की कला 'बांधनी' दो रूपों में प्रचलित है। एक, फूल-पत्ती तथा मानव आकृतियों वाली चुन्नरी तथा दूसरी अलंकृत रूप घर बोला, जिसका प्रयोग केवल विवाहादि विशिष्ट अवसरों पर प्रयोग किए जाने वाले वस्त्रों पर ही किया जाता है।

अजंता की गुफाओं तथा प्राचीन मंदिरों की दीवारों पर भी छपे हुए वस्त्र दिखाई देते हैं। प्रत्येक स्थान पर इसकी शैली तथा डिजाइनों में भिन्नता है, जिसका निर्धारण छपाई की वस्तु के आधार पर किया जाता है। कश्मीर की उत्कृष्ट कसीदाकारी का मुख्य कारण सुंदर प्राकृतिक परिदृश्यों वाली कश्मीर की घाटी है। यहाँ का अनुपम प्राकृतिक सौंदर्य तथा अनेकरूपता यत्र-तत्र दिखाई देती है। यह क्षेत्र दोनों तरफ समान डिजाइन वाली 'दोरूखा' कला के लिए प्रसिद्ध क्षेत्रों में से एक है।

इसके प्रमाण हमें प्राचीन वैदिक काल के साहित्य से मिलते हैं। बंगाल की 'कांथा कसीदाकारी' भिन्न प्रकार की है, क्योंकि इसमें व्यर्थ वस्त्रों, विशेषत: जीर्ण-शीर्ण साड़ियों का प्रयोग किया जाता है। कढ़ाई के लिए प्रयोग किए जाने वाला धागा भी पुरानी साड़ी की किनारी में से निकाला जाता है। प्रत्येक स्त्री द्वारा निजी डिजाइनों के आविष्कार के फलस्वरूप 'कांथा' कला में असंख्य डिजाइन हैं। वहीं कुछ पारस्परिक डिजाइन भी प्रचलित हैं। सफेद वस्त्र पर सफेद धागे से सुंदर एवं सूक्ष्म लखनऊ की 'चिकन कसीदाकारी' अत्यंत उत्कृष्ट है। इसमें फूलदार डिजाइनों से छायादार प्रभाव उत्पन्न किया जाता है। 'मणिपुरी कसीदाकारी' केवल आकर्षक रंगों द्वारा निर्मित जटिल डिजाइनों के कारण ही उत्कृष्ट नहीं है, अपितु उसकी प्रविधि भी स्वयं में व्यवस्थित तथा क्रमबद्ध है। मणिपुर की शैली अत्यधिक विशिष्ट है। ऐसा विश्वास किया जाता है कि इसका डिजाइन पौराणिक सर्प की शारीरिक रचना को देखकर शल्की रूप से बनाया गया है। स्थानीय चित्रों के आधार पर बनाई गई 'चम्बा कसीदाकारी' भी अत्यधिक उत्कृष्ट है। हालांकि कृषि मंत्रालय के ग्रामीण विकास विभाग लोक कार्यक्रम और ग्रामीण प्रौद्योगिकी विकास परिषद (कपार्ट) के सहयोग से कई प्रमुख नगरों में 'ग्राम श्री' मेलों का सफल आयोजन कर रहा है, जिसमें हस्तशिल्पी अपने माल का प्रदर्शन एवं विपणन कर सकते हैं।

छपाई

कपड़े पर छपाई के लिए कई तकनीकें इस्तेमाल में लाई जाती हैं। एक तकनीक में खांचे वाले लकड़ी के टुकड़ों का इस्तेमाल रसायनों से धुले सूती या रेशमी कपड़ों पर छपाई के लिए किया जाता है। दूसरी में लेप का इस्तेमाल कर बिना रंगे भागों की छपाई की जाती है। कपड़े पर छपाई की 'बाटिक तकनीक' के लिए जयपुर, बाड़मेर, पाली, सांगनेर (राजस्थान), कच्छ, अहमदाबाद, बड़ौदा (गुजरात) प्रसिद्ध है। मध्य प्रदेश में नंदरा और उज्जैन छपाई के लिए प्रसिद्ध हैं। फर्रुखाबाद (उ.प्र.) तथा दक्षिण में मछलीपत्तनम एवं तंजौर इसके प्रमुख केंद्र हैं।

चित्र 4.10: छपाई मशीन

सौराष्ट्र की 'हीर' लोक कसीदाकारी काफी प्रसिद्ध है। इसमें रेशमी कपड़े पर काफी आकर्षक ज्यामितीय आकृतियाँ बनाई जाती हैं। पंजाब में सूती या रेशमी कपड़े पर की जाने वाली कसीदाकारी को 'बांध' के नाम से जाना जाता है। इसमें 'चोप' पर विशेष बल होता है। हरियाणा तथा पंजाब की 'फुलकारी' हिमाचल प्रदेश की दोनों सतहों पर होने वाली कसीदाकारी 'चम्बा रूमाल' तथा विशेष तौर पर कर्नाटक के 'कुसुटी' में कई धागों का प्रयोग किया जाता है।

कश्मीरी शॉल उत्कृष्ट किस्म के ऊन पर गहन डिजाइन के लिए प्रसिद्ध है तथा ये हस्तशिल्प के बेहतरीन नमूने हैं। यहाँ का कानी (बना हुआ पश्मीना शॉल), दोरूखा (दोनों ओर इस्तेमाल किया जाने वाला शॉल) तथा शहतूस काफी प्रसिद्ध है। बौद्ध धर्म से जुड़े हुए लोग कुल्लू शॉल को प्रयोग में लाते हैं। यह चेक पैटर्न पर बना होता है। सैनिकों के शॉल के नाम से जाना जाने वाला नागालैण्ड का 'तुसुंगकोटेपसु' भी काफी प्रसिद्ध है।

दरी एवं दस्तरखाना

फर्श पर बिछाई जाने वाली दरी सामान्य तौर पर महीन सूती कपड़े से बुनी जाती है। इसमें डिजाइनरों की पूरी रेंज विद्यमान है। इसमें पंजाब, हरियाणा तथा राजस्थान की 'पंजा दरी', उत्तर प्रदेश की 'जाह नमाज दरी' (नमाज पढ़ने के लिए इस्तेमाल में लाई जाने वाली दरी), तमिलनाडु के सेलम की सघन पैटर्न वाली 'नवलगुंड' तथा रेशम और सूती कपड़े से बनने वाली 'भवानी दरी', वारंगल की 'बंधा (इकत) दरी' (इसमें सूती धागे की पहले कताई और रंगाई की जाती है) को शामिल किया जा सकता है। कश्मीर की दरी में पारसी तथा मध्य एशियाई दस्तकारी का प्रभाव है। फर्श पर बिछाने के लिए कश्मीर की और भी कई चीजें प्रसिद्ध हैं-'नमदा', 'गावा' तथा 'हुकरग' जैसे विशेष किस्म के कम्बल।

चित्र 4.11: दस्तरखाना

फर्श तथा दीवार अलंकरण

फर्श की सजावट आमतौर पर त्योहारों के अवसर पर की जाती है। इसमें चावल के दाने एवं सिंदूर वगैरह से चित्रक्रम में प्रतिकृति बनाई जाती है। पश्चिम बंगाल में इसे 'अल्पना', बिहार तथा उत्तर प्रदेश में 'अरिपन', महाराष्ट्र तथा गुजरात में 'रंगोली', दक्षिण भारत में 'कोलम' कहा जाता है।

त्योहारों के अवसर पर दीवारों पर चित्र वगैरह बनाकर उन्हें सजाया जाता है। हरियाणा, उत्तर प्रदेश तथा राजस्थान में नवरात्र के अवसर पर दीवारों पर मिट्टी से 'सांझी' बनाई जाती है। गाय के गोबर से भी दीवारों को सजाया जाता है। कच्छ के 'ढेभबरिया रावरीज' का नाम इस क्रम में लिया जा सकता है।

चित्र 4.12: रंगोली

अध्याय सार-संचिका

- कांच के मनकों का पहला संदर्भ भारतीय महाकाव्य 'महाभारत' में मिलता है। भौतिक साक्ष्य प्रारंभिक हड़प्पा सभ्यता में कांच के मनकों का कोई संकेत नहीं देते हैं। पहला भौतिक साक्ष्य गंगा घाटी (1000 ई.पू.) के चित्रित धूसर मृद्भाण्ड संस्कृति से सुंदर कांच के मनकों के रूप में मिलता है। 'शतपथ ब्राह्मण' नामक वैदिक ग्रंथ में कांच के लिए प्रयुक्त शब्द 'काँच' या 'कच' है।
- हमें महाराष्ट्र के ब्रह्मपुरी और कोल्हापुर में कांच उद्योग के पुरातात्विक साक्ष्य मिले हैं, जो 2 ईसा पूर्व से 2 ईसवी के बीच परिचालन में थे और यहाँ लेंटीक्युलर मनकों का निर्माण किया जाता था। ऐसा प्रतीत होता है कि कांच उद्योग ने ऑप्टिकल लेंस के क्षेत्र में भी प्रवेश किया था, क्योंकि हमें संस्कृत ग्रंथ 'व्यासयोगचरित' में चश्मे का संदर्भ मिलता है।
- भारत में हाथी दांत पर नक्काशी की प्रथा वैदिक काल से ही प्रचलित है, जहाँ इसे संभवत: 'आइरे स्रोत' में हाथी दांत के अभिप्राय के रूप में 'दंता' के रूप में संदर्भित किया गया है। हाल की खुदाइयों से पता चला है कि हड़प्पा काल के दौरान हाथी दांत की बनी वस्तुएं, जैसे-हाथी दांत के पासे आदि भारत से तुर्कमेनिस्तान, अफगानिस्तान और फारस की खाड़ी के कुछ भागों में निर्यात की जाती थीं।
- टेराकोटा का शाब्दिक अर्थ 'पकी मिट्टी' होता है और यह अधपकी चीनी मिट्टी का एक प्रकार है। यह प्रक्रिया इसे जलरोधी और कठोर बना देती है तथा इसे मूर्ति निर्माण और वास्तु भवनों में उपयोग के लिए श्रेष्ठ बनाती है। इसका बड़े पैमाने पर मृद्भाण्ड और ईंटें बनाने के लिए उपयोग किया गया है।
- ओडिशा में चाँदी के आभूषण बनाने वाले कारीगरों द्वारा उपयोग की जाने वाली सबसे प्रसिद्ध तकनीकों में एक 'फिलाग्री कला' है, जिसमें चाँदी का महीन काम किया जाता है। कटक क्षेत्र चाँदी की फिलाग्री काम के लिए विख्यात है। फिलाग्री कला से निर्मित चाँदी से बने अनोखे प्रकार के आभूषणों को 'गुंची' कहा जाता है।
- मिट्टी के बर्तनों को 'हस्तशिल्प के गीत' के रूप में जाना जाता रहा है, क्योंकि इसे काव्य रचना की भांति ढाला जाता है और इसमें ऐन्द्रिक आकर्षण का अनुभव होता है। मिट्टी से वस्तुएँ बनाना मनुष्य द्वारा प्रारंभिक शिल्पों में से एक रहा है। सबसे प्रारंभिक साक्ष्य वर्तमान में पाकिस्तान में स्थित मेहरगढ़ के नवपाषाणिक स्थल से मिले हैं।
- मनुष्य द्वारा उपयोग में लाई गई सबसे प्रारंभिक अलौह धातुएँ ताँबा और टिन थीं और इन दोनों को काँसा बनाने के लिए मिश्रित किया जाता था। काँसा ढालने के विभिन्न तरीकों के विषय में सबसे प्रारंभिक साहित्यिक साक्ष्य 'मत्स्यपुराण' में मिलता है। बाद में नागार्जुन के 'रसरत्नाकर' जैसे ग्रंथों ने भी धातु की शुद्धता और जस्ते के आसवन के विषय में उल्लेख किया है।
- धातु की ढलाई के विभिन्न प्रकार हैं, जिन्हें लोहा, ताँबा, पीतल आदि में किया जा सकता है। उत्कीर्णन, नक्काशी और दमिश्की गीरी जैसी तकनीकों के उपयोग द्वारा धातु पर अलंकरण इन शिल्पों को अनूठा बनाता है। सबसे प्रसिद्ध तकनीकों में से एक राजस्थान में 'मरोदी' का काम

है। इसमें आधार धातु पर नक्काशी करने के लिए धातु का उपयोग किया जाता है और अंतराल रेसीन से भरा जाता है।

- वर्तमान में चमड़े का उपयोग अधिकांशतः जूते, बैग एवं पर्स बनाने के लिए किया जाता है। चमड़े का सबसे बड़ा बाजार राजस्थान है। यहाँ विभिन्न आकार और प्रकार के बैग बनाने के लिए ऊंट के चमड़े का प्रयोग किया जाता है। इनके अतिरिक्त, जयपुर और जोधपुर मोजड़ी या लुट्टी के लिए प्रसिद्ध हैं।
- लकड़ी के फर्नीचर बनाने के सबसे बड़े केंद्रों में से एक कश्मीर है। यहाँ कला का यह रूप 13वीं सदी से ही फल-फूल रहा है। कश्मीर में बड़े पैमाने पर अखरोट और देवदार की लकड़ी का उपयोग किया जाता है। कश्मीरी कलाकार यहाँ प्रचलित ठंडी और आर्द्र जलवायु के कारण लकड़ी के मकान, हाउसबोट आदि बनाने में कुशल हैं। अच्छे-दार, खतमबंद और अज्जलीपिंजरा जैसे कश्मीरी जाली के कुछ सबसे उत्तम लकड़ी के काम हैं।
- जयपुर की ब्लू पोटरी कला 200 वर्षों से अधिक पुरानी है तथा यह विश्व विख्यात है।
- सहारनपुर (उ.प्र.) लकड़ी की नक्काशी के लिए विश्व प्रसिद्ध है।
- तंजावुर में टेराकोटा से निर्मित की जाने वाली गुड़िया विश्व प्रसिद्ध है तथा इसे भौगोलिक उपदर्शन का दर्जा प्राप्त है।

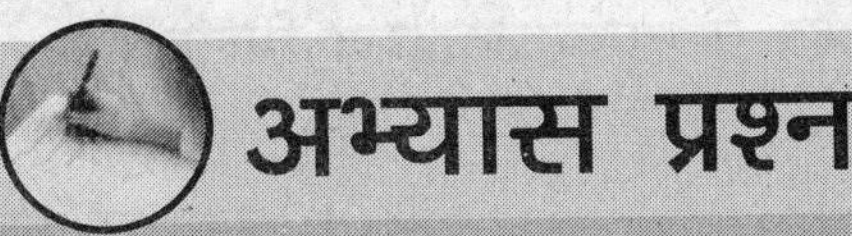

अभ्यास प्रश्न

1. **निम्नलिखित में से कौन असंगत है?**

(a) मकराना – संगमरमर

(b) डूंगरपुर – काले पत्थर

(c) महाबलिपुरम – ग्रेनाइट

(d) जयपुर – बेसाल्ट

2. **निम्नलिखित में से कौन मिश्र धातुओं से देवी-देवताओं की मूर्ति बनाने के लिए प्रसिद्ध है–**

1. तंजौर 2. वाराणसी 3. भुज

कूट:

(a) 1, 2 (b) 1, 3

(c) 1, 2, 3 (d) केवल 3

3. **निम्नलिखित में से कौन धातुओं को ढाल कर उनसे देवी-देवताओं की मूर्तियाँ बनाए जाने के केंद्र के रूप में जाने जाते हैं?**

1. मुरादाबाद 2. जगाधरी

3. फरीदाबाद

कूट:

(a) 1, 2 (b) 1, 3

(c) 1, 2, 3 (d) केवल 3

4. **निम्नलिखित में कौन कंबल की किस्म नहीं है?**

(a) नम्दा (b) गाबा

(c) हुकरग (d) नज्मा

5. **कपड़ों की छपाई के लिए लोक कसीदाकारी प्रचलित है–**

(a) कच्छ (b) सौराष्ट्र

(c) विदर्भ (d) उत्तराखंड

6. **कौन असंगत है?**

(a) पंजाब – बाघ

(b) हरियाणा – फुलकारी

(c) हिमाचल प्रदेश – चम्पा और माल

(d) तमिलनाडु – कसूती

7. **हड़प्पा तथा उसके उत्तरकाल में बनाए गए मृणपात्रों से किस कला की उत्पत्ति मानी जाती है?**

(a) कोटीबूँदी (b) टेराकोटा

(c) टोरीकोटा (d) उपर्युक्त में से कोई नहीं

8. 'कार्ले' गुफाओं में किस कला के मुख्य उदाहरण मिलते हैं?

(a) टेराकोटा
(b) दोनों ही
(c) काष्ठ कला
(d) इनमें से कोई नहीं

9. निम्न में से कौन-सा कथन सत्य नहीं है?

1. हाथी दांत कला हड़प्पाकालीन समय में अत्यंत प्रचलित थी।
2. हाथी दांत कला शुभ-शकुन व धन दोनों की विषय वस्तु थी।
3. यह कला रावण के राजमहल के साथ-साथ ईरान के डेरियस प्रथम के समय तक भी दृष्टिगोचर होती है।
4. इसमें अलंकरण के विशेष गुण नहीं थे।

(a) 1, 2, 3, 4
(b) 1, 2, 3
(c) 2, 3, 4
(d) 2, 3, 1

10. चन्द्रगुप्त मौर्य के समय कौन-सी कला अपने चरमोत्कर्ष पर थी?

(a) धातु कला
(b) काष्ठ कला
(c) प्रस्तर कला
(d) हाथी दांत कला

11. हास्य-गाम्भीर्य, प्रेम, भय तथा कछुए-सी मंद चाल व द्रुतगामी उड़ान भरते पक्षियों की सजीव कला का उत्कृष्ट उदाहरण किस कला को माना जाता है?

(a) काष्ठकला
(b) धातु कला
(c) प्रस्तर कला
(d) तीनों को

12. हल्के रंग की धातु को गहरे रंग की धातु पर जड़ने की कला कहलाती है–

(a) मीनाकारी
(b) बिदरी
(c) कोफ्तागिरी
(d) (b) और (c) दोनों

13. सुमेलित करें–

1.	कश्मीर	A.	बिंदुसार डिजाइन
2.	ओडिशा	B.	मिश्रित शैली
3.	गुजरात	C.	लोक शैली
4.	राजस्थान	D.	बंगपन्नी शैली

कूट:

	1	2	3	4
(a)	B	C	D	A
(b)	A	C	D	B
(c)	A	B	C	D
(d)	C	D	B	A

14. निम्न में से किसे 'इलोसोनी' नाम से भी जाना जाता है?

(a) चम्पेलवी
(b) लाक्षा
(c) मीनाकारी
(d) उपर्युक्त में से कोई नहीं

15. बौद्ध धर्म से जुड़े लोग प्रयोग में लाते हैं–

(a) दोरूखा (b) शहतूत

(c) कुल्लू शॉल (d) उपर्युक्त में से कोई नहीं

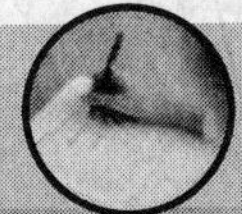

उत्तरमाला

1. (d) **2.** (c) **3.** (c) **4.** (d) **5.** (b) **6.** (d) **7.** (c) **8.** (b)
9. (c) **10.** (d) **11.** (c) **12.** (c) **13.** (a) **14.** (b) **15.** (b)

भारतीय रंगमंच एवं लोक कला

प्रमुख बिन्दु

- ❖ सामान्य परिचय
- ❖ संस्कृत रंगमंच
- ❖ हिन्दी रंगमंच
- ❖ आधुनिक रंगमंच
- ❖ लोक कला
- ❖ भारत की प्रमुख लोक शैलियाँ
- ❖ भारत में सर्कस
- ❖ भारत में मार्शल आर्ट
- ❖ अध्याय सार-संचिका
- ❖ अभ्यास प्रश्न

सामान्य परिचय

'नाटक' शब्द का उद्भव 'नट' अर्थात् कलाकार से हुआ है। माना जाता है कि 'देवताओं के नेत्रों की तृप्ति हेतु ब्रह्मा की इच्छा से नाटक रूपी पंचम वेद की उत्पत्ति हुई''। इस तरह भारतीय नाटक के जन्म की कहानी किसी-न-किसी रूप में धार्मिक अनुष्ठानों तथा ऋतुउत्सवों से जुड़ी हुई है। बहुविध बाह्य विभिन्नताओं के होते हुए भी एक ही संस्कृति-सूत्र में बंधे भारतीय जनमानस की प्रमुख चिंता जीवन और कला साहित्य के सभी स्तरों पर सत्य की खोज एवं चित्र प्रदर्शन की रही है। इसीलिए उसकी रचना में लौकिक-अलौकिक, देव-दनुज, पशु-पक्षी और वनस्पति जगत, जल, थल, आकाश, स्थान, समय तथा कार्य विभाजक रेखाएँ कभी भी स्वीकार नहीं की गईं। स्पष्ट है कि ऐसे व्यापक तथा बहुआयामी जीवन सत्य को व्यक्त करने के लिए प्राचीन भारतीय नाटकों में शास्त्रीय तथा लोक दोनों स्तरों पर ऐसी रंग रूढ़ियाँ एवं नाट्य शैलियाँ खोजी गईं, जो दृश्य होकर भी स्थूल दृश्य का अतिक्रमण करने में समर्थ हों। सूक्ष्मातिसूक्ष्म भावावेग तथा संवेदन एवं विराट व्यक्ति एवं घटना को मंच पर प्रदर्शित करने में समान रूप से सक्षम हों। इसी प्रक्रिया में 'यथार्थ' के मुकाबले 'नाटकीय काव्य' के महत्व को स्वीकारा गया तथा नृत्य, गीत, संगीत, अभिनय सूत्रधार, नट-नटी, अर्द्धपटी, मुखौटे, रीतिबद्ध चर्चाओं तथा अनुष्ठान इत्यादि से युक्त, अत्यंत कल्पनाशील, वैविध्यपूर्ण तथा समृद्ध भारतीय रंगकर्म का उद्भव और विकास हुआ।

वैदिक काल में यज्ञों से संबंधित कर्मकांड में नाट्य जैसी अनेक स्थितियाँ और क्रियाएं मौजूद थीं। वैदिक साहित्य में गीत, नृत्य, वाद्यों तथा नेपथ्य की सामग्रियों इत्यादि के साथ-साथ इनसे जुड़े हुए गंधर्व वीणावादक, सूत शैलूष कारि तथा अप्सरा इत्यादि का प्रचुर परिमाण में उल्लेख मिलता है। इसी प्रकार वाल्मीकि 'रामायण' में नाटक, नर्तक, गायक तथा कुशीलव इत्यादि का एवं महाभारत में सूत और मगध तथा नृत्य एवं नाटक का विवरण मिलता है। भारतीय रंगमंच के संबंध में कोई सटीक अथवा समयबद्ध प्रमाण तो नहीं मिलते, किंतु यह निश्चित है कि उस समय भी नाटक किसी-न-किसी रूप में विद्यमान अवश्य था। ऐतिहासिक दृष्टि से भारत की प्राचीन राज्याश्रित शास्त्रीय रंगमंच और जनाश्रित लोक रंगमंच की समृद्ध रंगधारा मध्ययुग में धर्माश्रित होकर विभिन्न प्रादेशिक रूपों में विभक्त होकर अनेक राजनैतिक, सामाजिक और सांस्कृतिक कारणों से क्रमशः क्षीण एवं लुप्तप्राय सी हो गई। मुगल साम्राज्य के विघटन एवं ब्रिटिश साम्राज्य की स्थापना ने

भारतीय रंगमंच को आंतरिक और बाहरी तौर पर काफी प्रभावित किया। इस दौरान भी लोकनाट्य, जैसे अर्द्धशास्त्रीय नाट्यरूप सामान्य ग्रामीण जन एवं धर्म के सहारे अपने हित-अनहित रूप में किसी-न-किसी प्रकार जीवित अवश्य रहे। किंतु 20वीं शताब्दी के प्रारंभिक दौर में (पुनर्जागरण के समय) प्रबुद्ध शहरी दर्शकों के लिए नाट्यधर्मी रंगमंच की कोई परम्परा शेष नहीं रह गई थी। एक तरफ तो भास, कालिदास, हर्ष, शूद्रक आदि प्राचीन नाट्यकार इतिहास होकर रह गए थे, तो दूसरी ओर अंग्रेजों के भारतीय रंग कर्म की देखा-देखी अथवा उसकी प्रतिक्रिया में व्यावसायिक अथवा अव्यावसायिक भारतीय रंगमंच धीरे-धीरे आकार ग्रहण करने लगा था।

संस्कृत रंगमंच के प्रमुख नाटक और नाटककार

चित्र 5.1: भास

भास : विद्वानों ने भास को ईसा पू. चौथी सदी से ई. पश्चात् 10वीं सदी के मध्य माना है। ये उत्तर भारत के रहने वाले थे, इन्होंने रामायण और महाभारत के विषयों को अपने नाटक का विषय बनाया। इनकी प्रमुख नाट्य कृतियाँ-मध्यम व्यययोग, 'उरूभंग' एवं 'स्वप्न वासवदत्ता' हैं।

कालिदास : इनका समय चौथी और पाँचवीं सदी के मध्य का माना जाता है। ये उज्जैन के राजा विक्रमादित्य के दरबारी कवि थे और उनके दरबार के नवरत्नों में से एक थे। इनकी प्रमुख नाट्य कृतियाँ हैं-

चित्र 5.2: अभिज्ञान शाकुंतलम का एक दृश्य

मालविकाग्निमित्र : यह विदर्भ की राजकुमारी मालविका तथा राजा अग्निमित्र की प्रेम कथा पर आधारित है।

विक्रमोवर्शीयम् : यह नाटक अप्सरा उर्वशी और राजा पुरुरवा की प्रेमकथा पर आधारित है।

अभिज्ञान शाकुंतलम् : यह ऋषि कण्व की पुत्री शकुन्तला और राजा दुष्यंत की प्रेम कथा पर आधारित है।

शूद्रक : शूद्रक कौन थे, इसकी जानकारी उपलब्ध नहीं है। भास के अधूरे नाटक 'चारुदत्त' के चार अंकों को लेकर, उनमें मामूली परिवर्तन कर और छह अन्य अंक जोड़कर इन्होंने 'मृच्छकटिक' (मिट्टी की छोटी गाड़ी) की रचना की थी।

विशाखदत्त : इनका समय संभवत: 6वीं सदी माना जाता है। इनके नाटक ऐतिहासिक पृष्ठभूमि पर आधारित हैं। इनकी प्रमुख कृति 'मुद्राराक्षस' और 'देवीचन्द्रगुप्तम्' है।

हर्षवर्द्धन : ये 7वीं शताब्दी में उत्तर भारत में महान साम्राज्य के निर्माता, श्रेष्ठ कवि तथा साहित्यकार एवं महान धर्म प्रचारक भी थे। इनका शासनकाल सांस्कृतिक दृष्टि से उन्नत माना जाता है। प्रयाग का दानोत्सव तथा कन्नौज की धर्म सभा इनके शासनकाल की महान सांस्कृतिक उपलब्धि मानी जाती है।

चित्र 5.3: राजा महेन्द्रवर्मन

भवभूति : इनका समय 8वीं सदी के आस-पास का माना जाता है। कालिदास के बाद विद्वता के शीर्ष पर बैठने वालों में भवभूति का नाम आता है।

महेन्द्रवर्मन : हर्षवर्धन के समकालीन पल्लव राजा महेंद्रवर्मन ने 'मत्तविलास' नामक प्रहसन लिखा था। इसमें तत्कालीन समाज के जीवन और विभिन्न धर्मों में आए गिराव पर व्यंग्य किया गया है।

संस्कृत रंगमंच

'रामायण', 'महाभारत' और 'भगवद्' में नाटक की कुछ घटनाएँ मिलती हैं। पतंजलि के 'व्याकरण', 'महाभाव्य', वात्स्यायन के 'कामसूत्र', कौटिल्य के 'अर्थशास्त्र' और पाणिनी के 'अष्टाध्यायी' में भी नाटक के संदर्भ प्राप्त होते हैं। इस प्रकार संस्कृत नाटक की उत्पत्ति लगभग 1000 वर्ष से मानी जा सकती है। क्लासिकल थिएटर के नाम से विख्यात संस्कृत रंगमंच के उद्भव के बारे में ऐसा मत है कि वैदिक काल में इन्द्र देवता को प्रसन्न करने के लिए नाटक खेले जाते थे। कुछ विद्वानों ने इसे यूनानी प्रभाव

माना है और यवनिका से यवनों का संबंध बताते हुए उन्हीं के संपर्क व संसर्ग से नायक का विकास माना है। कुछ विद्वानों का मानना है कि भारत में नाटक यूनानियों से प्रेरणा प्राप्त कर नहीं, अपितु पहले से ही मौजूद थे। संस्कृत के प्रथम नाट्यग्रंथ भरत मुनि का 'नाट्यशास्त्र' नाटक के संबंध में कुछ दिशा-निर्देश देता है। इसका तात्पर्य यह है कि नाटक पहले से विद्यमान विद्या थी। प्राचीनकाल के नाटककारों में **भास, कालिदास, शूद्रक, विशाखदत्त, भवभूति** आदि उल्लेखनीय हैं। भवभूति के (8वीं सदी) पश्चात् संस्कृत नाटकों का मंचन मंदिरों, राज प्रासादों, अमीर व्यक्तियों के घरों आदि में किया जाता था। भरत ने नाटक के संबंध में कुछ दिशा-निर्देश दिए हुए हैं, जिनका मंचन के समय ध्यान रखा जाता था, जैसे–नहाना, शृंगार करना, सोना, चुंबन, आलिंगन, जलक्रीड़ा आदि कृत्य मंचन के लिए अशोभनीय माने जाते थे। नाटक में मृत्यु तथा हिंसक युद्धों का भी वर्णन नहीं किया जाता था। सामान्यतया नाटक में एक नायक, एक नायिका, एक खलनायक तथा एक विदूषक की भूमिका आवश्यक मानी जाती थी। आशावादी दृष्टिकोण रखते हुए संस्कृत नाटकों का अंत सामान्यतया सुखांत ही होता था।

तमिलनाडु, केरल, कर्नाटक, आंध्र प्रदेश, उत्तर प्रदेश और गुजरात में 15वीं सदी तक संस्कृत नाटक का प्रस्तुतीकरण रंगमंच पर हुआ। 'नेमिनाथ यात्रा' के उत्सव के दौरान 'पत्तन' में गुजरात के राजा सिद्धराज बिल्हन के 'करनसुंदरी' का मंचन किया गया। उसी समय बालचन्द्र के नाटक 'करुण बज्र युद्धे' की भी प्रस्तुति रंगमंच पर हुई। गुजरात के एक अन्य शहर खम्बात (कैम्बे) में जय सिंह सूरी के नाटक 'हम्मीर गर्दन' और कुमार विग राजा के नाटक 'हरकेली' का युद्ध स्थल था। राजा, जैन तथा अन्य धार्मिक समुदायों ने इन नाटकों का मंचन किया अथवा करवाया करते थे, लेकिन इनका प्रस्तुतीकरण, राजा और उनके मंत्रीगण की उपस्थिति में राजमहल में अथवा धार्मिक उत्सवों तक ही सीमित था। इनका मंचन एक आम आदमी के लिए नहीं होता था।

लोकनाट्य

भारत में संस्कृत नाटकों का मंचन लगभग 15वीं शताब्दी तक हुआ, लेकिन उसके बाद नाटक संबंधित क्रियाकलाप विदेशी आक्रान्ताओं के कारण लगभग बंद हो गए। 17वीं शताब्दी से भारत के प्रत्येक राज्य में 'लोकनाट्य' की शुरुआत देखने को मिलती है। लोकनाट्य मनोरंजन की एक विशिष्ट कला है, जिसमें अभिनय कम और नृत्य अधिक, वार्तालाप कम और गीत अधिक होते हैं। विदूषक नाचता है, राजमहिषी नाचती है, उनके अनुचर नाचते हैं, मृदंग वादक नाचता है। 9वीं-10वीं शताब्दी के संस्कृत नाटकों के पतन ने लोकनाट्य के विकास को प्रोत्साहन दिया। इनकी कहानी का स्रोत महाकाव्य तथा पौराणिक गाथाएं होती हैं। इसमें शास्त्रीय नायकों की लोक परम्परा एवं पात्रों का प्रयोग किया जाता है, जिसके लिए व्यापक तौर पर नृत्य, संगीत, मुख सज्जा तथा मुखौटा आदि की आवश्यकता पड़ती है। ये खुले स्टेज पर होते हैं, इनका आकार कुछ भी हो सकता है। क्षेत्रीय लोक नाट्य की अपनी परम्परा एवं शैली होती है, जो क्षेत्रीय भिन्नता के कारण भिन्न-भिन्न नामों से जानी जाती है, जैसे–रामलीला, रासलीला और जात्रा आदि।

जात्रा

जात्रा का आयोजन खुले स्थान पर होता है। इसमें दर्शकों के बीचों-बीच एक चौकोर मंच का निर्माण किया जाता है, उसके पास ही वाद्य वृंद वादकों के बैठने के लिए स्थान होता है। दल के विशेषज्ञ कलाकारों द्वारा हारमोनियम, क्लेरिनेट, बिगुल, मृदंग, झांझ, दुली, तबला, ढोलकी इत्यादि पर एक-एक कर प्रस्तुति दी जाती है और उसके बाद लड़कियों के वेश में गाते और नाचते लड़कों के दल द्वारा नृत्य नाटिका प्रारंभ की जाती है। कथानक का राजा सामान्यतया परम्परागत वेश में ही प्रवेश करता है और कथानक अधिकतर ऐतिहासिक अथवा पौराणिक होते हैं। स्त्री वेश में पुरुष अभिनेता कृत्रिम दिखाई देते हैं। छुआरी या उगरा (राजा का संदेश वाहक) और विदूषक 'जात्रा' में सबसे अधिक दिलचस्प चरित्र होते हैं। सामान्यतः नगरों से दूर ग्रामीण अंचलों में 'जात्रा' अभी भी मध्ययुगीन प्रस्तुति है और उसमें देवी-देवता, ऋषि-मुनि, राजा और सभासद का चरित्र-चित्रण होता है। वास्तविक समकालीन जीवन और उसकी समस्याओं से उसका कोई सरोकार नहीं होता। पश्चिम बंगाल के लोगों के लिए जात्रा का विशेष महत्व है।

'जात्रा' शब्द का उद्भव संभवतया उरांव भाषा से हुआ है, बंगाल और उड़ीसा में जात्रा को चैतन्य उत्सव से जोड़ा जाता है। जात्रा के माध्यम से छुआछूत एवं जातिप्रथा जैसी सामाजिक समस्याओं को दूर करने का प्रयत्न किया जाता था। अब जात्रा में आर्केस्ट्रा को भी सम्मिलित कर लिया गया है।

पाला

पाला प्राचीन ओड़िया साहित्य को लोकप्रिय बनाने वाली एक सामाजिक संस्था है। इसमें चार-पाँच व्यक्ति होते हैं। नगड़ची मृदंग बजाता है, दूसरे व्यक्ति चिमटा बजाते हैं, नाचते हैं और मुख्य 'गायक' को गाने में सहयोग देते हैं और श्रोताओं को

उसका अर्थ समझाते हैं। जब पाला प्रतियोगिता में दो बराबरी के तगड़े दल एक-दूसरे की प्रतिस्पर्द्धा करते हैं, तो ज्ञान की गहराई, तीक्ष्ण बुद्धि, वाक् कला और स्मरण शक्ति, सभी की परीक्षा होती है। पूरे माह भर प्रति रात इस प्रतिस्पर्द्धा को चलाते रहने के लिए आवश्यक असामान्य ऊर्जा पुंज के लिए गायक निश्चय ही निर्बाध प्रशंसा के पात्र होते हैं। मृदंग वादक अपनी उंगलियों का कौशल दिखाता है और श्रोताओं के मनोविनोद के लिए हास्य कथाएं भी सुनाता है। गायक और किसी एक अनुचर के बीच संवाद और गाने में शब्द प्रयोग के खेल लंबे भाषणों की एकरसता को तोड़ने में सहायक होते हैं। पाला मूल रूप से हिन्दू-मुस्लिम एकता के प्रयास का फल है।

पटुआ

'पटुआ' ग्रामीण गायकों का एक समूह है, जो ग्रामीण कवियों द्वारा रचित गीतों को गाते हैं। ये कवि अपनी विषय-वस्तु रामायण, महाभारत, पुराण आदि से लेते हैं, पर अभी हाल में उपन्यासों से भी उठाने लगे हैं। कुछ गाने भाषा और भाव दोनों में ही सरल होते हैं, परंतु कुछ गाने भाव में बड़े गहरे होते हैं और वह भाव शब्दाडंबर में छुपा रहता है। 'घट पटुआ' विभिन्न ग्रामों में नाचता है, गाता है और शारीरिक कलाबाजी दिखाता है। सबसे ऊँचे आराधक धधकते हुए अंगारे पर चलने वाले दल का नेतृत्व करते हैं।

चित्र 5.4: 'घट पटुआ' का एक दृश्य

दाशकठिया

पहले यह केवल गंजाम की प्रसिद्ध प्रस्तुति थी, लेकिन अब उड़ीसा में भी प्रचलित हो गया है। दाश का अर्थ है 'आराधक' और काठ का अर्थ है 'आराध्यदेव की प्रार्थना के साथ में ताल बजाए जाने वाले दो लकड़ी के टुकड़े'। इस दल में दो व्यक्ति होते हैं। एक प्रमुख गायक होता है और दूसरा 'पालिया' होता है, जो उसे गाने और अभिनय में सभी प्रकार की सहायता देता है। ये दो व्यक्ति ही पूरा नाटक प्रस्तुत करते हैं। सभी अभिनेताओं का भाग ये ही अदा करते हैं। समय-समय पर वे अपना स्वर बदलते रहते हैं। एकरसता को तोड़ने के लिए वे मनोरंजक कहानियां भी बीच-बीच में जोड़ते जाते हैं।

मुगल तमाशा

यह नृत्य नाटिका का ही एक रूप है, इसके माध्यम से ओड़िया में पुराने मुगल प्रशासन की झलक दिखाई जाती है। यह मुगल संस्कृति का एक चिह्न है। गाने फारसी और ओड़िया दोनों ही भाषाओं में होते हैं। संवाद अत्यंत मनोरंजक होते हैं। मुगल तमाशा बालासोर जिले के भ्रदक अंचल की विशेषता है।

चित्र 5.5: कर्मा नृत्य

कर्मा

यह वर्षाकाल का प्रसिद्ध उत्सव नृत्य है। भाद्रपद माह के शुक्ल पक्ष की एकादशी से अश्विन माह में कुछ दिनों तक चलता रहता है। संबलपुर और फुलबानी जिलों के अधिकांश ओड़िया गाँवों में यह उत्सव मनाया जाता है। 'कर्मा' नर्तकों एवं गायकों के व्यावसायिक दल होते हैं। वे पौराणिक घटनाओं अथवा लोक कथाओं की प्रस्तुति करते हैं। कर्मा में युवकों और युवतियों के दलों के बीच प्रश्नोत्तरी के रूप में प्रेम गीत गाए जाते हैं।

जागरण, जगराता, जाग्गा

जागरण, जगराता अथवा जग्गा देने की परम्पराएँ प्रायः सर्वत्र मिलती हैं। यद्यपि इनका मूल स्वरूप धर्म से जुड़ा है, तथापि लोक-रंजन इनकी मूल प्रवृत्ति है। जब-जब लोक को किसी अनिष्ट अथवा दुःख-दर्द की संभावना बनती है, वह अपने इष्ट देवता को याद करता है। भय टल जाने पर अथवा इच्छा पूर्ण होने पर वह अपने देवता का मनौती के रूप में जागरण करवाता है। इसमें धूप, दीप जलते हैं, देवी की स्तुति होती है। गणेश वंदना के पश्चात् पौराणिक तथा धार्मिक गीत गाए जाते हैं। देवी की स्तुति करते ही चेलों में देवी उतर आती है। वे झूम-झूम कर नाचने, खेलने लगते हैं। लोग उनसे प्रश्न भी पूछते हैं। रोचकता एवं रोमांचकतापूर्ण इस वातावरण में अनूठा आनंद आता है। रात्रि ढलने पर 'तारा रानी' की कथा होती है। समापन पर कड़ाह-प्रसाद बाँटा जाता है।

नुआला

चम्बा घाटी में 'नुआला' धर्म एवं मनोरंजन से परिपूर्ण गीति नाट्य है। इसमें शिव की माला की स्थापना कर शिवलीलापरक गीत झूम-झूमकर गाए जाते हैं। भेड़ की बलि दी जाती है। कहीं-कहीं तो भेंटे गए भेड़-बकरे को उठा कर उसकी कटी गर्दन से रक्त चूसते चेलों का नृत्य भी देखने को मिलता है। इसमें डोलियों (अशरीरी रोग से पीड़ित स्त्रियों) का खेलना हास्य-रोमांचपूर्ण होता है। लाहौली, धमाल आदि तालों पर बजता ढोल, गुग्गुल-धूप की गंध से सना वातावरण दर्शक को अनायास घुमाने लगता है। इसमें स्थानीय लोक की धर्म संबंधी लौकिक मान्यताओं के अनेक रूप दृष्टिगोचर होते हैं। शिवजी का चेला शिवलीला संबंधी गीतों पर झूम-झूमकर नाचता है तथा कई प्रकार के रोग-शोक संबंधी प्रश्नों का उत्तर भी देता है।

रामलीला और रासलीला

भारतीय लोक मानस में रामलीला संबंधी विचार पूर्णतया धार्मिक है। इसके पात्र राम-सीता आदि लोगों को तुलसी के राम तथा सीता के समान लगते हैं और वह उसी भावना एवं श्रद्धा से उनका पूजन तथा वंदन करते हैं। प्रत्येक गाँव में रामलीला पार्टियां हैं, जो पार्टी एक बार रामलीला आरंभ करती है, वह लगातार 14 वर्ष तक उस कार्य को निभाती है। बीच में उसे तोड़ना अथवा छोड़ना अधर्म समझा जाता है। इसमें रामकथा के साथ-साथ लोकगीत तथा 'कामिक' भी प्रस्तुत किए जाते हैं। स्वतंत्रता-पूर्व रास दिखाने वालों की पार्टियां भी गाँव-गाँव तथा नगर-नगर घूमा करती थीं। इन्हें 'रासधारिए' कहा जाता है। इनके 'डेरे' होते हैं। डेरे के मुखिया के नाम पर डेरे का नाम चलता है। 'मांगो शाहे दा डेरा' अत्यंत लोकप्रिय रहा है। रास में कृष्णलीला के अनेक रूपों को प्रदर्शित किया जाता है। रामनगर की रामलीला काफी प्रसिद्ध है।

चित्र 5.6: रामलीला का एक दृश्य

स्वांग अथवा सांग

स्वांग भी लोकरंजन का अनूठा एवं रसीला साधन है। भारत की प्रत्येक उपत्यका में वर्ष भर में कई प्रकार के छिंज-मेले तथा जात्राएँ लगी रहती हैं। ऐसा विरला ही गाँव होगा, जहाँ किसी देवी-देवता का मंदिर, सिद्ध बाबा की मढ़ी या जख, नाग की स्थापना न मिलती हो। इन देवी-देवताओं की मनौतियों में लोग इनके स्वांग निकालकर जहाँ अपनी परम्पराओं को जीवन देते हैं, वहीं उन्हें देवी-देवता के प्रति किए गए इस पुनीत पूजन कार्य द्वारा आत्मिक शांति भी प्राप्त होती है। मंडी की शिवरात्रि, कुल्लू का दशहरा, सिरमौर का रेणुका मेला, चम्बा के मिंजर, छतराहड़ी-भरमौर की जात्राएँ, पालमपुर, सुजानपुर की होलियाँ के मेलों आदि में स्वांग निकालने की परम्परा है। इन स्वांगों को स्थानीय भाषा में 'डोले' (रथ) तथा झांकियाँ भी कहा जाता है। हरियाणा में इसे 'सांग' कहते हैं।

चित्र 5.7: रासलीला का एक दृश्य

कठपुतली का खेल

यह लोककला का प्राचीनतम रूप है। कलाकार के हाथों में निर्जीव कठपुतलियों का कौशलपूर्ण संचालन दर्शकों के ध्यान को बांध लेता है। देहधारी अभिनेताओं एवं अभिनेत्रियों की तरह ये कठपुतलियां भी जीवंत प्रतीत होती हैं। मंच को तैयार करने में खेल की युक्तियों और गोपनीय तथ्यों को चुराने के लिए केवल एक पर्दा ऊपर से टांग दिया जाता है और एक दूसरा पर्दा धरती के सहारे पर उठा हुआ होता है। इन दो पर्दों के बीच कलाकार हस्तकौशल से प्रस्तुति करता है। उनके बीच की विभाजक रेखा में से वह अभिनेताओं और अभिनेत्रियों को मंच पर उतारता है। कठपुतलियाँ लकड़ी की बनी होती हैं। गांवों में कठपुतलियों का खेल दिखाने वाले

चित्र 5.8: कठपुतली का खेल

श्यामपटों इत्यादि से मंच का निर्माण करते हैं। कठपुतली के खेल के प्रारंभ में ढोलक बजाने वाला मंच के सामने बैठकर ढोलक बजाता है। यह लोगों को खेल देखने के लिए बुलाने का आमंत्रण है। जब लोग काफी संख्या में इकट्ठे हो जाते हैं, तो खेल शुरू होता है। स्त्री रानी या अनुचर का संवाद कहती है। वह पर्दे के पास बैठती है। परंतु पुरुष गायक की बात अलग है, वह मंच के बाहर बैठता है। वह राजा, मंत्री, पुलिस अधिकारी या संदेशवाहक के लिए संवाद कहता है। राजस्थान की कठपुतली काफी प्रसिद्ध है, जो धागे से बांधकर नचाई जाती है। पश्चिम बंगाल का 'पुतुल नाच' डंडे की सहायता से नचाया जाने वाला कठपुतली नाच है।

- **ढयाल :** राजस्थान की एक नृत्य नाटिका शैली है। राजस्थान की लोक संस्कृति को गायन के माध्यम से प्रस्तुत किया जाता है।
- **जशिन**-कश्मीर में इस कला का प्रदर्शन किसी देवता के सम्मान में खुले मंच पर किया जाता है। जशिन समाज की बुराइयों पर मसखरे या विदूषक की उपस्थिति द्वारा व्यंग्य करने का सशक्त माध्यम है।
- **मुदिएत्तु :** बुराई के ऊपर अच्छाई की विजय का प्रतीक यह अनुष्ठानिक नृत्य नाटक केरल में प्रत्येक वर्ष काली के मंदिर में किया जाता है।
- **कुडियट्टम :** समाप्ति की स्थिति में आ चुकी इस कला में नाटकों का प्रस्तुतीकरण कई दिनों तक विस्तारपूर्वक होता है तथा भाव-भंगिमाओं के माध्यम से ही शब्द की व्याख्या की जाती है।
- **थेरूक्कूथु :** महाकाव्यों, पौराणिक आख्यानों की कहानियां, अनुष्ठानों और प्रतिदिन की समस्याओं का पुट लिए ये 'नुक्कड़ नाटक' नृत्य, नाटक और संगीत समेटे हुए हैं। तमिलनाडु में कूथु कुछ स्थानों पर कई दिनों तक चलता है।

चित्र 5.9: मुदिएत्तु

- **तमाशा :** नाचने-गाने वाले समूह का रूप लिए 'तमाशा' का स्वरूप पेशवा काल में निश्चित होता गया। महाराष्ट्र के लोक नाट्य तमाशा में महिलाएँ मंच पर आने लगीं। यह नाचने-गाने की विशिष्ट शैली को अपनाए हुए हैं, जिसमें लावणी नृत्य को भी सम्मिलित कर लिया जाता है। इसका प्रभाव आधुनिक रंगमंच और फिल्मों पर स्पष्ट दिखाई पड़ता है।

माच अथवा माचा (मध्य प्रदेश)

यह मध्य प्रदेश की एक संगीतमय परम्परा है, जिसका उदय उज्जैन में हुआ था। 'माचा' शब्द 'मंचन' से बना है। माचा नाटकों का मंचन होली के आस-पास होता है। इसमें संगीत का भरपूर प्रयोग किया जाता है। माचा के विषय धार्मिक पौराणिक कथावस्तु पर आधारित होते हैं। कभी-कभी इनके विषय समकालीन सामाजिक जीवन से भी जुड़े होते हैं।

भवाई

राजस्थान एवं गुजरात में देवी माँ को प्रसन्न करने हेतु धार्मिक अनुष्ठान के रूप में आरंभ 'भवाई' कालांतर में पूरे वर्ष किया जाने लगा एवं इसका प्रसार होने लगा। वर्तमान में यह साल की प्रथम प्रस्तुति किसी शिव मंदिर में नवरात्र के पहले दिन की जाती है। यह नाटिकाओं की क्रमिक प्रस्तुति है। इसका विषय धार्मिक, पौराणिक या सामाजिक कुछ भी हो सकता है। राजस्थान में भवाई नृत्य के कुछ महत्वपूर्ण कथानक हैं, यथा–बोरा और बोरी, ढोला मारू, डोकरी आदि।

हिन्दी रंगमंच

पारसी थिएटर का आगमन और हिन्दी रंगमंच का उदय

अपने समय में सर्वाधिक सफल व्यावसायिक रंगमंच 'पारसी थिएटर' की शुरुआत मुंबई में 1852-53 के आस-पास हुई थी। उधर वाराणसी (काशी) में अव्यावसायिक रंगकर्म की दृष्टि से प्रथम आधुनिक भारतीय नाटककार भारतेन्दु हरिश्चन्द्र का उदय हुआ, जिन्होंने रंगमंच को एक नया मिशन दिया। इन्होंने अपने नाटकों एवं प्रहसनों के माध्यम से हिन्दी रंगकर्म को एक

नई चेतना प्रदान की, जिसे नाटककार जयशंकर प्रसाद ने अपने सांस्कृतिक पुनरुत्थान के श्रेष्ठ गंभीर नाटकों से साहित्यिक उत्कर्ष प्रदान किया। धर्मवीर भारती, मोहन राकेश, जगदीश माथुर, सुरेन्द्र वर्मा आदि ने अपनी रंगधर्मिता को प्रसाद की इस परम्परा से जोड़ा। कथा और चित्रांकन, वस्तु और संरचना, अंक और दृश्य प्रवेश और प्रस्थान, रंगरूढ़ियां और संरचना, अभिनय और दृश्यत्व, भाषा और संवाद, गीत-संगीत और नृत्य सभी दृष्टियों से 'पारसी थिएटर' के नाटकों का रंगशिल्प जन रुचिप्रधान, विशिष्ट और सुनिश्चित था।

स्पष्ट है कि बहुरूपी, बहुरंगी भारतीय रंगमंच की जड़ें बहुत गहरी फैली हुई हैं। पश्चिमी प्रभावों (यथार्थवाद, एब्सर्ड, ब्रेख्तियन, मनोशारीरिक इत्यादि) को पचाकर, पिछले 30-35 वर्षों में, इसने अपनी जमीन से जुड़ने और आधुनिक भारतीय रंगमंच की निजी एवं मौलिक शैली की कलात्मक तलाश का रचनात्मक एवं सार्थक प्रयास किया है। यह सच है कि इलेक्ट्रॉनिक मीडिया के प्राणघातक आक्रमण के सामने, पिछले कुछ वर्षों से हमारा रंगमंच लड़खड़ाता सा प्रतीत होता है। परंतु इस जीवन्त माध्यम की अपरिमित जीवन-शक्ति, सदियों पुराने पारंपरिक रंगमंच की ऊर्जा और हमारे बहुसंख्य निष्ठावान समर्पित रंगकर्मियों की आस्था हमें यह मानने का पर्याप्त आधार देती है कि भारतीय रंगमंच इन विपरीत परिस्थितियों के बावजूद न केवल जीवित ही रहेगा, बल्कि अपने निजी रंग-रूप को उपलब्ध कर निरंतर विकसित और समृद्ध भी होता रहेगा।

इप्टा थिएटर का आगमन

यह एक अव्यावसायिक थिएटर था, जो 1943 में जन्मा। 'इप्टा-रंगमंच' विषयवस्तु, रंगशिल्प और उद्‌देश्य सभी दृष्टियों से एक भिन्न स्तर का रंगमंच था। देश के सभी भागों में 'इप्टा' की बहुसंख्य शाखाएँ खुलीं और उन्होंने समसामयिक समस्याओं को तीखे एवं कटु यथार्थपरक धरातल पर प्रस्तुत करके नई नाट्य चेतना तथा व्यापक जन-जागृति उत्पन्न करने का सार्थक प्रयास किया।

आधुनिक रंगमंच

18वीं सदी आधुनिक भारतीय रंगमंच की शुरुआत थी, जब ब्रिटिश शासक भारत में अपनी सत्ता के विकास में लगे थे। यद्यपि आधुनिक भारतीय नागरिक रंगमंच का शुभारंभ 1765 में रूसी नाट्य प्रेमी हेरासिम लेबेडेफ एवं बांग्ला नाट्य प्रेमी गुलोकनाथ द्वारा प्रस्तुत अंग्रेजी के दो हास्य प्रधान नाटकों 'डिसगाइज' एवं 'लव इज द बेस्ट डॉक्टर' के प्रस्तुतीकरण के रूप में हो गया था, किंतु इसकी वास्तविक नींव 1831 में प्रसन्न कुमार ठाकुर द्वारा हिन्दी रंगमंच स्थापित करके पड़ी। 1843 में सांगली (महाराष्ट्र) के राजा अरुण प्रताप सिंह के अनुरोध पर विष्णुदास भावे ने मराठी में सीता-स्वयंवर का मंचन किया। महाराष्ट्र में अन्ना साहेब किर्लोस्कर ने मराठी में 'अभिज्ञान शाकुन्तलम' प्रस्तुत किया। रंगमंच को नई चेतना से जोड़कर पुनर्जीवित करने का श्रेय विजय तेंदुलकर को जाता है। इन्होंने अपने नाटकों के माध्यम से प्रयोगधर्मी रंगमंच का कायाकल्प कर दिया। पुर्तगाली शासन के दौरान पश्चिमी देशों से नाटक समूह अंग्रेजी नाटक का मंचन करते हुए भारत पहुँचने लगे। 1858 से मुंबई और गुजरात के अनेक शहरों में गुजराती एवं उर्दू नाटकों का मंचन प्रारंभ हुआ, विशेषकर अहमदाबाद, सूरत, बड़ौदा, वेदनगर में लगभग एक दशक पूर्व 1850 में, सांगली (महाराष्ट्र) में मराठी नाट्य गतिविधियाँ प्रारंभ हो चुकी थीं। उधर वाराणसी (काशी) में अव्यावसायिक रंगकर्म की दृष्टि से आधुनिक भारतीय नाटककार भारतेन्दु हरिश्चन्द्र ने रंगमंच को एक नया मिशन दिया। नाटककार जयशंकर प्रसाद ने अपने सांस्कृतिक पुनरुत्थान के श्रेष्ठ गंभीर नाटकों से न केवल साहित्यिक उत्कर्ष प्रदान किया, अपितु रंगकर्म को नई चेतना भी दी। लगभग उसी समय बंगाल, कर्नाटक और केरल में भी नाट्य गतिविधियों का शुभारंभ होने लगा था। आधुनिक नाटकों को बढ़ावा देने में पारसी थिएटर ने भी अहम भूमिका निभाई, उन्होंने अपनी नाटक कम्पनियां खोली व पूरे देश में नाटकों का मंचन प्रारंभ किया। उनकी भाषा में हिन्दी, उर्दू, पर्शियन और संस्कृत भाषाओं के शब्द भी होते थे। आगा हशरा कश्मीरी को 'पारसी थिएटर का भारतीय शेक्सपीयर' माना जाता था। पारसी नाटकों में मंच की साज-सजावट पर अधिक ध्यान दिया जाता था। इस तरह 1850 से 1940 तक भारत के निर्माण में गायन और वादन को अधिक महत्व दिया जाता था। इस तरह 1850 से 1940 तक भारत के विभिन्न क्षेत्रों में नाटक आन्दोलन की पुनर्रचना हुई और यह भारतीय थिएटर के लिए एक प्रासंगिक विकास था। इन सौ वर्षों को यदि भारतीय थिएटर का स्वर्ण युग कहा जाए तो गलत न होगा। संस्कृत और अंग्रेजी नाटकों की झलक उनकी स्क्रिप्ट में देखने को मिलती थी।

हिन्दी के प्रमुख नाटक एवं नाटककार

नाटककार	नाटक
भारतेन्दु हरिश्चन्द्र	अंधेर नगरी, सत्य हरिश्चन्द्र, भारत दुर्दशा, नील देवी तथा वैदिकी हिंसा हिंसा न भवति
जयशंकर प्रसाद	स्कन्दगुप्त, चन्द्रगुप्त, ध्रुवस्वामिनी
धर्मवीर भारती	अंधा युग
जगदीश चन्द्र माथुर	पहला राजा, कोणार्क, शारदिया
मोहन राकेश	आधे-अधूरे, आषाढ़ का एक दिन, लहरों के राजहंस
सुरेन्द्र वर्मा	आठवां सर्ग : सूर्य की अंतिम किरण से सूर्य की पहली किरण तक, कैद-एहयात
आचार्य नंद किशोर वाजपेयी	देहांतर, हस्तिनीपुर

1947 के बाद आधुनिक भारतीय रंगमंच ने विकास के दूसरे चरण में कदम रखे। 1947 से पूर्व, नाटक का आलेख संस्कृत नाटकों, अंग्रेजी नाटकों एवं प्राचीन धार्मिक-ऐतिहासिक आलेखों के इर्द-गिर्द घूमता था। वे स्वयं को रोज की समस्याओं से संबंधित मानते थे। उनके नाटकों में स्वतंत्रता आन्दोलन की विचारधारा भी प्रदर्शित होती थी। वास्तविकता में उस समय नाटकों का उपयोग लोगों के जीवन और समाज के आइने के रूप में होता था। इस तरह के नाटकों का उद्देश्य आम आदमी के जीवन पर प्रभाव छोड़ना था। आधुनिक भारतीय रंगमंच का दूसरा चरण 1947 से प्रारंभ हुआ, जिसे दो भागों में जाना गया व्यावसायिक एवं अव्यावसायिक रंगमंच। अव्यावसायिक थिएटर समूह को-ऑपरेटिव थिएटर संस्थाओं द्वारा बनाए गए। इसमें थोड़ा पुराने नाटक और अधिक पश्चिमी नाटकों का समावेश किया। इन नाटकों के प्रस्तुतीकरण में वास्तविकता को प्रदर्शित करने पर महत्व दिया गया। **इप्टा** एक अव्यावसायिक थिएटर था। हबीब तनवीर, उत्पल दत्त, शंभू मित्र, बलराज साहनी जैसे कलाकार इप्टा की ही देन थे। भारतीय थिएटर समूहों ने विदेशों में जाकर अपने नाटकों के मंचन से देश के रंगकर्म को स्थापित करने में निर्णायक भूमिका निभाई है। आधुनिक भारतीय रंगमंच स्वयं में, आधुनिक तकनीकों, सेट्स, दृश्यों, प्रकाश व्यवस्थाओं और ध्वनि प्रभावों इत्यादि से फल-फूल रहा है।

बंगाल के प्रमुख नाटक एवं नाटककार

नाटककार	नाटक
बादल सरकार	इन्द्रजीत, पगला घोड़ा, बाकी इतिहास, भोमा, जुलूस, बासी खबर, स्पार्टाकस
मोहित चटर्जी	गिनीपिग, अबू हसन, खारा पानी
अरुण मुखर्जी	मारीच संवाद
मनोज मित्र	बगिया बांछाराम की, राजदर्शन, जगन्नाथ
साँवली मित्रा	नाथवती अनाथवत

लोक कला

मानव जीवन के साथ-साथ कला का जन्म हुआ। जिस प्रकार मानव के विकास की कहानी अद्भुत और अनेक परिवर्तनों से युक्त है, उसी प्रकार कला के विकास के भी अनेक परिवर्तनों का स्पष्टत: अनुमान किया जा सकता है। लोक कला ने अपना विकास विभिन्न रूपों में किया। उसका एक रूप परम्परागत विश्वासों, रहस्यात्मक और अतीत के संस्कारों पर आधारित था। उसका दूसरा रूप वह था, जिसमें सामाजिक रीति-रिवाजों की प्रमुखता थी। इसके अतिरिक्त अपनी अनुभूतियों की स्वतंत्र अभिव्यक्ति की ओर भी कलाकार का ध्यान था। इस दृष्टि से प्रतीकात्मक शैली के अमूर्त चित्र सामाजिक रीति-रिवाजों को अभिव्यक्त करने वाले बाँस, बेंत तथा सूत की वस्तुओं का आलेखन और राजस्थान के चित्रकारों द्वारा किए गए रेखांकनों का इस प्रसंग में उल्लेखनीय योग रहा है। हमारी परम्परागत लोकरुचियों को जीवित रखने के लिए भारत के विभिन्न प्रदेशों में लोक कला ने जो कार्य किया, विज्ञान और दर्शन की दृष्टि से उसकी तुलना नहीं की जा सकती। विभिन्न प्रदेशों में लोक

कला के इन भूमि चित्रों को अनेक नामों से पुकारा गया, किंतु उनके मूल में जो आह्लाद तथा आत्मीयता है, वह सर्वत्र एक जैसे रूप में विद्यमान है। महाराष्ट्र में इसे 'रंगोली', गुजरात में 'साथिया', राजस्थान में 'मांडणा', उत्तर प्रदेश के कुछ भागों में 'सोन रखना' या 'चौक पूरना', कुमायूँ तथा गढ़वाल में 'आपना', बिहार में 'अपहन', बंगाल में 'अल्पना' तथा आंध्र प्रदेश में 'मुग्गू' कहा जाता है। नाम भिन्नता के बावजूद इनके भीतर सारे देश की आत्मा बोलती है।

लोक कला के उक्त विभिन्न रूप धूलि-चित्रों पर आधारित अपने विकास का इतिहास स्वयं ही बताते हैं। ये धूलि चित्र पिसे चावलों अथवा रंग-बिरंगी मिट्टी से बनाए जाते हैं, जिनका प्रचलन मौर्य युग में ही हो चुका था। लोक कला की प्राचीन परम्परा की उपलब्धि शुंगकालीन साँची के तोरणों में अंकित जातक कथाओं के लोकचित्रों में होती है। साँची की कला को इतनी लोकप्रियता प्राप्त होने का यही कारण था कि उसमें लोकरुचियों का समावेश था। इस लोक कला का प्रभाव अजंता के भित्ति चित्रों में भी देखने को मिलता है। बंगाल की लोक कला का प्रचार अंतर्राष्ट्रीय स्तर पर है। बंगाल की लोक कला का प्रचार साधन पट-चित्र रहे हैं। ये पट-चित्र यद्यपि व्यापारिक दृष्टि से बनाए जाते थे, तथापि इन्हीं पट-चित्रों द्वारा बंगाल की लोक कला ओडिशा, असम और उत्तर भारत तक पहुँची। पट-चित्रों के निर्माता (पटवे) कलाकार रंगों के प्रयोग और डिजाइनों (आकोल्पनों) को बनाने में बड़े पटु होते हैं। उनके द्वारा लोकशैली में अंकित बीच में देवी-देवताओं के चित्र और उनके किनारों पर चारों ओर पशु-पक्षियों का चित्रण बड़ा ही भव्य होता है। पट-चित्रों के अतिरिक्त बंगाल की लोक कला का दूसरा रूप मिट्टी के घड़ों तथा उनके ढक्कनों की चित्रकारी में देखने को मिलता है। लोक चित्रों में रंगों और रेखाओं की अपनी एक विशेषता होती है। चित्रों की पृष्ठभूमि के अनुसार रंगों का प्रयोग किया जाता है। इनमें हरे, पीले, नीले रंगों का प्रयोग अधिक होता है। मांडणों में लाल, भूरा या हरा, रंगोली में काला या चॉकलेटी, मोरपंखी और जामुनी आदि रंग का और यदि पृष्ठभूमि हल्के रंग की है तो मुख्य आकृति गहरे रंग की होगी। इस प्रकार चित्र में एक उभार आ जाता है। मांडणा, रंगोली आदि में जो रंग इस्तेमाल किए जाते हैं, वे प्रायः आटा, हल्दी और चावल तथा फूल-पत्तियों को पीसकर बनाए जाते हैं। लोक चित्रों के विषय का अपना महत्व है। कल्पना में प्राकृतिक सौंदर्य झलकता है। प्रत्येक त्योहार पर उस त्योहार के देवता का अंकन अवश्य किया जाता है। देवताओं के चित्रण में बहुधा लक्ष्मी और गणेश प्रमुख होते हैं, जिनको स्वास्थ्य, समृद्धि और मंगल का सूचक माना जाता है।

भारत की प्रमुख लोक शैलियाँ

लोक शैली भारतीय जनमानस के आँगन में पुष्पित और पल्लवित होती कला है। लोक शैली इतिहास और ख्याति की अपेक्षा किए बिना हमारे पारिवारिक, सांस्कृतिक और धार्मिक जीवन की परम्पराओं के साथ संबद्ध होकर आगे बढ़ रही है। इसे किसी के अवलम्बन, आश्रय, प्रोत्साहन और प्रलोभन की आवश्यकता नहीं होती है। लोक शैली के चित्रों में रंग के लिए दैनिक आवश्यकता की सामग्रियों का उपयोग किया जाता है, जैसे-पीठिया, हल्दी, चूना आदि। कृषि प्रधान समाज होने के कारण भारत में पशुओं का महत्व अधिक है। लोक कला में तोता, मैना, मुर्गा, हंस, कोयल, मोर, सारस, चकोर, हिरण, घोड़ा और हाथी आदि पशु-पक्षियों का चित्रण अधिक किया गया है। सभी लोक कलाओं में मंगलमय कलश, चक्र, शंख, स्वास्तिक तथा गहनों आदि का निर्माण किया जाता है। उनको सुख-समृद्धि का सूचक माना जाता है। ये वस्तुएँ इस बात का प्रमाण हैं कि लोक-चित्रों का निर्माण भारतीय महिलाओं की रुचियों पर अधिक निर्भर करता है। भारतीय चित्रकला से लोक कला को अलग नहीं किया जा सकता। लोक कला के इतिहास के बिना भारतीय चित्रकला का इतिहास भी अपूर्ण है। लोक कला की उपयोगिता क्या है, इस संबंध में विचार करने पर हमें कहीं दूर जाने की आवश्यकता नहीं। मनुष्य स्वभावतः सौंदर्य और कला-प्रेमी है। वह प्रतिदिन के प्रयोग में आने वाली वस्तुओं की सुंदरता से प्रभावित होता है। वह दैनिक जीवन में अनेक तरह के डिजाइनों के कपड़े और बर्तनों आदि का प्रयोग करता है। इन डिजाइनों की विशेषता यह होती है कि इनसे हमें राष्ट्र की सांस्कृतिक एकता का आभास भी मिलता है। इस प्रकार हम कह सकते हैं कि लोक कला का अपना राष्ट्रीय महत्व भी है। सांस्कृतिक एकता के अतिरिक्त सामाजिक और धार्मिक दृष्टि से भी इसका विशेष महत्व है। लोक कला का यह भव्य स्वरूप अनादि काल से अविच्छिन्न रूप से चला आ रहा है। इसने हमारे देश की चित्रकला के विभिन्न रूपों को प्रभावित किया है।

भारत में सर्कस

सर्कस की शुरुआत 1880 के दशक में फिलिक एस्ले ने की, जबकि भारत में भी लगभग इसी समयावधि में सर्कस की शुरुआत हुई। उस दौरान मनोरंजन का सबसे प्रभावशाली और सजीव साधन सर्कस था। लेकिन जैसे-जैसे मानव के मनोरंजन के नए संसाधनों का विकास हुआ, वैसे-वैसे सर्कस की महत्ता कम होती चली गई। साथ-ही-साथ सर्कस में वन्य जीव प्राणियों का प्रयोग पर्यावरण से संबंधित बनाए गए कानूनों ने भी इसमें अड़चनें पैदा कीं और 1990 के दशक के उत्तरार्ध में सकर्स उद्योग का पतन होने लगा। उस समय भारत में इसकी संख्या लगभग 300 थी, जोकि 2020 तक घटकर मात्र 12 रह गई है। भारतीय सर्कस उद्योग के पतन के निम्नलिखित कारण हैं-

1. सर्कस उद्योग को रेगुलेट करने के लिए सरकारी नियम और कानून का न होना और यह उद्योग वंशानुगत हो गया और इसमें निवेश की कमी हुई।
2. मा. सर्वोच्च न्यायालय द्वारा वन्य जीव प्राणियों और बाल श्रम से संबंधित दिए गए न्यायिक निर्णयों ने इसके संसाधनों को सीमित किया।
3. सर्कस उद्योग में अनुसंधान और विकास तथा लोगों ने इसे अपने कैरियर के रूप में नहीं चुना।
4. सर्कस से संबंधित विभिन्न प्रकार के कल-पुर्जो, तकनीकी का प्रयोग और नवाचार की कमी के कारण यह उद्योग धीरे-धीरे मृतप्राय हो गया।
5. सर्कस जिस स्थान पर लगाया जाता है, वे व्यवस्थाएं अस्थायी तौर पर कुछ माह के लिए किसी खुले स्थान अथवा पार्क में संचालित होती हैं। ऐसे में सर्कस से संबंधित एडिटोरियम, प्रेक्षालय अथवा सर्कस घर की स्थापना स्थायी रूप से नहीं बन पाई।

हाईटेक दौर ने आज मनोरंजन के उस साधन पर अस्तित्व का संकट पैदा कर दिया है, जो कभी चकाचौंध भरे मंच पर अपने रोमांचक करतब और कारनामों से दर्शकों को हैरान ही नहीं करता था, हंसाता भी था और जानवरों को अपने इशारों पर नचाता था। यह है सर्कस, जिसे इतिहास के पन्नों में सिमट जाने का डर सता रहा है। एक समय था, जब सर्कस मनोरंजन का प्रमुख साधन था। लेकिन आज टेलीविजन तथा इंटरनेट के दौर में सर्कस का मनोरंजन हाशिए पर पहुंच गया है। दर्शकों और समुचित मंच के अभाव के कारण प्रतिभाशाली कलाकार सर्कस से दूर होते जा रहे हैं। अपोलो सर्कस के प्रबंधक रमेश तिरूला कहते हैं- पहले सर्कस जिस शहर में जाता था, वहाँ धूम मच जाती थी। लगभग हर दिन सर्कस के लोग पशुओं को लेकर शहर में जुलूस निकालते थे। जोकर भी साथ होते थे। यह सब प्रचार के लिए होता था। अब तो लाउडस्पीकर लेकर शहर में निकल ही नहीं सकते।

चित्र 5.10: ग्रेट बॉम्बे सर्कस का दृश्य

जानवर सर्कस का मुख्य आकर्षण होते थे। अब सरकार ने सर्कस में जानवरों के इस्तेमाल पर रोक लगा दी है। टीवी, वीडियो गेम और इंटरनेट ने रही-सही कसर पूरी कर दी। आखिर दर्शक क्या देखने के लिए सर्कस आएंगे। सर्कस से कोई क्यों जुड़ना चाहेगा। सर्कस उद्योग से जुड़े लोग मानते हैं कि सरकारी समर्थन और नई प्रतिभाओं की कमी भी इस उद्योग को लाचार बना रही है, इस उद्योग से जुड़े लोग अन्यत्र विकल्प तलाश रहे हैं। भारत में अब चंद सर्कस कंपनियां ही रह गई हैं, जिन्हें बदलते माहौल और लोगों की रुचि में बदलाव की वजह से अपने अस्तित्व की सबसे कठिन लड़ाई लड़नी पड़ रही है।

प्रमुख सर्कस

ग्रेट इंडियन सर्कस

- ग्रेट इंडियन सर्कस, इसकी स्थापना निपुण घुड़सवार और गायक प्रोफेसर विष्णुपंत छत्रे ने की थी। यह भारत का पहला आधुनिक सर्कस था।
- इसका विकास कुर्दुवदी के राजा के संरक्षण में हुआ। कुर्दुवदी के राजा के अधीन छत्रे, अस्तबल गुरु के रूप में काम करते थे।
- ग्रेट इंडियन सर्कस के प्रदर्शन का पहला आयोजन 1880 को किया गया था। इसके बाद इस सर्कस ने पूरे देश का व्यापक भ्रमण करने के साथ ही सीलोन और दक्षिण-पूर्व-एशिया जैसे विदेशी स्थानों का भी भ्रमण किया।
- छत्रे ने प्रत्येक स्थान पर सराहना प्राप्त की। हालांकि, उत्तरी अमेरिका का उनका भ्रमण विफल रहा, क्योंकि वहां वे अपने प्रतियोगियों के आकार और भव्यता से बराबरी नहीं कर सके।
- विष्णुपंत छत्रे को 'भारतीय सर्कस का जनक' कहा जाता है।

कीलरी कुन्हीकन्न

- भारत वापस आने पर, मालाबार तट पर स्थित लेल्लीचेरी शहर (नया नाम थालास्सेरी) में अपने भ्रमण के दौरान छत्रे की मुलाकात कीलरी कुन्हीकन्नन से हुई।
- कीलरी कुन्हीकन्नन मार्शल आर्ट और जिमनास्टिक शिक्षक के रूप में काम करते थे।
- छत्रे के आग्रह पर, कीलरी ने उनकी अकादमी में कलाबाजों को प्रशिक्षित करना आरंभ किया।
- 1901 में, उन्होंने चिराक्कारा (केरल) में एक सर्कस स्कूल खोला।
- यह भारत में सर्कस क्रांति का नाभिस्थल बन गया।
- वर्ष 1904 में, कुन्हीकन्नन के एक छात्र, परियली कन्नन ने 'ग्रैंड मालाबार सर्कस' के नाम से अपनी सर्कस कंपनी आरंभ की।
- व्हाइटवे सर्कस (1922), ग्रेट रामायण सर्कस (1924), ग्रेट लायन सर्कस, ईस्टर्न सर्कस, फेयरी सर्कस आदि जैसी अन्य कंपनियों का प्रवर्तन कुन्हीकन्नन के छात्रों ने ही किया था।
- केरल को भारतीय सर्कस के पालने के रूप में जाना जाता है।
- कुन्हीकन्नन की अकादमी से राष्ट्रीय और अंतरराष्ट्रीय ख्याति प्राप्त करने वाले कई कलाबाज अस्तित्व में आए।
- रोपडांसर कन्न बमबायो ने 1910 में कुन्हीकन्नन की अकादमी से स्नातक की उपाधि प्राप्त की और बाद में वे कई यूरोपीय और अमेरिकी सर्कस कंपनियों के लिए प्रदर्शन करने हेतु चले गए।
- 1939 में कुन्हीकन्नन की मृत्यु के बाद उनके छात्र एम.के. रमन ने उनकी विरासत जारी रखी।
- वर्ष 2010 में, केरल सरकार ने कीलरी कुन्हीकन्नन के सम्मान में थालीस्सेरी में एक सर्कस अकादमी आरंभ की। उन्हें केरल के सर्कस के जनक की उपाधि से भी सम्मानित किया गया है।

भारत की प्रमुख सर्कस कंपनियाँ

कम्पनी का नाम	स्थापना वर्ष	विशेष तथ्य
ग्रेट रायल सर्कस	1909	इसकी शुरुआत मधुस्कर ने की। यह सर्कस की सबसे पुरानी मण्डली है। यह सर्कस ने न सिर्फ भारत वर्ष, बल्कि अफ्रीका, मध्य-पूर्व और दक्षिण-पूर्व एशिया का भ्रमण किया।
थ्री रिंग सर्कस	1930	इसकी शुरुआत ध्रुवीय सर्कस के रूप में हुई। यह सर्कस दक्षिण भारत में बहुत चर्चित रहा। यह एशिया का पहला और अकेला सिक्स पोल थ्री रिंग सर्कस बना।

ग्रेट बॉम्बे सर्कस	1920	इसकी शुरुआत बाबूराव कदम ने की थी। इसे 'ग्रैंड बॉम्बे सर्कस' के रूप में भी जाना जाता था। 1947 में कीलरी कुन्हीकन्नन के भतीजे के.एम. कुन्हीकन्नन ने अपनी सर्कस कंपनी का विलय 'ग्रैंड बंबई सर्कस' में कर दिया और इसका नाम ग्रेट बॉम्बे सर्कस कर दिया गया। इस सर्कस में 300 कलाकारों और 60 जानवरों की मंडली के साथ यह भारत की सबसे बड़ी सर्कस कंपनियों में से एक बन गया।
जेमिनी सर्कस	1951	इसकी शुरुआत गुजरात के बिलिमोरा शहर में हुई। इसका संचालन एक पूर्व सैनिक एम.वी. शंकरन करते थे। वे एक कुशल कलाबाज थे और जेमिनी शंकरेट्टन के रूप में लोकप्रिय हुए। जेमिनी सर्कस को सोवियत संघ ने 1964 में आयोजित हुए इंटरनेशनल सर्कस फेस्टिवल में प्रतिनिधित्व करने का मौका दिया। इस सर्कस के नाम से राज कपूर की 'मेरा नाम जोकर' जैसी कई भारतीय फिल्में बनीं।
जंबो सर्कस	1977	इसकी शुरुआत बिहार से हुई थी। जंबो सर्कस 'भारत की शान' है। जंबो आधुनिक काल का सबसे बड़ा भारतीय सर्कस है। बाद में शंकर परिवार ने इसका अधिग्रहण कर लिया। इसमें सामान्यतया रूसी कलाबाज और कलाकार सम्मिलित किए गए।

चित्र 5.11: जेमिनी सर्कस का एक दृश्य

भारत में मार्शल आर्ट

चित्र 5.12: मार्शल आट्र्स

मार्शल आर्ट या युद्ध कलाएँ विधिबद्ध अभ्यास की प्रणाली और बचाव के लिए प्रशिक्षण की परंपराएं हैं। सभी मार्शल आट्र्स का एक समान उद्देश्य है– खुद की या दूसरों की किसी शारीरिक खतरे से रक्षा। मार्शल आर्ट को विज्ञान और कला दोनों माना जाता है। इनमें से कई कलाओं का प्रतिस्पर्धात्मक अभ्यास भी किया जाता है, ज्यादातर लड़ाई के खेल में, लेकिन ये नृत्य का रूप भी ले सकती है। मार्शल आट्र्स का मतलब युद्ध की कला से है और ये लड़ाई की कला से जुड़ा 15वीं शताब्दी का यूरोपीय शब्द है, जिसे आज ऐतिहासिक यूरोपीय मार्शल आट्र्स के रूप में जाना जाता है। मार्शल आर्ट के एक कलाकार को मार्शल कलाकार के रूप में संदर्भित किया जाता है।

मूल रूप में 1920 के दशक में रचा गया ये शब्द मार्शल आट्र्स मुख्य तौर पर एशिया के युद्ध के तरीके के संदर्भ में था, विशेष तौर पर पूर्वी एशिया में जन्मे लड़ाई के तरीके के हालांकि इसकी उत्पत्ति की परवाह किये बगैर इस शब्द को किसी भी संहिताबद्ध युद्ध प्रणाली के लिए शाब्दिक अर्थ और उसके बाद के उपयोग में लिया जा सकता है।

यूरोप मार्शल आट्र्स की कई व्यापक प्रणालियों का घर है, यूरोप की ऐतिहासिक मार्शल आट्र्स की जीवंत परंपराएं (उदाहरणतया जोगो डु पाओ और दूसरी लकड़ी और तलवार से लड़ाई की कलाओं एवं सेवेट एक फ्रांसिसी पाद प्रहार शैली, जो नाविकों और सड़क सेनानियों द्वारा विकसित की गई थी) और पुराने तरीके जो आज भी अस्तित्व में हैं, उनमें से कई का अब पुनर्निर्माण किया जा रहा है। अमेरिका में, अमेरिकी मूल निवासियों में खुले हाथों की मार्शल आट्र्स जिसमें कुश्ती शामिल है और हवाई लोगों में ऐतिहासिक रूप से अभ्यास में लाई जा रही कलाएँ जिनमें छोटे और बड़े संयुक्त जोड़-तोड़

होते हैं, की प्रथा है। केपोएईरा के पहलवानी खेलों में मूल का मिश्रण पाया जाता है, जिसे अफ्रीकी गुलामों ने अपने अफ्रीकी कौशल से ब्राजील में विकसित किया।

प्रत्येक शैली के अद्वितीय पहलू उसे दूसरे मार्शल आर्ट्स से अलग बनाते हैं, लेकिन लड़ाई की तकनीकों का प्रबंधन एक ऐसा लक्षण है, जो सभी शैलियों में पाया जाता है। प्रशिक्षण के तरीके भिन्न होते हैं और उनमें मुक्केबाजी का अभ्यास (कृत्रिम लड़ाई) या औपचारिक समूह या तकनीकों का व्यवहार हो सकता है, जिन्हें मुद्रा या काटा से जाना जाता है। विशेषतया एशिया और एशिया से आई मार्शल आर्ट्स में मुद्रा आमतौर पर पाई जाती है।

युद्ध कलाएं युद्ध की कूट एवं पारम्परिक पद्धतियाँ हैं, जिन्हें विविध कारणों से व्यवहार में लाया जाता रहा है। इन्हें आत्मरक्षा, प्रतिस्पर्धा, शारीरिक स्वास्थ्य, मानसिक एवं आध्यात्मिक विकास आदि के लिये व्यवहार में लाया जाता है। विश्व में विभिन्न प्रकार की युद्ध कलाएं हैं, जैसे–भारत में युद्धकला, चीन में कुंग फू और जापान में कराटे। पुराणों के मुताबिक मार्शल आर्ट के जनक भगवान परशुराम हैं।

भारत वर्ष विभिन्न सामाजिक, सांस्कृतिक, प्राकृतिक विविधता वाला देश है। भारत में आत्मसुरक्षा के लिए प्राचीन काल से लेकर वर्तमान समय तक अनेक कलाओं का विकास और संवर्द्धन हुआ, उन्हीं कलाओं में से एक मार्शल आर्ट कला है। प्राचीन काल में जब अस्त्र और शस्त्र मौजूद नहीं थे और किसी भी व्यक्ति के शक्ति की प्रतीक उसकी शारीरिक बनावट स्थिति और उसकी कार्यकुशला मानी जाती थी और इसका प्रयोग युद्ध के साथ-साथ अनेक प्रकार की सामाजिक, धार्मिक संस्कार के रूप में आत्मरक्षा के लिए प्रयुक्त किया जाता था। मार्शल आर्ट का शाब्दिक अर्थ है– युद्ध छेड़ने से संबंधित कला। हालांकि मार्शल आर्ट का संबंध नृत्य, योग, प्रदर्शन से भी संबंधित है। ब्रिटिश काल में समय-समय पर इन कलाओं पर प्रतिबन्ध लगता रहा है, जैसे-कलारीपयट्टू और सिलम्बम इत्यादि।

भारत में विभिन्न मार्शल आर्ट मौजूद हैं, जिनमें से प्रत्येक अपनी अनूठी विशेषताओं और क्षेत्रीय विविधताओं के लिए जाना जाता है। भारतीय मार्शल कलाओं में विभिन्न सशस्त्र और शस्त्रों के बिना किए जाने वाले मुकाबले शामिल हैं। इनमें से कुछ सबसे महत्वपूर्ण प्रकार यहाँ वर्णित हैं।

कलारीपयट्टू

- यह केरल में प्रचलित है, जो सबसे पुरानी लड़ाई प्रणालियों में से एक है।
- इसमें बिना शस्त्र की और सशस्त्र दोनों प्रकार की युद्ध तकनीकें शामिल हैं।
- सशस्त्र युद्ध में तलवार, भाले, ढाल इत्यादि जैसे पारंपरिक हथियारों का उपयोग शामिल है।
- इसकी उत्पत्ति लगभग तीसरी शताब्दी ईसा पूर्व केरल राज्य में हुई थी। 'कलारी' एक मलयालम शब्द है।
- इस कला रूप में नकली द्वंद्व युद्ध (सशस्त्र और निःशस्त्र संघर्ष) और शारीरिक अभ्यास सम्मिलित है। किसी ढोल-बाजे या गीत से रहित इस कला का सबसे महत्वपूर्ण पहलू इसकी युद्ध शैली है।

चित्र 5.13: कलारीपयट्टू

- कलारीपयट्टू में कई तकनीकों और पहलुओं का समावेश है। उनमें से कुछ हैं:- उझिचिल या गिंगली तेल से मालिश, ओट्टा (एक 'एस' की आकृति की लाठी), मैपयट्टू या शारीरिक व्यायाम, पुलियांकम या तलवार से लड़ाई, वेरूमकई या नंगे हाथ से लड़ाई, अंगाथारी या धातु के हथियारों और कोल्थारी की छड़ियों का उपयोग।

सिलम्बम

- यह तमिलनाडु का एक हथियार आधारित मार्शल आर्ट फॉर्म है।
- सिलम्बम, एक प्रकार की लाठी चलाने की कला है, जो कि तमिलनाडु की एक आधुनिक और वैज्ञानिक मार्शल आर्ट है। पाड्या, चोल और चेर वंश के राजाओं ने अपने शासनकाल के दौरान इसे बढ़ावा दिया।
- सिलम्बम बांस की लाठी, रोम, यूनान और मिस्र के व्यापारियों और यात्रियों के मध्य सबसे लोकप्रिय व्यापारिक वस्तुओं में से एक थी। ऐसा माना जाता

चित्र 5.14: सिलम्बम

है कि यह कला अपने उत्पत्ति राज्य से मलेशिया पहुँची, यहाँ पर आत्मरक्षा की विधि के अलावा यह प्रसिद्ध खेल के रूप में परिणत हो गई।

- लम्बी लाठी का उपयोग नकली लड़ाई और आत्मरक्षा दोनों के लिए किया जाता था।
- सिलम्बम में विभिन्न प्रकार की तकनीकों का उपयोग किया जाता है, जिसमें सम्मिलित हैं– पैरों की तेज चाल, लाठी चलाने के लिए दोनों हाथों का उपयोग, शरीर के विभिन्न स्तरों (सिर, कन्धा, कूल्हा और पैर के स्तर) पर बल, वेग और सटीकता को विकसित करने के लिए तथा प्रवीणता प्राप्त करने के लिए कटाक्ष, कटाव, वार और घुमाव का उपयोग।
- खिलाड़ी को सर्प प्रहार, बन्दर प्रहार, बाज प्रहार जैसे प्रहारों का उपयोग करके एक अदम्य झुण्ड को छिन्न-भिन्न करने में और उनके द्वारा फेंके गए पत्थरों का मार्ग मोड़ने में भी प्रशिक्षित होना चाहिए।

गटका

चित्र 5.15: गटका सिक्ख मार्शल आर्ट

- गटका का प्रदर्शन पंजाब के सिक्खों द्वारा किया जाता है।
- गटका का अर्थ है, एक ऐसा व्यक्ति, जिसकी स्वाधीनता का संबंध अनुग्रह से होता है।
- गटका में हथियारों का कौशलपूर्ण उपयोग देखने को मिलता है, जिनमें सम्मिलित हैं-छड़ी, कृपाण और कटार।
- यह पंजाब क्षेत्र की एक मार्शल आर्ट है, जिसमें तलवारों जैसी दिखने वाली छड़ें इस्तेमाल की जाती हैं।

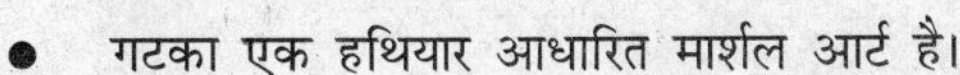

- गटका एक हथियार आधारित मार्शल आर्ट है।
- इस कला रूप में आक्रमण और रक्षा का निर्धारण हाथों और पैरों की विभिन्न स्थितियों और उपयोग किए गए हथियार की प्रकृति के आधार पर किया जाता है।
- इसका प्रदर्शन मेले सहित राज्य के कई त्योहारों में किया जाता है।

थांग-ता

चित्र 5.16: थांग-ता

- यह मणिपुर का एक मार्शल आर्ट फॉर्म (साथ ही नृत्य) है, जिसमें तलवारें और भाले का उपयोग होता है।
- थांग-ता मणिपुर के मेइती लोगों द्वारा सृजित है।
- थांग-ता एक सशस्त्र मार्शल आर्ट है, जिसका उल्लेख सबसे घातक संग्राम के रूपों में होता है।
- दूसरी तरफ, 'सरित सरक' एक निःशस्त्र मार्शल आर्ट है, जिसमें हाथापाई के रूप में युद्ध किया जाता है। इसका इतिहास 17वीं शताब्दी में मिलता है, जब मणिपुरी राजाओं द्वारा अंग्रेजों से लड़ने के लिए इसका सफलतापूर्वक उपयोग किया जाता था।
- अंग्रेजों द्वारा इस क्षेत्र पर आधिपत्य स्थापित हो जाने पर इन कला रूपों पर प्रतिबन्ध लग गया, हालाँकि स्वाधीनता के पश्चात् इनका पुनः प्रादुर्भाव हुआ है।
- थांग का अर्थ होता है 'तलवार', जबकि ता का अर्थ होता है 'भाला', इस प्रकार तलवार और भाला इस थांग-ता के दो मुख्य तत्व हैं।
- थांग-ता और सरित सरक एक साथ 'हुयेन लांगलोन' कहलाता है।

मुष्टि युद्ध

- यह एक निर्बाध मार्शल आर्ट है, जिसमें मुट्ठी से लड़ाई और मुक्केबाजी (बिना शस्त्र) शामिल हैं। यह वाराणसी में एक पारंपरिक लड़ाई है। लोह मुष्टि इसका एक अन्य संस्करण है, जो पंजाब में प्रचलित है।

चित्र 5.17: मुष्टि युद्ध

काठी सामू

- यह आंध्र प्रदेश का मार्शल आर्ट फॉर्म है, जो शाही सेनाओं में प्रचलित थी, जिसमें तलवारों से लड़ाई लड़ी जाती थी।

चित्र 5.18: काठी सामू

परी-खंडा

- यह बिहार का एक मार्शल आर्ट रूप है, जिसमें तलवार और ढाल से लड़ना शामिल है।
- राजपूतों द्वारा सृजित परी-खंडा बिहार के मार्शल आर्ट का एक रूप है। इसमें तलवार और ढाल का उपयोग करके लड़ाई की जाती है। बिहार के कई भागों में अभी भी प्रचलित इस कला के विभिन्न चरणों और तकनीकों का उपयोग व्यापक रूप से छऊ नृत्य में किया जाता है।

चित्र 5.19: परी-खंडा

- इस मार्शल आर्ट के नाम में दो शब्दों का समावेश है, 'परी' जिसका अर्थ है-ढाल, जबकि 'खंडा' का अर्थ होता है तलवार, इस प्रकार इस कला में तलवार और ढाल दोनों का उपयोग होता है।

मर्दानी खेल

- यह महाराष्ट्र की एक हथियार आधारित मार्शल आर्ट है।
- इस पारंपरिक महाराष्ट्रीय सशस्त्र मार्शल आर्ट का प्रचलन व्यापक रूप से कोल्हापुर जिले में है।
- मर्दानी खेल मुख्यत: हथियारों के कौशल पर केन्द्रित है, जिसमें विशेष रूप से तलवारों, द्रुत चालों, झुकी मुद्राओं का उपयोग किया जाता है, जो उसके उत्पत्ति स्थल, पहाड़ी शृंखलाओं के लिए अनुकूल है। इसे अद्वितीय भारतीय पट्टा (तलवार) और विटा (डोरीदार बर्छी) के उपयोग के लिए जाना जाता है।

चित्र 5.20: मर्दानी खेल

लाठी खेल

- यह एक छड़ी आधारित मार्शल कला है, जो बंगाल और पंजाब में लोकप्रिय है।

चित्र 5.21: लाठी खेल

भारत के कुछ अन्य प्रमुख मार्शल आर्ट फॉर्म

मार्शल आर्ट का नाम	उत्पत्ति स्थल	विवरण
पाइका (Paika) अखाड़ा	ओडिशा	नृत्य और संग्राम का एक संयोजन। इसका उपयोग पहले योद्धाओं द्वारा किया जाता था, अब इसका अभ्यास एक प्रदर्शन कला के रूप में किया जाता है।
स्काय (Sqay)	कश्मीर	तलवार और ढाल का उपयोग।
काठी सामू	आंध्र प्रदेश	प्राचीन कौशल जिसमें राज्य की राजसी सेना प्रवीण थी।
बंदेश	भारत	प्राचीन निःशस्त्र मार्शल आर्ट जिसमें प्रतिद्वंद्वी की हत्या किए बिना उसके विरुद्ध विभिन्न उलझाव वाली पकड़ का उपयोग होता है।
कल्ला युद्ध	दक्षिण भारत	नबन सहित अन्य दक्षिण पूर्व एशियाई कुश्ती शैलियों से संबंधित पारंपरिक संग्राम कुश्ती। सिद्धार्थ गौतम एवं राजा कृष्ण देव राय इसका अभ्यास करते थे।
मल्लखम्भ	महाराष्ट्र (12वीं शताब्दी)	पोल का प्रयोग, रस्सी और इसके लिए अधिकतम एकाग्रता की आवश्यकता।
इंसु नावर (Insu-Knawr)	मिजोरम	खिलाड़ी एक वृत्ताकार आकृति के भीतर इस खेल को खेलने के लिए गोल लकड़ी की छड़ी का प्रयोग करते हैं।
किरिप, साल्डु	निकोबार	इसे निकोबारी कुश्ती के रूप में जाना जाता है।
वर्मा अति	तमिलनाडु	इसमें हमले शरीर के महत्वपूर्ण अंगों पर किए जाते हैं।

अध्याय सार–संचिका

- कला के रूप के अतिरिक्त कठपुतली का भारतीय संस्कृति में दार्शनिक महत्व रहा है। भागवत में ईश्वर को सत, रज और तम रूपी तीन सूत्रों से ब्रह्मांड का नियंत्रण करने वाले कठपुतली के सूत्रधार के रूप में वर्णित किया गया है। इसी प्रकार, भारतीय रंगमंच में कथावाचक को 'सूत्रधार' या 'सूत्रों का धारक' कहा जाता था।
- 'ग्रेट इंडियन सर्कस', जिसकी स्थापना निपुण घुड़सवार और गायक 'विष्णुपंत छत्रे' ने की थी, भारत का पहला आधुनिक सर्कस था। इसका विकास कुर्दुवदी के राजा के संरक्षण में हुआ। कुर्दुवदी के राजा के अधीन छत्रे अस्तबल गुरु के रूप में काम करते थे।
- 'सिलम्बम' एक प्रकार की लाठी चलाने की कला है, जो कि तमिलनाडु का एक आधुनिक और वैज्ञानिक मार्शल आर्ट है। तमिलनाडु में राजाओं ने अपने शासनकाल में इसे प्रोत्साहन दिया था, जिनमें पांड्य, चोल और चेर वंश के राजा सम्मिलित थे।
- मणिपुर के मेइती लोगों द्वारा सृजित 'थांग-टा' एक सशस्त्र मार्शल आर्ट है, जिसका उल्लेख सबसे घातक संग्राम रूपों में होता है। दूसरी तरफ 'सरित सरक' एक निःशस्त्र मार्शल आर्ट है, जिसमें हाथापाई के रूप में युद्ध किया जाता है।
- मणिपुर के सबसे प्राचीन मार्शल आर्ट्स में से एक 'चेइबी गद-गा' के अंतर्गत एक तलवार और एक ढाल का उपयोग करके युद्ध किया जाता है। अब इसमें संशोधन करके तलवार के स्थान पर एक मुलायम चर्म आवरण युक्त छड़ी और एक चर्म निर्मित ढाल का उपयोग किया जाने लगा है।
- राजपूतों द्वारा सृजित 'परी-खंडा' बिहार के मार्शल आर्ट का एक रूप है। इसमें तलवार और ढाल का उपयोग करके लड़ाई की जाती है। बिहार के कई भागों में अभी भी प्रचलित इस कला के विभिन्न चरणों और तकनीकों का उपयोग व्यापक रूप से 'छऊ नृत्य' में किया जाता है।
- हिमांचल प्रदेश राज्य का 'थोडा मार्शल आर्ट्स' खेल और संस्कृति का एक मिश्रण है। इसे प्रतिवर्ष बैसाखी (13 और 14 अप्रैल) के दौरान खेला जाता है। प्रधान देवी-देवता, देवी माशु और दुर्गा का आशीर्वाद प्राप्त करने के लिए अनगिनत सामुदायिक प्रार्थनाएँ की जाती हैं।
- 'गटका' एक हथियार आधारित मार्शल आर्ट है, जिसका प्रदर्शन पंजाब के सिखों द्वारा किया जाता है। 'गटका' का अर्थ है–एक ऐसा व्यक्ति, जिसकी स्वाधीनता का संबंध अनुग्रह से होता है। कुछ लोग यह भी कहते हैं कि 'गटका' शब्द एक संस्कृत शब्द 'गदा' से आया है।
- केरल में प्रचलित मार्शल आर्ट 'कलारीपयट्टू' को प्राचीन समय में वन्य-जीवों से अपनी रक्षा के लिए सीखा जाता है।
- 'मल्लखंब' जमीन से लगभग 9 फीट की ऊँचाई पर लकड़ी के खम्भे पर खेला जाने वाला खेल है।

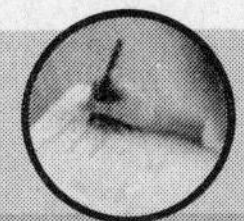

अभ्यास प्रश्न

1. नाटक की उत्पत्ति मानी जाती है–

(a) 2000 BC (b) 1500 BC
(c) 1000 BC (d) 800 BC

2. सामान्यतः नाटक में भूमिका आवश्यक मानी जाती थी–

(a) नायक (b) खलनायक
(c) नायिका (d) सभी की

3. सामाजिक संस्था, जो प्राचीन अहिया साहित्य को लोकप्रिय बनाती है, वह है–

(a) जात्रा (b) रंगमंच
(c) पाला (d) लोक नाट्य

4. 'करुण ब्रजयुद्धे' रचना है–

(a) बालचन्द्र की (b) बिल्हम की
(c) कुमार विग (d) उपर्युक्त में से कोई नहीं

5. निम्न में से कौन वर्षाकाल का नृत्य है?

(a) मुगल तमाशा (b) खरबैल नृत्य
(c) ड्रम नृत्य (d) कर्मा नृत्य

6. दाशकठिया के प्रदर्शन हेतु कितने सदस्य आवश्यक हैं?

(a) 6 (b) 2
(c) 4 (d) 8

7. सही कथन का चयन करें–

(a) दाशकठिया किसी भी स्थिति में गाई जाती है।
(b) मुगल तमाशा बालासोर जिले के भद्रक अंचल की विशेषता है।
(c) जगा सामाजिक क्रियाकलाप, जैसे–विवाह, मुण्डन इत्यादि से गाया जाता है।
(d) सभी सत्य हैं।

8. माचा का उदय स्थान है–

(a) केरल (b) राजस्थान
(c) उज्जैन (d) तमिलनाडु

9. सुमेलित करें–

1. थेरूक्कूथु	A. कश्मीर
2. ढयाल	B. केरल
3. मुदिएत्तु	C. राजस्थान
4. जश्नि	D. तमिलनाडु

कूटः

	1	2	3	4
(a)	A	B	C	D
(b)	D	C	B	A
(c)	C	D	B	A
(d)	D	C	A	B

10. थियेटर के सर्वप्रथम प्रारंभ का स्थान–

(a) मुंबई (b) कोलकाता

(c) उत्तर प्रदेश (d) इनमें से कोई नहीं

11. रंगमंच से संबद्ध कथनों में से सही का चयन दिए गए विकल्पों के माध्यम से कीजिए-

1. कुशीलावा नामक अभिनेताओं के दल द्वारा 'रामायण' जैसे महाकाव्य को गीतों के रूप में तथा 'महाभारत' को सूत्रधारों द्वारा नाट्य रूप में प्रस्तुत किया जाता था।
2. भास के नाटकों का विषय रामायण और महाभारत से संबद्ध नहीं होता था।
3. संस्कृत नाटकों में मंच पर हिंसा और मृत्यु नहीं दिखाई जाती थी, किंतु इसका अपवाद भास का 'उरूभंगम' है।

कूटः

(a) 1 और 2 (b) 2 और 3

(c) 1 और 3 (d) ये सभी

12. निम्न कथनों पर विचार कीजिए-

1. भारत में लोक रंगमंच का उद्‌भव 12वीं शताब्दी में हुआ।
2. इस कला में आरंभ में धर्मनिरपेक्ष तत्वों का समावेश हुआ तथा प्रेम, वीरता आदि पर आधारित कथानकों का प्रयोग हुआ।
3. नौटंकी और स्वांग में गायन को महत्व दिया जाता है।

उपरोक्त कथनों में कौन-सा/से कथन सही है/हैं?

(a) 1 और 2 (b) 2 और 3

(c) केवल 2 (d) केवल 3

13. कथन (A) : लोक रंगमंच का उद्‌भव धार्मिक आख्यानों, पौराणिक कथाओं पर आधारित कथानकों से हुआ है।

कारण (R) : कालांतर में स्थानीय कथानक, वेशभूषा, रीति रिवाज, कलाशैलियाँ आदि लोक रंगमंच में शामिल होते गए।

कूटः

(a) A और R दोनों सही हैं तथा R, A की सही व्याख्या है।

(b) A और R दोनों सही हैं, परंतु R, A की सही व्याख्या नहीं है।

(c) A सही है, किंतु R गलत है।

(d) A गलत है, किंतु R सही है।

14. पारसी रंगमंच से संबद्ध कथनों पर विचार करें–

1. पारसी रंगमंच का संगीत भारतीय तथा पाश्चात्य संगीत का मिश्रण होता है।
2. पारसी रंगमंच में प्रत्येक अंक का अंत झांकी से होता है।
3. पहली पारसी थिएटर कंपनी 1890 में बनाई गई थी।
4. पारसी थिएटर कंपनियां हिन्दी, उर्दू, गुजराती, अंग्रेजी आदि भाषाओं में नाटक प्रस्तुत करती हैं।

उपरोक्त कथनों में कौन-से कथन सही हैं?

(a) 1, 2 और 3　　(b) 2, 3 और 4
(c) 1, 2 और 4　　(d) 1, 3 और 4

15. पारसी रंगमंच से संबंधित निम्नलिखित कथनों पर विचार कीजिए–

1. पारसी रंगमंच भव्य दृश्य विधान, अतिनाटकीयता, भारी-भरकम भड़कीले परिवेश, यूरोपीय शैली की साज-सज्जा आदि को परिलक्षित करता था।
2. पारसी रंगमंच का संगीत विशुद्ध यूरोपीय शैली पर आधारित होता था।
3. पारसी रंगमंच में झाँकी एक वैशिष्ट्य था।

उपरोक्त कथनों में कौन-सा/से कथन सत्य है/हैं?

(a) केवल 1　　(b) 1 और 2
(c) 1 और 3　　(d) 1, 2 और 3

16. निम्नलिखित को सुमेलित करें–

सूची-I (लोककला शैली)	**सूची-II (संबंधित राज्य)**
A. सोन रखना या चौक पूरना	1. बिहार
B. अपहन	2. राजस्थान
C. मांडणा	3. गुजरात
D. साथिया	4. उत्तर प्रदेश

कूट:

	A	**B**	**C**	**D**
(a)	1	2	3	4
(b)	4	1	2	3
(c)	4	2	1	3
(d)	3	1	2	4

उत्तरमाला

1. (b) **2.** (d) **3.** (c) **4.** (a) **5.** (d) **6.** (c) **7.** (b) **8.** (b)
9. (c) **10.** (a) **11.** (c) **12.** (d) **13.** (b) **14.** (c) **15.** (d) **16.** (b)

❑❑❑

भारतीय नृत्यकला

प्रमुख बिन्दु

- ❖ सामान्य परिचय
- ❖ प्रमुख लोकनृत्य शैलियाँ
- ❖ अध्याय सार-संचिका
- ❖ कुछ अन्य शास्त्रीय नृत्य
- ❖ कत्थक के प्रमुख घराने
- ❖ अभ्यास प्रश्न

सामान्य परिचय

भारत में लोकनृत्य विभिन्न स्रोतों से विकसित हुए हैं। इनमें देश के विभिन्न भागों की सांस्कृतिक परम्पराओं एवं परिधानों की छाप है। इन नृत्यों में पारिवारिक-सामाजिक-धार्मिक समारोहों पर किए जाने वाले नृत्य, तीज-त्योहारों पर किए जाने वाले नृत्य, खेती-बाड़ी एवं व्यवसायों से जुड़े नृत्य और यहाँ तक कि खेलकूद तथा युद्ध विद्या से संबंधित नृत्य शामिल हैं, किंतु जहाँ तक शास्त्रीय नृत्यों का संबंध है, तो उनका उद्‌भव हिन्दू मंदिरों से है। ये नृत्य मंदिरों में ही जन्मे एवं वहीं विकसित भी हुए। यह भी सत्य है कि राजा-महाराजाओं-नवाबों-बादशाहों के राजदरबारों एवं साधन सम्पन्न धनाढ्य लोगों के घरों पर नृत्य किए जाने की परम्परा रही है तथापि अधिकांश शास्त्रीय नृत्यों का मूल धर्म ही रहा है। भारत विश्व का एक मात्र ऐसा देश है, जिसमें नृत्य करते हुए ईश्वर के स्वरूप को स्वीकार किया गया है तथा उसकी पूजा की गई है। भगवान शिव को 'नटराजन' नर्तकों के राजा के रूप में पूजा जाता है। कहा जाता है कि भगवान शिव नटराज के रूप में चैतन्य अवस्था में नृत्य करके ब्रह्माण्ड की लय का सृजन करते हैं।

अन्य भारतीय क्रियात्मक कलाओं की तरह नृत्यों में भी रस की अवधारणा, सौंदर्यपरक मनःस्थिति केंद्र में है। रस एक भावात्मक अनुभूति है, जो सभी के द्वारा महसूस की जाती है, लेकिन नृत्य किसी भी स्तर पर मनोवेग नहीं है। भारतीय साहित्य एवं संस्कृति में नव रसों-शृंगार रस, करुण रस, रौद्र रस, अद्‌भुत (आश्चर्य) रस और भयानक रस का उल्लेख है। 10वें रस के रूप में वात्सल्य रस को अलग से शामिल किया गया है। शास्त्रीय संगीत एवं शास्त्रीय नृत्यों में भाव-भंगिमाओं द्वारा इन सभी रसों के दर्शन होते हैं।

भारतीय नृत्य नृत्त तथा नृत्य, राग और ताल, हास्तस एवं नायक-नायिका भाव तथा गुरु-शिष्य परम्परा की अवधारणाओं पर आधारित है। इन सभी का सामूहिक तत्व प्राचीन एवं पूज्य पवित्र धर्मग्रंथों, मंदिरों की वास्तुकलाओं, मूर्तिकलाओं, लोककथाओं में छिपा हुआ है। भारतीय नृत्य एवं नाटक पर सबसे पुरानी पुस्तक 'नाट्यशास्त्र' है।

नृत्त एक विशुद्ध नृत्य है। इसमें नर्तक/नर्तकी की निरपेक्ष भंगिमाएं होती हैं, जो मुख्य रूप से सौंदर्य को उभारती हैं। इसे कई लोगों द्वारा मिलकर लय के साथ किया जाता है तथा मानवीय आनन्दातिरेक को अतिसाधारण तरीके से प्रस्तुत किया

जाता है। नृत्य भावात्मक होता है, जिसमें किसी विषय या भाव को आधार बनाया जाता है। नृत्य में नर्तक/नर्तकी साहित्य या छन्दों/श्लोकों का सहारा लेता है। हस्त नृत्य में हाथों के संकेतों, जो किसी-न-किसी शब्द या कथन या कृत्य को प्रदर्शित करते हैं, को प्रयुक्त किया जाता है। इसके साथ-साथ चेहरों के भावों या अभिनय को जोड़कर संगीत का पुट देकर एक पूरी तरह से परिपक्व भाषा प्रस्तुत की जाती है। भावप्रदर्शन की इस प्रकार की विशिष्ट क्षमता भारतीय नृत्य का अनूठा लक्षण है।

शास्त्रीय नृत्यों में गुरु-शिष्य परम्परा का विशेष महत्व है। इसमें सीखने और सिखाने वाले के बीच एक से एक का संबंध होता है, जो शिष्य को उच्च शिखर की ओर ले जाता है। ऐसा केवल भारतीय नृत्यों, विशेष रूप से शास्त्रीय नृत्यों के बारे में ही लागू होता है।

अकादमी	स्थापना	उद्देश्य	क्षेत्रीय कार्यालय
1. संगीत नाटक अकादमी	1953	राज्यों और स्वैच्छिक संस्थानों के सहयोग से विभिन्न प्रदर्शन कलाओं को प्रोत्साहन देना।	**03 क्षेत्रीय कार्यालय** 1. कत्थक केंद्र, नई दिल्ली 2. जवाहर लाल नेहरू मणिपुरी नृत्य अकादमी, इम्फाल 3. रवीन्द्र रंगशाला अकादमी, नई दिल्ली
2. ललित कला अकादमी	1954	देश-विदेश में भारतीय कला के प्रति समझ बढ़ाने और इसके प्रचार-प्रसार को प्रोत्साहित करना।	**04 क्षेत्रीय कार्यालय** 1. कोलकाता 2. चेन्नई 3. भुवनेश्वर 4. लखनऊ
3. साहित्य अकादमी	1954	प्रकाशन, अनुवाद तथा कार्यशालाओं और साहित्यिक विनिमय कार्यक्रमों के विकास व प्रोत्साहन हेतु।	**04 क्षेत्रीय कार्यालय** 1. कोलकाता 2. मुंबई 3. चेन्नई 4. बेंगलुरु
4. राष्ट्रीय नाट्य विद्यालय	1959	रंगमंच के इतिहास, उत्पादन, विज्ञान, डिजाइन, वस्त्र डिजाइन, प्रकाश व्यवस्था और साज-सज्जा सहित रंगमंच के सभी पक्षों को प्रशिक्षण करना।	**01 क्षेत्रीय कार्यालय** 1. बेंगलुरु **नोट** : 04 अकादमियों का मुख्यालय नई दिल्ली में है।

कत्थक नटवरी नृत्य : यह उत्तर भारत का प्रमुख शास्त्रीय नृत्य है। वर्तमान समय में इसको कत्थक नृत्य ही कहते हैं। चूंकि यह नृत्य भगवान कृष्ण द्वारा किया गया था, इसलिए इसे 'नटवरी नृत्य' भी कहते हैं। इसमें पग संचालन एवं आकर्षक मुद्राओं का सुंदर समन्वय मिलता है। कत्थक नृत्य के दो मुख्य अंग होते हैं-

चित्र 6.1: कत्थक नृत्य की एक मुद्रा

(1) ताण्डव, (2) लास्य

ताण्डव : भगवान शिव ने वीर और रौद्र रस प्रधान नृत्य किया था। इसे ही ताण्डव कहा जाता है। शिव द्वारा किए जाने के कारण इसे 'शिव ताण्डव' भी कहा जाता है। इसके प्रकारों में संहार ताण्डव, त्रिपुरा ताण्डव, कालिका ताण्डव आदि आते हैं।

चित्र 6.2: ताण्डव नृत्य

लास्य : ऐसा कहा जाता है कि जब त्रिपुरासुर राक्षस का वध करके भगवान शिव को आनन्दित करने हेतु माता पार्वती ने श्रृंगार रस प्रधान जो नृत्य किया, उसे लास्य कहा जाता है। लास्य को सर्वांग रूप से प्रस्तुत करने के लिए भगवान कृष्ण ने रास मण्डल का आरंभ किया। दक्षिण में रास को ही 'हल्लीसक' कहा ज़ाता है। रास नृत्य के अंतर्गत विषम, विकट और लघु लास्य नृत्य आते हैं।

चित्र 6.3: लास्य नृत्य की एक मुद्रा

आधुनिक काल में कत्थक को पुनर्जीवित करने तथा इसे वेश्याओं के कोठे से बाहर निकाल कर सम्मानजनक स्थिति में लाने का श्रेय मेनका को है। उन्होंने सन् 1938 में कत्थक का प्रशिक्षण देने के लिए खंडाला में एक प्रशिक्षण केंद्र की स्थापना की। उत्तर भारत के इस अति प्रसिद्ध नृत्य को ऊँचाइयों तक पहुँचाने में कार्ल खंडेलवाल, मनेशी डे, रामनारायन मिश्र, विष्णु श्रोडकर, रामचन्द्र गांगुली, डॉ. राघवन, दमयन्ती जोशी, भारती गुप्ता, कुमुदनी लखिया, गोपी कृष्ण, सितारा देवी, बिरजू महाराज तथा उमा शर्मा की भूमिका अति महत्वपूर्ण रही है।

भरतनाट्यम : यह तमिल संस्कृति का प्रमुख नृत्य है, जिसे राष्ट्रीय स्तर पर ख्याति प्राप्त है। तमिल संस्कृति में नृत्यों का मूल नाम 'सडिर' था, जिसका अर्थ है एकल नृत्य। यह नृत्य मंदिर की नर्तकियों अथवा देवदासियों द्वारा भगवान की मूर्ति के समक्ष उन्हें 'रिझाने' के लिए किया जाता था। कालांतर में सडिर में कामुक अभिलक्षण विकसित हो गए और यही तत्व सडिर के विलुप्त हो जाने का कारण भी बना। वैसे जो देवदासियां भरतनाट्यम नृत्य करती थीं, वे नृत्य तकनीक तथा नृत्य परम्परा के उच्च मानकों को बनाए रखती थीं। ये नर्तकियाँ चारित्रिक दृष्टि से भी पतित नहीं थीं। भरतनाट्यम के लिए दिया जाने वाला संगीत कर्नाटक संगीत था, जो दक्षिण भारत में प्रचलित है। दक्षिण भारत के अनेक प्रतिष्ठित मंदिरों में मूर्तिकला में भरतनाट्यम भंगिमाओं के दर्शन होते हैं।

चित्र 6.4: भरत नाट्यम नृत्य की एक मुद्रा

आधुनिक काल में भरतनाट्यम को उच्च स्तर पर लाने का श्रेय ई. कृष्णा अय्यर को जाता है, जिन्होंने इस नृत्य के विलुप्त हो चुके गुणों तथा मूल्यों से जनमानस को अवगत कराया। रूक्मिणी देवी ने इस नृत्य से जुड़ी कालिमा (देवदासियों द्वारा किया जाने वाला नृत्य) को धोया। टी. बालासरस्वती को भरतनाट्यम का महानतम प्रतिपादक विशेष रूप से अभिनय जनित नृत्य विद्या के क्षेत्र में माना जाता है। यामिनी कृष्णामूर्ति, सोनल मानसिंह, पद्मा सुब्रमण्यम, लीला सैमसन, हेमा मालिनी, ईशा देओल आदि भरतनाट्यम के उत्कृष्ट कलाकार हैं।

भरतनाट्यम का क्रम निम्नलिखित प्रकार का होता है–

- **अल्लारिपु :** यह देवता गुरु तथा दर्शकों की स्तुति हेतु किया जाने वाला नृत्य है। इसमें नर्तक अपने आराध्य की आराधना करके नृत्य प्रारंभ करता है।
- **जातिस्वरम् :** इसमें विभिन्न प्रकार से अंग एवं मुद्राओं का प्रदर्शन दाई–बाई ओर समन्वयात्मक रूप से स्वर तथा ताल के माध्यम से किया जाता है।
- **शब्दम् :** इसमें काव्य द्वारा ईश्वर की वंदना की जाती है।
- **वरणम् :** इसमें नृत्य और वृत्त का सुंदर मिश्रण मिलता है। विशुद्ध हावभावों के द्वारा रस की अभिव्यक्ति होती है।
- **तिल्लाना :** नृत्य का अन्त तिल्लाना में होता है। इसमें घुंघरूओं की तीव्र लय द्वारा दर्शकों को आकर्षित करने का प्रयास किया जाता है।

भरतनाट्यम में तीन घराने 'तंजौर', 'कांजीपुरम', 'पण्डनलूर' प्रचलित हैं। ये घराने 'पाणि' के नाम से जाने जाते हैं।

मणिपुर के ताण्डव नृत्य

1. **जगोई ताण्डव नृत्य :** इस नृत्य में नृत्य करने वाले घुटनों के बल ऊँचे कूद-कूद कर गोल झटके के साथ चक्कर लेकर नृत्य करते हैं। गोष्ठलीला के समय कृष्ण द्वारा अपने सखाओं के साथ यह नृत्य किया गया था।

2. **चोलम ताण्डव नृत्य :** इस प्रकार के नृत्य में घुटनों के आगे बाहर की तरफ झुकाकर पीठ को सीधा रखकर अंगों का संचालन किया जाता है। इस नृत्य के तीन अन्य प्रकार होते हैं–

   (*i*) ड्रम नृत्य

   (*ii*) खरताल नृत्य

   (*iii*) खुबक नृत्य

3. **थांगटा ताण्डव नृत्य :** इस प्रकार के नृत्य में युद्ध संबंधी दृश्यों का प्रदर्शन किया जाता है।

कथकली : कथकली कर्नाटक और मालाबार प्रांत की प्राचीन नृत्य शैली है। यह पुरुष प्रधान नृत्य है। इस नृत्य में नृत्य संगीत तथा अभिनव की संयुक्त कला को कथकली की संज्ञा मिली है। यह सामूहिक नृत्य होता है, जिनमें कुछ नर्तक कुछ गायक वादक तथा कुछ केश विन्यास सजाने के लिए होते हैं। इस नृत्य में रामायण एवं महाभारत के प्रसंगों को दिखाया जाता है। पार्श्वगायन में उस कथा का वर्णन होता है तथा मंच पर नर्तक द्वारा उसके भावों का अभिनय किया जाता है। पुरुष प्रधान नृत्य होने के कारण इसमें स्त्री पात्र का नृत्य भी पुरुष ही करते हैं। इस नृत्य में नेत्र संचालन, भौंह संचालन महत्वपूर्ण होता है। नर्तक पैरों में घुंघरू पहनते हैं। इस नृत्य की पोशाक भी अन्य नृत्यों की पोशाक से भिन्न होती है। कथकली के गीतों की भाषा मलयालम है।

चित्र 6.5: कथकली नृत्य की एक मुद्रा

कथकली नृत्य की उत्पत्ति के विषय में विद्वानों के अलग-अलग मत हैं। कुछ विद्वानों के अनुसार इस नृत्य का उद्भव केरल के राजदरबारों में हुआ। यह नृत्य शैली द्रविड़ों तथा आर्यों के नृत्य संबंधी सिद्धान्तों के सम्मिश्रण से विकसित हुईं। कुछ विद्वान इस नृत्य की उत्पत्ति भरतनाटयम शास्त्र से मानते हैं तथा कुछ के अनुसार यह कला आर्यों के आगमन से पूर्व की है। इस नृत्य शैली को विकसित करने का श्रेय कालीकट के जमोरिन वंश के नायक को जाता है, जिन्होंने 17वीं शताब्दी में इस नृत्य शैली का विकास किया। इस नृत्य शैली में दो प्रकार के पात्र होते हैं। प्रथम वर्ग उद्धात नायक का होता है, जिसे 'पाचा' कहते हैं। दूसरे वर्ग में राक्षस आते हैं, जिन्हें 'केटी' कहा जाता है।

कथकली की लोकप्रियता को नए सिरे से बहाल करने के लिए प्रसिद्ध मलयाली कवि वालाथोल नारायण मेनन ने विशेष प्रयास किए। उन्होंने सन् 1930 में इस हेतु केरल कला मण्डलम की स्थापना की। कृष्णा कुट्टी, माधवन, आनन्दा शिवरामन, उदयशंकर, रामगोपाल, शान्ता राव, कथकली के महान प्रतिपादक हैं।

कुछ अन्य शास्त्रीय नृत्य

1. **ओटम तुलंल :** केरल प्रांत में विख्यात यह एक अन्य शास्त्रीय नृत्य है, जो 'गरीबों की कथकली' के नाम से भी जाना जाता है। इसमें सरल मलयाली भाषा में वार्तालाप होता है। इस नृत्य शैली के विकास का पूर्ण श्रेय कुंजन नाम्बियार को जाता है।
2. **कृष्णन अट्टम :** कथकली नृत्य शैली से मिलती-जुलती कृष्णन अट्टम नृत्य शैली का आयोजन भगवान श्रीकृष्ण के समग्र चित्रण के साथ लगातार आठ रातों तक किया जाता है।
3. **चाक्यारकुतु :** केरल प्रांत में विख्यात यह एक अन्य शास्त्रीय नृत्य है। 'कूतम्बलम' इसका नृत्यग्रह होता है।
4. **कूडियाट्टम :** दीर्घ समय तक चलने वाली मनोरंजक एवं उपदेशात्मक एकाकी नृत्य नाटिका है। इसमें विदूषक सर्वेसर्वा होता है।
5. **यक्षगान :** कर्नाटक राज्य में विख्यात यह एक ग्रामीण पृष्ठभूमि वाली शास्त्रीय नृत्य शैली है। इस नृत्य शैली में नृत्य और गान का संगम होता है। इस नृत्य की भाषा कन्नड़ तथा विषय पौराणिक हिन्दू महाकाव्यों पर आधारित होता है। सूत्रधार एवं विदूषक इसके मुख्य पात्र होते हैं तथा गान अर्थात् संगीत इसकी आत्मा।

मणिपुरी : मणिपुरी नृत्य पूर्वी बंगाल, असम की नृत्य शैली है। इस वास्तव में 'लाईहरोबा' तथा 'रासनृत्य' के रूप में जाना जाता है। इसका प्रचार बंगाल, बिहार, पूर्वोत्तर प्रांत में बहुत अधिक हुआ। मणिपुर प्रदेश में लोकप्रिय होने के कारण इसे 'मणिपुर नृत्य' कहा गया है।

चित्र 6.6: मणिपुरी नृत्य की एक मुद्रा

मणिपुरी नृत्य शैली को मणिपुर में विकसित करने का श्रेय वहाँ के शासक भाग्यचन्द्र (1764 ई.) को जाता है। गुरु अमली सिंह, आतम्ब सिंह तथा नल कुमार ने मणिपुर के बाहर इस नृत्य शैली का विकास किया। यह नृत्य एक प्रकार की रासलीला है। इस नृत्य शैली में 64 प्रकार के रासों का प्रदर्शन किया जाता है। इसमें नर्तक एवं नर्तकियाँ राधा-कृष्ण एवं गोपियों का स्वरूप धारण कर मंच पर लीला करते हैं।

मणिपुर में निम्नलिखित मुख्य रास प्रचलित है–

(1) **वसंत रास :** इस प्रकार के रास में गोपियाँ कृष्ण के साथ होली खेलने की योजना बनाती है। इस योजना की कृष्ण उपेक्षा करते हैं। गोपियाँ उनसे चिढ़ जाती है और राधा सहित वहाँ से चली जाती हैं। फिर कृष्ण को अपनी गलती का अहसास होता है और वे राधा को मनाते हैं। राधा के मान जाने के साथ ही समस्त गोपियाँ एवं राधा नृत्य मग्न हो जाती है। इस रास का आयोजन चैत पूर्णिमा की दूधिया चाँदनी में होता है।

आदिवासियों के प्रमुख लोकनृत्य
1. **लांगी नृत्य :** काली की उपासना हेतु किया जाने वाला नृत्य। यह मध्यप्रदेश के बंजारों द्वारा राखी की पूर्णिमा को किया जाता है।
2. **मुन्दड़ी नृत्य :** छत्तीसगढ़ स्थित बस्तर की मुड़िया जनजाति द्वारा किया जाने वाला नृत्य।
3. **योद्धा व ढाल नृत्य :** असम के नागाओं द्वारा किया जाने वाला नृत्य।
4. **सरहुल नृत्य :** सैनिक प्रकार के इस नृत्य को छोटा नागपुर क्षेत्र में रहने वाली उरांव जाति द्वारा किया जाता है।
5. **उन्डरिया नृत्य :** यह नृत्य आंध्र प्रदेश स्थित हैदराबाद की गोंड जनजाति द्वारा किया जाता है।
6. **कोइसाबड़ी नृत्य :** उड़ीसा की भुइया, गोंड व गोंडा जनजाति द्वारा किया जाने वाला नृत्य।
7. **दखलई नृत्य :** उड़ीसा की बिझाल, सौरा, कुदाव, नीदो जनजातियों द्वारा होली पर्व पर किया जाने वाला नृत्य।
8. **घूर्मा नृत्य :** बिंझल, खोड़ा एवं सवा जनजातियों द्वारा विजयदशमी पर किया जाने वाला नृत्य।
9. **गरुड़वाहन नृत्य :** उड़ीसा की पेका जनजाति द्वारा किया जाने वाला नृत्य।
10. **मुद्रिका नृत्य :** उड़ीसा की उरांव जनजाति द्वारा किया जाने वाला नृत्य।
11. **कर्मा एवं कोल नृत्य :** मध्य प्रदेश, उड़ीसा व आंध्र प्रदेश की गोंड जनजाति तथा छोटा नागपुर क्षेत्र की कोल जनजाति द्वारा किया जाने वाला नृत्य।
12. **सुआ नृत्य :** मध्य प्रदेश की बैगा जनजाति की स्त्रियों द्वारा किया जाने वाला नृत्य।
13. **सैला नृत्य :** मध्य प्रदेश की बैगा जनजाति के पुरुषों द्वारा किया जाने वाला नृत्य।
14. **जदूर नृत्य :** उड़ीसा स्थित मयूरभंज क्षेत्र की भूमिया जनजाति द्वारा किया जाने वाला नृत्य।
15. **नवरानी नृत्य :** गोंड जनजाति द्वारा किया जाने वाला नृत्य।

(2) **महारास :** इस प्रकार के रास में कृष्ण राधा से मिलने जाते हैं। कृष्ण की मुरली की आवाज सुनकर गोपियाँ कृष्ण की तरफ खिंची चली आती हैं और मंत्रमुग्ध हो नृत्य में लीन हो जाती हैं। तभी कृष्ण राधा को लेकर किसी कुंज में छिप जाते हैं। गोपियाँ कृष्ण को न पाकर व्याकुल हो उठती हैं और राधा को गर्व हो जाता है। राधा के अहंकार को समाप्त करने के लिए भगवान कृष्ण अन्तर्ध्यान हो जाते हैं और गोपियों की वेदनामयी पुकार पर अनेक रूप धारण कर प्रत्येक गोपी के साथ नृत्य करते हैं। इस प्रकार के रास का आयोजन कार्तिक पूर्णिमा की चाँदनी रात को किया जाता है।

(3) **कुंजरास :** इस प्रकार के रास का आयोजन कुंज के सुंदर प्राकृतिक वातावरण में किया जाता है। इसमें राधा अभिसार के लिए कुंज में जाती हैं।

(4) **नित्यारास :** इस प्रकार के रास में राधा, कृष्ण तथा गोपियाँ सामूहिक रूप से नृत्य करती हैं।

(5) **गोष्ठरास :** इस प्रकार के रास में गोचारण की विविध प्रकार की लीलाओं का वर्णन किया जाता है।

(6) **उखलरास :** इस प्रकार के रास में कृष्ण की बाल्यकाल की उखल लीला का प्रदर्शन किया जाता है।

लाईहरोबा : यह लोकनृत्य शैली है। इसकी प्रकृति अत्यंत शांत होती है। इसमें देवताओं को प्रसन्न करने के लिए नृत्य होता है, जोकि सामूहिक रूप से किया जाता है।

रासलीला : जो लोग वैष्णव मत के अनुयायी हैं, उनकी संस्कृति में राधा-कृष्ण रचे-बसे हैं। इस नृत्य में हर व्यक्ति भाग नहीं ले सकता। उसको नृत्य एवं संगीत का ज्ञान होना चाहिए। इसमें ब्रज की रास परम्परा का अनुगमन किया जाता है। इसमें बाँसुरी, मृदंग, मजीरा आदि वाद्य यंत्रों का प्रयोग किया जाता है।

चित्र 6.7: रासलीला का एक दृश्य

कुचिपुड़ी : यह आंध्र प्रदेश का प्रसिद्ध नृत्य है। इस नृत्य का मुख्य उद्देश्य वैदिक एवं उपनिषदों में वर्णित धर्म एवं आध्यात्म का प्रचार-प्रसार करना है। भागवत एवं पुराण इसका मुख्य आधार है। इसमें लास्य व ताण्डव का समन्वय देखने को मिलता है। इस नृत्य के नृत्यकार तंत्र-मंत्र में भी विश्वास रखते हैं। इसकी वेशभूषा सामान्यत: भरतनाटयम नृत्य शैली के प्रकार की होती है। इसमें पद संचालन, हस्त मुद्राओं, ग्रीवा संचालन आदि पर विशेष बल दिया जाता है। इसमें मृदंग, मजीरा आदि वाद्य प्रयुक्त किए जाते हैं। दशावतार शब्दम, मण्डूक शब्दम्, प्रहलाद शब्दम्, श्रीराम पट्टाभिषेकम्, शवाजी शब्दम् आदि कुचिपुड़ी शैली के अन्य नृत्य नाटक हैं।

20वीं शताब्दी में कुचिपुड़ी को उच्चतम शिखर पर पहुँचाने का श्रेय लक्ष्मी नारायणशास्त्री को जाता है। चिंताकृष्ण मुरली, वेमवन्ती सत्यनारायण, यामिनी कृष्णमूर्ति, राजा एवं राधा रेड्डी, कुचिपुड़ी के प्रसिद्ध कलाकार हैं।

नृत्य शब्दावली

चरिस – एक पांव द्वारा एक सदृश्य थिरकन।

करनास – दो पांवों द्वारा एक समान सदृश्य थिरकन।

लय – मुख्यत: तीन लय होते हैं-विलम्बित लय, मध्य लय, द्रुत लय।

ओडिसी नृत्य शैली : भगवान जगन्नाथ को समर्पित यह नृत्य शैली पूर्णतया आध्यात्मिकता का पुट लिए होती है। यह नृत्य उड़ीसा में प्रचलित नृत्यकला की प्राचीनतम शैलियों में एक है। इस नृत्य का मुख्य भाव समर्पण एवं आराधना होता है। भगवान के प्रति भक्ति भावना इस नृत्य के माध्यम से व्यक्त की जाती है।

इस नृत्य में अंग संचालन, नेत्र संचालन, ग्रीवा संचालन, हस्त, मुद्राओं, पद संचालन पर विशेष ध्यान दिया जाता है। संगीत हेतु वाद्यों में मृदंग, बाँसुरी, मजीरा, हारमोनियम का प्रयोग किया जाता है तथा गायक स्वर भावों को प्रकाशित करता है।

ओडिसी के आधुनिक पुनर्जीवन का श्रेय कालीचंद कालीचरण पटनायक को जाता है। इन्द्राणी रहमान ने ओडिसी के कलात्मक मूल्य को राष्ट्रीय तथा अंतर्राष्ट्रीय जगत में स्थापित किया। सोनल मानसिंह, मिनाती दास, प्रियंवदा मोहन्ती, संयुक्ता पाणिग्रही ओडिसी नृत्य की स्थापित नृत्यांगनाएँ हैं।

मोहिनीअट्टम नृत्य : जैसा कि नाम से विदित होता है 'मोहिनी' अर्थात् मन को मोहने वाला। ऐसा माना जाता है कि यह नृत्य भगवान विष्णु ने मोहिनी रूप में केरल में सागर के तट पर किया था। इसलिए इस नृत्य का नाम मोहिनीअट्टम पड़ा।

वर्तमान में इस नृत्य ने शास्त्रीय नृत्यों की श्रृंखला में अपना स्थान बना लिया है। अब इस नृत्य की अपनी स्वतंत्र शैली विकसित हो चुकी है, इसीलिए वर्तमान समय में इस नृत्य को दर्शक चाव से देखते हैं।

छऊ नृत्य : बंगाल में पुरूलिया, झारखंड में सरायकेला एवं उड़ीसा में मयूरभंज 'छऊ नृत्य' के नाम से जाना जाता है। इस नृत्य का आयोजन चैत्र पर्व पर किया जाता है। इसके अतिरिक्त इस नृत्य का आयोजन आदिवासी, खेतीहर खुशहाली एवं शिकार के समय देवी-देवताओं की स्तुति हेतु करते हैं। आदिवासी नारी की श्रृंगार प्रक्रिया से लेकर हल्दी पीसना, धान कूटना आदि इस नृत्य के मुख्य विषय हैं। इस नृत्य में प्रत्येक अंग का अलग ढंग से प्रदर्शन किया जाता है। अंगों का प्रदर्शन तोड़-मरोड़ कर इस प्रकार किया जाता है, जिससे तन की भावना व्यक्त हो सके। इस नृत्य शैली में 16 प्रकार के श्रृंगार का प्रदर्शन किया जाता है। महाराजा कृष्ण भंजदेव (1868-82) के समय से लेकर प्रताप भंजदेव के समय तक इस नृत्य शैली का खूब विकास हुआ, किंतु वर्तमान में इस नृत्य शैली का अस्तित्व शनैः शनैः समाप्त होता जा रहा है।

चित्र 6.8: छऊ नृत्य

मध्य कालीन भारत के नृत्य संबंधी ग्रंथ और उनके रचयिता

	ग्रंथ	रचयिता
1.	संगीत रत्नाकार	शारंग देव (13वीं सदी)
2.	संगीतोपनिषद्	बाकानाचार्य (14वीं सदी)
3.	हस्तमुक्तावली	शुभंकर
4.	भरतारनामा	तुलजाराजा (18वीं सदी)
5.	आदिभारतम्	तुलजाराजा
6.	नाट्य वेदनामा	तुलजाराजा
7.	संगीत मकरन्द	वेद
8.	गीत गोविंद	जयदेव
9.	नृत्य रत्नावली	जय सेनापति
10.	संगीत दामोदर	रघुनाथ
11.	बालाराम भारतम्	बालाराम बर्मन
12.	संगीत मल्लिका	मोहम्मद शाह
13.	गोराट शै विजय	विद्यापति

प्रमुख लोकनृत्य शैलियाँ

लोकनृत्य प्रत्येक संस्कृति का अभिन्न हिस्सा होते हैं, जो जीवन में जीवन के रंग भर कर उसे जीने लायक बनाकर जीने की ललक जगाते हैं। लोकनृत्यों और आम आदमी के बीच निकट का संबंध है। भारत की अनेकता में एकता की छवि के दर्शन लोकनृत्यों में ही होते हैं। अपने स्थानीय विशिष्टता (क्षेत्रीयता) रखते हुए लोकनृत्य जन-मानस को अपने बहुमुखी आयामों में इस प्रकार ढक लेते हैं कि वह इनकी सतरंगी दुनिया में डूब जाता है। साहित्य में उल्लिखित नव रस तथा संगीत के आधार पर सातों स्वर इन लोकनृत्यों का मूलाधार है। हालांकि साहित्य एवं संगीत की शास्त्रीयता के प्रति न तो इनका कोई आग्रह है और न उस पर कोई विशेष ध्यान ही दिया जाता है, किंतु इस सबके बावजूद भारत के लोकनृत्य स्वर, लय, ताल, धुन, पदातिकों, मुद्राओं का अनूठा संगम है। लोकनृत्यों में उल्लास के प्रत्येक स्वरूप को व्यक्ति की मनोभावनाओं को अपनी शारीरिक और सांगीतिक अभिव्यक्तियों में रूपान्तरित कर लेने की अद्भुत कला है।

शास्त्रीय नृत्य एवं उनसे जुड़े नर्तक एवं नर्तकी

1. **भरतनाट्यम :** यामिनी कृष्णमूर्ति, रूक्मिणी देवी अरुण्डेल, एस.के. सरोज, टी. बाला सरस्वती, सोनल मानसिंह, ई. कृष्ण अय्यर, रामगोपाल, लीला सक्सेना, पद्मा सुब्रह्मण्यम, स्वप्नसुंदरी, मृणालिनी साराभाई, रोहिण्टन कामा, वैजयन्तीमाला बाली, कोमला वरदन, हेमा मालिनी, ईशा देओल, मालविका सरकार।
2. **कथकली :** वी.के. नारायण मेनन, रामगोपाल, मृणालिनी साराभाई, शान्ताराव, उदयशंकर, आनन्द शिवरामन, कृष्ण रेड्डी, कुमारन नायर, कृष्णा नायर, रमनकुट्टी नायर, रागिनी देवी, माधवन आनंद।
3. **कत्थक :** लच्छू महाराज, अच्छन महाराज, सुखदेव महाराज, शम्भू महाराज, नारायण प्रसाद, पं. जयलाल, दमयन्ती जोशी, सितारा देवी, चन्द्रलेखा, भारती गुप्ता, शोभना नारायण, मालविका सरकार, गोपीकृष्ण, बिरजू महाराज आदि।
4. **कुचिपुड़ी :** यामिनी कृष्णमूर्ति, राधा रेड्डी, स्वप्नसुंदरी, चिन्ता कृष्णमूर्ति, राजा रेड्डी, लक्ष्मीनारायण शास्त्री, उमा रामा राव, हलीम खान, तारा कल्याण, निर्मला विश्वेस्वरा राव, वेदांतम सत्यनारायण, वेम्पत्ति चेन्नासत्यम।
5. **ओडिसी :** इन्द्राणी रहमान, काली चन्द, कालीचरण पटनायक, संयुक्ता पाणिग्रही, मिनाती दास, मायाधर राउत, रंजना डेनियल्स, प्रियंवदा मोहन्ती, माधवी मुदगल, अरुणा मोहन्ती, पंकज चरण दास, मोहन महापात्रा आदि।
6. **मणिपुरी :** रीता देवी, सविता मेहता, थाम्बल यामा, सिंहजीत सिंह, झावेरी बहनें, कलावती देवी, निर्मला मेहता, गाम्बिती देवी, नल कुमार सिंह, गुरु बिपिन सिंह, सोनारिक सिंह, गोपाल सिंह, चारू माथुर, गुरु अमली सिंह, आदि।
7. **मोहिनीअट्टम :** तारा निडुगाड़ी, रागिनी देवी, कल्याणी अम्मा, भारती शिवाजी, श्री देवी, सेशन मजूमदार, राधा दत्ता, कला देवी, गीता गायक, कनक रेले, हेमा मालिनी, स्मिता रंजन, पल्लवी कृष्णन आदि।

भारत के विभिन्न प्रदेशों के प्रमुख लोकनृत्य

- **उत्तर प्रदेश :** रासलीला, नौटंकी, करन, कजरी, दीवाली, जट्टा, थाली, झोरा, जैता, जद्दा, छपेली आदि।
- **मध्य प्रदेश :** दीवाली, चैत, रीना, पण्डवानी, छेरिया, गोंडो, बिल्मा, टपाड़ी, हेरूदन्ना सैला, हुल्फो, भागोरिया, सीगभाडिया, मुण्दडी आदि।
- **राजस्थान :** राउफ, हिकात, पनिहारी, बगारिया, घपाल, शकरिया, कठपुतली, खयाल, झूलन लीला, कामड़, गनगौर, जिन्दाद तेराताली, गोपिका लीला, घूमर, डाण्डिया आदि।
- **बिहार :** घुमकड़िया, कीर्तनियां, जट जटिन, पंवारिया, सोहराई, सामा चकेवा, जात्रा, जाया, माथी, विदायत, बखो-बखाहन, डांगा, चेकवा, झीकला, लूझरी, छाऊ आदि।
- **छत्तीसगढ़ :** सुआ, करगा, रहस, राउत, सरहुल बार, नाचा, घसिया बाजा, पंथी।
- **उत्तराखंड :** चंगुनाट, गरुड़वाहन, डंडानट, पैका, आया, संचार, जदूर, मुदारी, सवारी, छाऊ आदि।
- **गुजरात :** झकोलिया, गरबा, पाणिहारी, लास्या, रासलीला, डांडियारास, टिप्पनी, दीपक, गणपति भजन आदि।
- **महाराष्ट्र :** गोधलगीत, बोहदा, तमाशा, लावणी, पोवाड़ा, दहिकला, कोली, गोरीचा, मौनी गणेश चतुर्थी, लीजम आदि।
- **पंजाब-हरियाणा :** कीकली, गिद्दा, भाँगड़ा आदि।
- **जम्मू-कश्मीर :** चाकरी, रउफ, हिकत, भाखागीत आदि।
- **प. बंगाल :** काठी, गम्भीरा, जाया, बाउल, रामभेसे, कथि, जात्रा आदि।
- **तमिलनाडु :** कुम्मी, कावड़ी, कोलाट्टम, करागम, पिन्नलकोलाट्टम आदि।
- **कर्नाटक :** भूतकोला, यक्षगण, वीरगास्से आदि।
- **केरल :** भद्रकली, पादयानी, थुलाल केकुट्टी-कलाई, टप्पात्रिकोली, कुडीअट्टम, कालीअट्टम, मोहनीअट्टम आदि।
- **हिमाचल प्रदेश :** चम्ब्रा, छपेली, डांगी, सांगला, डंडानाथ, महाथू, जद्दा, झैन्ता, थाली, धमान डफ, छरबा आदि।
- **मणिपुर :** थांगटा की तलम, संकीर्तन, लाईहरोबा नृत्य, बसन्तरास, राखाल आदि।

- **मिजोरम :** पाखुलिया नृत्य, चेरोकान आदि।
- **मेघालय :** बांग्ला
- **नागालैंड :** नूरालिम, कुमीनागा, लिम, रेंगमानाग, चोग, युद्ध नृत्य, खैवा आदि।
- **आंध्र प्रदेश :** बतकम्मा, कुम्मी, घंटा मरदाला, छड़ी नृत्य, माधुर आदि।
- **असम :** राखल लीला, ढोल नृत्य, खेल गोपाल, कलिगोपाल, बिहू, महारास, बोई साजू, तबल चौंगरी, झुमुरा, खेल चौगंबी, होब्जानाई, बगुरुम्बा, नागा नृत्य, नटपूजा आदि।

खेती किसानी के अवसरों पर मौसम की अगवानी और विदाई के लिए तीज-त्योहारों पर, पारिवारिक एवं सामाजिक संस्कारों पर आराधना-अनुष्ठानों पर, मिलन और जुदाई के लिए, नितान्त मनोरंजन के लिए शारीरिक चुस्ती-फुर्ती के लिए, आत्माओं को आह्वान-विर्सजन करने के लिए, कला-कौशल खेलकूद के लिए, छद्म और विभ्रम के लिए, सभी अवसरों पर लोकनृत्य अपनी छटा बिखेरते हैं। भारत के प्रत्येक भाग में उपर्युक्त कोटि के लोकनृत्य अनादिकाल से प्रचलित हैं। इनमें स्थानीय रीति-रिवाजों एवं परम्पराओं की झलक है। उसी के अनुरूप इनकी साज-सज्जा, वेशभूषा, गीत-संगीत, वाद्य यंत्रों का प्रयोग होता है। विशेष तथ्य यह कि लोक नर्तक किसी प्रतिष्ठित नृत्य संस्थान में नृत्य सीखने नहीं जाते। इनके लिए कोई निश्चित पाठ्यक्रम या साहित्य भी नहीं है। इस सबके बावजूद ये पीढ़ी-दर-पीढ़ी हस्तांतरित होते हुए आज भी जीवित हैं और आगे भी जीवित रहेंगे।

चट्टा नृत्य : यह नृत्य उत्तर प्रदेश का लोकनृत्य है। इसे स्त्री-पुरुष दोनों मिलकर करते हैं। इस नृत्य की गति प्रारंभ में धीमी रहती है, लेकिन बाद में तेज हो जाती है, जिससे दर्शकों को आनन्द मिलता है। यह नृत्य मेलों तथा तमाशों के अंतर्गत किया जाता है।

रासलीला : इसका प्रचलन कई राज्यों, यथा-उत्तर प्रदेश, गुजरात, मणिपुर, आदि में देखने को मिलता है। रासलीला में गोप और गोपियाँ परम्परागत वेशभूषा में नृत्य करते हैं। राधा-कृष्ण की इस नृत्य में मुख्य भूमिका होती है। यह आंचलिक नृत्य है। गोकुल, मथुरा, वृन्दावन में यह काफी लोकप्रिय है। रास में ढोल, मजीरा, झांझ, करताल, शहनाई, एकतारा आदि वाद्य प्रयोग किए जाते हैं।

होली नृत्य : यह लोकनृत्य होली के अवसर पर किया जाता है। राधा-कृष्ण की होली विशेष रूप से प्रसिद्ध है। अबीर, गुलाल उड़ाते हुए इस नृत्य का आनन्द दर्शक उठाते हैं। होली नृत्य राजस्थान, गुजरात, महाराष्ट्र, पंजाब तथा उत्तर प्रदेश में विशेष रूप से प्रचलित है।

थाली नृत्य : थाली पर खड़े होकर नृत्य की परम्परा हमारे यहाँ बहुत पुरानी है। यह हमें उत्तर प्रदेश तथा राजस्थान में देखने को मिलता है। थाली पर खड़े होकर पैरों का भार एक साथ रखना तथा शरीर को संभालते हुए घूम-घूम कर नृत्य करना इसकी विशेषता है। इसमें संतुलन का विशेष महत्व होता है।

भाँगड़ा : यह पंजाब का प्रसिद्ध लोकनृत्य है, जोकि वीर रस प्रधान होता है। पुरुष और स्त्री दोनों के द्वारा ही यह नृत्य किया जाता है। इस नृत्य में प्रारंभ में लय धीमी होती है, किंतु धीरे-धीरे तेज होते हुए बाद में बहुत तेज हो जाती है, जिससे दर्शकों को आनन्द मिलता है। इस नृत्य में हाथ और पैरों का संचालन विशेष ढंग से होता है। इसकी संगत में ढोलक, नगाड़ा आदि का प्रयोग किया जाता है।

गिद्धा : यह नृत्य भी पंजाब का प्रसिद्ध लोकनृत्य है। यह नृत्य स्त्रियों द्वारा किया जाता है। इस नृत्य का आयोजन मांगलिक अवसरों पर किया जाता है।

गोफ नृत्य : यह महाराष्ट्र का लोकप्रिय एवं कलात्मक लोकनृत्य है। इसमें हाथ और पैरों का संचालन ही मुख्य होता है। इसमें अधिकतर स्त्रियां एवं लड़कियाँ ही भाग लेती हैं। इस नृत्य में एक कुन्दे में रंग-बिरंगी रस्सियां बांधी जाती हैं तथा नीचे एक हाथ में रस्सी और एक हाथ में 1 फुट का डंडा होता है। जिसको गोफ बांधने वाले लय से घूमते हुए एक विशिष्ट शैली को चोटीनुमा गोफ तैयार करते हैं।

गीरीचा : यह महाराष्ट्र राज्य में किसानों का धार्मिक लोकनृत्य है। इस नृत्य में गौरी के प्रति श्रद्धा प्रकट की जाती है। नृत्य मण्डलियाँ घर-घर घूमकर इस नृत्य को करती है।

कोली नृत्य : महाराष्ट्र के पश्चिमी घाट पर सागर के किनारे रहने वाले मछुआरे लोग इस नृत्य को करते हैं। मछुआरा नृत्य में स्त्री तथा पुरुष दोनों ही भाग लेते हैं।

लावणी : महाराष्ट्र का विशेष प्रकार का लोकनृत्य है, जो गाँवों में तमाशों के अंतर्गत होता है। इसमें स्त्रियां परम्परागत आंचलिक गीतों को गाकर प्रदर्शन करती हैं।

चित्र 6.9: लावणी नृत्य

गरबा : यह गुजरात प्रांत का लोकप्रिय नृत्य है। इस नृत्य का आयोजन प्रमुख रूप से नवरात्रि के अवसर पर किया जाता है। इस नृत्य में स्त्रियां भाग लेती हैं। इस नृत्य में एक ही स्त्री बीच में खड़े होकर अपने ऊपर एक मिट्टी का घड़ा रखती है। इस घड़े में चारों ओर छिद्र होते हैं तथा एक दीपक रखा जाता है। शेष स्त्रियां चारों ओर घेरा बनाकर वृत्ताकार नृत्य करती हैं। रास के समान किए जाने वाले इस नृत्य का मुख्य उद्देश्य दुर्गा देवी की आराधना करना होता है।

टिपरी : यह महाराष्ट्र का लोकनृत्य है। इस नृत्य में टिपरी के रूप में डंडे प्रयोग किए जाते हैं। गुजरात में इसको 'डांडिया', उत्तर प्रदेश व राजस्थान में इसका प्रयोग 'रास' में किया जाता है। यह सामूहिक नृत्य होता है।

झांझी नृत्य : यह राजस्थान का परम्परागत लोकनृत्य है। इसमें झांझी के रूप में छोटे-छोटे मटके, जो छिद्रयुक्त होते हैं, उनमें दिए रखे जाते हैं। फिर स्त्रियां इन मटकों को अपने सिर पर रखकर सामूहिक रूप से नृत्य करती हैं।

छपेली नृत्य : यह कुमायूँ का सर्वाधिक लोकप्रिय लोकनृत्य है। इसमें सहजता, उल्लास, निश्चिन्तता की अभिव्यक्ति होती है। इस नृत्य में दो नर्तक होते हैं, जो प्रेमी-प्रेमिका, भाई-बहिन, जीजा-साली आदि कोई भी हो सकते हैं। नृत्य जोड़ी के अनुसार ही गीत रचना गाकर यह नृत्य किया जाता है।

शिकारी नृत्य : बंगाल और असम की पहाड़ियों में बसने वाले भीलों के इस लोकनृत्य को शिकारी लोकनृत्य का नाम दिया गया है। इसको भील नृत्य भी कहते है। इस नृत्य में नर्तक जानवर की खाल पहनकर सामूहिक रूप से नृत्य करते हैं।

घूमर : यह राजस्थान का प्रचलित लोकनृत्य है। इस नृत्य में केवल स्त्रियां ही भाग लेती हैं। इस नृत्य का आयोजन प्रत्येक मांगलिक एवं पारम्परिक उत्सवों तथा दुर्गा पूजा एवं होली आदि के अवसर पर किया जाता है। चूंकि इस नृत्य को घूम-घूम कर किया जाता है। इसलिए इस नृत्य को 'घूमर नृत्य' कहा जाता है।

बिहू नृत्य : यह पूर्वोत्तर भारत में असम राज्य का प्रसिद्ध लोकनृत्य है, जो कि मीरी, कचारी तथा खासी जनजाति के लोगों द्वारा सामूहिक रूप से किया जाता है। इस नृत्य का वर्ष में तीन बार आयोजन किया जाता है-1. नववर्ष के स्वागत हेतु वर्ष के पहले दिन 'बोहाग बिहू' के नाम से इस नृत्य का आयोजन किया जाता है। 2. धान की फसल पकने पर 'माघ बिहू' के नाम से इस नृत्य का आयोजन किया जाता है। 3. वसन्त उत्सव पर 'वैशाख बिहू' के नाम से इस नृत्य का आयोजन किया जाता है।

चित्र 6.10: बिहू नृत्य

काला नृत्य : यह महाराष्ट्र राज्य का प्रख्यात लोकनृत्य है। इसका आयोजन गोकुल अष्टमी के दिन किया जाता है।

गढ़वाली नृत्य : प्रकृति के सुरम्य वातावरण में बसे गढ़वाली लोग खेत काटने के समय खुशियाँ मनाने के लिए जो नृत्य करते हैं, वह गढ़वाली नृत्य के नाम से विख्यात है। यह नृत्य सामूहिक आनन्द प्रदान करने वाला होता है। गढ़वाल प्रांत के लोग इसको बड़े ही हर्षोल्लास के साथ करते हैं।

रउफ नृत्य : यह जम्मू एवं कश्मीर राज्य का फसल कटाई हो जाने पर स्त्रियों द्वारा किया जाने वाला एक प्रसिद्ध लोकनृत्य है। इस नृत्य में ग्रामीण स्त्रियां दो पंक्तियों में विभाजित हो आमने-सामने खड़ी हो जाती हैं। प्रत्येक पंक्ति में लगभग 15 लड़कियाँ होती हैं, जो एक-दूसरे के गले में बांहें डालकर नृत्य करती हैं। इस नृत्य में वाद्ययंत्रों का सर्वथा अभाव रहता है।

पण्डवानी नृत्य : यह मध्य प्रदेश स्थित छत्तीसगढ़ का प्रसिद्ध लोकनृत्य है। पाण्डवों की कथा से संबंधित होने के कारण इस नृत्य को पण्डवानी नृत्य के नाम से जाना जाता है। इसमें नर्तक वाद्ययंत्रों की धुन पर नृत्य एवं अभिनव कर पाण्डवों की कथा का प्रदर्शन करते हैं। इस नृत्य में एकतारा वाद्ययंत्र का प्रमुख रूप से प्रयोग किया जाता है। वर्तमान में यह नृत्य अत्यधिक लोकप्रियता प्राप्त कर रहा है। ऋतु वर्मा, झाड़ू राम देवांगन एवं तीजनबाई इस नृत्य के लिए विख्यात है।

चित्र 6.11: तीजनबाई

बैम्बू नृत्य : यह नागालैंड के आदिवासियों का लोकनृत्य है। इसमें लकड़ी के गोल बड़े-बड़े डंडों को लेकर नृत्य किया जाता है। इसमें कुछ नर्तक नीचे बैठकर खड़े और आड़े रूप में डंडे बिछा लेते हैं। फिर दोनों तरफ से डंडों को मिलाकर बजाते हैं तथा कुछ नर्तक इन डंडों से बने उन खानों में एक-एक पैर से नाचते हैं। इस नृत्य के लिए बहुत अभ्यास किया जाता है।

डांडिया नृत्य : गुजरात प्रांत के नवरात्रि पर्व का प्रमुख आकर्षण है–दीपक नृत्य, इसमें स्त्रियां छिद्रों वाले घट में दीपक रखती हैं। जिसे सिर या थाली में रखकर नृत्य की विभिन्न भंगिमाएं प्रस्तुत करती हैं।

पणिहारी नृत्य : गुजरात का यह नृत्य गागर 'लोटी गरबा' के नाम से भी जाना जाता है। इस नृत्य में स्त्रियां सिर पर बड़ा गागर व उसके ऊपर छोटी-सी लोटी रखकर वृत्ताकार घूमते हुए नाचती हैं। संतुलन इस नृत्य का मुख्य आकर्षण होता है।

मेररॉस नृत्य ; गुजरात के इस नृत्य में आनंद और सौभाग्य की एक संयुक्त अभिव्यक्ति है। क्षत्रिय समाज का यह नृत्य शौर्य के पहलुओं को उजागर करता है। ढोलक एवं शहनाई इस नृत्य में प्रयुक्त किए जाने वाले प्रमुख वाद्ययंत्र हैं।

पंथी नृत्य : यह नृत्य छत्तीसगढ़ क्षेत्र के सतनामी समुदाय का अनुष्ठानिक नृत्य है। इस गायन में सतगुरु की प्रशस्ति होती है। पुरुष समूह ढोल व झांझ की लय के साथ गाता है। धीरे-धीरे लय तेज होती जाती है और फिर नर्तक पद संचालन के साथ विशेष प्रकार की मुद्राएँ बनाते हैं।

वीरगास्से कुनीता : कर्नाटक राज्य का यह नृत्य शक्ति एवं शौर्य का प्रतीक है, जो फसल काटने के समय किया जाता है। पुरुष गाँव-गाँव घूमकर इस नृत्य का प्रदर्शन करते हैं। इस नृत्य में दक्ष यक्ष की गाथा प्रस्तुत की जाती है। कथा प्रस्तुत करने वाला गायक द्रुत संगीत व अभिनय के साथ इसे पेश करता है।

यक्षगान : यक्षगान कर्नाटक राज्य में प्रचलित एक सम्पन्न नाट्य शैली है। पहले इसे भगवताराअता के नाम से भी जाना जाता था। प्रारंभ में इस शैली का प्रयोग कृष्ण कथाओं के लिए किया जाता था, किंतु कालांतर में विष्णु के 10 अवतारों को चित्रित करने में इसका प्रयोग होने लगा। यक्षगान में कथानक का बयान संगीत, नृत्य और अभिनय के द्वारा किया जाता है।

चित्र 6.12: यक्षगान नाट्य शैली

कलारी पायतु : यह युद्ध कौशल की कला है। इसमें कलारी जिमनास्टिक और पायतु युद्ध कला है। गुरु के नेतृत्व में यह कलाएं दिखाई जाती हैं। यह केरल प्रांत का नृत्य है।

थय्यम नृत्य : केरल प्रांत के इस नृत्य के द्वारा पुरखों, ऐतिहासिक विभूतियों, तेजस्वी नायकों एवं धार्मिक चरित्रों की यादों को उजागर किया जाता है। इसके (थय्यम) करीब 150 स्वरूप हैं और हर थय्यम नृत्य की अलग श्रृंगार सामग्री है।

थायम्बाका : 8 ताल से प्रारंभ होने वाला यह प्रदर्शन 64 तालों तक पहुँचकर पंथीकल में परिवर्तित हो जाता है। जिस जगह थायम्बाका की लय समाप्त होती है, उसे 'इरूकीता' कहते हैं। यह केरल प्रांत में प्रचलित है।

पादायनी : केरल राज्य के ग्रामीण क्षेत्र में देवी के मंदिरों में मनोरंजन की इस कला का आयोजन किया जाता है। मुखौटा द्वारा विभिन्न देवी-देवताओं के स्वांग किए जाते हैं। संगीत और गायन के परिपूर्ण यह कला कार्यक्रम रातभर चलता है।

झुमुरा नृत्य : असम राज्य के प्रचलित इस नृत्य में उन ग्वालों की व्यथा का वर्णन किया जाता है, जिनकी पत्नियाँ कृष्ण के साथ रास करने चली जाती हैं। यह नृत्य तीन भागों में विभक्त होता है-रागदानी, जीतोड़ नाच और मेला नाच।

माडुभांगी : यह भी असम के सताराओं का अनुष्ठानिक नृत्य है। यह समूह नृत्य महिलाओं द्वारा किया जाता है।

कठपुतली नृत्य : यह राजस्थान का प्रसिद्ध नृत्य है। इसमें कठपुतली नृत्य करने वाले को 'कठपुतली भाट' कहते हैं। उत्तरी भारत के हिन्दी भाषा प्रदेशों में बलाई जाति के लोग इस कला के मर्मज्ञ समझे जाते हैं। उच्च वर्ग वालों के समारोहों, विवाह आदि में इस लोकनृत्य का आयोजन करते है। पृष्ठभूमि में गायन के लिए एक स्त्री व पुरुष होता है। यह गायक ही जरूरी संवाद भी बोलते हैं, जो सवाल एवं जवाब की शक्ल में होते हैं। राजस्थान की इस कला में अमर सिंह राठौर की कहानी सर्वाधिक विख्यात है।

तेरताली : राजस्थान के इस आधुनिक नृत्य को महिलाएं ही प्रस्तुत करती हैं, किंतु गायन का दायित्व पुरुष निभाता है। नर्तकी के पैरों व व हाथों में घंटियाँ बंधी रहती हैं, जिन्हें नृत्य के दौरान लय के साथ बजाया जाता है। इस नृत्य में प्रस्तुत किया जाने वाला गीत भगवान कृष्ण के जीवन से संबंधित होता है।

गीदड़ नृत्य : यह राजस्थान का प्रसिद्ध लोकनृत्य है। शेखावटी क्षेत्र में बसन्त पंचमी से होलिका दहन तक इस नृत्य का आयोजन किया जाता है। यह ख्याल है। इसमें स्वांग धारण करके कलाकार द्वारा किसी विशेष घटना के आधार पर भावात्मक अभिनय किया जाता है। लक्ष्मणगढ़, फतेहपुर और सीकर के गीदड़ नृत्य अधिक विख्यात है। यह नृत्य रात्रि के तीसरे पहरे तक किया जाता है।

प्रमुख कलाकार और उनसे संबंधित क्षेत्र

कलाकार	संबंधित क्षेत्र	कलाकार	संबंधित क्षेत्र
उस्ताद सुल्तान खान	मृदंग वादक	तान्या सक्सेना	भरतनाट्यम
उस्ताद अल्लारखा	तबला वादक	तरुण भट्टाचार्य	सन्तूर वादक
वर्षा अग्रवाल	सन्तूर वादक	संदीप दास	तबला वादक
उस्ताद वजीर खाँ	सितार वादन	शम्भू सुमीर	मृदंग वादक
हेमा मालिनी	नृत्य		
स्वप्नसुंदरी	भरतनाट्यम और कुचिपुड़ी नृत्यांगना	मालविका सरकार	भरतनाट्यम और ओडिसी नृत्यांगना
रुक्मिणी देवी अरुण्डेल	नृत्य	अलारमेल वल्ली	भरतनाट्यम
अल्पना बाजपेयी	कत्थक	रविशंकर वेमपार्टर	कुचिपुड़ी
इलीना सितारिस्ती	ओडिसी	निधि रंगराजन	भरतनाट्यम
पंडित बिरजू महाराज	कत्थक नृत्य	वैजयन्तीमाला बाली	कत्थक
गोविंदराजन पिल्लै	भरतनाट्यम विद्वान	शिव कुमार शर्मा	सन्तूर
इमरत खाँ	सितार	टी.एन. कृष्णन	वायलिन
पार्थसारथी	सरोद	जरीन दारूवाला	सरोद
रामकिशोर दास	पखावज	उस्ताद विलायत खाँ	सितार वादन
पं. रविशंकर	सितार वादन	अली अकबर खाँ	सरोद
अमजद अली खाँ	सरोद	याहिद परवेज	सितार वादन

गोपाल मिश्र	मृदंग वादक	नारायण विनायक	मृदंग वादक
हनुमान प्रसाद मिश्र	मृदंग वादक	रूस्तम सोपोरी	सन्तूर वादक
उस्ताद जाकिर हुसैन	तबला वादक	सुनयना हजारी लाल	कत्थक
गोपीकृष्ण	कत्थक	अनुष्का शंकर	सितार वादन

राजस्थान के कुछ प्रसिद्ध नृत्यनाट्य

1. **पुंगी नृत्यनाट्य :** यह कलात्मक नृत्य है। यह शंकरिया नृत्य का एक अंग है। सारंगी इस नृत्य का मुख्य वाद्य है। इस नृत्य में सर्प को मंत्रमुग्ध किया जाता है। भारतीय तांत्रिकों का अद्भुत महत्व दिखलाना इस नृत्य नाट्य का मुख्य लक्ष्य होता है। राजस्थानी भाषा में इसे 'कालबेलिया नृत्य' भी कहते हैं।
2. **फुँदी नृत्यनाट्य :** यह स्त्री प्रधान नृत्यनाट्य है। इसमें नर्तकों के पैर आपस में उंगलियों की ओर से मिल जाते हैं और सारे शरीर का ढाल पीछे की तरफ हो जाता है। इस तरह एक गोल घेरा बन जाता है। ख्याल मंचों पर नृत्य की शोभा और बढ़ जाती है।
3. **घूमर नृत्यनाट्य :** यह मुख्यत: स्त्री प्रधान नृत्य नाट्य है। राजस्थान के प्रसिद्ध पर्व गणगौर पर होने वाले नाटकों में घूमर का वैभव अपने चरमोत्कर्ष पर देखा जा सकता है। लोकमंचों पर यह नृत्य स्त्री वेशधारी पुरुषों के द्वारा ही प्रदर्शित किया जाता है।

चित्र 6.13: घूमर नृत्य नाट्य

4. **ल्हूर नृत्यनाट्य :** झुंझनू के आसपास यह नृत्य अधिक प्रचलित है। उत्तेजक भावनाओं के द्योतक इस नृत्य का कोई मूल कथानक नहीं है। इनमें एक अभिनेता और अभिनेत्री होते हैं। 'ल्हूर' राजस्थानी भाषा में 'मीठी खुजली' को कहते हैं। खुजली को खुजलाने की तरह ही ल्हूर नृत्य भी अत्यंत तड़क-भड़क एवं शीघ्रता के साथ प्रारंभ होता है।
5. **बिछुवा नृत्यनाट्य :** बिच्छू के काटने पर जो अनुभूति रोगी की होती है, उसी का नृत्यात्मक अभिनय दिखाना इस नाटय का ध्येय रहता है। बिच्छू के काटने से लेकर तांत्रिक द्वारा बिच्छू का जहर उतारने और तांत्रिक द्वारा नायिका पर रीझना आदि इस नृत्यनाट्य के रुचिकर भाग है।
6. **कच्छी घोड़ी नृत्यनाट्य :** इस नृत्यनाट्य की प्राय: दो शैलियाँ प्रचलित हैं– प्रथम युद्ध दर्शन की और दूसरी प्रश्नोत्तर की। प्रश्नोत्तर प्रकार का नृत्य राजस्थान में मुख्यत: विवाहोत्सवों पर किया जाता है। स्त्री और एक पुरुष अश्वारोही होते हैं। अश्वसंचालन के कौशल को नृत्य की गति एवं लय में बतलाना इस नृत्यनाट्य की विशेषता है।
7. **पनघट नृत्य :** राजस्थान का प्रसिद्ध पनघट नृत्य 'जेघड़' नृत्य के नाम से भी जाना जाता है। यह राजस्थानी घेलपनिहारी ख्याल का मुख्य नृत्य है। इसमें यौवनाएँ सिर पर गगरी रखकर नृत्य करती हैं।

मणिपुर के कुछ प्रसिद्ध नृत्यनाट्य

1. **बसंत रास :** यह मणिपुर का प्रसिद्ध नृत्य है, जो कृष्णलीला से संबंधित है। इस नृत्य में राधा और कृष्ण के प्रेमालाप का अनूठा मिश्रण है।
2. **संकीर्तन नृत्य :** मणिपुर के प्रसिद्ध इस नृत्य का आयोजन धार्मिक पर्वों, विवाह एवं शिशु जन्मोत्सव पर किया जाता है। इस नृत्य में पुरुष एवं स्त्रियाँ कतारबद्ध होकर नृत्य करते हैं।
3. **थांगटा नृत्य :** यह मणिपुर का आनुष्ठानिक लोकनृत्य है, जो तलवार और भालों के साथ किया जाता है।

4. **थाबल चोंगबी :** मणिपुर में लोकप्रिय थाबल चोंगबी नृत्य होली के आसपास बिना भेदभाव के प्रस्तुत किया जाने वाला नृत्य है। इस नृत्य को हाथ-में-हाथ डालकर गोला बनाकर सामूहिक रूप से किया जाता है।

कत्थक के प्रमुख घराने

कत्थक की प्रमुख नृत्य शैली में तीन नृत्य शैलियाँ मुख्य रूप से देखने को मिलती है। इनको ही घराने के नाम से जाना जाता है। कत्थक के प्रमुख घराने इस प्रकार हैं-

जयपुर घराना : इस घराने का प्रारंभ लगभग 150 वर्ष पूर्व भानुजी द्वारा किया गया था। बाद में इनके वंशजों ने इसमें अपना महत्वपूर्ण योगदान दिया। इसमें श्रृंगार रस के साथ वीर रस भी देखने को मिलता है। परठों, गते एवं कवित्त इस घराने की अपनी विशिष्टता है। गुरु सुंदर प्रसाद, श्यामलाल, चुन्नीलाल, दुर्गा प्रसाद, जयलाल, रामगोपाल, तेज प्रकाश तुलसी एवं चरण गिरिधर चाँद इस घराने के प्रमुख कलाकार हैं। हनुमान प्रसाद एवं हरिप्रसाद की इस घराने की जुगल जोड़ी तो 'देवपरी' के नाम से प्रसिद्ध थी।

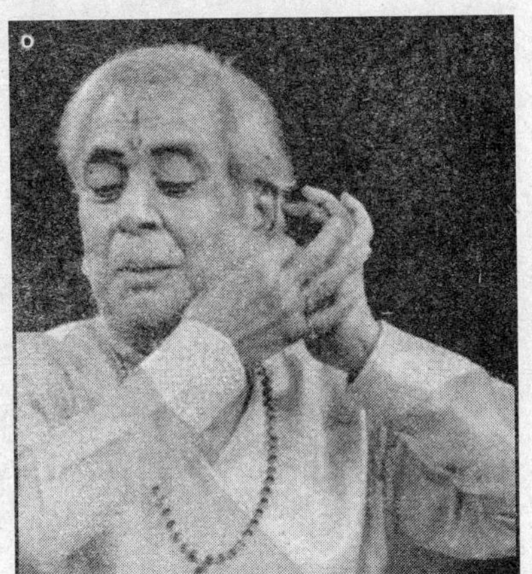

चित्र 6.14: पंडित बिरजू महाराज

चित्र 6.15: सितारा देवी
(कत्थक नृत्य गुरु लच्छू महाराज की शिष्या)

बनारस घराना : वैसे इस घराने का उद्भव स्थल राजस्थान ही है, किंतु बनारस में इसका पूर्ण अस्तित्व कायम हुआ। इसलिए इसको बनारस घराने के नाम से जाना जाता है। यह घराना 'जानकारी प्रसाद घराने' के नाम से भी जाना जाता है। इनके तीन प्रमुख शिष्य थे-चुन्नीलाल, दूल्हाराम, गणेशीलाल। चुन्नीलाल ने राजस्थान को तथा दूल्हाराम एवं गणेशीलाल ने बनारस को अपना कार्य क्षेत्र बनाया। यह घराना अपने सौम्य एवं शुद्ध नृत्य के लिए प्रख्यात रहा। इसमें चक्करों का अनावश्यक प्रयोग नहीं किया जाता है, बल्कि पैरों का बड़े ही कलात्मक ढंग से प्रदर्शन किया जाता है। साथ ही नृत्य के बोलों का अधिक प्रयोग किया जाता है। कृष्ण कुमार, अशोक कुमार एवं सुखदेव महाराज इस घराने के प्रमुख नृत्यकार रहे हैं।

लखनऊ घराना : इस घराने का प्रवर्तक ईश्वरी प्रसाद जी मिश्र बनारस के पास हण्डिया तहसील के निवासी थे। इनके तीन पुत्र अड़गूजी, खड़गूजी, तुलगूजी थे। इन्होंने दीर्घकाल तक अपने शिष्यों को प्रशिक्षण दिया। ईश्वरी प्रसाद तथा ठाकुर प्रसाद जी इस घराने के प्रमुख प्रवर्तक हैं। ठाकुर प्रसाद जी तो मुगल काल में वाजिद अली शाह के नृत्य गुरु थे। यही कारण है कि वाजिद अली शाह के काल में इस घराने का खूब प्रचार-प्रसार हुआ। बिन्दादीन महाराज एवं कालका प्रसाद की जोड़ी इस घराने की प्रख्यात जोड़ी रही है।

चित्र 6.16: माधुरी दीक्षित नेने
(पंडित बिरजू महाराज की शिष्या)

कालका प्रसाद के तीन पुत्र अच्छन महाराज, शम्भू महाराज एवं लच्छू महाराज ने लखनऊ घराने की शैली को और अधिक प्रसिद्धि दिलाई। अच्छन महाराज के पुत्र ब्रजमोहन नाथ (बिरजू महाराज) तथा शम्भू महाराज जी के पुत्र कृष्ण मोहन विख्यात नर्तक हैं। लच्छू महाराज की पुत्री कपिला भी कुशल नृत्यांगना है। इस घराने में नजाकत, भावुकता का प्रदर्शन, हाथों का कुशल संचालन तथा पद संचालन पर विशेष ध्यान दिया जाता है।

अध्याय सार–संचिका

- 'बसंतरास' मणिपुर का नृत्य है, जो चैत्र माह में पूर्ण चन्द्र की चाँदनी में किया जाता है।
- 'संकीर्तन' मणिपुर का नृत्य है, जिसका आयोजन धार्मिक पर्वों, विवाह एवं शिशु जन्मोत्सव पर किया जाता है।
- 'झुमरा' असम राज्य का नृत्य है, इसमें उन ग्वालों की व्यथा का वर्णन किया जाता है, जिनकी पत्नियाँ कृष्ण के साथ रास करने चली जाती हैं।
- 'माडूभांगी' असम राज्य का आधुनिक नृत्य है, जो महिला समूह द्वारा किया जाता है।
- 'तेराताली' राजस्थान का एक अनुष्ठानिक नृत्य है। इस नृत्य का प्रदर्शन महिलाओं द्वारा किया जाता है, किंतु गायन का दायित्व पुरुष निभाता है।
- 'पुंगी' राजस्थान का एक कलात्मक नृत्य है, इस नृत्य में सर्प को मंत्रमुग्ध किया जाता है।
- यक्षगान–यह कर्नाटक राज्य की एक सम्पन्न नाट्य शैली है। इसे 'भगवताराअता' के नाम से भी जाना जाता है।
- 'वीरगस्से कुनीता' कर्नाटक राज्य का नृत्य है, जो शक्ति और शौर्य का प्रतीक है। इस नृत्य में दक्ष–यक्ष की गाथा प्रस्तुत की जाती है।
- 'ओडिसी' उड़ीसा प्रदेश का शास्त्रीय नृत्य है, जो भरतनाट्यम पर आधारित है।
- 'भरतनाट्यम' मुख्यतः तमिलनाडु का शास्त्रीय नृत्य है।
- भरतनाट्यम के विविध चरण हैं। अलारिप्पू (कली का कुसुम रूप में खिलना) जातिस्वरम, शब्दम, वर्णम, पदम तिलाना।
- 'भरतनाट्यम' में भारत शब्द भाव, राग व ताल तीनों शब्दों के प्रथम अक्षरों को लेकर बनाया गया है।
- 'कत्थक' उत्तर भारत का शास्त्रीय नृत्य है। भरतनाट्यम की भाँति कत्थक नृत्य का स्रोत भी भरत मुनि का नाट्यशास्त्र है। इसकी परम्परा मुख्य रूप से लखनऊ व जयपुर में आज भी अक्षुण्ण है।
- लखनऊ में कत्थक नृत्य की स्थापना प्रकाश जी व उनके पुत्र ठाकुर प्रसाद ने की थी। वह राजस्थान के निवासी थे। यह कत्थक की रासुधारी परम्परा के थे।
- कत्थक के जयपुर घराने की स्थापना मास्टर गिरधर ने की थी, उनके पुत्र हरिप्रसाद व हनुमान प्रसाद ने कत्थक नृत्य को ऊँचाइयों तक पहुँचाया।
- कथकली नृत्य में आर्यों व द्रविड़ों की नृत्य शैलियों का मिश्रण देखा जा सकता है।
- कुजकुरूप, खुन्नि मेनन, कवल अप्पारा, नारायण नायर, बाली ओथिक्कन, नम्बूरी, परसुफ्तर, ईश्वर पिल्लई, नलनडनि, कुंजू कृष्ण पनिक्कर, केशव कुरूप, संकरन, नम्बूदरी, वेचूररमन पिल्लई, कला मण्डलम कृष्णन, कुञ्जन पनिक्कर व गोपीनाथ कथकली के प्रमुख कलाकार हुए हैं।
- मोहिनीअट्टम केरल राज्य का प्रसिद्ध नृत्य हैं। इसी प्रकार कृष्णअट्टम भी केरल का प्रसिद्ध नृत्य है। मोहिनीअट्टम की तकनीक कथकली पर आधारित है। 'भागवत मेला' नृत्य नाटक तमिलनाडु राज्य में प्रचलित है।

- फसल कटने के समय पर कुर्ग (कर्नाटक) में कोड़पास का लोकनृत्य होता है।
- 'कजरी' भारत का वर्षा ऋतु का लोकनृत्य है। इन्द्र की पूजा से संबंधित इस नृत्य में सफल फसल की कामना की जाती है।
- कुल्लू घाटी का लोकनृत्य 'कुल्लू' नाम से प्रसिद्ध है। यह दशहरा के अवसर पर होता है।
- 'राउफ' व 'हिकात' जम्मू के लोकनृत्य हैं। राउफ नृत्य केवल महिलाओं द्वारा किया जाता है।
- 'झूमर' अथवा 'घूमर' दीपावली के अवसर पर किया जाने वाला राजस्थान का लोकनृत्य है।
- 'जट-जटिन, मिथिला (बिहार) का पूर्णिमा पर किया जाने वाला लोकनृत्य है।
- असम में 'खेल गोपाल' नामक लोकनृत्य लोकप्रिय व प्रसिद्ध है। असम में होली के अवसर पर राखल लीला (कृष्ण से संबंधित) लोकनृत्य भी होता है।
- ढोल एवं तफर नृत्य, तबल चोंगबी (होली पर) सुर्मा घाटी का 'कनोए नृत्य' असम के अन्य लोकनृत्य हैं। असम की खासी जाति का लोकनृत्य 'नोंगक्रेम' है।
- 'नौटंकी' उत्तर प्रदेश का परम्परागत लोकनृत्य है। यह रामायण व महाभारत के आधार पर अच्छाई की बुराई पर विजय को प्रदर्शित करता है।
- 'रासलीला' मथुरा एवं वृन्दावन में राधा व कृष्ण तथा गोप एवं गोपिकाओं का सामूहिक नृत्य है।
- महाराष्ट्र में 'लेझिम नृत्य', 'दहलिका' अथवा 'दही हाण्डी नृत्य' लोकप्रिय लोकनृत्य है।
- 'तमाशा' महाराष्ट्र का प्रसिद्ध लोकनृत्य है।
- 'दशावतार' अथवा 'बोहदा' भारत के विविध क्षेत्रों में किया जाने वाला लोकप्रिय लोकनृत्य है।
- 'चप्पेली' कुमायूँ पहाड़ियों का विवाह तथा बसन्त ऋतु एक रोमानी (प्रेमकथा) लोकनृत्य है।
- 'थाली नृत्य', 'जद्दा', 'झेन्था' व 'थोरा नृत्य' हिमाचल प्रदेश के प्रसिद्ध लोकनृत्य है।
- 'गद्दी' कृषक महिलाओं का नृत्य, चम्बा (हिमाचल प्रदेश) का लोकप्रिय नृत्य है।
- श्रेष्ठ फसल होने के उपलक्ष्य में माँ पृथ्वी की उपासना के लिए उड़ीसा में लोकनृत्य होते हैं।
- 'बहका नाता' व 'दण्डा नाता' भी उड़ीसा के लोकप्रिय नृत्य हैं।
- 'बंजारा नृत्य' राजस्थान व पश्चिमी भारत के बंजोर व दक्षिण पूर्व के लम्बार्दियों द्वारा किया जाता है।
- बिहार के छोटा नागपुर क्षेत्र में उराँव जनजाति द्वारा 'सरहुल नृत्य' होता है। यह एक सैनिक प्रकार का नृत्य है।
- छोटा नागपुर क्षेत्र (बिहार) की कोल जनजाति के 'कर्मा' व 'कोल नृत्य' प्रसिद्ध हैं। मध्य प्रदेश की सतपुड़ा श्रेणियों में मैकल पहाड़ी क्षेत्र में व उड़ीसा व आंध्र प्रदेश के सीमांत क्षेत्रों में गोंड जनजाति द्वारा भी 'कर्मा नृत्य' किया जाता है।
- दक्षिण-पश्चिम मध्य प्रदेश में मारियामुरिया गोंड जनजाति के लोग त्योहारों के अवसर पर विविध नृत्य करते हैं।
- मध्य प्रदेश की गोंड जनजाति के अतिरिक्त बैगा जनजाति के लोग भी 'कर्मा नृत्य' करते हैं। यह कर्मा नृत्य कई प्रकार के हैं-ताडिकर्मा, लहकी कर्मा, खाल्हा कर्मा, झूमर कर्मा व झापंट कर्मा। बैगा जनजाति के अन्य नृत्यों में रिना व बिल्मा नृत्य है। बैगा स्त्रियाँ रायपुर जिले के बिन्झवार गाँव में 'सुआ' नृत्य करती है। 'तपड़ी नृत्य' भी बैगा स्त्रियों का प्रमुख नृत्य है। बैगा पुरुष सैला नृत्य करते हैं।

- मध्य प्रदेश में बस्तर की मुड़िया जनजाति का 'मन्दड़ी' नृत्य है। धार्मिक अवसरों हेतु इस जनजाति के विविध नृत्य हैं, जो इस जनजाति के सामाजिक जीवन व रीति-रिवाजों से संबंधित हैं। बस्तर की मुड़िया जनजाति का 'छेड़ता नृत्य', 'हर एण्डेला', 'हुल्की', 'कर्सन्स', 'बिसोन' आदि नृत्य भी प्रसिद्ध हैं।
- मध्य प्रदेश के बंजारे वरुण व काली की उपासना के लिए 'लांगी नृत्य' राखी पूर्णिमा पर करते हैं। इसमें स्त्रियाँ नृत्य करती हैं तथा पुरुष गीत गाते हैं। होली पर फाग नृत्य करते हैं। स्त्रियाँ 'लोटा नृत्य' व 'सौंदर्य नृत्य' करती हैं। यह वर्ष में कभी भी किए जाने वाले नृत्य हैं।
- उड़ीसा के मयूरभंज क्षेत्र की भूमिया जनजाति का 'कर्मा नृत्य' प्रसिद्ध है। 'जदूर नृत्य' भी भूमिया जनजाति का नृत्य है। ये लोग फसल पर भारती माता, माँ पृथ्वी की उपासना में नृत्य करते हैं।
- उड़ीसा राज्य में सम्बलपुर की बिझाल, खारिया, उराँव, किसान व कोल जनजातियाँ 'कर्मा नृत्य' करती हैं। यह विविध जनजातियों द्वारा विभिन्न प्रकार से किया जाता है।
- भरत मुनि के 'नाट्य शास्त्र' तथा आचार्य नंदिकेश्वर के 'अभिनय दर्पण' को नृत्य के आदि ग्रंथ के रूप में मान्यता प्राप्त है।
- दशहरा के अवसर पर बिंझल, खोण्डा व सवा जनजातियों द्वारा 'घूर्मा नृत्य' किया जाता है।
- उड़ीसा की उराँव जनजाति की स्त्रियाँ मुद्रिका नृत्य प्रसन्नता की अभिव्यक्ति के लिए करती हैं।
- उड़ीसा में सम्बलपुर जिले की भुइयाँ, गोंड व गोंडा जनजातियाँ 'कोइसाबड़ी नृत्य' करती हैं।
- असम के नागा 'योद्धा नृत्य' व 'ढाल नृत्य' करते हैं।
- फसल के अवसर पर असम की कचार पहाड़ियों के अर्द्धनागा 'खम्ब लिम' व 'गुइरा लिम नृत्य' करते हैं।
- आंध्र प्रदेश में हैदराबाद की गोंड जनजाति 'उन्डरिया नृत्य' करती है। हैदराबाद की लम्बड़ी व बंजारा जनजातियाँ विविध प्रकार के सामाजिक नृत्य करती हैं।
- भारत के पूर्व में जो कार्य रवीन्द्रनाथ टैगोर ने किया, वही कार्य दक्षिण भारत में केरल के कवि वालथोल ने किया। उन्होंने कोचीन में 'कला-मण्डलम डान्स एकेडमी' की स्थापना की। यहाँ कथकली नृत्य का प्रशिक्षण दिया जाता है।
- श्रीमती रूक्मिणी देवी अरुण्डेल ने अडयार में कला क्षेत्र कला केंद्र की स्थापना की। उन्होंने भरतनाट्यम व कथकली नृत्यों को पूर्णता प्रदान करने में सहयोग दिया। गीत गोविंद, राधा-कृष्ण व रामायण पर आधारित नृत्य प्रस्तुत किए।
- कथकली को गौरव प्रदान कराने में कुर्ग की तीन बहनों-सीता, चित्रा व लता पूविआह का सहयोग भी स्मरणीय है।
- भरतनाट्यम, ओडिसी व कुचिपुड़ी नृत्य देवदासियों तथा व्यावसायिक नृत्यकारों द्वारा किया जाता है।
- भरतनाट्यम व कथकली नृत्यों के एक उल्लेखनीय कलाकार रामगोपाल हैं। उन्होंने कत्थक का भी अध्ययन किया। 'भरतनाट्यम के आधार पर नृत्यनाटिका 'नटनाम अदिनार' (शिव का नृत्य), गरुड़ नृत्य, सांध्य नृत्य आदि उनकी प्रमुख प्रस्तुतियाँ हैं। उनकी 'The legend of the Tajmahal' तथा 'The rajput scranude of love' ने उन्हें प्रसिद्धि के शिखर पर पहुँचाया।

अभ्यास प्रश्न

1. **मोहिनीअट्टम नृत्य मूलरूप से विकसित हुआ–**
   (a) आंध्र प्रदेश में (b) केरल में
   (c) तमिलनाडु में (d) उड़ीसा में
2. **'ककसाड' नृत्य से संबंधित स्थान है–**
   (a) बस्तर (b) जैसलमेर
   (c) सूनाबेड़ा (d) गुना
3. **सूची-I को सूची-II से सुमेलित कीजिए–**

सूची-I		सूची-II
A. पं. शिवकुमार शर्मा		1. हिन्दुस्तानी संगीत
B. पं. मल्लिकार्जुन मंसूर		2. वायलिन वादक
C. बी. आर. अंबेडकर		3. संतूर वादक
D. गोपालकृष्ण गोखले		4. सरोद वादक

	A	B	C	D
(a)	1	2	3	4
(b)	4	2	3	1
(c)	3	1	2	4
(d)	1	4	2	3

4. **'काडाम' लोकनृत्य का संबंध है–**
   (a) उराँव (b) संथाल
   (c) मालदा (d) उपर्युक्त में से कोई नहीं
5. **सुमेलित कीजिए–**

सूची-I (राज्य)	सूची-II (नृत्य)
A. असम	1. बाँस नृत्य
B. प. बंगाल	2. कीर्तन
C. गुजरात	3. गरबा
D. महाराष्ट्र	4. डिण्डी नृत्य

	A	B	C	D
(a)	2	1	3	4
(b)	3	2	1	4
(c)	2	4	3	1
(d)	1	2	3	4

6. सुमेलित कीजिए–

	सूची-I		सूची-II
A.	ए. एम. चकयार	1.	कुडिअत्तम नर्तक
B.	प्रतिमा रे	2.	उड़िया लेखिका
C.	खगेन महन्त	3.	असमिया लोकसंगीत
D.	कुमार पाशी	4.	उर्दू काव्य

	A	**B**	**C**	**D**
(a)	4	3	2	1
(b)	3	2	1	4
(c)	2	1	4	3
(d)	1	2	3	4

7. सुमेलित कीजिए–

	सूची-I		सूची-II
A.	कथकली	1.	केरल
B.	भरतनाट्यम	2.	आंध्र प्रदेश
C.	कुचिपुड़ी	3.	तमिलनाडु
D.	मणिपुरी	4.	आंध्र प्रदेश

	A	**B**	**C**	**D**
(a)	1	2	3	4
(b)	1	3	2	4
(c)	2	3	4	1
(d)	2	4	3	1

8. सुमेलित कीजिए–

	सूची-I		सूची-II
A.	भरतनाट्यम	1.	लीला सैम्सन
B.	कुचिपुड़ी	2.	शिव रामन
C.	कथकली	3.	यामिनी कृष्णमूर्ति
D.	ओडिसी	4.	मिनाती दास

	A	**B**	**C**	**D**
(a)	1	2	3	4
(b)	2	3	4	1
(c)	2	4	1	3
(d)	2	1	3	4

9. ब्रह्माण्ड की लय का सृजनकर्ता कहा जाता है–

(a) जगन्नाथ (b) सरस्वती जी

(c) ब्रह्मा (d) शिव

10. **कूट बनाइये–**

1.	कुचिपुड़ी	A.	मणिपुर
2.	कथकली	B.	आंध्र प्रदेश
3.	मणिपुरी	C.	केरल
4.	भरतनाट्यम	D.	तमिलनाडु

	1	2	3	4
(a)	A	B	C	D
(b)	C	B	D	A
(c)	B	C	A	D
(d)	C	B	A	D

11. **दक्षिण में रास को कहा जाता है–**

(a) हर्षम्　　(b) रासलीला

(c) लास्यम्　　(d) हल्लीसक

12. **निम्न में से कौन गरीबों की कथकली के नाम से जाना जाता है?**

(a) तिल्लाना　　(b) कृष्णकुटटी

(c) शब्दम्　　(d) ओटम तुलल

13. **निम्न में से चोलाम ताण्डव नृत्य का प्रकार है–**

(a) माधवन　　(b) जातिस्वरम्

(c) अल्लारिपु　　(d) खरताल नृत्य

14. **युद्ध संबंधी ताण्डव है–**

(a) जगोई ताण्डव　　(b) खुबक ताण्डव नृत्य

(c) ड्रम ताण्डव नृत्य　　(d) थांगय ताण्डव नृत्य

15. **निम्न को सुमेलित करें–**

(a)	लांगी नृत्य	1.	उड़ीसा
(b)	मुद्रिका नृत्य	2.	आंध्र प्रदेश
(c)	उन्डरिया नृत्य	3.	मध्य प्रदेश
(d)	मुन्दड़ी नृत्य	4.	छत्तीसगढ़

कूट:

	A	B	C	D
(a)	2	3	1	4
(b)	1	3	2	4
(c)	3	1	2	4
(d)	3	4	1	2

16. सैला व सुआ नृत्य मध्य प्रदेश की जनजाति द्वारा किया जाता है–

(a) गोंड (b) बिंझल

(c) उराँव (d) बैगा

17. सत्य कथन का चयन कीजिए–

1. मोहिनी रूप भगवान विष्णु द्वारा धारण किया गया।
2. मोहिनी रूप के द्वारा भगवान विष्णु ने देवताओं की सहायता की।
3. मोहिनीअट्टम नृत्य कला अब समाप्त हो चुकी है।
4. मोहिनी रूप में भगवान विष्णु ने यह सागर तट पर किया था।

कूट:

(a) 1, 2 (b) 1, 2, 4

(c) 4, 3 (d) सभी सत्य हैं

18. 'गीरीचा' नृत्य है–

(a) गुजरात प्रांत का लोकप्रिय नृत्य।

(b) राजस्थान का परम्परागत लोकप्रिय नृत्य।

(c) महाराष्ट्र के किसानों का धार्मिक लोकनृत्य।

(d) विरह की वेदना का भाव नृत्य।

19. असंगत का चयन करिये–

	शास्त्रीय नृत्य	**नर्तक/नर्तकी**
(a)	भरतनाट्यम	सोनल मानसिंह
(b)	मोहिनीअट्टम	के. कल्याणी अम्मा
(c)	ओडिसी	चिन्ता कृष्णमूर्ति
(d)	मणिपुरी	थाम्बल यामा

20. 'बिहू नृत्य' प्रसिद्ध लोकनृत्य है–

(a) मणिपुर का (b) बिहार का

(c) छत्तीसगढ़ का (d) पूर्वोत्तर भारत, असम का

21. सुमेलित करें–

1.	बिहार	(A)	जैता
2.	राजस्थान	(B)	जात्रा
3.	उत्तर प्रदेश	(C)	जिन्दाद तेराताली
4.	मध्य प्रदेश	(D)	बिल्मा

	1	**2**	**3**	**4**
(a)	B	C	A	D
(b)	B	D	A	C
(c)	A	D	C	B
(d)	C	A	D	B

22. थायम्बका-अठ कितनी तालों से आरंभ होता है?

(a) 150 तालों से (b) 50 तालों से

(c) 250 तालों से (d) 64 तालों से

23. गीदड़ नृत्य का संबंध है–

(a) मध्य प्रदेश से (b) मणिपुर से

(c) असम से (d) राजस्थान से

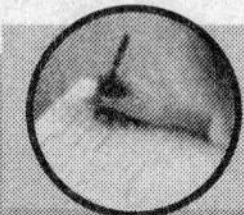

उत्तरमाला

1. (b)	**2.** (a)	**3.** (c)	**4.** (a)	**5.** (d)	**6.** (d)	**7.** (b)	**8.** (a)
9. (d)	**10.** (c)	**11.** (d)	**12.** (d)	**13.** (d)	**14.** (d)	**15.** (c)	**16.** (d)
17. (c)	**18.** (c)	**19.** (c)	**20.** (d)	**21.** (d)	**22.** (d)	**23.** (d)	

❑❑❑

भारतीय संगीत कला

प्रमुख बिन्दु

- ❖ उद्भव एवं विकास
- ❖ शास्त्रीय संगीत
- ❖ प्रमुख संगीत शैलियाँ एवं गायक
- ❖ सुगम संगीत
- ❖ संगीत शब्दावली
- ❖ भारत के प्रमुख सुर साधक
- ❖ अभ्यास प्रश्न
- ❖ भारत में संगीत परम्परा
- ❖ विभिन्न गायन शैलियाँ
- ❖ संगीत शास्त्र के प्रमुख ग्रंथ एवं रचनाकार
- ❖ लोक गीत
- ❖ प्रमुख वाद्य यंत्रों की उत्पत्ति और विकास
- ❖ अध्याय सार-संचिका

उद्भव एवं विकास

जब स्वर और लय व्यवस्थित रूप धारण करते हैं तो एक कला का प्रादुर्भाव होता है, जिसे संगीत कहते हैं। कुछ विद्वानों के अनुसार, भारतीय संगीत की उत्पत्ति वेदों से हुई है। यही कारण है कि प्राचीनकाल से ही गन्धर्व वेद को संगीत का पर्याय माना जाता रहा है। ऋग्वेद में संगीत संबंधी वाद्य यंत्रों, यथा-मृदंग, वीणा, डमरू आदि का उल्लेख मिलता है। सामवेद की रचना का तो मुख्य आधार ही संगीत है तथा सामवेद में भी तरह-तरह के संगीत वाद्यों का विवरण मिलता है। कुछ विद्वानों के अनुसार 'ॐ' शब्द संगीत का जनक है। एक किंवदंती के अनुसार, संगीत आरंभ में ब्रह्माजी से भगवान विष्णु को प्राप्त हुआ और शिवजी से यह कला सरस्वती को मिली, जिसे संगीत की अधिष्ठात्री कहा जाता है। सरस्वती जी से यह विद्या नारद को मिली और बाद में इस कला का पृथ्वी पर प्रचार हुआ तथा महर्षि नारद ने ही लोगों को संगीत की विद्या सिखाई। संगीत की दुनिया के प्रारंभिक उदाहरण ऋग्वेद और सामवेद के गीत थे। 500 ई.पू. के प्रसिद्ध वैयाकरण पाणिनी ने अपनी कृति 'अष्टाध्यायी' में संगीत के बारे में सर्वप्रथम उदाहरण दिया है। 'ऋक्तातिशाख्य' (400 ई.पू.) में सर्वप्रथम संगीत के सिद्धान्तों का प्रतिपादन किया गया है। 'संगीत दर्पण' लेखक पं. दामोदर के मतानुसार संगीत की उत्पत्ति ब्रह्माजी से हुई उन्होंने लिखा-''दुषिणोत यदन्विष्ट प्रयुक्त भरने न च महादेवस्य पुरतस्यन्मार्गाख्य विमुक्यदम्'' अर्थात् ब्रह्माजी ने जिस संगीत को धोकर निकाला, भरत मुनि ने महादेवजी के सामने जिसका प्रयोग किया तथा जो मुक्तिदायक है, वह मार्ग संगीत कहलाता है। 'संगीत रत्नाकर' के अनुसार ''गायन, नृत्य तथा वाद्य के संयोग को ही संगीत कहा जाता है।'' भरत मुनि के 'नाट्यशास्त्र' में भारतीय संगीत से संबंधित संपूर्ण जानकारी प्राप्त होती है। ऐसा माना जाता है कि संगीत का पैमाना ललित कला (सौंदर्यशास्त्र) ताल, सुर अथवा लय एवं अंक (ये सभी सामवेद में निहित हैं) के सम्मिश्रण से निर्मित हुआ है। संगीत कला के सात स्वर हैं-षड्ज, ऋषभ, गांधार, मध्यम, पंचम, धैवत, निषाद। संक्षेप में इन्हें सा, रे, गा, मा, प, ध, नी अथवा सप्तक कहा जाता है। ये 22 श्रुतियों में विभक्त है। भारतीय संगीत में राग स्वर की मधुरिमा का आधार-स्थल है।

राग से तात्पर्य है-प्रेम, उत्तेजना अथवा उत्कंठा भाव। पाश्चात्य संगीत की तरह भारतीय संगीत क्षेत्र की कोई सीमा नहीं है। यहाँ विभिन्न प्रकार के स्वर अथवा लय पाई जाती हैं।

भारत में संगीत परम्परा

भारतीय संगीत का इतिहास अत्यधिक प्राचीन है। कुछ धार्मिक विद्वान आदि देव शंकर को संगीत का सृष्टिकर्ता मानते हैं। उनके अनुसार, शिवजी ने पार्वती जी को शयनमुद्रा में देखकर उनके अंग-प्रत्यंगों के आधार पर रुद्रवीणा बनाई और अपने पाँच मुखों से पाँच राग प्रस्फुटित किए। तत्पश्चात् पार्वती जी ने छठे राग की अपने श्रीमुख से उत्पत्ति की। शिवजी ने पूर्व, पश्चिम, उत्तर, दक्षिण और आकाशेन्मुख से क्रमशः भैरव, हिंडोल, मेघ, दीपक और श्री राग प्रकट किए तथा पार्वती जी ने कौशिक राग की उत्पत्ति की। अन्य विद्वान संगीत की उत्पत्ति पशु-पक्षियों से मानते हैं। भारतीय संगीत के संपूर्ण इतिहास को निम्न खंडों में विभक्त किया जा सकता है-

प्राचीन काल (आदिकाल से 800 ई. तक)

वैदिक काल : इस काल का प्रारंभ आदिकाल से 1000 ई.पू. तक माना जाता है। भारतीय संगीत का सूत्रपात वैदिक काल से ही हुआ माना जाता है। इन वेदों के सभी मंत्र गेय हैं, किंतु 'सामवेद' तो पूर्णतया संगीतमय है। मंद्र, मध्य और तार-इन तीनों स्वर-स्थानों का प्रयोग वेदकालीन मान्यताओं पर आधारित है। वेदकालीन स्वर-स्थानों के नाम हैं-उदात्त, अनुदात्त तथा स्वरित। व्याकरणार्थ पाणिनी ने इन स्वर-स्थानों की व्याख्या की है।

पुराणों और महाकाव्यों का काल : महाकाव्यों के युग में संगीत विद्या का पर्याप्त विकास हो चुका था। संगीत विद्या समस्त लोकरुचि का विषय बन गई थी। तत्कालीन समाज में संगीत एक लोकप्रिय कला के रूप में सम्मानित हो चुका था। 'रामायण' तथा 'महाभारत', इन दोनों ग्रंथों की राम-रावण तथा कौरव-पाण्डवों की पुरातन कथा को मौखिक रूप से सुरक्षित रखने और उसको समाज में प्रचारित करने का एकमात्र कार्य तत्कालीन कुशीलवों (नट, नर्तक, गायकों) ने किया था। महान ज्ञानी लंकेश्वर रावण स्वयमेव संगीत का प्रकांड विद्वान था। वेदपाठ की सस्वर पद्धति का प्रचलन सर्वप्रथम उसी ने किया था। उसकी पत्नी मंदोदरी संगीत विद्या की विदुषी थी। रावण की राजसभा में अनेक गायनाचार्य और नाट्यनिपुण नर्तकियाँ थीं। उसकी संगीतशाला भेरी, मृदंग, शंख, मुरज (पखावज) और पर्णव आदि अनेक वाद्ययंत्रों से सुसज्जित थी। रावण के नाम से उपलब्ध 'रावणीयम्' संगीत विषयक ग्रंथ संभवतः मूल ग्रंथ का संस्करण या रूपांतर है।

महामुनि वाल्मीकि संगीत विद्या में पारंगत थे। 'रामायण' की कथा का उन्होंने सर्वप्रथम लव-कुश द्वारा (तंत्री) वीणा वादन के साथ गायन कराया था। उन्हीं के द्वारा रामायणी कथा सर्वप्रथम लोकगोचर हुईं। 'रामायण' में अन्य ललित कलाओं के साथ संगीत विषयक बहुविध चर्चाएँ हुई हैं। 'सुंदरकांड' में विपंची वीणा और 'किष्किन्धाकांड' में किन्नरी वीणा का उल्लेख हुआ है। महाभारतयुगीन समाज की संगीतप्रियता के पर्याप्त प्रमाण उपलब्ध हैं। श्रीकृष्ण चतु:षष्टि कलाओं के अधिष्ठाता थे। उनके द्वारा ब्रजभूमि में रची गई रास-लीलाओं से भारतीय संगीत नृत्य की समृद्ध परम्परा का उदय हुआ। 'श्रीमद्भागवत्' की 'रास पंचाध्यायी' और 'गोपीगीत' श्रीकृष्ण तथा गोपियों की नृत्य-संगीत कलाओं की निपुणता के परिचायक और भारतीय संगीत तथा नाट्यकला के इतिहास के आधारस्तंभ हैं। 'महाभारत' के प्रमुख पात्र अर्जुन के संबंध में प्रसिद्ध है कि एक वर्ष के अज्ञातवास के समय विराट् राजा के दरबार में रहकर छद्म नाम से उसने राजपुत्री उत्तरा को संगीत की शिक्षा दी थी। वह वीणावादन में सिद्धहस्त था। वेणुवादन में श्रीकृष्ण और वीणावादन में अर्जुन को एकमात्र अधिकारी माना गया है। महाभारतकालीन संगीत में शंख भी प्रमुख वादन के रूप में प्रचलित था। 'महाभारत' में चार उपवेदों में 'गन्धर्व वेद' का भी उल्लेख हुआ है। उसमें लिखा गया है कि महामुनि नारद गन्धर्व विद्या के प्रथम पारंगत विद्वान हुए। उन्हें इस विद्या का ज्ञान ब्रह्मा से प्राप्त हुआ था।

पूर्व मध्यकाल

यह अवधि 800 ई.पू. से 1300 ई. तक की मानी जाती है। इस काल तक संगीत राज-दरबारों में प्रवेश कर गया था, जिससे संगीत की अच्छी उन्नति हुई। इस काल में निम्न प्रमुख ग्रंथों की रचना हुई-

- **नारद कृत 'संगीत मकरंद' :** नारद कृत 'संगीत मकरंद' राग-रागिनी पद्धति का आधार ग्रंथ कहा जा सकता है। रागों का स्त्री, पुरुष और नपुंसक वर्गों में विभाजन सर्वप्रथम इसी पुस्तक में प्राप्त होता है। इसके अतिरिक्त नारद ने कंपन, गति और समय के आधार पर भी रागों को वर्गीकृत किया है।

- **जयदेव कृत 'गीत गोविंद'** : 12वीं शताब्दी में पं. जयदेव द्वारा लिखित इस पुस्तक में स्वरलिपि रहित संस्कृत में गीतों का संग्रह है।
- **शारंगदेव कृत 'संगीत रत्नाकर'** : पं. शारंगदेव रचित 12वीं शताब्दी का यह ग्रंथ उत्तरी एवं दक्षिणी, दोनों संगीत पद्धतियों का आधार ग्रंथ माना जाता है। इसमें लेखक ने संवादी स्वरों का अंतर 8 तथा 12 श्रुतियाँ मानी हैं तथा गांधार ग्राम का विस्तारपूर्वक वर्णन किया गया है।

मध्य काल

यह काल 1300 ई. से 1800 ई. तक का माना जाता है। इस काल में अधिकांश मुस्लिम राजा हुए, जिन्होंने संगीतज्ञों को प्रोत्साहन देकर काफी विकसित किया। इस्लाम के अधिकांश रूढ़िवादी समर्थक संगीत के विरोधी थे। उनकी दृष्टि में संगीत विलासमय जीवन का एक साधन था। भारतवर्ष में मुस्लिम शासन की स्थापना के बाद कुछ मुस्लिम शासक संगीत के प्रति उदासीन थे, कुछ सुल्तानों ने इसके प्रति अपनी अभिरुचि दिखाई। इसके विकास का एकमात्र श्रेय सूफी संतों को है। उनके अनुसार, साधक संगीत सुनकर भावाविष्टावस्था को प्राप्त होता है, इससे प्रेम भावना उत्पन्न होती है। अतः सूफी संतों ने संगीत के औचित्य को सिद्ध किया। शेख मुइनुद्दीन चिश्ती के अनुसार, संगीत आत्मा के लिए पौष्टिक आहार है। रूढ़िवादी इस्लाम में संगीत को निर्दिष्ट माना गया है। जब उलेमा ने इसका विरोध किया तो सुल्तान इल्तुतमिश ने संगीत पर प्रतिबंध लगाने का आदेश निकाला। इल्तुतमिश का उत्तराधिकारी रुकनुद्दीन फिरोजशाह अपना अधिकांश समय संगीतज्ञों तथा नर्तकियों के बीच व्यतीत करता था। सुल्ताना रजिया को भी संगीत से प्रेम था। उसने अनेक संगीतज्ञों को राज्याश्रय प्रदान किया। डॉ. एम. डब्ल्यू. मिर्जा के अनुसार बलबन संगीत का प्रेमी था। उसने भारतीय संगीत की प्रशंसा की तथा उनके संगीतकारों को संरक्षण प्रदान किया। बलबन ने स्वयं भारतीय संगीत की बड़ी प्रशंसा की है। इल्बरी वंश में सबसे अधिक संगीत का प्रेमी सुल्तान कैकुबाद था। उसका दरबार सदैव संगीतकारों से भरा रहता था। बसी ने लिखा है कि कैकुबाद ने संगीतकारों एवं गजल गायकों को इतनी अधिक संख्या में संरक्षण दिया था कि राजधानी की गलियाँ तथा सड़कें इनसे भरी हुई थीं। कैकुबाद के पिता बुगरा खां भी संगीत के प्रेमी थे।

सुल्तान जलालुद्दीन खिलजी चिश्ती सम्प्रदाय के सूफी संत निजामुद्दीन औलिया से विशेष रूप से प्रभावित था। उसके शासनकाल में संगीत समारोह का आयोजन होता था। अतः परिस्थितियों ने संगीत के प्रति उसकी रुचि पैदा की। अलाउद्दीन खिलजी एक महान संगीत प्रेमी तथा संगीतकारों के लिए आश्रयदाता था। दक्षिण भारत विजय के बाद गोपाल नायक को उसने राज दरबार में आश्रय प्रदान किया। अमीर खुसरो उसके दरबार का महान कवि तथा संगीतज्ञ था। राजधानी में प्रायः सूफी संतों द्वारा संगीत समारोहों का आयोजन किया जाता था। दिल्ली के सुल्तानों में गयासुद्दीन तुगलक का रूढ़िवादी दृष्टिकोण संगीत के लिए घातक सिद्ध हुआ। इस्लाम में संगीत को विलास का साधन माना गया है। अतः उसने संगीत पर प्रतिबंध लगा दिया। शेख निजामुद्दीन औलिया पर मुकद्मा चलाया, परंतु अधिकांश न्यायाधीशों ने न्याय शेख के पक्ष में दिया। बंगाल अभियान से लौटते समय उसने राजकुमार उलूग खां को आदेश दिया कि शेख को राजधानी से निष्कासित कर दिया जाए, ताकि संगीत की आवाज उसके कानों तक न पहुँच सके। इससे स्पष्ट है कि संगीत के प्रति उसके हृदय में घृणा थी। यद्यपि मुहम्मद बिन तुगलक संगीत का प्रेमी था, परंतु उसके शासनकाल में संगीत की विशेष उन्नति नहीं हुई। इब्नबतूता ने लिखा है कि तालाब के जल की भाँति संगीत के विकास के लिए विस्तृत सीमा न थी। रूढ़िवादी फिरोज तुगलक के समय में उसकी उन्नति तथा विकास के लिए कोई संभावना ही नहीं थी। लोदी वंश के अधिकांश शासकों की रुचि संगीत में नहीं थी। उन्होंने संगीत के विकास के लिए कोई प्रोत्साहन नहीं दिया।

मुगल काल

अकबर : इनके शासनकाल में संगीत की बहुत उन्नति हुई। इस युग को 'संगीत का स्वर्ण' युग कहा जाता है। 'आईने अकबरी' के अनुसार, अकबर के दरबार में छत्तीस संगीतज्ञ थे। इनमें से मालवा के भूतपूर्व राजा बाजबहादुर भी थे, इन्हें मनसबदार एक हजार बनाया गया था। वह अद्वितीय संगीतज्ञ था। इसके साथ अन्यानेक संगीतज्ञ इनके राजदरबार में शोभायमान थे, यथा–नायक बैजू, तानतरंग, गोपाल, तानसेन आदि। इनमें तानसेन मुख्य था। तानसेन ने अनेक रागों की रचना की, जैसे–दरबार कान्हाड़ा, मियाँ मल्हार, मियाँ की तोड़ी, मियाँ की सारंग आदि। इन्होंने बहुत से ध्रुपदों की रचना की। अकबर के समकालीन ही अनेक

भक्त कवि (तुलसीदास, मीरा आदि) हुए, जिन्होंने संगीत का काफी प्रचार-प्रसार किया। अबुल फजल के मतानुसार, अकबर को संगीत विद्या का इतना अधिक ज्ञान था, जितना कि कुशल गवैये को भी नहीं होगा। वह नगाड़ा बजाने में अत्यंत कुशल था। अकबर ने लाल कुलवंत या मियाँ लाल के निरीक्षण में हिन्दी का अध्ययन किया और हिन्दी भाषा के उच्चारण और मात्राओं का पूर्ण ज्ञान प्राप्त किया। 'आइने-अकबरी' से तत्कालीन दरबारी संगीत कला प्रदर्शन के दैनिक कार्यक्रम का पता चलता है। मियाँ तानसेन अकबर के काल का सर्वश्रेष्ठ संगीतज्ञ था। तानसेन सूरदास का घनिष्ठ मित्र था। उसने राजा मान सिंह द्वारा ग्वालियर में स्थापित संगीत विद्यालय में संगीत की शिक्षा प्राप्त की। 1589 में 34 वर्ष की अवस्था में उसकी मृत्यु हो गई। तानसेन ने कई नए राग बनाए। अन्य प्रसिद्ध संगीतज्ञों में बाबा रामदास, बैजू बावरा और सूरदास थे। अकबर के समय में भिन्न प्रकार की संगीत-शैलियों ने एक होकर एक नई भारतीय संगीत शैली को जन्म दिया। इसी काल में पुण्डरिक विट्ठल ने चार संगीत ग्रंथों, यथा-'राग माला', 'राग मंजरी', 'सदाग चन्द्रोदय' तथा 'नर्तन' की रचना की।

जहांगीर : अपने पिता की तरह जहांगीर को भी संगीत सुनने का बड़ा शौक था। उसने अपने दरबार में बहुत से संगीतज्ञ रखे हुए थे। विलियम फिंच की मानें तो कई सौ गवैये और नाचने वालियाँ दिन-रात हाजिरी में रहती थीं, किंतु उनकी बारी सातवें दिन आती थी ताकि जब बादशाह या उसकी पत्नियां उन्हें अपने महल में नाचने या गाने के लिए बुलाएँ तो वे तैयार रहें और बादशाह उन्हें योग्यतानुसार वजीफे देता था। जहांगीर ने स्वयं कई मजेदार गीत हिन्दी में लिखे। इस समय के प्रमुख गवैये जगन्नाथ और जनार्दन भट्ट थे। जहांगीर के दरबार में विलास खां, छत्तर खां, मक्खू आदि संगीतज्ञ थे। इन्हीं के शासनकाल में पं. सोमनाथ कृत 'राग विबोध' तथा पं. दामोदर कृत 'संगीत दर्पण' लिखा गया।

शाहजहां : शाहजहां भी संगीत प्रेमी था। सायंकाल वह गवैयों के सर्वश्रेष्ठ गाने सुना करता था। दीवाने-खास में मौखिक और वाद्य संगीत प्रतिदिन होता था। किसी-किसी अवसर पर स्वयं शाहजहां संगीत में भाग लिया करता था। शाहजहां संगीतज्ञों का बड़ा आदर करता था। रामदास और महापात्र शाहजहां के दरबार के मुख्य गवैये थे। हैदर खां, लाल खां और जगन्नाथ के नाम भी उल्लेखनीय हैं। एक बार जगन्नाथ के गाने से शाहजहां इतना प्रसन्न हुआ कि उसने सोने से उसको तोला और वह सोना उसे इनाम के तौर पर दे दिया।

औरंगजेब : अपने राज्यकाल के पहले 10 वर्षों में औरंगजेब संगीत का शौकीन था और उसके दरबार में बहुत-से गवैये थे। साकी मुस्तैद खां ने कहा है कि मधुर कण्ठ वाले संगीतज्ञ और सुंदर वाद्य बजाने वाले सिंहासन को घेरे रहते थे और अपने राज के पहले कुछ वर्षों में वह उनका संगीत सुना करता था, किंतु जैसे-जैसे औरंगजेब की आयु बढ़ने लगी, वह संगीत से विमुख हो गया। इसमें आश्चर्य नहीं कि उसने दरबारी संगीतज्ञों को निकाल बाहर किया हो। लोग अपने घरों में गा-बजा सकते थे। किंवदंती है कि औरंगजेब की आज्ञा से दरबारी गवैयों को बड़ी हानि पहुँची। इसके लिए उन्होंने एक योजना बनाई। औरंगजेब प्रत्येक जुमे (शुक्रवार) के दिन मस्जिद जाता था। दरबारी गवैयों ने जुमे के दिन जब औरंगजेब को मस्जिद में जाना था कि एक जनाज़ा निकला। जब औरंगजेब ने इन लोगों का रोना-पीटना सुना तो इसका कारण पूछा। उसे बताया गया कि आपकी आज्ञा से संगीत की मौत हो गई और वे उसे दफनाने जा रहे हैं। इसके उत्तर में औरंगजेब ने कहा कि ''इसकी रूह के लिए फातिहा पढ़ें और ध्यान से गहरा दफन करना।'' सम्राट् की आज्ञा के विरुद्ध भी संगीत की वृद्धि होती रही, क्योंकि संगीत शाही परिवार, सामंतों और दरबारियों के जीवन का एक अंग बन चुका था। इतने विरोध के पश्चात् भी इसके शासन काल में कुछ ग्रंथों की रचना हुई, यथा-'चतुर्दण्डि प्रकाशिक', 'अनूप संगीत रत्नाकार', 'अनूप विलास' और 'अनूपांकुश'।

आधुनिक काल

18वीं शताब्दी से आज तक का समय आधुनिक काल के अंतर्गत आता है। इसे पुनः दो भागों में बाँटा जा सकता है-

1800 से 1900 तक-18वीं शताब्दी में संगीत और नृत्य की भी उपेक्षा की जाने लगी थी। इस शताब्दी के प्रारंभ में मुहम्मदशाह रंगीला (1719-1748) अंतिम मुगल सम्राट् था, जिसके दरबार में संगीत को प्रोत्साहन व राज्याश्रय प्राप्त हुआ। इनकी राजसभा में श्रेष्ठतम संगीतज्ञ थे, जिनमें अदारंग और सदारंग प्रमुख थे। वे वीणा वादन के लिए प्रख्यात थे। इन्होंने ही मुहम्मदशाह के नाम से अनेक बंदिशों की रचना की। इन्हीं दिनों शोरी ने हिन्दुस्तानी संगीत में 'टप्पे' का प्रचार किया। मुहम्मदशाह के शासनकाल में हिन्दू और फारसी संगीत शैलियों के सम्मिश्रण की सुमधुर ध्वनियों की रचना हुई, परंतु उनमें अधिकतर शृंगारिक थीं। मुगल साम्राज्य के पतन के पश्चात् इस कला का ह्रास हो गया और अवशिष्ट कुशल संगीतज्ञ देशी रियासतों में राज्याश्रय के लिए चले गए। धीरे-धीरे संगीत ऐसे वर्ग के हाथ में चला गया, जिसने सांसारिक आमोद-प्रमोद और

विलासिता को साधन बना लिया था। जब अंग्रेजों का आधिपत्य स्थापित हुआ तो वे दीर्घकाल तक भारतीय संगीत और नृत्य को समझने में असमर्थ थे। वे इसे उपेक्षा और उदासीनता से देखते रहे, परंतु कतिपय भारतीय संस्कृति के प्रशंसक अंग्रेजों ने इसके तत्वों को समझा। सर विलियम्स जोन्स, विलियम ओसले, कप्तान डे और विलर्ड ने भारतीय संगीत और नृत्य की विशेषताओं को पहचान लिया। इसी बीच सन् 1813 में पटना के रईस मुहम्मद रजा ने संगीत पर 'नगमाते आसफी' की रचना की। इसमें इन्होंने तत्कालीन राग-रागिनी पद्धति के चारों मतों का खंडन किया और अपना एक नवीन मत 6 राग 36 रागिनियों का बनाया। इसी समय राजस्थान में संगीत प्रेमी जयपुर के महाराज प्रताप सिंह ने एक संगीत सम्मेलन आयोजित किया, जिसके परिणामस्वरूप 'संगीत सागर' नामक ग्रंथ लिखा गया। सन् 1842 में कृष्णानंद व्यास ने कलकत्ता से 'संगीत कल्पद्रुम' नामक एक पुस्तक प्रकाशित कराई, जिसमें हिन्दुस्तानी गीतों का सुंदर संकलन किया गया था। इसमें इन्होंने स्वरलिपि रहित अनेक ध्रुपद और खयाल का संग्रह किया।

दक्षिण भारत में संगीत का अस्तित्व यथावत् रहा। तंजौर के राजा तुलजाजी (1763-1871) की राजसभा में संगीतज्ञों का खूब आदर-सत्कार होता था। स्वयं निपुण संगीतज्ञ होने के कारण वे संगीतज्ञों के उदार आश्रयदाता थे। तुलजाजी ने स्वयं संगीत पर 'संगीत सारामृत' नामक प्रसिद्ध ग्रंथ की भी रचना की। इस प्रकार अब उत्तरी एवं दक्षिणी संगीत प्रणालियों का एक संश्लेषणात्मक वातावरण मिला। इसी 18वीं शताब्दी में श्रीनिवास ने भी संगीत पर 'रागतत्व नवबोध' नामक सुंदर ग्रंथ लिखा। दक्षिण के प्रसिद्ध संगीतज्ञ त्यागराज (1800-1850) तंजौर के ही रहने वाले थे। इनके भजनों व कीर्तनों का प्रचार दक्षिण भारत में अत्यधिक रहा। सुदूर दक्षिण के कोचीन और त्रावणकोर के नरेश भी बड़े संगीतप्रिय रहे है। वहाँ के पेरूमल महाराज की संगीत रचनाएँ आज भी संस्कृत, तमिल, तेलुगू, मलयालम, मराठी और हिन्दुस्तानी में उपलब्ध हैं। 19वीं शताब्दी के उत्तरार्द्ध में भारतीय भाषाओं के साहित्य में नाटकों की बाढ़-सी आ गई और रंगमंच लोकप्रिय होने लगा। फलतः संगीत और नृत्य की तरफ लोगों का ध्यान आकृष्ट हुआ। सर्वप्रथम बंगाल में इस दिशा में प्रगति हुई। राजा सुरेन्द्रमोहन की 'यूनिवर्सल हिस्ट्री ऑफ म्यूजिक' नामक पुस्तक उल्लेखनीय है इसमें इन्होंने राग-रागिनी पद्धति स्वीकार की। महाराजा जितेन्द्रमोहन ठाकुर और कवीन्द्र रवीन्द्र के बन्धु ज्योतिन्द्रनाथ ठाकुर ने संगीत के पुनरुत्थान में अत्यधिक योग दिया। धार्मिक क्रियाविधियों में भी संगीत को उचित स्थान दिया जाने लगा। राजा राममोहन राय और महर्षि देवेन्द्रनाथ ठाकुर के नेतृत्व में ब्रह्म समाज ने सारी धार्मिक विधियों में संगीत को अपनाया। रवीन्द्रनाथ ठाकुर ने तो अपने गीतों से बांग्ला संगीत में इतना अधिक परिवर्तन ला दिया कि वह 'रवीन्द्र संगीत' के नाम से ही प्रसिद्ध हो चला है।

1990 से आज तक : 20वीं शताब्दी के प्रारंभ से ही संगीत की ओर विशेष ध्यान दिया जाने लगा। संगीत के पुनर्जीवन और प्रचार के लिए अनेक स्थानों में 'संगीत समाज' या 'संगीत मंडल' प्रतिष्ठित किए गए। इनमें से कलकत्ता का 'संगीत समाज' और बंबई का 'ज्ञानोत्तेजक मंडल' और लाहौर का 'गन्धर्व महाविद्यालय मण्डल' विशेष उल्लेखनीय है। धीरे-धीरे पूना, बड़ौदा, पटना, लखनऊ, ग्वालियर, इन्दौर आदि प्रमुख नगरों में गायन व वादन की शिक्षा के लिए और सांस्कृतिक कार्यक्रम में संगीत के उपयोग हेतु शालाएँ, समितियां, विद्यापीठ आदि स्थापित किए गए। ऐसे विद्यालयों में संगीत को पुनर्जीवित करने का श्रेय विष्णु दिगंबर पलुस्कर और भातखंडे को है। भातखंडे ने सर्वप्रथम सन् 1915 में महाराजा बड़ौदा की अध्यक्षता में 'अखिल भारतीय संगीत सम्मेलन' आयोजित किया। सन् 1919 में 'अखिल भारतीय संगीत परिषद्' की स्थापना की गई। कतिपय वर्गों में पूर्व बंगाल के संगीतज्ञों ने परम्परागत भारतीय संगीत के क्षेत्र में, उसके आधारभूत सिद्धान्तों का परित्याग किए बिना, पाश्चात्य संगीत विज्ञान और प्रणालियों को अपनाने का प्रयास किया है, जिससे गायन और वादन में सुंदर समन्वय उत्पन्न हो सके। आजकल शिक्षा के साथ-साथ जनता की अभिरुचि परिवर्तित हो गई है और संगीत को विद्यालयों तथा विश्वविद्यालयों के पाठ्यक्रमों में स्थान प्राप्त हो गया है एवं शिक्षित वर्ग ने इसे अपना लिया है। भातखंडे के प्रयत्नों से बड़ौदा और लखनऊ के संगीत विद्यालयों की स्थापना हुई। विष्णु दिगम्बर पलुस्कर ने भी भारतीय संगीत की प्रगति में महत्वपूर्ण योगदान दिया। उन्होंने संगीत के वादन अंग पर अधिक बल दिया। जिस प्रकार संगीत के मुख्य दो अंग हैं-क्रियात्मक और शास्त्र, उसी प्रकार पंडित दिगम्बर तथा भातखंडे एक ही उद्देश्य के लिए पथ-प्रदर्शक थे। इस प्रकार यह स्पष्ट है कि 20वीं सदी तक न केवल भारतीय संगीत को जीवित ही रखा गया, बल्कि उनकी उन्नति का भी प्रयत्न किया गया है। इस उद्देश्य की प्राप्ति हेतु स्वतंत्रता प्राप्ति के पश्चात् भारत सरकार ने केंद्रीय और प्रांतीय संगीत नाटक अकादमी स्थापित की, जहाँ उच्च संगीत शिक्षा के योग्य विद्यार्थियों को छात्रवृत्तियां भी दी जाती हैं। इस समय देशभर में अनेक संगीत संस्थाएँ कार्य कर रही हैं। इधर संगीत की बहुत-सी पुस्तकें शास्त्र और क्रियात्मक, दोनों पर लिखी गई हैं। संगीत की कुछ

मासिक पत्रिकाएँ, जैसे- 'संगीत कला विहार', संगीत गीतिका आदि भी प्रकाशित हो रही हैं। इन सबसे शास्त्रीय संगीत के साथ-साथ लोक संगीत तथा भजनों को भी काफी प्रोत्साहन मिला है।

शास्त्रीय संगीत

शास्त्रों के आधार पर प्रयुक्त संगीत 'शास्त्रीय संगीत' कहलाता है। प्रारंभ में एक ही प्रकार का शास्त्रीय संगीत प्रचलित था। बाद में इसका विकास दो धाराओं में हुआ-(क) हिन्दुस्तानी संगीत शैली या पद्धति तथा (ख) कर्नाटक संगीत शैली या पद्धति। हिन्दुस्तानी संगीत में संगीतवादक अलाप का तीव्रतापूर्वक अनुसरण करता है, जिसे 'जोद' कहा जाता है। इसके बाद यहाँ पुनः ताल नहीं होती है। पुनः जोद झाल का सफलतापूर्वक अनुवर्तन करता है। इसे पुनः ताल में विभक्त कर दिया जाता है जबकि कर्नाटक संगीत में अलापम तानम का अनुसरण होता है। निबन्ध (बन्द) संगीत वह संगीत है, जिसमें अर्थपूर्ण शब्द अथवा उपयुक्त सुरों के निश्चित ताल अथवा लय होते हैं। हिन्दुस्तानी संगीत एवं कर्नाटक संगीत भारतीय संगीत की प्रचलित धाराएँ हैं। आरंभ में संगीत की ये दोनों पद्धतियाँ भौगोलिक क्षेत्र की द्योतक थीं, परंतु वर्तमान में संगीत के दोनों स्वरूपों एवं क्षेत्रों में काफी परिवर्तन हो गया है। इतिहास की दृष्टि से हिन्दुस्तानी संगीत को 'उत्तरी भारत का संगीत' कहने में कोई आपत्ति नहीं है। उसके जन्म स्थान की बात करते हुए ऐसा कहना अनुचित न होगा, परंतु आधुनिक हिन्दुस्तानी संगीत का क्षेत्र इतना अधिक बढ़ गया है कि उसे हम केवल 'उत्तरी भारत का संगीत' कह सकते हैं।

चित्र 7.1: शास्त्रीय गायन करती गायिका

अलग पद्धतियाँ : अलग पद्धतियों का वर्णन करने से यह भ्रम नहीं होना चाहिए कि ये एक-दूसरे के बिल्कुल विपरीत है। सांस्कृतिक रूप से ये दोनों हमारी सांस्कृतिक आत्मा के दो अनिवार्य अंग हैं। कर्नाटक संगीत के बहुत-सी राग हमारे रागों से मिलते-जुलते हैं। हिन्दुस्तानी संगीत के स्वर लगाने का ढंग, साथ ही हिन्दुस्तानी संगीत में रागों का भाव प्रदर्शन उनसे कहीं अधिक व्यापक है और हिन्दुस्तानी संगीत अपने रागों का कर्नाटक संगीत से कहीं अधिक सूक्ष्म, भावुक और कलात्मक विश्लेषण भी करता है। कर्नाटक संगीत समय के साथ इतना प्रभावित नहीं हुआ, जितना हमारा हिन्दुस्तानी संगीत। इसी कारण शायद कर्नाटक संगीत में एक प्रकार की सभ्य कट्टरता है और वह इतना रोचक, भावुक और परिवर्तनशील नहीं रहा है, जितना अधिक हिन्दुस्तानी संगीत। हिन्दुस्तानी संगीत के सात शुद्ध स्वर हैं और पाँच विकृत स्वर। यह सब मिलाकर 12 स्वर होते हैं, जो 22 श्रुतियों से निकले हैं। इन श्रुतियों के बिना हम तीन सप्तकों की, जिनके नाम हैं-मंद्र, मध्य और तार, स्थापना नहीं कर सकते। कर्नाटक संगीत में भी हमारे संगीत की तरह राग होते हैं, मगर फिर भी हमारे रागों की व्याख्या उनके रागों की व्याख्या से बहुत कुछ अलग है। हिन्दुस्तानी संगीत में राग तीन प्रकार के होते हैं-संपूर्ण, षाडव आदि औड़व। इसके अतिरिक्त आधुनिक हिन्दुस्तानी संगीत में 10 थाट माने गए हैं। इन थाटों के नाम 10 विशेष रागों पर पड़े हैं, जिनके नाम हैं-यमन, बिलावल, खमाज, भैरव, पूर्वी, माखा, काफी, आसावरी, भैरवी और तोड़ी। इन्हीं 10 थाटों से रागों और उनके मिश्रित रूप निकले हैं। कर्नाटक संगीत को 20वीं सदी में पश्चिमी देशों में लोकप्रिय बनाने का श्रेय श्रीमती एम.एस. सुब्बालक्ष्मी को जाता है, जिन्होंने संगीत को शक्ति एवं लोकोपरक का माध्यम बनाकर लोगों को मंत्रमुग्ध कर दिया।

विभिन्न गायन शैलियाँ

1. हिन्दुस्तानी संगीत की गायन शैलियाँ

- **ध्रुपद :** यह प्राचीनतम संगीत रचना है, जो उत्तरी भारत में 15वीं, 16वीं शताब्दी में अस्तित्व में आई। इसका विकास तानसेन और स्वामी हरिदास (आंध्र प्रदेश के दार्शनिक संत) में पूर्णरूपेण परिलक्षित होता है। 16वीं शताब्दी (अकबर के समय) में यह चरमोत्कर्ष पर था। उस समय ध्रुपद के 4 स्कूल थे-(1) बागरवाणी, (2) कन्धारी, (3) नवहर तथा (4) कोबहर। ध्रुपद की प्रकृति गंभीर होती है तथा इसमें 4 तुक या भाग होते हैं-स्थायी, अंतरा, संचारी और अभोग। इसे 3 तालों (चार ताल, सूलताल, तेवरा) में गाया जाता है। इसकी संगति पखावज पर दी जाती है। इसमें तान बिल्कुल नहीं ली जाती है। ध्रुपद भक्ति तथा वीर रस के लिए उपयोगी है। यह ग्वालियर के प्रबुद्ध शासक राजा मान सिंह एवं मुगल सम्राट् अकबर का शासनकाल था। वर्तमान प्रसिद्ध ध्रुपद गायकों में डागर बन्धु, अभय नारायण मलिक, विदुर मलिक आदि प्रसिद्ध हैं।

- **धमार :** यह भगवान कृष्ण की क्रीड़ाओं या नाट्यलीला पर आधारित है। मुख्यत: यह रंगों के महान पर्व अथवा होली के त्योहार समय गाया जाता है।
- **खयाल :** खयाल उत्तरी भारत में प्रचलित एक सामान्य, किंतु संगीत कला का सर्वोच्च स्तर है। उक्त शब्द 'खयाल' फारसी भाषा से लिया गया है, जिसका शाब्दिक अर्थ है-विचार अथवा कल्पना। खयाल में कलाकार को अपनी कल्पना के साथ विस्तार करने की अधिक स्वतंत्रता रहती है, इसीलिए इसे 'खयाल' कहा गया है। यह श्रृंगार रस, करुण रस और वात्सल्य रस की अभिव्यक्ति के लिए उपयुक्त है। इस शैली में पखावज के स्थान पर तबले का उपयोग होता है। इसका जनक अमीर खुसरो (13वीं सदी) को माना जाता है। 13वीं सदी के अमीर खुसरो एवं इसके काफी समय बाद 15वीं शताब्दी ई. के जौनपुर के सुल्तान मुहम्मद शर्की ने इसे विस्तृत आधारफलक प्रदान किया। खयाल को कला की दुनिया में उच्चतम स्थान प्रदान करने का श्रेय 18वीं शती ई. के खयाल के महान मर्मज्ञ सदानंद नियामत खान सदारंग एवं उनके भतीजे अदारंग को दिया जाता है। खयाल की भाषा ब्रजभाषा, राजस्थानी, पंजाबी या हिन्दी होती है।
- **तराना :** यह कर्कश प्रकृति का राग है। इसमें कहीं भी अर्थपूर्ण शब्दों का प्रयोग नहीं होता। इसका प्रतिपाद्य विषय एक राग के भीतर लयबद्ध अथवा तालसुरबद्ध खंड के रूप में गुँथा (बुना) हुआ होता है। इसकी संगीतिका में कुछ अक्षर ध्वनियां हैं, जैसे-अधोबिन्दु, टोम, तराना, चलालि, जो तबला व सितार के स्पंद का स्मृत्याधार है। जो भी हो, इसमें श्रोता के मन में उल्लास की उत्तेजना उत्पन्न होती है। इस शैली का श्रीगणेश अमीर खुसरो ने किया था।
- **ठुमरी :** स्वरूप की दृष्टि से ठुमरी हल्की और प्राय: विषयग्रस्त है। इसका संबंध संभवत: राधा-कृष्ण भक्ति सम्प्रदाय से रहा है और कत्थक ने इसे सँवारा है। 19वीं शताब्दी में वाजिद अली शाह के जमाने में (जो अत्यधिक रसिक थे) ठुमरी बहुत लोकप्रिय हुई। ठुमरी को श्रृंगारिक भावनाओं के लिए उपयुक्त माना जाता है। इसमें गीत के बोलों को आलाप या तान में पिरोकर आकर्षक रूप में प्रस्तुत किया जाता है। ठुमरी प्राय: दीपचंदी या आद्यताल में गाई जाती है, किंतु कभी-कभी यह दादरा एवं कहरवा ताल में भी गाई जाती है। चंचल गति में गाई ठुमरी को 'बंदिश की ठुमरी' कहते हैं। इसे लखनऊ तथा बनारस में अधिक गाया जाता है।
- **दादरा :** यह शैली बहुत कुछ ठुमरी की तरह ही होती है। इसकी गति अपेक्षाकृत चंचल रहती है और इसके गीत प्राय: दादरा और कभी-कभी कहरवा में निबद्ध रहते हैं।
- **गजल :** ये विषयासक्त होने के कारण अत्यंत लोकप्रिय है। मिर्जा गालिब को 'गजलों का जनक' कहा जाता है। यह हिन्दुस्तानी संगीत में सर्वाधिक लोकप्रिय रूप है और इसने अर्थक्षम व्यवसाय का रूप धारण कर लिया है।

चित्र 7.2: प्रख्यात गजल गायिका बेगम अख्तर

2. कर्नाटक संगीत की गायन शैलियाँ

- **पाठम और जाबाली :** 'पाठम' और 'जाबाली' कर्नाटक संगीत की प्रमुख शैलियाँ हैं। यद्यपि संरचना की दृष्टि से दोनों में आपातत: पर्याप्त वैभिन्य है, किंतु दोनों में एकरूप उभयनिष्ठ है। इनके विषय एवं संगीत कृतिस की अपेक्षा अत्यधिक गेयात्मक हैं। साधारणत: ये प्रेम प्रधान गीत हैं। दोनों नृत्य के रूप में प्रयुक्त किए जाते हैं। 'पाठम' मध्यम प्रकृति का राग है। यह कलात्मकता में आयातित अथवा विदेशी और रूपात्मक है। इस कोटि के महानतम गीत 12वीं सदी के संस्कृत के प्रसिद्ध कवि जयदेव के अष्टपादों तथा 17वीं सदी के तेलुगू कवि क्षेत्रय के पादम हैं। 'जाबाली' भी प्रेम गीत है। ये मानवीय प्रेम के प्रत्यक्ष विवरण हैं।

❖ **तिल्लाना :** कर्नाटक संगीत में तिल्लाना उत्तरी भारत में प्रचलित तराना का प्रतिरूप है। उत्तर भारत में प्रचलित तराना की भारत में भक्ति भावनापूर्ण गीतों की विभिन्न पद्धतियाँ पाई जाती हैं। भक्ति आन्दोलन के बाद इन गीतों ने शास्त्रीय संगीत तथा लोक संगीत के बीच कड़ी का कार्य किया। उत्तर भारत में इसके प्रमुख प्रकार 'भजन', बंगाल में 'कीर्तन' और महाराष्ट्र में 'अभंग' प्रचलित हैं, यथा-

(अ) **भजन :** भजन का प्रतिपाद्य विषय ईश्वर की प्रशंसा, जीवों का संगोपांग वर्णन एवं राम, कृष्ण तथा शिव के आदर्श हैं। कबीर, नानक, सूर एवं मीरा ने विभिन्न प्रकार के सुंदर भजनों की रचना की। इसमें दादरा, कहरवा, रूपक, चाचर आदि तालों का प्रयोग किया जाता है।

(ब) **कीर्तन :** बंगाल में प्रचलित कीर्तन एक पारंपरिक संस्था है। यह गीतों के एक मार्ग सदृश है। 15वीं एवं 16वीं सदी में महाप्रभु चैतन्य ने जयदेव के 'गीत-गोविंद' के पदों को गीत एवं नृत्य के रूप में परिवर्तित किया।

(स) **अभंग :** बड़े और छोटे खयाल के समानान्तर कर्नाटक संगीत में दो प्रकार के राग हैं-एक विलंबित, यह मध्यम गति का राग है और दूसरा द्रुत, यह तीव्र गति का राग है।

प्रमुख संगीत शैलियाँ एवं गायक

हिन्दुस्तानी संगीत शैली

- **ध्रुपद गायक :** उस्ताद उल्लाह बन्दे खां, पं. चन्दन चौबे, उस्ताद नसीरुद्दीन खां, पं. रामचतुर मल्लिक, पं. सियाराम तिवारी, डागर बंधु, जहीरूद्दीन डागर, फैजउद्दीन डागर, अभयनारायण मलिक।
- **खयाल गायक :** पं. मादकर राव वाखले, उस्ताद फैयाज खां, श्रीमती तारकबाई शिरोडकर, केसरबाई, पं. ओंकारनाथ ठाकुर, पं. विनायक राव पटवर्धन, उस्ताद रहमत खां, उस्ताद अब्दुल करीम खां तथा उस्ताद बड़े गुलाम अली खां। उस्ताद निसार हुसैन खां, पं. दिलीपचन्द्र वेदी, श्रीमती हीराबाई बड़ौदकर, पं. कुमार गंधर्व, श्री भीमसेन जोशी (राग, ठुमरी व भजन गायन) एवं श्रीमती गंगूबाई हंगल।
- **शास्त्रीय गायन :** एम.एस. सुब्बालक्ष्मी, पं. जसराज, विनायक राम, हीराबाई, कुमार गंधर्व, किशोरी अमोनकर।
- **गजल गायक :** पीनाज मसानी, मलिका पुखराज, बेगम अख्तर, रीता गांगुली, पंकज उधास, जगजीत सिंह, सुधीर शर्मा, रूप कुमार राठौड़, लिलि चक्रवर्ती, सुरैया, तलत महमूद, अनूप जलोटा, चित्रा सिंह।

कर्नाटक शैली

मल्लिकार्जुन मंसूर, सेम्मन गुड़ी, श्रीनिवास अय्यर, संगीत पालघाट, राम भागवत, अरिकुड्डी रामानुज आयंगर, पलनिसुब्बडु, दक्षिणामूर्ति पिल्लै, महाराजपुरम विश्वनाथ अय्यर टी.एन. कृष्णन, बालमुरली कृष्णा, सुश्री मणिकृष्णा स्वामी।

पंडवानी शैली

तीजन बाई, ऋतु वर्मा

संगीत शास्त्र के प्रमुख ग्रंथ एवं रचनाकार

शारंग देव	संगीत रत्नाकर
नारद	नारदी शिक्षा, रागनिरूपणम, संगीत मकरन्द, स्वरमेल कलानिधि
पार्श्वदेव	संगीत समयसार
ओंकारनाथ ठाकुर	संगीतांजलि
विष्णु नारायण भातखंडे	क्रमिक संगीत शास्त्र, ए हिस्ट्री सर्वे ऑफ टी म्यूजिक ऑफ अपर इंडिया
दामोदर मिश्र	संगीत दर्पण
मतंगदेव	वृहदेशी

पुंडरिक विट्ठल	सद्राग चन्द्रोदय
राधामोहन सेन	संगीत तरंग
विलायत हुसैन खाँ	संगीतज्ञों के संस्मरण
सोमनाथ	रागबोध
राजा भोज (परमार)	अलंकार शास्त्र, शृंगार प्रकाश
सोमेश्वर तृतीय (कल्याणी के चालुक्य नरेश)	अभिलाष चिंतामणि
अभिनव गुप्त	लोचन टीका, अभिनव भारती
महाराणा कुम्भा	रसिक प्रिया, संगीत मीमांसा, संगीत राज, गीत गोविंद टीका, संगीत सार, संगीतरूप
माधव विद्यारण्य	अभिनव भारत सार संग्रह
मुम्मडिचिक्कभूपाल	आदिभारतम्
भरताचार्य	ध्रुप्रद टीका
भावभट्ट	श्रुति भास्कर, अनुपम संगीत विलास
सोमदेव	षड्‌गचन्द्रोदय, सप्तांग लक्षणम
हृदयनारायण देव	हृदय कौतुक
लोचन	राग सर्वस्व संग्रह, राजतरंगिणी
कल्लिनाथ	संगीत रत्नाकर टीका
राजा मान सिंह	मानकौतुहल फकीरउल्ला खां राग दर्पण (मानकौतुहल का फारसी अनुवाद-1673)
नरहरि चक्रवर्ती	नरोत्तम विलास
तुलाजी राव भोंसले	संगीत सारामृत
त्यागराज (1767-1847)	दिव्यनाम संकीर्तन, उत्सव सम्प्रदाय कीर्तन, प्रहलाद भक्त विजय
मुहम्मद रजा (1813)	नगमते आरफी

सुगम संगीत

इस शैली में नाद एवं तान की अपेक्षा कविता को अधिक महत्व दिया जाता है। इसमें अनेक अंतरे रहते हैं। इस शैली में स्वतंत्र रूप से आलाप या तान का कोई स्थान नहीं होता है। भजन, गीत, गजल, कव्वाली, डिस्को व पॉप संगीत इसकी विभिन्न शैलियाँ हैं। इसका संक्षिप्त परिचय है-

कव्वाली : इसका आरंभ उर्दू और फारसी में भक्तिगान के रूप में हुआ था। इसमें एक या दो गायकों के नेतृत्व में कव्वाली सहगान के रूप में ओजस्वी रूप में गाई जाती है।

चित्र 7.3: कव्वाली गायन

डिस्को संगीत : शास्त्रीय संगीत को समझने हेतु विशेष रुचि व ज्ञान की आवश्यकता होती है किंतु वर्तमान में युवा मस्तिष्क ऐसे सुगम संगीत का रसास्वादन चाहता है, जो उसके मस्तिष्क बोझ को दूर करे और यथाशीघ्र उसमें थिरकन पैदा कर दे। इस हेतु डिस्को संगीत आज काफी प्रचलित है। वास्तव में यह सुगम संगीत का अत्यंत परिष्कृत रूप है। डिस्को संगीत इलेक्ट्रॉनिक उपकरणों का कमाल

है। इसमें तेजी से लयबद्ध हंगामा होता है। इसमें गायक भी मस्ती में अपने स्वर को तालबद्ध करते हैं। इसकी सबसे बड़ी विशेषता है कि इसको सुनने के लिए ताल, स्वर, पद्धति आदि का ज्ञान आवश्यक नहीं है। सांस्कृतिक कार्यक्रमों में डिस्को की माँग दिनोंदिन बढ़ती जा रही है।

पॉप संगीत या रोल एंड रोल संगीत : इसका उद्‌भव सन् 1950 के लगभग अमेरिका में हुआ और सन् 1956 के आरंभ तक यह संगीत यूरोप में पहुँचा। इस संगीत में आवाज काफी ऊँची व लचीली होती है। साथ ही, इसमें आधुनिक, विद्युतीय व इलेक्ट्रॉनिक उपकरणों का अत्यधिक प्रयोग होता है। इस संगीत में राजनीतिक व सामाजिक दर्शनों का समावेश होता है।

भारत के विभिन्न राज्यों के परम्परागत लोक गीत

- कर्नाटक – यक्षगान (नाट्यशैली)।
- केरल – पाडयानी, पंचवाद्यम्, थायामबाका।
- जम्मू-कश्मीर – चाकरी, भाखा गीत।
- मणिपुर – संकीर्तन, खोंगजोम पारवा।
- बिहार – चैता, विरहनी, नचारी, फाग, लगनी, पूरबी।
- बंगाल – भटियाली, बाउल।
- राजस्थान – मांड, रसिया, मांगणियारो।
- उत्तर प्रदेश – चैती, आल्हा, बिरहा।
- गुजरात – गरबा, रास।
- महाराष्ट्र – पोवाड़ा, लावणी, गोधल गीत।
- मध्य प्रदेश – रेलो, लेजा, चेत, पाठ, धनकुल, ददरिंया, हरदौल, चौकड़िया फाग, लावणी, पवाड़ा, माच, पंडवानी (छत्तीसगढ़)।

लोक गीत

आंचलिक भाषा में प्रस्तुत इस संगीत में अलंकार, रस, छंद, राग और ताल आदि के जटिल नियमों से अपरिचित लोक गायक के हृदय की भावनाएँ सरल, किंतु आकर्षक धुन और लय में बँधे गीत के रूप में उसके कंठ से अनायास प्रस्फुटित होती है, तो लोकगीत का रूप ले लेती है। इसमें आंचलिक भाषाओं के गीत आते हैं। लोकगीतों में ग्रामवासियों की आशा-आकांक्षा, सुख-दुःख, दैनंदिन कार्यकलाप, पर्व-त्योहार, धार्मिक अनुष्ठान, विवाह, जन्म, फसल की कटाई-बुआई, सूर्योदय, सूर्यास्त, वर्षा, वसंत आदि ऋतुओं का मनोहर चित्रण होता है। लोक गीत आशु कविता की तरह होता है, जिसके अंतर्गत हृदय में उठने वाला भाव गीत के रूप में फूट पड़ता है। लोकगीत अकेले एवं सहगान, दोनों ही रूप में गाए जाते हैं। इनका क्षेत्र व्यापक होता है, क्योंकि मानव जीवन के नाना पक्ष, जन्म से मृत्यु पर्यन्त तक इन लोकगीतों में मुखरित होते हैं। जीवन का कोई भी पहलू लोकगीतों से अछूता नहीं है। तीर्थ, व्रत, त्योहार, मेले, ऋतु, सुख-दुःख, सामाजिक, भौतिक सभी क्षेत्रों में इसकी व्यापकता है। लोकगीत शास्त्रीय संगीत की प्रतिबद्धता से मुक्त होता है।

प्रमुख लोकगीत

- **पंडवानी (छत्तीसगढ़) :** छत्तीसगढ़ की लोकप्रिय और महत्वपूर्ण लोककला। इसके माध्यम से कलाकार पाण्डवों (महाभारत) की कथा को एक ही पात्र ध्वनि, नाट्यमुद्राओं, आंगिक तथा संगीत के माध्यम से मंच पर प्रस्तुत करता है तथा अपने आंगिक और वाचिक क्रियाकलापों के द्वारा मंच को संपूर्ण थियेटर में परिवर्तित कर देता है। झंडूराम देवांगन, तीजनबाई, ऋतु वर्मा इस लोककला के विशिष्ट कलाकार हैं।
- **बम्बुलिया (बुन्देलखंड) :** यह बुन्देलखंड का धार्मिक गीत है, जिसकी तुलना मिथिला के बटगमनी गीत से की जा सकती है। इसे दूरस्थ नदी पर स्नान के लिए जाते समय गाया जाता है।
- **लेजा गीत (मध्य प्रदेश) :** जगदलपुर (म.प्र.) के निकटवर्ती गाँवों में लेजा गीत बहुत गाया जाता है। 'लेजा' शब्द का अर्थ ले जाने की अनुमति देना है, जोकि विदाई में निहित इच्छा का द्योतक है।
- **ददरिया गीत (म.प्र.) :** छत्तीसगढ़ (म.प्र.) क्षेत्र का यह गीत समपदों पर चलता है। इसे 'वनभंजन' या 'सास्हो' भी कहा जाता है। इसे स्त्री-पुरुष दोनों गाते हैं, क्योंकि यह प्रश्नोत्तर शैली का गीत है। इसकी बनावट दोहे या विरहे से मिलती है।

- **चेत परब गीत (छत्तीसगढ़) :** यह बस्तर (छत्तीसगढ़) में ऋतु गीतों की श्रेणी में आते हैं।
- **धनकुल (छत्तीसगढ़) :** यह बस्तर में देवी दंतेश्वरी की आराधना से संबंधित लोकगीत है।
- **रेलो गीत :** यह मुड़िया आदिवासियों का विचित्र लोकगीत है। यह युवक-युवतियों द्वारा किसी भी अवसर पर गाया जाता है। सामान्यतः लड़कियाँ गीत की शुरूआत करती हैं और मुड़िया युवक उसे उभार देते हैं।
- **हरदौल की मनौती :** बुन्देलखंड और बहोलखंड, दोनों अपने वीरोचित कार्यों के लिए प्रसिद्ध हैं। इन दोनों इलाकों में लाला हरदौल की मनौती सर्वाधिक प्रचलित है। हरदौल के चरित्र को बुन्देली लोकगीतों में बहुत श्रद्धा और आस्था के साथ गाया जाता है।
- **आल्हा :** जगनिक कृत 'आल्हा' में दिल्ली के पृथ्वीराज के विरुद्ध आल्हा और ऊदल वीरों द्वारा लड़ी गई 52 लड़ाइयों का वर्णन है। आल्हा गाने वाले को 'अल्हैत' कहा जाता है। उन्हें आल्हा की विषय सामग्री और उसके गाने के ढंग का विशेषज्ञ माना जाता है। आल्हा की गायन शैली विषय के नितांत अनुकूल है। आवाज के उतार-चढ़ाव के बावजूद आल्हा-गायन पाठात्मक ढंग से चलता है, मगर उसमें भी जोश होता है और प्रत्येक खंड की समाप्ति तक आते-आते लय बढ़ जाती है।
- **लावणी :** मराठों के साथ 18वीं शताब्दी के प्रारंभ में लावणी ने मालवा में प्रवेश किया। इसके दो प्रकार हैं-(1) निर्गुणी लावणी (दार्शनिक) और (2) श्रृंगारी लावणी (प्रणय प्रसंग विषयक)। ये दोनों ही रूप दक्षिण निमाड़ (म.प्र.) में विशेष रूप से प्रचलित हैं।
- **पंवाड़ा :** पंवाड़ा नामक अवदान शैली से भी निमाड़ अपरिचित नहीं है। इस तरह के कथागीतों को बहुत गति से गाया जाता है। अनुष्ठानों और उत्सवों से संबंधित स्त्री गीतों की धुनों में वस्तुतः हमें लोकपरक संगीत की कुछ मूल धुनों का विशुद्ध रूप मिल जाता है।
- **माच :** मालवा (म.प्र.) के 'माच' नामक लोक नाट्य के संगीत का अपना निजी रूप है। माच के तीन अखाड़े हैं, जो बालमुकुन्द गुरु, कालूराम उस्ताद और राधाकृष्ण गुरु के अखाड़ों के नाम से जाने जाते हैं, मगर इन तीनों में गाए जाने वाले गीतों की शैली में कोई अंतर नहीं है। माच का सौंदर्य उसके संवाद-गायन में है, जो ढोलक की ताल पर विशेष ओज और अंदाज से प्रस्तुत किए जाते हैं।
- **संकीर्तन :** मणिपुर का यह नृत्य स्वांग, गायन, ढाल और झांझ की लय से परिपूर्ण कला है। धार्मिक पर्वों, विवाह एवं शिशु जन्मोत्सव पर इसका आयोजन होता है। इस कला के संगीत और नृत्य के दो पहलू हैं। पुरुष एवं स्त्रियाँ इसे कतारबद्ध होकर प्रस्तुत करते हैं।
- **खोंगजोम पारवा (गाथा) :** मणिपुर में गायन की यह लोकप्रिय शैली है। इसका प्रचलन अप्रैल 1891 में ब्रिटिश सरकार से मणिपुर के लोगों को लड़ाई के बाद से हुआ। इस युद्ध के शहीदों की गाथा ही इसका कथानक होता है, जिसे ढोलक की संगत से प्रस्तुत किया जाता है।
- **चाकरी :** यह जम्मू-कश्मीर के लोक संगीत की अनूठी शैली है। ऊँची लय में गाए जाने वाले इस गीत में सारंगी प्रमुख वाद्य है, जिसे 'सारण' कहा जाता है। रबाब व ढोल का इस संगीत में प्रयोग किया जाता है।
- **चौकड़िया फाग :** ईसुरी नामक कवि की चार पंक्तियों वाली बंदिशें, जिन्हें 'चौकड़िया फाग' कहा जाता है, भोपाल तक व्याप्त बुन्देलखंड के समूचे प्रदेश की लोक-सांगीतिक परम्परा का अंग बन गईं।
- **लगनी राग :** यह गीत उत्तर बिहार, मुख्यतः मिथिला अथवा दरभंगा में विवाह के अवसर पर गाए जाते हैं। इन गीतों की रचना का श्रेय महाकवि विद्यापति को ही है।
- **नचारी :** यह बिहार का लोकगीत है। इसे प्रार्थना गीत के रूप में प्रत्येक पर्व एवं त्योहार के समय घर-घर में गाया जाता है।
- **थायामबाका :** केरल का यह लोकगीत भी तालवाद्यों का सामूहिक प्रभाव है। इस प्रदर्शन में चेंडा प्रमुख वाद्य होता है।
- **पोवाड़ा :** यह कला महाराष्ट्र में 13वीं शताब्दी से लोकप्रिय है। 'पोवाड़ा' का अर्थ कथा को शानदार तरीके से बयान करता होता है। यह बयान व्यक्ति विशेष की घटना एवं स्थान को आधार बनाकर प्रस्तुत किया जाता है। मुख्य वाचक को 'शाहीर' कहा जाता है।
- **गोधल गीत :** महाराष्ट्र में इस कला का प्रचलन 5वीं शताब्दी में 'कदम्ब' राजवंश से जारी है। आख्यान के रूप में प्रस्तुत किए जाने वाले इस गीत का आधार महाकाव्यों एवं पुराणों की कथाएं होती हैं। विवाह एवं पुत्र जन्मोत्सव पर घर-घर जाकर प्रस्तुत किए जाने वाले इन भक्ति गीतों में हाथों के प्रयोग से भाव प्रस्तुत किए जाते हैं।

- **फाग गीत :** ये गीत 'फगुआ' या 'होली गीत' भी कहलाते हैं। बेतियाराज के जमींदार महाराज नवलकिशोर सिंह ने फाग राग के गीतों की रचना की थी। बिहार व पूर्वी उत्तर प्रदेश में होली के विशेष अवसर पर फाग गीत गाने का विशेष प्रचलन है।

चित्र 7.4: फाग गीत गाते लोग

- **चैती :** चैत्र महीने में बिहार के लोग फसल के पकने पर रात-रात भर ये गीत गाते हैं और इन गीतों के माध्यम से फसल की रखवाली करते हैं।
- **भाखा गीत (जम्मू-कश्मीर) :** समवेत स्वरों में गाए जाने वाले इस गीत को पुरुष एवं स्त्री मिलकर गाते हैं। घाटियों में इसकी गूँज दूर-दूर तक चली जाती है। यह गीत माधुर्य में देश में अपना सानी नहीं रखता।
- **मांगणियारो गीत :** इन गीतों में शहनाई जैसे वाद्यों का प्रयोग भी करते हैं। ढोलक एवं खड़ताल के साथ लोग अपना गाना प्रारंभ करते हैं।
- **पाडयानी :** केरल के ग्रामीण क्षेत्र में देवी के मंदिरों में मनोरंजन की इस कला का आयोजन किया जाता है। मुखौटों द्वारा विभिन्न देवी-देवताओं के स्वांग किए जाते हैं। संगीत और गायन से परिपूर्ण यह कला कार्यक्रम रातभर चलता है।
- **पंचवाद्यम् :** यह भी केरल का लोकगीत है। इसमें 5 वाद्यों का प्रयोग किया जाता है। इसमें 3 ताल वाद्य होते हैं, चौथा वाद्य झांझ तथा पाँचवां तुरही होता है। इन पाँचों वाद्यों के अलावा शंख भी होता है। पंचवाद्यम् का प्रदर्शन चार भागों में विभक्त कर प्रस्तुत किया जाता है। यह शंख ध्वनि के साथ प्रारंभ होता है, जो विभिन्न लय और ताल के साथ आगे बढ़ता है।

आधुनिक काल में शास्त्रीय संगीत और लोक संगीत के समन्वय का सफल प्रयास कुमार गंधर्व ने किया। उन्होंने लोक संगीत के आधार पर 'मालवती', 'सहेली', 'तैड़ी' जैसे रागों की रचना की।

संगीतज्ञों के वर्ग

- **गायक :** जो व्यक्ति गुरु परम्परा से शिक्षण प्राप्त कर उसे अपनी बुद्धि के अनुरूप विकसित करता है, उसे 'गायक' कहा जाता है।
- **नायक :** जो अपने से पूर्व समय एवं वर्तमान काल के संगीत का ज्ञाता हो तथा गुरु परम्परा से प्राप्त मूल रचनाओं को उसी प्रकार सुनाए, उसे 'नायक' कहते हैं।
- **पण्डित :** जिन्हें संगीत शास्त्र का पूर्ण ज्ञान होता है तथा क्रियात्मक ज्ञान साधारण होता है, उसे 'पण्डित' कहते हैं।
- **कलावंत :** जो व्यक्ति अभ्यास के द्वारा अपनी कला का प्रदर्शन कर श्रोताओं को प्रभावित कर सके, उसे 'कलावंत' कहते हैं।
- **अताई गायक :** जो नियमित एवं संगीत साधना न कर केवल इधर-उधर से सुनकर तथा नकल करके गाते हैं, वे 'अताई गायक' कहलाते हैं।
- **शास्त्रकार :** जो संगीत के संपूर्ण पक्षों का शास्त्रीय ज्ञान रखता हो तथा जिसने अपने मौलिक विचारों से संगीत शास्त्र में योगदान दिया हो, उसे 'शास्त्रकार' कहते हैं।
- **संगीत शिक्षक :** जो विद्यार्थी को उनकी योग्यता के अनुसार सरलतापूर्वक संगीत का ज्ञान प्रदान कर सके, उसे 'संगीत शिक्षक' कहते हैं।

संगीत शब्दावली

- **संगीत :** संगीत अर्थात् सम् गीत। 'सम' का अभिप्राय सम्यक् रीति से है अर्थात् ठीक ढंग से, नियमों के अनुसार और गीत अर्थात् गायन। संगीत का अभिप्राय उस नियमानुसार गायन की पद्धति से है, जो नाद व लय के माध्यम से हृदय की सूक्ष्म भावनाओं की अभिव्यक्ति करती है।

- **नाद :** कानों से सुनी जा सकने वाली हर प्रकार की आवाज को 'ध्वनि' कहते हैं। इनमें से सुनने में मधुर प्रतीत होने वाली संगीतोपयोगी ध्वनि को 'नाद' कहते हैं।
- **प्रचलित थाट :** स्वरों का वह समूह, जो राग निर्माण करता है, 'थाट' कहलाता है। वर्तमान में हिन्दुस्तानी संगीत में 10 थाट प्रचलित हैं। (1) कल्याण थाट, (2) बिलावल थाट, (3) खमाज थाट, (4) भैरव थाट, (5) पूर्वी थाट, (6) माखा थाट, (7) काफी थाट, (8) आसावरी थाट, (9) भैरवी थाट तथा (10) तोड़ी थाट।
- **स्वर :** नाद असंख्य हैं। इनमें संगीतोपयोगी (मन को लुभाने वाले) प्रमुख नाद 'स्वर' कहलाते हैं। स्वरों के नाम हैं-षड्ज-सा, ऋषभ-रे, गांधार-ग, मध्यम-म, पंचम-प, धैवत-ध और निषाद-नि।

  उपर्युक्त में चार (रे, ग, ध, नि) अपने स्थान से कुछ नीचे होने के कारण 'कोमल' कहलाते हैं। 'म' अपने स्थान से थोड़ा ऊँचा होने पर 'तीव्र' कहलाता है। 'सा' और 'प' अपने स्थान से ऊपर-नीचे नहीं होते, इसलिए उन्हें 'अचल' कहा जाता है।

संगीत के सप्त स्वरों की उत्पत्ति

देवता	स्वर	संस्कृत का नाम	ध्वनि	रंग	ग्रह
अग्नि	सा	षड्ज	मोर	गुलाबी	चन्द्र
ब्रह्मा	रे	ऋषभ	गाय-बैल	हल्का हरा पीला	बुध
सरस्वती	गा	गांधार	बकरा	हल्का सफेद लाल	शुक्र
विष्णु	मा	मध्यम	क्रौंच	गहरा लाल	सूर्य
लक्ष्मी	प	पंचम	कोयल	गहरा लाल	मंगल
गणेश	ध	धैवत	घोड़ा	हल्का पीला	गुरु
सूर्य	नि	निषाद	हाथी	गहरा भूरा	शनि

- **श्रुति :** कान से सुनकर एक-दूसरे से अलग तथा स्पष्ट पहचाने जाने वाले संगीतोपयोगी सूक्ष्म नादों को 'श्रुति' कहते हैं।
- **राग :** ध्वनि की विशिष्ट मधुर रचना, जो स्वर और हर्ष से विभूषित हो तथा जो व्यक्ति के मन को प्रसन्नचित्त करे, 'राग' कहलाती है। राग के सबसे प्रमुख स्वर को 'वादी' और वादी स्वर की अपेक्षा कम प्रधान स्वर को 'संवादी' कहते हैं तथा अन्य स्वरों को 'अनुवादी' कहा जाता है। स्वरों के अनुसार आरोहन-अवरोहन को 'मूर्च्छना' कहते हैं। शत्रु स्वर को 'विवादी स्वर' कहा जाता है। राग के पूर्ण रूप को 'जाति' कहा जाता है। संवादी स्वरों के समूह को 'ग्राम' कहा जाता है। संगीत कला में राग का अत्यंत ही महत्वपूर्ण स्थान है। यह सुरात्मकता को प्रकट करने का एक माध्यम है। राग की उत्पत्ति 'थाट' से होती है। राग के लिए कम-से-कम पाँच स्वरों का होना आवश्यक है।
- **आलाप :** राग में लगने वाले स्वरों के प्रस्तार को 'आलाप' कहते हैं।
- **घराना :** घराना शब्द दो शब्दों से मिलकर बना है, घर + आना = घराना।

  घराना हिन्दुस्तानी संगीत की निराली विशेषता है, जिसके माध्यम से एक तरह से संगीतज्ञों के एक विशेष वर्ग का सामुदायिक विकास होता है। प्रत्येक घराने की अपनी विशेषता होती है। उसका एक मुख्य गुरु, संरक्षक, मार्गदर्शक होता है, जो उस घराने की शिक्षा आयोजित करता है। कोई भी घराना अपनी शैली से जाना जाता है। गायन की शैली को हम 'गायकी' के नाम से पुकारते हैं। इसी तरह वाद की शैली को हम 'वाज' कहकर पुकारते हैं। आम तौर पर ये शब्द घरानेदार और व्यावसायिक संगीतज्ञों के संगीत पर ही लागू होते हैं। घरानों को गायक या वादक जान-बूझकर नहीं बनाते। संगीतज्ञों की सृजनात्मक अभिव्यक्ति से किसी विशेष शैली का जन्म होता है। किसी घराने की विशेषता उसकी शैली में होती है और वह उसी नाम से जाना जाता है।
- **गमक :** किसी स्वर को एक या एक से अधिक स्वरों की सहायता से हिला-डुलाकर, झुलाकर, सजा-सँवारकर गाने या बजाने को 'गमक' कहते हैं।

- **तान :** द्रुत लय में राग के स्वरों के प्रसार को 'तान' कहते हैं।
- **सरगम :** राग में लगने वाले स्वरों के संक्षिप्त नामों (सा, रे, गा, मा, प, ध, नि) को अलाप तान के रूप में गायन को 'सरगम' कहते हैं।
- **ताल :** लयात्मक चक्र को 'ताल' कहते हैं। दूसरे शब्दों में, संगीत के समय के हिसाब को 'ताल' कहते हैं। जिस प्रकार निश्चित स्वरों की रचना राग है, उसी प्रकार निश्चित मात्राओं (मात्रा ताल की सबसे लघु इकाई है) की रचना ताल है। मात्राओं की संख्या एवं उनके विभाजन के आधार पर विभिन्न तालों की रचना हुई।
- **लय :** घड़ी के दोलक द्वारा समान परिमाण में समय में अखंड गतिमाप को 'लय' कहते हैं। यह तीन प्रकार होती है-विलंबित, मध्य और द्रुत। ताल की धीमी गति को 'विलंबित लय' कहते हैं। द्रुत लय ताल की तेज गति को कहते हैं तथा मध्य लय ताल की मध्यम गति को कहते हैं। इसमें एक मात्रा की अवधि साधारण तौर पर एक सेकेण्ड मानी जाती है।
- **गौड़हर वाणी :** यह एक शुद्ध हिन्दुस्तानी संगीत का परिचायक है। तानसेन ने इसके ध्रुपद को संगीत की सभी वाणियों का राजा माना है। इसमें मींड का अधिक प्रयोग किया जाता है। इस वाणी को सच्चे स्वरों में और बहुत सुरीले ढंग से गाया जाता है।
- **डागुर वाणी :** तानसेन ने इसको मंत्री बताया है। इसमें मींड एक विशेष ढंग से लगाई जाती है और गमक का भी बहुत सुंदर और कलात्मक प्रयोग किया जाता है। तानसेन के गुरु वृन्दावन के हरिदास स्वामी इस वाणी का प्रयोग करते थे।
- **खंडार वाणी :** तानसेन ने इस वाणी को सेनापति माना है। यह वाणी बेसरा गीत से मिलती-जुलती है और इसमें तेज लय वाली गमक का अधिक प्रयोग किया जाता है।
- **नौहार वाणी :** तानसेन ने नौहार को निम्न श्रेणी का पदाधिकारी अथवा अफसर बताया है। इस वाणी में अलंकार का प्रयोग किया जाता है, जिसमें स्वर गमक के साथ एक विशेष ढंग से लगाए जाते हैं।

प्रमुख राग

- **राग हिण्डोली :** यह मधुर राग है, जो वसंत ऋतु में गाया जाता है। यह श्रृंगार रस प्रधान है।
- **श्रीराग :** यह मस्तिष्क को आह्लाद से भर देने वाला राग है। यह श्रृंगार रस प्रधान है।
- **राग मेघ :** यह वर्षा ऋतु का राग है। इसके गायन काल में आसमान में मेघ घिर जाते हैं और वर्षा की झड़ी लग जाती है। यह वीर रस प्रधान है।
- **राग दीपक :** राग दीपक के गायन में दीप जल उठते हैं। यह करुण रस प्रधान है।
- **राग भैरव :** यह प्रातःकाल गाया जाने वाला राग है। यह अत्यंत सहज तथा लोकप्रिय राग है।
- **राग यमन :** यह रात्रि के प्रथम प्रहर में गाया जाने वाला राग है।
- **राग बिलावल :** यह रात्रि के प्रथम प्रहर में गाया जाने वाला राग है।
- **राग काफी :** यह होली के समय रात्रि में गाया जाने वाला राग है।
- **राग भैरवी :** यह प्रातः काल गाया जाने वाला राग है। यह भक्ति रस प्रधान है।
- **राग देस :** यह रात्रि के द्वितीय प्रहर में गाया जाने वाला राग है।
- **राग भूपाली :** यह रात्रि के प्रथम प्रहर में गाया जाने वाला राग है।
- **राग विहाग :** यह रात्रि के द्वितीय प्रहर में गाया जाने वाला राग है।
- **राग बागश्री :** यह मध्य रात्रि में गाया जाने वाला राग है।

प्रमुख वाद्य यंत्रों की उत्पत्ति और विकास

वाद्य अर्थात् जिसका वादन किया जा सके या जिसे बजाया जा सके। भारत का वाद्य संगीत मूलतः स्वरों पर आधारित है। वाद्य के मुख्यतः दो प्रकार होते हैं-(1) स्वर वाद्य तथा (2) लय वाद्य, किंतु संगीतज्ञों ने वादन विधि को ध्यान में रखते हुए इन्हें चार वर्गों में बाँटा है-

तत् वाद्य

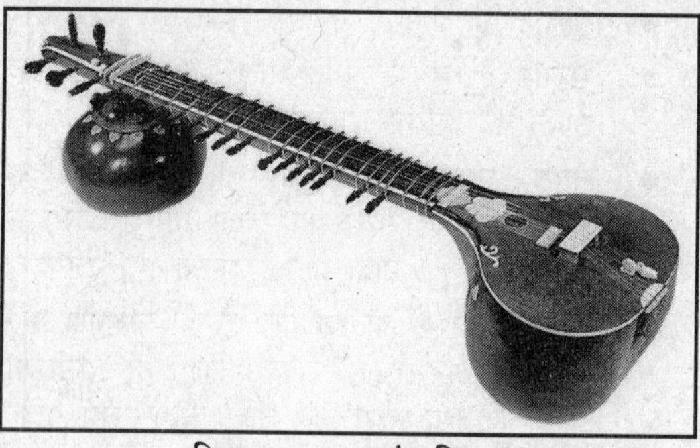
चित्र 7.5: वाद्ययंत्र सितार

अर्थात् तार युक्त वाद्य यंत्र। इन वाद्यों के अंतर्गत वे स्वर वाद्य आते हैं, जिन्हें उंगली, गज या कमानी अथवा मिजराव आदि की मदद से बजाते हैं। इस श्रेणी के वाद्यों में वीणा, तानपुरा, सितार, सरोद, संतूर, वायलिन, गिटार एवं स्वर मंडल आदि वाद्य आते हैं। ये सभी स्वर वाद्य हैं।

घन वाद्य

इस श्रेणी के वाद्य लय प्रदर्शित करते हैं। इनके अंतर्गत वे वाद्य आते हैं, जो आपस में घर्षण (रगड़ने) से बजते हैं। झांझ, मंजीरा, खड़ताल, घंटा, झुनझुना और रंभा आदि इसी श्रेणी के वाद्य हैं।

अनवद्य वाद्य

ये वाद्य ताल वाद्यों की श्रेणी में आते हैं। वे वाद्य, जिनके मुख पर चर्म मढ़ा होता है और जो हाथ या छड़ी के प्रहार से बजते हैं, अनवद्य वाद्य कहलाते हैं। पखावज, मृदंग, तबला, नक्कारा, ढोलक, तंबिल, खोल, नाल, खंजरी ढाक और डमरू आदि अनवद्य वाद्य हैं।

सुषिर वाद्य

एयर कॉलम में कंपन की वजह से इन यंत्रों से सुरीली ध्वनि निकलती है। सुषिर वाद्य के अंतर्गत आने वाले वाद्यों में प्रमुख हैं-बाँसुरी, शहनाई, नादस्वरम, हारमोनियम, पदिका, पुंगी, क्लारियोनेट, ट्रम्पेट, सैक्सोफोन आदि।

चित्र 7.6: बाँसुरी बजाते कान्हा

संगीत के प्रहर

संगीत के समय : चक्र के अनुसार 24 घंटों को 8 प्रहरों में बाँटा गया है। इस प्रकार 3 घंटे का एक प्रहर रखा गया है।

- प्रातःकालीन प्रथम प्रहर — 7 से 10 बजे तक
- दिन का द्वितीय प्रहर — 10 से 1 बजे तक
- दिन का तृतीय प्रहर — 1 से 4 बजे तक
- सायंकालीन सन्धि प्रकाश प्रहर — 4 से 7 बजे तक
- रात्रि का प्रथम प्रहर — 7 से 10 बजे तक
- रात्रि का द्वितीय प्रहर — 10 से 1 बजे तक
- रात्रि का तृतीय प्रहर — 1 से 4 बजे तक
- प्रातःकालीन सन्धि प्रकाश — 4 से 7 बजे तक

प्रमुख वाद्य यंत्रों का परिचय

- **वीणा :** वीणा को भारतीय संगीत का प्राचीनतम वाद्य माना जाता है, जो प्राचीनकाल में काफी लोकप्रिय था। उस समय किसी भी तंत्र-वाद्य को वीणा कहे जाने की प्रथा थी, जैसे-एक तंत्री वीणा, द्वितंत्री वीणा, त्रितंत्री वीणा, दण्डी वीणा, घोषवती वीणा, कुर्मी वीणा, कुब्जिका वीणा, किन्नरी वीणा, कलावती वीणा, कात्यायनी वीणा एवं कांड वीणा आदि। आधुनिक युग के सितार, सरोद, संतूर, तानपुरा और सारंगी जैसे अनेक वाद्य प्राचीन वीणा के आधार पर ही बने हैं।

प्रमुख वाद्य यंत्र तथा उनके वादक

वाद्य यंत्र	वादक
सितार	पं. रविशंकर, निखिल बनर्जी, विलायत खां, वहीद खान, बंदे हसन, जिंदा हसन, शाहिद परवेज, निशांत खां, शुजात खां, बुद्धादित्य मुखर्जी, उमाशंकर मिश्रा, इमरत खान।
सरोद	अमजद अली खां, अली अकबर खां, अलाउद्दीन खां, मुकेश शर्मा, नरेन्द्रनाथ धर, विश्वजीत राय चौधरी, गुरुदेव सिंह, अभीक सरकार, अमान बंधु, राधिका मोहन मोइत्रा, जरीन दारूवाला, बुद्धदेव दासगुप्ता, देबाशीष भट्टाचार्य, राजेन्द्र मिश्र, सुप्रभात पाल, पार्थसारथी।
तबला	अल्लारखा, लतीफ खां, गुदई महाराज (पं. समता प्रसाद), जाकिर हुसैन, किशन महाराज, फय्याज खां, सुखविंदर सिंह, पं. रंगनाथ मिश्र।
बाँसुरी	पन्नालाल घोष, हरिप्रसाद चौरसिया।
शहनाई	दयाशंकर, जगन्नाथ अली, अहमद हुसैन।
वायलिन	विष्णु गोविंद जोग, जयरामन।
वीणा	बालाचन्द्र, स्वामी आयंगर।
सारंगी	उदयलाल, माधव प्रसाद।
गिटार	बृजभूषण काबरा, मलिक मजूमदार।

- **सितार :** संभवत: 'सितार' शब्द भारत के प्राचीन शास्त्रों में वर्णित 'कछुआ सितार' त्रितंत्री अथवा कच्छपी वीणा का ही परवर्ती नाम है। 'सितार' शब्द 'सेह-तार' का अपभ्रंश रूप है। दिल्ली सल्तनत के प्रसिद्ध संगीतज्ञ अमीर खुसरो ने इसका नाम 'सितार' रखा। यही वजह है कि अधिकांश लोग अमीर खुसरो को ही सितार का आविष्कारक मानते हैं। कालांतर में 18वीं शताब्दी में मुहम्मद शाह के शासनकाल में सितार वाद्य में 3 अन्य तारों को संयुक्त करके मसौद खां ने सितारवादन की प्रणाली को और विकसित किया। सितार का सातवाँ तार, जिसे 'चिकारी' कहा जाता है, परवर्तीकाल में संयुक्त किया गया। सितार को फारस से आया माना जाता है।
- **सरोद :** सरोद एक तत् श्रेणी का वाद्ययंत्र है। संभवत: यह अरब एवं अफगानिस्तान के दो-तीन शताब्दी पूर्व भारत आया था। इसका आकृतिगत सादृश्य रबाब से काफी कुछ मिलता-जुलता है। अधिकांश विद्वान इसे प्राचीन भारतीय शारदीय वीणा का विवर्तित रूप मानते हैं।
- **इसराज :** इसराज एक वितत श्रेणी का वाद्य यंत्र है। इसकी गठन प्रक्रिया बहुत कुछ लगभग सितार के जैसी होती है।
- **वेला/वायलिन :** वायलिन एक वितत श्रेणी का वाद्य यंत्र है। पाश्चात्य संगीतकारों के अनुसार वायलिन के पूर्ववर्ती संस्करण वायोला का विकास 16वीं शताब्दी में हुआ था। इटली का Cremona नामक स्थान वेला निर्माण केंद्र के रूप में प्रसिद्ध है, जहाँ अमाती, गोरनेरी तथा स्त्रादिबरी नामक संगीतविदों ने इसको अभिनव रूप प्रदान किया। वायलिन पूर्णत: पाश्चात्य वाद्य यंत्र है, जिसका भारतीयकरण हो चुका है और आज काफी लोकप्रिय है। 19वीं शताब्दी में बालूस्वामी दीक्षित ने भारत में वायलिन की शुरुआत की थी। वायलिन दक्षिण भारत में सर्वाधिक पसंद किया जाने वाला वाद्य यंत्र है।
- **सारंगी :** सारंगी के आविष्कार के संबंध में मतभेद हैं, वैसे सारंगी वाद्य का उल्लेख 'संगीत रत्नाकार' के प्रकीर्णाध्याय में प्राप्त होता है। 15वीं शताब्दी में यह वाद्य प्रचलित हो चुका था। कालक्रमानुसार इसके स्वरूप में भले ही कुछ परिवर्तन होता रहा है, परंतु यह प्रारंभ से ही गज से बजाया जाने वाला वाद्य है। भारत के विभिन्न प्रदेशों में यह लोक वाद्य के रूप में प्रचलित रहा है। उत्तर भारतीय संगीत में इसके जोड़ का दूसरा वाद्य नहीं है। इस वाद्य के कई घराने हैं, जैसे-किराना, बनारस, पंजाब, दिल्ली, सोनीपत, पानीपत और झज्झर आदि।
- **रुद्रवीणा (बीन) :** इस वाद्य का संस्कृत ग्रंथों में 'रुद्रवीणा' और उर्दू ग्रंथों में 'बीन' के नाम से उल्लेख मिलता है। यह वाद्य मुख्य रूप से 16वीं शताब्दी में प्रचलित हुआ। तानसेन के समय से ध्रुपद और वीणा, दोनों का पारस्परिक संबंध अवश्य रहा है। बीनकार और ध्रुपदियों की परम्पराओं का इतिहास अकबर के युग से प्रामाणिक रूप से नहीं मिलता, किंतु उस समय ध्रुपद का साथ कुछ शताब्दियों से है। सबसे पहले वीणा वादक के रूप में

सिकंदर के प्रधान पुरुषों में मियाँ ताहा का नाम मिलता है। इनके पश्चात् बाबर युग में शैखी नाई, अकबर युग में ग्वालियर के शिहाब खां, पुरबीन खां आदि बीनकारों के नाम मिलते हैं। इसी समय शेख बहाउद्दीन बीनकार भी हुए, जो बीन के अतिरिक्त रबाब और अमरती वाद्य भी खूब बजाते थे। ये 117 वर्ष की आयु में स्वर्गवासी हुए।

- **पुंगी (राजस्थान) :** इसे बीन भी कहा जाता है, जिसे साँप के आगे बजाया जाता है। यह बाँस की दो बाँसुरियों से मिलकर बनती है।
- **रबाब और सुरसिंगार :** रबाब वाद्य मूलतः बाहर से आकर हमारे देश में लगभग 16वीं शताब्दी में प्रचलित हुआ। इसके बाद सुरसिंगार वाद्य प्रचलित हुआ, जो एक प्रकार से रबाब का ही अल्प परिवर्तित रूप है। दूसरे शब्दों में कह सकते हैं कि सुरसिंगार रबाब का विकसित रूप है। आज इन वाद्यों की परम्परा लगभग समाप्त हो चुकी है, परंतु इसके कई उत्कृष्ट वादक पूर्व में हो चुके हैं।

  हुमायूँ (1530-1556 ई.) के दरबारी वादकों में तूफान नामक रबाब वादक का नाम मिलता है। अबुल फजल ने 'आईने-अकबरी' में रबाब वाद्य का वर्णन किया है, किंतु दरबारी कलाकारों की सूची में रबाब वादक का उल्लेख इनके द्वारा नहीं किया गया है। शाहजहां (1627-1658 ई.) युग के कलावंतों में 'सुखीसेन' रबाब वादक के बारे में जानकारी मिलती है। हसन खां नामक वादक का उल्लेख मोहम्मद शाह रंगीले (राज्यकाल 1719-1748 तक) के दरबारी कलाकारों में उपलब्ध होता है।
- **श्रीखोल :** चैतन्यदेव के काल से ही कीर्तन गायन के अनुसंगी वाद्य के रूप में श्रीखोल का प्रचलन माना जाता है। इसकी उत्पत्ति बंगाल से हुई मानी जाती है। वर्तमान काल में यह वाद्य यंत्र मणिपुर तथा असम राज्यों में अत्यधिक प्रचलित है। इस वाद्ययंत्र को आज रवीन्द्र संगीत तथा लोक संगीत के साथ भी बजाया जाता है। प्राचीन मृदंग (पुष्कर) के सदृश होने के कारण इसे मृदंग का ही एक विवर्तित रूप माना जाता है।
- **पखावज :** श्री रामचन्द्र बोराल के अनुसार, बंगाल में पखावज की मुख्य परम्परा लाला केवल किशन द्वारा स्थापित हुई थी। बंगाल सहित देश के अनेक विद्वान इस मत के पोषक हैं। मथुरा निवासी केवल किशन, जो कोढ़िया घराने के प्रमुख कलाकार थे, बंगाल में लंबी अवधि तक रहे। उनके बंगाल के शिष्यों से 'बंगाल का पखावज घराना' प्रचलित हुआ। बंगाल में केवल किशन के प्रतिभाशाली शिष्य 'चक्रवर्ती बँधुओं,' के नाम से विख्यात हुए। इनके नाम थे-निमाई, निताई और रामचन्द्र। इन्होंने निष्ठापूर्वक पखावज सीखा और बंगाल में पखावज परम्परा का भरपूर प्रचार किया।
- **तबला :** ऐतिहासिक परम्पराओं के अनुसार तबला त्रिपुष्कर वाद्य (प्राचीन वाद्य) का ही परिवर्तित रूप है, जिसका यह नामकरण मुगल शासन काल में हुआ। ऐसा विश्वास किया जाता है कि तबले का आविष्कार उस्ताद रहमान खां के पुत्र अमीर खुसरो खां ने किया था, जिन्हें इस वाद्य में सुधार के कारण भी 'सुधार खां' भी कहा जाता है। हिन्दुस्तानी शास्त्रीय संगीत, सुगम संगीत, फिल्म संगीत के साथ-साथ लोक संगीत में भी यह लोकप्रिय है। कर्नाटक संगीत में इसका प्रयोग नहीं होता।

प्रमुख संगीत शिक्षण संस्थाएँ

संस्था	केंद्र	संस्था	केंद्र
भारतीय संगीत महाविद्यालय	ग्वालियर	गन्धर्व महाविद्यालय	दिल्ली
कला संस्थान	जयपुर	स्वर साधना फाउंडेशन	मुंबई
श्री संगीत भारती	बीकानेर	श्रीराम भारतीय कला केंद्र	दिल्ली
शंकर गन्धर्व महाविद्यालय	ग्वालियर	संगीत कला केंद्र	आगरा
आई.टी.सी. रिसर्च अकादमी	कोलकाता	अली अकबर कॉलेज ऑफ म्यूजिक	कोलकाता
रवीन्द्र भारती विश्वविद्यालय	कोलकाता	अलाउद्दीन खां संगीत अकादमी	भोपाल
देवधर स्कूल ऑफ इंडियन म्यूजिक	मुंबई	पुणे भारत गायन समाज	पुणे
वाडिया संगीत क्लास	मुंबई	अजमेर संगीत महाविद्यालय	अजमेर
सयाजी राव म्यूजिक कॉलेज	वड़ोदरा	आयंगर कॉलेज ऑफ म्यूजिक	मैसूर
भारतीय कला केंद्र	दिल्ली	इंदिरा कला संगीत विश्वविद्यालय	खैरागढ़
कमला देवी संगीत महाविद्यालय	रायपुर	भारतखण्डे संगीत संस्थान	लखनऊ

आधुनिक संदर्भ

लोक संगीत पर पाश्चात्य संगीत का प्रभाव स्पष्ट है और इसके प्रचार का सबसे प्रमुख साधन चित्रपट है। चित्रपट संगीत में के.एल. सहगल, किशोर कुमार, लता मंगेशकर, आशा भोंसले आदि के नाम सर्व विख्यात हैं। आधुनिक भारतीय फिल्मों में उत्तेजनात्मक ऑर्केस्ट्रा और धुनों को महत्व दिया जाता है, जो बहुत लोकप्रिय है। यह पूर्णतया पाश्चात्य संगीत के प्रभाव के कारण हैं, परंतु इसका अर्थ यह नहीं है कि शास्त्रीय संगीत की उपेक्षा हो चुकी है। अब भी भारत में संगीत का मुख्य आधार शास्त्रीय संगीत को ही माना जाता है। श्री ओंकारनाथ ठाकुर, बड़े गुलाम अली खां, अलाउद्दीन खां, विनायक राव पटवर्धन, नारायणराव व्यास, एस. डी. आप्टे, श्रीमती एस. एस. सुब्बालक्ष्मी, श्रीमती लक्ष्मीशंकर, डॉ. प्रभा अत्रे, रविशंकर, कुमार गंधर्व, पं. भीमसेन, उस्ताद अली अकबर खां, उस्ताद विलायत खां, बिस्मिल्ला खां जैसे अनेक संगीतकार शास्त्रीय संगीत को अपनी सेवा दे चुके हैं। रविशंकर ने शास्त्रीय संगीत को देश-विदेश में विख्यात किया। सन् 1965 तक वे कैलिफोर्निया (अमेरिका) विश्वविद्यालय में संगीत के प्रोफेसर एमेरिटस रहे और सन् 1967 में उन्होंने लॉस एंजेल्स (अमेरिका) में गान-विद्या का विद्यालय स्थापित किया। कुमार गंधर्व ने खयाल राग में नाम कमाया है, प्रभा अत्रे ने गान विद्या में डॉक्टरेट की डिग्री प्राप्त की है तथा पं. भीमसेन जोशी ने गायन में प्रसिद्धि प्राप्त की है।

भारत के प्रमुख सुर साधक

- **अमीर खुसरो :** अमीर खुसरो का जन्म 1253 में पटियाली में हुआ। उनका वास्तविक नाम यमीनुद्दीन मुहम्मद हसन था। उसका पिता तुर्किस्तान में कार्श का निवासी था और मंगोलों ने उसे उसके देश से निकाल दिया था, जिसके फलस्वरूप उसने भारत में शरण ली। विशिष्ट प्रतिभा, सजीवता आदि गुणों के कारण अमीर खुसरो ने तत्कालीन सुल्तानों के दरबारों की शोभा बढ़ाई। वह अलाउद्दीन खिलजी की सेवा में प्रविष्ट हो गया, परंतु जब वह शेख निजामुद्दीन औलिया का चेला बना, उसने सांसारिक आकांक्षाओं को त्यागकर सांसारिक जीवन से छुट्टी ले ली। यह अनुमान लगाया जाता है कि उसने 4 लाख से अधिक छन्द लिखे। अमीर खुसरो फारस के कवि सादी के प्रति सम्मान रखता था। जब शेख सादी ने भारत की यात्रा की तो अमीर खुसरो ने उसका बहुत स्वागत किया और उसका फल यह हुआ कि सादी ने खिलजी सम्राट् के सम्मुख अमीर खुसरो की प्रशंसा की। अमीर खुसरो सूफी कवि शेख निजामुद्दीन औलिया से भी विशेष प्रेम करते थे और उन्होंने अमीर खुसरो को 'तुकील्ला' की उपाधि दी। अमीर खुसरो निजामुद्दीन औलिया की मृत्यु के दुःख का आघात सहन नहीं कर सके। औलिया की मृत्यु के एक वर्ष पश्चात् सन् 1325 में उन्होंने इस संसार से विदा ले ली। संगीत में उनकी रुचि का प्रमुख कारण निजामुद्दीन औलिया का शिष्य होना था, क्योंकि सूफियों की गोष्ठी में संगीत की आवश्यकता होती है।

चित्र 7.7: अमीर खुसरो

- **पुरंदर दास :** 1484 में जन्मे पुरंदर दास का वास्तविक नाम श्रीनिवास नायक है। वे विजयनगर के शासकों के गुरु व्यास राय के शिष्य थे। स्वामी हरिदास के सम्प्रदाय में सम्मिलित होने के पश्चात् इनका नाम पुरंदरदास हो गया। ये एक उच्चकोटि के संगीतकार थे। इन्होंने मायावगौल के आधार पर संगीत शिक्षा को आगे बढ़ाया। आज भी कर्नाटक संगीत की प्रारंभिक शिक्षा इसी राग पर आधारित है। इसी कारण इन्हें कर्नाटक संगीत का आदिगुरु तथा जनक माना जाता है।
- **श्यामा शास्त्री (1762-1827 ई.) :** 1762 में तिरुवरूर में जन्मे श्यामा शास्त्री का वास्तविक नाम वेंकट सुब्रह्मण्यम था। ये उद्‌भट संगीतज्ञ एवं विद्वान थे। इनकी रचनाएँ संगीत तकनीकी की दृष्टि से, खासतौर पर सुरों के संबंध में काफी जटिल एवं कठिन है। इन्होंने कर्नाटक संगीत की त्रयी में से एक को श्याम कृष्ण का नाम दिया है।
- **मुत्तुस्वामी दीक्षितार (1776-1835 ई.) :** इनका जन्म तंजापुी के तिरुवरुर में हुआ। संगीत की शिक्षा इन्हें अपने पिता से मिली। इन्होंने कुछ अप्रचलित रागों (यथा-सारंग नट, कुमुद क्रिया और अमृत वार्षिनी) में कुछ धुनें तैयार कीं, जिनके आधार पर इन रागों का प्रयोग किया जा सकता है। इन्होंने विभिन्न तालों का जटिल प्रयोग कर

संगीत की कुछ नवीन तकनीकें भी विकसित कीं, यथा–वायलिन का कर्नाटक संगीत में प्रयोग, वृन्दावनी सारंग और हमीर कल्याणी जैसे रागों का प्रयोग, गमक इत्यादि। इनकी सुप्रसिद्ध रचनाएँ हैं–तिरतुतानी कृति, नववर्ण कृति और नवग्रह कृति।

- **लता मंगेशकर :** 'भारत' की स्वर साम्राज्ञी कहलाने वाली लता मंगेशकर लगभग आधी शताब्दी अर्थात् 50 वर्षों से पार्श्व गायन के क्षेत्र में सक्रिय रहीं। वर्ष 1989 में इन्हें 'दादा साहेब फाल्के पुरस्कार' तथा 2000 में 'भारत रत्न' से सम्मानित किया गया।

चित्र 7.8: लता मंगेशकर

- **एम.एस. सुब्बालक्ष्मी :** सुब्बालक्ष्मी भारत की अंतर्राष्ट्रीय स्तर की शास्त्रीय संगीत की गायिका थीं। ये कर्नाटक संगीत परम्परा की प्रसिद्ध गायिका और वीणा वादक थीं। इन्हें 1974 में 'रेमन मैग्सेसे पुरस्कार' से सम्मानित किया जा चुका है। जनवरी 1998 में इन्हें 'दादा साहेब फाल्के पुरस्कार' तथा 2000 में 'भारत रत्न' से सम्मानित किया गया।
- **त्यागराज :** 1764 में दक्षिण भारत में जन्मे महान संगीतकार, जिनकी मातृभाषा तमिल थी और वह तेलुगू में संगीत रचना करते थे। इनका निधन 1874 में हो गया।
- **तानसेन :** 1506 ई. में जन्मे तानसेन एक महान संगीतज्ञ थे। ये स्वामी हरिदास के शिष्य थे। इन्हें 'संगीत सम्राट्' के नाम से भी जाना जाता है। ये महाराज अकबर के नवरत्नों में से एक थे। तानसेन ने अनेक रागों की सृष्टि की। 1589 में इनका निधन हो गया। इन्होंने रुद्रवीणा वाद्य यंत्र पर 'दरबारी' तथा 'मियाँ की तोड़ी' नामक दो रागों की रचना की। इनके विषय में अबुल फजल ने कहा कि भारत में तानसेन के समान गायक एक सहस्र वर्षों से नहीं हुआ है।
- **कुमार गंधर्व :** 8 अप्रैल, 1924 को कर्नाटक के सुलेभावी ग्राम में जन्मे, कुमार गंधर्व के पिता सिद्धरमैया गंधर्व सम्प्रदाय के कोमकाली मठ के प्रमुख थे। शिवपुत्र सिद्धरमैया कोमकाली को बचपन से ही बड़े कलाकारों की नकल उतारने का शौक था। इनका गायन सुनकर गुरु कलमढ़ स्वामी इतने मंत्रमुग्ध हुए कि उन्होंने इनका नाम कुमार गंधर्व कर दिया। कुमार उपहास हेतु बड़े कलाकारों की नकल नहीं करते थे, वरन् अत्यंत श्रद्धा के कारण ही उनमें नकल का अनुकरण करने का भाव उपजा, किंतु प्रो. बी. आर. देवधर के आशीर्वाद ने उनमें एक नया स्वरूप भर दिया। यहीं से उनके जीवन में एक अद्भुत परिवर्तन दिखाई देने लगा। उनका संगीत रियाज से नहीं बल्कि साधना से उपजा और पल्लवित-पुष्पित हुआ। उनकी विलक्षणता इस बात में है कि उन्होंने कभी भी एक बंदिश, एक भजन या एक लोकगीत को एक जैसा नहीं गाया। उन्होंने राजस्थानी तथा मालवी लोकगीतों और सूर, मीरा, तुलसी, कबीर, संत तुकाराम आदि की रचनाओं को शास्त्री संगीत का आवरण दिया। 'अनूप राग विलास' नाम से उन्होंने अपनी बंदिशों और रागों का संकलन किया है।
- **स्वामी हरिदास :** इस मध्यकालीन संत का जन्म वृन्दावन के पास हुआ था। इन्होंने हिन्दुस्तानी शास्त्रीय संगीत को ध्रुपद से समृद्ध किया। इनकी काव्य रचनाओं से न केवल भक्तों को बल्कि संगीत शास्त्रियों और प्रेमियों को भी एक नवीन दिशा मिली। वृन्दावन में रहकर इस संत गायक ने अनेक ध्रुपदों की रचना की तथा उन्हें शास्त्रोक्त रागों एवं तालों में निबद्ध किया। नृत्य शास्त्र के इस श्रेष्ठ आचार्य ने रास का प्रचलन कर नृत्य में एक नई विद्या का शुभारंभ किया। इन्होंने कृष्ण भक्ति के एक विशेष सम्प्रदाय 'सखी सम्प्रदाय' अथवा 'हरिदासी सम्प्रदाय' का प्रारंभ किया।
- **बैजू बावरा :** बैजू बावरा के संबंध में कोई ऐतिहासिक प्रमाण नहीं मिलते। इनके संबंध में अनेक किंवदंतियाँ प्रचलित हैं। ऐसा माना जाता है कि ये 15वीं सदी के उत्तरार्द्ध में ग्वालियर के राजा मान सिंह तोमर के गायक थे। राजा मान सिंह द्वारा ध्रुपद शैली का परिष्कार एवं प्रचार इनके सहयोग से ही संभव हो सका। क्योंकि राजा मान सिंह ने जब अपनी रचनाओं को ब्रजभाषा में लिखकर ध्रुपद को लोक भाषा दी, तब बैजू ने ही उनका साथ दिया। राजा मान सिंह की मृत्यु के पश्चात् बैजू कालिंजर के राजा कीरत के राजभवन में चले गए।
- **नेमत खां सदारंग :** नेमत खां मुगल शासक मुहम्मद शाह रंगीला के यहाँ खयाल गायकी के प्रमुख कलाकार थे। सम्राट् से मतभेद हो जाने के कारण नेमत खां दरबार छोड़ लखनऊ आ गए। यहाँ उन्होंने मोहम्मद शाह रंगीले के

नाम पर बंदिश तैयार की। जब उनके शिष्यों ने ये बंदिशें मुगल दरबार में सुनाईं तो बादशाह इतना प्रभावित हुआ कि खां साहब को पुनः दरबार में रख लिया। उनकी बंदिशों में श्रृंगार रस और बादशाह की प्रशस्ति का पुट रहता था। उनका महत्व इसलिए भी है कि उन्होंने स्वयं अपनी बंदिशें कभी महफिल में नहीं गाईं।

- **फिरोद खां अदारंग :** नेमत खां सदारंग के भतीजे दामाद और शिष्य फिरोज खां की नेमत खां ने अपनी बंदिशों में जिक्र किया है।

- **विष्णु नारायण भातखंडे :** मुंबई एवं कराची के प्रसिद्ध वकील **विष्णु नारायण भातखंडे** का जन्म सन् 1860 में हुआ था। संगीत में रुचि के कारण उन्होंने वकालत छोड़ दी तथा अपना जीवन संगीत के नाम कर दिया। तत्कालीन राजा-महाराजाओं के सहयोग से योग्य, अनुभवी विद्वानों से व्यक्तिगत एवं सामूहिक संपर्क स्थापित कर इन्होंने जिस संगीत का संकलन किया, वह वास्तव में अद्वितीय है। उनका सर्वाधिक महत्वपूर्ण कार्य संगीत के 10 थाटों पर प्रचलित रागों के सिखाए जा सकने वाले ख्याल, ध्रुपद तथा धमार के साहित्य की शास्त्रीय शिक्षा हेतु संस्थानों की स्थापना करना है। लखनऊ में 'मॉरिस कॉलेज ऑफ म्यूजिक' की स्थापना के साथ ही उनका संगीत विद्यालय खोलने का सपना पूरा हुआ। मराठी में लिखी पुस्तक 'हिन्दुस्तानी संगीत पद्धति' उनकी प्रमुख कृति है। इन्होंने 'चतुर' नाम से कुछ गीत भी लिखे तथा कई अन्य संगीत विद्यालय भी खोले।

चित्र 7.9: विष्णु नारायण भातखंडे

- **विष्णु दिगम्बर पलुस्कर :** 18 अगस्त, 1872 को महाराष्ट्र में जन्मे **दिगम्बर पलुस्कर** आठ वर्ष की अल्पायु में ही आँखों की रोशनी खो बैठे। इन्होंने पंडित बालकृष्ण वुबा इचलकरंजीकर से संगीत की शिक्षा प्राप्त की। इसके बाद पलुस्कर गाँवों में घूमने लगे। उन्होंने श्रृंगार रस के भद्दे शब्दों को हटाकर भक्ति और करुण रस को स्थान दिया। सन् 1901 में लाहौर में उनके द्वारा स्थापित गंधर्व महाविद्यालय संशोधित गुरुकुल प्रणाली और आधुनिक शिक्षा का एक उत्कृष्ट समन्वय था। 1908 में विष्णु दिगम्बर जी मुंबई आ गए और यहीं उन्होंने गंधर्व महाविद्यालय की शाखा स्थापित की। उन्होंने संगीत की लगभग 50 पुस्तकें प्रकाशित कीं, जिनमें 'संगीत बाल प्रकाश', 'संगीत बाल बोध', 'संगीत शिक्षक', 'राग प्रवेश (20 खंड)', 'राष्ट्रीय संगीत', 'महिला संगीत' आदि शामिल हैं। उन्होंने 'संगीतामृत प्रवाह' नामक एक मासिक पत्रिका भी निकाली थी। संगीत के विकृत स्वरूप को सुधारने और समुचित मान-प्रतिष्ठा दिलाने का श्रेय पलुस्कर जी को जाता है। यदि भातखंडे ने संगीत के सैद्धान्तिक पक्ष का निरूपण किया तो पलुस्कर जी ने उसके व्यावहारिक पक्ष को गरिमा प्रदान की। ये गाँधीजी के साथ मंच पर बैठकर 'रघुपति राघव राजा राम' गाते थे।

चित्र 7.10: विष्णु दिगम्बर पलुस्कर

- **फैयाज खां :** 1880 में सिकंदरा में जन्मे फैयाज खां ने आगरा घराने के उस्ताद गुलाम अब्बास खां से तालीम ली थी। मुंबई की एक महफिल में मियाँ जान खां के बराबर राग मुल्तानी में खयाल गाकर इन्होंने बड़ी ख्याति अर्जित की थी। वह इस घराने के एकमात्र ऐसे गायक थे, जिन्होंने अपने घराने की शैली पर अपने व्यक्तित्व की मुहर लगाई। उस्ताद फैयाज खां चहुँमुखी प्रतिभा के गायक थे। उन्हें 'आफताबे मौसिकी' कहा जाता था। खयाल शैली के अद्वितीय गायक उस्ताद फैयाज खां का आलाप और होरी-धमार में भी कोई जवाब नहीं है। दरबारी, पूरिया, देसी, तोड़ी, आसावरी, रामकली, यमन-कल्याण, जैजैवंती, बरवा आदि रागों को जब वह अलापते तो श्रोता झूम उठते। उनका ब्रज भाषा उच्चारण अत्यंत सही और सुंदर था। वे 'प्रेमप्रिया' के नाम से रचनाएँ भी करते थे। 5 नवम्बर, 1950 को उनकी मृत्यु हो गई।

अध्याय सार–संचिका

- 'ऋग्वेद' और 'सामवेद' को संगीत का प्रारंभिक उदाहरण माना जाता है।
- संगीत कला के सात स्वर हैं-साज (सा), ऋषभ (रे), गांधार (ग), मध्यम (म), पंचम (प), धैवत (ध) तथा निषाद (नि)।
- कर्नाटक शैली के दो प्रमुख राग हैं-(1) कीर्तन, (2) कृति।
- हिन्दुस्तानी शैली के राग हैं-गजल, दादरा तथा तराना।
- संगीत के अंतर्गत 'खयाल' का विशेष महत्व है। 'खयाल' का शाब्दिक अभिप्राय 'कल्पना' से है।
- प्रसिद्ध सूफी संत अमीर खुसरो को 'खयाल' का जनक कहा जाता है।
- 18वीं शताब्दी में 'खयाल' को शास्त्रीय स्वरूप प्रदान करने का श्रेय सदानन्द नियामत खां को जाता है। खयाल का सर्वाधिक प्रचलन शर्की सुल्तानों के काल में हुआ।
- 'खयाल' को 'अलाप' से प्रारंभ करना आवश्यक नहीं है।
- त्यागराज, श्याम शास्त्री एवं मुत्तुस्वामी संगीत की दुनिया में कर्नाटक शैली के 'त्रिरत्न' कहे जाते हैं।
- हिन्दुस्तानी संगीत पद्धति 'समय' अथवा 'काल' सिद्धान्त पर आधारित है।
- हिन्दुस्तानी संगीत में ध्रुपद सर्वाधिक पुरानी रचना है, जिसके विकास का श्रेय संगीत सम्राट् तानसेन को जाता है।
- ध्रुपद को अलाप से प्रारंभ करना अति आवश्यक है।
- राधा-कृष्ण भक्ति सम्प्रदाय से संबंधित 'ठुमरी' एक अलग प्रकार की संगीत विद्या है।
- 19वीं शताब्दी में वाजिद अली शाह के जमाने में 'ठुमरी' एक अलग प्रकार की संगीत विद्या थी।
- गजल हिन्दुस्तानी संगीत की एक और विधा है। मिर्जा गालिब को 'गजल का जनक' स्वीकार किया जाता है।
- 'राग हिण्डोली' बसन्त ऋतु में गाया जाने वाला राग है।
- 'राग भैरव' प्रातःकाल की ताजगी का राग है।
- 'राग यमन' रात्रि में प्रथम प्रहर में गाया जाने वाला राग है।
- 'राग काफी' की होली पर्व के अवसर पर रात्रि में गाया जाने वाला राग है।
- 'राग भूपाली' रात्रि के प्रथम प्रहर में गाया जाने वाला राग है।
- 'राग विहाग' रात्रि के प्रथम प्रहर में गाया जाने वाला राग है।
- संगीत विद्यालय, लाहौर की स्थापना सन् 1901 में विष्णु दिगम्बर पलुस्कर द्वारा की गई थी।
- 'अखिल भारतीय संगीत अकादमी' की स्थापना सन् 1919 में की गई थी।
- संगीत अकादमी की स्थापना सन् 1921 में मद्रास में की गई थी।
- 1921 में लखनऊ में स्थापित मॉरिस कॉलेज 'हिन्दुस्तानी संगीत भातखंडे विश्वविद्यालय' के रूप में विकसित हुआ।

- नत्थन खान एवं पीरबक्श ग्वालियर घराने के प्रमुख खयाल गायक हैं।
- इन्दिराबाई हाल्वे जयपुर घराने की प्रख्यात खयाल गायिका हैं।
- भारत में वायलिन वाद्ययंत्र की शुरुआत बालुस्वामी दीक्षित ने की थी।
- भरत का नाट्यशास्त्र भारतीय साहित्य तथा संगीत का बृहद्कोष है।
- शास्त्रीय संगीत का अपना शास्त्र तथा नियम है। शास्त्रीय संगीत की एक विशेषता ताल है। इसके अंतर्गत गायन, वादन एवं नर्तन, तीनों ही कलाओं में ताल तथा लय पर सीमाबद्ध अंकुश रहता है।
- भारत में संगीत की दो प्रचलित धाराएँ हैं-प्रथम हिन्दुस्तानी संगीत, द्वितीय कर्नाटक संगीत।
- हिन्दुस्तानी संगीत के सात शुद्ध स्वर हैं तथा पाँच विकृत स्वर।
- हिन्दुस्तानी संगीत में तीन प्रकार के राग होते हैं-(1) सम्पूर्ण, (2) षाडव, (3) औड़व। इसके अतिरिक्त आधुनिक हिन्दुस्तानी संगीत में 10 थाट माने गए हैं। इन थाटों के नाम 10 विशेष रागों पर पड़े हैं, जिनके नाम हैं-इमन, बिलावल, खमाज, भैरव, पूर्वी, माखा, काफी, आसावरी, भैरवी और तोड़ी।
- पंजाब में ऊँट हांकने वाले 'टप्पा' नामक लोक गीत गाते हैं।
- ठुमरी में गीत काव्य स्वर एवं ताल के समन्वय में काव्य पक्ष अधिक प्रबल दिखाई देता है, जबकि खयाल एवं ध्रुपद में व्यक्ति काव्य की अपेक्षा स्वर, ताल और लय पर अधिक बल दिया जाता है।
- ठुमरी गायन का उद्देश्य सौंदर्य, रस एवं भावाभिव्यक्ति है।
- संगीत सम्राट् तानसेन को ध्रुपद गायन की चारों बानियों पर सिद्धहस्तता प्राप्त थी। ये बानियां हैं-
  1. गौड़हार बानी
  2. डागुर बानी
  3. खंडार बानी
  4. नौहार बानी

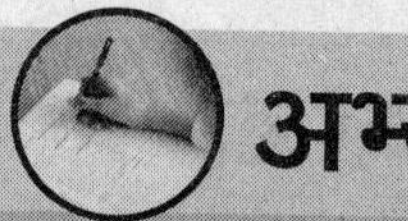

अभ्यास प्रश्न

1. **संगीत के सात स्वरों की उत्पत्ति मानी जाती है–**
   (a) नाद से
   (b) सप्तक से
   (c) 22 श्रुतियों से
   (d) उपर्युक्त में सभी से
2. **महामुनि वाल्मीकि द्वारा रचित रामायण के 'किष्किन्धाकांड' में किस वीणा का उल्लेख है?**
   (a) विपंपी वीणा
   (b) दैवीय वीणा
   (c) असुरी वीणा
   (d) किन्नरी वीणा
3. **अकबर ने हिन्दी का अध्ययन, भाषा व उच्चारण का ज्ञान अर्जन किया–**
   (a) शीलवंत से
   (b) लाल कुलवंत से
   (c) जामवंत से
   (d) कृष्णकांत लाल से
4. **हिन्दुस्तानी संगीत में राग के प्रकार होते हैं–**
   (a) औड़व-षाडव-षाडव
   (b) संपूर्ण षाडव षाडव
   (c) षाडव-षाडव-औड़व
   (d) संपूर्ण षाडव औड़व
5. **ध्रुपद में तुकों की संख्या होती है–**
   (a) 6 तुक
   (b) 8 तुक
   (c) 2 तुक
   (d) 4 तुक
6. **निम्न को सुमेलित करें–**

1. पंडवानी	A. मध्य प्रदेश
2. बम्बुलिया	B. छत्तीसगढ़
3. चाकरी	C. बुन्देलखंड
4. ददरिया गीत	D. जम्मू-कश्मीर

कूट:

(a)	1-B	2-C	3-D	4-A
(b)	1-B	2-D	3-A	4-C
(c)	1-D	2-A	3-C	4-B
(d)	1-A	2-B	3-C	4-D

7. **निम्न में से कौन अचल स्वर है?**
   (a) म
   (b) ग
   (c) नि
   (d) प
8. **कौन असंगत है?**

वाद्य यंत्र	**वादक**
(a) सितार	वहीद खान
(b) सरोद	राधिका मोहन मोइत्रा

(c) वीणा स्वामी आयंगर
(d) गिटार बालाचन्द्र

9. तबला परिवर्तित रूप है–
(a) पखावज का
(b) सुरसिंगार का
(c) नाल/ढोलक का
(d) त्रिपुष्कर वाद्य का

10. वेदकालीन स्वर स्थानों के नाम निम्न हैं–
(a) उदात्त, अनुदात्त, स्वरित
(b) अनुनय, विराग, श्रीराग
(c) तीव्र, मंद्र, मध्य
(d) स्फुरित, त्वरित, स्पंदित

11. निम्न में से कौन-सा वेद पूर्णतया संगीतमय है?
(a) ऋग्वेद
(b) अथर्ववेद
(c) यजुर्वेद
(d) सामवेद

12. निम्न में से किसने राजपुत्री उत्तरा को नाम परिवर्तित करके वीणावादन सिखाया था?
(a) कृष्ण ने
(b) दुर्योधन ने
(c) युधिष्ठिर ने
(d) अर्जुन ने

13. संगीतशास्त्र के प्रमुख रचनाकारों को सुमेलित करें–

1. शारंग देव — A. संगीत मकरन्द
2. नारद — B. संगीत रत्नाकार
3. पार्श्वदेव — C. ध्रुपद टीका
4. भरताचार्य — D. संगीत समयसार

	A	**B**	**C**	**D**
(a)	1	2	3	4
(b)	2	3	4	1
(c)	2	1	4	3
(d)	3	1	2	4

14. निम्न में से कौन-सा राग मध्यरात्रि में गाया जाता है?
(a) राग दीपक
(b) राग देस
(c) राग बिलावल
(d) राग बागश्री

15. निम्न में से कौन-सा तत् वाद्य है?
(a) रंभा
(b) शहनाई
(c) पुंगी
(d) संतूर

उत्तरमाला

1. (c) **2.** (d) **3.** (c) **4.** (d) **5.** (d) **6.** (a) **7.** (d) **8.** (d)
9. (d) **10.** (a) **11.** (d) **12.** (d) **13.** (c) **14.** (d) **15.** (d)

❑❑❑

8 भारतीय सिनेमा जगत

प्रमुख बिन्दु

- ❖ सिनेमा का उद्भव एवं विकास
- ❖ सरकार और सिनेमा
- ❖ अभ्यास प्रश्न
- ❖ फिल्म संगीत
- ❖ अध्याय सार-संचिका

संस्कृति एवं मनोरंजन का सशक्त माध्यम तथा महत्वपूर्ण उद्योग चलचित्र 19वीं सदी की एक महत्वपूर्ण खोज है। आज यह इतना व्यापक रूप धारण कर चुका है कि आम आदमी की जिंदगी का एक हिस्सा बन गया है। चलचित्र की कहानी परिकल्पनाओं, सिद्धान्तों, आविष्कारों से होते हुए वास्तविकता के धरातल तक की यात्रा की कहानी है। वर्तमान में यह करोड़ों लोगों का मनोरंजन करने वाला एक सस्ता साधन बन चुका है।

सिनेमा का उद्भव एवं विकास

1879 में चार्ल्स एमाइल रेनाड (फ्रांस) ने 'प्रोक्सिनोस्कोप' की खोज की और 1881 में अल्वा एडीसन ने काइनेटोस्कोप यानी मूवी कैमरा और कानेटोग्राफ का आविष्कार किया। सन् 1882 में एड्वर्ड मेव्रिज ने गतिशील वस्तुओं की छायांकित करने की पद्धति का आविष्कार किया। 'इंटरमिटेंट मोशन चैकेनिज्म' का आविष्कार अमेरिका में टॉमस आर्मेट एवं फ्रांस में लुमियेन बँधुओं ने किया। सन् 1889 में प्रथम बार 13 सेकेण्ड की चलती-फिरती तस्वीर बनी, जिसका सार्वजनिक प्रदर्शन 1894 ई. में न्यूयॉर्क में हुआ। दीर्घकाल तक छायांकन के क्षेत्र में मूल प्रयोगों में संलग्न ऑगस्टस लुमियर एवं लुईस लुमियर ने सिनेमा के क्षेत्र में सर्वाधिक प्रशंसनीय कार्य किया। फ्रांस में फिल्म प्रदर्शन के लगभग सात महीने बाद बंबई में प्रिंस ऑफ वेल्स संग्रहालय के सामने वाट्सन होटल में 7 जुलाई, 1896 को लुमियर बँधुओं के मोशन पिक्चर फोटोग्राफी सिनेमैटोग्राफ का प्रदर्शन हुआ और 14 जुलाई, 1896 को लुमियर बँधुओं के **'एराइवल ऑफ ए ट्रेन'**, 'ए डिमोलिशन लीविंग द फैक्ट्री', 'लेडीज एवं सोल्डर्स ऑफ दी व्हील' का आमरूप से बंबई के 'नॉवेल्टी थियेटर' में प्रदर्शन किया गया। 1899 में 'द रेसलर' और 'मैन एंड मंकी' फिल्मों के प्रदर्शन के लिए हरिश्चन्द्र एस. भटवाडेकर छायांकन करने वाले प्रथम भारतीय बने। 1899 में भटवाडेकर ने ही पहली न्यूज रील बनाई। भारत की प्रथम वर्णनात्मक फीचर फिल्म 'पुण्डिल' थी, जिसे सन् 1912 में आर.जी. टोनी एवं एन.जी. चित्र सेन ने बनाया।

चित्र 8.1: एराइवल ऑफ ए ट्रेन

सिनेमा और दूरदर्शन

- देश में निर्मित प्रथम पूर्णरूपेण स्वदेशी फिल्म — राजा हरिश्चन्द्र
- प्रथम स्वदेशी फिल्म राजा हरिश्चन्द्र के निर्माता — दादा साहब फाल्के
- भारत में निर्मित प्रथम अंग्रेजी फिल्म — नूरजहां
- भारत में बनी पहली सवाक् फिल्म — आलमआरा
- प्रथम सवाक् फिल्म 'आलमआरा' के निर्देशक — आर्देशिर ईरानी
- भारत का प्रथम सिनेमाघर — एलफिंस्टन पिक्चर पैलेस, कोलकाता
- भारत का प्रथम वातानुकूलित सिनेमा घर — रीगल, मुंबई
- भारत में सर्वप्रथम फिल्म का प्रदर्शन — 7 जुलाई, 1896
- राष्ट्रीय फिल्म पुरस्कार से सम्मानित पहली हिन्दी फिल्म — मिर्जा गालिब
- भारत की पहली सिने कलर फिल्म — किशन कन्हैया
- सिनेमास्कोप में बनी पहली फिल्म — कागज के फूल
- 70 एम.एम. में बनी देश की पहली फिल्म — शोले
- देश में बनी पहली त्रिआयामी फिल्म — माय डियर कुट्टीचत्यन (मलयालम)
- देश में बनी पहली त्रिआयामी हिन्दी फिल्म — शिवा का इंसाफ
- भारतीय फिल्म जगत् के प्रथम तकनीशियन — दादा साहब फाल्के
- भारतीय फिल्मों के जनक के रूप में विख्यात व्यक्ति — दादा साहब फाल्के
- भारत के प्रथम फिल्म वितरक — दादा साहब फाल्के
- भारत के प्रथम फिल्म निर्माता — दादा साहब फाल्के
- मनोरंजन कर से मुक्त प्रथम भारतीय फिल्म — झनक झनक पायल बाजे
- भारत में निर्मित प्रथम गाने रहित फिल्म — नौजवान
- भारत में निर्मित सर्वाधिक्र गानों वाली फिल्म — इन्द्रसभा
- फिल्म फेयर पुरस्कार की शुरुआत — 1953 ई.
- फिल्म फेयर पुरस्कार से सम्मानित प्रथम अभिनेत्री — नर्गिस
- फिल्म फेयर पुरस्कार से सम्मानित प्रथम सर्वश्रेष्ठ फिल्म — दो बीघा जमीन
- फिल्म फेयर पुरस्कार के सर्वश्रेष्ठ निर्देशक के पुरस्कार से सम्मानित प्रथम व्यक्ति — सत्यजीत रे
- प्रथम अंतर्राष्ट्रीय फिल्म समारोह का आयोजन — 1952 (मुंबई)
- विख्यात साहित्यकार मुंशी प्रेमचन्द्र द्वारा लिखित प्रथम फिल्मी पटकथा — मिल
- 'भारत रत्न' से सम्मानित प्रथम पार्श्व गायिका — लता मंगेशकर
- भारत में सर्वप्रथम प्रयोगात्मक टेलीविजन की शुरुआत — 15 दिसम्बर, 1959
- टेलीविजन की प्रथम उद्घोषिका — प्रतिमा पुरी
- दूरदर्शन द्वारा प्रथम हिन्दी समाचार के प्रसारण की शुरुआत — 2 फरवरी, 1962

चित्र 8.2: दादा साहब फाल्के

चित्र 8.3: मिर्जा गालिब

चित्र 8.4: नर्गिस

चित्र 8.5: सत्यजीत रे

- दूरदर्शन की प्रथम हिन्दी समाचार वाचिका — **प्रतिमा पुरी**
- दूरदर्शन द्वारा प्रथम अंग्रेजी समाचार के प्रसारण की शुरुआत — **3 दिसम्बर, 1971 ई.**
- दूरदर्शन द्वारा प्रायोजित प्रथम धारावाहिक — **हम लोग**
- दूरदर्शन के दूसरे चैनल की शुरुआत — **17 सितम्बर, 1984 ई.**
- देश का सबसे ऊँचा टी.वी. टॉवर — **पीतमपुरा, नई दिल्ली**
- दूरदर्शन के अंतर्राष्ट्रीय चैनल का उद्घाटन — **13 मार्च, 1995**

भारत में मूक सिनेमा

ढुंडीराज गोविंद फाल्के (दादा साहब फाल्के) ने 1913 ई. में भारत की पूर्णतः स्वदेशी मूक फीचर फिल्म 'राजा हरिश्चन्द्र' बनाई, जिसकी कुल अवधि 90 मिनट की थी। दादा साहब फाल्के अद्वितीय स्वप्नद्रष्टा, अनन्य राष्ट्रभक्त, अद्वितीय प्रदर्शनकार, प्रचारक और अद्भुत प्रतिभा के धनी थे। उन्होंने अपने जीवन काल में 40 से अधिक फिल्मों (धार्मिक, सामाजिक, ऐतिहासिक और जीवनीपरक) तथा 20 से अधिक तथ्यात्मक एवं शैक्षिक फिल्मों का निर्माण किया। 'राजा हरिश्चन्द्र' फिल्म का एक रोचक प्रसंग यह भी है कि इसमें हरिश्चन्द्र की पत्नी तारामती की भूमिका सालुंके नामक एक युवक ने निभाई थी। सन् 1934 तक लगभग 1300 मूक फिल्मों का निर्माण हो चुका था।

चित्र 8.6: फिल्म 'राजा हरिश्चन्द्र' का पोस्टर

सवाक् सिनेमा

विश्व की प्रथम सवाक् फिल्म अमेरिका के गार्नर बँधुओं ने 6 जुलाई, 1928 में बनाई। इसका नाम 'लाइट्स ऑफ न्यूयॉर्क' था। आर्देशिर ईरानी की पहली बोलती फिल्म 'आलमआरा' 14 मार्च, 1931 को प्रदर्शित हुईं (यह वर्ष मूक फिल्मों के चरमोत्कर्ष का समय था। इस वर्ष 200 मूक फिल्मों का निर्माण हुआ था, किंतु 1932 में यह संख्या घटकर 64 रह गई थी और 1934 में यह संख्या 7 हो गई थी)। फिल्म के संवाद संस्कृतनिष्ठ हिन्दी और फारसी मिश्रित उर्दू की मिली-जुली भाषा में थे। इस फिल्म में मास्टर विट्ठल, मिस जुबैदा, मिस सुशीला, मिस जिल्लू एलियर, पृथ्वीराज कपूर और जगदीश जैसे कलाकार थे। 1931 में प्रथम सवाक् फिल्म बनने से पूर्व ही भारत में विदेशी सवाक् फिल्मों का प्रदर्शन आरंभ हो चुका था। 1920 में बंबई, कोलकाता, मद्रास ने चलचित्रों के विकास में महत्वपूर्ण भूमिका अदा की और इस संबंध में यहाँ फिल्म सेंसर बोर्ड भी स्थापित किए गए। 1920 में ही इटली के सहयोग से 'नल-दमयंती' नामक फिल्म का निर्माण हुआ, जो अन्य देश के सहयोग से निर्मित प्रथम भारतीय फिल्म थी। मूक फिल्मों की कथा, वस्तु पौराणिक, धार्मिक आवरण लिए होती थी। कभी-कभी इसमें सामाजिकता का पुट भी नजर आने लगता है। इस संबंध में 'साबकारी पाश' नामक फिल्म उल्लेखनीय है। इस फिल्म में वी. शांताराम ने विज्ञान की भूमिका निभाई थी। इसे पहला कलावादी तथा यथार्थवादी चलचित्र माना जाता है। 1931 में 'आलमआरा' के साथ-साथ 22 अन्य हिन्दी फिल्में, 3 बांग्ला, 1 तमिल तथा 1 तेलुगू (सवाक) फिल्म भी प्रदर्शित हो चुकी थी। तमिल फिल्म 'कालिदास' का निर्देशन एच.एम. रेड्डी ने किया था। मूक फिल्में मुख्यतः धर्म प्रधान होती थीं, किंतु बोलती फिल्म के प्रचलन के पश्चात् फिल्म की विषय-वस्तु में भी तेजी से बदलाव आया और धार्मिक पुट के साथ-साथ, प्रेम-प्रधान और सामाजिक फिल्में भी बनीं, यथा-**'देवदास'**, **'अछूत कन्या'**, **'कंगन'**, **'आदमी'**, **'बंधन'** तथा **'धूप-छांव'** आदि।

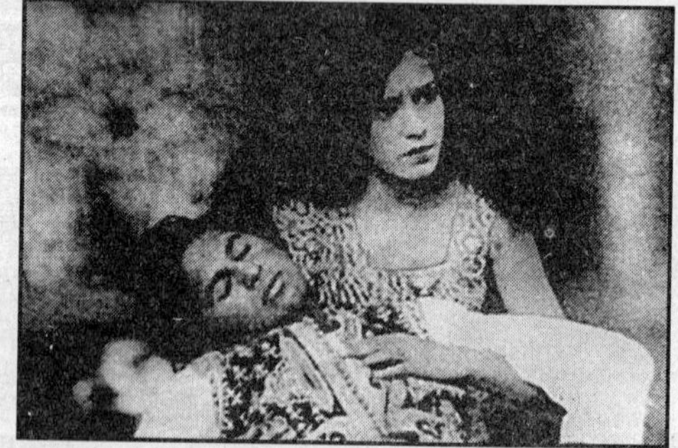

चित्र 8.7: फिल्म 'आलमआरा' का एक दृश्य

रंगीन सिनेमा

1950 तक केवल ब्लैक एंड ह्वाइट फिल्में ही बनती थीं। सन् 1951 में स्वर्गीय महबूब खान ने भारत की प्रथम रंगीन फिल्म 'आन' का निर्माण किया। इसके पश्चात् सन् 1960 से 1970 के बीच रंगीन फिल्म के क्षेत्र में भी नए-नए प्रयोग

हुए और गेवा कलर, टेक्नीकलर तथा ईस्टमेनकलर फिल्मों का निर्माण हुआ। 1950 के बाद पुनः फिल्मों की विषयवस्तु एवं प्रस्तुतीकरण के ढंग में तेजी से परिवर्तन आया और अपराध (हिंसा, लूटपाट, डकैती) तथा एक्शन से भरपूर फिल्मों का निर्माण किया जाने लगा।

साठोत्तर सिनेमा

सन 1960 के बाद तकनीकी एवं अभिनय की दृष्टि से भी फिल्मों का तीव्र गति से विकास हुआ। इसी समय आउटडोर दृश्यों के छायांकन तथा सेटों के निर्माण इत्यादि की दिशा में नए-नए प्रयोग किए गए। 70 के दशक में भारतीय सिनेमा पर पाश्चात्य संगीत का प्रभाव पड़ा। यह मोहभंग का काल था। बिगड़ते हालातों ने जनता को सामूहिक प्रतिरोध लेने के लिए मजबूर कर दिया, जिसका परिणाम वामपंथी एवं जनवादी आन्दोलनों के रूप में दृष्टिगत होने लगा। इस परिवर्तन का असर सिनेमा पर भी पड़ा। यह यथार्थवादी परम्परा का ही विकास था, किंतु इसमें नए प्रयोगों को भी स्थान दिया जाने लगा। इस कारण इसे 'न्यू वेव सिनेमा' के नाम से भी जाना जाता है। इसमें भी दो रूप दृष्टिगत हुए, एक प्रयोगशील सिनेमा (यथा मणि कौल, गौतम घोष, गोविंद निहलानी, सईद अख्तर मिर्जा, जब्बार पटेल आदि) और दूसरा कलात्मक बम्बइया सिनेमा।

कला सिनेमा

भारतीय सिनेमा में कला फिल्मों का दौर भी अधिक समय तक जीवित नहीं रह सका। इस प्रकार आगे चलकर अर्थात् 90 के दशक में मुख्यधारा की फिल्मों ने समस्याओं के संबंध में लीक से हटकर फिल्मों की चिंता को सहयोजित कर लिया। लोकप्रिय सिनेमा सामाजिक समानता, ग्रामीण प्रव्रजन, सांप्रदायिकता, जातीयता, नारी आन्दोलन और राजनीति के अपराधीकरण पर फोकस करने लगा।

हास्य सिनेमा

चित्र 8.8: डेविड धवन

चित्र 8.9: हास्य फिल्म 'हिन्दी मीडियम'

हास्य फिल्मों ने भी दर्शकों को मनोरंजित करने का प्रयास किया, किंतु इसमें भी हिंसा, कामुकता, उत्तेजकता की प्रधानता रही। हास्य फिल्मों के निर्माण में डेविड धवन, साजिद नाडियाडवाला जैसे निर्माताओं का उल्लेखनीय योगदान रहा। कुछ ऐसी फिल्में भी आईं, जिसमें नायक स्वयं नायिका का शृंगार कर घाघरा-चोली पहन (कला में विविधता दर्शाने के उद्देश्य से) दर्शकों के सम्मुख आया। इस संबंध में 'कमल हसन' की 'चाची 420', गोविंदा अभिनीत 'आंटी नं. वन' तथा आयुष्मान खुराना अभिनीत 'ड्रीमगर्ल' फिल्म उल्लेखनीय है। हास्य फिल्मों की सूची में 'मुन्ना भाई एमबीबीएस', 'हेराफेरी', 'फिर हेराफेरी' 'गोलमाल', 'टोटल धमाल', 'धमाल नं. 1' 'गोलमाल रिटर्न', 'स्त्री', 'अंग्रेजी मीडियम', 'हिन्दी मीडियम', 'लुका छिपी' आदि फिल्में शामिल हैं।

बाल सिनेमा

सन 1955 में भारत सरकार ने 'बालचित्र समिति' बनाकर बालोपयोगी फिल्मों के निर्माण का प्रयास किया, किंतु भारत में फिल्मों का इतना अधिक निर्माण (प्रतिवर्ष 800 फिल्में निर्मित) होने पर भी बाल फिल्मों का निर्माण अत्यंत कम पैमाने पर ही किया जाता है। 'बाल शिवाजी', काला पर्वत', 'बाल गणेश' फिल्मों के अलावा शबाना आजमी अभिनीत 'मकड़ी' बच्चों में चर्चा का विषय रही।

चित्र 8.10: 'मकड़ी' फिल्म का पोस्टर

क्षेत्रीय भाषाई सिनेमा

70 के दशक में क्षेत्रीय भाषाओं और बोलियों की फिल्मों का भी काफी मात्रा में निर्माण हुआ। सन् 1963 में विश्वनाथ प्रसाद शाहाबादी की प्रथम भोजपुरी फिल्म 'गंगा मइया तोहे पियरी चढ़इबो' का निर्माण हुआ। क्षेत्रीय भाषाओं की फिल्मों में दक्षिण भारत, पंजाब, पश्चिम बंगाल, बिहार का काफी योगदान रहा। हरियाणा की 'चन्द्रावल' ने भी देश भर में प्रसिद्धि अर्जित की। वर्तमान में अनेक क्षेत्रीय भाषाओं में फिल्मों का निर्माण जारी है।

सामाजिक सरोकार वाली फिल्में

भारतीय जन मानस को आंदोलित एवं भावविभोर करने वाली तथा सामाजिक मूल्यों में हो रही क्षति-पूर्ति करने वाली फिल्मों की भी कमी नहीं रही है।

समकालीन सिनेमा

उद्योग का दर्जा प्राप्त कर चुके भारतीय सिनेमा ने 1994 में सौ वर्ष पूरे किए। इस दौरान जहाँ एक ओर हिंसा, अश्लील दृश्यों की भरमार वाली तथा मारधाड़ से भरपूर फिल्में आईं, वहीं दूसरी ओर हास्य बिखेरती तथा साफ-सुथरी व सामाजिक फिल्मों, जैसे- **नदिया के पार**, **हम आपके हैं कौन**, **हम साथ-साथ हैं**, **ब्लैक**, **परिणीता** ने दर्शकों को स्वस्थ मनोरंजन प्रदान करने का काम किया। सदी के अंत में महिला निर्देशकों ने भारतीय सिनेमा को काफी सफल व अच्छी फिल्में दीं-मीरा नायर (सलाम बॉम्बे), विजय मेहता (पेस्टन जी), अपर्णा सेन (मिस्टर एंड मिसेज अय्यर, 36 चौरंगी लेन, परोमा) के अलावा सई परांजपे (स्पर्श) को दर्शकों ने खूब सराहा, तो दीपा मेहता की 'फायर' और ऑस्कर हेतु नामांकित 'वॉटर' ने सांस्कृतिक विवाद खड़ा कर दिया। लेकिन इन फिल्मों ने सांस्कृतिक बेबाकी के चित्रण के साथ-साथ समाज में फैली कुरीतियों से लोगों को अवगत कराया, जो एक साहसिक कदम था।

चित्र 8.11: फिल्म 'हम साथ-साथ है' का पोस्टर

इसी तरह, साहित्यिक कृतियों एवं ऐतिहासिक प्रसंगों पर आधारित फिल्मों और रीमेक, यानि पूर्व में बच चुकी फिल्मों को पुनः बनाने तथा फिल्मों के सीक्वल जैसी रीति के साथ अब भारतीय सिनेमा का भविष्य इस बात पर निर्भर करता है कि 'रंग दे बसंती' 'डोर', 'लाइफ इन ए मेट्रो' जैसी कम बजट वाली, कम मारधाड़ वाली तथा सामाजिक समस्याओं पर बनी यथार्थवादी फिल्में भारतीय सिनेमा में अपना स्थान बनाए रख पाएँगी अथवा इसका स्थान सेक्स और हिंसा से भरपूर फिल्में ले लेंगी अथवा निजी चैनलों की धूमधाम फिल्मों की व्यावसायिकता को प्रभावित करेंगी। तकनीकी रूप से देखा जाए तो वर्तमान में फिल्मों का स्वरूप काफी बदल चुका है। राजश्री प्रोडक्शन के अधीन निर्मित फिल्म 'विवाह' सिनेमाघरों के साथ-साथ पहली बार इंटरनेट पर भी रिलीज हुई, इसकी खूबी ये है कि फिल्म की डाउनलोड फाइल डीआरएम सॉफ्टवेयर में है, जिससे इसे डीवीडी या वीसीडी पर कॉपी नहीं किया जा सकता। इस तरह के प्रयोग सिनेमा के विकास में कितना सहायक हो पाते हैं, यह तो समय की गर्त में है, पर जिस तरह भारतीय सिनेमा एवं कलाकारों को अब विदेशों में स्वीकार किया जा रहा है व सम्मान की दृष्टि से देखा जा रहा है, उससे ज्ञात होता है कि आधुनिक भारतीय सिनेमा ने विश्व स्तर पर न केवल स्थान बनाया है, बल्कि भारत को सम्मान भी दिलवाया है। एक समय था, जब भारतीय सिनेमा को समाज में कोई योगदान न देने वाली फिल्में जैसी वेदना झेलनी पड़ती थी।

चित्र 8.12: फिल्म 'विवाह' का पोस्टर

फिल्म संगीत

पर्दे पर गीत : संगीत का इतिहास तभी से शुरू होता है, जब से फिल्मों ने बोलना शुरू किया। पहली बोलती फिल्म 'आलम आरा' में गीत-संगीत को भी पिरोया गया था। हम कह सकते हैं फिल्मों ने बोलना और गाना एक ही साथ शुरू किया। कुछ ही समय बाद बनी फिल्म 'इन्द्रसभा' में कुल 71 गाने शामिल किए गए। उस दौर में कोई भी फिल्म औसत रूप से चार हफ्ते से ज्यादा नहीं चलती थी, लेकिन 'इन्द्रसभा' मुंबई के मैजेस्टिक सिनेमा हॉल में सात हफ्ते तक चलती रही। इसका श्रेय इस फिल्म के गीत-संगीत को दिया गया।

पार्श्व संगीत

पार्श्व संगीत यानी बैकग्राउंड म्यूजिक की शुरुआत के बारे में अलग-अलग तथ्य प्रस्तुत किए गए हैं। माना जाता है कि 1932 में निर्मित बांग्ला फिल्म 'चंडीदास' से बैकग्राउंड म्यूजिक का चलन प्रारंभ हुआ, लेकिन इस पर कोई विवाद नहीं है कि संवादों के साथ-साथ चलने वाले पार्श्व संगीत की शुरुआत 'अमृत मंथन' (1934) से हुई। यह फिल्म 'प्रभात फिल्म कंपनी' ने बनाई थी, जिसके निर्देशक शांताराम और संगीतकार के. भोसले थे। इस समय पर्दे पर नायक-नायिका की भूमिका निभाने वाले कलाकार खुद ही अपना गीत गाते थे, लेकिन आगे चलकर पार्श्वगायन तकनीक का चलन शुरू किया गया। इसे शुरू किया हिन्दुस्तान फिल्मों की प्रथम महिला संगीतकार सरस्वती देवी ने। बॉम्बे टॉकीज की फिल्म 'जवानी की हवा' (1935) से उन्होंने इस फिल्म में मुख्य अभिनेत्री की भूमिका निभाने वाली अभिनेत्री चन्द्रप्रभा के लिए खुद ही पार्श्वगायन किया था। चन्द्रप्रभा सरस्वती देवी की बहन थी। इस तरह 1935-36 तक आते-आते हिन्दी फिल्मों के गीत-संगीत पक्ष में कई क्रांतिकारी और दूरगामी प्रयोग किए गए, जिन्होंने आगे चलकर और भी तकनीकी विस्तार प्राप्त किए। इस दौर की कई महत्वपूर्ण फिल्में, मसलन-'धूप-छांव' (1935), 'देवदास' (1935), 'अछूत कन्या' (1936), 'प्रेसीडेंट' (1937), 'स्ट्रीट सिंगर' (1938), 'पिया मिलन को जाना' (1939), 'पुकार' (1939) आदि के माध्यम से सरस्वती देवी, तिमिर बरन, रायचंद बोराल, पंकज मलिक, मीर साहब जैसे संगीतकार प्रकाश में आए। इनके तैयार किए संगीत आज भी सर्वाधिक मधुर और कर्णप्रिय माने जाते हैं। सन् 1941 में प्रदर्शित फिल्म 'निर्दोष' से गायक मुकेश हमारे सामने आए। इस फिल्म में मुकेश नायक ही नहीं, बल्कि संगीतकार भी थे। आगे चलकर उन्होंने सन् 1946 में एक फिल्म 'अनुराग' का निर्माण भी किया था, जिसका संगीत भी उन्होंने ही दिया था। हिन्दी फिल्मों में, खास तौर पर संगीत के क्षेत्र में चालीस का दशक ऐतिहासिक है। इस दौर में संगीत में काफी सुधार हुआ और कई ऐसे गायक, गायिका और संगीतकार सिनेमा के पटल पर उभरे, जिन्होंने आगे चलकर हिन्दी फिल्मों को क्रांतिकारी योगदान दिया। बहुत कम लोग इस बात को जानते हैं कि राज कपूर ने शुरुआती दौर में गीत भी गाए थे। सन् 1947 में संगीतकार एस.डी. बर्मन ने फिल्म 'दिल की रानी' का एक गीत 'ओ दुनिया में रहने वालो' और इसी वर्ष संगीतकार नीना मजूमदार ने फिल्म 'जेल यात्रा' में 'पिया मिल के नवेली जाए रे' गीत राज कपूर से गवाए थे। छठे दशक में हिन्दी फिल्मों की गीत-संगीत की दुनिया में कई ऐतिहासिक नाम उभरे। पहले से ही संगीत का निर्माण कर रहे नौशाद, सी. रामचन्द्र को और निखरने का मौका मिला, वहीं शंकर-जयकिशन, सलिल चौधरी, हेमंत कुमार, रोशन, जयदेव आदि कुछ ऐसे संगीतकार आए, जिन्होंने फिल्म संगीत को और भी विस्तार दिया। सन् 70 के बाद संगीत का लहजा बदलने लगा। सिर्फ संगीत ही नहीं, बल्कि गीतों की भाषा भी बदली। इस दशक में राहुल देव बर्मन के साथ-साथ लक्ष्मीकांत-प्यारेलाल, कल्याणजी- आनंदजी, शंकर-जयकिशन आदि का संगीत काफी बजा। इन संगीतकारों ने समय के साथ समझौते भी किए यानी कि कहानी और पटकथा के मुताबिक इनके संगीत में पश्चिमी साजों का प्रयोग बढ़ने लगा। सन् 1980 तक आते-आते फिल्म संगीत में फिर एक नया बदलाव आया। इस बदलाव को नाम दिया गया 'डिस्को संगीत'। हालांकि इसके प्रचार-प्रसार का श्रेय संगीतकार बप्पी लाहिड़ी को जाता है, जिसके ज्यादातर बोल इंदीवर ने लिखे, लेकिन डिस्को संगीत की औपचारिक शुरुआत फिल्म 'कुर्बानी' के लोकप्रिय गीत 'आप जैसा कोई मेरी जिंदगी में आए' से मानी गई। अस्सी के बाद खासतौर पर एक दशक तक चारों तरफ संगीतकार बप्पी लाहिड़ी के संगीत का शोर रहा। इस दौर में एक समूह फिर बना। दक्षिण भारत के मशहूर निर्माता-निर्देशक, गायक-गायिकाएं और अभिनेता-अभिनेत्रियां भी हिन्दी फिल्मों की तरफ रुख करने लगे। श्रीदेवी, जयाप्रदा की धूम मच गई। साथ में होते जितेंद्र, कादर खान, शक्ति कपूर और असरानी। इन सितारों की ज्यादातर फिल्मों में गीत इंदीवर और संगीत बप्पी लाहिड़ी का होता था। जिस तरह की आवाज की खोज में अनवर, शब्बीर कुमार और मुन्ना अजीज का प्रयोग किया गया, उसी तरह किशोर की आवाज की खोज में अमित कुमार, कुमार शानू और अभिजीत का प्रयोग किया गया, लेकिन इन सबके बीच भोजपुरी और नेपाली फिल्मों से गायन शुरू करने वाले उदित नारायण ने अपनी मौलिक प्रतिभा के बल पर अपनी खास

चित्र 8.13: संगीतकार लक्ष्मीकांत-प्यारेलाल

चित्र 8.14: नौशाद (फिल्म संगीतकार)

पहचान बनाने में कामयाबी प्राप्त की। पॉप से पार्श्व गायन में कदम रखने वाले सोनू निगम भी अपने मधुर आवाज के कारण काफी प्रसिद्ध हैं। उनके साथ गायिकाओं में अनुराधा पौडवाल, अलका याज्ञनिक, साधना सरगम, कविता कृष्णमूर्ति ने भी अपना बेहतरीन सुर मिलाया। गीतकारों में समीर, अनवर सागर, गुलजार, जावेद अख्तर के अलावा संगीतकारों में आदेश श्रीवास्तव, आनंद-मिलिंद, इस्माइल दरबार, अनु मलिक, ए. आर. रहमान सबसे ज्यादा चर्चा में रहे। आर.डी. बर्मन के बाद ए.आर. रहमान को सबसे प्रतिभाशाली संगीतकार माना गया, लेकिन 2000 का दशक आते-आते गीत-संगीत की परिभाषा ही बदल गई। इस दौर में लोग तेज संगीत को पसंद करने लगे, लेकिन सुमधुर गायिकी के साथ मधुर बोल वाले सुरीले धुनों में पिरोए गए गीतों ने भी अपनी जगह बखूबी बनाई। इस दौर के गायकों में अरिजीत सिंह, अरमान मलिक, आदित्य नारायण, मोहित चौहान, शान, के.के., आतिफ असलम लोगों का दिल जीतने में कामयाब रहे, जबकि पार्श्व गायिकों में श्रेया घोषाल, सुनिधि चौहान, नेहा कक्कर, सोनू कक्कर, पलक मुछाल, नीति मोहन की आवाज का जादू भी अपने चरम पर है।

चित्र 8.15: गायक अरमान मलिक

चित्र 8.16: गायिका श्रेया घोषाल

सरकार और सिनेमा

केंद्रीय चलचित्र प्रमाणन बोर्ड

भारत में फिल्में 'केंद्रीय फिल्म प्रमाणन बोर्ड' द्वारा प्रमाणित होने के बाद ही प्रदर्शित की जाती हैं। इस बोर्ड का गठन सन् 1952 में 'सिनेमैटोग्राफिक (सेंसरशिप) अधिनियम 1952' के अंतर्गत किया गया। इस बोर्ड में एक अध्यक्ष तथा कम-से-कम 12 और अधिक-से-अधिक 25 गैर सरकारी सदस्य होते हैं। इन सबकी नियुक्ति सरकार करती है। इस बोर्ड का मुख्यालय मुंबई में स्थित है तथा इसके 9 क्षेत्रीय कार्यालय-बेंगलुरु, मुंबई, कोलकाता, हैदराबाद, चेन्नई, कटक, नई दिल्ली, तिरुअनंतपुरम तथा गुवाहाटी में हैं। इस बोर्ड में प्रतिष्ठित शिक्षाविद्, कला समीक्षक, पत्रकार, समाज सेवक, मनोवैज्ञानिक आदि सम्मिलित होते हैं। बोर्ड फिल्म परीक्षण के बाद अप्रतिबंधित जन प्रदर्शन के लिए 'यू' प्रमाण पत्र एवं प्रतिबंधित (सिर्फ 18 वर्ष से ऊपर आयु वालों को दिखाने के) लिए 'ए' प्रमाण पत्र देता है। यदि फिल्म का कोई भाग देश के हित या सुरक्षा, विदेशों के साथ मैत्रीपूर्ण संबंध, अनुशासन, शिष्टाचार या नैतिकता के विरुद्ध हो, उसमें न्यायालय की अवमानना हो या उससे किसी अपराध के बढ़ने की संभावना हो तो बोर्ड ऐसी फिल्म को प्रमाणपत्र देने से मना कर सकता है।

केन्द्रीय फिल्म प्रमाणन बोर्ड/CENTRAL BOARD OF FILM CERTIFICATION

अ
U

चित्र 8.17: केन्द्रीय चलचित्र प्रमाण बोर्ड का 'यू' प्रमाणपत्र

केन्द्रीय फिल्म प्रमाणन बोर्ड/CENTRAL BOARD OF FILM CERTIFICATION

अव
UA

CERTIFIED

चित्र 8.18: केन्द्रीय चलचित्र प्रमाण बोर्ड का 'यूए' प्रमाणपत्र

फिल्म प्रभाग

फिल्म प्रभाग की स्थापना सन् 1948 में बंबई में की गई थी। यह प्रभाग फिल्मों के माध्यम से आर्थिक विकास और सामाजिक परिवर्तन के लिए चलाई जा रही सरकार की नीतियों और योजनाओं की जानकारी देकर तथा सरकार की उपलब्धियों पर प्रकाश डालकर जन-जागरण का काम करता है। फिल्म प्रभाग अनेक भाषाओं और धर्मों वाले हमारे समाज में एकता लाने

वाली लघु फिल्में भी बनाता है और राष्ट्रीय एकता कायम करने में महत्वपूर्ण भूमिका निभाता है। प्रभाग विदेशी दर्शकों के लिए भी फिल्मों का निर्माण करता है। प्रभाग द्वारा विशिष्ट दर्शकों की रुचि की भी फिल्में तैयार की जाती हैं, जो कृषि, रक्षा तथा अन्य क्षेत्रों को दिखाई जाती हैं। प्रभाग समाचार चित्रों, वृत्तचित्रों तथा लघु फिल्मों का निर्माण और वितरण का दायित्व भी संभालता है। यह प्रभाग वृत्तचित्रों और समाचार चित्रों का निर्माण एवं वितरण करने वाली सबसे बड़ी राष्ट्रीय एजेंसी है। इस प्रभाग ने 1984 में साप्ताहिक समाचार चित्रों का निर्माण बंद कर, पाक्षिक समाचार चित्रों का निर्माण आरंभ कर दिया। यह प्रभाग समाचार चित्र, वृत्तचित्र और ग्रामीण दर्शकों के लिए प्रादेशिक भाषाओं में 16 मिमी. के लघु कथाचित्र बनाता है। फिल्म प्रभाग 'अंतर्राष्ट्रीय समाचार चित्र संघ' का भी सदस्य है, जो संघ के अन्य सदस्य देशों से अंतर्राष्ट्रीय महत्व के समाचार प्राप्त करने में मदद करता है। प्रभाग में कार्टून फिल्म निर्माण के लिए एक अलग इकाई है। फिल्म प्रभाग के वृत्तचित्र और समाचार चित्र देशभर के सिनेमाघरों में दिखाए जाते हैं। प्रभाग के पास 8,000 से अधिक फिल्मों की वास्तविक निधि है, साथ ही इसकी महत्वपूर्ण उपलब्धि यह है कि न्यूनतम साक्षरता कार्यक्रम, स्वास्थ्य, रक्षा/सेना और महत्वपूर्ण व्यक्तियों की जीवनी पर फिल्में बनाई है। सूचना प्रेक्षण में आए जबरदस्त बदलाव और इंटरनेट के ग्राहकों की संख्या बढ़ने के कारण फिल्म प्रभाग को शैक्षिक फिल्मों के विवरण का तरीका बदलना पड़ा। इस उद्देश्य से फिल्म प्रभाग का डिजिटलाइजेशन किया गया है। वेबकास्टिंग का विश्व में वृत्तचित्र प्रशंसकों ने स्वागत किया है।

राष्ट्रीय बाल एवं युवा फिल्म केन्द्र

बच्चों को मूल्याधारित मनोरंजन उपलब्ध कराने के उद्देश्य से सन् 1955 में भारत सरकार ने 'बालचित्र समिति' बनाई। इसके कार्य क्षेत्र का विस्तार करते हुए इसमें युवाओं को भी सम्मिलित कर लिया गया है। इसी कारण 1992 में इस समिति का नाम बदलकर 'राष्ट्रीय बाल एवं युवा केंद्र' कर दिया गया। यह केंद्र बच्चों की फिल्मों का निर्माण, वितरण और प्रदर्शन का कार्यभार संभालता है। साथ ही, हर दो वर्ष पर होने वाले 'अंतर्राष्ट्रीय बाल फिल्म समारोह' का भी आयोजन करता है।

फिल्म वित्त निगम

इसकी स्थापना भारत सरकार द्वारा सन् 1960 में हुई थी। इस केंद्र का उद्देश्य फिल्मों की गुणवत्ता में सुधार लाना एवं गुणात्मक फिल्मों को वित्तीय संसाधन उपलब्ध कराना है।

राष्ट्रीय फिल्म विकास निगम

देश में अच्छी फिल्मों को प्रोत्साहन देने के लिए एक केंद्रीय एजेंसी के रूप में 'राष्ट्रीय फिल्म विकास निगम' की स्थापना 1980 में की गई थी। बाद में पूर्व स्थापित 'फिल्म वित्त निगम' तथा 'भारतीय मोशन पिक्चर्स निर्यात निगम' इस निगम में मिला दिए गए। निगम का मुख्य उद्देश्य फिल्म उद्योग के समन्वित विकास के लिए योजना बनाना तथा उसका विकास करना है। निगम विषय-वस्तु, गुणवत्ता तथा निर्माण मूल्य की दृष्टि से उत्कृष्ट एवं कम बजट की फिल्मों की अवधारणा को बढ़ावा देता है। अच्छी फिल्मों के लिए वित्त की व्यवस्था करना एवं फिल्म का निर्माण करना निगम की गतिविधियाँ हैं।

फिल्म और दूरदर्शन सह निर्माण

निगम ने सर रिचर्ड एटनबरो द्वारा निर्देशित फिल्म 'गाँधी' के साथ सह-निर्माण के कार्यक्रम का उद्घाटन किया। इस फिल्म ने 1983 में 8 ऑस्कर (फिल्मों का सर्वश्रेष्ठ पुरस्कार) और विश्व भर में अन्य विभिन्न पुरस्कार जीते। निगम ने फ्रांस के एक सरकारी उपक्रम के साथ मिलकर सात भागों वाली टीवी श्रृंखला का भी सह-निर्माण किया, जो जर्मन तथा फ्रांसीसी भाषाओं में प्रसारित भी किया जा चुका है। 'राष्ट्रीय फिल्म विकास निगम' भारत और विदेशों में दूरदर्शन और फिल्म प्रभाग के सहयोग से दूरदर्शन के लिए फिल्म निर्माण की योजना भी बना रहा है।

फिल्म समारोह निदेशालय

जुलाई 1981 में फिल्म समारोह निदेशालय (जिसकी स्थापना 1973 में भारत सरकार के सूचना प्रसारण के अंतर्गत की गई थी) को 'राष्ट्रीय फिल्म विकास निगम' को हस्तांतरित कर दिया गया।

ये गतिविधियाँ भारतीय सिनेमा को सक्षम मंच प्रदान करती हैं, इसने विश्व सिनेमा की नवीनतम प्रवृत्तियाँ आम जनता, फिल्म उद्योग तथा विद्यार्थियों तक पहुँचाने का काम किया है। सांस्कृतिक सद्भावना और मैत्री के राष्ट्रीय और अंतर्राष्ट्रीय विकास को प्रोत्साहन देने के लिए यह निगम माध्यम का काम करता है।

गीत और नाटक प्रभाग

भारत सरकार के सूचना एवं प्रसारण मंत्रालय के अंतर्गत सन् 1954 में यह प्रभाग स्थापित किया गया। सन् 1960 में इसे एक स्वतंत्र मीडिया इकाई का दर्जा दे दिया गया। इसका उद्देश्य जीवंत मनोरंजन के माध्यमों से आम जनता को विभिन्न राष्ट्रीय कार्यक्रमों और उद्देश्यों से अवगत कराना है। इसके लिए यह कठपुतली का नाच, नाटक, नृत्य, हरिकथा तथा ध्वनि एवं प्रकाश कार्यक्रम जैसे अनेक रंगमंचीय विधाओं का प्रयोग करता है। इन कार्यक्रमों के आयोजन के लिए विभिन्न क्षेत्रीय एवं राज्य इकाइयों की सहायता भी ली जाती है। प्रभाग ग्रामीण और शहरी लोगों, दूरदराज के क्षेत्रों में स्थित जनजातीय लोगों के मनोरंजन एवं ज्ञानवर्धन के लिए तरह-तरह के कार्यक्रम प्रसारित करता है। इस प्रभाग की एक इकाई 'सेना मनोरंजन खंड' भी है, जिसकी स्थापना सन् 1967 में अंतर्राष्ट्रीय सीमाओं पर स्थित सैनिकों के मनोरंजनार्थ की गई थी। वर्ष 2005-06 के दौरान प्रभाग की ध्वनि एवं प्रकाश इकाई ने 'समर यात्रा के' 21 कार्यक्रम प्रस्तुत किए। इससे देशभर में स्वास्थ्य के प्रति जागरूकता के लिए स्वास्थ्य तथा परिवार कल्याण मंत्रालय हेतु विभिन्न विषयों पर कार्यक्रम प्रस्तुत किए। प्रभाग के भोपाल, चंडीगढ़, दिल्ली, देहरादून, गुवाहाटी, लखनऊ, चेन्नई, पुणे, कोलकाता, बेंगलुरु, रायपुर और राँची में 12 क्षेत्रीय केंद्र हैं। इसके नौ उपकेंद्र भुवनेश्वर, दरभंगा, हैदराबाद, पटना, इम्फाल, नैनीताल, शिमला और श्रीनगर (जम्मू) में हैं।

भारतीय राष्ट्रीय फिल्म अभिलेखागार

सन् 1964 में पूना में स्थापित इस संस्थान का उद्देश्य सिनेमा की अधिप्राप्ति एवं संरक्षण, फिल्म वर्गीकरण, प्रलेखन, फिल्म प्रौद्योगिकी को प्रोत्साहन एवं शोध तथा देश में फिल्म संस्कृति के प्रचार एवं प्रसार को प्रोत्साहित करना है। इसके 'फिल्म सर्कल' कार्यक्रम के अंतर्गत देश-विदेश की उत्कृष्ट फिल्मों का प्रदर्शन किया जाता है। यह मुंबई, कोलकाता, बेंगलुरु, चेन्नई, हैदराबाद, तिरुवनंतपुरम, कोच्चि, जमशेदपुर तथा पुणे में संयुक्त प्रदर्शन कार्यक्रम भी आयोजित करता है। एन.एफ.ए.आई. 1969 से अंतर्राष्ट्रीय फिल्म अभिलेखागार का सदस्य है, जो संरक्षण तकनीकी और दस्तावेजीकरण आदि के बारे में इसे विशेषज्ञों की सलाह उपलब्ध कराता है। विश्व भर में सिनेमा के बारे में प्रकाशित 25,000 से अधिक पुस्तकों की लाइब्रेरी सिनेमा के गंभीर छात्रों के लिए एक वरदान है। यह भारत और विदेश में अंतर्राष्ट्रीय फिल्म समारोह के लिए फिल्मों का एक बड़ा स्रोत है। एन.एफ.ए.आई. पिछले पाँच दशक से पुणे में 'भारतीय फिल्म एवं टेलीविजन संस्थान' के सहयोग से हर वर्ष चार सप्ताह का फिल्म समीक्षा पाठ्यक्रम चलाता है।

अध्याय सार–संचिका

- 'प्रसार भारती' देश में सार्वजनिक प्रसारण सेवा है और आकाशवाणी तथा दूरदर्शन इसके दो घटक हैं। लोगों को सूचना, शिक्षा तथा मनोरंजन प्रदान करने और रेडियो तथा टेलीविजन पर प्रसारण का संतुलित विकास सुनिश्चित करने के लिए 23 नवम्बर, 1997 को 'प्रसार भारती' का गठन किया गया।
- सूचना और प्रसारण मंत्रालय रेडियो, टेलीविजन, फिल्म, प्रेस तथा प्रिंट प्रशासन, विज्ञान और संचार के पारम्परिक तरीकों, जैसे–नाटक, संगीत, आदि के जरिए जनसंचार के साथ-साथ सूचना का प्रवाह करता है।
- मंत्रालय विभिन्न समूहों के लोगों को मनोरंजन उपलब्ध कराने के साथ ही राष्ट्रीय एकता, पर्यावरण संरक्षण, स्वास्थ्य देखभाल, परिवार कल्याण, निरक्षरता उन्मूलन तथा बच्चों, महिलाओं, अल्पसंख्यकों और समाज के अन्य दुर्बल वर्गों की समस्याओं के प्रति जागरूकता भी उत्पन्न करता है।
- जून, 1923 में बॉम्बे के एक रेडियो क्लब द्वारा पहला कार्यक्रम प्रसारित किया गया था। इसके बाद एक प्रसारण सेवा की स्थापना हुई, जिसने भारत सरकार और निजी कंपनी भारतीय ब्रॉडकास्टिंग कंपनी लिमिटेड के बीच समझौते के तहत मुंबई और कोलकाता में एक साथ रेडियो प्रसारण शुरू किया।
- 1930 में भारतीय राजकीय प्रसारण सेवा का गठन किया गया तथा जनवरी 1936 में इसका नाम बदल कर 'ऑल इंडिया रेडियो' कर दिया गया।
- विभाजन के समय भारत में छह रेडियो केंद्र थे (दिल्ली, मुंबई, कोलकाता, चेन्नई, तिरुचिरापल्ली और लखनऊ) और तीन रेडियो केंद्र पाकिस्तान में चले गए (लाहौर, पेशावर और ढाका, जो अब बांग्लादेश में है)।
- मद्रास में 23 जुलाई, 1973 को देश की पहली एफ.एम. सेवा की शुरुआत हुईं। 1957 से ऑल इंडिया रेडियो को 'आकाशवाणी' के नाम से जाना जाने लगा।
- आकाशवाणी के 'एफ.एम. रेनबो' चैनल की शुरुआत उस वक्त हुई, जब बड़े शहरों में रेडियो सुनने वालों की संख्या गिर रही थी।
- एफ.एम. रेडियो के जरिए श्रोताओं को बाधारहित और उच्च गुणवत्ता का संगीत सुनने को मिला।
- 'एफ.एम. गोल्ड' चैनल की शुरुआत दिल्ली में 1 सितम्बर, 2001 को एक ज्ञानवर्धक और मनोरंजक चैनल के रूप में हुई। वर्तमान में एफ.एम. गोल्ड का प्रसारण दिन में 18 घंटे होता है और ये चार महानगरों–दिल्ली, मुंबई, कोलकाता और चेन्नई में उपलब्ध है।
- 1952 में सिनेमैटोग्राफिक अधिनियम, 1918 का भारतीयकरण किया गया, जिसके तहत वृत्तचित्र फिल्मों का पूरे देश में प्रदर्शन करना अनिवार्य कर दिया गया।
- प्रभाग, 1949 से देशभर के थियेटर्स को हर शुक्रवार को एक वृत्तचित्र या एनिमेशन फिल्म या समाचार आधारित फिल्म जारी करता है। प्रभाग ने स्वतंत्रता के बाद का देश का पूरा इतिहास फिल्म के रूप में तैयार किया है। इसका मुख्यालय मुंबई में है।
- प्रभाग का उद्देश्य राष्ट्रीय परिप्रेक्ष्य पर केंद्रित राष्ट्रीय कार्यक्रमों के क्रियान्वयन और देश की छवि और विरासत को भारतीय और विदेशियों के समक्ष पेश करने के लिए लोगों को शिक्षित और प्रेरित करना है।

- सिनेमैटोग्राफिक अधिनियम, 1952 के तहत स्थापित केंद्रीय फिल्म प्रमाणन बोर्ड, भारत में सार्वजनिक प्रदर्शन के लिए फिल्मों का प्रमाणन करता है।
- बोर्ड में एक अध्यक्ष और 16 अन्य गैर सरकारी अधिकारी होते हैं।
- बोर्ड का मुख्यालय मुंबई में है और बोर्ड अध्यक्ष का पद श्री प्रसून जोशी ने 11 अगस्त, 2017 को संभाला।
- 'राष्ट्रीय फिल्म विकास निगम' का गठन भारत सरकार द्वारा 1975 में किया गया।
- पूरी तरह सरकारी स्वामित्व वाली इस संस्था का प्राथमिक उद्देश्य भारतीय फिल्म उद्योग के संगठित, सक्षम और एकीकृत विकास के लिए योजना बनाना और उसे प्रोत्साहित करना है।
- 'फिल्म वित्त निगम' (एफएफसी) तथा 'भारतीय मोशन पिक्चर्स निर्यात निगम' के विलय से 1980 में एनएफडीसी का पुनर्गठन हुआ।
- फिल्म समारोह निदेशालय की स्थापना 1973 में की गईं सूचना और प्रसारण मंत्रालय के अधीन इस निदेशालय का उद्देश्य अच्छे सिनेमा को प्रोत्साहन देना है।
- इसके लिए यह निम्नलिखित वर्गों के तहत अपनी गतिविधियों का संचालन करता है-

  1. भारतीय अंतर्राष्ट्रीय फिल्म समारोह
  2. राष्ट्रीय फिल्म पुरस्कार तथा दादा साहेब फाल्के पुरस्कार
  3. सांस्कृतिक आदान-प्रदान कार्यक्रम तथा विदेशों में शिष्टमंडलों के जरिए भारतीय फिल्मों के प्रदर्शन का आयोजन,
  4. भारतीय पैनोरमा का चयन
  5. विदेशों में अंतर्राष्ट्रीय फिल्म समारोह में भागीदारी
  6. भारत सरकार की ओर से विशेष फिल्मों का प्रदर्शन और
  7. प्रिंट संग्रहण तथा अभिलेखन
  8. भारत में सेंसर बोर्ड फिल्म प्रमाणन
- भारत में किसी फिल्म का सार्वजनिक प्रदर्शन 'सेंट्रल बोर्ड ऑफ फिल्म सर्टिफिकेशन' द्वारा अभिप्रमाणित होने के बाद ही होता है।
- बोर्ड 1952 के सिनेमैटोग्राफिक एक्ट के अनुरूप, सूचना और प्रसारण मंत्रालय के अंतर्गत फिल्मों का सार्वजनिक प्रदर्शन तय करता है।
- यह 4 श्रेणियों में फिल्मों को प्रमाणित करता है।

  1. U : अबाधित सार्वजनिक प्रदर्शन।
  2. A : वयस्कों के लिए।
  3. UA : अबाधित सार्वजनिक प्रदर्शन, 12 वर्ष के कम आयु के बच्चों के लिए माता-पिता के विवेकाधीन की सूचना के साथ।
  4. S : व्यक्तियों के किसी विशेष वर्ग के लिए।

अभ्यास प्रश्न

1. **सन् 1879 में फ्रांस के किस महान व्यक्तित्व द्वारा 'प्रोक्सिनोस्कोप' की खोज की गई?**
   (a) थॉमस अल्वा एडीसन
   (b) एड्वर्ड मेव्रिज
   (c) चार्ल्स एमाइल रेनाड
   (d) इनमें से कोई नहीं
2. **सर्वप्रथम 13 सेकेण्ड तक चलने वाली तस्वीर का प्रदर्शन कब और कहाँ किया?**
   (a) 1833, स्विट्जरलैण्ड
   (b) 1894, न्यूयॉर्क
   (c) 1820, लंदन
   (d) 1896, ऑस्ट्रेलिया
3. **'दादा साहब फाल्के' पुरस्कार/सम्मान किस महान व्यक्तित्व की याद में दिया जाता है?**
   (a) ढुंढीराज गोविंद फाल्के
   (b) पृथ्वीराज कपूर
   (c) आर्देशिर ईरानी
   (d) इनमें से कोई नहीं
4. **विश्व की प्रथम सवाक् फिल्म बनाई गई–**
   (a) 6 जुलाई, 1928
   (b) 10 सितम्बर, 1928
   (c) 8 जून, 1920
   (d) 9 जुलाई, 1930
5. **राज कपूर ने किस फिल्म में एक गायक की भूमिका निभाई है?**
   (a) दिल की रानी
   (b) धूप–छांव
   (c) अछूत कन्या
   (d) जवानी की हवा
6. **कथन (A)** : 1931 में मूक फिल्मों का प्रदर्शन अतिशीघ्रता से हुआ, जिसमें 200 फिल्मों का निर्देशन किया गया।

   कारण (R) : 1913 ई. को पहली पूर्णतः स्वदेशी फिल्म 'राजा हरिश्चन्द्र' को लोगों द्वारा सराहा गया।

   (a) A, R दोनों सही हैं तथा R, A की सही व्याख्या करता है।
   (b) A, R दोनों सही हैं परन्तु R, A की सही व्याख्या नहीं करता है।
   (c) A सही है, किंतु R गलत है।
   (d) A गलत है, किंतु R सही है।
7. **कथन (A)** : सन् 1899 में 'द रेसलर' के प्रदर्शन के लिए हरिश्चन्द्र एस. भटवाडेकर छायांकन करने वाले प्रथम भारतीय थे।

   कारण (R) : 1899 में भटवाडेकर ने ही पहली न्यूज रील बनाई।

   (a) A, R दोनों सही हैं तथा R, A की सही व्याख्या करता है।
   (b) A, R दोनों सही हैं तथा R, A की सही व्याख्या नहीं करता है।
   (c) A सही है, किंतु R गलत है।
   (d) A गलत है, किंतु R सही है।
8. **फिल्म सेंसर बोर्ड की स्थापना सन् 1952 में कहाँ हुई?**
   (a) बंबई, कोलकाता, मद्रास
   (b) कोलकाता, आंध्र प्रदेश, केरल
   (c) आंध्र प्रदेश, बेंगलुरु, तमिलनाडु
   (d) इनमें से कोई नहीं

9. भारत की प्रथम रंगीन फिल्म के निर्देशक थे–

(a) एस. डी. बर्मन (b) वी. शांताराम
(c) एच. एस. भटवाडेकर (d) स्व. महबूब खान

10. असत्य कथन का चयन कीजिए–

(a) 'केंद्रीय फिल्म प्रमाणन बोर्ड' का गठन सन् 1952 में सिनेमैटोग्राफिक (सेंसरशिप) अधिनियम 1952 के अंतर्गत हुआ।
(b) इसमें एक अध्यक्ष, कम-से-कम 12 और अधिक-से-अधिक 25 गैर-सरकारी सदस्य होते हैं।
(c) इसका मुख्यालय मद्रास में स्थित है।
(d) इसके 9 क्षेत्रीय कार्यालय हैं।

11. निम्नलिखित कथनों पर विचार कीजिए–

1. केंद्रीय चलचित्र प्रमाणन बोर्ड – सिनेमैटोग्राफिक (सेंसर) अधि.-1952
2. 'ए' प्रमाण पत्र – 18 वर्ष से ऊपर आयु वालों के लिए

उपरोक्त में सही कथन का चयन कीजिए-

(a) केवल 1 (b) केवल 2
(c) 1, 2 (d) कोई नही

12.

	सूची-I		**सूची-II**
1.	सर्वाधिक गानों वाली भारतीय फिल्म	–	A. नूरजहां
2.	भारत में निर्मित प्रथम अंग्रेजी फिल्म	–	B. इन्द्रसभा
3.	भारत में निर्मित प्रथम गीत रहित फिल्म	–	C. आलमआरा
4.	भारत में बनी पहली सवाक् फिल्म	–	D. नौजवान

	A	B	C	D
(a)	2	1	4	3
(b)	2	1	3	4
(c)	1	2	4	3
(d)	4	3	2	1

उत्तरमाला

1. (b) **2.** (c) **3.** (a) **4.** (a) **5.** (a) **6.** (a) **7.** (b) **8.** (a)
9. (d) **10.** (c) **11.** (c) **12.** (a)

❑❑❑

भारत के प्रमुख सांस्कृतिक एवं ऐतिहासिक स्थल

प्रमुख बिन्दु

- ❖ स्थल
- ❖ अभ्यास प्रश्न
- ❖ अध्याय सार-संचिका

स्थल

असम

तेजपुर

चित्र 9.1: तेजपुर का चाय बागान

असम राज्य में स्थित **तेजपुर** ब्रह्मपुत्र के उत्तरी किनारे पर अवस्थित है। यह गुवाहाटी से 180 किलोमीटर उत्तर-पूर्व में स्थित है। तेजपुर असम का पहला चाय उत्पादन केंद्र है। इसके उत्तर में स्थित नामेरी वन्यजीव अभयारण्य मछली पकड़ने तथा जल क्रीड़ाओं के लिए प्रसिद्ध है।

शिवसागर

यह उत्तर-पूर्व का सबसे बड़ा तेल एवं चाय उत्पादक केंद्र है। यहाँ के दर्शनीय स्थल हैं-सात मंजिला घर एवं तालातल घर, जॉयसागर टैंक व मंदिर, गारगोन महल (16वीं शताब्दी, अहोम राज्य की राजधानी) अहोम संग्रहालय, शिवडोल, रंग घर, चराइडो, गौरीसागर जलाशय तथा रुद्रसागर जलाशय।

चित्र 9.2: उमानंद मंदिर, गुवाहाटी

गुवाहाटी

प्रमुख दर्शनीय स्थल हैं-जनार्दन मंदिर, नवग्रह मंदिर, उमानंद मंदिर, कामाख्या देवी मंदिर, वशिष्ठ आश्रम, असम राज्य संग्रहालय, हाजो (सर्वधर्म स्थल), पाओ मक्का तथा सुआलकूची (रेशम उत्पादक केंद्र), पोबितोरा वन्यजीव अभ्यारण्य, इस्कॉन मंदिर, पिस्सू बाजार, सुकेश्वर मंदिर, नेहरू पार्क तथा उमानंद द्वीप।

जोरहाट

प्रसिद्ध चाय उत्पाद केंद्र, यहाँ नवम्बर में चाय मेले का आयोजन भी किया जाता है। यह माजुली टापू तथा बौद्ध मठों एवं सतरों के कारण भी विख्यात है।

अरुणाचल प्रदेश

ईटानगर

अरुणाचल प्रदेश की राजधानी ईटानगर का प्रमुख आकर्षण ईटा दुर्ग के अवशेष, पौराणिक गंगा झील, बुद्ध विहार हैं।

चित्र 9.3: परशुराम कुण्ड

बोमडिला

चित्र 9.4: बोमडिला व्यू प्वाइंट

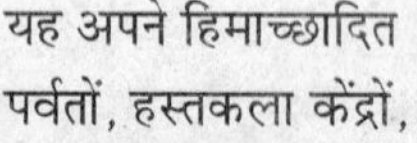

यह अपने हिमाच्छादित पर्वतों, हस्तकला केंद्रों, सेब के बागों तथा बौद्ध मठों के कारण प्रसिद्ध है। इसके अतिरिक्त दिरांग घाटी, एथनोग्राफिक म्यूजियम, परशुराम कुंड, आरआर हिल्स, बोमडिला व्यू प्वाइंट और ईगलनेस्ट वन्यजीव अभयारण्य भी यहाँ के प्रमुख दर्शनीय स्थल हैं।

सियांग

यह मालिनथन में मिली हिन्दू मूर्तियों के कारण प्रसिद्ध है। यहाँ विस्माकनगर महल के अवशेष प्राप्त हुए हैं।

चित्र 9.5: सियांग हिल्स की तलहटी में स्थित आकाशगंगा मंदिर देवी दुर्गा को समर्पित है।

आंध्र प्रदेश

वेंगी

आंध्र प्रदेश स्थित वेंगी अथवा पेड्डवेंगी चौथी शताब्दी में गुप्त सम्राट् समुद्रगुप्त द्वारा विजित कर लिया गया। समुद्रगुप्त के समय यहाँ का राजा हस्तिवर्मा था, जो शलिकायन वंश का था। 611 ई. में चालुक्य राजा पुलकेशिन द्वितीय ने अपने भाई कुब्ज विष्णुवर्द्धन को यहाँ का उपशासक नियुक्त किया। उसकी राजधानी पीठापुर थी। कुछ समय बाद कुब्जवर्द्धन ने वेंगी को स्वतंत्र राज्य बनाकर पूर्वी चालुक्य वंश की नींव डाली।

अमरावती

धान्यकटक के रूप में प्रसिद्ध **अमरावती** 'आधुनिक आंध्र प्रदेश' के गुंटूर जिले में स्थित है। सातवाहन राजाओं के काल में हिन्दू संस्कृति के केंद्र अमरावती को सातवाहन नरेश शातकर्णी ने 180 ई.पू. में अपनी राजधानी बनाया था। यहाँ दूसरी शताब्दी में पाषाण मूर्ति कला का विकास हुआ था। कृष्णा नदी के तट पर बसा यह शहर अमरेश्वर स्वामी मंदिर, अमरावती संग्रहालय, भगवान बुद्ध के विशाल स्तूप के लिए प्रसिद्ध है।

चित्र 9.6: भगवान बुद्ध का विशाल स्तूप, अमरावती

तिरुपति

चित्र 9.7: श्री वेंकटेश्वरा स्वामी मंदिर, तिरुपति

आंध्र प्रदेश का धार्मिक स्थल निरुपति अपने तिरुमाला वेंकटेश्वरा स्वामी मंदिर के लिए विश्वविख्यात है। यह भक्तों की आस्था का केंद्र है। प्रत्येक वर्ष तिरुपति आने वाले भक्तों की संख्या लाखों में होती है।

विजयनगर

तुंगभद्रा नदी के तट पर अवस्थित इस राज्य की नींव दो भाइयों, हरिहर और बुक्का ने 1336 ई. में अपने गुरु विद्यारण्य की प्रेरणा से रखी थी। विजयनगर के राजा 'राय' कहलाते थे। यहाँ तीन राजवंशों–संगम, सालुव एवं तुलुव ने शासन किया। यहाँ का सबसे प्रतापी राजा कृष्णदेव राय (1509–1529) था, जिसके काल में वास्तुकला, चित्रकला तथा तक्षणकला की विशिष्ट शैली का विकास हुआ।

हैदराबाद

आंध्र प्रदेश की राजधानी हैदराबाद की स्थापना गोलकुंडा के पाँचवें सुल्तान कुतुब शाह कुली (1589) ने करवाई थी। यहाँ का प्रमुख आकर्षण चारमीनार है, जो हैदराबाद की समृद्ध वास्तुकला के उत्थान तथा कुतुबशाही राजाओं की समृद्धि को दर्शाती है। चारमीनार को पूर्व का **आर्क-डी-ट्रैक** भी कहा जाता है। हैदराबाद के दर्शनीय पर्यटल स्थलों में मक्का मस्जिद, हुसैन सागर झील, रामोजी फिल्म सिटी, बिड़ला मंदिर, श्री जगन्नाथ मंदिर, गोलकुंडा का किला तथा फलकनुपा महल है।

भारत के प्रमुख संग्रहालयों में से एक सालारजंग संग्रहालय नवाब मीर यूसुफ अली खान सालारजंग तृतीय की मेहनत का परिणाम है। उसने विश्व की अनेक कलात्मक वस्तुओं का संग्रह किया और इन्हें संग्रहालय का रूप प्रदान किया।

बिहार

नालंदा

चित्र 9.8: नालंदा विश्वविद्यालय के अवशेष

बिहार में राजगीर के निकट स्थित नालंदा में एक विख्यात विश्वविद्यालय था। इसी स्थान पर मक्खलिपुत्तगोशाल ने महावीर से संबंध विच्छेद करके, अपने नए धार्मिक सम्प्रदाय **आजीवक** का शुभारंभ किया था। नालंदा विश्वविद्यालय के धर्मपाल उपकुलपति रहे, जिन्होंने आचार्य चन्द्रगोमिन की व्याकरण पर 'वर्ण-सूत्र-वृत्ति' नामक एक व्याकरण टीका लिखी थी। चीनी यात्री ह्वेनसांग ने नालंदा विश्वविद्यालय में ही शिक्षा प्राप्त की थी। आचार्य शीलभद्र भी इस विश्वविद्यालय के कुलपति थे। नालंदा की ख्याति से प्रभावित होकर जावा के शासक बाल पुत्र देव ने भी नालंदा में एक विहार का निर्माण करवाया। सम्राट् यशोवर्मन के एक मंत्री ने नालंदा को इतना अधिक दान दिया था, जिससे इस विश्वविद्यालय के भिक्षुओं को कई वर्ष तक भोजन दिया जा सकता था। गुर्जर-प्रतिहार नरेश महेन्द्रपाल ने यहाँ पर एक स्तूप का निर्माण करवाया था।

चित्र 9.9: राजगीर

राजगीर (राजगृह)

बिहार में पटना जिले के अंतर्गत आधुनिक राजगृह नामक छोटे से नगर का प्राचीन नाम है। इस नगर का निर्माण राजा बिम्बिसार (छठी शताब्दी ई.पू.) तथा उसके पुत्र अजातशत्रु

ने करवाया था। स्मृतियों के अनुसार, इस नगर का निर्माण मंधाता ने करवाया था। राजगृह नगर प्राचीन मगध राज्य की राजधानी था। बुद्ध के महापरिनिर्वाण के कुछ ही महीनों बाद यहाँ प्रथम बौद्ध संगीति का आयोजन हुआ। आजकल यह नगर गर्म जल के स्रोतों के कारण प्रसिद्ध है। इस नगर का वाणिज्य संबंध कुशीनगर तथा श्रावस्ती से था।

विक्रमशिला

विक्रमशिला बिहार के भागलपुर जिले में गंगा के किनारे स्थित एक प्रसिद्ध बौद्ध विद्यापीठ था। पाल राजा धर्मपाल ने (770–810 ई.) विक्रमशिला महाविहार (विश्वविद्यालय) की स्थापना की थी। कालांतर में यह विहार एक विश्वविद्यालय के रूप में विकसित हुआ। 11वीं शती में इसकी बड़ी ख्याति थी। 13वीं शताब्दी में मुहम्मद गौरी के सिपहसालार बख्तियारुद्दीन खिलजी ने इसे नष्ट-भ्रष्ट कर दिया।

वैशाली

यह नगर लिच्छवि वंश की राजधानी था। 'रामायण' से विदित होता है कि वैशाली का दूसरा नाम 'विशाला' भी था। इस नगर की स्थापना इक्ष्वाकु वंश के महातेजस्वी राजा विशाल ने की थी। बाद में अजातशत्रु ने वैशाली को विजित कर लिया। अत्यधिक सुंदर, आकर्षक तथा विख्यात नृत्यांगना **आम्रपाली** वैशाली में ही रहती थी और 'वैशाली की नगरवधू' नाम से प्रसिद्ध थी। महावीर का जन्म स्थान कुंडल ग्राम, वैशाली का ही एक उपनगर था। वज्जि महासंघ का यह मुख्यालय था। फाह्यान एवं ह्वेनसांग ने भी वैशाली नगर की यात्रा की थी। ह्वेनसांग ने इसे 'पैलेस सिटी' कहा।

गया

फल्गु नदी के तट पर स्थित यह बिहार का एक प्रसिद्ध धार्मिक स्थल है। **गया** से कुछ मील की दूरी पर बोधगया है, जहाँ गौतमबुद्ध को बोधि लाभ (ज्ञान प्राप्ति) हुआ था। इसी से यह स्थान 'बोधगया' कहलाने लगा। इस नगर की स्थापना गयासुर नामक राक्षस के नाम पर की गई थी, जो भगवान विष्णु का भक्त था। यहाँ स्थित 'विष्णु पद मंदिर' में भगवान विष्णु के पवित्र पदचिह्न आज भी सुरक्षित हैं। संपूर्ण भारत के हिन्दू, जो कर्मकांड में विश्वास रखते हैं, वे अपने पितरों का पिण्डदान करने यहीं आते हैं।

चित्र 9.10: गया का विष्णु पद मंदिर

पाटलिपुत्र (पटना)

यह मगध के राजाओं की प्रसिद्ध राजधानी थी। इसकी पहचान वर्तमान में बिहार की राजधानी पटना के रूप में की जाती है। इसका प्राचीन नाम कुसुमपुर या पुष्पपुर या अजीमाबाद (मध्यकाल) था, जिसकी स्थापना अजातशत्रु के पौत्र उदयिन ने (443–418 ई.पू.) की थी। पाटलिपुत्र का दुर्ग राजा अजातशत्रु ने बनवाया था। ऐसा उसने सामरिक महत्व को ध्यान में रखते हुए किया था। दोनों नगर शीघ्र ही मिलकर एक हो गए तथा चन्द्रगुप्त मौर्य के अधीन पाटलिपुत्र नगर का राजधानी के रूप में विकास हुआ। इस नगर का विकास गंगा, सोन, गंडक नामक नदियों के संगम के समीप हुआ था, किंतु सोन नदी अब यहाँ से हट गई है। यूनानी इतिहासकार इसे 'पालिब्रोथा' और चीनी यात्री इसे 'पा-लिन-टू' कहते थे।

पावापुरी

पावापुरी जैनधर्म का एक पवित्र धार्मिक स्थल है, जो बिहार राज्य के अंतर्गत बिहारशरीफ से एक मील की दूरी पर स्थित है। इस स्थान पर जैन धर्म के अंतिम एवं 24वें तीर्थंकर महावीर ने 72 वर्ष की आयु में निर्वाण प्राप्त किया था। यहाँ सफेद संगमरमर का भव्य मंदिर है। झील के मध्य एक जल मंदिर है। दीपावली पर भारत के विभिन्न भागों से जैन धर्मावलम्बी यहाँ आकर धर्म संबंधी चर्चाएँ करते हैं। मनियार मठ एवं वेणुवन आदि यहाँ के दर्शनीय स्थल हैं।

बोधगया

चित्र 9.11: बोधगया

बोधगया गया से 7 मील दक्षिण में स्थित है। यहाँ पर **भगवान बुद्ध** ने प्रसिद्ध वटवृक्ष के नीचे सम्बोधि प्राप्त किया था अर्थात् यहाँ गौतम बुद्ध को ज्ञान प्राप्त हुआ था। इसलिए यह बौद्ध मतावलम्बियों के लिए उनका प्रसिद्ध तीर्थस्थल है। यह अंतर्राष्ट्रीय ख्याति प्राप्त बौद्ध तीर्थस्थल है। यहाँ भगवान बुद्ध का एक विशाल कलापूर्ण मंदिर है। इसके पीछे पत्थर का एक चबूतरा है, जिसे बौद्ध सिंहासन कहा जाता है। इसी स्थान पर बैठकर गौतम बुद्ध ने तपस्या की थी। यहीं बोधिवृक्ष के नीचे बुद्ध को ज्ञान प्राप्त हुआ था। इसलिए इस स्थान को 'बोधगया' के नाम से जाना जाता है।

सोनपुर

सोनपुर में कार्तिक मास की पूर्णिमा के दिन पशु मेले का आयोजन किया जाता है। यहाँ भारत का सबसे बड़ा पशु मेला गंगा-गंडक के संगम पर लगता है जोकि पूरे एक पक्ष तक चलता है। इसे हरिहर क्षेत्र का मेला भी कहा जाता है।

आरा

पटना से 32 मील दूर स्थित इस स्थान पर आरण्य देवी का प्रसिद्ध मंदिर है। यह मंदिर शहर के एक व्यस्त इलाके (बड़ा चौक) पर स्थित है। मंदिर में माँ की दो आदमकद मूर्तियाँ हैं। नवरात्रि के दौरान इस मंदिर में बहुत भीड़ रहती है।

ओदन्तपुरी

गया के निकट स्थित यह स्थल बौद्धकालीन भारत का प्रमुख शिक्षा केंद्र था। पाल सम्राटों ने इस शिक्षा केंद्र के विकास और संवर्द्धन में बहुत योगदान दिया था, जो बाद में विश्वविद्यालय के रूप में परिणत हो गया था।

बिहारशरीफ

पटना से लगभग 64 किलोमीटर दूर **बिहारशरीफ** मुस्लिम संस्कृति का प्रमुख केंद्र है। 13वीं से 16वीं शताब्दी के मध्य यहाँ मुस्लिम संस्कृति का अत्यधिक विकास हुआ। इसकी गणना मुस्लिम तीर्थस्थल के रूप में की जाती है। यहाँ स्थित मलिक इब्राहीम का मकबरा पुरातात्विक दृष्टि से अत्यंत ही महत्वपूर्ण है। इसके अतिरिक्त यहाँ मुस्लिम संत पीर मखदूम शाह शरीफुद्दीन का मकबरा है।

भागलपुर

भागलपुर एक ऐतिहासिक नगर है। यहाँ बरारी की गुफाएँ और कालगंज के निकट चट्टानें काटकर मंदिर बनाया गया है। नगर के दक्षिण में जंगलों में पहाड़ी पर विष्णु का एक भव्य मंदिर है।

मनेर

पटना के समीप **मनेर** इस्लामिक धर्मस्थल है। यहाँ एक महान सूफी संत पीर हजरत मखदूम याहिया मनेरी हुए थे, इनका मकबरा यहीं स्थित है, जिसे 'बड़ी दरगाह' के नाम से जाना जाता है। उनके शिष्य शाह दौलत का मकबरा 'छोटी दरगाह' के नाम से जाना जाता है।

चित्र 9.12: मनेर की बड़ी दरगाह

वैकटपुर

पटना जिले के समीप स्थित वैकटपुर शिव मंदिर के लिए प्रख्यात है। मंदिर को देखने से ही लगता है कि इस मंदिर की स्थापत्य कला अत्यधिक प्राचीन है। मंदिर के अभिलेखों से ज्ञात होता है कि मुगल बादशाह अकबर के सेनापति राजा मान सिंह ने इसका पुनर्निर्माण कराया था। इसकी दीवारों पर पुराने जमाने की चित्रकारी है। सावन के महीने में यहाँ एक भव्य मेला लगता है जिसमें दूर-दूर से लोग आकर सम्मिलित होते हैं।

कुम्हरार

पटना जिले के समीप स्थित कुम्हरार गाँव वास्तुकला के लिए जाना जाता है। यहाँ पाटलिपुत्र की कुछ इमारतों को खोजकर पहचान लिया गया था। चन्द्रगुप्त मौर्य के दरबार में यूनानी राजदूत मेगस्थनींज के वर्णन से ज्ञात होता है कि यहाँ स्थित महल शानदार और मिस्र, बेबीलोन तथा क्रेटन राज्यों के समान थे।

मधुबनी

यह स्थान प्रसिद्ध चित्रकला का केंद्र होने के कारण चर्चित है।

चित्र 9.13: मधुबनी चित्रकारी

छत्तीसगढ़

बस्तर

अपनी अनोखी सांस्कृतिक और भौगोलिक पहचान के साथ पर्यटकों को एक नई ताजगी प्रदान करता है।

चित्रकोट

यहाँ के जलप्रपात नयनाभिराम दृश्य उपस्थित करते हैं।

बिलासपुर

रतनपुर का महामाया मंदिर।

दंतेवाड़ा

दंतेश्वरी देवी मंदिर और छठी से दसवीं शताब्दी में बौद्ध धर्म का प्रमुख केंद्र रहा सिरपुर भी महत्वपूर्ण पर्यटन स्थान है।

गोवा

यह एक महत्वपूर्ण द्वीप और बंदरगाह है, जो भारत के पश्चिमी तट पर मुंबई से दक्षिण में स्थित है। यह बंदरगाह भारत एवं पश्चिमी जगत् के बीच सदैव एक महत्वपूर्ण व्यापारिक केंद्र रहा है। 1510 ई. में यह बीजापुर के शासनान्तर्गत था। तभी पुर्तगालियों ने इस पर आक्रमण किया और हथिया लिया। 1961 ई. में इसे पुर्तगालियों ने छोड़ा और यह स्वतंत्र भारत का अंग बना।

चित्र 9.14: गोवा का सी-कैथेड्रल चर्च

बोम जीसस चर्च

यह पुराने गोवा द्वीप में स्थित है। सेंट फ्रांसिस जेवियर, जिनकी मृत्यु सनचियान की यात्रा के दौरान हो गई थी, का शव गोवा द्वीप लाया गया। यहाँ 16वीं सदी ई. में पुर्तगालियों का शासन था। इस सुप्रसिद्ध चर्च में एक ताबूत अथवा मंजूषा के भीतर आज भी इस पवित्र रोमन कैथोलिक संत का शरीर रखा हुआ है।

अरवेलम

छोटी बौद्ध गुफाओं तथा जलप्रपातों के लिए प्रसिद्ध अरवेलम के दर्शनीय स्थल भगवान विट्ठल का मंदिर, मायेम झील, बोंडला अभयारण्य, कारबोलिम तथा टमबड़ी सुरला के प्रसिद्ध हिन्दू मंदिर हैं।

पणजी

यह गोवा की राजधानी है। इस नगर का आकार एक ग्रिड के समान है। इडालकाओ महल, लार्गो डा इगरेजा चर्च, जामा मस्जिद, महालक्ष्मी मंदिर, मंडोवी-जुआरी मुहाना, काराबोलिम झील, सलीम अली पक्षी अभयारण्य, कोवेट ऑफ सेंट फ्रांसिस ऑफ असीसी आदि प्रमुख दर्शनीय स्थल हैं।

गुजरात

अहमदाबाद

इस नगर की स्थापना सुल्तान अहमदशाह (1411 ई.) ने की थी। यह नगर गुजरात में स्थित है। अकबर ने गुजरात को जीत कर अपने राज्य में मिला लिया। यह नगर भव्य इमारतों के लिए प्रसिद्ध है। यहाँ की वास्तु कृतियों में, गुजरात शैली में निर्मित **जामा मस्जिद** प्रमुख है। यह सूती वस्त्र उद्योग का प्रमुख केंद्र रहा है।

चित्र 9.15: अहमदाबाद की जामा मस्जिद

द्वारका

चित्र 9.16: द्वारका मंदिर, द्वारका

गुजरात में स्थित यह नगर संभवतः भगवान कृष्ण की राजधानी थी। कालांतर में यह नगर समुद्र में विलीन हो गया। हाल के वर्षों में समुद्र विज्ञान उत्खनन द्वारा द्वारका नगर के अनेक अवशेषों का पता लगाया गया है, जिससे इसकी ऐतिहासिक विशिष्टता स्पष्ट होती है।

गिरनार

यह गुजरात के काठियावाड़ प्रायद्वीप में जूनागढ़ के निकट पहाड़ी पर स्थित है। यहाँ एक चट्टान पर अशोक का 14वां शिलालेख अंकित है। इसके दूसरी ओर एक क्षत्रप रुद्रदामन का अभिलेख है। चन्द्रगुप्त मौर्य के शासन में तुशाष्प नामक यवन ने यहाँ सुदर्शन झील का निर्माण कराया था। यहीं पर मल्लिनाथ एवं नेमिनाथ के स्मारक बने हुए हैं।

वल्लभी

गुजरात स्थित वल्लभी का प्राचीन भारतीय इतिहास में महत्वपूर्ण स्थान है। लगभग 5वीं शताब्दी में इसकी नींव मैत्रकों ने डाली थी। वर्तमान में वल्लभी नगर बालाघाट गाँव बन गया है। चीनी यात्री ह्वेनसांग ने इसका 'फा-ल-पी' नाम से उल्लेख किया है। इसका प्रथम राजा द्रोण सिंह था। शीलादित्य वल्लभी के महानतम शासकों में था। वल्लभी शिक्षा का महान केंद्र था। हर्षवर्धन की पुत्री का विवाह वल्लभी नरेश ध्रुवसेन से हुआ था। यहाँ पर जैन सभा आयोजित की गई थी।

सोमनाथ

गुजरात के प्रभासपट्टन नामक समुद्र तटीय स्थल पर स्थित इस स्थान पर भारत के पवित्र 12 ज्योतिर्लिंगों में से एक को स्थापित किया गया था, जिसे मक्का स्थित काबा से लाया गया था। 'महाभारत' के विवरणानुसार, स्वयं भगवान श्रीकृष्ण ने शिवलिंग की पूजा की थी। यह स्थान अपने प्रसिद्ध शिवालय के लिए एक हजार से अधिक वर्षों से प्रसिद्ध रहा है। **सोमनाथ का शिव मंदिर** गुजरात के चालुक्यों द्वारा निर्मित करवाया गया था। महमूद गजनवी ने सोमनाथ के मंदिर को 1025 ई. में पूर्णतया नष्ट कर दिया। मंदिर की सम्पत्ति को बुरी तरह लूटकर वह स्वदेश लौट गया। महमूद गजनवी द्वारा विनष्ट मंदिर का पुनर्निर्माण संभवतः गुर्जर नरेश भोजदेव ने कराया था। 1299 ई. में अलाउद्दीन खिलजी के सेनापति उलूग खां और नुसरत खां ने सोमनाथ पर आक्रमण किया और इस प्रसिद्ध मंदिर को पुनः तहस-नहस कर डाला। भारत के स्वतंत्र होने के बाद इसका नए सिरे से पुनर्निर्माण करवाया गया।

चित्रः 9.17: सोमनाथ मंदिर

लोथल

गुजरात प्रांत के अहमदाबाद जिले के समीप स्थित सैंधव सभ्यता का प्रमुख स्थल था। यहाँ सिन्धु सभ्यता के अनेक अवशेष प्राप्त हुए हैं। यह स्थल साबरमती और भोगवा नदियों के संगम पर स्थित था।

जूनागढ़

चित्र: 9.18: जूनागढ़ का किला

गुजरात स्थित जूनागढ़ की नींव बीकानेर के महाराजा राय सिंह ने रखी, जिसे विक्रम सम्वत् 1650 इसे पूरा किया गया। यहाँ **जूनागढ़** किले के अतिरिक्त सबसे ज्यादा सुंदर और वैभव सम्पन्न अनूप महल है। महल स्थापत्य कला की दृष्टि से अद्वितीय और स्वर्णिम है। जूनागढ़ के महलों में हाथी दांत और काँच की कारीगरी इतनी अधिक है कि उसका सहज मूल्यांकन नहीं किया जा सकता। जूनागढ़ के कुछ महलों में चाँदी के किवाड़ भी लगे हुए हैं। बीका जी का सिंहासन और पलंग भी चाँदी का है। यहाँ पर सोने और मीना की कारीगरी देखकर ऐसा लगता है कि मानो नए-नए फारसी गलीचों को काटकर छतों और दीवारों पर चिपका दिया गया हो।

भावनगर

चित्र: 9.19: निशकलंग महादेव मंदिर, भावनगर

गुजरात स्थित भावनगर की स्थापना राजपूत भवसिंहजी गोहिल ने सन् 1723 में की थी। भावनगर एक प्रमुख तटीय शहर एवं पोत के अतिरिक्त प्रसिद्ध कपास उत्पादन केंद्र भी है। भावनगर में विलियम एमर्सन द्वारा निर्मित 'तख्त सिंह का अस्पताल' (1879-83), 'दरबारगढ़' (1894-95), 'टाउन हॉल', 'बार्टन संग्रहालय' तथा 'गाँधी स्मृति' आदि दर्शनीय स्थल हैं। भावनगर से कुछ दूर स्थित 'गौरीशंकर झील' तथा 'तख्तेश्वर मंदिर' भी दर्शनीय हैं। भावनगर से 50 किलोमीटर दक्षिण में स्थित 'निशकलंग महादेव मंदिर' एक प्रसिद्ध समुद्र तटीय स्थल है। भावनगर-वड़ोदरा मार्ग पर स्थित वेलवधर राष्ट्रीय उद्यान 35 वर्ग किलोमीटर क्षेत्र में फैला है तथा यहाँ कस्तूरी मृगों की संख्या अधिकतम है।

खेड़ा

यह स्थान जैन मंदिर, चर्च (1822), 'टाउन हॉल', 'नाडियाद महलों' एवं 'हवेलियों', 'नीलसरोवर झील', 'सुरेन्द्रनाथ जलाशय' तथा 'डकोर कृष्ण मंदिर' एवं 'विशालकाय झील' के कारण प्रसिद्ध है। आधुनिक काल में महात्मा गाँधी द्वारा सत्याग्रह आन्दोलन चलाने के कारण भी खेड़ा चर्चित रहा।

गाँधीनगर

चित्र: 9.20: गाँधीनगर का अक्षरधाम मंदिर

यह गुजरात की राजधानी है, जिसका निर्माण 1965 में हुआ। यहाँ का अक्षरधाम मंदिर आतंकवादी हमलों के कारण चर्चा का विषय बना। वैसे इसका सांस्कृतिक और धार्मिक महत्व बहुत अधिक है। इसके समीप ही सहजानंद वन भी दर्शनीय है।

जामनगर

यहाँ स्थित 'लखोड़ा किला', 'बाला हनुमान मंदिर', 'खिजादिया झील' तथा 'समुद्रीय राष्ट्रीय उद्यान' दर्शनीय स्थल हैं।

पोरबंदर

यह महात्मा गाँधी की जन्मस्थली है। 'कीर्ति मंदिर', 'भारत मंदिर हॉल', 'हजूर महल', 'आर्य कन्या गुरुकुल', 'बिलेश्वर का शिव मंदिर (7वीं शताब्दी)', 'विकिया वाव' तथा 'नौलखा मंदिर' यहाँ के प्रसिद्ध दर्शनीय स्थल हैं।

वसाई (भदरेश्वर)

यह अपने जैन मंदिरों एवं 16 खम्भी मस्जिद के लिए जाना जाता है।

वेरावल

यह मक्का जाने वाले हज यात्रियों का प्रसिद्ध बंदरगाह है। यहाँ पर प्रसिद्ध 'सोमनाथ मंदिर' है, जहाँ 12 ज्योतिर्लिंगों में से एक लिंग स्थापित है।

सूरत

ताप्ती नदी के तट पर बसे सूरत के प्रसिद्ध पर्यटक स्थल हैं-नौ सैयद मस्जिद, ख्वाजा दीवान साहिब मस्जिद (1530), मिर्जा सामी मस्जिद (1540), पारसी अग्नि मंदिर (1823), जामी मस्जिद, डुमास बीच, सुवाली बीच, हाजिरा पोर्ट, डच बगीचा, वासंदा नेशनल पार्क, अंबिका निकेतन मंदिर, सरदार पटेल संग्रहालय, उभारत समुद्री तट तथा कराड़ी नामक स्थान, जहाँ से गाँधीजी को डांडी मार्च के दौरान गिरफ्तार किया गया था।

हरियाणा

पानीपत

हरियाणा के करनाल जिले में स्थित पानीपत में सन् 1526, 1556 एवं 1761 में तीन निर्णायक युद्ध हुए, जिन्हें पानीपत की लड़ाइयों के नाम से जाना जाता है। यहाँ एक रासायनिक खाद का कारखाना है। पानीपत में पीर कलंदर शाह की दरगाह प्रमुख दर्शनीय स्थल है जहाँ लोग दूर-दूर से आकर यहाँ माथा टेकते हैं।

चित्रः 9.21: पानीपत की काबुली बाग मस्जिद

कुरुक्षेत्र

ऐतिहासिक महत्व के इस स्थल के विषय में किंवदंती है कि महाभारत काल का ऐतिहासिक युद्ध यहीं लड़ा गया था तथा श्रीकृष्ण भगवान ने अर्जुन को गीता का उपदेश दिया था। यहाँ स्थित एक पवित्र कुंड में सूर्यग्रहण के समय हजारों श्रद्धालु स्नान करने आते हैं।

हिसार

फिरोजशाह तुगलक द्वारा सन् 1354 में स्थापित हिसार में 'गूजरी महल', 'फिरोजशाह की मस्जिद' विशेष दर्शनीय स्थल हैं। हिसार में वर्ष में दो बार पशु मेले का आयोजन किया जाता है।

बनावली

हरियाणा प्रदेश के हिसार जिले में स्थित बनावली सिन्धु सभ्यता का एक प्रमुख स्थल है। आर.एस. बिष्ट ने यहाँ उत्खनन कराया था जिसमें यहाँ से सैंधव कालीन अवशेष प्राप्त हुए हैं।

थानेश्वर

थानेश्वर वर्तमान अम्बाला और करनाल के मध्य स्थित था। इस नगर पर छठी-सातवीं शताब्दी में पुष्यभूति वंश का शासन था। चीनी यात्री ह्वेनसांग के वर्णन से ज्ञात होता है कि यहाँ अनेक शिक्षण संस्थान, संगीतालय, मठ एवं मंदिर अपने अस्तित्व में थे। इसी नगर के समीप तराई तथा पानीपत के निर्णायक युद्ध लड़े गए थे। 7वीं-8वीं शताब्दी में इस नगर पर हूणों ने आक्रमण कर दिया। परिणामस्वरूप, इस नगर का पतन हो गया।

सूरजकुंड

सूरजकुंड का विश्वप्रसिद्ध शिल्प मेला हर वर्ष फरवरी में आयोजित करने के लिए प्रसिद्ध है।

हिमाचल प्रदेश

शिमला

चित्रः 9.22: क्राइस्ट चर्च, शिमला

यह हिमाचल प्रदेश की राजधानी है और 2,136 मीटर ऊँचाई पर स्थित है। कालका से शिमला तक नैरो गेज रेलवे लाइन जाती है। रेलमार्ग ये यात्रा करते समय मार्ग में आने वाली कई गुफाओं से गुजरती हुई रेल यात्रियों को सहसा रोमांचित कर देती है। यहाँ के प्रसिद्ध दर्शनीय स्थलों में **कालीबाड़ी मंदिर** (जो माँ काली का मंदिर है), **तारा देवी मंदिर** (यहाँ दो मंदिर हैं–एक तारा देवी का, दूसरा शिव का) तथा **कामना देवी मंदिर** (यह प्रोस्फेक्ट पहाड़ी पर स्थित है) प्रमुख हैं। इसके अतिरिक्त वार्नेस कार्ट, गार्डन कैसल एवं वाइस रीगल लॉज, जाखू की पहाड़ी, जाखू मंदिर, चैडविक झरना, कुफरी तथा नारकंडा स्थान प्रमुख हैं।

मनाली

मनाली प्रसिद्ध पर्यटक स्थल है। यहाँ के प्रसिद्ध दर्शनीय स्थल है-हिडिम्बा मंदिर (1553 महाराजा बहादुर सिंह), महर्षि वशिष्ठ आश्रम, रोहतांग दर्रा, त्रिलोकीनाथ मंदिर (यहाँ हमेशा 2 अखंड ज्योतियाँ जलती रहती हैं) तथा राहला जलप्रपात।

जम्मू-कश्मीर

अमरनाथ

चित्रः 9.23: पवित्र अमरनाथ गुफा

कश्मीर स्थित **अमरनाथ** समुद्र तल से 12,729 फीट से भी अधिक ऊँचाई पर स्थित है। सावन की पूर्णिमा को यहाँ पर हजारों की संख्या में श्रद्धालु आते हैं। अमरनाथ गुफा के दक्षिणी किनारे पवित्र लिंग (शिवलिंग) स्थित है। परम्परानुसार यह स्वयं निर्मित हुआ है। पौराणिक विश्वासों के अनुसार, चन्द्रमा की कलाओं के अनुसार यह (शिवलिंग) घटता-बढ़ता रहता है। चूँकि यहाँ के पर्वतीय सौंदर्य को देखकर भगवान शिव और पार्वती यहाँ ठहरे थे, अतः हिन्दू इसे अत्यन्त पवित्र मानते हैं। 19वीं शती ई. में एक मुसलमान गड़रिये बूटा मलिक ने अमरनाथ की गुफा की खोज कर लोगों को इसकी जानकारी दी थी।

गुलमर्ग

श्रीनगर से 57 किलोमीटर दूर 2,730 मीटर की ऊँचाई पर गुलमर्ग स्थित है। यह अत्यंत रमणीक स्थल है, जो ऊँचे-ऊँचे कोनिफर वृक्षों से ढका हुआ है। यह गोल्फ की पहाड़ियों और गोल्फ कोर्स के साथ सुंदर नावों के लिए मशहूर है।

श्रीनगर

झेलम नदी के किनारे बसा यह नगर जम्मू-कश्मीर राज्य की राजधानी है। इसकी ऊँचाई 1,900 मीटर है। यहाँ शालीमार बाग, निशात बाग आदि उद्यान स्थित हैं। श्रीनगर में स्थित डल झील और उस पर तैरते हाउस बोट तथा शिकारे पर्यटकों के बीच काफी लोकप्रिय हैं। सूखे मेवे, सेबों के बागान और पारम्परिक कश्मीरी हस्तशिल्प श्रीनगर के प्रमुख आकर्षण हैं।

चित्रः 9.24: पहलगाम की अरू वैली

पहलगाम

घने देवदार और चीड़ के वृक्षों से घिरा हुआ पहलगाम एक खूबसूरत पर्यटक स्थल है। यह 'अरू' एवं 'शेषनाग' नदियों पर स्थित है। यहाँ के ममलेश्वर मंदिर, बसरेन तथा तुलियान झील (3,353 मीटर) दर्शनीय स्थल हैं। पहलगाम में घुड़सवारी, ट्रैकिंग, फिशिंग की पूरी सुविधा है।

वेरीनाग

यहाँ के प्रसिद्ध दर्शनीय स्थलों में जवाहर सुरंग, भद्रवा नाग मंदिर, बनिहाल बरोटे, पटनी टॉप, सनासर भी प्रमुख हैं।

लद्दाख

लेह

लद्दाख की राजधानी लेह सिन्धु नदी के उपजाऊ क्षेत्र में आती है। लेह में सेण्ट्रल एशिया के कारवाँ आकर ठहरते थे। इसका संबंध मंगोल तथा चंगपा चरागाहों से भी रहा है। 10वीं शताब्दी के अंत में इसका शासन 'थी' वंश के द्वारा किया गया। उन्होंने यहाँ अनेक किलों का निर्माण कराया। यहाँ के दर्शनीय स्थलों में लेह महल, लेह संग्रहालय, लेह गोचा, गोम्पा, शांति स्तूप, शंकट गोम्पा, लेह मस्जिद, मणि दिवारें आदि उल्लेखनीय हैं। यहाँ पर तिब्बती और बौद्ध संस्कृति का असर रहा है।

झारखंड

धनबाद

झारखंड स्थित यह स्थल कोयले के लिए प्रसिद्ध है। यहाँ भारत सरकार का 'स्कूल ऑफ माइन्स तथा नेशनल फ्यूल रिसर्च इंस्टीट्यूट' स्थित है।

राँची

झारखंड राज्य की राजधानी राँची राज्य का प्रमुख नगर है। यहाँ देश के प्रथम सौर चलित सिंचाई पम्प की स्थापना की गई थी। राँची से कुछ दूर, प्रसिद्ध 'हुंडरू जलप्रपात' है। जोहना और समगहग दो अन्य जलप्रपात हैं।

जमशेदपुर

राँची के दक्षिण-पूर्व में स्थित इस शहर के निर्माण का श्रेय जमशेद जी टाटा को है, जिन्होंने सन् 1908 में इसकी स्थापना की। लौह-इस्पात के अलावा वाहनों, कृषि यंत्रों, तारों, टिन, प्लेटों आदि उद्योगों का प्रमुख उत्पादक केंद्र है।

चित्र 9.25: जमशेदपुर का जुबिली पार्क

पारसनाथ

प्रमुख जैन तीर्थ स्थलों में से एक पारसनाथ धनबाद के निकट स्थित है। जैन धर्म में हुए 24 तीर्थंकरों में से 21 तीर्थंकरों को यहाँ निर्वाण प्राप्त हुआ था। यह स्थान 'सुमेर शिखर' के नाम से भी प्रसिद्ध है। यहाँ पारसनाथ का मंदिर स्थित है। इसके अलावा यहाँ अनेक जैन मंदिर और धर्मशालाएँ भी हैं।

कर्नाटक

वेल्लूर

कर्नाटक का यह प्राचीन नगर पूर्व मध्यकाल में होयसलों की राजधानी था। इसकी प्रसिद्धि का प्रमुख कारण यहाँ पर होयसल नरेश विटिग विष्णुवर्धन का 1117 ई. में बनवाया हुआ चेल्वकेशव का मंदिर है, जिसकी कलात्मकता मनमोहक है।

हेलेबिड

कर्नाटक के हासन जिले में स्थित यह स्थल होयलेश्वर के मंदिर के लिए प्रसिद्ध रहा है। इसका प्राचीन नाम 'द्वारसमुद्र' था, जो होयसलों की राजधानी रहा है। अलाउद्दीन के शासन में मलिक काफूर ने द्वारसमुद्र पर 1310 ई. में आक्रमण करके इसे जीत लिया था।

श्रवणबेलगोला

चित्र 9.26: श्रवणबेलगोला में स्थित गोमतेश्वर की विशाल मूर्ति

कर्नाटक राज्य के मैसूर में स्थित यह धार्मिक स्थल जैन धर्म एवं संस्कृति का महान केंद्र था। जैन अनुश्रुतियों के अनुसार, सम्राट् चन्द्रगुप्त मौर्य (प्रथम) सिंहासन त्याग कर यहाँ चला आया और यहीं उसने जैन समाधीकरण की विधि से (सल्लेखन) प्राण त्याग दिए। स्मृतियों से ज्ञात होता है कि महावीर के शिष्य भद्रबाहु का देहान्त यहीं हुआ था।

हम्पी

प्रसिद्ध मध्य कालीन विजयनगर राज्य के खंडहर वर्तमान हम्पी में मौजूद है। यह स्थान कर्नाटक में मैसूर के निकट है। स्वदेशी कलाकारों ने यहाँ वास्तुकला, चित्रकला एवं मूर्तिकला की एक पृथक् शैली का विकास किया था। विजयनगर के शासकों ने मंत्रणागृहों, सार्वजनिक कार्यालयों, सिंचाई के साधनों, देवालयों तथा प्रासादों के निर्माण में बहुत उत्साह दिखाया। यहाँ अनेक मंदिर बनवाये गए थे। लांगहर्स्ट के अनुसार, कृष्णदेव राय के शासनकाल में बनाया गया प्रसिद्ध हजाराम मंदिर विद्यमान हिन्दू मंदिरों की वास्तुकला के पूर्णतम नमूनों में से एक है। मंदिर की दीवारों पर 'रामायण' के सभी प्रमुख दृश्य बड़ी सुंदरता से उकेरे गए हैं।

वृन्दावन गार्डन

वृन्दावन गार्डन आधुनिक कर्नाटक प्रांत में मैसूर से 20 किमी. की दूरी पर स्थित है। इसका निर्माण कावेरी नदी का जल संग्रहण कर बाँध बना कर किया गया है। इसके चारों तरफ सुंदर-सुंदर लॉन, सुसज्जित फूलों की क्यारियां, छोटे-छोटे झरने (जलप्रवाह) तथा आकर्षक फव्वारे हैं, जो इसकी सुषमा को द्विगुणित करते हैं।

कोडागू (कुर्ग)

कर्नाटक स्थित कोडागू के प्राचीनतम शिलालेखों का संबंध 8वीं शताब्दी से है। कोडागू जिले का मुख्यालय मेडीकेरी है। कोडागू में कावेरी नदी पर अवस्थित निसर्गधाम एक छोटा दर्शनीय टापू है। यहाँ स्थित नगरहोल राष्ट्रीय उद्यान की स्थापना 1955 में हुई थी। इस राष्ट्रीय उद्यान में हाथी, गौर, जंगली कुत्ते, जंगली बिल्लियां, बंदर, सांभर, तेंदुए आदि देखे जा सकते हैं।

उड्डपी

यह 12वीं शताब्दी के संत श्री माधवाचार्य की जन्मस्थली है। यहाँ 8 संन्यासी मठ हैं, जिनमें से श्रीकृष्ण मठ एवं श्रीअनंथसाना मंदिर विशेष दर्शनीय है। मणिपाल (शैक्षिक केंद्र) तथा माल्पे (मत्स्य केंद्र) भी दर्शनीय है।

एहोल

यह चालुक्यों की प्रथम राजधानी थी। यहाँ के प्रसिद्ध दर्शनीय स्थलों में दुर्गीगुडी मंदिर, लाडखान मंदिर, गोदरगुडी मंदिर, चिक्की मंदिर, रावण पहाड़ी गुफा मंदिर, बौद्ध मंदिर, मेगुटी मंदिर तथा कुंती समूह के चार हिन्दू मंदिर उल्लेखनीय हैं।

चित्र 9.27: जोग जलप्रपात

जोग जलप्रपात

शरावती नदी पर स्थित जोग जलप्रपात चार छोटे-छोटे प्रपातों-राजा, राकेट, रोरर और दाम ब्लाचे से मिलकर बना है। गुडावी पक्षी अभ्यारण्य प्रवासी पक्षी के साथ-साथ पर्यटकों के आकर्षण का भी केंद्र है।

केरल

कालीकट

यह केरल राज्य में मालाबार के तट पर स्थित है। 15वीं शताब्दी में **कालीकट** को एक प्रसिद्ध बंदरगाह के रूप में जाना जाता था। पुर्तगाली अन्वेषक वास्को डि गामा 27 मई, 1498 ई. को इसी बंदरगाह पर उतरा था। यहाँ के हिन्दू राजा जमोरिन ने उसका स्वागत किया था। सन् 1790 में इस पर अंग्रेजों ने अधिकार कर लिया था।

त्रिचूर

केरल स्थित यह नगर एक समय में कोच्चि राज्य की राजधानी था, जिस पर 18वीं शताब्दी में टीपू सुल्तान का अधिकार था। त्रिचूर से 29 किलोमीटर दूर स्थित चेरूथुरूथी प्रसिद्ध सांस्कृतिक केंद्र है। यहाँ कथकली के अतिरिक्त संगीत, नाट्य, मोहिनीअट्टम तथा ओट्टम थुलाल की शिक्षा दी जाती है।

तिरुवनंतपुरम (त्रिवेंद्रम)

केरल राज्य की राजधानी तिरुवनंतपुरम स्थित प्रसिद्ध मंदिरों, महलों तथा गिरजाघरों में सम्मिलित हैं–श्री पद्मनाभस्वामी मंदिर, क्राइस्ट चर्च तथा कानककुनु महल। 'शंकुमुखम' तिरुवनंतपुरम स्थित प्रसिद्ध समुद्र तट है। शहर से 10 किलोमीटर दूर स्थित वेली पर्यटक ग्राम में स्थित झील में नौकायन का आनंद लिया जा सकता है। तिरुवनंतपुरम से 30 किलोमीटर दूर पश्चिमी घाट में स्थित नय्यर वन्यजीव अभयारण्य, नय्यर बाँध तथा 23 वर्ग किलोमीटर क्षेत्र में फैला 'अगत्स्य वनम जैविक उद्यान' आदि भी दर्शनीय स्थल है।

चित्रः 9.28: पद्मनाभस्वामी मंदिर, तिरुवनंतपुरम

मध्य प्रदेश

उज्जयिनी (उज्जैन)

यह मालवा (म.प्र.) स्थित भारत के प्राचीन नगरों में से एक है, जिसको 'अवन्तिका' भी कहते हैं। यह क्षिप्रा नदी के तट पर स्थित है। 'पेरिप्लस ऑफ एरीथ्रियन सी' नामक पुस्तक में इस नगर को 'ओजोनी' कहा गया है। ई. सन् की प्रारंभिक शताब्दियों में यहाँ शक क्षत्रपों का अधिकार था, जो कालांतर में चन्द्रगुप्त द्वितीय की राजधानी बना। देश के 12 ज्योतिर्लिंगों में से एक यहाँ महाकालेश्वर का मंदिर स्थित है। यहाँ प्रत्येक 12 साल के बाद विशाल कुम्भ का मेला 'सिंहस्थ' के नाम से लगता है।

चित्रः 9.29: उज्जयिनी मंदिर, उज्जैन

खजुराहो

यह बुन्देलखंड (म.प्र.) में छतरपुर से 27 मील पूर्व में स्थित है। खजुराहो उत्कृष्ट मंदिरों एवं कलाकृतियों के लिए प्रसिद्ध है। ये मंदिर चन्देलों के ऐश्वर्य और उनकी कला, मूर्तिकला, वास्तुकला के साक्षी हैं। यहाँ स्थित 'कंदरिया महादेव' का मंदिर सबसे विशाल एवं सुंदर है। खजुराहो के अति सुंदर मंदिरों में से अधिकांश का निर्माण चन्देल राजा धंग (954–1002) द्वारा कराया गया था। यहाँ के मंदिरों में शैव, वैष्णव एवं जैन मूर्तियाँ हैं।

जोगीमारा

मध्य प्रदेश के सरगुजा जिले पहाड़ी में जोगीमारा नामक शैलकृत गुफाएँ हैं। ऐसा माना जाता है कि इन गुफाओं में 300 ई.पू. के कुछ रंगीन भित्ति चित्र विद्यमान हैं, जो सम्राट् अशोक के काल में निर्मित हुए थे। इनका निर्माण देवदासी सुतनुका ने करवाया था।

बाघ

चित्रः 9.30: बाघ की गुफाएँ

मध्य प्रदेश में इन्दौर से 158 किलोमीटर दूर धार जिले में स्थित **बाघ की गुफाएँ** रॉक पेंटिंग्स की दृष्टि से अजंता-एलोरा के समकक्ष हैं। यहाँ पर कुल 9 गुफाएँ थीं, जिसमें से अब कुछ ही शेष हैं। ये गुप्त कालीन हैं तथा अजंता शैली में निर्मित है। यह स्थान इन्हीं शैल गृहों में उत्कीर्ण भित्ति चित्रों के लिए विख्यात है।

भरहुत

मध्य प्रदेश स्थित भरहुत शुंगकालीन स्तूपों और बौद्ध वास्तु एवं मूर्तिकला के लिए विख्यात है।

भीम बेटका

मध्य प्रदेश में भोपाल से 40 किमी. दक्षिण में 'भीम बेटका' नामक एक पहाड़ी स्थित है। इस पहाड़ी पर 500 गुफाओं में शैल चित्रों का अनुपम संसार बसा है। इसकी खोज वाकणकर ने की थी। ऐसा प्रतीत होता है कि यह स्थल नवपाषाण युग का प्रमुख केंद्र रहा होगा।

मांडू

चित्रः 9.31: मांडू दुर्ग

यह मध्य प्रदेश के मालवा क्षेत्र में इन्दौर से 100 किलोमीटर दूर विंध्याचल पहाड़ियों पर स्थित एक नगर है, जिसका प्राचीन नाम 'मण्डप दुर्ग' या 'माण्डव गढ़' था। मालवा के गोरी वंश के शासक हुशंग शाह (1405-35 ई.) ने इसे अपनी राजधानी बनाया। मांडू दुर्ग में वास्तुकला के अनेक सुंदर नमूने हैं, जैसे-जामी मस्जिद, हिंडोला महल, जहाज महल, बाजबहादुर एवं रानी रूपमती के महल हैं। ये सभी बलुआ पत्थर एवं संगमरमर के बने हैं। मांडू मालवा के अंतिम सुल्तान बाजबहादुर एवं उनकी रानी की प्रणयगाथा के लिए विख्यात रहा है। दोनों ही संगीत विद्या में निपुण थे। यहाँ 100 से अधिक डायनासोर के अण्डों के जीवाश्म प्राप्त हुए हैं। वैज्ञानिकों के अनुसार, ये अण्डे क्रिटेशियस युग के हैं।

विदिशा

यह एक प्राचीन नगर है, जो अब 'भिलसा' (मध्ययुगीन नामकरण) के नाम से विख्यात है। यह नगर मध्य प्रदेश में साँची के निकट है। इसे 'बेसनगर' के नाम से भी जाना जाता है। पहले इसका नाम 'महामालिस्तान' या 'मेवला' था। बेसनगर के अभिलेखों से यह ज्ञात होता है कि यहाँ भगवान वासुदेव के सम्मान में तक्षशिला के यूनानी राजा, एंटिअलकीड्स के राजदूत हेलियोडोरस द्वारा लगभग 135 ई.पू. में एक गरुड़ ध्वज की स्थापना की गई थी। यहाँ से 5 मील की दूरी पर साँची का स्तूप स्थित है। प्राचीन काल में विदिशा हाथी दांत के लिए प्रसिद्ध था।

शिवपुरी

यह ग्वालियर से 102 किलोमीटर की दूरी पर स्थित है। **शिवपुरी** के पास ही सुरवाया गढ़ी स्थित है। सुरवाया गढ़ी और उसके अंदर स्थित मंदिरों की शोभा (मेहराबदार मंदिर और जगनियां शिल्प सौंदर्य) देखते ही बनती है। वास्तु और शिल्प कला की दृष्टि से यहाँ के पुरातन मंदिर उच्च कोटि के हैं। इन मंदिरों में विद्या की देवी सरस्वती और दानी शिव की प्रतिमाएँ स्थापित हैं। मुगल आक्रमणकारियों द्वारा तोड़-फोड़ के बावजूद यहाँ का वैभव सुरक्षित है और देश के गौरव की याद दिलाता है।

भोपाल

मध्य प्रदेश की राजधानी भोपाल का निर्माण 11वीं सदी के राजा भोज ने करवाया था। यहाँ के प्रसिद्ध दर्शनीय स्थल हैं-गुलाबी ताज-उल मस्जिद (1878), मोती मस्जिद (1860), शौकत महल, सदर मंज़िल, बिरला संग्रहालय, राज्य पुरातात्विक संग्रहालय तथा वन विहार आदि।

इन्दौर

सरस्वती तथा खान नदियों के तट पर स्थित यह नगर वस्त्र उद्योग के लिए विख्यात है। यहाँ भारत का चौथा सबसे बड़ा वस्त्र उद्योग है। इसके प्रमुख दर्शनीय स्थलों में गीता भवन, कांच मंदिर, छतरी बाग, लाल बाग तथा केंद्रीय संग्रहालय उल्लेखनीय हैं।

ग्वालियर

मध्य प्रदेश के इस नगर के दर्शनीय स्थल है-**ग्वालियर किला**, मोती महल, जयविलास महल, सास-बहू मंदिर, सूरज कुंड, तेली का मंदिर, रानी ताला, छेदी ताल, तानसेन का मकबरा, ग्यास मुहम्मद का मकबरा, गूजरी महल पुरातात्विक संग्रहालय, नगर निगम संग्रहालय, कला विथिका।

चित्र 9.32: ग्वालियर का किला

ओंकारेश्वर

मध्य प्रदेश में इन्दौर और खंडवा के मध्य स्थित ओंकारेश्वर महादेव का मंदिर अपने धार्मिक महत्व के लिए जाना जाता है। मंदिर मध्य कालीन ब्राह्मण शैली में बना है। ओंकार-मन्धाता का सुंदर मंदिर देश के प्रसिद्ध 12 लिंगों में से एक है। यहाँ सिद्धनाथ मंदिर, 24 अवतार सूनमात्रिक मंदिर, गौरी सोमनाथ मंदिर और आदिशंकराचार्य की गुफाएँ आदि दर्शनीय स्थल हैं।

मुक्तागिरि

मध्य प्रदेश के बैतूल जिले में स्थित 'मुक्तागिरि' जैन धर्मावलंबियों का पवित्र स्थल है। यहाँ कुल मिलाकर 52 मंदिर हैं, जिनका निर्माण चट्टानों के अंदर किया गया है। निर्जन तथा वनों से आच्छादित गुफाओं तथा पर्वत शिखरों पर निर्मित ये मंदिर बड़े आकर्षक हैं। यहाँ स्थित एक छोटा-सा जलप्रपात मुक्तागिरि के आकर्षण में और अधिक वृद्धि कर देता है।

अमरकंटक

शहडोल जिले में स्थित इस स्थल से ही नदी नर्मदा का उद्गम होता है। गुप्त कालीन कवि कालिदास ने अपनी कविताओं में कई जगह अमरकंटक का वर्णन किया है। यहाँ निर्मित अधिकांश मंदिरों का निर्माण 10वीं एवं 11वीं शताब्दी में कलचुरी वंश के शासकों द्वारा किया गया था।

महाराष्ट्र

औरंगाबाद

महाराष्ट्र के दक्षिण में स्थित इस नगर पर क्रमशः सातवाहनों, वाकाटकों एवं बादामी के चालुक्य तथा राष्ट्रकूटों का शासन रहा है। 16वीं शताब्दी में अहमदनगर के वज़ीर मलिक अंबर के पुत्र फतेह खां ने इसका नाम बदलकर 'फतेह नगर' रख दिया था। बाद में औरंगजेब ने इसे **औरंगाबाद** बना दिया। औरंगजेब के शासन में नियुक्त एक हाकिम अताउल्ला खां ने यहाँ 'बेगम-राबिया उद्-दौरानी का मकबरा' या 'बीवी का मकबरा' बनवाया था, जो ताजमहल की असफल अनुकृति प्रतीत होता है।

मुंबई

महाराष्ट्र की राजधानी एवं देश का प्रमुख औद्योगिक नगर मुंबई भव्य बंदरगाह और अदभुत प्राकृतिक सौंदर्य के लिए विख्यात है। यह नगरी 16वीं शताब्दी में सात छोटे-छोटे द्वीपों का समूह मात्र थी। इसीलिए इसे 'सप्तद्वीप' या 'हेप्टानीसिया' कहा जाता था। 1510 ई. में इसके आस-पास के क्षेत्रों पर पुर्तगाली गवर्नर अलबुकर्क ने कब्जा कर लिया था। 1661 ई. में पुर्तगाली राजा डॉन अलफान्सो ने कैथरीन के साथ ब्रिटेन के राजा चार्ल्स द्वितीय के विवाह के उपलक्ष्य में यह चार्ल्स को दहेज के रूप में दे दिया था। 1885 ई. में भारतीय राष्ट्रीय कांग्रेस का प्रथम अधिवेशन बंबई (ग्वालिया टैंक मैदान) में ही संपन्न हुआ। **गेटवे ऑफ इंडिया** का निर्माण भी ब्रिटिश काल में यहाँ कराया गया।

चित्र 9.33: मुंबई का मरीन ड्राइव

अजंता

अजंता की गुफाएँ महाराष्ट्र में औरंगाबाद से 104 किमी. उत्तर-पूर्व में स्थित हैं। 1819 ई. से पहले ये अज्ञात थीं। 1819 ई. के बाद से अनेक इतिहासकारों, कला मर्मज्ञों, मानव-वंश शास्त्रियों का ध्यान इस ओर आकृष्ट हुआ। गुफाओं का प्राकृतिक दृश्य बहुत ही शांत, मनोहारी और चित्त को आकृष्ट करने वाला है। बौद्ध भिक्षुओं के लिए शांत एवं निर्जन यह स्थान उपासनादि के लिए सुंदर और उपयुक्त रहा। उस युग के कलाकारों के लिए भी यह स्थान श्रेष्ठ रहा, जहाँ वे अपनी कला चेतना को तथागत के चरणों में अर्पित कर सके। अजंता के चित्रों का चित्रण संभवत: 5वीं सदी ईसवी से 7वीं सदी ईसवी के बीच हुआ। भारत की कला परम्परा को अजंता की चित्रकला ने गंभीर रूप से प्रभावित किया। इसके संकेत बाघ, बादामी तथा एलोरा के शैलकृत मंदिरों की भीतरी दीवारों पर अंकित चित्रों में मिलते हैं। बौद्ध चित्रकला एक शाश्वत् प्रेरणा थी।

एलिफेण्टा

मुंबई से सात मील उत्तर-पूर्व में एक छोटा-सा अपोलो बन्दर नामक द्वीप है। इसका व्यास लगभग साढ़े चार मील है। द्वीप का प्राचीन नाम धारापुरी है। राजाघाट नामक स्थान पर हाथी की एक भीमकाय मूर्ति होने के कारण पुर्तगालियों ने इसे 'एलिफेण्टा' नाम दिया। यहाँ दो पहाड़ियों के बीच एक संकीर्ण घाटी है। इन पहाड़ियों में पाँचवीं-छठी शताब्दी की पाँच गुफाएँ हैं। यहाँ पत्थर की शिलाओं को काटकर मंदिर बनाए गए हैं। इन मंदिरों में महेश की मूर्ति, शिव ताण्डव और शिव-पार्वती विवाह की मूर्तियाँ अपनी भव्यता और कलात्मकता के लिए प्रसिद्ध हैं। 16वीं शताब्दी में मुंबई के तट पर पुर्तगालियों की कब्जा हो जाने से एलिफेण्टा उनके अधिकार क्षेत्र में आ गया और उन्होंने यहाँ के कला वैभव को विनष्ट कर दिया।

एलोरा

आधुनिक महाराष्ट्र स्थित **एलोरा** शैलकृत गुफा मंदिरों के लिए जगत् प्रसिद्ध है। एलोरा की गुफाएँ एक मील की लंबाई में सह्याद्रि पहाड़ियों को काटकर बनाई गई हैं। दक्षिण में गुफा मंदिरों के स्थापत्य का चरमोत्कर्ष एलोरा के इन गुफा मंदिरों में दिखाई पड़ता है। यहाँ भारतीय धार्मिक चेतना के तीन प्रमुख स्तंभ–हिन्दू, बौद्ध और जैन धर्मों के श्रद्धा स्थानों को पत्थरों को भाषा में अभिव्यक्त किया गया है। एलोरा के मंदिरों का निर्माण ऐतिहासिक प्रमाणों के आधार पर छठी सदी के मध्य से दसवीं सदी के अंत के बीच होता रहा। एलोरा में सबसे प्रसिद्ध कैलाश मंदिर है, जिसे राष्ट्रकूट नरेश कृष्ण प्रथम ने बनवाया था। यह गुफा के रूप में नहीं, बल्कि एक बहुत बड़ी चट्टान को ऊपर से नीचे तक काटकर बनाया गया है।

कार्ले

कार्ले की गुफाएँ महाराष्ट्र में मुंबई-पुणे पथ पर लगभग 2 मील उत्तर में स्थित हैं। ये दूसरी सदी ईसवी पूर्व की जान पड़ती हैं। इस शैलकृत गुफा के स्तंभ धरातल पर पूर्णरूपेण लंबवत् होने के कारण अन्य गुफा स्तंभों में श्रेष्ठ समझे जाते हैं। कार्ले की गुफा का चैत्य, सामने की दीवार की नक्काशी की मनोहरता, केंद्रीय हॉल के भीतरी स्तंभों की विलक्षण पंक्तियाँ तथा भवन के विभिन्न भागों के सुंदर अनुपात के कारण सर्वसम्मति से सर्वोत्तम माना गया है।

नासिक

नासिक हिन्दुओं का पवित्र तीर्थ स्थल है। नासिक की बौद्ध गुफाएँ सुविख्यात हैं। उनको 'पाण्डुलेण' कहा जाता है। वे हीनयान बौद्धों के एक सम्प्रदाय द्वारा खुदवाई गई थीं। नासिक स्थित पाण्डुलेण चैत्य गृह में दानदाताओं के कई लेख अंकित मिले हैं, जिनके आधार पर इसके निर्माण का समय प्रथम शताब्दी ई.पू. के मध्य रखा जा सकता है। नासिक के पास 'सीता गुफा' नामक एक गुफा है, जिसके अंदर दो गुफाएँ हैं। पहली में राम, लक्ष्मण और सीता की मूर्तियाँ हैं। दूसरी में पंचरत्नेश्वर महादेव का मंदिर है। नासिक में **त्र्यंबकेश्वर महादेव का ज्योतिर्लिंग** होने के कारण नासिक का महात्म्य और भी बढ़ जाता है।

चित्र 9.34: नासिक का त्र्यंबकेश्वर मंदिर

उड़ीसा

कोणार्क

चित्र 9.35: कोणार्क का सूर्य मंदिर

कोणार्क उड़ीसा में स्थित है, जो हिन्दू मंदिर के लिए प्रसिद्ध है, जो भारतीय स्थापत्य का सर्वश्रेष्ठ नमूना है। सूर्य देवता को समर्पित यह मंदिर 'काले पैगोडा' के नाम से विख्यात है। **कोणार्क के विख्यात सूर्य मंदिर का** निर्माण 9वीं शताब्दी में केसरी वंश के एक शासक ने करवाया था। इस मंदिर का पुनर्निर्माण 13वीं सदी में खुर्दा नरेश नरसिंह देव (1238-1263 ई.) ने करवाया था। अब इसके भग्नावशेष ही उपलब्ध हैं। मंदिर 875 फुट लंबे तथा 540 फुट चौड़े प्रांगण में बनाया गया है।

भुवनेश्वर

यह उड़ीसा की राजधानी है। इस नगर से प्रारंभिक कलिंग शैली (नागर शैली) के मंदिर वास्तु के कुछ उत्कृष्ट नमूने मिले हैं। इस नगर में स्थित कुछ प्रमुख मंदिर (लिंगराज मंदिर और राजा-रानी के मंदिर), जिन्हें कड़ा अथवा केसरी वंश (11वीं सदी) के राजाओं ने बनवाया था, अपनी स्थापत्य कला के लिए विख्यात हैं। यह मंदिर अपनी पूर्ण विकसित आर्य नागर शैली का प्रतिनिधित्व करता है।

हाथी गुम्फा

उड़ीसा में भुवनेश्वर से तीन मील की दूरी पर स्थिति उदयगिरि नामक पहाड़ी की एक गुफा में कलिंग के चेत या चेदि वंश के राजा खारवेल का एक शिलालेख उपलब्ध है, जो 'हाथीगुम्फा शिलालेख' के नाम से प्रसिद्ध है। खारवेल जैन धर्म का अनुयायी था। खारवेल का समय प्रथम सदी ई.पू. माना गया है। इसने ने मगध नरेश महपतिमति को पराजित किया था।

पुरी

यह जगन्नाथ (पुरुषोत्तम) के मंदिर के लिए प्रसिद्ध है। पुरी का जगन्नाथ धाम चार धामों में से एक है। मंदिर की आकृति शंखनुमा है, जिसके केंद्र में जगन्नाथ मंदिर स्थित है। यहाँ भगवान जगन्नाथ अपने बड़े भाई बलभद्र और बहन सुभद्रा के साथ विराजते हैं।

गंजाम

यह भी प्रागैतिहासिक स्थल है। यह चीनी व्यापार का प्रमुख केंद्र है। यहाँ के दर्शनीय स्थल हैं-गोपालपुर चन्द्रगिरि, भंजन नगर, ततापानी, छतरपुर (नगर), ठकुरानी, जगन्नाथ, नीलकंठेश्वर शिव मंदिर, बुगुड़ा विसचिनारायण मंदिर तथा जाउगाडा कलिंग शिलालेख।

पंजाब

अमृतसर

चित्र 9.36: अमृतसर का स्वर्ण मंदिर

भारत के पंजाब राज्य का एक अत्यधिक महत्वपूर्ण शहर अमृतसर है। यह सिखों का पवित्र तीर्थ स्थान है। गुरु रामदास जी, जो सिखों के चौथे गुरु थे, को 1577 ई. में बादशाह अकबर ने यह स्थान दिया था। पाँचवें गुरु अर्जुनदेव (1581-1606 ई.) के एक शिष्य शेख मियाँ मीर ने सरोवर के बीच स्थित वर्तमान **स्वर्ण मंदिर** की नींव रखी थी। उन्होंने हिन्दू एवं मुसलमान संतों की रचनाओं में से चुने हुए पद्यों का संग्रह किया और इस प्रकार सिखों के मूल धर्म ग्रंथ आदि ग्रंथ (हरमिंदर साहिब) का संकलन किया भ्रामक है। ग्रंथ का नाम 'गुरुग्रंथ साहेब' है।

तक्षशिला

यह नगर पश्चिमी पंजाब (सम्प्रति पाकिस्तान) में रावलपिंडी से उत्तर-पश्चिम की ओर 20 मील की दूरी पर सराय कला नामक रेलवे स्टेशन के निकट अवस्थित है। सिकंदर के समय में यह राजा आम्भि की राजधानी था जोकि शिक्षा एवं चिकित्सा शास्त्र के केंद्र के रूप में विख्यात था। प्रसिद्ध चिकित्सा शास्त्री जीवक और चाणक्य ने यहीं पर शिक्षा प्राप्त की थी। पुरातात्विक पर्यवेक्षणों के परिणामस्वरूप यहाँ मौर्य, यवन, कुषाणकालीन स्मारकों का उद्घाटन हुआ है। यह नगर चौथी शताब्दी तक ज्ञान एवं विद्या का केंद्र (प्रमुख विश्वविद्यालय) रहा।

पटियाला

पटियाला के प्रमुख आकर्षण के केंद्र हैं-महाराजा आला सिंह निर्मित पटियाला किला, बहादुरगढ़ दुर्ग, पुराना मोतीबाग महल, सरहिंद स्थित मीर मिशन का मकबरा, परिबंदी नक्षवाला मकबरा, सलामत बेग हवेली तथा मुगल सराय आदि।

फिरोजपुर

फिरोजशाह तुगलक द्वारा 14वीं शताब्दी के मध्य में स्थापित फिरोजपुर के प्रसिद्ध स्थल हैं-मुडकी, फिरोजशाह, सोबरों (युद्ध स्थल), हुसैनीवाला (भगत सिंह, राजगुरु और सुखदेव की फाँसी का स्थान) तथा फरीदकोट (शहर) आदि हैं।

आनंदपुर साहिब

इसकी स्थापना सिखों के 9वें गुरु, गुरु तेगबहादुर सिंह ने सन् 1664 में करवाई थी। यह शिवालिक की पहाड़ियों में सतलुज के पूर्वी किनारे पर बसा है। यहाँ का संग्रहालय भी दर्शनीय है।

चित्र 9.37: आनंदपुर साहिब

राजस्थान

अजमेर

राजस्थान स्थित इस नगर की स्थापना सन् 1113 ई. में चौहान राजा अजय देव ने की थी। इसी वंश के एक शासक विग्रह राज ने अजमेर में एक संस्कृत पाठशाला का निर्माण कराया था। 1192 ई. के तराइन के द्वितीय युद्ध में पृथ्वीराज चौहान तृतीय के पराजित होने पर इस नगर पर मुसलमानों (मुहम्मद गौरी) का अधिकार हो गया। यहीं पर कुतुबुद्दीन ऐबक ने एक मस्जिद का निर्माण कराया था, जिसे 'ढाई दिन का झोंपड़ा' के नाम से जाना जाता है। अकबर ने इस नगर को अपने राज्य का एक सूबा बनाया। **ख्वाजा मुइनुद्दीन चिश्ती** की प्रसिद्ध दरगाह अजमेर में ही स्थित है।

जयपुर

राजस्थान की राजधानी जयपुर नगर की स्थापना 1728 ई. में कछवाहा राजपूत महाराज जयसिंह द्वितीय ने की। जयपुर नगर का निर्माण एक बंगाली युवक विद्याधर की सहायता से सम्पन्न हुआ था। भारतीय निर्माण कला की दृष्टि से यह नगर अपने रचना विन्यास की भव्यता, उत्कृष्टता एवं सामंजस्यपूर्णता से दर्शकों को आश्चर्यचकित कर देता है। इस शहर को 'गुलाबी नगर' के नाम से भी जानते हैं। नगर की सुंदरतम इमारतों में नाहरगढ़ दुर्ग, हवामहल, आमेर का किला प्रमुख है।

आमेर

आमेर ढूँढार (जयपुर) राज्य के निकट अथवा दिल्ली से 185 किमी. दक्षिण-पश्चिम में स्थित है। यहाँ कछवाहों ने काफी समय (1036 ई. से 1727 ई.) तक शासन किया। यह सवाई जयसिंह की राजधानी भी रहा। आमेर का किला अपने ढंग का अनूठा है, जहाँ का परकोटा बुर्जों से युक्त हिन्दू एवं मुगल शैली का अद्भुत मिश्रण है।

चित्र 9.38: आमेर का किला

किशनगढ़

राजस्थान में जयपुर और अजमेर के बीच किशनगढ़ की स्थापना 1575 ई. में जोधपुर के राजा उदय सिंह के 8वें पुत्र किशन सिंह ने की थी। यह स्थली अपनी विशिष्ट कलाओं के लिए प्रसिद्ध है, क्योंकि चित्रकला की किशनगढ़ शैली एक स्वतंत्र शैली के रूप में स्थापित हुई थी। किशन सिंह के पुत्र सहसमल (1615-1618 ई.) के समय किशनगढ़ शैली का विकास शुरू हुआ। राजा मान सिंह के काल में यहाँ कुशल चित्रकार कार्य कर रहे थे। किशनगढ़ शैली के चित्रों में संगमरमर के घने मण्डप, वृन्दावन के घने जंगल, कदली वृक्ष, चाँदनी रात में स्नान करती हुई स्त्रियां शामिल हैं।

माउण्ट आबू

चित्र 9.39: दिलवाड़ा का जैन मंदिर

यह स्थल राजस्थान में सिरोही के निकट अर्थात् अरावली पर्वत पर स्थित है। यहाँ एक पर्वत है, जिसके सर्वोच्च शिखर को गुरु शिखर कहते हैं। इसे 'अर्बुदाचल' या 'नन्दिवर्द्धन' भी कहते हैं। यहीं आदिनाथ व नेमिनाथ नामक जैन मंदिर हैं। यहाँ प्रसिद्ध दिलवाड़ा मंदिर और नक्की झील भी स्थित है।

उदयपुर

राजस्थान के दक्षिण में स्थित इस नगर की स्थापना (1567 ई.) मेवाड़ नरेश महाराणा उदय सिंह ने की थी। उदयपुर के बीच में स्थित एक विशाल झील में स्थित टापू पर 17वीं सदी में जगनिवास और जगमंदिर नामक विशाल महल निर्मित कराया गया था, जो आज भी अपने सौंदर्य से पर्यटकों का मन मोह लेता है। यहाँ की 'पिछौला झील' भी काफी प्रसिद्ध रही है। महाराजा जगत् सिंह द्वारा 1651 ई. में बनवाया गया जगदीश मंदिर अत्यंत भव्य है।

चित्तौड़

चित्र 9.40: चित्तौड़ का किला

राजस्थान में मेवाड़ के राणाओं की आन और शान का प्रतीक **चित्तौड़**, जो सिसौदिया वंश के राजाओं की राजधानी थी, राजपूताना का सबसे मजबूत गढ़ था। चित्तौड़ के शासक राणा कुंभा (1433-68 ई.) ने कई युद्ध जीते तथा इस किले में कई भव्य इमारतों का निर्माण कराया। यहाँ के प्रमुख स्मारकों में विजय स्तंभ, कुम्भ श्याम मंदिर, भामा शाह की हवेली, पद्मिनी महल, तुलजा माता का मंदिर आदि स्मारक राजपूतों के शौर्य की याद दिलाते है।

कालीबंगा

यह राजस्थान के गंगानगर जिले में स्थित है। सन् 1953 में ए. घोष ने इसकी खुदाई करवाई थी। यहाँ ताँबे की चूड़ियाँ मिली हैं। यहाँ से खिलौने वाली गाड़ी, साँड के अवशेष, जुते हुए खेत तथा सूती वस्त्र के अवशेष मिले हैं। यह नगर एक विकसित सभ्यता का द्योतक है।

जोधपुर

चित्र 9.41: मेहरगढ़ दुर्ग, जोधपुर

लूनी नदी के उत्तर में स्थित इस शहर की स्थापना का श्रेय राठौर सरदार राव जोधा (1459) को जाता है। यहाँ के दर्शनीय स्थल हैं-बालसमंद झील, मेहरनगढ़ दुर्ग, चामुंडा देवी का मंदिर, प्राचीन राजाओं की छतरियाँ तथा देवालय, वीरों की गैलरी, औसियां वैष्णव एवं जैन मंदिर। यहाँ 'रामायण' में वर्णित रावण का एक मंदिर स्थापित किया जा रहा है। उत्तर भारत में स्थापित किया जाने वाला यह रावण का पहला मंदिर है।

बाँसवाड़ा

बाँसों की अधिक खेती होने के कारण राजस्थान स्थित इस जगह का नाम 'बाँसवाड़ा' पड़ा। यहाँ के प्रमुख दर्शनीय स्थल हैं–घोटिया अम्बा, पाराहेड़ा स्थित मंडलेश्वर मंदिर, तलवाड़ा स्थित सूर्य मंदिर, लक्ष्मी नारायण मंदिर (12वीं शताब्दी), छींचा ग्राम स्थित ब्रह्माजी का मंदिर तथा कलिंजरा ग्राम स्थित जैन मंदिर।

बीकानेर

इसकी स्थापना सन् 1488 में राठौर सरदार बीकाजी ने करवाई थी। कर्ण महल, बीकानेर दुर्ग (इसमें चन्द्र महल, फूल महल, शीश महल,. कर्ण महल तथा रंग महल बने हैं) तथा गजनेर नामक मरुद्यान दर्शनीय हैं।

भीलवाड़ा

राजस्थान का **भीलवाड़ा** जिला एक प्राचीन स्थल है। यहाँ के बागोर गाँव में हुई खुदाई के अनुसार बागोर भारत का सर्वाधिक संपन्न पाषाणीय सभ्यता स्थल है। भीलवाड़ा से 14 किलोमीटर दूर स्थित मांडल कस्बे में प्राचीन स्तंभ मिंदारा पर्यटन की दृष्टि से महत्वपूर्ण है। यहाँ से 6 किलोमीटर दूर स्थित मेजा बोध भीलवाड़ा का प्रसिद्ध पर्यटन स्थल है। भीलवाड़ा से 51 किलोमीटर दूर स्थित मण्डलगढ़ दुर्ग, राजस्थान के प्राचीनतम दुर्गों में से एक है। यहाँ 50 किलोमीटर दूर स्थित प्राचीन नगर शाहपुरा अंतर्राष्ट्रीय राम स्नेही समुदाय के लोगों का तीर्थ स्थल है।

कोटा

चम्बल नदी पर स्थित दक्षिणी राजस्थान का एक सुंदर नगर है, जिसकी स्थापना भील सरदार कोटिया ने की थी। फिर यह नगर राजपूतों के अधिकार में रहा। यहाँ म्यूजियम महल, बाडौली मंदिर, रामगढ़ मंदिर, अमर निवास, भिटारिया कुंड, छतर निवास, जैन मंदिर आदि स्थित हैं। यहाँ से लगभग 60 किलोमीटर की दूरी पर झालरा पाटन बौद्ध गुफाएँ स्थित हैं, जो ऐतिहासिक एवं सांस्कृतिक दृष्टि से अत्यंत ही महत्व की हैं।

रणथम्भौर

राजस्थान के सवाई माधोपुर जिले के पास यह एक छोटा-सा ऐतिहासिक कस्बा है, जहाँ प्रसिद्ध **रणथम्भौर** किला स्थित है। यहाँ के चौहान राजा हमीर ने जलालुद्दीन का आक्रमण विफल कर दिया था और अलाउद्दीन के साथ लड़ते-लड़ते मारा गया।

जैसलमेर

राजस्थान स्थित पूर्णरूप से रेगिस्तानी नगर जैसलमेर की स्थापना सन् 1156 में भाटी राजा राव 'जैसल' ने की थी। इसके चारों ओर पत्थर का एक परकोटा खिंचा है। इसके दो मुख्य द्वार हैं। यहाँ का किला एक पहाड़ी पर स्थित है, जिसमें कुछ मंदिर बने हैं। यहाँ के ऐतिहासिक स्थान-सलीम सिन्ध की हवेली, पाटनों की हवेली, नाथमल की हवेली आदि है। संभवनाथ मंदिर और जैन मंदिर भी दर्शनीय हैं। यहाँ के पुस्तकालय में खजूर के पत्तों पर लिखी पांडुलिपि संगृहीत हैं।

भरतपुर

भरतपुर 'राजस्थान का प्रवेश द्वार' कहलाता है, जिसका निर्माण जाट राजा सूरजमल ने करवाया था। यहाँ का किला मिट्टी से बना है। यहाँ से पाँच किलोमीटर की दूरी पर घाना पक्षी अभयारण्य स्थित है, जहाँ साइबेरिया तक से पक्षी उड़कर आते हैं। भरतपुर के समीप 'बयाना' तथा 'रूपवास' से अनेक गुप्त कालीन प्रतिमाएँ प्राप्त हुई हैं।

चित्र 9.42: भरतपुर का घाना पक्षी अभयारण्य

तमिलनाडु

कांची

यह आधुनिक तमिलनाडु के प्राचीन नगरों में से एक है। इसका आधुनिक नाम **कांचीपुरम** या कांचीवरम् है। इस नगर का पहला ऐतिहासिक उल्लेख समुद्रगुप्त के इलाहाबाद स्तंभ लेख (हरिषेण द्वारा लिखित) में मिलता है। इसके अनुसार, गुप्त सम्राट् ने कांची के पल्लव राजा विष्णुगोप को अपने अधीन किया था। ईसा की पाँचवीं शताब्दी में यह नगर जैन संस्कृति का प्रमुख केंद्र था। राष्ट्रकूट के शासक गोविंद ने कांची के शासक को पराजित किया था। कांची, पल्लव राज्य की राजधानी थी। ह्वेनसांग 640 ई. में कांचीपुरम् आया था, उस समय पल्लव राजा नरसिंह वर्मन यहाँ का शासक था।

चित्र 9.43: कांचीपुरम

कुम्भकोणम्

तमिलनाडु में कावेरी तट पर स्थित यह नगर प्राचीन काल में शिक्षा का एक महान केंद्र था। यहाँ पर सारंगपाणि का मंदिर है, जो विष्णु के अवतार माने जाते हैं। यहाँ पर भी कुम्भ का आयोजन होता है।

चित्र 9.44: कुम्भकोणम का सारंगपाणि मंदिर

मदुरै

दक्षिण भारत का एक बहुत प्राचीन नगर, जो ईसवी सन् की प्रथम शताब्दी में पाण्ड्य राज्य की राजधानी था। इसका एक अन्य नाम 'कदम्ब वन' भी था। इसका यह नाम पड़ने का कारण कदम्ब वन के स्थान पर इसका निर्मित होना था। चीनी पर्यटक ह्वेनसांग ने इस नगर का उल्लेख 'मलकूट' नाम से किया है। कौटिल्य के अनुसार, **मदुरै** के सुंदर सूती कपड़े एवं मोती पूरे भारत में विख्यात थे। इस नगर की सम्पन्नता का प्रमाण तब मिलता है, जब सुल्तान अलाउद्दीन खिलजी की सेना ने 1311 ई. में इसे लूटा था। बाद में यह विजयनगर साम्राज्य का अंग बन गया।

तंजौर (तंजावुर)

यह नगरी पूर्व मध्यकाल में चोलों की राजधानी रही है। चोल शासक राजराज चोल (985-1014 ई.) ने यहाँ वृहदेश्वर मंदिर (शैव) का निर्माण करवाया था, जो अपनी भव्यता के लिए पूरे भारत में विख्यात है।

मामल्लपुरम्

मद्रास से 50 किमी. पर समुद्र तट पर स्थित इस नगर को अब 'महाबलिपुरम्' कहते हैं। इस नगर की स्थापना पल्लव राजा नरसिंह वर्मन (625-45 ई.) ने की। पल्लव कालीन वास्तुकला के सुंदरतम उदाहरण महाबलिपुरम् में पाए जाते हैं। इसी काल में मामल्ल शैली विकसित हुई, जिसमें मण्डप और रथ प्रमुख होते हैं। मामल्ल शैली के मण्डप अपनी स्थापत्य कला के लिए विख्यात हैं। इस शैली के रथ एकाश्मक हैं, जिन्हें 'सप्त पैगोडा' कहते हैं। मामल्लपुरम् में ही नरसिंह वर्मन द्वितीय द्वारा निर्मित तटीय मंदिर प्रमुख हैं।

चिदम्बरम्

तमिलनाडु प्रांत के मद्रास शहर में स्थित यह प्राचीन मंदिरों का एक नगर है। यह अपने पवित्र 'आकाशलिंग' के लिए सुविख्यात है। शैव धर्मावलम्बी इस स्थान को पवित्र मानकर यहाँ प्रतिवर्ष दर्शनार्थ आते हैं। 1929 ई. में स्थापित किया गया अन्नामलाई विश्वविद्यालय इसी शहर के समीप स्थित है। यहाँ के मंदिर द्रविड़ स्थापत्य कला के सुंदर नमूने हैं। यहाँ के मंदिर मुख्यतः भगवान शिव तथा नटराज को समर्पित हैं।

तिरुवन्नामलाई

चित्र 9.45: तिरुवन्नामलाई

तमिलनाडु स्थित इस नगर को **शिव एवं पार्वती** का निवास स्थान माना जाता है। इस नगर में लगभग 100 मंदिर है। चेन्नई से 190 किलोमीटर दूर तिरुवन्नामलाई को 'मंदिरों का शहर' कहा जाता है।

तिरुवरूर

तिरुवरूर प्राचीन चोल राजाओं की राजधानी थी। यहाँ के प्रमुख स्मारकों में चोलों द्वारा निर्मित 'त्यागराज स्वामी मंदिर' दक्षिण भारत के विशालतम मंदिरों में से एक है। तिरुवरूर से कुछ दूर स्थित नागापट्टीनम चोल काल (10वीं-11वीं शताब्दी) का प्रमुख बंदरगाह था।

तिरुवरूर शहर को कर्नाटक संगीत के संगीतकार संत त्यागराज के जन्मस्थान के रूप में जाना जाता है।

तिरुचिरापल्ली

कावेरी डेल्टा के शीर्ष पर अवस्थित तिरुचिरापल्ली के प्रमुख दर्शनीय स्थलों में सन् 1660 में निर्मित 84 मीटर ऊँचा शैल किला, विनायक मंदिर, तयुमनस्वामी मंदिर, तेपाकुलम, नादिरशाह मस्जिद आदि प्रसिद्ध हैं। विष्णु को समर्पित मंदिरों में श्रीरंगनाथस्वामी मंदिर का विशेष स्थान है।

तिरुनेलवेली

तिरुनेलवेली प्राचीनतम ईसाई केंद्र है। पल्यमकोटी स्थित सेंट जॉन चर्च 35 मीटर ऊँची मीनार के लिए दर्शनीय है। तिरुचेंदूर तथा थिरुपुडामरुदूर में भी प्रसिद्ध ऐतिहासिक मंदिर हैं।

उत्तराखंड

उत्तराखंड प्रदेश 9 नवम्बर, 2000 को अस्तित्व में आया। इसकी अस्थायी राजधानी देहरादून तथा प्रस्तावित राजधानी गैरसैंण (नैनीताल) है।

अल्मोड़ा

यह कुमायूँ डिवीजन में स्थित है। ऐतिहासिक दृष्टि से इसकी स्थापना 1560 में चंद वंश द्वारा की गई थी। यह कुमाऊँ संस्कृति का परिचायक रहा है। यहाँ के प्रसिद्ध स्थलों में उदयोचंदेश्वर मंदिर, कसर देवी गुफा (जहाँ स्वामी विवेकानन्द ने ज्ञानार्जन किया था), 11वीं शताब्दी का पुरातात्विक सरकारी संग्रहालय, कटरमल में कटयूरी **सूर्य मंदिर** (जो अल्मोड़ा से 17 किलोमीटर दूर है), अल्मोड़ा से 28 किलोमीटर दूर बिनसर में वन्यजीव अभयारण्य तथा सोमेश्वर कटयूट शैली में निर्मित शिव मंदिर उल्लेखनीय हैं।

चित्र 9.46: अल्मोड़ा का एक खूबसूरत नजारा

चित्र 9.47: नैनी झील, नैनीताल

नैनीताल

यह भी उत्तराखंड के कुमायूँ डिवीजन में 1,950 मीटर की ऊँचाई पर स्थित है। यहाँ नैनी झील है और झील के किनारे नैना देवी का मंदिर है। सबसे पास का रेलवे स्टेशन काठगोदाम है। भीमताल, सातताल, नौकुचियाताल और खुरपाताल आदि यहाँ के दर्शनीय स्थल हैं।

मुक्तेश्वर

यह भी उत्तराखंड के कुमायूँ डिवीजन में लगभग 1,828 मीटर की ऊँचाई पर स्थित है। पास में फलों के बाग हैं। यहाँ वेटरनरी रिसर्च इंस्टीट्यूट भी है।

मसूरी

यह उत्तराखंड के देहरादून जिले में है। इसकी ऊँचाई 2,288 मीटर है। यहाँ पहुँचने के लिए समीपस्थ रेलवे स्टेशन देहरादून है। इसे **'क्वीन ऑफ हिल्स'** भी कहते हैं। यहाँ पर्यटकों की सुविधा के लिए रज्जु मार्ग भी है। यहाँ का 'कैम्पेटी फॉल' नामक जलप्रपात भी काफी लोकप्रिय है।

बद्रीनाथ

यह हिन्दुओं का पवित्र तीर्थस्थान है, जो उत्तराखंड के गढ़वाल में अलकनन्दा नदी के तट पर स्थित है। यह हरिद्वार से 361 किलोमीटर दूर स्थित है। यहाँ पर हिन्दुओं का सबसे **पवित्र मंदिर** स्थित है, जो **भगवान विष्णु** को समर्पित है। मंदिर के ठीक नीचे गरम पानी की दो धाराएँ हैं। इस जगह मंदिर दर्शन के उपरांत गरम पानी के कुंड में स्नान करना अनिवार्य-सा कर्म बन गया है।

चित्र 9.48: बद्रीनाथ मंदिर, उत्तराखंड

ऋषिकेश

इसे हिन्दुओं का पवित्र धर्मिक स्थल माना जाता है जिसे **'आश्रमों का नगर'** भी कहा जाता है। यहाँ के प्रसिद्ध आश्रम हैं-शिवानंद आश्रम, ओंकारनंद आश्रम (दुर्गा मंदिर), स्वर्ण आश्रम तथा परमार्थ निकेतन। यहाँ प्रसिद्ध राम-लक्ष्मण झूले एवं शिवानंद झूले का विशेष महत्व है।

केदारनाथ

केदारनाथ उत्तराखंड स्थित एक प्रसिद्ध धार्मिक स्थल है। इसका निर्माण पाडण्वों ने करवाया था। यहीं पर शिव के 12 ज्योतिर्लिंगों में से एक अवस्थित है। यहाँ स्थित केदारनाथ मंदिर को लकड़ी से बने मंडप तथा घुमावदार स्तंभ विशिष्टता प्रदान करते हैं। मंदिर के प्रवेश द्वार पर ही नंदी की प्रतिमा है। यहाँ से हिमाच्छित केदारनाथ शिखर (6,970 मीटर) को भी देखा जा सकता है। यहाँ से 2 किलोमीटर दूर स्थित वासुकि ताल (5,200 मीटर) सोन गंगा नदी का उद्गम स्थल है। यहाँ से उत्तर-पश्चिम में स्थित पन्याताल के स्वच्छ जल में तालाब के आधार में स्थित चौकोर पत्थरों को देखा जा सकता है। पंच केदार में सम्मिलित हैं-केदारनाथ, मधमहेश्वर, तुंगनाथ, रुद्रनाथ तथा कल्पेश्वर। ऐसी मान्यता है कि नंदी बैल के पाँच भाग इन पाँचों स्थलों पर गिरे थे। उखीमठ में शरत काल में इन पाँचों भागों को इकट्ठा किया जाता है। नंदी बैल का कूबड़ वाला भाग केदारनाथ, पेट मधमहेश्वर, हाथ तुंगनाथ, मुख रुद्रनाथ तथा केश कल्पेश्वर में गिरे थे।

हरिद्वार

गंगा के तट पर स्थित इस नगर की गणना भारत के प्रमुख तीर्थ स्थलों में की जाती है। **हर की पौड़ी** यहाँ का प्रसिद्ध स्थान है। यहाँ महाकुंभ तथा अर्द्धकुम्भ मेले का आयोजन किया जाता है। यह इस घाटी का प्रसिद्ध व्यापारिक केंद्र भी है। हिन्दू अपने मृतकों की अस्थियाँ यहाँ विसर्जित करने आते हैं।

चित्र 9.49: हर की पौड़ी, हरिद्वार

गंगोत्री

उत्तराखंड स्थित यह गंगोत्री 3,900 मीटर ऊँचा गंगा का उद्गम स्थल है। गंगा का मंदिर तथा सूर्य, विष्णु और ब्रह्म कुंड आदि यहाँ के पवित्र स्थान हैं। यहाँ प्रतिवर्ष बड़ी संख्या में लोग आते हैं।

कालसी

उत्तराखंड के देहरादून जिले में कालसी नामक स्थान ऐतिहासिक दृष्टि से अत्यंत ही महत्व का है। यहाँ से सम्राट् अशोक के शिलालेख प्राप्त हुए हैं, जो अत्यंत ही महत्वपूर्ण ऐतिहासिक जानकारी प्रदान करते हैं।

उत्तर प्रदेश

अयोध्या

चित्र 9.50: अयोध्या का राम मंदिर का मॉडल

यह प्राचीन एवं पवित्र नगरी उत्तर प्रदेश के फैजाबाद जिले में सरयू नदी के किनारे स्थित है। फाह्यान ने इसे 'शाचे' कहा है। ब्राह्मण, बौद्ध एवं जैन साहित्यों में इस नगर के अनेक प्रसंग वर्णित हैं। इसकी गणना भारत के सात पवित्र नगरों में की जाती है। रामायण काल में **अयोध्या अवध** (कौशल देश) की राजधानी थी, जहाँ श्री रामचन्द्र जी के पिता राजा दशरथ राज्य करते थे। दो बौद्ध चीनी यात्री, फाह्यान तथा ह्वेनसांग ने भी इस नगर की यात्रा की थी। ह्वेनसांग के अनुसार, महान बौद्ध धर्मावलम्बी दार्शनिक असंग तथा वसुबंध ने कुछ काल तक अयोध्या में ही निवास किया था। अयोध्या के निवासी प्रायः राजभक्ति, सत्यनिष्ठा में विश्वास करते थे। वे धर्मपरायण, सुसंयत एवं पुण्यात्मा थे। गौतम बुद्ध का इस नगर से विशेष संबंध था। अयोध्यावासी इनके प्रशंसक थे। धर्म प्रचार हेतु गौतम बुद्ध इस नगर में कई बार आए थे। अयोध्या से प्राप्त शुंग शासक धनदेव के एक प्रस्तर लेख से पुष्यमित्र शुंग (184-148 ई.पू.) द्वारा दो अश्वमेघ यज्ञों के सम्पादन का प्रमाण मिलता है। अयोध्या में अशोक द्वारा निर्मित एक स्तूप के अवशेष दिखाई पड़ते हैं। इस स्तूप में गौतम बुद्ध की अस्थियां सुरक्षित रखी गई थीं। यहाँ पर 100 से अधिक बौद्ध विहार और 3,000 से अधिक बौद्ध भिक्षु थे, जो महायान और हीनयान के अनुयायी थे। अयोध्या में श्री राम मन्दिर के निर्माण का कार्य जोर-शोर से चल रहा है।

आगरा

1504 ई. में दिल्ली के अफगान सुल्तान सिकंदर लोदी ने इसकी स्थापना की थी। सिकंदर लोदी ने अपनी शासनावधि में होने वाले विद्रोहों को दबाने के लिए यहाँ एक सैनिक छावनी बनाई थी, ताकि उसे अपनी स्थिति मजबूत करने में सहायता मिले। दो नदियों के संगम (यमुना और चम्बल) के निकट स्थित यह नगर दरअसल राजपूताना के मुख्य नगरों एवं दुर्गों पर नजर रखने के लिए आदर्श जगह थी। 1566 ई. में अकबर ने आगरा में लाल पत्थरों का एक किला बनवाया। मुगल काल में आगरा मुस्लिम शिक्षा के एक मुख्य केंद्र के रूप में बना रहा। अकबर ने आगरे में ही एक मदरसे का निर्माण कराया, जहाँ पढ़ाने के लिए शिराज से विद्वानों को बुलवाया गया। जहांगीर के काल में आगरा में एतमादुद्दौला का मकबरा (नूरजहां द्वारा बनवाया गया) बना। शाहजहां के काल में इस लाल किले में सफेद संगमरमर की इमारतें निर्मित हुईं, जैसे-दीवान-ए-आम, दीवान-ए-खास, शीश महल, अंगूरी बाग, मोती मस्जिद आदि। शाहजहां ने अपनी प्रिय पत्नी अर्जुमन्द बानो बेगम उर्फ मुमताज महल की याद में यहीं पर यमुना नदी के किनारे संगमरमर के पत्थरों से निर्मित ताजमहल बनवाया था।

मथुरा

चित्र 9.51: मथुरा का गीता मंदिर

यमुना के तट पर स्थित यह एक प्राचीन नगर है, जिसे 'मदुरा', 'मो-नु-लो', 'मथोरा', 'सौर्यपुर', 'शौदीपुर', 'मधुपुरी', 'मधुरा' आदि नामों से भी जाना जाता रहा है। ग्रीक लेखकों ने इसे 'मथोरो' और 'मदूरा' (देवताओं का नगर) आदि नामों से उल्लिखित किया है। जैन इसे 'सूर्यपुर' के नाम से पुकारते थे। चीनी यात्री फाह्यान ने मथुरा को 'मा-ताऊ लो' की संज्ञा से अलंकृत किया। हिन्दू धर्म स्मृतियों के अनुसार, मथुरा के संस्थापक श्री राम के छोटे भाई शत्रुघ्न थे। इन्होंने मधु वन को काटकर इस नगर का निर्माण किया था। इसी कारण इसे 'मधुपुरी' कहा जाता था। पुराणों में इसे 'मोक्षदायिका पुरी' कहा गया है। टॉलेमी ने इसे 'देवताओं का नगर' कहकर पुकारा है। महाभारत काल में यह नगरी शूरसेन देश की प्रख्यात नगरी थी, जहाँ पर प्राकृत भाषा की एक विशिष्ट शैली का विकास हुआ, उसे 'शौरसेनी प्राकृत' कहा जाता है। धर्मनिष्ठ लोग इसे अत्यंत पवित्र मानते हैं, क्योंकि यह नगर भगवान कृष्ण के जन्म, प्रारंभिक जीवन, क्रीड़ाओं से संबद्ध है। कृष्ण का जन्म मथुरा के कारागार में ही हुआ था। वहीं पर उन्होंने अत्याचारी कंस का वध करके राज्य को उसकी क्रूरता से बचाया था।

सारनाथ

चित्र 9.52: सारनाथ का स्तूप

वाराणसी के निकट स्थित बौद्धों के इस पवित्र तीर्थ नगर को 'ऋषि पतन' या 'मृगदाव' के नाम से भी सम्बोधित किया गया है। 'सारनाथ' इसका आधुनिक नाम है। गौतम बुद्ध ने अपना धर्मचक्र प्रवर्तन (प्रथम उपदेश) यहीं पर किया था। सारनाथ स्थित अशोक के सर्वाधिक महत्वपूर्ण बलुए पत्थर से निर्मित स्तंभ पर अवस्थित सिंहों को स्वतंत्र भारत के राष्ट्रीय चिह्न के रूप में ग्रहण किया गया है। सारनाथ के ही निकट महाबोधि समाज द्वारा निर्मित मूलगन्ध कुटी विहार है। चौथी शताब्दी ईसवी में चीनी यात्री फाह्यान यहाँ आया था। उसने सारनाथ में चार बड़े स्तूप और पाँच बड़े विहार देखे थे। सारनाथ से ही पाल वंश के नरेशों की मूर्तियाँ उत्खनन में मिली हैं। कालांतर में कन्नौज के गहड़वालों का सारनाथ पर प्रभुत्व स्थापित हुआ।

कान्यकुब्ज (कन्नौज)

उत्तरी भारत का प्राचीन नगर कन्नौज का मूल नाम 'कान्यकुब्ज' था, जो ब्राह्मणों का केंद्र स्थल बन गया था। 'रामायण' के उल्लेख से ज्ञात होता है कि इस नगर की नींव कुशनाथ ने डाली थी। ह्वेनसांग ने इसे 'कुसुमपुर (कु-सु-मो-पु-लो)' कहा है। इस नगर को 'गोधिपुरा', 'कुशस्थल', 'महोदय' श्री आदि नामों से भी जाना जाता था। हर्ष ने अपनी राजधानी थानेश्वर से बदलकर कन्नौज कर ली थी। 'कादम्बरी' एवं 'हर्षचरित' के विख्यात लेखक बाणभट्ट कन्नौज में ही रहते थे। यह नगर अपने ऐश्वर्य और समृद्धि के कारण 'महोदय श्री' कहा जाने लगा था। हर्ष के पश्चात् कन्नौज पर राष्ट्रकूटों, गहड़वालों तथा प्रतिहारों ने राज्य किया। प्रतिहार वंश की अवनति के साथ कन्नौज का गौरव भी लुप्त होने लगा। 1018 ई. में गजनवी ने कन्नौज पर आक्रमण किया। उस समय वहाँ का प्रतिहार शासक राज्यपाल था। कन्नौज का अंतिम राजा जयचंद गहड़वाल था, जो 1194 ई. में चन्दावर के युद्ध में शहाबुद्दीन गौरी से पराजित हुआ और मारा गया।

जौनपुर

यह उत्तर प्रदेश का एक प्रमुख नगर जो गोमती नदी के तट पर स्थित है। इसकी स्थापना सुल्तान फिरोजशाह तुगलक ने की थी। जौनपुर नगर मुस्लिम विद्या का केंद्र था, इसीलिए इस नगर को 'सिराज-ए-हिन्द' (या पूर्व का सिराज) कहा जाने लगा। यहाँ पर शर्की वंश के शासकों ने शासन किया। उन्होंने यहाँ पर 1408 ई. में अटाला मस्जिद का निर्माण भी कराया, जो वास्तुकला की एक विशिष्ट पहचान है।

प्रयागराज (इलाहाबाद)

चित्र 9.53: प्रयागराज का गंगा-यमुना संगम

उ.प्र. में **गंगा-यमुना के संगम** पर स्थित इस नगर का आधुनिक नाम 'प्रयागराज' है। इसको पहले 'इलाहाबाद' (अकबर द्वारा नामकरण) कहा जाता था। इसे 'तीर्थराज' भी कहते हैं, जो भारतीय संस्कृति का जीवन्त प्रतीक है। गुप्त वंश के राज्य में यह उनकी राजधानी भी रही है। सातवीं शताब्दी में सम्राट् हर्षवर्धन पाँच-पाँच वर्ष के अन्तर पर यहाँ महामोक्ष परिषद् का आयोजन करता था। ऐसे आयोजन में एक बार चीनी यात्री ह्वेनसांग ने 643 ई. में भाग लिया था। यहीं पर सबसे प्राचीन स्मारक अशोक (273-232 ई.) के 6 स्तंभ लेखों में से एक है। इस पर गुप्त सम्राट् समुद्रगुप्त के कवि हरिषेण द्वारा रचित प्रसिद्ध 'प्रयाग प्रशस्ति' है। अकबर ने 1583 ई. में यहाँ एक किला बनवाया और इसका नाम 'प्रयाग' से बदलकर 'इलाहाबाद' कर दिया। गंगा-यमुना के संगम पर क्रमश: 6 और 12 वर्ष में लगने वाले अर्द्धकुम्भ और महाकुम्भ मेले के कारण भी यह नगर काफी प्रसिद्ध है।

कौशाम्बी

कौशाम्बी नगर की पहचान इलाहाबाद से 32 मील दूर स्थित 'कोसम' नामक ग्राम से की जाती है। वर्तमान में कौशाम्बी एक जिला है। 'महाभारत' में कौशाम्बी की स्थापना का श्रेय कुशाम्ब को दिया गया है। इस नगर में वाणिज्य का अधिक विकास हुआ, इसलिए इसे 'वत्स पतन' भी कहते थे। बौद्ध काल के पूर्व से ही कौशाम्बी वत्स महाजनपद की राजधानी थी। गौतम

बुद्ध के समय यहाँ का शासक उदयन था। मध्ययुगीन जैन ग्रंथ 'विविध तीर्थ कल्प' के अनुसार कुशाम्ब नामक वृक्षों के आधिक्य के कारण इस नगर को 'कौशाम्बी' नाम दिया गया था।

लखनऊ

उत्तर प्रदेश में गोमती नदी के तट पर स्थित यह नगर अवध के नवाबों की राजधानी के रूप में विख्यात रहा है। अकबर के समय यहाँ के चौक स्थित अकबरी दरवाजे का निर्माण हुआ था। नवाब आसफउद्दौला के समय में राजधानी फैजाबाद से लखनऊ लाई गई। 1857 के विद्रोह के समय लखनऊ ने महत्वपूर्ण भूमिका अदा की। लखनऊ में विद्रोह का नेतृत्व बेगम हजरत महल ने किया। आसफउद्दौला ने यहाँ **बड़ा इमामबाड़ा, आसफी मस्जिद** का निर्माण करवाया था। 1857 ई. में विद्रोह को दबाने के दौरान कैम्पबेल के नेतृत्व में एक ब्रिटिश सेना ने इस पर अधिकार कर लिया।

चित्र 9.54: लखनऊ का बड़ा इमामबाड़ा

श्रावस्ती

प्राचीन कौशल राज्य की राजधानी श्रावस्ती आधुनिक उत्तर प्रदेश के गोंडा में राप्ती नदी के तट पर स्थित है। आज इसकी पहचान राप्ती के तट पर स्थित सहेत-महेत नामक ग्रामों से की जाती है। प्राचीन ग्रंथों में श्रावस्ती के कई नाम मिलते हैं-'सावत्थी', 'चन्द्रिकापुरी', 'चन्द्रपुरी' इत्यादि। बौद्ध ग्रंथों के अनुसार यहाँ पर पहले सवत्थ नामक एक ऋषि रहते थे। उनके नाम पर ही इसका नाम 'सावत्थी' पड़ा। 'महाभारत' के अनुसार, इस नगर के निर्माता 'श्रावस्तक' नामक नरेश थे, जिनके नाम के आधार पर इस नगर का नाम 'श्रावस्ती' पड़ा। जैन श्रावस्ती को अपने तीसरे तीर्थंकर सम्भवनाथ तथा आठवें तीर्थंकर चन्द्रप्रभानाथ का जन्म स्थान मानते हैं। यहीं पर आजीवक सम्प्रदाय के मुख्य उपदेष्टा मक्खलिपुत्त गोशाल का जन्म मानते हैं।

वाराणसी

वाराणसी या काशी प्राचीन भारत के प्रसिद्ध नगरों में से एक है, जोकि उत्तर प्रदेश में गंगा के उत्तरी तट पर उसकी दो सहायक नदियों, वरुणा और अस्सी के बीच में स्थित है। प्राचीन **'वाराणसी'** का नया नाम ही 'बनारस' है। वाराणसी की गणना भारत की सात पवित्र नगरियों में की जाती रही है। गौतम बुद्ध के समय वाराणसी संस्कृति एवं ज्ञान का एक महत्वपूर्ण केंद्र था। बुद्ध ने अपना प्रथम धर्मचक्र प्रवर्तन वाराणसी के निकट सारनाथ में किया था। फ्रांसीसी यात्री बर्नियर ने 'वाराणसी' को 'भारत का एथेन्स' कहा है। वाराणसी एक औद्योगिक नगरी भी रही है। इसके सूती वस्त्र उत्कृष्टता के लिए प्रसिद्ध थे। वस्त्रों के अतिरिक्त हाथी दाँत और लकड़ी का उद्योग भी यहाँ फलता-फूलता था।

चित्र 9.55: वाराणसी का गंगा घाट

कुशीनगर

बौद्ध मतावलम्बियों का यह महत्वपूर्ण तीर्थ स्थल उत्तर प्रदेश के देवरिया जिले में स्थित था। छठीं शताब्दी ईसा पूर्व कुशीनगर मल्ल जनपद की दो राजधानियों में से एक था। महात्मा बुद्ध ने स्वयं कहा था कि कुशीनगर ही कुसावती है और भव्य एवं गौरवपूर्ण नगर है। यहीं पर महात्मा बुद्ध ने 80 वर्ष की आयु में शाल उपवन में महापरिनिर्वाण (483 ई.पू. में) प्राप्त किया था। मल्ल शासक वर्ग ने उनकी स्मृति में यहाँ एक भव्य महानिर्वाण स्तूप का निर्माण करवाया था। अशोक के 8वें शिलालेख से ज्ञात होता है कि अशोक ने इस स्थान की यात्रा की थी एवं यहाँ स्तूप का पुनर्निर्माण करवाया था। इसके अतिरिक्त यहाँ गुप्त काल के अनेक मंदिर एवं विहार हैं। कनिष्क ने भी यहाँ कई विहारों का निर्माण कराया था। यहीं पर महात्मा बुद्ध की लेटी हुई मुद्रा में विशालकाय, भव्य एवं आकर्षक प्रतिमा है।

कपिलवस्तु

यह स्थान उत्तर प्रदेश के बस्ती जिले के उत्तर में (अब सिद्धार्थ नगर जनपद) नेपाल की तराई में स्थित है। यह ऐतिहासिक रूप से बौद्ध धर्म के संस्थापक गौतम बुद्ध के जन्म स्थान के रूप में प्रसिद्ध है। उत्खनन से ज्ञात हुआ कि प्राचीन पिपरहवा नामक स्थान ही प्राचीन कपिलवस्तु था। यह शाक्यों की राजधानी थी।

मगहर

उत्तर प्रदेश के बस्ती जिले में स्थित यह स्थल प्रसिद्ध संत एवं ज्ञानमार्गी शाखा के निर्गुण कवि कबीर से संबंधित है। यहीं पर 1500 ई. के आस-पास कबीर की मृत्यु हुई थी। मगहर में आज भी आमी नदी के तट पर कबीर की हिन्दू-मुस्लिम दोनों सम्प्रदायों द्वारा अलग-अलग समाधियां बनाई हुई हैं, जो उस महान संत की याद दिलाती हैं। कबीर ने जाति-पाति और ऊँच-नीच का बंधन तोड़ने के लिए लोगों में अलख जगाई थी।

पिपरहवा

उत्तर प्रदेश के बस्ती जिले में नेपाल की सीमा के निकट स्थित पिपरहवा बौद्ध धर्म से संबंधित रहा है। पिपरहवा, पिप्पलि का ही रूपांतर है। यहाँ से 1898 ई. में एक स्तूप के भीतर से बुद्ध की अस्थि-भस्म का एक प्रस्तर-कलश प्राप्त हुआ था, जिस पर पाँचवीं शताब्दी ई.पू. की ब्राह्मी लिपि में एक अभिलेख अंकित है। इस लेख में यह उल्लेख है कि बुद्ध के भस्मावशेष पर यह स्मारक शाक्यवंशीय परिवार के कुछ व्यक्तियों ने निर्मित करवाया था। विद्वानों का विचार है कि ये अवशेष बुद्ध के निर्वाण के प्रायः सौ वर्ष पश्चात् स्तूप में निहित किए गए थे।

देवगढ़

उत्तर प्रदेश के झांसी स्थित इस स्थान पर गुप्त काल में अनेक सुंदर व भव्य मंदिरों का निर्माण हुआ। यहाँ का **दशावतार मंदिर** (6वीं शताब्दी) लाल बलुआ पत्थर से बना है। इसके साथ ही **खुरैया बीर मंदिर** (7वीं शताब्दी) तथा अनेक जैन मंदिर दर्शनीय हैं।

फतेहपुर सीकरी

अकबर ने 1571 में इसे आगरा के निकट बसाया था। यहाँ उसने अपनी राजधानी बनाई थी। इसमें पंच महल, मस्जिद, मंदिर, बुलंद दरवाजा, इबादतखाना आदि दर्शनीय भवन बने हैं।

मेरठ

उत्तर प्रदेश स्थित मेरठ से सन् 1857 के स्वाधीनता संग्राम की शुरुआत हुई थी। यहाँ के प्रसिद्ध दर्शनीय स्थल है-सेंट जोंस गिरजाघर (1821), बालेश्वरनाथ मंदिर, सूरज कुंड (1714), जामा मस्जिद, शाहपीर मकबरा (1628), आबू मकबरा तथा सालार मसूद गाजी का मकबरा।

गढ़मुक्तेश्वर

उत्तर प्रदेश के मेरठ जिले में गंगा नदी के तट पर स्थित गढ़मुक्तेश्वर धार्मिक स्थल है। प्राचीन काल में यह नगर हस्तिनापुर का ही एक भाग था। यहाँ पर मुक्तेश्वर शिव का मंदिर तथा प्राचीन शिवलिंग 'कारखंडेश्वर' स्थित है। कार्तिक पूर्णिमा को यहाँ एक भव्य मेले का आयोजन किया जाता है। हिन्दू अपने मृतकों की अस्थियां गंगा में प्रवाहित करने के लिए यहाँ आते हैं।

नैमिषारण्य अथवा मिसरिख

उत्तर प्रदेश के सीतापुर स्थित नैमिषारण्य में महर्षि दधीचि ने देवताओं को अपनी अस्थियाँ राक्षसों के नाश हेतु दे दी थी। नैमिषारण्य को चक्र तीर्थ भी कहते हैं, जिसको भगवान विष्णु के सुदर्शन चक्र से संबंधित बताया जाता है।

चित्रकूट

उत्तर प्रदेश एवं मध्य प्रदेश की सीमा पर स्थित इस धार्मिक स्थान के बारे में कहा जाता है कि ब्रह्मा, विष्णु, महेश ने यहीं अवतार लिया था। वनवास के समय मर्यादा पुरुषोत्तम राम यहीं महर्षि अत्रि तथा सती अनुसुइया के अतिथि बनकर रहे थे। महाकवि तुलसीदास भी आत्मिक शांति के लिए यहाँ आए थे। मुगल काल में अब्दुल रहीम खानखाना, जो अकबर के नौ रत्नों में से एक थे, ने जहांगीर के क्रोध के कारण यहाँ आकर शरण ली थी।

चित्र 9.56: चित्रकूट धाम

बिठूर

उत्तर प्रदेश में कानपुर जिले के समीप गंगा नदी के किनारे स्थित बिठूर को प्राचीन काल में 'ब्रह्मवर्त तीर्थ' के नाम से जाना जाता था। 'रामायण' के रचयिता महर्षि वाल्मीकि का आश्रम यहीं स्थित है। झाँसी की रानी लक्ष्मीबाई कुछ समय तक यहाँ रही थीं। कार्तिक मास में यहाँ एक मेला लगता है।

कानपुर

उत्तर प्रदेश में गंगा नदी के किनारे स्थित कानपुर सन् 1857 के स्वतंत्रता संग्राम में प्रमुख स्थलों में से एक था। यहाँ पर विद्रोह का नेतृत्व नाना साहब ने किया था। यहाँ के नागरिकों ने विद्रोह में महत्वपूर्ण योगदान दिया। इस विद्रोह में जमींदारों और व्यापारियों ने भी उत्साह से भाग लिया। कानपुर में बिठूर, जाजमऊ, शिवराजपुर, नखल तथा रसूलाबाद विद्रोह के प्रमुख केंद्र थे।

पश्चिम बंगाल

शांति निकेतन

शांति निकेतन पश्चिम बंगाल के वीरभूम जिले में स्थित है। यहाँ पर रवीन्द्रनाथ टैगोर ने एक विद्यालय खोलकर खुले वातावरण में शिक्षा-दीक्षा प्रारंभ की। प्रकृति की गोद में 'तपोवन' जैसे प्राचीन कोटि की शिक्षा प्रणाली को उन्होंने प्रारंभ किया। अपने पिता के आश्रम के समीप ही उन्होंने 'शांति निकेतन' नामक स्कूल की स्थापना की। इसे 1901 ई. में उन्होंने एक पब्लिक ट्रस्ट का स्वरूप प्रदान किया। 1918 ई. में उन्होंने शांति निकेतन में 'विश्वभारती विद्यालय' की नींव डाली।

कोलकाता

कलकत्ता का नया नाम 'कोलकाता' है। यह पश्चिम बंगाल की राजधानी है। यह एक विख्यात व्यापारिक और औद्योगिक नगर है। यहाँ **विक्टोरिया मेमोरियल हॉल**, नेशनल लाइब्रेरी, दक्षिणेश्वर का मंदिर, दमदम एयरपोर्ट तथा डायमंड हार्बर देखने योग्य है। यह भारत का दूसरा सबसे बड़ा महानगर है। कलकत्ता नगर में स्थित वनस्पति उद्यान (बॉटोनिकल गार्डन) को 1 जनवरी, 1963 ई. को पश्चिम बंगाल सरकार ने भारत सरकार को सौंप दिया था। इसके पश्चात् इसे 'बोटोनिकल सर्वे ऑफ इंडिया' के अधीन कर दिया गया। वनस्पति उद्यान की स्थापना लेफ्टिनेंट कर्नल रॉबर्ट कीड ने की थी।

चित्र 9.57: दक्षिणेश्वर का माँ काली मंदिर

मुर्शिदाबाद

निजामत किला, हजारद्वार महल, इमामबाड़ा, जफरगंज ड्योढ़ी, कटगोला, जगत् सेट का महल, कटरा मस्जिद, मोती झील तथा खोशभाग आदि प्रमुख दर्शनीय स्थल हैं। यह 1757 के प्रसिद्ध प्लासी युद्ध के कारण भी विख्यात है।

अंडमान निकोबार द्वीप समूह

पोर्ट ब्लेयर

अंडमान निकोबार द्वीप समूह की राजधानी पोर्ट ब्लेयर का ऐतिहासिक महत्व 1886-1906 में निर्मित 'सेल्युलर जेल' से काफी बढ़ जाता है, जहाँ 1947 तक भारतीय स्वतंत्रता सेनानियों को काले पानी की सजा के अंतर्गत रखा जाता था। यहाँ के अन्य दर्शनीय स्थल हैं-सिपीघर फार्म, वाइपर टापू, छत्तम आरा मिले, चिरिया टापू, कोरबिन कोव, माउंट हेरिट, रोस टापू, मधुबन टापू तथा काला पत्थर।

दिल्ली

चित्र 9.58: नई दिल्ली का इंडिया गेट

भारत की राजधानी नई दिल्ली यमुना नदी के पश्चिमी किनारे पर स्थित है। पुरानी दिल्ली की स्थापना का श्रेय मुगल शासक शाहजहां (17वीं शताब्दी) को तथा नई दिल्ली की स्थापना का श्रेय अंग्रेजों को जाता है। ऐसा माना जाता है कि मूल दिल्ली उस स्थान पर बसी थी, जहाँ पहले इन्द्रप्रस्थ (पाण्डवों की राजधानी) था। इस नए शहर का औपचारिक उद्‌घाटन 9 फरवरी, 1931 को हुआ था। ऐतिहासिक दृष्टि से दिल्ली का प्रथम निर्माता तोमर नरेश अनंगपाल था, जो 11वीं शताब्दी में यहाँ शासन करता था।

इंडिया गेट

इसका निर्माण प्रथम विश्वयुद्ध में 90,000 से अधिक शहीद भारतीय सिपाहियों की याद में हुआ। 13,516 सिपाहियों के नाम इस पर उत्कीर्ण किए गए हैं। 42 मीटर ऊँचा स्मारक चारों ओर से पत्थर से घिरा है, जहाँ अनजान शहीदों की स्मृति में अमरज्योति जल रही है।

कुतुबमीनार

यह दिल्ली की सबसे शानदार यादगारों में से एक है। इसका निर्माण दास वंश के कुतुबुद्दीन ऐबक ने विजय स्तंभ के रूप में करवाया था। इसकी ऊँचाई 72.5 मीटर है। लाल पत्थर की पाँच मंजिला यह मीनार कुरान की आयतों से अलंकृत है। इसके निकट ही चंद्रगुप्त द्वारा निर्मित लौह-स्तंभ है, जिस पर पिछले 1500 वर्षों से कोई जंग नहीं लगा है।

लाल किला

शाहजहां द्वारा 17वीं शताब्दी में निर्मित लाल किला 1857 तक मुगल शक्ति का केंद्र रहा।

हुमायूँ का मकबरा

भारतीय शिल्प की सर्वाधिक नियोजित अष्टकोणीय इमारतों में से एक हुमायूँ का मकबरा है। 'ताजमहल' के निर्माण में इस इमारत का प्रभाव है। इसका निर्माण हुमायूँ की पत्नी ने करवाया था।

चित्र 9.59: जामा मस्जिद

जामा मस्जिद

दिल्ली की सबसे बड़ी इस **मस्जिद** का निर्माण शाहजहां के शासनकाल में हुआ था। इस मस्जिद में 20,000 से भी अधिक लोग एक साथ नमाज पढ़ सकते हैं। मुस्लिम त्योहारों के अवसर पर यहाँ नमाज पढ़ने वालों की भीड़ लगती है।

चित्र 9.60: बंगला साहिब गुरुद्वारा

बंगला साहिब गुरुद्वारा

बंगला साहिब सिख धर्मावलम्बियों का प्रसिद्ध गुरुद्वारा है। यह सिखों के आठवें गुरु, गुरु हरकिशन (1656-1664 ई.) की स्मृति में बनाया गया है। परम्परानुसार वे यहाँ पर कुछ समय के लिए ठहरे थे। यह राजा जयसिंह का बंगला था, अत: इसे 'बंगला साहिब' कहा जाता है।

सीसगंज गुरुद्वारा

शीशगंज चाँदनी चौक में स्थित है। यह सिख मतानुयायियों का केंद्र है। इसे 1783 ई. में सिखों के नवें गुरु तेगबहादुर की स्मृति में बनवाया गया था। उनको 11 नवम्बर, 1675 ई. को यहाँ लाया गया था और उन्हें औरंगजेब के आदेशानुसार फाँसी पर लटका दिया गया था। सीसगंज गुरुद्वारे का वर्तमान रूप 1930 ई. में बनवाया गया। वृक्ष की वह डाल, जिसमें इन्हें फाँसी पर लटकाया गया, आज भी इस स्मारक में सुरक्षित है।

लोटस मंदिर (नई दिल्ली)

चित्र 9.61: लोट्स मंदिर

यह बहाई सम्प्रदाय द्वारा स्थापित किया गया है। कमल की आकृति में बने सफेद संगमरमर से निर्मित इस मंदिर के दोनों ओर पानी के बड़े जलाशय है, जो देखने में आकर्षक लगते हैं।

पुडुचेरी

यह स्थल एक बंदरगाह है, जो दक्षिणी भारत के पूर्वी तट पर स्थित है। इसकी स्थापना 1674 ई. में एक फ्रांसीसी फ्रांकाइस मार्टिन ने की थी। मार्टिन के प्रयासों ने ही इसे एक समृद्ध नगर का रूप प्रदान किया। आंग्ल-फ्रांसीसी संघर्ष के समय अंग्रेजों ने पुडुचेरी को हथियाने के कई प्रयास किए, परंतु असफल रहे। इसके बावजूद 1761 ई. में उनके द्वारा किए गए अंतिम प्रयास ने उन्हें पुडुचेरी पर आधिपत्य प्रदान किया। पुडुचेरी श्री अरविन्द घोष के आश्रम के रूप में भी जाना जाता है।

अरिकमेडु

चित्र 9.62: अरिकमेडु

केंद्र शासित प्रदेश पुडुचेरी में स्थित अरिकमेडु दक्षिण भारत का एक प्रसिद्ध पुरा स्थल है। पेरीप्लस में इसे 'पुडुको' कहा गया है। यहाँ पर 1945 ई. में पुरातत्व सर्वेक्षण विभाग में उत्खनन किया था। यहाँ प्राप्त अवशेषों से ज्ञात होता है कि अरिकमेडु पूर्वी समुद्र तट पर एक समृद्ध व्यापारिक बंदरगाह स्थल था, जिसके चीन, मलाया, रोम के साथ व्यापारिक संबंध थे। यहाँ प्राप्त अवशेषों में रोमन बर्तन, मिट्टी के द्वीप, कांच के कटोरे, मनके, रत्न आदि का उल्लेख है।

अध्याय सार-संचिका

- आगरा के किले का निर्माण मुगलों (अकबर) द्वारा किया गया था और इसे यूनेस्को द्वारा वर्ष 1983 में एक विश्व विरासत स्थल घोषित किया गया था।
- बोधगया बिहार के गया जिले में स्थित है और बौद्ध धर्म में विश्वास रखने वाले लोगों के पवित्र स्थानों में से एक है। यहाँ स्थित महाबोधि मंदिर सबसे अधिक पूजनीय स्मारकों में से एक है। मंदिर और उसके चारों ओर के परिसर को वर्ष 2002 में एक विश्व विरासत स्थल घोषित किया गया था। यह वह स्थान (बोधि-मंडल) माना जाता है, जहाँ गौतम बुद्ध ने ज्ञान प्राप्त किया।
- भीमबेटका मध्य प्रदेश में स्थित है और इसे एक प्रागैतिहासिक शैलाश्रय माना जाता है। कई विशेषज्ञों ने आश्रय की दीवारों की कलाकृतियों का अध्ययन कर यह निष्कर्ष निकाला कि यह पाषाण काल अवधि से संबंधित है जोकि भारतीय महाद्वीप पर मानव जीवन के चिन्हों को प्रदर्शित करता प्रतीत होता है।
- दार्जिलिंग-हिमालय रेलवे को 'टॉय-ट्रेन' के नाम से भी जाता जाता है। 2 फीट या 610 मिलीमीटर चौड़ाई वाली पटरी पर चलने के कारण इसे छोटा समझा जाता है। इस रेलगाड़ी का मार्ग पश्चिम बंगाल में दार्जिलिंग से लेकर न्यू जलपाईगुड़ी तक है।
- एलोरा गुफाएँ महाराष्ट्र राज्य के औरंगाबाद में चट्टानों को काट कर बनाई गई प्राचीन वास्तुकला के महत्वपूर्ण उदाहरण हैं। एलोरा का प्राचीन नाम 'एलापुरा' था। स्थानीय भाषा में इसे 'एलुरा' या 'वेरुल' कहा जाता है। ये राष्ट्रकूट वंश के शासन काल में निर्मित बौद्ध तथा ब्राह्मण कालीन गुफाओं के समूह हैं।
- गोलकुण्डा-यह कुतुबशाही वंश की राजधानी तथा दक्षिण भारत में सबसे बड़े दुर्ग-गोलकुण्डा दुर्ग-का मुख्य केंद्र था। गोलकुण्डा क्षेत्र मध्य काल में हीरे की कई खानों के कारण बड़ा सम्मानित स्थान रहा है। माना जाता है कि इस क्षेत्र की खानों ने कोहिनूर, होप डायमंड तथा नस्सक नामक हीरे प्रदान किये हैं।
- गोवा-पाश्चात्य देशों से आने वाले पर्यटकों का सर्वाधिक प्रसिद्ध स्थल है। यह उत्तर में महाराष्ट्र तथा पूर्व और दक्षिण में कर्नाटक से घिरा हुआ है। पश्चिम में इसे अरब सागर ने अपने आलिंगन में ले रखा है, जिस कारण गोवा में भारत के कुछ सर्वोत्तम समुद्री तट है।
- हम्पी का शाब्दिक अर्थ होता है 'विजेता' तथा यह विजय नगर साम्राज्य में स्थित है। यह विजय नगर शहर की खंडहरों के बीच स्थित प्रमुख बस्ती का प्रतीक है। कर्नाटक में एक छोटा-सा स्थल होने के बावजूद यह अब भी एक महत्वपूर्ण धार्मिक तथा सांस्कृतिक केंद्र है। इसके नाम 'हम्पी' को एक कन्नड़ शब्द 'हम्पे' से लिया गया है, जो 'पम्पा' (तुंगभद्रा नदी का और प्राचीन नाम) से निकला है।

- खजुराहो के स्मारकों के समूह मध्य प्रदेश में स्थित हैं। यह कामोत्तेजक मंदिर संरचनाओं के लिए प्रसिद्ध है। वर्ष 1986 में यूनेस्को द्वारा इसे विश्व विरासत घोषित कर दिया गया। अधिकांश मंदिर नागर शैली में निर्मित हैं तथा इनका निर्माण बुन्देलखंड पर राज करने वाले चन्देल वंश ने कराया था। ये मंदिर अनुमानतः 950 ईसवी से 1050 ईसवी के बीच बनाए गए हैं।
- केवलादेव घाना राष्ट्रीय उद्यान को पहले 'भरतपुर पक्षी विहार' के नाम से जाना जाता था। यह राजस्थान के भरतपुर ग्राम में स्थित है तथा विशेषतः सर्दी के मौसम में पक्षियों की विशाल संख्या की मेजबानी करने के लिए सर्वाधिक प्रसिद्ध पक्षी अभयारण्यों में से एक है। माना जाता है कि पक्षियों की 230 प्रजातियाँ यहीं की स्थानिक प्रजातियाँ हैं तथा कई अन्य प्रजातियाँ शीत ऋतु में अन्य देशों से प्रवास कर इसे अपना घर बनाने चली आती हैं।
- प्रसिद्ध कोणार्क सूर्य मंदिर उड़ीसा के ओडिशा शहर में स्थित है। यह भारत के सर्वाधिक प्रसिद्ध तथा गिने-चुने सूर्य मंदिरों में से एक है। काले ग्रेनाइट का बना होने के कारण इसे 'काला पैगोडा' के रूप में भी जाना जाता है। इसे राजा नरसिंहदेव-1 के आदेश पर निर्मित किया गया था। यूनेस्को द्वारा वर्ष 1984 में इसे विश्व विरासत स्थल घोषित किए जाने के बाद यह अपनी प्रसिद्धि के चरम पर पहुँचा।

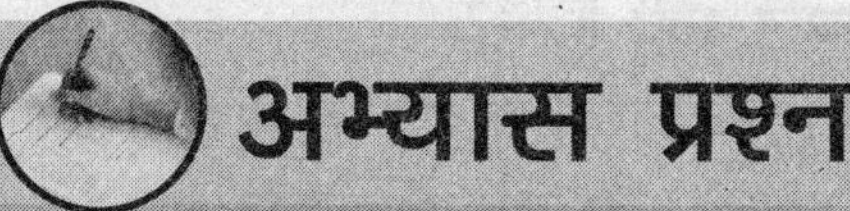

अभ्यास प्रश्न

1. **निम्नलिखित कथनों पर विचार कीजिए–**
   1. आगरा नगर की स्थापना सिकंदर लोदी ने 1504 ई. में की थीं।
   2. राधास्वामी मत की स्थापना आगरा में हुई थी।
   3. अयोध्या, सरयू नदी के किनारे स्थित है।

   उपरोक्त कथनों में कौन-सा/से कथन सत्य है/हैं?

   (a) केवल 1 (b) 1 और 2
   (c) 1 और 3 (d) 1, 2 और 3

2. **कथन (A) :** महाराष्ट्र के औरंगाबाद में अजंता की गुफाएँ स्थित हैं।
   कारण (R) : चित्रकला की दृष्टि से सर्वोत्कृष्ट अजंता की गुफाएँ बौद्ध धर्म से संबंधित हैं।
   कूटः
   (a) A और R दोनों सही हैं तथा R, A की सही व्याख्या है।
   (b) A और R दोनों सही हैं, परंतु R, A की सही व्याख्या नहीं है।
   (c) A सही है, किंतु R गलत है।
   (d) A गलत है, किंतु R सही है।

3. **निम्नलिखित कथनों में कौन-सा/से कथन सही है/हैं?**
   1. 'भारतीय मानव विज्ञान सर्वेक्षण' का प्रधान कार्यालय कोलकाता में स्थित है।
   2. यह भारत सरकार के मानव संसाधन विकास के संस्कृति विभाग के अधीन कार्यरत है।

   कूटः
   (a) केवल 1 (b) केवल 2
   (c) 1 और 2 (d) न तो 1 और न ही 2

4. **निम्नलिखित में कौन-सा कथन असत्य है?**
   (a) विष्णुपद मंदिर, गया (बिहार) में स्थित है।
   (b) सरस्वती कण्ठाभरण विद्यालय की स्थापना भोज ने करवाई थी।
   (c) फतेहपुर सीकरी की स्थापना 1579 ई. में अकबर ने करवाई थी।
   (d) रामपवा झील, बीजापुर में स्थित है। यह अपनी विशेष स्थलाकृति के कारण प्रसिद्ध है।

5. **निम्नलिखित कथनों में से कौन-सा कथन सत्य है?**
   (a) भितरगाँव, उत्तर प्रदेश के प्रतापपुर में स्थित है।
   (b) भितरगाँव में नागर एवं द्रविड़ शैली, दोनों शैलियों के मंदिरों के साक्ष्य स्थित हैं।
   (c) सारनाथ में मौर्य कालीन धमेख स्तूप के खंडहर प्राप्त हुए हैं।
   (d) वाकाटक शासकों द्वारा गोमतेश्वर में जैन तीर्थंकर बाहुबली की प्रतिमा बनवाई गई।

6. निम्न में से कौन-सा/से कथन सही है/हैं?

1. तंजौर स्थित सरस्वती महल पुस्तकालय में यूरोपीय भाषाओं तथा तमिल, तेलुगू, संस्कृत तथा मराठी भाषाओं की हजारों पुस्तकें एवं पाण्डुलिपियाँ संगृहीत हैं।
2. वर्ष 2006 में शुरू किए गए 'राष्ट्रीय पाण्डुलिपि मिशन' का उद्देश्य विशाल पाण्डुलिपि खजाने में उपस्थित भारतीय ज्ञान की विरासत का उद्धार करना है।
3. सांस्कृतिक सम्पदा संरक्षण के लिए 'राष्ट्रीय अनुसंधान प्रयोगशाला' की स्थापना वर्ष 1976 में की गई।

उपरोक्त कथनों में कौन-सा/से कथन सत्य है/हैं?

(a) 1 और 2 (b) 2 और 3
(c) 1 और 3 (d) ये सभी

7. निम्नलिखित कथनों पर विचार कीजिए–

1. कर्नाटक में स्थित मान्यखेत राष्ट्रकूट वंशीय राजाओं की राजधानी रहा है।
2. चालुक्य वंश ने सोमनाथ मंदिर का निर्माण करवाया था।
3. गुर्जर नरेश भोजदेव ने सोमनाथ का पुनर्निर्माण करवाया था।

उपरोक्त कथनों में कौन-सा/से कथन सत्य है/हैं?

(a) केवल 1 (b) 1 और 2
(c) 1 और 3 (d) 1, 2 और 3

8. कथन (A) : जौनपुर नगर की स्थापना फिरोजशाह तुगलक ने की थी।

कारण (R) : मध्यकाल में इसे 'शिराज-ए-हिन्द' के नाम से जाना जाता था।

(a) A और R दोनों सही हैं तथा R, A की सही व्याख्या है।
(b) A और R दोनों सही हैं, परंतु R, A की सही व्याख्या नहीं है।
(c) A सही है, किंतु R गलत है।
(d) A गलत है, किंतु R सही है।

9. निम्न कथनों पर विचार कीजिए-

1. गया नगर हिन्दुओं द्वारा पितरों को पिण्डदान किए जाने के कारण प्रसिद्ध है।
2. खजुराहो मंदिरों का निर्माण 10वीं से 12वीं सदी के मध्य चन्देल शासकों द्वारा करवाया गया।
3. अमृतसर नगर का निर्माण 1574 ई. में गुरु तेगबहादुर द्वारा करवाया गया था।

उपरोक्त में कौन-सा/से कथन सही है/हैं?

(a) 1 और 2 (b) 2 और 3
(c) 1 और 3 (d) ये सभी

10. निम्न में से सही कथन/कथनों का चयन करें–

1. कुशीनगर की प्रसिद्धि महात्मा बुद्ध के यहाँ महापरिनिर्वाण के कारण है। यहाँ मल्लों ने बुद्ध के अवशेषों पर एक स्तंभ का निर्माण करवाया था।
2. स्मृतियों में उज्जैन को 'अमरावती', 'अवन्तिका', 'कुमुद्वती' आदि नामों से भी पुकारा गया है।

3. उदयपुर का जगदीश मंदिर महाराणा जगत् सिंह द्वारा बनवाया गया, जो यहाँ का सबसे बड़ा मंदिर है।

कूट:

(a) 1 और 2 (b) 2 और 3

(c) 1 और 3 (d) केवल 1

11. निम्नलिखित कथनों में से कौन-सा कथन सत्य है?

(a) कुशीनगर में महावीर को कैवल्य प्राप्त हुआ था।

(b) स्वर्ण मंदिर (अमृतसर) का निर्माण 1599 ई. में हुआ था।

(c) भीमा एवं कृष्णा नदी के दोआब में बीजापुर नगर स्थित है।

(d) गोल गुंबद का निर्माण बीजापुर में 1670 ई. में हुआ था।

12. निम्नलिखित कथनों में से कौन-सा कथन सत्य है?

(a) रायगढ़ के भरहुत स्तूप का निर्माण अकबर ने करवाया था।

(b) प्रसिद्ध जैन तीर्थ स्थल मुक्तगिरि इंदौर जिले में स्थित है।

(c) माई का मंदिर महेश्वर में स्थित है।

(d) उपरोक्त में से कोई नहीं

13. निम्नलिखित कथनों पर विचार कीजिए–

1. ब्रह्माजी का मंदिर पुष्कर में अवस्थित है।
2. 12वें तीर्थंकर वासुदेव का जन्म चम्पा में हुआ था।
3. ऐहोल (कर्नाटक) को 'मंदिरों का नगर' कहा जाता है।

उपरोक्त कथनों में कौन-सा/से कथन सत्य है/हैं?

(a) केवल 1 (b) 1 और 2

(c) 1 और 3 (d) 1, 2 और 3

14. कथन (A) : कोणार्क के सूर्य मंदिर को 'ब्लैक पैगोडा' भी कहा जाता है।

कारण (R) : इसका निर्माण 13वीं शताब्दी में नरसिंह देव ने करवाया था।

(a) A और R दोनों सही हैं तथा R, A की सही व्याख्या है।

(b) A और R दोनों सही हैं, परंतु R, A की सही व्याख्या नहीं है।

(c) A सही है, किंतु R गलत है।

(d) A गलत है, किंतु R सही है।

15. सही कथन/कथनों का चयन करें–

1. विश्व के सबसे बड़े गोल गुंबद का निर्माण बीजापुर में 1660 ई. में हुआ था।
2. श्रवणबेलगोला में गंग शासकों ने जैन तीर्थंकर गोमतेश्वर की मूर्ति स्थापित की थी।
3. भीतरगाँव में नागर एवं द्रविड़, दोनों शैलियों के मंदिर एक साथ मिलते हैं।

कूट:

(a) 1 और 2 (b) 2 और 3

(c) 1 और 3 (d) ये सभी

16. निम्नलिखित में कौन-सा कथन असत्य है?

(a) कोणार्क का सूर्य मंदिर विश्व विरासत सूची में शामिल है।

(b) 23वें तीर्थंकर पार्श्वनाथ का जन्म वाराणसी में हुआ था।

(c) बिठूर, ब्रह्मवर्त तीर्थ के नाम से विख्यात है।

(d) लखनऊ घग्घर नदी के किनारे बसा है।

17. निम्नलिखित कथनों में कौन-सा कथन असत्य है?

(a) अहिच्छत्र में नागवंशीय राजाओं ने राज्य किया था।

(b) हस्तिनापुर नगर के अवशेष मेरठ में स्थित हैं।

(c) नेमिषारण्य को 'चक्रतीर्थ' के नाम से भी जाना जाता है।

(d) सप्तपर्णी गुफा बोधगया में स्थित है।

18. सही कथन/कथनों का चयन करें–

1. सारनाथ को प्राचीनकाल में 'ऋषिपतन' तथा 'मृगदाव' के नाम से जाना जाता था।
2. आंध्र प्रदेश के वारंगल जिले में स्थित पालम्पेट मध्यकालीन मंदिरों के लिए प्रसिद्ध है।
3. जूनागढ़ से प्राप्त स्कन्दगुप्त के अभिलेख में पहली बार विष्णु के साथ लक्ष्मी की पूजा का उल्लेख प्राप्त होता है।

कूट:

(a) 1 और 2 (b) 1 और 3

(c) 1 और 3 (d) ये सभी

19. निम्नलिखित कथनों पर विचार कीजिए–

1. राजगीर, बौद्ध एवं जैन धर्म के लिए प्रसिद्ध रहा है।
2. बोधगया में अशोक तथा मेघवर्मन ने बौद्ध विहारों का निर्माण करवाया था।
3. मेघवर्मन सिंहल द्वीप का राजा था।

उपरोक्त कथनों में कौन-सा/से कथन सत्य है/हैं?

(a) केवल 1 (b) 1 और 2

(c) 1 और 3 (d) 1, 2 और 3

20. निम्न में से कौन-सा/से कथन सही है/हैं?

1. ताम्रलिप्ति प्राचीन भारत का प्रमुख व्यापारिक और सांस्कृतिक गतिविधियों का केंद्र था।
2. कर्नाटक के एहोल नामक प्राचीन स्थल से 200 से अधिक मंदिरों के अवशेष मिले हैं।
3. एहोल 'मंदिरों का नगर' नाम से प्रसिद्ध है।

कूट:

(a) 1 और 2 (b) 2 और 3

(c) 1 और 3 (d) ये सभी

21. निम्नलिखित में कौन-सा कथन असत्य है?

(a) भीमबेटका गुफा मध्य प्रदेश के रायसेन जिले में स्थित है।

(b) भीमबेटका में पशु-पक्षियों तथा मनुष्यों के चित्र प्राप्त हुए हैं।

(c) भीमबेटका के गुफा चित्रों में लाल तथा हरे रंगों का प्रयोग अधिक किया गया है।

(d) भीमबेटका गुफा को वर्ष 2009 में यूनेस्को ने विश्व धरोहर सूची में शामिल किया था।

22. निम्नलिखित कथनों में कौन-सा कथन सत्य है?

(a) नर्मदा नदी का उद्गम महेश्वर से होता है।

(b) अमरकंटक शहडोल जिले में स्थित है।

(c) अमरकंटक में सूर्य मंदिर स्थित है।

(d) भरहुत का स्तूप मंदसौर में अवस्थित है।

23. निम्न कथनों पर विचार कीजिए–

1. कोणार्क के सूर्य मंदिर को विश्व विरासत सूची में शामिल किया गया है।
2. विश्वनाथ मंदिर के लिए प्रसिद्ध वाराणसी नगरी 'वरुणा' और 'असी' नदियों के मध्य अवस्थित है।
3. वाराणसी जैन तीर्थंकर ऋषभदेव का जन्म स्थल है।

उपरोक्त में कौन-सा/से कथन सही है/है?

(a) 1 और 2 (b) 2 और 3

(c) केवल 2 (d) केवल 1

24. निम्न कथनों पर विचार करें–

1. भीमबेटका के गुफा चित्रों में लाल तथा हरे रंगों का प्रयोग हुआ है।
2. अमरकंटक में सांस्कृतिक महत्व के मंदिरों का निर्माण कलचुरी शासकों ने करवाया था।
3. जैन धर्म के लिए प्रसिद्ध मुक्तागिरि में 52 मंदिर चट्टानों के अंदर निर्मित किए गए हैं।

उपरोक्त कथनों में कौन-सा/से कथन सही है/हैं?

(a) 1 और 2 (b) 2 और 3

(c) 1 और 3 (d) ये सभी

25. कथन (A) : साँची के स्तूप का निर्माण अशोक ने करवाया था।

कारण (R) : स्तूप के प्रवेश द्वार का निर्माण पुष्यमित्र शुंग ने करवाया था।

कूट:

(a) A और R दोनों सही हैं तथा R, A की सही व्याख्या है।

(b) A और R दोनों सही हैं, परंतु R, A की सही व्याख्या नहीं है।

(c) A सही है, किंतु R गलत है।

(d) A गलत है, किंतु R सही है।

26. निम्नलिखित कथनों में कौन-सा/से कथन सही है/हैं?

1. केरल स्थित सबरीमाला भगवान अय्यपा स्वामी के मंदिर के लिए प्रसिद्ध है।
2. कर्नाटक के बीजापुर स्थित पट्टडकल को चालुक्य वास्तु एवं लक्षण कला का प्रमुख केंद्र माना जाता है।
3. पट्टडकल के मंदिर उत्तरी और दक्षिणी भारत की वास्तुकला के बीच की कड़ी है।

कूटः

(a) 1 और 2 (b) 2 और 3
(c) 1 और 3 (d) ये सभी

27. निम्नलिखित कथनों में से कौन-सा कथन सत्य है?

(a) फूलों की घाटी अल्मोड़ा में स्थित है।
(b) बैजनाथ धाम उत्तराखंड के बागेश्वर जिले में स्थित है।
(c) एलीफेंटा से अर्द्धनारीश्वर की मूर्ति प्राप्त नहीं हुई है।
(d) चम्पारण झारखंड में स्थित है।

28. निम्नलिखित कथनों में कौन-सा/से कथन सही है/हैं?

1. पुरातत्व संग्रहालय की स्थापना दिल्ली में 1948 में की गई थी, जिसका मुख्य कार्य पुरातत्वीय महत्व की सामग्री की प्राप्ति, उसका संरक्षण और प्रदर्शन है।
2. राष्ट्रीय आधुनिक कला की दिल्ली में लगभग 4 हजार कलाकृतियाँ संगृहीत हैं।
3. 1992 ई. में 'गाँधी स्मृति' और 'दर्शन समिति' का गठन एक स्वायत्त विकास के तौर पर किया गया था।

कूट :

(a) 1 और 2 (b) 2 और 3
(c) 1 और 3 (d) ये सभी

उत्तरमाला

1. (d)	**2.** (b)	**3.** (c)	**4.** (d)	**5.** (b)	**6.** (d)	**7.** (d)	**8.** (b)
9. (a)	**10.** (d)	**11.** (c)	**12.** (d)	**13.** (d)	**14.** (b)	**15.** (a)	**16.** (d)
17. (d)	**18.** (b)	**19.** (d)	**20.** (b)	**21.** (d)	**22.** (b)	**23.** (d)	**24.** (d)
25. (b)	**26.** (d)	**27.** (b)	**28.** (c)				

❑❑❑

प्राचीन भारत में विज्ञान एवं प्रौद्योगिकी

प्रमुख बिन्दु

- ❖ सामान्य परिचय
- ❖ प्राचीन काल में विज्ञान एवं प्रौद्योगिकी के अभिलक्षण
- ❖ अध्याय सार-संचिका
- ❖ अभ्यास प्रश्न

सामान्य परिचय

भारत में प्राचीन काल से ही विज्ञान एवं प्रौद्योगिकी के क्षेत्र में एक महान परम्परा रही है, क्योंकि भारत पुरातन सभ्यताओं में से एक रहा है। भारत के ऋषि, महर्षि, दार्शनिक, चिन्तक तथा आचार्यों ने निरन्तर ही इसकी संवृद्धि में अपना योगदान दिया है। प्राचीन भारत का यह चिन्तन केवल अन्य सभ्यताओं से अधिक समृद्ध था वरन् अधिक आधुनिक भी था। भारतीय ज्ञान के स्रोत वेदों, उपनिषदों ने सम्पूर्ण विश्व को हमेशा से एक सूत्र में बाँधने का प्रयास किया है।

2500 ई.पू. से सिंधु घाटी सभ्यता नियोजित शहरों, मानकीकृत पक्की ईंटों से बनी इमारतों, निकास नालियों की व्यवस्था तथा लोथल जैसे बंदरगाह भारतीय गौरवशाली परम्परा के स्वर्णिम अध्याय हैं। सिंधु सभ्यता के लोग हल तथा पहिये का प्रयोग करना जानते थे। धातुओं को गलाने तथा ढालने में सिद्धहस्त थे। दिल्ली के महरौली में स्थित 24'3'' ऊँचा लौह-स्तम्भ तत्कालीन लौहकारों की क्षमता को प्रमाणित करता है, 99 प्रतिशत लोहे की मात्रा के बाद भी आज तक इसमें जंग का असर नहीं पड़ा है, क्योंकि Mno2 (मैंगनीज डाईऑक्साइड) के एक पतले आवरण में मढ़कर इस लौह-स्तम्भ को सुरक्षित रखा गया है। वैदिक काल 1500-600 BC तक माना जाता है। इस समय के एक प्रसिद्ध ग्रंथ 'शुल्व-सूत्र' में यज्ञशालाओं तथा हवनकुण्डों की ज्यामितीय आकृतियों का सचित्र वर्णन मिलता है। वैदिक काल में ही शून्य का प्रचलन भारतीय विद्वानों ने प्रारम्भ किया।

पाषाण काल

आग की खोज - इसको मानव जीवन की पहली क्रान्ति मानी जाती है, जिसने मानव को जंगली से सभ्य जीवन प्रदान किया।

- औजार निर्माण की तकनीकी का विकास
- पहिए का आविष्कार

सिन्धु घाटी सभ्यता-

- कांसे का निर्माण
- नगर नियोजन
- पनचक्की का विकास (सिंचाई)
- जलयान
- हल

ऋग्वैदिक काल-

कणाद ऋषि	-	अणु विज्ञान के जनक
बुद्धायन	-	पायथागोरस से पूर्व सिद्धांत
अगस्त ऋषि	-	रसायनिक ऊर्जा के जनक
मेघातिथि	-	दशमलव प्रणाली का सूत्रपात
च्यवनप्राश	-	खाद्य तकनीक का विकास

आधुनिक मानक अंक 1,2,3,4,5,6,7,8,9 भी भारतीय विद्वानों द्वारा विकसित किए गए। इस मानक अंक को भारतीयों से अरबों ने सीखा और पुनः पाश्चात्य देशों द्वारा प्रयोग किया जाने लगा। महान गणितज्ञ आर्यभट्ट-I (ईसा के बाद पाँचवीं शताब्दी) ने π का मान 3.1416 ज्ञात किया, जिसका आज भी उपयोग किया जाता है। भास्कर-I, ब्रह्मगुप्त (7वीं शताब्दी), महावीर (9वीं शताब्दी), आर्यभट्ट-II, श्रीहरि तथा श्रीपति (10वीं-11वीं शताब्दी ईसा पश्चात्) प्रमुख गणितज्ञ थे। भास्कर-II ने ही गणित के महान ग्रंथ 'सिद्धांत-शिरोमणि' की रचना की थी।

विश्व में आर्यभट्ट ने पहली बार बताया कि पृथ्वी सूर्य की परिक्रमा करने के साथ-साथ अपने अक्ष पर भी घूमती है। 'पंचसिद्धांत' तथा 'सूर्यसिद्धांत' इत्यादि प्राचीन रचनाओं ने अपने परवर्ती वैज्ञानिक तथा गणितज्ञों का निरन्तर मार्गदर्शन किया। चिकित्सा के क्षेत्र में 'अथर्ववेद' निश्चित ही प्राचीन-भारतीय मौलिक ज्ञान भण्डार का प्रमुख स्त्रोत है, जो विश्व चिकित्सा क्षेत्र में सर्वाधिक प्राचीन ग्रंथ भी है। इसी के कारण भारत को चिकित्सा क्षेत्र में सर्वप्रथम अन्वेषणकर्ता होने का श्रेय प्राप्त है। औषधि चिकित्सा तथा शल्य-चिकित्सा, दोनों ही पद्धतियों का जन्मदाता भारत ही है। लगभग 2,500 वर्ष पूर्व सुश्रुत ने 'सुश्रुतसंहिता' तथा चरक ने 'चरक संहिता' जैसे महान ग्रंथों की रचना की। 'सुश्रुतसंहिता' में पथरी, मोतियाबिन्द जैसे कई रोगों के उपचार के विषय में बताया गया है तथा 150 से भी अधिक शल्य-क्रिया से संबंधित उपकरणों का वर्णन भी किया गया है। अतः स्पष्ट है कि प्राचीन भारतीयों को चिकित्सा-संबंधी सूक्ष्मतम औजारों के निर्माण में भी दक्षता प्राप्त थी तथा अंग प्रत्यारोपण जैसी आधुनिक दुष्कर शल्य चिकित्साशास्त्र के साथ-साथ रसायन-शास्त्र का भी विकास हुआ, जिससे रंगरेजी, कागज उत्पादन का प्रचलन प्रारम्भ हुआ।

स्थापत्यकला एवं पाषाण-शिल्प में भी प्राचीनकाल से ही भारतीय उपलब्धि सर्वोत्कृष्ट रही है। मौर्यकाल में जिस प्रकार पाषाणों को काटकर विशाल-स्तम्भ बनाकर उस पर पॉलिशिंग की गई है, वह आश्चर्यचकित करने वाली है। पर्वतों में प्रस्तर-कर्तन के द्वारा जिस प्रकार के मंदिरों तथा गुफाओं का निर्माण किया गया है, वे निश्चित ही आधुनिक अभियन्ताओं के लिए

उत्तर वैदिक काल-

- लोहे की खोज
- मानव जीवन की दूसरी क्रांति, जिसके कारण कृषि क्रांति आई।
- ऐतिहासिक काल में हल का आविष्कार

मगध काल-

जीवक - आयुर्वेद आचार्य (बिम्बिसार)

चरक - आयुर्वेद आचार्य (कनिष्क का दरबारी) (चरक संहिता भारतीय चिकित्सा शास्त्र का विश्वकोश है। जिसमें कुष्ठ, ज्वर, मिर्गी और यक्ष्मा का वर्णन है।)

सुश्रुत - आयुर्वेद आचार्य ई.पू. 8वीं से छठी शताब्दी (इसे सम्पूर्ण संसार में प्लास्टिक सर्जरी का पिता कहा जाता है।)
- इसमें मोतियाबिंद, पथरी इत्यादि रोगों की शल्य चिकित्सा का वर्णन है।
- 121 शल्यक्रिया उपकरणों का उल्लेख है।

धनवंतरि - आयुर्वेद आचार्य (गुप्तकालीन)

वाग्भट्ट - अष्टांग हृदय

गणितज्ञ

आर्यभट्ट (गुप्तकाल)
- 'शून्य' का प्रयोग शुरू
- 5वीं शताब्दी में ही पाई का मान 62832/2000 भिन्न रूप में प्रकट किया, जिसकी गणना लगभग 3.1416 आती है।
- 'दशमलव' का प्रयोगकर्ता
- 'बीज गणित' का जनक

श्रीधर - गणित सार

भास्कर - 'लीलावती', 'बीजगणित', 'सिद्धांत शिरोमणि'

खगोलशास्त्र

आर्यभट्ट
- वर्ष के दिनों की संख्या 356 दिन 6 घण्टा 12 मिनट
- पृथ्वी की घूर्णन गति
- पृथ्वी सूर्य के चारों ओर चक्कर लगाती है।
- ग्रह स्थिति की गणना तथा चन्द्रग्रहण एवं सूर्यग्रहण के कारण (बेबीलोनियाई विधि से)

ब्रह्मगुप्त
- भारत का न्यूटन
- न्यूटन से पूर्व गुरुत्वाकर्षण का सिद्धांत दिया।

वराहमिहिर
- खगोलविद
- सूर्य सिद्धांतिका

गुप्तकालीन विज्ञान के महान धरोहर

- दिल्ली स्थित कुतुबमीनार के प्रांगण में अवस्थित महरौली लौह स्तंभ चंद्रगुप्त द्वितीय द्वारा। इसमें मैगनीज ऑक्साइड की परत है, जिसके कारण जंग नहीं लगा।

ईर्ष्या के विषय हैं। भारत के इस विज्ञान-विकास क्रम में एक समय ऐसा भी आया, जब विज्ञान की प्रगति से तथाकथित संकीर्णतायुक्त धर्म को खतरा महसूस होने लगा। ध्यातव्य है कि चिरकाल से ही भारत में विज्ञान तथा धर्म परस्पर पूरक रहे हैं, पृथक् नहीं। सभी विज्ञानों का एक धार्मिक आधार था तथा धर्म में विज्ञान इस प्रकार से समाविष्ट था कि नीर-क्षीर अंतर करना सर्वथा असम्भव था। इस संक्रमणकाल में विज्ञान तथाकथित पुरोहितों की सम्मोहक शक्ति, तथाकथित शिक्षित ब्राह्मणों तथा तथाकथित कठमुल्लापन की मानसिकता पर हावी नहीं हो पाया। इस सर्वव्यापी रहस्यवाद ने विज्ञान तथा प्रौद्योगिकी की प्रगति पर अवश्य ही ऋणात्मक प्रभाव डाला।

मध्य काल में जयपुर के राजा सवाई जयसिंह ने खगोलशास्त्र के क्षेत्र में अनुसंधान कार्य हेतु सन् 1718 ई. से 1734 ई. के मध्य जयपुर, वाराणसी, उज्जैन, दिल्ली और मथुरा में पांच खगोलीय पर्यवेक्षणशालाओं का निर्माण करवाया।

- गुप्तकालीन बौद्धिक एवं वैज्ञानिक विकास के कारण गुप्तकाल को 'वैज्ञानिक विकास का स्वर्णकाल' कहा जाता है। इन्हीं कारणों से गुप्तकाल में विज्ञान का सामाजिक, आर्थिक उपयोग उन्नत स्तर पर था। परन्तु गुप्तोत्तर काल तथा राजपूत काल में राजनीतिक अस्थिरता एवं विदेशी आक्रमण के कारण भारत का बौद्धिक पतन हुआ, जिससे विज्ञान का विकास अवरूद्ध हो गया। इस कारण इस काल को अंधकार काल (Dark Age) कहा गया।

परन्तु इस काल में अप्रत्यक्ष प्रभाव के रूप में अरबी-फारसी यात्रियों द्वारा भारतीय ज्ञान-विज्ञान का प्रसार यूरोप में हुआ। इस कारण यूरोप का पुनर्जागरण हुआ।

ब्रिटिश शासन काल

1767 – भारतीय सर्वेक्षण विभाग की स्थाना

1786 – रॉक्सबर्ग द्वारा कोलकाता में 'रॉयल बॉटनिकल गार्डन' की स्थापना

1989 – विज्ञान प्रसार

2002 – महिला वैज्ञानिक योजना

चित्र 10.1: जंतर-मंतर, जयपुर

वर्तमान में केवल जयपुर और दिल्ली की पर्यवेक्षणशालाएं (जंतर-मंतर) सुरक्षित हैं। उन्होंने 'जिज मुहम्मदशाही' नामक एक खगोलीय यंत्र का निर्माण तथा 'जिज-ए-जदीद-ए-मुहम्मदशाही' नामक खगोलविद्या संबंधी मौलिक सिद्धांतों पर आधारित ग्रंथ की रचना भी की। मध्यकाल में भारत के विभिन्न गणितज्ञों ने गणित के क्षेत्र में विशेष कार्य किए हैं। इसमें प्रमुख कार्य हैं - श्रीधर का 'गणितसार', भास्कर की 'लीलावती', 'बीजगणित' एवं 'सिद्धांत शिरोमणि' आदि। आयुर्वेद के क्षेत्र में ईसा की दूसरी सदी में भारत में उल्लेखनीय प्रगति हुई थी। इस युग में सुश्रुत द्वारा रचित 'सुश्रुतसंहिता' तथा चरक द्वारा रचित 'चरकसंहिता' दो प्रमुख ग्रंथ हैं। 'सुश्रुतसंहिता' मे मोतियाबिंद, पथरी इत्यादि रोगों की शल्य चिकित्सा का वर्णन है तथा 121 शल्य क्रिया के उपकरणों का उल्लेख भी किया गया है।

औषधियों के आविष्कार एवं खोज के क्रम में ही भारत में रसायन शास्त्र का भी विकास हुआ। भारतीय रंगरेजों ने टिकाऊ रंगों का विकास किया और नील का आविष्कार किया। इत्र, चीनी, कागज, रंग आदि के उत्पादन में रासायनिक

सिद्धांतों का प्रयोग भारत में प्राचीन काल से ही किया जाता रहा है। डाल्टन ने 1802 में आणविक सिद्धांत दिया, जबकि ईसा पूर्व दूसरी सदी में ही महर्षि कणाद ने बता दिया था कि सभी तत्व अति सूक्ष्म अणुओं से बने हैं। आज भी विश्व के महान आश्चर्यों में शामिल मध्यकालीन कृति ताजमहल महान भारतीय वास्तुकला का जीवंत उदाहरण है।

अंग्रेजों के आगमन के साथ ही भारत का औपनिवेशिक शोषण प्रारम्भ हो गया। उनको युगों से सम्पन्न भारतीय जीवनशैली तथा सभ्यता ने ही आकर्षित किया। यह दुःखद ही है कि सभ्यता के दृष्टिकोण से भारतीय समाज के परवर्ती पाश्चात्य देशों में जब औद्योगिक क्रान्ति चरम पर थी, तभी न केवल भारत का शोषण भी चरम पर था अपितु पाश्चात्य औद्योगिक तथा प्रौद्योगिक मशीनरी को त्वरित करने का महत्वपूर्ण हथियार भी था। अपने औपनिवेशिक काल के दौरान अंग्रेजों ने विज्ञान, प्रौद्योगिक तथा प्रतिरक्षा में जो प्रगति की, उसमें यह लेशमात्र भी संदेह नहीं है कि वह भारतीयों के कल्याण के लिए था, लेकिन यह भी सत्य है कि ये सारे उपाय अपने उपनिवेश से अधिकतम लाभ-प्राप्ति के साधन थे। भारतीयों ने अंग्रेज शासन के दौरान जनजागरण द्वारा अपने संक्रमणकालीन धार्मिक दुर्गुणों को दूर कर पुनः उसे वैज्ञानिक तथा दोषमुक्त बनाने का प्रयास किया। अंग्रेजों के भारत छोड़ने के उपरांत इस 'विपन्न' भारत को अपने वैज्ञानिक तथा प्रौद्योगिकीय ज्ञान द्वारा पुनः सशक्त बनाने का संकल्प भारतीयों द्वारा लिया गया, जो वर्तमान तक निरन्तर कार्यान्वित किया जा रहा है।

सन् 1784 में एक अंग्रेज अधिकारी विलियम जोंस ने सर्वप्रथम वैज्ञानिक अनुसंधान के क्षेत्र में जागृति लाने के लिए 'एशियाटिक सोसाइटी' की स्थापना की। यह संस्था भौतिक, रसायन, भू-विज्ञान, पुरातत्वीय विज्ञान तथा चिकित्सा विज्ञान से सम्बन्धित शोधपरक पत्रिकाएँ इत्यादि निकालती थी। विलियम जोंस ने कालिदास रचित 'अभिज्ञान शाकुन्तलम्' का आंग्ल अनुवाद भी किया था। इसके बाद 1907 में कोलकाता में 'इंडियन मैथमेटिकल सोसाइटी (IMS)' की स्थापना की गई तथा सन् 1917 में कोलकाता में ही 'बोस इंस्टिट्यूट' की स्थापना की गई। सन् 1942 में दिल्ली में 'वैज्ञानिक तथा औद्योगिक अनुसंधान परिषद्' की स्थापना की गई। विश्वविद्यालयों में विज्ञान शोधकार्यों में ठोस प्रगति की दशा में प्रथम प्रयास 1904 के 'विश्वविद्यालय एक्ट' के तहत विश्वविद्यालयों में शोध कार्य प्रारंभ करने के प्रावधानों के साथ किया गया। कोलकाता विश्वविद्यालय में 1909 में स्नातकोत्तर स्तर पर शिक्षण व शोध कार्य शुरू हुआ। सर आशुतोष मुखर्जी (गणितज्ञ) ने विज्ञान की उच्च स्तरीय शिक्षा के प्रबंध के उद्देश्य से 1916 में कोलकाता में 'यूनिवर्सिटी कॉलेज ऑफ साइंस' की स्थापना की। इस संस्था में कार्य करने वाले प्रमुख वैज्ञानिक थे - के.एस. कृष्णन, एस.एन. बोस, सी.वी. रमन, मेघनाथ साहा आदि।

वाराणसी के काशी हिन्दू विश्वविद्यालय में सन् 1917 में एक इंजीनियरिंग कॉलेज की स्थापना की गई। इन संस्थानों के माध्यम से भारत विज्ञान और प्रौद्योगिकी की आधुनिक अवधारणा से परिचित हो सका। इस काल में वैज्ञानिक और तकनीकी विकास के क्षेत्र में तीन भारतीय वैज्ञानिकों–जगदीश चंद्र बोस (1858-1937), चंद्रशेखर वेंकट रमण (1888-1970) व मेघनाथ साहा (1893-1956) का सबसे प्रमुख योगदान रहा है। जगदीश चंद्र बोस ने विद्युत द्वारा जीवित और निर्जीव पदार्थों पर उत्पन्न आणविक सिद्धांत का अध्ययन किया। रमन ने प्रकाश में नई खोज के साथ क्रिस्टलोग्राफी के क्षेत्र में अनेक महत्वपूर्ण अनुसंधान किए तथा साहा ने ऐस्ट्रोफिजिक्स के क्षेत्र में उल्लेखनीय कार्य किया। इसके अतिरिक्त पी.सी. रे ने मेंडलीफ की आवर्त सारणी में रिक्त अनेक स्थानों की पूर्ति भारतीय खनिजों से प्राप्त तत्वों से की। के.एस. कृष्णन ने चुम्बकत्व और धातुओं में विद्युत प्रतिरोध पर कार्य किया, श्रीनिवास रामानुजम ने गणित के क्षेत्र में कार्य किया, एस.एन. बोस ने आइंस्टीन के साथ मिलकर कार्य किया और प्रसिद्ध बोस-आइंस्टीन समीकरण का प्रतिपादन किया, पी.सी. महालोनोबिस ने सांख्यिकीय क्षेत्र में उल्लेखनीय कार्य किया तथा एस.एस. भटनागर ने रसायन क्षेत्र में महत्वपूर्ण शोध कार्य किए। अमेरीकी वैज्ञानिक हेनरी फिलिप के अनुदान से बिहार के पूसा में एग्रीकल्चरल रिसर्च स्टेशन एंड एक्सपेरीमेंटल फार्म की स्थापना से भारत में कृषि अनुसंधानों का मार्ग प्रशस्त हुआ। इसके बाद कपास के लिए 1921 में, जूट के लिए 1936 में, गन्ने के लिए 1944 में, तम्बाकू व नारियल के लिए 1945 में और तिलहन के लिए 1947 में काउंसिल आफ साइंटिफिक एंड इंडस्ट्रियल रिसर्च और इंडस्ट्रियल रिसर्च फंड की 1942 में स्थापना भारत में औद्योगिक विकास को तीव्र करने के उद्देश्य से की गई।

चित्र 10.2: सर जगदीश चंद्र बोस

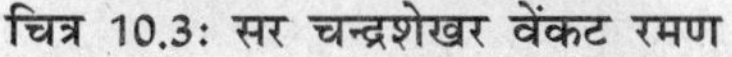
चित्र 10.3: सर चन्द्रशेखर वेंकट रमण

चित्र 10.4: मेघनाथ साहा

ब्रिटिश शासन काल में ही 'नेशनल फिजिकल लेबोरेटरी' और 'नेशनल केमिकल लेबोरेटरी' के स्थापना की बात को स्वीकृति प्रदान कर दी गई थी। नि:संदेह भारत में आधुनिक विज्ञान के युग की आधारशिला अंग्रेजों द्वारा अपरोक्ष रूप से रखी गई थी। अंग्रेजों द्वारा किए गए अनुसंधान तथा एकत्र किए गए आंकड़े भारतीय वैज्ञानिकों के लिए प्रेरणा स्रोत बने। ब्रिटिश शासन काल में भारत में वैज्ञानिक प्रगति का ढांचा अवस्थित रूप प्रदान किया। भारत में विज्ञान और प्रौद्योगिकी के चौतरफा विकास में प्रथम प्रधानमंत्री जवाहरलाल नेहरू की वैज्ञानिक सोच ने भी उत्प्रेरक का काम किया, जिसे निरन्तर आगे बढ़ाया जा रहा है।

भारतीय वैज्ञानिक व तकनीकी विकास का सफरनामा

काल	विज्ञान व तकनीकी
कांस्य युग (लगभग 2600–2000 ई. पू.)	सिंधु सभ्यता (हड़प्पा संस्कृति) का उन्नत काल। प्रथम नगरीय उत्थान; दुर्ग-नगर, पत्थर के औजार, ताम्र व कांस्य टेक्नोलॉजी : नगरों का जालनुमा आयोजन; जल-निकास के लिए नालियाँ व घरेलू एवं सार्वजनिक स्नानागार; हल का प्रयोग; धान्य-कोठार; पशुपालन; चाक पर बने चित्रण व चमकीला मृद्भांड; पक्की इटों का प्रयोग; कताई-बुनाई; माप-तौल-तराजू-बाट; कपास का प्रयोग; अंकगणित; ज्यामिति व नक्षत्रों का ज्ञान।
(लगभग 2000–1800 ई. पू.) **(लगभग 1600 ई. पू.)**	भारत के विभिन्न भागों में नव पाषाणी बस्तियाँ; शैलाश्रयों में चित्रांकन। भारत के विभिन्न भागों में ताम्र-पाषाणी बस्तियाँ; कृषिकर्म, तांबे के औजार, कांस्यकृतियाँ, काले व लाल मृद्भांड। पश्चिमोत्तर भारत में आर्यभाषियों का कई टोलियों में आगमन। **चित्र 10.5: मृदभाण्ड**
लगभग 1500 ई. पू.	कृषि कार्य में हल का प्रयोग; पशुपालन, कुछ नक्षत्रों का उल्लेख, चंद्र-पंचांग, दशाधारी संख्या-संज्ञाएं, शून्य (**ऋग्वेद का काल**) नहीं, दाशमिक स्थानमान अंक-पद्धति नहीं, रोग व उनके उपचार, घोड़े का व्यापक प्रयोग।

लगभग 1000 ई. पू.	यजुर्वेद व अथर्ववेद: कृत्तिका से आरंभ होने वाली 37 या 28 नक्षत्रों की सूची; अचना पृथ्वी; अधिमास व क्षयमास के उल्लेख; पशुओं और पेड़-पौधों के विस्तृत उल्लेख; लोहे की जानकारी। नाना तरह की चिकित्सा और जादू-टोना।
लगभग 1000-600 ई. पू.	ब्राह्मण, आरण्यक और उपनिषद् : ज्योतिषीय विचार; गणितीय श्रेणियां; पंचमहाभूत का सिद्धान्त; लोहे का उपयोग, लोहे के फ़ाल वाला हल व कुल्हाड़ी; चित्रित धूसर भांड।
लगभग 600-400 ई. पू.	लौह वस्तुओं के साथ उत्तरी काले ओपदार, मृद्भांड; तक्षशिला से कांच की वस्तुएं; आयुर्वेद संग्रह। दक्षिण (चिकित्सक आत्रेय, जीवक) भारत की महापाषाण संस्कृति।
महात्मा लगध (लगभग 500 ई. पू.) बौधायन, आपस्तंब	वेदांग ज्योतिष में 366 दिनों का वर्ष; 5 वर्षों का युग, 27 नक्षत्रों की सूची। राशियों और वारों का उल्लेख नहीं की ज्यामिति : 'पाइथोगोरस' का प्रमेय', 'द्विकरणी' (तट) का मान। बौद्धों, जैनों, साख्य, मीमांसा, आदि वैश्विक तथा लोकायत के दिक्, काल व द्रव्य के बारे में दार्शनिक विचार। पाणिनी की अष्टाध्यायी।
लगभग 400-200 ई. पू. (कौटिल्य)	सिकंदर का पश्चिमोत्तर भारत पर हमला (327-326) ई. पू.)। अर्थशास्त्र : खनिजकर्म, धातुकर्म, कृषिकर्म, सिंचाई। लौहकर्म का विस्तार।
लगभग 200 ई. पू. 400 ई.	पिंगल का छंद सूत्र 'मेरु', गणित का विकास संचय का क्रमचय्, शून्ययुक्त स्थानमान अंक पद्धति की खोज; नए ज्योतिषीय सिद्धांत: ग्रह-गति की उत्केंद्री व अधिचक्री की व्यवस्था, राशिचक्र। प्राचीन पंचसिद्धांत : पितामाह, वशिष्ठ, पुलिश, रोमक व सौर। आयुर्वेद : चरक संहिता।
समुद्रगुप्त	'सुश्रुतसंहिता' (शल्य चिकित्सा) महरौली (दिल्ली) का लौह स्तंभ। ताम्र बुद्ध मूर्ति (सुल्तानगनंज)।
चंद्रगुप्त-द्वितीय (380 ई.-415 ई.)	स्वर्ण मुद्राएं।
आर्य भट्ट (जन्म-476 ई.)	आर्य : भू-भ्रमण का प्रतिपादन, चार मूलतत्व, समान कालावधि के युग, अक्षरांकपद्धति, पाई- 3.1416; दाशमिक स्थानमान अंक पद्धति प्रयोग। ग्रहणों की सही व्याख्या।
ब्रह्मगुप्त (जन्म-598 ई.)	ब्रह्मस्फुट सिद्धांत, खंडखाद्यक। भास्कर प्रथम का 'आर्य भाष्य', वाग्भट का अष्टांग-हृदय।
लगभग 8वीं से 10वीं सदी तक	माधव निदान। लल्ल का 'शिष्यधीवृद्धि'। संशोधित सूर्य सिद्धांत। नागार्जुन की रसविद्या, सिद्ध चिकित्सा। 'कृषि पाराशर' और 'वृक्षायुर्वेद'। अरहट्ट का उपयोग। 'वटेश्वर सिद्धांत' (904 ई)। मुंजाल : अयन-चलन।
11वीं-12वीं सदी	भास्कराचार्य का सिद्धांत-शिरोमणि : गणित ज्योतिष का चरमोत्कर्ष। 'उपग्रह-विनोद'। मानसोल्लास : धातुकर्म, रसविद्या, गंधयुक्ति, पशु चिकित्सा आदि का विश्वकोश। भारत में हाथ-कागज का आगमन।

प्राचीन काल में विज्ञान एवं प्रौद्योगिकी के अभिलक्षण

पाषाण प्रौद्योगिकी: प्रागैतिहासिक काल से ही प्राचीन भारतीयों ने विज्ञान के साथ-साथ प्रौद्योगिकी के क्षेत्र में भी महत्वपूर्ण प्रगति की। इस काल में पाषाण प्रौद्योगिकी का खूब विकास हुआ। आदि मानव ने पाषाण से विविध प्रकार के उपकरणों का निर्माण किया। पाषाण काल के प्रमुख उपकरण कोर (Core), फ्लेक (Flakes), तथा ब्लेड (Blades) हैं।

उपकरण बनाने के लिए कोई उपर्युक्त पत्थर चुना जाता था। फिर उस पर किसी गोल-मटोल पत्थर (Pebble) से हथौड़े के समान चोट की जाती थी, जिससे उसका एक छोटा खण्ड निकल जाता था। इस विधि से कई छोटे-छाटे टुकड़े निकल जाते थे तथा बचे हुए आन्तरिक भाग को बार-बार चोट करके अभीष्ट आकार का उपकरण तैयार कर लिया जाता था। इसे ही 'कोर' कहते थे जबकि अलग हुए टुकड़ों को 'फ्लेक' कहा जाता था। इनके किनारों पर बारीक घिसाई करके उन्हें धारदार बना दिया जाता था, जो 'ब्लेड' कहलाते थे।

कुछ उपकरणों के निर्माण में अत्यन्त उन्नत प्रौद्योगिकी के दर्शन होते हैं। पाषाण निर्मित प्रमुख उपकरण हैं-गंडासा (chopper) तथा खण्डक (chopping) उपकरण, हैंड ऐक्स तथा क्लीवर, खुर्चनी (scraper), बेधनी (point), तक्षणी (burin), बेधक (borer) आदि। पूर्व पाषाणयुगीन मानव ने पत्थरों की कटाई, घिसाई आदि के द्वारा अभीष्ट उपकरण बनाने में दक्षता प्राप्त कर ली थी।

मध्य पाषाण काल में अपेक्षाकृत छोटे उपकरण तैयार किए गए, जिन्हें लघु पाषाणोपकरण (microliths) कहा जाता है। इस काल के मानव ने प्रक्षेपास्त्र तकनीक के विकास का प्रयत्न किया। यह एक महान् प्रौद्योगिक क्रांति थी। अब तीन-धनुष का विकास कर लिया गया। तीर की नोक बनाने के लिए छोटे पत्थर के उपकरण सावधानीपूर्वक गढ़े जाते थे। इनकी धारा अत्यन्त तेज बनाई जाती थी। मध्य पाषाणकालीन उपकरण अर्धचन्द्रिका (Lunate), छिद्रक, ब्लेड तथा ब्यूरिन आदि हैं, जो चर्ट, चालस्डनी और एगेट् पत्थरों से बने हैं।

नवपाषाण काल तक आते-आते मनुष्य का तकनीकी ज्ञान और अधिक विकसित हो गया। अब मनुष्य ने पाषाण फलकों से गढ़ासी (packing), घिसाई (grinding) तथा उन पर पॉलिश (polishing) करके अभीष्ट उपकरण तैयार करना प्रारम्भ कर दिया था। पाषाण के साथ-साथ अस्थियों एवं सींगों से भी उपकरण तैयार किए जाते थे। इनमें सबसे प्रमुख पॉलिशदार पत्थर की कुल्हाड़ियां है, जो देश के विभिन्न भागों से बड़ी मात्रा में पाई गई हैं। ये विभिन्न आकार-प्रकार की हैं।

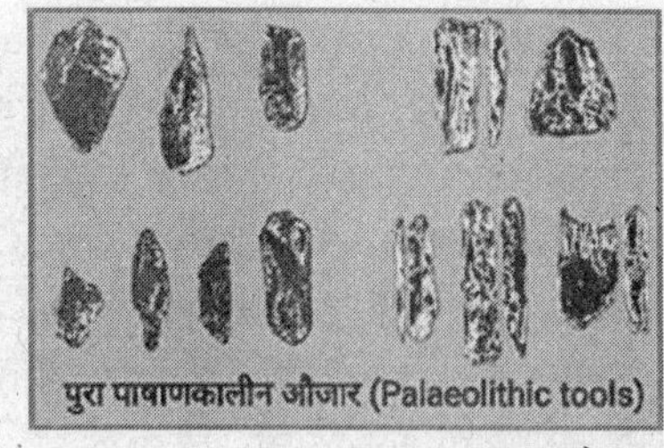

चित्र 10.6: पुरा पाषाणकालीन औजार

इस प्रकार पाषाण प्रौद्योगिकी का विकास पाषाणकाल में हो चुका था। पत्थर से वस्तुएँ बनाने का उद्योग कालान्तर में अत्यन्त विकसित हो गया।

धातु प्रौद्योगिकी: पाषाण प्रौद्योगिकी के बाद धातु प्रौद्योगिकी का विकास स्पष्ट रूप से दिखाई देता है। धातुओं में मनुष्य ने सर्वप्रथम तांबे का प्रयोग किया। तत्पश्चात् कांसे तथा अन्ततः लोहे का प्रयोग किया। बहुत समय तक मनुष्य ने तांबे तथा पत्थर के उपकरणों का साथ-साथ प्रयोग किया। इसी कारण इस अवस्था को 'ताम्रपाषाणिक अवस्था' (Chalcolithic) कहा जाता है। यह संस्कृति प्राक् हड़प्पा, हड़प्पा तथा उत्तर हड़प्पा काल तक फैली हुई है। लोग तांबे को पिघलाने की कला जानते थे।

हड़प्पा संस्कृति में हम अत्यन्त उन्नत धातुकर्म तकनीक का विकास पाते हैं। यहां के विभिन्न स्थलों से बांबे तथा कांसे की बनी हुई वस्तुएँ प्राप्त होती हैं। ऐसा प्रतीत होता है कि समाज में कांस्य शिल्पियों का कोई महत्वपूर्ण संगठन कार्यरत था। वे प्रतिमाओं और बर्तनों के अतिरिक्त कई प्रकार के औजार और हथियार भी बनाते थे। मूर्तियों का भी निर्माण किया जाता था। मोहनजोदड़ो से प्राप्त कांस्य नर्तकी की मूर्ति धातु शिल्प का सर्वश्रेष्ठ नमूना है। इसके अतिरिक्त इस सभ्यता में हमें बड़े पैमाने पर पाषाण फलकों का उत्पादक मनका उद्योग, सेलखड़ी की आयताकार मुहरें बनाने का उद्योग, इष्टिका उद्योग आदि के भी सुविकसित होने का प्रमाण मिलता है।

चित्र 10.7: मोहनजोदड़ों की कांस्य नर्तकी

सैंधव सभ्यता के बाद भारत के विभिन्न क्षेत्रों में ताम्रपाषाणिक संस्कृतियों के दर्शन होते हैं। इनमें ताम्र धातु का व्यापक प्रयोग हुआ। तांबे को घरों में पिघलाकर वस्तुएँ बनाने के साक्ष्य मिलते हैं। राजस्थान का क्षेत्र ताम्र धातु उद्योग का सर्वप्रमुख केन्द्र था। यहाँ के एक पुरास्थल अहाड़ का एक अन्य नाम 'ताम्बवती' अर्थात् तांबे वाली जगह भी मिलता है। इसी के समीप गणेश्वर नामक स्थल से बड़ी मात्रा में तांबे के उपकरण मिलते हैं। इन तथ्यों से सूचित होता है कि अब देश के विभिन्न भागों में धातु प्रौद्योगिकी काफी विकसित एवं लोकप्रिय हो गई थी। लगभग 1200 ई.पू. के आस-पास ताम्रपाषाणिक संस्कृतियों का पतन हो गया।

ई.पू. छठी शताब्दी अथवा बुद्ध काल में गंगा-घाटी में नगरों का तेजी से उत्थान हुआ। इसे 'द्वितीय नगरीकरण' कहा जाता है। इसके पीछे लौह तकनीक का विकास भी उत्तरदायी था। मगध क्षेत्र में कच्चा लोहा आसानी से प्राप्त हो जाता था। यहाँ के लुहार लोहे के अच्छे-अच्छे हथियार बना लेते थे, जो मगध के शासकों को सहज में सुलभ थे। इससे मगध साम्राज्यवाद को विकसित एवं सुदृढ़ होने का अवसर मिला। युद्ध संबंधी अस्त्र-शस्त्रों के साथ-साथ अब गंगाघाटी में बड़े पैमाने पर लोहे से

कृषि में काम आने वाले उपकरण भी तैयार किए जाने लगे। इनकी सहायता से वनों की कटाई कर अधिकाधिक भूमि कृषि योग्य बनाई गई तथा प्रभूत उत्पादन होने वाला। उत्पादन अधिशेष (surplus produce) ने नगरीकरण को पुष्ट किया।

मौर्यकाल में पाषाण एवं लौह प्रौद्योगिकी का खूब विकास हुआ। अशोक के एकाश्मक स्तम्भ पाषाण तराशने की कला की उत्कृष्टता के साक्षी हैं। लगभग पचास टन वजन तथा तीस फीट से अधिक की उंचाई वाले स्तम्भों को पांच-छह सौ मील की दूरी तक ले जाकर स्थापित करना तत्कालीन अभियांत्रिकी कुशलता को सूचित करता है तथा आज के वैज्ञानिक युग में भी आश्चर्य की वस्तु है। इसी प्रकार का एक अन्य उदाहरण सुदर्शन झील का निर्माण है। इस काल के पुरास्थलों से लोहे के औजार तथा हथियार भारी संख्या में मिलते हैं। चित्रित धूसर मृद्भांड (painted grey ware) के प्रयोक्ता लौह उपकरणों से भली-भांति परिचित थे। यह संस्कृति लौह तकनीक के विकास को सूचित करती है।

चित्र 10.8: अशोक स्तम्भ, लौरिया नंदनगढ़ (बिहार)

मौर्योत्तर काल प्रौद्योगिकी प्रगति की दृष्टि से अत्यन्त महत्वपूर्ण माना जा सकता है। महावस्तु ग्रंथ में राजगृह नगर में निवास करने वाले 36 प्रकार के शिल्पियों अथवा कामगारों का उल्लेख मिलता है तथा मिलिन्दपन्हों में 75 व्यवसायों का उल्लेख है, जिनमें लगभग 60 विभिन्न प्रकार के शिल्पों से संबद्ध थे। आठ शिल्प सोना, चांदी, सीसा, टिन, तांबा, पीतल, लोहा तथा हीरे-जवाहरात जैसे उत्पादों से संबंधित थे। इससे सूचित होता है कि धातुकर्म के क्षेत्र में पर्याप्त निपुणता हासिल कर ली गई थी-विशेष रूप से लोहार ढलाई का तकनीकी ज्ञान काफी विकसित हो गया था। प्रौद्योगिकी प्रगति के परिणामस्वरूप ईसा की प्रथम तीन शताब्दियों में नगरीकरण अपने उत्कर्ष की पराकाष्ठा पर पहुँच गया। इसके बाद लौह धातु आम उपयोग की सबसे महत्वपूर्ण वस्तु बन गई।

गुप्तकाल भी प्रौद्योगिकी प्रगति की दृष्टि से उन्नत था। अमरकोश में लोहे के लिए सात नाम दिए गए हैं, पांच नाम हल के फाल से संबंधित हैं। महरौली लौह स्तम्भ से सूचित होता है कि लौह कर्म का तकनीकी ज्ञान अपने चरमोत्कर्ष पर पहुँच गया था। इस पर मात्र मैंगनीज ऑक्साइड की पतली परत चढ़ाकर इसे जंगरहित बना दिया गया है। दुर्भाग्यवश, इसके बाद इस तकनीकी विकास को समझने के लिए हमारे पास कोई स्रोत ही नहीं है। इसमें लगी पॉलिश आज भी धातु वैज्ञानिकों के लिए आश्चर्य की वस्तु बनी हुई है।

चित्र 10.9: महरौली लौह स्तम्भ (दिल्ली)

सुल्तानगंज (बिहार) से प्राप्त महात्मा बुद्ध की लगभग साढ़े सात फुट ऊंची तथा एक टन भर वाली कांस्य प्रतिमा उल्लेखनीय है। धातु प्रौद्योगिकी के सुविकसित होने का प्रमाण सिक्कों तथा मुहरों की बहुलता में देखा जा सकता है। बहुमूल्य धातुओं एवं पत्थरों से आभूषण तैयार करने का उद्योग भी प्रगति पर था। जहाजरानी उद्योग की भी उन्नति हुई। सुप्रसिद्ध कलाविद् आनन्द कुमार स्वामी के अनुसार यह पोत निर्माण (ship building) का महानतम युग था।

गुप्तोत्तर काल में प्रौद्योगिकी की स्थिति- इस काल में भी प्रौद्योगिकी का विकास उसी गति से जारी रहा, परन्तु इस काल में शिल्प विज्ञान तथा शिल्पकारिता में कोई क्रांतिकारी परिवर्तन नहीं हुआ। कृषि की उन्नति तथा व्यापक आधार प्राप्त कर लेने के फलस्वरूप सिंचाई तकनीक उन्नत हो गई। 'राजतरंगिणी' में खूया नामक इंजीनियर का उल्लेख है, जिसने झेलम तट पर बांध बनवाया तथा नहरें निकलवाई थीं।

चन्देल तथा परमार शासकों के काल में बड़ी-बड़ी झीलों तथा तालाबों का निर्माण किया गया। अधिकतर सिंचाई रहट (अरघट्ट) से की जाती थी। विविध प्रकार के उद्योग-धन्धे विकसित अवस्था में थे। शिल्पकारों तथा व्यापारियों की अनेक श्रेणियाँ थीं। खानों से धातुएँ निकाली जाती तथा उनसे उपकरण एवं बर्तन, आभूषण, अस्त्र-शस्त्र आदि तैयार किए जाते थे। बड़ी-बड़ी शहतीरों (beams) का निर्माण किया जाने लगा था, जैसा कि इस काल के मन्दिरों को देखने से पता चलता है। युद्ध संबंधी अस्त्र-शस्त्र भी बहुतायत

चित्र 10.10: बुद्ध की कांस्य प्रतिमा, सुल्तानगंज (बिहार)

में निर्मित किए जाते थे। कुछ क्षेत्रों में सफेद चमचमाती तलवारें बनाई जाती थीं। बनारस, मगध, नेपाल, सौराष्ट्र तथा कलिंग के कारीगरों ने तलवार बनाने में दक्षता प्राप्त कर रखी थी।

अन्य धातुओं में सोना, कांसा, तांबा आदि से आभूषण, उपकरण एवं बर्तन बनाने का उद्योग भी काफी विकसित था। कांसे की ढलाई कर सुन्दर-सुन्दर मूर्तियां तैयार की जाती थीं। मूर्ति बनाने वाले को 'रूपकार' तथा पीतल पर काम करने वाले कर्मकार को 'पीतलहार' कहा जाता था। चर्मोद्योग भी प्रगति पर था। मार्को पोलो नामक यात्री गुजरात के अद्भुत एवं सुविकसित चर्मोद्योग का उल्लेख करता है।

दक्षिण भारत भी प्रौद्योगिकी के विकास की दृष्टि से अत्यधिक समृद्ध रहा- सिंचाई के लिए जो बहुसंख्यक तालाबों एवं बांधों का निर्माण करवाया गया, उनमें उच्च कोटि की अभियांत्रिक कुशलता दिखाई देती है। इसका उत्कृष्ट उदाहरण कावेरी नदी तट पर चोल राजाओं श्रीरंगम् टापू के नीचे बनवाया गया बांध है। सम्पूर्ण दक्षिण में विविध प्रकार के शिल्प एवं उद्योग-धन्धे प्रचलित थे। वस्त्र उद्योग, नमक उद्योग, मोती, सीप आदि के व्यवसाय सभी प्रगति पर थे। दक्षिण के विभिन्न भागों से बहुसंख्यक पाषाण मन्दिर तथा मूर्तियां मिलती हैं, जिनमें नाना प्रकार की नक्काशी की गई है। इससे पाषाण तकनीक के समुन्नत होने का प्रमाण मिलती है। पल्लव तथा चोलकालीन कलाकृतियां उच्चतम तकनीकी प्रगति की सूचक हैं।

चित्र 10.11: दक्षिण भारतीय मंदिर

इस प्रकार प्राचीन भारत के विभिन्न कालों में विज्ञान एवं प्रौद्योगिकी के क्षेत्र में उल्लेखनीय प्रगति हुई। कुछ क्षेत्रों में भारतीय ज्ञान-विज्ञान को विदेशियों ने भी ग्रहण किया तथा उसकी प्रशंसा की।

प्राचीन काल के भारतीय वैज्ञानिक

आर्यभट्ट

चित्र 10.12: आर्यभट्ट

- आर्यभट्ट ने प्राय: 499 इसवी में 'आर्यभट्टीयम्' की रचना की, जिसमें गणित के साथ-साथ खगोल शास्त्र की अवधारणाओं का स्पष्ट उल्लेख किया गया था। इस पुस्तक के चार खंड हैं:

  1. अक्षरों द्वारा बड़ी दशमलव संख्याओं को दर्शाने की विधि। 2. संख्या सिद्धांत, रेखा गणित, त्रिकोणमिति, और बीज गणित। 3. कलाक्रियापद एवं 4. खगोल शास्त्र पर।
- खगोल शास्त्र को अंग्रेजी में 'एस्ट्रोनॉमी' कहा जाता है। खगोल नालन्दा में स्थित प्रसिद्ध खगोलीय प्रयोगशाला का नाम था, जहाँ आर्यभट्ट ने अध्ययन किया था।
- आर्यभट्ट ने अपनी पुस्तक में खगोल शास्त्र अध्ययन के निम्नलिखित लक्ष्य बताए हैं:-
  - पंचांग की सटीकता का पता लगाना।
  - जलवायु और वर्षा के स्वरूपों के बारे में जानना।
  - नौपरिवहन।
  - जन्म कुंडली देखना।
  - ज्वार-भाटा और नक्षत्रों के बारे में ज्ञान प्राप्त करना। इससे मरुस्थलों और समुद्रों को पार करने में और इस तरह रात के समय दिशा को दर्शाने में सहायता मिली।
- आर्यभट्ट ने अपनी पुस्तक में इस बात का उल्लेख किया कि पृथ्वी गोल है और वह अपनी धुरी पर घूमती है। उन्होंने एक त्रिभुज के क्षेत्रफल को सूत्र बनाया तथा बीज गणित का आविष्कार किया। आर्यभट्ट द्वारा प्रदान किया गया पाई (π) का मान यूनानियों द्वारा दिए गए मान से ज्यादा परिशुद्ध है।
- आर्यभट्टीयम् के ज्योतिष वाले भाग में खगोल शास्त्र की परिभाषा, ग्रहों की सही स्थिति का पता लगाने की विधि, सूर्य एवं चन्द्रमा की गति और ग्रहणों की गणना का भी वर्णन किया है। उनके पुस्तक में ग्रहण का जो

कारण बताया गया है वह यह है कि जब अपनी धुरी पर घूमते समय पृथ्वी की छाया चन्द्रमा पर पड़ती है, तब चन्द्र ग्रहण होता है और जब चन्द्रमा की छाया पृथ्वी पर पड़ती है, तब सूर्य ग्रहण होता है। हालाँकि, रूढ़िवादी सिद्धान्तों में पहले इस बात का उल्लेख था कि यह एक ऐसी प्रक्रिया है जहाँ राक्षस ग्रह को निगल लेता है। इस प्रकार हम कह सकते हैं कि आर्यभट्ट के सिद्धांत, रूढ़िवादी के ज्योतिष शास्त्र संबंधी सिद्धांतों से बिल्कुल भिन्न थे और ये सिद्धान्त आस्थाओं की बजाय वैज्ञानिक व्याख्या पर आधारित थे।

- यह ध्यान देने योग्य है कि अरब लोग गणित को 'हिंदीसत' या भारतीय कला कहते थे, जिसे उन्होंने भारत से सीखा था (और अरबों, पाश्चात्य देशों ने इसे ग्रहण किया)। इस मामले में सम्पूर्ण पश्चिमी विश्व, भारत का ऋणी है।

बौधायन

- ये गणित की उन विभिन्न अवधारणाओं तक पहुंचने वाले प्रथम व्यक्ति थे, जिन्हें बाद में पाश्चात्य विश्व द्वारा खोजा गया।
- पाई (π) के मूल्य की गणना सबसे पहले इन्हीं के द्वारा की गई। आज जिसे पाइथागोरस प्रमेय के रूप में जाना जाता है, वह पहले से ही बौधायन के 'शुल्व सूत्र' (Salbasutra) में है, जिसे पाइथागोरस से कई वर्ष पहले लिखा गया था।
- ये बौधायन सूत्र के लेख थे।
- बौधायन सूत्र को छः वर्गों में बांटा गया– 1. श्रौतसूत्र (Srautasutra), 2. कर्मान्तसूत्र (Karmantsutra), 3. द्वैधसूत्र (Dvaidhsutra), 4. गृह्यसूत्र (Grihyasutra), 5. धर्मसूत्र (dharmasutra), 6. शुल्वसूत्र (Salbasutra)

चित्र 10.13: बौधायन

दैवाजन वराहमिहिर

- ये एक खगोल विज्ञानी, गणितज्ञ, और ज्योतिषी थे।
- इन्हें गुप्त काल के प्रसिद्ध शासक चन्द्रगुप्त विक्रमादित्य के दरबार के नौ रत्नों में से एक माना जाता है।
- इनकी प्रसिद्ध रचनाएं– 'बृहत्संहिता', 'बृहज्जातक', 'लघुज्जातक' तथा 'पंचसिद्धान्तिका' है।
- इन्होंने 'बृहत्संहिता' के अध्याय 32 में भूकंप बादल सिद्धांत का वर्णन किया है। यह सिद्धांत भूकंप आने के पूर्व बनने वाले बादल को स्पष्ट करता है, जो भूकंप के आने का संकेत देते हैं।
- वराहमिहिर ने बताया कि चंद्र पृथ्वी का चक्कर लगाता है और पृथ्वी सूर्य का चक्कर लगाती है।
- उसने ग्रहों के संचार और अन्य खगोलीय समस्याओं के अध्ययन में यूनानियों की अनेक कृतियों का सहारा लिया।
- वराहमिहिर पहले वैज्ञानिक थे, जिन्होंने दावा किया कि दीमक और पौधे भी भूगर्भीय जल की पहचान के निशान हो सकते हैं।
- उन्होंने छह पशुओं और तीस पौधों की सूची दी, जो पानी के सूचक हो सकते हैं।

चित्र 10.14: दैवाजन वराहमिहिर

महावीराचार्य

- जैन साहित्य (500ई.पू.-100 ई.पू.) में गणित का विस्तृत वर्णन है।
- जैन आचार्य यह जानते थे कि द्विघात समीकरणों को कैसे हल किया जाता है।
- जैन आचार्य महावीराचार्य ने 850 ईसवी में 'गणित सार संग्रह' (Ganit saar Sangraha) लिखा, जो वर्तमान शैली में लिखित गणित की पहली पाठ्यपुस्तक है।

चित्र 10.15: महावीराचार्य

- संख्याओं का लघुत्तम समापवर्तक हल करने की वर्तमान पद्धति भी उन्हीं के द्वारा खोजी गई थी।
- इस प्रकार जॉन नेपियर द्वारा दुनिया से इसे परिचित करवाने के बहुत पहले से ही भारतीय इसे जानते थे।

- 9वीं शताब्दी ईसा पश्चात् महावीराचार्य ने 'गणित सार संग्रह' की रचना की, जो वर्तमान कालीन अंक गणित पर आधारित प्रथम पाठ्य पुस्तक है। अपनी पुस्तक में, उन्होंने न्यूनतम उभयनिष्ठ अपवर्त्य संख्या ज्ञात करने की वर्तमान विधि का विस्तारपूर्वक वर्णन किया। इस प्रकार वर्तमान विधि का वास्तविक रूप जॉन नेपियर का नहीं, बल्कि महावीराचार्य का आविष्कार था।

ब्रह्मगुप्त

- ब्रह्मगुप्त ने 7वीं शताब्दी ई. में अपनी पुस्तक 'ब्रह्मस्फुट सिद्धांतिका' में शून्य का उल्लेख पहली बार एक संख्या के रूप में किया। अपनी पुस्तक में, उन्होंने ऋणात्मक संख्याओं का भी सूत्रपात किया और ऋणात्मक संख्याओं का वर्णन ऋण के रूप में और धनात्मक संख्याओं का वर्णन लाभ के रूप में किया।

चित्र 10.16: ब्रह्मगुप्त

भास्कराचार्य

- भास्कराचार्य, 12वीं शताब्दी में अग्रणी गणितज्ञों में से एक थे। उनकी पुस्तक 'सिद्धांत शिरोमणि' को चार खण्डों में विभक्त किया गया है:
  - लीलावती (अंकगणित से संबंधित)
  - बीजगणित (बीजगणित से संबंधित)
  - गोलाध्याय (गोलक के बारे में)
  - ग्रहगणित (ग्रहों का गणित)
- अपनी पुस्तक 'लीलावती' में उन्होंने बीजगणितीय समीकरणों का समाधान करने के लिए एक चक्रवात विधि या चक्रीय विधि का सूत्रपात किया। नौंवी शताब्दी में जेम्स टेलर ने 'लीलावती' का अनुवाद किया और विश्व के लोगों को इससे अवगत कराया।

चित्र 10.17: भास्कराचार्य

कणाद

- ये छठी शताब्दी के वैशेषिक सम्प्रदाय के वैज्ञानिक थे।
- उनका मूल नाम औलुक्य (Aulukya) था।
- बाल्यावस्था में अति सूक्ष्म कण (जिसे 'कण' कहा जाता है) में विशेष रुचि होने के कारण उनका नाम 'कणाद' पड़ा।
- उनके परमाणु सिद्धांत किसी भी आधुनिक परमाणु सिद्धांत के समान है।
- कणाद के अनुसार, भौतिक जगत् कणों (अणु/Atom) से बना है, जिसे मानव नेत्र के माध्यम से नहीं देखा जा सकता है तथा इसका और अधिक विभाजन नहीं किया जा सकता।
- इस प्रकार, ये अविभाज्य और अविनाश्य हैं। यही तथ्य आधुनिक अणु सिद्धांत भी बताता है।

चित्र 10.18: कणाद

नागार्जुन

चित्र 10.19: नागार्जुन

- ये दसवीं शताब्दी के वैज्ञानिक थे।
- इनके प्रयोगों का मुख्य उद्देश्य आधार तत्वों का सोने में रूपांतरण था, जो पश्चिमी दुनिया के रसायन बनाने वालों (alchemists) की तरह था।
- हालांकि वह अपने उद्देश्य में सफल नहीं हुए।
- वे सोने जैसी चमक वाला एक तत्व बनाने में सफल रहे, जिससे आज नकली आभूषण बनाए जाते हैं।
- अपने ग्रंथ 'रसरत्नाकर' (Rasaratnakara) में उन्होंने स्वर्ण, रजत, टिन और तांबे जैसी धातुओं के निष्कर्षण की विधियों का वर्णन किया है।

सुश्रुत

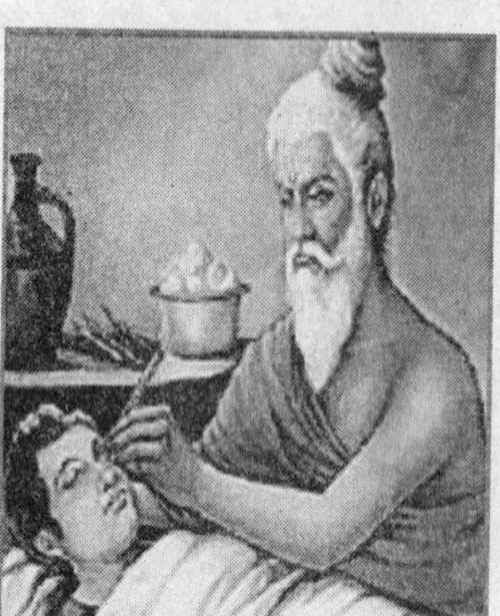

चित्र 10.20: महर्षि सुश्रुत

- ये शल्य चिकित्सा के क्षेत्र में अग्रणी थे।
- इन्होंने शल्यक्रिया को, 'चिकित्सा कला की उच्चतम श्रेणी और सबसे कम संभाव्य अशुद्धि' वाला कहा।
- 'सुश्रुत संहिता' में, 1,100 से अधिक बीमारियों का उल्लेख किया गया है। 760 से अधिक पौधों का उपचारात्मक उद्देश्य के लिए वर्णन है।
- शल्य क्रिया में प्रयुक्त होने वाले 121 उपकरणों के नाम गिनाए गए हैं।
- उन्होंने मृत शरीर के संरक्षण और इसकी विधि के बारे में विस्तार से वर्णन किया है।
- उनका सबसे बड़ा योगदान Rhinoplasty (विशेष रूप से नाक की प्लास्टिक सर्जरी) और नेत्र शल्य चिकित्सा (मोतियाबिंद को हटाने) के क्षेत्र में था।
- इन्होंने शल्य चिकित्सा के साथ-साथ आयुर्वेद के अन्य पक्षों, जैसे– शरीर संरचना, काय चिकित्सा, बाल रोग, स्त्री रोग, मनोरोग आदि की जानकारी भी दी।
- रोगों के इलाज के लिए उन्होंने आहार और सफाई पर जोर दिया।

चरक

चित्र 10.21: चरक

- इन्हें प्राचीन 'भारतीय औषधि चिकित्सा विज्ञान के जनक' के रूप में माना जाता है।
- ये कुषाण शासक कनिष्क के दरबार में राजवैद्य थे।
- इनकी 'चरकसंहिता' औषधि-शास्त्र (काय चिकित्सा) पर लिखी गई पुस्तक है।
- ये पाचन, चयापचय और प्रतिरोधक क्षमता के बारे में बताने वाले प्रथम व्यक्ति थे, जोकि स्वास्थ्य और चिकित्सा विज्ञान के लिए महत्वपूर्ण था।
- इन्हें 'आयुर्वेद का जनक' माना जाता है।
- 'चरकसंहिता' में ज्वर, कुष्ठ, मिर्गी और यक्ष्मा के अनेक भेदोपभेदों का वर्णन है।
- शायद चरक यह नहीं जानते थे कि इनमें कुछ बीमारियां छूत से भी फैलती हैं।
- इनकी पुस्तक में भारी संख्या में उन पेड़-पौधों का वर्णन है, जिनका प्रयोग दवा के रूप में होता है।
- इस प्रकार यह पुस्तक न केवल भारतीय आयुर्विज्ञान के अध्ययन के लिए बल्कि प्राचीन भारत के वनस्पति और रसायन शास्त्र के अध्ययन के लिए भी उपयोगी है।
- बाद की सदियों में भारत में आयुर्विज्ञान का विकास चरक के बताए मार्ग पर होता रहा।

पतंजलि

चित्र 10.22: पतंजलि

- औषधि के बिना शारीरिक और मानसिक स्तर पर चिकित्सा करने के लिए आयुर्वेद के एक सम्बद्ध विज्ञान के रूप में योग का विज्ञान प्राचीन भारत में विकसित हुआ।
- 'योग' शब्द संस्कृत के शब्द 'योक्त्र' से उद्भूत हुआ है, जिसका अर्थ है 'इंद्रियों के बाह्य विषयों से पृथक् कर अपने मन को अपनी अंतरात्मा से जोड़ना'।
- ये इसे चित्त के रूप में परिभाषित करते हैं अर्थात् व्यक्ति की चेतना के विचारों, भावनाओं और इच्छाओं को मिटाकर संतुलन की स्थिति को प्राप्त करना।
- यह उस शक्ति को गति प्रदान करता है, जोकि दैवी अनुभूति के लिए चेतना को शुद्ध और उन्नत करता है। शारीरिक योग को 'हठयोग' कहा जाता है तथा मानसिक योग को 'राजयोग'।
- योग के आठ अंग हैं- यम, नियम, आसन, प्राणायाम्, प्रत्याहार, धारणा, ध्यान, समाधि।
- योग एक ऋषि से दूसरे ऋषि तक मौखिक रूप से पहुँचा।
- इस विज्ञान को सुव्यस्थित रूप से प्रस्तुत करने का श्रेय पंतजलि को जाता है।
- पतंजलि के योग सूत्रों में 'ऊँ' को ईश्वर का प्रतीक बताया गया है। यह 'ऊँ' को एक अंतरिक्षीय ध्वनि बताते हैं, जो हर समय आकाश में निरंतर व्याप्त रहती है और केवल प्रबुद्ध को ही पूरी तरह ज्ञात होती है।
- योग सूत्रों के अतिरिक्त पतंजलि ने एक ग्रंथ औषधविज्ञान पर भी लिखा और पाणिनी के व्याकरण पर भाष्य लिखा जो 'महाभाष्य' के नाम से प्रसिद्ध है।

अध्याय सार–संचिका

- भारत में प्राचीन काल से ही विज्ञान एवं प्रौद्योगिकी के क्षेत्र में एक महान परम्परा रही है, क्योंकि भारत पुरातन सभ्यताओं में से एक रहा है।
- 2500 ई.पू. से सिंधु घाटी सभ्यता नियोजित शहरों, मानकीकृत पक्की ईंटों से बनी इमारतों, निकास नालियों की व्यवस्था तथा लोथल जैसे बंदरगाह भारतीय गौरवशाली परम्परा के स्वर्णिम अध्याय हैं।
- सिंधु सभ्यता के लोग हल तथा पहिये का प्रयोग करना जानते थे, वे धातुओं को गलाने तथा ढालने में सिद्धहस्त थे।
- महान गणितज्ञ आर्यभट्ट–I (ईसा के बाद पाँचवीं शताब्दी) ने π का मान 3.1416 ज्ञात किया, जिसका आज भी उपयोग किया जाता है।
- मौर्यकाल में जिस प्रकार पाषाणों को काटकर विशाल–स्तम्भ बनाकर उस पर पालिशिंग की गई है, वह आश्चर्यचकित करने वाली है।
- मध्य काल में जयपुर के राजा सवाई जयसिंह ने खगोलशास्त्र के क्षेत्र में अनुसंधान कार्य हेतु सन् 1718 ई. से 1734 ई. के मध्य जयपुर, वाराणसी, उज्जैन, दिल्ली और मथुरा में पांच खगोलीय पर्यवेक्षणशालाओं का निर्माण करवाया।
- मध्यकाल में भारत के विभिन्न गणितज्ञों ने गणित के क्षेत्र में विशेष कार्य किए हैं। इसमें प्रमुख कार्य हैं- श्रीधर का 'गणितसार', भास्कर की 'लीलावती', 'बीजगणित' एवं 'सिद्धांत शिरोमणि' आदि।
- इत्र, चीनी, कागज, रंग आदि के उत्पादन में रासायनिक सिद्धांतों का प्रयोग भारत में प्राचीन काल से ही किया जाता रहा है। डाल्टन ने सन् 1802 में आण्विक सिद्धांत दिया, जबकि ईसा पूर्व दूसरी सदी में ही महर्षि कणाद ने बता दिया था कि सभी तत्व अति सूक्ष्म अणुओं से बने हैं।
- 1784 में एक अंग्रेज अधिकारी विलियम जोंस ने सर्वप्रथम वैज्ञानिक अनुसंधान के क्षेत्र में जागृति लाने के लिए 'एशियाटिक सोसाइटी' की स्थापना की। यह संस्था भौतिक, रसायन, भू–विज्ञान, पुरातत्वीय विज्ञान तथा चिकित्सा विज्ञान से सम्बन्धित शोध परक प्रत्रिकाएँ इत्यादि निकालती थी। विलियम जोंस ने कालिदास–रचित 'अभिज्ञान शाकुन्तलम्' का अंग्रेजी अनुवाद भी किया था।
- सर आशुतोष मुखर्जी (गणितज्ञ) ने विज्ञान की उच्च स्तरीय शिक्षा के प्रबंध के उद्देश्य से सन् 1916 में कोलकाता में 'यूनिवर्सिटी कॉलेज ऑफ साइंस' की स्थापना की।
- इस काल में वैज्ञानिक और तकनीकी विकास के क्षेत्र में तीन भारतीय वैज्ञानिकों–जगदीश चंद्र बोस (1858–1937), चंद्रशेखर वेंकट रमण (1888–1970) व मेघनाथ साहा (1893–1956) का सबसे प्रमुख योगदान रहा है।

- के.एस. कृष्णन ने चुम्बकत्व और धातुओं में विद्युत प्रतिरोध पर कार्य किया, श्रीनिवास रामानुजम ने गणित के क्षेत्र में कार्य किया, एस.एन. बोस ने आइंस्टीन के साथ मिलकर कार्य किया और प्रसिद्ध 'बोस-आइंस्टीन समीकरण' का प्रतिपादन किया।
- पाषाण काल के प्रमुख उपकरण कोर (Core), फ्लेक (Flakes), तथा ब्लेड (Blades) हैं।
- ताम्रपाषाणिक संस्कृति प्राक् हड़प्पा, हड़प्पा तथा उत्तर हड़प्पा काल तक फैली हुई है। लोग तांबे को पिघलाने की कला जानते थे।
- मौर्यकाल में पाषाण एवं लौह प्रौद्योगिकी का खूब विकास हुआ- अशोक के एकाश्मक स्तम्भ पाषाण तराशने की कला की उत्कृष्टता के साक्षी हैं।
- मेहरौली लौह स्तम्भ से ज्ञात होता है कि लौह कर्म का तकनीकी ज्ञान अपने चरमोत्कर्ष पर पहुँच गया था। इस पर मात्र मैंग्नीज ऑक्साइड की पतली परत चढ़ाकर इसे जंगरहित बना दिया गया है।
- बनारस, मगध, नेपाल, सौराष्ट्र तथा कलिंग के कारीगरों ने तलवार बनाने में दक्षता प्राप्त कर रखी थी।
- दक्षिण के विभिन्न भागों से बहुसंख्यक पाषाण मन्दिर तथा मूर्तियां मिलती हैं, जिनमें नाना प्रकार की नक्काशी की गई है। इससे पाषाण तकनीक के समुन्नत होने का प्रमाण मिलता है।

अभ्यास प्रश्न

1. कौन असंगत है-

(a) कणाद ऋषि - अणु विज्ञान के जनक

(b) बुद्धायन - पायथागोरस से पूर्व सिद्धांत

(c) अगस्त ऋणि - भौतिक ऊर्जा का जनक

(d) च्यवनप्राश - खाद्य तकनीकी का विकास

2. कौन संगत है-

(a) आर्य भट्ट - शून्य का प्रयोग

(b) श्रीधर - गणित सार

(c) भाष्कर - सिद्धांत शिरोमणि के जनक

(d) मघातिथि - दशमलव प्रणाली का सूत्रपात

3. निम्नलिखित में से कौन प्राचीन काल में पेशे से एक कीमियागार या रसायन शास्त्री थे?

(a) अपस्ताम्ब (b) वाराहमिहिर

(c) ब्रह्मगुप्त (d) नागार्जुन

4. रसायन शास्त्र से संबंधित निम्नलिखित क्षेत्रों पर विचार करें-

(1) धातुकर्म

(2) चीनी का निष्कर्ष

(3) कागज का उत्पादन

(4) इत्रों का आसवन

प्राचीन काल में उपरोक्त में से किसका उपयोग किया जाता था-

(a) 1 और 3 (b) 1, 2 और 4

(c) 1, 2, 3 और 4 (d) 3 और 4

5. निम्नलिखित में से कौन-सा/से, प्राचीन काल में चिकित्सीय शिक्षा केन्द्र था/थे?

(a) तक्षशिला (b) वाराणसी

(c) a और b दोनों (d) न तो a और न ही b

6. सुश्रुत संहिता जो कि शल्य चिकित्सा से संबंधित है इसमें किसके बारे में विस्तार से बताया गया है?

(a) राइनोप्लास्टी या प्लास्टिक सर्जरी (b) नेत्र विज्ञान

(c) a एवं b दोनों (d) न तो a और न ही b

7. सवाई जय सिंह ने कहां वेदशालायें स्थापित नहीं करवायी थी।

(a) वाराणसी (b) मथुरा

(c) जंतर-मंतर दिल्ली (d) आगरा

8. दिल्ली स्थित कुतुबमिनार प्रांगण में महरौली लौह स्तम्भ, जिसकी विशेषता यह है कि इसमें कभी जंग नहीं लगा, यह किसने बनवाया था।

(a) चन्द्र गुप्त मौर्य (b) चन्द्र गुप्त-द्वितीय

(c) विम्बसार (d) घनानन्द

9. कौन सा असंगत है-

(a) देश का पहला उर्वरक कारखाना - रानीपेट (तमिलनाडु)

(b) भारतीय इस्पात संयंत्र का प्रारम्भ - साक्ची

(c) रमन अनुसंधान संस्थान - बंगलुरू

(d) प्लाज्मा अनुसंधान संस्थान - अहमदाबाद

10. सी.एस.आई.आर. की स्थापना कब की गयी-

(a) 1942 (b) 1943

(c) 1945 (d) 1944

11. भारत से अंतरिक्ष भेजा जाने वाला पहला उपग्रह 'आर्यभट्ट' था, आर्यभट्ट का प्रक्षेपण किया गया–

(a) श्री हरिकोटा (आ.प्र.) (b) श्री चांदीपुर (उड़ीसा) से

(c) फ्रेंच गुयाना से (d) बैकानूर (पूर्व सोवियत संघ) से

12. भारतीय अंतरिक्ष कार्यक्रमों को उचित रूप से संचालित करने के लिए भारतीय अंतरिक्ष अनुसंधान संगठन (इसरो) की स्थापना की गयी–

(a) 1969 में (b) 1970 में

(c) 1971 में (d) 1972 में

उत्तरमाला

1. (c) **2.** (d) **3.** (d) **4.** (b) **5.** (c) **6.** (c) **7.** (d) **8.** (b)
9. (d) **10.** (a) **11.** (d) **12.** (a)

❑❑❑

भाग–III

विरासत

हम और हमारी सांस्कृतिक विरासत

प्रमुख बिन्दु

- ❖ पुरातत्वीय स्थल
- ❖ कानून और संस्कृति
- ❖ अध्याय सार-संचिका
- ❖ अभ्यास प्रश्न

पुरातत्वीय स्थल

किसी भी राष्ट्र के विकास में संस्कृति एक महत्वपूर्ण भूमिका निभाती है। यह साझे दृष्टिकोण, मूल्यों, लक्ष्यों और प्रथाओं का समूह प्रस्तुत करती है। सृजनात्मकता लगभग सभी आर्थिक, सामाजिक और अन्य कार्यकलापों में स्वयं को प्रकट करती है। भारत जैसा विविधता वाला देश अपनी संस्कृति की बहुलता व प्रतीकात्मक स्वरूप को प्रस्तुत करता है। भारतीय संविधान, 1950 का अनुच्छेद 29 विविधता में एकता की अभिव्यक्ति को धारण करता है, जिसका पालन यह प्रारंभ भी करता है।

''भारतीय प्रदेश अथवा इसके किसी भी भाग में निवास करने वाले अपनी पृथक् भाषा, लिपि अथवा संस्कृति वाले नागरिकों का कोई भी वर्ग इसका संरक्षण रखेगा।''

भारतीय संविधान का अनुच्छेद 29(2) अल्पसंख्यकों के हितों के संरक्षण के लिए सांस्कृतिक और शैक्षणिक अधिकार भी प्रदान करता है।

''इसमें किसी भी नागरिक को राज्य अथवा राज्य निधि से सहायता प्राप्त करने वाले शैक्षिक संस्थान द्वारा धर्म, नस्ल, जाति, भाषा अथवा इनमें से किसी के एक आधार पर प्रवेश के लिए मना नहीं किया जाएगा।''

भारतीय संस्कृति की बहुलता और अनेकता संपूर्ण विश्व के लिए एक साक्ष्य है कि भारत मानवता की अमूर्त सांस्कृतिक विरासत (आईसीएच) के रूप में माने जाने वाले गीत, संगीत, नृत्य, रंगमंच, लोक परम्पराओं, मंच-कलाओं, रीति-रिवाजों, भाषाओं, बोलियों, चित्रों और लेखन का विश्व में सबसे बड़ा संग्रह वाला देश है। यद्यपि इस आधार पर दर्शन-शास्त्र और राष्ट्रीय महत्व की अकादमियों की अवधारणा की उत्पत्ति हुई।

वर्ष 1950 भारत के इतिहास में एक युगारंभ दशक के लिए मील का पत्थर था, जब भारत ने स्वयं को एक सम्प्रभुता सम्पन्न गणराज्य के रूप में घोषित किया। योजना आयोग का गठन 15 मार्च, 1950 को हुआ था। इस आयोग ने अपनी पहली योजना में इस बात पर जोर दिया कि संस्कृति सम्पूर्णता के रूप में योजना प्रक्रिया के लिए अभिन्न है। यह योजनाबद्ध राष्ट्रीय विकास की संकल्पना के लिए आंतरिक शक्ति है। प्रत्येक आगामी योजनावधि के साथ भारत सरकार ने अनेक संस्थाओं की स्थापना की, जिन्होंने अपनी नीति का निर्धारण किया और संपूर्णता के रूप में कला और संस्कृति के लिए

अनेक अन्य अभिकरणों और प्रमुख मानदंडों का निर्धारण किया। इन प्रमुख संस्थानों में भारतीय सांस्कृतिक संबंध परिषद् (1950), संगीत नाटक अकादमी (1953), राष्ट्रीय संग्रहालय, साहित्य अकादमी, राष्ट्रीय आधुनिक कला संग्रहालय और ललित कला अकादमी (सभी का गठन भारत के प्रथम प्रधानमंत्री जवाहरलाल नेहरू और प्रथम शिक्षा मंत्री मौलाना आजाद की पहल पर संसदीय संकल्प के परिणामस्वरूप 1954 में हुआ), भारतीय फिल्म संस्थान (1959), राष्ट्रीय नाट्य विद्यालय (1959) और राष्ट्रीय डिजाइन संस्थान (1961) प्रमुख हैं।

इन सांस्कृतिक संस्थानों की भूमिका मुख्यत: सांस्कृतिक राष्ट्रवाद की बहुत भिन्न अवधारणा में फिट बैठती है। संक्षेप में, भारत के योजना आयोग द्वारा दिशा-निर्देशों के अनुसार ठीक स्वतंत्रता प्राप्ति के पश्चात् की अवधि में राष्ट्रीय सांस्कृतिक नीति निम्नलिखित पाँच परिभाषिक मानदंडों का पालन करती है :

प्रथम, भारतीय सांस्कृतिक नीति इस सत्य को समझती है कि कारीगरों, हितधारकों और शिल्पकारों द्वारा घोषित भारत के सांस्कृतिक संसाधन, राष्ट्रीय संसाधनों का भंडार है और अपने सभी कार्यक्रमों के बारे में सूचित करते हुए राष्ट्रवाद के अनेक उद्यम का केंद्र है।

द्वितीय, वे भारत की राष्ट्रीय विरासत को पहचानने और संरक्षण करने की राष्ट्रवादी परियोजना के महत्वपूर्ण घटक के रूप में योगदान करती है।

तृतीय, राष्ट्रीय विरासत के प्रतिनिधि के रूप में शिल्प के संरक्षण और स्थिरता के लिए सांस्कृतिक औचित्य रखती है, तथापि यह इसकी आर्थिक संघटक है, दृश्यता प्रदान करती है और इससे पर्याप्त रूप से निपटा जाना है।

चौथे, संस्कृति के प्रशासनिक तत्व सांस्कृतिक नीतियों से उत्पन्न होते हैं, इसलिए शिक्षा के क्षेत्र का सर्वाधिक प्रत्यक्ष प्रभाव दिखते हैं।

और पाँचवां, नेहरूवादी समाजवाद के तहत सांस्कृतिक नीति का दर्शनशास्त्र एक तरफ कारीगर संबंधी प्रथाओं की सहायता और विकास के मध्य तालमेल की माँग करता है और दूसरी तरफ औद्योगीकरण के राष्ट्रवादी लक्ष्यों को प्रकट करता है और विज्ञान तथा प्रौद्योगिकी पर जोर देता है।

इन मार्गदर्शक सिद्धान्तों पर आधारित भारत सरकार ने राज्य की मूर्त/अमूर्त कलाओं की देखभाल और विकास के अनेक उपाय सृजित किए और शुरू किए हैं। वर्ष 2005 में अमूर्त सांस्कृतिक विरासत की सुरक्षा के सम्मेलन के अनुसमर्थन के पश्चात् सरकार ने अपने अनेक अभिकरणों, अर्द्धसरकारी अभिकरणों और क्षेत्रीय सरकारी अभिकरणों, गैर-सरकारी संगठनों के माध्यम से गंभीर प्रयास किए हैं, जो वृद्धि, स्थिरता, आगे दृश्यता और विकास के लिए अनेक तरीकों से अमूर्त सांस्कृतिक विरासत के तत्वों की सहायता करते हैं।

अमूर्त सांस्कृतिक विरासत सभी स्तरों पर व्यक्तियों और समुदायों को सक्षम बनाते हुए रहन-सहन और सतत पुनर्सृजित प्रथाओं, जानकारियों और प्रस्तुतीकरण की सहायता करती है, जो मूल्यों तथा नैतिक मानकों की प्रणाली के माध्यम से उनकी बृहद संकल्पना को व्यक्त करने में मदद करती है।

संस्कृति मंत्रालय के अधीन भारतीय पुरातत्व सर्वेक्षण (भा.पु.स.) राष्ट्र की सांस्कृतिक विरासतों के पुरातत्वीय अनुसंधान तथा संरक्षण के लिए एक प्रमुख संगठन है। भारतीय पुरातत्व सर्वेक्षण का प्रमुख कार्य राष्ट्रीय महत्व के प्राचीन स्मारकों तथा पुरातत्वीय स्थलों और अवशेषों का रखरखाव करना है। इसके अतिरिक्त, प्राचीन संस्मारक तथा पुरातत्वीय स्थल और अवशेष अधिनियम, 1958 के प्रावधानों के अनुसार यह देश में सभी पुरातत्वीय गतिविधियों को विनियमित करता है। यह पुरावशेष तथा बहुमूल्य कलाकृति अधिनियम, 1972 को भी विनियमित करता है।

राष्ट्रीय महत्व के प्राचीन स्मारकों तथा पुरातत्वीय स्थलों तथा अवशेषों के रखरखाव के लिए संपूर्ण देश को 24 मंडलों में विभाजित किया गया है। संगठन के पास मंडलों, संग्रहालयों, उत्खनन शाखाओं, प्रागैतिहासिक शाखा, पुरालेख शाखाओं, विज्ञान शाखा, उद्यान शाखा, भवन सर्वेक्षण परियोजना, मंदिर सर्वेक्षण परियोजनाओं तथा अंतरजलीय पुरातत्व स्कन्ध के माध्यम से पुरातत्वीय अनुसंधान परियोजनाओं के संचालन के लिए बड़ी संख्या में प्रशिक्षित पुरातनविदों, संरक्षकों, पुरालेखविदों, वास्तुकारों तथा वैज्ञानिकों का कार्य दल है।

स्मारक

प्राचीन संस्मारक तथा पुरातत्वीय स्थल और अवशेष अधिनियम, 1958 'प्राचीन स्मारक' को इस प्रकार परिभाषित करता है-

'प्राचीन स्मारक' से कोई संरचना, **राचन** या संस्मारक या कोई स्तूप या दफनगाह, या कोई गुफा, शैल-रूपकृति, उत्कीर्ण लेख या एकाश्मक जो ऐतिहासिक, पुरातत्वीय या कलात्मक रुचिं का है और जो कम-से-कम 100 वर्षों से विद्यमान है, अभिप्रेत है और इसके अंतर्गत है-

1. किसी प्राचीन संस्मारक के अवशेष,
2. किसी प्राचीन संस्मारक का स्थल,
3. किसी प्राचीन संस्मारक के स्थल से लगी हुई भूमि का ऐसा प्रभाग, जो ऐसे संस्मारक को बाड़ से घेरने या आच्छादित करने या परिरक्षित करने के लिए अपेक्षित हो, तथा
4. किसी प्राचीन संस्मारक तक पहुँचने और उसके सुविधापूर्ण निरीक्षण के साधन

धारा 2 (घ) पुरातत्वीय स्थल और अवशेष को इस प्रकार परिभाषित करती है-

'पुरातत्वीय स्थल और अवशेष' से कोई ऐसा क्षेत्र अभिप्रेत है, जिसमें ऐतिहासिक या पुरातत्वीय महत्व के ऐसे भग्नावशेष या परिशेष हैं या जिनके होने का युक्तियुक्त रूप से विश्वास किया जाता है, जो कम-से-कम 100 वर्षों से विद्यमान हैं और इनके अंतर्गत हैं-

1. उस क्षेत्र से लगी हुई भूमि का ऐसा प्रभाव, जो उसे बाड़ से घेरने या आच्छादित करने या अन्यथा परिरक्षित करने के लिए अपेक्षित हो, तथा
2. उस क्षेत्र तक पहुँचने और उसके सुविधापूर्ण निरीक्षण के साधन

स्मारकों का संरक्षण

भारतीय पुरातत्व सर्वेक्षण प्राचीन संस्मारक तथा पुरातत्वीय स्थल और अवशेष अधिनियम, 1958 के अधीन राष्ट्रीय महत्व के स्मारकों, स्थलों तथा अवशेषों के संरक्षण के संबंध में आपत्तियां, यदि कोई हो, आमंत्रित करते हुए दो महीने का नोटिस देता है। दो माह की निर्दिष्ट अवधि के पश्चात् तथा इस संबंध में आपत्तियां यदि कोई प्राप्त होती है, की छानबीन करने के पश्चात् भारतीय पुरातत्व सर्वेक्षण किसी स्मारक को अपने संरक्षणाधीन लेने का निर्णय करता है। इस समय राष्ट्रीय महत्व के 3650 से अधिक प्राचीन स्मारक तथा पुरातत्वीय स्थल और अवशेष हैं। ये स्मारक विभिन्न अवधियों से संबंधित हैं, जो प्रागैतिहासिक अवधि से उपनिवेशी काल तक के हैं तथा विभिन्न भूगोलीय स्थितियों में स्थित हैं। इनमें मंदिर, मस्जिद, मकबरे, चर्च, कब्रिस्तान, किले, महल, सीढ़ीदार कुएं, शैलकृत गुफाएँ, दीर्घकालिक वास्तुकला तथा साथ ही प्राचीन टीले एवं स्थल; जो प्राचीन आवास के अवशेषों का प्रतिनिधित्व करते हैं, शामिल हैं।

इन स्मारकों तथा स्थलों का रखरखाव तथा परिरक्षण भारतीय पुरातत्व सर्वेक्षण के विभिन्न मंडलों द्वारा किया जाता है, जो पूरे देश में फैले हुए हैं। मंडल इन स्मारकों के अनुसंधान तथा संरक्षण कार्यों को देखते हैं, जबकि विज्ञान शाखा जिसका मुख्यालय देहरादून में है, रासायनिक परिरक्षण करते हैं तथा उद्यान जिसका मुख्यालय आगरा में है, को बगीचे लगाने तथा पर्यावरणीय विकास का कार्य सौंपा गया है।

उत्खनन

भारतीय पुरातत्व सर्वेक्षण की विभिन्न शाखाओं और मंडलों ने देश के विभिन्न भागों में पुरातत्वीय उत्खनन किए हैं। स्वतंत्रता से भारतीय पुरातत्व सर्वेक्षण, राज्य के पुरातत्वं विभागों, विश्वविद्यालयों और अन्य संगठनों ने देश के विभिन्न भागों में पुरातत्वीय उत्खनन किए हैं।

संरचनात्मक संरक्षण

चित्र 1.1: संरक्षण पूर्व

चित्र 1.2: संरक्षण उपरांत

यद्यपि आद्य ऐतिहासिक काल में संरचना के संरक्षण के प्रमाण मिलते हैं, जैसा कि जूनागढ़, गुजरात में साक्ष्य मिला है, यह उन संरचनाओं पर किए गए थे, जो तत्कालीन समाज के लिए लाभकारी थे। फिर भी स्मारकों को उनके औचित्य के अनुरूप परिरक्षित करने की आवश्यकता को समझने का श्रेय मुख्यत: ब्रिटिशों को जाता है, जो संयोग से पूर्व कालों से कम न था। कला विध्वंस को रोकने के लिए कानूनी जामा पहनाने के लिए आरंभ में दो प्रयास किए गए थे। दो विधान बनाए गए, नामत: बंगाल रेगुलेशन XIX ऑफ 1810 और मद्रास रेगुलेशन VII ऑफ 1817।

19वीं शताब्दी में जिन स्मारकों और स्थलों को नाममात्र की धनराशि प्राप्त हुई और जिन पर कम ध्यान दिया गया, उनमें ताजमहल, **सिकन्दरा स्थित मकबरा**, कुतुब मीनार, साँची तथा मथुरा थे। 1898 में प्रस्तुत प्रस्ताव के आधार पर भारत में पुरातत्वीय कार्य करने के लिए 5 मंडलों का गठन किया गया था। इन मंडलों से संरक्षण कार्य को ही करने की अपेक्षा की गई थी।

बाद में प्राचीन संस्मारक तथा परिरक्षण अधिनियम, 1904 इस प्रमुख उद्देश्य से पारित किया गया कि धार्मिक कार्यों के लिए प्रयुक्त स्मारकों को छोड़कर ऐसे निजी स्वामित्व वाले प्राचीन भवनों का समुचित रखरखाव और मरम्मत सुनिश्चित किया जा सके।

सर्वप्रथम संरक्षणकर्ताओं में से एक जे. मार्शल, जिन्होंने संरक्षण के सिद्धान्त प्रतिपादित किए, बड़ी संख्या में स्मारकों का परिरक्षण करने में भी सहायक रहे, जिनमें से कुछ अब विश्व विरासत सूची में हैं। विगत में खंडहरों के रूप में पड़े साँची स्थित स्तूपों के संरक्षण कार्य ने स्थल को अपनी प्राचीन आभा प्रदान की। संरक्षण की प्रक्रियाएं काफी आम हो चुकी थीं और बाद में इस क्षेत्र में कार्य करने वाले, अनेक पीढ़ियों का संचित ज्ञान प्राप्त कर रहे थे। यहाँ तक कि स्वतंत्रता से पहले, इस प्रकार भारतीय सर्वेक्षण ने इतनी अधिक विशेषज्ञता विकसित कर ली थी कि इसे अन्य देशों से संरक्षण कार्य के लिए आमंत्रित किया गया था। ऐसे कार्यों के कुछ उत्कृष्ट उदाहरण हैं-अफगानिस्तान में बामियान और बाद में कम्बोडिया का अंकोरवाट।

चित्र 1.3: संरक्षण पूर्व

चित्र 1.4: संरक्षण उपरांत

रासायनिक परिरक्षण

भारतीय पुरातत्व सर्वेक्षण की विज्ञान शाखा मुख्यत: देश भर में संग्रहालयों तथा उत्खनिन वस्तुओं का रासायनिक परिरक्षण करने के अलावा 3593 संरक्षित स्मारकों का रासायनिक संरक्षण और परिरक्षण उपचार करने के लिए उत्तरदायी है।

चित्र 1.5: संरक्षण पूर्व

चित्र 1.6: संरक्षण उपरांत

हमारे समक्ष वास्तविक चुनौती संरक्षण के आवश्यक उपायों की योजना बनाना है, ताकि इन निर्मित सांस्कृतिक विरासत और हमारी सभ्यता के अनूठे प्रतीकों को जहाँ तक संभव हो, उनमें कम-से-कम हस्तक्षेप करने और उनके मूल रूप की प्रमाणिकता में किसी प्रकार का परिवर्तन अथवा संशोधन किए बिना आने वाली शताब्दियों के लिए बनाए रखा जा सके। हमारी सांस्कृतिक विरासत का स्थायित्व और समुचित संरक्षण सुनिश्चित करने के लिए संरक्षण विकल्पों में वैज्ञानिक अनुसंधान को अधिक बढ़ावा देने की आवश्यकता है, जो आरंभिक अन्वेषण पर आधारित हो, जिसमें वस्तुओं के भौतिक स्वरूप (संघटक सामग्री, वास्तुशिल्पी विशेषताएँ, उत्पादन तकनीकें, क्षरण और स्थिति) और वे कारक जो क्षरण करते हैं या क्षरण कर सकते थे, शामिल हैं। दूसरे शब्दों में जैसा कि चिकित्सा अध्ययन के मामले में है, संरक्षण थेरेपी का क्षेत्र सही पहचान पर आधारित होता है।

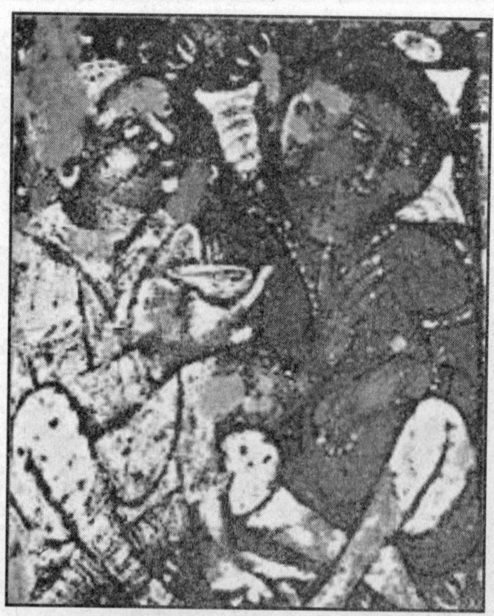

चित्र 1.7: संरक्षण पूर्व

चित्र 1.8: संरक्षण उपरांत

संरक्षण गतिविधियों के इन दोनों कदमों के लिए वैज्ञानिक विषय की भूमिका महत्वपूर्ण है। तदनुसार, विज्ञान शाखा द्वारा अध्ययन के उद्‌देश्य से संरक्षण में वैज्ञानिक अनुसंधान गतिविधियों के एक विशिष्ट उद्‌देश्य को अपनाया जा रहा है।

- सामग्री क्षरण करती है
- हस्तक्षेप प्रौद्योगिकियों का मूल अध्ययन
- सामग्री पर मूल अध्ययन

भारतीय पुरातत्व सर्वेक्षण द्वारा संरक्षण तथा रासायनिक परिरक्षण

- डायग्नोस्टिक प्रौद्योगिकी

विज्ञान शाखा के मुख्य कार्य निम्नलिखित हैं:

- 18वें विश्व विरासत स्मारकों सहित लगभग 5000 केंद्रीय संरक्षित स्मारकों का रासायनिक उपचार एवं परिरक्षण करना।
- संग्रहालय प्रदर्शों और उत्खनित वस्तुओं का रासायनिक उपचार एवं परिरक्षण हमारी निर्मित सांस्कृतिक विरासत तथा भौतिक विरासत में हो रही विकृति के कारणों का अध्ययन करने के लिए विभिन्न भवनों की सामग्रियों की सामग्री विरासत पर वैज्ञानिक तथा तकनीकी अध्ययन और अनुसंधान करना, जिससे उनके परिरक्षण की स्थिति में सुधार लाने के लिए उपयुक्त संरक्षण उपाय किए जा सकें।
- विदेशों में स्थित स्मारकों और विरासत स्थलों का रासायनिक संरक्षण।
- राज्य संरक्षित स्मारकों और ट्रस्टियों के नियंत्रण वाली सांस्कृतिक विरासत को डिपॉजिट कार्य के रूप में तकनीकी सहायता देना।
- पुरातत्व संस्थान, नई दिल्ली से पुरातत्व में स्नातकोत्तर डिप्लोमा प्राप्त करने वाले छात्रों को रासायनिक संरक्षण पर प्रशिक्षण दिलाना।
- वैज्ञानिक संरक्षण कार्यों के संबंध में जागरूकता कार्यक्रम तथा कार्यशालाएँ/सेमीनार आयोजित करना।

पुरालेखीय अध्ययन

सर्वेक्षण की पुरालेख शाखा निम्नलिखित कार्यों के लिए संस्कृत और द्रविड़ अभिलेखों और सिक्कों (मैसूर स्थित मुख्यालय) अरबी और फारसी अभिलेखों एवं सिक्कों (नागपुर स्थित मुख्यालय) की आवश्यकताओं को पूरा करती है :

1. अभिलेखों का सर्वेक्षण, प्रलेखन, प्रतिकृति तैयार करना (दोनों प्रस्तर एवं ताँबा फलक);
2. सिक्कों का सर्वेक्षण, प्रलेखन;
3. गूढ़लिपि का अर्थ निकालना, अनुसंधान, अध्ययन तथा अनुसंधान का प्रकाशन

संग्रहालय

पुरातत्व विषय अवशेषों को संग्रहीत करने की आवश्यकता सबसे पहले 1796 ई. में महसूस की गई, जब बंगाल की एशियाटिक सोसायटी ने पुरातत्वीय, नृजातीय, भूवैज्ञानिक, प्राणि विज्ञान दृष्टि से महत्व रखने वाले विशाल संग्रह को एक जगह पर एकत्र करने की आवश्यकता महसूस की। किंतु उनके द्वारा पहला संग्रहालय 1814 में प्रारंभ किया गया। इस एशियाटिक सोसायटी संग्रहालय के नाभिक से ही बाद में भारतीय संग्रहालय, कोलकाता का जन्म हुआ। भारतीय पुरातत्व सर्वेक्षण में भी, इसके प्रथम महानिदेशक एलेक्जेंडर कनिंघम के समय में प्रारंभ किए गए विभिन्न खोजी अन्वेषणों के कारण विशाल मात्रा में पुरातत्व विषयक अवशेष एकत्रित किए गए। स्थल संग्रहालयों का सृजन सर जॉन मार्शल के आने के बाद हुआ, जिन्होंने सारनाथ (1904), आगरा (1906), अजमेर (1908), दिल्ली किला (1909), बीजापुर (1912), नालंदा (1917) तथा साँची (1919) जैसे स्थानीय संग्रहालयों की स्थापना करना प्रारंभ किया। भारतीय पुरातत्व सर्वेक्षण के एक पूर्व महानिदेशक हरग्रीवस द्वारा स्थल संग्रहालयों की अवधारणा की बड़ी अच्छी तरह से व्याख्या की गई है :

भारत सरकार की यह नीति रही है कि प्राचीन स्थलों से प्राप्त किए गए छोटे और ला-ले जा सकने योग्य पुरावशेषों को उन खंडहरों के निकट संपर्क में रखा जाए, जिससे वे संबंधित हैं ताकि उनके स्वाभाविक वातावरण में उनका अध्ययन किया जा सके और स्थानांतरित हो जाने के कारण उन पर से ध्यान हट नहीं जाए। मॉर्टिन व्हीलर द्वारा 1946 में भारतीय

पुरातत्व सर्वेक्षण (ए.एस.आई.) में एक पृथक् संग्रहालय शाखा का सृजन किया गया। आजादी के बाद, भारतीय पुरातत्व सर्वेक्षण में स्थल संग्रहालयों के विकास में बहुत तेजी आई। वर्तमान में भारतीय पुरातत्व सर्वेक्षण के नियंत्रणाधीन 41 स्थल संग्रहालय हैं।

विधान

भारत में सर्वप्रथम पुरावशेषों संबंधी विधान के प्रवर्तन को आरंभिक 19वीं शताब्दी के सांस्कृतिक नव चेतना ने देखा, जिसे बंगाल रेगुलेशन XIX ऑफ 1810 के नाम से जाना गया। इसके तुरंत बाद ही एक नया विधान बनाया गया, जिसे मद्रास रेगलुेशन VII ऑफ 1817 के नाम से जाना गया। इन दोनों विधानों में सरकार को निजी भवनों में दुरुपयोग की आशंका होने पर हस्तक्षेप करने की शक्ति दी गई। तथापि, दोनों अधिनियमों में निजी स्वामित्व वाले भवनों के बारे में कुछ नहीं कहा गया। अतः धार्मिक विन्यास अधिनियम 1863 के निर्माण द्वारा सरकार को अपने पुरावशेषों अथवा अपने ऐतिहासिक या वास्तुशिल्पी मूल्यों के कारण प्रसिद्ध भवनों को होने वाले नुकसान से बचाने और उन्हें परिरक्षित करने के लिए शक्ति प्रदान करने हेतु लागू किया गया।

संयोग से पाए गए, किंतु पुरातत्वीय और ऐतिहासिक महत्व रखने वाली संपदा की संरक्षा करने और परिरक्षित करने के लिए 'द इंडियन ट्रेजर ट्रोव एक्ट 1878' लागू किया गया था। यह अधिनियम ऐसी संपदा की संरक्षा और परिरक्षा करने और उनके विधि सम्मत निपटान के लिए लागू किया गया था। 1886 में युगांतकारी विकास में, तत्कालीन महानिदेशक जेम्स बर्गीस सरकार पर भारतीय पुरातत्व सर्वेक्षण की पूर्व सहमति के बिना किसी व्यक्ति या एजेंसी को उत्खनन करने से रोकने और सरकार की अनुमति के बिना प्राप्त या अधिगृहीत पुरावशेषों का निपटान करने से अधिकारियों को रोकने संबंधी निर्देश जारी करने का दबाव डालने में सफल रहे।

सांस्कृतिक विरासत का नए युग में प्रवेश उस समय हुआ, जब प्राचीन संस्मारक परिरक्षण अधिनियम, 1904 और इसका नियम था, जिसमें इस अधिनियम के प्रयोजनार्थ महानिदेशक द्वारा जारी लाइसेंस के अधीन अवशेषों के निर्यात को विनियमित करने और उन्हें यह निर्णय करने की कोई मदद, वस्तु या चीज पुरावशेष है या नहीं, की शक्ति प्रदान करने और उनके निर्णय को अंतिम माने जाने की व्यवस्था की गई है।

1951 में प्राचीन तथा ऐतिहासिक स्मारक और पुरातत्वीय स्थल एवं अवशेष (राष्ट्रीय महत्व की घोषणा) अधिनियम 1951 लागू किया गया था। परिणामस्वरूप, सभी प्राचीन और ऐतिहासिक स्मारक एवं पुरातत्वीय स्थल एवं अवशेष पहले प्राचीन संस्मारक परिरक्षण अधिनियम, 1904 (एक्ट सं. VII ऑफ 1904) के अधीन संरक्षित थे, जिन्हें इस अधिनियम के अधीन पुनः राष्ट्रीय महत्व के स्मारकों और पुरातत्वीय स्थानों के रूप में घोषित किया गया था। अन्य 450 स्मारक और स्थल भाग ख राज्यों के भी शामिल किए गए थे। कुछ और स्मारकों और पुरातत्वीय स्थलों को भी राज्य विनियमन अधिनियम, 1956 की धारा 126 के अधीन राष्ट्रीय महत्व का घोषित किया गया था।

अधिनियम को संवैधानिक व्यवस्थाओं के अनुरूप लाने और देश की पुरातत्वीय संपदा को बेहतर और प्रभावी परिरक्षण प्रदान करने के लिए प्राचीन संस्मारक तथा पुरातत्वीय स्थल और अवशेष अधिनियम, 1958 (सं 1958 का 24) 28 अगस्त, 1958 को लागू किया गया था। इस अधिनियम में राष्ट्रीय महत्व के प्राचीन एवं ऐतिहासिक स्मारकों तथा पुरातत्वीय स्थलों एवं अवशेषों का परिरक्षण करने, पुरातत्वीय उत्खननों का विनियमन करने और मूर्तियों, नक्काशियों तथा अन्य इसी प्रकार की वस्तुओं के संरक्षण की व्यवस्था की गई है। बाद में प्राचीन स्मारक तथा पुरातत्वीय स्थल और अवशेष नियम, 1959 बनाए गए थे। यह अधिनियम नियमों के साथ 15 अक्टूबर, 1959 को लागू हुआ। इस अधिनियम ने प्राचीन तथा ऐतिहासिक स्मारक एवं पुरातत्वीय स्थल और अवशेष (राष्ट्रीय महत्व की घोषणा) अधिनियम, 1951 को समाप्त कर दिया।

पुरावशेष तथा बहुमूल्य कलाकृति अधिनियम, 1972 अद्यतन अधिनियम है, जिसे पुरावशेषों तथा बहुमूल्य कलाकृतियों वाली सांस्कृतिक संपदा के लाने-ले जाने पर प्रभावी नियंत्रण रखने के लिए 5 सितम्बर, 1972 को लागू किया गया था। यह अधिनियम पुरावशेषों तथा बहुमूल्य कलाकृतियों के निर्यात व्यापार को विनियमित करता है, पुरावशेषों की तस्करी और उनमें धोखाधड़ी को रोकने की व्यवस्था करता है, सार्वजनिक स्थानों में पुरावशेषों तथा बहुमूल्य कलाकृतियों के अनिवार्य अधिग्रहण की व्यवस्था करता है और इससे संबंधित या प्रासंगिक या आनुषंगिक कतिपय अन्य मामलों की व्यवस्था करता है। यह अधिनियम पुरावशेषों तथा बहुमूल्य कलाकृति नियम, 1972 का भी पूरक रहा। अधिनियम और नियम 5 अप्रैल, 1976 से प्रभावी है। इस विधान ने पुरावशेष निर्यात नियंत्रण अधिनियम, 1947 को रद्द कर दिया।

प्रकाशन

भारतीय पुरातत्व सर्वेक्षण, पुरालेख और मुद्राशास्त्र के अलावा, आरंभ से उत्खनन में अनुसंधान, खोज, संरक्षण, मंदिरों और धर्म-निरपेक्ष भवनों के वास्तुकला सर्वेक्षण जैसे विषयों पर वार्षिक और विशेषांक दोनों की अनेक पुस्तकें प्रकाशित करता है। इसके अलावा यह सर्वेक्षण केंद्रीय रूप से संरक्षित स्मारकों और पुरातत्वीय स्थलों पर गाइड पुस्तकों, फोल्डर विवरणिका, पोर्टफोलियो और चित्र पोस्टकार्डों के रूप में लोकप्रिय साहित्य को प्रकाशित करता है। ए.एस.आई. द्वारा प्रकाशित विभिन्न शृंखलाओं तथा उनके बिक्री मूल्य, निबंधन एवं शर्तों तथा बिक्री आउटलेटों के पतों के ब्यौरे नीचे दिए गए हैं।

ए.एस.आई. का प्रकाशन ए. कनिंघम, प्रथम महानिदेशक द्वारा आरंभ किया गया, जिन्होंने अपने सहयोगियों के साथ 1862-63 से आगे अपने भ्रमण के सभी निष्कर्षों को गंभीरतापूर्वक दस्तावेज के रूप में तैयार किया। 1874 में, पुरालेख अवशेषों पर विस्तृत शोध वाली नई 'साम्राज्य शृंखला' नामक एक नई शृंखला आरंभ की गई, जो 1933 तक जारी रही।

जॉन मार्शल ने 1902 के बाद दो भागों में प्रकाशित वार्षिक रिपोर्टों को लागू किया। उन्होंने 'भारतीय पुरातत्व सर्वेक्षण के संस्मरण' नामक नई शृंखला का प्रकाशन भी प्रारंभ किया, जिसमें से सर्वप्रथम 1919 में प्रकाशित हुआ तथा नवीनतम (98वां) 2003 में प्रकाशित हुआ। तीन आने वाले खंड हैं, जैसे–नागार्जुनकोंडा, आदम और उदयगिरी उत्खनन रिपोर्टें, जो मुद्रण के विभिन्न चरणों में हैं।

भारतीय पुरातत्व सर्वेक्षण की बुलेटिन 'प्राचीन भारत (1946 में आरंभ की गई, जिसमें भारत और निकटवर्ती देशों में पुरातत्व विज्ञान के विभिन्न पहलुओं पर सामान्य और शोध संबंधी लेख होते थे।

'भारतीय पुरातत्व 1953-54 एक समीक्षा' का प्रथम अंक 1946 में प्रकाशित किया गया, जो प्रत्येक वर्ष भारत में किए गए सभी महत्वपूर्ण पुरातत्व कार्यकलापों के बारे में जानकारी प्रदान करता है। इसके बाद प्रकाशित अंक 1999-2000 तथा 2000-01 का है।

भारतीय मंदिर वास्तुकला पर विनिबंध भी मंदिरों का वास्तुकला सर्वेक्षण शृंखला के तहत प्रकाशित किया गया है। इस विभाग ने विशेष प्रकाशन शृंखला के तहत भी अनेक प्रकाशन किए। स्मारकीय धरोहर को रेखांकित करते हुए एक नई शृंखला 'पोर्ट फोलियो' भी आरंभ की गई है। इसका एक अंक लद्दाख पर प्रकाशित किया गया है। इनके अलावा, विश्व धरोहर शृंखला के तहत केंद्रीय रूप से संरक्षित मार्गदर्शन पुस्तक तथा चित्र पोस्टकार्ड भी प्रकाशित किए गए हैं।

पुरालेखीय प्रकाशनों को भी समान महत्व दिया जा रहा है। उनमें से सबसे महत्वपूर्ण, संस्कृत शिलालेखों के लिए 'इपिग्राफिका इंडिका' पहली बार 1892 में प्रकाशित हुई। अब तक 42 खंडों का प्रकाशन हो चुका है। अरबी और फारसी शिलालेखों के क्षेत्र में, 'इपिग्राफिका इंडोमोरलोमिका' का प्रकाशन किया गया है। भारतीय पुरालेख पर वार्षिक रिपोर्ट 1887 से 1995-96 तक प्रकाशित की गई है, जिसमें प्रत्येक वर्ष की गई पुरालेखी खोज की रिपोर्ट है। इनके अलावा कारपस इन्क्रीप्सनम इंडिकेरम शृंखला के तहत विभिन्न साम्राज्यों के शिलालेखों का भी प्रकाशन किया गया। दक्षिण भारतीय पुरालेखों के बारे में दक्षिण भारतीय पुरालेख की वार्षिक रिपोर्ट नामक दूसरी शृंखला में भी 1905 से 1946 तक का वर्णन किया गया है, जिसमें किसी खास वर्ष के दौरान संग्रहित दक्षिण भारत के पुरालेखों पर संक्षिप्त टिप्पणियां हैं।

भारत की स्वतंत्रता के 50 वर्षों के दौरान भारतीय पुरातत्व सर्वेक्षण ने भी राष्ट्रीय महत्व के स्मारकों और स्थलों की सूची तैयार और प्रकाशित करना आरंभ किया है, जिसमें विभिन्न सर्किलों के अंतर्गत केंद्रीय रूप से संरक्षित स्मारकों और स्थलों के ब्यौरे तथा उनकी आयोजना और फोटोग्राफ हैं, ताकि यह धरोहर प्रशासकों, विद्वानों और पर्यटकों की जरूरतों को पूरा कर सके। इस शृंखला में खंड-I, भाग-1 (श्रीनगर सर्किल), भाग-2 (चंडीगढ़ सर्किल), भाग 3 (दिल्ली सर्किल), खंड-II, भाग-1 (जयपुर सर्किल) और खंड-VII, भाग-3 (त्रिशूर सर्किल) प्रकाशित किए गए हैं।

केंद्रीय पुरावशेष संग्रह

अन्वेषण पुरातत्व संबंधी अनुसंधान के लिए पूर्वापेक्षी है तथा इस प्रक्रिया से पुरावशेषों, मृदभाण्ड तथा मानव के इतिहास के अन्य मूल्यवान अवशेषों की खोज की जाती है। भारत में अन्वेषण वर्ष 1784 में एशियाटिक सोसायटी की स्थापना से प्रारंभ हुए। वर्ष 1861 में भा.पु.स. की स्थापना के पश्चात, अन्वेषणों तथा उत्खननों में वृद्धि हुई। एलेक्जेंडर कनिंघम के अधीन भारतीय पुरातत्व सर्वेक्षण तथा तत्कालीन प्रांतीय सरकारों दोनों ने गहन सर्वेक्षण किए। इससे असंख्य पुरावशेषों की खोज हुई।

सर जॉन मार्शल ने संग्रह के उद्देश्य, इनके परिरक्षण तथा प्रलेखन के अलावा, इन पुरावशेषों को रखने के लिए वर्ष 1906 में कई स्थल संग्रहालयों का सृजन किया। इसका उद्देश्य छात्रों, विद्वानों की आवश्यकताओं को पूरा करना तथा भारत की समृद्ध सांस्कृतिक विरासत के बारे में आम जनता को शिक्षित करना था।

केंद्रीय पुरावशेष संग्रह अन्वेषित तथा उत्खनित मृदभाण्डों तथा भारतीय पुरातत्व सर्वेक्षण के अन्य पुरावशेषों के संग्रह के लिए एक केंद्र है। केंद्रीय पुरावशेष संग्रह की स्थापना 1910 में मुख्य रूप से सर ऑरेल स्टैन के केंद्रीय एशियन अन्वेषणों (1906-1916) में अन्वेषित पुरावशेषों को रखने के लिए की गई थी। केंद्रीय पुरावशेष संग्रह शुरू में नई दिल्ली में भा.पु.स. के मुख्य भवन में स्थापित किया गया था, जिसे बाद में 1958 में सफदरजंग का मकबरा परिसर तथा बाद में वर्तमान स्थान अर्थात् पुराना किला में वर्ष 1974 में अंतरित कर दिया गया था।

पुराना किला के प्रकोष्ठों में रखे गए पुरावशेषों तथा मृदभाण्डों के अलावा इसी प्रकार की वस्तुएँ हुमायूँ के मकबरे तथा सफदरजंग मकबरे में भी रखी गई हैं।

विदेशों में गतिविधियां

सर्वेक्षण के पुरात्वीय प्रयास उप महाद्वीप की सीमाओं के बाहर किए गए और विदेशों में इसके सभी अभियान उत्कृष्ट रहे हैं।

अफगानिस्तान

विदेशों में अभियानों का सिलसिला आर.ई.एम. व्हीलर के वर्ष 1946 में किसी समय किए गए अफगानिस्तान के दौरे से आरंभ हुआ। एक दशक के बाद टी.एन. रामचन्द्रन और वाई.डी. शर्मा ने कला की परम्पराओं, पुरालेखीय अभिलेखों और पुरातत्वीय अवशेषों का पता लगाने और उनके अन्वेषण के लिए मई-जुलाई 1956 के बीच अफगानिस्तान का दौरा किया। सर्वेक्षण के दौरान कई स्थलों का भ्रमण किया गया और संग्रहालयों में रखे गए पुरातत्वीय अवशेषों का व्यापक अध्ययन किया गया।

आर. सेनगुप्ता और बी.बी. लाल तथा उनके सहयोगियों के तत्वावधान में बामियान स्थित बुद्ध की प्रतिमा एवं बल्ख स्थित ख्वाजा पारसा की मस्जिद का संरक्षण एवं जीर्णोद्धार तथा सूफी संत ख्वाजा अबू नासर के मकबरे का बड़े पैमाने पर किया गया मरम्मत कार्य सर्वेक्षण के महत्वपूर्ण प्रयासों में से एक प्रयास था।

बी.के. थापर और उनके दल ने 1975 में अफगानिस्तान के फराह क्षेत्र का दौरा किया। उन्होंने अर्घनदाब नदी के किनारे काफिर किला और किला फरीदा क्षेत्र का पता लगाया।

इंडोनेशिया

एन.पी. चक्रवर्ती और सी. शिवराममूर्ति के नेतृत्व में एक प्रतिनिधिमंडल ने बार्बोडूर स्थित प्रसिद्ध स्मारक का दौरा किया और इसका व्यापक प्रलेखन किया गया।

मिस्र

1961-62 में प्रागैतिहासिक पुरातत्व की खोज के लिए बी.बी. लाल और उनके दल ने मिस्र में नूबिया का दौरा किया। उन्होंने अफयेह के निकट नील नदी के टीलों में मध्य एवं परक्ती प्रस्तर युग के औजारों की खोज की। इस दल ने अफयेह स्थित कुछ स्थलों और ग श्रेणी के लोगों के कब्रिस्तान, जिसमें लगभग 109 कब्र थीं, का उत्खनन भी किया।

नेपाल

वर्ष 1961-62 में श्री. आर.वी. जोशी तथा डी. मित्रा के नेतृत्व में दो अभियान नेपाल में भेजे गए। भैरवा तथा तोलिहावा जिलों में अनेकों स्थलों की खोज के अतिरिक्त मिशन ने कुदन तथा तिलोराकोट में भी उत्खनन किए। दूसरे दल ने पलैस्टोसेन अवधि की भू-आकृति विज्ञानीय विशेषताओं की खोज की थी।

वर्ष 1963 में कृष्णा देव ने नेपाल में प्रतिमा विज्ञानीय सर्वेक्षण किया। दुर्लभ मूर्तियाँ जैसे एक पद त्रिमूर्ति के रूप में शिव, गीज के रथ पर सवार चन्द्र, महेश समहास तथा अर्द्धनारी में विष्णु अत्यधिक उत्कृष्ट खोजों में थे।

एस.बी. देव तथा भारतीय पुरातत्व सर्वेक्षण ने वर्ष 1965 में नेपाल में भवरा से त्रिवेणी घाट के बीच के क्षेत्र का अन्वेषण किया। इन्होंने बंजारही, लुम्बिनी तथा **पैसा का दक्षिणी** भाग का भी उत्खनन किया।

कम्बोडिया

कम्बोडिया में अंकोरवाट का संरक्षण बाहर के देशों में सर्वेक्षण की सर्वाधिक उत्कृष्ट परियोजनाओं में से संभवत: एक है। श्री आर. सेनगुप्ता, बी.एन. टंडन तथा आर. दत्तागुप्ता, जिन्होंने अक्टूबर 1980 में मंदिर का दौरा किया था, ने भवन में देखे गए नुकसान तथा कमियों के आकलन के लिए एक स्थिति रिपोर्ट तैयार की। वर्ष 1982 में के.एम. श्रीवास्तव तथा उनके दल ने एक परियोजना रिपोर्ट तैयार की तथा संरक्षण परियोजना पर प्रयोग किया। एम. एस. नागाराज राव के अधीन पाँच सदस्यीय दल ने अंकोरवाट का दौरा किया तथा श्रीवास्तव द्वारा पहले तैयार की गई रिपोर्ट में कुछ टिप्पणी शामिल करते हुए एक व्यापक संरक्षण रिपोर्ट तैयार की। परिणामस्वरूप 1986-1992 के बीच के.पी. गुप्ता, बी.एस. नयाल, सी.आई. सूरी तथा बी. नरसिम्हैया के नेतृत्व वाले तथा उनके मिशन दल ने सफलतापूर्वक इस मंदिर के संरक्षण तथा जीर्णोद्धार कार्य को पूरा किया।

बहरीन

सरकार के अनुरोध पर श्री के.एम. श्रीवास्तव के नेतृत्व में 13 सदस्यीय दल ने वर्ष 1983 में उत्खनन किया। इन्होंने लगभग 70 कब्रों को खोदा। प्राप्त की गई अन्य वस्तुओं में से छ: इंडस सीले, पारम्परिक इंडस लिपि सहित एक गोलाकार सेलखड़ी सील महत्वपूर्ण वस्तुएँ थीं।

मालदीव द्वीप समूह

सार्क तकनीकी सहायता कार्यक्रम के अंतर्गत बी.पी. बोर्डीकर के नेतृत्व में एक दल ने मालदीव द्वीप समूह में इस्लाम पूर्व अवशेष की जाँच की। अर्जाडु, कुदाहुवान तथा कुरूमथी, टोइड तथा निलांडू प्रवालदीव में अन्वेषण तथा वैज्ञानिक सफाई लघु उत्खननों से बौद्ध विशेषताएँ प्रकाश में आई हैं।

भूटान

नेखांग-लखांग टोंगजा डी जोंग के मिथरागये-लखांग तथा डो डे ड्राक मठों के भित्ति चित्रों के परिरक्षण और भित्ति चित्रों के रासायनिक परिरक्षण के लिए श्री एन. वेंकटेश्वर तथा जयराम सुंदरम के नेतृत्व में वर्ष 1987-88-89 के बीच दो मिशनों को भूटान भेजा गया।

अंगोला

अंगोला की राजधानी लुआंडा में साओ मिग्ऊएल के किले में केंद्रीय सशस्त्र सेना संग्रहालय का जीर्णोद्धार तथा पुनर्गठन किया गया। वर्ष 1988-89 के बीच पहले श्री डी.के. सिन्हा तथा बाद में श्री एम. खातून के नेतृत्व वाले भारतीय दल ने प्रागैतिहासिक तथा पुर्तगाली दीर्घा द चैपल, कामरेड अगोस्टीन्हो नेटो दीर्घा तथा स्वतंत्रता के लिए संघर्ष दीर्घा में प्रदेशों को पुन: व्यवस्थित किया।

वियतनाम

डॉ. के.टी. नरसिम्हा तथा श्री एम.एम. कनाडे ने वियतनाम के स्मारकों का दौरा किया, जो जीर्ण-शीर्ण अवस्था में थे तथा संरक्षण उपायों के लिए परियोजना रिपोर्ट प्रस्तुत की।

म्यांमार

डॉ. एस.वी.पी. हलाकट्टी तथा श्री ए.एच. अहमद ने म्यांमार के स्मारकों का दौरा किया तथा संरक्षण उपायों की विस्तृत रिपोर्ट प्रस्तुत की। इसके अतिरिक्त सांस्कृतिक विनियमन कार्य के अधीन भारतीय पुरातत्व सर्वेक्षण के विद्वान तथा विशेषज्ञ नियमित रूप से बाहर के देशों का दौरा करते हैं।

विज्ञान

भा.पु.स. द्वारा अनुरक्षित उद्यान दो श्रेणियों के हैं-ऐसे जो स्मारक से संबंधित हैं, मूल डिजाइन के एक भाग के रूप में जिनके चारों ओर बाग थे, तथा ऐसे जो सामान्यतया इतने विस्तृत नहीं थे, जो मूल रूप से बगीचों से संलग्न न रहते हुए स्मारकों की सुंदरता के लिए बने थे।

प्रथम श्रेणी के अंतर्गत मुगलों द्वारा बनवाए गए स्मारक आते हैं, जो अलंकृत बगीचों तथा फल उद्यानों के प्रति अपने प्रेम के लिए प्रसिद्ध हैं। ऐसे मामलों में, सज्जा तथा सिंचाई दोनों के लिए प्राचीन फूलों की क्यारियाँ तथा जल चैनलों से उनका संबंध अभी भी विद्यमान है। ऐसे स्मारकों में हुमायूँ का मकबरा, सफदरजंग का मकबरा, लाल किला, बीबी का मकबरा, औरंगाबाद, पिंजौर स्थित महल, अकबर का मकबरा, सिकन्दरा, एत्माद्दुदौला का मकबरा तथा आगरा स्थित रामबाग तथा ताजमहल शामिल है। इन स्मारकों से जुड़े बगीचों का रखरखाव वास्तव में एक कठिन कार्य है, क्योंकि किसी भी नए विन्यास को मूल डिजाइन के अनुसार होना चाहिए तथा इसकी अनुरूपता, इसके मूल निर्माता के विचारों से होनी चाहिए। इन अलंकृत बगीचों का रखरखाव एक आवश्यकता है, जो स्वयं स्मारक के रखरखाव से भी कम नहीं है, क्योंकि इनके बिना स्मारक अपूर्ण है। अन्य मामलों में उदाहरण के लिए दिल्ली स्थित कुतुबमीनार तथा लोदी स्मारक के बगीचे प्रारंभिक रूप से स्मारक के लिए एक व्यवस्था उपलब्ध कराते हैं तथा इसके आसपास के भाग को आकर्षित बनाते हैं। पहली श्रेणी के बगीचों के मुकाबले इनके अभिविन्यास में अधिक स्वतंत्रता होती है।

कई मामलों में जहाँ शुष्क तथा उबड़-खाबड़ होता है, लॉन बनाकर तथा कुछ वृक्षों और झाड़ियों के माध्यम से पर्यावरण को विकसित किया जाता है। ऐसे स्मारकों के लिए, जो बड़े शहरों के भीतर या पास होते हैं और बड़ी संख्या में दर्शकों को आकर्षित करते हैं, के लिए सामान्यतया अधिक शानदार बगीचों की योजना बनाई जाती है, किंतु इस तथ्य को नजरअंदाज नहीं किया जाता कि पुरातत्वविदों का मुख्य उद्देश्य सार्वजनिक बगीचे तैयार करना नहीं है। किसी भी श्रेणी के बगीचे में, बगीचों के आधुनिकीकरण के विरुद्ध सावधानी बरती जाती है।

मौसम : समुद्री मार्ग और सांस्कृतिक परिदृश्य

मौसम परियोजना संस्कृति मंत्रालय की परियोजना है, जिसे सहयोगी निकायों के रूप में भारतीय पुरातत्व सर्वेक्षण और राष्ट्रीय संग्रहालय की सहायता से नोडल समन्वय एजेंसी के रूप में इंदिरा गाँधी राष्ट्रीय कला केंद्र, नई दिल्ली द्वारा कार्यान्वित किया जाता है।

परियोजना की शुरुआत

विश्व विरासत सूची पर पार देशी मिश्रित मार्ग (प्राकृतिक और सांस्कृतिक विरासत सहित) दर्शाने वाली इस परियोजना के अनूठे विचार की सराहना 20 जून, 2014 को दोहा, कतर में 38वें विश्व विरासत सत्र में भारत द्वारा परियोजना की शुरुआत के दौरान की गई थी। यूनेस्को के महानिदेशक ने इस अनूठी परियोजना को प्रारंभ करने में भारत की पहल की सराहना की और चीन, संयुक्त अरब अमीरात, कतर, ईरान, म्यांमार और वियतनाम सहित अनेक देशों के राजदूतों ने इस बहुआयामी सांस्कृतिक परियोजना में गहरी रुचि दिखाई।

परियोजना के बारे में

मानसून पद्धतियों, सांस्कृतिक मार्गों और समुद्री परिदृश्यों पर ध्यान केंद्रित करते हुए, मौसम परियोजना में उन मुख्य प्रक्रियाओं और परिदृश्य की जाँच की जा रही है, जो हिन्द महासागर तटीय के विभिन्न भागों के साथ-साथ उन भागों को भी जोड़ती है, जो तटीय केंद्र अपने समुद्र तटक्षेत्र से जुड़े हैं। व्यापक रूप से मौसम परियोजना का लक्ष्य यह समझना है कि मानसून हवाओं के ज्ञान और चालन ने हिन्द महासागर के आरपार पारस्परिक प्रभाव को किस प्रकार रूपायित किया है और समुद्री मार्गों पर सहभागी ज्ञान प्रणालियों, परम्पराओं, प्रौद्योगिकियों तथा विचारों का प्रसार किया है। विभिन्न तटीय केंद्रों और उनके आस-पास के परिप्रदेशों द्वारा संबंधित कालानुक्रमिक तथा स्थानिक संदर्भों में उनके परिवर्तनों को सुविधाजनक बनाया गया तथा इसके साथ-साथ उन्हें प्रभावित किया।

'मौसम' परियोजना का प्रयास दो स्तरों पर स्वयं को अवस्थित करता है:

- वृहत् स्तर पर इसका लक्ष्य हिन्द महासागर के भूभाग के देशों के बीच संचरन को फिर से जोड़ना और फिर से स्थापित करना है, जिससे सांस्कृतिक मूल्यों और सरोकारों की समझ बेहतर होगी।
- सूक्ष्म स्तर पर इसका ध्यान उनके क्षेत्रीय समुद्री वातावरण में राष्ट्रीय संवर्धन को समझना है।

- परियोजना के कार्य क्षेत्र अनेक विषयों के अंतर्गत आते हैं, जिनका अनुसंधान यूनेस्को के विभिन्न सांस्कृतिक अभिसमयों के माध्यम से किया जाना है, जिस पर नोडल एजेंसी के रूप में संस्कृति मंत्रालय और भारतीय पुरातत्व सर्वेक्षण के साथ भारत सरकार हस्ताक्षरकर्ता है।

अब तक की गई पहल

इस नई परियोजना पर प्रारंभिक कार्य शुरू किए जा चुके हैं। इंडिया इंटरनेशनल सेंटर (आई.आई.सी.) नई दिल्ली में आई पी.एन.सी.ए., राष्ट्रीय स्मारक प्राधिकरण (एन.एम.ए.), नई दिल्ली और आई.एल.सी. के सहयोग से मासिक व्याख्यान की एक शृंखला आयोजित की गई है। फरवरी 2015 में निर्धारित पहला अंतर्राष्ट्रीय सम्मेलन राष्ट्रीय और अंतर्राष्ट्रीय अनुसंधान साझेदारों और सहयोगियों के साथ आयोजित किया गया है। आई.जी.एन.सी.ए. स्थित अनुसंधान यूनिट सभी अभिचिह्नित संगठनों और संसाधनों से आंकड़े एकत्र कर रहा है। आई.जी.एन.सी.एन. ने परियोजना के लिए एक वेबपेज तैयार किया है, जिससे इस परियोजना के बारे में और अधिक जानकारी प्राप्त की जा सकती है।

कानून और संस्कृति

भारतीय संविधान में भाग-3 के अन्तर्गत मौलिक अधिकारों में भारतीय संस्कृति के हितों के संरक्षण और संवर्धन के संदर्भ में चर्चा की गई है। जिसमें अल्पसंख्यकों के हितों की संरक्षण की भी बात की गई है। भारत की सांस्कृतिक विविधता को संरक्षित करने के उद्देश्य से संविधान के अंतर्गत 'संस्कृति और शिक्षा संबंधी अधिकार' को अनुच्छेद-29 व 30 के अंतर्गत पाँचवें मूल अधिकार के रूप में स्थान दिया गया है। जहाँ अनुच्छेद-29 के अंतर्गत अल्पसंख्यक वर्गों के हितों को संरक्षण प्रदान किया गया है, वहीं अनुच्छेद-30 अल्पसंख्यक वर्गों को शिक्षण संस्थाओं की स्थापना और प्रशासन का अधिकार प्रदान करता है।

अल्पसंख्यकों के हितों का संरक्षण

अनुच्छेद-29 (1) के अनुसार- भारत के प्रत्येक नागरिक को जिसकी अपनी विशेष भाषा, लिपि या संस्कृति है, उसे बनाए रखने का अधिकार होगा। भारत के सुदूर क्षेत्रों में ऐसी अनेक आदिवासी जनजातियाँ बसती हैं, जिनकी अपनी विशिष्ट भाषा, लिपि और संस्कृति है। इसकी सुरक्षा, भारत की सांस्कृतिक विविधता को बनाए रखने के लिए आवश्यक है। इसी उद्देश्य की पूर्ति के लिए उक्त प्रावधान किया गया है। उल्लेखनीय है कि न्यायिक निर्णय के अनुसार भाषा, लिपि और संस्कृति को संरक्षित करने का अधिकार नागरिकों के सभी वर्गों (चाहे वे अल्पसंख्यक हैं या बहुसंख्यक) को प्राप्त है।

अनुच्छेद-29(2) शिक्षण संस्थाओं में प्रवेश के अधिकार के बारे में है। इसके अनुसार ऐसी किसी भी शिक्षण संस्था में जो राज्य द्वारा पोषित या राज्य निधि से सहायता प्राप्त है, किसी नागरिक को प्रवेश देने से केवल धर्म, जाति, मूलवंश, भाषा या इनमें से किसी आधार पर वंचित नहीं किया जा सकता।

शिक्षण संस्थाओं की स्थापना

अनुच्छेद-29, अल्पसंख्यकों को जहाँ अपनी भाषा, लिपि तथा संस्कृति को संरक्षित करने का अधिकार प्रदान करता है। वहीं इस अधिकार के प्रयोग के लिए उन्हें अनुच्छेद 30(1) के अंतर्गत शिक्षण संस्थाएँ स्थापित करने का अधिकार दिया गया है। इसके अनुसार भाषा या धर्म पर आधारित सभी अल्पसंख्यक वर्गों को अपनी रुचि की शिक्षण संस्थाओं की स्थापना और प्रशासन का अधिकार होगा। सेन्ट जेवियर कॉलेज, अहमदाबाद बनाम गुजरात राज्य के वाद में कहा गया कि अल्पसंख्यक वर्ग को शिक्षण संस्था के प्रशासन के अधिकार में, प्रबंधन समिति के गठन का, शिक्षण के माध्यम को विनिश्चित करने का तथा शैक्षणिक व प्रशासनिक नीति के निर्धारण का अधिकार भी शामिल है। अनुच्छेद-30 (2) राज्य द्वारा शिक्षण संस्थाओं में विभेद का निषेध करता है। इसके अनुसार राज्य किसी शिक्षण संस्था को सहायता देने में इस आधार पर भेद-भाव नहीं करेगा कि वह किसी अल्पसंख्यक वर्ग के प्रबंधन में है।

ज्ञातव्य है कि अनुच्छेद 30(1), अनुच्छेद 29(2) के अधीन है। अतः राज्य पोषित या राज्य निधि से सहायता प्राप्त किसी अल्पसंख्यक शिक्षा संस्था में किसी नागरिक को प्रवेश देने से केवल धर्म, मूलवंश, जाति या भाषा के आधार पर मना नहीं किया जा सकता।

ध्यातव्य है कि अनुच्छेद-30 द्वारा प्रदत्त अधिकार नागरिक तथा अनागरिक दोनों को प्राप्त है जबकि अनुच्छेद-29 द्वारा प्रदत्त अधिकार केवल नागरिकों को प्राप्त है।

अनुच्छेद-49 में स्मारकों और राष्ट्रीय महत्व वाले स्थानों और वस्तुओं का संरक्षण

संविधान के इस अनुच्छेद में उन सभी स्मारकों और वस्तुओं के महत्व के बारे में बताया गया है, जिनका संबंध भारत की विरासत के साथ है। राष्ट्रीय महत्व वाली इन वस्तुओं के क्षतिग्रस्त होने की स्थिति में इनका संरक्षण राज्य के अधीन होगा। संविधान कहता है कि- कलात्मक या ऐतिहासिक रुचि वाले प्रत्येक स्मारक या स्थान या वस्तु की रक्षा करना राज्य का दायित्व होगा। जिस किसी स्मारक को संसद द्वारा या उसके द्वारा बनाए गए कानून के अंतर्गत राष्ट्रीय महत्व वाला स्मारक घोषित कर दिया गया है उस स्मारक को विकृति, विरूपण, विनाश, निष्कासन, निपटान या निर्यात, किसी भी अवस्था में बचाना चाहिए।

अनुच्छेद-51(1) 'भारतीय संस्कृति की समृद्ध विरासत का महत्व और संरक्षण'

ऊपर उल्लिखित दो अनुच्छेदों के विपरीत अनुच्छेद-51(1) भारत के प्रत्येक नागरिक के मौलिक कर्तव्यों को बताता है। संविधान सभी लोगों को हमारी मिश्रित संस्कृति को, मूर्त और अमूर्त विरासत को, महत्व देने और उसकी रक्षा करने का निर्देश देता है। इससे इस बात का पता चलता है कि हमारे समाज की परंपराओं और उसे नियंत्रित करने के लिए बनाए गए कानूनों के बीच एक संबंध है। संस्कृति समाज की परिवर्तनशीलता को प्रतिबिंबित करती है और कानून इसे संरक्षित करता है, इसलिए नागरिकों को उसमें अपनी भूमिका निभानी चाहिए।

इन अनुच्छेदों के अतिरिक्त, संविधान और हमारे कानून निर्माताओं ने कई अधिनियम भी बनाए हैं, जिनके अंतर्गत हमारी संस्कृति से संबंधित कानूनों को तोड़ने वालों को दण्डित किया जाता है। प्राथमिक अधिनियमों में से कुछ निम्नलिखित हैं—

1. **भारतीय गुप्त कोष अधिनियम, 1878** – ब्रिटिश सरकार ने अकस्मात् प्राप्त होने वाले खजाने को संरक्षित करने के लिए इस अधिनियम की स्थापना की थी क्योंकि किसी राज्य पर अधिकार करने के बाद अंग्रेज तत्कालीन शासक के खजाने को लूट लेते थे और उस पर अपना अधिकार स्थापित कर लेते थे। अतः पुरातात्विक और ऐतिहासिक महत्व वाली वस्तुओं को संरक्षित किया जाता था ताकि संचित खजानों की एक निर्देशिका बनाई जा सके और कानूनी रूप से उनका निपटान किया जा सके।

   इस अधिनियम से संबंधित कुछ महत्वपूर्ण पहलू थे–

   (i) इसके अनुसार किसी भी खजाने का पता चलने पर उसे संबंधित जिलाधीश या निकटतम सरकारी कोषागार के समक्ष प्रस्तुत किए जाने के साथ ही कलाकृतियों से संबंधित सभी प्रासंगिक जानकारी, सरकार के सक्षम प्रस्तुत की जानी चाहिए।

   (ii) यदि कोई व्यक्ति संबंधित प्राधिकारी को सूचित करने से संबंधित इस निर्देश का पालन नहीं करता है या खजाने में फेरबदल करने या खजाने की पहचान और मूल्य को छिपाने का प्रयास करता है तो उसे कई तरह के दंडों का सामना करना पड़ेगा जैसे भारी जुर्माना देना या जेल भेजा जाना।

   (iii) यदि जिस स्थान से खजाना मिला है उस स्थान का स्वामी सरकार के साथ खजाने का कुछ प्रतिशत साझा करने में असफल हो जाता है तो उसे न्यायाधीश के समक्ष दोषी सिद्ध किया जाएगा और 6 महीने के लिए जेल भेज दिया जाएगा, या उस पर जुर्माना लगाया जाएगा, या दोनों दंड दिए जाएंगे।

2. **प्राचीन स्मारक संरक्षण अधिनियम, 1904** – ब्रिटिश सरकार ने सरकार को स्मारक पर प्रभावी संरक्षण और अधिकार प्रदान करने हेतु इस अधिनियम का गठन किया ताकि राष्ट्रीय विरासत का संरक्षण हो सके। यह अधिनियम

विशेष रूप से उन स्मारकों से संबंधित था जो व्यक्तिगत या निजी स्वामित्व के अधीन थे। केन्द्र सरकार और स्वामी किसी भी संरक्षित स्मारक के संरक्षण के लिए समझौते पर हस्ताक्षर करेंगे। यह स्वामी को स्मारक में कुछ जोड़ने, उसे ध्वस्त करने, उसमें परिवर्तन करने या उसे विरूपित करने से भी रोकता है। यदि उस भूमि को बेचा जा रहा है, जिस पर वह स्मारक स्थित है, तो उस भूमि को खरीदने का प्रथम अधिकार सरकार का होगा। प्राचीन स्मारक संरक्षण अधिनियम, जिसे पहली बार 1904 में लागू किया गया तथा 1932 में संशोधित किया गया। संशोधन के बाद यह प्राचीन स्मारक संरक्षण (संशोधन) अधिनियम बन गया। इसके अतिरिक्त 1958 में केन्द्र सरकार ने ''प्राचीन स्मारक और पुरातात्विक स्थल एवं अवशेष अधिनियम'' लागू करके ग्रामीण तथा शहरी पुरातात्विक स्थलों को भी संरक्षण क्षेत्र में सम्मिलित कर लिया। उल्लेखनीय है कि संसद ने ऐतिहासिक स्मारकों और राष्ट्रीय महत्व वाले पुरातात्विक स्थलों को और अच्छी तरह संरक्षित करने के लिए प्राचीन स्मारक और ''पुरातात्विक स्थल एवं अवशेष (संशोधन और विधिमान्यकरण) अधिनियम, 2010'' को सूत्रबद्ध किया।

3. **पुरावस्तु (निर्यात नियंत्रण) अधिनियम, 1947** – स्वाधीनता के समय जब अंग्रेज बहुत बड़ी संख्या में भारत छोड़कर जा रहे थे तो उस समय वे लोग अपने साथ कई महत्वपूर्ण कलाकृतियाँ भी ले जा रहे थे, जिन्हें उन्होंने वर्षों तक संचय किया था। स्वतंत्रता के पश्चात्, भारत सरकार ने इस पर एक प्रकार का विनियमन लागू करने के लिए ''पुरावस्तु निर्यात नियंत्रण अधिनियम, 1947'' को लागू किया कि भारत की सीमा के बाहर क्या ले जाया जा सकता है इस विनियमन के दो प्रमुख प्रावधान हैं:

   (i) ASI के महानिदेशक को भारत से निर्यात की जा रही किसी भी वस्तु के लिए एक लाइसेंस जारी करना पड़ता है।

   (ii) ASI के महानिदेशक को यह निर्णय करने का भी अधिकार होता है कि कोई सामग्री, चीज या वस्तु एक पुरावशेष है या नहीं। इस अधिनियम की सीमा के अंतर्गत वस्तु की स्थिति के बारे में उनका निर्णय बाध्य होगा।

4. **प्राचीन एवं ऐतिहासिक स्मारक और पुरातात्विक स्थल एवं अवशेष (राष्ट्रीय महत्व की घोषणा) अधिनियम, 1951** – इस अधिनियम के अंतर्गत, ऐतिहासिक महत्व वाले सभी स्मारकों और पुरातात्विक स्थलों को, जिन्हें पहले 'प्राचीन स्मारक संरक्षण अधिनियम' के अंतर्गत रखा गया था, पुनः राष्ट्रीय महत्व का घोषित किया गया। 1951 में, लगभग 450 स्मारकों और पुरातात्विक स्थलों को 1904 की मूल सूची में जोड़ दिया गया।

   इस अधिनियम में कुछ कमियाँ थीं और भारतीय पुरातात्विक समृद्धि के संरक्षण में समता लाने के लिए, 1958 में प्राचीन स्मारक और पुरातात्विक स्थल एवं अवशेष अधिनियम 1958 नाम से एक संशोधित संस्करण पास किया गया। अधिनियम के इस संस्करण को विशेष रूप से भौतिक कलाकृतियों, जैसे-मूर्तियों, नक्काशियों और ऐसी अन्य वस्तुओं को संरक्षित करने की आवश्यकता को ध्यान में रखते हुए लागू किया गया था।

   इस अधिनियम में हाल ही में 2010 में संशोधन कर इसे प्राचीन स्मारक और पुरातात्विक स्थल एवं अवशेष (संशोधन एवं विधिमान्यकरण) अधिनियम, 2010 शीर्षक दिया गया। इस अधिनियम के मुख्य प्रावधान हैं।

   (i) केन्द्र सरकार के पास प्राचीन और मध्य काल के किसी भी स्मारक या पुरातात्विक स्थल को राष्ट्रीय महत्व का कोष घोषित करने का अधिकार है।

   (ii) महानिदेशक को केन्द्र सरकार से, ऐसे किसी स्थल या स्मारक की संरक्षकता लेने, खरीदने या पट्टे पर लेने और उसके संरक्षण एवं अनुरक्षण को सुनिश्चित करने का अधिकार प्राप्त होगा।

   (iii) यह अधिनियम, सरकार और महानिदेशक को पुरावस्तुओं के संरक्षण के लिए उन्हें अपने अधिकार में लेने, वस्तुओं के आवागमन को नियंत्रित करने, भूमि, वस्तु, स्मारक इत्यादि के क्षतिग्रस्त होने पर उसकी क्षतिपूर्ति की मांग करने या अर्थदण्ड लगाने का अधिकार भी देता है।

5. **पुरावस्तु और बहुमूल्य कलाकृति अधिनियम, 1972** – इस अधिनियम को किसी भी प्रकार की कला वस्तु और पुरावस्तु वाली चल सांस्कृतिक संपत्ति के प्रभावी नियंत्रण के लिए लागू किया गया। यह अधिनियम, भारतीय

पुरावस्तुओं के निर्यात और तस्करी एवं कपटपूर्ण लेनदेन की रोकथाम करने के मामले में एक सकारात्मक कदम है। इस अधिनियम की सबसे महत्वपूर्ण बातों में से कुछ निम्नलिखित हैं–

(i) कोई भी वस्तु जैसे– पत्थर, मिट्टी, धातु, हाथी दांत की मूर्तियाँ, कागज, लकड़ी, कपड़े, खाल या छाल इत्यादि पर बनी पांडुलिपियाँ और चित्र जो 100 वर्ष या उससे भी पहले से अस्तित्व में हैं, उन्हें पुरावस्तुएं माना जाता है।

(ii) केन्द्र सरकार के गुप्तचर या केन्द्र सरकार में अधिकार प्राप्त व्यक्ति के अलावा कोई भी व्यक्ति पुरावस्तुओं को निर्यात नहीं कर सकता है। यदि कोई व्यक्ति ऐसा करता हुआ पकड़ा जाता है तो इसे गैर-कानूनी माना जाएगा।

(iii) जो भी पुरावस्तुओं को बेचना, खरीदना या किराए पर देना चाहते हैं उन्हें केन्द्र सरकार से एक लाइसेन्स प्राप्त करना पड़ता है। उन्हें पंजीकरण अधिकारी के पास अपने व्यवसाय का पंजीकरण कराकर एक प्रमाण-पत्र भी प्राप्त करना होगा।

(iv) यदि कोई व्यक्ति बिना अधिकार लाइसेन्स के किसी कला, खजाने या पुरावस्तु का निर्यात करता हुआ पकड़ा जाता है तो वह दण्ड का भागीदार होगा। सामान्यतया दण्ड के रूप में न्यूनतम तीन महीने की कैद की सजा दी जाएगी जो तीन वर्ष तक भी हो सकती है और साथ में अर्थदण्ड के रूप में बहुत बड़ी राशि भी देनी पड़ सकती है।

6. **सार्वजनिक अभिलेख अधिनियम, 1993** – इस अधिनियम को संस्कृति विभाग के आदेश पर लागू किया गया है तथा यह सरकार के सार्वजनिक अभिलेखों को स्थायी रूप से संरक्षित करने का अधिकार प्रदान करता है।

यह अधिनियम, सार्वजनिक अभिलेखों और सरकार एवं उसके विभिन्न संवैधानिक निकायों द्वारा लिए गए निर्णयों के संरक्षण एवं प्रबंधन को विनियमित करने का भी प्रयास करता है। इस अधिनियम के कुछ प्रमुख प्रावधान हैं–

(i) किसी मंत्रालय या सरकार से संबंधित किसी विभाग के संबंध में कोई भी दस्तावेज, फाइल, पाण्डुलिपि, माइक्रोफिल्म, छवि या किसी अन्य रूप में उपलब्ध दस्तावेज सार्वजनिक अभिलेख अधिनियम की सीमा के अधीन है।

(ii) ऊपर उल्लिखित प्रत्येक एजेन्सी अपना स्वयं का रिकॉर्ड तैयार करेगी और अपने अधिकारियों में से किसी एक को अभिलेख अधिकारी और अपने कार्यालय में किसी स्थल को अभिलेख कक्ष के रूप में नामांकित करेगी।

(iii) इसके अतिरिक्त, अधिलेख अधिकारी पर अभिलेखों के अनुरक्षण का उत्तरदायित्व होगा। प्रत्येक पच्चीस वर्ष में, भारतीय राष्ट्रीय अभिलेखागार के परामर्श से एक मूल्यांकन किया जाएगा और जिन दस्तावेजों का कुछ महत्व है उन्हें संरक्षित किया जाएगा।

(iv) अभिलेखों के अनाधिकृत निष्कासन, विनाश या परिवर्तन के मामले में, अभिलेख अधिकारियों पर अपराधी के विरुद्ध उठाए जाने वाले कदम का उत्तरदायित्व होगा और वे ऐसे दस्तावेजों को पुनः प्राप्त करने या पुन: स्थापित करने के लिए सरकारी निकाय से सहायता मांगेंगे।

अत: हम देखते हैं कि संविधान और सरकार ने भारत के सांस्कृतिक मूल्यों के संरक्षण के लिए कई कदम उठाए हैं। सदैव परिवर्तनशील कानून हमारी मूर्त और अमूर्त विरासत के सामने आने वाली चुनौतियों और परिवर्तनशील समाज के साथ तालमेल बैठाने का प्रयास करता है। इसमें हमें पता चलता है कि हमारे कानून और संस्कृति के बीच हमेशा एक कड़ी उपस्थिति रही है।

अध्याय सार-संचिका

- भारतीय संविधान, 1950 का अनुच्छेद 29 विविधता में एकता की अभिव्यक्ति को धारण करता है, जिसका पालन यह प्रारंभ भी करता है। ''भारतीय प्रदेश अथवा इसके किसी भी भाग में निवास करने वाले अपनी पृथक् भाषा, लिपि अथवा संस्कृति वाले नागरिकों का कोई भी वर्ग इसका संरक्षण रखेगा।''
- भारत मानवता की अमूर्त सांस्कृतिक विरासत (आईसीएच) के रूप में माने जाने वाले गीत, संगीत, नृत्य, रंगमंच, लोक परम्पराओं, मंच कलाओं, रीति-रिवाजों, भाषाओं, बोलियों, चित्रों और लेखन का विश्व में सबसे बड़ा संग्रह वाला देश है।
- योजना आयोग का गठन 15 मार्च, 1950 को हुआ था।
- भारतीय सांस्कृतिक नीति इस सत्य को समझती है कि कारीगरों, हितधारकों और शिल्पकारों द्वारा घोषित भारत के सांस्कृतिक संसाधन, राष्ट्रीय संसाधनों का भंडार है और अपने सभी कार्यक्रमों के बारे में सूचित करते हुए राष्ट्रवाद के अनेक उद्यम का केंद्र है।
- अमूर्त सांस्कृतिक विरासत सभी स्तरों पर व्यक्तियों और समुदायों को सक्षम बनाते हुए रहन-सहन और सतत पुनर्सृजित प्रथाओं, जानकारियों और प्रस्तुतीकरण की सहायता करती है, जो मूल्यों तथा नैतिक मानकों की प्रणाली के माध्यम से उनकी बृहद संकल्पना को व्यक्त करने में मदद करती है।
- भारतीय पुरातत्व सर्वेक्षण का प्रमुख कार्य राष्ट्रीय महत्व के प्राचीन स्मारकों तथा पुरातत्वीय स्थलों और अवशेषों का रखरखाव करना है। इसके अतिरिक्त, प्राचीन संस्मारक तथा पुरातत्वीय स्थल और अवशेष अधिनियम, 1958 के प्रावधानों के अनुसार यह देश में सभी पुरातत्वीय गतिविधियों को विनियमित करता है।
- राष्ट्रीय महत्व के प्राचीन स्मारकों, पुरातत्वीय स्थलों तथा अवशेषों के रखरखाव के लिए संपूर्ण देश को 24 मंडलों में विभाजित किया गया है।
- भारतीय पुरातत्व सर्वेक्षण प्राचीन संस्मारक तथा पुरातत्वीय स्थल और अवशेष अधिनियम, 1958 के अधीन राष्ट्रीय महत्व के स्मारकों, स्थलों तथा अवशेषों के संरक्षण के संबंध में आपत्तियां, यदि कोई हो, आमंत्रित करते हुए दो महीने का नोटिस देता है।
- कला विध्वंस को रोकने के लिए कानूनीजामा पहनाने के लिए आरंभ में दो प्रयास किए गए थे। दो विधान बनाए गए, नामतः बंगाल रेगुलेशन XIX ऑफ 1810 और मद्रास रेगुलेशन VII ऑफ 1817।
- सर्वप्रथम संरक्षणकर्ताओं में से एक जे. मार्शल, जिन्होंने संरक्षण के सिद्धान्त प्रतिपादित किए, बड़ी संख्या में स्मारकों का परिरक्षण करने में भी सहायक रहे, जिनमें से कुछ अब विश्व विरासत की सूची में हैं।

- पुरावशेष तथा बहुमूल्य कलाकृति अधिनियम, 1972 अद्यतन अधिनियम है, जिसे पुरावशेषों तथा बहुमूल्य कलाकृतियों वाली सांस्कृतिक संपदा के लाने-ले जाने पर प्रभावी नियंत्रण रखने के लिए 5 सितम्बर, 1972 को लागू किया गया था।
- भारतीय पुरातत्व सर्वेक्षण की बुलेटिन 'प्राचीन भारत' (1946 में आरंभ की गई, जिसमें भारत और निकटवर्ती देशों में पुरातत्व विज्ञान के विभिन्न पहलुओं पर सामान्य और शोध संबंधी लेख होते थे।
- भारत की सांस्कृतिक विविधता को संरक्षित करने के उद्देश्य से संविधान के अंतर्गत 'संस्कृति और शिक्षा संबंधी अधिकार' को अनुच्छेद-29 व 30 के अंतर्गत पाँचवें मूल अधिकार के रूप में स्थान दिया गया है।
- संविधान के इस अनुच्छेद में उन सभी स्मारकों और वस्तुओं के महत्व के बारे में बताया गया है, जिनका संबंध भारत की विरासत के साथ है। राष्ट्रीय महत्व वाली इन वस्तुओं के क्षतिग्रस्त होने की स्थिति में इनका संरक्षण राज्य के अधीन होगा।
- ASI के महानिदेशक को भारत से निर्यात की जा रही किसी भी वस्तु के लिए एक लाइसेंस जारी करना पड़ता है।
- कोई भी वस्तु जैसे– पत्थर, मिट्टी, धातु, हाथी दांत की मूर्तियाँ, कागज, लकड़ी, कपड़े, खाल या छाल इत्यादि पर बनी पांडुलिपियाँ और चित्र जो 100 वर्ष या उससे भी पहले से अस्तित्व में हैं, उन्हें पुरावस्तुएं माना जाता है।
- सार्वजनिक अभिलेख अधिनियम, 1993 सार्वजनिक अभिलेखों को स्थायी रूप से संरक्षित करने का अधिकार प्रदान करता है।

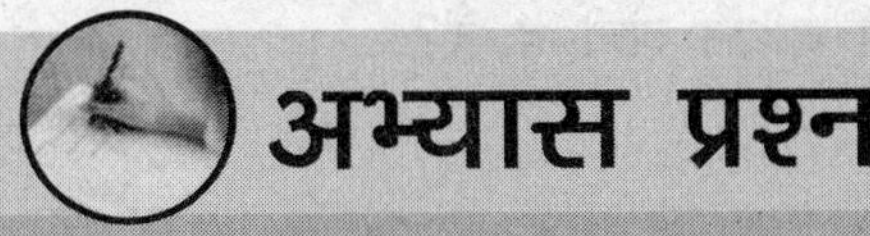

अभ्यास प्रश्न

1. **भारत के सांस्कृतिक इतिहास के संदर्भ में, नृत्य एवं नाट्य कला की एक मुद्रा जिसे 'त्रिभंग' कहा जाता है, प्राचीन काल से आज तक भारतीय कलाकारों को अतिप्रिय रही है। निम्नलिखित में से कौन-सा एक कथन इस मुद्रा को सर्वोत्तम रूप से वर्णित करता है?**
   (a) एक पांव मोड़ा जाता है और देह थोड़ी, किंतु विपरीत दिशा में कटि एवं ग्रीवा पर वक्र की जाती है।
   (b) मुख्य अभिव्यंजनाएँ, हस्तमुद्राएँ एवं आसज्जा कतिपय महाकाव्य अथवा ऐतिहासिक पात्रों को प्रतीकात्मक रूप में व्यक्त करने के लिए संयोजित की जाती है।
   (c) देह, मुख एवं हस्तों की गति का प्रयोग स्वयं को अभिव्यक्त करने अथवा एक कथा कहने के लिए किया जाता है।
   (d) मंद स्मिति, थोड़ी वक्र कटि एवं कतिपय हस्तमुद्राओं पर बल दिया जाता है, प्रेम एवं श्रृंगार की अनुभूतियों को अभिव्यक्त करने के लिए।

2. **भारत में दार्शनिक विचार के इतिहास के संबंध में, सांख्य सम्प्रदाय से संबंधित निम्नलिखित कथनों पर विचार कीजिए-**
   1. सांख्य पुनर्जन्म या आत्मा के आवागमन के सिद्धान्त को स्वीकार नहीं करता है।
   2. सांख्य की मान्यता है कि आत्मज्ञान ही मोक्ष की ओर ले जाता है न कि कोई बाह्य प्रभाव अथवा कारक।

   उपर्युक्त कथनों में से कौन-सा/से सही है/हैं?
   (a) केवल 1 (b) केवल 2
   (c) 1 और 2 दोनों (d) न तो 1 न ही 2

3. **निम्नलिखित ऐतिहासिक स्थलों पर विचार कीजिए-**
   1. अजंता की गुफाएँ
   2. लेपाक्षी मंदिर
   3. साँची स्तूप

   उपर्युक्त स्थलों में से कौन-सा/से भित्ति चित्रकला के लिए भी जाना जाता है/जाने जाते हैं?
   (a) केवल 1 (b) केवल 1 और 2
   (c) 1, 2 और 3 (d) कोई नहीं

4. **भारतीय शिलावस्तु के इतिहास के संदर्भ में निम्नलिखित कथनों पर विचार कीजिए-**
   1. बादामी की गुफाएँ भारत की प्राचीनतम अवशिष्ट शैलकृत गुफाएँ हैं।
   2. बराबर की शैलकृत गुफाएँ सम्राट् चन्द्रगुप्त मौर्य द्वारा मूलतः आजीविकों के लिए बनवाई गई थीं।
   3. एलोरा में गुफाएँ विभिन्न धर्मों के लिए बनवाई गई थीं।

उपर्युक्त में से कौन-सा/से कथन सही है/हैं?

(a) केवल 1 (b) केवल 2 और 3

(c) केवल 3 (d) 1, 2 और 3

5. **प्राचीनकालीन भारत में हुई वैज्ञानिक प्रगति के संदर्भ में निम्नलिखित में से कौन-से कथन सही हैं?**

1. प्रथम शती ईसवी में विभिन्न प्रकार के विशिष्ट शल्य औजारों का उपयोग आम था।
2. तीसरी शती ईसवी के आरंभ में मानव शरीर के आतंरिक अंगों का प्रत्यारोपण शुरू हो चुका था।
3. पाँचवीं शती ईसवी में कोण के ज्या का सिद्धान्त ज्ञात था।
4. सातवीं शती ईसवी में चक्रीय चतुर्भुज का सिद्धान्त ज्ञात था।

निम्नलिखित कूटों के आधार पर सही उत्तर चुनिए-

(a) केवल 1 और 2 (b) केवल 3 और 4

(c) केवल 1,3 और 4 (d) 1, 2, 3 और 4

6. **भारत ने दक्षिण पूर्वी एशिया के साथ अपने आरंभिक सांस्कृतिक संपर्क तथा व्यापारिक संबंध बंगाल की खाड़ी के पार बना रखे थे।**

निम्नलिखित में से कौन-सी बंगाल की खाड़ी के इस उत्कृष्ट आरंभिक समुद्री इतिहास की सबसे विश्वसनीय व्याख्या/व्याख्याएं हो सकती है/हैं?

(a) प्राचीन काल तथा मध्य काल में भारत के पास दूसरों की तुलना में अति उत्तम पोत निर्माण तकनीकी उपलब्ध थी।

(b) इस उद्देश्य के लिए दक्षिण भारतीय शासकों ने व्यापारियों, ब्राह्मण पुजारियों और बौद्ध भिक्षुओं को सदा संरक्षण दिया।

(c) बंगाल की खाड़ी में चलने वाली मानसूनी हवाओं ने समुद्री यात्राओं को सुगम बना दिया था।

(d) इस संबंध में (a) तथा (b) दोनों विश्वसनीय व्याख्याएं हैं।

7. **सूची-I को सूची-II से सुमेलित कीजिए और सूचियों के नीचे दिए गए कूट का प्रयोग कर सही उत्तर चुनिए-**

सूची-I (प्रसिद्ध मंदिर)	**सूची-II (राज्य)**
A. विद्याशंकर मंदिर	1. आंध्र प्रदेश
B. राजरानी मंदिर	2. कर्नाटक
C. कंदरिया महादेव मंदिर	3. मध्य प्रदेश
D. भीमेश्वर मंदिर	4. ओडिशा

कूटः

	A	B	C	D
(a)	2	4	3	1
(b)	2	3	4	1
(c)	1	4	3	2
(d)	1	3	4	2

8. नागर, द्रविड़ और बेसर है-

(a) भारतीय उपमहाद्वीप के तीन मुख्य जातीय समूह।

(b) तीन मुख्य भाषा वर्ग, जिनमें भारत की भाषाओं को विभक्त किया जा सकता है।

(c) भारतीय मंदिर वास्तु की तीन मुख्य शैलियाँ।

(d) भारतीय में प्रचलित तीन मुख्य संगीत घराने।

9. सदियों से भारत में जीवित रही एक प्रमुख परम्परा 'ध्रुपद' के संदर्भ में निम्नलिखित में से कौन-से कथन सही हैं?

1. ध्रुपद की उत्पत्ति तथा विकास मुगल काल में राजपूत राज्यों में हुआ।
2. ध्रुपद प्रमुखतः भक्ति और आध्यात्म का संगीत है।
3. ध्रुपद आलाप मंत्रों से लिए गए संस्कृत अक्षरों पर आधारित है।

निम्नलिखित कूटों के आधार पर सही उत्तर चुनिए-

(a) केवल 2 और 2

(b) केवल 2 और 3

(c) केवल 1, 2 और 3

(d) उपर्युक्त में से कोई भी सही नहीं है।

10. कुचिपुड़ी तथा भरतनाट्यम नृत्यों के बीच क्या भेद है?

1. कुचिपुड़ी नृत्य में नर्तक प्रासंगिक रूप से कथोपकथन का प्रयोग करते हैं, जबकि भरतनाट्यम में प्रयोग नहीं किया जाता।
2. पीतल की तश्तरी की धार पर पाद रखकर नृत्य करने की परम्परा भरतनाट्यम की विशिष्टता है, जबकि कुचिपुड़ी नृत्य में इस प्रकार की क्रियाओं का कोई स्थान नहीं है।

उपर्युक्त में से कौन-सा/से कथन सही है/हैं?

(a) केवल 1 (b) केवल 2

(c) 1 और 2 दोनों (d) न तो 1 और न ही 2

11. निम्नलिखित कथनों में से कौन-सा कथन सत्य है?

(a) रायगढ़ के भरहुत स्तूप का निर्माण अकबर ने करवाया था।

(b) प्रसिद्ध जैन तीर्थ स्थल मुक्तगिरी इन्दौर जिले में स्थित है।

(c) माई का मंदिर, महेश्वर में स्थित है।

(d) उपरोक्त में से कोई नहीं।

12. निम्नलिखित कथनों पर विचार कीजिए-

1. ब्रह्माजी का मंदिर पुष्कर में अवस्थित है।
2. 12वें तीर्थकर वासुदेव का जन्म चम्पा में हुआ था।
3. ऐहोल (कर्नाटक) को मंदिरों का नगर कहा जाता है।

उपरोक्त कथनों में कौन-सा/से कथन सत्य है/हैं?

(a) केवल 1 (b) 1 और 2

(c) 1 और 3 (d) 1, 2 और 3

13. निम्नलिखित में कौन-सा कथन असत्य है।

(a) कोणार्क का सूर्य मंदिर विश्व विरासत सूची में शामिल है।

(b) 23वें तीर्थंकर पार्श्वनाथ का जन्म वाराणसी में हुआ था।

(c) बिठूर, ब्रह्मवर्त तीर्थ के नाम से विख्यात है।

(d) लखनऊ घग्घर नदी के किनारे बसा है।

14. निम्न कथनों पर विचार कीजिए-

1. कोणार्क के सूर्य मंदिर को विश्व विरासत सूची में शामिल किया गया है।
2. विश्वनाथ मंदिर के लिए प्रसिद्ध वाराणसी नगरी 'वरुणा' और 'असी' नदियों के मध्य अवस्थित है।
3. वाराणसी जैन तीर्थंकर ऋषभदेव का जन्म स्थल है।

उपरोक्त में कौन-सा/से कथन सही है/हैं?

(a) 1 और 2 (b) 2 और 3

(c) केवल 2 (d) केवल 1

15. निम्न कथनों पर विचार करें-

1. भीमबेटका के गुफा चित्रों में लाल तथा हरे रंगों का प्रयोग हुआ है।
2. अमरकंटक में सांस्कृतिक महत्व के मंदिरों का निर्माण कलचुरि शासकों ने करवाया था।
3. जैन धर्म के लिए प्रसिद्ध मुक्तागिरि में 52 मंदिर चट्टानों के अंदर निर्मित किए गए हैं।

उपरोक्त कथनों में कौन-सा/से कथन सही है/हैं?

(a) 1 और 2 (b) 2 और 3

(c) 1 और 3 (d) ये सभी

16. कथन (A) : साँची के स्तूप का निर्माण अशोक ने करवाया था।

कारण (R) : स्तूप के प्रवेश द्वार का निर्माण पुष्यमित्र शुंग ने करवाया था।

कूट:

(a) A और R दोनों सही हैं तथा R, A की सही व्याख्या है।

(b) A और R दोनों सही हैं, परंतु R, A की सही व्याख्या नहीं है।

(c) A सही है, किंतु R गलत है।

(d) A गलत है, किंतु R सही है।

17. निम्नलिखित कथनों में कौन-सा/से कथन सही है/हैं?

1. केरल स्थित सबरीमाला भगवान अयप्पा स्वामी के मंदिर के लिए प्रसिद्ध है।
2. कर्नाटक के बीजापुर स्थित पड्टकल को चालुक्य वास्तु एवं लक्षण कला का प्रमुख केंद्र माना जाता है।
3. पड्टकल के मंदिर उत्तरी और दक्षिणी भारत की वास्तुकला के बीच की कड़ी हैं।

कूट:

(a) 1 और 2 (b) 2 और 3

(c) 1 और 3 (d) ये सभी

18. निम्नलिखित कथनों में कौन-सा/से कथन सही है/हैं?

1. पुरातत्व संग्रहालय की स्थापना दिल्ली में 1948 में की गई थी, जिनका मुख्य कार्य पुरातत्वीय महत्व की सामग्री की प्राप्ति, उसका संरक्षण और प्रदर्शन है।
2. राष्ट्रीय आधुनिक कला की दिल्ली में लगभग 4 हजार कलाकृतियाँ संगृहीत हैं।
3. वर्ष 1992 में गाँधी स्मृति और दर्शन समिति का गठन एक स्वायत्त विकास के तौर पर किया गया था।

कूट:

(a) 1 और 2
(b) 2 और 3
(c) 1 और 3
(d) ये सभी

19. निम्नलिखित में कौन-सा कथन असत्य है?

(a) भीमबेटका गुफा मध्य प्रदेश के रायसेन जिले में स्थित है।
(b) भीमबेटका में पशु-पक्षियों तथा मनुष्यों के चित्र प्राप्त हुए हैं।
(c) भीमबेटका के गुफा चित्रों में लाल तथा हरे रंगों का प्रयोग अधिक किया गया है।
(d) भीमबेटका गुफा को वर्ष 2009 में यूनेस्को ने विश्व धरोहर सूची में शामिल किया था।

20. स्मारकों और राष्ट्रीय महत्व वाले स्थानों के संरक्षण की बात निहित है-

(a) मौलिक अधिकारों के अन्तर्गत
(b) राज्यों के नीति-निदेशक तत्वों के अन्तर्गत
(c) प्राचीन स्मारक संरक्षण अधिनियम, 1904 के अन्तर्गत
(d) भारतीय गुप्त कोष अधिनियम, 1878

21. पुरावस्तु और बहुमूल्य कलाकृति अधिनियम, 1972 के अनुसार पुरावस्तुओं को कितने वर्ष पूर्व से शामिल किया जाता है?

(a) 50
(b) 75
(c) 125
(d) 100

22. भारतीय संस्कृति की समृद्धि और विरासत का महत्व और संरक्षण की बात की गई है-

(a) मौलिक अधिकारों के अन्तर्गत
(b) राज्यों के नीति-निदेशक तत्वों के अन्तर्गत
(c) प्राचीन स्मारक संरक्षण अधिनियम, 1904 के अन्तर्गत
(d) मौलिक कर्तव्य

23. कौन-सा अनुच्छेद 'स्मारकों और राष्ट्रीय महत्व के स्थानों एवं वस्तुओं के संरक्षण' से संबंधित है?

(a) अनुच्छेद-43
(b) अनुच्छेद-47
(c) अनुच्छेद-48
(d) अनुच्छेद-49

24. पुरावस्तु तथा बहुमूल्य कलाकृति अधिनियम, 1972 के अंतर्गत, वस्तुओं को केवल तभी 'पुरावस्तु' माना जाता है यदि वह कम-से-कम अस्तित्व में रही हों।
(a) 100 वर्ष
(b) 300
(c) 500 वर्ष
(d) 1000 वर्ष

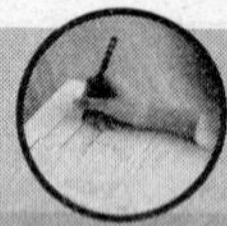

उत्तरमाला

1. (a)	**2.** (c)	**3.** (c)	**4.** (c)	**5.** (c)	**6.** (d)	**7.** (a)	**8.** (c)
9. (b)	**10.** (a)	**11.** (d)	**12.** (d)	**13.** (d)	**14.** (d)	**15.** (d)	**16.** (b)
17. (d)	**18.** (c)	**19.** (d)	**20.** (b)	**21.** (d)	**22.** (d)	**23.** (c)	**24.** (b)

❑❑❑

भारत में सिक्के

प्रमुख बिन्दु

- ❖ महत्वपूर्ण तथ्य
- ❖ अध्याय सार-संचिका
- ❖ अभ्यास प्रश्न

सिक्कों का इतिहास काफी पुराना है। इसकी शुरुआत प्राचीनकाल में लगभग छठी से सातवीं शताब्दी के बीच मानी जाती है। सिक्के का पहला उपयोग यूनान और चीन में सातवीं शताब्दी में, जबकि भारत में इसकी शुरुआत छठी शताब्दी ई.पू. में हुई थी। सिक्के का प्रयोग प्रारम्भिक चरण में मुद्राओं के साथ व्यक्तिगत पहचान के लिए भी किया जाता है। इसको अभिज्ञान मुद्रा भी कहते हैं, जिसका जिक्र भारत में मौर्यकाल में मिलता है। सिक्का शब्द लैटिन शब्द **'Cuneus'** से लिया गया है, जिसका प्रयोग मुद्रा विनिमय प्रणाली में किया जाता है। प्राचीनकाल से लेकर वर्तमान समय तक अलग-अलग शासकों ने अलग-अलग मुद्राएं तैयार कीं। सिक्कों का अध्ययन सिक्का शास्त्रीय कला के नाम से जाना जाता है।

चित्र 2.1: भारत में पंचमार्क सिक्के

- प्रारंभिक सिक्के ढाले गए सिक्के थे और केवल एक ओर ठप्पांकित थे। इनमें एक ही ओर एक से पांच चिह्न या प्रतीक अंकित होते थे और इसलिए इन्हें 'आहत मुद्राएं' कहा जाता था। पाणिनी की अष्टाध्यायी में उद्धत है कि आहत मुद्राओं में, धातु के टुकड़ों पर प्रतीक अंकित किए जाते थे।
- प्रत्येक इकाई को रत्ती कहा जाता था, जिसका वजन 0.11 ग्राम होता था। इस सिक्के का पहला साक्ष्य छठी शताब्दी ईसा पूर्व से द्वितीय शताब्दी ईसा पूर्व के बीच मिलता है।
- सिक्के को दो भागों में विभाजित किया जा सकता है:-

1. **विभिन्न महाजनपदों द्वारा जारी की गई आहत मुद्राएं:** पुराण, कार्षापण या पण नामक पहली भारतीय आहत मुद्राएं 6वीं शताब्दी ईसा पूर्व में गंगा नदी के तटीय इलाकों में स्थित विभिन्न जनपदों और महाजनपदों द्वारा ढाली गई थी।

   ❖ इन सिक्कों का अनियमित आकार एवं मानक वजन था और ये विभिन्न चिह्नों के साथ चांदी से बनाए जाते थे- जैसे सौराष्ट्र में कूबड़दार सांड, दक्षिण पंचाल में स्वास्तिक और मगध में सामान्यत: **पांच प्रतीक** होते थे। मगध की आहत मुद्राएं दक्षिण एशिया में सर्वाधिक प्रचलन वाली मुद्राएं थीं।

2. **मौर्य काल (322-185 ईसा पूर्व) के दौरान आहत मुद्राएं:** प्रथम मौर्य सम्राट् चंद्रगुप्त मौर्य के प्रधानमंत्री चाणक्य ने अपने ग्रंथ अर्थशास्त्र में रूप्यरूप (चांदी), सुवर्णरूप (स्वर्ण), ताम्ररूप (तांबा) और सीसरूप (सीसा) जैसी आहत मुद्राओं की ढलाई का उल्लेख किया है।

❖ उपयोग किए गए विभिन्न प्रतीकों में सूर्य और छह भुजाओं वाला पहिया सर्वाधिक प्रचलित था। जिस सिक्के में औसतन 50-54 ग्रेन चांदी होती थी और वजन में 32 रत्ती होता था, उसे कार्षापण कहा जाता था।

चित्र 2.2: पहिया और हाथी के प्रतीक के साथ मौर्य कार्षापण (तीसरी शताब्दी ईसा पूर्व)

हिंद-यूनानी सिक्के

- हिंद-यूनानियों का शासनकाल 180 ईसा पूर्व से लेकर लगभग 10 ईसवी तक था। हिंद-यूनानियों के सिक्कों पर शासक के वक्ष के ऊपर सिर दर्शन की प्रथा प्रचलित थी। उनके भारतीय सिक्कों पर दो भाषाओं-एक ओर यूनानी में और दूसरी ओर खरोष्ठी में- मुद्रालेख मिलता है।
- हिंद-यूनानी सिक्कों पर सामान्यत: दर्शाए गए यूनानी देवी-देवता जीउस, हरक्यूलिस, अपोलो और पलाम एथेन थे। प्रारंभिक शृंखला में यूनानी देवी-देवताओं की आकृतियों का उपयोग किया गया था, लेकिन बाद के सिक्कों में भारतीय देवी-देवताओं की भी आकृतियां पाई गई हैं।

चित्र 2.3: कुषाणकालीन सिक्के

- ये सिक्के महत्वपूर्ण हैं क्योंकि इनमें जारी करने वाले राजा की आकृतिक, जारी करने के वर्ष और कभी-कभी शासनकर्ता राजा के संबंध में विस्तृत जानकारी भी होती थी। सिक्के मुख्य रूप से चांदी, तांबा, निकल और सीसा से बनाए जाते थे।
- भारत में यूनानी राजाओं के सिक्के द्विभाषी थे, अर्थात् सामने की ओर यूनानी और पीछे की ओर पाली भाषा में (खरोष्ठी लिपि में) उत्कीर्णित होते थे।
- बाद में हिंद-यूनानी कुषाण राजाओं ने सिक्कों पर आकृति-चित्र उत्कीर्ण करने की यूनानी प्रथा प्रचलित की। कुषाण सिक्के एक ओर राजा के शिरस्त्रण युक्त आवक्ष-चित्र और दूसरी ओर राजा के ईष्ट देवी-देवता की आकृति से सुसज्जित थे।
- कनिष्क द्वारा जारी किए गए सिक्कों में केवल यूनानी वर्णों का ही उपयोग किया गया था।
- कुषाण साम्राज्य के व्यापक मुदांकन ने बड़ी संख्या में जनजातियों, राजवंशों और राज्यों को भी प्रभावित किया, जिन्होंने अपने स्वयं के सिक्के जारी करना आरंभ किया।

सातवाहन काल के सिक्के

- सातवाहनों का शासनकाल 232 ईसा पूर्व के बाद आरंभ हुआ और 227 ईसवी तक चला। सातवाहन राजाओं ने अपने सिक्कों में सीसे (lead) का उपयोग भी किया। उनके अधिकांश सिक्के सीसे के थे।
- चांदी के सिक्के अति दुर्लभ थे। सीसे के अतिरिक्त, उन्होंने ''पोटिन'' नामक चांदी और तांबे की मिश्र धातु का उपयोग किया। तांबे के कई सिक्के भी उपलब्ध

चित्र 2.4: उज्जैन प्रतीक के साथ सातवाहनों के सीसे के सिक्के

थे। यद्यपि सातवाहन सिक्कों में कोई सौंदर्य या कलात्मक गुण नहीं है, तथापि वे सातवाहन वंश के इतिहास के बहुमूल्य स्रोत हैं।

- अधिकांश सातवाहन सिक्कों पर एक ओर हाथी, घोड़े, शेर या चैत्य की आकृति है तथा दूसरी ओर तथाकथित उज्जैन प्रतीक **दो पार गमन** करने वाली रेखाओं के अंत में चार चक्रों के साथ क्रॉस दर्शाया गया है, प्रयुक्त भाषा प्राकृत थी।

हिंद-शकों के सिक्के

चित्र 2.5: राजा और बौद्ध स्तूप

- पश्चिमी क्षत्रपों (35 ईसवी-405 ईसवी) का आधिपत्य पश्चिमी भारत में था, मूलतः जिसमें मालवा, गुजरात और काठियावाड़ सम्मिलित थे। वे सभी शक मूल के थे।
- पश्चिमी क्षत्रपों के सिक्कों का काफी ऐतिहासिक महत्व है। उन पर शक सम्वत की तिथियां अंकित हैं, जो 78 ईसवी से आरंभ होता है।
- पश्चिमी क्षत्रपों के सिक्कों पर एक ओर राजा का सिर 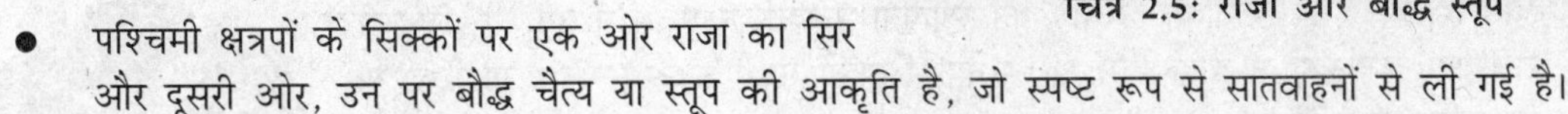 और दूसरी ओर, उन पर बौद्ध चैत्य या स्तूप की आकृति है, जो स्पष्ट रूप से सातवाहनों से ली गई है।
- सामान्यतः प्राकृत भाषा का उपयोग किया गया था, जिसे कई लिपियों में लिखा गया।

गुप्त कालीन सिक्के

चित्र 2.6: चंद्रगुप्त द्वितीय की सोने की दीनार

- चन्द्रगुप्त-द्वितीय चांदी के सिक्के जारी करने वाला पहला शासक था। हालांकि उसके बाद तांबे के सिक्के भी जारी किए गए और सिक्के पर उसे चन्द्र के रूप में उल्लिखित किया गया है। उसने सोने के सिक्के भी जारी किए, जिसे दीनार कहा जाता था।
- गुप्त काल (319 ईसवी-550 ईसवी) हिंदू पुनरुत्थान की अवधि का प्रतीक है। गुप्त सिक्के मुख्य रूप से स्वर्ण के बने हुए थे, हालांकि गुप्त शासकों ने चांदी और तांबे के भी सिक्के जारी किए थे।
- चंद्रगुप्त द्वितीय द्वारा पश्चिमी क्षत्रपों को उखाड़ फेंकने के बाद ही चांदी के सिक्के जारी किए गए थे। गुप्तकालीन स्वर्ण सिक्के कई प्रकार और किस्म के थे।
- इन सिक्कों पर एक तरफ, हम राजा को खड़ा और वेदी के सामने चढ़ावा चढ़ाते, वीणा बजाते, अश्वमेघ यज्ञ करते, घोड़े या हाथी की सवारी करते, तलवार या धनुष से शेर या बाघ या गैंडा मारते, या पलंग पर बैठे हुए देखते हैं।
- वहीं दूसरी ओर, देवी लक्ष्मी सिंहासन या कमलासन पर बैठी हैं या स्वयं रानी की आकृति है।
- सिक्कों के इतिहास में पहली बार सिक्कों पर लेख संस्कृत (ब्राह्मी लिपि) में है। गुप्त शासकों ने न केवल ऐसे सिक्के जारी किए जिसमें सम्राट् को युद्ध गतिविधियों में रत जैसे-शेरों/बाघों का शिकार करते हुए, शास्त्रों के साथ खड़ा, बल्कि विश्रामकालीन गतिविधियों में रत जैसे वीणा बजाते हुए चित्रित किया गया है, जबकि सिक्कों की पीठ पर देवी लक्ष्मी, दुर्गा, गंगा, गरुड़ और कार्तिकेय की आकृतियां हैं।

कुषाण कालीन सिक्के

चित्र 2.7: कुषाण कालीन सिक्का

- कुषाण कालीन शासक कनिष्क ने अपने शासनकाल में देव पुत्र की उपाधि ग्रहण की और कुछ सिक्कों में उसे नुकीली टोपी पहनते हुए दर्शाया गया है।
- कुषाण कालीन शासन में अश्वघोष, चरक, वसुमित्र, नागार्जुन, माथरा, एजिसीलौस जैसे विद्वानों की परिषद् थी।

कन्नौज कालीन सिक्के

- थानेश्वर और कन्नौज का वर्द्धन वंश 6वीं शताब्दी के उत्तरार्ध में भारत से हूण आक्रमणकारियों को निकाल बाहर करने के लिए उत्तरदायी थे।
- वर्द्धनों में सबसे शक्तिशाली राजा हर्षवर्द्धन थे। उनके साम्राज्य में लगभग पूरा उत्तर भारत सम्मिलित था।
- वर्द्धनों के चांदी के सिक्कों पर एक तरफ राजा का सिर और दूसरी तरफ मोर की आकृति पाई जाती है।
- हर्षवर्द्धन के सिक्कों की तिथियां एक नए संवत् की मानी जाती हैं, जो संभवत: 606 ईसवी में उनके राज्याभिषेक से आरंभ होता है।

चित्र 2.8: फलकों पर राजा का सिर और मोर का चिह्न

चालुक्य राजाओं के सिक्के

- चालुक्य वंश (6वीं शताब्दी ईसवी) की स्थापना पुलकेशिन प्रथम ने की थी, जिनकी राजधानी कर्नाटक के बादामी में थी। उनके सिक्कों पर एक ओर मंदिर या सिंह या मिथकीय आकृतियां पाई जाती हैं।
- वहीं दूसरी ओर को खाली छोड़ दिया गया है। पूर्वी चालुक्य वंश (7वीं शताब्दी ईसवी) के सिक्कों पर केन्द्र में सुअर का प्रतीक है, जिसके चारों ओर राजा के नाम का प्रत्येक अक्षर एक पृथक् ठप्पे द्वारा अंकित किया गया है। यहां भी दूसरी ओर को रिक्त छोड़ दिया गया है।

चित्र 2.9: चालुक्यों का सिक्का

राजपूत कालीन सिक्के

- राजपूत राजवंशों (11वीं - 12वीं शताब्दी) द्वारा जारी किए गए सिक्के अधिकांशत: सोने, तांबे या बिलन (चांदी और तांबे की मिश्र धातु) के हैं, लेकिन बहुत दुर्लभ रूप से चांदी के हैं।
- राजपूत सिक्के दो प्रकार के हैं। **एक** प्रकार में एक ओर 'संस्कृत' में राजा का नाम तथा **दूसरी** ओर देवी की आकृति पाई गई है।
- कलचुरियों, बुंदेलखंड के चंदेलों, अजमेर और दिल्ली के तोमरों और कन्नौज के राठौड़ों के सिक्के इस प्रकार के हैं।
- गांधार या सिंध के राजाओं ने दूसरे प्रकार के चांदी के सिक्के प्रचलित किए। इन पर एक तरफ बैठा हुआ सांड और दूसरी तरफ घुड़सवार है।
- दिल्ली के तोमरों, चौहानों और राठौड़ों द्वारा अपने तांबे या बिलन के सिक्कों पर इस प्रकार की नकल की गई है।

पांड्य और चोल राजवंश के सिक्के

- प्रारंभिक काल में पांड्य राजवंश द्वारा जारी किए गए सिक्के हाथी की आकृति के साथ वर्गाकार थे। आगे चलकर मछली, सिक्कों पर एक बहुत महत्वपूर्ण प्रतीक बन गई।
- सोने और चांदी के सिक्कों पर संस्कृत में और तांबे के सिक्कों पर तमिल भाषा में लेख हैं।
- चोल राजा राजराज-प्रथम के सिक्कों पर संस्कृत में लेख के साथ एक तरफ खड़े राजा और दूसरी तरफ बैठी देवी की आकृति है।
- राजेन्द्र-प्रथम के सिक्कों पर बाघ और मछली के प्रतीकों के साथ ''श्री राजेन्द्र'' या ''गंगैईकोंड चोल'' उत्कीर्णित है।
- पल्लव वंश के सिक्कों पर शेर की आकृति पाई जाती है।

चित्र 2.10: चोल वंश के सिक्के

तुर्की और दिल्ली सल्तनत के सिक्के

- सल्तनत कालीन शासक इल्तुतमिश ने विशुद्ध चांदी के सिक्के जारी किए। ऐसा करने वाला वह पहला शासक था। सिक्के का वजन 175 ग्राम था, जिस पर आधुनिक रुपए और तांबे के जीतल पर आधारित था।
- इन सिक्कों पर सुल्तान का नाम, पदवी और हिजरी पंचांग के अनुसार तिथि लिखी हुई है। इन सिक्कों को जारी करने वाले सुल्तान का चित्र नहीं पाया गया है क्योंकि इस्लाम में मूर्तिपूजा पर प्रतिबंध है। पहली बार सिक्कों पर टकसाल का नाम भी अंकित किया गया है।

चित्र 2.11: इल्तुतमिश के चांदी के टंका

- दिल्ली के सुल्तानों ने सोने, चांदी, तांबे और बिलन के सिक्के जारी किए। इल्तुतमिश द्वारा चांदी का टंका और तांबे का जीतल प्रचलित किया गया था।
- अलाउद्दीन खिलजी ने खलीफा का नाम निकालकर और अपनी प्रशंसा वाली पदवियों को रखकर प्रचलित डिजाइन में सिक्के प्रचलित किए। मुहम्मद बिन तुगलक ने प्रतीकात्मक मुद्रा के तौर पर कांसे और तांबे के सिक्के प्रचलित किए जोकि सफल नहीं हो सका।
- शेरशाह सूरी (1540-1545) ने दो मानक भार प्रचलित किए-एक, चांदी के सिक्कों के लिए 178 ग्रेन और दूसरा, तांबे के सिक्कों के लिए 330 ग्रेन। बाद में इन्हें क्रमशः ''रुपए'' और ''दाम'' के रूप में जाना गया।

चित्र 2.12: तुर्की और दिल्ली सल्तनत के सिक्के

मुगल सिक्के

- मुगलों का मानक स्वर्ण सिक्का लगभग 170 से 175 ग्रेन की 'मोहर' था।
- आईन-ए-अकबरी में अबुल फजल ने इंगित किया है कि एक मोहर नौ रुपए के बराबर होती थी। आधी और एक-चौथाई मोहरें भी ज्ञात हैं।
- शेरशाह द्वारा लाया गया चांदी का रुपया सबसे प्रसिद्ध मुगल कालीन सिक्का था।
- मुगल तांबे का सिक्का शेरशाह के 'दाम' से नकल किया गया था, जिसका वजन 320 से 330 ग्रेन होता था।
- अकबर ने गोलाकार और वर्गाकार दोनों तरह के सिक्के जारी किए थे। 1579 में, उन्होंने अपने नवीन धार्मिक पंथ 'दीन-ए-इलाही' का प्रचार करने के लिए इलाही सिक्के के नाम से सोने के सिक्के जारी किए। इस सिक्के पर लिखा गया था, 'ईश्वर महान हैं, उसकी महिमा का महिमामंडन हों।
- एक इलाही सिक्के का मूल्य 10 रुपए के बराबर होता था। शहंशाह सबसे बड़ा सोने का सिक्का होता था। इन सिक्कों पर फारसी सौर महीनों के नाम उत्कीर्णित हैं।
- जहांगीर ने सिक्कों पर छंद के रूप में लेख खुदवाए। उनके कुछ सिक्कों पर, उनकी प्रिय पत्नी नूरजहां का भी नाम जोड़ा गया है। उनके सबसे प्रसिद्ध सिक्कों पर राशि चक्र चिह्नों (Zodiac Signs) की आकृतियां थीं।

चित्र 2.13: अकबर द्वारा चलाया गया इलाही सिक्का

महत्वपूर्ण तथ्य

- भारतीय संदर्भ में सिक्कों का प्रारंभिक रूप वेदों में पाया जा सकता है। 'निष्क' धातुओं से बने सिक्कों के लिए उपयोग किया जाने वाला शब्द था।
- प्राचीन भारत में लोग अपने सिक्के जमा करने के लिए धनवृक्ष का उपयोग करते थे। धनवृक्ष पेड़ के आकार की तरह, धातु की शाखाओं वाला धातु का सपाट टुकड़ा होता था। प्रत्येक शाखा के अंत में केन्द्र में छेद वाली एक गोल डिस्क होती थी। प्रत्येक डिस्क में एक प्राचीन भारतीय सिक्का होता था। जब पैसे की आवश्यकता पड़ती थी, तो लोग बस अपने धनवृक्ष से एक सिक्का तोड़ लेते थे।
- गुप्त राजा सिक्कों के सामने के फलक पर अपने दिए गए नाम खुदवाते थे और सिक्कों की पीठ पर 'आदित्य' या सूर्य के साथ समाप्त होने वाले नाम ग्रहण करते थे।
- हूण आक्रमण के कारण छठी शताब्दी में गुप्त शासन के अंत ने अनिश्चितता की अवधि का श्रीगणेश किया जब फिर से विभिन्न क्षेत्रों में कई स्थानीय राज्यों का उदय हुआ, जिन्होंने क्षेत्र विशिष्ट सिक्के जारी किए जो धात्विक सामग्री और कलात्मक डिजाइन दोनों में जर्जर थे।
- तेरहवीं शताब्दी तक विस्तृत दीर्घ अवधि के दौरान न केवल कुषाण गुप्त पैटर्न से कई डिजाइनें उधार ली गईं, बल्कि पश्चिमी, पूर्वी, उत्तरी और मध्य भारत में इन राजवंशों द्वारा विदेशी डिजाइनों को भी अपनाया गया।
- दक्षिण भारत ने स्वर्ण मानक की ओर बढ़ते हुए एक अलग सिक्का प्रतिमान विकसित किया जो रोमन स्वर्ण सिक्कों से प्रेरित था एवं जो प्रथम सहस्त्राब्दी की पहली तीन शताब्दियों के दौरान इस क्षेत्र में आए थे।
- विजयनगर साम्राज्य (14वीं-17वीं शताब्दी) ने बड़ी मात्रा में सोने के सिक्के जारी किए, उनके सिक्कों में प्रयुक्त अन्य धातुएं शुद्ध चांदी और तांबा थीं।
- पगोडा उच्च मूल्य वर्ग वाले-खंजर के प्रतीक के साथ दौड़ते हुए योद्धा की आकृति थी।
- तांबे के सिक्के दिन-प्रतिदिन के लेन-देन के लिए होते थे।
- विजयनगर के प्रारंभिक सिक्के विभिन्न टकसालों में तैयार किए गए थे और उन्हें बार्कुर गद्यनास, भटकल गद्यनास आदि जैसे विभिन्न नाम दिए गए थे। इन पर लेख कन्नड़ या संस्कृत में हैं। प्रत्येक चोंच से हाथी और पंजे से सांड पकड़े हुए दो-सिर वाली चील और विभिन्न हिंदू देवी-देवताओं की आकृतियां मिलती हैं।
- कृष्ण देवराय (1509-1529) द्वारा जारी किए गए स्वर्ण वराह सिक्कों पर एक तरफ बैठे हुए विष्णु और दूसरी तरफ संस्कृत में तीन पंक्तियां का लेख श्री प्रताप कृष्ण राय है।
- 16वीं सदी में अफगान वंश के शासक शेरशाह सूरी ने रुपया प्रचलित किया। रुपया चांदी की मुद्रा थी। उस समय एक रुपया तांबे के चार सिक्कों के बराबर होता था। भारतीय मुद्रा को अभी भी रुपया कहा जाता है। रूपया चांदी का बना होता था जो लगभग 11.34 ग्राम वजन का होता था।
- छत्रपति शिवाजी ने नागरी लिपि में अपनी पदवी के साथ स्वर्ण हूण और तांबे का शिवराय जारी किया था।
- वाडियार राजवंश (मैसूर: 1399-1947) के राजा कथिराय नरसा के सिक्कों पर विष्णु के नरसिंह अवतार की आकृति है और इसका वजन छह से आठ ग्रेन है।
- कुछ समय तक वाडियार राजवंश को उखाड़ फेंकने वाले हैदर अली ने पहले के सोने के पगोडा पर शिव और पार्वती की आकृति के साथ उनके सिक्के जारी रखे। टीपू सुल्तान अपने सिक्कों पर दो संवतों (two eras) का उपयोग करते थे।

सिक्का निर्माण अधिनियम, 2011

- इसने सिक्का निर्माण अधिनियम, 1906 को प्रतिस्थापित कर दिया गया।
- सिक्का का मतलब है सरकार द्वारा धिकृत किसी भी धातु या किसी अन्य सामग्री से बना सिक्का तथा इसमें यह भी शामिल हैं: स्मारक सिक्के, भारत सरकार का एक रुपए को नोट।
- सिक्कों की छपाई आदि से संबंधित जालसाजी के लिए निर्धारित दंड हैं।

अध्याय सार–संचिका

- सिक्के का प्रयोग प्रारम्भिक चरण में मुद्राओं के साथ व्यक्तिगत पहचान के लिए भी किया जाता है। इसको अभिज्ञान मुद्रा भी कहते हैं, जिसका जिक्र भारत में मौर्यकाल में मिलता है।
- पुराण, कार्षापण या पण नामक पहली भारतीय आहत मुद्राएं 6वीं शताब्दी ईसा पूर्व में गंगा नदी के तटीय इलाकों में स्थित विभिन्न जनपदों और महाजनपदों द्वारा ढाली गई थीं।
- सातवाहन राजाओं ने अपने सिक्कों में सीसे (समंक) का उपयोग भी किया। उनके अधिकांश सिक्के सीसे के थे।
- चन्द्रगुप्त-द्वितीय चांदी के सिक्के जारी करने वाला पहला शासक था। हालांकि उसके बाद तांबे के सिक्के भी जारी किए गए और उसके सिक्के पर उसे चन्द्र के रूप में उल्लिखित किया गया।
- हर्षवर्द्धन के सिक्कों की तिथियां एक नए संवत् की मानी जाती हैं, जो संभवतः 606 ईसवी में उसके राज्याभिषेक से आरंभ होती है।
- दिल्ली के सुल्तानों ने सोने, चांदी, तांबे और बिलन के सिक्के जारी किए। इल्तुतमिश द्वारा चांदी का टंका और तांबे का जीतल प्रचलित किया गया था।

अभ्यास प्रश्न

1. **सर्वाधिक शुद्ध स्वर्ण सिक्के चलाये-**
   (a) कुषाण शासकों ने
   (b) मौर्य वंश के शासकों ने
   (c) मुगल वंश के शासकों ने
   (d) गुप्त वंश के शासकों ने
2. **गुप्त काल में स्वर्ण सिक्कों को कहा जाता था-**
   (a) दीनार
   (b) निष्क
   (c) तामस
   (d) रत्ती
3. **प्राचीन काल में भार/वजन मापने की सबसे छोटी इकाई थी-**
   (a) रत्ती
   (b) घट
   (c) छटाक
   (d) शेर
4. **निम्नलिखित में कौन असंगत है-**
   (a) स्वणरूप - स्वर्ण
   (b) तांम्ररूप - तांबा
   (c) शीशरूप - शीशा
   (d) स्टीलरूप - लोहा
5. **दिल्ली के सुल्तानों ने किसके सिक्के जारी नहीं किये-**
   (a) सोने के
   (b) चांदी के
   (c) तांबे के
   (d) शीशा के

उत्तरमाला

1. (a) **2.** (a) **3.** (a) **4.** (d) **5.** (d)

❑❑❑

विश्व विरासत

प्रमुख बिन्दु

❖ विरासत स्थल
❖ अभ्यास प्रश्न

विरासत स्थल

विश्व के विभिन्न देशों में स्थित ऐसे स्थल, जो सांस्कृतिक, ऐतिहासिक एवं प्राकृतिक दृष्टि से अत्यंत महत्वपूर्ण हैं और जिनका संरक्षण किया जाना आवश्यक है, के संरक्षण के उद्देश्य से यूनेस्को (यूनाइटेड नेशन्स एजुकेशन, साइंस्टिफिक एंड कल्चरल ऑर्गेनाइजेशन) के तत्वधान में 1972 में एक संधि हुई। संधि पर सहमति 17 अक्टूबर से 21 नवम्बर, 1972 तक चले सम्मेलन में बनी। इसे 'विश्व विरासत अभिसमय' कहते हैं। इस अभिसमय पर 187 देशों ने हस्ताक्षर किए हैं। भारत ने इस पर 14 नवम्बर, 1977 को हस्ताक्षर किया।

यूनेस्को विश्व विरासत स्थल अभिसमय में कुल 28 अनुच्छेद हैं। इसके अनुच्छेद 1 में सांस्कृतिक विरासत स्थल तथा अनुच्छेद 2 में प्राकृतिक विरासत स्थल को परिभाषित किया गया है। इसमें किसी स्थल को विश्व विरासत का दर्जा देने के लिए विभिन्न श्रेणियों के मानक निर्धारण किए गए हैं। यूनेस्को द्वारा किसी स्थल को विरासत स्थल का दर्जा मिलने के बाद उसके संरक्षण एवं रख-रखाव के लिए यूनेस्को अनुदान तथा आवश्यकता होने पर तकनीक उपलब्ध कराता है। 1965 में स्थापित वर्ल्ड मानूमेंट्स फंड (मुख्यालय-न्यूयॉर्क, अमेरिका) एक स्वतंत्र अन्तर्राष्ट्रीय संस्था है, जो ऐतिहासिक धरोहरों की निगरानी एवं संरक्षण में यूनेस्को के साथ मिलकर काम करती है। यह संस्था 'वर्ल्ड मानूमेंट्स वाच' नाम से प्रति दो वर्ष बाद ऐसी ऐतिहासिक धरोहरों की सूची प्रकाशित करती है, जिनका अन्तर्राष्ट्रीय महत्व हो और उसका अस्तित्व खतरे में हो। किसी ऐतिहासिक स्थल का नाम इस सूची में शामिल होना उस स्थल का महत्व दर्शाता है। इससे उसे विश्व स्तर पर वित्तीय एवं तकनीकी सहयोग मिलने की संभावना बढ़ जाती है। यूनेस्को ने इन स्थलों के संरक्षण के लिए एक संधि भी की है, जो 17 नवम्बर, 1997 से लागू हुई।

अपने विभिन्न मानकों के अनुरूप यूनेस्को ने अभी तक (2020) भारत सहित विश्व के 152 देशों में फैले 1121 स्थलों को विश्व विरासत स्थल के रूप में मान्यता दी है। इनमें 869 सांस्कृतिक, 213 प्राकृतिक एवं 39 मिश्रित स्थल हैं। विश्व विरासत अभिसमय के अनुसार **प्राकृतिक विरासत स्थल** ऐसे स्थलों को माना जाता है, जो भौतिक या भौगोलिक-प्राकृतिक निर्माण का परिणाम हों और जो भौगोलिक दृष्टि से अत्यंत सौंदर्य पूर्ण या भौगोलिक वैज्ञानिक महत्व के हों। **सांस्कृतिक विरासत स्थल** की श्रेणी में ऐसे स्थल शामिल होते हैं, जिन्हें मानव द्वारा या मानव एवं प्रकृति द्वारा संयुक्त रूप से बनाया गया हो। इनमें स्थापत्य, मूर्तिकला, शिलालेख गुफा आवास, चित्रकला इत्यादि वाले महत्वपूर्ण स्थल शामिल हो सकते हैं। ऐसे स्थल, जो प्राकृतिक एवं सांस्कृतिक दोनों दृष्टि से महत्वपूर्ण हों, मिश्रित विरासत स्थल की श्रेणी में आते हैं।

2020 तक भारत के कुल 38 स्थल विश्व विरासत स्थल में शामिल हो चुके हैं और कई अन्य को शामिल करने के प्रयास किए जा रहे हैं।

इन 38 में से 7 प्राकृतिक स्थल एवं 1 मिश्रित स्थल तथा शेष 30 सांस्कृतिक स्थल के रूप में शामिल किए गए हैं। ये 7 प्राकृतिक विरासत स्थल हैं- (1) मानस वन्य जीव अभ्यारण्य (2) काजीरंगा वन्य जीव अभ्यारण्य (3) केवला देव राष्ट्रीय उद्यान (4) नंदा देवी और फूलों की घाटी राष्ट्रीय उद्यान (5) सुंदरवन (6) ग्रेट हिमालयन नेशनल पार्क (7) पश्चिमी घाट। पर्वतीय रेलवे को मिश्रित श्रेणी में शामिल किया गया है। भारत स्थित इन 33 विरासत स्थलों का संक्षिप्त विवरण निम्नवत् है-

1. **आगरा का किला (उत्तर प्रदेश) :** शामिल होने का वर्ष 1983। आगरा का किला तथा अजंता की गुफाएँ भारत के प्रथम स्थल हैं, जिन्हें इस सूची में स्थान मिला। इन्हें यह मान्यता विश्व विरासत समिति के 7वें सत्र में 1983 में दी गई। 16वीं सदी में निर्मित यह किला यमुना के दाएं तट पर लाल बलुआ पत्थर से 2.5 किमी. के घेरे में बनाया गया है। इस किले के अंदर अनेक महल, मीनार एवं मस्जिद हैं, जिनका निर्माण 16वीं से 18वीं सदी के बीच हुआ है। इनमें खास महल, शीश महल, दीवान महल, दीवान-ए-आम, नगीना मस्जिद तथा पूर्णतः श्वेत संगमरमर से बनी मोती मस्जिद विशेष महत्वपूर्ण है।

चित्र 3.1: आगरा का किला

2. **अजंता की गुफाएँ (महाराष्ट्र) :** शामिल होने का वर्ष 1983। इन गुफाओं का निर्माण ई.पू. दूसरी शताब्दी से लेकर 5वीं- छठी शताब्दियों तक विभिन्न चरणों में हुआ। पर, अधिकांश भित्ति चित्र 5वीं-छठी शताब्दी में वाकाटक एवं गुप्त काल में बनाए गए हैं। इन गुफाओं में चट्टानों को काट कर बनाए गए 31 गुफा हैं, जिनके दीवारों पर अनूठी चित्रकारी की गई है। इन चित्रों के विषय अधिकांशतः बौद्ध हैं। चित्रों की शैली श्रीलंका की सिगिरिया चित्र शैली से मिलती-जुलती हैं।

चित्र 3.2: अजंता की गुफाएँ

3. **एलोरा की गुफाएँ (महाराष्ट्र) :** अजंता के पास ही एलोरा की गुफाएँ स्थित हैं। इन गुफाओं में कुल मिलाकर 34 मठ एवं मंदिर हैं। अजंता में जहाँ मुख्यतः बौद्ध धर्म से संबंधित चित्र हैं, वहीं एलोरा में बौद्ध, जैन एवं हिन्दू तीनों धर्मों से संबंधित चित्र हैं।

चित्र 3.3: एलोरा की गुफाएँ

4. **ताजमहल (उत्तर प्रदेश, 1983) :** विश्व के सात आश्चर्यों में शामिल ताजमहल का निर्माण मुगल बादशाह शाहजहाँ ने अपनी तीसरी पत्नी मुमताज महल (मृत्यु-1631) की याद में 1631-1648 के बीच करवाया था। इसका मुख्य वास्तुकार उस्ताद अहमद लाहौरी था। मुगलों की विशेष शैली में श्वेत संगमरमर से बने इस भव्य मकबरे में भारतीय इस्लामी एवं ईरानी वास्तुकला की विशेषताओं का सुंदर संयोग है। 17 हेक्टेयर के मुगल उद्यान के बीच तथा यमुना के दाएं किनारे पर स्थित यह मकबरा चार कोनों पर चार मीनारों से युक्त अष्टकोणीय इमारत है। इस पर कीमती पत्थरों से सजावट (चित्रादुरा शैली) तथा फूलों के विशेष बेलबूटों से सजावट (अरेबिक शैली) की गई है।

चित्र 3.4: आगरा का ताजमहल

चित्र 3.5: महाबलिपुरम के स्मारक

5. **महाबलीपुरम के स्मारक (तमिलनाडु, 1984) :** 7वीं-8वीं शताब्दी में पल्लव राजाओं द्वारा चेन्नई से 58 किमी. दूर कोरोमंडल तट पर इन स्मारकों का निर्माण करवाया गया था। इस समूह में लगभग 40 स्मारक हैं, जिनमें रथ मंदिर (रथ मंडप), अर्जुन का पश्चाताप, भागीरथ का पश्चाताप तथा अन्य मंदिर एवं मूर्तियाँ हैं। ये स्मारक द्रविड़ मंदिर निर्माण कला एवं मूर्ति कला के अद्भुत उदाहरण हैं।

6. **कोणार्क का सूर्य मंदिर (ओडिशा, 1984) :** यह ओडिशा के पुरी जिले में महानदी के डेल्टा में बंगाल की खाड़ी के पूर्वी तट पर स्थित है। इसे 'ब्लैक पैगोडा' भी कहते हैं। इसका निर्माण पूर्वी गंग वंश के नरसिंह देव I ने 13वीं सदी में करवाया था। सूर्य (अर्क) के सात घोड़े एवं 24 पहिए वाले मिथकीय रथ की आकृति का मंदिर बनाया गया है। मंदिर को पाषाण मूर्तियों से सजाया गया है।

7. **मानस वन्य जीव अभ्यारण्य (असम, 1985 प्राकृतिक श्रेणी) :** हिमालय की तराई में तथा मानस नदी की घाटी में भारत-भूटान सीमा पर 50,000 हेक्टेयर (120,000 एकड़) में यह अभ्यारण्य फैला है। यह जैव विविधता की दृष्टि से बहुत समृद्ध क्षेत्र है। यहाँ स्तन-धारियों की 55 प्रजाति (जिनमें से 21 लुप्तप्रायः हैं), सरीसृप के 36, उभयचर की 3 तथा पक्षियों की 350 प्रजातियाँ हैं। वनस्पतियों के दृष्टि से भी यह समृद्ध है। इसे 1907 में आरक्षित वन, 1928 में अभ्यारण्य, 1973 में बाघ रिजर्व तथा 1985 में विश्व विरासत स्थल घोषित किया गया। इसे 1992 में खतरा वाले विरासत स्थल की सूची में शामिल किया गया है।

चित्र 3.6: काजीरंगा वन्य जीव अभयारण्य

8. **काजीरंगा वन्य जीव अभयारण्य (असम, 1985 प्राकृतिक श्रेणी) :** यह ब्रह्मपुत्र नदी की घाटी में 42,996 हेक्टेयर क्षेत्र में फैला है। गैंडों के संरक्षण के लिए इसे 1908 में संरक्षित वन घोषित किया गया। 1950 में इसे काजीरंगा वन्य जीव अभयारण्य तथा 1974 में राष्ट्रीय उद्यान घोषित किया गया। एक सींग वाले गैंडों के लिए यह विश्व में सबसे बड़ा अभयारण्य है। गैंडों के अतिरिक्त अन्य पशु एवं पक्षी की प्रजातियाँ भी यहाँ पाई जाती हैं।

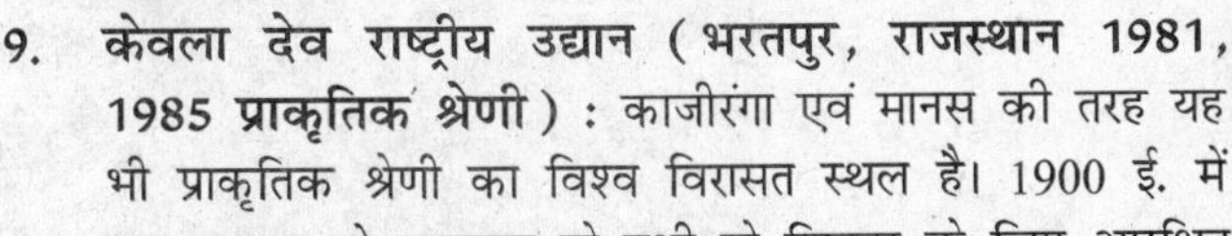

9. **केवला देव राष्ट्रीय उद्यान (भरतपुर, राजस्थान 1981, 1985 प्राकृतिक श्रेणी) :** काजीरंगा एवं मानस की तरह यह भी प्राकृतिक श्रेणी का विश्व विरासत स्थल है। 1900 ई. में यह भतरपुर के महाराजा के पक्षी के शिकार के लिए आरक्षित था। 1956 में पक्षी अभ्यारण्य बना, पर महाराजा का शिकार का अधिकार 1972 तक बना रहा। 1982 में राष्ट्रीय उद्यान घोषित हुआ। यह तुर्कमेनिस्तान, चीन, साइबेरिया इत्यादि दूरस्थ स्थल से ऋतु प्रवास के लिए आने वाले प्रवासी पक्षियों के लिए विशेष प्रसिद्ध है।

10. **गोवा के चर्च तथा कॉन्वेंट्स (गोवा, 986) :** गोवा की पुरानी राजधानी, जिसे वेल्हा गोवा भी कहते थे, में पुर्तगालियों द्वारा बनवाई गई अनेक इमारतें हैं। इनमें संत फ्रांसिस जेवियर का मकबरा तथा अन्य अनेक कैथोलिक स्थल हैं। यहाँ 60 चर्च थे, जिनमें से अब कुछ ही बचे हैं। इन्हीं चर्चों एवं इमारतों के कारण गोवा को 'पूर्व का रोम' कहा जाने लगा था।

चित्र 3.7: हम्पी के स्मारकों का समूह

11. **हम्पी के स्मारकों के समूह (बेलारी जिला, कर्नाटक 1986):** तुंगभद्रा के तट पर हम्पी में 14वीं से 16वीं शताब्दी तक विजयनगर शासकों के समय के कई स्मारक हैं। इनमें से अधिकांश शत्रुओं द्वारा युद्ध में नष्ट कर दिए और उनके अब ध्वंसावशेष ही बचे हैं। इनमें द्रविड़ शैली के महल एवं मंदिरों के अवशेष शामिल हैं, जिनमें विरुपाक्ष मंदिर सबसे प्रमुख है।

12. **खजुराहो समूह के स्मारक (मध्य प्रदेश, 1982-86) :** यहाँ चन्देल वंश के शासकों (905-105 ई.) के समय अनेक हिन्दू एवं जैन स्मारक बने। खजुराहो अपने मंदिरों के लिए विशेष प्रसिद्ध है। ये मंदिर स्थापत्य कला एवं मूर्तिकला का सुंदर सामंजस्य प्रस्तुत करते हैं। ये मंदिर 85 थे, जिनमें से अब 22 ही बचे हैं। खजुराहो के मंदिरों में से कंदरिया महादेव का मंदिर विशेष आकर्षक है।

चित्र 3.8: खजुराहो के स्मारक

13. **एलिफेंटा की गुफाएँ (महाराष्ट्र, 1987) :** मुंबई से 10 किमी. दूर पूर्व में मुंबई बंदरगाह के पास एलिफेंटा द्वीप पर ये गुफाएँ स्थित हैं। इस स्थान को 'घारपुरी' अर्थात् गुफाओं का शहर भी कहते हैं। इन गुफाओं का निर्माण 5वीं से 8वीं शताब्दी के बीच हुआ माना जाता है। अरब सागर के तट पर स्थित एलिफेंटा के गुफाओं को दो समूह में बाँटा जा सकता है। पाँच हिन्दू गुफाओं के समूह में चट्टानों से काटकर शिव से संबंधित मूर्तियाँ बनाई गई हैं। दूसरे समूह में दो बौद्ध गुफाएँ हैं। इनके निर्माताओं के संबंध में वाद-विवाद है। एलिफेंटा गुफाओं का पुनरुद्धार 1970 में हुआ।

14. **पट्टडकल समूह के स्मारक (कर्नाटक, 1987) :** इस समूह में नौ हिन्दू मंदिर हैं। जिनका निर्माण 8वीं सदी में चालुक्य वंश के समय करवाया गया था। विरुपाक्ष मंदिर, वापनाथ मंदिर आदि कुल 9 मंदिरों में 8 विश्व मंदिर हैं। इन मंदिरों में नागर एवं द्रविड़ स्थापत्य शैली का सुंदर सामंजस्य है। यहाँ कुछ जैन मंदिर भी हैं। पट्टडकल को पवित्र हिन्दू शहर माना जाता है।

चित्र 3.9: पट्टडकल समूह के मंदिर

15. **चोल मंदिर समूह (गंगैकोंडचोलपुरम, तमिलनाडु, 1987/2004) :** इन मंदिरों को चोल राजाओं द्वारा 11वीं-12वीं शताब्दी में बनवाया गया था। इस समूह के मंदिरों में शामिल हैं-बृहदीश्वर मंदिर (तंजावुर), बृहदीश्वर मंदिर (गंगैकोंडचोलपुरम), ऐरावतेश्वर मंदिर, दारासुरम इत्यादि। तंजौर का बृहदीश्वर मंदिर राजाराज-I ने गंगैकोंडचोलपुरम का बृहदीश्वर मंदिर राजेन्द्र I ने तथा ऐरावतेश्वर मंदिर राजेन्द्र-II ने बनवाया था। ये चोल मंदिर द्रविड़ वास्तुकला के अतिरिक्त अलंकरण, मूर्तिकला, चित्रकला तथा काँस्यकला के भी अनुपम उदाहरण हैं।

चित्र 3.10: चोल मंदिर समूह
(बृहदीश्वर मंदिर, तंजावुर)

16. **फतेहपुर सीकरी (उत्तर प्रदेश, 1986) :** फतेहपुर का शाब्दिक अर्थ होता है 'City of Victory' इसका निर्माण 16वीं शताब्दी के उत्तरार्द्ध में अकबर ने अपनी राजधानी के रूप में करवाया था। पर यह 14 वर्षों तक ही मुगलों की राजधानी रह सका, क्योंकि यहाँ पानी की कमी तथा उत्तर-पूर्वी भारत में अशांति के कारण अकबर ने अपनी राजधानी को फतेहपुर से लाहौर स्थानांतरित कर लिया। फतेहपुर एक पूर्णतः नियोजित नगर है, जिसका निर्माण स्वयं अकबर की व्यक्तिगत देख-रेख में हुआ था। यहाँ के स्मारकों में प्रमुख हैं-जामा मस्जिद, बुलंद दरवाजा, पंचमहल, सलीम चिश्ती का मकबरा इत्यादि। फतेहपुर मुगल सभ्यता, संस्कृति तथा वास्तुकला का शानदार गवाह है।

चित्र 3.11: फतेहपुर सीकरी

17. **सुंदरवन राष्ट्रीय उद्यान (पं. बंगाल, 1987 प्राकृतिक श्रेणी) :** सुंदरवन को 1987 में प्राकृतिक श्रेणी में विश्व विरासत स्थल घोषित किया गया। यह कुल 10,000 किमी. में फैला है, जिसमें 5,980 भारत में तथा शेष बांग्लादेश में है। गंगा-मेघना-ब्रह्मपुत्र के डेल्टा में स्थित यह क्षेत्र जैव-विविधता की दृष्टि से अत्यंत समृद्ध है। यह विश्व का सबसे बड़ा मैंग्रोव वन, बाघ आरक्षित वन, आरक्षित जैव मंडल क्षेत्र में भी शामिल है। इसे 1878 में कोर एरिया, 1973 में बाघ आरक्षित क्षेत्र, 1977 में वन्य जीव अभ्यारण्य, 1984 में राष्ट्रीय उद्यान तथा 1987 में यूनेस्को विरासत स्थल घोषित किया गया।

18. **नंदा देवी और फूलों की घाटी राष्ट्रीय उद्यान (चमोली) जिला, उत्तराखंड, 1988/2005 प्राकृतिक श्रेणी):** यह भी प्राकृतिक श्रेणी की विरासत स्थल है। गढ़वाल हिमालय स्थित फूलों की घाटी अपनी प्राकृतिक सुंदरता तथा पर्वतीय फूलों के लिए प्रसिद्ध है। जास्कर श्रेणी एवं वृहत् हिमालय के बीच स्थित नंदादेवी राष्ट्रीय उद्यान जैव विविधता की दृष्टि से बहुत महत्वपूर्ण है। इसे 2004 में जैव मंडल आरक्षित क्षेत्र में शामिल कर लिया गया है। फूलों की घाटी को 1988 में विश्व विरासत स्थल घोषित किया गया। 2005 में इसका विस्तार कर नंदा देवी राष्ट्रीय उद्यान को भी इसमें शामिल कर लिया गया।

चित्र 3.12: साँची के बौद्ध स्मारक

19. **साँची के बौद्ध स्मारक (मध्य प्रदेश, 1989) :** भोपाल से 45 किमी. दूर स्थित साँची का विकास ई.पू. तीसरी शताब्दी में अशोक के समय हुआ। बाद में 12वीं शताब्दी तक यहाँ अनेक बौद्ध स्मारक समय-समय पर बनाए गए। साँची की खोज 1918 में हुई। अभी तक यहाँ के 50 स्मारकों का उत्खनन हो चुका है। जिनमें एकाश्म स्तंभ, महल, मंदिर, मठ इत्यादि शामिल हैं, पर मुख्य इमारत बौद्ध स्तूप है। यह स्तूप शुंग काल में बने तोरण तथा संगमरमर के आयपट्ट के लिए विशेष प्रसिद्ध है, जिनपर बौद्ध दृश्य उत्कीर्ण हैं।

चित्र 3.13: हुमायूँ का मकबरा

20. **हुमायूँ का मकबरा (दिल्ली, 1993) :** इसे हुमायूँ की पत्नी हाजी बेगम (हमीदा बानो बेगम) ने 1570 ई. में बनवाया था। इसका मुख्य वास्तुकार मिर्जा ग्यास था। बाद में शाही परिवार के लगभग 150 सदस्यों को यहाँ दफनाया गया, जिनमें 1857 के विद्रोह के समय अंग्रेजों के हाथों मारे गए मुगल शहजादे भी शामिल हैं। इन सब का मकबरा यहाँ है। हुमायूँ के मकबरे में मुगल और ईरानी शैली की वास्तुकला का सुंदर सामंजस्य है। मुगलों की विशेष शैली के चारबाग उद्यान के बीच स्थित इस मकबरे को ताजमहल का पूर्ववर्ती भी माना जा सकता है। ईरानी शैली के दुहरे गुंबद श्वेत संगमरमर के बने हैं। जबकि सम्पूर्ण इमारत लाल बलुआ पत्थर की बनी है।

चित्र 3.14: कुतुबमीनार

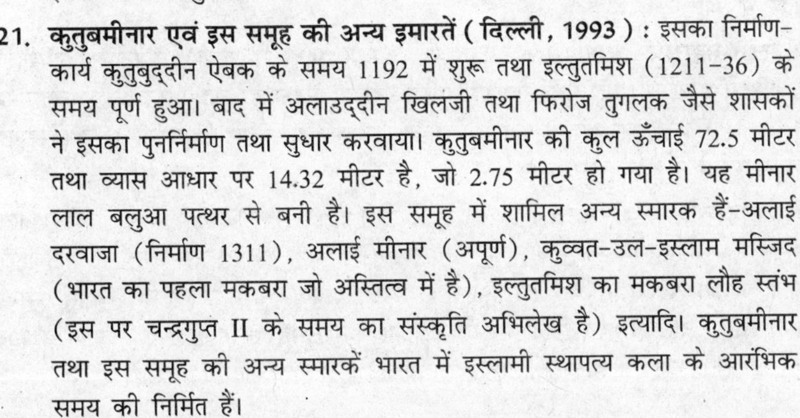

21. **कुतुबमीनार एवं इस समूह की अन्य इमारतें (दिल्ली, 1993) :** इसका निर्माण-कार्य कुतुबुद्दीन ऐबक के समय 1192 में शुरू तथा इल्तुतमिश (1211-36) के समय पूर्ण हुआ। बाद में अलाउद्दीन खिलजी तथा फिरोज तुगलक जैसे शासकों ने इसका पुनर्निर्माण तथा सुधार करवाया। कुतुबमीनार की कुल ऊँचाई 72.5 मीटर तथा व्यास आधार पर 14.32 मीटर है, जो 2.75 मीटर हो गया है। यह मीनार लाल बलुआ पत्थर से बनी है। इस समूह में शामिल अन्य स्मारक हैं-अलाई दरवाजा (निर्माण 1311), अलाई मीनार (अपूर्ण), कुव्वत-उल-इस्लाम मस्जिद (भारत का पहला मकबरा जो अस्तित्व में है), इल्तुतमिश का मकबरा लौह स्तंभ (इस पर चन्द्रगुप्त II के समय का संस्कृति अभिलेख है) इत्यादि। कुतुबमीनार तथा इस समूह की अन्य स्मारकें भारत में इस्लामी स्थापत्य कला के आरंभिक समय की निर्मित हैं।

22. **पर्वतीय रेलवे :** भारत में पाँच पर्वतीय रेल मार्ग हैं, जिन्हें अंग्रेजों ने 19वीं-20वीं सदी में बनाया था और जो आज भी चल रहे हैं। इनमें से तीन को विश्व विरासत सूची में शामिल किया गया है। ये हैं-

(i) **दार्जिलिंग पर्वतीय हिमालयन रेलवे (पं. बंगाल)** : इसे 1999 में इस सूची में शामिल किया गया। इसका निर्माण 1881 में हुआ था।

(ii) **नीलगिरि पर्वतीय रेलवे (तमिलनाडु)** : पश्चिमी घाट के पर्वतों पर इसका निर्माण किया गया था। इसे यूनेस्को ने 2005 में विरासत सूची में शामिल किया।

(iii) **कालका-शिमला रेलवे (हिमाचल प्रदेश)** : हिमालय के पर्वतीय भागों में 1898 में इसका निर्माण हुआ था। इसे यूनेस्को विरासत 2008 में घोषित किया गया। यूनेस्को ने इन तीनों को 'पर्वतीय क्षेत्रों में रेलवे संपर्क स्थापना के कठिन एवं साहसी इंजीनियरी समस्या का समाधान'' बताते हुए इस सूची में शामिल किया है। इन तीनों के अतिरिक्त भारत में अन्य दो पर्वतीय रेलवे मार्ग हैं - (1) काँगड़ा घाटी रेल मार्ग, (स्थापना-1924) तथा (2) माथेरन पहाड़ी रेलवे (महाराष्ट्र)।

23. **महाबोधि मंदिर समूह (बोधगया - बिहार, 2002):** बिहार के गया शहर के समीप बोधगया में पहला स्मारक ई.पू. तीसरी शताब्दी में मौर्य सम्राट् अशोक द्वारा बनवाया गया था। तत्पश्चात् पाँचवीं, छठी तथा 19वीं शताब्दियों में भी यहाँ अनेक स्मारक बने। बोधगया में ही 531 ई.पू. में पीपल के वृक्ष (बोधि-वृक्ष) के नीचे भगवान बुद्ध को ज्ञान प्राप्त हुआ था। बोधगया वास्तव में बौद्ध आस्था एवं स्थापत्य कला का केंद्र है।

चित्र 3.15: महाबोधि मंदिर समूह

24. **भीमबेटका का शैल आवास (मध्य प्रदेश, 2003):** विंध्य के पहाड़ियों में स्थित भीमबेटका में शैल आश्रय के पाँच समूह मिले हैं, जो मेसोलिथिक काल से ऐतिहासिक काल तक के हैं। इन गुफाओं में प्रागैतिहासिक काल के 400 चित्र हैं। घने जंगलों के बीच 1,892 हेक्टेयर क्षेत्र में फैला यह शैल क्षेत्र जैव विविधता की दृष्टि से भी समृद्ध है। इन गुफाओं को 1957 में खोजा गया।

25. **चंपानेर-पावागढ़ पुरातात्विक पार्क (पंचमहल जिला - गुजरात, 2004) :** यहाँ प्राक् ऐतिहासिक एवं ऐतिहासिक काल की अनेक प्राकृतिक एवं सांस्कृतिक विरासत हैं। यहाँ 8वीं से 14वीं शताब्दियों के बीच अनेक किला, महल, धार्मिक स्मारक, आवासीय बस्ती, कृषि पद्धति, जल परिवहन प्रणाली, पावनगढ़ पहाड़ी के शिखर पर कालका माता का मंदिर इत्यादि हैं। यहाँ प्रतिवर्ष बड़ी संख्या में तीर्थयात्री आते हैं। यह मुगल पूर्व काल का एक प्रमुख इस्लामी शहर भी था।

26. **छत्रपति शिवाजी टर्मिनल (महाराष्ट्र, 2004) :** इसका पूर्व नाम (1996 से पहले) विक्टोरिया टर्मिनल था। इसका निर्माण 1887-1888 में हुआ था। यह मुंबई का ऐतिहासिक रेलवे स्टेशन है। यह भारत के व्यस्ततम स्टेशनों में से एक है। गोथिक शैली में बनी यह इमारत स्थापत्य कला का भी आकर्षक उदाहरण है। इस स्टेशन का डिजाइन फ्रेडरिक विलियम स्टीवेन्स ने बनवाया था।

27. **लाल किला और इस समूह की अन्य इमारतें (दिल्ली, 2007) :** इस किले का निर्माण 17वीं शताब्दी में मुगल बादशाह शाहजहाँ ने एक आवासीय किले के रूप में करवाया था। यह उसकी नई राजधानी शाहजहाँनाबाद का ही हिस्सा था। लाल बलुआ पत्थरों से बने इस किले के अंदर अनेक भव्य इमारतें हैं, जिनमें प्रमुख हैं- दीवान-ए-आम, दीवान-ए-खास, नहरे-बहिश्त, मोती मस्जिद इत्यादि। इस समूह की इमारतों के निर्माण में भारतीय, ईरानी एवं तूरानी तीनों शैली की स्थापत्य कला का सुंदर समायोजन हुआ है। बाद में राजस्थान, दिल्ली, आगरा

तथा अन्य स्थानों पर बने अनेक स्मारकों पर इनका प्रभाव है। लाल किला से सटा हुआ सलीमगढ़ का किला है। जिसे शेरशाह के पुत्र इस्लाम शाह ने 1546 ई. में यमुना के दाएं तट पर बनवाया था। यहाँ लाल किला से एक पुल जुड़ा था, जो अब एक सड़क है।

28. **जंतर-मंतर (जयपुर, राजस्थान, 2010) :** महाराजा जय सिंह II ने अपनी नई राजधानी जयपुर में 1727-34 के बीच इस वेधशाला का निर्माण करवाया था। उसने अलग-अलग शहरों में ऐसी पाँच वेधशालाओं का निर्माण कराया था। जिनमें जयपुर की वेधशाला (जंतर-मंतर) सबसे बड़ी है। इसमें विभिन्न आकाशीय प्रेक्षणों एवं गणनाओं के लिए लगभग 20 उपकरण हैं, जिनमें से कई का निर्माण स्वयं जय सिंह ने किया था। इनमें से कई उपकरणों द्वारा की गई गणना एवं विधि आज भी सटीक एवं वैज्ञानिक मानी जाती है।

29. **पश्चिमी घाट या सह्याद्रि पहाड़ (केरल, कर्नाटक, तमिलनाडु, महाराष्ट्र 2012 प्राकृतिक श्रेणी) :** दक्षिण भारत के चार राज्यों में फैला यह पर्वतीय क्षेत्र जैव विविधता की दृष्टि से बहुत महत्वपूर्ण है। इन क्षेत्रों को सब-कलस्टरों में वर्गीकृत किया गया है; जैसे–अगस्त्यमलाई, सब-क्लस्टर, पेरियार सब-क्लस्टर, अन्नामलाई सब-क्लस्टर, नीलगिरि सब-क्लस्टर, तालकावेरी सब-क्लस्टर, कुद्रेमुख सब-क्लस्टर और सह्याद्रि सब-क्लस्टर।

30. **जयपुर की चारदीवारी (जयपुर, राजस्थान, 2019):**

उपर्युक्त के अतिरिक्त भारत में अन्य अनेक महत्वपूर्ण सांस्कृतिक एवं प्राकृतिक स्थल हैं, जिन्हें इस सूची में शामिल करने के प्रयास विभिन्न स्तर पर चल रहे हैं। ये स्थल हैं-

1. विष्णुपुर मंदिर (पं. बंगाल)-1998
2. बौद्ध मठ समूह (अल्चि, लेह, जम्मू-कश्मीर)-1998
3. गोलकुण्डा किला (हैदराबाद, आंध्र प्रदेश)-1998
4. धौलावीरा (धौलावीरा, कच्छ, गुजरात)-1998
5. मांडू स्मारक समूह (मांडू, मध्य प्रदेश)-1998
6. सारनाथ के बौद्ध स्थल (वाराणसी, उत्तर प्रदेश)-1998
7. हेमिस गोम्पा (लद्दाख, जम्मू-कश्मीर) 1998
8. माजुली नदी द्वीप (ब्रह्मपुत्र नदी, असम)-2004
9. नाम्दफा राष्ट्रीय उद्यान (अरुणाचल प्रदेश)-2006
10. जंगली गदहा अभ्यारण्य (कच्छ, गुजरात)-2006
11. माथेरान रेलवे (महाराष्ट्र)
12. काँगड़ा घाटी रेलवे (हिमाचल प्रदेश)-2009
13. चर्च गेट (मुंबई, महाराष्ट्र)-2009
14. महाराजा रेलवे (मध्य प्रदेश)-2009
15. ओक ग्रोव स्कूल (मसूरी, उत्तराखंड)-2009
16. भितरकणिका संरक्षण क्षेत्र (ओडिशा)-2009
17. नेओरा घाटी राष्ट्रीय उद्यान (दार्जिलिंग, पं. बंगाल)-2009
18. मरू उद्यान (राजस्थान)-2009
19. कश्मीर के मुगल उद्यान-2010
20. रेशम मार्ग स्थल-2010
21. शांति निकेतन (पं. बंगाल)-2010

22. दिल्ली-2010
23. चारमीनार (हैदराबाद, आंध्र प्रदेश)-2011
24. श्री हरमंदिर साहिब स्वर्ण मंदिर (अमृतसर, पंजाब)-2004
25. शेरशाह सूरी का मकबरा (सासाराम, बिहार)-1998
26. मट्टनचेरी महल (मट्टनचेरी, कोच्ची, केरल)-1998

यूनेस्को की अमूर्त सांस्कृतिक धरोहर

संयुक्त राष्ट्र शैक्षणिक, वैज्ञानिक एवं सांस्कृतिक संगठन (यूनेस्को) ने भारत की अनेक सांस्कृतिक धरोहरों को यूनेस्को की अमूर्त सांस्कृतिक धरोहर सूची (Intangible Cultural Heritage List) में शामिल किया है। इसके द्वारा इन सांस्कृतिक धरोहरों को प्रोत्साहन, प्रचार-प्रसार एवं संरक्षण प्रदान किया जा सकेगा। भारतीय सूची इस प्रकार है–

वर्ष 2013 में शामिल

- वर्ष 2014 में शामिल (.................................)
- मणिपुर का पारम्परिक गायन, ढोल और नृत्य 'संकीर्तन'

वर्ष 2012 में शामिल

- लद्दाख का बौद्ध मंत्रोच्चार।

वर्ष 2010 में शामिल

1. **कालबेलिया लोकनृत्य :** यह राजस्थान के सपेरों का एक लोकनृत्य है।
2. **छऊ लोकनृत्य :** यह ओडिशा, पश्चिम बंगाल तथा झारखंड के आदिवासियों का एक लोकनृत्य है।
3. **मुदिएट्टू :** यह केरल की एक धार्मिक नृत्य नाट्य कला है।

वर्ष 2009 में शामिल

- **रम्मन :** यह हिमालयी गढ़वाल क्षेत्र का एक धार्मिक त्योहार है।

वर्ष 2008 में शामिल

1. **कुट्टीयट्टम :** यह केरल के मंदिरों के प्रांगण में चकयार अभिनेताओं द्वारा प्रस्तुत किया जाता है।
2. **रामलीला :** यह उत्तर भारत में प्रचलित है, जिसमें रामायण का पारम्परिक मंचन किया जाता है।
3. **वैदिक जाप :** ऋग्वैदिक मंत्रों का उच्चारण।

सांस्कृतिक विरासत की संस्थाएँ/संगठन/अकादमी

1. ललित कला अकादमी

- ❖ **स्थापना :** 5 अगस्त, 1954
- ❖ **मुख्यालय :** नई दिल्ली
- ❖ **वर्तमान अध्यक्ष :** उत्तम पछरने (17 मई, 2018)
- ❖ **उद्देश्य :** भारतीय कला के प्रति देश-विदेश में समझ बढ़ाने एवं प्रचार-प्रसार के लिए।
- ❖ **क्षेत्रीय केंद्र :** लखनऊ, कोलकाता, चेन्नई, शिमला, नई दिल्ली और भुवनेश्वर में अवस्थित है। जिन्हें 'राष्ट्रीय कला केंद्र' के नाम से जाना जाता है।

- **कार्य** : पेंटिंग, मूर्तिकला, प्रिंट निर्माण और चीनी मिट्टी की कलाओं के विकास के लिए कार्यशाला सुविधाएं प्रदान करना।
- **प्रकाशन** : भारतीय कलाकारों की रचनाओं पर हिन्दी एवं अंग्रेजी में मोनोग्राफ प्रकाशित करती है।
- अंग्रेजी में ललित कला कंटेंपरेरी, ललित एंशिएंट।
- हिन्दी में 'समकालीन कला' नामक अर्द्धवार्षिक कला पत्रिकाएँ भी प्रकाशित करता है।
- **पुरस्कार** : 50 हजार रुपए के प्रतिवर्ष 15 राष्ट्रीय पुरस्कार प्रदान करती है।
- **प्रदर्शनी** : प्रत्येक 03 वर्ष पर अकादमी समकालीन कला पर नई दिल्ली में त्रैवार्षिक अंतर्राष्ट्रीय प्रदर्शनी (त्रिनाले इंडिया) आयोजित करती है।

2. संगीत नाटक अकादमी

- **स्थापना** : 31 मई, 1952 में तत्कालीन शिक्षा मंत्री अब्दुल कलाम आजाद द्वारा।
- **मुख्यालय** : नई दिल्ली
- **उद्देश्य** : भारत में संगीत, नृत्य और नाटक के उन्नयन सहायता एवं इसके लिए एकीकृत ढांचे का विकास।
- **कार्य** : मंचन कलाओं के क्षेत्र में राष्ट्रीय महत्व के स्थानों और परियोजनाओं की स्थापना एवं देख-रेख।
- **प्रकाशन** : 1965 से एक पत्रिका 'संगीत नाटक' नाम से निकाल रही है।

अकादमी द्वारा स्थापित सहयोगी संस्थाएँ

- इम्फाल में जवाहर लाल नेहरू मणिपुरी नृत्य अकादमी 1954 में स्थापित।
- यह संगीत नाटक अकादमी द्वारा स्थापित पहला संस्थान साथ ही मणिपुरी नृत्य का सर्वोच्च संस्थान है।
- 1959 नई दिल्ली में राष्ट्रीय नाट्य विद्यालय की स्थापना।
- 1964 में नई दिल्ली में कत्थक केंद्र की स्थापना।
- राष्ट्रीय महत्व की अन्य परियोजना केरल का कुटियट्टम थियेटर है, जो 1991 में शुरू हुआ था और 2001 में यूनेस्को की ओर से मानवता की उल्लेखनीय धरोहर के रूप में मान्यता प्रदान की गई है।
- 1994 में ओडिशा, पश्चिम बंगाल एवं झारखंड में छाऊ नृत्य परियोजना प्रारंभ की।
- 2002 में असम के शास्त्रीय संगीत, नृत्य, नाटक एवं संबद्ध कलाओं के लिए परियोजना शुरू।
- **स्थिति** : मंचन कलाओं की शीर्षस्थ संस्था के रूप में। साथ ही संगीत नाटक अकादमी पर्यटन एवं संस्कृति मंत्रालय के अंतर्गत एक स्वायत्त संस्था है।

3. साहित्य की सर्वोच्च संस्था : साहित्य अकादमी

- **स्थापना** : 1954 में (स्वायत्त संस्था के रूप में)।
- **मुख्यालय** : दिल्ली।
- **उपनाम** : नेशनल एकेडमी ऑफ लेटर्स।
- **वर्तमान अध्यक्ष** : चन्द्रशेखर कंबार (12 फरवरी, 2018)
- **स्वरूप** : साहित्य अकादमी विभिन्न भाषाओं की कृतियों की अकादमी है।
- **समिति के रूप में पंजीकरण** : 1956 में।
- **उद्देश्य** : प्रकाशन, अनुवाद, गोष्ठियां, कार्यशालाएँ आयोजित करके भारतीय साहित्य के विकास को बढ़ावा देना।
- **अकादमी द्वारा मान्य भाषाएं** : 24 भाषाओं के साथ काम-काज एवं प्रकाशन के बारे में सलाह देने के लिए एक भाषा सलाहकार बोर्ड है।

- **04 क्षेत्रीय बोर्ड :** 1. कोलकाता, 2. मुंबई, 3. बेंगलुरु, 4. चेन्नई।
- ये उत्तर, पश्चिम, पूर्व एवं दक्षिण की भाषाओं के बीच तालमेल एवं आदान-प्रदान को प्रोत्साहन देते हैं।
- **अनुवाद केंद्र :** 1. बेंगलुरु, 2. कोलकाता।
- **बहुभाषी पुस्तकालय :** दिल्ली में है, जबकि अकादमी के बहुभाषी पुस्तकालय के क्षेत्रीय कार्यालय बेंगलुरु एवं कोलकाता में हैं।
- **पुरस्कार :** अकादमी द्वारा 04 फेलोशिप दिए जाते हैं।
  1. **साहित्य अकादमी ऑनरेरी फेलोशिप :** यह अकादमी का सर्वोच्च सम्मान है, जो लेखक को फेलो के रूप में चुनकर देती है। यह सम्मान अमर साहित्यकारों के लिए सुरक्षित है तथा एक बार में केवल 21 साहित्यकारों को दिया जा सकता है।
  2. **डॉ. आनंद कुमारस्वामी फेलोशिप :** यह महान विद्वान और सौंदर्य शास्त्री डॉ. आनंद कुमार स्वामी के नाम पर 1996 में स्थापित किया गया था और एशियाई देशों के स्कॉलरों को अपनी पसंद की साहित्यिक परियोजनाओं पर कार्य करने के लिए दिया जाता है।
  3. **प्रेमचंद फेलोशिप :** यह प्रेमचंद की 125वीं जन्मशती के दौरान 2005 में स्थापित की गई। फेलोशिप भारतीय साहित्य पर अनुसंधान करने वाले स्कॉलरों या भारत के अलावा सार्क देशों के लेखकों को दी जाती है।
  3. **मानद महत्तर सदस्य :** यह पुरस्कार 1974 से दिया जाना शुरू हुआ था। प्रथम 'मानद महत्तर सदस्य' की फेलोशिप 1974 में श्री लेओपोल्ड सेंडर सेंघोर को प्रदान की गई थी।
- **पत्रिकाएँ :** अकादमी की 04 पत्रिकाएँ हैं-
  1. अंग्रेजी में द्विमासिक 'इंडियन लिटरेचर'।
  2. हिन्दी में द्विमासिक 'समकालीन भारतीय साहित्य'।
  3. संस्कृत में छमाही 'संस्कृत प्रतिभा'।
  4. हिन्दी में छमांही 'आलोक'।

नोट : अकादमी ने 'भारतीय काव्यशास्त्र का विश्वकोश' तैयार करने की नई परियोजना भी शुरू की है।

4. राष्ट्रीय नाट्य विद्यालय

- **स्थापना :** 1959 में (संगीत नाटक अकादमी द्वारा)
- **मुख्यालय :** दिल्ली (बेंगलुरु में क्षेत्रीय अनुसंधान केंद्र)
- **उद्देश्य :** रंगमंच के इतिहास, प्रस्तुतीकरण, नृत्य डिजाइन, वस्त्र डिजाइन, प्रकाश व्यवस्था, रूप सज्जा, रंगमंच के सभी पहलुओं का प्रशिक्षण देना। इस प्रशिक्षण की अवधि तीन वर्ष है। इस डिग्री को एम.ए. डिग्री के समकक्ष माना जाता है।
- **स्थिति :** 1975 में स्वायत्त संगठन का दर्जा। जिसका पूरा व्यय संस्कृति विभाग वहन करता है। रंगमंच के प्रशिक्षण देने वाला भारत में अपनी तरह का एकमात्र संस्थान।

नाट्य विद्यालय द्वारा संचालित कार्यक्रम एवं संस्थान-

- विद्यालय द्वारा मंचन विभाग 'रिपर्टरि' की स्थापना 1964 में।
- 'थिएटर इन एजुकेशन' की स्थापना 1989 में। बाद में नाम बदलकर 'संस्कार रंग टोली' कर दिया गया।
- 1998 से विद्यालय बच्चों के लिए राष्ट्रीय रंगमंच महोत्सव 'जश्ने बचपन' नाम से आयोजित कर रहा है, जो प्रत्येक वर्ष नवम्बर माह में होता है।
- आजादी की 50वीं वर्षगांठ पर 18 मार्च से 14 अप्रैल, 1999 तक पहले रंगमंच महोत्सव का नया नाम 'भारत रंग महोत्सव' किया गया था, जो अब हर वर्ष मनाया जाता है।
- विद्यालय द्वारा स्थानीय कलाकारों के प्रोत्साहन हेतु 1978 से 'विस्तार कार्यक्रम' शुरू किया है। जिसमें स्थानीय थिएटर ग्रुपों के सहयोग से कार्यशालाएँ आयोजित करता है।
- **विशेष :** बेंगलुरु में क्षेत्रीय अनुसंधान केंद्र भी स्थापित किया गया है।

5. सांस्कृतिक संसाधन व प्रशिक्षण केंद्र

- **स्थापना** : मई 1979
- **मुख्यालय** : नई दिल्ली
- 03 क्षेत्रीय केंद्र–1. उदयपुर, 2. हैदराबाद, 3. गुवाहाटी।
- **संयोजक** : भारत सरकार के संस्कृति मंत्रालय के नियंत्रण में।
- **विशेष** : सांस्कृतिक प्रतिभा खोज, छात्रवृत्ति योजना को क्रियान्वित करना, जिसे संस्कृति विभाग ने 1982 में शुरू किया था।
- इस योजना के अंतर्गत 10 से 14 वर्ष की आयु के उन होनहार बच्चों को छात्रवृत्तियां दी जाती हैं, जो या तो मान्यता प्राप्त स्कूलों में पढ़ते हैं या पारम्परिक कलाओं में लगे परिवारों से हैं। ये छात्रवृत्तियां 20 वर्ष की आयु तक दी जाती हैं।

6. क्षेत्रीय सांस्कृतिक केंद्र

- **क्षेत्रीय केंद्र** : पटियाला, कोलकाता, तंजावुर, उदयपुर, इलाहाबाद, दीमापुर और नागपुर।
- **उद्देश्य** : स्थानीय संस्कृतियों के प्रति गहन जागरूकता पैदा करना।
- **विशेष** : 1993 से हर वर्ष गणतंत्र दिवस पर होने वाले लोकनृत्य समारोह में भाग लेने के लिए लोक कलाकारों को यह भेजता है।

7. इंदिरा गाँधी राष्ट्रीय कला केंद्र

- **स्थापना** : 1987 में।
- **मुख्यालय** : नई दिल्ली। 03 क्षेत्रीय कार्यालय बेंगलुरु, वाराणसी, गुवाहाटी में है।
- **उद्देश्य** : विभिन्न कलाओं के बीच, कलाओं एवं विज्ञानों के बीच, कलाओं और पारम्परिक तथा वर्तमान प्रणालियों के बीच रचनात्मक और विश्लेषणात्मक आदान-प्रदान का मंच उपलब्ध कराकर प्राकृतिक व मानवीय परिवेश के भीतर ही कलाओं को समाहित करना। साथ ही विविध समुदायों, क्षेत्रों, सामाजिक वर्गों तथा भारत और विश्व के अन्य भागों में परस्पर आदान-प्रदान तथा आपसी सूझ-बूझ बढ़ाता है।
- **दर्जा** : इंदिरा गाँधी राष्ट्रीय कला केंद्र को कला, मानव विज्ञान और संस्कृति धरोहर का राष्ट्रीय डाटा बैंक स्थापित करने वाली केंद्रीय मूल एजेंसी का दर्जा दिया गया है।

भारत की 30 + 7 + 1 = 38 विश्व विरासत परिसम्पत्तियां

क्र.सं.	परिसम्पत्ति	वर्ष	राज्य
I. सांस्कृतिक सम्पत्तियां : भारतीय पुरातत्व सर्वेक्षण के संरक्षणाधीन परिसम्पत्तियां			
1.	अजंता की गुफाएँ	1983	महाराष्ट्र
2.	एलोरा की गुफाएँ	1983	महाराष्ट्र
3.	आगरा का किला	1983	उत्तर प्रदेश
4.	ताजमहल	1983	उत्तर प्रदेश
5.	सूर्य मंदिर	1984	ओड़िशा
6.	महाबलीपुरम स्थित स्मारक	1984	तमिलनाडु
7.	गोवा का चर्च	1986	गोवा
8.	खजुराहो मंदिर	1986	मध्य प्रदेश
9.	हम्पी अवशेष	1986	कर्नाटक
10.	फतेहपुर सीकरी	1986	उत्तर प्रदेश
11.	पट्टाकल के स्मारक	1987	कर्नाटक
12.	एलिफेंटा की गुफाएँ	1987	महाराष्ट्र
13.	चोल मंदिर	1987/2004	तमिलनाडु

14.	साँची का बौद्ध स्तूप	1989	मध्य प्रदेश
15.	हुमायूँ का मकबरा	1993	दिल्ली
16.	कुतुबमीनार	1993	दिल्ली
17.	भीमबेटका की गुफाएँ	2003	मध्य प्रदेश
18.	चंपानेर पावागढ़ पार्क	2004	गुजरात
19.	दिल्ली का लाल किला	2007	दिल्ली
20.	राजस्थान के 6 पहाड़ी किले (30वीं विरासत)	2013	राजस्थान
21.	रानी की वाव	2014	गुजरात
22.	नालंदा महाविद्यालय	2016	बिहार
23.	चंडीगढ़ (वास्तुकला कार्य–ली कॉर्बूसियर)	2016	चंडीगढ़
24.	अहमदाबाद (ऐतिहासिक शहर)	2017	गुजरात
25.	विक्टोरियन गोथिक और आर्ट डेको एनसेम्बल	2018	मुंबई
26.	गुलाबी शहर जयपुर	2019	राजस्थान
रेल मंत्रालय की संरक्षणाधीन परिसम्पत्तियां			
27.	भारत की पर्वतीय रेल		
	(i) दार्जिलिंग रेलवे	1999	प. बंगाल
	(ii) नीलगिरी	2005	तमिलनाडु
	(iii) कालका शिमला	2008	हिमाचल प्रदेश
28.	छत्रपति शिवाजी टर्मिनल (पूर्व में विक्टोरिया टर्मिनल)	2004	महाराष्ट्र
बोधगया मंदिर प्रबन्ध समिति के संरक्षणाधीन			
29.	बोधगया स्थित महाबोधि का मंदिर	2002	बिहार
राजस्थान के पुरातत्व एवं संग्रहालय विभाग के संरक्षणाधीन			
30.	जंतर-मंतर (28वीं विरासत)	2010	राजस्थान
II. प्राकृतिक परिसम्पत्तियां : पर्यावरण एवं वन मंत्रालय के संरक्षणाधीन			
31.	काजीरंगा राष्ट्रीय उद्यान	1985	असम
32.	मानस वन्यजीव अभयारण्य	1985	असम
33.	केवला देव राष्ट्रीय उद्यान	1985	राजस्थान
34.	सुंदरवन राष्ट्रीय उद्यान	1987	प. बंगाल
35.	नंदादेवी व फूलों की घाटी	1988/2005	उत्तराखंड
36.	पश्चिमी घाट (29वीं विरासत)	2012	सहयाद्रि पर्वत श्रेणी
37.	ग्रेट हिमालयन पार्क	2014	हिमाचल प्रदेश
38.	कंचनजंगा राष्ट्रीय उद्यान (मिश्रित स्थल)	2016	सिक्किम

नोट : भारत के विश्व विरासत स्थलों की संख्या 38 है। इसमें 30 सांस्कृतिक + 7 प्राकृतिक स्थल + 1 मिश्रित स्थल शामिल हैं।

भारत में सांस्कृतिक विरासत संक्षिप्त विवरण

विरासत का नाम	शामिल वर्ष	निर्माणकाल व निर्माणकर्ता	निर्माण शैली
1	2	3	4
आगरा का किला, उत्तर प्रदेश	1983	अकबर	मुगल आर्ट
अजंता की गुफाएँ (औरंगाबाद, महाराष्ट्र)	1983	मौर्य, वाकाटक एवं गुप्त राजा	क्यूराल एवं सिगिरिया (श्रीलंकाई) चित्र शैली
एलोरा की गुफाएँ (औरंगाबाद, महाराष्ट्र)	1983	6वीं शताब्दी से 13वीं शताब्दी तक	भारतीय चित्रशैली एवं म्यूराल चित्रशैली
ताजमहल (आगरा, उत्तर प्रदेश)	1983	शाहजहाँ	भारतीय इस्लामी एवं ईरानी वास्तुकला
महाबलीपुरम के स्मारक (तमिलनाडु)	1984	पल्लव राजा	द्रविड़ स्थापत्य कला/राजसिंह शैली
कोणार्क का सूर्य मंदिर (ओडिशा)	1984	गंगवंशीय नरसिंह देव-1	नागर शैली
गोवा के चर्च तथा कॉन्वेंट्स (गोवा)	1986	पुर्तगीज	पुर्तगाली स्थापत्य कला
फतेहपुर सीकरी (उत्तर प्रदेश)	1986	अकबर	मुगल स्थापत्य एवं चित्र शैली
हम्पी के स्मारकों का समूह (कर्नाटक)	1986	विजय नगर के विविध शासक	द्रविड़ स्थापत्य कला
खजुराहो समूह के स्मारक (मध्य प्रदेश)	1982, 1986	चन्देल वंशीय शासक	नागर शैली एवं पंचायतन शैली
एलिफेंटा की गुफाएँ (महाराष्ट्र)	1987	तत्कालीन विभिन्न शासक	-
चोल मंदिर समूह के स्मारक (तमिलनाडु)	1987, 2004	राजराज-I, राजेन्द्र-I एवं अन्य चोल शासक	द्रविड़ स्थापत्य कला
पट्टडकल समूह के स्मारक (कर्नाटक)	1987	चालुक्य वंशीय राजा	नागर एवं द्रविड़ स्थापत्य शैली
साँची के बौद्ध स्मारक (मध्य प्रदेश)	1989	सम्राट् अशोक	-
हुमायूँ का मकबरा (दिल्ली)	1993	हाजी बेगम (हुमायूँ की पत्नी)	मुगल एवं ईरानी शैली
कुतुबमीनार समूह की इमारतें (दिल्ली)	1993	कुतुबुद्दीन ऐबक, इल्तुतमिश, अलाउद्दीन खिलजी	इस्लामी स्थापत्य कला
पर्वतीय रेलवे (पश्चिम बंगाल, तमिलनाडु, कालका-शिमला)	1999, 2005, 2008	ब्रिटिश शासक	-
महाबोधि मंदिर समूह (बोधगया, बिहार)	2002	सम्राट् अशोक	-
भीमबेटका का शैल आवास (मध्य प्रदेश)	2003	मिज़ोलिथिक मानव	-
चंपानेर-पावागढ़ पुरातात्विक पार्क (गुजरात)	2004	राजा सोलंकी एवं अन्य शासक	नागर शैली
छत्रपति शिवाजी टर्मिनल (महाराष्ट्र)	2004	ब्रिटिश शासक	गोथिक स्थापत्य शैली
लाल किला एवं इस समूह की इमारतें (दिल्ली)	2007	शाहजहाँ	भारतीय, ईरानी एवं तुरानी स्थापत्य शैली
जंतर-मंतर (जयपुर, राजस्थान)	2010	महाराजा जय सिंह-II	भारतीय स्थापत्य कला
पहाड़ी समूह के किले (राजस्थान)	2013	राजपूत राजा एवं अन्य	भारतीय एवं मुगल कला

रानी की वाव	2014	सोलंकी शासन के राजा भीमदेव प्रथम की स्मृति में उनकी पत्नी रानी उदयमति द्वारा	मारू-गुर्जर शैली पर आधारित
नालंदा महाविद्यालय	2016	13वीं सदी का	3 शताब्दी ईसा पूर्व बौद्ध मठ
कैपिटल कॉम्प्लेक्स, चंडीगढ़	2016	वास्तुकार ली कार्बुजियर	आधुनिक वास्तुशिल्प
अहमदाबाद	2017	गुजरात की 606 साल पुरानी सिटी	
विक्टोरियन गोथिक और आर्ट डेको एनसेम्बल	2018	विक्टोरियन	गोथिक शैली
गुलाबी शहर जयपुर	2019	सवाई जय सिंह II के संरक्षण में स्थापना	गुलाबी धौलपुरी पत्थरों से स्थापत्य निर्माण

प्राकृतिक विरासत

विरासत का नाम	शामिल वर्ष	विरासत का नाम	शामिल वर्ष
काजीरंगा वन्यजीव अभ्यारण्य (असम)	1985	सुंदरवन राष्ट्रीय उद्यान (पश्चिम बंगाल)	1987
मानस जीव अभ्यारण्य (मानस नदी तट, असम)	1985	नंदा देवी एवं फूलों की घाटी (चमोली, उत्तराखंड)	1988, 2005
केवला देव राष्ट्रीय उद्यान (भरतपुर, राजस्थान)	1985	पश्चिमी घाट प्राकृतिक श्रेणी (केरल, कर्नाटक, तमिलनाडु, महाराष्ट्र)	2012
ग्रेट हिमालयन पार्क	2014	–	–

इंदिरा गाँधी कला केंद्र की 6 इकाइयाँ

इकाई	कार्य
इंदिरा गाँधी कला निधि	विशिष्ट सांस्कृतिक व्यक्तियों के निर्देश पुस्तकालय के रूप में।
इंदिरा गाँधी कला कोष	विविध अनुशासनात्मक उपगम्य के माध्यम से जीवन के मानसिक बुद्धि परम्पराओं में मौलिक शोध।
इंदिरा गाँधी जनपद	भारतीय भाषाओं में मूल सामग्री के अध्ययन तथा प्रकाशन के लिए समर्पित जीवन शैली के अध्ययन का कार्य।
इंदिरा गाँधी कला दर्शन	जो केंद्र से प्राप्त/बाहर आने वाले अनुसंधानों तथा अध्ययनों को प्रदर्शनियों द्वारा दृश्य रूपों में परिवर्तित करने वाली कार्यकारी इकाई है।
इंदिरा गाँधी सूत्राधार	प्रशासनिक अनुभाग, जो कि सभी गतिविधियों के लिए सहयोग एवं समन्वय करता है।
इंदिरा गाँधी सांस्कृतिक सूचना विज्ञान लैब	सांस्कृतिक परिरक्षण और प्रचार के लिए प्रौद्योगिकी टूल लागू करना।

मूर्त सांस्कृतिक विरासत

1. ***भारतीय पुरातत्व सर्वेक्षण***
   - **स्थापना** : 1861 में
   - **उद्देश्य** : राष्ट्रीय महत्व के स्मारकों का संरक्षण एवं बचाव करना।
   - **प्रमुख गतिविधियां:**
     1. पुरातात्विक अवशेषों तथा उत्खनन कार्यों का सर्वेक्षण।
     2. केंद्र सरकार की सुरक्षा वाले स्मारकों, स्थलों और अवशेषों का रख-रखाव।

3. स्मारकों और भग्नावशेषों का रासायनिक बचाव।
4. स्मारकों का पुरातात्विक सर्वेक्षण।
5. शिलालेख संबंधी अनुसंधान का विकास और मुद्राशास्त्र का अध्ययन।
6. स्थल संग्रहालयों की स्थापना और पुनर्गठन।
7. विदेशों में अभियान।
8. पुरातत्व विज्ञान में प्रशिक्षण।
9. तकनीकी रिपोर्ट और अनुसंधान का प्रकाशन।

❖ **स्वरूप :** भारतीय पुरातत्व सर्वेक्षण पर्यटन एवं संस्कृति मंत्रालय के अंतर्गत संस्कृति विभाग के संलग्न कार्यालय के रूप में कार्य करता है। इस विभाग के प्रमुख महानिदेशक होते हैं।

नोट : भारतीय पुरातत्व सर्वेक्षण कुल 500 से ज्यादा स्मारकों और ढाँचों की देख-रेख कर रहा है।

विभिन्न शाखाओं की गतिविधियां

1. **जलगत पुरातत्व शाखा :** यह पानी के नीचे मौजूद सांस्कृतिक धरोहर की खोज, अध्ययन और संरक्षण करती है। यह शाखा अरब सागर और बंगाल की खाड़ी में खोज एवं खुदाई करती है।
2. **विज्ञान शाखा :** यह शाखा स्मारकों, प्राचीन सामग्रियों, पांडुलिपियों, पेंटिंग्स, आदि का रासायनिक संरक्षण करती है। मुख्यालय देहरादून में है।
3. **बागवानी शाखा :** यह शाखा दिल्ली, आगरा, श्रीरंगपट्टन और भुवनेश्वर में आधार नर्सरियाँ विकसित करके केंद्र सरकार के संरक्षण वाले करीब 287 स्मारकों में बगीचों एवं उद्यानों के लिए मौसमानुसार पौधे उपलब्ध कराती है एवं उनकी देखभाल करती है।
4. **पुरालेख शास्त्र शाखा :** मुख्यालय-मैसूर एवं नागपुर। मैसूर स्थित पुरालेख शास्त्र शाखा द्रविड़ भाषाओं में शोध कार्य करती है। नागपुर स्थित पुरालेख शास्त्र शाखा अरबी एवं फारसी भाषा में शोध कार्य करती है।

❖ **विदेशों में अभियान :** भारतीय पुरातत्व सर्वेक्षण ने विदेश मंत्रालय के अन्तर्राष्ट्रीय पर्यटन आदान-प्रदान कार्यक्रम के अंतर्गत कम्बोडिया में 'ता प्रोह्म' के संरक्षण की परियोजना शुरू की है। यह परियोजना 2004 में शुरू की गई।

2. राष्ट्रीय स्मारक और पुरावस्तु मिशन

❖ **प्रारंभ :** 19 मार्च, 2007

❖ **कार्य :** निर्मित विरासत स्थल तथा एंटीक्वेरियम के लिए एक राष्ट्रीय रजिस्टर तैयार करना, अनुसंधानकर्ताओं के लिए राज्य स्तरीय डाटाबेस तैयार करना।

3. राष्ट्रीय पांडुलिपि मिशन

❖ **स्थापना :** 2 फरवरी, 2003

❖ **संचालक :** सांस्कृतिक मंत्रालय

❖ **उद्देश्य :** भारत की पांडुलिपियों का संरक्षण व स्वैच्छिक उद्देश्यों के लिए उन तक आसानी से पहुँच उपलब्ध कराने व जागरूकता बढ़ाने हेतु।

❖ **गतिविधियाँ :** सर्वे के माध्यम से पांडुलिपियों का प्रलेखन, निरोधक एवं पुरालिपि शास्त्र पर प्रशिक्षण पाठ्यक्रमों तथा कार्यशालाओं का आयोजन, सूचना प्रचार द्वारा जन जागरूकता पैदा करना।

4. राष्ट्रीय संग्रहालय

❖ **स्थापना :** 15 अगस्त, 1949

❖ **अधीनस्थ :** 1960 के बाद से यह संस्कृति मंत्रालय के अधीनस्थ कार्यालय के रूप में काम कर रहा है।

5. राष्ट्रीय आधुनिक कला संग्रहालय

❖ **स्थापना :** 29 मार्च, 1954 में।

❖ **मुख्यालय :** नई दिल्ली

- **उद्देश्य :** समसामयिक भारतीय कला को प्रोत्साहन देना। इसके अतिरिक्त आधुनिक कला के कार्यों के प्रति लोगों में बेहतर समझ एवं अनुभूति विकसित करना है।
- **विशेष :** दिल्ली, मुंबई और बेंगलुरु में राष्ट्रीय आधुनिक कला है।

6. कला, संरक्षण व संग्रहालय विज्ञान के इतिहास का राष्ट्रीय संग्रहालय संस्थान

- **स्थापना :** 1989
- **मुख्यालय :** नई दिल्ली
- **स्वरूप :** यह स्वायत्त संगठन है, जिसका प्रबन्ध संस्कृति मंत्रालय करता है।
- **विशेष :** यह भारत का एकमात्र संग्रहालय/विश्वविद्यालय है।
- **उद्देश्य :** भारतीय कला को लोकप्रिय बनाने व अल्पावधि पाठ्यक्रमों का शिक्षण व प्रशिक्षण उपलब्ध कराना।

7. रामकृष्ण मिशन संस्कृति संस्थान

- **स्थापना :** 29 जनवरी, 1938
- **मुख्यालय :** कोलकाता
- **संस्थापक :** स्वामी विवेकानन्द
- **मूल उद्देश्य :**
    1. सभी धर्मों को समान आदर देना।
    2. मनुष्य की दैवीय क्षमताओं को प्रतिपादित करना और उभारना।
    3. मानव सेवा को ईश्वर की पूजा मानना।
- **विशेष :** 1962 से भारत सरकार एवं प. बंगाल सरकार संस्थान को अनुदान स्वीकृत कर रही है।

8. भारतीय राष्ट्रीय अभिलेखागार

- **स्थापना :** 11 मार्च, 1891
- **मुख्यालय :** कोलकाता
- **पूर्व नाम :** इंपीरियल रिकॉर्ड ऑफिस
- **प्रथम प्रभारी :** जी. डब्ल्यू. फोरेस्ट
- **विशेष :** सरकार के पुराने रिकॉर्डो के संग्रहकर्ता के रूप में अपनी स्थापना के 110वाँ वर्ष परा किया।
- **इतिहास :** सन् 1911 में राजधानी कोलकाता से दिल्ली स्थानांतरित होने के बाद यह आवश्यक हो गया कि इंपीरियल रिकॉर्ड ऑफिस को भी स्थानांतरित किया जाएगा। मौजूदा भवन 1926 में सरकार के रिकॉर्डो का स्थायी संग्रहालय बन गया। इस भवन का स्वरूप सर एडविन लुटियन द्वारा तैयार किया गया था।
- स्वतंत्रता (1947) के बाद इसका नाम बदलकर भारतीय राष्ट्रीय अभिलेखागार कर दिया गया और इस संगठन का प्रमुख पद रिकॉर्ड-रक्षक से बदलकर निदेशक कर दिया गया।
- जून, 1990 में अभिलेखागार के निदेशक का पद बदलकर महानिदेशक कर दिया गया।
- भारतीय राष्ट्रीय अभिलेखागार संस्कृति मंत्रालय के अंतर्गत है और भोपाल में इसके क्षेत्रीय कार्यालय हैं तथा जयपुर, पुड्डुचेरी एवं भुवनेश्वर में रिकॉर्ड केंद्र हैं।
- **गतिविधियाँ :** 1. विभिन्न सरकारी एजेंसियों और शोधकर्ताओं को रिकॉर्ड उपलब्ध कराना, 2. संदर्भ मीडिया तैयार करना, 3. उक्त उद्देश्य के लिए वैज्ञानिक जाँच-पड़ताल का संचालन और अभिलेखों की सार-संभाल करना।

9. भारतीय मानव विज्ञान सर्वेक्षण

- **मुख्यालय** : कोलकाता (कैम्प कार्यालय-नई दिल्ली)
- **केंद्र** : 7 क्षेत्रीय एवं 01 उपक्षेत्रीय केंद्र, 08 अन्य क्षेत्रीय स्टेशन हैं।
- **उद्देश्य** : जैव संस्कृति के क्षेत्र में मानव विज्ञान संबंधी अनुसंधान, नृवंश सामग्री और अन्य प्राचीन मानव कंकाल अवशेष एकत्र करना, उनका संरक्षण करना, उनकी देख-रेख करना, उनके बारे में आंकड़े तथा दस्तावेज तैयार करना एवं उनका अध्ययन करना।
- **मुख्य कार्य** : जैवमंडल रिजर्व पर्यटन के सांस्कृतिक आयाम एवं पर्यटकों की रुचि के स्थानों के बारे में शोध करना।

10. राष्ट्रीय पुस्तकालय

- **स्थापना** : 1948 में 'इंपीरियल लाइब्रेरी' के रूप में।
- **मुख्यालय** : कोलकाता।
- **उद्देश्य** : राष्ट्रीय महत्व की प्रत्येक मुद्रित सामग्री व पांडुलिपियाँ प्राप्त करके उनका संरक्षण करना।

11. केंद्रीय सचिवालय पुस्तकालय

- **स्थापना** : 1891 में 'इंपीरियल सेक्रेटेरिएट लाइब्रेरी' के रूप में कोलकाता में स्थापित।
- **मुख्यालय** : नई दिल्ली, शास्त्री भवन।
- **शाखाएँ** : दो शाखाएं-
    1. क्षेत्रीय भाषाओं की शाखा, जो 'तुलसी सदन लाइब्रेरी' के नाम से प्रसिद्ध है।
    2. नई दिल्ली के रामकृष्णपुरम में स्थित है।

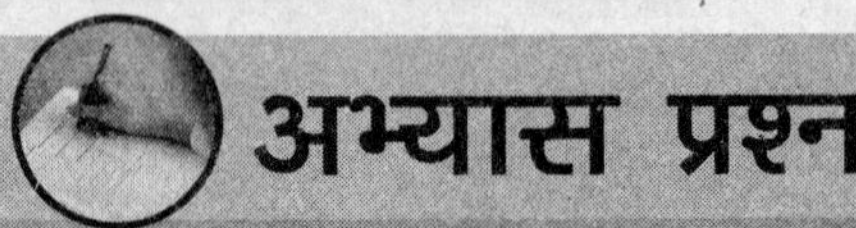

अभ्यास प्रश्न

1. विश्व विरासत सूची के संदर्भ में कौन-सा कथन असत्य है?

(a) इस सूची में 187 देशों ने हस्ताक्षर किए हैं।

(b) भारत ने 14 नवम्बर, 1978 को हस्ताक्षर किये।

(c) विश्व विरासत सूची में दो प्रकार की विरासतें शामिल हैं।

(d) विश्व विरासत सूची में भारत की कुल 38 प्राकृतिक एवं सांस्कृतिक धरोहर शामिल हैं।

2. विश्व विरासत सूची में कौन शामिल नहीं है?

(a) अजंता की गुफाएँ (b) हम्पी का अवशेष

(c) साँची का बौद्ध स्तूप (d) सारनाथ

3. विश्व विरासत सूची में शामिल किस क्षेत्र की परिसम्पत्तियां हैं?

(a) सांस्कृतिक विरासत (b) प्राकृतिक विरासत

(c) मूर्त विरासत (d) अमूर्त विरासत

4. विश्व विरासत सूची में सबसे अधिक किस राज्य की विरासतें हैं?

(a) उत्तर प्रदेश (b) तमिलनाडु

(c) दिल्ली (d) असम

5. कौन असंगत है?

(a) शेरशाह सूरी मकबरा – सासाराम

(b) भीतर कणिका संरक्षित क्षेत्र – ओडिशा

(c) महाराजा रेलवे – मध्य प्रदेश

(d) माथेरन रेलवे – मणिपुर

6. निम्नलिखित में कौन विश्व विरासत सूची में शामिल है?

(a) सारनाथ के बौद्ध स्थल (b) माजुली नदी द्वीप

(c) कश्मीर के मुगल उद्यान (d) चम्पानेर का पावागढ़ किला

7. कौन असंगत है?

(a) आगरा का किला – अकबर

(b) ताजमहल – शाहजहाँ

(c) साँची के बौद्ध स्मारक – अशोक

(d) महाबलिपुरम के स्मारक – नरसिंह देव-1

8. निम्नलिखित में कौन यूनेस्को की सांस्कृतिक धरोहर में शामिल है?

(a) वैदिक जाप (b) रामलीला

(c) कुटियाट्टम (d) उपरोक्त में सभी

9. कालबेलिया का लोकनृत्य किस राज्य का है?

(a) राजस्थान (b) मध्य प्रदेश

(c) उत्तर प्रदेश (d) झारखंड

10. किसे राष्ट्रीय कला केंद्र के नाम से जाना जाता है?
(a) ललित कला अकादमी (b) संगीत नाटक अकादमी
(c) साहित्य अकादमी (d) इंदिरा गाँधी कला केंद्र

11. निम्नलिखित में कौन संगत है?
(a) ललित कला अकादमी - नई दिल्ली
(b) राष्ट्रीय नाट्य विद्यालय - दिल्ली
(c) भारतीय पुरातत्व सर्वेक्षण - कोलकाता
(d) साहित्य अकादमी - भोपाल

12. किसका मुख्यालय नई दिल्ली में नहीं है?
(a) ललित कला अकादमी
(b) राष्ट्रीय नाट्य विद्यालय
(c) भारतीय पुरातत्व सर्वेक्षण
(d) साहित्य अकादमी

13. निम्नलिखित में कौन भारत की शास्त्रीय भाषा नहीं है?
(a) तमिल (b) तेलुगू एवं कन्नड़
(c) मलयालम (d) पालि

14. सबसे अधिक ज्ञानपीठ पुरस्कार किस भाषा क्षेत्र को दिए गए हैं?
(a) तमिल (b) तेलुगू एवं कन्नड़
(c) मलयालम (d) पालि

15. साहित्य अकादमी पुरस्कार कुल कितनी भाषाओं में दिया जाता है?
(a) 14 (b) 22
(c) 18 (d) 26

16. कौन असंगत है?
(a) देश का पहला कस्टम संग्रहालय - गोवा
(b) सिगमो महोत्सव - मणिपुर
(c) कच्छल द्वीप - अंडमान निकोबार द्वीप समूह
(d) मुजरिस विरासत परियोजना - तमिलनाडु

उत्तरमाला

1. (d) **2.** (d) **3.** (b) **4.** (a) **5.** (d) **6.** (b) **7.** (d) **8.** (d)
9. (a) **10.** (a) **11.** (d) **12.** (c) **13.** (d) **14.** (c) **15.** (d) **16.** (d)

❑❑❑

भारतीय कला एवं संस्कृति तथा विरासत

प्रमुख बिन्दु

- ❖ भारतीय नृत्य
- ❖ भारतीय चित्रकला
- ❖ भारतीय मूर्तिकला
- ❖ मूर्तिकला: प्राचीन शैलियाँ
- ❖ भारत के लोकनृत्य
- ❖ मुगलकालीन चित्रकला
- ❖ चित्रकला : क्षेत्रीय शैलियाँ
- ❖ भारत के प्रमुख मेले/महोत्सव व आयोजन

भारतीय नृत्य

नृत्य	स्थान	अभिलक्षण/तथ्य/विशेषताएँ	व्यक्तित्व
(A) राष्ट्रीय नृत्य (i) **भरतनाट्यम** **घराना :** • तंजौर • कांचीपुरम • पण्डनलूर **अन्य नामों से प्रसिद्ध :** • दाशीअट्टम • अग्नि नृत्य **चित्र 4.1: भरतनाट्यम नृत्य की एक मुद्रा**	तमिलनाडु	**अभिलक्षण :** 19वीं शताब्दी के पूर्व में, तंजावुर के चार नृत्य शिक्षकों (चिनियाह, पोनियाह, वादिवेलू तथा शिवानंदम) ने इस नृत्य शैली के प्रमुख अभिलक्षणों को परिभाषित किया है:- • **अलारिप्पू :** यह प्रदर्शन का आरम्भिक भाग है। जिसमें आधारभूत नृत्य मुद्राएं सम्मिलित होती हैं तथा इसे लयबद्ध शब्दांशों के साथ प्रस्तुत किया जाता है। इसका उद्देश्य ईश्वर का आशीर्वाद प्राप्त करना है। • **जातिस्वरम :** यह विभिन्न मुद्राओं तथा चालों सहित नृत्य की शुद्ध विधा है। • **शब्दम् :** यह गीत में अभिनय को शामिल करने वाला नाटकीय नृत्य है। सामान्यत: इसे ईश्वर की प्रशंसा में प्रयुक्त किया जाता है। • **वर्णम :** इसमें चेहरे पर भाव, रस एवं ताल तीनों का सम्यक प्रदर्शन होता है। • **पद्म :** यह अभिनय के ऊपर कलाकार की सिद्धहस्तता को प्रदर्शित करता है। • **ज्वाली :** यह अपेक्षाकृत तीव्र गति के साथ प्रस्तुत लघु प्रेम गीत काव्य होता है। • **थिल्लन :** यह नृत्य की समापन अवस्था है तथा इसमें विशुद्ध नृत्य के साथ उल्लासपूर्ण गति तथा जटिल लयबद्ध स्पंदन को शामिल किया जाता है।	• **पुनर्जीवित करने का श्रेय- ई. कृष्ण अय्यर** • **वैश्विक पहचान दिलाने का श्रेय- रुक्मिणी देवी अरुन्डेल** • **अन्य प्रसिद्ध व्यक्तित्व** यामिनी कृष्णमूर्ति पद्मा सुब्रहमण्यम मृणालिनी साराभाई टी. बाला सरस्वती सोनल मानसिंह लीला सैमसन

		तथ्य : • नृत्य विद्या का सर्वाधिक प्राचीन रूप है। • भरतनाट्यम का नाम भरत मुनि तथा नाट्यम शब्द से मिलकर बना है। • तमिल में नाट्यम शब्द का अर्थ नृत्य होता है। **विशेषता :** इस नृत्य की प्रस्तुति में घुटने अधिकांशतः मुड़े होते हैं तथा शरीर का भार दोनों पैरों पर समान रूप से वितरित किया जाता है। • नृत्य की मुख्य मुद्राओं में से एक है। 'कटक मुख हस्त' जिसमें तीन उंगलियों को जोड़कर 'ॐ' का प्रतीक निर्मित किया जाता है।	
(ii) **कथक घराना :** • लखनऊ • जयपुर • रामगढ़ • बनारस  **चित्र 4.2: कत्थक नृत्य की एक मुद्रा**	उत्तर प्रदेश	**अभिलक्षण :** कथक नृत्य विधा को जटिल पद-चालनों, उछलना तथा चक्करों के प्रयोग से पहचाना जाता है। इस नृत्य शैली के प्रमुख अभिलक्षण हैं:- • **आनन्द :** यह परिचयात्मक प्रस्तुति है, जिसके माध्यम से नर्तक मंच पर प्रवेश करता है। • **ठाट :** इसमें हल्की, किंतु अलग-अलग प्रकार की हरकतें होती हैं। • **तोड़े तथा टुकड़े :** यह तीव्र लय के लघु अंश होते हैं। • **जुगलबन्दी :** यह कथक प्रस्तुति का मुख्य आकर्षक है, जिसमें तबला वादक तथा नर्तक के बीच प्रतिस्पर्द्धात्मक खेल होता है। • **पढंत :** यह एक विशिष्ट रूपक होता है, जिसमें नर्तक जटिल बोल का पाठ कर नृत्य द्वारा उनका प्रदर्शन करता है। • **तराना :** यह भरतनाट्यम नृत्य शैली के थिल्लन के समान ही होता है, जो समापन से पूर्व लयात्मक संचालनों से मिलकर बनता है। • **क्रमालय :** यह नृत्य के समापन का अंश होता है, जिसमें जटिल तथा तीव्र पद-चालन का समावेश होता है। **तथ्य :** • ब्रजभूमि की रासलीला से उत्पन्न कथक उ.प्र. की एक परम्परागत नृत्य विधा है। • कथक का नाम 'कथिका' अर्थात् कथावाचक शब्द से लिया गया है, जो भाव-भंगिमाओं तथा संगीत के साथ महाकाव्यों से ली गई कविताओं की प्रस्तुति किया करते थे। **विशेषता :** • कथक की जुगलबंदी प्रायः ध्रुपद संगीत के साथ होती है। • मुगल काल में तराना, ठुमरी तथा गजल को इसमें शामिल किया गया था।	• **कथक की शास्त्रीय शैली को 20वीं शताब्दी में पुनर्जीवित करने का श्रेय-** लेडी लीला सैमसन • **अन्य प्रसिद्ध व्यक्तित्व** बिरजू महाराज लच्छू महाराज शम्भू महाराज सितारा देवी दमयंती जोशी जय किशन हनुमान प्रसाद हरी प्रसाद (देवपरी) वृन्दादीन

(iii) **कुचिपुड़ी**  चित्र 4.3: कुचिपुड़ी नृत्य की एक मुद्रा	आन्ध्र प्रदेश	**अभिलक्षण :** कुचिपुड़ी नृत्य की अधिकांश प्रस्तुतियाँ भागवत पुराण की कहानियों पर आधारित हैं, किंतु उनका केन्द्रीय भाव पंथ निरपेक्ष रहा है। इसमें शृंगार रस की प्रधानता है। इस नृत्य शैली के प्रमुख अभिलक्षण हैं:- • **दारू :** प्रत्येक मुख्य चरित्र दारू के प्रस्तुतीकरण के साथ स्वयं को मंच पर प्रविष्ट करता है, जो प्रत्येक चरित्र के उद्घाटन के उद्देश्य से विशिष्ट रूप से निर्देशित नृत्य तथा गीत की लघु रचना होती है। कुचिपुड़ी में समूह प्रदर्शन के अलावा कुछ लोकप्रिय एकल प्रदर्शन भी हैं, जिनके अभिलक्षण हैं:- • **मंडूक शब्दम :** एक मेढ़क की कहानी प्रस्तुत की जाती है। • **तरंगम :** इसमें नर्तक एक पीतल की तश्तरी के किनारे पांव रखकर तथा अपने सिर पर जल पात्र या दीयों के एक सेट को संतुलित रखते हुए प्रस्तुत करता है। • **जल चित्र नृत्यम :** नर्तक या नर्तकी नृत्य करते हुए अपने पैर के अंगूठों से सतह (जमीन) पर चित्र बनाते हैं। **तथ्य** कुचिपुड़ी नृत्य विद्या का नाम आंध्र के एक गाँव कुस्सेल्वापुरी या कुचेलापुरम् से व्युत्पन्न हुआ है। • इस नृत्य विद्या पर पुरुष ब्राह्मणों का एकाधिकार था तथा इसकी प्रस्तुतियाँ मंदिरों में दी जाती थीं। **विशेषता** • इस नृत्य विद्या की प्रस्तुति करते समय नर्तक स्वयं ही गायक की भूमिका को भी संयोजित कर सकता है, इसलिए यह एक नृत्य-नाटक प्रस्तुति बन जाती है। • इसमें आराध्य देव शिव हैं, इसलिए इस विद्या में लास्य व तांडव दोनों ही शामिल हैं। • कुचिपुड़ी प्रस्तुति में कर्नाटक संगीत की जुगलबंदी की जाती है। • वायलिन तथा मृदंगम् इसके प्रमुख वाद्य यंत्र होते हैं।	• **पुनर्जीवित करने का श्रेय** बालासरस्वती रागिनी देवी • **अन्य प्रसिद्ध व्यक्तित्व** राधा रेड्डी राजा रेड्डी यामिनी कृष्णमूर्ति इन्द्राणी रहमान शोभा नामड़ स्वप्न रेड्डी

<table>
<tr>
<td>(iv) कथकली

चित्र 4.4: कथकली नृत्य की एक मुद्रा</td>
<td>केरल</td>
<td>अभिलक्षण : इस नृत्य का प्रमुख अभिलक्षण आँखों तथा भृकुटियों की गति के माध्यम से रसों का निरुपण करना है, साथ ही इस नृत्य की विद्या में रंग मंचीय सामग्री का न्यूनतम प्रयोग होता है, क्योंकि विभिन्न चरित्रों के लिए मुकुट और चेहरे के विस्तृत श्रृंगार का प्रयोग किया जाता है। अलग-अलग रंगों का अपना पृथक् महत्व है, जैसे :
• हरा रंग : यह रंग कुलीनता, दिव्यता तथा सद्‌गुण को दर्शाता है।
• लाल रंग : नाक के बगल में लाल धब्बे प्रभुत्व को दर्शाते हैं।
• काला रंग : यह रंग बुराई तथा दुष्टता को दर्शाने के लिए किया जाता है।
तथ्य :
• केरल के मंदिरों में सामंतों के संरक्षण में नृत्य व नाट्य के दो रूप प्रचलित थे, एक था रामानट्टम जिसमें रामायण की कहानी कही जाती थी तथा दूसरा था कृष्णाट्टम, जिसमें महाभारत की कहानी कही जाती थी। ये दोनों लोक नाट्य परम्पराएँ कथकली के उद्‌भव का स्त्रोत बनीं, जिसका नाम 'कथा' अर्थात् कहानी और 'कली' यानी नाटक से लिया गया है।
विशेषता :
• अधिकांश कथकली की प्रस्तुति अच्छाई तथा बुराई के बीच शाश्वत संघर्ष का शानदार प्रदर्शन होती है।
• इस नृत्य विद्या की विषय-वस्तु महाकाव्यों तथा पुराणों से ली गई कहानियों पर आधारित होती है इसलिए इसे 'पूर्व का गाथा गीत' भी कहा जाता है।
• इस नृत्य की प्रस्तुति प्राय: मुक्ताकाश रंगमंचों पर या मंदिरों के परिसरों में मोटी चटाइयाँ बिछा कर दी जाती है।
• प्रकाश के लिए एक पीतल का लैम्प का प्रयोग किया जाता है।
• कथकली आकाश या ईश्वरत्त्व का प्रतीक है।
• इसके चरित्र कभी बोलते नहीं हैं। केवल उनके हाथों के हावभाव, चेहरे की अभिव्यक्ति, भवों की गति, नेत्रों का संचालन, गाल, नाक और ठोड़ी की अभिव्यक्ति नर्तक द्वारा विभिन्न भावनाओं को प्रकट करती है।
• इसके नर्तक उभरे हुए परिधानों, दुपट्टों, आभूषणों व मुकुट से सजे होते हैं।</td>
<td>• पुनरुत्थान करने का श्रेय-
राजा मुकुंद के संरक्षण में प्रसिद्ध मलयाली कवि वी. एन. मेनन द्वारा
• अन्य प्रसिद्ध व्यक्तित्व-
गुरु कुंछु कुरूप
गोपी नाथ
रीता गांगुली
कृष्ण नायर</td>
</tr>
</table>

(v) ओडिसी  चित्र 4.5: ओडिसी नृत्य की एक मुद्रा	ओडिशा	**अभिलक्षण :** भावों को अभिव्यक्त करने के लिए मुद्राओं तथा विन्यासों के प्रयोग में यह भरतनाट्यम से मिलती-जुलती है। इस नृत्य विद्या के महत्वपूर्ण अभिलक्षण है:- • **त्रिभुंग मुद्रा**- यह मुद्रा शरीर के तीन स्थानों को वक्रित कर बनती है तथा ओडिसी नृत्य विद्या में शामिल है। • **लालित्य, विषयासक्ति तथा सौंदर्य** का निरुपण ओडिसी नृत्य की अनोखी विद्या है, जिसमें नर्तकियां अपने शरीर से जटिल ज्यामितीय आकृतियों का निर्माण करती हैं, इसलिए इसे चलायमान शिल्पाकृति के रूप में भी जाना जाता है।	• **अंतर्राष्ट्रीय ख्याति दिलाने का श्रेय** चार्ल्स फैब्री • **अन्य प्रसिद्ध व्यक्तित्व** गुरु पंकज चरण दास, गुरु केलु चरण महापात्र, सोनल मानसिंह, शैरोन लोवेन (अमेरिका)
(vi) मोहिनीअट्टम  चित्र 4.6: मोहिनीअट्टम नृत्य की एक मुद्रा	केरल	**अभिलक्षण:** इस नृत्य के प्रमुख अभिलक्षणों में शामिल हैं:- • इस नृत्य विद्या में लालित्य, चारूत्य और कथकली के ओज का मिश्रण मिलता है। • मोहिनीअट्टम में सामान्यत: विष्णु के नारी सुलभ नृत्य की कहानी कही जाती है। **तथ्य:** • 'मोहिनीअट्टम' शब्द का अर्थ है, मोहिनी अर्थात् 'सुंदर नारी' और अट्टम अर्थात् 'नृत्य' यानी सुंदर नारी का नृत्य। • यह एक एकल नृत्य है, जिसे वर्तमान में केरल राज्य के त्रावणकोर के शासकों के संरक्षण में प्रसिद्धि मिली। **विशेषता:** • मोहिनीअट्टम की प्रस्तुति में नृत्य के लास्य पक्ष की प्रधानता रहने के कारण इसे महिला नर्तकों द्वारा प्रस्तुत किया जाता है। • इस नृत्य विद्या में पोषक का विशिष्ट महत्व होता है। इसमें मुख्य रूप से श्वेत तथा श्वेताभ रंगों का प्रयोग किया जाता है। • इस नृत्य की प्रस्तुति से वायु तत्व को निरुपित किया जाता है।	• **पुनरूद्धार का श्रेय**- वी.एन. मेनन (मलयाली कवि), कल्याणी अम्मा • **अन्य प्रसिद्ध व्यक्तित्व** सुनंदा नायर माधुरी अम्मा जयप्रभा मेनन

(vii) **मणिपुरी**  **चित्र 4.7: मणिपुरी नृत्य की एक मुद्रा**	मणिपुरी	**अभिलक्षणः** इस नृत्य विद्या के प्रमुख अभिलक्षण हैं:- • **रास लीला :** मणिपुरी नृत्य प्रस्तुति का एक पुनरावृत्ति केंद्रीय भाव है। • **नागाभन्दा मुद्रा :** इस मुद्रा में शरीर को 8 की आकृति में बने वक्रों के माध्यम से संयोजित किया जाता है। यह मणिपुरी नृत्य विद्या में एक महत्वपूर्ण मुद्रा है। • **ताण्डव तथा लास्य :** इस नृत्य विद्या में ताण्डव तथा लास्य दोनों हैं, परन्तु अधिक बल लास्य को दिया जाता है। **तथ्यः** • मणिपुर नृत्य विद्या का पौराणिक प्रमाण मणिपुर की घाटियों में स्थानीय गंधर्वों के साथ शिव-पार्वती के नृत्य में बताया जाता है। • वैष्णववाद के अभ्युदय के साथ इस नृत्य विद्या को ख्याति प्राप्त हुई है। **विशेषताः** • यह नृत्य विद्या विषयाशक्ति नहीं बल्कि भक्ति पर बल देने के कारण अनोखी है। • मणिपुरी नृत्य में मुद्राओं का सीमित प्रयोग होता है। • इस नृत्य में मुख्यतः हाथ तथा घुटने के स्थानों की मंद तथा लालित्यपूर्ण गति पर बल दिया जाता है। • ढोल-पुंग-ऐसी प्रस्तुति का एक जटिल तत्व है। करताल, ढोल इत्यादि की सहायता से इसके साथ संगीत दिया जाता है। • जयदेव तथा चंडीदास की रचनाओं का व्यापक रूप से प्रयोग किया जाता है।	• **ख्याति दिलाने का श्रेय** रवीन्द्रनाथ टैगोर ने मणिपुरी को शांति निकेतन में प्रवेश देकर ख्याति दिलाई। • **अन्य प्रसिद्ध व्यक्तित्व** नयना, स्वर्णा, रंजना - (झावेरी बहनें) दर्शना गुरु बिपिन सिंह

भारत के लोकनृत्य

लोकनृत्य	प्रचलन का स्थान	नृत्य केंद्र बिन्दु	विशेषता
छऊ **नोटः** वर्ष 2011 में यूनेस्को ने मानवता की अमूर्त सांस्कृतिक विरासत की प्रतिनिधि सूची में 'छऊ' का नाम शामिल किया है।	झारखंड में - सरायकेला छऊ ओडिशा में - मयूरभंज छऊ पं. बंगाल में - पुरुलिया छऊ **चित्र 4.8: छऊ का एक दृश्य**	पौराणिक कहानियों का वर्णन। **नोटः** कुछ कथाओं में स्वाभाविक केंद्रीय भावों, जैसे-सर्प नृत्य या मयूर नृत्य का प्रयोग होता है।	• छऊ शब्द छाया से निकला है, जिसका अर्थ है परछाईं। • यह मुखौटा नृत्य का एक प्रकार है, जिसमें पौराणिक कहानियों का वर्णन करने के लिए शक्तिशाली युद्ध संबंधी संचालनों का प्रयोग किया जाता है। **नोटः** मयूरभंज छऊ (ओडिशा) के कलाकार मुखौटा नहीं पहनते।

गरबा चित्र 4.9: गरबा नृत्य	गुजरात का लोकप्रिय लोकनृत्य है।	छिद्र युक्त मिट्टी के बर्तन, जिसमें दीप प्रज्ज्वलित करके उसके चारों ओर महिलाएँ नृत्य करती हैं।	• नवरात्र के अवसर पर किया जाता है। • गरबा का वास्तविक अर्थ है- 'गर्भदीप' • महिलाएँ छिद्र युक्त मिट्टी के बर्तन पर दीप जलाकर उसके चारों ओर लयबद्ध तालियों के स्वर पर चक्राकार गति से नृत्य करती हैं।
डांडिया रास चित्र 4.10: डांडिया रास		दुर्गा तथा महिषासुर के बीच छद्म युद्ध दर्शाया जाता है।	• यह एक ऊर्जा युक्त तथा रोचक नृत्य है, जिसमें पॉलिश की हुई छड़ियों या डांडिया का प्रयोग किया जाता है।
तरंग मेल	गोवा का लोकनृत्य है।	क्षेत्र की युवा ऊर्जा का उत्सव मनाया जाता है।	• इसे दशहरा तथा होली के दौरान प्रस्तुत किया जाता है। • इन्द्रधनुषी पोशाकों के साथ बहुरंगी झंडों तथा कागज के रिबनों के प्रयोग से एक दर्शनीय नजारे में परिवर्तित कर दिया जाता है।
घूमर या गणगोर चित्र 4.11: घूमर नृत्य	राजस्थान में भील जनजाति की महिलाओं द्वारा प्रस्तुत परम्परागत लोकनृत्य है।	महिलाओं को चक्कर खा-खा कर घूमना होता है।	• इन नृत्य में जब महिलाएँ चक्कर खा-खा कर घूमती हैं, तो उनके उड़ते हुए घाघरे की बहुरंगी थर-थराहटें शानदार दिखती हैं।
कालबेलिया चित्र 4.12: कालबेलिया नृत्य	राजस्थान के कालबेलिया (सपेरा) समुदाय की महिलाओं द्वारा प्रस्तुत किया जाता है।	पोशाक तथा नृत्य की चाल सर्प के समान होती है।	• महिलाएँ सपेरों द्वारा बजाए जाने वाले वाद्य यंत्र 'बीन' की धुन पर भावमय नृत्य करती हैं।
नोट: वर्ष 2011 में यूनेस्को ने मानवता की अमूर्त सांस्कृतिक विरासत की प्रतिनिधि सूची में कालबेलिया लोकगीत तथा नृत्य को सूचीबद्ध किया है।			
चारबा	हिमाचल प्रदेश का एक लोकप्रिय लोकनृत्य है।	-	• इस नृत्य को दशहरा के उत्सवों के दौरान प्रस्तुत किया जाता है।
पटा कुनीथा चित्र 4.13: पटा कुनीथा नृत्य का एक दृश्य	मैसूर क्षेत्र की लोकप्रिय नृत्य विद्या है।	धार्मिक नृत्य जो सभी धर्मों के लोगों के बीच लोकप्रिय है।	• पुरुषों द्वारा 'पटा' नाम से प्रसिद्ध रंगीन रिबनों से सुसज्जित होकर लम्बे बाँस के खम्भों का प्रयोग कर प्रस्तुत करते हैं। रंगों का बाहुल्य इसे दर्शनीय तमाशा बना देता है।

भूत आराधना चित्र 4.14: भूत आराधना नृत्य का एक दृश्य	कर्नाटक की लोकप्रिय नृत्य विद्या है।	शैतान की पूजा	• प्रदर्शन से पूर्व शैतानों की प्रतीक प्रतिमाओं को एक आधार पर रख नर्तक उन्मत्त होकर नृत्य करते हैं, जैसे उन पर किसी आत्मा ने कब्जा जमा रखा हो।
कोल्काली परिचकाली चित्र 4.15: कोल्काली परिचकाली नृत्य का एक दृश्य	दक्षिणी केरल तथा लक्षद्वीप के इलाकों का लोकप्रिय युद्ध कला नृत्य है।	युद्ध श्रृंखला का अभिनय	• नर्तक लकड़ी के बने नकली शस्त्रों का प्रयोग करते हुए युद्ध श्रृंखलाओं का अभिनय करते हैं। यह अभिनय धीमी गति से आरंभ होता है, किंतु धीरे-धीरे गति बढ़ती जाती है और अंत में उन्माद पूर्ण हो जाता है।
भांगड़ा/गिद्दा चित्र 4.16: भांगड़ा/गिद्दा नृत्य का एक दृश्य	पंजाब का ऊर्जायुक्त लोकनृत्य है।	उत्साह का संचार करता है।	• उत्तेजित करने वाले ढोल की थापों के साथ किया जाने वाला यह नृत्य उत्सवों के दौरान लोकप्रिय है। **नोट : भांगड़ा** पुरुष करते हैं जबकि **गिद्दा** महिलाएँ करती हैं। अर्थात् भांगड़ा का नारी संस्करण गिद्दा है।
रासलीला	उत्तर प्रदेश के बृज क्षेत्र का लोकप्रिय लोकनृत्य है।	राधा-कृष्ण के किशोर प्रेम पर केंद्रित है।	-
दादरा	उ.प्र. में लोकप्रिय नृत्य का अर्द्ध शास्त्रीय रूप है।	-	• यह लखनऊ क्षेत्र के दरबारी नर्तकों में अत्यधिक लोकप्रिय है।
झूमर	झारखंड व ओडिशा की जनजातियों द्वारा प्रस्तुत।	फसल कटाई नृत्य है।	• **जनानी झूमर**, जिसे महिलाएँ प्रस्तुत करती हैं तथा **मर्दाना झूमर** जिसे पुरुष प्रस्तुत करते हैं। यह नृत्य बहुत से मेलों तथा त्योहारों का मुख्य आकर्षण होता है।

बिहू चित्र 4.17: बिहू नृत्य का एक दृश्य	असम का प्रसिद्ध नृत्य है।	घूम-घूम कर किया जाने वाला यह नृत्य उल्लास को व्यक्त करता है।	• पुरुषों तथा नारियों दोनों के समूह द्वारा प्रस्तुत किया जाता है। इस नृत्य के सफल प्रदर्शन में समूह निर्माण, तीव्र हस्त-चालन तथा फुर्तीले कदमों की भूमिका होती है।
बिरहा	ग्रामीण बिहार एवं पूर्वी उ.प्र. में मनोरंजन का एक लोकप्रिय माध्यम है।	उन महिलाओं की व्यथा का वर्णन होता है, जिनके साथी घर से दूर होते हैं।	• यह नृत्य पूरी तरह से पुरुषों द्वारा ही प्रस्तुत किया जाता है और महिलाओं का पात्र भी पुरुष ही निभाते हैं।
जट-जटिन चित्र 4.18: जट-जटिन नृत्य का एक दृश्य	बिहार के उत्तरी भाग विशेषकर मिथिलांचल में लोकप्रिय है।	विवाहित दंपतियों के बीच के कोमल प्रेम तथा मीठी नोक-झोंक पर आधारित।	-

भारतीय चित्रकला

चित्रकला	महत्वपूर्ण तथ्य	अभिलक्षण/तथ्य/विशेषताएँ
(1) भित्ति चित्रकला चित्र 4.19: अजंता गुफा में छत पर की गई चित्रकारी चित्र 4.20: अजंता की गुफा में दीवारों पर चित्रांकित बोधिसत्व अवलोकितेश्वर का चित्र	• ठोस संरचना की दीवारों पर की गई रचना भित्ति चित्रकला कहलाती है, जो प्राचीन काल से ही भारत के अस्तित्व में है। • द्वितीय शताब्दी ईसा पूर्व और 10वीं शताब्दी ईसवी के बीच विकसित हुई है। • इन चित्रों के सबसे आम विषय हिन्दू, बौद्ध और जैन धर्म हैं। • अधिकांश भित्ति चित्रकलाएं या तो प्राकृतिक गुफाओं में या चट्टानों को काटकर बनाए गए कक्षों में हैं। • इसके अतिरिक्त इस प्रकार के चित्र किसी लौकिक भवन का अलंकरण करने के लिए भी बनाए जाते थे। • भित्ति चित्र अपने विशाल आकार के कारण अद्वितीय हैं।	भारत में भित्ति चित्रकला के प्रमुख उदाहरण निम्नवत् हैं। **(1) अजंता गुफा की चित्रकला** • ये चित्र उस काल (मौर्य काल) की शैलियों, वेश-भूषा और आभूषणों के साथ-साथ मानवीय मूल्यों और सामाजिक ताने-बाने का निर्देशन करते हैं। • इन चित्रों में भावनाओं को हाथ के संकेतों से व्यक्त किया गया है। • इन चित्रों की अनूठी विशेषता प्रत्येक महिला आकृति का अद्वितीय केश विन्यास (Different Hair Styles) है। • पशु-पक्षियों को भी भावनाओं के साथ दिखाया गया है। • मनुष्यों और पशुओं की सुंदर आकृतियों से गुफाओं की दीवारों को सजाया गया है। **अन्य** • वानस्पतिक और खनिज रंगों का प्रयोग। • आकृतियों की रूपरेखा, भूरे, काले या लाल रंग की धाराओं के साथ लाल गेरु रंग की है। **नोट :** अजंता गुफा भारतीय उप महाद्वीप के सबसे पुराने बचे हुए भित्ति चित्रों में से एक है।

ऐतिहासिक तथ्य :

- इन गुफाओं को मौर्य साम्राज्य के अधीन पूरा किया गया था।
- इनमें 29 गुफाओं का समूह शामिल है।

(2) एलोरा गुफा की चित्रकला

- **विस्तार :** कैलाश मंदिर तक सीमित 5 गुफाओं में पाए जाते हैं।
- **निर्माण कार्य :** 2 चरणों में।
- **चित्र :** प्रारंभिक चित्र बादलों से होकर गुजरते आकाशीय पक्षी गरुड़ पर अपनी पत्नी लक्ष्मी के साथ बैठे विष्णु का है, जबकि बाद के चित्र गुजराती शैली में बने उत्तरकालीन चित्र शैव साधुओं के जुलूस का चित्रण करते हैं।

चित्र 4.21: एलोरा गुफा की चित्रकला

नोट : एलोरा गुफा के चित्र हिन्दू, बौद्ध तथा जैन धर्म से संबंधित हैं।

(3) बाघ गुफा की चित्रकला

- **विस्तार :** मध्य प्रदेश में स्थित बाघ की गुफाओं तक।
- **समरूपता :** अपने डिजाइन, निष्पादन और सजावट के संदर्भ में वास्तविक अंजता गुफाओं के काफी निकट है।
- **अन्तर :** एलोरा और बाघ गुफाओं के चित्रों में मुख्य अन्तर यह है कि बाघ गुफाओं की आकृतियाँ अधिक मजबूती से चित्रित हैं, इनकी रूपरेखा अधिक दृढ़ है और अपेक्षाकृत अधिक सांसारिक और मानवीय है।
- **विशेषता :** रंग महल के रूप में ज्ञात गुफा संख्या 4 की दीवारों पर बिल्कुल अजंता की भाँति बौद्ध और जातक कथाओं का निरुपण करने वाले सुंदर भित्ति चित्र हैं।

चित्र 4.22: बाघ गुफा की चित्रकला

(4) आम्रमलाई गुफा की चित्रकला

- **विस्तार :** तमिलनाडु के वेल्लोर जिले में स्थित।
- **रूपांतरण :** प्राकृतिक गुफाओं का 8वीं सदी में जैन मंदिर के रूप **में रूपांतर किया गया था।**
- **विशेषता :** इन गुफाओं की दीवारों और छतों पर बने सुंदर रंगीन चित्र 'अष्टाथिक - पालक' (8 कोनों के देवता) की कहानियों और जैन धर्म को दर्शाते हैं।

(5) सित्तनवासल गुफा की चित्रकला

- **विस्तार :** तमिलनाडु के पुदुस्कोट्टई शहर के 16 किमी. उत्तर-पश्चिम में स्थित चट्टानों को काटकर बनाई गई।

विशेषता :

- ये प्रसिद्ध गुफाएँ जैन मंदिरों की चित्रकला के लिए जानी जाती हैं।
- दीवारों पर ही नहीं बल्कि छतों और स्तंभों पर भी चित्र विद्यमान हैं।

- चित्रों के लिए उपयोग किए जाने वाले माध्यम शाकीय और खनिज रंजक हैं और इन्हें पहले गीले चूने के प्लास्टर की सतह पर रंग डालकर बनाया गया था।
- हरा, पीला, नारंगी, नीला, काला और सफेद रंगों का प्रयोग किया गया है।

ऐतिहासिक तथ्य :

कुछ विद्वान विश्वास करते हैं कि ये गुफाएँ पल्लव काल की है, जब राजा महेन्द्र वर्मन I ने मंदिर की खुदाई करवाई, जबकि इसमें अन्य लक्ष्य तब सामने आए, जब पाण्ड्य शासकों ने 9वीं शताब्दी में इन मंदिरों का जीर्णोद्धार कराया।

समरूपता :

इन भित्ति चित्रों की समरूपता बाघ और अजंता की गुफाओं की चित्रकला से है।

(6) रावण छाया चट्टानी आश्रम

- **विस्तार :** ओडिशा के क्योंझर जिले में स्थित चट्टानी आश्रम स्थल पर बने चित्रों में प्राचीन फ्रेस्को चित्र 'आधी खुली छतरी के आकार' में हैं।
- **प्रमुख चित्र :** सर्वाधिक उल्लेखनीय चित्र 7वीं सदी के एक शाही जुलूस का है और 11वीं सदी से संबंधित चोल काल की चित्रकला के अवशेष भी महत्वपूर्ण हैं।
- **अन्य :** इन आश्रय स्थलों का प्रयोग शाही आखेट भवनों के रूप में किया जाता था।

(7) लेपाक्षी चित्रकला

- **विस्तार :** आंध्र प्रदेश के अनंतपुर जिले में स्थित इन भित्ति चित्रों का चित्रण लेपाक्षी मंदिर की दीवारों पर किया गया था।

विशेषता :

- मंदिर पर बने होने के बावजूद भी ये चित्र धर्म निरपेक्ष हैं।
- चित्रों में प्राथमिक रंगों विशेषकर नीले रंग का पूर्ण अभाव है।
- रूपों, आकृतियों और इनकी वेशभूषा को दर्शाने के लिए काले रंग का प्रयोग किया गया है।

अन्य : गुणवत्ता के स्वर में चित्रकला में पतन दिखाई देता है।

(2) लघु चित्रकला	• लघु चित्र छोटे और विस्तृत विवरण देने वाले होते हैं। • चित्र 25 वर्ग इंच से बड़े नहीं होते। • अधिकांश भारतीय लघुचित्रों में मानव आकृतियाँ, एक पृष्ठीय रूपरेखा के साथ दिखाई देती हैं। • मानव आकृति सामान्यतः बाहर की ओर उभरी आँखें, नुकीली नाक और पतली कमर के रूप में चित्रित हैं। • राजस्वामी लघु चित्रों में पात्रों की त्वचा का रंग भूरा है, जबकि मुगल लघु चित्रों के पात्र की त्वचा सामान्यतः उजली है। • भगवान कृष्ण की भाँति दिव्य प्राणियों की त्वचा का रंग नीला है। • महिला आकृतियों के लंबे बाल हैं और उनकी आँखों व बालों का रंग काला है। • पुरुष सामान्यतः पारम्परिक कपड़े पहने हुए और सिर पर पगड़ी है।	भारत में लघु चित्रकला के प्रमुख उदाहरण निम्नवत् हैं:- **(i) प्रारंभिक लघु चित्र** • **विकासः** विशाल भित्ति चित्रों की प्रतिक्रिया स्वरूप विकसित, लघु चित्रकला का विकास 9वीं और 11वीं शताब्दी के बीच हुआ। इस प्रकार की चित्रकला के लिए पूर्वी और पश्चिमी क्षेत्रों को श्रेय दिया जा सकता है। **विशेषताः** • सूक्ष्म विवरणों वाले छोटे चित्रों को लघु चित्र कहा जाता है। • इन चित्रों को सामान्यतः कागज, ताड़ के पत्तों और कपड़ों सहित नष्ट प्रायः सामग्रियों पर, पुस्तकों या एलबमों के लिए चित्रित किया जाता है। **(ii) कला की पाल शैली** • **विकासः** 750 ई. के दौरान हुआ था। • **विशेषताः** • ये चित्र पांडुलिपियों के अंग के रूप में मिलते हैं। • इन्हें प्रायः ताड़ पत्र या चर्म पत्र पर बनाया गया है। • अधिकांशतः बौद्ध भिक्षु इनका उपयोग करते थे और वे केवल केले या नारियल के पेड़ के पत्तों का ही उपयोग करते थे। • इन चित्रों की विशेषता लहरदार रेखाएँ और शांत पृष्ठभूमि है। • चित्रों में ज्यादातर अकेली आकृतियाँ हैं और बहुत ही कम समूह चित्र पाए जाते हैं। **अन्यः** • बौद्ध धर्म को बढ़ावा देने वाले कुछ शासकों और बौद्ध धर्म की वज्रयान शाखा के समर्थकों ने इस चित्रकला का संरक्षण किया। **(iii) कला की अपभ्रंश शैलीः** • **विकासः** 11वीं सदी से लेकर 15वीं सदी के दौरान पश्चिमी भारत में। **विशेषताएँः** • इन चित्रों का सबसे सामान्य विषय जैन धर्म था और आगे चलकर वैष्णव पंथ ने भी इन्हें विनियोजित किया। वे इन चित्रों में गीत-गोविंद और धर्मनिरपेक्ष प्रेम की अवधारणा लाए, जिस पर जैनशास्त्रों का प्रभुत्व था।

- जैन चरण में, चित्र ताड़ पत्र पर बनाए जाते थे, परन्तु वैष्णव पंथ ने इन्हें कागज पर बनाया।
- इन चित्रों को सचित्र पुस्तकों के लिए चित्र के रूप में बनाया जाता था।
- ये चित्र निचले आयाम वाले भित्तिचित्र ही थे।
- इन चित्रों में प्रयुक्त रंगों का प्रतीकात्मक अर्थ था और इनमें सामान्यतः लाल, पीले और गेरू रंग का उपयोग किया गया था। बाद के चरणों में इनमें उजले और सोने के रंगों का उपयोग किया जाने लगा।
- इन चित्रों में दर्शाई गई मानव आकृतियों की विशेषता - मछली के आकार की बाहर उभरी हुई आँखें, तीखी नाक और दोहरी ठोड़ी थी।
- महिला मूर्तियों के विस्तृत कूल्हे और स्तन हैं।
- चित्रों में पशुओं और पक्षियों की आकृतियों को खिलौने के रूप में निरुपित किया गया है।
- इस शैली की चित्रकला का प्रसिद्ध उदाहरण 15वीं सदी के कल्प सूत्र और कलाकच्या कथा का है।

(iv) संक्रमणता काल के लघुचित्रः

- **विकासः** भारतीय उप-महाद्वीप में मुसलमानों का आगमन परिवर्तन का अग्रदूत था और वे 14वीं सदी में सांस्कृतिक पुनर्जागरण को लाए। कोई यह नहीं कह सकता है कि इस्लामी शैलियाँ ही छा गई, क्योंकि चित्रकला की पारम्परिक शैलियाँ पश्चिमी भारतीय राजदरबारों में बची रही थीं।

विशेषताः

- इस अवधि का सबसे अच्छा उदाहरण वीरभद्र मंदिर के चित्र हैं, जिसकी छतें 11 मीटर लंबी हैं, जिसके किनारे अमूर्त रूपांकनों से चित्रित हैं। इसे लेपाक्षी चित्रकला के नाम से जाना गया।
- इस चित्रकला की विशेषता स्वाभाविक रंगों की उपस्थिति और प्राथमिक रंगों विशेष रूप से नीले रंग का अभाव है।
- रंग समतल ढंग से लगाए जाते थे तथा पोशाक और मानव रूपांकन काले रंग से अंकित किए जाते थे।

(v) दिल्ली सल्तनत में लघु चित्रकलाः

विकासः

- इन चित्रों ने भारतीय पारम्परिक तत्वों के साथ अपने मूल के फारसी तत्वों को एक साथ लाने का प्रयास किया।

		विशेषता: • इन चित्रों में सचित्र पांडुलिपियों को वरीयता दी गई और इस अवधि के सर्वोत्तम उदाहरणों में से एक मांडू पर शासन करने वाले नासिर शाह के शासनकाल के दौरान का निमतनामा है। इस पांडुलिपि में स्वदेशी और फारसी शैलियों का संश्लेषण दिखाई देता है। • इसके अतिरिक्त 'लोदी खुलादर' नामक एक और शैली भी इस अवधि में प्रचलित थी। जिसका अनुसरण दिल्ली और जौनपुर के बीच कई सल्तनत प्रधान क्षेत्रों ने किया। **(vi) मुगल काल की लघु चित्रकला:** • **विकास:** यह मुगल काल में बनाए गए चित्रों की विशिष्ट शैली थी। **विशेषताएँ:** • इन चित्रों में ईश्वर के चित्रण के स्थान पर शासक का महिमामंडन करने और उसका जीवन दर्शाने पर अधिक ध्यान दिया जाने लगा था। • ये चित्र आखेट के दृश्यों, ऐतिहसिक घटनाओं और दरबार से संबंधित अन्य चित्रों पर केंद्रित थे। • मुगल चित्रकला महान वंश की संपन्नता तथा फारसी प्राकृतिक शैली का मिश्रण है। • चमकीले रंगों के प्रयोग के कारण इन चित्रों को अद्वितीय माना जाता है। • धार्मिक चित्रों को छोड़कर मुगल अपने विविध विषयों के लिए जाने जाते हैं। भले ही उन्होंने केवल लघु चित्र बनवाएं, फिर भी उन चित्रों को विश्व के सबसे अनूठे चित्रों में माना जाता है। • मुगल भारतीय चित्रकारों के लिए अग्रदृश्यांक की तकनीक लाए। इस तकनीक में चित्र इस प्रकार से चित्रित किए जाते थे, कि ये वास्तविकता की तुलना में अधिक निकटवर्ती और छोटी दिखाई देते थे।

मुगलकालीन चित्रकला

मुगल शासक	चित्रकला में उनका योगदान
बाबर	• बाबर ने युद्धों की श्रृंखला लड़ने के बाद 'मुगल वंश' की स्थापना की थी।
	• बाबर को चित्रकला का शुभारंभ करने के लिए अधिक समय नहीं मिला, परन्तु उसे फारसी कलाकार बिहजाद को संरक्षण देने वाला कहा जाता है।
	• बिहजाद ने मुगल वंश वृक्ष के कुछ चित्र बनाए थे।

हुमायूँ	• हुमायूँ की रुचि चित्रकला और सुंदर स्मारक बनवाने की थी, परन्तु उसकी चित्रशाला में तब व्यवधान आया, जब उसे शेरशाह सूरी के हाथों सिंहासन खोना पड़ा और फारस में निर्वासित रहना पड़ा।
	• हुमायूँ जब फारस में शाह अब्बास के राजदरबार में था तो उसने अब्दुस समद और मीर सैयद अली नामक दो मुख्य चित्रकारों की सेवाएं प्राप्त की थीं, जब उसने पुनः भारत में अपने साम्राज्य की स्थापना की तो ये दोनों चित्रकार उसके साथ भारत आए थे।
	• इन दोनों कलाकारों को मुगल चित्रकला में फारसी प्रभाव लाने के लिए उत्तरदायी माना जाता है और उन्होंने कई सफल सचित्र एलबमों की रचना की।
अकबर	• अकबर को चित्रकला और अपने दस्तावेजों के सफल लेखन के लिए समर्पित एक पूरे विभाग की स्थापना करने का श्रेय दिया जाता है।
	• अकबर ने कारखानों या कार्यशालाओं की स्थापना कर, कलाकारों को अपनी स्वयं की शैली का विकास करने का अवसर दिया।
	• अकबर चित्रकला को अध्ययन और मनोरंजन के साधन के रूप में देखता था। वह मानता था कि चित्र विषय का व्यवहार दर्शा सकता है और सजीव चित्र बनाने वाले चित्रकारों को वह नियमित रूप से पुरस्कार दिया करता था।
	• मुगल चित्रकला में 'भारतीय प्रभाव' पुनः इसलिए देखने को मिलता है, क्योंकि अकबर ने पूर्व के शासकों के लिए काम कर चुके भारतीय कलाकारों के सौंदर्य को भी मान्यता दी और अपने कारखानों में उन्हें काम करने के लिए आमंत्रित किया।
	• अकबर के काल की चित्रकला की स्पष्ट विशेषता 'त्रियामी आकृतियों' का प्रयोग और अग्रदृश्यांकन का निरंतर उपयोग था।
	• इस अवधि की एक विशिष्ट विशेषता 'लोकप्रिय कला' का 'दरबारी कला' में परिवर्तन था यानी कलाकार आम जनता के जीवन की अपेक्षा दरबारी जीवन का चित्रण करने पर अधिक केंद्रित थे।
	• इस अवधि के प्रसिद्ध चित्रकार थे - दसवंत, बसावन और केशु।
जहाँगीर	• मुगल चित्रकला जहाँगीर के शासनकाल में अपनी पराकाष्ठा पर पहुँच गई।
	• वह स्वभाव से प्रकृतिवादी था और वनस्पतियों और जीवों, यानी पक्षियों, पशुओं, वृक्षों और फूलों के चित्रों को प्राथमिकता देता था।
	• उसने छविचित्र में प्रकृतिवाद लाने पर बल दिया।
	• इस अवधि में विकसित होने वाली एक अनूठी प्रवृत्ति, चित्रों के चारों ओर अलंकृत किनारों/बार्डर की थी। ये कभी-कभी उतने व्यापक होते थे, जितना कि स्वयं चित्र।
	• जहाँगीर को भी एक अच्छा कलाकार माना जाता है और उसकी अपनी स्वयं की निजी कार्यशाला थी।
	• उसकी चित्रशाला में अधिकांशतः लघु चित्रों की रचना की गई और इनमें से सबसे प्रसिद्ध जेबरा, शतुरमुर्ग और मुर्गे के प्राकृतिक चित्र थे।
	• सबसे प्रसिद्ध चित्रकार – उस्ताद मंसूर थे।

नोट: उस्ताद मंसूर जटिल-से-जटिल चेहरे की आकृतियाँ उतारने में विशेषज्ञ थे।

शाहजहाँ	• मुगल चित्रकला की शैली शाहजहाँ के शासनकाल के दौरान तेजी से परिवर्तित हो गई।
	• शाहजहाँ चित्रों के कृत्रिम तत्वों की रचना करना पसंद करता था। कहा जाता है कि उसने चित्रों की सजीवता में कमी करने और अप्राकृतिक स्थिरता लाने का प्रयास किया, क्योंकि वह अपने दरबार में यूरोपीय प्रभाव से प्रेरित था।
	• वह आरेखन के लिए लकड़ी के कोयले के उपयोग से दूर रहा और पेंसिल का उपयोग करके आरेखन और रेखाचित्र करने के लिए कलाकारों को प्रोत्साहित करता था।
	• उसने चित्रों में सोने और चाँदी का उपयोग बढ़ाने का आदेश दिया, क्योंकि वह चमकीले रंग अधिक पसंद करता था।
	• शाहजहाँ के शासनकाल के दौरान मुगल चित्रशाला का विस्तार हुआ, लेकिन शैली और तकनीक में बहुत कुछ परिवर्तन भी आया।

भारतीय मूर्तिकला

काल	मूर्तियाँ	विशेषता
(A) हड़प्पा सभ्यता की मूर्तियाँ	**(i) काँस्य मूर्तियाँ**	• हड़प्पा सभ्यता व्यापक पैमाने पर काँसे की ढलाई की प्रथा की साक्षी थी।
चित्र 4.23: हड़प्पा सभ्यता की मूर्तियाँ		• काँसे की मूर्तियों को 'लुप्त मोम तकनीक' का उपयोग कर बनाया जाता था, जिसके अन्तर्गत मोम की मूर्ति बनाकर उस पर मिट्टी का लेप चढ़ाया जाता था और मिट्टी के सूखने के बाद उसे आग में तपाया जाता था, ताकि मोम मूर्ति में बने छेद से पिघल कर बाहर निकल जाए और उसी छेद से पिघली हुई धातु मोम की मूर्ति के ढांचे में ढल जाती थी और उसके ऊपर चढ़ा मिट्टी का लेप साफ कर दिया जाता था। इस तकनीक का देश के कई भागों में प्रचलन है। • कांस्य मूर्तियों का प्रमुख उदाहरण है- मोहनजोदड़ो की काँसे की नर्तकी और कालीबंगा से प्राप्त काँसे का बैल।
नोट: नर्तकी की मूर्ति विश्व की सबसे पुरानी काँसे की मूर्ति है।		
चित्र 4.24: टेराकोटा से निर्मित मूर्तियाँ	**(ii) टेराकोटा**	• टेराकोटा मूर्तियाँ बनाने के लिए पकी हुई मिट्टी के उपयोग को संदर्भित करता है। • टेराकोटा की मूर्तियाँ संख्या में कम और आकार रूप में भद्दी हैं। • टेराकोटा मूर्तियों का प्रमुख उदाहरण है- मातृदेवी, सींग वाले देवता का मुखौटा आदि।
नोट: टेराकोटा की मूर्तियाँ गुजरात और कालीबंगा के स्थलों से मिली हैं।		
	(iii) अन्य	• दाढ़ी वाले पुजारी की अर्द्ध-प्रतिमा सिन्धु घाटी की सभ्यता में मिली पाषाण मूर्तियों के सर्वोत्कृष्ट उदाहरणों में से एक है। तिपतिया पैटर्न वाली शाल में लिपटे एक दाढ़ी वाले व्यक्ति की मूर्ति, जिसकी आँखें लम्बी और आधी बंद हैं, मानो वह ध्यान मुद्रा में हो। इस मूर्ति के दाहिने हाथ पर एक बाजूबंद और सिर पर सादी बुनी हुई पट्टिका है। • पुरुष धड़ की लाल बलुआ पत्थर की मूर्ति पाषाण मूर्ति कला का एक और नमूना है।

(B) मौर्य काल की मूर्तियाँ	(i) यक्ष और यक्षिणी की मूर्ति	• मौर्यकाल में मूर्तियों का मुख्य रूप से उपयोग स्तूप की सजावट, तोरण और मेघी में और धार्मिक अभिव्यक्ति के रूप में किया जाता था। • मौर्यकाल की दो प्रसिद्ध मूर्तियाँ यक्ष और यक्षिणी की हैं, ये मूर्तियाँ तीन धर्मों - जैन, हिन्दू और बौद्ध में पूजनीय हैं।
(C) मौर्योत्तर कला चित्र 4.25: मौर्य काल में निर्मित बुद्ध की मूर्ति	(ii) गांधार शैली	• आधुनिक पेशावर और अफगानिस्तान के निकट पंजाब की पश्चिमी सीमाओं से संलग्न हिस्से में गांधार कला शैली का विकास हुआ। • यूनानी आक्रमणकारी अपने साथ ग्रीक और रोमन मूर्तिकारों की परम्पराएँ लाए, जिससे इस क्षेत्र की स्थानीय परम्पराएँ प्रभावित हुईं। इस प्रकार गांधार शैली की कला को 'ग्रीको-इंडियन शैली' के रूप में भी जाना जाने लगा। • गांधार शैली का विकास 50 ईसा पूर्व से लेकर 500 ई. तक की अवधि में दो चरणों में हुआ। जहाँ आरम्भिक शैली को नीले-धूसर बलुआ प्रस्तर के प्रयोग के लिए जाना जाता है, वहीं उत्तरवर्ती शैली में मूर्तियाँ बनाने के लिए मिट्टी और प्लास्टर का उपयोग किया जाता था। • बुद्ध और बोधिसत्व की मूर्तियाँ ग्रीक - रोमन देवताओं पर आधारित हैं, जो अपोलो की मूर्तियों से मिलती-जुलती हैं।
चित्र 4.26: मथुरा शैली में निर्मित बुद्ध की मूर्ति	(ii) मथुरा शैली	• मथुरा शैली का विकास पहली और तीसरी शताब्दी ई.पू. के बीच की अवधि में यमुना नदी के किनारे हुआ। • मथुरा शैली की मूर्तियाँ उस समय के सभी तीनों धर्मों, यथा हिन्दू, बौद्ध व जैन धर्म की कहानियों और चित्रों से प्रभावित हैं। ये मूर्तियाँ मौर्य काल के दौरान मिलीं पहले की यक्ष मूर्तियों के नमूने पर आधारित हैं। • मथुरा शैली ने मूर्तियों में प्रतीकों का प्रभावशाली उपयोग दिखाया। हिन्दू देवताओं जैसे शिव को लिंग और मुख लिंग के माध्यम से दिखाया, बुद्ध के सिर के चारों ओर प्रभामंडल गांधार शैली की तुलना में बड़ा और ज्यामितीय पैटर्न से अलंकृत है। • बुद्ध को वज्रपाणि से घिरा हुआ दिखाया गया है।
चित्र 4.27: अमरावती शैली में निर्मित मूर्ति	(iii) अमरावती शैली	• भारत के दक्षिणी भाग में अमरावती शैली का विकास सातवाहन शासकों के संरक्षण में कृष्णा नदी के किनारे हुआ। • अमरावती शैली में गतिशील आकृतियों के प्रयोग पर अधिक बल दिया गया। • इस शैली की मूर्तियों में त्रिभंग आसन यानी 'तीन झुकावों के साथ शरीर' का अत्यधिक प्रयोग किया गया है।
(D) गुप्त काल	-	• गुप्त काल के दौरान सारनाथ के आस-पास मूर्ति कला की एक नई शैली विकसित हुई, जिसमें क्रीम रंग के बलुआ पत्थर तथा धातु का प्रयोग था। • इस शैली की मूर्तियाँ विशुद्ध रूप से वस्त्र पहने हुए होती थीं और इनमें किसी भी प्रकार की नग्नता नहीं होती थी। बुद्ध के सिर के चारों ओर निर्मित आभामंडल को गहनतापूर्वक अलंकृत किया गया था।

		• गुप्त काल की मूर्तिकला का उदाहरण है - सुलतानगंज के बुद्ध (7.5 फुट ऊँचाई)
(E) चोल मूर्ति नटराज की मूर्ति		• चोल मंदिरों की सजावट में मूर्तियों पर विशेष महत्व दिया जाता था। • चोल मूर्ति कला का एक महत्वपूर्ण उदाहरण नृत्य मुद्रा में नटराज की मूर्ति थी।
चित्र 4.28: नटराज की मूर्ति		• **नटराज मूर्ति की विशेषताएँ:** ऊपरी दाहिने हाथ में डमरू है, जो ध्वनि का प्रतीक है। ऊपरी दाहिना हाथ अभय मुद्रा में उठा हुआ है, जो आशीर्वाद दर्शाता है और भक्तों के लिए अभयता का भाव आश्वस्त करता है। निचला बायाँ हाथ उठे हुए पैर की तरफ इशारा करता है और मोक्ष के मार्ग को दर्शाता है। शिव यह तांडव नृत्य एक छोटे बौने की आकृति के ऊपर कर रहे हैं। बौना अज्ञानता और एक अज्ञानी व्यक्ति के अहंकार का प्रतीक है। शिव की उलझी और हवा में बहती जटाएं गंगा नदी के प्रवाह की प्रतीक हैं। श्रृंगार में, शिव के एक कान में पुरुष की बाली है, जबकि दूसरे में महिला की बाली है। यह पुरुष और महिला के विलय का प्रतीक है और इसे अक्सर अर्द्ध-नारीश्वर के रूप में जाना जाता है। शिव की बांह के चारों ओर एक सांप लिपटा हुआ है। सांप कुंडलिनी शक्ति का प्रतीक है, जो मानव रीढ़ की हड्डी में निष्क्रिय अवस्था में रहती है। अगर इस शक्ति को जगाया जाए तो मनुष्य सच्ची चेतना को प्राप्त कर सकता है। शिव की यह नटराज मुद्रा प्रकाश के एक प्रभामंडल से घिरी हुई है, जो समय के विशाल अंतहीन चक्र का प्रतीक है।

चित्रकला : क्षेत्रीय शैलियाँ

चित्रकला की क्षेत्रीय शैलियाँ	विशेषताएँ
राजस्थानी शैली चित्र 4.29: 'बनी-ठनी' का चित्र	• राजस्थान की चित्रकला यहाँ के महलों, किलों, मंदिरों और हवेलियों में दिखाई देती है। • राजा सावंत सिंह के समय निहालचंद द्वारा बनाया गया बनी-ठनी का चित्र विश्व प्रसिद्ध है और भारत की मोनालिसा के नाम से जाना जाता है। • 16वीं शताब्दी तक यहाँ की चित्रकला गुजराती और मुगलकालीन चित्रकला से प्रभावित थी, परन्तु बाद में इसने अपना पृथक् स्वरूप बना लिया, जो 'राजपूत शैली' के नाम से प्रचलित हुआ। • राजस्थानी चित्रकला के प्रमुख विषय - पौराणिक एवं कृष्णलीला संबंधी चित्र, रागमाला एवं ऋतुओं के चित्र, राजसी वैभव व व्यक्ति चित्र और घरेलू जीवन के चित्र प्रमुख हैं। • राजस्थानी चित्रकला का विकास-मध्य कालीन पोथी चित्रण परम्परा तथा मुगल कला के प्रभाव से कलाप्रिय राजाओं के संरक्षण में राजस्थानी चित्रण शैली का विकास हुआ और गुजरात तथा मालाबार की कला ने उसे और पल्लवित तथा पुष्पित किया।

राजस्थानी शैली में चित्रित, लघु चित्रों की विभिन्न शैलियाँ:
1. मेवाड़ शैली
2. बूँदी शैली
3. बीकानेर शैली
4. किशनगढ़ शैली

चित्र 4.30: मेवाड़ शैली में निर्मित चित्र

चित्र 4.31: बूँदी शैली में निर्मित चित्र

1. मेवाड़ शैली:

- राजस्थान की चित्रकला में मेवाड़ शैली का विशेष योगदान रहा है।
- **प्रभाव:** जैन शैली का प्रभाव पाया जाता है।
- **प्रथम साक्ष्य:** 'श्रावक प्रतिक्रमण चूणी' नामक सचित्र ग्रंथ, जो राजा तेज सिंह के समय 1260 में चित्रित किया गया था।
- **विकास:** मध्य कालीन जैन एवं पोथी चित्रों से माना जाता है।
- **भव्यता:** प्रसिद्ध चित्रकार साहबदीन द्वारा 'गीत गोविंद', 'राग-माला' और 'रसिक प्रिया' के चित्रों में मेवाड़ शैली की भव्यता के दर्शन होते हैं।

विशेषता:

- चटक रंगों जैसे लाल, केसरिया, नीले तथा पीले रंगों का प्रयोग किया गया है।
- चित्र में प्रमुख व्यक्ति या महत्वपूर्ण घटना को मध्य भाग में रखकर संयोजित किया गया है।
- पुरुष आकृतियों की नाक लम्बी, चेहरा गोल व गर्दन के बीच का भाग अधिक भारी बनाया गया।
- स्त्रियों की आकृतियों में गम्भीरता तथा नेत्रों को दो वक्रों द्वारा मीनाकार ढंग से बनाया गया है।
- चित्रों में स्त्रियाँ कद में पुरुषों से छोटी बनाई गई हैं।
- वृक्षों को स्पष्ट और झुण्डों में बनाया गया है, पर्वत तथा चट्टानों के चित्रों में मुगल शैली का प्रभाव दिखाई देता है। जल की लहरों को दिखाने के लिए लहरदार रेखाओं का प्रयोग किया गया है।
- पशु-पक्षियों के चित्रण में भावुकता दिखाई देती है और उन्हें अलंकारिक ढंग से बनाया गया है।
- रात्रि दृश्य के चित्रण में गहरी पृष्ठभूमि का प्रयोग किया गया है।
- चित्रों की पृष्ठभूमि में भवनों का प्रयोग किया गया है, जिनके शिखर गुंबदाकार बनाए गए हैं। भवन प्रायः सफेद रंग के बनाए गए हैं और उनके अंदर अकबर कालीन मुगल शैली का प्रयोग किया गया है।
- मेवाड़ शैली के चित्रों में कृष्ण के चित्रों की प्रधानता दी गई है।
- रागमाला के चित्रों में कृष्ण तथा राधा को आदर्श प्रेमी-प्रेमिका के रूप में चित्रित किया गया है।
- मेवाड़ शैली के चित्रों में ग्राम्य जीवन, जुलूस, दरबार, विवाह, संगीत, उत्सव, नृत्य, युद्ध, आखेट आदि के दृश्यों को प्रदर्शित किया गया है।

2. बूँदी शैली:

- राजस्थान की चित्र परम्परा में बूँदी की चित्रकला विशेष उल्लेखनीय है।
- **संरक्षण:** चित्रकला को राज्याश्रय प्राप्त रहा- राव गोपीनाथ, छत्रसाल, बिशन सिंह आदि राजाओं ने चित्रकला को विशेष संरक्षण दिया।
- **चित्रकला के प्रमुख विषय:** राग-रागिनियों, व्यक्तिचित्र, आखेट, पुरानी कथाओं के चित्र तथा विरहिणी राधा के विभिन्न रूप, चित्रकला के प्रमुख विषय हैं।
- **प्रभाव:** दक्षिणी शैली तथा मुगल शैली का प्रभाव होने पर भी यह शैली अपनी मौलिक विशेषताओं के कारण प्रसिद्ध है।

विशेषता:

- बूँदी शैली के चित्रों में सफेद, गुलाबी, लाल, सुनहरी तथा हिंगुल रंगों का अधिक प्रयोग मिलता है।
- स्त्रियों की मुखाकृति में अधरों की छटा विचित्र प्रकार का सौंदर्य उड़ेलती है, नेत्र अर्द्ध विकसित, तीखे और ऊपर एक रेखा के गोलार्द्ध में घनी कालिमा के साथ चित्रित रहते हैं। चित्रों में काले रंग के लहंगे, लाल चुनरी और कंचुकी प्राय: देखी जाती है।
- पुरुषों की आकृति में नीचे की ओर झुकी हुई पगड़ियाँ, घुटने तक लम्बी या उसके भी नीचे तक कुरते (जामे), कमर में दुपट्टा तथा पांवों में चुस्त पायजामा देखने को मिलता है।
- बूँदी शैली में पशु-पक्षी के चित्र, जैसे- तालाबों में क्रीड़ा करते हंस, मछलियाँ, बत्तखें, मोर, तोते, गिलहरी, हिरण, बंदर, सिंह आदि के चित्रण बहुत ही बारीकी से किए गए हैं।
- वर्ष ऋतु में वर्षा का आनन्द तथा महलों में प्रेमभाव के चित्र बहुत आकर्षक हैं।

3. बीकानेर शैली:

- यहाँ के कलाप्रिय राजा अनूप सिंह के समय कला की जिस शैली का विकास हुआ, उसे बीकानेर शैली के नाम से जाना जाता है।
- **संरक्षण:** राजा अनूप सिंह और राजा राम सिंह (अकबर के समय)।
- **चित्रों के प्रमुख विषय:** राजा; महाराजाओं के पोट्रेट्स, दरबार, आखेट के दृश्य, राग-रागिनियों के चित्र, भागवत कथा संबंधी चित्र तथा मुगल काल के चित्रों की प्रतिलिपियाँ इस शैली के चित्रों के प्रमुख विषय हैं।

चित्र 4.32: बीकानेर शैली में निर्मित चित्र

विशेषता:

- पीला और गुलाबी रंग तथा किनारों पर पीला और लाल रंग इस शैली के चित्रों की सामान्य पहचान है।
- चित्रों में पुरुष ऊँची शिखर आकार की पगड़ियां बांधे, फैले हुए जामे पहने तथा लम्बे और तीखे खड्ग हाथ में लिए हुए दिखाए गए हैं।
- नारी चित्रों की आकृतियाँ जोधपुर और मुगल शैली के समान बनाई गई है।
- इन चित्रों में आकाश को सुनहरे छल्लों से घिरा हुआ मेघाच्छादित दिखाया गया है।
- जूनागढ़ स्थित बादल महल में यह चित्रकारी विशेष रूप दिखाई देती है।

4. किशनगढ़ शैली:

- किशनगढ़ राज्य, जयपुर, जोधपुर, अजमेर व शाहपुरा से घिरा एक छोटी-सी रियासत थी, जो राजस्थान शैली का एक महत्वपूर्ण अंग है।
- **प्रभाव:** इस शैली पर बल्लभ सम्प्रदाय का प्रभाव पड़ा।
- **जन्मदाता:** महाराजा सावन्त सिंह को किशनगढ़ शैली का जन्मदाता कहा जाता है।
- **विकास:** निहालचंद, अमरचंद व छोटू नामक चित्रकारों ने किशनगढ़ चित्र शैली के विकास में अपना महत्वपूर्ण योगदान दिया।
- **विश्वविख्यात चित्र:** बनी-ठनी

चित्र 4.33: किशनगढ़ शैली में निर्मित राधा-कृष्ण की तस्वीर

अन्य राजस्थानी शैलियाँ :

1. आमेर-जयपुर शैली
2. मारवाड़ शैली
3. पहाड़ी शैली
4. कांगड़ा शैली
5. बशौली शैली

चित्र 4.34: आमेर-जयपुर शैली में निर्मित चित्र

विशेषता:

- पीले, लाल, नीले रंग बड़ी खूबी के साथ हल्कापन लिए हुए। सफेद रंग का भी प्रयोग किया गया है।
- स्त्रियों के चित्र में शरीर में कोमलता, लता के समान लचीलापन, पतली कमर, छरहरे व लम्बाई में शरीर की रचना की गई है। उनके वस्त्रों को पारदर्शी बनाने में लहंगा, चोली, आँचल बहुत ही सुंदर ढंग से दिखाए गए हैं। आभूषणों में गले का हार, माथे के आभूषण, हाथों में कंगन, कमर में लटकती मोतियों की करधनी आदि बड़ी बारीकी से दर्शाई गई है।
- परदों तथा फर्श पर कालीन की कारीगरी चित्रों में अद्वितीय अलंकरण के साथ दिखाई गई है।
- राधा-कृष्ण के रूप में परमात्मा एवं आत्मा का मिलन चित्रों में उभरकर आता है।
- वृक्षों के झुरमुट में विभिन्न प्रकार के पक्षी दिखाई पड़ते हैं।

1. आमेर-जयपुर शैली:

- आमेर शैली को 'ढूंडर शैली' भी कहा जाता है।
- इस शैली के प्रारंभिक साक्ष्य राजस्थान के बैराट के भित्ति चित्रों से मिलते हैं।
- इस शैली के कुछ चित्र महल की दीवारों और राजस्थान में आमेर महल की समाधियों में देखे जा सकते हैं।
- चित्र में कुछ पुरुष मुगल शैली के कपड़े और टोपी पहने दर्शाए गए हैं, परन्तु चित्रों का समग्र रूप लोक शैली का है।
- 18वीं सदी में सवाई प्रताप सिंह के शासनकाल में यह शैली अपनी पराकाष्ठा पर पहुँच गई।
- भागवत पुराण, रामायण, रागमाल और कई छवि चित्रों का वर्णन करने के लिए लघु चित्र बनाए गए।

2. मारवाड़ शैली:

- यह चित्रकला की सबसे व्यापक शैलियों में से एक है।
- 15वीं और 16वीं सदी में बने चित्रों में पुरुष और महिलाएँ रंगीन कपड़े पहने हुए हैं। इस अवधि में मुगल पैटर्न का अनुसरण किया गया, परन्तु 18वीं सदी के बाद राजपूत तत्व प्रबल हो गए।
- इस शैली में शिवपुराण, नटचरित्र, दुर्गाचरित्र, पंचतंत्र सहित चित्रकला की व्यापक श्रृंखला का श्रीगणेश किया गया।

चित्र 4.35: पहाड़ी शैली में निर्मित चित्र

3. पहाड़ी शैली:

- चित्रकला की इस शैली का विकास मुगल आधिपत्य की छत्रछाया के अधीन आने वाले उप-हिमालयी राज्यों में हुआ।
- पहाड़ी चित्रकला के अंतर्गत जम्मू से लेकर अल्मोड़ा तक फैली लगभग 22 रियासतों के दरबारों की चित्रशालाएँ शामिल थीं।
- व्यापकता के कारण पहाड़ी चित्रकला को दो समूहों में बाँटा जा सकता है:-

1. जम्मू या डोगरा शैली (उत्तरी श्रृंखला)
2. काँगड़ा शैली (दक्षिणी श्रृंखला)

- चित्रिक विषय पौराणिक कथाओं से लेकर साहित्य तक से संबंधित थे, जिसमें नई तकनीकों का प्रयोग किया गया।
- इस शैली के महान चित्रकार थे - नैनसुख एवं मनकू।

चित्र 4.36: कांगड़ा शैली में निर्मित चित्र

4. कांगड़ा शैली:

- मुगल साम्राज्य के पतन के बाद मुगल शैली में प्रशिक्षित कई कलाकार कांगड़ा क्षेत्र में चले गए, जिन्हें राजा गोवर्धन सिंह ने संरक्षण दिया।
- इस चित्रकला की विशेषता संवेदनशीलता और बुद्धिमत्ता थी, जिनका अन्य शैलियों में अभाव था।
- इस चित्रकला के सबसे लोकप्रिय विषय थे- गीत-गोविंद, भागवत पुराण, बिहारीलाल की 'सतसई' और 'नल-दमयंती' थे।
- चित्रों का दूसरा बहुत ही प्रसिद्ध समूह 'बारह महीने' अथवा 'बाहर-मासा' का है, जिसमें कलाकार ने मनुष्य की भावनाओं को, 12 महीनों के प्रभाव को आगे लाने का प्रयास किया है।
- कांगड़ा शैली- कुल्लू, चम्बा और मंडी के दरबार में विकसित होने वाली अन्य चित्रशालाओं की जनक शैली बन गई।

चित्र 4.37: बशौली शैली में निर्मित चित्र

5. बशौली शैली:

- 17वीं सदी में पहाड़ी शैली में बनाए गए चित्रों को बशौली शैली कहा जाता है।
- इस शैली की विशेषता कमल की पंखुड़ियों सदृश बड़ी आँखें तथा घटते चले जाने वाले बालों की रेखा के साथ भाव अभिव्यक्ति करने वाला अर्थपूर्ण चेहरा था।
- इस शैली के चित्रों में लाल, पीले और हरे रंग जैसे प्राथमिक रंगों का प्रयोग मिलता है।
- इस शैली के पहले संरक्षक राजा कृपाल सिंह थे और उन्होंने भानुदत्त की 'रासमंजरी', 'गीत-गोविंद' और 'रामायण' के चित्रों को चित्रण करने का आदेश दिया।
- इस शैली के प्रसिद्ध चित्रकार थे-देवीदास।

मूर्तिकला: प्राचीन शैलियाँ

मूर्ति कला	स्थान	अभिलक्षण/तथ्य/विशेषताएँ
(12) गांधार शैली चित्र 4.38: गांधार शैली में निर्मित मूर्ति	तक्षशिला पुष्पकलावती नगरहार स्वात घाटी कापिशी बामियान बाहीक (बैक्ट्रिया)	इसका विकास ईसा की प्रथम और द्वितीय शताब्दी में गांधार और उसके आस-पास के प्रदेशों में हुआ। गांधार कला को इण्डो-ग्रीक कला भी कहते हैं, क्योंकि इस कला की विषय वस्तु तो भारतीय है, परन्तु शैली यूनानी हैं। बुद्ध की मूर्तियों की प्रधानता के अतिरिक्त इस शैली को बुद्ध की प्रथम मूर्ति बनाने का श्रेय प्राप्त है। लाहौर संग्रहालय में खड़ी बोधिसत्व की मूर्ति अद्भुत सुंदर है। शहरे बहलील में मिली कुबेर और हारीत की संयुक्त मूर्ति दर्शनीय हैं। सित्की की खड़ी हरीति दोनों कन्धों पर एक-एक बालक धारण किए मातृ गौरव की असामान्य प्रतिमा है। इस काल में निर्मित समस्त मूर्तियाँ और दृश्य पाषाण, महीन चिने हुए चूने के और पकाई हुई मिट्टी से बनाए गए हैं। मूर्ति या मिट्टी से निर्मित दृश्य या खिलौनों को स्वर्णिम रंग से रंग कर अधिक सुंदर बनाया जाता था। **मथुरा एवं गांधार शैली में अंतर** • गांधार शैली में अंग सौष्ठव की सूक्ष्मता और भौतिक सौंदर्य अंकन को महत्व प्रदान किया गया है, जबकि मथुरा शैली में ऐसा नहीं है।

		• गांधार शैली में निर्मित बुद्ध की मूर्ति सुंदर केश विन्यास से अलंकृत, ग्रीक राजकुमार की भाँति सूक्ष्म परिधान से सज्जित कुशलता से निरुपित है, जबकि मथुरा शैली में निर्मित बुद्ध की मूर्ति का सिर घुटा हुआ, भारतीय संन्यासी की भाँति है। • गांधार शैली में बुद्ध पद्मासन पर आसीन हैं, जबकि मथुरा शैली में सिंहासन है तथा बुद्ध की खड़ी मूर्ति के पैरों के नीचे सिंह की आकृति बनी है।
(13) विष्णु चित्र 4.39: विष्णु की प्रतिमा	देवगढ़ (उ. प्र.)	अनन्त शवों पर सोते हुए परम सत्ता का प्रतिनिधित्व करने वाले शेषशायी विष्णु का एक विशाल पैनल, विश्व की समाप्ति और इसके नए सृजन के बीच की अवधि में शाश्वत्ता का उत्तम उदाहरण है। इस मूर्ति में उनकी पत्नी लक्ष्मी उनका दाहिना पांव दबा रही हैं। दो परिचर आकृतियाँ लक्ष्मी के पीछे खड़ी हैं। कई देव तथा दिव्य पुरुष ऊपर घूम रहे हैं। उभरे पैनल में मधु और कैटभ नाम के दो राक्षस, जो कि आक्रमण करने की मुद्रा में विष्णु के चार मूर्तिमान अस्त्रों को चुनौती दे रहे हैं।
(14) विष्णु	मथुरा (5वीं शताब्दी गुप्त काल)	प्रतीकात्मक वनमाला, मोतियों की डोरी, जो ग्रीवा के चारों ओर घूमती है, धारण हुई मूर्ति है, जो प्रारंभिक गुप्त काल में उदाहरण है।
(15) गंगा-यमुना की मूर्ति चित्र 4.40: गंगा-यमुना की मूर्ति	(अहिच्छत्र)	अहिच्छत्र में शिव मंदिर के ऊपरी चबूतरे की ओर जाने वाली प्रमुख सीढ़ी के पार्श्व के आलों में मूल रस से स्थापित गंगा और यमुना, दो आदमकद पक्की मिट्टी की मूर्तियों का संबंध गुप्त काल चौथी शताब्दी से है। गंगा अपने वाहन मकर और यमुना कच्छप पर खड़ी हैं। कालिदास ने इन नदियों का शिव से परिचय के रूप में उल्लेख किया है। ऐसा गुप्त काल की परवर्ती मंदिर वास्तुकला की एक नियमित विशेषता के रूप में होता है। इसका सर्वाधिक उल्लेखनीय उदाहरण देवगढ़ के ब्राह्मणीय मंदिर के द्वार के बाजू हैं।
(16) शिव-पार्वती	(अहिच्छत्र)	शिव का सिर एक मनोधारी शीर्षस्थ गांठ से बंधी निष्प्रभ लट के रूप में दर्शाया गया है। पार्वती का सिर तीसरी आँख के साथ है और माथे पर अर्द्धचन्द्र है। उनकी लटों को खूबसूरती के साथ व्यवस्थित किया गया है। उनकी वेणी को एक माला से कसा गया है और पुष्प के उभार से सजाया गया है। उन्होंने एक गोल बाली पहनी है, जिस पर स्वास्तिक का चिन्ह है।
(17) मध्यकाल वृक्षिका या परी	गिरसपुर (ग्वालियर)	यहाँ एक दिव्य कन्या की एक सुंदर आकृति, जो एक वृक्ष के सहारे मनोहारी रूप से टिकी हुई है, वह आभूषणों से अलंकृत है और एक महीन बनावट वाले वस्त्र से सुसज्जित है, जो एक उचित रूप से सजाई गई सिल्क का आभास देता है। उसका केश विन्यास कलात्मक रूप से व्यवस्थित है। महिला होंठों पर मंद मुस्कान उसके आकर्षण में वृद्धि करते हैं।

(18) गुर्जर प्रविधा अर्जुन के तप वाली मूर्ति	महाबलीपुरम	भारतीय कला के इतिहास में अर्जुन के तप वाले दृश्य में हाथी का निरुपण एक बेहतर उदाहरण है। गणेश रथ के दक्षिण-पश्चिम के निकट अर्जुन के तप के पीछे एक गुफा है, जो वराहमण्डप के नाम से जानी जाती है। अग्रभाग में स्थित सभा भवन में दो सिंह स्तंभ और दो भित्ति स्तंभ हैं। इसके आगे मध्य में एक कक्ष है, जिसकी सुरक्षा में दो द्वारपाल तैनात हैं। वराह के तुण्ड को अत्यधिक सावधानी से निर्मित किया गया है। वराह का दाहिना और नागराज शेष के छत्र पर टिका हुआ है। कमल की पंखुड़ियां और पुष्प तथा उनके लहराने का चित्रण इस प्रकार किया गया है कि यह जल का आभास देता है। इन सभी उदाहरणों में ओज की संरचना अद्वितीय है।
(19) दुर्गा राक्षस से लड़ते हुए	महाबलीपुरम	इसमें महान देवी दुर्गा को भैंसे के सिर वाले राक्षस से एक भीषण युद्ध करते हुए दिखाया गया है तथा इनकी अपनी-अपनी सेनाएँ इनकी सहायता कर रही हैं। दुर्गा अपने शेर पर सवार होकर पूरे साहस के साथ शक्तिशाली राक्षस की ओर दौड़ रही हैं। राक्षस पीछे हट रहा है। फिर भी वह आक्रमण करने की प्रतीक्षा में है।
(20) राष्ट्रकूट : शिव और पार्वती का विवाह	एलोरा	एलोरा में गुफा नं. 29 में शैल मूर्ति शिव और पार्वती के विवाह को दर्शाती है। संकोची पार्वती का हाथ पकड़े हुए शिव कृत्य के मध्य में हैं। दाहिनी और ब्रह्मा पवित्र अग्नि की लपटों को प्रज्जवलित करने में व्यस्त हैं। पार्वती के माता-पिता अपनी पुत्री महादेव को अर्पित करने के लिए पीछे की ओर खड़े हैं। इस कार्यक्रम में भाग लेने के लिए बड़ी संख्या में एकत्र हुए देवों को मुख्य आकृति के ऊपर लहराते हुए दिखाया गया है।
(21) कैलाश पर्वत को रावण द्वारा हिलाना	एलोरा	इसमें रावण अपने 20 हाथों से कैलाश पर्वत पर अपना पूरा-पूरा जोर लगा रहा है। इस दृश्य में पर्वत के कम्पन को महसूस किया जा सकता है। पार्वती को अत्यधिक विचलित दिखाया गया है, वे शिव की ओर देख रही हैं, उन्होंने भयवश शिव का हाथ पकड़ा हुआ है, जबकि उनकी दासी पलायन कर रही है। लेकिन महादेव शांत हैं और वे अपने पैर से पर्वत को दाब कर कसकर पकड़े हुए हैं।
(22) तीर्थ मंदिर की महेश मूर्ति	एलीफेंटा की गुफा	इसमें एक ही शरीर में उत्कीर्ण तीन सिर भगवान शिव के तीन विभिन्न पहलुओं का निरुपण करते हैं। शांत और सम्मानित दिखने वाला मध्यवर्ती चेहरा उन्हें सृष्टिकर्ता के रूप में दिखाता है। बाईं ओर का कठोर दिखने वाला चेहरा उन्हें विनाशकर्ता के रूप में चित्रित करता है, दाहिनी ओर का तीसरा चेहरा शांत और प्रसन्न अभिव्यक्ति को व्यक्त करता है।
(23) शिव की गजासुर संहार मूर्ति (चोल)		क्रुद्ध महादेव उस हाथी राक्षस का, जिसने ऋषियों और उनके भक्तों को बहुत प्रताड़ित किया, संहार के पश्चात् भीषण हर्षोन्माद के एक ओजस्वी नृत्य में व्यस्त हैं। प्रतिशोध के इस दिव्य कृत्य के एक मात्र विस्मयाकुल दर्शक के रूप में देवी पार्वती निचले दाहिने कोने पर खड़ी हैं।

भारत के प्रमुख मेले/महोत्सव व आयोजन

ऐतिहासिक महोत्सव	स्थान	अभिलक्षण/मनाए जाने का कारण/विशिष्ट तथ्य
बिठोवा त्योहार	महाराष्ट्र	भगवान विष्णु के प्रतिरूप भगवान बिठोवा की स्मृति में वर्ष में दो बार मनाते हैं।
पोंगल त्योहार	तमिलनाडु, कर्नाटक,	जनवरी माह में फसलों की समृद्धि के लिए मनाया जाता है। पोंगल का त्योहार 4 दिनों तक मनाया जाता है। भोइ पोंगल, सूर्य पोंगल, मट्टू पोंगल और कन्या पोंगल इसके रूप हैं।
पर्यूषण	आंध्र प्रदेश	जैनियों द्वारा महावीर स्वामी के जन्मदिवस पर मनाया जाता है। श्वेताम्बर तथा दिगम्बर द्वारा अलग-अलग तिथि को मनाया जाता है।
ओणम	केरल	एक राक्षस के सम्मान में मनाया जाता है। इस दिन नौका दौड़ का विशेष आयोजन होता है।
भोगली बिहू	असम	
रोश हसना		यहूदियों का नव वर्ष (सितम्बर/अक्टूबर) यह दिन विश्व बंधुत्व व विश्व न्याय का प्रतीक है।
खोरदाद साल		पारसी धर्म के संस्थापक जरथुस्ट के जन्मदिवस के रूप में मनाया जाता है।
नवरोज		पारसियों का नव वर्ष

मेले

कुम्भ का मेला	प्रयाग (उत्तर प्रदेश)	
पुष्कर	अजमेर (राजस्थान)	पुष्कर सरोवर में लोग कार्तिक पूर्णमासी को स्नान करने आते हैं। यहाँ ब्रह्मा जी का एक मात्र मंदिर है तथा यहाँ एक विशाल पशुमेला लगता है।
वैशाली	वैशाली (बिहार)	जैनियों का
ज्वालामुखी मेला	कांगड़ा घाटी (हिमाचल प्रदेश)	ज्वाला देवी के सम्मान में
बटेश्वर मेला	बटेश्वर (आगरा)	यमुना में स्नान किया जाता है तथा पशु मेला के लिए प्रसिद्ध एक व्यापारिक मेला है।
ग्वालियर का मेला	मध्य प्रदेश	यह मेला ग्वालियर के पूरे अंचल की संस्कृति और सभ्यता का प्रतीक है। यहाँ बहुत बड़ा पशु मेला लगता है।
श्रावणी मेला	देवघर (झारखंड)	राज्य के सांस्कृतिक कार्यक्रम होते हैं।
चन्द्रभागा मेला	कोणार्क, ओडिशा	यह माघ महीने के सातवें दिन मनाया जाता है।
सूरजकुंड	फरीदाबाद (हरियाणा)	उद्देश्य- भारतीय संस्कृति को देश-विदेश में फैलाना।
उत्सव		
भारत महोत्सव	भारत	राष्ट्रीय नाट्य विद्यालय द्वारा प्रत्येक वर्ष आयोजित एशिया का सबसे बड़ा नाट्य समारोह।

कोणार्क महोत्सव	ओडिशा	शास्त्रीय नृत्य की प्रदर्शनी
खजुराहो उत्सव	खजुराहो (मध्य प्रदेश)	मगध साम्राज्य की राजधानी में बौद्ध एवं जैन धर्म के अनुयायियों के लिए
मल्लापुरम नृत्य उत्सव	तमिलनाडु	
ताज महोत्सव	उत्तर प्रदेश	मुगल कालीन संस्कृति एवं भारतीय कलाओं के प्रसार के लिए
गुलाब उत्सव चण्डीगढ़	चण्डीगढ़	चण्डीगढ़ की सांस्कृतिक विरासत के संरक्षण के लिए
हाथी उत्सव	राजस्थान	इस महोत्सव का आयोजन जयपुर में मार्च के महीने में होली वाले दिन किया जाता है।
उद्यान उत्सव	दिल्ली	दिल्ली पर्यटन को बढ़ावा देने के लिए
सिन्धु दर्शन	लेह	
राजगृह नृत्य उत्सव	बिहार	यह एक 3 दिवसीय त्योहार है, जो राष्ट्रीय एकता के साथ-साथ साम्प्रदायिक सद्भाव के लिए मनाया जाता है।
कपिल्य उत्सव	उत्तराखंड	जैन धर्म और उसकी संस्कृति के प्रचार के लिए
लोसांग उत्सव	सिक्किम	भोटिया समुदाय द्वारा फसल की कटाई के अवसर पर मनाया जाता है।
रथ यात्रा महोत्सव	पुरी (ओडिशा)	भगवान जगन्नाथ, बलभद्र और सुभद्रा की रथ यात्रा

❑❑❑

भाग–IV

विगत वर्षों के प्रश्न तथा अभ्यास प्रश्न

सिविल सेवा परीक्षाओं में विगत वर्षों में पूछे गए प्रश्न

प्रारंभिक परीक्षा (2021–2001 तक)

आईएएस/पीसीएस

1. निम्नलिखित कथनों में से कौन-सा सही है? (2021)

(a) अजंता गुफाएं, वाघोरा नदी की घाटी में स्थित हैं।
(b) सांची स्तूप, चंबल नदी की घाटी में स्थित है।
(c) पांडू-लेणा गुफा देव मंदिर, नर्मदा नदी की घाटी में स्थित है।
(d) अमरावती स्तूप, गोदावरी नदी की घाटी में स्थित है।

2. मुरैना के समीप स्थित चौंसठ योगिनी मंदिर के संदर्भ में, निम्नलिखित कथनों पर विचार कीजिए- (2021)

1. यह कच्छपघात राजवंश के शासनकाल में निर्मित एक वृत्ताकार मंदिर है।
2. यह भारत में निर्मित एकमात्र वृत्ताकार मंदिर है।
3. इसका उद्देश्य इस क्षेत्र में वैष्णव पूजा-पद्धति को प्रोत्साहन देना था।
4. इसके डिजाइन से यह लोकप्रिय धारणा बनी कि यह भारतीय संसद भवन के लिए प्रेरणा स्रोत रहा था।

नीचे दिये गये कूट का प्रयोग कर सही उत्तर चुनिए।

(a) 1 और 2 (b) केवल 2 और 3
(c) 1 और 4 (d) 2, 3 और 4

3. निम्नलिखित युग्मों पर विचार कीजिए– (2021)

(ऐतिहासिक स्थान)		(ख्याति का कारण)
1. बुर्जहोम	:	शैलकृत देव मंदिर
2. चंद्रकेतुगढ़	:	टेराकोटा कला
3. गणेश्वर	:	ताम्र कलाकृतियाँ

उपर्युक्त युग्मों में से कौन-सा/कौन-से सही सुमेलित है/हैं?

(a) केवल 1 (b) 1 और 2
(c) केवल 3 (d) 2 और 3

4. भारत के सांस्कृतिक इतिहास के संदर्भ में, 'परामिता' शब्द का सही विवरण निम्नलिखित में से कौन-सा है? (2020)

(a) सूत्र पद्धति में लिखे गए प्राचीनतम धर्मशास्त्र पाठ
(b) वेदों के प्राधिकार को अस्वीकार करने वाले दार्शनिक सम्प्रदाय
(c) परिपूर्णताएँ जिनकी प्राप्ति से बोधिसत्व पथ प्रशस्त हुआ
(d) आरम्भिक मध्यकालीन दक्षिण भारत की शक्तिशाली व्यापारी श्रेणियाँ

5. भारत के इतिहास के संदर्भ में, निम्नलिखित युग्मों पर विचार कीजिए– (2020)

प्रसिद्ध स्थल		वर्तमान राज्य
1. भीलसा	–	मध्य प्रदेश
2. द्वारसमुद्र	–	महाराष्ट्र
3. गिरिनगर	–	गुजरात
4. स्थानेश्वर	–	उत्तर प्रदेश

उपर्युक्त में से कौन-से युग्म सही सुमेलित हैं?

(a) केवल 1 और 3 (b) केवल 1 और 4
(c) केवल 2 और 3 (d) केवल 2 और 4

6. प्राचीन भारतीय गुप्त राजवंश के समय के संदर्भ में, नगर घंटाशाला, कदूरा तथा चौल किस लिए विख्यात थे? (2020)

(a) विदेशी व्यापार करने वाले बंदरगाह
(b) शक्तिशाली राज्यों की राजधानियाँ
(c) उत्कृष्ट प्रस्तर कला तथा स्थापत्य से संबंधित स्थान
(d) बौद्ध धर्म के महत्त्वपूर्ण तीर्थस्थल

7. मियाँ तानसेन के संदर्भ में, निम्नलिखित में से कौन-सा कथन सही नहीं है? (2019)

(a) सम्राट् अकबर द्वारा इन्हें दी गई उपाधि तानसेन थी।
(b) तानसेन ने हिन्दू देवी-देवताओं से सम्बन्धित ध्रुपदों की रचना की।
(c) तानसेन ने अपने संरक्षकों से सम्बन्धित गानों की रचना की।
(d) तानसेन ने अनेक रागों की मौलिक रचना की।

8. इनमें से किस मुगल सम्राट् ने सचित्र पांडुलिपियों से ध्यान हटाकर चित्राधार (एलबम) और वैयक्तिक रूपचित्रों पर अधिक जोर दिया? (2019)

(a) हुमायूँ (b) अकबर
(c) जहाँगीर (d) शाहजहाँ

9. भारत में औपनिवेशिक शासन के दौरान शैक्षणिक संस्थाओं के संदर्भ में, निम्नलिखित युग्मों पर विचार कीजिए– (2018)

संस्थान	संस्थापक
1. बनारस का संस्कृत कॉलेज	- विलियम जोन्स
2. कलकत्ता मदरसा	- वॉरेन हेस्टिंग्स
3. फोर्ट विलियम कॉलेज	- आर्थर वेलेजली

उपर्युक्त युग्मों में से कौन-सा/से सही सुमेलित है/हैं?

(a) 1 और 2 (b) केवल 2
(c) 1 और 3 (d) केवल 3

10. निम्नलिखित युग्मों पर विचार कीजिए– (2018)

शिल्प	किस राज्य की परम्परा
1. पुथुक्कुलि शॉल	- तमिलनाडु
2. सुजनी कढ़ाई	- महाराष्ट्र
3. उप्पाडा जामदानी साड़ी	- कर्नाटक

उपर्युक्त युग्मों में से कौन-सा/से सही सुमेलित है/हैं?

(a) केवल 1 (b) 1 और 2
(c) केवल 3 (d) 2 और 3

11. सुप्रसिद्ध चित्र 'बनी-ठनी' किस शैली का है? (2018)

(a) बूँदी शैली (b) जयपुर शैली
(c) काँगड़ा शैली (d) किशनगढ़ शैली

12. भारत के सांस्कृतिक इतिहास के संदर्भ में, निम्नलिखित कथनों पर विचार कीजिए– (2018)

1. त्यागराज की अधिकांश कृतियाँ भगवान कृष्ण की स्तुति के भक्ति गीत हैं।
2. त्यागराज ने अनेक नए रागों का सृजन किया।
3. अन्नमाचार्य और त्यागराज समकालीन हैं।
4. अन्नमाचार्य कीर्तन भगवान वेंकटेश्वर की स्तुति के भक्ति गीत हैं।

उपर्युक्त कथनों में से कौन-सा/से सही है/हैं?

(a) केवल 1 और 3 (b) केवल 2 और 4
(c) 1, 2 और 3 (d) 2, 3 और 4

13. भारत के सांस्कृतिक इतिहास के संदर्भ में, निम्नलिखित कथनों पर विचार कीजिए– (2018)

1. फतेहपुर सीकरी स्थित बुलंद दरवाजा तथा खानकाह के निर्माण में सफेद संगमरमर का प्रयोग हुआ था।
2. लखनऊ स्थित बड़ा इमामबाड़ा और रूमी दरवाजा के निर्माण में लाल बलुआ पत्थर और संगमरमर का प्रयोग हुआ था।

उपर्युक्त कथनों में से कौन-सा/से सही है/हैं?

(a) केवल 1 (b) केवल 2
(c) 1 और 2 दोनों (d) न तो 1, न ही 2

14. निम्नलिखित युग्मों पर विचार कीजिए– (2018)

परम्परा		राज्य
1. चपचार कुट त्योहार	-	मिजोरम
2. खोंगजॉम परबा गाथागीत	-	मणिपुर
3. थांग-ता नृत्य	-	सिक्किम

उपर्युक्त युग्मों में से कौन-सा/से सही सुमेलित है/हैं?

(a) केवल 1 (b) 1 और 2
(c) केवल 3 (d) 2 और 3

15. मणिपुरी संकीर्तन के संदर्भ में, निम्नलिखित कथनों पर विचार कीजिए– *(UPSC-2017)*

1. यह गीत और नृत्य का प्रदर्शन है।
2. केवल करताल (सिम्बॅल) ही वह एकमात्र वाद्ययंत्र है, जो इस प्रदर्शन में प्रयुक्त होता है।
3. यह भगवान कृष्ण की जीवन और लीलाओं को वर्णित करने के लिए प्रदर्शित किया जाता है।

नीचे दिए गए कूट का प्रयोग कर सही उत्तर चुनिए–

(a) 1, 2 और 3 (b) केवल 1 और 3
(c) केवल 2 और 3 (d) केवल 1

16. निम्नलिखित युग्मों पर विचार कीजिए– *(UPSC-2017)*

परम्पराएँ	समुदाय
(1) चलिहा साहिब उत्सव	सिंधियों का
(2) नन्दा राज जात यात्रा	गोंडों का
(3) वारी-वारकरी	संथालों का

ऊपर दिए गए युग्मों में से कौन-सा/से सही सुमेलित है/हैं?

(a) केवल 1
(b) केवल 2 और 3
(c) केवल 1 और 3
(d) उपर्युक्त में से कोई नहीं

17. निम्नलिखित युग्मों पर विचार कीजिए– *(UPSC-2016)*

शब्द		विवरण
1. बोधगया	:	बघेलखंड
2. खजुराहो	:	बुन्देलखंड

3. शिरडी : विदर्भ
4. नासिक : मालवा
5. तिरुपति : रायलसीमा

नीचे दिए गए कूट का प्रयोग कर सही उत्तर चुनिए-

(a) केवल 1, 2 और 4 (b) केवल 2, 3 और 5
(c) केवल 2 और 5 (d) 1, 3, 4 और 5

18. मध्य कालीन भारत के सांस्कृतिक इतिहास के संदर्भ में निम्नलिखित कथनों पर विचार कीजिए- ***(UPSC-2016)***

1. तमिल क्षेत्र के सिद्ध (सित्तर) एकेश्वरवादी थे तथा मूर्ति पूजा की निंदा करते थे।
2. कन्नड़ क्षेत्र के लिंगायत पुनर्जन्म के सिद्धान्त पर प्रश्न चिन्ह लगाते थे तथा जाति अधिक्रम को अस्वीकार करते थे।

उपर्युक्त कथनों में से कौन-सा/से सही है/हैं?

(a) केवल 1 (b) केवल 2
(c) 1 और 2 दोनों (d) न तो 1, न ही 2

19. अजंता और महाबलीपुरम के रूप में ज्ञात दो ऐतिहासिक स्थानों में कौन-सी बात/बातें समान है/हैं? ***(UPSC-2016)***

1. दोनों एक ही समयकाल में निर्मित हुए थे।
2. दोनों का एक ही धार्मिक सम्प्रदाय से संबंध है।
3. दोनों में शिलाकृत स्मारक हैं।

नीचे दिए गए कूट का प्रयोग कर सही उत्तर चुनिए-

(a) केवल 1 और 2
(b) केवल 3
(c) केवल 1 और 3
(d) उपर्युक्त कथनों में से कोई भी सही नहीं है

20. कलमकारी चित्रकला निर्दिष्ट (रेफर) करती है- ***(UPSC-2015)***

(a) दक्षिण भारत में सूती वस्त्र पर हाथ से की गई चित्रकारी
(b) पूर्वोत्तर भारत में बाँस के हस्तशिल्प पर हाथ से किया गया चित्रांकन
(c) भारत के पश्चिमी हिमालय क्षेत्र में ऊनी वस्त्र पर ठप्पे (ब्लॉक) से की गई चित्रकारी
(d) उत्तर-पश्चिमी भारत में सजावटी रेशमी वस्त्र पर हाथ से की गई चित्रकारी

21. निम्नलिखित युग्मों पर विचार कीजिए- ***(UPSC-2015)***

तीर्थस्थान		**अवस्थिति**
1. श्रीशैलम	:	नल्लमला पहाड़ियाँ
2. ओंकारेश्वर	:	सतमाला पहाड़ियाँ
3. पुष्कर	:	महादेव पहाड़ियाँ

उपर्युक्त में से कौन-सा/से युग्म सही सुमेलित है/हैं?

(a) केवल 1 (b) केवल 2 और 3
(c) केवल 1 और 3 (d) 1, 2 और 3

22. भारत के कला अपुरातात्विक इतिहास के संदर्भ में, निम्नलिखित में से किस एक का सबसे पहले निर्माण किया गया था? ***(UPSC-2015)***

(a) भुवनेश्वर स्थित लिंगराज मंदिर
(b) धौली स्थित शैलकृत हाथी
(c) महाबलिपुरम स्थित शैलकृत स्मारक
(d) उदयगिरि स्थित वराह मूर्ति

23. निम्नलिखित भाषाओं पर विचार कीजिए- ***(UPSC-2014)***

1. गुजराती 2. कन्नड़
3. तेलुगू

उपर्युक्त में से किसको/किनको सरकार ने 'श्रेण्य (क्लासिकी) भाषा/भाषाएं' घोषित किया है?

(a) केवल 1 और 2 (b) केवल 3
(c) केवल 2 और 3 (d) 1, 2 और 3

24. निम्नलिखित युग्मों में से कौन-सा एक भारतीय षड्दर्शन का भाग नहीं है? ***(UPSC-2014)***

(a) मीमांसा और वेदान्त
(b) न्याय और वैशेषिक
(c) लोकायत और कापालिक
(d) सांख्य और योग

25. विख्यात सत्रीया नृत्य के संदर्भ में निम्नलिखित कथनों पर विचार कीजिए- ***(UPSC-2014)***

1. सत्रीया संगीत, नृत्य तथा अभिनय का सम्मिश्रण है।
2. यह असम के वैष्णवों की शताब्दियों पुरानी जीवन्त परम्परा है।
3. यह तुलसीदास, कबीर और मीराबाई द्वारा रचित भक्ति-गीतों के शास्त्रीय रागों तथा तालों पर आधारित है।

उपर्युक्त कथनों में से कौन-सा/से सही है/हैं?

(a) केवल 1 (b) केवल 1 और 3
(c) केवल 2 और 3 (d) 1, 2 और 3

26. भारत की कला व संस्कृति के इतिहास के सम्बन्ध में निम्नलिखित युग्मों पर विचार कीजिए- ***(UPSC-2014)***

विख्यात मूर्तिशिल्प	**स्थल**
1. बुद्ध के महापरिनिर्वाण की एक भव्य प्रतिमा, जिसमें ऊपर की ओर अनेकों दैवी संगीतज्ञ तथा नीचे की ओर उनके दुखी अनुयायी दर्शाए गए हैं।	: अजंता

2. प्रस्तर पर उत्कीर्ण विष्णु के वराह अवतार की विशाल प्रतिमा, जिसमें वह देवी पृथ्वी को गहरे विक्षुब्ध सागर से उबारते दर्शाए गए हैं। : माउंट आबू
3. विशाल गोलाश्मों पर उत्कीर्ण 'अर्जुन की तपस्या'/'गंगा-अवतरण'' : मामल्लपुरम

उपर्युक्त युग्मों में से कौन-सा/से सही सुमेलित है/हैं?

(a) केवल 1 और 2
(b) केवल 3
(c) केवल 1 और 3
(d) 1, 2 और 3

27. भारत की संस्कृति एवं परम्परा के संदर्भ में 'कलारीपयट्टू' क्या है? ***(UPSC-2014)***

(a) यह शैवमत का प्राचीन भक्ति पंथ है, जो अभी भी दक्षिण भारत के कुछ हिस्सों में प्रचलित है।
(b) यह काँसे और पीतल के काम की एक प्राचीन शैली है, जो अभी भी कोरोमंडल क्षेत्र के दक्षिणी हिस्से में पाई जाती है।
(c) यह नृत्य-नाटिका का एक प्राचीन रूप है और मालाबार के उत्तरी हिस्से में एक जीवन्त परम्परा है।
(d) यह एक प्राचीन मार्शल कला है और दक्षिण भारत के हिस्सों में जीवन्त परम्परा है।

28. निम्नलिखित युग्मों पर विचार कीजिए- ***(UPSC-2014)***

1. गरबा : गुजरात
2. मोहिनीअट्टम : ओडिशा
3. यक्षगान : कर्नाटक

उपर्युक्त युग्मों में से कौन-सा/से सही सुमेलित है/हैं?

(a) केवल 1 (b) केवल 2 और 3
(c) केवल 1 और 3 (d) 1, 2 और 3

29. भारत में बौद्ध इतिहास, परम्परा और संस्कृति के सम्बन्ध में निम्नलिखित युग्मों पर विचार कीजिए- ***(UPSC-2014)***

विख्यात तीर्थस्थल	अवस्थान
1. ताबो मठ और मंदिर संकुल	: स्पीति घाटी
2. ल्होत्सव लाखांग मंदिर, नको	: जंस्कार घाटी
3. अल्वी मंदिर संकुल	: लद्दाख

उपर्युक्त युग्मों में से कौन-सा/से सही सुमेलित है/हैं?

(a) केवल 1 (b) केवल 2 और 3
(c) केवल 1 और 3 (d) 1, 2 और 3

30. मंगानियार के नाम से जाना जाने वाला लोगों का समुदाय- ***(UPSC-2014)***

(a) पूर्वोत्तर भारत में अपनी मार्शल कलाओं के लिए विख्यात है।
(b) पश्चिमोत्तर भारत में अपनी संगीत परम्परा के लिए विख्यात है।
(c) दक्षिण भारत में अपने शास्त्रीय गायन संगीत के लिए विख्यात है।
(d) मध्य भारत में पच्चीकारी परंपरा के लिए विख्यात है।

31. फतेहपुर सीकरी का इबादतखाना क्या था? ***(UPSC-2014)***

(a) राज परिवार के इस्तेमाल के लिए मस्जिद
(b) अकबर का निजी प्रार्थना कक्ष
(c) वह भवन, जिसमें विभिन्न धर्मों के विद्वानों के साथ अकबर चर्चा करता था।
(d) वह कमरा, जिसमें विभिन्न धर्म वाले कुलीन-जन धार्मिक बातों के विचारार्थ जमा होते थे।

32. भारतीय शिलावस्तु के इतिहास के संदर्भ में, निम्नलिखित कथनों पर विचार कीजिए- ***(UPSC-2013)***

1. बादामी की गुफाएँ भारत की प्राचीनतम अवशिष्ट शैलकृत गुफाएँ हैं।
2. बराबर की शैलकृत गुफाएँ सम्राट् चन्द्रगुप्त मौर्य द्वारा मूलतः आजीविका के लिए बनवाई गई थीं।
3. एलोरा में गुफाएँ विभिन्न धर्मों के लिए बनाई गई थीं।

उपर्युक्त कथनों में से कौन-सा/से सही है/हैं?

(a) केवल 1 (b) केवल 2 और 3
(c) केवल 3 (d) 1, 2 और 3

33. निम्नलिखित में से कौन-सा/से लक्षण सिन्धु सभ्यता के लोगों का सही चित्रण करता है/करते हैं? ***(UPSC-2013)***

1. उनके विशाल महल और मंदिर होते थे।
2. वे देवियों और देवताओं, दोनों की पूजा करते थे।
3. वे युद्ध में घोड़ों द्वारा खींचे गए रथों का प्रयोग करते थे।

नीचे दिए गए कूट का प्रयोग कर सही कथन/कथनों को चुनिए।

(a) केवल 1 और 2
(b) केवल 2
(c) 1, 2 और 3
(d) उपर्युक्त कथनों में से कोई भी सही नहीं है।

34. कुछ शैलकृत बौद्ध गुफाओं को चैत्य कहते हैं, जबकि अन्य को विहार। दोनों में क्या अंतर है? ***(UPS-2013)***

(a) विहार पूजा स्थल होता है, जबकि चैत्य बौद्ध भिक्षुओं का निवास स्थल है।
(b) चैत्य पूजा स्थल होता है, जबकि विहार बौद्ध भिक्षुओं का निवास स्थान है।
(c) चैत्य गुफा के दूर के सिरे पर स्तूप होता है, जबकि विहार गुफा पर अक्षीय कक्ष होता है।
(d) दोनों में कोई वस्तुपरक अंतर नहीं होता।

35. निम्नलिखित में से कौन-सा एक बौद्ध मत में निर्वाण की अवधारणा की सर्वश्रेष्ठ व्याख्या करता है? *(UPSC-2013)*
(a) तृष्णारूपी अग्नि का शमन
(b) स्वयं की पूर्णत: अस्तित्वहीनता
(c) परमानंद एवं विश्राम की स्थिति
(d) धारणातीत मानसिक अवस्था

36. निम्नलिखित में से कौन-सा/से कथन जैन सिद्धान्त के अनुरूप है/हैं? *(UPSC-2013)*
1. कर्म को विनष्ट करने का सुनिश्चित मार्ग तपश्चर्या है।
2. प्रत्येक वस्तु में, चाहे वह सूक्ष्मतम कण हो, आत्मा होती है।
3. कर्म आत्मा का विनाशक है और अवश्य इसका अंत करना चाहिए।

नीचे दिए गए कूट का प्रयोग कर सही उत्तर चुनिए–
(a) केवल 1 (b) केवल 2 और 3
(c) केवल 1 और 3 (d) 1, 2 और 3

37. भारत में दार्शनिक विचार के इतिहास के संबंध में, सांख्य सम्प्रदाय से सम्बन्धित निम्नलिखित कथनों पर विचार कीजिए– *(UPSC-2013)*
1. सांख्य पुनर्जन्म या आत्मा के आवागमन के सिद्धान्त को स्वीकार नहीं करता है।
2. सांख्य की मान्यता है कि आत्म ज्ञान ही मोक्ष की ओर ले जाता है न कि कोई बाह्य प्रभाव अथवा कारक।

उपर्युक्त कथनों में से कौन-सा/से सही है/हैं?
(a) केवल 1 (b) केवल 2
(c) 1 और 2 दोनों (d) न तो 1 और न ही 2

38. निम्नलिखित भक्ति संतों पर विचार कीजिए– *(UPSC-2013)*
1. दादू दयाल 2. गुरु नानक 3. त्यागराज

इनमें से कौन उस समय उपदेश देता था/देते थे जब लोदी वंश का पतन हुआ तथा बाबर सत्तारूढ़ हुआ?
(a) 1 और 3 (b) केवल 2
(c) 2 और 3 (d) 1 और 2

39. निम्नलिखित ऐतिहासिक स्थलों पर विचार कीजिए- *(UPSC-2013)*
1. अजंता की गुफाएँ 2. लेपाक्षी मंदिर
3. साँची स्तूप

उपर्युक्त स्थलों में से कौन-सा/से भित्ति चित्रकला के लिए भी जाना जाता है/जाने जाते हैं?
(a) केवल 1 (b) केवल 1 और 2
(c) 1, 2 और 3 (d) कोई नहीं

40. भारत के सांस्कृतिक इतिहास के संदर्भ में, नृत्य एवं नाट्य कला की एक मुद्रा जिसे 'त्रिभंग' कहा जाता है, प्राचीन काल से आज तक भारतीय कलाकारों को अतिप्रिय रही है। निम्नलिखित में से कौन-सा एक कथन इस मुद्रा को सर्वोत्तम रूप में वर्णित करता है? *(UPSC-2013)*
(a) एक पांव मोड़ा जाता है और देह थोड़ी, किंतु विपरीत दिशा में कटि एवं ग्रीवा पर वक्र की जाती है।
(b) मुख अभिव्यंजनाएं, हस्तमुद्राएँ एवं आसज्जा कतिपय महाकाव्य अथवा ऐतिहासिक पात्रों को प्रतीकात्मक रूप में व्यक्त करने के लिए संयोजित की जाती हैं।
(c) देश, मुख एवं हस्तों की गति का प्रयोग स्वयं को अभिव्यक्ति करने अथवा एक कथा कहने के लिए किया जाता है।
(d) मंद स्मिति, थोड़ी वक्र कटि एवं कतिपय हस्तमुद्राओं पर बल दिया जाता है, प्रेम एवं शृंगार की अनुभूतियों को अभिव्यक्त करने के लिए।

41. निम्नलिखित में से किस शासक ने कश्मीर में मार्तण्ड मंदिर का निर्माण करवाया था? *(UPSC-2011)*
(a) तारापीड़ (b) ललितादित्य मुक्तापीड़
(c) अवन्तिवर्मन (d) दिद्दा

42. निम्नलिखित में से किसने वैदिक ग्रंथों का बांग्ला (बंगाली) भाषा में अनुवाद प्रकाशित किया था? *(UPPCS-2011)*
(a) राजा राममोहन राय
(b) देवेन्द्रनाथ टैगोर (ठाकुर)
(c) ईश्वर चन्द्र विद्यासागर
(d) उपर्युक्त में से कोई नहीं

43. 'गुलामगिरी' नामक पुस्तक का लेखक कौन है? *(RPSC-2010)(UPPCS-2011)*
(a) ज्योतिबा फुले
(b) भीमराव अंबेडकर
(c) ई. वी. रामस्वामी नायकर
(d) उपर्युक्त में से कोई नहीं

44. महावीर इस वंश के थे? *(MPPCS(प्रा.)-2011)*

(a) कलाम (b) भग्ग
(c) लिच्छवि (d) बुलि

45. जिस जैन ग्रंथ में तीर्थंकरों के जीवन चरित हैं, उसका नाम है– *(MPPC(प्रा.)-2011)*

(a) भगवतीसूत्र (b) उवासगदसाओ
(c) आदि पुराण (d) कल्पसूत्र

46. प्रथम बौद्ध संगीति हुई थी– *(MPPCS(प्रा.)-2011)*

(a) वैशाली में (b) पाटलिपुत्र में
(c) राजगृह में (d) उज्जैन में

47. माध्यमिका दर्शन का प्रणेता था– *(MPPCS(प्रा.)-2011)*

(a) भद्रबाहु (b) पार्श्वनाथ
(c) शीलभद्र (d) नागार्जुन

48. बौद्ध संघ के नियम मूलतः किस पुस्तक में दिए गए हैं? *(MPPCS(प्रा.)-2011)*

(a) त्रिपिटक (b) विनयपिटक
(c) अभिधम्मपिटक (d) सुत्तपिटक

49. सूची-I को सूची-II के साथ सुमेलित कीजिए और सूचियों के नीचे दिए गए कूट का प्रयोग कर सही उत्तर चुनिए-

सूची-I (जैन तीर्थंकर)	सूची-II (पहचान)
A. शांतिनाथ	1. मृग
B. मल्लिनाथ	2. सिंह
C. पार्श्वनाथ	3. सर्प
D. महावीर	4. जल-कलश

कूट:

	A	B	C	D
(a)	1	2	4	3
(b)	4	1	3	2
(c)	2	3	1	4
(d)	1	4	3	2

50. प्राचीनतम जैन काँस्य मूर्तियाँ प्राप्त हुई हैं– *(UPPCS(प्रा.)-2011)*

(a) चौसा से (b) नालन्दा से
(c) श्रवणबेलगोला से (d) उदयगिरि से

51. जैन मत में 'संथारा' से तात्पर्य है– *(UPPCS(प्रा.)-2011)*

(a) उपवास द्वारा प्राण त्यागने का एक अनुष्ठान
(b) सभा
(c) तीर्थंकरों की शिक्षा
(d) उत्कृष्ट मार्ग

52. थियोसॉफिकल सोसायटी ने खुद को इससे जोड़ा– *(MPPCS-2011)*

(a) ईसाई पुनरुत्थान आन्दोलन
(b) इस्लामी पुनरुत्थान आन्दोलन
(c) हिन्दू पुनरुत्थान आन्दोलन
(d) ये सभी

53. भारत से प्रकाशित प्रथम अखबार का नाम था? *(RPSC-2010)*

(a) बंगाल गजट
(b) कलकत्ता गजट
(c) द ओरिएंटल मैग्जीन ऑफ कलकत्ता
(d) द कलकत्ता क्रॉनिकल

54. भारतीय स्वतंत्रता संघर्ष के संदर्भ में निम्नलिखित कथनों पर विचार कीजिए– *(UPSC-2010)*

1. वीरेशलिंगम पंतुलु ने 'कृष्ण' पत्रिका की स्थापना की।
2. मुत्तनुरी कृष्ण राव ने 'कृष्ण' पत्रिका का सम्पादन किया।

उपर्युक्त कथनों में से कौन-सा/से सही है/हैं?

(a) केवल 1 (b) केवल 2
(c) 1 और 2 दोनों (d) न तो 1 और न ही 2

55. 1857 ई. के विद्रोह के कारणों पर 'असबाब-बगावते-हिन्द' भारतीय भाषा में किस भारतीय द्वारा लिखी गई पहली पुस्तक थी? इसके रचयिता थे– *(UPPCS-2010)*

(a) सर सैयद अहमद खाँ
(b) मिर्जा असदउल्ला खां गालिब
(c) मौलाना अबुल कलाम आजाद
(d) सर मोहम्मद इकबाल

56. इनमें से कौन-सा सुल्तान अशोक स्तंभ को दिल्ली लाया था? *(MPPCS-2010)*

(a) गयासुद्दीन तुगलक (b) फिरोज तुगलक
(c) अलाउद्दीन खिलजी (d) मुहम्मद तुगलक

57. अटाला मस्जिद और लाल दरवाजा मस्जिद को किस राज्य के शासकों ने बनवाया था? *(MPPCS-2010)*

(a) बंगाल (b) खानदेश
(c) मालवा (d) जौनपुर

58. ''उत्तर भारत पर तुर्कों की विजय का एक महत्वपूर्ण पहलू नगरीय क्रांति थी।'' यह कथन किसका है? *(UPPCS-2010)*

(a) के.ए. निजामी (b) एम. हबीब
(c) आर. पी. त्रिपाठी (d) यूसुफ हुसैन

59. किसी मध्य कालीन भवन में दोहरा गुंबद सर्वप्रथम किसके मकबरे में बनाया गया था? *(UPSC-2010)*

(a) इल्तुतमिश (b) गयासुद्दीन तुगलक
(c) फिरोज तुगलक (d) सिंकदर लोदी

60. निम्न में से कौन शैव सम्प्रदाय सबसे पहले अभ्युदित हुआ? *(RPSC(प्रा.)-2010)*

(a) कपालिक (b) कालामुख
(c) पाशुपत (d) कनफटा

61. त्रिमूर्ति की अवधारणा का उदय हुआ? *(RPSC (प्रा.)-2010)*

(a) मौर्य काल में (b) मौर्योत्तर काल में
(c) गुप्त काल में (d) गुप्तोत्तर काल में

62. निम्नलिखित में से किस राजपरिवार में पुरुष प्राय: ब्राह्म धर्म का पालन करने वाले थे और स्त्रियाँ बौद्ध थीं? *(UPPCS(प्रा.)-2010)*

(a) इक्ष्वाकु (b) लिच्छवी
(c) पल्लव (d) यौधेय

63. निम्नलिखित कथनों पर विचार कीजिए– *(UPSC-2010)*

1. राजा राममोहन की 1833 ई. में मृत्यु के उपरांत देवेन्द्र टैगोर ब्रह्म समाज के नेता बने।
2. देवेन्द्रनाथ ने 'तत्वबोधिनी सभा', जो प्रगतिशील लोकमत तथा धार्मिक विचारों की अभिव्यक्ति के लिए एक मंच थी, स्थापित कर राजा राममोहन राय के विचारों को लोकप्रिय बनाने का प्रयास किया।

उपरोक्त कथनों में से कौन-सा/से सही है/हैं?

(a) केवल 1 (b) केवल 2
(c) 1 और 2 दोनों (d) न तो 1 और न ही 2

64. निम्नलिखित में से कौन-से अधिनियम ब्रिटिश सरकार द्वारा 1856 में पारित किए गए थे? *(UPSC-2010)*

1. हिन्दू विडो रीमैरिज एक्ट
2. एबॉलिशन ऑफ सती (रेगुलेशन XVIII)
3. रिलिजिअंस डिसएबिलिटीज एक्ट

नीचे दिए गए कूट का प्रयोग कर सही उत्तर चुनिए-

(a) 1 और 3 (b) 2 और 4
(c) 1, 3 और 4 (d) 1, 2 और 3

65. 'तुहफल-उल-मुवहिद्दीन', राममोहन राय द्वारा लिखित लेख है- *(UPPCS-2010)*

(a) मूर्ति पूजा के विरुद्ध पहला लेख
(b) कुलीनवाद के विरुद्ध पहला लेख
(c) सतीप्रथा के विरुद्ध पहला लेख
(d) विधवा पुनर्विवाह के विरुद्ध पहला लेख

66. 'रहनुमाई मजदयासन सभा' किससे जुड़ी है? *(UPPCS-2010)*

(a) सिखों से (b) पारसियों से
(c) मुस्लिमों से (d) सिन्धियों से

67. निम्नलिखित में कौन नव-बंगाल चित्रकला शैली का एक प्रवर्तक था? *(RPSC-2010)*

(a) अवनीन्द्र नाथ टैगोर
(b) गगनेन्द्रनाथ टैगोर
(c) रवीन्द्रनाथ टैगोर
(d) नन्दलाल बोस

68. जैनियों ने अपने उपदेशों के लिए निम्न में से किस भाषा को ग्रहण किया? *(Utt.PCS(प्रा.)-2009)*

(a) मागधी (b) प्राकृत
(c) मैथिली (d) संस्कृत

69. निम्नलिखित शहरों में से किसकी नींव सुल्तान फिरोजशाह तुगलक द्वारा नहीं रखी गई थी? *(UPSC-2009)*

(a) हिसार (b) फिरोजाबाद
(c) फरीदाबाद (d) जौनपुर

70. निम्नलिखित में से कौन-सा समाचार पत्र पंडित मदन मोहन मालवीय द्वारा 1909 में प्रारंभ किया गया था? *(UPSC-2009)*

(a) फ्री इंडिया (b) नवभारत
(c) इंडिपेन्डेन्ट (d) लीडर

71. बोधि प्राप्त करने से पूर्व ज्ञान की खोज में सिद्धार्थ गौतम किन आचार्यों के पास गए थे? *(UPPCS(प्रा.)-2009)*

1. आलार कालाम 2. उद्रक रामपुत्र
3. मक्खलि गोसाल 4. निगंठ नातपुत्र

निम्नांकित कूट से अपना उत्तर निर्दिष्ट कीजिए–

(a) 1 और 4 (b) 4 और
(c) 2 और 3 (d) 1 और 2

72. महासांधिक सम्प्रदाय का उदय कहाँ हुआ था? *(UPPCS(प्रा.)-2009)*

(a) बोधगया (b) राजगृह
(c) श्रावस्ती (d) वैशाली

73. अपने ऊपर निर्भर पत्नी और बच्चों के लिए समुचित व्यवस्था किए बिना भिक्षु बनने वाले व्यक्ति के लिए किसने दंड की व्यवस्था की है? *(UPPCS(प्रा.)-2009)*

(a) मनु (b) याज्ञवल्क्य
(c) कौटिल्य (d) नारद

74. निम्नलिखित में से किसने 1936 में 'इंडिपेन्डेन्ट लेबर पार्टी' की स्थापना की थी? *(UPSC-2009)*
(a) डॉ. बी. आर. अंबेडकर
(b) एम. सी. राजा
(c) जगजीवन राम
(d) जयप्रकाश नारायण

75. निम्नलिखित युग्मों पर विचार कीजिए– *(UPSC-2009)*
1. इंडियन मिरर - दादाभाई नौरोजी
2. स्वदेशमित्रम् - जी. सुब्रह्मण्यम अय्यर
3. सुधारक - जी.के. गोखले

उपरोक्त युग्मों में से कौन-सा/से सही सुमेलित है/हैं?
(a) 1 और 2 (b) केवल 2
(c) 2 और 3 (d) 1, 2 और 3

76. भारत वर्ष में नारी आन्दोलन का सूत्रपात प्रमुखतः किसकी प्रेरणा से हुआ? *(UPPCS-2008)*
(a) रमाबाई रानाडे (b) विजयलक्ष्मी पंडित
(c) सरोजिनी नायडू (d) एनी बेसेंट

77. भारत की यात्रा करने वाले चीनी यात्री युगान च्वांग (ह्वेन त्सांग) ने तत्कालीन भारत की सामान्य दशाओं और संस्कृति का वर्णन किया है। इस संदर्भ में, निम्नलिखित में से कौन-सा/से कथन सही है/हैं?
1. सड़क और नदी मार्ग लूटमार से पूरी तरह सुरक्षित थे।
2. जहाँ तक अपराधों के लिए दंड का प्रश्न है, अग्नि, जल व विष द्वारा सत्य परीक्षा किया जाना ही किसी भी व्यक्ति की निर्दोषता अथवा दोष के निर्णय के साधन थे।
3. व्यापारियों को नौघाटों और नावों पर शुल्क देना पड़ता था।

नीचे दिए गए कूट का प्रयोग कर सही उत्तर चुनिए।
(a) केवल 1 (b) केवल 2 और 3
(c) केवल 1 और 3 (d) 1, 2 और 3

78. राममोहन राय निम्न में से किस ग्रंथ के लेखक थे? *(UPPCS-2008)*
(a) दबिस्तान-ए-मजहब (b) तुहफात-उल-मुबाहिदीन
(c) अखबारे हिन्द (d) आखबारूल अखयार

79. 'सेन्ट्रल मोहम्मडन नेशनल एसोसिएशन' की स्थापना किसने की? *(UPPCS (वि)-2008)*
(a) सर सैयद अहमद खाँ (b) सैयद मीर अली
(c) बदरूद्दीन तैयबजी (d) मुहम्मद अली जिन्ना

80. विधवा पुनर्विवाह के प्रति किस सुधारक ने प्रमुख योगदान दिया था? *(MPPCS-2008)*
(a) देवेन्द्रनाथ टैगोर (b) ईश्वरचन्द्र विद्यासागर
(c) राजा राममोहन राय (d) स्वामी विवेकानन्द

81. निम्नलिखित में से किसके द्वारा सत्य शोधक समाज की स्थापना की गई थी? *(MPPCS-2008)*
(a) ज्योतिबा फुले (b) राममोहन राय
(c) सैयद अहमद (d) एम. ए. अन्सारी

82. इनमें से कौन सही है? *(JPSC-2008)*
(a) पूना में मुक्ति सदन - पं. रमाबाई
(b) शारदा सदन - डी. के. कर्वे
(c) विधवा आश्रम - दयानंद सरस्वती
(d) थियोसॉफिकल सोसायटी - डेरोजियो

83. आर्य समाज की स्थापना हुई थी– *(JPSC-2008)*
(a) 1878 ई. लाहौर में
(b) 1875 ई. बंबई में
(c) 1882 ई. कलकत्ता में
(d) 1902 ई. काँगड़ा में

84. निम्नलिखित में से किस आन्दोलन से अरविन्द घोष द्वारा लिखित 'डॉक्ट्रिन ऑफ पैसिव रेजिस्टेंस' नामक लेख श्रृंखला संबद्ध है? *(UPSC-2008)*
(a) स्वदेशी तथा बहिष्कार आन्दोलन
(b) सविनय अवज्ञा आन्दोलन
(c) असहयोग आन्दोलन
(d) यंग बंगाल आन्दोलन

85. निम्न में से किस शासक ने उर्दू को राजकीय संरक्षण प्रदान किया था? *(UPPCS-2008)*
(a) शाहजहाँ (b) जहाँगीर
(c) औरंगजेब (d) मुहम्मद शाह

86. किसके शासनकाल में 'रागदर्पण' नामक भारतीय शास्त्रीय पुस्तक का फारसी में अनुवाद किया गया था? *(UPSC-2008)*
(a) कैकुबाद (b) मुहम्मद-बिन-तुगलक
(c) फिरोजशाह तुगलक (d) सिकंदर लोदी

87. भारत की सर्वप्रथम, कागज पर लिखी गई, 1223-24 ई. की हस्तलिखित पुस्तक कहाँ से उपलब्ध हुई है? *(UPSC-2008)*
(a) पंजाब (b) राजस्थान
(c) गुजरात (d) बंगाल

88. संस्कृत स्रोतों से संग्रहित 'तिब्बत-ए-सिकंदरी' का विषय था– *(UPPCS-2008)*
(a) ज्योतिष (b) आयुर्विज्ञान
(c) संगीत (d) दर्शन

89. 'तूतीनामा' किस संस्कृत ग्रंथ का फारसी अनुवाद है? ***(UPPCS (विशेष) 2008)***

(a) रवि रहस्य (b) शुक सप्तशति
(c) लीलावती (d) हितोपदेश

90. मध्यकाल की क्षेत्रीय भाषा थी– ***(BPSC-43वां)***

(a) पाली (b) संस्कृत
(c) फारसी (d) उर्दू एवं फारसी

91. मध्य कालीन भारत में किस मुस्लिम शासक ने सर्वप्रथम 'होली' खेली थी? ***(UPPCS (विशेष)-2008)***

(a) मुहम्मद बिन तुगलक (b) हुमायूं
(c) अकबर (d) जहाँगीर

92. 'उर्दू-ए-मुअल्ला' का अभिप्राय है– ***(MPPCS-2008)***

(a) उर्दू भाषा का शब्द कोश
(b) शाही शिविर
(c) शाही आज्ञापत्र
(d) राजभाषा

93. जौनपुर की स्थापना की– ***(RAS-2008)***

(a) बलबन (b) गयासुद्दीन तुगलक
(c) मुहम्मद बिन तुगलक (d) फिरोजशाह तुगलक

94. कूर्चक एक सम्प्रदाय था– ***(UPPSC(प्रा.)-2008)***

(a) वैष्णव धर्म का (b) शैव धर्म का
(c) जैन धर्म का (d) बौद्ध धर्म का

95. दिलवाड़ा का मंदिर उदाहरण है– ***(RPSC(प्रा.)-2008)***

(a) बौद्ध स्थापत्य (b) जैन स्थापत्य
(c) मुगल स्थापत्य (d) सल्तनत स्थापत्य

96. किस युग में ब्राह्मण क्षत्रियों की तुलना में हीन माने जाते थे? ***(RUPSC-2008)***

(a) वैदिक युग (b) बौद्ध युग
(c) मौर्य युग (d) मौर्योत्तर युग

97. बौद्ध धर्म में कितने पिटक हैं? ***(RPSC-2008)***

(a) 1 (b) 2
(c) 3 (d) 4

98. कथन (A) : अमीर खुसरो की रचनाओं में हिन्दी के पद समाहित हैं।
कारण (R) : अमीर खुसरो ने हिन्दी के प्रति आदर प्रदर्शित किया तथा इसका अपनी रचनाओं में प्रयोग करने में संकोच नहीं किया। ***(UPSC-2007)***

(a) A और R दोनों सही हैं और R, A का सही स्पष्टीकरण है।
(b) A और R दोनों सही हैं, परंतु R, A का सही स्पष्टीकरण नहीं है।
(c) A सही है, परंतु R गलत है।
(d) A गलत है, परंतु R सही है।

99. निम्नलिखित में से किस शासक ने जहाँपनाह नगर का निर्माण करवाया, जो दिल्ली का चौथा नगर था? ***(UPSC-2007)***

(a) सुल्तान शम्सुद्दीन इल्तुतमिश
(b) सुल्तान अलाउद्दीन खिलजी
(c) सुल्तान मुहम्मद बिन तुगलक
(d) सुल्तान सिकन्दर लोदी

100. बौद्ध धर्म का सर्वस्तिवादी सम्प्रदाय किस क्षेत्र में प्रबल था? ***(सि. स. (प्रा.)-2007)***

(a) तिब्बत व नेपाल (b) मथुरा व कश्मीर
(c) बर्मा व थाइलैंड (d) बिहार व बंगाल

101. निम्न में से किसने 20वीं शताब्दी के प्रारंभ में 'दि इकोनॉमिक हिस्ट्री ऑफ इंडिया' प्रकाशित की? ***(UPSC-2006)***

(a) दादा भाई नौरोजी (b) गोपाल कृष्ण गोखले
(c) महादेव गोविंद रानाडे (d) रोमेश चन्द्र दत्त

102. उस जैन संत का क्या नाम था, जिसके साथ मुहम्मद बिन तुगलक ने विचार-विमर्श किया था? ***(UPPCS-2006)***

(a) उमास्वति (b) हेमचन्द्र
(c) जिनसेन सूरि (d) जिनप्रभा सूरि

103. किसने दिल्ली सल्तनत को सांस्कृतिक राज्य कहा है?

(a) डॉ. कुरैशी (b) के. ए. निजामी
(c) एम. हबीब (d) यूसुफ हुसैन

104. सूची-I (स्मारक) को सूची-II (निर्माता) के साथ सुमेलित कीजिए और सूचियों के नीचे दिए गए कूट का प्रयोग कर सही उत्तर चुनिए– ***(UPSC-2005)***

सूची-I (स्मारक)	सूची-II (निर्माता)
A. अजमेर में अढ़ाई दिन का झोपड़ा	1. अलाउद्दीन खिलजी
B. दिल्ली में हौज-ए-खास	2. इल्तुतमिश
C. आदिलाबाद का किला	3. मुहम्मद तुगलक
D. बदायूं में जामी मस्जिद	4. कुतुबुद्दीन ऐबक

कूट:

	A	B	C	D
(a)	4	2	3	1
(b)	3	1	4	2
(c)	4	1	3	2
(d)	3	2	4	1

105. सत्य के अनेकान्त का सिद्धान्त किसका विशिष्ट लक्षण है? *(UPPCS (प्रा.)-2005)*

(a) आजीवक (b) जैन धर्म
(c) बौद्ध धर्म (d) लोकायत

106. निम्नलिखित में से किस सम्प्रदाय ने 'कर्मवाद' के सिद्धान्त का तिरस्कार किया? *(Utt.PCS(प्रा.)-2005)*

(a) शून्यवादी (b) आजीविक
(c) पाशुपत (d) जैन

107. दक्षिण भारत में जैन धर्म का प्रचारक कौन था? *(Utt.PCS(प्रा.)-2005)*

(a) भद्रबाहु (b) जिनसेन
(c) चेलूक्षमण (d) जिनप्रभासूरि

108. सूची-I को सूची-II के साथ सुमेलित कीजिए और सूचियों के नीचे दिए गए कूट का प्रयोग कर सही उत्तर चुनिए- *(UPSC-2005)*

सूची-I (व्यक्ति)	सूची-II (कृति)
A. मधुसूदन दत्त	1. मेघनाद वध काव्य
B. बंकिमचन्द्र	2. देवी चौधरानी
C. दीनबंधु	3. नीलदर्पण
D. बंगाली भाषा का	4. व्याकरण

कूट:

	A	B	C	D
(a)	4	2	1	3
(b)	1	2	3	4
(c)	4	3	1	2
(d)	1	3	2	4

109. सूची-I (लेखक) को सूची-II (पुस्तक) के साथ सुमेलित कीजिए और सूचियों के नीचे दिए गए कूट का प्रयोग कर सही उत्तर चुनिए- *(UPSC-2004)*

सूची-I (लेखक)	सूची-II (पुस्तक)
A. अलबरूनी	1. शाहनामा
B. मिन्हाज-उस-सिराज	2. नूह-सिपहर
C. फिरदौसी	3. तहकीक-उल-हिन्द
D. अमीर खुसरो	4. तबकात-ए-नासिरी

कूट:

	A	B	C	D
(a)	3	2	1	4
(b)	1	4	3	2
(c)	3	4	1	2
(d)	2	1	3	4

110. सीरी नगर की स्थापना की थी? *(UPSC-2002)*

(a) कैकुबाद ने
(b) जलालुद्दीन खिलजी ने
(c) अलाउद्दीन खिलजी ने
(d) गयासुद्दीन तुगलक ने

111. 'तारीख-ए-यामिनी', जिसे 'किताब-ए-यामिनी' भी कहते हैं, का लेखक है- *(UPSC-2002)*

(a) अब्दुल फजल बैकाही (b) हसन निजामी
(c) अबू नस्र उत्बी (d) अल कारदिजी

112. जनता की शैक्षिक आवश्यकताओं की पूर्ति के लिए मदरसा-ए-नासिरी का निर्माण किसके शासनकाल में किया गया था? *(UPSC-2002)*

(a) कुतुबुद्दीन ऐबक के
(b) इल्तुतमिश के
(c) रुकनुद्दीन फिरोजशाह के
(d) जलालुद्दीन खिलजी के

113. इल्तुतमिश के शासनकाल में राजनयिक सिद्धान्त तथा राजकीय संगठन की कला पर तैयार किया गया प्रथम मुसलमान गौरव ग्रंथ है- *(UPSC-2002)*

(a) आदाब-उल-मुल्क
(b) अहकाम-उस-सुल्तानिया
(c) फतवा-ए-जहाँदारी
(d) आदाब-उस-सलातीन

114. कश्मीर के जैन-उल-अबिदीन के आदेश पर महाभारत तथा राजतरंगिणी का किस भाषा में अनुवाद किया गया था? *(UPSC-2002)*

(a) उर्दू (b) फारसी
(c) पश्तू (d) अरबी

115. आगरा शहर की स्थापना की थी- *(UPSC-2001)*

(a) सिकंदर लोदी ने (b) खिज्र खां ने
(c) बहलोल लोदी ने (d) फिरोज तुगलक ने

116. स्थापत्य कला में गुंबद को आधार प्रदान करने के लिए सबसे पहले भित्ति मेहराब प्रणालियों का प्रयोग किया गया- *(UPSC-2001)*

(a) इल्तुतमिश के मकबरे में
(b) अलाई दरवाजा में
(c) गयासुद्दीन तुगलक के मकबरे में
(d) हुमायूँ के मकबरे में

117. घोषाल की महावीर स्वामी से सर्वप्रथम मुलाकात हुई थी? *(Utt.PCS(प्रा.)-2001)*

(a) चम्पा में (b) वैशाली में
(c) तक्षशिला में (d) नालंदा में

118. निम्नलिखित पर विचार कीजिए-
बाबर के भारत में आने के फलस्वरूप

1. उपमहाद्वीप में बारूद के उपयोग की शुरुआत हुई।

2. इस क्षेत्र की स्थापत्य कला में मेहराब और गुंबद बनने की शुरुआत हुई।
3. इस क्षेत्र में तैमूरी (तिमूरिद) राजवंश स्थापित हुआ।

नीचे दिए गए कूट का प्रयोग कर सही उत्तर चुनिए।

(a) केवल 1 और 2 (b) केवल 3
(c) केवल 1 और 3 (d) 1, 2 और 3

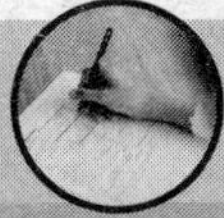

उत्तरमाला

1. (a) अजंता की गुफाएं वाघोरा नदी के पास सहयाद्रि पर्वतमाला (पश्चिमी घाट) में रॉक-कट गुफाओं की एक शृंखला के रूप में स्थित हैं। अत: विकल्प (a) सही है।

सांची का स्तूप मध्य प्रदेश के रायसेन जिले में है, चंबल रायसेन जिले से नहीं गुजरती है। अत: (b) गलत है।

पांडु-लेणा गुफाएं नासिक जिले में त्रिरास्मि नामक पहाड़ी के उत्तर की ओर स्थित हैं, इसलिए (c) गलत है।

अमरावती का स्तूप गोदावरी नदी नहीं बल्कि कृष्णा नदी के तट पर स्थित है।

इसलिए, सही उत्तर है (a)।

2. (c) चौंसठ योगिनी मंदिर का निर्माण कच्छपघात वंश के राजा देवपाल ने 11वीं शताब्दी में करवाया था, इसलिए पहला सही है।

जबलपुर के पास चौंसठ योगिनी मंदिर भी डिजाइन में गोलाकार है। अत: दूसरा गलत है।

यह वैष्णववाद को बढ़ावा देने के लिए नहीं था क्योंकि यह योगिनियों यानी योग की महिला स्वामी को समर्पित है। तो तीसरा गलत है।

विकल्प चौथा सही है, क्योंकि दोनों भवनों के डिजाइन में काफी समानता है, इसलिए कुछ का दावा है कि इसने संसद भवन के डिजाइन को प्रेरित किया।

इसलिए, सही उत्तर है (c)।

3. (d) कश्मीर घाटी के बुर्जहोम में, हड्डियों और पत्थरों से बने उपकरण और कर्मकांड प्रथाओं का प्रतिनिधित्व करने वाले उपकरण पाए गए। अत: युग्म 1 सही सुमेलित नहीं है।

चंद्रकेतुगढ़ में पट्टिकाओं पर कामुक कला सहित कई टेराकोटा कलाकृतियों का पता चला है। अत: युग्म 2 सही सुमेलित है।

खेतड़ी तांबे की खदानों के पास गणेश्वर स्थल की खुदाई में कई तांबे की कलाकृतियाँ जैसे–तीर के निशान, भाले, चूड़ियाँ, मिट्टी के बर्तन और छेनी आदि मिली हैं। इसलिए जोड़ी 3 का सही मिलान किया गया है।

इसलिए, सही उत्तर है (d)।

4. (c)	**5.** (a)	**6.** (a)	**7.** (a)	**8.** (c)	**9.** (b)	**10.** (a)	**11.** (d)
12. (b)	**13.** (a)	**14.** (b)	**15.** (c)	**16.** (b)	**17.** (c)	**18.** (c)	**19.** (b)
20. (b)	**21.** (a)	**22.** (c)	**23.** (c)	**24.** (a)	**25.** (a)	**26.** (d)	**27.** (d)
28. (c)	**29.** (c)	**30.** (d)	**31.** (c)	**32.** (c)	**33.** (a)	**34.** (a)	**35.** (a)
36. (a)	**37.** (a)	**38.** (a)	**39.** (b)	**40.** (b)	**41.** (d)	**42.** (b)	**43.** (a)
44. (c)	**45.** (b)	**46.** (a)	**47.** (a)	**48.** (b)	**49.** (b)	**50.** (a)	**51.** (a)
52. (a)	**53.** (a)	**54.** (c)	**55.** (a)	**56.** (c)	**57.** (d)	**58.** (b)	**59.** (c)
60. (b)	**61.** (b)	**62.** (a)	**63.** (b)	**64.** (a)	**65.** (b)	**66.** (b)	**67.** (b)
68. (b)	**69.** (c)	**70.** (b)	**71.** (a)	**72.** (b)	**73.** (a)	**74.** (c)	**75.** (c)
76. (b)	**77.** (b)	**78.** (c)	**79.** (b)	**80.** (b)	**81.** (b)	**82.** (a)	**83.** (a)
84. (a)	**85.** (b)	**86.** (b)	**87.** (b)	**88.** (b)	**89.** (b)	**90.** (d)	**91.** (b)
92. (b)	**93.** (b)	**94.** (b)	**95.** (b)	**96.** (b)	**97.** (c)	**98.** (a)	**99.** (a)
100. (a)	**101.** (b)	**102.** (b)	**103.** (c)	**104.** (a)	**105.** (a)	**106.** (b)	**107.** (a)
108. (b)	**109.** (a)	**110.** (c)	**111.** (a)	**112.** (b)	**113.** (d)	**114.** (d)	**115.** (a)
116. (c)	**117.** (b)	**118.** (d)					

❑❑❑

सिविल सेवा परीक्षाओं में विगत वर्षों में पूछे गए प्रश्न

मुख्य परीक्षा (2021–1989 तक)

आईएएस/पीसीएस

1. भक्ति साहित्य की प्रकृति का मूल्यांकन करते हुए भारतीय संस्कृति में इसके योगदान का निर्धारण कीजिए। (150 शब्दों में उत्तर दीजिए) ***(UPSC-2021)***
2. मुख्य धारा के ज्ञान और सांस्कृतिक प्रणालियों की तुलना में आदिवासी ज्ञान की विशेषता की जांच कीजिए। (150 शब्दों में उत्तर दीजिए) ***(UPSC-2021)***
3. शैलकृत स्थापत्य प्रारम्भिक भारतीय कला एवं इतिहास के ज्ञान के अति महत्वपूर्ण स्रोतों में से एक का प्रतिनिधित्व करता है। विवेचना कीजिए। (150 शब्दों में उत्तर दीजिए) ***(UPSC-2020)***
4. बहु-सांस्कृतिक भारतीय समाज को समझने में क्या जाति की प्रासंगिकता समाप्त हो गयी है? उदाहरणों सहित विस्तृत उत्तर दीजिए। (150 शब्दों में उत्तर दीजिए) ***(UPSC-2020)***
5. गांधाराई कला में मध्य एशियाई एवं यूनानी बैक्ट्रियाई तत्वों को उजागर कीजिए। ***(UPSC-2019)***
6. भारतीय कला विरासत का संरक्षण वर्तमान समय की आवश्यकता है। चर्चा कीजिए। ***(UPSC-2018)***
7. भारत के इतिहास की पुनर्रचना में चीनी और अरबी यात्रियों के महत्व का आकलन कीजिए। ***(UPSC-2018)***
8. श्री चैतन्य महाप्रभु के आगमन से भक्ति आन्दोलन को एक असाधारण नई दिशा मिली थी। चर्चा करें। ***(UPSC-2018)***
9. आप इस विचार को कि गुप्त कालीन सिक्का शास्त्रीय कला की उत्कृष्टता का स्तर बाद के समय में नितान्त दर्शनीय नहीं है, किस प्रकार सिद्ध करेंगे? ***(UPSC-2017)***
10. विजयनगर नरेश कृष्णदेव राय न केवल स्वयं एक कुशल विद्वान थे अपितु विद्या एवं साहित्य के महान संरक्षक भी थे। विवेचना कीजिए। ***(UPSC-2016)***
11. प्रारंभिक बौद्ध स्तूप-कला, लोक वर्ण्य-विषयों एवं कथानकों को चित्रित करते हुए बौद्ध आदर्शों की सफलतापूर्वक व्याख्या करती है। विशदीकरण कीजिए। ***(UPSC-2016)***
12. सिन्धु घांटी सभ्यता की नगरीय आयोजना और संस्कृति ने किस सीमा तक वर्तमान युगीन नगरीकरण को निवेश (इनपुट) प्रदान किए हैं? चर्चा कीजिए। ***(UPSC-2014)***
13. गांधार मूर्तिकला रोम निवासियों की उतनी ही ऋणी थी, जितनी की वह यूनानियों की थी। स्पष्ट कीजिए। ***(UPSC-2014)***
14. तक्षशिला विश्वविद्यालय विश्व के प्राचीनतम विश्वविद्यालयों में से एक था, जिसके साथ विभिन्न शिक्षण-विषयों (डिसिप्लिन्स) के अनेक विख्यात विद्वान व्यक्तित्व सम्बन्धित थे। उसकी रणनीतिक अवस्थिति के कारण उसकी कीर्ति फैली, लेकिन नालन्दा के विपरीत, उसे आधुनिक अभिप्राय में विश्वविद्यालय नहीं समझा जाता है। चर्चा कीजिए। ***(UPSC-2014)***
15. आरंभिक भारतीय शिलालेखों में अंकित ताण्डव नृत्य की विवेचना कीजिए। ***(UPSC-2013)***
16. मंदिर वास्तुकला के विकास में चोल वास्तुकला का उच्च स्थान है। विवेचना कीजिए। ***(UPSC-2013)***
17. भारत में वाद्य यंत्रों को पारम्परिक रूप से किन समूहों में वर्गीकृत किया जाता रहा है? ***(UPSC-2012)***
18. पारसी धर्म में अग्नि के महत्व पर टिप्पणी करिए। ***(UPSC-2012)***
19. क्या कारण है कि लौरी बेकर को भारती वास्तुकला का अंतश्चेतना का रक्षक कहा जाता है? ***(UPSC-2012)***

20. ''19वीं शताब्दी के भारत में देशी भाषा प्रेस ने न केवल समाचार पत्रों के रूप में सेवा की थी, बल्कि इससे ज्यादा महत्वपूर्ण रूप से विचार पत्रों के रूप में सेवा का थी।'' टिप्पणी कीजिए। *(UPSC-2011)*
21. 19वीं शताब्दी के उत्तरार्द्ध में भारतीय राष्ट्रीयता के उदय के आर्थिक एवं सामाजिक कारकों का परीक्षण कीजिए। *(UPSC-2010)*
22. चर्चा कीजिए कि भारत के पुनर्जागरण आन्दोलन ने किस सीमा तक राष्ट्रीय चेतना के उदय में योगदान दिया था? *(UPSC-2010)*
23. उन कारकों पर चर्चा कीजिए जिनके फलस्वरूप दलित चेतना का विकास हुआ और दलितों के सशक्तिकरण के लक्ष्य को सामने रखने वाले प्रमुख आन्दोलनों का उल्लेख कीजिए। *(UPSC-2010)*
24. ज्योतिबा फुले के सामाजिक-सांस्कृतिक विचारों का वर्णन करते हुए भारतीय समाज सुधार में उनके योगदान बताइए। *(UPSC-2010)*
25. त्रिपिटक क्या है? *(MPPCS-2010)*
26. चार आर्य सत्य क्या है? *(MPPCS-2010)*
27. छठीं शताब्दी ई. पू. में बौद्ध धर्म की उत्पत्ति के लिए उत्तरदायी कारकों का विवेचन कीजिए। *(UPPCS-2009)*
28. 19वीं शताब्दी में सामाजिक विधान ने किस प्रकार भारत में महिलाओं की दशा सुधारी थी? *(UPSC-2009)*
29. बंगाल में 19वीं शताब्दी के दौरान सामाजिक धार्मिक सुधार आन्दोलनों का संक्षिप्त परीक्षण कीजिए। *(UPPCS-2009)*
30. 'अपनी अद्वितीय शक्ति का इस्तेमाल करते हुए संसद ने 1955 में अन्यों के अलावा अस्पृश्यता (अपराध) अधिनियम अधिनियमित किया।' संक्षिप्त टिप्पणी लिखिए। *(UPSC-2008)*
31. 18वीं शताब्दी पर वाद-विवाद के विशिष्टता सूचक घटक कौन-कौन से हैं? *(UPSC-2008)*
32. भारतीय राष्ट्रीय आन्दोलन में महिलाओं के योगदान का विस्तृत विश्लेषण कीजिए। *(UPPCS-2007)*
33. ''19वीं शताब्दी में जिन बुराइयों ने भारतीय समाज को जंग लगा दिया था, संभवत: वे बुराइयां वो थीं, जिन्होंने नारीत्व को अवरुद्ध कर दिया था।'' संक्षिप्त टिप्पणी। *(UPSC-2007)*
34. सामाजिक-धार्मिक सुधार आन्दोलनों ने 19वीं शताब्दी में स्त्रियों की मुक्ति में किस सीमा तक योगदान दिया? *(UPSC-2006)*
35. भारत के इतिहास में 18वीं शताब्दी का आप किस प्रकार से लक्षण वर्णन करना चाहेंगे? *(UPSC-2005)*
36. ''जब तक लाखों लोग भूख और अज्ञान का जीवन जीते रहेंगे, मैं प्रत्येक ऐसे व्यक्ति को देशद्रोही मानता हूँ, जो उनकी बदौलत शिक्षा तो पा गया है, लेकिन जो उनकी ओर तनिक भी ध्यान नहीं देता है।'' संक्षिप्त टिप्पणी लिखिए। *(UPSC-2006)*
37. 19वीं सदी में भारतवर्ष के सामाजिक जीवन पर पड़ने वाले ब्रिटिश राज्य के प्रभाव की समीक्षा कीजिए। *(UPSC-2004)*
38. जैन धर्म का स्यादवाद् सिद्धान्त क्या है? *(RAS-2004)*
39. जैन धर्म के कर्म बंध सिद्धान्त से आप क्या समझते हैं? *(RAS (Mains) 2004)*
40. बौद्ध मत के सामाजिक पक्षों को स्पष्ट कीजिए और भारत में उसकी अवनति के कारण बताइए। *(UPSC (Mains)-2004)*
41. सल्तनत कालीन स्थापत्य कला की प्रमुख विशेषताओं का विवरण दीजिए। *(UPPCS-2004 (विशेष) परीक्षा)*
42. मध्य कालीन भारत में सांस्कृतिक समन्वय की प्रक्रिया एवं स्वरूप का विवेचन कीजिए। *(UPPCS-2003)*
43. बौद्ध धर्म के मुख्य उपदेश। *(MPPSC (Mains) 2003)*
44. उन सामाजिक, आर्थिक, सांस्कृतिक तत्वों का विश्लेषण कीजिए, जिनके कारण भारतीय राष्ट्रीय आन्दोलन का जन्म हुआ? *(BPSC-43वीं, MPPCS-2003)*
45. ''भारत ने पश्चिमी हथौड़ों से ही अंग्रेजों की दासता के बंधन तोड़ डाले।'' संक्षिप्त टिप्पणी। *(UPSC-2002)*
46. प्रथम शताब्दी ई. पू. से पूर्व बौद्ध धर्म के उत्थान और प्रसार के बारे में आप जो कुछ जानते हैं, वह लिखिए। *(UPSC (Mains) 2001)*
47. राजा राममोहन राय को 'आधुनिक भारत का जनक' क्यों कहा जाता है? (200 शब्दों में) *(RPSC-2001)*
48. 19वीं शताब्दी के सामाजिक-धार्मिक सुधार आन्दोलनों के स्वरूप एवं महत्व की विवेचना कीजिए। *(UPSC-2000)*

49. ''भारतीय जनता के राष्ट्रीय प्रजातंत्रात्मक जागरण ने धार्मिक क्षेत्र में भी अभिव्यक्ति प्राप्त की।'' ***(UPSC-2000)***
50. ''राममोहन राय एक नए युग के प्रवर्तक थे।'' स्पष्ट कीजिए। ***(MPCS-2000)***
51. बौद्ध धर्म एवं जैन धर्म के सिद्धान्तों की तुलनात्मक समीक्षा कीजिए। ***(MPPCS (Mains)-2000)***
52. सल्तनत काल में इस्लाम का भारतीय संस्कृति पर प्रभाव। ***(UPPCS-2004, 2000)***
53. जाति व्यवस्था के प्रति बौद्ध एवं जैन दृष्टिकोण। ***(UPPSC (Mains) 2000)***
54. ''आर्य समाज को बिल्कुल तर्कसंगत रूप से, पश्चिम द्वारा भारत में आयातित दशाओं के परिणाम के रूप में घोषित किया जा सकता है।'' ***(BPSC-44वीं)***
55. जैन तथा बौद्ध मतों के विकास पर श्रवणवाद के प्रभाव की व्याख्या कीजिए। ***(RAS (Mains) 1999)***
56. आरंभिक जैन धर्म का सार (200 शब्दों में) ***(UPSC (Mains)-1995)***
57. जैन धर्म (200 शब्द) ***(MPPCS (Mains)-1995)***
58. हीनयान एवं महायान (200 शब्दों में) ***(UPPCS (Mains)-1989)***
59. बौद्ध और जैन धर्म के बारे में बताइए। ***(BPSC-46वीं)***
60. प्रारंभिक बौद्ध धर्म का सामाजिक आधार क्या था? ***(BPSC-46वीं)***
61. दिल्ली सल्तनत की स्थापना के साथ सामाजिक परिवर्तन हुए उनकी व्याख्या कीजिए। ***(BPSC-39वीं)***
62. 1757 से 1947 ई. के दौरान ईसाई धर्म प्रचारकों की भूमिकाओं का वर्णन कीजिए। ***(BPSC-45वीं)***
63. 19वीं तथा 20वीं शताब्दी में भारत में होने वाले सामाजिक-धार्मिक आन्दोलन के कारणों का वर्णन कीजिए। ***(BPSC-48वीं)***
64. 19वीं शताब्दी में हिन्दू सुधारकों द्वारा चलाए गए सामाजिक एवं धार्मिक आन्दोलनों की संक्षेप में मुख्य विशेषताओं का वर्णन कीजिए। ***(BPSC-39वीं)***
65. 19वीं शताब्दी का समाज सुधार मुख्यत: उच्च जातियों के मुद्दों से संबद्ध था। क्या आप सहमत हैं? ***(BPSC-44वीं)***
66. ब्रह्म समाज के दर्शन और कार्यक्रमों का विश्लेषण करें। ***(BPSC-46वीं)***
67. दिल्ली सल्तनत की उपलब्धियों का वर्णन कीजिए। ***(BPSC-46वां)***

❑❑❑

प्रश्न पत्र–1

अभ्यास प्रश्न (प्रारंभिक परीक्षा)

1. **कथन (A) :** संस्कृति, किसी समाज अथवा किन्हीं सामाजिक समूहों के हित में किए जाने वाले कार्य व्यवहार और प्रवृत्ति से उपलक्षित की जाती है।
कारण (R) : संस्कृति से तात्पर्य जीवन-स्तर, निवास तथा वेशभूषा के भौतिक अनुशीलन से है।
कूट:
(a) A और R दोनों सही हैं तथा R, A की सही व्याख्या है।
(b) A और R दोनों सही हैं, परंतु R, A की सही व्याख्या नहीं है।
(c) A सही है, किंतु R गलत है।
(d) A गलत है, किंतु सही R है।

2. **निम्नलिखित कथनों पर विचार कीजिए–**
1. दर्शनशास्त्र का विकास, भारतीय एवं पाश्चात्य संदर्भ में अलग-अलग हुआ है।
2. पाश्चात्य दर्शन में जीवन तथा जगत से सम्बन्धित विषयों पर तटस्थता के साथ बौद्धिक चिंतन हुआ है।
3. भारतीय दर्शन में जीवन तथा जगत के विषयों पर चिंतन व्याख्या एवं मूल्यांकन के दृष्टिकोण से किया गया है।

उपरोक्त कथनों में कौन-से कथन सत्य हैं?
(a) 1 और 2 (b) 1 और 3
(c) 2 और 3 (d) उपरोक्त सभी

3. **पंच महायज्ञ से संबद्ध कथनों पर विचार कर सही उत्तर का चयन दिए गए विकल्पों की सहायता से कीजिए–**
1. ऋषि या ब्रह्म यज्ञ के अंतर्गत वेदों का अध्ययन-अध्यापन आता था।
2. नृ यज्ञ के तहत अतिथि का सत्कार करना प्रत्येक मनुष्य का कर्तव्य होता था तथा इसमें मानव जाति का कल्याण निहित था।
3. भूत यज्ञ में अग्नि में घी डालकर देवताओं से प्रार्थना की जाती थी।

उपरोक्त कथनों में कौन-से कथन सही हैं?
(a) 1 और 2 (b) 1 और 3
(c) 2 और 3 (d) ये सभी

4. **निम्न कथनों पर विचार कीजिए–**
1. बौधायन, वशिष्ठ तथा आपस्तम्ब ने दहेज को स्त्रीधन माना है।
2. कौटिल्य ने दो प्रकार का स्त्रीधन बताया है।
3. वैदिक युग में स्त्रीधन के अधिकार के प्रश्न पर पुत्रों को प्राथमिकता दी गई है।

उपरोक्त कथनों में कौन-सा/से कथन सही है/हैं?
(a) 1 और 2 (b) 1 और 3
(c) 2 और 3 (d) ये सभी

5. **कथन (A) :** गांधार शैली में निर्मित बुद्ध की मूर्तियाँ, यूनानी देवता अपोलो की मूर्तियों जैसी दिखती हैं।
कारण (R) : भारत के उत्तर-पश्चिमी क्षेत्रों में भारतीय एवं यूनानी संस्कृतियों के परस्पर संपर्क में आने का प्रभाव कला रूपों पर पड़ा।
कूट:
(a) A और R दोनों सही हैं तथा R, A की सही व्याख्या है।
(b) A और R दोनों सही हैं, परंतु R, A की सही व्याख्या नहीं है।
(c) A सही है, किंतु R गलत है।
(d) A गलत है, किंतु R सही है।

6. **निम्नलिखित कथनों पर विचार कीजिए–**
1. भारतीय भाषाओं को मुख्य रूप से चार वर्गों में विभाजित किया गया है।
2. असमी तथा उड़िया भाषाएँ, आर्य भाषा परिवार से सम्बन्धित हैं।
3. बाल्टी, ऑस्ट्रिक भाषा परिवार की प्रमुख भाषा है।

उपरोक्त कथनों में कौन-सा/से कथन सत्य है/हैं?

(a) 1 और 2 (b) 1 और 3

(c) 2 और 3 (d) ये सभी

7. **कथन (A) :** तमिल भाषा का साहित्यिक रूप शेंतमिल तथा लोक रूप कोण्डुतमिल कहलाता है।

कारण (R) : तमिल भाषा में किसी भी शब्द का आरंभ संयुक्ताक्षर से नहीं होता है।

कूट :

(a) A और R दोनों सही हैं तथा R, A की सही व्याख्या है।

(b) A और R दोनों सही हैं, परंतु R, A की सही व्याख्या नहीं है।

(c) A सही है, किंतु R गलत है।

(d) A गलत है, किंतु R सही है।

8. **निम्न कथनों पर विचार करें–**

1. भारत में मुसलमानों के प्रविष्ट होने के पश्चात् यहाँ समकालीन संगीत का विकास हुआ।
2. सूफी संतों ने नए प्रकार के वाद्ययंत्रों, गायन पद्धतियों रागों व तालों का आविष्कार कर संगीत के क्षेत्र में अविस्मरणीय योगदान दिया।
3. तिलक, साजगिरी, सरपादा जैसे रागों का प्रचलन प्रसिद्ध सूफी संत ख्वाजा मुइनुद्दीन चिश्ती ने किया।

उपरोक्त कथनों में कौन-सा/से कथन सही है/हैं?

(a) 1 और 2 (b) 2 और 3

(c) 1 और 3 (d) केवल 2

9. **निम्नलिखित कथनों में से कौन-सा कथन असत्य है?**

(a) भारतीय चित्रकला को चार प्रकारों-भित्ति चित्र, चित्रपट, चित्रफलक एवं लघु चित्रकारी में विभाजित किया गया है।

(b) अजंता की गुफाओं के चित्रों को भित्ति चित्रों के अंतर्गत रखा जाता है।

(c) लघु चित्रकारी वस्त्रों या चर्म पर की जाती है।

(d) पाषाण, काष्ठ अथवा किसी धातु पर की जाने वाली चित्रकारी को चित्रफलक कहा जाता है।

10. **निम्न कथनों में से सही कथन का चयन दिए गए विकल्पों के माध्यम से कीजिए–**

1. भक्ति आंदोलन में सगुण धारा के रामाश्रयी शाखा के प्रसिद्ध संत वल्लभाचार्य थे, जिन्होंने पुष्टिमार्ग का प्रतिपादन किया।
2. 12वीं सदी में रामानुज ने विशिष्ट अद्वैतवाद का प्रचार किया तथा सगुण ब्रह्म की भक्ति पर बल दिया।
3. रामानुज ने शूद्रों को भी मंदिर में प्रवेश की आज्ञा दे दी तथा स्त्रियों के लिए भक्ति के द्वार खोल दिए।

कूट :

(a) 1 और 2 (b) 1 और 3

(c) 2 और 3 (d) ये सभी

11. **निम्नलिखित कथनों पर विचार कीजिए–**

1. आगरा की जामा मस्जिद को साहसी विधान की सुंदर कृति कहा जाता है।
2. राबिया-उद्-दुर्रानी के मकबरे को ताजमहल की फूहड़ नकल कहा जाता है।
3. फतेहपुर सीकरी की जामा मस्जिद को 'रोमांस इन द स्टोन' कहा जाता है।

उपरोक्त कथनों में कौन-सा/से कथन सत्य है/हैं?

(a) केवल 1 (b) 1 और 2

(c) 1 और 3 (d) ये सभी

12. **नागर, द्रविड़ और बेसर हैं–**

(a) भारतीय उपमहाद्वीप के तीन मुख्य जातीय समूह

(b) तीन मुख्य भाषा वर्ग, जिनमें भारत की भाषाओं को विभक्त किया जा सकता है।

(c) भारतीय मंदिर वास्तु की तीन मुख्य शैलियाँ

(d) भारत में प्रचलित तीन मुख्य संगीत घराने

13. **निम्न कथनों पर विचार करें–**

1. अंकोरवाट मंदिर में रामायण तथा महाभारत के दृश्यों का तथा किन्नर और गंधर्वों के अनेक चित्रण मिलते हैं।
2. सित्तनवासल तमिलनाडु के तंजौर जिले में स्थित है, जहाँ पल्लव राजा महेन्द्र वर्मा ने अनेक जैन गुफा मंदिरों का निर्माण करवाया।
3. काँचीपुरम के बैकुण्ठ पेरुमल मंदिर से 10वीं सदी के चित्रावशेष प्राप्त हुए हैं।

उपरोक्त कथनों में कौन-सा/से कथन सही है/हैं?

(a) 1 और 2 (b) 2 और 3

(c) 1 और 3 (d) केवल 2

14. **निम्नलिखित कथनों पर विचार कीजिए–**

1. हिन्दू देवी-देवताओं तथा मुस्लिम संतों की प्रशंसा में रचित गीतों का संग्रह 'किताब-ए-नौरस' इब्राहीम आदिल शाह द्वितीय द्वारा लिखा गया था।
2. भारत में कव्वाली से जानी जाने वाली संगीत शैली के प्रारंभिक रूप के आरंभकर्ता अमीर खुसरो थे।

उपरोक्त कथनों में कौन-सा/से कथन सही है/हैं?

(a) केवल 1 (b) केवल 2

(c) 1 और 2 (d) न तो 1 और न ही 2

15. सूफीवाद पर हिन्दू प्रभाव से संबद्ध कथनों पर विचार कीजिए–

1. सूफी सिद्धान्त पतंजलि के योगसूत्र के सिद्धान्तों से मेल खाता है तथा सूफी सिद्धान्त और भगवत गीता की शिक्षा एक ही है।
2. सूफी संत भारत में रणफट योगियों तथा नाथ पन्थियों से प्रभावित हुए।
3. योग और श्वास नियंत्रण चिश्ती संतों का प्रमुख लक्षण था, जो भारत की देन है।

उपरोक्त कथनों में कौन-सा/से कथन सही है/हैं?

(a) 1 और 2 (b) 2 और 3
(c) 1 और 3 (d) ये सभी

16. निम्नलिखित कथनों पर विचार कीजिए–

1. ठुमरी प्राय: विषयासक्त और हल्की मानी जाती है।
2. ठुमरी एक श्रृंगारिक रचना है। इसके विषय प्राय: राधा-कृष्ण के प्रसंगों पर आधारित होते हैं।
3. धमार गायन शैली, भगवान कृष्ण की लीलाओं एवं क्रीड़ाओं पर आधारित है।

उपरोक्त कथनों में कौन-सा/से कथन सत्य है/हैं?

(a) 1 और 2 (b) 1 और 3
(c) 1, 2 और 3 (d) 2 और 3

17. **कथन (A) :** शास्त्रीय नृत्य तथा लोकनृत्य के मध्य मुख्य अंतर यह है कि शास्त्रीय नृत्य पूर्व नियोजित कलात्मक प्रयास है।

कारण (R) : भावना में चित्रित अवधारणा, व्यक्तिगत नृत्य की मोहकता और पृथकता की कला प्रवीणता का शास्त्रीय नृत्य में महत्वपूर्ण स्थान होता है।

कूट :

(a) A और R दोनों सही हैं तथा R, A की सही व्याख्या है।
(b) A और R दोनों सही हैं, परंतु R, A की सही व्याख्या नहीं है।
(c) A सही है, किंतु R गलत है।
(d) A गलत है, किंतु R सही है।

18. निम्नलिखित कथनों में से असत्य कथन का चयन कीजिए–

(a) एक हाथ की 24 मुद्राएँ तथा दोनों हाथों की 13 मुद्राएँ संभव हैं।
(b) एक हस्त मुद्रा के एक-दूसरे से बिल्कुल भिन्न 30 अर्थ हो सकते हैं।
(c) पताका मुद्रा में तीसरी अंगुली मोड़ने का अर्थ मुकुट, वृक्ष, विवाह, अग्नि या राजा हो सकता है।
(d) कर्कट मुद्रा का प्रदर्शन एक हस्त से किया जाता है।

19. निम्न कथनों पर विचार कर सही कथन का चयन करें–

1. सुहरावर्दी सिलसिले के संत उदार एवं रूढ़िवादी दोनों ही प्रवृत्ति के थे, दाराशिकोह इसका अनुयायी था।
2. शेख अहमद सरहिन्दी नक्शबन्दी सिलसिले के प्रमुख संत थे, जिन्हें मुजाहीद भी कहा जाता है।
3. फिरदौसी सिलसिला की स्थापना अयूब्जीद अल-बिस्तामी ने की थी तथा अहमद इब्न याह्या मनेरी अन्य प्रमुख संत थे।

कूट:

(a) 1 और 2 (b) 2 और 3
(c) 1 और 3 (d) केवल 2

20. 19वीं सदी के सामाजिक-धार्मिक आंदोलन से संबद्ध कथनों में से सही कथन का चयन कीजिए–

1. रामकृष्ण मिशन का उद्देश्य प्राकृतिक विपदा के समय मानव सेवा, देश प्रेम, धार्मिक एकता पर बल तथा आध्यात्मिक विकास था।
2. अहमदिया आंदोलन का उद्देश्य इस्लाम के सार्वभौमिक एवं मानवतावादी रूप पर बल देना तथा मुस्लिम शिक्षण संस्थाओं की स्थापना करना था।
3. फिलोसोफिकल सोसायटी का उद्देश्य अंग्रेजी शिक्षा पर बल देना था।

कूट:

(a) 1 और 2 (b) 2 और 3
(c) 1 और 3 (d) ये सभी

21. निम्नलिखित कथनों पर विचार कीजिए–

1. उत्तर भारत के मंदिरों में शिखर निर्माण का प्रथम प्रमाण दशावतार मंदिर में मिलता है।
2. उदयगिरि, खंडगिरि गुफाओं का निर्माण चन्द्रगुप्त द्वितीय के सेनापति वीरसेन ने करवाया था।
3. उदयगिरि, खंडगिरि गुफाएँ, जैन धर्म से सम्बन्धित हैं।

उपरोक्त कथनों में कौन-सा/से कथन सत्य है/हैं?

(a) 1 और 2 (b) 1 और 3
(c) 2 और 3 (d) 1, 2 और 3

22. निम्न कथनों पर विचार कीजिए–

1. ध्रुपद का उत्तर भारत में प्रचार-प्रसार 12वीं सदी में ग्वालियर के राजा मान सिंह के समय में हुआ।
2. अर्थशास्त्रीय संगीत गायन शैली 'टप्पा' एक क्लिष्ट प्रधान शैली है, इसे पंजाबी भाषा में गाया जाता है।

उपरोक्त कथनों में कौन-सा/से कथन सही है/हैं?

(a) केवल 1 (b) केवल 2
(c) 1 और 2 (d) न तो 1 और न ही 2

23. निम्न कथनों में कौन-सा/से कथन सही है/हैं?

1. गौड़हार बानी एक शुद्ध हिन्दुस्तानी संगीत का परिचायक है तथा इसके ध्रुपद को संगीत की सभी बानियों का राजा माना गया है।
2. खंडार बानी वेसरा गीत से मिलती-जुलती है तथा इसमें तेज लय वाली गमक का अधिक प्रयोग किया जाता है।
3. नौहार बानी में अलंकार का प्रयोग नहीं किया जाता है।

कूट:

(a) 1 और 2 (b) 1 और 3
(c) 2 और 3 (d) केवल 3

24. निम्नलिखित कथनों में से असत्य कथन को चुनिए–

(a) कपिल मुनि का मेला बीकानेर जिले में कोलायत नामक स्थान पर आयोजित किया जाता है।
(b) कोलायत मेला, कोलायत झील की याद में लगता है।
(c) शाकुम्भरी मेला, वर्ष में दो बार लगता है।
(d) त्रिसूर में पूरम त्योहार मनाया जाता है।

25. निम्न कथनों पर विचार कीजिए–

1. कथकली मालाबार प्रांत की प्राचीन नृत्य शैली है, जो पुरुष प्रधान होती है।
2. यक्षगान ग्रामीण पृष्ठभूमि वाली शास्त्रीय नृत्य शैली है। इसका विषय पौराणिक हिन्दू महाकाव्य है।
3. ओटाम धुल्लाल को 'गरीबों की कथकली' कहा जाता है, जिसमें सरल मलयाली भाषा में वार्तालाप होता है।

उपरोक्त कथनों में कौन-सा/से कथन सही है/हैं?

(a) 1 और 2 (b) 2 और 3
(c) 1 और 3 (d) ये सभी

26. निम्नलिखित कथनों पर विचार कीजिए–

1. वैष्णव धर्म को पंचरात्र धर्म के नाम से भी जाना जाता है।
2. भारत के बाहर वैष्णव धर्म का प्रचार-प्रसार गुप्त काल में हुआ था।
3. वेदों के छः अंगों को वेदांग कहते हैं।

उपरोक्त कथनों में कौन-सा/से कथन सत्य है/हैं?

(a) केवल 1 (b) 1 और 2
(c) 1 और 3 (d) 1, 2 और 3

27. कथन (A) : संस्कृति का अर्थ मनुष्य का आंतरिक विकास और उसकी नैतिक उन्नति है।

कारण (R) : संस्कृति कला एवं वास्तुकला में स्पष्ट होने वाले परम्परागत ज्ञान का वह संगठित रूप है, जो परम्परा द्वारा संरक्षित होकर मानव समूह की विशेषता बन जाता है।

कूट :

(a) A और R दोनों सही हैं तथा R, A की सही व्याख्या है।
(b) A और R दोनों सही हैं, परंतु R, A की सही व्याख्या नहीं है।
(c) A सही है, किंतु R गलत है।
(d) A गलत है, किंतु R सही है।

28. निम्न कथनों पर विचार कीजिए–

1. ऐसा माना जाता है कि कुचिपुड़ी नृत्य भगवान विष्णु ने सागर के तट पर किया था।
2. वर्तमान में मोहिनीअट्टम की अपनी स्वतंत्र शैली का विकास हो चुका है, जिसके कारण इस नृत्य ने शास्त्रीय नृत्यों की श्रृंखला में अपना स्थान बना लिया है।
3. लाइहरोबा एक लोकनृत्य शैली है, जिसकी प्रकृति अत्यंत शान्त होती है तथा इसमें देवताओं को प्रसन्न करने के लिए सामूहिक रूप से नृत्य किया जाता है।

उपरोक्त कथनों में कौन-सा/से कथन सत्य है/हैं?

(a) 1 और 2 (b) 2 और 3
(c) 1 और 3 (d) ये सभी

29. निम्नलिखित कथनों में कौन-सा/से कथन सही है/हैं?

1. चट्टा नृत्य उत्तर प्रदेश का लोकनृत्य है, जिसका आयोजन नृत्य मेलों तथा तमाशों के अंतर्गत किया जाता है तथा इसमें केवल स्त्रियाँ भाग लेती हैं।
2. गौरीचा नृत्य में शारीरिक संतुलन का विशेष महत्व होता है।
3. गोफ नृत्य कर्नाटक का लोकप्रिय एवं कलात्मक लोकनृत्य है।

कूट:

(a) 1 और 2 (b) 2 और 3
(c) 1, 2 और 3 (d) इनमें से कोई नहीं

30. निम्नलिखित कथनों पर विचार करें–

1. छत्तीसगढ़ के भोजाली लोकनृत्य को 'जेण्डा नाच' भी कहा जाता है, जिसे स्त्री-पुरुष दोनों मिलकर करते हैं।
2. सैला-रीना नृत्य बस्तर के राजमुड़िया जनजाति के अविवाहित युवक-युवतियों द्वारा किया जाने वाला अति प्राचीन लोकनृत्य है।
3. टर्पा महाराष्ट्र की वर्ली जनजाति की केवल स्त्रियों द्वारा किया जाने वाला नृत्य है।

कूट:

(a) 1 और 2 (b) 2 और 3
(c) केवल 1 (d) केवल 2

31. निम्न में से कौन-सा/से कथन सही है/हैं?

1. छपेली लोकनृत्य असम में अभिभावकों की उपस्थिति में ऐसे युवक-युवतियों द्वारा किया जाने वाला नृत्य है, जिनका आपस में विवाह तय हो चुका हो।
2. चर्बा बुन्देलखंड की माली जाति की महिलाओं द्वारा किया जाने वाला नृत्य है, इसमें महिलाओं द्वारा सिर पर काँसे के घड़े और उसके ऊपर 30-40 सेंमी ऊँची लौ वाले दीपक को रखकर किया जाता है।

कूट:

(a) केवल 1 (b) केवल 2
(c) 1 और 2 (d) न तो 1 और न ही 2

32. निम्न कथनों पर विचार कीजिए–

1. आकाशवाणी के नेशनल चैनल का उद्‌घाटन 18 मई, 1982 को किया गया तथा यह दिल्ली जवाहरलाल नेहरू स्टेडियम में है।
2. दूरदर्शन द्वारा वर्ष 1988 में वाणिज्यिक सेवा की शुरुआत की गई।
3. वर्तमान में आकाशवाणी के व्यापारिक प्रसारण सेवा केंद्रों की संख्या 30 है।

कूट:

(a) 1 और 2 (b) 2 और 3
(c) 1 और 3 (d) केवल 3

33. निम्नलिखित कथनों में से असत्य कथन का चयन कीजिए–

(a) मलयालम शब्द का अर्थ पर्वत एवं समुद्र के बीच बोली जाने वाली भाषा से है।
(b) राजस्थानी भाषा में साहित्य रचना के प्रारंभिक दौर में अधिकांशत: जैन ग्रंथों की रचना की गई।
(c) खोण्ड, चीनी-तिब्बत परिवार की भाषा है।
(d) इन्दिरा गोस्वामी को वर्ष 2002 में ज्ञानपीठ पुरस्कार से सम्मानित किया गया।

34. निम्नलिखित कथनों पर विचार कीजिए–

1. 7वीं शताब्दी से 12वीं शताब्दी के मध्य चित्रकला की जैन शैली का उद्‌भव हुआ।
2. जैन शैली के चित्रों में भावाभिव्यक्ति तथा नेत्रों की विशालता पर विशेष जोर दिया गया।
3. जैन शैली की चित्रकला से सम्बन्धित सित्तनवासल गुफा का निर्माण पल्लव राजा महेन्द्र वर्मन के शासनकाल में हुआ।

उपरोक्त कथनों में कौन-सा/से कथन सत्य है/हैं?

(a) 1 और 2 (b) 1 और 3
(c) 2 और 3 (d) 1, 2 और 3

35. कथन (A) : पटना शैली के चित्रों का अंकन कागज एवं हाथी दांत पर किया गया है।

कारण (R) : पटना शैली का उद्‌भव, ब्रिटिश एवं मुगल चित्रकला शैली के सम्मिलन से हुआ है।

कूट:

(a) A और R दोनों सही हैं तथा R, A की सही व्याख्या है।
(b) A और R दोनों सही हैं, परंतु R, A की सही व्याख्या नहीं है।
(c) A सही है, किंतु R गलत है।
(d) A गलत है, किंतु R सही है।

36. कथन (A) : औरंगाबाद, महाराष्ट्र के समीप अवस्थित एलोरा की गुफाओं में गुफा संख्या 10 का निर्माण स्वतंत्र रूप से हुआ है।

कारण (R) : गुफा संख्या 12 कला की दृष्टि से एलोरा की सर्वश्रेष्ठ गुफा है।

कूट:

(a) A और R दोनों सही हैं तथा R, A की सही व्याख्या है।
(b) A और R दोनों सही हैं, परंतु R, A की सही व्याख्या नहीं है।
(c) A सही है, किंतु R गलत है।
(d) A गलत है, किंतु R सही है।

37. निम्न में से सही कथन/कथनों का चयन करें–

1. जमातखाना मस्जिद का निर्माण खिज्र खां द्वारा कुतुबमीनार के समीप करवाया गया था।
2. इसके मध्य भाग का कमरा आयताकार तथा अन्य दो कमरे गोलाकार हैं।
3. इस मस्जिद के डाटों के कोहनों में कमलपुष्प के अलंकरण के कारण हिन्दू प्रभाव परिलक्षित है।

कूट:

(a) 1 और 2 (b) 2 और 3
(c) 1 और 3 (d) केवल 3

38. कथन (A) : इल्तुतमिश का मकबरा भारत में अपने ढंग का सबसे प्राचीन मकबरा है, जिसकी बाहरी दीवारें अलंकृत हैं।

कारण (R) : मकबरे के अंदर का भाग हिन्दू कला का प्रतिनिधित्व करता है।

कूट:

(a) A और R दोनों सही हैं तथा R, A की सही व्याख्या है।
(b) A और R दोनों सही हैं, परंतु R, A की सही व्याख्या नहीं है।

(c) A सही है, किंतु R गलत है।
(d) A गलत है, किंतु R सही है।

39. निम्नलिखित कथनों में से असत्य कथन को चुनिए–
(a) क्रमानुसार सात शुद्ध स्वरों के समूह को सप्तक कहते हैं।
(b) क्रियात्मक संगीत में 5 सप्तक सम्भव होते हैं।
(c) प्रत्येक सप्तक में 7 शुद्ध तथा 5 विकृत स्वर होते हैं।
(d) राग उत्पन्न करने वाले स्वर समूह को थाट कहते हैं

40. नासिरुद्दीन के मकबरे से संबद्ध कथनों पर विचार करें–
1. इस इमारत में हिन्दू और मुस्लिम कला का समन्वय मिलता है।
2. इसकी मेहराबें इस्लामी कला को दर्शाती हैं, जबकि पूजा स्थल और गुंबदनुमा छत हिन्दू कला का प्रतिनिधित्व करती है।
3. इसका निर्माण 1231 में इल्तुतमिश द्वारा अपने पुत्र की स्मृति में करवाया गया था।

उपरोक्त कथनों में कौन-सा/से कथन सही है/हैं?
(a) 1 और 2 (b) 2 और 3
(c) 1 और 3 (d) केवल 1

41. बुलन्द दरवाजे से संबद्ध कथनों पर विचार करें–
1. इसका निर्माण गुजरात विजय के उपलक्ष्य में मुगल शासक अकबर द्वारा करवाया गया, जिसकी सतह से ऊँचाई 196 फीट है।
2. इसके निर्माण में केवल संगमरमर का प्रयोग हुआ है तथा इस पर बेलबूटे और नक्काशी का कार्य किया गया है।
3. यह इमारत फारसी भारतीय शिल्पकला शैली को दर्शाती है।

उपरोक्त कथनों में से कौन-सा/से कथन सही है/हैं?
(a) 1 और 2 (b) 2 और 3
(c) केवल 2 (d) केवल 3

42. निम्नलिखित कथनों में से असत्य कथन को चुनिए–
(a) भरतनाट्यम का नृत्यक्रम छः चरणों से पूर्ण होता है।
(b) अल्लारिपु स्तुति नृत्य है, इसमें गति नहीं होती।
(c) पदम्, दस पंक्ति युक्त वन्दना है।
(d) भरतनाट्यम के नृत्यक्रम में सबसे अंतिम चरण तिल्लाना है।

43. कथन (A) : औरंगजेब ने अपनी बीवी बेगम राबिया दुर्रानी की स्मृति में औरंगाबाद में मकबरे का निर्माण करवाया था।

कारण (R) : इससे भारत के स्थापत्य में ताजमहल की असफल नकल का प्रयास देखने को मिलता है।

कूट :
(a) A और R दोनों सही हैं तथा R, A की सही व्याख्या है।
(b) A और R दोनों सही हैं, परंतु R, A की सही व्याख्या नहीं है।
(c) A सही है, किंतु R गलत है।
(d) A गलत है, किंतु सही R है।

44. कोटा-बूँदी शैली से संबद्ध कथनों पर विचार कीजिए–
1. इसमें बारहमासा का चित्र व्यापक स्तर पर बना हुआ है, किंतु वर्षा ऋतु का चित्रण सजीव ढंग से नहीं हुआ है।
2. इसमें रंगों का चयन प्राकृतिक है, किंतु एक प्रवाह अवश्य बना रहता है।
3. आरंभ के चित्र अच्छे हैं, किंतु बाद के चित्रों का परिप्रेक्ष्य इतना ठीक नहीं है।

उपरोक्त कथनों में कौन-सा/से कथन सही है/हैं?
(a) 1 और 2 (b) 2 और 3
(c) 1 और 3 (d) ये सभी

45. सदियों से भारत में जीवित रही एक प्रमुख परम्परा 'ध्रुपद' के संदर्भ में निम्नलिखित में से कौन-सा/से कथन सही है/हैं?
1. ध्रुपद की उत्पत्ति तथा विकास मुगल काल में राजपूत राज्यों में हुआ।
2. ध्रुपद प्रमुखतः भक्ति और अध्यात्म का संगीत है।
3. ध्रुपद आलाप मंत्रों से लिए गए संस्कृत अक्षरों पर आधारित है।

कूट :
(a) 1 और 2 (b) 2 और 3
(c) 1, 2 और 3 (d) इनमें से कोई नहीं

46. निम्नलिखित में से कौन-सा कथन सही नहीं है?
(a) श्रवणबेलगोला स्थित गोमतेश्वर की प्रतिमा जैनियों के अंतिम तीर्थंकर को दर्शाती है।
(b) भारत का सबसे बड़ा बौद्ध मठ अरुणाचल प्रदेश में है।
(c) खजुराहो के मंदिर चन्देल राजाओं द्वारा बनवाए गए।
(d) होल्येश्वर मंदिर शिव को समर्पित है।

47. निम्नलिखित कथनों में से असत्य कथन को चुनिए–
(a) कन्नौज के शासक राजा हर्षवर्द्धन ने राजकुमार जिमूतवाहन की कथा का वर्णन नागानन्द नाटक में किया है।
(b) मत्तविलास प्रहसन नाटक में पल्लव शासक महेन्द्र वर्मन प्रथम ने कपालिक, पाशुपत, बौद्ध तथा जैन आदि सम्प्रदायों के नकारात्मक पक्षों पर व्यंग्य किया है।

(c) भगवान महावीर का जीवन चरित, 'महावीर चरित' नाटक में अंकित किया गया है।

(d) महावीर चरित, मालती माधव तथा उत्तर रामचरित नाटकों का लेखन संस्कृत में हुआ है।

48. जयपुर शैली से संबद्ध कथनों पर विचार करें–

1. यहाँ के सभी चित्रों में बेल-बूटेदार हाथियों का प्रयोग हुआ है।
2. इस शैली के चित्रों में रंगों का संतुलित प्रयोग एवं हरे रंग का सुंदर प्रयोग हुआ है।
3. इन चित्रों में मुँह गोल, मछली की तरह आँखें तथा सामान्य नाक-नक्श का प्रयोग हुआ है।

उपरोक्त कथनों में कौन-सा/से कथन सही है/हैं?

(a) 1 और 2 (b) 2 और 3
(c) 1 और 3 (d) ये सभी

49. निम्नलिखित कथनों पर विचार कीजिए–

1. गणेश चतुर्थी, भाद्रपद मास की शुक्ल पक्ष की चतुर्थी को मनाई जाती है।
2. जैन धर्म के लोग क्षमावाणी के रूप में पर्युषण त्योहार मनाते हैं।
3. देव दीवाली, कार्तिक मास में महावीर के निर्वाण दिवस के रूप में जैन धर्मावलम्बियों द्वारा मनाई जाती है।

उपरोक्त कथनों में कौन-सा/से कथन सत्य है/हैं?

(a) 1 और 2 (b) 1 और 3
(c) 2 और 3 (d) 1, 2 और 3

50. सुमेलित कीजिए–

	सूची-I (कलाकार)		**सूची-II (कला)**
A.	हिरेन भट्टाचार्य	1.	भरतनाट्यम नृत्य
B.	मालिनी राजुरकर	2.	हिन्दुस्तानी स्वर संगीत
C.	प्रतिभा प्रह्लाद	3.	कुचिपुड़ी नृत्य
D.	वेम्पति चिन्ना सत्यम्	4.	कठपुतली कला

कूट :

	A	**B**	**C**	**D**
(a)	4	2	1	3
(b)	3	1	2	4
(c)	4	1	2	3
(d)	3	2	1	4

51. निम्न को सुमेलित करें–

	सूची-I		**सूची-II**
A.	अबुल कलाम आजाद	1.	केसरी
B.	सी.वाई. चिंतामणि	2.	अलहिलाल
C.	बाल गंगाधर तिलक	3.	द इंडियन पीपुल
D.	गोप बन्धु दास	4.	समाज

कूट:

	A	**B**	**C**	**D**
(a)	3	1	4	2
(b)	2	3	1	4
(c)	3	1	4	2
(d)	1	4	3	2

52. निम्न कथनों पर विचार कीजिए–

A. आसफ अली ने लंदन के 'लिंकन इन' से विधि स्नातक पूरा किया और 1914 में भारत आकर स्वतंत्रता आंदोलनों में भाग लिया।

B. आजादी के बाद ये अमेरिका की प्रथम राजदूत नियुक्त हुईं।

C. 1935 में वकालत के दौरान ही इन्होंने गाँधीजी के राष्ट्रीय असहयोग आंदोलन में हिस्सा लिया, जिसमें इन्होंने अपनी महत्वपूर्ण भूमिका निभाई।

उपर्युक्त में से कौन असत्य है?

(a) 1 और 3 (b) 1 और 2
(c) 2 और 3 (d) उपरोक्त में से कोई नहीं

53. निम्न में से कौन प्रथम भारतीय बैरिस्टर थे?

(a) ए. के. फाजलुल हक
(b) बदरुद्दीन तैयबजी
(c) एलन आक्टोवियन ह्यूम
(d) भूलाभाई देसाई

54. निम्न में किसे हराकर विधानचन्द्र राय ने बंगाल विधानसभा के चुनाव में विजय प्राप्त की?

(a) आसफ अली
(b) अच्युत पटवर्धन
(c) चितरंजन दास
(d) वयोवृद्ध सुरेन्द्र नाथ

55. कथन (A) : बंगाल में स्वदेशी आंदोलन का नेतृत्व एवं विप्लववादियों को समर्थन देकर आंदोलन को सफल बनाने में विपिन चन्द्र पाल ने महत्वपूर्ण भूमिका निभाई।

कारण (R) : विपिन चन्द्र पाल ने राष्ट्रीय हित एवं देश प्रेम हेतु परम्परावादी हिंदुत्व को त्यागा एवं ब्रह्म समाज में शामिल हुए।

(a) A और R दोनों सही हैं तथा R, A की सही व्याख्या है।
(b) A और R दोनों सही हैं, परंतु R, A की सही व्याख्या नहीं है।
(c) A सही है, किंतु R गलत है।
(d) A गलत है, किंतु R सही है।

56. **कथन (A) :** दत्तात्रेय कालेलकर व गाँधीजी ने साबरमती आश्रम में प्राथमिक शिक्षा एवं क्रमिक विकास के कार्यों में सहयोग किया।
कारण (R) : ये अपने कार्यों एवं योगदान के परिणामस्वरूप काका साहेब कालेलकर के नाम से प्रसिद्ध हुए।
(a) A और R दोनों सही हैं तथा R, A की सही व्याख्या है।
(b) A और R दोनों सही हैं, परंतु R, A की सही व्याख्या नहीं है।
(c) A सही है, किंतु R गलत है।
(d) A गलत है, किंतु R सही है।

57. **निम्न में से किसके द्वारा यूनियनिस्ट पार्टी की स्थापना की गई थी?**
(a) एडवर्ड गुबर्ट (b) सी. वाई. चिंतामणि
(c) एलन आक्टोवियन (d) फजल-ए-हुसैन

58. **निम्न को सुमेलित कीजिए–**

	सूची-I		सूची-II
A.	सज्जाद जहीर	1.	स्वराज पार्टी
B.	मोतीलाल नेहरू	2.	समाजवादी पार्टी
C.	जे.बी. कृपलानी	3.	अखिल भारतीय समाजवादी पार्टी
D.	जयप्रकाश नारायण	4.	भारतीय कम्युनिस्ट पार्टी

कूट :

	A	B	C	D
(a)	4	1	2	3
(b)	3	1	2	4
(c)	4	2	1	3
(d)	3	1	2	4

59. **निम्न पर विचार कीजिए–**
कथन (A) : खान अब्दुल गफ्फार खान ने उत्तरी-पश्चिमी सीमा प्रांत के पठानों में राष्ट्रीय भावना की लहर को जाग्रत किया।
कारण (R) : 1929 ई. में इन्होंने खुदाई खिदमतगार नामक संगठन बनाया, जो कि बहिष्कृत वर्ग के लोगों के उत्थान का कार्य करता था, जिससे इन्हें सीमांत गाँधी के नाम से जाना गया।
कूट :
(a) A और R दोनों सही हैं तथा R, A की सही व्याख्या है।
(b) A और R दोनों सही हैं, परंतु R, A की सही व्याख्या नहीं है।
(c) A सही है, किंतु R गलत है।
(d) A गलत है, किंतु R सही है।

60. **निम्न पर विचार कीजिए–**
1. मोहम्मद अली जिन्ना के राजनीति जीवन की शुरुआत 'भारतीय राष्ट्रीय कांग्रेस' के साथ हुई।
2. ये मुस्लिम लीग के अध्यक्ष बने तथा भारत-पाकिस्तान विभाजन में वकील की मुख्य भूमिका निभाई।
3. ये पाकिस्तान के प्रथम राष्ट्रपति बने।

उपरोक्त में असत्य कथन का चयन कीजिए–
(a) केवल 1 (b) केवल 2
(c) केवल 3 (d) कोई नहीं

61. **निम्न में से कौन नरम दल के सदस्य नहीं थे?**
(a) मुकुन्द रामाराव जयकर (b) मदन मोहन मालवीय
(c) रासबिहारी घोष (d) पी. सी. जोशी

62. **निम्न को सुमेलित कीजिए–**

	संपादक		पत्रिका/साप्ताहिक/समाचार पत्र
A.	सुरेन्द्रनाथ बनर्जी	1.	नवजीवन
B.	एन.एम. लोखंडे	2.	न्यू एरा
C.	प्रताप सिंह कैरो	3.	बंगाली
D.	महादेव देसाई	4.	दीनबन्धु

कूट :

	A	B	C	D
(a)	3	4	2	1
(b)	4	3	2	1
(c)	2	1	4	3
(d)	1	2	3	4

63. **कौन असंगत है?**
1. मुकुन्द रामाराव जयकर - होमरूल लीग
2. मजहर-उल-हक - असहयोग आंदोलन
3. काशीनाथ त्रिम्बक तेलांग - बॉम्बे प्रेसीडेन्सी एसोसिएशन
4. कैलाश नाथ काटजू - मुस्लिम लीग

(a) 1, 2 और 3 (b) केवल 3
(c) केवल 3, 4 (d) केवल 4

64. **निम्न पर विचार कीजिए–**
1. मधुसूदन दास ने 'द उड़िया' पत्र का सम्पादन किया।
2. ये जातीय भेदभाव के विरोधी व नारी शिक्षा के समर्थक थे।
3. उड़ीसा के सामाजिक एवं औद्योगिक विकास में अपार योगदान दिया।
4. ये उड़ीसा के प्रथम मुख्यमंत्री बने।

उपरोक्त में असत्य कथन का चुनाव करें–
(a) 1 और 2 (b) 2 और 3
(c) 3 और 4 (d) केवल 4

65. गाँधीजी के साथ असहयोग आंदोलन में किसने हिस्सा नहीं लिया?
(a) सिंगारवेल्लु चेट्टियार
(b) सैफुद्दीन किचलू
(c) डॉ. जाकिर हुसैन
(d) चितरंजन दास

66. निम्न को सुमेलित करें–

सूची-I	सूची-II
A. हकीम अजमल खान	1. गुजरात विद्यापीठ
B. इन्दुलाल याज्ञनिक	2. भारतीय विद्या भवन
C. कन्हैयालाल मुंशी	3. जामिया मिलिया
D. मुजफ्फर अहमद	4. श्रमिक स्वराज पार्टी

कूट :

	A	B	C	D
(a)	1	4	3	2
(b)	3	1	2	4
(c)	2	1	3	4
(d)	1	2	3	4

67. कथनों पर विचार करें–
(A) अम्बा प्रसाद को ईरानी क्रांतिकारियों के साथ सामंजस्य स्थापित करने के दौरान इन्हें 'सूफी' की पदवी दी गई।
(B) वल्लभ भाई पटेल को 'बारदोली सत्याग्रह' में योगदान देने हेतु 'सरदार' की उपाधि से नवाजा गया।
(C) एम.वी. अभ्यंकर ने महिलाओं व हरिजनों के उत्थान हेतु कार्य किया, जिससे इन्हें 'नरकेसर' की उपाधि से नवाजा गया।

उपर्युक्त में से असत्य कथन का चयन करें–
(a) केवल 1
(b) केवल 2
(c) केवल 3
(d) उपरोक्त में कोई नहीं

68. निम्न को सुमेलित करें–

सूची-I	सूची-II
A. ए.के. फजलुल हक	1. प्रधानमंत्री (1937)
B. बदरुद्दीन तैयबजी	2. केंद्रीय विधानसभा अध्यक्ष (1888)
C. गणेश वासुदेव मावलंकर	3. द्वितीय मुख्य न्यायधीश (1944)
D. गोपीनाथ वारदोलापी	4. मुख्यमंत्री

कूट:

	A	B	C	D
(a)	1	2	3	4
(b)	1	3	2	4
(c)	3	2	4	1
(d)	4	3	2	1

69. असत्य कथनों का चयन करें–
(A) मुहम्मद इकबाल ने आधुनिक समय के परिप्रेक्ष्य में मुस्लिम धार्मिक विचारधारा के पुनर्निर्माण पर बल दिया।
(B) 1930 में इन्होंने पाकिस्तान निर्माण की बात का समर्थन किया।
(C) इन्होंने 'सारे जहाँ से अच्छा' की रचना की।
(D) इन्होंने अखिल बंग किसान सभा में नेतृत्व किया।

कूट :
(a) केवल A
(b) केवल B
(c) A व B
(d) कोई नहीं

70. निम्न पर विचार करें–
1. 1919 में सत्याग्रह में सैफुद्दीन किचलू ने महत्वपूर्ण भूमिका अदा की।
2. ये 'विश्व शांति परिषद' के संस्थापक अध्यक्ष थे।
3. ये सन् 1954 में स्टालिन शांति पुरस्कार पाने वाले प्रथम व्यक्ति थे।

कूट :
(a) सभी सही हैं
(b) केवल 1
(c) केवल 2
(d) 2, 3

71. **कथन (A) :** भारतीय संस्कृति की विशेषता आत्मसात् तथा सामंजस्य है, जिसके फलस्वरूप इसमें विभिन्न धर्म एवं सम्प्रदायों का समावेश होता है।

कारण (R) : एक ही धर्म में क्लिष्टता एवं जटिलता के परिणामस्वरूप ही नवीन शाखाओं का जन्म हुआ।

कूट :
(a) A और R दोनों सही हैं तथा R, A की सही व्याख्या है।
(b) A और R दोनों सही हैं, परंतु R, A की सही व्याख्या नहीं है।
(c) A सही है, किंतु R गलत है।
(d) A गलत है, किंतु सही R है।

72. निम्न कथनों पर विचार करें–
(A) सामान्य शब्दों में धर्म की व्याख्या एक अत्यंत जटिल एवं दुष्कर कार्य है।
(B) एक ही धर्म में अनेक सम्प्रदाय होते हैं और इन सम्प्रदायों का मत भी एक-दूसरे से पूर्णत: सामंजस्य नहीं रखता है।
(C) विभिन्न धर्मों के अनुयायियों में आपसी दृष्टिकोण व विश्वास अलग-अलग होता है।

कूट :

उपरोक्त में कौन सत्य है?

(a) 1 और 3 (b) 1 और 2

(c) 2 और 3 (d) उपरोक्त सभी

73. सूची-I को सूची-II से सुमेलित करें–

सूची-I	सूची-II
1. वैभाषिक	A. मैत्रेयनाथ
2. सौत्रान्तिक	B. बुद्धदेव
3. शून्यवाद	C. नागार्जुन
4. योगाचार	D. कुमार लात

कूट :

	1	2	3	4
(a)	B	D	C	A
(b)	C	D	A	B
(c)	D	B	A	C
(d)	A	C	D	B

74. सत्य कथनों में कौन असंगत है?

सूची-I बौद्ध संगीतियाँ	सूची-II अध्यक्ष
1. प्रथम संगीति	महाकाश्यप
2. द्वितीय संगीति	सर्वकामिनी
3. तृतीय संगीति	वसुमित्र
4. चतुर्थ संगीति	शांतिदेव

कूट :

(a) 1 और 2

(b) 2 और 3

(c) 3 और 4

(d) कोई नहीं

75. निम्न पर विचार करें–

(A) इस्लाम धर्म के प्रवर्तक हजरत मुहम्मद थे, इसका प्रसार 712 ई. में माना जाता है।

(B) हजरत मुहम्मद ने मुसलमानों के लिए छः नियमों का पालन आवश्यक बताया था।

(C) इस धर्म में चार मंजिलें-1. शरीयत, 2. तरीकत, 3. हकीकत, 4. मरिफत आवश्यक बताई गई हैं।

उपरोक्त में कौन सत्य है?

(a) 1, 3

(b) 2 और 3

(c) केवल 1, 2

(d) केवल 2, 3

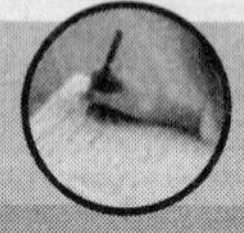

उत्तरमाला

1. (a)	**2.** (d)	**3.** (a)	**4.** (a)	**5.** (a)	**6.** (a)	**7.** (b)	**8.** (a)
9. (c)	**10.** (c)	**11.** (d)	**12.** (c)	**13.** (a)	**14.** (c)	**15.** (d)	**16.** (c)
17. (b)	**18.** (d)	**19.** (d)	**20.** (a)	**21.** (a)	**22.** (b)	**23.** (a)	**24.** (b)
25. (d)	**26.** (d)	**27.** (b)	**28.** (b)	**29.** (d)	**30.** (c)	**31.** (d)	**32.** (b)
33. (c)	**34.** (d)	**35.** (b)	**36.** (d)	**37.** (c)	**38.** (b)	**39.** (b)	**40.** (a)
41. (d)	**42.** (c)	**43.** (d)	**44.** (c)	**45.** (b)	**46.** (a)	**47.** (c)	**48.** (c)
49. (d)	**50.** (c)	**51.** (b)	**52.** (d)	**53.** (c)	**54.** (d)	**55.** (a)	**56.** (a)
57. (d)	**58.** (a)	**59.** (b)	**60.** (c)	**61.** (d)	**62.** (a)	**63.** (d)	**64.** (d)
65. (a)	**66.** (b)	**67.** (d)	**68.** (b)	**69.** (d)	**70.** (a)	**71.** (a)	**72.** (d)
73. (a)	**74.** (c)	**75.** (c)					

❑❑❑

प्रश्न पत्र-2

अभ्यास प्रश्न (प्रारंभिक परीक्षा)

1. भारत की चर्चित मधुबनी चित्रकला के संबंध में निम्नलिखित में से कौन-सा/से कथन सही है/हैं?

1. इस चित्रकला के केंद्र में राम, कृष्ण, महादेव, काली आदि कथानक रहे हैं।
2. इसमें बने चित्रों की मुद्राओं पर प्रेम और अनुराग की स्पष्ट अभिव्यक्ति है।
3. इस चित्रकला का चित्रण कपड़ों पर हाशिया के रूप में अधिक देखने को मिलता है।

कूट :

(a) 1 और 2 (b) 1 और 3
(c) 1, 2 और 3 (d) केवल 3

2. 14वीं सदी के शुरुआती वर्षों में परिष्कृत हुई कर्नाटक संगीत शैली के संदर्भ में निम्नलिखित कथनों में से कौन-सा/से सत्य है/हैं?

1. इसका नियमन मेलकर्ता द्वारा होता है, जिसमें 72 राग होते हैं।
2. पाद्म इस संगीत-शैली का प्रमुख राग है, जिसमें प्रेम-प्रधान गीतों का गायन होता है।
3. इसके गीतों में प्रकृति प्रेम का प्रत्यक्ष विवरण प्राप्त होता है।

कूट :

(a) 1 और 2 (b) 1 और 3
(c) केवल 3 (d) 2 और 3

3. निम्नलिखित कथनों पर विचार कीजिए-

1. 19वीं शताब्दी में अल्ताफ हुसैन हाली उर्दू के आधुनिक रूप के प्रणेता थे।
2. विजयनगर के कृष्णदेव राय के शासनकाल को 'तमिल साहित्य का स्वर्ण युग' माना जाता है।
3. राधानन्द राय को आधुनिक उड़िया कविता का जनक माना जाता है।

उपरोक्त कथनों में कौन-सा/से कथन सत्य है/हैं?

(a) 1 और 2 (b) 2 और 3
(c) 1 और 3 (d) 1, 2 और 3

4. निम्न कथनों पर विचार कीजिए-

1. कल्याण राग गौड़ सारंग का थाट है।
2. राग सरपर्दा का थाट बिलावल है।
3. भैरव राग झिंझोटी का थाट है।

उपरोक्त कथनों में कौन-सा/से कथन सत्य है/हैं?

(a) 1 और 2 (b) 2 और 3
(c) केवल 2 (d) 1, 2 और 3

5. निम्न कथनों पर विचार करें-

1. संगीतमय स्वर निकालने वाले 56 तक्षित स्तंभों वाला मंदिर हम्पी में स्थित है।
2. काशी विश्वनाथ मंदिर का पुनर्निर्माण छत्रसाल ने करवाया।
3. तंजौर स्थित चोल कालीन शिव मंदिर ग्रेनाइट से बना है।

उपरोक्त कथनों में कौन-सा/से कथन सत्य है/हैं?

(a) केवल 2 (b) 1 और 2
(c) 1 और 3 (d) 1, 2 और 3

6. निम्न कथनों पर विचार कीजिए-

1. मध्य ख्याल में झपताल, एकताल, तीनताल आदि का प्रयोग किया जाता है तथा इसे धीमी लय में गाया जाता है।
2. फैयाज खां ने 20वीं सदी में आगरा घराना को नए आयाम दिए : इस घराना को 'रंगीला घराना' के नाम से भी जाना जाता है।

3. आँचलिक भाषा में गाई जाने वाली विद्या को 'लोकगीत' के नाम से जाना जाता है, इसमें संबंधित क्षेत्र की संस्कृति तथा जलवायु का वर्णन किया जाता है।

उपरोक्त कथनों में कौन-सा/से कथन सही है/हैं?

(a) 1 और 2 (b) 1 और 2
(c) 2 और 3 (d) केवल 3

7. निम्न कथनों पर विचार करें–

1. औडव राग में 5 स्वरों का प्रयोग किया जाता है, जिसमें भूपाली, मालकोश आदि आते हैं।
2. भगवान श्रीकृष्ण की क्रीड़ाओं तथा नाट्य लीलाओं पर आधारित प्राचीन गायन शैली को 'धमार' कहा जाता है, जिसमें अधिकतर होली का वर्णन मिलता है।
3. डागुर बानी को तानसेन ने मंत्री बताया है, इसमें मींड एक विशेष ढंग से लगाई जाती है तथा गमक का भी बहुत सुंदर और कलात्मक प्रयोग किया जाता है।

उपरोक्त कथनों में कौन-सा/से सही कथन है/हैं?

(a) 1 और 2 (b) 1 और 3
(c) 2 और 3 (d) ये सभी

8. 16वीं शताब्दी के अंत तथा 17वीं शताब्दी की शुरुआत में मुगल चित्रों में सिंचाई के बहुत स्पष्ट दृष्टान्त मिलते हैं। इन दृष्टान्तों से प्रतीत होता है कि–

1. जंजीर दोहरी रस्सी की बनी होती थी, जिसमें पानी रखने और निकालने के लिए मिट्टी के बर्तनों को ढोने वाली लकड़ी की पट्टियाँ बँधी होती हैं।
2. रहट में जंजीर पानी को गहराई से निकाल पाने को संभव बनाती है।

उपरोक्त कथनों में कौन-सा/से कथन सही है/हैं?

(a) केवल 1 (b) केवल 2
(c) 1 और 2 (d) न तो 1 और न ही 2

9. निम्न कथनों पर विचार करें–

1. हांसी को जॉर्ज थॉमस ने अपनी राजधानी बनाया था।
2. अच्युत राय मंदिर मदुरई में अवस्थित है।
3. हेलेबिड द्वार को समुद्र द्वार के नाम से जाना जाता था।

उपरोक्त कथनों में कौन-सा/से कथन सही है/हैं?

(a) केवल 2 (b) 1 और 2
(c) 1 और 3 (d) 2 और 3

10. निम्नलिखित में से कौन-सा कथन असत्य है?

(a) दादरा ताल में संयोग-वियोग की रचनाएँ प्रदर्शित की जाती हैं।
(b) होरी, सुगम संगीत की श्रृंगारिक गायन शैली है।
(c) भीमसेन जोशी, राग हिण्डोल बहार तथा राग धूलिया मल्हार के प्रसिद्ध गायक हैं।
(d) रात्रि के तृतीय पहर में राग बिलावल गाया जाता है।

11. निम्नलिखित कथनों पर विचार कीजिए–

1. मन्दसौर का सूर्य मंदिर कुमारगुप्त प्रथम के समय में बना था।
2. ऐरण का विष्णु मंदिर चन्द्रगुप्त विक्रमादित्य ने बनवाया था।
3. गुजरात में सोलंकी राजाओं ने ब्राह्मण एवं जैन मंदिरों का निर्माण करवाया था।

उपरोक्त कथनों में कौन-सा/से कथन सत्य है/हैं?

(a) 1 और 2 (b) 1, 2 और 3
(c) 1 और 3 (d) 2 और 3

12. निम्न कथनों पर विचार कीजिए–

1. पण्डित रामसहाय मिश्र शहनाई वादन के लिए जाने जाते हैं।
2. पण्डित मदन मोहन प्रसिद्ध सारंगी वादक हैं।
3. पण्डित अनोखेलाल प्रसिद्ध तबला वादक हैं।

उपरोक्त कथनों में कौन-सा/से कथन सही है/हैं?

(a) 1 और 2 (b) 2 और 3
(c) 1 और 3 (d) 1, 2 और 3

13. द्रविड़ शैली के संबंध में निम्नलिखित कथनों पर विचार कीजिए–

1. यह भारतीय मंदिर वास्तु की मुख्य शैलियों में शामिल है।
2. इस शैली के प्रारंभिक मंदिर महाबलीपुरम और काँची के मंदिर हैं।
3. इस शैली को मिश्रक भी कहा जाता है, क्योंकि यह नागर एवं वेसर शैलियों के मिश्रण से उत्पन्न एक भिन्न शैली है।

उपरोक्त कथनों में कौन-सा/से कथन सत्य है/हैं?

(a) 1 और 3 (b) 1, 2 और 3
(c) 1 और 2 (d) केवल 3

14. कादिरी, शत्तारी एवं नक्शबन्दी हैं–

(a) भारतीय चित्रकला की तीन शैलियाँ
(b) तीन प्रमुख भाषा वर्ग, जिनमें उर्दू के शब्दों का अधिक प्रयोग हुआ है।
(c) भारत में प्रचलित तीन सूफी सिलसिले
(d) भारतीय उपमहाद्वीप के तीन मुख्य जातीय समूह

15. **मौर्य कालीन शिल्पकला की विशेषताएँ हैं–**
1. इस काल के मिट्टी के बने बर्तन उत्तरी काले चित्रित मृद्‌भाण्ड के रूप में जाने जाते हैं।
2. इस काल में शिल्पकारों व व्यवसायियों के संगठन से संबंधित श्रेणियों के प्रमाण मिलते हैं।
3. ये श्रेणियाँ कच्चे पदार्थों का क्रय, उत्पादों का विनिमय तथा निर्मित उत्पादों का विपणन करती थीं।

उपरोक्त कथनों में कौन-सा/से कथन सत्य है/हैं?
(a) 1 और 2 (b) केवल 2
(c) 1, 2 और 3 (d) 2 और 3

16. **तंजौर चित्रकला के संबंध में निम्नलिखित में से असत्य कथन को चुनिए–**
1. तंजौर चित्रकला में भगवान शिव और पार्वती का विभिन्न मुद्राओं में चित्रण सर्वाधिक लोकप्रिय है।
2. माणिक्य, हीरों व अन्य कीमती पत्थरों तथा सोने की पतली पत्तियों से सुसज्जित इस चित्रकला की वास्तविक विशेषता है।
3. यह कला चोल शासकों के दौरान सांस्कृतिक उद्‌भव की अर्जित ऊँचाइयों में विकसित हुई।

कूट :
(a) केवल 2 (b) 1 और 2
(c) केवल 1 (d) 2 और 3

17. **कालमेजुथु सतह चित्रकारी 'लोर पेंटिंग' का एक विशेष प्रकार है। इसके संदर्भ में निम्नलिखित कथनों पर विचार कीजिए–**
1. इस कला में प्राकृतिक रंगों व चूर्णों का प्रयोग किया जाता है।
2. कला का यह रूप मुख्यत: केरल में दिखाई देता है।
3. इसमें चित्र बनाने के लिए विशेष प्रकार के यंत्र का प्रयोग किया जाता है।
4. इसके चित्रण को संबंधित धार्मिक रीति-रिवाज के पूर्ण होने के बाद भी बना रहने दिया जाता है।

उपरोक्त कथनों में कौन-सा/से कथन सत्य है/हैं?
(a) 1 और 2 (b) 2, 3 और 4
(c) 1, 2 और 3 (d) ये सभी

18. **निम्न कथनों पर विचार कीजिए–**
1. कृति कर्नाटक शैली का एक प्रमुख राग है।
2. भारत में वायलिन वाद्ययंत्र का प्रारंभ बालुस्वामी दीक्षित द्वारा किया गया।
3. माडूभांगी मध्य प्रदेश से संबद्ध नृत्य है।

उपरोक्त कथनों में कौन-सा/से कथन सत्य है/हैं?
(a) केवल 3 (b) 1 और 2
(c) 1 और 3 (d) 2 और 3

19. **निम्नलिखित कथनों पर विचार कीजिए–**
1. इस्लामी कैलेण्डर ग्रिगेरियन कैलेण्डर की तुलना में 12 दिन छोटा है।
2. इस्लामी कैलेण्डर का प्रारंभ 632 ई. में हुआ।
3. ग्रिगेरियन कैलेण्डर एक सौर कैलेण्डर है।

उपरोक्त कथनों में कौन-सा/से सही है/हैं?
(a) केवल 1 (b) 1 और 2
(c) 1 और 3 (d) केवल 3

20. **निम्नलिखित कथनों पर विचार कीजिए–**
1. असम में मनाया जाने वाला पचूल नामक त्योहार भैसों की लड़ाई से संबंधित है।
2. मणिपुर का लाईहरोबा त्योहार बसन्त आगमन के उपलक्ष्य में मनाया जाता है।
3. मिंझर हिमाचल प्रदेश का लोकप्रिय त्योहार, जो अगस्त में मनाया जाता है।

उपरोक्त कथनों में कौन-सा/से कथन सत्य है/हैं?
(a) 1, 2 और 3 (b) 1 और 2
(c) केवल 3 (d) 2 और 3

21. **प्रसिद्ध फारसी विद्वान अमीर खुसरो के संबंध में निम्नलिखित कथनों पर विचार कीजिए–**
1. इसने फारसी में एक नई शैली का विकास किया, जो सबक-ए-हिन्दी के नाम से जानी जाती है।
2. इसने फारसी-अरबी राग ऐमन, सनम और गोरा का आविष्कार किया।
3. यह 'तूती-ए-हिन्द' नाम से प्रसिद्ध है।
4. इसका वास्तविक नाम 'अबुल हसन' है।

उपरोक्त कथनों में कौन-सा/से कथन सत्य है/हैं?
(a) 1, 2 और 4 (b) 2, 3 और 4
(c) 3 और 4 (d) ये सभी

22. **'ठुमरी' हिन्दुस्तानी संगीत की एक प्रमुख रचना है। इसके संबंध में निम्न कथनों में से कौन-सा/से सत्य है/हैं?**
1. नवाब वाजिद अली शाह के समय ठुमरी गीत अधिक लोकप्रिय हुआ।
2. इसमें गीत, काव्य, स्वर व ताल के समन्वय से काव्य पक्ष अधिक प्रबल होता है।
3. अवध का कत्थक नृत्य ठुमरी गायकी से संबंधित रहा है।

कूट :

(a) केवल 1
(b) 1 और 2
(c) 2 और 3
(d) 1, 2 और 3

23. **कथन (A) :** मध्य प्रदेश के धार जिले में स्थित बाघ की गुफाओं के चित्रों में हाथी, घोड़ों, नायक, नर्तकियों के चित्र हैं।

कारण (R) : इन चित्रों में प्रयुक्त रंगों के लिए स्थानीय पत्थरों को पीसकर तैयार किया गया था।

कूट :

(a) A और R दोनों सही हैं तथा R, A की सही व्याख्या है।
(b) A और R दोनों सही हैं, परंतु R, A की सही व्याख्या नहीं है।
(c) A सही है, किंतु R गलत है।
(d) A गलत है, किंतु R सही है।

24. **'यक्षगान' की निम्नलिखित विशेषताओं पर विचार कीजिए–**

1. यह कर्नाटक में प्रचलित नाटक एवं नृत्य की एक शैली है।
2. इसमें शरीर की गति तथा भंगिमाओं के माध्यम से भावनाओं का प्रदर्शन किया जाता है।
3. इसकी भाषा कन्नड़ एवं मूल कथा का आधार महाकाव्य होते हैं।

उपरोक्त कथनों में कौन-सा/से सत्य है/हैं?

(a) 1 और 2 (b) 1 और 3
(c) 2 और 3 (d) 1, 2 और 3

25. **चित्रकला की पहाड़ी शैली के संबंध में निम्नलिखित कथनों पर विचार कीजिए–**

1. इस चित्रकला की एक शैली कुल में व्यक्ति की सजीवता, नायिका भेद, रंगों का संयोजन आदि पर विशेष जोर दिया जाता है।
2. इस चित्रकला की काँगड़ा शैली में सामाजिक तथा धार्मिक दोनों प्रकार के चित्र हैं।
3. इस चित्रकला की जम्मू शैली में राजाओं के व्यक्तिगत चित्र हैं, जिसमें 'घोड़ों का निरीक्षण' तथा 'कत्थक नर्तकी' उत्कृष्ट चित्र हैं।

उपरोक्त कथनों में कौन-सा/से असत्य है/हैं?

(a) 1 और 3 (b) केवल 2
(c) 1, 2 और 3 (d) केवल 3

26. **'हिन्दुस्तानी संगीत', भारतीय संगीत की एक प्रचलित विद्या है। इस संगीत के संदर्भ में निम्नलिखित कथनों में से कौन-सा/से असत्य है/हैं?**

1. इस संगीत में प्राचीनतम संगीत रचना ख्याल है।
2. इसकी संगीत रचना ध्रुपद का विकास स्वामी हरिदास और तानसेन ने किया था।
3. यह संगीत समय सिद्धान्त पर आधारित है।

(a) 1, 2 और 3 (b) केवल 2
(c) 2 और 3 (d) केवल 3

27. **निम्न कथनों पर विचार करें-**

1. बराबर और नागार्जुनी पहाड़ियों की गुफाएँ साज-सज्जा से नितान्त विहीन हैं।
2. नागार्जुन की केवल एक गुफा में सामान्य नक्काशीदार द्वार है।
3. कार्ले के विशाल चैत्य का निर्माण ई. सन् के प्रारंभ के आस-पास हुआ था।

उपरोक्त कथनों में कौन-सा/से कथन सही है/हैं?

(a) 1 और 2 (b) 1 और 3
(c) 2 और 3 (d) ये सभी

28. **कथकली तथा कुचिपुड़ी नृत्यों के बीच क्या भेद है?**

1. कथकली महिला प्रधान नृत्य है, जिसमें नेत्र संचालन, भौंह संचालन महत्वपूर्ण होता है, जबकि कुचिपुड़ी नृत्य में पद संचालन, हस्तमुद्राओं आदि पर विशेष बल दिया जाता है।
2. कथकली सामूहिक नृत्य होता है, जिसमें कुछ नर्तक, कुछ गायक-वादक तथा कुछ केश-विन्यास के लिए होते हैं, जबकि कुचिपुड़ी के नृत्यकार तन्त्र-मन्त्र में विश्वास रखते हैं।

उपरोक्त में कौन-सा/से कथन सत्य है/हैं?

(a) केवल 1 (b) केवल 2
(c) 1 और 2 (d) न तो 1 और न ही 2

29. **निम्नलिखित में से कौन-सा हिन्दुस्तानी संगीत भातखंडे विश्वविद्यालय के रूप में विकसित हुआ?**

(a) मॉरिस विद्यालय, लखनऊ
(b) संगीत विद्यालय, लाहौर
(c) अखिल भारतीय संगीत अकादमी
(d) संगीत अकादमी

30. **वह कौन-सा प्रमुख सूफी संत था, जो स्त्री भेष में रहकर अपना समय नृत्य और संगीत में व्यतीत किया करता था?**

(a) शेख मूसा
(b) अब्दुल वहीज बिलग्रामी
(c) सैयद जलालुद्दीन बुखारी
(d) शेख अहमद फारूख सरहिन्दी

31. कश्मीर का मार्तण्ड मंदिर (सूर्य मंदिर) का निर्माण किस शासक द्वारा कराया गया था?
(a) बालादित्य
(b) हर्ष
(c) ललितादित्य मुक्तापीड़
(d) दिद्दा

32. सातवाहन शासक वैष्णव देवताओं के उपासक थे, किंतु उन्होंने बौद्ध भिक्षुओं को भूमि प्रदान की थी। उनके काल में बौद्ध संस्कृति के प्रमुख केंद्र कौन-से थे?
1. नासिक 2. नागार्जुन कोंडा
3. जुन्नार 4. अमरावती
(a) 2 व 4 (b) 1 व 2
(c) 3 व 4 (d) 1 व 4

33. 'कर्ण चौपाल' का निर्माण हुआ था-
(a) समुद्रगुप्त के शासनकाल में
(b) कुमारगुप्त के शासनकाल में
(c) स्कन्दगुप्त के शासनकाल में
(d) अशोक के शासनकाल में

34. ओडिशा में किस स्थल की खुदाई में अनेक रोमन वस्तुएँ प्राप्त हुई हैं, जो यह सिद्ध करती हैं कि प्राचीनकाल में रोम से व्यापार प्रचुर मात्रा में होता था?
(a) भुवनेश्वर (b) पुरी
(c) शिशुपालगढ़ (d) कलिंग

35. मंदिर के गर्भगृह के किस भाग को 'स्कन्ध' कहा जाता है?
(a) गर्भगृह की सतह को
(b) गर्भगृह के मध्य भाग को
(c) गर्भगृह की दीवारों के ऊपरी भाग को
(d) उपर्युक्त में से किसी को नहीं

36. सांख्य दर्शन के विषय में कौन-सा कथन असत्य है?
(a) विश्व की रचना ईश्वर द्वारा नहीं प्रकृति द्वारा हुई है।
(b) यद्यपि यह संसार की रचना ईश्वर द्वारा नहीं मानता तथापि ईश्वर के अस्तित्व को स्वीकार करता है।
(c) विश्व व मानव जीवन का नियमन प्रकृति द्वारा होता है।
(d) आत्मज्ञान की प्राप्ति से मोक्ष की प्राप्ति कर सकता है।

37. अशोक के अभिलेखों में प्रयुक्त लिपियाँ हैं-
(a) खरोष्ठी, ग्रीक और ब्राह्मी
(b) ब्राह्मी, खरोष्ठी, ग्रीक और देवनागरी
(c) ब्राह्मी, खरोष्ठी, अरेमाइक और ग्रीक
(d) देवनागरी, अरेमाइक, ब्राह्मी और खरोष्ठी

38. सुमेलित कीजिए-

सूची-I
A. इब्नबतूता B. मेगस्थनीज
C. फाहियान D. इत्सिंग

सूची-II
1. हर्षवर्धन 2. विक्रमादित्य
3. चन्द्रगुप्त मौर्य 4. मुहम्मद तुगलक

	A	B	C	D
(a)	3	4	2	1
(b)	4	2	3	1
(c)	3	2	4	1
(d)	4	3	2	1

39. सुमेलित कीजिए-

सूची-I
A. दीपावली
B. होली
C. महावीर जयन्ती
D. बुद्ध जयन्ती

सूची-II
1. अमावस्या
2. पूर्णिमा
3. त्रयोदशी
4. पूर्णिमा

	A	B	C	D
(a)	1	3	2	4
(b)	1	2	3	4
(c)	1	2	4	3
(d)	2	1	3	4

40. निम्नलिखित कथनों पर विचार कीजिए-
1. नेशनल अकादमी ऑफ आर्ट की स्थापना 1954 में नई दिल्ली में की गई।
2. लखनऊ, कोलकाता, चेन्नई, नई दिल्ली में गढ़ी और भुवनेश्वर में अकादमी के क्षेत्रीय केंद्र हैं, जिन्हें राष्ट्रीय ललित कला केंद्र के नाम से जाना जाता है।

3. अकादमी द्वारा 'ललित कला कंटेम्प्रेरी', 'संगीत नाटक' भी प्रकाशित हो रही है।

(a) 1, 2 व 3 सही (b) 1 व 2 सही
(c) 2 व 3 सही (d) 1 व 3 सही

41. निम्न कथनों पर विचार करें–

1. भारतीय शास्त्रीय संगीत की दो प्रमुख शैलियाँ हैं- हिन्दुस्तानी और कर्नाटक संगीत।
2. इसमें दोनों ही शैलियों में गुरु-शिष्य परम्परा का स्वरूप विकसित हुआ है। इन्हें क्रमशः घराना और सम्प्रदाय कहा जाता है।

कौन-सा कथन सत्य है?

(a) केवल 1 (b) केवल 2
(c) दोनों (d) उपर्युक्त में से कोई नहीं

42. सूची-1 और सूची-2 का मिलान दिए गए कूट की सहायता से कीजिए–

सूची-1	सूची-2
A. कथकली	1. उत्तर प्रदेश
B. कत्थक	2. केरल
C. भरतनाट्यम	3. तमिलनाडु
D. कुचिपुड़ी	4. आंध्र प्रदेश

कूट :

	A	B	C	D
(a)	1	2	3	4
(b)	2	1	3	4
(c)	3	1	2	4
(d)	3	2	1	4

43. सूची-1 और सूची-2 का मिलान दिए गए कूट की सहायता से कीजिए–

सूची-1	सूची-2
A. चिपलीमा	1. ओडिशा
B. धमरोड़	2. गुजरात
C. हैसर घट्टा	3. कर्नाटक
D. अलमाड़ी	4. तमिलनाडु

कूट :

	A	B	C	D
(a)	1	2	3	4
(b)	2	1	3	4
(c)	3	1	2	4
(d)	3	2	1	4

44. निम्न कथनों पर विचार करें–

1. सांस्कृतिक साधन स्रोत और प्रशिक्षण केंद्र शिक्षा को संस्कृति से जोड़ने के क्रिया-कलापों के क्षेत्र में कार्यरत प्रमुख संस्थाओं में से एक है।
2. यह भारत सरकार के सूचना, प्रसारण और संस्कृति मंत्रालय के संस्कृति विभाग के प्रशासनिक नियंत्रण में कार्य करता है।

कौन-सा कथन सत्य है?

(a) केवल 1 (b) केवल 2
(c) दोनों (d) उपर्युक्त में से कोई नहीं

45. निम्नलिखित में से कौन असंगत है?

	राज्य	नृत्य
(a)	जम्मू-कश्मीर	राऊफ
(b)	केरल	हुट्टारी
(c)	पश्चिम बंगाल	काथी
(d)	हरियाणा	झूमर

46. 1998 से राष्ट्रीय नाट्य विद्यालय ने हर वर्ष बच्चों के लिए एक राष्ट्रीय रंगमंच महोत्सव का आयोजन शुरू किया है। उसका नाम क्या है?

(a) हमारे बच्चे (b) जश्न-ए-बचपन
(c) बच्चों के नाम (d) उपर्युक्त में से कोई नहीं

47. कथन कारण वाले प्रश्न–

कथन (A) : भारत में नृत्य परम्परा 2000 से भी ज्यादा वर्षों से निरंतर चली आ रही है।

कारण (R) : नृत्य की विषयवस्तु धर्मग्रंथों, लोक कथाओं और प्राचीन साहित्य पर आधारित रहती है।

कूट :

(a) A और R दोनों सही हैं तथा R, A की सही व्याख्या है।
(b) A और R दोनों सही हैं, परंतु R, A की सही व्याख्या नहीं है।
(c) A सही है, किंतु R गलत है।
(d) A गलत है, किंतु R सही है।

48. निम्नलिखित कथनों पर विचार कीजिए– (संगीत नाटक अकादमी द्वारा)

1. 1994 में ओडिशा, झारखंड और पश्चिम बंगाल में छाऊ नृत्य परियोजना आरंभ की गई।
2. 2002 में असम के शास्त्रीय संगीत, नृत्य, नाटक और संबद्ध कलाओं के लिए परियोजना समर्थन शुरू किया गया।

3. केरल के कुटियट्टम थिएटर को 2001 में यूनेस्को की ओर से मानवता की उल्लेखनीय धरोहर के रूप में मान्यता प्रदान की गई है।
4. संगीत नाटक अकादमी ने 1959 में राष्ट्रीय नाट्य विद्यालय की स्थापना की।

(a) 1, 2 व 3 सही (b) केवल 1 सही
(c) 1 व 2 सही (d) उपरोक्त सभी सही

49. कथन कारण वाले प्रश्न–

कथन (A) : साहित्य अकादमी ने 24 भाषाओं को मान्यता दे रखी है।

कारण (R) : साहित्य अकादमी के चार क्षेत्रीय बोर्ड हैं, जो उत्तर-पश्चिम, पूर्व और दक्षिण की भाषाओं के बीच तालमेल और परस्पर आदान-प्रदान को प्रोत्साहन देते हैं।

कूट :

(a) A और R दोनों सही हैं तथा R, A की सही व्याख्या है।
(b) A और R दोनों सही हैं, परंतु R, A की सही व्याख्या नहीं है।
(c) A सही है, किंतु R गलत है।
(d) A गलत है, किंतु R सही है।

50. निम्न में से कौन-सी पत्रिकाएँ 'साहित्य अकादमी' से प्रकाशित होती हैं?

(a) इंडियन लिटरेचर, समकालीन भारतीय साहित्य
(b) समकालीन भारतीय साहित्य, संस्कृत प्रतिभा, समकालीन कला
(c) संस्कृत प्रतिभा, समकालीन भारतीय साहित्य, इंडियन लिटरेचर, समकालीन कला
(d) संस्कृत प्रतिभा, इंडियन लिटरेचर, समकालीन भारतीय साहित्य

51. निम्न पर विचार कीजिए–

कथन (A) : सूफी धर्म में प्रेम और अध्यात्म पर विशेष बल दिया जाता है।

कारण (R) : इस्लाम धर्म में अत्यधिक कट्टरता व्याप्त होने के कारण सूफी धर्म का उदय हुआ माना जाता है।

(a) A और R दोनों सही हैं तथा R, A की सही व्याख्या है।
(b) A और R दोनों सही हैं, परंतु R, A की सही व्याख्या नहीं है।
(c) A सही है, किंतु R गलत है।
(d) A गलत है, किंतु R सही है।

52. निम्न में कौन असंगत है?

सूची-I संस्थापक	**सूची-I सिलसिले**
1. फिरदौसी	ख्वाजा मुइनुद्दीन चिश्ती
2. कादिरी	मुईउद्दीन कादिर जिलानी
3. सुहरावर्दी	बहाउद्दीन जकारिया
4. शत्तारी	शेख अब्दुल सत्तार

कूट :

(a) केवल 2 (b) केवल 1
(c) केवल 2, 3 (d) 1, 3, 4

53. प्रमुख व्यक्ति एवं उनसे संबंधित तथ्यों पर विचार करें–

व्यक्ति	**संबंधित तथ्य**
1. नानक	1469-1538 सिख धर्म के प्रवर्तक कहे जाते हैं।
2. अंगद	1539-1552 गुरुमुखी लिपि के जनक हैं।
3. हरराय	1645-1661 तक सिखों के सातवें गुरु थे।
4. अर्जुन	1661-64 सिखों के आठवें गुरु थे।

कूट :

कौन असत्य है?

(a) 1 और 4 (b) 2 और 3
(c) केवल 4 (d) 4 और 3

54. कथन (A) : 'हिन्दवी उर्दू' सल्तनकाल के समय से ही बोलचाल में आ गई थी।

कारण (R) : मुसलमानों के भारत में प्रविष्ट होने के पश्चात् मुसलमान साहित्य फारसी भाषा में ही विकसित हुआ, किंतु जन साधारण द्वारा बोली जाने वाली भाषा फारसी पूर्ण रूप से चलन में बहुतायत नहीं थी।

(a) A और R दोनों सही हैं तथा R, A की सही व्याख्या है।
(b) A और R दोनों सही हैं, परंतु R, A की सही व्याख्या नहीं है।
(c) A सही है, किंतु R गलत है।
(d) A गलत है, किंतु R सही है।

55. निम्न पर विचार करें–

1. रामानुजाचार्य ने विशिष्टाद्वैत के सिद्धान्त का प्रचार किया।
2. रामानुजाचार्य को दक्षिण भारत के भक्ति आंदोलन का जन्मदाता माना जाता है।
3. रामानुजाचार्य ने हिन्दू धर्म तथा संस्कृति को इस्लाम के प्रभाव से बचाने हेतु भक्ति आंदोलन जैसी एक नवीन प्रथा को प्रारंभ किया।

4. रामानुजाचार्य ने दक्षिण में कर्मकांडों पर विशेष बल दिया।

उपर्युक्त में से सही कौन है?

(a) 1, 2 और 4
(b) 2 और 3
(c) 1, 2 और 3
(d) उपरोक्त सभी

56. निम्न कथनों पर विचार करें–

1. वेदों के 6 अंगों को वेदांग कहा जाता है।
2. ज्योतिष, निरुक्त, शिक्षा क्रमशः वेदों के नेत्र, कान एवं नासिका समझी जाती है।
3. वैदिक संहिताएँ और पुराण वैदिक साहित्य कहे जाते हैं।

उपरोक्त में सत्य कथन का चयन करें–

(a) 1 और 2 (b) 2 और 3
(c) केवल 1 (d) केवल 2, 3

57. निम्न कथनों पर विचार कीजिए–

1. उत्तर भारत व दक्षिण भारत की संगीत धारा दो मुख्य धाराएँ 11वीं शताब्दी में प्रचलन में थी।
2. अमीर खुसरो ने तबले का और सितार का आविष्कार किया।
3. भारतीय रागों का वर्गीकरण संगीत में प्रयुक्त 12 स्वरों के ईरानी नामों पर हुआ है।
4. अमीर खुसरो ने ही सूफी संगीत की शुरुआत की।

उपरोक्त में से सत्य कथन का चुनाव करें–

(a) 1 और 2 (b) 1, 2 और 3
(c) 2 और 3 (d) उपरोक्त सभी

58. भक्ति आंदोलन से संबंधित तथ्यों पर विचार करिए–

1. भक्ति आंदोलन का प्रादुर्भाव मुस्लिम शासकों के अत्याचारों के फलस्वरूप हुआ।
2. भक्ति आंदोलन ईश्वर की एकता पर विश्वास करते थे तथा मूर्तिपूजा उनका मुख्य उद्देश्य था।
3. चरित्रता की शुद्धता तथा समर्पण की भावना पर विशेष बल दिया।
4. भगवान की साधना द्वारा ही मोक्ष की प्राप्ति बताई और संन्यास की महत्ता को नकार दिया।

उपरोक्त में असत्य कथन का चयन करें–

(a) 1 और 2 (b) 2 और 3
(c) 2 और 4 (d) कोई नहीं

59. निम्न को सुमेलित करिए–

सूची-I		सूची-II
A. युवा बंगाल आंदोलन	1.	नास्तिकता की शिक्षा
B. ब्रह्म समाज	2.	मूर्ति पूजा का विरोध
C. अहमदिया आंदोलन	3.	पर्दा प्रथा का विरोध
D. प्रार्थना समाज	4.	इस्लाम के सार्वभौमिक एवं मानवतावादी रूप पर बल

कूट :

	A	B	C	D
(a)	1	2	3	4
(b)	1	2	4	3
(c)	3	2	1	4
(d)	1	4	2	3

60. भक्ति आंदोलन के मत एवं प्रवर्तक सुमेलित करें–

मत		प्रवर्तक
A. शुद्धाद्वैतवाद	1.	स्ती कंठ
B. शैवविशिष्टाद्वैत	2.	विज्ञान भिक्षु
C. भेदाभेदवाद	3.	भास्कराचार्य
D. अविभागाद्वैत	4.	बल्लभाचार्य

कूट :

	A	B	C	D
(a)	2	3	4	1
(b)	4	3	2	1
(c)	4	1	3	2
(d)	2	1	4	3

61. सिख पंथ के प्रथम एवं अंतिम गुरु हैं–

(a) गुरु नानक एवं गुरु गोविंद सिंह
(b) गुरु नानक एवं गुरु अर्जुन देव
(c) गुरु हरराय एवं गुरु हरकिशन राय
(d) गुरु हरराय एवं गुरु तेगबहादुर

62. निम्न उपन्यासकारों में 'बांग्ला उपन्यास के पिता' कहे जाते हैं–

(a) गुरुदेव रवीन्द्र नाथ टैगोर
(b) विमल मित्रा
(c) अवनीन्द्र नाथ ठाकुर
(d) प्यारी चन्द्र मित्रा

63. 'गजल' के जनक कहे जाते हैं–

(a) जिगर मुरादाबादी
(b) मयकश अकबराबादी
(c) जोश मलीहाबादी
(d) मिर्जा गालिब

64. निम्न लोकनृत्य संबंधित है–

(A) काली 1. गुजरात
(B) पुंगचोलम 2. मध्य प्रदेश
(C) जाखा 3. मणिपुर
(D) डंडिया रास 4. अंडमान निकोबार द्वीप समूह

कूट :

	A	B	C	D
(a)	1	3	4	1
(b)	1	2	3	4
(c)	4	3	2	1
(d)	3	1	2	4

65. चालुक्य शैली, नागर शैली तथा द्रविड़ शैली का समन्वय कहलाता है–

(a) आर्य शिखर शैली (b) मिश्रित शैली
(c) बेसर शैली (d) नागर द्रविड़ शैली

66. राजस्थान में माउण्ट आबू स्थित दिलवाड़ा मंदिर विख्यात है–

(a) बौद्ध मूर्तिकला हेतु
(b) राजपूती शैली हेतु
(c) जैन मंदिर की उत्कृष्ट कला हेतु
(d) राजस्थानी कला हेतु

67. ओडिशा के विश्व विख्यात कोणार्क मंदिर का निर्माण हुआ है–

(a) 11वीं शताब्दी में
(b) 13वीं शताब्दी में
(c) 14वीं शताब्दी में
(d) 15वीं शताब्दी में

68. उचित सुमेलन है–

(A) पृथ्वीराज रासो 1. वामन भट्ट
(B) पार्वती परिचय 2. चंदबरदाई
(C) फरिश्ता 3. नरहरि चक्रवर्ती
(D) भक्ति रत्नाकर 4. मुहम्मद कासिम

कूट :

	A	B	C	D
(a)	3	2	1	4
(b)	2	1	4	3
(c)	4	3	1	2
(d)	1	2	3	4

69. उचित सुमेलन है–

(A) गुरु नानक 1. तलवण्डी
(B) खालसा पंथ 2. रामायण
(C) हिन्दू धर्म 3. गुरु गोविंद सिंह
(D) स्वर्ण मंदिर 4. गुरु रामदास

	A	B	C	D
(a)	2	4	3	1
(b)	1	3	2	4
(c)	1	4	2	3
(d)	3	2	4	1

70. उचित सुमेलन है–

(A) अश्वघोष 1. कनिष्क
(B) कालिदास 2. चन्द्रगुप्त
(C) चरक 3. कुषाण
(D) बाण 4. हर्ष

	A	B	C	D
(a)	2	1	3	4
(b)	1	4	3	2
(c)	1	2	3	4
(d)	3	2	1	4

71. उचित सुमेलन है–

(A) गगनेन्द्र नाथ ठाकुर 1. चित्रकला
(B) गंगानी मेनका 2. कत्थक
(C) झावेरी बहनें 3. मणिपुरी
(D) वल्लथोल के. नारायण मेनन 4. कथकली

	A	B	C	D
(a)	1	2	3	4
(b)	2	1	3	4
(c)	4	3	2	1
(d)	1	2	4	3

72. उचित सुमेलन है–

(A) रामेश्वरम् 1. उत्तर प्रदेश
(B) द्वारिका 2. तमिलनाडु
(C) सारनाथ 3. गुजरात
(D) महाकाल मंदिर 4. मध्य प्रदेश

	A	B	C	D
(a)	1	2	3	4
(b)	2	1	4	3
(c)	2	3	1	4
(d)	4	3	2	1

73. जनजातियों का उचित सुमेलन है–

(A) कोरबा 1. मंडला
(B) माड़िया 2. झाबुआ
(C) भील 3. बस्तर
(D) वेगा 4. रायगढ़

	A	B	C	D
(a)	2	1	4	3
(b)	4	1	3	2
(c)	4	3	2	1
(d)	3	2	4	1

74. उचित सुमेलन है–

(A) मृणालिनी साराभाई — 1. कत्थक
(B) रामचन्द्र गांगुली — 2. भरतनाट्यम
(C) यामिनी कृष्णमूर्ति — 3. कुचिपुड़ी
(D) इन्द्राणी रहमान — 4. ओडिसी

कूट :

	A	B	C	D
(a)	3	2	1	4
(b)	2	1	3	4
(c)	2	4	3	1
(d)	1	2	3	4

75. उचित सुमेलन है–

A. चारणी साहित्य — 1. ब्रजसेन सूरि
B. जैन साहित्य — 2. चन्दबरदाई
C. लोक साहित्य — 3. दादू
D. संत साहित्य — 4. नामजी नागवती

कूट:

	A	B	C	D
(a)	4	3	2	1
(b)	2	1	4	3
(c)	1	2	3	4
(d)	2	3	4	1

उत्तरमाला

1. (b)	**2.** (a)	**3.** (c)	**4.** (a)	**5.** (c)	**6.** (c)	**7.** (d)	**8.** (c)
9. (c)	**10.** (d)	**11.** (b)	**12.** (d)	**13.** (c)	**14.** (c)	**15.** (c)	**16.** (c)
17. (a)	**18.** (b)	**19.** (c)	**20.** (c)	**21.** (d)	**22.** (d)	**23.** (a)	**24.** (d)
25. (b)	**26.** (c)	**27.** (d)	**28.** (b)	**29.** (a)	**30.** (a)	**31.** (c)	**32.** (a)
33. (d)	**34.** (c)	**35.** (c)	**36.** (b)	**37.** (c)	**38.** (d)	**39.** (b)	**40.** (b)
41. (c)	**42.** (b)	**43.** (a)	**44.** (c)	**45.** (b)	**46.** (b)	**47.** (a)	**48.** (d)
49. (b)	**50.** (d)	**51.** (a)	**52.** (c)	**53.** (b)	**54.** (a)	**55.** (c)	**56.** (a)
57. (b)	**58.** (c)	**59.** (a)	**60.** (c)	**61.** (a)	**62.** (d)	**63.** (d)	**64.** (a)
65. (c)	**66.** (c)	**67.** (b)	**68.** (b)	**69.** (b)	**70.** (c)	**71.** (a)	**72.** (c)
73. (c)	**74.** (b)	**75.** (a)					

❑❑❑

प्रश्न पत्र–1

अभ्यास प्रश्न (मुख्य परीक्षा)

1. 'सहअस्तित्व ही विकास का मूलमंत्र है' भारत के संदर्भ में समझाइए।
2. 'भारतीय समाज में लिंगगत विषमता और जातिगत भेदभाव अलोकतांत्रिक मूल्य के रूप में व्याप्त है।' इस कथन की तर्कसंगत विवेचना कीजिए तथा इसे दूर करने के सुझाव भी दीजिए।
3. जातिगत भेदभाव और लिंगगत विषमता को शिक्षा द्वारा कैसे दूर किया जा सकता है? भारत के संदर्भ में बताएं।
4. निम्नलिखित पर संक्षिप्त में लिखिए।
   1. चोल वास्तुकला
   2. गांधार कला शैली
   3. सारनाथ स्तंभ
   4. गांधार कला
5. मास्की के संबंध में 20 शब्दों में लिखिए।
6. गोलकुंडा के संबंध में लिखिए।
7. बृहदेश्वर के संबंध में लिखिए।
8. भारतीय समाज के मुख्य अभिलक्षणों की चर्चा करें।
9. भारतीय समाज पर पड़ने वाले वैश्विक प्रभाव की चर्चा करें।
10. ख्याल के मुख्य लक्षण संक्षेप में लिखिए।
11. यक्षगान पर संक्षेप में लिखें।
12. पेरिनी शिव ताण्डवम् के संबंध में लिखिए।
13. यक्षगान के प्रमुख लक्षण।
14. संगीत नाटक अकादमी के अनुसार भारत के शास्त्रीय नृत्य रूपों की सूची बनाएँ।
15. भारत में चमकहीन मृदभाण्ड निर्माण की प्रमुख विभिन्न शैलियाँ कौन-कौन सी हैं?
16. नागालैंड के 'मोएत्सू' और 'येम्से' त्योहारों के बीच या अरुणाचल प्रदेश के 'लोसर' और 'खान' त्योहारों के बीच विभेदन कीजिए।
17. निम्नलिखित के बारे में लिखिए–
    (i) आनन्द मठ
    (ii) संगम साहित्य का युग
    (iii) पाणिनी की 'अष्टाध्यायी'
    (iv) रामसेतु
18. निम्नलिखित के संबंध में 20 शब्दों में लिखिए–
    (i) उपनिषद् (ii) वज्रयान
    (iii) कुमारसंभव (iv) रज्मनामा
19. निम्नलिखित के संबंध में 20 शब्दों में लिखिए–
    (i) खुदाई खिदमतगार (ii) महायान सम्प्रदाय
20. निम्नलिखित के उत्तर दीजिए, जो प्रत्येक 50 शब्दों से अधिक में न हो–
    (i) ''पाश्चात्य संस्कृति ने भारतीय समाज को बहुत अधिक प्रभावित किया। यह पाश्चात्य संस्कृति का ही प्रभाव है कि आज भारतीय समाज अपनी संस्कृति को भूलता जा रहा है,'' के कारणों को समझाएँ।
    (ii) निम्नलिखित में से किन्हीं 5 पर एक-एक वाक्य लिखिए–
    (क) थाबल चोंगनी
    (ख) दीपक नृत्य
    (ग) लास्य
    (घ) कथकली
    (ड.) पादायनी
    (iii) मधुबनी चित्रकला की विशेषताओं को समझाइए।
21. निम्नलिखित के उत्तर दीजिए, जो प्रत्येक 50 शब्दों से अधिक में न हो–
    (i) शास्त्रीय नृत्य एवं लोकनृत्य में मुख्य अंतरों को स्पष्ट करें।
    (ii) निम्न के संबंध में एक-एक वाक्य लिखें।
    (क) मेरामोन सम्मेलन

(ख) चेराव नृत्य
(ग) अशोकाष्टमी
(घ) चित्तिरै
(ड.) बिहू

(iii) भारत में मंदिर निर्माण की प्रमुख शैलियाँ कौन-कौन सी हैं? संक्षिप्त परिचय दें।

(iv) भारत में पुरातत्व के क्षेत्र में कार्य करने वाली प्रमुख संस्थाएँ कौन-कौन सी हैं? संक्षिप्त परिचय दें।

22. निम्नलिखित के उत्तर दीजिए, जो प्रत्येक 50 शब्दों से अधिक में न हो–

(i) या तो मिजोरम के चपचार कुट और मिम कुट त्योहारों के बीच या मणिपुर के लाईहरोबा और चिराओबा के बीच विभेदन करें।

(ii) निम्नलिखित पारम्परिक रंगमंच रूपों में से किन्हीं पाँच पर एक-एक वाक्य लिखिए–
(क) कालबेलिया
(ख) आदिपेरूकु
(ग) भगोरिया
(घ) सांग बर्ड ऑफ द ईस्ट
(ड.) हजगिरि
(च) सोहराई

(iii) 'खतरे में विश्व धरोहर' पर टिप्पणी।

(iv) इन्दिरा गाँधी राष्ट्रीय कला केंद्र का कलाओं के विकास में योगदान।

23. प्राचीन काल के दौरान वास्तुकला के विकास में प्रमुख चरणों पर चर्चा कीजिए।

24. मंदिर वास्तुकला में चोल वास्तुकला का उच्च स्थान है, विवेचना कीजिए।

25. मध्य युग में क्षेत्रीय भाषाओं एवं साहित्य के विकास की विवेचना कीजिए।

26. जहाँगीर एवं अकबर कालीन कथात्मक चित्र।

27. मुगल कालीन कला एवं स्थापत्य के विकास का निरुपण कीजिए तथा इनमें मिश्रित हिन्दू तत्वों का निर्देश कीजिए।

28. शाहजहाँ के काल में मुगल स्थापत्य कला का चरमोत्कर्ष था। टिप्पणी कीजिए।

29. मुगल काल के दौरान साहित्य के विकास पर एक संक्षिप्त निबंध लिखिए।

30. मुगल चित्रकला।

31. अकबर के शासन काल की स्थापत्य कला की प्रमुख विशेषताओं को समझाइए। शाहजहाँ ने उनमें क्या परिवर्तन किए?

32. बाबरनामा का उल्लेख कीजिए

33. भारतीय सभ्यता एवं संस्कृति पर इस्लाम के प्रभाव का उल्लेख कीजिए।

34. मध्य भारत या उत्तर-पूर्वी भारत के महत्वपूर्ण लोकनृत्यों के महत्वपूर्ण लक्षणों की सूची तैयार कीजिए। (100)

35. शास्त्रीय संगीत की हिन्दुस्तानी और कर्नाटक शैलियों के बीच क्या-क्या महत्वपूर्ण समानताएँ और विषमताएँ हैं? उनके महत्वपूर्ण अभिलक्षणों पर प्रकाश डालते हुए, या तो 'मधुबनी' कला और 'मंजूषा' कला के बीच या चित्रकला की 'राजस्थानी' शैलियों और चित्रकला की 'पहाड़ी' शैली के बीच विभेदन कीजिए।

36. निम्नलिखित पारम्परिक रंगमंच रूप में से किन्हीं 5 पर एक-एक वाक्य लिखिए–
(i) भांड पाथेर
(ii) स्वांग
(iii) माछ
(iv) भाओना
(v) मुडियेट्टू
(vi) दशावतार

37. भारत में वाद्य यंत्रों को पारम्परिक रूप से किन समूहों में वर्गीकृत किया जाता रहा है?

38. पारसी धर्म में अग्नि के महत्व पर टिप्पणी कीजिए।

39. क्या कारण है कि लौरी बेकर को 'भारतीय वास्तुकला की अंतश्चेतना का रक्षक' कहा जाता है?

40. भारतीय कला में 'बाँसुरी वादक कृष्ण' अत्यंत लोकप्रिय हैं। चर्चा कीजिए।

41. भारतीय समाज की मुख्य विशेषताओं को बताते हुए भारतीय जातिगत संरचना की जटिलता को विश्लेषित करें।

42. भारतीय समाज में उदारीकरण, निजीकरण तथा वैश्वीकरण अपनाए जाने के बाद आए परिवर्तनों का सूक्ष्म अवलोकन करें तथा उनके सकारात्मक तथा नकारात्मक पक्षों को भी समझाएं।

43. क्या खाप पंचायत भारतीय समाज के पिछड़ेपन की निशानी है? चर्चा करें।

44. खाप पंचायत द्वारा नागरिकों के मूल अधिकारों के हनन की लगातार आ रही घटनाओं के संदर्भ में सरकार तथा समाज द्वारा उठाए गए कदमों की चर्चा करें।

45. हाल ही में समलैंगिकता पर सुप्रीम कोर्ट के फैसले की युक्तियुक्तता पर टिप्पणी लिखिए। क्या यह भारतीय समाज की संरचना के अनुकूल है?

❑❑❑

प्रश्न पत्र–2

अभ्यास प्रश्न (मुख्य परीक्षा)

1. निम्नलिखित की विशेषताएँ बताइए–
   (a) मथुरा कला शैली
   (b) गांधार कला
   (c) बूँदी कला
   (d) फतेहपुर सीकरी में मुगल वास्तुकला
   (e) द्रविड़ वास्तुकला
   (f) सिन्धु घाटी सभ्यता में नगर नियोजन
   (g) गुहा शैलकृत स्थापत्य कला
   (h) चैत्य
   (i) कुल्लू शैली
   (j) गोपुरम
   (k) चोल वास्तुकला
2. निम्नलिखित में अभिलक्षण बताइए–
   (a) देव दीवाली
   (b) यक्षज्ञान
   (c) नवकला आंदोलन
   (d) संगम साहित्य
   (e) ग्रंथ साहब
   (f) सारनाथ स्तंभ
   (g) उपनिषद
   (h) कुमारसंभव
   (i) सुत्तपिटक
   (j) पाणिनी
   (k) कल्हण
3. प्रागैतिहासिक कला पर एक निबंध लिखें।
4. हड़प्पाई सभ्यता की नगर योजना की विशेषताओं का वर्णन करें।
5. हड़प्पाई काल के दौरान कला तथा स्थापत्य की स्थिति का वर्णन करें।
6. वैदिक साहित्य का वर्णन करें।
7. निम्नलिखित पर टिप्पणी करें–
   भगवद्गीता, योग, न्याय, वेदांत
8. मौर्य काल में कला एवं स्थापत्य के क्षेत्र में हुए विकास का वर्णन कीजिए।
9. मौर्योत्तर काल (शुंग, सातवाहन) में स्थापत्य के क्षेत्र में हुए विकास के बारे में टिप्पणी करें।
10. गांधार और मथुरा कला शैली के बारे में टिप्पणी लिखें।
11. गुप्त काल में तमिल और संस्कृत दोनों भाषाओं में रचित कृतियों के विशेष संदर्भ में, इस काल की साहित्यिक प्रवृत्तियों का वर्णन करें।
12. गुप्त काल में कला, स्थापत्य और चित्रकला के क्षेत्र में हुए विकास के बारे में लिखें।
13. हर्षोत्तर काल की महत्वपूर्ण साहित्यिक कृतियों का वर्णन करें तथा कला तथा स्थापत्य के विकास पर टिप्पणी लिखें।
14. द.पू. एशिया की कला और स्थापत्य पर चर्चा करें।
15. दक्षिण भारतीय मंदिरों के स्थापत्य की मुख्य विशेषताओं का वर्णन कीजिए।
16. 9वीं से 12वीं सदी तक के दक्षिण भारत के साहित्य के विकास का वर्णन करें।
17. कला एवं साहित्य के क्षेत्र में चोलों की उपलब्धियों का वर्णन करें।
18. एक मंदिर का खाका तैयार करके दक्षिण भारतीय मंदिर स्थापत्य की मुख्य विशेषताओं का संकेत कीजिए।
19. स्थापत्य और बांग्ला भाषा के क्षेत्रों में बंगाल के सुल्तानों के योगदान का वर्णन कीजिए।

20. गुजरात के स्थापत्य की मुख्य विशेषताओं का वर्णन कीजिए।
21. गुजरात, जौनपुर और बंगाल की स्थापत्य कलाओं की खास विशेषताओं का वर्णन करते हुए उन पर संक्षिप्त आलेख तैयार कीजिए।
22. सल्तनत काल में उत्तर भारत में स्थापत्य के विकास का वर्णन कीजिए। हर दौर के खास स्थापत्य की खास विशेषताओं का वर्णन करें।
23. साहित्य और संगीत के क्षेत्रों में अमीर खुसरो के योगदान का वर्णन कीजिए।
24. 1000–1500 ई. में लिखी ऐतिहासिक पुस्तकों की एक सूची तैयार कीजिए। इनमें से कुछ कृतियों पर टिप्पणियां भी तैयार कीजिए, जिनमें इतिहासकारों के नामों, उनके लिखे जाने के काल, उनकी भाषा तथा उनमें वर्णित विषय का उल्लेख कीजिए।
25. सल्तनतकालीन साहित्य कला और स्थापत्य के विकास पर आलेख लिखिए।
26. मुगलों के अधीन स्थापत्य के विकास का वर्णन कीजिए।
27. चित्रकारी के क्षेत्र में मुगलों के योगदान का वर्णन कीजिए। मुगल चित्रकारी के मुख्य विषय क्या थे?
28. मुगल काल में संगीत तथा भाषाओं के विकास का वर्णन कीजिए।
29. सिन्धु घाटी और वैदिक संस्कृतियों की समानताओं और विषमताओं का विश्लेषण कीजिए।
30. पूर्व कालीन वैदिक और उत्तर कालीन वैदिक संस्कृतियों के बीच परिवर्तन और सातत्य के तत्वों को स्पष्ट कीजिए।
31. क्या आप इस विचार से सहमत हैं कि लगभग 750 एवं 1200 ई. के बीच दक्षिण भारतीय मंदिरों के स्थापत्य का रूप विधान एवं वर्ण्य विषय विशिष्ट आर्थिक एवं राजनीतिक पृष्ठभूमि की उपज थी?
32. लगभग ई.पू. 2000 एवं ई.पू. 500 के बीच भारतीय उपमहाद्वीप में प्राप्य पुरातात्विक संस्कृतियों की प्रमुख विशेषताओं का वर्णन कीजिए।
33. मौर्य स्तंभों और अखमानी लाटों में समानताएँ और अंतर बताइए।
34. अशोक के अभिलेख का उल्लेख कीजिए।
35. मौर्योत्तर काल में संस्कृत में लिखी गई बौद्ध रचनाएं।
36. मौर्योत्तर कालीन (लगभग 200 ई.पू. से लगभग 300 ई.पू. तक) कला की विभिन्न शैलियों का आलोचनात्मक एवं तुलनात्मक विवरण दीजिए।
37. गुप्त कालीन कला के विशिष्ट लक्षणों का विश्लेषण कीजिए और मौर्य कालीन कला से उनकी तुलना कीजिए।
38. साहित्य के क्षेत्र में गुप्त काल की उपलब्धियों का वर्णन करें।
39. प्रारंभिक दक्षिण भारतीय मंदिर में वास्तुकलात्मक शैलियों की प्रादेशिक विभिन्नताओं पर प्रकाश डालिए।
40. प्राचीन कला के दौरान वास्तुकला के विकास में प्रमुख चरणों पर चर्चा कीजिए।
41. गांधार कला की उत्पत्ति, कालक्रम, विशेषताएँ और भौगोलिक फैलाव का वर्णन कीजिए।
42. काँची के पल्लवों और वातापी के चालुक्यों के अधीन कला के विकास का तुलनात्मक अध्ययन कीजिए।
43. साँची के महान स्तूप की स्थापत्यात्मक एवं कलात्मक विशेषताएँ बताइए।
44. नालंदा का महा विहार।
45. कला के क्षेत्र में पल्लवों की उपलब्धि।
46. राष्ट्रकूटों का कला एवं संस्कृति के लिए योगदान की विवेचना कीजिए।
47. विजयनगर साम्राज्य का स्थापत्य।
48. शंकराचार्य का वेदांत।
49. वातापी के चालुक्यों द्वारा कलाओं के संरक्षण पर टिप्पणी करें।

❑❑❑

भाग–V

विशेष परिशिष्ट

भारत की प्रमुख सांस्कृतिक संस्थाएं एवं संगठन

भारतीय संस्कृति को सुरक्षित रखने एवं इसके विकास के लिए भारत सरकार और कुछ अन्य व्यक्तियों ने अनेक संस्थाओं की स्थापना की है। उनमें से कुछ प्रमुख निम्नलिखित हैं-

ललित कला अकादमी

देश-विदेश में भारतीय ललित कला के प्रचार-प्रसार एवं विकास के लिए भारत सरकार द्वारा 5 अगस्त, 1954 को नई दिल्ली में **ललित कला अकादमी** की स्थापना की गई। इसे 'नेशनल एकेडमी ऑफ आर्ट्स' भी कहते हैं। इस अकादमी द्वारा प्रत्येक वर्ष एक राष्ट्रीय प्रदर्शनी तथा प्रत्येक तीसरे वर्ष 'त्रिवार्षिक भारत' नामक एक अंतर्राष्ट्रीय प्रदर्शनी का आयोजन किया जाता है। आधुनिक परिप्रेक्ष्य में 8 ललित कलाओं को प्रोत्साहन देना तथा विकास करना इस अकादमी का मुख्य उद्देश्य है। नई दिल्ली तथा कोलकाता में इस अकादमी का अपना एक स्टूडियो भी है, जहाँ चित्रकला तथा मूर्तिकला प्रशिक्षण संबंधी सुविधाएं उपलब्ध हैं। भुवनेश्वर, चेन्नई तथा लखनऊ में इस अकादमी के क्षेत्रीय केंद्र हैं, जहाँ ललित कला के विकास हेतु उचित सुविधाओं का प्रबन्ध है। इस अकादमी द्वारा 'ललित कला', 'ललित कला कंटेम्परेरी' व 'समकालीन कला' नामक पत्रिकाओं का प्रकाशन किया जाता है।

चित्र 1.1: ललित कला अकादमी, कोलकाता

प्रसिद्ध पुस्तकालय

1. राष्ट्रीय पुस्तकालय, कोलकाता
2. केंद्रीय संदर्भ पुस्तकालय, कोलकाता
3. तंजावुर महाराजा सरफोजी सरस्वती महल पुस्तकालय, तंजावुर
4. दिल्ली पब्लिक लाइब्रेरी
5. राजा राममोहन राय पुस्तकालय प्रतिष्ठान, कोलकाता
6. खुदाबक्श ओरियण्टल पब्लिक लाइब्रेरी, पटना, बिहार
7. रामपुर राजा पुस्तकालय, रामपुर (उत्तर प्रदेश)

संगीत नाटक अकादमी

नृत्य, नाटक एवं संगीत के विकास हेतु इस अकादमी की स्थापना 31 मई, 1953 में नई दिल्ली में की गई। भारत में प्रचलित विभिन्न प्रकार के संगीत तथा अभिनय कला के रूपों का सर्वेक्षण करना, उन पर अनुसंधान कराना आदि इसके मुख्य कार्य हैं। नृत्य, नाटक एवं संगीत के विकास हेतु यह संस्था गोष्ठियाँ, विभिन्न प्रतियोगिताएँ तथा संगीत सम्मेलनों का आयोजन करती है, तथा श्रेष्ठ कलाकारों को पुरस्कृत करती है।

चित्र 1.2: संगीत नाटक अकादमी

प्रसिद्ध पांडुलिपि पुस्तकालय

1. गवर्नमेंट ओरियण्टल मैन्युस्क्रिप्ट लाइब्रेरी, चेन्नई
2. पुणे तथा वड़ोदरा ओरियण्टल रिसर्च लाइब्रेरी
3. संस्कृत विश्वविद्यालय पुस्तकालय, वाराणसी
4. विश्वेश्वरानन्द वैदिक अनुसंधान संस्थान पुस्तकालय
5. मौलाना आजाद अलीगढ़ मुस्लिम विश्वविद्यालय पुस्तकालय

नृत्य कला में प्रशिक्षण देने हेतु अकादमी द्वारा दो नृत्य केंद्र-(1) कत्थक केंद्र, नई दिल्ली (2) जवाहरलाल नेहरू मणिपुरी नृत्य अकादमी, इम्फाल चलाए जा रहे हैं, जहाँ नृत्य कला के विकास हेतु कलाकारों को नृत्य प्रशिक्षण प्रदान किया जा रहा है। कला की नवीन संस्थाओं का निर्माण करना भी इस अकादमी का मुख्य उद्देश्य है।

साहित्य अकादमी

चित्र 1.3: साहित्य अकादमी का प्रतीक चिह्न

एक स्वायत्तशासी संस्था, जिसकी स्थापना नई दिल्ली में 12 मार्च, 1954 में की गई। विभिन्न भारतीय भाषाओं के साहित्य को प्रोत्साहन देना, उनका अनुवाद व प्रकाशन कराना, उनके लेखकों से संपर्क स्थापित करना तथा उनमें सांस्कृतिक एकता उत्पन्न करना आदि इस अकादमी के मुख्य कार्य हैं। अकादमी द्वारा वर्ष 2018 तक 97 साहित्यकारों को 'साहित्य अकादमी फैलोशिप' से विभूषित किया जा चुका है। नई दिल्ली स्थित रवीन्द्र भवन में अकादमी का एक पुस्तकालय भी है, जहाँ भारतीय तथा विदेशी भाषा की लगभग 90,000 पुस्तकों का संकलन है। अब तक 24 भाषाओं की लगभग 1,500 पुस्तकों का प्रकाशन अकादमी द्वारा किया जा चुका हैं। अकादमी द्वारा अंग्रेजी द्विमासिक पत्रिका 'इंडियन लिटरेचर', हिन्दी त्रैमासिक पत्रिका 'समकालीन भारतीय साहित्य', संस्कृत अर्द्धवार्षिक पत्रिका 'संस्कृत प्रतिभा' तथा हिन्दी छमाही पत्रिका 'आलोक' का प्रकाशन किया जाता है।

शोधकर्ताओं को अनुसंधान सामग्री प्रदान करने वाले प्रमुख पुस्तकालय

1. इंडियन स्टैटिस्टिकल इंस्टीट्यूट, कोलकाता
2. गोखले इंस्टीट्यूट, पुणे
3. थियोसॉफिकल सोसायटी, चेन्नई
4. नेशनल इंस्टीट्यूट ऑफ पब्लिक एडमिनिस्ट्रेशन, नई दिल्ली
5. इंडियन काउन्सिल ऑफ वर्ल्ड अफेयर्स, नई दिल्ली
6. नेशनल काउन्सिल ऑफ एप्लाइड इकोनॉमिक्स रिसर्च, नई दिल्ली
7. केंद्रीय सचिवालय ग्रंथागार, नई दिल्ली

'नेशनल बिबलियोग्राफी ऑन इंडियन लिटरेचर', 'हू इज ऑफ इंडियन राइटर्स', 'हिस्ट्री ऑफ लिटरेचर' अकादमी के महत्वपूर्ण प्रकाशन हैं।

इंडियन काउन्सिल फॉर कल्चरल रिलेशंस

9 अप्रैल, 1950 को नई दिल्ली में स्थापित इस संस्था का मुख्य कार्य भारत तथा विदेशों के बीच सांस्कृतिक संबंध स्थापित करना है ताकि पारस्परिक सद्भावना का विकास हो सके और भारतीय संस्कृति का विदेशों में प्रचार हो। इसके कुछ प्रतिनिधि भारत में तथा कुछ विदेशों में हैं। इस संस्था द्वारा शांति तथा अंतर्राष्ट्रीय सद्भावना हेतु 'जवाहरलाल नेहरू पुरस्कार' प्रदान किया जाता है।

दारूल उलूम देवबन्द

उत्तर प्रदेश राज्य के सहारनपुर जिले में स्थित देवबन्द तहसील में एक मस्जिद में सन् 1866 में शिक्षण कार्य हेतु एक मदरसे की स्थापना की गई थी। स्थापित होने के बाद से यह संस्था शिक्षा के क्षेत्र में अभूतपूर्व कार्य कर रही है। यही कारण है कि आज इसकी गणना इस्लामी शिक्षा के मुख्य केंद्र के रूप में की जाती है।

जमात-उल-उलमा-ए-हिन्द

इसकी स्थापना राष्ट्रवादी मुस्लिम नेताओं द्वारा सन् 1933 में की गई थी। भारतीय राष्ट्रीय कांग्रेस से संबंधित यह पूर्णरूपेण एक राजनीतिक संगठन था, जिसने स्वतंत्रता संग्राम के अंतिम चरण में महत्वपूर्ण एवं निर्णायक भूमिका अदा की। स्वतंत्रता प्राप्ति के पश्चात् इस संगठन का रूप राजनीतिक न होकर धार्मिक हो गया। स्वरूप परिवर्तित होने के पश्चात् इस संगठन ने इस्लाम धर्म एवं संस्कृति को अपना कार्य क्षेत्र बना लिया।

जामिया मिलिया इस्लामिया

प्रारंभ में इस संस्थान की स्थापना उत्तर प्रदेश राज्य के अलीगढ़ जिले में की गई थी, किंतु सन् 1925 में इस संस्था को दिल्ली स्थानांतरित कर दिया गया। इस शैक्षणिक संस्था की स्थापना का श्रेय मौलाना महमूद-उल-हसन को जाता है। हकीम अजमल खान, एम. ए. अंसारी, मुहम्मद अली व डॉ. जाकिर हुसैन इस संस्था से संबंधित प्रमुख व्यक्ति थे। वर्तमान में इस संस्था को विश्वविद्यालय का दर्जा प्राप्त है। यहाँ इस्लामी विषयों तथा आधुनिक भारतीय शिक्षा की उच्चकोटि की व्यवस्था है।

दारूल मुसन्नीफीन

इस्लामी शिक्षा पद्धति की आधुनिक संस्था के रूप में यह संस्था उत्तर प्रदेश के आजमगढ़ जिले में स्थित है। इसकी स्थापना नवम्बर 1914 में की गई थी। इस संस्था का एक अपना पुस्तकालय तथा एक प्रकाशन विभाग कार्यरत है, जिसके द्वारा आधुनिक धर्म, दर्शन, शिक्षा, इतिहास व राजनीतिशास्त्र पर उच्चकोटि की पुस्तकें प्रकाशित की गई हैं। संस्था के पुस्तकालय में ओरियण्टल भाषा की अनेक पुस्तकें संकलित हैं।

बौद्ध एवं तिब्बती अध्ययन संस्थान

- केंद्रीय उच्च तिब्बती अध्ययन संस्थान (वाराणसी)
- केंद्रीय बौद्ध अध्ययन संस्थान, लेह (जम्मू एवं कश्मीर)
- तिब्बती कृतियों का पुस्तकालय और अभिलेखागार, धर्मशाला (हिमाचल प्रदेश)
- सिक्किम तिब्बती-विद्या अनुसंधान, गंगटोक

रेडक्रॉस सोसायटी

यह एक परोपकारी संस्था है, जिसकी स्थापना यह संस्था 1920 में की गई थी। यह संस्था युद्ध में घायल सैनिकों का निःशुल्क उपचार करने के साथ-साथ उन्हें स्वास्थ्य सेवाएं उपलब्ध कराती है।

राष्ट्रीय कला परिषद्

इसकी स्थापना सितम्बर 1983 में भारत सरकार द्वारा की गई थी। पुरातत्व कला, मानव विज्ञान, अभिलेखागारों और संग्रहालयों से संबंधित गतिविधियों को समन्वित करना इस संस्था का मुख्य उद्देश्य है।

इन्दिरा गाँधी राष्ट्रीय कला केंद्र

भारत की प्रधानमंत्री श्रीमती इन्दिरा गाँधी की स्मृति में उनके जन्मदिन पर 19 नवम्बर, 1985 को इस कला केंद्र की आधारशिला रखी गई थी। इस केंद्र में बड़े-बड़े कक्षों की व्यवस्था है, जिनमें दो संग्रहालय, दो संगीत हॉल तथा राष्ट्रीय नाट्यशाला हैं। इसके अतिरिक्त इस केंद्र में सांस्कृतिक अभिलेखों के लिए एक भवन तथा प्रकाशन विभाग की व्यवस्था भी है। इस कला केंद्र की 7 अधीनस्थ संस्थाएँ हैं, जो इस प्रकार हैं-इन्दिरा कला कोश, इंदिरा गाँधी जनपद संपदा, कलानिधि. सूत्रधार, संस्कृतिका संयंत्रिका संचार, इंदिरा गाँधी कलादर्शन तथा इन्दिरा गाँधी कला-संपदा।

क्षेत्रीय सांस्कृतिक केंद्र

क्षेत्रीय सीमाओं से बाहर निकलकर देश के अन्य भागों को भारतीय संस्कृति परंपरा के प्रचार-प्रसार हेतु क्षेत्रीय सांस्कृतिक केंद्र की स्थापना की गई है। इसके अंतर्गत सात केंद्रों का सृजन किया गया है। ये केंद्र हैं-(1) उत्तरी क्षेत्र सांस्कृतिक केंद्र (पटियाला), (2) पूर्वी क्षेत्र सांस्कृतिक केंद्र (शांति निकेतन), (3) दक्षिणी क्षेत्र सांस्कृतिक केंद्र (तंजावुर), (4) पश्चिमी क्षेत्र सांस्कृतिक केंद्र (उदयपुर), (5) उत्तर-मध्य क्षेत्र सांस्कृतिक केंद्र (प्रयागराज), (6) उत्तर-पूर्व क्षेत्र सांस्कृतिक केंद्र (दीमापुर), (7) दक्षिण-मध्य क्षेत्र सांस्कृतिक केंद्र (नागपुर)

नेताजी सुभाष राष्ट्रीय खेलकूद संस्थान

पटियाला स्थित इस संस्थान में प्रशिक्षकों द्वारा योग्य खिलाड़ियों को प्रशिक्षित कर राष्ट्रीय तथा अंतर्राष्ट्रीय स्तर पर खेलने योग्य बनाया जाता है। खेल की अनेक उपलब्धियों तथा तकनीक से संबंधित अनेक पत्र-पत्रिकाओं का प्रकाशन भी इस संस्थान द्वारा किया जाता है।

भारतीय मानवविज्ञान सर्वेक्षण

जनजातियों के शारीरिक, भौतिक तथा सामाजिक जीवन के विभिन्न पहलुओं का सूक्ष्म अध्ययन, परम्पराओं को प्रकाश में लाना इस संस्था का मुख्य कार्य है। भूतत्व विज्ञान से संबंधित लेख, शोधपत्र तथा अन्य पठनीय सामग्रियों का प्रकाशन भी इस संस्था द्वारा किया जाता है। पोर्ट ब्लेयर, देहरादून, नागपुर तथा जगदलपुर में इस संस्था से संबंधित केंद्र स्थापित किए गए हैं।

रामपुर रजा पुस्तकालय

यह पुस्तकालय राष्ट्र के लिए एक अमूल्य उपहार है। पुस्तकालय की आधारशिला नवाब अली खां (1794-1840) के शासन के मध्य रखी गई थी, जिन्होंने पुस्तकालय की पुस्तकों की देखभाल करने के लिए एक नजीम को नियुक्त किया था।

केंद्रीय बौद्ध अध्ययन संस्थान

इस संस्थान की स्थापना लद्दाख की राजधानी लेह में सन् 1959 में की गई थी। बौद्ध दर्शन, साहित्य एवं कला में अध्येताओं को प्रशिक्षण देना इस संस्थान का मुख्य उद्देश्य है। यह संस्थान सम्पूर्णानंद संस्कृत विश्वविद्यालय, वाराणसी से संबद्ध है।

भारतीय बाल फिल्म सोसायटी

इसकी स्थापना सन् 1955 में स्वायत्त संगठन के रूप में की गई थी। इसका उद्देश्य देश में बच्चों से संबंधित बाल फिल्म आन्दोलन को प्रोत्साहित करना व उसको व्यापक रूप से चलाना था। यह संस्था बच्चों और युवकों का स्वच्छ मनोरंजन करने वाली फिल्म प्रदान करने के लिए अस्तित्व में आई। इस उद्देश्य को ध्यान में रखते हुए यह संस्था फिल्मों के निर्माण, उन्हें प्राप्त करने, उनके वितरण व प्रदर्शन को लेकर काम कर रही है। इसके द्वारा हर वर्ष बाल फिल्म समारोह का आयोजन किया जाता है। भारत में बंबई (तत्कालीन नाम) में 1979 में पहला बाल फिल्म समारोह आयोजित किया गया था। इस संस्था ने वितरण प्रणाली को नई दिशा दी है। फलतः एक नवीन कार्यक्रम प्रारंभ किया गया है। इस कार्यक्रम का उद्देश्य ग्रामीण और शहरी क्षेत्रों की नई पीढ़ी के युवकों व बच्चों से संबंधित फिल्मों को बाल आन्दोलन में सम्मिलित करना है। इस संस्था का मुख्य कार्यालय मुंबई में तथा क्षेत्रीय कार्यालय नई दिल्ली, कोलकाता और चेन्नई में हैं।

इंडियन काउन्सिल ऑफ हिस्टोरीकल रिसर्च

इस संस्था की स्थापना सन् 1972 में की गई थी। इसका प्रधान कार्यालय दिल्ली में है। इतिहास को वैज्ञानिक तरीके से लिखवाना तथा भारतीय इतिहास नीति का प्रारूप तैयार करना इस संस्था का मुख्य उद्देश्य है। इस संस्था द्वारा शोध प्रबन्ध के प्रकाशन, पत्रिकाओं के सम्पादन तथा इतिहास के सेमिनार के आयोजन हेतु वित्तीय अनुदान प्रदान किया जाता है। उच्च कोटि के शोध कार्य के लिए यह शोधकर्ताओं को विभिन्न वृत्तिकाएँ प्रदान करती है।

भारतीय कृषि अनुसंधान परिषद्

इसकी स्थापना सन् 1929 में एक पंजीकृत समिति के रूप में की गई थी। यह संस्था कृषि, पशुपालन, मछलीपालन, विज्ञान के क्षेत्र में होने वाले अनुसंधान कार्यों में समन्वय करती है तथा केंद्र और राज्य सरकारों के अंतर्गत आने वाली विस्तार [illegible]ंसियों तथा कृषि विश्वविद्यालयों के माध्यम से इन अनुसंधान कार्यों को खेतों तक पहुँचाने में मदद करती है।

भारतीय इतिहास कांग्रेस

सन् 1938 में स्थापित की गई इस संस्था द्वारा प्रतिवर्ष एक सम्मेलन का आयोजन किया जाता है, जिसमें देश के प्रख्यात एवं उदयीमान इतिहासकार तथा शोधार्थी भाग लेते हैं। सम्मेलन के द्वारा अनेक ऐतिहासिक उपलब्धियों के विषय में असाधारण जानकारी प्राप्त होती है। इस संस्था द्वारा महत्वपूर्ण ऐतिहासिक पत्र-पत्रिकाओं तथा उच्चकोटि के शोध प्रबन्धों का प्रकाशन किया जाता है।

भारतीय फिल्म संघ

फिल्म उद्योग के विकास तथा उसको बढ़ावा देने के लिए मुंबई में 'भारतीय फिल्म संघ' की स्थापना की गई है। फिल्मी दुनिया के सक्रिय कलाकारों को प्रोत्साहन देना तथा ललित कलाओं में बहुमुखी विकास करना इस संस्था का प्रमुख उद्देश्य है।

भारतीय राष्ट्रीय फिल्म संग्रहालय

राष्ट्रीय एवं अंतर्राष्ट्रीय सिनेमा की विरासत को एकत्रित करने और संरक्षित रखने, प्रलेखन व अनुसंधान करने, फिल्मों के अध्ययन और फिल्म संस्कृति के प्रसार को प्रोत्साहित करने के उद्देश्य से फरवरी 1964 में पुणे में 'भारतीय राष्ट्रीय फिल्म संग्रहालय' की स्थापना की गई। इस संग्रहालय द्वारा उत्कृष्ट चलचित्रों का नियमित प्रदर्शन किया जाता है। संग्रहालय स्वस्थ फिल्म संस्कृति के प्रचार-प्रसार के लिए तथा फिल्मों के प्रति समझ पैदा करने के लिए पुणे और अन्य केंद्रों पर छोटी-छोटी अवधि के प्रशिक्षण कार्यक्रम चलाता है। इसके पास सारे देश की फिल्म संस्थाओं व फिल्म अध्ययन समूहों की गैर व्यापारिक प्रदर्शनों के लिए 147 भारतीय व विदेशी उत्कृष्ट फिल्मों की वितरण लाइब्रेरी है। यह संग्रहालय फिल्म संग्रहालयों के अंतर्राष्ट्रीय महासंघ का सदस्य है। बेंगलुरु, कोलकाता तथा तिरुवनन्तपुरम में इसके क्षेत्रीय कार्यालय स्थित हैं।

नेशनल कैडेट कोर

यह देश का एक प्रमुख युवा संगठन है, जिसकी स्थापना सन् 1948 में की गई थी। इसका उद्देश्य युवाओं में नेतृत्व, सच्चरित्रता, मित्रता, खेल भावना और सेवा के आदर्श का विकास तथा अनुशासित और प्रशिक्षित नागरिकों का एक बल तैयार करना है, जो आपातकाल में राष्ट्र की सहायता कर सके। सामाजिक सेवा पर इस संस्था द्वारा विशेष जोर दिया जाता है। इसके अतिरिक्त इसका उद्देश्य यह भी है कि यह प्रशिक्षण द्वारा छात्रों में अधिकारियों सदृश गुणों का विकास कर उन्हें सशस्त्र सेनाओं में कमीशन दिलवा सके। इस संस्था में विश्वविद्यालयों, कॉलेजों व स्कूलों के छात्र स्वेच्छा से प्रवेश ले सकते हैं।

भारतीय जन संचार संस्थान

जन संचार में प्रशिक्षण और अनुसंधान के लिए सूचना प्रसारण मंत्रालय द्वारा अगस्त सन् 1965 में 'भारतीय जन संचार संस्थान' की स्थापना की गई थी। इस संस्थान द्वारा विकासोन्मुख पत्रकारिता, मुद्रण माध्यम, दृश्य-श्रव्य और फिल्म, रेडियो और दूरदर्शन, मौखिक संचार, परम्परागत माध्यम, विज्ञान और प्रचार अभियान तथा संचार अनुसंधान की शिक्षा दी जाती है। इस संस्थान द्वारा प्रशिक्षण अध्यापन, अनुसंधान और सूचना ढाँचा तैयार करने में अन्य संस्थाओं को विशेषज्ञ तथा परामर्श सेवाएं उपलब्ध कराई जाती हैं।

यह संस्थान जन संचार के विभिन्न पहलुओं पर अनेक पुस्तकें और पुस्तिकाएं प्रकाशित करने के साथ-साथ राष्ट्रीय और अंतर्राष्ट्रीय संचार समस्याओं पर शोध कार्य भी करता है। यह अंग्रेजी में एक त्रैमासिक पत्रिका 'कम्युनिकेटर' तथा हिन्दी में एक अर्द्धवार्षिक पत्रिका 'संचार माध्यम' भी निकालता है।

राष्ट्रीय विज्ञान संग्रहालय परिषद्

इस परिषद् की स्थापना संस्कृति विभाग द्वारा एक स्वायत्तशासी संस्था के रूप में की गई थी। 4 अप्रैल, 1978 को यह संस्था पंजीकृत हो गई। इस परिषद द्वारा विज्ञान मेले तथा विज्ञान शिविरों का आयोजन किया जाता है। यह संस्था विद्यार्थियों को विज्ञान परियोजनाओं में हिस्सा लेने और मॉडल बनाने के लिए प्रोत्साहन देती है। इस उद्देश्य की पूर्ति हेतु पटना (बिहार), मालदा (प. बंगाल), गुलबर्गा (कर्नाटक), धर्मपुर (गुजरात) में एक-एक विज्ञान संग्रहालय की स्थापना की गई है। इसका प्रधान कार्यालय कोलकाता में स्थित है।

सांस्कृतिक संसाधन और प्रशिक्षण केंद्र

वर्तमान में 'संस्कृति के प्रचार' का कार्यक्रम चलाने वाले इस केंद्र की स्थापना एक स्वायत्तशासी संस्था के रूप में 1971 में की गई थी। छात्रों को भारत की क्षेत्रीय संस्कृति से अवगत कराना इस संस्था का मुख्य उद्देश्य है। सन् 1982 से तो इस संस्था द्वारा देश में 'सांस्कृतिक प्रतिभा खोज छात्रवृत्ति योजना' का क्रियान्वयन किया जाने लगा है।

भारतीय पुरातत्व सर्वेक्षण संस्थान

इसकी स्थापना सन् 1861 में नई दिल्ली में की गई थी। इसका मुख्य उद्देश्य प्राचीन ऐतिहासिक स्थलों की खोज करना है। इसके लिए पुरातत्व सर्वेक्षण द्वारा उत्खनन कार्य कराया जाता है। संस्थान के महानिदेशक द्वारा लाइसेंस प्राप्त करने के बाद ही किसी स्थान का उत्खनन कराया जा सकता है। भारतीय पुरातत्व एवं वास्तुकला अधिनियम 1972 के अनुसार, पुरातत्व सर्वेक्षण के महानिदेशक को अधिकार प्रदान किया गया है कि अगर कोई स्थल, जो 100 वर्ष पुराना है, का उत्खनन महानिदेशक (सर्वेक्षण संस्थान) की बिना अनुमति के नहीं किया जा सकेगा। प्राचीन स्मारकों के पास उद्यान आदि की व्यवस्था करना, उत्खनन से प्राप्त अवशेषों का रासायनिक परीक्षण कर उनके काल का निर्धारण करना पुरातत्व सर्वेक्षण का मुख्य उद्देश्य है। इस संस्थान का अपना एक पुस्तकालय है, जहाँ अनेक ऐतिहासिक पुस्तकें एवं पांडुलिपियाँ सुरक्षित हैं। भारतीय पुरातत्व सर्वेक्षण द्वारा 'भारतीय पुरातत्वः एक समीक्षा' का प्रतिवर्ष प्रकाशन किया जाता है। यह संस्थान हजारों वर्ष पुराने खंडहरों में दबी हुई सभ्यताओं की खोज कर प्रकाश में लाने का जो सफल, सारगर्भित एवं भागीरथ प्रयास करता है, वह निश्चय ही सराहनीय है।

राष्ट्रीय अभिलेखागार

इसकी स्थापना 11 मार्च, 1891 में की गई थी। 'इम्पीरियल रिकॉर्ड्स डिपार्टमेंट' इस संस्था का प्राचीन नाम था। अभिलेखों का संरक्षण, वैज्ञानिक परीक्षण, सार्वजनिक महत्व के अभिलेखों को प्राप्त करना एवं उन्हें सरकारी एजेंसियों एवं अनुसंधानकर्ताओं को उपलब्ध कराना आदि इस संस्थान के मुख्य कार्य हैं। इस संस्थान में महत्वपूर्ण दस्तावेजों का संग्रह है। रक्षा मंत्रालय, विदेश मंत्रालय, महात्मा गाँधी, नेहरू, इन्दिरा गाँधी आदि से संबंधित अनेक महत्वपूर्ण तथ्य यहाँ सुरक्षित हैं। इसके द्वारा अब अनेक प्रसिद्ध स्वतंत्रता सेनानियों के दस्तावेजों को प्रकाशित किया जाने लगा है।

भारत महोत्सव

इस महोत्सव का मुख्य उद्देश्य भारतीय संस्कृति का विश्व के समक्ष प्रदर्शन तथा विदेशों में बसे भारतीयों को इससे परिचित कराना है। इसके साथ ही भारत ने विज्ञान, उद्योग व तकनीकी क्षेत्र में जो उपलब्धियां अर्जित की हैं, उनका प्रदर्शन करना भी इसका मुख्य उद्देश्य है। प्रथम भारत महोत्सव, जोकि मार्च 1982 में लंदन में आयोजित किया गया, की संयुक्त संरक्षिका श्रीमती इन्दिरा गाँधी एवं मार्गरेट थैचर थीं। द्वितीय भारत महोत्सव का आयोजन पेरिस में 7 जून, 1985 को तथा तृतीय भारत महोत्सव का आयोजन 1986 में अमरीका में किया गया। इस महोत्सव का उद्घाटन भारत के प्रधानमंत्री श्री राजीव गाँधी ने किया। चौथे भारत महोत्सव का आयोजन जुलाई 1987 में सोवियत संघ में, 1988 में जापान में, 1991 में बर्लिन (जर्मनी) में तथा मई 1994 में चीन में किया गया।

19 फरवरी, 2019 से 21 मार्च, 2019 तक 'भारत महोत्सव' का आयोजन नेपाल में किया गया। स्वामी विवेकानंद सांस्कृतिक केंद्र और भारतीय दूतावास द्वारा आयोजित इस महोत्सव का उद्देश्य नेपाल की नई पीढ़ी को हिमालयी राष्ट्र और भारत के बीच समानताओं के बारे में परिचित कराना था।

राष्ट्रीय एकता परिषद्

स्व. प्रधानमंत्री जवाहरलाल नेहरू द्वारा वर्ष 1961 में राष्ट्रीय एकता से संबंधित विभिन्न मुद्दों के समाधान के लिए एक सम्मेलन का आयोजन किया गया। इसके बाद 1962 में 'राष्ट्रीय एकता परिषद' की पहली आधिकारिक बैठक का आयोजन किया गया। यह एक सरकारी सलाहकार निकाय है और इसकी अध्यक्षता प्रधानमंत्री करते हैं। इस परिषद में राष्ट्रीय और

क्षेत्रीय राजनीतिक पार्टियों के प्रतिनिधियों, प्रमुख सार्वजनिक हस्तियों, व्यवसाय और श्रम समुदाय के लोगों, मीडिया तथा महिला संगठनों के प्रतिनिधियों आदि को शामिल किया गया है। इसका उद्देश्य साम्प्रदायिकता, जातिवाद ओर क्षेत्रवाद की समस्याओं को दूर करना, देश की गंभीर समस्याओं पर विचार करना तथा वार्ता द्वारा ऐसा हल निकाला जाना है, जो सभी को मान्य एवं सर्वहितकर हो। इसी संदर्भ में पुनर्गठित इस परिषद की प्रथम बैठक अयोध्या में राम जन्मभूमि-बाबरी मस्जिद प्रकरण से उत्पन्न साम्प्रदायिक विद्वेष पर विचार करने के लिए 2 नवम्बर, 1991 को आयोजित की गई थी।

प्रेस परिषद्

लोकसभा में 1965 में एक अधिनियम पारित किया गया। इस अधिनियम के पारित होने के पश्चात् एक स्वायत्तशासी संस्था की स्थापना की गई जिसे 'प्रेस परिषद' का नाम दिया गया। इस संस्था का मुख्य कार्य प्रेस की स्वतंत्रता को सकारात्मक उपयोग के अवसर प्रदान करना है। प्रेस परिषद् में एक अध्यक्ष होता है, जिसका चयन भारत के मुख्य न्यायाधीश द्वारा किया जाता है। अध्यक्ष के अतिरिक्त परिषद् में 28 सदस्य होते हैं।

हिन्दी साहित्य सम्मेलन

'नागरी प्रचारिणी सभा' द्वारा प्रयाग में स्थापित इस संस्था का मुख्य कार्य विभिन्न देशों तथा हिंदुस्तान के कोने-कोने तक हिन्दी का प्रचार एवं प्रसार करना है। इसके लिए संस्था द्वारा परीक्षाओं का आयोजन किया जाता है। इसकी मान्यता विश्वविद्यालय के समकक्ष है। इस संस्था का अपना पुस्तकालय है, जहाँ हिन्दी साहित्य की महत्वपूर्ण पुस्तकें तथा पांडुलिपियाँ सुरक्षित हैं।

भारतीय राष्ट्रीय पुस्तकालय

कलकत्ता में 19वीं शताब्दी में इसकी स्थापना की गई थी। प्रारंभ में यह एक निजी संस्था थी, जिसके स्वामी मलिक द्वारकानाथ टैगोर तथा प्यारे चन्द्र मित्रा इसके प्रथम पुस्तकालयाध्यक्ष थे। ब्रिटिश कालीन गवर्नर लॉर्ड कर्जन ने अपने काल में इसे राष्ट्रीय पुस्तकालय का स्वरूप प्रदान कर दिया। भारत में प्रकाशित होने वाली प्रत्येक पुस्तक की प्रति प्राप्त करने का कानूनी अधिकार 'डिलीवरी ऑफ बुक्स एक्ट 1956' के तहत इस पुस्तकालय को प्राप्त है। अनेक शोधार्थी अपना शोध प्रबन्ध पूर्ण करने में इस पुस्तकालय से सहायता लेते हैं। इस पुस्तकालय के अतिरिक्त सेंट्रल लाइब्रेरी, कन्नेमारा पब्लिक लाइब्रेरी, चेन्नई तथा दिल्ली, दिल्ली पब्लिक लाइब्रेरी, दिल्ली अन्य पुस्तकालय हैं, जिन्हें 1956 के एक्ट के अनुसार देश में प्रकाशित प्रत्येक नई पुस्तक की प्रति प्राप्त करने का अधिकार है।

भारतीय पर्यटन विकास निगम

1 अक्टूबर, 1966 में 'भारतीय पर्यटन विकास निगम' का गठन किया गया। गठन के बाद से ही यह निगम भारत के पर्यटन ढांचे के विकास तथा विस्तार में महत्वपूर्ण भूमिका निभा रहा है। यह निगम देश की सबसे बड़ी आवास शृंखला अशोक समूह का संचालन भी करता है। इसके अंतर्गत 9 होटल दिल्ली में और एक-एक औरंगाबाद, बेंगलुरु, हासन, मदुरै, उदयपुर, कोलकाता, वाराणसी और आगरा में है। ममतपुरम और कोवलम में दो समुद्रतटीय पर्यटन स्थल भी इस निगम के प्रबन्ध में हैं। यह विभिन्न पर्यटन स्थलों पर 9 यात्री विश्रामगृह, 7 रेस्टोरेंट, 12 परिवहन एकक तथा 3 हवाई अड्डों पर रेस्टोरेन्ट तथा सासागिर, भरतपुर, कान्हा और काजीरंगा में एक-एक विश्राम गृह भी चलाता है।

'भारतीय पर्यटन विकास निगम' का सांस्कृतिक विभाग अपने होटलों में मनोरंजन कार्यक्रम आयोजित करने के अलावा दिल्ली के लाल किला, अहमदाबाद के साबरमती आश्रम और श्रीनगर के शालीमार उद्यान में ध्वनि और प्रकाश कार्यक्रमों का भी संचालन करता है। 'भारतीय पर्यटन विकास निगम' अंतर्राष्ट्रीय एवं घरेलू कस्टम एयरपोर्टों पर स्थित 37 शुल्क मुक्त दुकानें, एक कर-मुक्त आउटलेट पर पर्यटकों के लिए खरीददारी करने की सुविधा उपलब्ध कराता है।

प्रमुख अखिल भारतीय शिक्षा परिषद

केंद्रीय सरकार की शैक्षणिक नीतियों के विधिवत् क्रियान्वयन तथा स्कूली शिक्षा में गुणात्मक सुधार हेतु शिक्षा मंत्रालय द्वारा अनेक शिक्षा परिषदों एवं मंडलों का निर्माण किया गया है। ये परिषद एवं मंडल भारत सरकार को अपने शैक्षिक दायित्वों एवं कार्यों को पूर्ण करने में सहायता प्रदान करते हैं। ये प्रमुख परिषद् एवं मंडल इस प्रकार हैं-

1. राष्ट्रीय शैक्षिक अनुसंधान एवं प्रशिक्षण परिषद (National Council of Educational Research and Training)
2. केंद्रीय शिक्षा सलाहकार बोर्ड (Central Advisory Board of Education)
3. अखिल भारतीय प्रारंभिक शिक्षा परिषद (All India Council for Elementary Education)
4. अखिल भारतीय माध्यमिक शिक्षा परिषद (All India Council for Secondary Education)
5. अखिल भारतीय प्राविधिक शिक्षा परिषद (All India Council for Technical Education)
6. राष्ट्रीय ग्रामीण उच्च शिक्षा परिषद (National Council for Rural Higher Education)
7. केंद्रीय समाज कल्याण मंडल (Central Social Welfare Board)
8. वैज्ञानिक एवं औद्योगिक अनुसंधान परिषद (Council of Scientific and Industrial Research)
9. विश्वविद्यालय अनुदान आयोग (University Grants Commission)

1. **राष्ट्रीय शैक्षिक अनुसंधान एवं प्रशिक्षण परिषद** (National Council of Education Research and Training) : 'राष्ट्रीय शैक्षिक अनुसंधान एवं प्रशिक्षण परिषद' की स्थापना 9 सितम्बर, 1961 को की गई थी। इस संस्था का मुख्य उद्देश्य स्कूली शिक्षा में गुणात्मक सुधार करना है। 1860 ई. में सोसायटी रजिस्ट्रेशन एक्ट के द्वारा पंजीकृत यह एक स्वायत्तशासी संगठन है। संस्था की अर्थव्यवस्था पूर्णरूप से भारत सरकार ही करती है। भारत सरकार के शिक्षा तथा समाज कल्याण मंत्रालय द्वारा शिक्षा संबंधी नीति के निश्चय और उसके क्रियान्वयन में यह संस्था शैक्षिक परामर्शदाता का कार्य करती है। इस संस्था द्वारा जो कार्य किए जाते हैं, वे निम्नवत् हैं-

(i) शिक्षा के प्रत्येक क्षेत्र में अनुसंधान किया जाता है। अनुसंधान हेतु इस संस्था द्वारा आवश्यक सुविधाएं प्रदान की जाती हैं।

(ii) प्री-सर्विस तथा इन सर्विस ट्रेनिंग की व्यवस्था।

(iii) शिक्षा प्रसार सेवा की व्यवस्था करना।

(iv) शैक्षिक व्यवस्था के क्षेत्र में खोज और सर्वेक्षण करना।

(v) उन्नतशील शैक्षिक विधियों और क्रियाकलापों का प्रचार करना।

(vi) विद्यालय शिक्षा से संबंधित प्रत्येक सूचना और विचार के केंद्र के रूप में कार्य करना।

उपर्युक्त कार्यों का संचालन राष्ट्रीय शैक्षणिक अनुसंधान एवं प्रशिक्षण परिषद द्वारा अपने 6 अंगों की सहायता से पूर्ण किया जाता है। ये अंग हैं-

(i) राष्ट्रीय शिक्षा संस्थान (National Institute of Education)

(ii) सेंट्रल इंस्टीट्यूट ऑफ एजुकेशनल टेक्नोलॉजी (Central Institute of Educational Technology)

(iii) रीजनल कॉलेज ऑफ एजुकेशन, अजमेर (Regional College of Education, Ajmer)

(iv) रीजनल कॉलेज ऑफ एजुकेशन, शिमला हिल्स, भोपाल (Regional College of Education, Shimla Hills Bhople)

(v) रीजनल कॉलेज ऑफ एजुकेशन, भुवनेश्वर (Regional College of Education, Bhuvneshwar)

(vi) रीजनल कॉलेज ऑफ एजुकेशन, मैसूर (Regional College of Education, Mysore)

2. **केंद्रीय शिक्षा सलाहकार बोर्ड** (Central Advisory Board of Education) : इस मंडल की सर्वप्रथम स्थापना 1921 में प्रांतीय सरकारों को शिक्षा संबंधी मामलों में सलाह देने के लिए की गई थी। 1923 में रीट्रेंचमेंट समिति (Retrenchment Committee) की सिफारिश पर इस मंडल का विघटन कर दिया गया, किंतु 1935 में हार्टोग समिति (Hartog Committee) की सिफारिश के परिणामस्वरूप इस मंडल की पुनर्स्थापना कर दी गई। पुनर्स्थापना के बाद से यह मंडल वर्तमान में अपने अस्तित्व में है तथा शिक्षा मंत्रालय की धुरी के रूप में कार्य कर रहा है। केंद्रीय शिक्षा मंत्री इस मंडल का चेयरमैन होता है। भारत सरकार द्वारा मनोनीति किए गए इसके 15 सदस्यों में से

4 महिलाएं होती हैं। इसमें लोकसभा के 4 तथा राज्यसभा के 2 सदस्य होते हैं। इसके अलावा 15 पदेन सदस्यों में प्राथमिक शिक्षा और साक्षरता विभाग के सचिव, विश्वविद्यालय अनुदान आयोग के अध्यक्ष, केंद्रीय माध्यमिक शिक्षा बोर्ड के अध्यक्ष, भारतीय इतिहास अनुसंधान परिषद के अध्यक्ष तथा राष्ट्रीय शैक्षिक अनुसंधान एवं प्रशिक्षण परिषद के निदेशक आदि शामिल होते हैं।

3. **अखिल भारतीय प्रारंभिक शिक्षा परिषद** (All India Council for Elementary Education) : इस परिषद् की स्थापना जुलाई सन् 1957 में शिक्षा तथा वैज्ञानिक अनुसंधान मंत्रालय द्वारा की गई थी। 6 से 14 वर्ष तक की आयु के बच्चों के लिए अनिवार्य एवं निःशुल्क शिक्षा की व्यवस्था करना इस परिषद का मुख्य उद्देश्य है। प्रारंभिक शिक्षा संबंधी समस्याओं को हल करने के लिए यह परिषद उचित सुझाव देती है।

4 **अखिल भारतीय माध्यमिक शिक्षा परिषद** (All India Council for Secondary Education) : देश में माध्यमिक शिक्षा की उन्नति हेतु इस परिषद की स्थापना मार्च 1955 में की गई थी। माध्यमिक शिक्षा की उन्नति हेतु संबंधित आंकड़े एकत्र करना, शोध करना, योजनाएँ बनाना तथा उन्हें क्रियान्वित करना आदि इस परिषद के मुख्य कार्य हैं। माध्यमिक शिक्षा की पाठ्य पुस्तकों की रूपरेखा भी इस परिषद द्वारा निश्चित की जाती है।

5. **अखिल भारतीय प्राविधिक शिक्षा परिषद** (All India Council for Technical Education) : हाईस्कूल स्तर से ऊपर की प्राविधिक शिक्षा की व्यवस्था हेतु इस परिषद की स्थापना की गई। इसके अंतर्गत इंजीनियरिंग, मेटलर्जी, टेक्नोलॉजी, रीजनल प्लानिंग तथा बिजनेस एडमिनिस्ट्रेशन आदि की शिक्षा आती है।

6. **राष्ट्रीय ग्रामीण उच्च शिक्षा परिषद** (National Council for Rural Higher Education) : इस परिषद् की स्थापना सन् 1956 में की गई थी। ग्रामीण शिक्षा से संबंधित समस्याओं पर विचार करके उनके समाधान के लिए यह परिषद अपने सुझाव देती है तथा विकास हेतु योजनाएँ प्रस्तुत करती है। भारत सरकार की ग्रामीण विकास योजनाओं में भाग लेने वाली संस्थाओं को इस परिषद द्वारा अनुदान दिया जाता है।

7 **केंद्रीय समाज कल्याण मंडल** (Central Social Welfare Board) : इस मंडल की स्थापना भारत सरकार द्वारा 1953 ई. में समाज कल्याण संबंधी कार्यों के नियोजन, संचालन करने, निराश्रित महिलाओं के लिए आवास की व्यवस्था करने एवं असहाय एवं अंधों की सहायता हेतु की गई थी।

8 **वैज्ञानिक एवं औद्योगिक अनुसंधान परिषद** (Council of Scientific and Industrial Research) : भारत में वैज्ञानिक एवं औद्योगिक अनुसंधान कार्य को प्रोत्साहन देने हेतु इस परिषद की स्थापना 1942 में एक स्वतंत्र निकाय के रूप में की गई थी। अनुसंधान फैलोशिप की व्यवस्था प्रयोग हेतु कार्यशाला व प्रयोगशालाओं की व्यवस्था इसी परिषद द्वारा की जाती है। वैज्ञानिक तथा औद्योगिक अनुसंधान संबंधी अनेक पत्र-पत्रिकाओं का प्रकाशन भी इसी परिषद द्वारा किया जाता है।

9. **विश्वविद्यालय अनुदान आयोग** (University Grants Commission) : विश्वविद्यालय शिक्षा में गुणात्मक सुधार हेतु 1948 में नियुक्त 'विश्वविद्यालय शिक्षा आयोग' के सुझाव पर 1956 में इस आयोग की स्थापना की गई। इसमें एक अध्यक्ष, एक मंत्री तथा 10 सदस्य होते हैं। संक्षेप में विश्वविद्यालय अनुदान आयोग के कार्य निम्नवत् हैं-

(i) विश्वविद्यालयी शिक्षा में सुधार हेतु विश्वविद्यालयों को सुझाव देना।

(ii) विश्वविद्यालयों को धनराशि वितरण की नीति का निर्धारण करना।

(iii) नवीन विश्वविद्यालयों की स्थापना।

(iv) विश्वविद्यालयों की आर्थिक स्थिति की जाँच-पड़ताल करना।

(v) विश्वविद्यालयों से उनकी परीक्षाओं, अनुसंधान कार्यों एवं पाठ्यक्रम संबंधी जानकारी प्राप्त करना।

हिन्दी टी.वी. सेवा आरंभ

15 अगस्त, 1992 को हिन्दी दूरदर्शन सेवा 'एशिया टेलीविजन नेटवर्क' ने कार्य करना प्रारंभ कर दिया। इसका प्रारंभ ब्रिटेन से भारतीय प्रवासियों द्वारा किया गया। हिन्दी में इस सेवा का आरंभ होना भारतीय दूरदर्शन के लिए एक चुनौती बन गया।

इतिहास समिति

केंद्र सरकार द्वारा स्वतंत्रता के बाद के 50 वर्ष के इतिहास को लिपिबद्ध करने के लिए डॉ. एस. गोपाल की अध्यक्षता में एक 'इतिहास समिति' का गठन किया गया। सब्यसाची भट्टाचार्य, प्रोफेसर रवीन्द्र कुमार, डॉ. बिपिनचन्द्र, डॉ. धर्मा कुमार, रामगुप्त, प्रो. सुमित सरकार व प्रो. नीलाद्रि भट्टाचार्य इस समिति के अन्य सदस्य थे। समिति का कार्यकाल 15 अगस्त, 1997 तक था।

कला के क्षेत्र में पुरस्कार प्रदान करने वाली संस्थाएँ

- **संगीत नाटक अकादमी :** यह संस्था संगीत के क्षेत्र में विशिष्ट कार्यों के लिए **संगीत नाटक अकादमी पुरस्कार** प्रदान करती है। पुरस्कार में 50 हजार रुपए नकद, प्रशस्ति पत्र, ताम्र पत्र तथा वस्त्र प्रदान किए जाते हैं।
- **मध्य प्रदेश सरकार :** मध्य प्रदेश सरकार द्वारा संगीत के क्षेत्र में **तानसेन सम्मान** (इसमें 2 लाख रुपए तथा प्रशस्ति पत्र) प्रदान किया जाता है। सुगम संगीत के क्षेत्र में **लता मंगेशकर पुरस्कार** (इसमें 2 लाख रुपए तथा प्रशस्ति पत्र) प्रदान किया जाता है। रंगकर्म के क्षेत्र में **कालिदास सम्मान** (इसमें 2 लाख रुपए एक प्रशस्ति पत्र) प्रदान किए जाते हैं। सृजनात्मक कलाओं में उत्कृष्टता और श्रेष्ठतम उपलब्धि हेतु सम्मानित करने तथा पारम्परिक लोक कलाओं के विकास हेतु **तुलसी सम्मान** (इसमें 2 लाख रुपए तथा प्रशस्ति पत्र) प्रदान किया जाता है।
- **के.के. बिड़ला फाउंडेशन :** यह संस्था भारतीय दर्शन संस्कृति और कला की उत्कृष्ट कृतियों के लिए **शंकर पुरस्कार** प्रदान करती है। इस पुरस्कार में 1.5 लाख रुपए प्रदान किए जाते हैं।

साहित्य के क्षेत्र में पुरस्कार प्रदान करने वाली संस्थाएँ

- **भारतीय ज्ञानपीठ :** यह संस्था साहित्य के क्षेत्र में प्रतिवर्ष भारतीय संविधान की 8वीं अनुसूची में उल्लिखित 18 भाषाओं में से किसी भी भाषा में लिखी गई उत्कृष्ट साहित्य रचना के लिए **ज्ञानपीठ पुरस्कार** प्रदान करती है। पुरस्कार में 11 लाख रुपए नकद, एक प्रशस्ति पत्र तथा एक वाग्देवी की प्रतिमा प्रदान की जाती है। यह पुरस्कार 1965 में प्रारंभ किया गया था।
- **साहित्य अकादमी :** यह संस्था उत्कृष्ट साहित्यिक रचना के लिए प्रतिवर्ष **साहित्य अकादमी पुरस्कार** प्रदान करती है। साहित्यिक रचना संविधान में उल्लिखित 18 भाषाओं में से किसी भी भाषा की हो सकती है। अकादमी मौलिक कृतियों के लिए 1 लाख तथा अनूदित रचनाओं के लिए 50 हजार रुपए की राशि प्रदान करती है।
- **मध्य प्रदेश सरकार :** मध्य प्रदेश सरकार साहित्य के क्षेत्र में **मैथिलीशरण गुप्त सम्मान,** कविता के क्षेत्र में **कबीर सम्मान,** उर्दू के क्षेत्र में **इकबाल सम्मान** तथा शिक्षा के क्षेत्र में **डॉ. राधाकृष्णन सम्मान** प्रदान करती है।
- **पश्चिमी बंगाल हिन्दी ग्रंथ अकादमी :** यह संस्था प्रसिद्ध हिन्दी लेखक राहुल सांकृत्यायन की जन्म शताब्दी पर **राहुल पुरस्कार** प्रदान करती है। पुरस्कार में 10 हजार रुपए नकद, एक स्मृति चिह्न और एक शॉल प्रदान किया जाता है।
- **राजस्थानी भाषा साहित्य एवं संस्कृति अकादमी :** यह संस्था प्रतिवर्ष साहित्य के क्षेत्र में **सूर्यमल मिश्रण शिखर सम्मान** प्रदान करती है। इसमें पुरस्कार स्वरूप 71 हजार रुपए की धनराशि प्रदान की जाती है।
- **के. के. बिड़ला फाउंडेशन :** यह संस्था उत्कृष्ट साहित्यिक कृति के लिए **सरस्वती सम्मान** (इसमें 5 लाख रुपए नकद प्रदान किए जाते हैं) प्रदान करती है। राजस्थानी लेखक को 10 वर्ष में प्रकाशित हुई उत्कृष्ट कृति के लिए **बिहारी सम्मान** (इसमें 2.50 हजार रुपए प्रदान किए जाते है), 10 वर्ष में प्रकाशित किसी भी भारतीय नागरिक की उत्कृष्ट कृति के लिए **व्यास सम्मान** (इसमें 4 लाख रुपए प्रदान किए जाते हैं) तथा संस्कृत में किए गए विशिष्ट कार्य के लिए **वाचस्पति पुरस्कार** (इसमें 75 हजार रुपए प्रदान किए जाते हैं) प्रदान करती हैं।

❑❑❑

परिशिष्ट

2

भारतीय साहित्य

संस्कृति और सभ्यता दो पृथक् व्यवस्थाएँ तथा विचार तत्व हैं, किंतु दोनों ही एक-दूसरे की पूरक हैं। इनकी सम्पूर्णता विश्वव्यापी व सर्वकालीन तब संभव बन जाती है, जब इसकी अभिव्यक्ति संकलित हो जाए व संस्कार रूप में आने वाली पीढ़ियों के लिए अध्ययन का आधार व ज्ञान का प्रतीक बन जाए, तभी एक विशिष्ट समाज का चरणबद्ध विकास देखा व समझाया जा सकता है। अत: यदि यूँ कहें कि सभ्यता और संस्कृति तभी युग विशेष की सामाजिक व्यवस्था में परिवर्तित होती है, जब उसका साहित्यिक विवेचन संभव हो अन्यथा मूक साक्ष्य सभ्यता का भौगोलिक वर्णन तो कर देते हैं। किंतु समाज और संस्कृति की विशिष्ट पहचान साहित्य के माध्यम से ही संभव है अथवा साहित्य के अभाव में इसे 'अंधकार युग की संस्कृति' कहना पाठक के लिए एक असामंजस्य स्थिति का प्रतीक होता है। अत: साहित्य लेखन भाषा और लिपि का जन्म स्वतंत्र अभिव्यक्ति संकलन की परिपाठी तथा संकलित सामग्री का रखरखाव ऐसी मानवीय प्रवृत्ति है, जिसके द्वारा युवा विशेष के समाज और उसकी विशिष्ट संस्कृति को संजोया जा सकता है।

संस्कृति का निर्माण वस्तुत: समुदाय और समाज का परिपक्व रूप है। ज्ञातव्य हो कि भौगोलिक विस्तारण युग विशेष की सभ्यता का सूचक हो सकता है, जिसके भीतर क्षेत्रीय गुट को 'समुदाय' कहा जाता है और इन समुदायों के संयोजन से समाज का निर्माण होता है, जो मुख्यत: भौगोलिक और आर्थिक व्यवस्था पर केंद्रित होता है। इसी कारण प्रारंभिक सभ्यताओं के विषय में सदैव आर्थिक जीवन लिखा अथवा सम्बोधित किया जाता है। वस्तुत: जब उस समाज विशेष की सामाजिक, प्रशासनिक, राजनैतिक, धार्मिक, न्यायिक व्यवस्थाएँ स्थापित हो जाती हैं, तब स्वत: ही पृथक-पृथक् क्षेत्रों में संस्कारों का निर्माण होता है। यही संस्कार सृजित होकर संस्कृति का निर्माण करते हैं, जो आधारभूत रूप से दो प्रकार के होते हैं—औपचारिक संस्कार और अनौपचारिक संस्कार। व्यक्तिगत रूप से समाज की इकाई अथवा परिवार में दिए जाने वाले संस्कार औपचारिक होते हैं, जबकि व्यवस्था संबंधी संस्कार अनौपचारिक होते हैं। इन्हीं का संकलन परम्परागत रूप से मौखिक तथा लिखित साहित्य का कारण है। अत: संस्कृति निर्माण के उपरांत ही साहित्य संकलन संभव होता है, जो भाषायी आधार पर मौखिक होता है, जबकि लिपिबद्ध होने पर लिखित साहित्य का सृजन होता है।

साहित्य वस्तुत: क्षेत्र विशेष की भौगोलिक स्थिति, संस्था, जलवायु, विचारधारा, राजनैतिक एवं धार्मिक प्रभाव, संस्कारों, विश्वासों, मूल्यों एवं व्यवस्थाओं से संबंधित होता है। तकनीकी उत्थान प्रसार, प्रभाव और पराभाव की व्याख्या से सामंजस्य रखता है। सुदृढ़ अर्थव्यवस्था, सुशिक्षित समाज तथा उदारवादी युग में इसका विकसित होना एक स्वाभाविक प्रक्रिया है, जबकि इसी के विपरीत अराजकता, रुग्ण अर्थव्यवस्था और असुरक्षा के काल विशेष में साहित्य का संकीर्ण हो जाना, अत: उसका विषयवस्तु नकारात्मकता से प्रेरित होना एक विशिष्ट मनोवैज्ञानिक कारण होता है। ऐसे में तात्कालिक व पूर्वकालिक साहित्य का बहुमुखी अध्ययन कार्य विशेष की समाज और संस्कृति को पाठक के समक्ष उजागर कर देता है। मोटे तौर पर विश्वव्यापी साहित्य भाषा लिपि लेखन सामग्री तथा लेखन में प्रयुक्त अथवा लेखन के लिए चयनित विषयवस्तु विश्व के विकास का सम्पादन करती है, अत: सभ्यताओं का युग विशेष व मनवन्तर के काल में हुए विकास को अथवा पतन को एकमात्र साहित्य के द्वारा ही जाना व समझा जा सकता है। साहित्य, सभ्यता, संस्कृति, समाज और उसकी परम्पराओं का विभाजन करता है और स्पष्ट कर देता है कि किस भौगोलिक और सांस्कृतिक क्षेत्र में कौन से वह आर्थिक, राजनैतिक व सांस्कृतिक कारण थे, जिस कारण विशिष्ट समाज का प्रादुर्भाव हुआ अथवा वे कौन-सी गतिविधियाँ थीं, जिनसे अमुक

चित्र 2.1: चाणक्य 'अर्थशास्त्र' की रचना करते हुए

व्यवस्था ने जन्म लिया। साहित्य लेखन की विभिन्न विधाएं, जैसे–धार्मिक साहित्य, धर्मेत्तर साहित्य, राजकीय साहित्य, असम्प्रदायिक साहित्य, स्वच्छन्द साहित्य, संस्मरण साहित्य, यात्रा वृत्तांत साहित्य, व्यावसायिक साहित्य, जीवन वृत्तांत साहित्य, टीका, टिप्पणी इत्यादि वस्तुतः ऐसे माध्यम हैं, जिनके द्वारा पृथक्-पृथक् विधाओं और शैलियों के माध्यम से तात्कालिक लेखक के मनोभाव व उसको समाज की स्वीकृति तथा उसके द्वारा समाज का विश्लेषण ज्ञात होता है। ऐसे साहित्य विशेष का तुलनात्मक अध्ययन अवश्यम्भावी हो जाता है। तात्कालिक, पूर्वकालिक, उत्तरोत्तरकालिक साहित्य के साथ आख्यानात्मक वर्णन पाठक को एक निष्कर्ष पर पहुँचा देता है, जिसके माध्यम से एक युग विशेष की सामाजिक व्यवस्था और सांस्कृतिक मान्यता स्पष्ट हो जाती है। अतएव साहित्यकार और समाजशास्त्री यह मानते हैं कि साहित्य को किसी भी क्षेत्र विशेष का 'तात्कालिक व ऐतिहासिक अध्ययन चक्षु' कहना चाहिए।

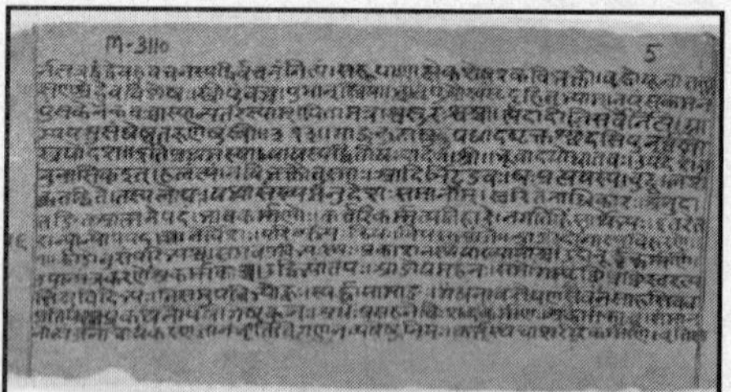

चित्र 2.2: पाणिनी की 'अष्टाध्यायी'

भारतीय साहित्य वास्तव में भारतीय साहित्य व सांस्कृतिक विशेषता को व्याख्यायित करने में सक्षम है। लगभग 200 भाषाओं और 8 लिपियों में सृजित भारतीय साहित्य अपनी लेखन शैली से ही वैदिक समाज, वेदोत्तर कालीन समाज, नास्तिक समाजों की अवधारणाएं, वैदेशिक प्रजातियों के सम्मिश्रण से सृजित नए समाजों का जन्म, विभिन्न धर्म तंत्र, प्रशासनिक तंत्र, अर्थ तंत्र, कला धर्म, मूल्य, विश्वास तथा उनमें आए परिवर्तनों का संकलन भारतीय साहित्य के द्वारा संकलित हुआ, जिसकी विवेचना से ही पृथक-पृथक् क्षेत्रों व पृथक-पृथक् युग, विशेष पृथक-पृथक् व्यवस्थाओं आदि के जन्म और पराभाव का संपूर्ण चित्रांकन भारतीय साहित्य करता है।

अत्याधुनिक युग में भी वैश्वीकरण, भूमंडलीयकरण, उदारवाद, सार्वजनिक एवं निजीकरण, आणविक शक्ति, तकनीकी विकास विज्ञान, पर्यावरण व खगोल–ये सारे विषयवस्तु, जो व्यवस्था परिवर्तन के सूचक हैं, विभिन्न साहित्य के विशुद्ध वर्णन से ही संभव हो पाते हैं। अतः यह कहना कि साहित्य किसी पृथक् समाज का दर्पण होता है, वास्तव में इसकी संकीर्ण परिभाषा है। अतः यदि हम यूँ कहें कि साहित्य के माध्यम से किसी भी समाज और संस्कृति के जन्म, संचरण, पराभव और नवीन समाज की उत्पत्ति, उस पर अन्य समाजों का प्रभाव, सामाजिक सामंजस्य, सामाजिक द्वंद्व, नवीन व्यवस्थाओं का सृजन और सृजित अवधारणाओं का विकास, सकारात्मक और नकारात्मक विचारों का जन्म, उनके परिणाम और भविष्योत्तर कालीन योजनाओं का प्रारूप, सभी दृष्टिकोणों से साहित्य सृजन ही एकमात्र विकल्प निकलता है, अतः साहित्य की वृहद् परिभाषा उसे समाज का दर्पण न मानकर, प्रतिबिम्ब स्वीकारना अधिक उचित होगा।

प्राचीन कालीन साहित्य

(संस्कृत, पालि व अन्य भाषाओं के ग्रंथ एवं उनके लेखक)

ग्रंथ का नाम	लेखक
अष्टाध्यायी	पाणिनी
रामायण	वाल्मीकि
महाभारत	वेदव्यास
महाभाष्य	पतंजलि
अर्थशास्त्र	चाणक्य
मुद्राराक्षस	विशाखदत्त
देवीचन्द्रगुप्तम	,,
बुद्धचरित	अश्वघोष
सारिपुत्र प्रकरम	,,

सूत्रलंकार वज्रसूचि	,,
सौंदर्यनंद काव्य	,,
श्रद्धोत्पाद	,,
सत्सहसरिका सूत्र	नागार्जुन
प्रज्ञापारमिता सूत्रशास्त्र	,,
माध्यमिका सूत्र	,,
योगाचार्य भूमिशास्त्र	असंग
महायान सम्परिग्रह	,,
अभिज्ञान शाकुन्लतम्	कालिदास
कुमारसम्भवम्	,,
विक्रमोर्वशीयम्	,,
मालविकाग्निमित्रम्	,,
मेघदूत	,,
रघुवंश	,,
ऋतुसंहार	,,
स्वप्न वासवदत्ता	भास
पृतिजनोयोगंधरायन	,,
नागानन्द	हर्षवर्धन
रत्नावली	,,
प्रियदर्शिका	,,
रसमाला	सोमेश्वर
कीर्तिकौमुदी	,,
काव्यादर्श	दण्डी
दशकुमारचरित	,,
वृहत्संहिता	वाराहमिहिर
पंचसिद्धान्तिका	,,
वृहज्जातिका	,,
लघु जातिका	,,
आयुर्वेद सर्वस्व	राजा भोज
व्यवहार समुच्चय	,,
शब्दानुशासन	,,
युक्ति कल्पतरु	,,
राजमृंगिका	,,
मालती माधव	भवभूति
महावीरचरित	,,
उत्तर रामचरित	,,

सिद्धान्त शिरोमणि	भास्कराचार्य
लीलावती	,,
योगवर्तिका	विजनान भिक्षु
योग सारसमग्र	,,
तत्वकौमुदी तत्वसारदी	वाचस्पति मिश्र
न्यायवर्तिका पर्यतिका	,,
न्याय सूची निबन्ध	,,
न्याय सूत्रोंधारा	,,
न्यायकनिका	,,
योगसार संग्रह	,,
गीत संग्रह	यमुनाचार्य
महापुरुष	,,
निर्णय, सिद्धात्रियां	,,
अगम प्रमाण्य	,,
अभिधम्म कोष	वसुबन्धु
अष्टांग हृदय	वागभट्ट
ब्रह्म सिद्धान्त	ब्रह्मगुप्त
हर्षचरित, कादम्बरी	बाणभट्ट
गोड़ वहो	वाक्पति
विक्रमांक देवचरित	विल्हण
कुमारपालचरित	जय सिन्हा
कुमारपालचरित	हेमचन्द्र
हमीर काव्य	नयचन्द्र सूरी
नवसाहसांकचरित	पद्मगुप्त
भोज प्रबन्ध	बल्लाल
पृथ्वीराज रासो	चन्दबरदाई
राजतंरगिणी	कल्हण
सुक्रित सम्कीर्तन	अरिसिन्हा
प्रबन्ध चिन्तामणि	मेरुतुंग
प्रबन्ध कोष	राजशेखर
हम्मीर मदमर्दन	जय सिन्हा
इंडिका	मेगस्थनीज
थेरावली	मेरुतुंग
महाविभाषा शास्त्र	वसुमित्र

कामंदक नीतिसार	शिखर
मृच्छकटिकम्	शूद्रक
किरातार्जुनीयम्	भारवि
रावणवध	भट्टी
पंचतंत्र	विष्णु शर्मा
सांख्यकारिका	ईश्वर कृष्ण
नीतिसार	कामंदक
न्याय भाष्य	वात्स्यायन
पदार्थ धर्म संग्रह	प्रसस्तपाद
प्रमाण समुच्चय	दिङ्नाग
वसुबन्धु (जीवनी)	परमार्थ
चन्द्र व्याकरण	चन्द्रगोमिन
सूर्य सिद्धान्त	आर्यभट्ट
हस्त्यायुर्वेद	पलकप्पा
प्रयाग प्रशस्ति	हरिषेण
यशोवर्मन प्रशस्ति	वसुल्ला
हरहा प्रशस्ति	रवि शांति
मंदसौर प्रशस्ति	वत्स भट्टी
तलगुण्डा	कुब्जा
काव्य सेतुबन्धु	प्रवरसेन द्वितीय (रावणवाहो)
गीत गोविंद	जयदेव
कासिकावृत्ति	गयादित्य
भर्तृहरिशास्त्र	भर्तृहरि
कथासरितसागर	सोमदेव
आर्य सिद्धान्त	आर्यभट्ट द्वितीय
शिशुपाल वध	माघ
नेषध चरित	श्रीहर्ष
कुट्टनीमतम	दामोदर गुप्त
तिलक मंजरी, यशतिलक	धनपाल
वासवदत्ता	सुबन्धु
प्रमोद चन्द्र	आनन्द वर्धन
वेणीसंहार	भट्ट नारायण
अनर्घराघव	मुरारी
रामचरितम् (पालवंश)	सन्ध्याकरनंदी

पृथ्वीराज विजय	जयानक
प्रमाण मीमांसा	हेमचन्द्र
वृहत् कथामंजरी	क्षेमेन्द्र
कांत्रा (व्याकरण)	सर्ववर्मन
कामसूत्र	वात्स्यायन
कोकशास्त्र	कोका पंडित
संगीत रत्नाकर	सारंगदेव
न्याय बिन्दु	धर्माकृत
मिताक्षरा	विज्ञानेश्वर
माधव निदान	माधपकर
कृत्य कल्पतरु	लक्ष्मीधर
तमिल कुराल	त्रिरुवेल्लूवर
मत्तविलास प्रहसन	महेन्द्र वर्मन
श्रृंगार तिलक	रुद्र भट्ट
अलंकार सारसमग्रह	उद्भट
काव्यालंकार सूत्रवृत्ति	वामन
ध्वन्यालोक	आनन्दवर्धन
चरक संहिता	अग्निवेश
सिद्धियोग	वृन्दा
निघन्टु	धनवन्तरि
रसरत्नाकर	नागार्जुन
गणितसार	श्रीधर
लघुमानस	मुंजल
सरसावली	कल्याण वर्मन
तत्व शुद्धि	उदयन
ब्रह्मसूत्र	बादरायण
न्यायमंजरी	जयन्त
न्यायसार	भासर्वजना
न्यायतत्व, योग रहस्य	नाथुमुनि
कथा	हरिभद्र
कुवलयमाला	उद्योतनसूरी
उपदेशमाला	धमदसग्रि
ज्ञान पंचमी कथा	महेश्वर सूरी
भवन सुंदरी कथा	विजय सिंह

अजित शांतिस्तव	नन्दिसेन
सतसई	हाल
वृहत् कथा	गुनाठ्या
कतान्तरा	सर्ववर्मन
नाट्यशास्त्र	भरत
ब्रह्मसूत्र	रामानुज
रुक्मिणी कल्याण	विद्याचर्कवर्तिन
नरकासुर विजय	मधान
पार्वती परिणय	वामन भट्ट बाण
दुर्गाभक्ति तरंगिणी	विद्यापति
शंकर विजय	विद्यारण्य
हम्मीर काव्य	नयचन्द्र
जाम्बवती कल्याण	कृष्णदेव राय
गीत गोविंद	जयदेव
गंगादास प्रताप विलास	गंगाधर
मिताक्षरा	विज्ञानेश्वर
पृथ्वीराज रासो	चन्दबरदाई
आल्हाखंड	जगनायक
राजतरंगिणी	कल्हण
द्वितीय राजतरंगिणी	जोनाराज
तृतीय राजतरंगिणी	श्रीवास
राजविनोद	उदयराज
विजयपाल रासो	नाथ सिंह
बीसलदेव रासो	नरपतिनाथ

सल्तनत कालीन साहित्य

(ऐतिहासिक व अन्य ग्रंथ एवं उनके लेखक)

ग्रंथ का नाम	लेखक
तबकात-ए-नासिरी	मिनहाज-उस शिराज
तारीख-ए-मुहम्मदी	मुहम्मद बिहमद खान
ताजुल-मासिर	हसन निजामी
फतवा-ए-जहांदारी	जियाउद्दीन बर्नी

तारीख-ए-फिरोजशाही	,,
खजाय-नुल-फुतूह	अमीर खुसरो
किरानुस्सादैन	,,
मिफ्ता उल-फुतूह	,,
नूह सिपेहर	,,
देवलरानी-खिज्रखाँ	,,
तुगलकनामा	,,
तारीख-ए-अलाई	,,
आईने-सिकन्दरी	,,
खुसरो शीरी	,,
हश्त-बहिश्त	,,
जाज-ए-खुशरवी	,,
लैला-मजनूं	,,
अफजलुलफवायद	,,
हवश-ए-कुफिआह	काजी शिहाबुद्दीन दौलताबादी
इर्शाद-षद-उल-बयान	,,
शास्त्र दीपिका	पार्थसारथी
कर्म मीमांसा	,,
लुबाते-उलअल्वाब	नूरुद्दीन
जवानी-उल-हिकायत	,,
वालवामी-उल-रिवायत	,,
यशोभूषण	अगस्त्य
कृष्णचरित	,,
हम्मीर रासो	सारंगधर
हम्मीर काव्य	,,
तारीख-ए-सिन्ध	मुहम्मद मासूम
किताबुल-यामिनी	अबू नस्त्र बिन
	मुहम्मद अली
	जबरूल उतबी
जैनुल अखबार	अबू सईद
तारीख-उल-हिन्द	अलबरूनी
कमीलुत तवारीख	शेख अब्दुल हसन (उपनाम इब्नुल असार)

फुतूह-उस-सलातीन	ख्वाजा अबू बक्र इसामी
तारीख-ए-फिरोजशाही	शम्से सिराफ अफीक
सीरठे फिरोजशाही	(लेखक अज्ञात है)
तारीख-ए-मुबारकशाही	याहिया बिन अहमद
हितोपदेश	नारायण
तारीखे सलीन-ए-अफगना	अहमद यादगार
तारीख-ए-शेरशाही	अब्बास खां सरवानी
मखजने अफगना	नियामतुल्ला
तारीख-ए-दाउदी	अब्दुल्ला
तहकीक-ए-हिन्द	अलबरूनी
तजकिरात-अल-औलिया	फरीद-उल-दीन अल अत्तार
तबकात-ए-अकबरी	निजामुद्दीन अहमद
किताब-उल-रेहला	इब्नबतूता
मखनजन-ए-अफगानी	निजामतुल्ला
आईन-उल-मुल्क	आईन-उल-मुल्क मुलतानी

मुगल कालीन साहित्य

(फारसी ग्रंथ, फारसी में अनुवादित ग्रंथ, हिन्दी ग्रंथ)

फारसी ग्रंथ

ग्रंथ का नाम	लेखक
हुमायूँनामा	गुलबदन बेगम
तुजुक-ए-जहांगीरी	जहांगीर (मौतमिद खान ने पूर्ण की)
अकबरनामा, आईन-ए-अकबरी	अबुल फजल
तबकात-ए-अकबरी	निजामुद्दीन अहमद
तजकिरातुल-वाकियात	जौहर
तौफीक-ए-अकबरशाही (तारीख-ए-शेरशाह)	अब्बास खां सरवानी
मुन्तखब-उल-तवारीख	बदायूँनी
तारीख-ए-सलातिन अफगान	अहमद यादगार
तारीख-ए-हुमायूँ	व्याजिद सुल्तान
अकबरनामा	अबुल फजल
इकबालनामा-ए-जहांगीरी	मौतमिद खान

मस्सारे जहांगीर	ख्वाजा कामगार
मक्जम-ए-अफगानी	नियामत उल्लाह
तारीख-ए-फरिश्ता	मुहम्मद
कासिम	फरिश्ता
मासर-ए-रहीनी	मुल्ला नहवन्दी
शाहजहांनामा	इनायत खान
आलम-ए-सलेह	मुहम्मद सलेह
मुन्तखाव-उल-लुबाब	मिर्जा मुहम्मद
आलमगीरनामा	काजिम
नुख्शा-दिलकुशा	मुहम्मद साकी
फुतूहात-ए-आलमगीरी	ईश्वर दास
खुलासा-उल-तवारीख	सुजन राय
सियारूल मुतखरीन	गुलाम हुसैन
तवारीख-ए-मुजफ्फरी	मुहम्मद अली
मजमा-उल-बहरीन	दारा शिकोह
तवारीख-कहर-गुलजार-ए-सुजाई	हरचरन दास
चन्दावत	मुल्ला दाउद
मृगावत	कुतबन
मधुमालती	मंजान
पद्मावत	मलिक मोहम्मद जायसी

फारसी में अनुवादित ग्रंथ

ग्रंथ का नाम	लेखक
महाभारत (संस्कृत)	नकीब खान, बदायूँनी
रामायण	बदायूँनी
अथर्ववेद	बदायूँनी-हाजी इब्राहीम सरहिन्दी ने पूर्ण किया
लीलावती	फैजी
राजतरंगिणी	शाह मुहम्मद सहबादी
कालिया दमन	अबुल फजल
नल-दमयन्ती	फैजी
हरिवंश	मौलाना शेरी

पचास उपनिषद	दाराशिकोह ने अनुवाद किया
तुजुक-ए-बाबरी	बाबर

हिन्दी ग्रंथ

ग्रंथ का नाम	लेखक
रामचरितमानस	तुलसीदास
विनय पत्रिका	,,
सूर सागर	सूरदास
साहित्य लहरी	,,
सूर सारावली	,,
प्रेमवाटिका	रसखान
सुंदर श्रृंगार	सुंदर कविराय
कविता रत्नाकर	सेनापति
कविन्द्र, कल्पतरु	कविन्द्र आचार्य
कवि प्रिया, रसिक प्रिया, अलंकार मंजरी, रामचन्द्रिका	केशवदास

संस्कृत

ग्रंथ का नाम	लेखक
अकबरशाही	पद्यम सुंदर
श्रृंगार दर्पण	,,
भानु चन्द चरित	आचार्य सिद्ध चन्द्र उपाध्याय
रस गंगाधर, गंगालहरी	जगन्नाथ पंडित

नवीनतम साहित्य

ग्रंथ का नाम	लेखक
अंगारों की मौत	शम्भू दयाल सक्सेना
आखिरी आवाज	डॉ. रांगेय राघव
इन्दिरा गाँधी	पुपुल जयकर
इंडिया एंड द नियोकोलोनियल ऑर्डर	बलराज मेहता
इंडिया इनवेंटेड	ए.एन. दास
इंडियन प्लानिंग एट द क्रास रोड्स	भवदोष दत्ता
इंडिया टुवर्ड्स एनार्की	एम.एस. सक्सेना
एवरेस्ट	पीटर गिलमैन

ए फ्रॉग इन माई सूप	हैरी मिलर
ए लीडिंग ऑन द सन	माइकल फ्रेन
एण्ड सम टेक ए लवर	दीना मेहता
एक और मुख्यमंत्री	यादवेन्द्र शर्मा 'चन्द'
एक सिद्धार्थ और	अमृतलाल मदान
एक और हजार दीवाने	स्व. कृष्ण चन्दर
ऑपरेशन ब्लू स्टार : द ट्रू स्टोरी	लेफ्टि. जनरल के.एस. बरार
कब तक पुकारूँ	डॉ. रांगेय राघव
कन्यादान	विजय तेन्दुलकर
किंग्डम्स ऑफ द ईस्ट	कालिन विलोक
काउंट योर ब्लेसिंग्स	के. नटवर सिंह
गोर्बाचोब्स फॉर इकॉनोमिक रिफॉर्म	एण्डर्स अल्सेण्ड
घरौंदे	डॉ. रांगेय राघव
चेतना के स्रोत	डॉ. शंकरदयाल शर्मा
टीयर्स ऑफ ब्लड ए क्राई फॉर तिब्बत	मेरी क्रेग
टेकिन ऑन ट्रस्ट	टैरीवेट
डाउन मेमोरी लेन	मदर टेरेसा
डाइंग एलोन	कृष्ण बलदेव वैद
डार्क डिस्पेचेज	निर्मल
ढाई घर	गिरिराज किशोर
तीन कमरों का मकान	हेतु भारद्वाज
ए वे इन द वर्ल्ड	वी. एस. नायपॉल
दूसरा भूरानाथ	विश्वम्भर नाथ उपाध्याय
द हंट फोर्क	रमेश मेनन
द डेज ऑफ माई ईयर्स	एच.पी. नन्दा
द लास्ट बर्डेन	उपमन्यु चटर्जी
द टेन लोकसभा	डॉ. सुभाष कश्यप
द डिवाइन सरोद	शरणरानी
दाग-दाग उजाला	कुर्तुल हैदर
इ राइट्स ऑफ वूमेन	असगर अली
इन इस्लाम	इंजीनियर
द गेजेज	रघुवीर सिंह
द इंडियन चैलेंज	गिजेला बान
द वे ऑफ इस्लाम	अब्दुल मुगनी

दरिन्दे	हमीदुल्ला
प्रिया नीलकण्ठी	कुबेरनाथ राय
प्रलय वीणा	सुधीन्द्र
भीष्म चरित्र	हरिनारायण दीक्षित
मीरा	परमेश्वर द्विरेफ
मुर्दों का टीला	रांगेय राघव
मेमोरीज ऑफ रेन	सुनेत्र गुप्ता
मदर इंडिया	प्रणव गुप्ते
माई ब्लीडिंग पंजाब	खुशवंत सिंह
मुगल	एलन सेवेज
लज्जा	तसलीमा नसरीन
वेदांत दर्शन	गिरिराज किशोर
विद थ्री प्राइम मिनिस्टर्स नेहरू, इन्दिरा एवं राजीव	टी.एन. शेषन
विग्रहराज विशाल	ओंकारनाथ 'दिनकर'
व्हर्लपूल ऑफ रेडोज	विजय सिंह
सांग्स ऑफ डेसपेपर	दाउद हैदर
संध्या का सूरज	लक्ष्मी मल्ल
सैम पित्रोदा	मयंक छाया
सेक्स	मैडोना
सुंदर विलास	सुंदर दास
सारथी	रामगोपाल शर्मा 'दिनेश'
स्पीकर्स ऑफ लोकसभा	डॉ. सुभाष कश्यप
हवा में अकेले	मणिमधुकर
हजारों घोड़ों पर सवार	यादवेन्द्र शर्मा 'चन्द्र'
हिस्ट्री ऑफ पार्लियामेंट्री डेमोक्रेसी	डॉ. सुभाष कश्यप
हिन्दू व्यू ऑफ क्रिश्चियनिटी एंड इस्लाम	राम स्वरूप
हमारी सांस्कृतिक धरोहर	डॉ. शंकरदयाल शर्मा
हीरोज नेवर डाई	सिगरन श्रीवास्तव
कश्मीर : ए ट्रेजिडी ऑफ एरर्स	तवलीन सिंह
वर्जित आयतें	अबू नूवास
न्यू लाइट ऑन द डेट ऑफ ऋग्वेद	डॉ. एन. आर. वाराड़ फोण्डे
औरत के हक में	तसलीमा नसरीन
पश्चिम एशिया और ऋग्वेद	डॉ. रामविलास शर्मा

राजकपूर : एन इंटीमेट बायोग्राफी	बनीयनी रूबेन
शब्द भारती	जोगेन्द्र सिंह
सहस्त्रफण	पी.वी. नरसिंह राव
लेट कैपिटलिज्म	अर्नेस्ट मण्डेल
डॉटर्स डॉटर	मृणाल पाण्डे
महात्मा गाँधी : 125 ईयर्स	वी. आर. नन्दा
वूमैन एंड मैन इन माई लाइफ	खुशवंत सिंह
डेवलपमेंट एज फ्रीडम	प्रो. अमर्त्य सेन
आमार मेयेबेला	तसलीमा नसरीन
स्पीड पोस्ट	शोभा डे
अनटाइटल्ड	वी. एस. नायपॉल
विश्रामपुर का संत	श्रीलाल शुक्ला
दीवारों में एक खिड़की रहती थी	विनोद कुमार शुक्ल
डू एंड डाई	माणिनी चटर्जी
द ग्राउंड बिनीथ हर फीट	सलमान रुश्दी
ब्रोकेन बेंगल्स	हनीफा दीन
सेक्सुअल लाइफ इन कुमाऊँ हिल्स	त्रिभुवन कपूर
ग्रेटर कॉमन गुड	अरुन्धती रॉय

तथ्य : एक नजर में

पेशे के आधार पर कौटिल्य ने जिन जातियों को उल्लेख किया है, वे जातियाँ हैं-

1. दार्शनिक
2. व्यापारी
3. योद्धा
4. शिकारी
5. पर्यवेक्षक
6. परामर्शदाता

महत्वपूर्ण तिथियां

ईसा पूर्व (बी.सी.)

2500-1500 : सिन्धु घाटी अथवा हड़प्पा सभ्यता।

1500 : सिन्धु सभ्यता का विनाश।

1500-900 : 'ऋग्वेद' की रचना।

1000 : लोहे का ज्ञान उत्तर-वैदिक कालीन सभ्यता आरंभ।

900-500 : 'सामवेद', 'यजर्वुद', 'अथर्ववेद', ब्राह्मणों तथा प्रारंभिक उपनिषदों की रचना।

900 : महाभारत का युद्ध।

776 : प्रथम ओलम्पिक खेलों का यूनान में आयोजन।

599 : वैशाली के समीप कुंड ग्राम में महावीर स्वामी का जन्म।

563 : लुम्बिनी में महात्मा बुद्ध का जन्म।

483 : राजगृह नामक स्थान पर प्रथम बौद्ध संगीति का आयोजन। गौतम बुद्ध को कुशीनगर नामक स्थान पर मोक्ष प्राप्त।

468 : महावीर स्वामी को राजगीर के समीप पावापुरी नामक स्थान पर मोक्ष प्राप्त।

383 : वैशाली में द्वितीय बौद्ध संगीति का आयोजन।

305 : यूनानी राजदूत मेगस्थनीज की भारत यात्रा।

251 : पाटलिपुत्र में तृतीय बौद्ध संगीति का आयोजन।

231 : अशोक महान की मृत्यु।

58 : उज्जैयनी के राजा विक्रमादित्य द्वारा विक्रम संवत् का प्रारंभ।

4 : ईसा मसीह का जन्म।

चित्र 2.3: महान वैज्ञानिक व ज्योतिषविद् आर्यभट्ट

ईसवी सन् (ए. डी.)

33 : ईसा मसीह की मृत्यु।

50 : संत थॉमस का भारत आगमन।

78 : शक संवत् का प्रारंभ।

320 : गुप्त वल्लभी संवत् प्रारंभ।

405-411 : चीनी यात्री फाह्यान की भारत यात्रा।

476 : महान वैज्ञानिक व ज्योतिषविद् आर्यभट्ट का जन्म।

522 : प्रख्यात गणितज्ञ भास्कराचार्य प्रथम का जन्म।

525 : संत ग्वालियर की स्मृति में सूर्यसेन सामंत द्वारा ग्वालियर दुर्ग का निर्माण।

❑❑❑

परिशिष्ट 3

भारत के भौगोलिक संकेतांक

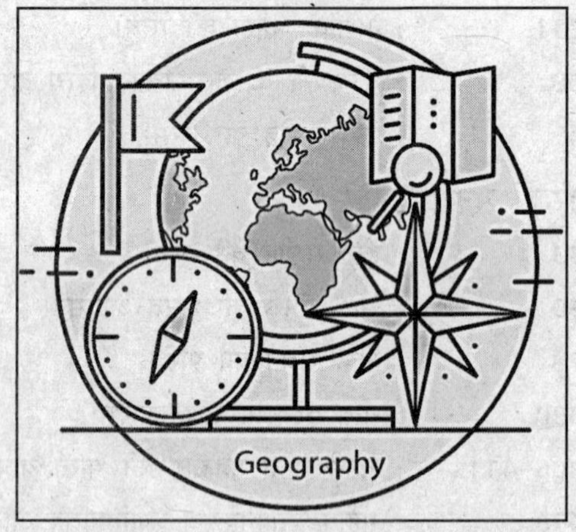

चित्र 3.1: भारत के भौगोलिक संकेतांक का लोगो

ज्योग्राफिकल इंडिकेशन को हिन्दी में 'भोगौलिक संकेतक' कहते हैं, जिसका अर्थ यह है कि किसी वस्तु विशेष का उद्‌गम केवल उसी एक विशेष क्षेत्र में हुआ है। जब किसी उत्पाद् को जी.आई. टैग प्राप्त हो जाता है तो उस उत्पाद के निर्माताओं को संरक्षण प्रदान किया जाता है, जिससे घरेलू व अन्तर्राष्ट्रीय बाजारों में उनके मूल्य निर्धारित करने में सहायता मिलती है। इस संकेत को प्राप्त करने से उत्पाद की गुणवत्ता तथा विशिष्टता को सुनिश्चित किया जाता है। भारत में 'ज्योग्राफिकल इंडिकेशन ऑफ गुड्स एक्ट' वर्ष 1999 में बना और वर्ष 2003 में इसे लागू किया गया। जी.आई. टैग केवल वस्तुओं को प्रदान किया जाता है, सेवाओं को नहीं। भारत में पहला जी.आई. टैग वर्ष 2004 में दार्जिलिंग चाय को दिया गया था। वर्तमान समय में 31 अगस्त, 2020 तक भारत में लगभग 361 उत्पादों को जी.आई. टैग मिला हुआ है। जी.आई. टैग अथवा पहचान के द्वारा वह वस्तु और उत्पाद किसी विशिष्ट क्षेत्र/विशिष्ट स्थान का प्रतिनिधित्व करती है, जैसे-दार्जिलिंग की चाय, तिरुपति का लड्डू, कांगड़ा की पेंटिंग, नागपुर का संतरा, कश्मीर का पश्मीना, कांचीपुरम की सिल्क साड़ी, कोल्हापुर की चप्पल इत्यादि।

भौगोलिक संकेतांक के लाभ

- भौगोलिक संकेतांक से उस क्षेत्र के उत्पाद की राष्ट्रीय और अंतर्राष्ट्रीय पहचान मिलती है।
- उस उत्पाद की डुप्लीकेसी नहीं की जा सकती।
- भौगोलिक संकेतांक से स्थानीय स्तर पर उस उत्पाद से संबंधित लोगों को स्थानीय स्तर पर रोजगार सृजित होता है।
- इस विशेष क्षेत्र के उत्पाद के अनुसंधान और विकास में मद्द मिलती है।
- भौगोलिक संकेतांक के द्वारा इस वस्तु की मांग बाहर के देशों में होती है, यह विदेशी मुद्रा भण्डार में सहायक होता है।

नोट: किसी भी क्षेत्र के लिए जी.आई. टैग 10 वर्षों के लिए दिया जाता है, परन्तु इसकी समाप्ति के उपरान्त इसको नवीनीकृत किया जा सकता है। वर्तमान समय में कुल 34 वर्गों में जी.आई. प्रमाणन दिया जाता है। यदि कोई उत्पाद इसी वर्ग में से किसी एक विषय का हो, तभी उसे मान्यता प्रदान की जाती है। कर्नाटक एक ऐसा राज्य है, जिसके कुल 47 वस्तुओं को सबसे अधिक जी.आई. टैग दिया जा चुका है। हैदराबादी हलीम जी.आई. दर्जा प्राप्त करने वाला एक मात्र भारतीय व्यंजन

है, जबकि उत्तराखण्ड का तेजपत्ता देश का पहला देशज उत्पाद है। केरल के निलाम्बुर सागौन की लकड़ी, जो कि केरल के मलप्पुरम जिले में स्थित है और यह दुनिया का सबसे पुराना सागौन बाग है, इसे भी जी.आई. टैग प्रदान किया गया है।

हाल के वर्षों के प्रमुख संकेतांक

उत्पाद (Product)	राज्य (State)	उत्पाद की विशेषता
डोकरा क्राफ्ट (Dokra Craft) चित्र 3.2: डोकरा क्राफ्ट	आदिलाबाद, तेलंगाना	'आदिलाबाद डोकरा क्राफ्ट' धातु पर की गई काश्तकारी है। इसमें अधिकतर स्थानीय देवता, घंटियाँ, नृत्य करते हुए लोग, आभूषण, छोटी मूर्तियां तथा अन्य साजो-सामान की वस्तुएँ शामिल हैं। इन कलाकृतियों की विदेशों में काफी मांग है। **नोट:** आदिलाबाद जिले के 5 गांवों के 100 से अधिक परिवार इस काम में लगे हैं।
वारंगल की दरियाँ (Warangal Carpet)	वारंगल, तेलंगाना	वारंगल भारत में दरियों की बुनाई के लिए एक विशेष केन्द्र के रूप जाना जाता है। वारंगल की दरियों को इसकी महीन बुनाई के कारण विश्व में विशेष पहचान हासिल है। इस क्षेत्र में बुनी गई दरियां इंग्लैण्ड, जर्मनी जैसे कई यूरोपीय व अफ्रीकी देशों में निर्यात की जाती हैं। **नोट:** वारंगल के लगभग 2,000 लोग बुनकर समुदाय से हैं, जिनका पेशा दरियों की बुनाई करना है।
नीलाम्बुर सागौन (Nilambur Teak)	केरल	नीलाम्बुर सागौन एक अनूठी किस्म की लकड़ी है, जिससे फर्नीचर व अन्य लकड़ी के सामान बनाए जाते हैं।
पलानी पंचामिर्थम (Palani Panchamirtham) चित्र 3.3: पलानी पंचामिर्थम	तमिलनाडु	• तमिलनाडु के डिंडीगुल जिले के पलानी शहर की पलानी पहाड़ियों में अवस्थित अरूल्मिगु धान्दयुथापनी स्वामी मंदिर के पीठासीन देवता भगवान धान्दयुथापनी स्वामी (Lord Dhandayuthapani Swamy) के अभिषेक से संबंद्ध प्रसाद को पलानी पंचामिर्थम कहते हैं। • इस अत्यंत पावन प्रसाद को एक निश्चित अनुपात में पाँच प्राकृतिक पदार्थों, यथा- केले, गुड़, चीनी, गाय के घी, शहद और इलायची को मिश्रित कर बनाया जाता है। • इसे बिना किसी परिरक्षकों या कृत्रिम पदार्थों की मिलावट के प्राकृतिक विधि से तैयार किया जाता है। यह अपने धार्मिक उत्साह और प्रसन्नता हेतु सुविख्यात है। • यह प्रथम बार है, जब तमिलनाडु के एक मंदिर के प्रसाद (प्रसादम) को GI टैग प्रदान किया गया है। • इसे भारत सरकार के एक उपक्रम केन्द्रीय खाद्य प्रौद्योगिकी अनुसंधान संस्थान (Central Food Technological Research Institute: CFTRI), मैसूर द्वारा दिए गए दिशा-निर्देशों के तहत निर्मित किया जाता है।

तवलोहपुआन (Tawlhlohpuan) चित्र 3.4: तवलोहपुआन	मिज़ोरम	• तवलोहपुआन मिज़ोरम का एक भारी, अत्यंत मजबूत एवं उत्कृष्ट वस्त्र है, जो अपने धागे, बुनाई और जटिल डिज़ाइन के लिए विख्यात है। • मिजो भाषा में 'तवलोह' से तात्पर्य दृढ़ रहना और पीछे की ओर कदम न रखना है। • मिज़ो समाज में तवलोहपुआन का विशेष महत्व है और इसे पूरे मिज़ोरम राज्य में तैयार किया जाता है। आइज़ोल और थेनज़ोल शहर इसके उत्पादन के मुख्य केन्द्र हैं।
मिजो-पुआनचेई (Mizo Puanchei)	मिज़ोरम	• यह मिज़ोरम का एक रंगीन मिज़ो शॉल/वस्त्र है। • यह राज्य का एक महत्वपूर्ण विवाह परिधान है। यह मिज़ो उत्सव नृत्यों और आधिकारिक समारोहों में सर्वाधिक प्रयुक्त पोशाक भी है। • बुनकर इस सुंदर और आकर्षक वस्त्र के निर्माण हेतु बुनाई के समय पूरक धागों के प्रयोग द्वारा डिजाइनों एवं रूपांकनों का समावेश करते हैं।
तिरूर (Tirur)	मिज़ोरम	• तिरूर एक पान (betel vine) है, जिसकी कृषि केरल के मलप्पुरम जिले के तिरूर, तनूर, तिरूरंगड़ी, कुट्टिपुरम, मलप्पुरम और बेंगरा ब्लॉक पंचायतों में की जाती है। यह अपने मृदु उत्तेजक स्वाद व औषधीय गुणों (श्वास, दुर्गंध और पाचक विकार नाशक गुण) के कारण मूल्यवान है। • यह अपनी ताजा पत्तियों में कुल क्लोरोफिल और प्रोटीन की विशिष्ट रूप से उच्च मात्रा के कारण भी अद्वितीय है। • इसे सामान्यतया चबाने वाले पान मसालों के निर्माण में भी उपयोग में लाया जाता है। • यूजेनॉल (Eugenol) तिरूर पान की पत्तियों से प्राप्त प्रमुख तेल है, जिसके कारण इसमें तीक्ष्णपन आता है।
डिंडीगुल ताले चित्र 3.5: डिंडीगुल ताले	तमिलनाडु	• डिंडीगुल ताले अपनी उत्कृष्ट गुणवत्ता और टिकाऊपन हेतु विख्यात हैं। • ये ताले लौह धातु एवं पीतल से बनाए जाते हैं तथा पूर्णतया हस्तनिर्मित होते हैं। • प्रत्येक ताले के भिन्न-भिन्न लीवर पैटर्न होने के कारण ये अद्वितीय हैं। • डिंडीगुल शहर (तमिलनाडु) को 'लॉक सिटी' (तालों का शहर) भी कहा जाता है। • अपनी अद्वितीय विशेषताओं के बावजूद डिंडीगुल का ताला उद्योग विगत कुछ वर्षों से अलीगढ़ और राजपलयम् के ताला उद्योगों से कठोर प्रतिस्पर्धा के कारण उत्तरोत्तर ह्रास की स्थिति का सामना कर रहा है।

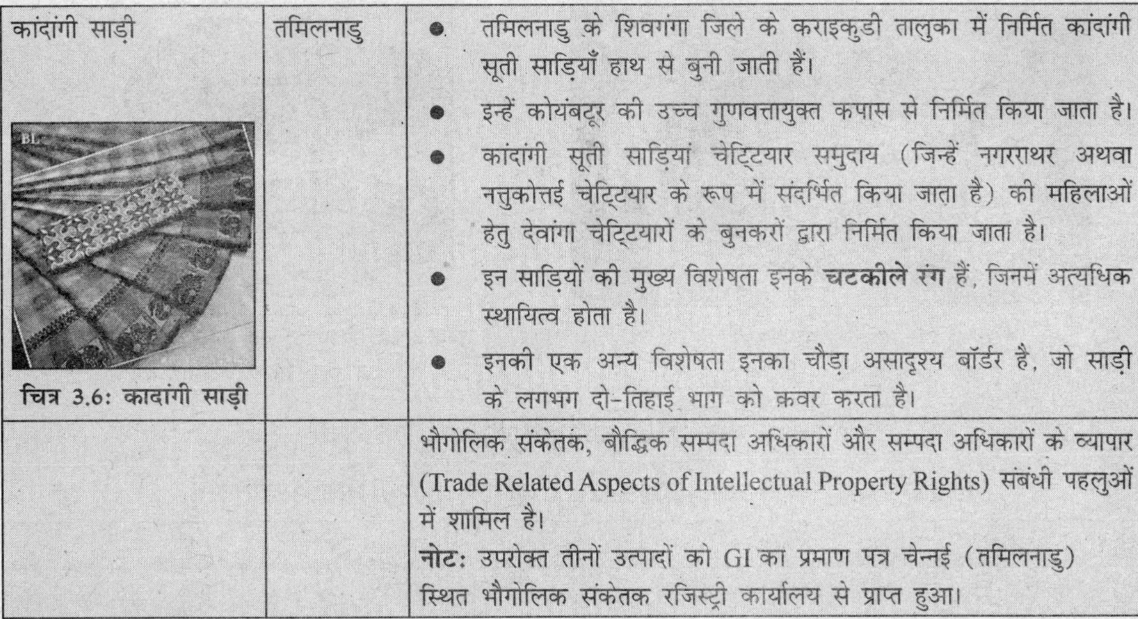

कादांगी साड़ी चित्र 3.6: कादांगी साड़ी	तमिलनाडु	• तमिलनाडु के शिवगंगा जिले के कराइकुडी तालुका में निर्मित कादांगी सूती साड़ियाँ हाथ से बुनी जाती हैं। • इन्हें कोयंबटूर की उच्च गुणवत्तायुक्त कपास से निर्मित किया जाता है। • कादांगी सूती साड़ियां चेट्टियार समुदाय (जिन्हें नगरराथर अथवा नत्तुकोत्तई चेट्टियार के रूप में संदर्भित किया जाता है) की महिलाओं हेतु देवांगा चेट्टियारों के बुनकरों द्वारा निर्मित किया जाता है। • इन साड़ियों की मुख्य विशेषता इनके **चटकीले रंग** हैं, जिनमें अत्यधिक स्थायित्व होता है। • इनकी एक अन्य विशेषता इनका चौड़ा असादृश्य बॉर्डर है, जो साड़ी के लगभग दो-तिहाई भाग को क़वर करता है।
		भौगोलिक संकेतक, बौद्धिक सम्पदा अधिकारों और सम्पदा अधिकारों के व्यापार (Trade Related Aspects of Intellectual Property Rights) संबंधी पहलुओं में शामिल है। **नोट:** उपरोक्त तीनों उत्पादों को GI का प्रमाण पत्र चेन्नई (तमिलनाडु) स्थित भौगोलिक संकेतक रजिस्ट्री कार्यालय से प्राप्त हुआ।

चित्र 3.7: दार्जिलिंग टी (वर्ष 2004 में जी.आई टैग)

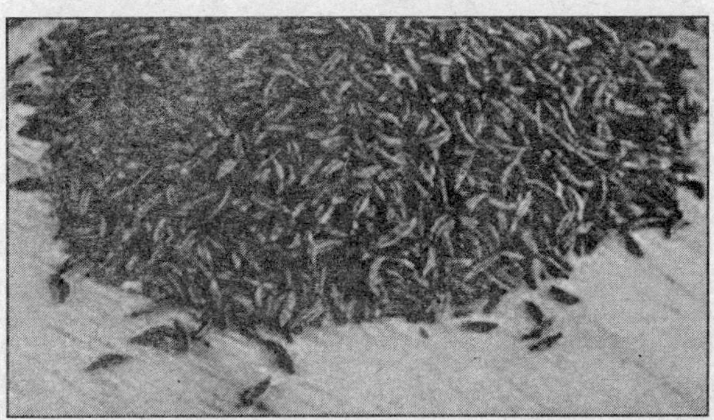

चित्र 3.8: हिमाचल प्रदेश का काला जीरा (वर्ष 2019 में जी.आई टैग)

चित्र 3.9: मुजफ्फरपुर (बिहार) की शाही लीची (वर्ष 2018 में जी.आई टैग)

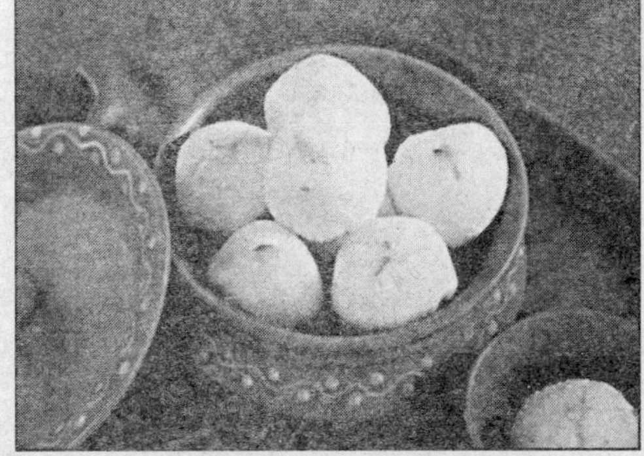

चित्र 3.10: पश्चिम बंगाल का 'रसगुल्ला' (वर्ष 2017 में जी.आई टैग)

चित्र 3.11: कश्मीर का 'केसर'
(वर्ष 2020 में जी.आई टैग)

चित्र 3.12: महाराष्ट्र की कोल्हापुरी चप्पल
(वर्ष 2019 में मिला जी.आई टैग)

भारत में हाल ही में पंजीकृत जी.आई. की सूची

[2017-18, 2018-19, 2019-20 (जुलाई, 2019 तक अद्यतित)]

श्रेणी	जी.आई. दर्जा प्राप्त	संबंधित स्थान	वर्ष
कृषि (हल्दी)	कंध माल हल्दी	ओडिशा	2019-20
	सांगली हल्दी	महाराष्ट्र	2018-19
	इरोड हल्दी	तमिलनाडु	2018-19
कृषि (चावल)	जीराफूल चावल	छत्तीसगढ़	2018-19
	बोका चावल	असम	2018-19
	कतरनी चावल	बिहार	2017-18
	तुलापांजी चावल	पश्चिम बंगाल	2017-18
	गोविंद चावल	पश्चिम बंगाल	2017-18
कृषि (कॉफी)	कुर्ग अरेबिका कॉफी	कर्नाटक	2018-19
	वायनाड रोबस्टा कॉफी	केरल	2018-19
	चिकमगलूर अरेबिका कॉफी	कर्नाटक	2018-19
	अराकू वैली अरेबिका कॉफी	आंध्र प्रदेश और ओडिशा	2018-19
	बाबाबूदानगिरि अरेबिका कॉफी	कर्नाटक	2018-19
कृषि (फल)	बिहार की शाही लीची	बिहार	2018-19
	अल्फांसो आम	महाराष्ट्र	2018-19
	भागलपुरी जरदालु आम	बिहार	2017-18
	बानगानापल्ले आम	तेलंगाना और आंध्र प्रदेश	2017-18
कृषि (अन्य)	हिमाचली काला जीरा	हिमाचल प्रदेश	2018-19
	मरयूर गुड़	केरल	2018-19
	सिरसी सुपारी	कर्नाटक	2018-19
	नीलाम्बुर सागौन	केरल	2017-18
	मगही पान	बिहार	2017-18

खाद्य सामग्री	झाबुआ कड़कनाथ काला चिकन का मांस	मध्य प्रदेश	2018-19
	सिलाओ खाजा (मीठा पकवान)	बिहार	2018-19
	बांग्लार रसोगोला (मीठा पकवान)	पश्चिम बंगाल	2017-18
हस्तशिल्प (साड़ी)	थिरूवुबनम सिल्क साड़ी	तमिलनाडु	2018-19
	राजकोट पटोला	गुजरात	2018-19
	पोचमपल्ली इकत	तेलंगाना	2017-18
हस्तशिल्प (मुखौटा)	पुरूलिया छऊ मास्क	पश्चिम बंगाल	2017-18
	कुशमंडी का लकड़ी का मुखौटा	पश्चिम बंगाल	2017.18
हस्तशिल्प (पत्थर)	वाराणसी सॉफ्ट स्टोन जाली का काम	उत्तर प्रदेश	2017-18
	अल्लागुड्डा स्टोन नक्काशी	आंध्र प्रदेश	2017-18
	महाबलिपुरम स्टोन मूर्तिकला	तमिलनाडु	2017-18
	दुर्गी स्टोन की नक्काशी	आंध्र प्रदेश	2017-18
हस्तशिल्प (अन्य)	आदिलाबाद डोकरा	तेलंगाना	2017-18
	पोखरण बर्तन	राजस्थान	2017-18
	बाँकुड़ा, पंचमुरा टेराकोटा शिल्प	पश्चिम बंगाल	2017-18
	चक्षेसांग शाल	नागालैंड	2017-18
	कोल्हापुरी चप्पल	कर्नाटक और महाराष्ट्र	2018-19
	पेठपुर प्रिंटिंग ब्लॉक	गुजरात	2017-18
	बंगाल डोकरा	पश्चिम बंगाल	2017-18
	बंगाल पट्टचित्र	पश्चिम बंगाल	2017-18
	मादुर काठी	पश्चिम बंगाल	2017-18
	वारंगल दरी	तेलंगाना	2017-18
	गाजीपुर वॉल-हैंगिंग	उत्तर प्रदेश	2017-18
	इतिकोपक्का खिलौने	आंध्र प्रदेश	

मुख्य खाद्य पदार्थ जो जी.आई. के रूप में अब तक पंजीकृत हैं

क्र.सं.	जी.आई. दर्जा प्राप्त	संबंधित स्थान	वर्ष
1.	ओडिशा रसगुल्ला	ओडिशा	2019-20
2.	खिजुरिया की मिठाई	राजस्थान	2019-20
3.	झाबुआ कड़कनाथ काला चिकन मांस	मध्य प्रदेश	2018-19
4.	सिलाओ खाजा (मीठा पकवान)	बिहार	2018-19
5.	बांग्लार रसोगोला (मीठा पकवान)	पश्चिम बंगाल	2017-18
6.	बर्धमान सीताभोग (मीठा पकवान)	पश्चिम बंगाल	2016-17
7.	बर्धमान मिहिदाना (मीठा पकवान)	पश्चिम बंगाल	2016-17
8.	बंदर लड्डू (मीठा पकवान)	आंध्र प्रदेश	2016-17
9.	रतलामी सेव (नमकीन)	मध्य प्रदेश	2014-15

10.	जयनगर मोआ (मीठा पकवान)	पश्चिम बंगाल	2014-15
11.	हैदराबादी हलीम (व्यंजन)	तेलंगाना	2010-11
12.	बीकानेरी भुजिया (नमकीन)	राजस्थान	2010-11
13.	तिरुपति लड्डू (मीठा पकवान)	आंध्र प्रदेश	2009-10
14.	धारवाड़ पेड़ा (मीठा पकवान)	कर्नाटक	2008-09

हाल के वर्षों में चावल की विभिन्न किस्मों को प्राप्त भौगोलिक संकेतांक

1. जीराफूल चावल (छत्तीसगढ़) और बोका चंद (असम) को जी.आई. का दर्जा मिला।
2. कतरनी चावल (बिहार)।
3. तुलापांजी चावल और गोविंदभोग चावल (पश्चिम बंगाल)।
4. काला नमक चावल : उत्तर प्रदेश।
5. बासमती चावल : पंजाब, हरियाणा, हिमाचल प्रदेश, उत्तराखण्ड, उत्तर प्रदेश तथा जम्मू और कश्मीर के कुछ हिस्से।
6. अम्बेमोहर चावल : महाराष्ट्र
7. पलक्कड मट्टा चावल, नवरा चावल, पोक्कली चावल, वायनाड जीरकासला चावल, वायनाड गन्धकशाला चावल, केरल का कईपद चावल।

चित्र 3.13: बासमती चावल (पंजाब)

चित्र 3.14: पलकड मट्टा चावल (केरल)

❑❑❑

परिशिष्ट 4

भारतीय कला एवं संस्कृति : समसामयिकी

भारत की नवीन संसद "सेंट्रल विस्टा"

चित्र 4.1: भारत की नवीन संसद 'सेंट्रल विस्टा'

सेंट्रल विस्टा राजपथ के दोनों तरफ के इलाके को कहते हैं, जहाँ राष्ट्रपति भवन से इंडिया गेट के करीब प्रिंसेस पार्क का इलाका आता है। सेंट्रल विस्टा के तहत राष्ट्रपति भवन, संसद, नॉर्थ ब्लॉक, साउथ ब्लॉक, उपराष्ट्रपति का घर आता है। इसके अलावा नेशनल म्यूजियम, नेशनल आर्काइव्ज, इंदिरा गांधी नेशनल सेंटर फॉर आर्ट्स (IGNCA), उद्योग भवन, बीकानेर हाउस, हैदराबाद हाउस, निर्माण भवन और जवाहर भवन भी सेंट्रल विस्टा का ही हिस्सा है। सेंट्रल विस्टा रिडेवलपमेंट प्रोजेक्ट केन्द्र सरकार के इस पूरे इलाके को रेनोवेट करने की योजना को कहा जाता है। सरकार का प्लान तो संसद के अलावा इसके पास की सरकारी इमारतों को भी नए सिरे बनाने का था। इन सभी भवनों का दिल्ली का सेंट्रल विस्टा कहा जाता है। सरकार का प्लान तो संसद के अलावा इसके पास की सरकारी इमारतों को भी नए सिरे बनाने का था। इन सभी भवनों का दिल्ली का सेंट्रल विस्टा कहा जाता है। इंडिया गेट से राष्ट्रपति भवन की ओर करीब 3 किलोमीटर का ये सीधा रास्ता और इसके दायरे में आने वाली इमारतें जैसे कृषि भवन, निर्माण भवन से लेकर संसद भवन, नॉर्थ ब्लॉक, साउथ ब्लॉक, रायसीना हिल्स पर मौजूद राष्ट्रपति भवन तक का पूरा इलाका सेंट्रल विस्टा कहलाता है।

नए संसद भवन में लोकसभा का आकार मौजूदा से तीन गुना ज्यादा होगा राज्यसभा का भी आकार बढ़ेगा। कुल 64,500 वर्गमीटर क्षेत्र में नए संसद भवन का निर्माण टाटा प्रोजेक्ट्स लिमिटेड की ओर से कराया जाएगा। नए संसद भवन का डिजाइन एचसीपी डिजाइन प्लानिंग एंड मैनेजमेंट प्राइवेट लिमिटड ने तैयार किया है। शहरी कार्य मंत्रालय के अधिकारियों के मुताबिक, नया संसद भवन वर्ष 2022 में आजादी की 75वीं वर्षगांठ के अवसर पर नए भारत की आवश्यकताओं तथा आकांक्षाओं के अनुरूप होगा।

इंडिया गेट से राष्ट्रपति भवन तक राजपथ के दोनों तरफ के इलाके को सेंट्रल विस्टा कहते हैं, इस पूरे इलाके की लंबाई तीन किलोमीटर के करीब है। राष्ट्रपति भवन, नॉर्थ ब्लॉक और साउथ ब्लॉक, संसद भवन, रेल भवन, कृषि भवन, निर्माण भवन, रक्षा भवन के अलावा नेशनल म्यूजियम, नेशनल आर्काइव, इंदिरा गांधी नेशनल सेंटर फॉर आर्ट्स (IGNCA), उद्योग भवन, बीकानेर हाउस, हैदराबाद हाउस और जवाहर भवन सेंट्रल विस्टा का हिस्सा हैं, इनमें से ज्यादातर इमारतें 1931 से पहले की बनी हैं।

सेंट्रल विस्टा रिडेवलपमेंट प्रोजेक्ट केन्द्र सरकार के इस पूरे इलाके को रेनोवेट करने की योजना का नाम है। दिल्ली के मास्टर प्लान 1962 में इस जगह के लिए कहा गया था।

सेंट्रल विस्टा रिडेवलपमेंट प्रोजेक्ट के तहत मौजूदा संसद भवन के बगल में नया संसद भवन बनेगा, इसके अलावा सांसदों के लिए अलग से ऑफिस बनेंगे, सेंट्रल विस्टा सेक्रेटरिएट, सेक्रेटरिएट एनेक्सचर और सपोर्ट फैसिलिटी, सेंट्रल कॉन्फ्रेंस सेंटर, प्रधानमंत्री ऑफिस, प्रधानमंत्री हाउस के अलावा कई म्यूजियम बनेंगे।

नई इमारत 64,500 स्क्वायर मीटर में फैली होगी। इस पर कुल 971 करोड़ का खर्च आएगा, नए संसद भवन को 2022 तक बनाकर तैयार करने का लक्ष्य है। मौजूदा लोकसभा में 590 लोगों के बैठने की जगह है। वहीं नई लोकसभा में 888 सीटें होंगी। विजिटर्स गैलरी में भी 336 लोग बैठ पाएंगे, नई राज्यसभा में 384 सीटें होंगी और विजिटर्स गैलेरी में 336 लोगा बैठ सकेंगें फिलहाल राज्यसभा में 280 लोगों के बैठने की जगह है।

केन्द्रीय सचिवालय

वास्तुकार और शहरी योजनाकार बिमल पटेल को सेंट्रल विस्टा के पुर्नविकास का जिम्मा सौंपा गया है। इंडिया टुडे से बातचीत में उन्होंने कहा था कि केन्द्रीय सचिवालय के निर्माण का इरादा बेहतर कार्यालयी बुनियादी ढांचे का निर्माण करना है, जो सरकारी काम को अधिक कुशल और उत्पादक बनाना है। उनका कहना है कि अगर आप किसी संगठन को अधिक प्रोडक्टिव बनाना चाहते हैं तो आपको कर्मचारियों के बीच सहयोग को बढ़ावा देना होगा।

केन्द्रीय सचिवालय

गुजरात में पूरी सरकार एक ही कॉम्पलैक्स में बैठती है, उसी की तर्ज पर यहां सेंट्रल सेक्रेटरिएट का काम हो रहा है। बिमल पटेल का मानना है कि वर्तमान में यहां कई ऑफिसेस हैं, लेकिन उनकी कंस्ट्रक्शन क्वालिटी ठीक नहीं है। सर्विस इंटिग्रेशन ठीक नहीं है। जगह का सही इस्तेमाल नहीं किया गया है। अंदर का इंफ्रास्ट्रक्चर 21वीं सदी के हिसाब से नहीं है। इसलिए नए केन्द्रीय सचिवालय की जरूरत है।

चार प्लॉट पर दोनों और 10 ऑफिस बनेंगे, इसके बनने के बाद भारत सरकार के सभी मंत्रालयों के ऑफिस एक जगह पर आ जाएंगे, मेट्रो के जरिए एक जगह से मुड़गांव, फरीदाबाद और नोएडा कनेक्ट हो जाएंगे। ऐसी योजना है कि मेट्रो से निकलने के बाद शटल (बस) में बैठकर सुरंग के अंदर से ही कर्मचारी इस बिल्डिंग तक पहुंच जाएंगे, ऐसी सुविधा दुबई और सिंगापुर के एयरपोर्ट में है।

अयोध्या के राम मंदिर की नागर वास्तुकला

अयोध्या में राम जन्मभूमि पर भव्य मंदिर का निर्माण मंदिर वास्तुकला की नागर शैली के अनुसार किया जाएगा।

मंदिर वास्तुकला की नागर शैली

- मंदिर वास्तुकला की नागर शैली उत्तर भारत में पाई जाती है।
- नागर शैली में मंदिरों का निर्माण मुख्यत: ऊँची वेदी (मंच/चबूतरा) पर किया जाता है, जिसे जगती (Jagati) कहा जाता है। इन मंदिरों में गर्भगृह के सामने मंडपों का निर्माण किया जाता है।
- गर्भगृह तथा मंडपों के उपर शिखर स्थापित किए जाते हैं। गर्भगृह के उपर का शिखर सबसे ऊँचा होता है।
- नागर शैली में आमतौर पर विस्तृत चाहरदीवारी अथवा प्रवेश द्वार नहीं होते हैं।
- गर्भगृह के चारों ओर एक रिक्त स्थान होता है, जो प्रदक्षिणा पथ कहलाता है, जो प्राय: ढका हुआ होता है।

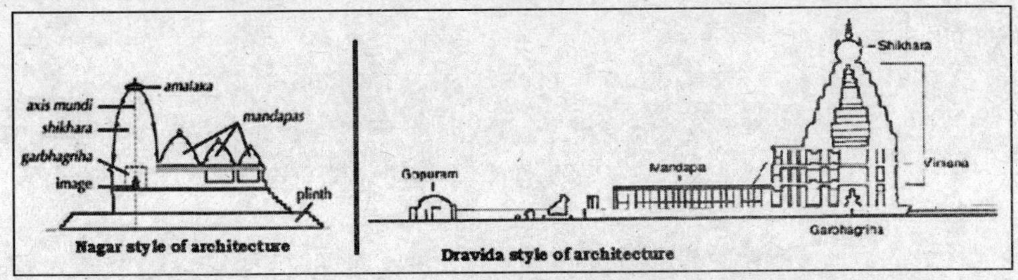

चित्र 4.2: राम मंदिर की संरचना

हिंदू मंदिर के मूल रूप में निम्नलिखित वास्तु रचनाएँ सम्मिलित होती हैं:

1. **गर्भगृह :** यह मंदिर का वह छोटा कक्ष होता है, जिसमें मंदिर के मुख्य देवी/देवता निवास करते हैं।
2. **मंडप :** मंदिर के प्रवेश द्वार के समीप एक हालनुमा कक्ष होता है, जिसे प्राय: बड़ी संख्या में श्रद्धालुओं द्वारा विभिन्न कार्य करने हेतु बनाया जाता है।
3. **शिखर :** यह पर्वत की चोटी के समान रचना होती है, जिसे प्राय: गर्भगृह के ऊपर स्थापित किया जाता है। यह आकार में पिरामिड की आकृति से लेकर वक्राकार तक विभिन्न प्रकार के हो सकते हैं।

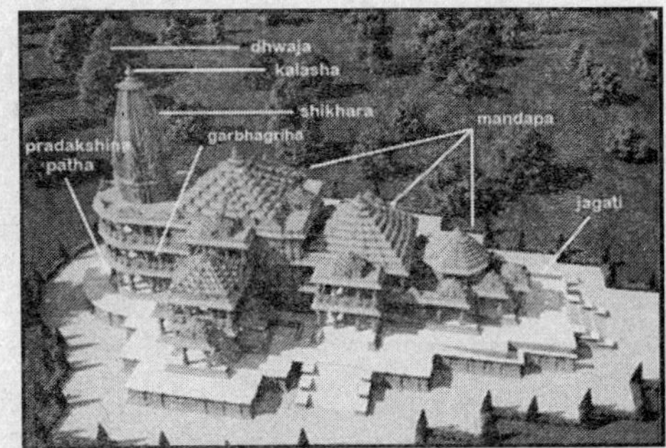

चित्र 4.3: अयोध्या के राम मंदिर की नागर वास्तुकला

4. **वाहन :** यह मुख्य देवता का वाहन होता है, जिसे सामान्यत: गर्भगृह की सीध में स्थापित किया जाता है।

नागर शैली की उप-शैली

नागर शैली को विभिन्न क्षेत्रों के आधार पर ओडिशा, सोलंकी आदि प्रकार की उप शैलियों में विभाजित किया गया है।

प्रीलिम्स लिंक

1. नागर शैली की स्थापत्य कला में गर्भगृह कहाँ स्थित होता है?
2. नागर तथा द्रविड़ शैली की वास्तुकला के मध्य प्रमुख अंतर।
3. नागर शैली में चारदीवारी तथा प्रवेश द्वारा।
4. नागरा शैली के मंदिरों के उदाहरण।
5. द्रविड़ शैली के मंदिरों के उदाहरण।
6. वास्तुकला की बेसर शैली क्या है?

मेंस लिंक

प्राचीन भारतीय मंदिर वास्तुकला सदियों में साधारण रॉक-कट गुफा मंदिरों से व्यापक रूप से आलंकृत मंदिरों तक विकसित हुई है। चर्चा कीजिए।

श्री राम जन्म भूमि तीर्थ क्षेत्र ट्रस्ट

ट्रस्ट का गठन	:	9 नवम्बर, 2019 को सुप्रीम कोर्ट ने **राम जन्म भूमि - बाबरी मस्जिद विवाद** मामले पर निर्णय देते हुए केन्द्र सरकार को **15 सदस्य** वाली एक ट्रस्ट बनाने का आदेश दिया है।

ट्रस्ट में शामिल सदस्य	:	कुल 15 (जिसमें एक ट्रस्टी अनिवार्य रूप से **दलित जाति** से होगा तथा **निर्मोही अखाड़ा** से एक सदस्य की अनिवार्यता होगी)। ● **चेयरमैन** : महन्त नितृत्य गोपाल दास (Mahant Nritya Gopal Das, Chairman) ● **ट्रेजरर** : स्वामी गोविन्द देव गिरिजी महाराज (Swami Govind Dev Giriji Maharaj) ● **सैक्रेटरी** : श्री चम्पत राय (Shri Champat Rai) **नोट** : कामेश्वर चौपाल दलित जाति से हैं।
ट्रस्ट के प्रमुख कार्य	:	● ट्रस्ट को राम मंदिर निर्माण और उसके रखरखाव के लिये धन जुटाने की पूरी छूट होगी तथा इस ट्रस्ट के गठन के बाद सरकार की भूमिका समाप्त हो जाएगी। ● ट्रस्ट को अपने क्रियाकलापों एवं उद्देश्यों में परिवर्तन संबंधी लगभग सभी अधिकार प्राप्त हैं, परन्तु ट्रस्ट की मौजूदा संरचना में बदलाव का अधिकार नहीं होगा। ● ट्रस्ट को वित्तीय स्वायत्तता (Financial Freedom) दी गई है, परन्तु ट्रस्ट को अचल संपत्ति (Immovable Asset) बेचने का अधिकार नहीं होगा।
अन्य महत्वपूर्ण तथ्य	:	● 5 अगस्त, 2020 को प्रधानमंत्री मोदी ने अभिजित मुहूर्त में मंदिर निर्माण के भूमि पूजन करने के साथ ही आधारशिला रखी। ● सुप्रीम कोर्ट ने मंदिर निर्माण के लिए लगभग 67 एकड़ भूमि ट्रस्ट को हस्तांतरित की साथ ही सुन्नी वक्फ बोर्ड को अयोध्या में किसी भी स्थान पर 5 एकड़ भूमि अधिग्रहित करने का आदेश दिया।

कला और संस्कृति के क्षेत्र में सरकारी पहलें

डिजिटल भारत डिजिटल संस्कृति	:	हाल ही में, केन्द्रीय संस्कृति एवं पर्यटन राज्य मंत्री (स्वतंत्र प्रभार) ने भारत को एक नए डिजिटल पर ले जाने एवं भारतीय संस्कृति को बढ़ावा देने के उद्देश्य से सांस्कृतिक स्रोत एवं प्रशिक्षण केन्द्र (Centre for cultural resources and training : CCRT) के ई-पोर्टल 'डिजिटल भारत : डिजिटल संस्कृति' तथा 'CCRT यूटयूब चैनल' का शुभारम्भ किया। इस पहल के लिए, सभी CCRT क्षेत्रीय केन्द्रों को निर्बाध रूप से संयोजित करने हेतु CCRT ने रूट्स 2 रूट्स (एक गैर-सरकारी संगठन) के साथ समझौता किया है।
भारतीय संस्कृति पोर्टल (Indian culture Portal)	:	● हाल ही में संस्कृति मंत्रालय (MoC) ने भारतीय संस्कृति वेब पोर्टल का शुभारंभ किया। ● यह सरकार द्वारा अधिकृत प्रथम पोर्टल है, जहाँ MoC के विभिन्न संगठनों से संबंधित ज्ञान और सांस्कृतिक संसाधन अब एक ही मंच पर सार्वजनिक डोमेन में उपलब्ध हो सकेंगे। ● इसे भारतीय प्रौद्योगिकी संस्था (IIT), या मुम्बई के एक दल द्वारा विकसित किया गया है, जबकि इसके लिए डेटा के चयन, संग्रहण ओर परीक्षण का कार्य इंदिरा गांधी राष्ट्रीय मुक्त विश्वविद्यालय (IGNOU) द्वारा किया जाएगा। ● यह परियोजना प्रधानमंत्री की 'डिजिटल इंडिया' पहल का एक भाग हे, जो देश और विदेश में भारत की समृद्धि मूर्त एवं अमूर्त सांस्कृतिक विरासत के बारे में जानकारी प्रदर्शित करेगी।

		• इस पोर्टल पर उपलब्ध सामग्री में मुख्य रूप से दुर्लभ पुस्तकें, ई-पुस्तकें, पांडुलिपियाँ, संग्रहालय की कलाकृतियाँ, आभासी दीर्घाएँ, अभिलेखागार, चित्र अभिलेखागार, गजेटियर, भारतीय राष्ट्रीय ग्रंथ सूची, वीडियो, चित्र, व्यंजन, यूनेस्कों के विश्व विरासत स्थल, भारत के संगीत उपकरण इत्यादि शामिल होंगे। • इस पोर्टल पर सामग्री वर्तमान में अंग्रेजी और हिंदी भाषा में उपलब्ध हैं। भविष्य में यह पोर्टल अन्य क्षेत्रीय भाषाओं में भी जानकारी उपलब्ध कराएगा।
क्षेत्रीय सांस्कृतिक केन्द्र (Zonal Cultural Centres)	:	• संस्कृति मंत्रालय ने देश भर में सात क्षेत्रीय सांस्कृतिक केन्द्र (ZCC) स्थापित किए हैं, जिनका मुख्यालय पटियाला, उदयपुर, इलाहाबाद, कोलकाता, दीमापुर, नागपुर ओर तंजावुर में स्थित है। • इन केन्द्रों का मुख्य उद्देश्य देश की पारंपरिक कलाओं का विकास, संरक्षण, संवर्धन और प्रसार करना है।
एक भारत : श्रेष्ठ भारत (EBSB)	:	• खेल विभाग ने खेल के माध्यम से राष्ट्रीय एकीकरण की भावना को बढ़ावा देने के प्रयोजनार्थ देश के विभिन्न हिस्सों में EBSB के तहत कार्यक्रम आयोजित किए। • EBSB का उद्देश्य भारत के विभिन्न राज्यों ओर संघ शासित प्रदेशों में विविध संस्कृतियों के लोगों के मध्य परस्पर संवाद को बढ़ावा देना है, जिसका लक्ष्य उनके मध्य अधिक से अधिक पारस्परिक समझ को प्रोत्साहित करना है।
स्वच्छ 'आइकॉनिक स्थान' (Swachh Iconic Places:SIP)	:	• यह 'स्वच्छ भारत मिशन' के अंतर्गत एक विशेष स्वच्छता पहल है। • इसे शहरी विकास मंत्रालय, संस्कृति मंत्रालय, पर्यटन मंत्रालय तथा संबंधित राजय सरकारों के साथ मिलकर पेयजल और स्वच्छता मंत्रालय द्वारा समन्वित किया जा रहा है।
पर्यटन पर्व 2019 (Paryatan Parv-2019)	:	पर्यटन मंत्रालय द्वारा 'पर्यटन पर्व 2019' का आयोजन अक्टूबर माह में देश भर में किया गया था। इस पर्यटन पर्व का प्रयोजन भारतवासियों को देश के विभिन्न पर्यटक स्थलों की यात्रा करने हेतु प्रोत्साहित करने के एक उद्देश्य के साथ 'देखो अपना देश' संदेश का प्रचार करना है। 'पर्यटन पर्व 2019' महात्मा गांधी की 150वीं जयंती को समर्पित है। इस पर्व का आयोजन पर्यटन के लाभों पर ध्यान केन्द्रित करने, देश की सांस्कृतिक विविधता को प्रदर्शित करने ओर 'सभी के लिए पर्यटन' के सिद्धांत को सुदृढ़ करने के उद्देश्य से किया जा रहा है। पर्यटन पर्व के निम्नलिखित तीन प्रमुख घटक हैं: • **देखो अपना देश** : इसका उद्देश्य भारतीयों को देश का भ्रमण करने हेतु प्रोत्साहित करना है। • **सभी के लिए पर्यटन** : देश के सभी राज्यों में स्थित विभिन्न महत्वपूर्ण स्थलों पर पर्यटन संबंधी आयोजन किए जा रहे हैं। • **पर्यटन एवं शासन** : पर्यटन पर्व से सम्बद्ध गतिविधियों के तहत देश भर में विभिन्न विषयों (थीम) पर कामेश्वर चौपाल दलित जाति से हैं।

भारत पर्व, 2020	:	• 'भारत पर्व' को वर्ष 2016 से गणतंत्र दिवस समारोह के एक भाग के रूप में मनाया जाता रहा है। • इसका उद्देश्य भारतीयों को भारत के विभिन्न पर्यटन स्थानों की यात्रा करने और 'देखो अपना देश' की भावना को प्रोत्साहित करना है। • 'भारत पर्व 2020' कह केन्द्रीय थीम है: 'एक भारत : श्रेष्ठ भारत' और महात्मा गांधी की 150वीं जयंती का आयोजन। • इसे पर्यटन मंत्रालय द्वारा अन्य केन्द्रीय मंत्रालयों के सहयोग से आयोजित किया जाता है।

कूर्ग का कोडावास समुदाय (Kodavas Community of Coorg)

- केन्द्र सरकार ने कोडावास समुदाय को बिना लाइसेंस पिस्तौल, रिवॉल्वर और डबल बैरल शॉटगन जैसे आग्नेयास्त्रों को रखने संबंधी ब्रिटिश काल से प्रदान की जा रही छूट को जारी रखने का निर्णय किया है। वर्तमान छूट को 10 वर्षों की अवधि के लिए अर्थात् वर्ष 2029 तक विस्तारित किया गया है।
- कोडावास समुदाय के बारे में-
  - कोडावास (कोगडू के रूप में भी जाने जाते हैं) में कूर्ग क्षेत्र का एक प्रसिद्ध योद्धा समुदाय है।
  - ये 'कालीपोढ़' उत्सव पर शस्त्रों की पूजा करते हैं तथा यह देश का एकमात्र समुदाय है, जिसे बिना लाइसेंस शस्त्र रखने की अनुमति प्रदान की गई है।
  - ये देश के रक्षा क्षेत्र में अपने उत्कृष्ट योगदान के लिए भी जाने जाते हैं और इसलिए कूर्ग को 'सेनाध्यक्षों की भूमि' भी कहा जाता है।
  - इस समुदाय की विशिष्ट विशेषता यह भी है कि यहाँ महिलाओं को उच्च दर्जा प्राप्त है, जैसे-बाल विवाह की अनुपस्थिति, दहेज प्रथा पर प्रतिबंध तथा विधवा पुनर्विवाह का प्रचलन।
  - कोडावास समुदाय द्वारा मनाए जाने वाले अन्य महत्वपूर्ण त्यौहार हैं- 'पुत्तरि' (धान के फसल की पहली कटाई के दौरान मनाया जाने वाला) और 'कावेरी संक्रमण'।

पशमीना उत्पादों को BIS प्रमाणन की प्राप्ति (Pashmina Products receive BIS Certification)

हाल ही में, भारतीय मानक ब्यूरो (Bureau of Indian Standards: BIS) ने पशमीना उत्पादों की शुद्धता को प्रमाणित करने हेतु इसकी पहचान, अंकन और लेबलिंग के लिए एक भारतीय मानक प्रकाशित किया है।

अन्य संबंधित तथ्य

- चांगथांगी या पशमीना बकरी लद्दाख के अत्यधिक ऊंचाई वाले क्षेत्रों में पाई जाने वाली देशज बकरी की एक विशेष नस्ल है।
- इन्हें अत्युत्तम कश्मीरी ऊन (बालों की एक मोटी परत होती है, इससे बकरी को ऊष्मा बनाए रखने में सहायता प्राप्त होती है) के लिए संग्रहीत किया जाता है, जिन्हें बुनाई के उपरांत 'पशमीना' के नाम से जाना जाता है।
- इन वस्त्रों को हाथ से तैयार (handspun) किया जाता है।
- यायावर पशमीना चरवाहे (जिन्हें 'चांगपा' कहा जाता है) चांगथांग के प्रतिकूल और दुर्गम क्षेत्रों में निवास करते हैं तथा ये अपनी आजीविका के लिए पूर्णतः पशमीना पर निर्भर हैं।
- भारतीय मानक ब्यूरो (BIS) के बारे में

- BIS भारत का राष्ट्रीय मानक निकाय है, जिसकी स्थापना BIS अधिनियम, 2016 के अंतर्गत की गई थी। BIS की स्थापना वस्तुओं के मानकीकरण, मुहरांकन और गुणवत्ता प्रमाणन गतिविधियों के सुमेलित विकास तथा उनसे संबंधित या उनसे प्रसंगवश संबद्ध मामलों हेतु की गई है।
- BIS मानकीकरण, प्रमाणन और परीक्षण द्वारा राष्ट्रीय अर्थव्यवस्था को प्रत्यक्ष एवं अप्रत्यक्ष रूप से कई तरीकों से लाभ पहुंचा रहा है, यथा–
  - ❖ सुरक्षित, विश्वसनीय एवं गुणवत्तायुक्त उतपाद प्रदान करता है।
  - ❖ उपभोक्ताओं के स्वास्थ्य जोखिम को न्यून करता है।
  - ❖ निर्यात एवं आयात विकल्पों को प्रोत्साहित करता है और
  - ❖ किस्मों के प्रसार को नियंत्रित करता है।
- इसे पूर्व में 'भारतीय मानक संस्थान' (ISI) के नाम से जाना जाता था।
- यह उपभोक्ता मामले, खाद्य और सार्वजनिक वितरण मंत्रालय के अधीन कार्यरत है।

सुखियों में रही जनजातियाँ (Tribes in News)

ब्रू जनजाति	:	नृजातीय हिंसा के कारण ब्रू जनजातियों ने वर्ष 1997 में अपने मूल निवास स्थान मिज़ोरम से त्रिपुरा में प्रवास किया था। मिज़ोरम से विस्थापित हजारों ब्रू जनजाति त्रिपुरा में शरणार्थी शिविरों में निवास कर रहे हैं।
		ब्रू जनजाति, जिसे 'रियांग' भी कहा जाता है, त्रिपुरा, असम, मणिपुर और मिज़ोरम राज्यों में विस्तृत हैं।
राभा और गारो जनजाति	:	राभा जनजाति असम के मैदानी जिलों में निवास करने वाली नौ अनुसूचित जनजातियों में से एक है।
		गारो जनजाति, मेघालय की गारो पहाड़ियों में निवास करने वाली मातृसत्तात्मक समाजों में से एक है।
जुआंग जनजाति	:	यह एक विशेष रूप से कमजोर जनजातीय समूह (PVTG) है, जो मुख्य रूप से ओडिशा के क्योंझर जिले के गोंसिका पहाड़ियों में निवास करता है। उनके प्रमुख व्यवसायों में शामिल हैं: स्थानांतरित कृषि, आखेट और खाद्य संग्रहण।
असुर जनजाति	:	असुर जनजाति झारखंड में पाए जाने वाले नो PVTGs समूहों में से एक है।
		असुर भाषा को 'यूनेस्को इंटरेक्टिव एटलस ऑफ, द वर्ल्ड्स लैंग्वेज इन डेंजर' की सूची में शामिल किया गया है।
कोरकू जनजाति	:	कोरकू जनजाति मुख्य रूप से मध्य प्रदेश के खंडवा, बुरहानपुर, बैतूल ओर छिंदवाड़ा जिलो, छत्तीसगढ़ तथा महाराष्ट्र के मेलघाट टाइगर रिजर्व के निकटवर्ती क्षेत्रों में निवासित एक आदिवासी जातीय समूह है।
		ये कोरकू भाषा बोलते हैं, जो 'यूनेस्को इंटरेक्टिव एटलस ऑफ द वर्ल्ड्स लैंग्वेज इन डेंजर' में सूचीबद्ध भाषाओं में से एक है।
		ये उत्कृष्ट कृषक हैं और आलू एवं कॉफी की कृषि करते हैं।

चौखंडी स्तूप (Chaukhandi Stupa)

हाल ही में, भारतीय पुरातत्व सर्वेक्षण (ASI) द्वारा चौखंडी स्तूप को ''राष्ट्रीय महत्व का संरक्षित क्षेत्र'' (प्रोटेक्टेड एरिया ऑफ नेशनल इंपॉर्टेस) घोषित किया गया।

चौखंडी स्तूप के बारे में

- यह सारनाथ (वाराणसी, उत्तर प्रदेश) में स्थित एक प्राचीन बौद्ध स्थल है, जो ईंटों से निर्मित एक उत्कृष्ट संरचना है तथा इसके शीर्ष पर एक अष्टभुजाकार मीनार अवस्थित है।
- जनश्रुतियों के अनुसार, इस स्तूप का निर्माण मूलतः सम्राट् अशोक द्वारा कराया गया था।
- शीर्ष पर अवस्थित अष्टभुजाकार मीनार एक मुगल स्मारक है, जिसका निर्माण हुमायूँ की यात्रा के उपलक्ष्य में 1588 ईसवी में कराया गया था।

सारनाथ के विषय में

- सारनाथ को 'मृगदाव' (मृग उद्यान) के रूप में भी संदर्भित किया गया है। इसके अतिरिक्त इन स्थल को 'इशिपतन' (ऋषिपत्तन) के रूप में भी संबोधित किया गया है, जो संभवतः ऐसे को संदर्भित करता है जहाँ 'दिव्य पुरुष धरती पर अवतरित हुए थे'।
- **प्रसिद्ध बौद्ध स्थल :** ज्ञान प्राप्ति के पश्चात् भगवान बुद्ध ने अपना प्रथम उपदेश सारनाथ में ही दिया था, जिसे 'धर्म-चक्र प्रवर्तन' कहा गया है।
- **धमेख स्तूप (धर्म-चक्र स्तूप) :** इस पर भगवान बुद्ध ने धर्म का प्रथम उपदेश दिया था। यह माना जाता है कि इसका निर्माण 500 ईसवी में हुआ था। हालाँकि सम्राट् अशोक द्वारा इसके निर्माण का आदेश तीसरी शताब्दी ई.पू. में दिया गया था।
- **मूलगंध कुटी विहार :** यह वह है जहां महात्मा बुद्ध ने सारनाथ भ्रमण के दौरान निवास किया था।
- **बोधि वृक्ष :** यह मूलगंध कुटी विहार के निकट स्थित है तथा इसका रोपण श्रीलंका के अनुराधापुर के श्री महाबोधि वृक्ष से लाई गई शाखा के माध्यम से किया गया है।
- **अशोक स्तम्भ :** भारत ने इस स्तम्भ को अपने राष्ट्रीय प्रतीक के रूप में अपनाया है तथा स्तम्भ के निचले भाग पर स्थित अशोक चक्र को तिरंगे के मध्य में रखा है।
- अशोक स्तम्भ सम्राट् अशोक की सारनाथ यात्रा को प्रदर्शित करता है। 50 मीटर ऊँचे इस स्तम्भ के शीर्ष पर चार सिंह (जिनके पृष्ठ भाग परस्पर संलग्न है) विराजमान हैं तथा सिंहों के नीचे चार पशुओं, यथा-वृषभ, सिंह, हाथी और अश्व को चित्रित किया गया है। ये चारों पशु भगवान बुद्ध के जीवन के चार चरणों को निरूपित करते हैं।
- **जैन स्थल :** यह जैन धर्म के 11वें तीर्थंकर श्रेयांसनाथ की जन्मस्थली है।

अमरावती कला शैली

हाल ही में, आंध्र प्रदेश में गुंडलाकम्मा नदी के तट पर भारतीय साहित्य, इतिहास, दर्शन आदि का अध्ययन करने वाले विशेषज्ञों (Indologists) के एक दल द्वारा अमरावती कला शैली की विशेषताओं से युक्त एक बौद्ध स्मारक की खोज की गई है।

अन्य संबंधित तथ्य

- खोजा गया बौद्ध स्मारक स्थानीय चूना-प्रस्तर से निर्मित एक स्तम्भ है, जिसके मध्य और शीर्ष के साथ चार किनारों पर अर्द्ध कमल पदक उकेरे गए हैं। इसकी कुछ विशेषताएँ इक्ष्वाकु वंश की अमरावती कला शैली से समानता प्रकट करती हैं।

- अमरावती कला शैली आंध्र प्रदेश में कृष्णा और गोदावरी नदियों की निचली घाटियों में विकसित हुई थी।
- इस कला शैली के मुख्य संरक्षक सातवाहन थीं, परन्तु कालांतर में सातवाहनों के उत्तराधिकारी इक्ष्वाकु कुल शासकों के अधीन भी इसका संरक्षण जारी रहा। यह कला शैली 150 ई.पू. से 350 ईसवी के मध्य विकसित हुई।
- अमरावती कला शैली की महत्वपूर्ण विशेषता 'कथात्मक कला' है। इसमें पदकों (medallions) को इस रीति से उकेरा जाता था।
- यहाँ प्रकृति से लिए गए चित्रों की बजाय मानवीय चित्रों की प्रधानता है।

गांधार, मथुरा और अमरावती कला शैली के मध्य मुख्य विभेद

कला शैली	गांधार	मथुरा	अमरावती
प्रभाव	हेलेनिस्टिक और यूनानी कला की विशेषताओं का प्रभाव	प्रकृति में स्वदेशी	प्रकृति में स्वदेशी
प्रयुक्त सामग्री	धूसर बलुआ पत्थर	लाल बलुआ पत्थर	श्वेत संगमरमर
संबंधित धर्म	मुख्यतः बौद्ध	बौद्ध, हिन्दू और जैन	मुख्यतः बौद्ध
संरक्षक	कुषाण		
प्रतिमाओं का विवरण	घुंघराले केश, दाढ़ी और मूंछों के साथ बुद्ध की अध्यात्मिक प्रतिमाएं	दाढ़ी एवं मूछों के बिना बुद्ध की प्रसन्नचित्त प्रतिमाएं	जातक कथाओं का चित्रण

स्टूको मूर्ति

हाल ही में, पुरातत्ववेत्ताओं द्वारा तेलंगाना के सूर्यपेट जिले के फणीगिरि बौद्ध स्थल से उत्खणन के दौरान एक मानवाकार स्टूकों मूर्ति की खोज की गई है। ज्ञातव्य है कि यह देश में अब तक खोजी गई सबसे बड़ी स्टूको मूर्ति है।

फणीगिरि पहाड़ी

- यह तेलंगाना का एक प्रमुख बौद्ध स्थल है तथा इसके पुरावशेष लगभग प्रथम सदी ईसवी के हैं, जिन्हें वर्ष 2001 में उत्खनन के दौरान खोजा गया था।
- इस साल से प्राप्त मूर्तिकला संबंधी सातवाहन और इक्ष्वाकु वंश के मध्य एक क्रमिक संक्रमण को प्रदर्शित करती है।
- राज्य सरकार द्वारा फणीगिरि को बौद्ध सर्किट में शामिल किए जाने के प्रयास किए जा रहे हैं।
- यहाँ से प्रथम शताब्दी ई.पू. के सातवाहन युग से संबंधित महास्तूप, अर्द्धगोलाकार चैत्य गृह, व्रतानुष्ठित (Votive) स्तूप तथा स्तम्भयुक्त समागम सभाकक्ष प्राप्त हुए हैं।
- यह बौद्ध भिक्षुओं का सबसे बड़ा प्रशिक्षण स्थल और ध्यान केन्द्र तथा यहाँ लगभग 200 बौद्ध बिहार स्थित थे, जहाँ बौद्ध भिक्षु निवास करते थे। ये विहार इसी पहाड़ी पर अवस्थित थे।

स्टूको कला के बार में

- स्टूको का प्रयोग भित्तियों एवं भीतरी छतों पर सजावटी लेपन के रूप में तथा स्थापत्य में मूर्तिकला-विषयक तथा कलात्मक विषयों के रूप में किया जाता है।
- परंपरागत स्टूको का निर्माण चूना, रेत और जल के मिश्रण से किया जाता था, जबकि आधुनिक स्टूको को पोर्टलैंड सीमेंट, रेत एवं जल से निर्मित किया जाता है।
- एक प्लास्टर सामग्री के रूप में इस नम अवस्था में प्रयोग किया जाता है तथा सूखने के पश्चात् यह अत्यंत कठोर हो जाता है।

- भारतीय स्थापत्य में स्टूको का प्रयोग एक वास्तुशिल्पीय संदर्भ में प्रतिमा हेतु सामग्री के रूप में किया जाता था।
- पूर्व में स्टूको कला गांधार क्षेत्र (पेशावर और उत्तरी पाकिस्तान) में दृष्टिगत हुई थी।
- इसका प्रयोग मुख्यतया विहार परिसरों में किया गया था। उदाहरणार्थ-नालंदा और विक्रमशिला बिहारों की मूर्तिकला में स्टूको का व्यापक स्तर पर प्रयोग किया जाता था।
- द्रविड़ स्थापत्य में विमान के अलंकरण हेतु सैकड़ों स्टूको प्रतिमाओं का प्रयोग किया गया है।

मिनी खजुराहो

भारतीय पुरातत्व सर्वेक्षण (ASI) द्वारा महाराष्ट्र के गढ़चिरौली जिले के मार्कंडेश्वर मंदिर समूह का जीर्णोद्धार करवाया जा रहा है।

विवरण:

- इस मंदिर समूह का निर्माण 9वीं से 12वीं शताब्दी ईसवी के मध्य हुआ था। इस समूह में 24 विभिन्न प्रकार के मंदिर शामिल हैं।
- इस मंदिर समूह का नाम इसके मुख्य मंदिर के नाम पर रखा गया है, जो भगवान शिव को समर्पित है तथा जिसे मार्कंडेश्वर या मार्कंडादेव मंदिर कहा जाता है। यह मंदिर वैनगंगा नदी के तट पर मार्कंडा गाँव में स्थित है।
- यह मंदिर समूह 'मिनी खजुराहो' या 'खजुराहो' के रूप में भी प्रसिद्ध है। ये मंदिर शैव, वैष्णव एवं शक्ति पंथ से संबंधित हैं।
- ये मंदिर उत्तर भारत की नागर मंदिर स्थापत्य शैली में निर्मित हैं।
- ऐसी मान्यता है कि लगभग 200 वर्ष पूर्व वज्रपात की एक घटना के कारण मंदिर का शिखर अंशतः विखंडित हो गया था। तत्पश्चात् लगभग 120 वर्ष पूर्व एक गोंड शासक ने मंदिर का जीर्णोद्धार करवाने का प्रयास किया था।

बृहदेश्वर मंदिर (Brihadisvara Temple)

हाल ही में, बृहदेश्वर मंदिर 23 वर्ष पश्चात् कुंभाभिषेकम समारोह आयोजित किया गया था।

कुंभाभिषेकम के विषय में

- कुंभाभिषेकम हिंदू मंदिरों के अभिषेक उत्सव का एक भाग रहा है।
- 'कुंभ' का अर्थ है- शीर्ष और यह मंदिर के शिखर या मुकुट (सामान्यतया गोपुरम में) को व्यक्त करता है, वहीं 'अभिषेकम' का आशय आनुष्ठानिक स्थान से है।

बृहदेश्वर मंदिर के बारे में

- भगवान शिव को समर्पित बृहदेश्वर मंदिर, तमिलनाडु के तंजावुर में कावेरी नदी के दक्षिणी तट पर स्थित है।
- इसे पेरिया कोविल, राजराजेश्वर मंदिर और राजराजेश्वरम् के नाम से भी जाना जाता है।
- इस मंदिर का निर्माण 1003 ई. से 1010 ई. के मध्य महान चोल सम्राट् राजराज प्रथम द्वारा करवाया गया था। यह भारत के सबसे बड़े मंदिरों में से एक है तथा द्रविड़ स्थापत्य कला का एक उत्कृष्ट उदाहरण है।
- यह मंदिर यूनेस्को (UNESCO) की विश्व विरासत स्थल सूची में सूचीबद्ध है, जिसे 'महान प्राणवान चोल मंदिर' के रूप में भी जाना जाता है। इस सूची में शामिल अन्य दो मंदिर हैं- 'गंगईकोंडचोलपुरम मंदिर' ओर 'दरासुरम का ऐरावतेश्वर मंदिर'।

भाषा और साहित्य (Languages and Literature)

***शास्त्रीय भाषा* (Classical Language):**

- हाल ही में आयोजित 'अखिल भारतीय मराठी साहित्य सम्मेलन' में एक प्रस्ताव पारित किया गया, जिसमें मराठी भाषा को 'शास्त्रीय भाषा' के रूप में घोषित करने की मांग की गई।

अन्य संबंधित तथ्य

- यह सम्मेलन मराठी लेखकों का एक वार्षिक संगम है और इसकी शुरुआत 1874 ई. में हुई थी।
- उल्लेखनीय है कि कई प्रमुख मराठी बुद्धिजीवियों द्वारा इसकी अध्यक्षता की गई है, जिनमें जस्टिस महादेव गोविंद रानाडे, बड़ौदा के महाराजा सयाजीराव गायकवाड़ तृतीय और प्रहलाद केशव 'आचार्य' अत्रे शामिल हैं।
- वर्तमान में छह भाषाओं, यथा-तमिल (वर्ष 2004 में घोषित), संस्कृत (वर्ष 2005 में घोषित), कन्नड़ (वर्ष 2008 में घोषित), तेलुगू (वर्ष 2008 में घोषित), मलयालम (वर्ष 2013 में घोषित) और ओडिया (वर्ष 2014 में घोषित) को शास्त्रीय भाषा का दर्जा प्राप्त है।
- संस्कृति मंत्रालय के अनुसार, एक भाषा को शास्त्रीय भाषा का दर्जा प्रदान करने हेतु दिशा-निर्देश निम्नलिखित हैं:
  - ❖ संबंधित भाषा के प्रारंभिक ग्रंथ/अभिलिखित इतिहास 1,500-2,000 वर्षों की अवधि से अधिक प्राचीन होने चाहिए।
  - ❖ प्राचीन साहित्य/ग्रंथों का एक निकाय, जिसे वक्ताओं की पीढ़ियों द्वारा एक मूल्यवान धरोहर माना गया हो।
  - ❖ साहित्यिक परंपरा मौलिक होनी चाहिए न कि अन्य वक्ता समुदाय से गृहीत की गई हो।
  - ❖ शास्त्रीय भाषा और साहित्य से विशिष्ट हो तथा शास्त्रीय भाषा व इसके उत्तरवर्ती रूपों या इसकी उप शाखाओं के मध्य एक असातत्य भी हो सकता है।
- शास्त्रीय भाषा का दर्जा प्राप्त होने के निम्नलिखित लाभ हैं:
  - ❖ भारतीय शास्त्रीय भाषाओं में प्रख्यात विद्वानों को प्रति वर्ष दो प्रमुख अंतर्राष्ट्रीय पुरस्कार प्रदान किए जाते हैं।
  - ❖ शास्त्रीय भाषाओं में अध्ययन के लिए एक उत्कृष्टता केन्द्र स्थापित किया गया है।
  - ❖ विश्वविद्यालय अनुदान आयोग (UGC) द्वारा इन भाषाओं को बढ़ावा देने हेतु शोध परियोजनाओं को पुरस्कृत किया जाता है तथा केन्द्रीय विश्वविद्यालयों में शास्त्रीय भाषाओं के लिए एक निश्चित संख्या में संव्यावसायिक पद (प्रोफेशनल चेयर) सृजित किए गए हैं।

उर्दू (Urdu)

हाल ही में, पंजाब विश्वविद्यालय ने स्कूल ऑफ फॉरेन लैंग्वेजेज में उर्दू भाषा विभाग का विलय करने का प्रस्ताव प्रस्तुत किया था। इस प्रस्ताव की इस आधार पर आलोचना की गई है कि उर्दू एक भारतीय भाषा है।

उर्दू के विषय में

- उर्दू, भारत के संविधान की 8वीं अनुसूची में सूचीबद्ध 22 आधिकारिक भाषाओं में से एक है।
- यह भारतीय करेंसी नोटों पर प्रकाशित 15 भारतीय भाषाओं में से एक है।
- यह तेलंगाना, उत्तर प्रदेश, बिहार और पश्चिम बंगाल जैसे राज्यों तथा जम्मू-कश्मीर एवं दिल्ली जैसे संघ शासित प्रदेशों की आधिकारिक भाषाओं में से एक है।
- उर्दू, हिंदी से घनिष्ठ रूप से संबंधित है। ये दोनों भाषाएं स्वर विज्ञान और व्याकरण में अत्यंत समरूप हैं।
- विशेषज्ञों के अनुसार उर्दू भाषा का उद्भव भारत के पंजाब राज्य में हुआ था।
- उर्दू की मुख्य बोलियाँ देहलवी, रेख्ता आदि हैं।
- अपनी फारसी लिपि के बावजूद, उर्दू एक भारतीय भाषा है, क्योंकि ऐसी कई भारतीय भाषाएँ, जो देश के बाहर व्युत्पन्न लिपियों में लिखी जाती हैं (उदाहरणार्थ-पंजाबी शाहमुखी भाषा को भी दाईं से बाईं ओर लिखा जाता है)।
- पंजाब में अपने उद्भव के पश्चात्, यह हरियाणा के कुछ हिस्सों और दक्षिण भारत के कुछ राज्यों के साथ-साथ दिल्ली में विकसित व पल्लवित हुई तथा दक्षिण में इसका दक्खनी (दक्कन) भाषा के रूप में विकास हुआ।

स्वदेशी भाषाएँ

हाल ही में, संयुक्त राष्ट्र संघ द्वारा वर्ष 2019 को 'स्वदेशी भाषाओं का अंतर्राष्ट्रीय वर्ष' (International Year of Indigenous Languages) घोषित किया गया है।

अन्य संबंधित तथ्य

- विश्वविद्यालय अनुदान आयोग (UGC), 'लुप्तप्राय भाषाओं हेतु केन्द्रों की स्थापना' (Establishment of Centres for Endangered Languages) के नाम से एक योजना का संचालन कर रहा है, जिसके तहत 9 केन्द्रीय विश्वविद्यालयों में विभिन्न केन्द्रों को अनुमोदित किया गया है।
- जिन बोलियों को लिखने के लिए देवनागरी लिपि उपलब्ध नहीं है, उन बोलियों के संरक्षण हेतु UGC ने विभिन्न विश्वविद्यालयों में देवनागरी लिपि विभाग की स्थापना के लिए विश्वविद्यालयों से प्रस्ताव भी आमंत्रित किए हैं।
- पापुआ न्यू गिनी 'प्रचलित' स्वदेशी भाषाओं की अधिकतम संख्या (840) के साथ विश्व में प्रथम स्थान पर है, जबकि भारत को 453 भाषाओं के साथ चतुर्थ स्थान प्राप्त हुआ है।
- महाद्वीपों में एशिया और अफ्रीका में स्वदेशी भाषाओं की संख्या सर्वाधिक (विश्व की कुल स्वदेशी भाषाओं के 70% से अधिक) है।
- यूनेस्को (UNESCO) के 'एटलस ऑफ द वर्ल्ड्स लैंग्वेज़ेज इन डेंजर' के अनुसार वर्ष 1950 के पश्चात् से 228 भाषाएँ विलुप्त हो गई हैं।
- लगभग 10% भाषाओं को 'वल्नरेबल' जबकि अन्य 10% को 'क्रिटिकली इंडेंजर्ड' के रूप में वर्गीकृत किया गया है।
- भारत में वर्ष 1950 से अब तक 5 भाषाएँ (extinct) हो गई हैं, जबकि 42 भाषाएँ 'क्रिटिकली इंडेंजर्ड' हैं।
- केन्द्र सरकार लगभग 10,000 से भी कम लोगों द्वारा बोली जाने वाली देश की सभी मातृभाषाओं एवं भाषाओं की सुरक्षा, संरक्षण और प्रलेखन हेतु 'भारत की संकटग्रस्त भाषाओं की सुरक्षा और संरक्षण हेतु योजना' (Scheme for Protection and Preservation of Endangered Languages of India: SPPEL) का कार्यान्वयन कर रही है।
- इस कार्यक्रम के अंतर्गत बोलियों (dialects) को भी शामिल किया गया है।
- इस योजना का क्रियान्वयन 'मैसूर स्थित केन्द्रीय भारतीय भाषा संस्थान' (Central Institute of Indian Languages: CIIL) द्वारा किया जा रहा है।

अतिरिक्त जानकारी:

- सबसे अधिक लोगों द्वारा बोली जाने वाली भाषा
- ऑनलाइन डेटाबेस 'ऍथनोलॉग' के अनुसार, संपूर्ण विश्व में सर्वाधिक बोली जाने वाली भाषा अंग्रेजी एवं उसके पश्चात् मंडारिन तथा हिंदी का स्थान है। सर्वाधिक बोली जाने वाली भाषाओं में बांग्ला का स्थान सातवाँ है।
- जनगणना 2011 के अनुसार, भारत में सर्वाधिक बोली जाने वाली भाषा हिंदी (528 मिलियन लोगों द्वारा बोली जाती है) है, उसके पश्चात् बांग्ला (97.2 मिलियन), मराठी (83 मिलियन), तेलुगू (81 मिलियन), तमिल (60 मिलियन), गुजराती (55.5 मिलियन) और उर्दू (50.8 मिलियन) का स्थान है।

सुर्खियों में रहे सांस्कृतिक महोत्सव

त्योहार	राज्य	विवरण
आषाढ़ी बीज	गुजरात	• आषाढ़ी बीज या कच्छी नववर्ष वह प्रतिष्ठित संस्कृति है, जिसमें वर्षा के आगमन का उत्सव मनाया जाता है। • गुजरात के कच्छ क्षेत्र (मरुस्थलीय क्षेत्र) का कच्छी समुदाय देशज पांचांग के अनुसार कच्छी नववर्ष मनाता है।

		• इस अवसर पर गणेश, लक्ष्मी और अन्य स्थानीय देवी-देवताओं की पूजा की जाती है। • आषाढ़ी बीज के दौरान वे वायुमंडल में आर्द्रता की जांच करते हैं, ताकि यह अनुमान लगाने में सहायता प्राप्त हो सके कि आने वाले मानसून में कौन-सी फसल सर्वोत्तम होगी।
भोगाली बिहू	असम	• भोगाली बिहू फसल कटाई का उत्सव है, जो असम में कटाई के मौसम (जनवरी-फरवरी) के अंत का प्रतीक है। • देश के विभिन्न भागों में अन्य फसल कटाई उत्सव-पंजाब में बैसाखी, बंगाल में पोइला बैसाख, तमिलनाडु में पुथंडू, केरल में विशु आदि मनाए जाते हैं। • गोगोना एक प्रकार का माउथ ऑर्गन है। यह नरकुल से निर्मित कंपन उत्पन्न करने वाला एक वाद्ययंत्र है, जिसका उपयोग मुख्य रूप से असम में पारंपरिक बिहू संगीत में किया जाता है।
मेला खीरभवानी	जम्मू-कश्मीर	• ज्येष्ठ अष्टमी से आरंभ होने वाला खीर भवानी मेला कश्मीरी पंडित समुदाय के सबसे बड़े धार्मिक आयोजनों में से एक है। • यह मेला जम्मू-कश्मीर के गांदरबल जिले के प्रसिद्ध रगन्या देवी मंदिर में आयोजित किया गया। • इस दौरान कश्मीरी पंडित गांदरबल जिले में तुलमुल्ला के पांच अन्य मंदिरों, यथा-कुपवाड़ा में टिक्कर, अनंतनाग में लक्तिपोरा ऐशमुकम तथा कुलगाम जिले में माता त्रिपुरसुंदरी देवसर और माता खीरभवानी मंजगाम का दर्शन करते हैं।
चमलियाल मेला	जम्मू-कश्मीर	• यह अंतर्राष्ट्रीय सीमा से संलग्न चमलियाल बॉर्डर पर आयोजित किया जाता है। • यह मेला सांबा जिले में लोकप्रिय रूप से बाबा चमलियाल के नाम से प्रसिद्ध एक संत बाबा दलीप सिंह मन्हास के पुण्यस्थल पर लगता है।
लुई-नगाई-नी	मणिपुर	• यह मणिपुर की नागा जनजातियों द्वारा मनाया जाने वाला बीज बुवाई का उत्सव है। • यह नागाओं की समृद्ध सांस्कृतिक विरासत को दर्शाता है और यह आशा की जाती है कि यह त्योहार आनंद व समृद्धि लाएगा तथा सभी समुदायों के मध्य एकता एवं भ्रातत्व के बंधनों को मजबूत बनाएगा।
छठ पूजा	बिहार	• यह बिहार और इसके पड़ोसी राज्यों (यथा- उत्तर प्रदेश एवं झारखण्ड) तथा नेपाल के मधेश क्षेत्र में मनाया जाने वाला पर्व (छठ पूजा) है। छठ पूजा के दौरान भक्त सूर्य की पूजा करते हैं और प्रकृति के गुणों की संस्तुति करते हैं।
हॉर्नबिल (धनेश) महोत्सव	नागालैंड	• यह नागालैंड की देशज योद्धा जनजातियों का सबसे बड़ा समारोह है। • इस महोत्सव का उद्देश्य नागालैंड की समृद्ध संस्कृति को पुनर्जीवित और संरक्षित करना तथा इसकी विलक्षणता एवं परंपराओं का प्रदर्शन करना है। • इसका आयोजन प्रति वर्ष दिसंबर माह के प्रथम सप्ताह में किया जाता है।

		● इस महोत्सव का नाम राज्य के सर्वाधिक श्रद्धेय पक्षी प्रजातियों में से एक हॉर्नबिल के नाम पर रखा गया है, जिसका महत्व कई आदिवासी सांस्कृतिक अभिव्यक्तियों, गीतों और नृत्यों में परिलक्षित होता है।
नागोबा जात्रा	तेलंगाना	● यह तेलंगाना के आदिलाबाद जिले में आयोजित किया जाने वाला एक जनजातीय महोत्सव है। ● यह दूसरा सबसे बड़ा जनजातीय आंदोलन है जिसे गोंड जनजाति के मेसाराम कबीले द्वारा मनाया जाता है। ● गोंड जनजाति के नर्तकों द्वारा गुसाडी नृत्य का प्रदर्शन इस आयोजन का एक प्रमुख आकर्षण है।
सूरजकुंड अंतर्राष्ट्रीय शिल्प मेला	हरियाणा	● यह विश्व का सबसे बड़ा शिल्प मेला है। ● यह हरियाणा के फरीदाबाद जिले के सूरजकुंड नामक स्थान में आयोजित किया जाता है। ● 34वें सूरजकुंड अंतर्राष्ट्रीय शिल्प मेले (वर्ष 2020) के लिए हिमाचल प्रदेश राज्य को थीम स्टेट चुना गया है। ● वर्ष 2013 से इस मेले का अंतर्राष्ट्रीय स्तर पर उन्नयन किया गया और लगभग 20 देश इस मेले में भाग लेते हैं। ● यह मेला केन्द्रीय पर्यटन, वस्त्र, संस्कृति और विदेश मंत्रालयों के सहयोग से सूरजकुंड मेला प्राधिकरण तथा हरियाणा पर्यटन द्वारा आयोजित किया जाता है।
केरल के पद्यनाभास्वामी मंदिर में मुराजापम अनुष्ठान	केरल	● 18वीं शताब्दी ई. में त्रावणकोर के राजा मार्तण्डे वर्मा द्वारा यह अनुष्ठान आरंभ किया ● इसमें विद्वानों द्वारा 'ऋग्वेद', 'यजुर्वेद' और 'सामवेद' का मंत्रोच्चारण सम्मिलित है।
भारत में पशु क्रीड़ा		● जल्लीकट्टू ❖ यह तमिलनाडु का एक पारंपरिक खेल है, जिसके दौरान सांड का पीछा किया जाता है। यह फसल कटाई के महोत्सव पोंगल के दिवस पर आयोजित किया जाता है। ❖ संगम साहित्य में भी जल्लीकट्टू का संदर्भ मिलता है। ● कम्बाला ❖ यह तमिलनाडु में सांडों की दौड़ का स्थानीय नाम है। दौड़ के दौरान सांडों को दौड़ाया जाता है और सबसे तेज दौड़ने वाला सांड विजयी घोषित होता है। ● इरूद विडुम वडाह ❖ यह कर्नाटक में आयोजित की जाने वाली वार्षिक भैंस दौड़ है।
पोराग त्यौहार	असम	● इस उत्सव को नरसिंह बिहू उत्सव के नाम से भी जाना जाता है और यह मिशिंग जनजाति द्वारा मनाया जाने वाला फसल कटाई का त्यौहार है। ● इसमें किसान अपने और अपनी फसलों के लिए भू-देवी से आशीर्वाद मांगते हैं।

वसंतोत्सवम	आंध्र प्रदेश	• यह पर्व तिरुमाला में मनाया जाता है तथा वसंत ऋतु का आगमन दर्शाता है। 1460 के दशक में राजा अच्युतराय के शासनकाल के दौरान इसे आरंभ किया गया था। • यह प्रति वर्ष चैत्र (मार्च/अप्रैल) माह में त्रयोदशी, चतुर्दशी और पूर्णिमा पर 3 दिनों के लिए मनाया जाता है।
मकर विलक्कु महोत्सव	केरल	• यह मकर संक्रांति के अवसर पर सबरीमाला मंदिर द्वारा दो माह तक मनाए जाने वाला बार्षिक उत्सव है।
बतुकम्म महोत्सव	तेलंगाना	• यह दुर्गा नवरात्रि के दौरान मनाया जाने वाला नौ दिवसीय पुष्प उत्सव है। • 'वतुकम्म' का अर्थ है कि 'मातृ देवी जीवित हो गई हैं'। यह महोत्सव तेलंगाना की सांस्कृतिक भावना का निरूपण करता है, जो नारीत्व की संरक्षक देवी का प्रतीक है। • इस पर्व को देवी गौरी का वसंतोत्सव भी माना जाता है।
पंढरपुर वारी	महाराष्ट्र	• यह आषाढ़ माह के दौरान वह विशेष यात्रा है जो आलंदी गांव में आरंभ होती है और 250 किलोमीटर तक जारी रहती है जब तक कि तीर्थयात्री महाराष्ट्र के बिठोबा मंदिर, पंढरपुर तक पहुंच नहीं जाते। • इस दौरान कई पालकियाँ ले जाई जाती हैं, जिसमें प्रसिद्ध ऋषियों की पादुकाएँ होती हैं। इसकी कुल अवधि 21 दिन होती है, जो आषाढ़ एकादशी को समाप्त होती है। • वारी परंपरा संत ध्यानेश्वर के महान पितामह त्रयंबकपंत कुलकर्णी द्वारा आरंभ की गई थी। ध्यानेश्वर ने नामदेव, साबता माली और तुकाराम जैसे अन्य संतों के साथ स्वयं अपने जीवनकाल में भी वारी यात्रा में भाग लिया था। • इसके प्रतिभागियों को 'वरकारी' के रूप में जाना जाता है।

❑❑❑